DIREITO DO CONSUMIDOR
30 anos do CDC

O GEN | Grupo Editorial Nacional – maior plataforma editorial brasileira no segmento científico, técnico e profissional – publica conteúdos nas áreas de concursos, ciências jurídicas, humanas, exatas, da saúde e sociais aplicadas, além de prover serviços direcionados à educação continuada.

As editoras que integram o GEN, das mais respeitadas no mercado editorial, construíram catálogos inigualáveis, com obras decisivas para a formação acadêmica e o aperfeiçoamento de várias gerações de profissionais e estudantes, tendo se tornado sinônimo de qualidade e seriedade.

A missão do GEN e dos núcleos de conteúdo que o compõem é prover a melhor informação científica e distribuí-la de maneira flexível e conveniente, a preços justos, gerando benefícios e servindo a autores, docentes, livreiros, funcionários, colaboradores e acionistas.

Nosso comportamento ético incondicional e nossa responsabilidade social e ambiental são reforçados pela natureza educacional de nossa atividade e dão sustentabilidade ao crescimento contínuo e à rentabilidade do grupo.

Organizadores
Bruno Miragem
Claudia Lima Marques
Lucia Ancona Lopez de Magalhães

DIREITO DO CONSUMIDOR
30 anos do CDC
DA CONSOLIDAÇÃO COMO DIREITO FUNDAMENTAL AOS ATUAIS DESAFIOS DA SOCIEDADE

Amanda Flávio de Oliveira, Angélica Carlini, Bruno Bioni, Camila Possan de Oliveira, Cristiano Heineck Schmitt, Daniel Dias, Diógenes Faria de Carvalho, Fernando B. Meneguin, Guilherme Magalhães Martins, João C. de Andrade Uzêda Accioly, José Geraldo Brito Filomeno, Joseane Suzart Lopes da Silva, Luciano Benetti Timm, Luiza Petersen, Marcelo Gomes Sodré, Maria Stella Gregori, Pablo Frota Malheiros, Paulo R. Roque A. Khouri, Rafael A. F. Zanatta, Roberta Densa, Teresa Ancona Lopez e Vitor Hugo do Amaral Ferreira

- O autor deste livro e a editora empenharam seus melhores esforços para assegurar que as informações e os procedimentos apresentados no texto estejam em acordo com os padrões aceitos à época da publicação, e todos os dados foram atualizados pelo autor até a data de fechamento do livro. Entretanto, tendo em conta a evolução das ciências, as atualizações legislativas, as mudanças regulamentares governamentais e o constante fluxo de novas informações sobre os temas que constam do livro, recomendamos enfaticamente que os leitores consultem sempre outras fontes fidedignas, de modo a se certificarem de que as informações contidas no texto estão corretas e de que não houve alterações nas recomendações ou na legislação regulamentadora.

- Fechamento desta edição: 06.10.2020

- O Autor e a editora se empenharam para citar adequadamente e dar o devido crédito a todos os detentores de direitos autorais de qualquer material utilizado neste livro, dispondo-se a possíveis acertos posteriores caso, inadvertida e involuntariamente, a identificação de algum deles tenha sido omitida.

- **Atendimento ao cliente: (11) 5080-0751 | faleconosco@grupogen.com.br**

- Direitos exclusivos para a língua portuguesa
  Copyright © 2021 by
  Editora Forense Ltda.
  Uma editora integrante do GEN | Grupo Editorial Nacional
  Travessa do Ouvidor, 11 – Térreo e 6º andar
  Rio de Janeiro – RJ – 20040-040
  www.grupogen.com.br

- Reservados todos os direitos. É proibida a duplicação ou reprodução deste volume, no todo ou em parte, em quaisquer formas ou por quaisquer meios (eletrônico, mecânico, gravação, fotocópia, distribuição pela Internet ou outros), sem permissão, por escrito, da Editora Forense Ltda.

- Capa: Fabricio Vale

- **CIP – BRASIL. CATALOGAÇÃO NA FONTE.
  SINDICATO NACIONAL DOS EDITORES DE LIVROS, RJ.**

  D635

  Direito do consumidor: 30 anos do CDC: da consolidação como direito fundamental aos atuais desafios da sociedade / Amanda Flávio de Oliveira... [et al.]; organização Bruno Miragem, Claudia Lima Marques, Lucia Ancona Lopez de Magalhães Dias. Rio de Janeiro: Forense, 2021.

  Inclui índice
  ISBN 978-85-309-9190-6

  1. Brasil. [Código de defesa do consumidor (1990)]. 2. Defesa do consumidor – Legislação – Brasil. I. Oliveira, Amanda Flávio de. II. Miragem, Bruno. III. Marques, Claudia Lima. IV. Magalhães, Lucia Ancona Lopez de.

  20-66818   CDU: 34:366.542(81)(094.4

  Leandra Felix da Cruz Candido – Bibliotecária – CRB-7/6135

A Ruy Rosado de Aguiar Júnior.

SOBRE OS AUTORES

ORGANIZADORES

BRUNO MIRAGEM

Professor da Faculdade de Direito da Universidade Federal do Rio Grande do Sul (UFRGS). Professor permanente do Programa de Pós-Graduação em Direito da UFRGS (PPGD/UFRGS). Doutor e Mestre em Direito pela UFRGS. Ex-Presidente do Instituto Brasileiro de Política e Direito do Consumidor (Brasilcon). Advogado e parecerista.

CLAUDIA LIMA MARQUES

Professora da Faculdade de Direito da Universidade Federal do Rio Grande do Sul (UFRGS). Professora permanente do Programa de Pós-Graduação em Direito da UFRGS (PPGD/UFRGS). Doutora em Direito (Universidade de Heidelberg), LL.M. (Tübingen) e Especialista em Direito (Sarre, Alemanha). Ex-Presidente do Instituto Brasileiro de Política e Direito do Consumidor (Brasilcon). Advogada e parecerista.

LUCIA ANCONA LOPEZ DE MAGALHÃES DIAS

Doutora pela Universidade de São Paulo. Autora do livro *Publicidade e Direito* (Saraiva, 3.ed.). Diretora do Brasilcon. Ex-Diretora de Relações de Consumo do IBRAC. Advogada.

AUTORES

AMANDA FLÁVIO DE OLIVEIRA

Professora associada da Faculdade de Direito da Universidade de Brasília (UnB). Doutora, Mestre e Especialista em Direito Econômico pela UFMG. Sócia-Fundadora do escritório Advocacia Amanda Flávio de Oliveira. Ex-Diretora do Departamento de Proteção e Defesa do Consumidor do Ministério da Justiça. Ex-Presidente do Instituto Brasileiro de Política e Direito do Consumidor – BRASILCON.

ANGÉLICA CARLINI

Doutora em Direito Político e Econômico. Doutora em Educação. Mestre em Direito Civil. Mestre em História Contemporânea. Pós-Doutorado em Direito Constitucional pela PUC/RS. Graduada em Direito. Advogada e Docente do Ensino Superior. Vice-Presidente do Instituto Brasileiro de Direito Contratual – IBDCONT. Conselheira da seção brasileira da Associação Internacional de Direito do Seguro – AIDA e Membro do Conselho Científico do Comitê Iberolatinoamericano da Associação Internacional de Direito do Seguro – AIDA.

BRUNO BIONI

Doutorando em Direito Comercial e Mestre em Direito Civil pela Faculdade de Direito da Universidade de São Paulo (USP). Foi pesquisador visitante do European Data Protection Board e do Departamento de Proteção de Dados do Conselho da Europa Professor e Fundador do Data Privacy Brasil.

CAMILA POSSAN DE OLIVEIRA

Mestre em Direito do Consumidor e da Concorrência pela Universidade Federal do Rio Grande do Sul – UFRGS, especialista em Direito Bancário, Direito do Consumidor e Direito Processual Civil. Advogada.

CRISTIANO HEINECK SCHMITT

Doutor e Mestre em Direito pela Faculdade de Direito da Universidade Federal do Rio Grande do Sul – UFRGS, Pós-graduado pela Escola da Magistratura do Rio Grande do Sul – Ajuris, Advogado, Secretário-geral da Comissão Especial de Defesa do Consumidor da OAB/RS, Membro do Conselho Municipal de Defesa do Consumidor de Porto Alegre/RS, Diretor do Instituto Brasilcon, Professor da Escola de Direito da PUCRS, Professor de Cursos de Especialização em Direito, autor de livros e de artigos jurídicos.

DANIEL DIAS

Professor da FGV Direito Rio. Doutor em Direito Civil pela USP (2013-2016), com períodos de pesquisa na Universidade *Ludwig-Maximilians* de Munique e no Instituto Max-Planck de Direito Comparado e Internacional Privado, na Alemanha (2014-2015). Estágio pós-doutoral na *Harvard Law School*, nos EUA (2016-2017).

DIÓGENES FARIA DE CARVALHO

Pós-Doutor em Direito pela Universidade Federal do Rio Grande do Sul (UFRGS), Doutor em Psicologia (Economia Comportamental) pela Pontifícia Universidade Católica de Goiás (PUC – GOIÁS). Mestre em Direito Econômico pela Universidade de Franca (UNIFRAN). Professor Adjunto da Universidade Federal de Goiás (UFG), Pontifícia Universidade Católica de Goiás – (PUCGO) e Universidade Salgado de Oliveira (UNIVERSO) e Instituto de Pós-Graduação e Graduação IPOG. Professor no Mestrado em Direito Constitucional Econômico do Centro Universitário Alves Faria (UNIALFA/FADISP), onde desenvolve pesquisa com bolsa da FUNADESP. Coordenador do curso de graduação em Direito da Faculdade de Direito da Universidade Federal de Goiás (UFG). Presidente do Instituto Brasileiro de Política e Direito do Consumidor (BRASILCON) pelo biênio 2018/2020. E-mail: dfcarvalho01@hotmail.com.

FERNANDO B. MENEGUIN

Mestre e Doutor em Economia pela Universidade de Brasília. Pós-Doutor em Análise Econômica do Direito pela Universidade da California/Berkeley. Professor Titular do Instituto Brasiliense de Direito Público – IDP. Pesquisador do Economics and Politics Research Group – EPRG, CNPq/UnB. Consultor Legislativo do Senado na área de Microeconomia Aplicada. E-mail: fbmeneguin@hotmail.com.

GUILHERME MAGALHÃES MARTINS

Promotor de Justiça titular da 5ª Promotoria de Tutela Coletiva do Consumidor e do Contribuinte – Ministério Público do Estado do Rio de Janeiro. Professor associado de Direito Civil da Faculdade Nacional de Direito – Universidade Federal do Rio de Janeiro. Professor permanente do Doutorado em Direito, Instituições e Negócios da

Universidade Federal Fluminense. Doutor e Mestre em Direito Civil pela Faculdade de Direito da UERJ.

JOÃO C. DE ANDRADE UZÊDA ACCIOLY

Mestre em Economia pelo Instituto Brasileiro de Mercado de Capitais – IBMEC-RJ. Bacharel em Direito pela Pontifícia Universidade Católica do Rio de Janeiro – PUC-Rio. Vice-Presidente da Comissão de Dir. Empresarial do Instituto dos Advogados do Brasil – IAB. Membro da Comissão de Direito Societário do Conselho Federal da OAB. Sócio-Fundador do Advocacia Sobrosa & Accioly.

JOSÉ GERALDO BRITO FILOMENO

Consultor jurídico e professor especialista em direito do consumidor, membro da Academia Paulista de Direito e consultor da Comissão Permanente de Defesa do Consumidor da OAB-SP. Foi Procurador-Geral de Justiça do Estado de São Paulo, o primeiro Promotor de Justiça do País a exercer as funções de Promotoria de Justiça de Defesa do Consumidor, seu instituidor em todo o Estado e coordenador do respectivo Centro de Apoio Operacional. Foi, ainda, vice-presidente e relator-geral da comissão de juristas que elaborou o anteprojeto do vigente Código de Defesa do Consumidor. Cf. www.jurisconsumo.com.br e Filomeno@uol.com.br.

JOSEANE SUZART LOPES DA SILVA

Promotora de Justiça do Consumidor do Ministério Público da Bahia. Professora Adjunta da FDUFBA. Diretora BRASILCON para a Região Nordeste. Coordenadora Científica do Projeto de Extensão ABDECON/FDUFBA.

LUCIANO BENETTI TIMM

Mestre e Doutor em Direito pela UFRGS. LLM em Direito Econômico Internacional, Warwick. Pós-Doutor em Análise Econômica do Direito pela Universidade da California/Berkeley. Professor da FGVSP e UNISINOS/RS.

LUIZA PETERSEN

Doutoranda e Mestre em Direito pela Universidade Federal do Rio Grande do Sul (UFRGS). Especialista em Direito dos Seguros pela FMP/RS. Advogada.

MARCELO GOMES SODRÉ

Graduação em Direito pela PUC/SP e em Filosofia pela USP. Fez mestrado e doutorado em Direito pela Pontifícia Universidade Católica de São Paulo. Atualmente é professor na graduação e pós-graduação da PUC/SP nas seguintes disciplinas: Direito das Relações de Consumo, Direito Ambiental e Filosofia do Direito. Advogado. Integra o Conselho Diretor do IDEC – Instituto Brasileiro de Defesa do Consumidor. Integra o Conselho do Projeto Criança e Consumo do Instituto ALANA. Membro do Conselho Diretor da Fundação Procon de São Paulo. Membro do Conselho de Áreas Protegidas (SIGAP) do Estado de São Paulo. Foi Procurador do Estado de São Paulo de 1990 a 2017. Assessorou a comissão que redigiu o Código de Defesa do Consumidor. Integrou o Conselho Diretor da Consumers International. Foi Diretor do PROCON de São Paulo (1989 a 1995). Fundador e 1º Secretário-Geral do Brasilcon. Foi Presidente do Conselho do Greenpeace Brasil. Foi Coordenador da Faculdade de Direito da PUC/SP. Foi Diretor Adjunto da Faculdade de Direito da PUC/SP. Foi Secretário Adjunto de Meio Ambiente do Estado de São Paulo. Integrou o Conselho da Escola Superior da Procuradoria-Geral do Estado de São Paulo. Integrou o Conselho Estadual de Educação do Estado de São Paulo.

MARIA STELLA GREGORI

Advogada. Mestre em Direito das Relações Sociais pela PUC/SP. Professora Mestre de Direito do Consumidor da PUC/SP. Diretora do Brasilcon. Foi Diretora da Agência Nacional de Saúde Suplementar – ANS e Assistente de Direção do Procon/SP.

PABLO FROTA MALHEIROS

Pós-Doutorando em Direito na Universidade de Brasília (2019). Doutor em Direito das Relações Sociais pela Universidade Federal do Paraná (2013). Mestre em Função Social do Direito pela Faculdade Autônoma de Direito de São Paulo (2008). Especialista em Direito Civil pela Unisul (2006). Especialista em Filosofia do Direito pela Pontifícia Universidade Católica de Minas Gerais (2013). Graduado em Direito na Universidade Católica de Brasília (2004). Graduando em Filosofia na Universidade Católica de Brasília (2018). Professor Adjunto em Direito Civil e Processo Civil da Universidade Federal de Goiás, (UFG) e Professor Colaborador do Programa de Pós-Graduação em Direito Agrário da UFG. Cofundador da Rede de Pesquisas Agendas de Direito Civil Constitucional. Líder do Grupo de Pesquisa Realizando o Direito Privado na Universidade Federal de Goiás. Diretor de Publicação do IBDCONT. Diretor do IBDFAM/DF. Membro do IBDFAM, do BRASILCON, do IBDCIVIL, da ABDCONST, da ABEDI, da ALDIS, do IAB, do Instituto Luso-brasileiro de Direito e do IBERC. Pesquisador do Grupo Virada de Copérnico (UFPR) e do Grupo Constitucionalização das Relações Privadas (UFPE). Assessor Jurídico na Terracap (DF). Advogado. Código ORCID: 0000-0001-7155-9459. CV Lattes: http://lattes.cnpq.br/0988099328056133.

PAULO R. ROQUE A. KHOURI

Doutorando em Direito Constitucional pelo IDP/Distrito Federal; Mestre em Direito Privado pela Faculdade de Direito da Universidade de Lisboa. Professor. Coordenador da Pós-Graduação em Advocacia Empresarial, Contratos e Responsabilidade Civil do Instituto Brasiliense de Direito Público (IDP/Brasília). Advogado.

RAFAEL A. F. ZANATTA

Doutorando pelo Instituto de Energia e Ambiente da Universidade de São Paulo. Mestre em Direito pela Faculdade de Direito da USP. Mestre em Direito e Economia Política pela Universidade de Turim. Contato: rafaelzanatta@usp.br.

ROBERTA DENSA

Doutora em Direitos Difusos e Coletivos pela Pontifícia Universidade Católica de São Paulo (PUC/SP), mestre em Direito Político e Econômico pela Universidade Presbiteriana Mackenzie (2005), especialista em Direito das Obrigações, Contratos e Responsabilidade Civil pela Escola Superior de Advocacia, graduada em Direito pela Universidade Presbiteriana Mackenzie (1997). Professora de Direito Civil e Direitos Difusos e Coletivos. Editora Jurídica na Editora Foco. Professora da Faculdade de Direito de São Bernardo do Campo. Autora da obra "Proteção jurídica da criança consumidora" publicada pela Editora Foco e do livro "Direito do Consumidor" publicado pela Editora Atlas (9ª edição). Membro da Comissão dos Direitos do Consumidor da OAB/SP.

TERESA ANCONA LOPEZ

Professora Titular do Departamento de Direito Civil da Faculdade de Direito da Universidade de São Paulo e Advogada.

Vitor Hugo do Amaral Ferreira

Doutorando em Direito (Direito do Consumidor e Concorrencial) pela Universidade Federal do Rio Grande do Sul (UFRGS). Mestre em Integração Latino-Americana, linha de pesquisa Políticas Públicas e Desenvolvimento, pela Universidade Federal de Santa Maria (UFSM). Docente do Curso de Direito, da Universidade Franciscana (UFN), em Santa Maria-RS. Professor convidado do quadro docente de cursos de pós-graduação, em especial, da Especialização em Direito do Consumidor e Direitos Fundamentais, da Universidade Federal do Rio Grande do Sul (UFRGS), do Curso de Especialização O novo Direito Internacional, da Universidade Federal do Rio Grande do Sul (UFRGS). Coordenador do Projeto de Prevenção e Tratamento do Superendividamento do Consumidor no Município de Santa Maria-RS. Secretário-Geral do Instituto Brasileiro de Política e Direito do Consumidor (BRASILCON). Conselheiro do Fundo Gestor de Direitos Difusos, do Ministério da Justiça. E-mail: vitorhugodir@hotmail.com.

APRESENTAÇÃO

Os 30 anos da promulgação do Código de Defesa do Consumidor merece celebração à altura de sua importância para o Brasil. Marco da renovação de diversos ramos do direito brasileiro, contribuiu para colocar a sociedade de consumo brasileira em outro patamar. Expressão do comando expresso da Constituição da República de 1988, que consagrou a defesa do consumidor como direito fundamental (art. 5º, inciso XXXII) e determinou a promulgação de um Código (art. 48 do Ato das Disposições Constitucionais Transitórias), identificou no País um novo sujeito e fundou uma nova disciplina jurídica, o direito do consumidor.

As raízes profundas que o direito do consumidor fincou no sistema jurídico brasileiro nestes 30 anos, contudo, só podem ser explicadas em um breve olhar retrospectivo, do entusiasmo com que foi recebido pela comunidade jurídica e o movimento de difusão das novas ideias que trazia, especialmente pelo bom uso do direito comparado e sua compreensão de amplos setores como no Poder Judiciário, na Advocacia, no Ministério Público, na Defensoria Pública, nos Órgãos de Defesa do Consumidor e nas Entidades Civis de defesa dos consumidores. Também a classe empresarial adaptou-se gradualmente às novas regras, percebendo nelas a oportunidade de elevar o padrão de qualidade e eficiência de sua atividade, assim como o próprio destinatário da norma, o consumidor, foi adquirindo um perfil de consciência crescente sobre seus direitos e a necessidade de seu exercício para assegurar sua efetividade.

Nestes 30 anos da promulgação do CDC, percebe-se o protagonismo adquirido pelo direito do consumidor no Brasil. Trata-se de uma das leis mais conhecidas pela população, e, embora seja elevado o nível de desrespeito a muitas de suas regras ainda hoje, inequívoco que o balanço destas três décadas é positivo. Não é exagerado dizer que o CDC se converteu em instrumento da proteção da cidadania – afinal todo cidadão necessita consumir produtos e serviços de qualidade – ao mesmo tempo que se volta também às empresas e aos empresários para contribuir, com o atendimento de suas normas, para um ambiente saudável de concorrência e inovação, essencial ao desenvolvimento econômico.

Novos desafios hoje se apresentam ao CDC e ao direito do consumidor. A transformação do mercado de consumo, em especial com o desenvolvimento da internet e do consumo digital, olha para o futuro e para a necessidade de adaptação e atualização da interpretação das normas do Código para esta nova realidade. A insuficiência de suas regras para coibir fenômenos como o superendividamento dos consumidores e seu déficit de efetividade em relação a litigantes habituais nos tribunais brasileiros reclama a atualização das próprias normas, com disciplina específica para o tema, submetida à deliberação do Congresso Nacional.

É neste contexto que a presente obra busca lançar luzes sobre um balanço do direito do consumidor brasileiro, transitando entre as três décadas de construção ativa e prudente da doutrina e jurisprudência na aplicação do CDC, e os desafios futuros que assegurem sua permanente atualidade e importância. Daí o título: *Direito do consumidor: 30 anos do CDC – Da consolidação como direito fundamental aos atuais desafios da sociedade*. Afinal, a proteção do consumidor é inerente à disciplina do mercado na sociedade de consumo contemporânea e instrumento essencial do desenvolvimento econômico e social conforme os marcos da ordem constitucional brasileira.

Para tanto, reuniu-se um conjunto de autores reconhecidos por sua contribuição na construção do direito do consumidor, ou que hoje desempenham papel relevante por seus estudos na área. Na divisão da obra, suas duas partes apresentam a trajetória de construção do direito do consumidor e seus desafios atuais.

O primeiro estudo, de Claudia Lima Marques, Professora da Universidade Federal do Rio Grande do Sul, busca revisar a teoria geral dos serviços com fundamento no CDC, em especial com atenção ao consumo na internet. Em seguida, José Geraldo Brito Filomeno, um dos autores do anteprojeto que deu origem ao Código, faz um balanço dos seus 30 anos, entre conquistas e novos desafios. Já o Professor Marcelo Gomes Sodré, da PUC/SP, discorre sobre tema da maior importância, que são os desafios atuais para consolidação e desenvolvimento do Sistema Nacional de Defesa do Consumidor.

A Professora Teresa Ancona Lopez, da Universidade de São Paulo, por sua vez, examina a incidência dos princípios da prevenção e da precaução sobre as relações de consumo e sua repercussão na proteção da segurança do consumidor. Lucia Ancona Lopez de Magalhães, por seu turno, explora tema de sua especialidade, também vinculada à proteção da segurança do consumidor, que é a recente disciplina sobre o *recall* de produtos no Brasil.

A Professora Joseane Suzart Lopes da Silva, da Universidade Federal da Bahia, também lança seu olhar sobre o regime de responsabilidade por acidentes de consumo a partir das disposições do CDC. Na sequência, Paulo R. Roque A. Khouri, do Instituto Brasiliense de Direito Público (IDP), trata dos pressupostos da revisão por onerosidade excessiva no direito do consumidor, a partir de um *leading case* do Superior Tribunal de Justiça.

A segunda parte da obra inicia-se como o estudo de Bruno Miragem, professor da Universidade Federal do Rio Grande do Sul, sobre as funções do princípio da vulnerabilidade para o direito do consumidor. A Professora Roberta Densa, por sua vez, ocupa-se da disciplina da publicidade infantil e das várias visões sobre o tema no direito brasileiro. Em seguida, a Professora Maria Stella Gregori, da PUC/SP, trata do importante tema dos desafios da regulação da saúde suplementar no Brasil. Seguindo essa mesma linha, o Professor Cristiano Heineck Schmitt, da PUC/RS, e Camila Possan de Oliveira ocupam-se do exame das normas de proteção do consumidor aos contratos com planos de saúde, em especial em face da crise deflagrada pela pandemia de Covid-19.

Os Professores Diógenes Faria de Carvalho, da Universidade Federal de Goiás, e Vitor Hugo do Amaral Ferreira, da Universidade Franciscana, por sua vez, tratam de examinar as disposições estabelecidas no âmbito da União Europeia sobre inteligência artificial e seus impactos nas relações de consumo. Os Professores Luciano Benetti Timm, da Fundação Getulio Vargas, e Fernando B. Meneguin, da Universidade de Brasília, ocupam-se da análise das políticas públicas de defesa do consumidor e análise de impacto regulatório segundo os padrões da Organização de Cooperação e Desenvolvimento Econômico (OCDE).

O estudo da Professora Amanda Flávio de Oliveira, da Universidade de Brasília, e João C. de Andrade Uzêda Accioly, por sua vez, propõe o exame do direito do consumidor a partir da perspectiva da análise econômica do direito. A Professora Angélica Carlini, da Universidade Paulista, concentra sua atenção nos efeitos da incidência do Código de Defesa do Consumidor nos contratos de seguro.

Apontando o futuro das relações de consumo, a proteção de dados pessoais é objeto de um conjunto de reflexões em diferentes estudos. O Professor Guilherme Magalhães Martins, da Universidade Federal do Rio de Janeiro, ocupa-se das relações entre a Lei Geral de Proteção de Dados Pessoais e o direito do consumidor. A mesma LGPD, por seu turno, será objeto de exame, agora acerca de seus efeitos sobre o contrato de seguro e, por consequência, também sobre o segurado consumidor, no estudo dos Professores Bruno Miragem e Luiza Petersen. Os Professores Bruno Bioni e Daniel Dias, por sua vez, debruçam-se sobre o regime de responsabilidade civil na Lei Geral de Proteção de Dados Pessoais, propondo sua construção a partir da interação com o Código Defesa do Consumidor. Já Rafael A. F. Zanatta ocupa-se do interessante tema da discriminação de consumidores à luz da LGPD e do Código de Defesa do Consumidor.

Por fim, o estudo de Pablo Frota Malheiros dedica-se ao controverso tema da prescrição da pretensão do consumidor com relação a vícios do imóvel, segundo a disciplina do contrato de empreitada e as disposições do Código de Defesa do Consumidor e do Código Civil.

Todas as razões levam a comemorar esta justa homenagem aos 30 anos do Código de Defesa do Consumidor com o entusiasmo pela trajetória construída e o olhar adiante para os desafios de sua permanente atualidade perante as transformações da sociedade e do mercado. Entre o legado e o futuro está compreendida a certeza sobre a contribuição dos estudos que aqui se reúnem para o melhor entendimento e aperfeiçoamento do direito do consumidor brasileiro, reconhecido exemplo da nossa tradição jurídica.

Porto Alegre/RS e São Paulo/SP, outubro de 2020.

Bruno Miragem
Claudia Lima Marques
Lucia Ancona Lopez de Magalhães

SUMÁRIO

I. A CONSTRUÇÃO DO DIREITO DO CONSUMIDOR BRASILEIRO

1. 30 ANOS DE CÓDIGO DE DEFESA DO CONSUMIDOR: REVISANDO A TEORIA GERAL DOS SERVIÇOS COM BASE NO CDC EM TEMPOS DIGITAIS 3
Claudia Lima Marques

2. ATUALIDADE DO DIREITO DO CONSUMIDOR NO BRASIL: 30 ANOS DO CÓDIGO DE DEFESA DO CONSUMIDOR, CONQUISTAS E NOVOS DESAFIOS 67
José Geraldo Brito Filomeno

3. SISTEMA NACIONAL DE DEFESA DO CONSUMIDOR: AINDA MUITO A FAZER.. 113
Marcelo Gomes Sodré

4. OS PRINCÍPIOS DA PRECAUÇÃO E DA PREVENÇÃO COMO REGRAS DE FUNDO DO DIREITO CONSUMERISTA PARA A SEGURANÇA DO CONSUMIDOR.......... 139
Teresa Ancona Lopez

5. A EXPERIÊNCIA DO *RECALL* NO BRASIL 151
Lucia Ancona Lopez de Magalhães

6. RESPONSABILIDADE CIVIL POR ACIDENTES DE CONSUMO: OCORRÊNCIAS TRÁGICAS EM EVENTOS E SERVIÇOS PÚBLICOS DE TRANSPORTE E A IMPRES-CINDÍVEL EFETIVIDADE DO CDC NOS SEUS 30 ANOS DE VIGÊNCIA.............. 195
Joseane Suzart Lopes da Silva

7. ONEROSIDADE EXCESSIVA SUPERVENIENTE E O *LEADING CASE* DO *LEASING* COM VARIAÇÃO CAMBIAL.. 219
Paulo R. Roque A. Khouri

II. OS DESAFIOS ATUAIS DO DIREITO DO CONSUMIDOR NO BRASIL

8. PRINCÍPIO DA VULNERABILIDADE: PERSPECTIVA ATUAL E FUNÇÕES NO DIREITO DO CONSUMIDOR CONTEMPORÂNEO 233
Bruno Miragem

9. PUBLICIDADE INFANTIL: FUNDAMENTOS E CRITÉRIOS PARA DEFINIÇÃO DOS LIMITES DA ATUAÇÃO DO ESTADO... 263
Roberta Densa

XVIII | DIREITO DO CONSUMIDOR – 30 ANOS DO CDC

10. OS DESAFIOS DA REGULAÇÃO DA SAÚDE SUPLEMENTAR NO BRASIL 299
Maria Stella Gregori

11. PROTEÇÃO DO CONSUMIDOR DE PLANOS DE SAÚDE EM ÉPOCA DE PAN-DEMIA: O CASO DO CORONAVÍRUS (COVID-19) 315
Cristiano Heineck Schmitt
Camila Possan de Oliveira

12. A MUNDIALIZAÇÃO VIRTUAL E A (NOVA) ORDEM PÚBLICA GLOBAL DIANTE DA COVID-19: GOVERNANÇA E CONFIABILIDADE NA EXPERIÊNCIA DA COMISSÃO EUROPEIA SOBRE INTELIGÊNCIA ARTIFICIAL 339
Diógenes Faria de Carvalho
Vitor Hugo do Amaral Ferreira

13. POLÍTICAS PÚBLICAS PARA OS CONSUMIDORES: IMPLEMENTAÇÃO DO GUIA DA AIR DA OCDE NO BRASIL 365
Fernando B. Meneguin
Luciano Benetti Timm

14. DIREITO DO CONSUMIDOR E ANÁLISE ECONÔMICA DO DIREITO.................... 379
Amanda Flávio de Oliveira
João C. de Andrade Uzêda Accioly

15. TRINTA ANOS DO CÓDIGO DE DEFESA DO CONSUMIDOR E A EVOLUÇÃO NAS RELAÇÕES DE CONSUMO NOS CONTRATOS DE SEGURO 397
Angélica Carlini

16. A LEI GERAL DE PROTEÇÃO DE DADOS PESSOAIS (LEI 13.709/2018) E A PROTEÇÃO DOS CONSUMIDORES 417
Guilherme Magalhães Martins

17. O CONTRATO DE SEGURO E A LEI GERAL DE PROTEÇÃO DE DADOS.............. 455
Bruno Miragem
Luiza Petersen

18. RESPONSABILIDADE CIVIL NA LGPD: CONSTRUÇÃO DO REGIME POR MEIO DE INTERAÇÕES COM O CDC 495
Bruno Bioni
Daniel Dias

19. PERFILIZAÇÃO, DISCRIMINAÇÃO E DIREITOS: DO CÓDIGO DE DEFESA DO CONSUMIDOR À LEI GERAL DE PROTEÇÃO DE DADOS PESSOAIS 517
Rafael A. F. Zanatta

20. CONTRATO DE EMPREITADA E O PRAZO PARA O(A) CONSUMIDOR(A) AJUIZAR CONTRA O(A) FORNECEDOR(A) EMPREITEIRO(A) DEMANDA REPARATÓRIA POR DANOS MATERIAIS E (OU) EXTRAMATERIAIS ADVINDOS DO VÍCIO APA-RENTE OU OCULTO CONSTRUTIVO DA OBRA EM IMÓVEL 541
Pablo Frota Malheiros

I

A CONSTRUÇÃO DO DIREITO DO CONSUMIDOR BRASILEIRO

1

30 ANOS DE CÓDIGO DE DEFESA DO CONSUMIDOR: REVISANDO A TEORIA GERAL DOS SERVIÇOS COM BASE NO CDC EM TEMPOS DIGITAIS

CLAUDIA LIMA MARQUES

"... o CDC não deixa, como qualquer lei, de ser prisioneiro de seu tempo. Apesar de normas visionárias, não havia como prever em 1990 o crescimento exponencial das técnicas de contratação a distância, as transformações tecnológicas e o crescente comércio eletrônico de consumo, assim como imaginar a verdadeira democratização do crédito, fenômeno que amplia as facilidades de acesso a produtos e serviços, superando esquemas elitistas e popularizando sofisticados contratos financeiros e de crédito. Esta nova realidade brasileira coloca a necessidade de aperfeiçoar os mecanismos existentes de apoio aos consumidores..." (BENJAMIN, Antonio Herman, Palavras do Presidente da Comissão de Juristas, in SENADO FEDERAL, *Atualização do Código de Defesa do Consumidor – Anteprojetos – Relatório*, Presidência do Senado Federal, 2012, p. 9)

1. INTRODUÇÃO: SERVIÇOS E "SERVICIZAÇÃO" EM TEMPOS DIGITAIS

Trinta anos de Código de Defesa do Consumidor-CDC, uma data para se celebrar! A Lei 8.078, promulgada em 11 de setembro de 1990, deve ser celebrada especialmente pelo fato desta visionária lei ter aproximado o regime do fornecimento de produtos e serviços e assim preparado o mercado de consumo brasileiro para a nova riqueza do século XXI: os serviços, dados e outros "bens imateriais".

Em 2000, tive a oportunidade de escrever um artigo[1] propondo uma teoria geral dos serviços, face ao crescimento da importância dos serviços na virada do século XX para XXI e agora gostaria de revisitar esta "teoria geral", que tinha como base este

---

[1] MARQUES, Claudia Lima. Proposta de uma teoria geral dos serviços com base no Código de Defesa do Consumidor – A evolução das obrigações envolvendo serviços remunerados direta ou indiretamente. *Revista de Direito do Consumidor*, São Paulo, v. 33, p. 79-122, 2000.

regime dos serviços do CDC, frente aos novos modelos econômicos e contratuais do mundo digital. Revisitar é olhar para o presente e pensar o futuro do CDC, traçando linhas para sua atualização, com o PL 3.514/2015, que inclui novas regras para enfrentar o mundo digital. Assim manterei a estrutura do artigo anterior e suas observações e incluirei as novidades dos últimos 10 anos no consumo compartilhado e digital.

Revisitar é constatar a importância contínua dos serviços *off-line* (no mundo físico, como transporte, saúde, segurança, educação, telefonia e comunicação, energia e serviços essenciais, turismo, beleza, lazer, espetáculos, TV a cabo, crédito, financiamento etc.)[2] e o avanço impressionante dos serviços digitais ou *on-line* (serviços prestados na Internet mesmo, como informação, revistas, jornais, *delivered on-line, cloud services, e-mails, social media,* com seus influenciadores, *blogs,* Zoom, Skype, WhatsApp etc.),[3] e agora dos sistemas combinados "produto com serviços" ("product-service-system", PSS), dos serviços inteligentes, da inteligência artificial. A grande novidade da economia circular, em matéria de contratos é realmente a chamada "servicização"[4] dos produtos, em que o contrato não visa mais "adquirir" produtos, mas "usar" produtos (da compra e venda se passa a contratos de aluguel, à custódia, ao contrato de licenças por tempo, a permissões de uso, ao transporte eventual, à hospedagem e ao contratos de *short-term-rental, sharing transferable rights,*[5] *time-sharing* etc.), contratos típicos desta nova *sharing economy* ou a "economia das plataformas".[6] Destaque-se também que alguns bens, conteúdo ou produtos imateriais, em tempos digitais, passam a ser "acessados" por streaming, no chamado comércio eletrônico de "conteúdos digitais" (*e-books,* músicas "downloadable", filmes, games e aplicativos-apps etc.),[7] e o "streaming" não deixa de ser um serviço remunerado mês a mês ou por uso eventual no tempo.[8]

---

[2]   Segundo o Ministério da Economia o setor de serviços é responsável por 60% do PIB brasileiro há décadas, veja http://www.mdic.gov.br/index.php/comercio-servicos/a-secretaria-de-comercio-e-servicos-scs/406-programas-e-acoes-scs.

[3]   Veja, por todos, MIRAGEM, Bruno. Novo paradigma tecnológico, mercado de consumo digital e o direito do consumidor. *Revista de Direito do Consumidor,* São Paulo, v. 125, set./out. 2019, p. 17-62 (RTonline, DTR\2019\40949).

[4]   Em inglês, "servitization", veja MAK, Vanessa; TERRYN, Evelyne. Circular Economy and Consumer Protection: The Consumer as a Citizen and the Limits of Empowerment Through Consumer Law, in *Journal of Consumer Policy* (2020) 43:227–248, p. 239 e seg.

[5]   MILLER, Stephen R. First Principles for Regulating the Sharing Economy, 53 Harv. J. on Legis. 147 -202 (2016), p. 196 e seg.

[6]   Veja o artigo de KENNEY, Martin; ZYSMAN, John. The Rise of the Platform Economy, in Issues, vol. XXXII, n. 3, Spring, 2016, acessível in https://issues.org/the-rise-of-the-platform--economy/ (15.04.2020): "A digital platform economy is emerging. Companies such as Amazon, Etsy, Facebook, Google, Salesforce, and Uber are creating online structures that enable a wide range of human activities."

[7]   Veja MARQUES, Claudia Lima. Comentário à Diretiva (UE) 2019/770 do Parlamento Europeu e do Conselho, de 20 de maio de 2019, sobre certos aspetos relativos aos contratos de fornecimento de conteúdos e serviços digitais, in *Revista de Direito do Consumidor,* vol. 127 (2020).

[8]   Veja a diferença da compra e venda clássica e as duas diretivas sobre o tema na Europa, in LEHMANN, Mathias. Binnenkohärenz des europäischen Verbrauchervertragsrechts, in

Desde a década de 90 do século XX,[9] há um novo espaço de consumo massificado[10] e de nova "engenharia" de pagamento[11], o mundo digital, com seu crescimento avassalador e várias fases, cada vez mais "interativas e invasivas"[12], daí por que merece ser revista e atualizada a minha "proposta de uma teoria geral dos serviços com base no Código de Defesa do Consumidor".[13]

Como afirmou Antonio Herman Benjamin, o Brasil necessita de um Código de Defesa do Consumidor sempre atualizado e adaptado aos novos desafios, tanto no serviço de crédito e cobrança de dívidas, que é tratado no PL 3.515/2015, como no mundo digital, que é tratado no PL 3.514/2015, ambos aprovados por unanimidade no Senado Federal.[14] Interessante observar que a Atualização do CDC, tanto o PL 3.514/2015 sobre o mundo digital, como o PL 3.515/2015, sobre crédito ao consumidor (cobranças de dívidas e prevenção ao superendividamento), trata sempre de contratos de serviços.

Em seu trabalho seminal sobre a sociedade de consumo, Baudrillard chama atenção para a importância dos produtos/"objetos" e serviços/"substituição remunerada" das pessoas (ou família) na sociedade do século XX.[15] O foco do renomado

---

ARTZ, Markus; GSELL, Beate (Hrsg.) *Verbrauchervertragsrecht und digitaler Binnenmarkt*, Tübingen: Mohr, 2018, p. 21 e seg.

[9] KÖHLER, Markus; ARNDT, Hans-Wolfgang. *Recht des Internet*, Heidelberg: Müller, 2000, p. 2. Os autores explicam a evolução da Internet da ARPA-net de 1966 até o catalisador desenvolvido pelo CERN, o world wide web, www dos anos 90, até o hypertext transfer protocol (http) e o hypertext mark-up language (html) desenvolvido pela IBM, e os atuais nomes de domínio e search-engines de hoje (p. 2-3).

[10] MARQUES, Claudia Lima. *Contratos no Código de Defesa do Consumidor*, 9. Ed., RT: São Paulo, 2019, p. 94.

[11] Os italianos chamam de "sistemas de pagamento" que tem um papel dominante no desenvolvimento do comércio eletrônico, hoje móvel com os celulares, com os chamados "smart cards" e os "paypals", veja CHIRICO, Antonio. *E-commerce – I sistemi di pagamento via Internet e la monenda elettronica*, Napoli: Ed. Simone, 2006, p. 7 e seg.

[12] Veja, excelente, MIRAGEM, Bruno. Novo paradigma tecnológico, mercado de consumo digital e o direito do consumidor. *Revista de Direito do Consumidor*, São Paulo, v. 125, set./out. 2019.

[13] Versão atualizada e expandida do artigo MARQUES, Claudia Lima. Proposta de uma teoria geral dos serviços com base no Código de Defesa do Consumidor – A evolução das obrigações envolvendo serviços remunerados direta ou indiretamente. In *Revista de Direito do Consumidor*, São Paulo, v. 33, p. 79-122, 2000. Agradeço à Diógenes Carvalho o incentivo e as frutíferas conversas sobre o texto, assim como a ajuda na atualização das notas e rodapé e à Guilherme Mucelin, Ardyllis Soares e Bruno Miragem, o material bibliográfico atualizado.

[14] BENJAMIN, Antonio Herman. Palavras do Presidente da Comissão de Juristas, in SENADO FEDERAL, *Atualização do Código de Defesa do Consumidor – Anteprojetos – Relatório*, Presidência do Senado Federal, 2012, p. 9.

[15] BAUDRILLARD, Jean. *La societé de consommation*, Paris: ed. Denoël, 1970, p. 17-18: Il y a aujourd"hui tout autor de nous une espèce d"évidence fantastique de la consommation et de l" abondance, constituée par la multiplication des objets, des services, des biens matériels, et qui constitue une sorte mutation fondamentale dans l"écologie de l" espèce

autor é o novo "ambiente" onde estão as pessoas, não mais em grupos/políticos ou famílias/Nações, mas no mercado e na sociedade "de consumo", sozinhas e cercadas por "objetos" mudos. A minha hipótese de trabalho é que o ambiente da sociedade de consumo no século XXI mudou,[16] com a digitalização, interatividade e com a "robotização" da vida privada e que talvez os contratos de serviços estejam mudando também, daí a necessidade de rever a teoria geral que esbocei em 2000.

Como ensina Ricardo Lorenzetti, o surgimento da chamada "era digital" cria a necessidade de repensar importantes aspectos da organização social, dentre eles o consumo de hoje, sem ingenuidade ou menosprezo da sua complexidade.[17] O mundo digital, como já afirmei, é "desumanizado", "desmaterializado" e "deslocalizado",[18] o que tende a desconstruir os instrumentos clássicos da boa-fé (informação, cuidado, cooperação) e do direito do consumidor (qualidade-adequação, qualidade-segurança, conserto/troca), a exigir um renascimento do princípio da confiança (valorizar as expectativas legítimas, o visual, a aparência, o costumeiro das garantias, em uma visão de conjunto do negócio de consumo).[19]

No mundo digital, ainda há o novo da economia do compartilhamento e seus modelos novos de negócios e consumo, em que plataformas "colaborativas" na internet facilitam a utilização temporária de produtos e serviços, muitas vezes prestados por particulares, e que podem visar transporte, lazer, hospedagem, alimentação, aluguel de produtos e prestação esporádica de serviços, como *carsharing*, *crowdfunding*, *couchsurfing* entre outros, também desafiam as definições de fornecedor de produtos (digitais) e serviços e de intermediários, estes agora "senhores" do negócio, verdadeiros "guardiões" do acesso e do consumo (*gatekeepers*, na bela expressão de Hans Micklitz).[20] Efetivamente, a riqueza do século XXI são os "fazeres" globalizados, dos serviços clássicos, aos produtos imateriais e inteligentes, os "serviços digitais", aos dados dos consumidores.[21]

---

humaine...[...]...sous le regard muet d" objets...de notre puissance médusée, de notre abondance virtuelle, de notre absence les uns aux autres."

[16] Veja ADAM, Leonie; MICKLITZ, Hans-W., Verbraucher und Online-Plattformen, in MICKLITZ, Hans-Wolfgang; REISCH, Lucia A.; JOOST, Gesche; ZANDER-HAYAT, Helga (Hrsg.). *Verbraucherrecht 2.0: Verbraucher in der digitalen Welt*. Baden-Baden: Nomos, 2017, p. 45 e seg.

[17] LORENZETTI, Ricardo L. *Comercio electrónico*, Buenos Aires: Abeledo-Perrot, 2001, p. 9.

[18] MARQUES, Claudia Lima. *Confiança no comércio eletrônico e a proteção do consumidor – Um estudo dos negócios jurídicos de consumo no comércio eletrônico*. São Paulo: Ed. RT, 2004, p. 46 e seg.

[19] Veja detalhes no meu livro de pós-doutorado, MARQUES, Claudia Lima. *Confiança no comércio eletrônico e a proteção do consumidor*. São Paulo: Ed. RT, 2004, p. 46-47. Veja, na Alemanha, a obra de FUHRMANN, Heiner. *Vertrauen im Electronic Commerce*. Baden-Baden: Nomos, 2001.

[20] MARQUES, Claudia Lima. A nova noção de fornecedor no consumo compartilhado: um estudo sobre as correlações do pluralismo contratual e o acesso ao consumo. *Revista de Direito do Consumidor*, São Paulo, vol. 111, p. 247-268, maio-jun. 2017. p. 249.

[21] Veja a Diretiva Europeia 2019/770 de 20 de maio de 2019 sobre certos aspectos relativos aos contratos de fornecimento de conteúdos e serviços digitais e suas definições.

Positivamente destaque-se que o Código de Defesa do Consumidor, já em 1990, definiu serviços (art. 3º, § 2º, do CDC)[22] e aproximou o regime do fornecimento de produtos ("dares") e de serviços ("fazeres"), garantindo sua importância para regular o mercado de serviços e tratou dos bancos de dados negativos. O diálogo das fontes[23], do CDC, do marco civil da Internet, da Lei Geral de Proteção de Dados e da Lei do Cadastro Positivo completa este quadro complexo no direito brasileiro.[24] O CDC, que é de 1990, sequer menciona a Internet ou os negócios na rede, mas já prevê um direito de arrependimento para contratos feitos fora do estabelecimento comercial (art. 49 do CDC). Assim, o Projeto de Lei 3.514/2015 de atualização do Código de Defesa do Consumidor pretende incluir um novo capítulo sobre comércio eletrônico[25] e atualizar as sanções por práticas abusivas no mundo digital no CDC, além de modificar o art. 9º da Lei de Introdução às Normas de Direito Brasileiro – LINDB para preparar para comércio eletrônico internacional e o novo turismo de massas.[26]

Negativamente, é de se notar que, se o Código Civil de 2002 expressamente prevê uma categoria de contratos de "prestação" de serviços, este capítulo é de aplicação apenas subsidiária (art. 593)[27] e repete todos os artigos do Código Civil de 1916 do capítulo de "locação de serviços",[28] a exceção do referido art. 593 e do art. 605, que

---

[22]   O texto é: "serviço é qualquer atividade fornecida no mercado de consumo, mediante remuneração, inclusive as de natureza bancária, financeira, de crédito e securitária, salvo as decorrentes das relações de caráter trabalhista."

[23]   Veja KLEE, Antônia L.; MARQUES, Claudia Lima. Direito (fundamental) a informações claras e completas constantes dos contratos de prestação de serviços de internet. In: SALOMÃO, George; LEMOS, Ronaldo (Coord.). *Constituição e Internet*. São Paulo: Saraiva, 2014 e o livro de BESSA, Leonardo Roscoe. *Cadastro Positivo – Comentários à Lei 12.414, de 09 de junho de 2011*, São Paulo: RT, 2014. E SCHERTEL MENDES, Laura. O diálogo entre o Marco Civil da Internet e o Código de Defesa do consumidor, in MARQUES, Claudia Lima et ali (Coord.) *Direito Privado e Desenvolvimento Econômico*, São Paulo: RT, 2019, p. 255 e seg.

[24]   Veja, excelente, MIRAGEM, Bruno. *Curso de Direito do Consumidor*, São Paulo: RT, 2019, p. 153 a 192. E ainda MIRAGEM, Bruno. Novo paradigma tecnológico, mercado de consumo digital e o direito do consumidor. *Revista de Direito do Consumidor*, São Paulo, v. 125, set./out. 2019.

[25]   O comércio eletrônico tradicional é aquele entendido como o comércio clássico de atos negociais entre fornecedores e consumidores para vender/adquirir serviços e produtos, neles compreendidos bens materiais, imateriais e digitais, realizado mediante contratações a distância – por meio de telecomunicações de massa ou pela Internet, portanto prescindindo da presença física e simultânea dos partícipes da relação, assim KLEE, Antonia Espíndola Longoni. Comércio Eletrônico. São Paulo: Revista dos Tribunais, 2014. p. 71.

[26]   MIRAGEM, Bruno. *Curso de Direito do Consumidor*, São Paulo: RT, 2019, p. 192-196.

[27]   O texto do CC/2002 dispõe: "Art. 593. A prestação de serviço, que não estiver sujeita às leis trabalhistas ou a lei especial, reger-se-á pelas disposições deste Capítulo."

[28]   Note-se que são os mesmos textos do art. 594 do CC/2002 e art. 1.216 do CC/1916; atual art. 595 do CC/2002 adaptado do art. 1.217 do CC/1916; art. 596 do CC/2002 = art. 1.218 do CC/1916; art. 598 do CC/2002 = art. 1.220 do CC/1916; art. 599 do CC/2002 = art. 1.221 do CC/1916; art. 600 do CC/2002 = art. 1.223 do CC/1916; art. 601 do CC/2002 = art. 1.224

foram redigidos pela nova Comissão de Juristas autora do Código Civil de 2002. Não há como negar que esta repetição, sem o impulso de novas ideias, prejudica a aplicação do CC/2002 aos contratos de serviços hoje, em especial no mundo digital.[29] Neste sentido, como no artigo base de 2000, vou me concentrar nos contratos regidos pelo Código de Defesa do Consumidor e no diálogo das fontes com as demais normas sobre contratos de serviços, sempre de consumo.

Por fim, sobre uma "teoria geral", repita-se que o momento atual pós-moderno,[30] de fragmentação e radicalismo de pensamento, não é o mais propício para elaborar teorias gerais.[31] Parece, porém, que evoluir para uma visão geral e atualizadora do aspecto talvez mais interessante e renovador do CDC, que é justamente a aproximação quase igualitária dos regimes das obrigações de dar e de fazer, seria uma contribuição "reconstrutora" válida,[32] mesmo em tempos pós-modernos.[33]

---

do CC/1916; art. 602 do CC/2002 = art. 1.225 do CC/1916; art. 603 do CC/2002 adaptado do art. 1.228 do CC/1916; art. 605 do CC/2002 = art. 1.232 do CC/1916; art. 607 do CC/2002 adaptado do art. 1.233 do CC/1916; art. 608 do CC/2002 adaptado do art. 1.235 do CC/1916; art. 609 do CC/2002 = art. 1.236 do CC/1916.

[29] Os artigos sobre contrato de locação de serviços agrícolas e sobre as causas para o fim do contrato não foram recebidos no capítulo do Código Civil de 2002, assim, não foram recebidos os arts. 1.222 e 1.230 do CC/1916.

[30] Veja sobre a crise da pós-modernidade e impacto nos contratos, MARQUES, Claudia Lima. *Contratos no Código de Defesa do Consumidor*, 9. ed., São Paulo: RT, 2019, p. 153 e seg.

[31] Veja Dissertação de Mestrado defendida no PPGD da UFRGS por TIMM, Luciano B. *Da Prestação de Serviços*. Porto Alegre: Síntese, 1998.

[32] Cf. crítica a estes pós-modernos destruidores de MARQUES, Claudia Lima. A crise científica do Direito na pós-modernidade e seus reflexos na pesquisa, *Cidadania e Justiça – Revista da AMB*, ano 3, n. 6, 1999, p. 237 e ss.

[33] Cf. ROSENAU, Pauline Marie. *Post-modernism and the social sciences*. Princenton: Princeton Univ. Press, 1992, p. 53 e seg. Segundo Pauline Marie Rosenau, com a atual crise das ciências sociais, dois tipos de reações estão acontecendo. Há os que, tomados pelo ceticismo do momento, fotografam a crise e a destruição, preveem o fim das certezas científicas, constatam o vácuo de valores, o egocentrismo, a exclusão, a complexidade e o consumismo exacerbado, que vagueia em nossa sociedade atual; descontroem as teorias antes gerais, criticam severamente as soluções universalistas, mas acabam paralisados, minoritários, a utilizar os mesmos instrumentos jurídicos dos séculos passados, agora subjetivados ao extremo. Há os que, saudosos de algumas certezas da modernidade, procuram reconstruir as teorias em novas narrativas, frisam o diálogo de fontes, constatam a existência de novos paradigmas e verdades, verdades que mesmo mais tolerantes, fluídas, menos universais e agora microssistêmicas, povoam de sentido o ordenamento atual. Sua reação é afirmativa, afirmativa da necessidade de reconstrução da ciência, de evolução dos instrumentos colocados à disposição dos juristas e cientistas sociais, da necessidade da consciência da crise e da força para superá-la. Aos primeiros, denominou pós-modernos céticos, os segundos, pós-modernos afirmativos, e fotografou assim, com sua maneira simples, a crise atual de nossa ciência; concluindo que somente após retornar ao estudo do objeto (que poderia ser, em nosso caso, a Justiça ao consumidor de serviços no Brasil) é que a abalada ciência, o Direito, poderia, enfim, revitalizar-se. Veja ROSENAU, 1992, p. 57, no que ela denomina *"efforts to revitalize the subject"*.

Cap. 1 · 30 ANOS DE CÓDIGO DE DEFESA DO CONSUMIDOR | 9

Hoje se pode imaginar que praticamente os assuntos mais demandados no Poder Judiciário envolvem serviços[34], dos de pequena monta, como marcenaria, serviços educacionais, de conserto e pintura, serviços de informação, de lazer, de embelezamento, de telefonia, consórcios e de acesso à Internet, geralmente discutidos nos Juizados Especiais de pequenas causas, até aqueles serviços de valor maior, como empreitadas, seguros, transporte de passageiros, serviços turísticos, serviços médicos, funerários, de corretagem, imobiliária, de consultoria, de planos e seguros de saúde, de crédito, financiamento e serviços bancários em geral. O mundo digital está povoado de serviços, nem que sejam os serviços de acesso, locação e intermediação, o streaming e os produtos com serviços combinados. O que todos estes fazeres teriam em comum? O que os uniria em uma categoria contratual característica e um só regime jurídico? Haveria uma teoria geral dos serviços de consumo? O que distinguiria os contratos de serviços submetidos ao CDC dos outros contratos de serviço do direito comum? Trata-se, sem dúvida, de um questionamento prático importante, que aceitamos realizar novamente.

Assim, sem pretensões de criar uma "teoria geral" perfeita, mas sim de destacar possíveis usos do CDC no contexto "pós-moderno" dos serviços, gostaríamos de analisar sistematicamente o conceito e os elementos estruturais internos (Parte I) e externos das relações jurídicas envolvendo serviços, regidas pelo CDC (Parte II), tendo em conta sempre o regime jurídico imposto para o fornecimento de serviços em nosso mercado por esta lei. Como em 2000, o objetivo da análise é fotografar o plano da existência do negócio jurídico, cuja prestação é um fazer, destacar os elementos identificados nestes contratos de serviço regidos pelo CDC, verificando assim quais os elementos estruturais são comuns ao sistema do Direito Privado como um todo e quais elementos especiais podem ser identificados nos serviços de consumo, isto é, em que o sistema do CDC para o fornecimento de serviços destoa ou avança do geral. Uma vez que examinar detalhadamente o regime dos serviços no CDC em sua relevância jurídica seria tema para toda uma obra, preferimos destacar durante toda a análise como estes serviços modificam, criam, extinguem direitos, isto é, examinar as modificações mais importantes operadas no plano e nos requisitos de validade destas relações jurídicas envolvendo serviços, assim como destacar as eventuais mudanças no plano da eficácia.

Esperando que esta análise generalizadora possa contribuir para o real entendimento (logo, aplicação prática) do microssistema do CDC, informamos que tomaremos como base da análise algumas obras clássicas sobre a teoria geral dos negócios jurídicos,[35] mas que me deixarei inspirar pelas renovadas aproximações analíticas

---

[34] Conforme relatório da Justiça em números CNJ. Disponível em: https://www.conjur.com. br/dl/justica-numeros-2018-2408218compressed.pdf. Acesso em: Maio de 2019.

[35] A inspiração maior vem da obra de ANDRADE, Manuel A. Domingues de. *Teoria Geral da Relação Jurídica*. v. 1. Reimpressão do original de 1944. Coimbra: Almedina, 1997, e da Parte Geral de Clóvis Bevilaqua. Igualmente utilizados para o plano foram as obras de STIGLITZ, Rubén (Coord.). *Contratos: Teoria General*, v. 1. Buenos Aires: Depalma, 1990; GHERSI, Carlos Alberto (Coord.), *Teoria General de la Reparación de Daños,* Buenos Aires: Astrea, 1997; e a obra de LORENZETTI, Ricardo Luis. *Tratado de los Contratos*. Tomo I. Buenos Aires: Rubinzal-Culzoni, 2000.

de autores estrangeiros e brasileiros sobre as relações jurídicas, especialmente as contratuais, no final do século XX[36] e início do século XXI.[37]

Trata-se, pois, de uma análise da relação jurídica (obrigacional)[38] de serviços regulada pelo CDC e os elementos que a diferenciam. Nesse sentido, há que se começar definindo o que entenderemos por "serviços" e "fornecimento de serviços" neste estudo. Serviço *ex vi lege* é *"qualquer atividade fornecida no mercado de consumo, mediante remuneração, inclusive as de natureza bancária, financeira, de crédito e securitária, salvo as decorrentes das relações de caráter trabalhista"* (art. 3.º, § 2º, CDC).[39] Fornecimento de serviços ou contrato de serviços é o negócio jurídico que propiciar ao titular ou que envolver a prestação de um fazer economicamente relevante, de um ato ou de uma omissão útil e interessante no mercado de consumo, de uma atividade remunerada direta ou indiretamente, um fazer imaterial e principal, que pode ou não vir acompanhado ou complementado por um dar ou pela criação ou entrega de bem material acessório a este fazer principal, fazer que é, em verdade, a causa de contratar e a expectativa legítima do consumidor frente ao fornecedor.[40]

---

[36] Cf. KOETZ, Hein. *Europäisches Vertragsrecht*. Tübingen: Mohr, 1996; ZANONI, Eduardo. *Elementos de la obligación*. Buenos Aires: Astrea, 1996; BENEDETTI, Giuseppe. *Il Diritto Comune dei contratti e degli atti unilaterali tra vivi a contenuto patrimoniale*. 2. ed. Napoles: Jovene Editore, 1997; LORENZETTI, Ricardo. *Fundamentos do Direito Privado*. São Paulo: RT, 1998; MEDICUS, Dieter. *Bürgerliches Recht-Eine nach Anspruchsgrundlagen geordnete Darstellung zur Examensvorbereitung*. 13. ed. Colônia: Carl Heymanns, 1987.

[37] Veja RIEFA, Christine. Beyond e-commerce: some thoughts on regulating the disruptive effect of social (media) commerce, in *Revista de Direito do Consumidor*, vol. 128 (2020), MELLER-HANNICH, Caroline. *Wandel der Verbraucherrollen – Das Recht der Verbraucher und Prosumer in der Sharing Economy*, Berlin: Duncker & Humbolt, 2019; RIEFA, Christine; CLAUSEN, Laura. Towards Fairness in Digital Influencer" Marketing Practices, in EuCML – Journal of European Consumer and Market Law, 2/2019, p. 64-74; ARTZ, Markus; GSELL, Beate. (Hrsg.) *Verbrauchervertragsrecht und digitaler Binnenmarkt*, Tübingen: Mohr, 2018; NOGLER, Luca; REIFNER, Udo (Ed.). *Life Time Contracts – Social Long-term Contracts in Labour Tenancy and Consumer Credit Law*, The Hague, Eleven Int. Publ., 2014. E, dentre os brasileiros, SANTOLIM, César Viterbo Matos. Os princípios de proteção do consumidor e o comércio eletrônico no direito brasileiro. *Revista de direito do consumidor*. São Paulo: Revista dos Tribunais. n. 55, jul/set. 2005. p. 53 e seg.

[38] Sobre os limites clássicos desta expressão, cf. COSTA JÚNIOR, Olímpio. *A Relação Jurídica Obrigacional*. São Paulo: Saraiva, 1994. p. 6-7.

[39] Veja sobre o tema o resultado da ADIN 2.591, in MARQUES, Claudia Lima; ALMEIDA, João Bastista de; PFEIFFER, Roberto (coord.). *Aplicação do Código de Defesa do Consumidor aos bancos – ADin 2.591*. São Paulo: Ed. RT, 2006, p. 9 e seg.

[40] Uma interessante análise dos serviços nos foi brindada por LORENZETTI, Ricardo. La relación de consumo: conceptualização dogmática en base al Derecho del Mercosur, *Revista de Direito do Consumidor*, v. 21, p. 9 e ss. Ibid. p. 20 e 21, classifica os serviços como *"servicios de función publica"* (telefones, eletricidade, segurança, educação, justiça), *"servicios de infra-estrutura"* (assistência e gestão financeira, assessoramento e consultoria -jurídica também- auditoria, hotelaria, transporte, manutenção de beleza, de lazer, resolução de conflitos, investigação de mercados, *marketing*, publicidade, segurança, limpeza, transporte, informáticos e tecnológicos), *"servicios profesionales"* (profissionais liberais, autônomos,

I. CONCEITO E ESTRUTURA INTERNA DAS RELAÇÕES JURÍDICAS DE SERVIÇOS

Por uma questão de ordem, procuraremos inicialmente definir o conceito e a *estrutura interna* da relação jurídica ou contrato de fornecimento de serviços no CDC, como noção preliminar (A),[41] para somente após realizar uma análise dos elementos em que ela se desdobra na prática, os quais poderíamos denominar de *estrutura externa* do contrato de serviços (B).[42] O primeiro esforço será de conceituar "relações jurídicas de serviços" no sistema do CDC. Para tal necessitamos revisitar algumas noções preliminares da parte geral do Direito Civil, adaptando-as ao espírito protetivo e especial do CDC. Prepara-se assim a análise destas relações de consumo envolvendo serviços, que não são apenas contratuais, mas que desbordam a antiga *summa divisio* para envolver e vincular sujeitos não envolvidos diretamente nos contratos com os consumidores, mas sim nas "relações" de consumo como um todo. Note-se que muitos dos serviços são hoje gratuitos e digitais.[43]

A) NOÇÕES PRELIMINARES

1. EXAME NO PLANO DA EXISTÊNCIA E ELEMENTOS DA RELAÇÃO

No plano da existência é analisada somente a entrada no "mundo do direito" de um fato ou ato juridicamente relevante e é este classificado, no nosso caso, como relações de consumo envolvendo serviços ou envolvendo produtos.[44] Trata-se da primeira "fotografia" de sua existência e relevância jurídica, identificação ainda não valorativa (análise reservada ao plano da validade), identificação apenas da estrutura básica e característica, não do regime ou das consequências que terá este fato ou ato no mundo do direito (análise reservada ao plano da eficácia).[45]

Fotografada a relação jurídica de serviço, regulada pelo CDC, alguns elementos estruturais[46], internos e externos, presentes em todas as relações podem ser identificados. Descobre-se assim um arquétipo, um modelo de relação jurídica de serviço, um esquema abstrato que nos demonstrará estarmos frente a um ato ou fato jurídico de serviço de consumo.[47] Este é o objetivo final de nossa proposta.

---

artistas, escritores, pintores, construtores, ceramistas, advogados, médicos etc.), mas considera que somente alguns destes podem ser "de consumo".

[41] COSTA JÚNIOR, 1994, p. 49 e ss. prefere considerar sujeito, objeto e vínculo como elementos estruturais e distingui-los entre elementos estáticos e dinâmicos.

[42] ANDRADE, op. cit., p. 1 e ss. assim subdivide sua análise.

[43] MARQUES, Claudia Lima. *Contratos no Código de Defesa do Consumidor*, 9. Ed., RT: São Paulo, 2019, p. 320 e seg.

[44] Veja a feliz exposição de AZEVEDO, Antônio Junqueira de. *Negócio Jurídico*: Existência, Validade e Eficácia. São Paulo: Saraiva, 1986. p. 31 e ss., onde cita o mestre desta matéria no Brasil, Pontes de Miranda.

[45] Veja, magistral, AZEVEDO, 1986, p. 32.

[46] Chamando atenção para a necessária abstração desta análise, afirma Ibid., p. 40: "Elemento do negócio jurídico é tudo aquilo que compõe sua existência no campo do direito".

[47] É o que ANDRADE, op. cit., p. 3, denomina "relação jurídica em sentido abstrato".

No caso concreto de um negócio jurídico de consumo, externamente observaremos, no plano da existência, que alguém, em algum lugar, em algum tempo, realizou algum ato, com determinada forma, frente a uma outra pessoa ou coletividade, ato que possui determinadas características gerais que o classificam como integrante de uma categoria de negócios (fornecimento de serviços frente ao consumidor, por exemplo), observando também suas características especiais (remunerado ou não, por exemplo) e eventuais características extras, particulares ou acidentais (condições, por exemplo).[48]

Se os elementos externos do negócio jurídico de consumo são "generalizantes", pois que examinam o caso concreto da vida com categorias gerais feitas para todo o mundo do direito; a análise dos elementos internos destas relações jurídicas é ainda mais abstrata, pois movimenta-se apenas no mundo do direito, generalizando o que se observa apenas interna e juridicamente. Os elementos estruturais internos são a própria ideia de obrigação, os direitos subjetivos daí resultantes, os deveres de prestação e de conduta, deveres principais, anexos e acessórios, a sujeição e os direitos potestativos, o sinalagma, enfim, as expectativas legítimas oriundas destas relações jurídicas no mercado de consumo.[49]

2. CONCEITO DE SERVIÇO E FORNECIMENTO DE SERVIÇO NO CDC

O CDC oferece uma definição bastante ampla de serviço em seu art. 3º, § 2º, e regula todas as "relações de consumo" (art. 4º), que envolvam serviços remunerados (direta ou indiretamente). O espírito do CDC é aberto (interface do art. 7º, *caput* e parágrafo único) e expansivo subjetivamente, pois *ex vi lege* amplo o suficiente para incluir um grande número e todas as espécies de relações de consumo envolvendo serviços, relações contratuais (art. 20), pré-contratuais (arts. 30, 31, 34, 39, 40 e 84), pós-contratuais (arts. 9º, 10, 42 e 43) e extracontratuais *ex delicto* (art. 14), como também se pode notar nas amplas definições de consumidor (arts. 2º, *caput* e parágrafo único, 17 e 29), de fornecedor de serviços (arts. 3º, *caput* e § 2º) e na norma objetivo[50] do art. 4º (especialmente incisos I, III, V e VI).

A Lei nº 8.078/90 tem clara origem constitucional (arts. 170 e 5º, XXXII, da Constituição Federal de 1988 – CF/88 e art. 28 do Ato das Disposições Constitucionais Transitórias – ADCT), subjetivamente direito fundamental e princípio macro, ordenador da ordem econômica do país. E igualmente lei geral principiológica[51]

---

[48] Como ensina AZEVEDO, op. cit., p. 35, a denominação tradicional destes elementos do plano da existência são elementos essenciais ao negócio (*essentialia negotii*), naturais (*naturalia negotii*) e acidentais (*accidentalia negotii*). Particularmente preferimos a classificação cunhada por AZEVEDO, op. cit., p. 41: "a) elementos gerais, isto é, comuns a todos os negócios; b) elementos categoriais, isto é, próprios de cada tipo de negócio; c) elementos particulares, isto é, aqueles que existem em um negócio determinado, sem serem comuns a todos os negócios ou a certos tipos de negócio."

[49] Cf. ANDRADE, op. cit., p. 5 e ss.

[50] Expressão de GRAU, Roberto. Interpretando o código de Defesa do Consumidor: algumas notas, *Revista de Direito do Consumidor*, v. 5, p. 183 e ss.

[51] Esta feliz expressão é de Nelson Nery Júnior, em sua conferência magna no XIV Curso Brasilcon de Direito do Consumidor, em outubro de 1998, em Porto Alegre.

Cap. 1 · 30 ANOS DE CÓDIGO DE DEFESA DO CONSUMIDOR | **13**

em matéria de relacionamentos contratuais e de acidentes de consumo. Lei geral principiológica porque não trata especificamente de nenhum contrato firmado entre consumidor e fornecedor em especial, nem de atos ilícitos específicos, mas estabelece novos parâmetros e paradigmas para todos estes contratos e fatos juridicamente relevantes, que denomina, então, de relações de consumo.

Esta lei consumerista regula assim todo o fornecimento de serviços no mercado brasileiro e as relações jurídicas daí resultantes, mesmo os serviços prestados sem prévia solicitação ou autorização (art. 39, III e VI, do CDC), exigindo apenas "remuneração" do serviço (art. 3º, § 2º, do CDC). Tal remuneração, como a jurisprudência está a indicar, pode ser direta ou mesmo indireta, fato cada vez mais comum no mercado de consumo complexo atual.[52]

Se serviço no CDC (art. 3º, § 2º) é toda e "qualquer atividade fornecida no mercado de consumo, mediante remuneração, (...) salvo as decorrentes das relações de caráter trabalhista", são objeto deste nosso estudo todas as relações juridicamente relevantes envolvendo serviços prestados por um fornecedor a um consumidor (arts. 2º e 3 º do CDC). Relação jurídica é toda a relação da vida juridicamente relevante, isto é, disciplinada pelo Direito, no caso, pelo Direito do Consumidor, incluindo como visto relações pré-, pós-, contratuais e extracontratuais *ex delicto* que envolvam serviços.

Segundo Domingues de Andrade, em um sentido amplo, "relação jurídica é toda a situação ou relação da vida real (social) juridicamente relevante (produtiva de consequências jurídicas), isto é, disciplinada pelo Direito" e, em um sentido estrito, apenas "a relação da vida social disciplinada pelo Direito, mediante a atribuição a uma pessoa (em sentido jurídico) de um direito subjetivo e a correspondente imposição a outra pessoa de um dever ou de uma sujeição."[53] Em nossa análise, não limitaremos nosso estudo às relações jurídicas que atribuam direitos subjetivos (individuais, coletivos e difusos) aos consumidores, mas para alcançar maior alcance, procuraremos englobar toda e qualquer atividade de serviço remunerada direta ou indiretamente no mercado que seja juridicamente relevante, mesmo que em forma de expectativa de direito, regulada pelo CDC. Optamos, pois, por um conceito de relação jurídica de serviço de sentido amplo, tendo em vista o espírito protetivo da referida lei tutelar dos consumidores.

Quanto à conceituação de "fornecimento de serviços", as análises brasileiras geralmente concentram-se na prestação principal, no objeto desta prestação.[54] Serviço

---

[52]   O movimento da análise econômica nos Estados Unidos alerta-nos para a falácia "econômica" dos chamados "serviços", "utilidades" ou promessas "gratuitas", que não passaria de uma superada ficção jurídica. O que parece juridicamente gratuito, nos alertam mesmo os conservadores e radicais autores deste movimento de Chicago, é economicamente baseado na certeza da remuneração indireta, na interdependência de prestares futuros e atuais (sinalagma escondido), no estado de cativade e de dependência a que um dos parceiros fica reduzido e no lucro direto e indireto do outro. Veja, citando Richard A. Posner, MARQUES, Claudia Lima. Relação de consumo entre os depositantes de cadernetas de poupança e os bancos ou instituições que arrecadam a poupança popular, *Revista dos Tribunais*, n. 760, p. 127.

[53]   ANDRADE, op. cit., p. 2.

[54]   Assim o mestre da UFRGS COUTO E SILVA, Clóvis. *A obrigação como processo.* São Paulo: Bushtasky, 1976, p. 156, ensinando que a obrigação de fazer tem como objeto da prestação a própria atividade, já a obrigação de dar tem como objeto uma coisa ou direito.

seria o negócio jurídico cuja obrigação principal fosse um fazer (*opus facere*), em contraposição às obrigações de dar ou ao fornecimento de produtos no mercado. As análises latino-americanas preferem valorar o resultado, o direito/poder resultante do negócio jurídico.[55] Serviço seria assim o negócio através do qual o titular adquire a faculdade de exigir de outra pessoa uma atividade ou utilidade de conteúdo patrimonial (*ius in personam*), direito de crédito ou obrigacional, a se contrapor aos direitos reais (*ius in re*) geralmente resultantes das obrigações de dar. O Código Civil de 2002 não definiu serviços ou seu "fornecimento". O Código Civil de 2002 preferiu repetir as normas do Código Civil de 1916 no capítulo intitulado "da Prestação de Serviço" de aplicação subsidiária, ressalvando no art. 593 todas as leis especiais, como o próprio CDC, que regulem os serviços.

Assim, tanto as análises que focam no resultado ou no tipo de obrigação estão corretas e presentes sem dúvida em nosso CDC (e ressalvadas pelo Código Civil de 2002), porém, parece necessário inicialmente frisar dois problemas dogmáticos. De um lado, visualizamos hoje – em virtude do princípio criador, limitador e hermenêutico da boa-fé (objetiva, como demonstrar-se-á)[56] – as obrigações como processos de cooperação no tempo, como feixes de deveres de conduta e de prestação direcionados a um só bom fim, o cumprimento do contrato.[57]

Nesse sentido, a boa-fé objetiva confere à obrigação uma visão dinâmica, de modo que concentrar a análise em apenas uma das "condutas", em uma das "prestações", é reduzir o espectro, uma vez que – se durar – muitas serão as "prestações principais" no tempo, sem esquecer que, na complexidade da vida atual, os fazeres são múltiplos, múltiplos são os "dares" para satisfazer uma só necessidade de consumo e, acima de tudo, hoje já não está mais certo qual a prestação é principal.

Certo é que a prestação principal é aquela característica, característica daquele negócio, geralmente a que não envolva apenas o pagamento ou transferência de quantias, a exceção dos contratos bancários e financeiros. A dúvida hoje é saber se "principal" para o consumidor é o dever de prestação (realizar um tratamento médico, por exemplo), ou é o cumprimento de um dever anexo (informar os riscos do tratamento e opções para permitir a escolha) ou de um dever acessório (ministrar corretamente o remédio, alcançar asseio e precisão nos usos dos instrumentos e curativos) ou todo este conjunto unido é a realização das expectativas do consumidor, causa do contrato, logo objeto da prestação. A complexidade atual perturba a definição de serviço pelo resultado concreto alcançado, a maioria dos negócios envolvendo serviços, envolvem apenas direitos pessoais, mas certo é que de um serviço pode resultar hoje um direito real acessório, como por exemplo no caso dos contratos de *time-sharing* ou multipropriedade[58].

---

[55] Boa revisão em COSTA JUNIOR, Olímpio. *A relação jurídica obrigacional*. São Paulo: Saraiva, 1994. p. 1-7.

[56] Sobre as funções do princípio da boa-fé, veja obra de MARTINS-COSTA, Judith. *A Boa-fé no Direito Privado*. São Paulo: RT, 1999, p. 409 e ss.

[57] Veja, por todos, LARENZ, Karl, Schuldrecht. Bd.I-AT, 14. ed. Munique: Beck, p. 26 e ss. e, em português, COSTA JÚNIOR, op. cit., p. 56 e ss.

[58] Note-se que a disciplina da *Time Sharing* (multipropriedade) pela Lei nº 13.777/2018, que mudou o Código Civil e a Lei de Registros Públicos e o considerou um bem, uma copropriedade.

Assim, preferimos as análises germânicas que geralmente iniciam pela pretensão (*Anspruch*) resultante do negócio.[59] Assim, serviço seria o negócio jurídico que propicia ao titular ou que envolver a prestação de um fazer economicamente relevante, de um ato ou de uma omissão útil e interessante no mercado de consumo, de uma atividade remunerada direta ou indiretamente, um fazer imaterial e principal, que pode ou não vir acompanhado ou complementado por um dar ou pela criação ou entrega de bem material acessório a este fazer principal, fazer que é, em verdade, a causa de contratar e a expectativa legítima do consumidor frente ao fornecedor. A diferença em concentrar-se na pretensão e não na prestação é o grau de abstração. Prestação é algo concreto que pode acontecer ou não no caso em estudo (não acontece em caso de insolvência, por exemplo); representa assim algo do mundo dos fatos, um dar ou um fazer que modifica primeiro os fatos e depois o mundo do direito. Pretensão é uma pura abstração jurídica, é criação do direito para indicar que algo vai mudar, que alguém vai "pretender" uma utilidade qualquer e conseguirá ou que pelo menos o direito vai protegê-lo (ação em direito material). Pretensão indica que o mundo do direito (plano da eficácia) já está outro em virtude daquele vínculo criador da pretensão titulada. Concentrar-se nas pretensões de cada uma das partes, aquilo que cada um pretende na relação jurídica, facilita "entender" o negócio, sua causa, sua finalidade de consumo, as expectativas legítimas nascidas pela confiança despertada no consumidor pelo fazer do fornecedor.

B) ELEMENTOS INTERNOS DA RELAÇÃO JURÍDICA DE SERVIÇO: UMA INTRODUÇÃO

Permitam-me revisitar este texto, fazendo uma introdução aos elementos internos da relação jurídica de serviço. Fotografada a relação jurídica de serviço, regulada pelo CDC, revelam-se alguns elementos estruturais internos, presentes em todas as relações. Os elementos estruturais internos são a própria ideia de obrigação (*vinculum*), os direitos subjetivos daí resultantes, os deveres de prestação e de conduta (deveres principais, anexos e acessórios), a sujeição e os direitos potestativos e as expectativas legítimas oriundas destas relações no mercado de consumo.[60]

1. A OBRIGAÇÃO ENVOLVENDO SERVIÇOS, A "SERVICIZAÇÃO" E O MUNDO DIGITAL

Mister frisar que "obrigação" aqui significa vínculo, liame, dever de atuação em determinado sentido, dever de indenizar em caso de violação do dever. Isto porque estamos em um microssistema determinado, o CDC,[61] e só é juridicamente

---

[59]   Assim também LÔBO, Paulo Luiz Netto, Responsabilidade por vício do produto ou do serviço, *Brasília Jurídica*, Brasília, 1996, p. 83 e ss. Para um bom repassar da evolução da doutrina alemã, das teorias chamadas "personalistas" às "patrimonialistas" das obrigações, veja TIMM, 1998, p. 76 a 80.

[60]   Cf. ANDRADE, op. cit., p. 5 e ss.

[61]   Sobre o microssistema do CDC, veja GRINOVER, Ada Pellegrini et al. (Org.). *Código Brasileiro de Defesa do Consumidor:* Comentado pelos autores do Anteprojeto. Rio de Janeiro: Forense Universitária, 1998, p. 344.

relevante o que tiver por finalidade (direta ou indireta) o consumo ou o atendimento de interesses e utilidades do consumidor. Este microssistema, pois, tem caráter eminentemente negocial. Os atos negociais nunca são neutros ou não vinculativos, ao contrário, criam sempre deveres, de maior ou menor intensidade e, é justamente, esta intensidade que é regulada no CDC, nos deveres impostos aos fornecedores de serviço, contratual ou extracontratualmente. Em resumo, para aparecer no plano da existência como relação de consumo, o fornecimento de serviço já é vinculativo, já é negocial, já cria obrigações, vínculos e liames, maiores ou menores. Eis porque consideramos[62] que a maior contribuição do CDC ao Direito Civil foi justamente esta, de tornar vinculativos atos e fatos de consumo que antes eram considerados juridicamente irrelevantes (logo, antes "fotografados" no plano da existência, como "não jurídicos", não juridicamente relevantes).

Os elementos estruturais internos são, pois, os oriundos desta ideia de obrigação *lato sensu*, no nosso caso, de vínculo obrigacional de consumo: direitos subjetivos, deveres de prestação e de conduta, sujeição e expectativas legítimas. Estes elementos, no CDC, só podem ser entendidos e identificados com base nos princípios orientadores do microssistema, especialmente no princípio da boa-fé e do equilíbrio nas relações de consumo.

Boa-fé, como visto, significa uma atuação "refletida", atuação refletindo, pensando no outro, no parceiro contratual, respeitando-o, respeitando seus interesses legítimos, seus direitos, respeitando os fins do contrato, agindo com lealdade, sem abuso da posição contratual, sem causar lesão ou desvantagem excessiva, com cuidado para com a pessoa e o patrimônio do parceiro contratual, cooperando para atingir o bom fim das obrigações, isto é, o cumprimento do objetivo contratual e a realização dos interesses legítimos de ambos os parceiros.[63]

Com efeito, perseguindo ideais de harmonia, transparência e segurança, o sistema do CDC estipula como princípios orientadores (criadores e limitadores) a boa-fé objetiva[64] e o equilíbrio nas relações de consumo (art. 4º, III, *in fine*, do CDC).

A proteção da boa-fé e da confiança despertada formam, segundo Karl Larenz, a base do tráfico jurídico, a base de todas as vinculações jurídicas, o princípio máximo das relações contratuais.[65] O Código de Defesa do Consumidor (CDC) inova ao impor expressamente, para todas as relações de consumo envolvendo prestação de serviços onerosos no mercado (art. 3º, § 2º, do CDC), um patamar mínimo de boa-fé na conduta das partes (art. 4º, inciso III, do CDC).[66]

---

[62] MARQUES, Claudia Lima. Vinculação própria através da publicidade? A nova visão do Código de Defesa do Consumidor, *Revista de Direito do Consumidor*, São Paulo, v. 10, 1994, p. 6-20.

[63] MARQUES, Claudia Lima. *Contratos no Código de Defesa do Consumidor*, 9. Ed., RT: São Paulo, 2019, p. 206 e seg.

[64] Sobre a boa-fé objetiva como princípio orientador do sistema do CDC, veja o artigo de AGUIAR JÚNIOR, Ruy Rosado de. A boa-fé na relação de consumo, *Revista de Direito do Consumidor*, v. 14, p. 20 e ss.

[65] LARENZ, Karl. *Schuldrecht*. Bd.I-AT. 14. ed. Munique: Beck, p. 127 e 128.

[66] Sobre a boa-fé nas relações de consumo e a cláusula geral de boa-fé do art. 51, inciso IV, do CDC, veja AGUIAR Jr., p. 20 e ss.

Trata-se de uma boa-fé objetiva, um paradigma de conduta leal, e não apenas da boa-fé subjetiva, conhecida regra de conduta subjetiva no Código Civil. Boa-fé objetiva é um *standard* de comportamento leal, com base na confiança despertada na outra parte cocontratante, respeitando suas expectativas legítimas e contribuindo para a segurança das relações negociais.[67]

Note-se que o princípio da boa-fé objetiva, princípio orientador das relações de consumo segundo o CDC (art. 4º, III), apresenta dupla função. Tem função criadora (*pflichtenbegrundende Funktion*), seja como fonte de novos deveres (*Nebenpflichten*), deveres de conduta anexos aos deveres de prestação contratual, como o dever de informar, de cuidado e de cooperação; seja como fonte de responsabilidade por ato lícito (*Vertrauenshaftung*), ao impor riscos profissionais novos e indisponíveis. Assim também possui o princípio da boa-fé uma função limitadora (*Schranken- bzw. Kontrollfunktion*), reduzindo a liberdade de atuação dos parceiros contratuais ao definir algumas condutas e cláusulas como abusivas, seja controlando a transferência dos riscos profissionais e libertando o devedor face a não razoabilidade de outra conduta (*pflichenbefreinde Vertrauensunstände*).[68]

O princípio geral de boa-fé, positivado no CDC, em seu art. 4º, inc. III, estipula um mandamento de boa-fé (objetiva) a guiar todas as condutas, em especial a do fornecedor de serviços, como atividade necessariamente leal, cooperativa, informativa, transparente, cuidando do nome e patrimônio daquele que o escolheu como parceiro, os consumidores, presumidos legalmente como parte vulnerável da relação (art. 4º, I, do CDC). Aqui um reflexo da função positiva do princípio da boa-fé, da força criativa de deveres de conduta, princípio que interpretando as normas positivas impostas impõe uma atuação refletida do contratante mais forte em relação aos interesses do contratante mais fraco, o consumidor.

Trata-se de mais um mandamento de proteção da segurança e da harmonia social (*Vertrauensgebot*), o qual imporia àqueles que exercerem atividades no mercado suportar riscos profissionais e deveres de conduta mais elevados, a eles imputados por esta lei especial, uma vez que visam lucro (direta ou indiretamente) através desta sua atividade negocial que atinge um grande número de consumidores (indivíduos, grupo ou coletividade tutelada).

Em outras palavras, identificado no plano da existência que se trata de relação de consumo envolvendo serviço, identificamos no mesmo momento a existência de direitos subjetivos clássicos para o polo ativo (necessariamente o consumidor), direitos estes ampliados pela noção de necessária realização também das expectativas legítimas do consumidor, expectavas típicas daquele tipo de relação ou contrato, assim como identificamos deveres de prestação qualificados pelo paradigma de qualidade adequação e qualidade segurança imposto ao polo passivo (necessariamente o ofertante, o obrigado por excelência no microssistema, o profissional

---

[67] Cf. MARQUES, Claudia Lima. *Contratos no Código de Defesa do Consumidor*. 9. ed. São Paulo: RT, 2019, p. 206-207.

[68] Veja, por todos, FIKENTSCHER, Wolfgang. *Schuldrecht*. Berlim: Walter de Gruyter, 1992, p. 130 e ss.

fornecedor), e, por fim, mas fazendo parte da relação, deveres de condutas oriundos diretamente da boa-fé (impostos *ex vi lege* ao fornecedor), deveres de informação, de cooperação e de cuidado.

Esta "expansão" de direitos e deveres podemos denominar aqui de relação jurídica "qualificada" pelos princípios orientadores do CDC, especialmente o da boa-fé. O fato de a relação jurídica de consumo envolvendo serviços ser qualificada vai ter reflexos importantes no plano da validade, como a exigência de maior autonomia de vontade do consumidor, autonomia informada (arts. 20, 30, 34 e 35 do CDC), autonomia com direito de reflexão (art. 49 do CDC), autonomia com acesso prévio às condições do contrato e do serviço (arts. 40, 46, 48, 52 e 54 do CDC). É fácil concluir que também, extracontratualmente, a noção de culpa pela atuação teria que ser substituída neste sistema qualificado por uma noção objetiva, mais concentrada na proteção da vítima do que em reprimendas pela conduta (diga-se de passagem, lícita e só eventualmente de risco) do fornecedor ou profissional. Trata-se de uma relação jurídica qualificada pela boa-fé que vai alterar substancialmente também o plano da eficácia destes negócios jurídicos, pois que nascem novos direitos para os consumidores e novos deveres para os fornecedores quando estão em uma relação de consumo envolvendo serviços, assim como a própria noção de adimplemento sofrerá modificações, hoje adimplir é cumprir totalmente os seus deveres principais de prestação e também os anexos de conduta.

A segunda modificação operada pelos princípios do CDC é quanto à visão dinâmica e no tempo deste vínculo. A existência de um vínculo juridicamente relevante unindo dois sujeitos na sociedade traz em si, portanto, o binômio dever/comando, direito/poder; traz em si a ideia de obrigação *lato sensu* entre estes sujeitos. As obrigações dividem-se classicamente entre as obrigações de dar e de fazer, sendo que as obrigações de fazer que nos interessam podem ser negativas (obrigação de não fazer) ou positivas (obrigação de fazer). Esta "obrigação" é, pois, a individualização do *dever jurídico*, abstrato e geral, é a concretização reflexa do direito do outro, que me coloca em uma situação nova, de subordinação não só a uma conduta própria imposta pelo comando legal, mas também no caso dos direitos potestativos, na dependência da conduta do outro.

Normalmente definimos obrigação *stricto sensu* como um vínculo jurídico em virtude do qual uma pessoa fica adstrita para com a outra à realização de uma prestação, assim alguém estaria "obrigado" somente quando a prestação é (ou passa a ser) exigível. Haveria assim uma dependência intrínseca entre a exigibilidade da obrigação principal e o termo técnico "obrigação", que segundo alguns deveria ser utilizado somente neste sentido estrito.[69] Neste estudo, peço vênia, para utilizar aqui a expressão "obrigação" também em sentido lato, de forma a demonstrar que antes mesmo que a prestação principal (fazer ou não fazer) seja exigível, na visão dinâmica imposta pelo CDC para a relação de consumo, existem outras "prestações", prestações acessórias, *Nebenleistungen* como as chamam os doutrinadores alemães, já exigíveis em forma de condutas determinadas impostas por lei àquele tipo de aproximação negocial. Destacando também a relevância do elemento tempo para

---

[69]   Veja fontes e detalhes em MARQUES, 2019, p. 297 e seg., ou COSTA JÚNIOR, 1994, p. 57-58.

este tipo de relação de serviços; tempo que significa aqui maior confiança, menor atenção, maior dependência e uma nova posição de catividade frente ao serviço prestado, tempo significa também "necessidade no futuro", segurança esperada, daí a ideia de manutenção do vínculo (art. 51, § 2º, do CDC) e direito a serviços públicos essenciais contínuos (art. 22 do CDC).[70]

Segundo o mestre português Galvão Telles, o termo técnico "obrigação" designa, em sentido amplo, o lado passivo de qualquer relação social, que passe a ser juridicamente relevante. "Obrigação" significa, assim, tanto o dever jurídico pelo qual uma pessoa se encontra vinculada a observar certa conduta no interesse da outra (titular do direito subjetivo), quanto ao estado de sujeição, que se traduz na submissão aos efeitos jurídicos produzidos por iniciativa alheia (no exercício de um direito potestativo). Dever jurídico é uma ordem ou comando dirigido pelo ordenamento jurídico ao indivíduo, a qual ele tem de observar como um imperativo, visando orientar seu procedimento. Dever aqui significa a sujeição a uma determinada conduta, sujeição esta acompanhada de uma sanção em caso de descumprimento.[71]

Ao dever jurídico imposto a um indivíduo (devedor: lado passivo) corresponde um direito subjetivo assegurado a outro indivíduo ou ente (credor: lado ativo). No sistema do CDC, o "devedor" é sempre o fornecedor, pois que os direitos foram imputados subjetivamente somente ao consumidor (veja art. 6º do CDC), credor do fornecimento com qualidade e conforme a boa-fé (lado ativo). Esta observação é importante, tendo em vista que os deveres de boa-fé são, por sua natureza deveres bilaterais, e só serão unilaterais ou qualificados unilateralmente em virtude de lei. Esta é razão, por exemplo, do dever de informar ter sido tão especificado nos arts. 30 e 31, do dever de aviso do perigo (art. 10) e da abertura de banco de dados sobre o consumidor (art. 43)[72] estarem positivados, do dever de cuidado na cobrança de

---

[70] Como ensina BENJAMIN, Antonio Herman de Vasconcellos et al. *Comentários ao Código de Proteção ao Consumidor*, São Paulo: Saraiva, 1991, p. 110: "A segunda inovação importante é a determinação de que os serviços essenciais – e só eles – devem ser contínuos, isto é, não podem ser interrompidos. Cria-se para o consumidor um direito à continuidade do serviço. Tratando-se de serviço essencial e não estando ele sendo prestado, o consumidor pode postular em juízo que se condene a Administração a fornecê-lo." Veja sobre corte de água decisão do STJ em REsp. 201.112. Daí, inclusive, os deveres acessórios de informação e lealdade com o consumidor no caso de suspensão dos serviços, mesmo por falta de pagamento, conforme previu, recentemente, a Lei 14.015, de 15 de junho de 2020.

[71] Assim como o direito subjetivo é uma noção dupla, faculdade de agir conforme a norma autoriza (*facultas agendi*) e ação (em sentido material) para proteger aquela faculdade ou atuação, o dever (subjetivado na pessoa do fornecedor de serviços, por exemplo) também é um binômio, sujeição obrigatória a uma conduta ou linha de conduta e sanção, resposta negativa do direito, ao eventual descumprimento da conduta imposta.

[72] Veja REsp 14.624-0, em *Revista de Direito do Consumidor*, v. 22, p. 178 e ss. O dever de informar sobre o compartilhamento das informações do banco de dados, de sua vez, é definido pela jurisprudência: STJ, REsp 1758799/MG, Rel. Min. Nancy Andrighi, 3ª Turma, j. 12/11/2019, DJe 19/11/2019.

dívida estar expressamente regulado (art. 42),[73] enquanto que o dever de cooperar, dever necessariamente bilateral, estar apenas implícito no CDC (art. 4º, *caput* e III) através das expressões "harmonia" e "equilíbrio".

Por fim, permitam-me relembrar que a obrigação principal no mundo digital pode ser a de "dar" um produto "imaterial", como um programa "Excel" ou "Antivírus". A servicização é um novo modelo de negócios, que vende ou coloca para contratação não o produto, mas uma funcionalidade do produto, com remuneração por mês ou por "uso" do produto.[74] Assim, em vez de "comprar" o antivírus, o consumidor tem que contratar por ano ou mês o programa. Assim, também o *streaming*, os objetivos são filmes e séries, que se compradas nas lojas serão "bens/produtos" imateriais de lazer, mas contratados por mês, pelo *streaming*, ou por uso, são pagos como "serviços", um pacote de utilização.

No caso da servicização dos produtos, o consumidor deseja justamente o "pacote" produto-serviço combinado, ou, em outras palavras, o objetivo do consumidor é o acesso ao serviço (antivírus) que é retirado do "produto" (software de antivírus),ou a assistência técnica ou os apps (*softwares*) que podem vir com o produto. Um bom exemplo são os programas de computador ou antivírus, que no passado se compravam em lojas físicas, vinham em caixas, com números de cessão e limite de utilização, mas eram para sempre, depois de colocados nos PCs do consumidor. Agora são vendidos *on-line*, continuam sendo "produtos"/conteúdos imateriais, mas se pagam por mês, como um serviço, alguns deles tem preços diferentes por faixas de utilização... e desaparecem – rapidamente do computador do consumidor – caso o pagamento pelo "produto-serviço" ou *streaming* não se realizar. Há um controle total e no tempo do produto e suas atividades...

A "servicização" iniciou na indústria, onde já não bastava produzir, mas era necessário incluir serviços e acompanhar os "produtos" e suas utilidades.[75] No mercado de consumo, acabará por trocar o tipo de contrato, pois não mais contratos imediatos e envolvendo produtos, mas contratos de serviços, se bem que "serviços ou fazeres" a serem retirados dos produtos/conteúdos, como o objetivo principal do consumidor. A servicização será ainda maior com a chegada da Internet das Coisas e os chamados "produtos inteligentes", produtos em que está embutido um serviço (como uma geladeira que já tem o serviço de fazer compras, ou um imã de geladeira que permite pedir pizzas automaticamente por *delivering*...). Tudo neste mundo "digital"-físico pode ser servicizado e os contratos de consumo daí resultantes (principais ou acessórios) serão de serviços!

---

[73] Veja exemplo na jurisprudência, cobrança através de rádio e dano moral, TJRS AC 596105767, j. 01.10.96, Des. Décio Antônio Erpen, em *Revista de Direito do Consumidor*, v. 22, p. 198 e ss.

[74] TOFFEL, Michael W. Contracting for Servicinzing, Harvard Business School Working Paper, No. 08-063, February 2008. Acessível in https://www.hbs.edu/faculty/Pages/item.aspx?num=31939.

[75] Veja sobre esta evolução no Brasil, a reportagem de 2014, MAIA, Humberto Júnior. O futuro é dos serviços, e o Brasil está muito atrasado -Serviços mais produtivos ajudam na competitividade da indústria, que não depende só do que se faz no chão de fábrica, 11. Agosto 2014 –Revista Exame. Acessível in https://exame.abril.com.br/revista-exame/o-futuro-dos-servicos/ (acesso 03.05.2020).

2. SERVIÇOS COMO CATEGORIA CONTRATUAL NO CÓDIGO DE DEFESA DO CONSUMIDOR

Definidos assim os elementos intrínsecos de qualquer fornecimento de serviço regulado pelo CDC resta saber se os "serviços" constituem neste microssistema uma categoria a parte das demais. Enquanto o Código Civil de 2002 prevê em seus arts. 593 a 609[76] uma categoria de contratos denominada "Contrato de Prestação de Serviços", em tradução feliz da expressão germânica "*Dienstleistungsvertrag*", o CDC, ao contrário, nada menciona de uma categoria contratual "de fornecimento de serviços", apenas regula *ab initio* e de forma geral todos os contratos que envolvam o fornecimento de produtos e serviços no mercado brasileiro.

Há certa lógica neste proceder já que a sociedade atual é cada vez mais uma sociedade de serviços e informação, onde os bens imateriais se aproximam dos serviços e são ambos cobiçados e valorados economicamente como os maiores geradores de riqueza e de *status*.[77] Assim, se a *ratio legis* do CDC é protetiva a incluir todos os tipos de serviços, a criação de uma categoria contratual específica (e consequente tipo ou hipótese legal) seria um limitador, pois que tipificada a categoria teria esta de ser, necessariamente, definida, como o faz o Código Civil de 2002, e excluiria novos tipos ou expressões econômicas de atividades valoradas (organização, formação de cadeia, facilitadores etc.).

A única definição de contrato que faz o CDC é metodológica, a do art. 54 sobre contratos de adesão, categoria genérica que engloba todo e qualquer contrato de fornecimento de produtos ou de serviços que se utilize deste método de contratação. Mesmo assim parte da doutrina defende a recepção de uma categoria contratual especial no CDC, que englobaria todas as espécies de fornecimento de serviços de consumo, através do art. 3º.[78] Certo é que tal categoria não foi tipificada, o que parece solução sábia.

Consideraremos que a relação jurídica de consumo é de serviço, sempre que, no plano da eficácia, a pretensão dela oriunda for um fazer, uma atividade por parte do fornecedor. Este pensar permite, por exemplo, que em contratos complexos, como os de multipropriedade, os de planos de saúde ou os contratos múltiplos bancários, considere-se a intenção do consumidor, suas expectativas legítimas como mais importantes do que a natureza de dar ou fazer da efetiva prestação cumprida ou realizada *in concreto*. Assim, se *in concreto*, no caso de multipropriedade, a prestação efetiva foi um dar ou um direito real, mesmo assim a pretensão do consumidor era um serviço complexo, se no caso do plano de saúde, a prestação desta vez foi um organizar um hospital, que ministrou apenas remédios, coisas, bem a pretensão do consumidor foi deslocar riscos futuros de saúde, propiciar sua internação no hospital, receber o tratamento (fazer ou dar) necessário; se no caso dos contratos com bancos múltiplos, a prestação foi um dar dinheiro em mútuo, a pretensão do consumidor

---

[76] OLIVEIRA, Juarez de (Coord.). *Novo Código Civil*. São Paulo: Oliveira Mendes, 1998. p. 105-107.

[77] Veja MARQUES, Claudia Lima. Contratos bancários em tempos pós-modernos, *Revista de Direito do Consumidor*, v. 25, p. 19 e ss.

[78] Assim, na mencionada Dissertação de Mestrado, TIMM, 1998, p. 60.

era manter-se *homo economicus*, com crédito (abstrato) quando necessita-se, com uma conta (grupo de fazeres contábeis e de administração) naquele grupo bancário.

Concluindo, hoje, com os contratos complexos há um sem-número de "prestações", de dar e de fazer. Como ninguém duvida que as eficácias das sentenças cíveis são sempre múltiplas, declaratórias e constitutivas ao mesmo tempo, também ninguém mais duvida que as relações contratuais de fornecimento de serviço e de produtos (muitas vezes imateriais) hoje se misturam. A distinção está justamente na confiança despertada, na pretensão do consumidor, no fim principal que visa alcançar. É esta pretensão que dirá ao intérprete qual é a eficácia prevalente da sentença, qual é a natureza "prevalente" do contrato, se uma pretensão principal prevalente de dar produto (material ou imaterial) ou de fazer (serviço abstrato ou com resultados materiais).

II. ELEMENTOS ESTRUTURAIS EXTERNOS NAS RELAÇÕES DE FORNECIMENTO DE SERVIÇOS

Continuando nossa análise do negócio jurídico, cuja prestação é um fazer, queremos destacar agora os elementos estruturais externos: sujeitos, objeto, finalidade/garantia e forma, destacando sempre se estes elementos, identificados nestes contratos de serviço regidos pelo CDC, são comuns ao sistema do Direito Civil como um todo ou se podem ser considerados especiais dos serviços de consumo, e quais seus requisitos e efeitos. Nas relações de serviço estes elementos clássicos das relações jurídicas (sujeitos, objeto, finalidade, forma) recebem uma nova visão, a visão de consumo.

Como ensina Nelson Nery Júnior, o foco "de regulamentação pelo Código de Defesa do Consumidor é a relação de consumo, assim entendida a relação jurídica existente entre fornecedor e consumidor tendo como objeto a aquisição de produtos ou utilização de serviços pelo consumidor". Sem nada mencionar sobre o "contrato de consumo", "ato de consumo", "negócio jurídico de consumo", mencionando ao contrário a "relação de consumo, termo que tem sentido mais amplo do que aquelas expressões. São elementos da relação de consumo, segundo o CDC: a) como sujeitos, o fornecedor e o consumidor; b) como objeto, os produtos e serviços; c) como finalidade, caracterizando-se como elemento teleológico das relações de consumo, serem elas celebradas para que o consumidor adquira produto ou se utilize de serviço "como destinatário final" (art. 2º, *caput*, última parte, CDC).[79]

Neste texto, nossa análise visa apenas os serviços, como objeto da relação de consumo. Vejamos então estes elementos estruturais e seu impacto nos serviços.

A. SUJEITOS E OBJETOS DAS RELAÇÕES JURÍDICAS DE SERVIÇOS

Mencione-se inicialmente que o consumo é relacional,[80] depende da presença simultânea de dois agentes interagindo. É relação especial que vincula agentes

---

[79] GRINOVER, Ada Pellegrini et al. *Código Brasileiro de Defesa do Consumidor- Comentado pelos autores do Anteprojeto*. Rio de Janeiro: Forense Universitária, 1998. p. 342.

[80] Estamos usando a expressão no sentido não técnico, como "relação". Veja sobre contratos relacionais a premiada tese de MACEDO, Ronaldo Porto. *Sociologia Jurídica e Teoria do*

Cap. 1 · 30 ANOS DE CÓDIGO DE DEFESA DO CONSUMIDOR | 23

específicos, regidos cada um por um grupo de normas especiais. Assim, de um lado temos o profissional, fornecedor regido pelo Direito Comercial, de outro, temos o leigo, o destinatário final, pessoa física ou jurídica, aqui regido pelo Direito Civil ou Direito Comercial e o vínculo. A relação, esta sim é de consumo, e regida pelo Código de Defesa do Consumidor. Assim, pode-se afirmar que a relação de consumo transforma o *status* dos seus agentes.[81]

1. OS CONSUMIDORES

Muito se escreveu sobre as definições de consumidor no sistema do CDC.[82] A polêmica entre os finalistas e maximalistas continua acirrada. Neste estudo, mais do que definir quem são os consumidores, gostaria de destacar outros fatores importantes e reflexos práticos do princípio da vulnerabilidade do consumidor (art. 4º, I, do CDC) e da daí resultante forte proteção que este sujeito de direitos recebeu no sistema do CDC.

1.1. A superação do status de terceiro na relação, o novo status de consumidor e do não profissional/"prosumer"

A maior contribuição do CDC ao direito civil atual reside justamente na superação do conceito de sujeito individual, o que – na prática – altera todas as nossas definições de terceiro. Se o sujeito da relação juridicamente relevante pode ser individual, coletivo ou difuso, se pode ser além do contratante e da vítima-contratante também o "*bystander*", vítima terceira em relação ao contrato, o filho e a vizinha em caso de transporte, o "participante indireto da relação", por exemplo, o beneficiado em contrato de seguro, o dependente da relação principal de seguro ou plano de saúde, se pode ser o exposto à prática comercial, quem aceita estacionar em *shopping center*, mas não contrata, não consume propriamente dito, o exposto à publicidade, que nunca sequer adquiriu o serviço ofertado. Assim, se no sistema do CDC todos estes "terceiros" hoje se incluem como "consumidores, consumidores *stricto sensu* do art. 2º (quem "utiliza um serviço"), consumidores equiparados do parágrafo único do art. 2º (coletividade de pessoas, ainda que indetermináveis, que haja intervindo na relação de serviço), do art. 17 (todas as vítimas dos fatos do serviço, por exemplo os passantes na rua quando avião cai por defeito do serviço) e do art. 29 (todas as pessoas determináveis ou não expostas às práticas comerciais de oferta, contratos de adesão, publicidade, cobrança de dívidas, bancos de dados, sempre que vulneráveis *in concreto*), então temos que rever nosso conceitos sobre estipulações em favor de

---

Direito: A teoria Relacional e a Experiência Contratual, USP, 1997 (publicada com o título Contratos Relacionais).

81   Cf. MARQUES, *Contratos no Código*, p. 29 e ss.

82   Cf. MARQUES, *Contratos no Código*, p. 290-405. Sobre a ADIN 2591, chamada de ADIN dos Bancos e seu desfecho a favor dos consumidores, que leva ao PL 3.515/2015, veja MARQUES, Claudia Lima; ALMEIDA, João Bastista de; PFEIFFER, Roberto (coord.). *Aplicação do Código de Defesa do Consumidor aos bancos – ADIN 2.591*. São Paulo: Ed. RT, 2006, p. 9 e seg.

terceiro[83] e, no processo, sobre legitimação destes terceiros para agir individual e coletivamente.[84]

Sobre o tema dois aspectos merecem destaque. O primeiro é quanto à origem desta expansão do sujeito de consumo, agora englobando os antigos terceiros. A subdivisão entre o parágrafo único do art. 2º, o art. 17 e art. 29 já foi considerada como uma tentativa de evitar o veto do então Presidente Collor de Mello,[85] parece-me, porém, vir de encontro a uma tendência do direito norte-americano, o qual evoluiu para incluir duas categorias de terceiros e garantir-lhes direitos "contratuais".[86] Esta superação do dogma *nemo alteri stipulare potest* é resultado da força da autonomia da vontade naquele sistema.[87] A *Section 302 do Restatement* distingue entre terceiros-beneficiários contratuais "intencionais" e "incidentais". Estes "terceiros"-parte podem então perseguir "seus interesses" contratuais, além do que é criado para o devedor um "*duty*" frente ao beneficiário intencional.[88] E por vontade das partes e face à confiança despertada ("*reliance*"),[89] que este "terceiro", agora parte, poderá usufruir de direitos e garantias contratuais (também processuais) e o devedor tem frente a ele os mesmos deveres de *performance*.

Com a devida vênia, parece-nos que o parágrafo único do art. 2º e o art. 29 do CDC incluem principalmente os terceiros-beneficiários "intencionais", pois que sua vontade ou a vontade dos contratantes principais está presente com esta finalidade específica de inclusão. Examine-se o caso de um pai que coloca os filhos no colégio, os menores "intervêm" na relação e são "expostos" às práticas, por exemplo, de cobrança deste serviço educacional. Os filhos não são terceiros ao contrato, não há mais "estipulação em favor de terceiro", há estipulação em favor de consumidor, porque o terceiro-filho é hoje consumidor (*stricto sensu*, inclusive), com todos os direitos (materiais e processuais) oriundos deste *status*, superando problemas no campo da validade quanto a sua vontade. Examine-se o caso de genro que coloca a sogra como dependente beneficiária de um seguro ou plano de saúde coletivo: a

---

[83] Interessante observação de ATIYAH, P.S. *An Introduction to the Law of Contract*. 5. ed. Londres: Oxford, 1995, p. 386, de que o direito novo deve também regular os reflexos negativos desta expansão, isto é, as eventuais estipulações contra terceiros. No caso do CDC, parece-nos que utilizando o princípio da boa-fé e da confiança haverá manutenção de direitos, mesmo que os contratantes principais, por exemplo, definirem "estipulações" negativas aos direitos dos consumidores. O tema, porém, ainda não foi claramente examinado pelo Judiciário.

[84] Sobre a tutela e legitimação dos terceiros, veja a obra premiada de LISBOA, Roberto Senise. *Contratos Difusos e Coletivos*. São Paulo: RT, 1997, p. 186 e ss.

[85] Veja preciso estudo sobre o assunto realizado por D''ALLGNOL, Antonio. Direito do consumidor e serviços bancários e financeiros: Aplicação do CDC nas atividades bancárias, *Revista de Direito do Consumidor*, v. 27, p. 7 e ss.

[86] CHIRELSTEIN, Marvin A. *Concepts and Case Analysis in the Law of Contracts*. 3. ed. Nova Iorque: Foundation Press, 1998. p. 187.

[87] Veja nos sistemas romano-germânicos as lições do mestre argentino MOSSET ITURRASPE, Jorge. *Contratos*. Santa Fé: Rubinzal-Culzoni, 1995. p. 346.

[88] CHIRELSTEIN, op. cit., p. 187.

[89] CHIRELSTEIN, op. cit., p. 193.

sogra e todos os demais consumidores seriam terceiros beneficiários frente ao contrato assinado por seu "representante", universidade, sindicato ou mesmo empresa, mas hoje todos, sem exceção são consumidores, mesmo os interditados, deficientes mentais, menores de idade. Examine-se o caso de um indivíduo que assiste a uma publicidade e é induzido em erro (art. 37, § 1º, do CDC), mas que não contrata ou "utiliza o serviço" (art. 2º do CDC), mesmo assim é ele consumidor equiparado (parágrafo único do art. 2º e art. 29 do CDC).

Parece que a categoria terceiro-parte acidental ou incidental atua principalmente para incluir os terceiros-vítimas extracontratuais do art. 17 do CDC como consumidores. Devemos, porém, concordar também com parte da doutrina que parece incluir como "consumidores-incidentais" alguns dos incluídos no sistema pelo art. 29 do CDC, pois que apesar de muitas vezes "expostos" semivoluntariamente à relação de consumo (presença em *shopping center*, recepção de mensagem publicitária, como consumidor em potencial ou consumidor alvo da prática) é possível aceitar que o art. 29 inclua como consumidores pessoas totalmente alheias à relação e que sem qualquer "vontade", delas ou de qualquer dos contratantes, e que mesmo assim foram "expostas" incidentalmente às práticas.[90]

Esta distinção de origem norte-americana é pedagógica, pois ajuda a superar a noção de terceiro "beneficiário" para evoluir para a ideia de terceiro-vítima, terceiro-exposto, terceiro-interveniente, enfim, consumidor-equiparado-"ex-terceiro". Alcançar, porém, precisão nesta distinção parece ser hoje de menor importância, uma vez que o sistema do CDC vai mais longe de que o original sistema norte-americano e evolui para não distinguir entre estes terceiros. No sistema de nosso CDC, com sua *ratio legis* de inclusão e tutela dos vulneráveis, não há diferença na intensidade dos "deveres" dos fornecedores frente aos consumidores (terceiros beneficiários) "intencionais" ou "incidentais". Todos receberam, sem distinções, o *status* de consumidor,[91] e com relação a todos os fornecedores devem conduzir-se com boa-fé e evitar danos. Este terceiro é hoje consumidor.

Poderíamos, pois, afirmar uma segunda diferença, uma vez que no sistema do CDC a inclusão destes terceiros, agora com o *status* "obrigacional" de consumidores equiparados, se dá não pela vontade dos fornecedores ou mesmo dos consumidores, mas se dá *ex vi lege*. Esta solução positivada, típica de nosso sistema, traz um potencial muito mais generalizante do que a solução norte-americana da autonomia da vontade concreta. É exemplo do espírito protetivo do CDC de incluir grande número de pessoas que "gravitavam" ao redor dos contratos e relações de consumo,

---

[90] Assim DONATO, Maria Antonieta Z. *Proteção ao Consumidor*. São Paulo: RT, 1993, p. 243 afirma: "O art. 29, como já mencionado, possui uma abrangência subjetiva bem mais extensa e ampla, bastando, para nessa categoria subsumir-se, a simples exposição do consumidor àquelas práticas. Prescinde-se, pois, da efetiva participação da pessoa na relação de consumo (art. 2º) ou de ter sido atingida pelo evento danoso (art. 17). Mostra-se suficiente estar exposto a essas práticas para receber-se a tutela outorgada".

[91] Se diferença existir é, inclusive, a favor do terceiro-vítima do art. 17 em relação ao consumidor equiparado do art. 29 do CDC, que alguns consideram deva beneficiar-se apenas das regras daquela seção e da anterior, ambas contratuais. Veja sobre o assunto críticas a esta posição minoritária de MARQUES, *Contratos no Código*, p. 376 e ss.

sendo afetados por eles, sem ter um *status* contratual ou um vínculo obrigacional que os pudesse proteger, até agora. A diferença do sistema norte-americano clássico é a proteção ampliada coletiva, que assegura imperativamente (art. 1º c/c arts. 2º, 17 e 29 do CDC), logo, o instrumento de pressão dos fornecedores foi justamente o outro, o dever.

Impor ao fornecedor de serviços, no sistema do CDC, deveres de lealdade e segurança genéricos (extracontratuais e contratuais) frente a todos os consumidores (arts. 2º, 17 e 29 do CDC) é um grande jugo, pois nem ele pode identificar quem são estes "consumidores" em potencial, individuais, coletivos e mesmo difusos (art. 81 do CDC).[92] Se os consumidores *in concreto* irão usar de seus novos direitos "contratuais" não é certo, certo é que o sistema do CDC criou novos deveres do fornecedor frente a estes ex-terceiros, agora consumidores, que como tal e neste patamar de boa-fé, qualidade e segurança devem ser tratados no mercado, indistintamente se "contratam" os serviços, se os "utilizam" diretamente, se neles "intervêm" ou se são apenas "expostos" a eles.[93]

O resultado desta expansão é a superação da figura do terceiro. No sistema do CDC, devemos desconfiar quando o fornecedor indica uma pessoa ou grupo como terceiro,[94] pois geralmente este grupo ou pessoa é hoje, *ex vi lege*, incluído no sistema com o *status* protetivo de consumidor, *stricto sensu* e equiparado. No plano

---

[92] Acrescente-se que a caracterização da vítima como consumidor ocorre somente se a seu favor, como ensina a jurisprudência do TJRJ: "Não há relação de consumo entre vítima de ônibus abalroado e o abalroador a justificar a incidência do CDC *in malam partem*. Prescrição que não pode ser aplicada contra a parte a quem favorece a pretexto de fazer incidir lei mais favorável. Há *contraditio in terminis* na aplicação do Código do Consumidor em desfavor deste beneficiário (...)", em *Revista de Direito do Consumidor*, v. 29, p. 115 e ss.

[93] A jurisprudência sobre transportes ferroviários tem muita experiência no tratamento deste dever especial de segurança frente a terceiros-vítimas, veja REsp. 107.230, REsp. 38.232, REsp. 38.152, REsp. 23.166, REsp. 48.043, REsp. 35.842, com a diferença que a lei especial, Dec. 2.089/63 permite a indenização proporcional, se há culpa concorrente da vítima, o que penso não poder existir no sistema do CDC, que considera a "culpa exclusiva" de terceiro como excludente, não considerando-a fator mitigante de responsabilidade. Assim também TJRS: "Responsabilidade civil. Acidente de Consumo. Responsabilidade pelo fato do produto. É objetiva a responsabilidade do produtor na hipótese de acidente de consumo. Responde, assim, perante o consumidor ou o circunstante, fábrica de refrigerantes em razão do estouro de vasilhame, ocorrido em supermercado. Não é o comerciante terceiro, ao efeito de excluir a responsabilidade do produtor...ainda que o fosse, incumbe ao fabricante a demonstração inequívoca de que o defeito inexistia no produto, a caracterizar exclusividade de ação (dita culpa exclusiva) do comerciante (...)". (TJRS. 6ª Câmara Cível. APC 598081123, j. 10.02.99, Rel. Des. Antônio Janyr Dall"Agnol Junior).

[94] Exemplo desta alegação foi o caso dos planos de saúde coletivos com empresas, em que o fornecedor afirmava que os dependentes e os contratantes eram terceiros, logo, ilegítimos para discutir a nulidade (absoluta!) das cláusulas contratuais no Judiciário... tal alegação hoje, no sistema do CDC, é absurda, pois que todos os consumidores têm direitos (materiais e processuais) assegurados por lei especial de ordem pública, logo, não disponível por vontade dos contratantes principais (um é consumidor, representante dos consumidores coletivos), nem dos beneficiários.

da existência, pois, aparece um número maior de sujeitos de direito (ativos) nestas relações jurídicas de consumo, os consumidores. No plano da validade, praticamente inalterado, aparece a tendência de tratar estes atos de consumo, criadores de direitos para "consumidores-terceiros", de acordo com a confiança despertada, superando a teoria do vício da vontade, uma vez que o fornecedor já não mais pode alegar erro e menos ainda *dolus bonus*, uma vez que o dever de informar, dever de segurança e dever de introdução no mercado apenas de serviços sem defeito foi imputado a ele imperativamente *ex vi lege*, sem possibilidade de disposição (arts. 1º, 24 e 25 do CDC). Suprem-se igualmente eventuais problemas de forma frente ao grande reflexo destas relações, como por exemplo os contratos coletivos de planos de saúde, onde eventuais problemas de forma vão ser superados pela conduta típica dos consumidores, que confiam na validade do vínculo. Segundo alguns, os efeitos obrigacionais destas relações jurídicas de consumo se aproximam muito, no plano da validade, dos efeitos dos atos-fatos ou atos existenciais.[95]

Realmente, o que caracteriza o mundo digital de consumo é sua omnipresença[96] e envolvimento como uma "medusa"[97] na vida das pessoas comuns: 24 horas conectadas, sem barreiras entre a mídia, a mídia social e o mercado de consumo! O e. STJ já decidiu que: "*1. A exploração comercial da Internet sujeita as relações de consumo daí advindas à Lei nº 8.078/90*" e que: "*2. O fato de o serviço prestado pelo provedor de serviço de Internet ser gratuito não desvirtua a relação de consumo, pois o termo "mediante remuneração", contido no art. 3º, § 2º, do CDC, deve ser interpretado de forma ampla, de modo a incluir o ganho indireto do fornecedor.*" (STJ, REsp 1316921/RJ, Rel. Min. Nancy Andrighi, 3ª Turma, j. 26/06/2012, DJe 29/06/2012).

Em outras palavras tudo no mundo digital que nos cerca é consumo, e coloca a todos os privados na posição de consumidores e consumidores equiparados. Como afirmou Pierre Levy, a tecnologia do digital provoca uma "dissolução interna" (e misturas) das categorias de "sujeito" e "objeto".[98] Quanto ao sujeito, hoje conhecemos os consumidores-destinatários finais do art. 2º do CDC, os consumidores equiparados dos artigos 17, 29 e parágrafo único do art. 2º do CDC, mas no direito comparado já encontramos novas categorias "aproximadas" de consumidores.

Na França, em 2016, o *Code de la Consommation* de 1993 foi reformado pela Ordonnance nº2016-301 e passou a incluir definições, e além do consumidor pessoa física e do profissional ou fornecedor, criou a figura híbrida do "não profissional"

---

[95] Sobre o tema, analisando os ensinamentos de Clóvis de Couto e Silva sobre atos existenciais, veja PASQUALOTTO, Adalberto. *Os efeitos obrigacionais da publicidade no Código de Defesa do Consumidor*. São Paulo: RT, 1997.

[96] Veja a "ironia" brilhante dos ensaios de BAUDRILLARD, Jean. *Tela total*. Trad. Juremir Machado da Silva, 5. Ed., Porto Alegre: Ed. Sulina, 2011 (1997), especialmente, p. 45 e seg.

[97] A figura de linguagem é de Baudrillard, BAUDRILLARD, Jean. *La societé de consommation*. Paris: Denoël, 1970. p. 17-18.) Mais recentemente apareceu a figura do "enxame" digital, HAN, Byung-Chul. *No enxame*: reflexões sobre o digital. Trad. Miguel Serras Pereira. Antropos: Lisboa, 2016. p. 36 e seg.

[98] LEVY, Pierre. *As tecnologias da Inteligência*, Trad. Carlos da Costa, Rio de Janeiro: Ed; 34, 1993.

(Artigo "liminar"), uma pessoa jurídica atuando fora de sua especialidade.[99] A definição de consumidor do Code francês foi retirada da Diretiva 2011/83/UE sobre direitos do consumidor,[100] assim como a de "profissional" ou fornecedor de produtos e serviços, mas não a de "não profissional" (em francês: non-professionel), que pode ser equiparado à consumidor para a sua proteção.

Também do direito comparado vem a noção de "prosumer".[101] Segundo Meller--Hannich,[102] "prosumer" (em inglês: pro[fessional] e [con]sumer ao mesmo tempo) seria aquele "privado" que oferece um bem ou produto no mercado de consumo compartilhado ou da economia do compartilhamento ao consumidor.[103] Conhecemos o "prosumer" no Brasil também no mundo off-line, nos serviços de energia, em que consumidores-privados, se tiverem painéis solares e excesso de produção de energia, podem devolver à rede o excesso e assim "vender"/ceder/trocar a energia excedente, seguindo as regras da ANEEL.[104]

As diferenças são pelo menos duas: a) a finalidade: no mundo da energia o fim principal das placas de energia solar é o consumo doméstico e não a "venda" do excesso", assim as teorias do consumo por acessoriedade ajudam e o colocam como destinatário final; e b) a posição contratual: o *prosumer* de energia repassa o excesso para o Estado, cooperativa ou o fornecedor de energia.[105] No mundo digital das plataformas de consumo compartilhado, como destaca Meller-Hannich há diferenças entre as várias atividades (da revenda de um vestido eventual, há hospedagem, há

---

[99] Veja Marques, Nota à reforma no Code de la Consommation, RDC 105, p. 525 e seg.

[100] Veja crítica de PAISANT, Gilles. Vers une définition générale du consommateur dans le Code de la Consommation?, in La Semaine Juridique nr. 22, 27 maio 2013, p. 1031-1033.

[101] A expressão "prosumer" foi criada por Alvi Tofler em 1980, no livro a terceira onda, veja MELLER-HANNICH, Caroline. *Wandel der Verbraucherrollen – Das Recht der Verbraucher und Prosumer in der Sharing Economy*, Berlin: Duncker & Humbolt, 2019, p. 56.

[102] MELLER-HANNICH, *Wandel der Verbrauherrollen*, p. 116.

[103] Veja sobre a economia do compartilhamento, Europäische Agenda für die kollaborative Wirtschaft {SWD(2016) 184 final} ou KOM (2016) 356 e Online Platforms and the Digital Single Market Opportunities and Challenges for Europe {SWD(2016) 172 final} ou COM (2016) 288.

[104] Veja a obra de doutorado de BASSAMI, Matheus. A proteção do prossumidor na geração distribuída de energia elétrica, PPGD UFRGS, Doutorado, 2019. Acessível em: https://www.academia. edu/40857103/Cita_en_BASSANI_Matheus_Linck._A_protec_a_o_do_prossumidor_ na_gerac_a_o_distribui_da_de_energia_ele_trica._Porto_Alegre_2019._231_f._Tese_ Doutorado_em_Direito_Universidade_Federal_do_Rio_Grande_do_Sul_Faculdade_de_ Direito_Programa_de_Po_s-Graduac_a_o_em_Direito_Porto_Alegre_2019

[105] Veja Parecer do Comité Económico e Social Europeu sobre «Energia de "prossumidores" e cooperativas de energia: oportunidades e desafios nos países da UE». Relator: Janusz PIETKIEWICZ. Decisão da plenária 21.1.2016. Base jurídica Artigo 29.º, n.º 2, do Regimento. (parecer de iniciativa) Competência Secção Especializada de Transportes, Energia, Infraestruturas e Sociedade da Informação. Adoção em secção 6.10.2016. Adoção em plenária 19.10.2016. Disponível em: https://eur-lex.europa.eu/legal-content/PT/TXT/PDF/?uri=CEL EX:52016IE1190&qid=1539164396621&from=EN. (Agradeço a Mateus Bassani o envio do documento).

Cap. 1 · 30 ANOS DE CÓDIGO DE DEFESA DO CONSUMIDOR | 29

empréstimos de quadros, ao transporte de passageiros etc.),[106] mas em todas o *prosumer* é remunerado (assim como a plataforma!); e geralmente é o fornecedor "aparente" frente aos consumidores, isto é, é ele que contrata – através da plataforma – com o consumidor ou pelo menos é o que "presta" serviço, fornece ou coloca produto à disposição dos consumidores.

Daí a dificuldade de o caracterizar como "consumidor" o *prosumer* da economia das plataformas, mas a caracterização como fornecedor não é confortável, dada a sua falta de habitualidade e profissionalismo. Meller-Hannich afirma que o *prosumer* fica "pairando" entre "privado" e "profissional".[107] Note-se que a ele são impostos deveres de informar,[108] mas já recebe na Europa uma maior proteção frente às plataformas (Regulamento (UE) 2019/1150 do Parlamento Europeu e do Conselho, de 20 de junho de 2019, relativo à promoção da equidade e da transparência para os utilizadores profissionais de serviços de intermediação em linha).[109]

Na economia circular, finalidades solidárias e ambientais também devem ser consideradas, por exemplo, Meller-Hannich destaca as atividades de "compartilhamento de comida", sugere uma união entre as associações de consumidores e os "prosumers" de forma que estes possam se organizar e informar de forma clara e completa "seus consumidores" e focar na responsabilidade dos verdadeiros "fornecedores"-gatekeepers.[110]

Para finalizar, mister aproximar estas duas novas figuras, a do "não profissional", francês, que a jurisprudência brasileira incluiu no finalismo aprofundado e do "prosumer". Seja o "prosumer" de energia, seja o do mais "fornecedor" do mundo digital, age fora de sua atividade profissional e muitas vezes pode, sim, merecer o *status* de consumidor como no caso da energia ou pelo menos de consumidor equiparado.

A discussão está só iniciando. Porém, assim como a teoria de Leonardo Bessa do "fornecedor equiparado",[111] que focava inicialmente os fornecedores mencionados no CDC "bancos de dados" e "publicitários/agências de publicidade", a análise dos "não profissionais" e do "prosumer" ganha importância na prática dos tribunais. É o espírito do século XXI, que consumidores sejam "ativos", que não mais se limitem a seu *status* de "receberem", coisas e serviços "prontos" e o mundo digital em especial permite que "transformem" os objetos (a Wikipedia é um exemplo de "prosumtion", outros microblogs são de pessoas não profissionais, como WordPress, Tumblr, Blogger ou Twitter, ou no setor dos vídeos, como Vlogs, Videoblogs, Youtube e Vimeo), que

---

106 MELLER-HANNICH, *Wandel der Verbraucherrollen*, p. 117.

107 Assim MELLER-HANNICH, *Wandel der Verbraucherrollen*, p. 116, afirma:„Zudem befindet sich der Prosumer häufig auf der Schwelle zwischen privater und gewerberlicher Aktivität, so dass seine Einordnung entweder als Vebraucher oder al Unternehmer schwer fällt."

108 MELLER-HANNICH, *Wandel der Verbraucherrollen*, p. 120 e seg.

109 Veja BUSCH, Christoph. Self-Regulation and Regulatory Intermediation in the Platform Economy, in CANTERO, Marta Gamito; MICKLITZ, Hans-W. (Eds.) *The Role of the EU Transnational Legal Ordering: Standards, Contracts and Codes.* Edward Elgar, 2019, no prelo. Agradeço ao Dr. Pablo Baquero o envio do instigante texto para leitura.

110 MELLER-HANNICH, *Wandel der Verbraucherrollen*, p. 124 a 126.

111 Veja BESSA, Leonardo Roscoe. Fornecedor equiparado. *Revista de Direito do Consumidor* 61, p. 127 e seg.

avaliem os serviços (Google Plus Local, Tripadvisor), que se unam para peticionar (Change, Avaaz) ou para criticar (Shitstorm).[112]

Thierry Bourgoignie denominou de "consom´acteur",[113] algo como "consumi-dor-ator" este consumidor que não mais se restringe ao *status* clássico e passivo de destinatário final de bens e serviços, mas é "ator" do próprio consumo, avaliando-o, o modificando ou mesmo o "monetarizando" no futuro. Como tudo, no mundo digital, é "consumo" – mesmo as mídias sociais –, não podemos concluir sem afirmar que neste meio, o *prosumer* pode ser um instrumento de *marketing*, um influenciador e daí recair mais uma vez na cadeia de fornecimento e não de consumo. Realmente, como afirma Teubner[114] os consumidores do século XXI são "sujeitos digitais" usando plataformas e "apps", que coletam nossos dados e perfis que serão monitorados pelo "big data"[115] e transformados em *marketing*.

Novos consumidores e uma expansão do campo de aplicação do CDC nunca vista. As figuras do "non-professionel" e do "prosumer" ou consumidor-ator, tenho certeza, serão ainda muito importantes no futuro.

1.2. *Relativização do efeito apenas* inter partes *dos contratos de serviço face aos novos "consumidores": nova força vinculativa do fornecimento de serviços*

A superação do conceito de sujeito individual de direitos nas relações de ser-viços de consumo, além de alterar nossas definições de terceiro, possui o condão de quebrar também alguns dogmas da teoria geral dos contratos. E justamente no plano da eficácia que se localiza a segunda modificação importante trazida para o Direito Civil pelo CDC: os efeitos contratuais expandidos ou qualificados pela defi-nição ampla de sujeito de direito da relação de consumo. Ora, se o terceiro é parte e consumidor, sujeito de direitos mesmo em relações contratuais que não participa, dois dogmas estão revistos no CDC: o do efeito *inter partes* dos contratos de serviço e da *suma divisio* entre a obrigação contratual e extracontratual.

Reservando o segundo tema para quando examinarmos o sujeito passivo da relação, os fornecedores, podemos afirmar quanto ao primeiro que a regra da

---

[112] Estes exemplos foram retirados da Revista IT de 20.02.2018, Definition Was ist ein Prosumer?, autores Laimigas/Heidemarie Schuster, in https://www.it-business.de/was-ist-ein-prosumer-a-740881/ .

[113] Palestra no Curso de Verão UQAM-UFRGS, Québec, 2018. Veja E-MARKETING.FR. *Glossaire*: Consommacteur (ou consom"acteur). S.d. Disponível em: <https://www.e-marketing.fr/Definitions-Glossaire/Consommacteur-ou-consom-acteur--241053.htm#5K-mM3JtwTTMXwSOy.97>. Acesso em: 03. 05.2020. Agradeço ao Doutorando Guilherme Mucelin esta citação.

[114] TEUBNER, Gunther. Digitale Rechtssubjekte, in *Archiv des Civilistische Praxis -AcP* 218 (2018), p. 155 e seg.

[115] Sobre a mudança digital como uma mudança de valor dos "dados", de uma economia de escassez de dados para uma economia de plataformas, com hiperabundância de dados e *big data*, veja SCHWEITZER, Heike. Digitale Platformen als private Gesetzgeber: ein Perspektivwechsel für die europäische "Plattform-Regulierung", in *ZEUP* 1 (2019) 1-12, p. 1-2.

relatividade dos contratos ou do efeito apenas entre partes é clássica e diretamente originada do dogma da autonomia da vontade.[116] No Direito Civil comum este grupo de "consumidores" incidentes não deveria fazer parte da relação contratual. A única exceção clássica são os parcos direitos assegurados aos beneficiários-terceiros (hoje, consumidores intencionais), nas estipulações em favor de terceiros.

Bem, o sistema do CDC, ao aproximar estas duas figuras e definir todos como "consumidores" *stricto sensu* ou equiparados, acaba definindo que as relações contratuais de consumo terão efeitos frente a "terceiros". Um contrato de serviço regulado pelo Código Civil não deveria ter efeitos frente a terceiros, vincularia e asseguraria direitos somente às partes, e – no máximo – em relação aos terceiros beneficiários intencionais e aceitos por ambos os contratantes principais. No sistema do CDC a eficácia contratual é maior, pois nascem direitos em terceiros, consumidores equiparados e nascem deveres para os fornecedores frente a "terceiros", consumidores equiparados. Há, pois, uma modificação importante dos contratos de fornecimento de serviços no plano da eficácia, que está ligada diretamente ao fato de, no plano da existência, podermos identificar um maior número de sujeitos ativos, os consumidores para uma só relação jurídica contratual envolvendo fazeres.

Já destacamos o tema como uma das grandes contribuições dogmáticas do CDC ao Direito Contratual, afirmando que na visão tradicional, a força obrigatória do contrato teria seu fundamento na vontade das partes. Já a nova concepção de contrato destaca, ao contrário, o papel da lei. Agora a lei é que reserva um espaço para a autonomia da vontade, para a autorregulamentação dos interesses privados, logo, é ela que vai legitimar o vínculo contratual e protegê-lo. Se a vontade continua essencial à formação dos negócios jurídicos, mas sua importância e força diminuíram, levando à relativização da noção de força obrigatória e intangibilidade do conteúdo do contrato de consumo.

A Lei da Liberdade Econômica (Lei nº 13.874, de 2019, que traz normas gerais sobre aplicação e interpretação das normas de direito econômico, as quais a doutrina frisa serem sobre a "atividade econômica em sentido próprio restrito"[117]) procurou, ao modificar o Código Civil de 2002, diminuir esta realidade para os contratos entre iguais, contratos civis e empresariais, que a partir de agora se presumem paritários e equilibrados,[118] e de excepcional revisão (novo art. 421-A do CC 2002).[119] Como bem

---

[116] Cf. MARQUES, *Contratos no Código*, p. 35 e ss.

[117] Assim ensina sobre a exclusão do direito do consumidor e mesmo no direito econômico referente ao serviço público, JUSTEN, Marçal Filho. Abrangência e incidência da Lei, in PEIXOTO MARQUES, Floriano Neto; RODRIGUES, Otavio Luiz Jr.; XAVIER LEONARDO, Rodrigo. *Comentários à Lei da Liberdade econômica – Lei 13.874/2019*, São Paulo: RT, 2019, p. 24.

[118] Veja sobre contratos civis e empresariais "simétricos e paritários" e as modificações do CC/2020, RODRIGUES, Otávio Luiz Jr.; XAVIER LEONARDO, Rodrigo; PRADO, Augusto Cézar L. A liberdade contratual e a função social do contrato – Alteração do art. 421-A do Código Civil – Art. 7º, in PEIXOTO MARQUES, Floriano Neto; RODRIGUES, Otávio Luiz Jr.; XAVIER LEONARDO, Rodrigo. *Comentários à Lei da Liberdade econômica – Lei 13.874/2019*, São Paulo: RT, 2019, p. 314 e seg.

[119] Também se destaque a inclusão de um parágrafo único no art. 421 do CC/2002: "Nas relações contratuais privadas, prevalecerão o princípio da intervenção mínima e a excepcionalidade da revisão contratual".

observam Rodrigues Jr., Leonardo e Prado, a Lei da Liberdade Econômica introduziu, no unificado Código Civil de 2002, a primeira distinção entre os tipos de contratos civis e empresariais, se paritários ou massificados, se simétricos ou assimétricos (e assim indiretamente os de consumo).[120]

Em relações de consumo, ao contrário, aos juízes continua permitido um controle do conteúdo do contrato, como no próprio Código de Defesa do Consumidor, devendo ser suprimidas as cláusulas abusivas e substituídas pela norma legal supletiva (art. 51 do CDC), isso *ex officio*, por ser norma de ordem pública (art. 1º do CDC). Relembre-se aqui também o enfraquecimento da força vinculativa dos contratos através da possível aceitação da teoria da imprevisão (veja neste sentido o interessante e unilateral inciso V do art. 6º do CDC).

Em resumo, nas relações de consumo, a vontade das partes não é mais a única fonte de interpretação que possuem os juízes para interpretar um instrumento contratual. A evolução doutrinária do direito dos contratos já pleiteava uma interpretação teleológica do contrato, um respeito maior pelos interesses sociais envolvidos, pelas expectativas legítimas das partes, especialmente das partes que só tiveram a liberdade de aderir ou não aos termos pré-elaborados. Mas, em tempos pós-modernos, a pluralidade não é só de leis imperativas a considerar, é também de agentes econômicos, o que revaloriza a solidariedade, como forma de responsabilização da cadeia organizada de fornecedores na sociedade de consumo atual (arts. 14, 18 e 20 do CDC), e com isto abala as estruturas da divisão entre responsabilidade civil contratual e extracontratual.[121] A pluralidade é também de sujeitos envolvidos e sujeitos a proteger, identificados como sujeitos a tutelar de forma diferenciada, os mais fracos na sociedade. Por fim, destaque-se que toda esta nova concepção contratual relativiza o postulado que os contratos só têm efeito entre as partes (*res inter alios acta*). Como afirmei:

> "As novas tendências sociais da concepção de contrato postulam que, em alguns casos, o raio de ação do contrato deva transcender a órbita das partes. Como exemplo, relembre-se a tentativa doutrinária de estender a garantia contratual contra vícios ou defeitos aos terceiros vítimas de um fato do produto, principalmente na doutrina francesa; relembre-se igualmente a intensificação na vida moderna dos contratos em benefício de terceiros, como os contratos de seguro de vida e o de transporte de mercadorias em alguns casos. Aqui, localiza-se um dos mais importantes fenômenos, desafios, do novo direito dos consumidores. Nas relações contratuais de massa a crédito, a relação se estabelece entre o consumidor e a

---

[120] RODRIGUES, Otavio Luiz Jr.; XAVIER LEONARDO, Rodrigo; PRADO, Augusto Cézar L. A liberdade contratual e a função social do contrato – Alteração do Art. 421-A do Código Civil – Art. 7º, in RODRIGUES, Otavio Luiz Jr.; XAVIER LEONARDO, Rodrigo. *Comentários à Lei da Liberdade econômica – Lei 13.874/2019*, São Paulo: RT, 2019, p. 318.

[121] Veja exemplos da força prática desta solidariedade, no REsp 142.042/RS: "Pelo vício de qualidade do produto respondem solidariamente o fabricante e o revendedor", em *Revista de Direito do Consumidor*, v. 30, p. 125 e ss. e na APC 596141819, TJRS: "Tem o comerciante, que presta os serviços de assistência técnica, a obrigação solidária com o fabricante de consertar o veículo adquirido", em *Revista de Direito do Consumidor*, v. 30, p. 142-143.

empresa de crédito, mas o bem é fornecido pela empresa-vendedora. Neste triângulo contratual, a acessoriedade da relação de crédito em relação ao cumprimento dos deveres da relação de fornecimento do bem deve ficar clara, para evitar que uma fique independente da outra, impossibilitando as reclamações do consumidor. Assim também, as fases anteriores e posteriores ao momento da celebração do contrato ganham em relevância. Disciplina-se o pré-contrato, reforçando a sua força obrigatória para que conceda em alguns casos direito real ao beneficiário. Reforçam-se os requisitos da fase pré-contratual ao impor deveres de informação ao fornecedor. Mas especial atenção receberá a fase pós-contratual. A doutrina já havia desenvolvido a teoria da culpa *post factum finitum*, a qual, baseada no princípio da boa-fé, estendia a eficácia do contrato para além do cumprimento do dever principal."[122]

Como destacamos, além da relativização do efeito apenas *inter partes* dos contratos de serviço face aos novos "consumidores", há uma nova força vinculativa do fornecimento de serviços. Quem seriam estes novos consumidores no mundo digital, é uma pergunta que também expande o campo de aplicação do CDC, como vimos anteriormente. Mas o consumidor só é consumidor se frente a um fornecedor.

2. FORNECEDORES

Também no que diz respeito aos fornecedores muito se escreveu, especialmente face a polêmica tentativa dos Bancos e entidades financeiras de não incluírem suas atividades como fornecimento de serviços e produtos no mercado de consumo.[123] Neste trabalho, mais do que reacender esta polêmica superada pela atuação forte e correta da jurisprudência brasileira, gostaria de destacar outros fatores importantes na visão atual do fornecedor de serviço, especialmente a ideia do fornecimento em cadeia, assim como destacar os reflexos práticos desta inclusão de todos os fornecedores de serviços (diretos e indiretos) no sistema do CDC.

2.1. Cadeia de fornecimento de serviços e os novos "fornecedores", os gatekeepers (os "guardiões do negócio"): *organização, controle, marca, catividade e a nova pós-personalização*

Dirão alguns que a catividade, expressão de Carlos Alberto Ghersi, que utilizamos para formar a noção nova de "contratos cativos de longa duração", tem a ver com os sujeitos da relação de serviços. Sim, catividade é um *status* novo do sujeito, é uma qualidade nova da relação de serviços que perdura no tempo. Que a catividade no sistema do CDC seja juridicamente importante e que este sistema introduza como princípio a manutenção das relações no tempo (boa-fé do art. 4º, III, e § 2º do art. 51 do CDC), trata-se de uma importante modificação da teoria contratual.

---

[122] MARQUES, *Contratos no Código*, p. 263-265.
[123] Veja as obras já citadas de DONATTO, 1994 e EFFING, 1999.

Sem dúvida poderia ter sido examinada na seção dedicada aos consumidores, afinal faz parte do *status* contratual atual, mas preferi examinar aqui para bem frisar a sua ligação com os métodos de comercialização de serviços pelos fornecedores no mundo atual. O consumidor cativo normalmente o é em virtude do grande número de relações que possui com um só grupo (ou cadeia) de fornecedores, por exemplo, bancos múltiplos ou grandes empresas de telecomunicações. O consumidor é cativo pelas características ou qualidades do serviço e do fornecedor, por exemplo um serviço essencial territorialmente monopólico (ex. água, esgoto, telefone fixo), um serviço não essencial, mas territorialmente único (TV a cabo, escola ou creche próxima) dentre outras situações.

No plano da existência, a cativiade será fotografada apenas como elemento "tempo" e "essencialidade" do serviço, mas seus reflexos serão grandes no plano da validade (superação de pequenos problemas de forma, de manifestação de vontade, de erro, dolo etc.) e no plano da eficácia (direito à continuidade dos serviços ex-públicos essenciais, direito à manutenção do vínculo, dever de cooperar para continuar o vínculo, impossibilidade de corte, de cobranças abusivas através de cortes).

Destaco aqui a cativiade-subjetiva do consumidor frente ao um fornecedor, uma cadeia de fornecedores, um grupo organizado de fornecedores no mercado justamente para frisar uma característica das relações obrigações de serviço hoje, pós-personalistas. Explico esta estranha expressão que agora lanço: *relações pós--personalizadas*. As obrigações de fazer muitas vezes eram "personalíssimas", infungíveis. No sistema do CDC estas ainda podem existir, mas a maioria dos serviços ou obrigações são fungíveis, como seu regime no CDC esclarece (veja arts. 20, 35 e 84 do CDC). Lógico seria, pois, que os serviços no CDC fossem, como a maioria das relações contratuais hoje "despersonalizados" e massificados. Um fenômeno estranho observa-se. Em se tratando de serviços prestados por grandes grupos, com grandes marcas consolidadas, como empresas de transporte, consórcios "de fábricas de automóveis", cadeias de restaurantes, hotéis, bancos múltiplos, cartões de crédito e outros, parece-me reaparecer no sistema do CDC um novo tipo de "personalização" do serviço, conhecido na economia como "fidelização" da clientela. O reflexo desta nova "cativiade" é que o consumidor ou grupo de consumidores quer justamente este fornecedor ou grupo de fornecedores que divide esta *marca/imagem/status* etc., e a solidariedade da cadeia de fornecimento exsurge no CDC.[124]

---

[124] Exemplo desta solidariedade em matéria de consórcio de marcas: "Consórcio. Contemplação por sorteio. opção por outro bem. Falência da concessionária...responsabilidade solidária da Administradora do plano consortil. Código de Defesa do Consumidor. 1. A pretensão de direito material encontra-se albergada no contrato de adesão a grupo de consórcio, cuja qualificação da fornecedora emerge cristalinamente como sendo a Administradora, prestadora de serviço, integrante do grupo econômico Autolatina Volkswagen. 2 – A obrigação imposta à consorciada, por cláusula de adesão, para efetuar a opção por outro bem, deve ter eficácia relativizada diante da obrigação de melhor informação e compreensão do consumidor. A par disso, reserva-se ao princípio da boa-fé e garantia do exercício do direito. Aplicação dos arts. 30 e 54 do CDC. 3 – A responsabilidade solidária da Administração configura-se no fato de a Concessionária permitir a modificação do pedido, com suporte na marca do grupo econômico Volkswagen, conduzindo o negócio

A *pós-personalização* é um misto entre relação intrinsecamente despersonalizada e externamente personalizada, em um *double coding* pós-moderno.[125] Parece um fenômeno pós-moderno por sua complexidade e fragmentação, assim se de um lado a marca ou grupo importa para o consumidor e faz parte de suas expectativas legítimas estar vinculado a este fornecedor, a verdadeira personalidade jurídica do fornecedor não importa (pode se tratar de grupo de empresas, como nos Bancos múltiplos ou de redes de telecomunicações, pode se tratar de um franqueado, de uma comerciante individual em um complexo, *shopping* ou *mix*),[126] o que importa é justamente a marca, esta "pós-personalização".[127]

Este fenômeno é comum nos contratos cativos de longa duração[128] e ressurge no direito contratual como um fator quase que extinto, a pós- ou megapersonalidade ou semianonimato das relações. Se as relações de massa, através do método do contrato de adesão e dos atuais métodos de *marketing*, tendem a ser despersonalizadas, as relações pós-modernas retornam como quase individuais (cada cliente quer ter uma relação "personalizada"), relações coletivas e fragmentadas, de grupos com cadeias, relações de marcas e "grifes", semirrepersonalizadas.

Aqui esta nova pós-personalização das relações é um novo fator de garantia para o consumidor, que suas expectativas ligadas àquela marca específica e nesta relação específica prevalecerão. A manutenção do vínculo com o fornecedor de uma marca consolidada, ou de uma determinada qualidade diferenciada, ou de um grupo

---

sob a confiança do consumidor. Inteligência do art. 34 do CDC. 4- hipótese concreta em que a relação jurídica consortil reclama abordagem" (TJRS, 9º Grupo Cível, EI 599178050, j. 17.08.99, Rel. Des. Fernando Braf Henning Júnior).

[125] Sobre pós-modernidade e o direito do consumidor, cf. MARQUES, Contratos, p. 153 e ss. e sobre *double coding*, ou significados duplos, os ensinamentos do mestre alemão JAYME, Erik. Identité culturelle et intégration: le droit internationale privé postmoderne. *Recueil des Cours de l'Académie de Droit International de La Haye*. Doordrecht: Kluwer, 1995, p. 36 e ss.

[126] Assim ensina a jurisprudência: "Responsabilidade civil. ...Contratação de locadora de veículo em função do prestígio e do nome que mantém no mercado (Localiza). A franquia da marca implica o dever de eleger bem quem a usará, assumindo solidariamente o dever de indenizar (...)" (1º TACiv.SP. AP 858.941-9, j. 02.08.99, Juiz Maia da Cunha).

[127] Note-se que a lei argentina, define como fornecedor solidariamente responsável aquele que simplesmente coloca a sua "marca" no serviço, não importa quem efetivamente prestou, definição que foi recebida no Código Civil e Comercial de 2014. Veja a íntegra da lei em *Revista de Direito do Consumidor*, v. 27, p. 239 e ss. e comentários de STIGLITZ, Gabriel. Modificaciones a la Ley Argentina de Defensa del Consumidor y su insuficiencia en el Mercosur, *Revista de Direito do Consumidor*, v. 29, p. 9 e ss.

[128] MARQUES, *Contratos no Código*, p. 73 e ss., contratos cativos de longa duração são contratos de massa envolvendo serviços, serviços ou fazeres especiais e complexos, renováveis no tempo, que envolvem uma série ou cadeia de fornecedores diretos e indiretos e que acabam por criar uma espécie de catividade ou dependência do consumidor para futuros contratos, futuras prestações ou mesmo para atingir o objetivo contratual, necessariamente postergado no tempo, pois envolve riscos futuros. Suas características principais são a continuidade no tempo, o trato sucessivo, mesmo que o contrato seja teoricamente limitado por termo final, a sua importância social e o controle do Estado por se tratar de serviços autorizados, fiscalizados e com contratos ditados ou semiditados, sempre de adesão.

economicamente forte pode ser importante e relevante para o consumidor porque integra o grupo de fatores que vai assegurar que este receba o que deseja, que realize as suas expectativas legítimas. Trata-se aqui de uma reação à fluidez e à fragmentação cada vez maior das relações contratuais. A cessão de direitos ou da posição contratual por parte do fornecedor, muitas vezes utilizada como técnica para poder modificar as cláusulas contratuais iniciais, pode abalar o sinalagma funcional e afetar a realização das expectativas legítimas do consumidor. Logo, deve ser especialmente cuidada, controlada e mesmo evitada.[129]

A cadeia de fornecimento de serviços é outro elemento "fotografado" no plano da existência, e no mundo digital, aparecem novos fornecedores, que Hans Micklitz denominou de *"gatekeepers"* e que posso chamar de "guardiões do negócio" ou do consumo: geralmente plataformas digitais ou intermediadores, que são responsáveis pela organização e controle do negócio de consumo, além de deter a marca, que dá confiança ao consumidor.

Como afirmei,[130] o novo aqui não é a distância ou o digital, mas o modelo de negócio, não mais concentrados na aquisição da propriedade de bens e na formação de patrimônio (individual), mas no uso em comum – por várias pessoas interessadas – das utilidades oferecidas por um mesmo bem, produto ou serviço.[131] E mais, nos desafios que trazem para as definições de fornecedor, pois esses contratos a distância da economia do compartilhamento P2P (de transporte, de turismo, de fornecimento rápido de comida etc.) só ocorrem pela existência de um "senhor do negócio" ou guardião do acesso (*Gatekeeper*, veja 1.2, a.3 a seguir), o aplicativo que determina o tipo de consumo, como se dará o encontro, a prestação, o pagamento, a entrega etc. Uma espécie de comércio eletrônico "4.0",[132] que merece destaque e análise especial, se de consumo.[133]

Como afirmei, o modelo de consumo compartilhado é um sistema "negocial" de consumo (*collaborative consumption*), no qual as pessoas alugam, usam, trocam, doam, emprestam e compartilham bens, serviços, recursos ou *commodities*, de propriedade sua, geralmente com a ajuda de aplicativos e tecnologia *on-line*, são relações de confiança (ou hiperconfiança!), geralmente contratuais, a maioria onerosa, sendo gratuito o uso do aplicativo, mas paga uma porcentagem do "contratado" ao guardião

---

[129] Veja detalhes desta nossa análise em MARQUES, *Contratos no Código*, p. 1316 e ss.

[130] MARQUES, Contratos 2019, p. 98 e seg.

[131] MELLER-HANNICH, Caroline. Economia compartilhada e proteção do consumidor, in MARQUES, Claudia Lima et ali (Coord.) *Direito Privado e Desenvolvimento Econômico*, São Paulo: RT, 2019, p. 283-294. Veja recente reflexão da mesma autora, Meller-Hannich, *Share Economy*, p. 120.

[132] Veja VERBICARO, Dennis; *Pedrosa*, Nicolas Malcher. "O impacto da economia de compartilhamento na sociedade de consumo e seus desafios regulatórios", *Revista de Direito do Consumidor*, vol. 113/2017, p. 457-482, set.-out. 2017, p. 457 ss.

[133] Como ensina Miragem, nem todo o comércio da economia do compartilhamento é de consumo:"A estruturação destes negócios ganha força pela internet, e se dá tanto sob o modelo *peer to peer* (P2P), quanto no modelo business to business (B2B), ou seja, entre pessoas não profissionais e entre empresários" *(Miragem*, Curso, p. 663 e seg.).

da tecnologia *on-line*.[134] Há relação de consumo, pois é consumidor aquele que utiliza dessa *sharing economy*, remunera os serviços, que são viabilizados *peer to peer* (P2P), isto é, de computador a computador, entre celular e celular. O intermediário/*blend* desaparece nessa tecnologia, mas está muito presente na "reputação" e nas avaliações dos consumidores, no local do encontro e na negociação digital/*locus* e na imposição das regras sobre esse "encontro/negócio". Nessas situações está presente sempre um profissional, no exercício habitual de sua atividade para a obtenção de lucro,/que intermedeia o consumo, ou que constrói o *locus* para o encontro das duas pessoas. Mais do que um intermediário do comércio físico, ele é o grande guardião ou senhor do negócio, o verdadeiro fornecedor, mas os deveres de boa-fé e as informações obrigatórias são as mesmas do CDC e obrigação de ambos, fornecedor aparente e *gatekeeper*.[135] Duas são as palavras-chave na economia digital e na economia do compartilhamento, sem exceções, gratuita ou onerosa: confiança (e responsabilidade pela confiança criada) e controle (e responsabilidade pelo risco-controle).

Em matéria de contratos da economia do compartilhamento,[136] o diferencial é a dificuldade na identificação do fornecedor, havendo um fornecedor aparente (muitas vezes um cidadão que não faz disso sua profissão) e um fornecedor real, o *gatekeeper*, daí a importância de frisar que se trata de contratos de consumo como os outros.[137] Aqui há um elemento comum com todos os contratos eletrônicos: o controle do negócio. O controle e a responsabilidade pelo controle exercido pelo fornecedor da economia do compartilhamento (risco-controle, mais do risco-proveito) aparece de forma destacada na economia do compartilhamento, pois em contratos de consumo temos "quase" dois consumidores realizando uma relação de consumo totalmente controlada (e desenhada, do encontro, às informações prestadas, ao tipo de execução, de entrega e de pagamento, ao contrato e suas cláusulas ou "políticas" e "práticas") pelo fornecedor "aparente/oculto", o aplicativo. Aqui há confiança no fornecedor aparente (ou principal, que tenta ser "oculto", mas que é a "marca" do negócio, nome e marca que o consumidor "conhece" e confia), o

---

[134] MARQUES, Claudia Lima. A nova noção de fornecedor no consumo compartilhado: um estudo sobre as correlações do pluralismo contratual e o acesso ao consumo. *Revista de Direito do Consumidor*, São Paulo, vol. 111, p. 247-268, maio-jun. 2017. p. 249.

[135] Assim MARQUES, Claudia Lima; MIRAGEM, Bruno. *Economia do compartilhamento deve respeitar os direitos do consumidor*. 2015. Disponível em: [www.conjur.com.br/2015-dez-23/garantias-consumo-economia-compartilhamento-respeitar-direitos-consumidor]. Acesso em: 09.06. 2017.

[136] Veja sobre a economia do compartilhamento e os estilos de vida na pós-modernidade, SANTOS, Éverton N.; SANTIAGO, Mariana R. O consumo colaborativo no uso das moedas sociais pelos bancos comunitários de desenvolvimento: possibilidades contra-hegemônicas, Revista de Direito do Consumidor, vol. 118 (jul.-agosto 2018), p. 130ss.

[137] Veja MUCELIN, Guilherme. Peers Inc.: a nova estrutura da relação de consumo na economia do compartilhamento. *Revista de Direito do Consumidor*, São Paulo, v. 118, p. 77-126, jul./ago. 2018, p. 81. Também MARQUES, Claudia Lima. A nova Noção de Fornecedor no consumo compartilhado: um estudo sobre as correlações do pluralismo contratual e o acesso ao consumo. In *Revista de Direito do Consumidor*. Vol. 111. Ano 26. p. 247-268. São Paulo: Ed. RT, maio-jun. 2017, p. 249 ss.

aplicativo e nas características do negócio, que ele controla totalmente.[138] Também na Lei Geral de Proteção de Dados aparece a figura do "operador" e do "controlador".[139] O Regulamento 2019/1150[140] europeu prefere usar a expressão geral "intermediador" e "facilitador" de novos modelos de negócio, que me parecem fracas demais para estes intermediários, que influenciam predominantemente – ou controlam mesmo – o negócio de consumo.

Se pudéssemos criar uma figura de linguagem para descrever esse negócio, seria do cálice, em que o consumidor e o fornecedor aparente estão cada um em um lado da borda do cálice e é o fornecedor "conhecido/oculto" e principal, o aplicativo que desenha a base do cálice, que constrói o "caminho" do negócio, abre ou não a porta para ambos (*gatekeeper*) ocuparem suas posições negociais e ainda a forma de "preencher" o cálice com o consumo (seja transporte de um lugar a outro, seja o aluguel de uma casa na praia, seja um churrasco ou comida típica, seja o aluguel de

---

138 Veja a decisão do STJ para comércio físico: "Recurso Especial – Ação de indenização – Danos material e moral – Relação de consumo – Defeito do produto – Fornecedor aparente – Marca de renome global – Legitimidade passiva – Recurso especial desprovido. Insurgência recursal da empresa ré. Hipótese: A presente controvérsia cinge-se a definir o alcance da interpretação do art. 3º do Código de Defesa do Consumidor, a fim de aferir se na exegese de referido dispositivo contempla-se a figura do fornecedor aparente – e, consequentemente, sua responsabilidade –, entendido como aquele que, sem ser o fabricante direto do bem defeituoso, compartilha a mesma marca de renome mundial para comercialização de seus produtos. 1. A adoção da teoria da aparência pela legislação consumerista conduz à conclusão de que o conceito legal do art. 3º do Código de Defesa do Consumidor abrange também a figura do fornecedor aparente, compreendendo aquele que, embora não tendo participado diretamente do processo de fabricação, apresenta-se como tal por ostentar nome, marca ou outro sinal de identificação em comum com o bem que foi fabricado por um terceiro, assumindo a posição de real fabricante do produto perante o mercado consumidor. 2. O fornecedor aparente em prol das vantagens da utilização de marca internacionalmente reconhecida, não pode se eximir dos ônus daí decorrentes, em atenção à teoria do risco da atividade adotada pelo Código de Defesa do Consumidor. Dessa forma, reconhece-se a responsabilidade solidária do fornecedor aparente para arcar com os danos causados pelos bens comercializados sob a mesma identificação (nome/marca), de modo que resta configurada sua legitimidade passiva para a respectiva ação de indenização em razão do fato ou vício do produto ou serviço. 3. No presente caso, a empresa recorrente deve ser caracterizada como fornecedora aparente para fins de responsabilização civil pelos danos causados pela comercialização do produto defeituoso que ostenta a marca TOSHIBA, ainda que não tenha sido sua fabricante direta, pois ao utilizar marca de expressão global, inclusive com a inserção da mesma em sua razão social, beneficia-se da confiança previamente angariada por essa perante os consumidores. É de rigor, portanto, o reconhecimento da legitimidade passiva da empresa ré para arcar com os danos pleiteados na exordial. 4. Recurso especial desprovido" (STJ, 4.ª T., REsp 1580432/SP, rel. Min. Marco Buzzi, j. 06.12.2018, *DJe* 04.02.2019).

139 Schertel Mendes/Doneda, in *RDC* 120, p. 470 ss.

140 O Regulamento 2019/1150 de 20 de junho de 2019 é sobre os "utilizadores profissionais" de serviços de intermediação em linha, sobre economia do compartilhamento veja o relatório da Comissão e do Parlamento, in https://www.europarl.europa.eu/news/en/press-room/20170609IPR77014/sharing-economy-parliament-calls-for-clear-eu-guidelines.

uma bicicleta ou carro… para o consumidor compartilhar). Em seu relatório para o governo da Alemanha, Meller-Hannich destaca que o maior problema do consumo (e do *prosumer*) na economia colaborativa é a falta de transparência que prejudica a prevenção de danos aos consumidores e dificulta ao consumidor saber a quem recorrer em caso de dano.[141] Daí a importância de analisar a responsabilidade também desta cadeia de fornecimento de serviços.

2.2. A responsabilidade do grupo ou cadeia de fornecimento de serviços: teoria unitária da responsabilidade contratual e extracontratual

Como resposta à responsabilidade extracontratual do grupo, também chamada de causalidade alternativa, o CDC traz uma resposta clássica em matéria de produtos e uma resposta ousada em matéria de serviços. Enquanto o art. 12 nomeando os responsáveis solidários principais e introduz um responsável subsidiário, o comerciante, no art. 13, no art. 14 os fornecedores de toda a cadeia de serviços são considerados solidariamente responsáveis, todos sem exceção e objetivamente.[142] O seu direito de regresso está assegurado apenas pelo parágrafo único do art. 7º do CDC, mas relembre-se que o sistema do CDC não permite denuncia a lide ou qualquer outra indicação do verdadeiro "culpado" no processo frente ao consumidor ou seus representantes legitimados. Clássica a solução, pois presente no § 830 do BGB alemão de 1896, mas os comentaristas brasileiros da responsabilidade alternativa dos grupos (Pontes de Miranda, Orlando Gomes e Silvio Rodrigues)[143] sempre tenderam a exigir a prova da responsabilidade de um ou todos estariam "liberados da responsabilidade". Outra era a posição de Clóvis do Couto e Silva.[144]

A solução do CDC é coerente, uma vez que a responsabilidade é objetiva, logo sem culpa, tal prova não é mais necessária e não será motivo de exclusão da responsabilidade. O importante neste sistema não é culpa subjetiva de um ou de muitos da cadeia de fornecimento de serviços, mas sim a prova do (fato) defeito do serviço e do nexo causal com o dano causado às vítimas, todas agora consideradas consumidoras.

A única exceção deste sistema objetivo e de responsabilidade alternativa é o § 4º do art. 14 do CDC, que privilegia os profissionais liberais, retornando ao sistema subjetivo de culpa. relembre-se que este estudo apenas se aplica ao caso de defeito no serviço, falhas na segurança deste, muito comum no caso dos médicos, mas pouco

---

[141] MELLER-HANNICH, Caroline. *Das Recht der Verbraucher und Prosumer in der kollaborativen Wirtschaft* – Chancen und Verantwortung, p. 101 (original). Agradecemos à autora o envio da versão ainda não publicada.

[142] Esta responsabilidade objetiva foi bem assimilada pela jurisprudência, a exemplo do TJRJ: "Infeção hospitalar contraída após cesariana, culminando com a retirada do útero. Responsabilidade objetiva, sendo desnecessária a prova da culpa. art. 14 da Lei 8.078/90" em *Revista de Direito do Consumidor*, v. 29, p. 116 e ss.

[143] Veja revisão dos mestres, na interessante obra de DELLA GIUSTINA, Vasco. *Responsabilidade Civil dos Grupos- Inclusive no Código do Consumidor*. Rio de Janeiro: Aide, 1991, p. 121 e ss.

[144] Este autor tendia pela solução alemã do § 830, de responsabilidade de todos da cadeia ou grupo, encontrando apoio mesmo na jurisprudência gaúcha. Cf. revisão do pensamento do mestre gaúcho em DELLA GIUSTINA, 1991, p. 125 e ss.

comum no caso dos advogados. As falhas de adequação dos serviços dos profissionais continuam regulados pelo art. 20 do CDC, com sua responsabilidade solidária e de estilo contratual, logo, sem culpa.[145] Também parece-me que as pessoas jurídicas formadas por médicos ou outros profissionais perdem este privilégio, devendo ser tratadas como fornecedores normais, elas mesmas não profissionais liberais. Aqui privilegiado não é o tipo de serviço, mas a pessoa (física) do profissional liberal. Difícil o caso das cadeias de profissionais liberais, como grupos médicos ou cirúrgicos que não abram mão de sua característica de profissionais liberais, mas atuem em grupo, talvez até com pessoas que não sejam profissionais liberais.

A prática extinção da figura do terceiro, hoje incluído como consumidor *stricto sensu* ou equiparado no CDC, e a imposição da solidariedade na cadeia de produção ou organização dos serviços têm como reflexo mais destacável a superação da *suma divisio* entre a obrigação contratual e extracontratual.[146] Esta é uma contribuição importante do CDC ao Direito Civil.

Interessante notar o reflexo do mandamento de proteção da confiança (*Vertrauensgebot*), oriundo do princípio de boa-fé. Por ele, tem-se que um contrato envolve um emaranhado de condutas pautadas na confiança e na boa-fé contratual, que, dada a sua multifuncionalidade, desempenha uma função de imprimir uma série de deveres na realidade contratual. Estes deveres são infindáveis, haja vista a complexidade dos contratos modernos, principalmente os contratos de consumo.

Nestes termos, visualizamos a boa-fé como um princípio criador, limitador e hermenêutico, que conduz a um feixe de deveres de conduta, que decorrem da boa-fé positivada no Código de Defesa do Consumidor. Encontramos tais deveres no seu bojo, principalmente nos capítulos V e VI (Das Práticas Comerciais e Da Proteção Contratual). Eles estão presentes na oferta, na formação, durante a execução e após a extinção dos contratos de consumo. Esta cláusula geral permite ao julgador a realização do justo, deste modo, a norma deve ser aplicada pela jurisprudência, no seu papel de agente intermediário entre a lei e o caso[147].

Logo, o mandamento da proteção da confiança está intimamente ligado, pode-se mesmo afirmar ser uma consequência ética, ao *anonimato* das novas relações sociais. Como as relações contratuais e pré-contratuais, a produção, a comercialização são massificadas e multiplicadas, sem que se possa claramente identificar os beneficiados (consumidores e usuários), foi necessário criar um novo paradigma mais objetivo do que a subjetiva vontade, boa ou má-fé do fornecedor *in concreto*, mas sim um *standard* de qualidade e de segurança que pode ser esperado por todos, contratantes, usuários atuais e futuros (expectativas legítimas). Se quem vai ser beneficiado e

---

[145] Assim concorda LÔBO, 1996, p. 60.

[146] Na feliz expressão de LÔBO, Paulo Luiz Netto. *Direito das Obrigações*. Brasília: Brasília Jurídica, 1999, p. 14 e 167, é a "transubjetivação" da responsabilidade, pouco importando se é contratual ou extracontratual sua origem.

[147] Cf. DUQUE, Marcelo Schenk. *Direito Privado e Constituição*: Drittwirkung dos direitos fundamentais – Construção de um modelo de convergência à luz dos contratos de consumo. São Paulo: RT, 2013, p. 281-288.

Cap. 1 · 30 ANOS DE CÓDIGO DE DEFESA DO CONSUMIDOR | 41

ter pretensões em relação a esta confiança despertada é o contratante, é o segundo usuário ou apenas um ex-terceiro não importa ao CDC.

Note-se, por fim, que a ciência do direito para proteger convenientemente a confiança despertada pela atuação dos fornecedores no mercado terá se superar a *summa divisio* entre a responsabilidade contratual e extracontratual, e o fará revigorando a figura dos deveres anexos (*Nebenpflichten*). Estes são deveres de conduta, deveres de boa-fé presentes nas relações sociais mesmo antes da conclusão de contratos, presentes mesmo depois de exauridas as prestações principais ou em caso de contratos nulos ou inexistentes. Em verdade, os deveres anexos de cuidado, de informação, de segurança e de cooperação estão presentes em todas as relações, mesmo as extracontratuais, pois são deveres de conduta humana (*Verkehrspflichten*), só indiretamente (ou eventualmente) dirigidos a prestação contratual.[148]

A organização da cadeia de fornecimento de serviços é responsabilidade do fornecedor (dever de escolha, de vigilância), aqui pouco importando a participação eventual do consumidor na escolha de alguns entre os muitos possíveis.[149] No sistema do CDC é impossível transferir aos membros da cadeia responsabilidade exclusiva, nem impedir que o consumidor se retrate, face à escolha posterior de um membro novo na cadeia.[150]

3. OBJETO DA RELAÇÃO JURÍDICA DE SERVIÇO NO CDC

3.1. *Objeto múltiplo e conexidade de prestações nos serviços complexos: os serviços em si, a "servicização" e a conexão com produtos digitais "inteligentes" ou com serviços "incluídos"*

O objeto dos negócios jurídicos não são as coisas, corporais ou imateriais, mas sim vemos hoje como objeto as prestações, o prometido e esperado, o sinalagma da relação, se bilateral.[151] Aqui vários fenômenos podem ser destacados: totalidade, cooperação, equilíbrio, conexidade.

As prestações das obrigações de fazer multiplicaram-se, frente ao princípio da boa-fé. Assim, além do dever de prestar o fazer principal, o fornecedor de serviços deve também realizar os deveres anexos de conduta, oriundos diretamente do princípio da boa-fé. Estes deveres também são fazeres, isto é, informar, aconselhar, cuidar da segurança, dos materiais integrados, da honra e dignidade do parceiro, cooperar com o parceiro, não o bloquear nas suas expectativas legítimas. Esta visão

---

[148] Cf. MARQUES, *Contratos no Código*, p. 1341.

[149] A jurisprudência tem presente esta distinção: "Responsabilidade civil. ...Irrelevante que a contratante do autor tenha contratado com agência de turismo para providenciar o transporte e a permanência. Atuação desta como mandatária a implicar direito de regresso pela via apropriada...Contratação de locadora de veículo em função do prestígio e do nome que mantém no mercado..." (1° TACiv.SP. AP 858.941-9, j. 02.08.99, Juiz Maia da Cunha).

[150] Veja decisão em *Revista de Direito do Consumidor*, v. 20, p. 232-233.

[151] Assim ensina COSTA JUNIOR, 1994, p. 41.

de totalidade da relação obrigacional[152] atual leva-nos a considerar o vínculo como um feixe de deveres, na maiores fazeres e não fazeres conexos de interesse direto (e talvez hoje maior do que o da prestação principal) do consumidor. A expectativa legítima do consumidor está muito ligada a esta totalidade, assim se comutativo o vínculo, o CDC impõe regras para que o fornecedor realmente informe o consumidor sobre seus direitos (por ex.: art. 4º do CDC sobre orçamento), permitindo uma escolha racional e refletida; se aleatório o vínculo, a qualidade do serviço é garantida de forma extrema. No sistema do CDC, aleatória é a prestação por sua natureza, mas não sua qualidade, sua qualidade segurança e sua qualidade adequação vêm garantidas imperativamente (arts. 8º, 9º, 10, 14, 20, 24, 25, e 51, I, do CDC).

O segundo fenômeno tem direta ligação também com o princípio da boa-fé, é a exigência de cooperação para alcançar os fins contratuais. Cooperação é conduta conforme boa-fé, mas significa hoje em matéria de relações de consumo, flexibilidade e relevância jurídica do tempo. A teoria romana e a da boa-fé já conheciam a exceção da ruína, no sentido que a manutenção do vínculo não deve ser onerosa em demasia para nenhuma das partes.[153] Utilizando-se o princípio da boa-fé como guia é possível procurar soluções alternativas e adaptações da relação contratual conflituosa ou em crise, para alcançar o resultado da manutenção do vínculo, com realização das expectativas legítimas dos consumidores e sem que haja ônus excessivo para nenhuma das partes, como parece indicar o art. 51, § 2º e o art. 4º, III, do CDC. É a nova flexibilidade da relação no tempo, exigida pelos princípios da boa-fé e do equilíbrio (art. 4º, III, e art. 6º, V, do CDC), a determinar a excepcional "alterabilidade" do conteúdo contratual para a manutenção da relação, superando assim a rigidez do princípio clássico da inalterabilidade do conteúdo contratual.

O CDC a introduziu o direito à modificação das cláusulas excessivamente onerosas apenas em benefício do consumidor (art. 6º, V, do CDC), mas previu – em caso de nulidades – a onerosidade excessiva para qualquer das partes como motivo a impedir a manutenção do contrato (art. 51, § 2º, do CDC). Destaque-se igualmente que cooperação para o bom fim do vínculo significa considerar juridicamente relevante a passagem do tempo. O tempo já transcorrido de duração de um relacionamento contratual de serviços (como seguros e planos de saúde, contratos bancários sempre renovados etc.) passa a ser, então, juridicamente relevante face a expectativa criada no consumidor.

O terceiro fenômeno, diretamente ligado a ambos os anteriores e – parece-me também ao princípio da boa-fé – é o da valorização do equilíbrio ou do nexo entre prestação e contraprestação denominado de sinalagma, que examinaremos com mais detalhes quando do exame da finalidade/garantia destas relações jurídicas.

O quarto fenômeno também poderia ser examinado quando do exame da finalidade, mas parece-nos que sua análise junto ao objeto da relação de serviços é

---

[152] Veja análise da ideia de Karl Larenz, em CACHAPUZ, Maria Claudia Mércio, *O conceito de totalidade concreta aplicado ao sistema jurídico aberto*, in Revista AJURIS, v.71 (1997), p. 103 e ss.

[153] MENEZES DE CORDEIRO, Antônio Manuel da Rocha e. *Da Boa-fé no Direito Civil*, v. 2. Coimbra: Almedina, 1984, p. 1007 e 1008.

mais útil ao uma visão real da multiplicidade e complexidade das relações de serviço atuais. Não poderíamos, ao fotografar as relações de serviço, deixar de examinar os chamados "atos de consumo por conexidade" ou relações de consumo acessórias. Destaque-se, pois, que hoje podemos classificar as relações de consumo como relações de consumo principal (por finalidade de consumo), relações de consumo por conexidade, por catividade, por acidente (art. 17 do CDC) e incidentais (art. 29 e parágrafo único do art. 2º do CDC).

Para a conexidade das relações a explicação é simples: na sociedade moderna por vezes as relações contratuais são tão conexas, essenciais, interdependentes e complexas que é impossível distingui-las, realizar uma sem a outra, deixar de realizá-las ou separá-las. E assim, se uma das atividades (ou fins) é de consumo acaba por "contaminar", por determinar a natureza acessória de consumo da relação ou do contrato comercial. Um bom exemplo, foi a telefonia a algum tempo atrás, em que para adquirir uma linha telefônica tinha o consumidor de comprar ações conexas.[154] O consumidor/usuário de serviços telefônicos transformava-se em acionista da empresa pública, mas era em verdade (e finalisticamente) destinatário final dos serviços da empresa. Era esta a sua causa inicial e final (o que lhe movia e o que aspirava alcançar no final), era este uso do telefone que ele queria atingir, sendo a titularidade das ações conexas apenas uma imposição legal da época. Há que se dar destaque a esta conexidade de consumo, pois é esta determinante da interpretação (do regime e dos efeitos) que se dará aos contratos e relações acessórias (talvez não de consumo *stricto sensu*).

Mister, pois estudar e estar ciente das redes de contratos, as redes de consumidores e os atuais contratos coletivos ou sistêmicos. A união de contratos, seu encadeamento em redes, cadeias de fornecimento, formação de grupos de consumidores alvo é o novo meio que se utiliza o mercado para a satisfação de um interesse, o qual não se poderia realizar através das figuras típicas contratuais existentes e do modo de negociação e contratação clássico, mas que o encadeamento/simultaneidade de contratos permite.[155]

A conexidade é, pois, o fenômeno operacional econômico de multiplicidade de vínculos, contratos, pessoas e operações para atingir um fim econômico unitário e nasce da especialização das tarefas produtivas, da formação redes de fornecedores no

---

[154] Veja decisão sobre o caso na jurisprudência, em *Revista de Direito do Consumidor*, v. 29, p. 173 e ss.:"(...) a Lei 8.078/90 estabelece, amplamente, o alcance de suas disposições...quando houver dano ao consumidor, sendo este equiparado a coletividade de pessoas, ainda que indetermináveis, que haja intervindo nas relações de consumo, entre os quais se inserem, sem nenhuma distinção, os usuários, adquirentes de linha telefônica, e os acionistas (...) na realidade e no caso do contrato de participação financeira em investimentos para expansão e melhoramentos dos serviços públicos de telecomunicações, essas relações estão atreladas e intimamente ligadas (...)" (juiz de Direito Osmar Bocci, São Paulo, j. 22.09.98, p. 176,177 e 178)

[155] Assim LORENZETTI, Ricardo. Redes Contractuales: Conceptualización juridica, relaciones internas de colaboracion, efectos frente a terceros, *Revista da Faculdade de Direito UFRGS*, v. 16, 1999, p. 161 e ss.

44 | DIREITO DO CONSUMIDOR – 30 ANOS DO CDC

mercado e, eventualmente, da vontade das partes.[156] Na doutrina,[157] distinguem-se três tipos de contratos conexos de acordo com as suas características básicas de possuírem fim unitário (elemento objetivo), de se existe uma eventual vontade de conexão ou união (elemento subjetivo) ou se a conexão foi determinada por lei (compra e venda com financiamento do art. 52 do CDC), quais sejam:

1. *Grupos de contratos*, contratos vários que incidem de forma paralela e cooperativa para a realização do mesmo fim. Cada contrato (por exemplo, contratos com um banco múltiplo popular e um consumidor com conta corrente) tem um objetivo diferente (cartão de extratos, crédito imediato limitado ao cheque especial, depósito bancário simples) mas concorrem para um mesmo objetivo (conta corrente especial do consumidor) e somente unidos podem prestar adequadamente.[158]

2. *Rede de contratos*, em que cada contrato tem sucessivamente por objeto a mesma coisa, o mesmo serviço, o mesmo objeto da prestação. É a estrutura contratual mais usada pelos fornecedores ao organizar a suas cadeias de prestação ao consumidor com fornecedores diretos e indiretos, como no caso do seguro-saúde, também usada nas colaborações entre fornecedores para a produção (e terceirizações) e distribuição no mercado.[159]

3. *Contratos conexos stricto sensu* são aqueles contratos autônomos que, por visarem a realização de um negócio único (nexo funcional), celebram-se entre as mesmas partes ou entre partes diferentes e vinculam-se por esta finalidade econômica supracontratual comum, identificável seja na causa, no consentimento, no objeto ou nas bases do negócio. Assim, se a finalidade supracontratual comum é de consumo, todos os contratos são de consumo por conexidade ou acessoriedade.

Aqui o círculo se fecha e a nova visão do objeto da relação influencia diretamente a de sujeito desta. Assim, por exemplo, há relação ou contrato de consumo conexo na relação entre conveniado (mesmo que dependente) ligado a sindicato/empresa

---

[156] Veja por todos, LORENZETTI, 1999, p. 22 e ss.

[157] Aqui aproveitamos dos ensinamentos da doutrina italiana sobre *"collegamento"* (MESSINEO, GANDOLFI, GALGANO), da doutrina francesa sobre *"groupes de contrats"* (TEYSSIÉ, LARROUMET), da doutrina alemã sobre *"komplexe Langzeitverträge"* (MARTINEK) e *"verbundene Geschäfte"* (MEDICUS), da doutrina argentina sobre *"redes contractuales"* (LORENZETTI) e sobre *"conexidad negocial"* (MOSSET ITURRASPE), da doutrina norte-americana sobre *"relational contracts"* (MACNEIL), da doutrina inglesa do *"collateral contracts"* (ATIYAH) e da doutrina brasileira sobre coligamento e contrato relacional (Orlando GOMES e Ronaldo PORTO MACEDO), em classificação que esperamos unificadora.

[158] Assim concorda LORENZETTI, 1999, p. 47, frisando a garantia e responsabilidade pelo êxito comum. Na XVII Jornada Nacionais de Derecho Civil, em Santa Fé, Argentina, foi dada nova denominação, desta vez de *"sistema de contratos"*, que seria *"un grupo de contratos individuales conectados por una operación económica diferente de cada uno de los vínculos individuales"* (conclusões ainda inéditas).

[159] Assim concorda o grande jurista argentino em sua novel obra, MOSSET ITURRASPE, Jorge. *Contratos Conexos*. Buenos Aires: Rubinzal-Culzoni, 1999, p. 119 e ss. Destaca Ibid., p. 46, que existem "cadeias independentes de contratos" de fornecedores onde pode haver conexidade, mas não "nexo funcional", pois estes contratos não têm destinação comum, por isso preferimos a expressão de LORENZETTI, "redes".

com contrato coletivo (contrato em grupo) e fornecedora de planos e seguros de assistência à saúde (contratos coligados por função econômica única). O mestre argentino Ricardo Lorenzetti ensina a importância desta visão amplificadora, frisando que neste caso há causa contratual individual e a causa sistemática ou sistêmica, que une o grupo, mencionando que são duas distintas, logo que há individualidade de direitos e interesses apesar da rede ou grupo organizacional de contratos, o que há é um limite mais claro ao não poder prejudicar os interesses do grupo. em outras palavras, se no plano da existência trata-se de relação de consumo por conexidade haverá reflexos claros no plano da eficácia, com o nascimento de direitos e deveres para um maior número de participantes.[160]

Como ensina Lorenzetti,[161] considerados os fenômenos das cadeias de forne-cimento, das redes coligadas de contratos principais e acessórios para a prestação de uma finalidade coletiva de consumo, da organização de grupos de consumidores para melhor distribuição do consumo, o direito hoje deve considerar que em se tratando de relação de consumo (art. 3º do CDC) não há mais terceiro, "vítima" ou "beneficiário", há consumidor (arts. 2º, 17 e 29 do CDC). Assim reflexamente, todo o "consumidor", assim considerado pelo CDC, é parte legítima para exercer seus direitos básicos (de fundo constitucional) assegurados no art. 6º do CDC, inclusive o de combate às cláusulas abusivas, práticas abusivas, de acesso à justiça e de inver-são do ônus da prova. A ele foi dada uma nova "pretensão" frente a este fornecedor.

Esta nova visão qualificada e ampliadora das relações de consumo é necessária para uma boa aplicação do CDC. Assim, pode ser um indicador da conexidade de relações contratuais (de consumo) e da vulnerabilidade *in concreto*, por exemplo, a posição de cativídade, sujeição e dependência no tempo que esteja reduzido um dos cocontratantes.[162] Assim, por exemplo, se alguém é cliente de um grupo bancário e lá possui sua conta especial, muitas vezes é levado a ter uma conta poupança anexa a sua conta-depósito, ou uma poupança de determinada monta para poder obter um crédito, ou uma cobertura de seguro (consumo conexo). Com os bancos múltiplos populares este estado de "cativídade", de interdependência de uma série de negócios entre os mesmos parceiros passou a ter certa relevância jurídica, pois o parceiro mais fraco tem dificuldade de sair do vínculo e o parceiro mais forte tem facilidades de exigir do outro qualquer modificação (novação/cessão/denúncia)[163] em um vínculo

---

[160] Assim LORENZETTI, 1999, p. 161 e ss.

[161] Ibid., p. 198.

[162] Em magistral artigo, conclui Ronaldo Porto Macedo: "1. A relação de consumo ensejadora da proteção jurídica do CDC se configura independente da existência de uma contratação direta de consumo. 2. Haverá relação de consumo sempre que o contrato entre empresas para o fornecimento de bens ou serviços atinjam consumidores finais trabalhadores vulneráveis e não envolva a aquisição de insumos ou bens de produção... 4. Os planos de saúde e de previdência privada pagos integralmente pelo empregador em favor de seus funcionários estão submetidos ao CDC naquilo em que afetarem os interesses dos consumidores" (MACEDO, Ronaldo Porto. Relação de consumo sem contratação de consumo direta: quando o empresário paga a conta, em *Revista de Direito do Consumidor*, v. 27, p. 42 e ss.).

[163] Concluíram sobre o estado de sujeição/submissão/cativídade estudos no mundo inteiro, veja LOMNICK, Eva. Unilateral variation in banking contract: an unfair term?, e HOWELLS,

menos importante, desde que mantenha o vínculo mais importante para o consumidor. A catividade é interdependência entre parceiros e vínculos múltiplos no tempo, a conexidade é o método de comercialização e *marketing*, é a consequência, que hoje pode ser facilmente fotografada no mercado nacional.[164]

Outro tema importante é o assédio digital. O assédio de consumo está nos PLs 3.514/2015 e 3.515/2015, esperamos que seja em breve incluído no CDC, mas a jurisprudência já o retira do CDC, pois se o CDC não usa a expressão "assédio de consumo", usa expressões semelhantes, proibindo práticas como o "prevalecimento" *"da fraqueza ou ignorância do consumidor, tendo em vista sua idade, saúde, conhecimento ou condição social"*(art. 39, IV) e "aproveitamento" *"da deficiência de julgamento e experiência da criança"* quanto à publicidade abusiva (art. 37, § 2º).[165]

O PL 3.515/2015 de Atualização do Código de Defesa do Consumidor (CDC) introduziu no direito brasileiro a figura do combate ao "assédio de consumo", nominando assim estratégias assediosas de *marketing* muito agressivas, que pressionam os consumidores e o *marketing* focado em grupos de pessoas ou visando (*targeting)* grupos de consumidores, muitas vezes os mais vulneráveis do mercado, como os idosos e aposentados em casos de créditos; os analfabetos e alfabetos funcionais; as pessoas com deficiências e os doentes. O termo "assédio de consumo" foi utilizado pela Diretiva europeia sobre práticas comerciais abusivas e daí chegou ao Projeto de Atualização do CDC. A Diretiva europeia n. 2005/29/CE, em seu art. 8 utiliza como termo geral, o de prática agressiva e incluí como espécies, o assédio (*harassment*), a coerção (*coercion*), o uso de força física (*physical force*) e a influência indevida (*undue influence*).[166] A opção do legislador brasileiro foi de considerar o "assédio de consumo" como o gênero para todas as práticas comerciais agressivas, que limitam a liberdade de escolha do consumidor, o que pode ser muito importante no mundo digital.[167]

Ainda quanto ao objeto dos serviços, mister destacar que estes serviços no mundo digital são múltiplos e complexos, e hoje há serviços conectados ou incluídos

---

Geraint. Seeking social justive for poor consumers in credit markets, ambos *in* CARTWRIGHT, Peter (Ed.). *Consumer protection in financial services.* Haia: Kluwer Int., 1999, respectivamente p. 99 e ss. e p. 239 e ss.

[164] Cf. MARQUES, Claudia Lima. Contratos bancários em tempos pós-modernos, *Revista de Direito do Consumidor*, v. 25, p. 21.

[165] Veja MARQUES, Claudia Lima. A vulnerabilidade dos analfabetos e dos idosos na sociedade de consumo brasileira: primeiros estudos sobre a figura do assédio de consumo, in MARQUES, Claudia Lima; GSELL, Beate. *Novas Tendências do Direito do Consumidor – Rede Alemanha-Brasil de Pesquisas em Direito do Consumidor*, São Paulo: Ed. RT, 2015, p. 46 e seg.

[166] Veja estudo in MARQUES, C. L. Schutz der Schwächeren im Privatrecht: Eine Einführung. In: Lena Kunz; Vivianne Ferreira Mese. (Org.). *Rechtssprache und Schwächerenschutz*. 1ed. Heidelberg: Nomos, 2018, v. 1, p. 78 e seg.

[167] MARQUES, C. L. A vulnerabilidade dos analfabetos e dos idosos na sociedade de consumo brasileira: primeiros estudos sobre a figura do assédio de consumo. In: MARQUES, Claudia Lima; GSELL, Beate. (Org.). Novas tendências do Direito do Consumidor: Rede Alemanha--Brasil de pesquisas em Direito do Consumidor. 1. ed. São Paulo: Revista dos Tribunais, 2015, p. 46 e seg.

nos chamados "produtos digitais" ou "inteligentes", além da já explicada "servicização" dos produtos, especialmente no meio digital e na Internet das Coisas.

Trata-se de uma nova fase do consumo, não exatamente só de serviços digitais, mas de produtos inteligentes (*"smarts objects"*), bens que apresentam uma nova simbiose entre produto e serviço, entre *hard* e *soft ware*, bens que incluem um serviço ou conteúdo digital (*"embedded digital content"*) até chegar à Internet das Coisas.[168] Estamos acostumados que um produto tenha o valor que o "bem" ou sua matéria possui, o *hardware*, na nova linguagem da informática. O novo aqui não é que os produtos prestam "serviços", até mais valiosos que os produtos materiais, mas sim que o produto tenha valor maior ou menos conforme o *software* (o serviço ou aplicativo implantado, capacidades, utilidades ou chips) que possui. Realmente, os produtos receberam utilidades pela telefonia, pela televisão, pela internet.

Duas consequências têm sido tiradas dessa nova "simbiose", como denominou o eminente Min. Antonio Herman Benjamin:[169] "a qualidade do produto é redefinida, pois ele só tem a qualidade esperada se o *software* nele instalado funcionar e de forma coadunada com o *hardware* ou produto em si; há responsabilidade solidária nessa nova cadeia de fornecimento de serviço do art. 14 que inclui o produtor [...]".[170]

---

[168] BUSCH, Christoph. Wandlungen des Verbrauchervertragsrecht auf dem Weg zum digitalen Binnenmarkt, in ARTZ, Markus; GSELL, Beate. (Hrsg.) *Verbrauchervertragsrecht und digitaler Binnenmarkt*, Tübingen: Mohr, 2018, p. 14.

[169] Assim REsp 1.721.669/SP, Rel. Min. Herman Benjamin, 2ª T., j. 17.04.2018, DJe 23.05.2018.

[170] Assim a decisão *leading case* do e. STJ: "Processual civil e consumidor. Telefonia. Responsabilidade solidária entre as empresas fornecedoras de produtos e serviços. Existência de simbiose. Sistema de pabx. Falha na segurança das ligações internacionais. Risco do negócio.1. Trata-se, na origem, de Ação Declaratória de Inexistência de Débito, cumulada com Consignação em Pagamento contra a Telefônica Brasil S.A., com o escopo de declarar a inexigibilidade da dívida referente a ligações internacionais constante das faturas telefônicas dos meses de outubro e novembro de 2014, nos respectivos valores de R$ 258.562, 47 (duzentos e cinquenta e oito mil e quinhentos e sessenta e dois reais e quarenta e sete centavos) e R$ 687.207, 55 (seiscentos e oitenta e sete mil e duzentos e sete reais e cinquenta e cinco centavos). 2. Consta dos autos que as partes celebraram contrato de consumo, cujo objeto é o fornecimento de linhas telefônicas, serviços especiais de voz, acesso digital, recurso móvel de longa distância DD e DDD e recurso internacional, local ou de complemento de chamada, para serem utilizadas em central telefônica – PABX, adquirida de terceira pessoa. 3. Conforme narrado, criminosos entraram no sistema PABX da empresa recorrente e realizaram ilicitamente diversas chamadas internacionais, apesar de esse serviço estar bloqueado pela operadora. 4. A interpretação do Tribunal de origem quanto à norma insculpida no art. 14 do CDC está incorreta, porquanto o serviço de telecomunicações prestado à recorrente mostrou-se defeituoso, uma vez que não ofereceu a segurança esperada pela empresa consumidora. 5. A responsabilidade pela reparação dos danos causados à recorrente não pode recair somente na empresa que forneceu o sistema PABX, mas também na operadora, que prestou o serviço de telefonia. Ademais, o conceito de terceiro utilizado pelo Tribunal bandeirante está totalmente equivocado, pois apenas pessoa totalmente estranha à relação de direito material pode receber essa denominação. Os *Hackers* que invadiram a central "obtiveram acesso ao sistema telefônico da vítima" e dispararam "milhares de ligações do aparelho" para números no exterior. 6. Não há dúvida de que a infração cometida utilizou as linhas telefônicas fornecidas pela

As definições amplas do CDC (art. 3º, §§ 1º e 2º, do CDC) permitem incluir esses dares com fazeres, ou produtos com serviços anexos (como os *smartphones*, TVs inteligentes), mas o interessante aqui são as consequências: o inadimplemento contratual pode estar na própria simbiose mal feita ou na possibilidade de terceiro (app) causar danos e não só em problemas do produto em si, mas em outras coisas do consumidor. Assim como na Internet das Coisas – quando todos os produtos de sua casa estão conectados e podem ser "dirigidos" externamente, mas há um terceiro que, necessariamente, está recebendo todos os dados e atividades dos produtos –, os danos podem ser muito maiores que o valor de todos os produtos e serviços unidos.

A Diretiva Europeia 2019/770 de 20 de maio de 2019 sobre certos aspectos relativos aos contratos de fornecimento de conteúdos e serviços digitais tem interessantes definições deste novo mundo (ou era digital). O art. 2º da Diretiva 2019/770 define "serviço digital" como: "a) um serviço que permite ao consumidor criar, tratar, armazenar ou aceder a dados em formato digital, ou b) um serviço que permite a partilha ou qualquer outra interação com os dados em formato digital carregados ou criados pelo consumidor ou por outros utilizadores desse serviço", (art. 2º, nº 2) e "bens com elementos digitais" como "qualquer bem móvel tangível que incorpore um conteúdo ou serviço digital, ou que com este esteja interligado, de tal modo que a falta desse conteúdo ou serviço digital impeça os bens de desempenharem as suas funções" (art. 2º, nº 3). Interessante que a Diretiva define também a "integração" de conteúdos digitais e serviços digitais em qualquer "ambiente digital" (*hardware*) do consumidor: "Integração": a interligação e incorporação de conteúdos ou serviços digitais com os diferentes componentes do ambiente digital do consumidor, por forma a que os conteúdos ou serviços digitais sejam utilizados de acordo com os requisitos de conformidade previstos na presente diretiva"(art. 2º, nº 4).

A proteção dos dados também é uma grande preocupação, pois os "apps"[171] podem ser controlados por esse terceiro para "espionar" (produzir conteúdo de valor, como gravações, sons, dados, informações), ou mesmo para induzir consumo (como no caso de brinquedos inteligentes nos EUA). No mundo do século XXI, essa simbiose já iniciou e está mudando os valores das "coisas" (produtos-serviços) e sua "independência" em relação às pessoas (carros inteligentes, casas inteligentes etc.).

---

recorrida, demonstrando que o seu sistema de segurança falhou na proteção ao cliente. Assim sendo, existe evidente solidariedade de todos os envolvidos na prestação dos serviços contratados, permitindo-se "o direito de regresso (na medida da participação na causação do evento lesivo) àquele que reparar os danos suportados pelo consumidor", REsp 1.378.284/PB, Relator o eminente Ministro Luis Felipe Salomão. 7. O risco do negócio é a contraparte do proveito econômico auferido pela empresa no fornecimento de produtos ou serviços aos consumidores. É o ônus a que o empresário se submete para a obtenção de seu bônus, que é o lucro. Por outro lado, encontra-se o consumidor, parte vulnerável na relação de consumo. 8. Os órgãos públicos e as suas empresas concessionárias são obrigados a fornecer serviços adequados, eficientes e seguros aos consumidores em conformidade com o art. 22 do CDC. 9. Recurso Especial provido"(STJ, REsp 1.721.669/SP, Rel. Min. Herman Benjamin, 2ª T., j. 17.04.2018, *DJe* 23.05.2018).

[171] Veja BAUMGARTNER, Ulrich; EWALD, Konstantin. *Apps und Recht*. Munique: Beck, 2016, p. 58 e seguintes.

O consumidor do futuro aprenderá que a distinção entre produtos e serviços é menos importante, daí a importância da teoria da confiança e a valorização que o CDC já faz da confiança despertada.

3.2. Materialização dos fazeres: a aproximação de regime das obrigações de fazer e de dar no CDC

Na análise do objeto, isto é, o "fotografar" das prestações e pretensões de cada um dos contratantes dois aspectos devem ser ainda destacados. O primeiro é a tendência de materialização dos fazeres que o CDC exprime, criando inclusive a figura do vício de informação (art. 20 do CDC)[172] e a consequente aproximação que realiza (ou almeja) dos regimes das obrigações de fazer e de dar, se de consumo. O direito de crédito (pessoal e coercitivo) transforma-se para aproximar-se de um direito de "domínio", mesmo que relativo para o consumidor, patrimonializa-se, materializa-se no mundo exterior, desprendendo-se e tornando-se independente da pessoa do devedor de forma a facilitar sua realização por terceiros ou pelo devedor mesmo.[173] é o que os doutrinadores alemães desde a década de 50 denominam "coisificação" (*Verdinglichung*) da obrigação.[174]

Serviço é obrigação de fazer, em contraposição às obrigações de dar. No plano da eficácia, observamos como resultado o nascimento de um direito de crédito (pessoal/patrimonial). O direito ou pretensão resultante do serviço é um crédito, que alguém faça algo, não um direito real sobre coisa. Os regimes destes dois tipos de relação sempre foram distintos. No sistema do CDC, há uma clara tentativa de aproximar estes regimes. As opções do consumidor são as mesmas, conserto ou reexecução, *quanti minoris* e rescisão com perdas e danos (compare arts. 18 e 20 do CDC). O dever de qualidade adequação (dever eminentemente contratual) é imposto a toda a cadeia de fornecedores (*caput* do art. 20 do CDC), logo solidariamente nasce para todos o dever de qualidade do serviço, responsabilidade não mais importando a fonte, se contratual ou extracontratual em relação àquele consumidor específico (isto é, se o fornecedor indireto ou direto do serviço contratou ou não com aquele consumidor ou ex-terceiro). Da mesma maneira, a importância de tratar-se de *obrigação de meio* ou *de resultado*, mesmo mantendo-se, diminui sensivelmente, uma vez que o cumprimento dos deveres anexos de informação, cooperação e cuidado (todos fazeres importantes) sempre são "obrigações" *de resultado*. Assim, em relações de serviço apenas a prestação principal de fazer mantém sua característica de obrigação de meio ou de resultado.

Observa-se na aplicação prática do CDC que a jurisprudência vê com bons olhos esta aproximação dos regimes, exigindo o cumprimento dos deveres anexos, em especial de informação e de redação dos contratos de toda a cadeia de fornecimento,[175]

---

[172] Sobre o tema veja LÔBO, 1996, p. 65-66.

[173] Assim também COSTA JÚNIOR, 1994, p. 51.

[174] Veja, em português, Ibid., loc. cit.

[175] Interessante jurisprudência do TJRS sobre dever de informar e de redigir claramente nos consórcios: "Consórcio. Contemplação por sorteio. opção por outro bem. Falência da concessionária (...) responsabilidade solidária da Administradora do plano consortil. Código de

aplicando as multas diárias como forma de pressão,[176] não considerando força maior e caso fortuito o descumprimento do prazo em virtude da atuação de terceiro, se este é parte da cadeia de "serviço".[177]

B) FINALIDADE/GARANTIA

Em geral, a finalidade econômico-social de um ato humano é elemento qualificador e categorizador deste, nas relações de consumo o mesmo ocorre, só que com intensidade ainda maior.[178] Assim é que, antes de analisarmos as garantias dos consumidores na prestação de serviços e sua evolução em relação as garantias existentes nas relações civis outras, gostaria de frisar que a relação de consumo é finalista, sua finalidade intrínseca e particular é o "consumo" *lato sensu.* Já que estamos aqui no exame dos elementos da relação jurídica, mister destacar aqui como característicos destes serviços de consumo seu elemento finalístico. E esta finalidade que move o consumidor, esta é a base do negócio, é a pressuposição objetiva que movimenta estes agentes econômicos no mercado. Falho seria examinar a relação de consumo sem ter em conta a sua finalidade, mais especificamente as expectativas agora legítimas dos consumidores que entram, se expõe ou intervêm nestas relações jurídicas envolvendo serviços.[179]

Quanto à garantia, gostaríamos de analisá-la como elemento intrínseco da relação (outra face da mesma moeda, a obrigação) e não como apenas como "sujeição" reflexa do patrimônio do devedor. A garantia de efetivação do vínculo obrigacional

---

Defesa do Consumidor. (...) 2 – A obrigação imposta à consorciada, por cláusula de adesão, para efetuar a opção por outro bem, deve ter eficácia relativizada diante da obrigação de melhor informação e compreensão do consumidor. A par disso, reserva-se ao princípio da boa-fé e garantia do exercício do direito. Aplicação dos arts. 30 e 54 do CDC (TJRS, 9º Grupo Cível, EI 599178050, j. 17.08.99, Des. Fernando Braf Henning Júnior).

[176] Cf. Resp. 220232-CE, j. 02.08.99, Rel. Min. Ruy Rosado de Aguiar.

[177] Caso interessante foi julgado pelo TJRS: "Ação de cobrança de multa cominada com constituição negativa de cláusula contratual abusiva. Instalação de terminal telefônico em sistema de telefonia comunitária. Atraso na entrega. Descumprimento contratual. Nulidade de cláusula contratual que prevê a transferência de responsabilidade a terceiros. art. 52, III, do CDC. Força maior e caso fortuito inocorrentes. Responsabilidade da contratada (...). Em se tratando de empresa que atua no sistema de comunicações, prestando serviços às concessionárias de cada Estado de forma atuante, sabedora da possibilidade de atrasos na entrega do que foi contratado, não lhe é dado estipular prazos em contrato, gerando expectativa junto ao contratante, ficando descaracterizada a defesa de força maior ou caso fortuito" (TJRS, 17ª Cciv., APC 599288024, j. 15.06.99, Des. Elaine Harzheim Macedo).

[178] Cf. LORENZETTI, Ricardo Luis. *Tratado de los Contratos.* Tomo I. Buenos Aires: Rubinzal--Culzoni, 2000, p. 23.

[179] Assim também LISBOA, Roberto Senise. *A relação de consumo e seu alcance no direito brasileiro.* São Paulo: Ed. Oliveira Mendes, 1997, p. 33: "Os elementos intrínsecos do negócio jurídico são: o consensualismo (...), a forma, a operação...e a causa (finalidade ou motivo da sua realização). O vocábulo "causa" significa, em língua portuguesa, a razão, o motivo, a origem. No universo jurídico, a causa é a finalidade, o motivo ou o objetivo pelo qual um sujeito de direito acaba por firmar o negócio jurídico".

sempre foi a subordinação do devedor ao poder do credor, sujeição de seu patrimônio à satisfação do interesse do credor.[180] No sistema do CDC, a garantia é intrínseca a relação e imperativa. É garantia direcionada para o cumprimento da primeira obrigação, para as prestações principais (e de conduta) e não para as eventuais perdas e danos ou para a responsabilidade resultante do descumprimento. E uma garantia positiva, de atuação, que coloca o fornecedor em uma posição de "dever", de sujeição bastante ampla e nova frente as pretensões concretas que nascem para os consumidores. É garantia, pois, do consumidor de cumprimento da obrigação de fazer e sob esta nova ótica protetiva deve ser estudada.

1. FINALIDADE DA RELAÇÃO DE SERVIÇO: CAUSA, EXPECTATIVAS LEGÍTIMAS E REMUNERAÇÃO DIRETA OU INDIRETA DOS SERVIÇOS

A relação de consumo concretiza-se na sua causa (*Zweckursache*), causa inicial e final, na sua finalidade, que é naturalmente de consumo. Esta certeza ajudará em muito o exame do plano da existência, isto é, a caracterização da relação envolvendo serviços como de consumo ou não, pois é sempre possível perguntar se a *causa (inicial e final) principal, a causa do contrato acessório de consumo ou por conexidade (até mesmo a causa do acidente)* foi de consumo ou de produção. Para entender um fenômeno, a natureza de um ato ou relação, a primeira pergunta a se realizar é sobre o porquê deste fenômeno ("*Warum*").[181] Na interpretação das normas, o porquê é questionado enquanto *ratio legis* ("*Grund*" e "*Zweck*", interpretação teleológica). Já, na aplicação das normas aos fenômenos da vida, o porquê é questionado enquanto base e *causa* ("*Grund*" e "*Ursache*") para a atuação do ser humano. O fenômeno em si (ato ou relação) é visto como simples resultado (*consequentia, effectus*). Assim, da análise das caraterísticas do fenômeno é que se descortinará sua causa, sua base, o seu porquê.[182]

Efetivamente *causa* e *effectus* relacionam-se entre si, são um o pressuposto do outro, mas somente a causa é elemento intrínseco, básico do fenômeno,[183] no caso, da relação jurídica. Segundo Roberto Senise Lisboa, o "*Código de Defesa do Consumidor adotou a doutrina da causa na relação de consumo, ao preceituar que o consumidor é "o destinatário final do produto ou serviço".*"[184] Esta diferenciação entre *efeitos* ("*Wirkungen*"), consequências materiais e fáticas do ato ("*sein*"), e a *causa*, em especial a *causa finalis* ("*Zweckursache*"), aquilo que se pretendia alcançar com o ato e a *causa efficiens*, causa inicial ("*Wirkursache*"), aquilo que movimentou o indivíduo

---

[180] Assim ensina COSTA JÚNIOR, 1994, p. 47.

[181] Assim LAUN, Rudolf. *Der Satz vom Grunde:* Ein System der Erkenntnistheorie. 2. ed. Tuebingen, 1956, p. 58. Trata-se, segundo Aristóteles, do início de toda investigação e base do conhecimento daí resultante (*"oberste Anfang des Wissens"*).

[182] Ibid., p. 51 e ss.

[183] Estamos utilizando os conceitos de base (Grund) e causa (Ursache) como sinônimos, de forma a facilitar e reduzir a análise, mas estes são em sentido estrito e filosófico, diferenciáveis; veja detalhes em LAUN, 1956, p. 52.

[184] LISBOA, 1997, p. 34.

a contratar, pode ser muitas vezes útil para caracterizar um ato como de consumo. Em outras palavras, os efeitos estão no mundo dos fatos (o que é, "*sein*") e a causa, a base, a finalidade está no mundo do direito (o esperado "*sollen*"). A base contratual, a sua finalidade, é característica ou elemento intrínseco da relação juridicamente relevante, estudada no plano da existência. Assim, por exemplo, uma relação jurídica que vise beneficiar consumidores (equiparados) com planos de saúde, tem causa de consumo, não importando como aparecerá no mundo dos fatos, por exemplo, contrato assinado entre o empresário que emprega trabalhadores (beneficiários junto com seus dependentes do plano) e uma cooperativa.[185]

Relembre-se, por fim, também que muitas são as relações cativas de longa duração envolvendo serviços. Trata-se de relações de serviço que se prolongam no tempo, não por sua natureza intrínseca, mas por sua característica finalística. Assim, por exemplo, quem possui uma conta corrente está vinculado a um fornecedor bancário por anos e geralmente concluirá com este mais de um negócio jurídico neste tempo (seguro de vida, de acidentes, de roubo do cartão, de saúde etc.), outro bom exemplo é a poupança popular, quem possui uma poupança deixará lá seu dinheiro por mais de 30 dias, apesar de poder retirá-lo antes, justamente porque a finalidade do contrato prevê a remuneração direta do consumidor somente ao fim deste período.

Seria impossível finalizar esta análise da "finalidade" nas relações de serviço, sem enfrentar mais afundo o tema da expectativa legítima do fornecedor de ser remunerado, como elemento categoriais dos contratos de serviço regidos pelo CDC no plano da existência: só será serviço de consumo a atividade "remunerada" (art. 3º, § 2º, do CDC). Mister aqui frisar a evolução que o CDC propõe entre "onerosidade" e "remuneração" e que nem sempre está sendo compreendida pela Jurisprudência.

Quanto a este aspecto, vale frisar mais uma vez que o CDC não se utiliza da distinção clássica de contratos onerosos de prestação de serviços e de contratos "gratuitos". O que pode inexistir no sistema do CDC é a "obrigação de pagamento" (veja expressão literal do art. 39, III, e parágrafo único, no CDC). Pagamento é apenas uma das formas (diretas) de remuneração.

Frise-se assim que a expressão utilizada pelo art. 3º do CDC para incluir todos os serviços de consumo é "mediante remuneração". O que significaria esta troca entre a tradicional classificação dos negócios como "onerosos" e gratuitos, por remunerados e não remunerados. Parece que a opção pela expressão "remunerado" significa uma importante abertura para incluir os serviços de consumo remunerados indiretamente, isto é, quando não é o consumidor individual que paga, mas a coletividade (facilidade diluída no preço de todos) ou quando ele paga indiretamente o "benefício gratuito" que está recebendo. A expressão remuneração permite incluir todos aqueles contratos em que for possível identificar no sinalagma escondido (contraprestação escondida) uma remuneração indireta do serviço de consumo. aqueles contratos considerados "unilaterais", como o mútuo, sem problemas, assim como na poupança popular.

Só existem três possibilidades, ou o serviço é remunerado diretamente ou o serviço não é oneroso, mas remunerado indiretamente, não havendo enriquecimento

---

[185] Veja MACEDO, Ronaldo Porto, Relação de consumo sem contratação de consumo direta: quando o empresário paga a conta, em *Revista de Direito do Consumidor*, v. 27, p. 42 e ss.

ilícito do fornecedor, pois o seu enriquecimento tem causa no contrato de fornecimento de serviço, causa esta que é justamente a remuneração indireta do fornecedor
ou o serviço não é oneroso de maneira nenhuma (serviço gratuito totalmente), e se for
"remunerado" indiretamente haveria enriquecimento sem causa de uma das partes.

A falácia da gratuidade, por exemplo, na poupança popular não resiste ao
menor exame da estrutura contratual, pois mesmo se estes contratos de poupança
fossem "gratuitos", não seriam nunca sem "remuneração" indireta. Isto é, "gratuito"
aqui significa apenas dizer que não há (por enquanto) remuneração aparente e sim,
remuneração causal-implícita. O sinalagma contratual está escondido, a remuneração causal está escondida, mas existe e é juridicamente relevante, tanto que, se não
existisse, haveria enriquecimento ilícito dos Bancos (*condictio indebiti*).

Analisando o caso dos contratos de poupança popular, observamos que nunca
ninguém aduziu que, em matéria de administração e gestão do dinheiro alheio depo-
sitado nas contas de poupança popular, haveria enriquecimento sem causa ou ilícito
dos Bancos (*ungerechtfertigte Bereicherung*). Agora ninguém duvida que os bancos
"recebem" remuneração por manterem contas de poupança, se não "enriquecessem"
com estes serviços "gratuitos" não os fariam... Há enriquecimento sim, pois lucram
com juros de mercado e pagam juros de poupança, mas há causa... contratual, bilateral, sinalagmática, há contraprestação por serviços prestados, logo, é a relação
sinalagmática, legal e causal, que torna este enriquecimento lícito.

Como diriam os autores alemães, se há *Bereicherung* (enriquecimento) de um, há
Leistungkondition (condição de prestação, necessidade de prestar)[186] para este frente
ao outro. A questão principal é descobrir se a necessidade de prestar (*condictio*) tem
origem contratual[187], logo, neste caso, a relação contratual é a *causa* de não necessitar
o Banco indenizar pelo enriquecimento que efetivamente atinge ao "operar" com a
poupança alheia, ou se, por absurdo, a necessidade de prestar (*Leistungkondition*)
teria origem extracontratual, logo, não haveria causa contratual, e consequentemente haveria necessitar indenizar por todo e qualquer enriquecimento sem causa
dos Bancos... No caso das contas poupança e do serviço (teoricamente, gratuito)
prestado pelos Bancos aos clientes salta aos olhos que há *condictio*, mas que esta é
contratual, sendo assim, não há enriquecimento ilícito, nem sem causa dos Bancos
(pois o contrato sinalagmático é a sua causa), há apenas remuneração indireta através
deste enriquecimento – repito – legal e contratual.

Comprovar esta afirmação é fácil, basta retirar a causa e repetir o mesmo "fato/
ato jurídico" sem causa contratual. Imagine-se um indivíduo, que não fosse um Banco,
com o qual – por lei – não poderia haver contrato de poupança popular, e que, por
30 dias, administrasse a poupança alheia e que obtivesse com ela um lucro de 49 e
pagasse ao proprietário apenas 2. Haveria enriquecimento ilícito, sem causa (*ungerechtfertigte Bereicherung*), haveria a necessidade de prestar (*condictio indebiti),* de
devolver o que sem causa ganhou. A única hipótese de não ter de devolver o resto, é
que este figurasse – contratualmente ou, no caso da gestão, *quase* contratualmente –
como "remuneração" pela prestação de serviços de gestão, administração, assunção

---

[186] Veja por todos LOEWENHEIT, Ulrich. *Bereicherungsrecht*. Munique: Beck, 1989, p. 13 e ss.
[187] Assim ensina magistralmente MEDICUS, Dieter. *Schuldrecht II*. Munique: Beck, 1987, p. 286.

de riscos etc. Este teste da retirada da causa contratual, para fazer aparecer a "causa" da remuneração lícita e existente, mesmo que implícita, os alemães denominam de *condictio ob causam finitam*. Se a causa contratual desaparecesse ou, no caso, não existisse, o sistema jurídico haveria que, necessariamente, impor a volta ao *status quo ante*, impedir o enriquecimento ilícito de qualquer das partes.[188]

Hoje, pois, juridicamente, a alegada gratuidade dos serviços não significa falta de remuneração. Também economicamente esta denominada "gratuidade" é ilusória. É o justamente o movimento da análise econômica nos Estados Unidos que nos alerta para a falácia "econômica" dos chamados "serviços", "utilidades" ou promessas "gratuitas", o que não passaria de uma superada ficção jurídica. O que parece juridicamente gratuito, nos alertam mesmo os conservadores e radicais autores deste movimento de Chicago, é economicamente baseado na certeza da remuneração indireta, na interdependência de prestares futuros e atuais (sinalagma escondido), no estado de catividade e de dependência que um dos parceiros fica reduzido e no lucro direto e indireto do outro. O próprio fundador do movimento, Richard A. Posner, em já famoso estudo, alerta:

> *Why would "economic man" ever make a promise without receiving in exchange something of value from the promisee, whether it be money, a promise of future performance beneficial to the promisor, or something else of value to him? It is tempting to answer this question simply by involving "interdependent utilities"... The approach taken here is that a gratuitous promise, to the extent it actually commits the promisor the promised course of action (an essential qualification), creates utility for the promisor over and above the utility to him of the promised performance. At one level this proposition is a tautology: a promise would not be made unless it conferred utility on the promisor. The interesting question is how it does so. I shall argue that it does so by increasing the present value of an uncertain future stream of transfer payments.[189]*

O tema foi decidido nas causas sobre a poupança popular e hoje está consolidado, inclusive no tema dos buscadores na Internet: "1. A exploração comercial da Internet sujeita as relações de consumo daí advindas à Lei nº 8.078/90. 2. O fato de o serviço prestado pelo provedor de serviço de Internet ser gratuito não desvirtua a relação de consumo, pois o termo "mediante remuneração", contido no art. 3º, § 2º, do CDC, deve ser interpretado de forma ampla, de modo a incluir o ganho indireto do fornecedor." (STJ, REsp 1316921/RJ, Rel. Ministra Nancy Andrighi, Terceira Turma, julgado em 26/06/2012, DJe 29/06/2012).

Se a relação de consumo tem como finalidade algum tipo de remuneração, mesmo que indireta do fornecedor está ela incluída no regime do CDC, como

---

[188] Veja detalhes em MARQUES, Claudia Lima. Relação de consumo entre os depositantes de cadernetas de poupança e os bancos ou instituições que arrecadam a poupança popular, *Revista dos Tribunais*, v. 760, p. 127.

[189] POSNER, Richard A. *Gratuitous Promises in Economic and Law*. In: KRONMAN, Anthony; POSNER, Richard A. *The Economics of Contract Law*. Boston: LB, 1979, p. 46.

comprova até mesmo o art. 39, III e parágrafo único, que visam regular relações "gratuitas", mas claramente de consumo.

2. GARANTIA: PREVALÊNCIA DA EXECUÇÃO ESPECÍFICA E UMA NOVA VISÃO DO ADIMPLEMENTO

O CDC introduz um efetivo sistema de garantia legal (e imperativa) das obrigações (também as envolvendo serviços) em seus arts. 18, 20, 23, 24 e 25. A garantia contratual será voluntária e complementar à legal e imperativa. Esta garantia legal envolve a ideia de qualidade adequação dos serviços (art. 23), continuidade e eficiência (art. 22, para os serviços públicos e ex-públicos, em especial os essenciais), qualidade nas peças de reposição e consertos (art. 21).

O CDC inova o sistema brasileiro ao introduzir uma noção de vício do serviço em seu art. 20, garantia legal imperativa (arts. 1º, 24 e 25 do CDC). Não que no sistema do direito civil tradicional não existisse remédio jurídico para a falha na execução do serviço contratado; simplesmente, o caso era considerado como inadimplemento contratual e não como vício redibitório. Os prazos de prescrição e decadência estendem-se a favor do consumidor, agente normalmente passivo e sem conhecimento de seus direitos (arts. 26 e 27 do CDC).

A segunda inovação é a preferência dada pelo sistema ao cumprimento (voluntário ou não) da primeira obrigação (*Schuld*), isto é, enquanto o sistema tradicional está mais voltado para a responsabilidade civil, isto é, os deveres de indenizar, o sistema do CDC está mais voltado para os deveres de conduta e de fazer, deveres primários na relação. Na figura de linguagem de Karl Larenz, a obrigação (*Schuld*) é um edifício, formado por tijolos chamados deveres, e este edifício projeta necessariamente uma sombra, a responsabilidade (*Haftung*).[190] A quem for imputado o dever, é ele que será responsabilizado (*haftet*).[191] Em face da imputação do dever (*ex lege*) não mais importa se o débito ou obrigação (*Schuld*) é própria, a fonte comum é a lei tutelar, há obrigação do fornecedor direto e indireto de serviços, responsabilidade plúrima e solidária por um só débito frente aos consumidores, eventualmente também plúrimos.

O sistema do CDC, ao permitir a reexecução do serviço (art. 20, I, do CDC), assim como a sanação do vício (art. 18 do CDC), dá uma nova opção para que o consumidor consiga realizar suas expectativas legítimas, ligadas diretamente ao fazer, da prestação principal e primária, não ao indenizar (outra opção do art. 20, II, do CDC) ou ao ver reduzido o preço do serviço (outra opção do art. 20, III, do CDC). A opção é do consumidor, que pode escolher alternativamente entre estas opções, preservando assim seus interesses no caso.

No sistema do CDC em matéria de serviço, a preferência pelo cumprimento da obrigação primária é tão valorada que o CDC traz todo um regime (processual)

---

[190] Veja LARENZ, Karl. Lehrbuch des Schuldrechts. Bd. 1 – Allgemeiner Teil. 14. ed. Munique: Beck, 1987, p. 23 e 24.

[191] Sobre esta teoria dualista da obrigação, veja COSTA JÚNIOR, 1994, p. 53, e sobre a crítica às traduções portuguesas e espanholas do alemão, veja MARQUES, *Contratos no Código*, p. 1091 e nota 262.

específico para as relações jurídicas de consumo de serviços, incluindo a possibilidade do juiz conceder a "tutela específica da obrigação" ou determinar "providências que assegurem o resultado prático equivalente ao do adimplemento" (art. 84) e criando medidas efetivas para tal (§ 5º do art. 84 do CDC) até liminarmente tal (§ 3º do art. 84 do CDC). O caminho clássico da conversão em perdas e danos (dever de indenizar, obrigação secundária) "somente será admissível se por elas optar o autor ou se impossível a tutela específica ou a obtenção do resultado prático correspondente" (§ 1º do art. 84 do CDC). Além do que se permite e indica-se como caminho de pressão deste cumprimento da obrigação primária de fazer, as *astreintes* ou multas diárias tal e a fixação de prazo para a realização da obrigação esperada pelo consumidor (§ 4º do art. 84 do CDC). A evolução no Direito Civil que este sistema do CDC representa só pode ser bem valorada se relembrarmos que a execução forçada ou a execução específica era antes considerada "violência à liberdade"[192] do fornecedor, hoje é seu risco profissional de colocar seu serviço no mercado de consumo. O sistema também não conhece limitações quantitativas à responsabilidade do fornecedor de serviços, ao contrário beneficia o consumidor com a pretensão de uma "efetiva reparação de danos patrimoniais e morais, individuais, coletivos e difusos." (art. 6º, VI, do CDC).

Quanto à nova visão do adimplemento, basta destacar que se o "legitimamente esperado" (programa de prestações, *Leistungsprogramm*) nos contratos envolvendo obrigações de fazer mudou, ampliando-se as exigências de conduta tanto no aspecto subjetivo do crédito (maior número de consumidores, ex-terceiros agora envolvidos), quanto no aspecto qualitativo (teoria da qualidade adequação e qualidade segurança do CDC), com destaque para o cumprimento também dos deveres anexos de boa-fé (informação, cooperação e cuidado), evolui – ou ampliou-se – o que se pode chamar de adimplemento/inadimplemento.[193] Cabe destacar que a inexecução ou descumprimento dos deveres anexos leva, no sistema do CDC, ao mesmo regime de inadimplemento do descumprimento dos deveres principais, como exemplifica os artigos 14 e 20 do CDC, garantindo os mesmos direitos e pretensões em caso de descumprimento do dever de informar e do dever de qualidade da prestação principal. Trata-se da já conhecida figura da violação positiva do contrato (*positive Vertragsverletzung*) do direito alemão, resultado da aplicação do princípio da boa-fé.[194] É uma visão binária da obrigação, pois se o princípio da boa-fé cria (e o CDC impõe) estes deveres de informar, cuidar e cooperar, há *Schuld* (obrigação, crédito), logo, há *Haftung* (responsabilidade, dever de indenizar). A diferença é que esta "responsabilidade" não se substitui, mas une-se, à responsabilidade pela obrigação principal de prestação e, normalmente, é limitada ao máximo desta.[195] É espécie de descumprimento obrigacional (parcial, daí o nome "positivo, referindo-se ao cumprimento do dever principal de prestação). Há aqui, pois, expansão, multiplicação dos deveres e obrigações do fornecedor de serviços.

---

[192] Exemplo desta visão tradicional encontra-se em COSTA JÚNIOR, 1994, p. 40.

[193] Veja doutrina alemã, resumida para juristas não oriundos do sistema, em PÉDAMON, Michel. *Le contrat en droit allemande*. Paris: LGDJ, 1993, p. 156 e ss. Assim também TIMM, 1998, p. 94 e ss.

[194] Veja sobre o tema, em português, a obra de Jorge Cesar Ferreira.

[195] Assim relembra, PÉDAMON, 1993, p. 159.

C) FORMA: FORMALISMO INFORMATIVO E UM NOVO CONTROLE FORMAL DA VONTADE DO CONSUMIDOR

A maioria dos contratos de consumo envolvendo serviços é não formal, isto é, sua forma é livre. Dois aspectos, porém, devem ser destacados aqui: há um novo controle formal dos contratos de serviços e há uma nova formalidade informativa.

Mesmo havendo liberdade de forma no sistema do CDC, se utilizados pelos fornecedores de serviços determinados métodos de *marketing* ou de oferta massificada de contratos, o CDC traz regras específicas sobre o direito de reflexão e arrependimento do consumidor (art. 39 do CDC), sobre a identificação da publicidade (art. 36 do CDC), sobre a inclusão de todas as informações suficientemente precisas (art. 30 do CDC), prestadas diretamente ou por representantes autônomos (art. 34 do CDC), inclusão de pré-contratos, recibos e escritos particulares (art. 48 do CDC), assim como regras específicas para a redação clara dos contratos em geral (art. 46 do CDC), redação clara e destaque das cláusulas limitadoras em caso de contratos de adesão.

Em sua obra sobre o direito contratual europeu Heinz Kötz destaca um fator considerado até então metajurídico, como cada vez mais relevante na solução dos conflitos contratuais do momento: a pressão (*der Zwang*). Encontrando-se um dos contraentes em posição vulnerável de pressionado (*Zwanglage*), de estruturalmente submisso (*strukturelle Unterlegenheit*), o exercício de determinados direitos por parte do outro contratante profissional, em posição de poder (*Machtposition*), pode ser um abuso do direito ou um ato contrário aos bons costumes e à boa-fé exigida no tráfico jurídico.[196]

Parece que realmente podemos identificar na nova relevância jurídica deste fator "pressão". Trata-se de um novo controle formal da vontade dos consumidores. Esta nova relevância jurídica da pressão parece-me ser a origem das normas sobre o direito de reflexão, sobre o direito de arrepender-se sem causa dos contratos concluídos sob a pressão das vendas diretas e agora, por comércio eletrônico. São normas que impõem um grande formalismo informativo para o consumidor, como que tentando protegê-lo de sua condição de inferioridade, de leigo, de vulnerável. São normas tentando protegê-lo da pressão do *marketing*, dos métodos de venda, do consumismo exagerado, do superendividamento, das posições monopolistas dos fornecedores e das novas necessidades criadas pela sociedade de consumo.[197]

Em se tratando de relações contratuais cativas, parece-me importante destacar a nova relevância jurídica deste fator estrutural-social de pressão. A "pressão" está no próprio objeto do contrato, que versando sobre saúde e sobre emergências deve considerar o natural abalo do consumidor e renovar os seus deveres de informar e de cooperar. A "pressão" está na estrutura do contrato, que garantindo riscos futuros, acaba por interessar ao consumidor quanto mais tempo durar e menos interessa a seguradora, quanto mais tempo ou mais sinistros ocorrerem. Em outras palavras,

---

[196] Veja KÖTZ, Hein. *Europäisches Vertragsrecht*. Tübingen: Mohr, 1996, p. 200 e ss.

[197] Sobre a nova importância da informação, veja, por todos, LORENZETTI, Ricardo Luis. *Fundamentos do Direito Privado*. São Paulo: RT, 1998, p. 238-239.

fixe-se que, neste tipo de contrato, o interesse legítimo do consumidor é no sentido da continuidade da relação contratual.[198]

As exigências tradicionais de forma tinham como função a prova do ato (*Beweiszweck*), a prevenção através da cautela e aviso (*Warnzweck*), a determinação do momento de fim das tratativas ou negociação (*Trennungslinie zw. Vertragsverhandlung und Vertragsabschluss*), e função informativa (*Informationszweck*).[199] No sistema do CDC estas funções são exercidas pela imposição de deveres informativos e pela inclusão de todas as informações na oferta *ex vi lege* sempre do fornecedor (arts. 30, 31, 34, 46, 48, 54 do CDC). Também a função de aviso e indício de seriedade foi regulada (arts. 39 e 49 do CDC).

Formalismo informativo é a expressão europeia para descrever a importância da informação ao parceiro mais vulnerável, no caso o consumidor, no direito atual, o que não deixa de ser um "formalismo", um requisito a mais do plano da validade. A diferença está que o requisito aparece no mundo dos fatos como "formal" (foi o consumidor informado, aconselhado pelo *expert*, foi lhe dado acesso as condições contratuais?), exigido pelos arts. 30, 31, 46 e 54 do CDC, mas em verdade, trata-se de requisito de validade da vontade manifestada pelo consumidor.[200] O sistema do CDC exige – para lhe conceder efeitos e validade plena – que a vontade do consumidor tenha sido livre de pressões e informada. É na formação desta vontade "racional"[201] do consumidor que se incluem as exigências informativas do CDC.

CONSIDERAÇÕES FINAIS

Sem querer traçar uma conclusão a esta análise e repetir as observações já realizadas, parece-me possível afirmar que o objetivo desta proposta foi alcançado: Há efetivamente um arquétipo, um modelo de relação jurídica de serviço, um esquema abstrato comum a todos as relações jurídicas de serviço envolvendo um ou cadeia de fornecedores e um ou vários consumidores.

Serviço no CDC seria o negócio jurídico que propiciar ao titular ou que envolver a prestação de um fazer economicamente relevante, de um ato ou de uma omissão útil e interessante no mercado de consumo, de uma atividade remunerada direta ou indiretamente, um fazer imaterial e principal, que pode ou não vir acompanhado ou complementado por um dar ou pela criação ou entrega de bem material acessório a este fazer principal, fazer que é, em verdade, a causa de contratar e a expectativa

---

[198] Sobre o tema veja nossa obra, MARQUES, *Contratos no Código*, p. 73 e seg.

[199] Assim KÖTZ, 1996, p. 121-124.

[200] Veja exemplo na jurisprudência do STJ: "Segundo o disposto no § 3º do art. 54 do CDC, "os contratos de adesão serão redigidos em termos claros e com caracteres ostensivos e legíveis, de modo a facilitar sua compreensão pelo consumidor". Caso em que o titular não teve prévia ciência de cláusulas estabelecidas pela administradora, não lhe podendo, portanto, ser exigido o seu cumprimento" (STJ. Resp. 71.578/RS, j. 05.11.96, Min. Nilson Naves, em *Revista de Direito do Consumidor*, v. 22, p. 180 e ss).

[201] Expressão de CHARDIN, Nicole. *Le contrat de consommation de crédit et l'autonomie de la volont*. Paris: LGDJ, 1988 (Bibliothèque de Droit Privé, Tome CXCIX), p. 216.

legítima do consumidor frente ao fornecedor. Serviços de consumo tem caráter eminentemente negocial, não são neutros, são vinculativos e seu regime imposto pelo CDC é imperativo (risco profissional).

Neste revisitar do texto de 2000, podemos concluir pelo crescimento da importância dos serviços no século XXI, face aos novos modelos econômicos e contratuais do mundo digital. O novo aqui é olhar para o presente e pensar o futuro do CDC, traçando linhas que identifiquem a aproximação de produtos e serviços no mundo digital e a "servicização" dos produtos. Parece que no mundo digital há uma intersecção nova, não só entre dares e fazeres, produtos-serviços, mas entre consumidor e fornecedor, com o aparecimento de novas figuras, a do não profissional e o do *"prosumer"*; e no mundo digital, novos fornecedores, os *gatekeepers (os "guardiões do negócio"*), antes intermediários, agora controladores do negócio. A nova fronteira será, no mundo digital, a conexão entre serviços e produtos digitais "inteligentes" ou produtos com serviços "incluídos" na Internet das Coisas.

Se o CDC se dedicou aos serviços como poucas leis brasileiras e a tendência é que um maior número de leis especiais seja aprovado cuidado de serviços de consumo (a exemplo do ocorreu em matéria de planos e seguros de saúde) e proteção de dados (veja a LGPD). O diálogo destas fontes será mais do que nunca necessário, mas o CDC traz um modelo contratual compatível e apto para dirimir os problemas e desafios atuais do mercado de serviços de consumo. O sistema do CDC propõe um regime de proteção dos mais fracos na sociedade e de preservação de sua liberdade e autonomia. O desafio em matéria de contratos do comércio eletrônico de consumo, as Diretrizes da ONU, revisadas em 2015, bem especificam que a proteção do consumidor deve ser do mesmo nível que a do consumidor do comércio físico.[202] Para alcançar este "mesmo nível de proteção" necessitamos pensar o novo do mundo digital. O CDC traz linhas importantes, mas sua atualização pelo PL 3.515/2015 seria excelente.

Neste sentido podemos agora responder as perguntas formuladas no início desta análise, afirmando que tendo sido identificados uma série de elementos em comum destes fazeres de serviço e um só regime, mesmo assim o CDC sabiamente não criou uma categoria contratual distinta dos contratos de serviço, são os mesmos contratos, característica e um só regime mais protetivo regime para os consumidores. Concorde-se, pois, com a análise de Atiyah,[203] que desde 1980 há, pelo menos no direito dos contratos, um retorno aos princípios clássicos, justamente porque no mundo pós-moderno e liberal a autonomia de vontade é um dos instrumentos de eficácia econômica. Sempre é, porém, necessário "controlar" e "redistribuir", função esta hoje repassada ao direito do consumidor e da concorrência, em um mercado livre e atuante, como hoje o brasileiro. É na ousadia da reconstrução, em tempos de desconstrução, que pode estar a função da Teoria Geral. Realizamos neste trabalho uma análise tradicional, fortemente abstrata e generalizante, mas com resultados que me parecem altamente positivos, de descoberta dos instrumentos e normas atualizantes

---

[202] Veja sobre este princípio, SANTOLIM, César Viterbo Matos. Os princípios de proteção do consumidor e o comércio eletrônico no direito brasileiro. *Revista de direito do consumidor*. São Paulo: Revista dos Tribunais. n. 55, jul/set. 2005. p. 53-84.

[203] ATIYAH, 1995, p.27 e ss.

e necessárias presentes no CDC. A proposta desta reconstrução é permitir cada vez mais uma melhor utilização prática deste ousado sistema.

Assim, é possível propor uma teoria geral do fornecimento dos serviços com base no CDC. Este microssistema traz uma série de modificações e adaptações a seu espírito protetivo e privilegiador dos consumidores em geral, que deve ser levado em conta, em verdadeira evolução necessária do sistema de prestação de serviços do direito comum. O grande desafio do aplicador da lei é conhecer tão bem este sistema especial, de forma a utilizá-lo cada vez mais na prática. Aos advogados, defensores públicos, procurados e membros do Ministério Público está lançado o desafio. Parece que a jurisprudência brasileira já está pronta para tal visão nova dos "serviços de consumo".

REFERÊNCIAS BIBLIOGRÁFICAS

ADAM, Leonie; MICKLITZ, Hans-W., Verbraucher und Online-Plattformen, in MICKLITZ, Hans-Wolfgang; REISCH, Lucia A.; JOOST, Gesche; ZANDER-HAYAT, Helga (Hrsg.). *Verbraucherrecht 2.0: Verbraucher in der digitalen Welt*. Baden-Baden: Nomos, 2017, p. 45-91.

AGUIAR JÚNIOR, Ruy Rosado de. A boa-fé na relação de consumo, *Revista de Direito do Consumidor*, v. 14.

ANDRADE, Manuel A. Domingues de. *Teoria Geral da Relação Jurídica*. v. 1. Reimpressão do original de 1944. Coimbra: Almedina, 1997.

ARTZ, Markus; GSELL, Beate (Hrsg.) *Verbrauchervertragsrecht und digitaler Binnenmarkt*, Tübingen: Mohr, 2018.

ASCENSÃO, José de Oliveira. *Direito civil*: teoria geral. Coimbra: Almedina, 2002.

ATIYAH, P.S. *An Introduction to the Law of Contract*. 5. ed. Londres: Oxford, 1995.

AZEVEDO, Antônio Junqueira de. *Negócio Jurídico*: Existência, Validade e Eficácia. São Paulo: Saraiva, 1986.

BAUDRILLARD, Jean. *La societé de consommation*, Paris: ed. Denoël, 1970.

BENEDETTI, Giuseppe. *Il Diritto Comune dei contratti e degli atti unilaterali tra vivi a contenudo patrimoniale*. 2. ed. Napoles: Jovene Editore, 1997.

BENJAMIN, Antonio Herman de Vasconcellos et al. *Comentários ao Código de Proteção ao Consumidor*, São Paulo: Saraiva, 1991.

BESSA, Leonardo Roscoe. *Cadastro Positivo- Comentários à Lei 12.414, de 09 de junho de 2011*, São Paulo: RT, 2014.

BESSA, Leonardo Roscoe. Fornecedor equiparado. *Revista de Direito do Consumidor* 61, p. 127 e seg.

BETTI, Emilio. *Teoria general de las obligaciones*. Tradução de José Luis de los Mozos. Madrid: Revista de Derecho Privado, 1969.

BORGES, Alexandre Walmott. *Preâmbulo da Constituição e a ordem econômica*. Curitiba: Juruá, 2003.

CACHAPUZ, Maria Claudia Mércio, *O conceito de totalidade concreta aplicado ao sistema jurídico aberto*, in Revista AJURIS, v. 71, 1997.

CARPENA, Heloísa. *Abuso do direito nos contratos de consumo*. Rio de Janeiro: Renovar, 2001.

CARTWRIGHT, Peter (Ed.). *Consumer protection in financial services*. Haia: Kluwer Int., 1999.

CHARDIN, Nicole. *Le contrat de consommation de crédit et l'autonomie de la volont*. Paris: LGDJ, 1988. (Bibliothèque de Droit Privé, Tome CXCIX)

CHIRELSTEIN, Marvin A. *Concepts and Case Analysis in the Law of Contracts*. 3. ed. Nova Iorque: Foundation Press, 1998.

CHIRICO, Antonio. *E-commerce – I sistemi di pagamento via Internet e la monenda elettronica*, Napoli: Ed. Simone, 2006.

CORDEIRO, Antônio Manuel da Rocha Menezes. *Tratado de direito civil português*. Coimbra: Almedina, 2001, p. 63.

CORDOBA, Marcos M. *Tratado de la bune fe en el derecho*. Buenos Aires: La Ley, 2004.

COSTA JÚNIOR, Olímpio. *A Relação Jurídica Obrigacional*. São Paulo: Saraiva, 1994.

COUTO E SILVA, Clóvis. *A obrigação como processo*. São Paulo: Bushtasky, 1976.

D"ALLGNOL, Antonio. Direito do consumidor e serviços bancários e financeiros: Aplicação do CDC nas atividades bancárias, *Revista de Direito do Consumidor*, v. 27.

DELLA GIUSTINA, Vasco. *Responsabilidade Civil dos Grupos- Inclusive no Código do Consumidor*. Rio de Janeiro: Aide, 1991.

DONATTO, Maria Antonieta Zanardo. *Proteção ao Consumidor:* Conceito e Extensão. São Paulo: RT, 1994.

DUARTE, Ronnie Preuss. Boa-fé, abuso de direito e o novo código civil. *Revista dos Tribunais*, São Paulo, v. 817, p. 62, 2003.

DUQUE, Marcelo Schenk. *Direito Privado e Constituição*: Drittwirkung dos direitos fundamentais – Construção de um modelo de convergência à luz dos contratos de consumo. São Paulo: RT, 2013.

DWORKIN, Ronald. *Levando os direitos a sério*. Tradução de Nelson Boeira. São Paulo: Martins Fontes, 2002.

EFFING, Antonio Carlos. *Contratos e Procedimentos Bancários à Luz do Código de Defesa do Consumidor*. São Paulo: RT, 1999.

EFFING, Antonio Carlos. Direito do consumidor e serviços bancários e financeiros: Aplicação do CDC nas atividades bancárias, *Revista Direito do Consumidor*, v. 27.

FABIAN, Christoph. *O dever de informar no direito civil*. São Paulo: RT, 2002.

FIKENTSCHER, Wolfgang. *Schuldrecht*. Berlim: Walter de Gruyter, 1992, p.130 e ss.

FRANZOLIN, Cláudio José. *O princípio da boa-fé objetiva na relação jurídico-contratual*. São Paulo: Pontifícia Universidade Católica de São Paulo. 249f. Dissertação (Mestrado em Direito) – Faculdade de Direito, PUC de São Paulo, 2004.

FUHRMANN, Heiner. *Vertrauen im Electronic Commerce*. Baden-Baden: Nomos, 2001.

GHERSI, Carlos Alberto (Coord.), *Teoría General de la Reparación de Daños*, Buenos Aires: Astrea, 1997.

GRAU, Roberto. Interpretando o código de Defesa do Consumidor: algumas notas, *Revista de Direito do Consumidor*, v. 5.

GRINOVER, Ada Pellegrini et al. (Org.). *Código Brasileiro de Defesa do Consumidor:* Comentado pelos autores do Anteprojeto. Rio de Janeiro: Forense Universitária, 1998.

GUIMARÃES, Octávio Moreira. *Da boa-fé no direito civil brasileiro.* São Paulo: Saraiva, 1953.

HOWELLS, Geraint. Seeking social justive for poor consumers in credit markets, ambos *in* CARTWRIGHT, Peter (Ed.). In: CARTWRIGHT, Peter (Ed.). *Consumer protection in financial services.* Haia: Kluwer Int., 1999.

JAYME, Erik. Identité culturelle et intégration: le droit internationale privé postmoderne. In: JAYME, Erik. *Recueil des Cours de l'Académie de Droit International de La Haye.* Doordrecht: Kluwer, 1995.

JAZULOT, Béatrice. *La bonne foi dans les contrats:* étude comparative, de droit français, allemand et japonais. Paris: Université Jean-Moulin- Lyon, 605 f. Tese (Doctorat d"Etat en droit) – Université Jean – Molin-Lyon, 2000.

KENNEY, Martin; ZYSMAN, John. The Rise of the Platform Economy, in Issues, vol. XXXII, n. 3, Spring, 2016, acessível in https://issues.org/the-rise-of-the-platform-economy/

KLEE, Antônia. Antonia Espíndola Longoni. *Comércio Eletrônico.* São Paulo: Revista dos Tribunais, 2014.

KLEE, Antônia L.; MARQUES, Claudia Lima. Direito (fundamental) a informações claras e completas constantes dos contratos de prestação de serviços de internet. In: SALOMÃO, George; LEMOS, Ronaldo (Coord.). *Constituição e Internet.* São Paulo: Saraiva, 2014.

KÖHLER, Markus; ARNDT, Hans-Wolfgang. *Recht des Internet*, Heidelberg: Müller, 2000.

KOETZ, Hein. *Europäisches Vertragsrecht.* Tübingen: Mohr, 1996; ZANONI, Eduardo. *Elementos de la obligación.* Buenos Aires: Astrea, 1996.

KÖTZ, Hein. *Europäisches Vertragsrecht.* Tübingen: Mohr, 1996.

LARENZ, Karl. *Lehrbuch des Schuldrechts:* Bd. 1 – Allgemeiner Teil. 14. ed. Munique: Beck, 1987.

LARENZ, Karl. *Schuldrecht:* Bd.I-AT. 14. ed. Munique: Beck.

LAUN, Rudolf. *Der Satz vom Grunde:* Ein System der Erkenntnistheorie. 2. ed. Tuebingen, 1956.

LISBOA, Roberto Senise. *A relação de consumo e seu alcance no direito brasileiro.* São Paulo: Ed. Oliveira Mendes, 1997.

LISBOA, Roberto Senise. *Contratos Difusos e Coletivos.* São Paulo: RT, 1997.

LISBOA, Roberto Senise. *Manual elementar de direito civil.* São Paulo: RT, 2002.

LÔBO, Paulo Luiz Netto. *Direito das Obrigações.* Brasília: Brasília Jurídica, 1999.

LÔBO, Paulo Luiz Netto. Responsabilidade por vício do produto ou do serviço, *Brasília Jurídica*, Brasília, 1996.

LOEWENHEIT, Ulrich. *Bereicherungsrecht.* Munique: Beck, 1989.

LOMNICK, Eva. Unilateral variation in banking contract: an unfair term? In: CARTWRIGHT, Peter (Ed.). *Consumer protection in financial services.* Haia: Kluwer Int., 1999.

LORENZETTI, Ricardo Luis. *Comercio electrónico*, Buenos Aires: Abeledo-Perrot, 2001.

LORENZETTI, Ricardo Luis. *Fundamentos do Direito Privado.* São Paulo: RT, 1998.

LORENZETTI, Ricardo Luis. *Tratado de los Contratos*. Tomo I. Buenos Aires: Rubinzal-Culzoni, 2000.

LORENZETTI, Ricardo. *Fundamentos do Direito Privado*. São Paulo: RT, 1998.

LORENZETTI, Ricardo. La relación de consumo: conceptualização dogmática en base al Derecho del Mercosur, *Revista de Direito do Consumidor*, v. 21.

LORENZETTI, Ricardo. Redes Contractuales: Conceptualización juridica, relaciones internas de colaboracion, efectos frente a terceros, *Revista da Faculdade de Direito UFRGS*, v. 16, 1999.

MACEDO, Ronaldo Porto. Relação de consumo sem contratação de consumo direta: quando o empresário paga a conta, *Revista de Direito do Consumidor*, v. 27.

MACEDO, Ronaldo Porto. Relação de consumo sem contratação de consumo direta: quando o empresário paga a conta, em *Revista de Direito do Consumidor*, v. 27.

MACEDO, Ronaldo Porto. *Sociologia Jurídica e Teoria do Direito*: A teoria Relacional e a Experiência Contratual, USP, 1997.

MAK, Vanessa; TERRYN, Evelyne. Circular Economy and Consumer Protection: The Consumer as a Citizen and the Limits of Empowerment Through Consumer Law, in *Journal of Consumer Policy* (2020) 43:227–248.

MARQUES, Claudia Lima. A crise científica do Direito na pós-modernidade e seus reflexos na pesquisa, *Cidadania e Justiça – Revista da AMB*, ano 3, n. 6, 1999.

MARQUES, Claudia Lima. A nova noção de fornecedor no consumo compartilhado: um estudo sobre as correlações do pluralismo contratual e o acesso ao consumo. *Revista de Direito do Consumidor*, São Paulo, vol. 111, p. 247-268, maio-jun. 2017.

MARQUES, Claudia Lima; ALMEIDA, João Bastista de; PFEIFFER, Roberto (coord.). *Aplicação do Código de Defesa do Consumidor aos bancos – ADin 2.591*. São Paulo: Ed. RT, 2006.

MARQUES, Claudia Lima. Comentário à Diretiva (UE) 2019/770 do Parlamento Europeu e do Conselho, de 20 de maio de 2019, sobre certos aspetos relativos aos contratos de fornecimento de conteúdos e serviços digitais, in *Revista de Direito do Consumidor*, vol. 127 (2020).

MARQUES, Claudia Lima. *Confiança no comércio eletrônico e a proteção do consumidor – Um estudo dos negócios jurídicos de consumo no comércio eletrônico*. São Paulo: Ed. RT, 2004.

MARQUES, Claudia Lima. Contratos bancários em tempos pós-modernos, *Revista de Direito do Consumidor*, v. 25.

MARQUES, Claudia Lima. *Contratos no Código de Defesa do Consumidor*. 9. ed. São Paulo: RT, 2019.

MARQUES, Claudia Lima et ali (Coord.) *Direito Privado e Desenvolvimento Econômico*, São Paulo: RT, 2019.

MARQUES, Claudia Lima. Proposta de uma teoria geral dos serviços com base no Código de Defesa do Consumidor – A evolução das obrigações envolvendo serviços remunerados direta ou indiretamente. *Revista de Direito do Consumidor*, São Paulo, v. 33, p. 79-122, 2000.

MARQUES, Claudia Lima. Relação de consumo entre os depositantes de cadernetas de poupança e os bancos ou instituições que arrecadam a poupança popular, *Revista dos Tribunais*, n. 760.

MARQUES, Claudia Lima. Vinculação própria através da publicidade? A nova visão do Código de Defesa do Consumidor, *Revista de Direito do Consumidor*, São Paulo, v. 10, 1994.

MARTINS-COSTA, Judith. *A Boa-fé no Direito Privado*. São Paulo: RT, 1999.

MEDICUS, Dieter. *Bürgerliches Recht-Eine nach Anspruchsgrundlagen geordnete Darstellung zur Examensvorbereitung*. 13. ed. Colônia: Carl Heymanns, 1987.

MEDICUS, Dieter. *Schuldrecht II*. Munique: Beck, 1987.

MELLER-HANNICH, Caroline. Economia compartilhada e proteção do consumidor, in MARQUES, Claudia Lima et ali (Coord.) *Direito Privado e Desenvolvimento Econômico*, São Paulo: RT, 2019, p. 283-294.

MELLER-HANNICH, Caroline. *Wandel der Verbraucherrollen – Das Recht der Verbraucher und Prosumer in der Sharing Economy*, Berlin: Duncker & Humbolt, 2019.

MENEZES DE CORDEIRO, Antônio Manuel da Rocha e. *Da Boa-fé no Direito Civil*, v. 2. Coimbra: Almedina, 1984.

MILLER, Stephen R. First Principles for Regulating the Sharing Economy, 53 Harv. J. on Legis. 147 -202 (2016).

MIRAGEM, Bruno. *Abuso do Direito*: Ilicitude objetiva e limite ao exercício de prerrogativas jurídicas no Direito Privado. 2. ed. São Paulo: RT, 2013.

MIRAGEM, Bruno. *Curso de Direito do Consumidor*, São Paulo: RT, 2019.

MIRAGEM, Bruno. Novo paradigma tecnológico, mercado de consumo digital e o direito do consumidor. *Revista de Direito do Consumidor*, São Paulo, v. 125, set./out. 2019.

MOSSET ITURRASPE, Jorge. *Contratos Conexos*. Buenos Aires: Rubinzal-Culzoni, 1999.

MOSSET ITURRASPE, Jorge. *Contratos*. Santa Fé: Rubinzal-Culzoni, 1995.

MUCELIN, Guilherme. Peers Inc.: a nova estrutura da relação de consumo na economia do compartilhamento. *Revista de Direito do Consumidor*, São Paulo, v. 118, p. 77-126, jul./ago. 2018.

NEGREIROS, Teresa. *Teoria dos contratos*: novos paradigmas. Rio de Janeiro: Renovar, 2002.

NUNES, Luiz Antônio Rizzatto. *Curso de direito do consumidor*: com exercícios. São Paulo: Saraiva, 2004.

OLIVEIRA, Juarez de. *Novo Código Civil*. São Paulo: Oliveira Mendes, 1998.

PASQUALOTTO, Adalberto. *Os efeitos obrigacionais da publicidade no Código de Defesa do Consumidor*. São Paulo: RT, 1997.

PÉDAMON, Michel. *Le contrat en droit allemande*. Paris: LGDJ, 1993, p. 156 e ss. Assim também TIMM, 1998.

PEZZELLA, Maria Cristina Cereser. O princípio da boa-fé objetiva no direito privado alemão e brasileiro. *Revista de Direito do Consumidor*, São Paulo, v. 23-24, p. 200, jul./dez., 1997.

POSNER, Richard A. *Gratuitous Promises in Economic and Law*. In: KRONMAN, Anthony; POSNER, Richard A. *The Economics of Contract Law*. Boston: LB, 1979.

RIEFA, Christine. Beyond e-commerce: some thoughts on regulating the disruptive effect of social (media) commerce, in *Revista de Direito do Consumidor*, vol. 128 (2020).

RIEFA, Christine; CLAUSEN, Laura. Towards Fairness in Digital Influencer" Marketing Practices, in EuCML – Journal of European Consumer and Market Law, 2/2019, p. 64-74.

REZZONICO, Juan Carlos. *Principios de los contratos en particular*. Buenos Aires: Astrea,1999.

ROSENAU, Pauline Marie. *Post-modernism and the social sciences*. Princenton: Princeton Univ. Press, 1992.

SARAIVA, *Dicionário latino-português*. Rio de Janeiro: Livraria Garnier, 2000, verbete *fides*.

SCHERTEL MENDES, Laura. O diálogo entre o Marco Civil da Internet e o Código de Defesa do consumidor, in MARQUES, Claudia Lima et ali (Coord.) *Direito Privado e Desenvolvimento Econômico*, São Paulo: RT, 2019, p. 255 e seg.

SENADO FEDERAL, *Atualização do Código de Defesa do Consumidor – Anteprojetos -Relatório*, Presidência do Senado Federal, 2012.

SILVEIRA, Alípio. *A boa-fé no código civil*. São Paulo: Universitária de Direito, 1972.

STIGLITZ, Gabriel. Modificaciones a la Ley Argentina de Defensa del Consumidor y su insuficiencia en el Mercosur, *Revista de Direito do Consumidor*, v. 29.

STIGLITZ, Rubén (Coord.). *Contratos:* Teoría General, v. 1. Buenos Aires: Depalma, 1990.

SCHWEITZER, Heike. Digitale Plattformen als private Gesetzgeber: ein Perspektivwechsel für die europäische "Plattform-Regulierung", in *ZEUP* 1 (2019) 1-12.

TEUBNER, Gunther. Digitale Rechtssubjekte, in *Archiv des Civilistische Praxis -AcP* 218 (2018), p. 155 e seg.

TIMM, Luciano B. *Da Prestação de Serviços*. Porto Alegre: Síntese, 1998.

TRABUCCHI, Alberto. *Istituzioni di diritto civile*. Pádua: cedam, 2001.

VASCONCELOS, Pedro Pais de. *Contratos atípicos*. Coimbra: Almedina, 1995.

VERBICARO, Dennis; *Pedrosa*, Nicolas Malcher. "O impacto da economia de comparti-lhamento na sociedade de consumo e seus desafios regulatórios", *Revista de Direito do Consumidor*, vol. 113/2017, p. 457-482, set.-out. 2017.

ZANELLATO, Marco Antônio. Da boa-fé no direito privado. São Paulo: Faculdade de Direito. 219f, p. 66, *Dissertação* (Mestrado em Direito) – Faculdade de Direito, Universidade de São Paulo, 2002.

ZANONI, Eduardo. *Elementos de la Obligación*. Buenos Aires: Astrea, 1996.

2

ATUALIDADE DO DIREITO DO CONSUMIDOR NO BRASIL: 30 ANOS DO CÓDIGO DE DEFESA DO CONSUMIDOR, CONQUISTAS E NOVOS DESAFIOS

JOSÉ GERALDO BRITO FILOMENO

I.   O CÓDIGO, EM SÍNTESE

Há 30 anos, mais precisamente em 11-9-1990, era sancionada a Lei nº 8.078, mais conhecida como *Código de Defesa do Consumidor*, entrando em vigor 6 meses depois, em 11-3-1991. Ao contrário do que muitos possam pensar, não se trata nem de uma novidade no cenário jurídico, nem de uma panaceia para todos os males que afligem todos nós, afinal de contas, consumidores de bens e serviços a todo instante de nossas vidas. Com efeito, quando nossa comissão, foi designada em junho de 1988, pelo então Ministro da Justiça Paulo Brossard, por proposta do Conselho Nacional de Defesa do Consumidor, a tarefa se nos apresentou como sendo de grande responsabilidade, mas não cuidamos de *reinventar a roda*. Até porque outros países já dispunham de leis de proteção ou defesa do consumidor (*e.g.*, Espanha, Portugal, Canadá, Estados Unidos, Venezuela, México etc.). Além disso, a então IOCU – International Organization of Consumers' Unions (hoje CI – Consumer International), baseando-se na Resolução ONU 39/248, de 1985, atualizada em 22-11-2015 que, por sua vez, se fundava em célebre declaração do presidente norte-americano John Kennedy, de 15-3-1962, a respeito dos direitos básicos e fundamentais dos consumidores (*saúde, segurança, indenização por danos sofridos, informação, educação e associação*), em congresso realizado em Montevidéu, em 1987, havia aprovado uma assim chamado *lei-tipo*. Ou seja: recomendara-se então aos países filiados à ONU, guardadas as respectivas peculiaridades, que elaborassem leis de defesa ou proteção do consumidor, oferecendo-lhes, até mesmo, um modelo básico. O clima em nosso país, na época, era extremamente propício: a Assembleia Nacional Constituinte estava reunida em Brasília, e havia até mesmo um *anteprojeto de Constituição*, elaborada pelo saudoso senador Afonso Arinos de Mello Franco. Desta forma, nossa comissão incumbida da elaboração do Anteprojeto do Código do Consumidor trabalhou em duas frentes: na Constituinte, assegurando-se de que a defesa do consumidor fosse elevada, como de resto o foi, à categoria de direito fundamental, de cunho individual e social (cf. inciso XXXII do art. 5º da Constituição de 1988); e, por outro lado, nos trabalhos do anteprojeto propriamente dito, que foi elaborado em tempo recorde. Ou seja, já em novembro de 1988, o anteprojeto estava pronto, e foi publicado em 4-1-1989 no Diário Oficial da União, em caderno especial, para amplo conhecimento, e para que ainda fossem colhidas sugestões do povo em geral, sugestões essas que efetivamente foram recebidas, cuidadosamente analisadas, e muitas delas acolhidas. Após os trâmites legislativos, finalmente veio a lume, com alguns vetos que, contudo, não afetaram os principais pontos do anteprojeto, o Código que hoje conhecemos. A segunda questão com que abrimos este artigo diz respeito às limitações do próprio Código. Ou seja: ele deve ser entendido como um microssistema jurídico, com princípios próprios, mas de natureza multi e interdisciplinar. Como princípio próprio poderíamos citar, fundamentalmente, o da *vulnerabilidade*. Isto é, o consumidor, não tendo condições de conhecer técnica ou faticamente os produtos e serviços que são colocados à sua disposição no mercado, ou as circunstâncias em que isso se dá, arrisca-se a experimentar todo tipo de risco e efetivos danos à sua saúde, segurança, economia particular, e até mesmo à sua dignidade. Por exemplo: quando adquire um medicamento cujo fator-risco é muito maior do que o fator-benefício, ou, então, uma máquina ou veículo que tem um defeito de fabricação; ou mesmo quando adere a um contrato bancário ou a de um cartão de crédito *clonado*, em que se vê ameaçado de ter seu nome encaminhado a um banco de dados e negativado. Por isso mesmo, cuidando-se, na lição de Ruy Barbosa, em sua magistral *Oração aos Moços*, de desiguais – consumidores, de um lado, e fornecedores de produtos e serviços, de outro –, o Código cuidou de tratá-los, certamente, de *forma desigual*. Daí se falar, por exemplo, da *inversão do ônus da prova*, no processo civil, da *responsabilidade civil objetiva ou sem culpa, da interpretação de cláusulas contratuais mais favoravelmente aos consumidores*, e outras salvaguardas. Seguem-se, ainda, os princípios da *boa-fé* e do *equilíbrio* que devem sempre, à luz da *ética*, presidir toda e qualquer relação jurídica. Com efeito, cuida-se de exigir que as partes contratantes ajam com seriedade, honestidade, espírito de cooperação, bons propósitos. Para que, enfim, da melhor forma possível, se possa atingir a tão almejada *harmonia* que deve sempre inspirar os negócios jurídicos; e isto sobretudo, repita-se, *no que concerne a personagens tão desiguais*. Esta, em apertadíssima síntese, é a epistemologia do Código do Consumidor. Por outro lado, entretanto, o Código é multidisciplinar, na medida em que contém preceitos de ordem civil (por exemplo, a já mencionada responsabilidade civil objetiva, a tutela contratual, incluídas aí a oferta e a publicidade, práticas de comércio etc.), de caráter penal (ou seja, crimes contra as relações de consumo), de cunho administrativo (sanções nos casos em que especifica), processual (a tutela coletiva, sobretudo), e outras particularidades. Entretanto, não se basta. Necessita, muitas vezes, conforme adverte seu artigo 7º, de outras normas já preexistentes, a começar pela Constituição Federal, de normas de caráter civil, processual, administrativo e outras, além de, inclusive, tratados internacionais de que o Brasil seja signatário. No que concerne a um *balanço* de aplicação do Código, o próprio título deste artigo é elucidativo: *cuida-se de um jovem de 30 anos, mas que ainda necessita de muito amadurecimento*. E esse amadurecimento depende, em grande parte, da *educação formal* e *informal* dos próprios consumidores (*i.e.*, desde a tenra idade escolar com noções de cidadania-consumidor-ambiente), até o ensino universitário, e as atividades informativas dos órgãos públicos, entidades não governamentais de direitos do consumidor e, igualmente, dos órgãos de comunicação social, assim como da *educação* e *informação* dos *fornecedores* de modo geral (incremento dos bons serviços de atendimento ao consumidor, aprimoramento das técnicas de qualidade de produtos e na prestação de serviços, sobretudo, prevenção de acidentes de consumo pelo *recall* e outros instrumentos disponíveis). E, finalmente, incumbe às autoridades federais, estaduais e municipais, estabelecerem instrumentos eficazes de fiscalização do mercado de consumo, sobretudo as agências reguladoras, já que um dos objetivos de sua existência é o *atendimento dos usuários dos serviços públicos essenciais.* Enfim: o Código existe há 30 anos, está em vigor efetivo há 29, houve melhorias, sem dúvida, no mercado, mas muita coisa ainda há por fazer, principalmente no que diz respeito à atuação dos chamados *instrumentos de efetividade da Política Nacional de Relações de Consumo,* aí incluídos, além dos órgãos públicos precípuos de defesa ou direito do consumidor (como a SENACON – Secretaria Nacional de Defesa do Consumidor e DPDC – Departamento de Proteção e Defesa do Consumidor, os PROCONs), e os não governamentais (como o IDEC, BRASILCON e a PRO TESTE, por exemplo), as Promotorias de Justiça do Consumidor, os Juizados Especiais Cíveis, as Varas Especializadas em Direitos e Interesses Difusos e Coletivos, as Polícias Especializadas, enfim, todo o arcabouço existente na tutela, afinal de contas do *consumidor:* na verdade *todos nós, sem exceção.*

Vejamos, a seguir, um balanço e uma reflexão desses últimos 30 anos de sua aplicação e antes mesmo, até.

II.   CONQUISTAS E NOVOS DESAFIOS

1.   ENFOQUE PRAGMÁTICO DA EVOLUÇÃO DO DIREITO CONSUMERISTA NO BRASIL – DO EMPIRISMO AO CIENTIFICISMO

Sem a pretensão de desdenharmos dos valores inegáveis da teoria e doutrina jurídico-científicas para o desenvolvimento do Direito como o principal instrumento de pacificação e harmonização sociais, advertimos o paciente leitor, desde logo, que nosso enfoque é marcadamente pragmático, como de resto tem sido nossa atuação na seara do Direito do Consumidor nesses últimos 37 anos. E, em sua maior parte, no Ministério Público do Estado de São Paulo.

Completando nosso estatuto consumerista 30 anos de aplicação prática[1], seja-nos permitido discorrer, como testemunha, e ao mesmo tempo protagonista dessa história, do seu desenvolvimento.

Com efeito, e de maneira bastante sintética, lembraríamos que a tutela do consumidor no Brasil já se fazia sentir desde os anos 70 do século passado, quando surgiram duas entidades dedicadas a esse mister; uma de cunho privado, e outra público quais sejam: a) a Associação de Defesa do Consumidor de Porto Alegre, Rio Grande do Sul; e b) o PROCON de São Paulo, este institucionalizado pela Lei Estadual nº 1.903/1978, e, posteriormente, modificada pela Lei Estadual nº 9.192/1995.

---

[1]   Lei nº 8.078, de 11-9-1990, tendo entrado em vigor em 11-3-1991.

70 | DIREITO DO CONSUMIDOR – 30 ANOS DO CDC

A legislação então existente não contemplava a tutela específica do consumidor, embora essa personagem tenha aparecido com tal denominação, curiosamente, no seio do nosso velho e vigente Código Penal, da década de 40 do século 20, na tipificação do delito de *fraude no comércio*[2], e já distinto de simples *adquirente* ou *contratante*.

De qualquer forma, conviviam entre si, não raro em conflito, leis de cunho civil, comercial, penal e administrativo (*e.g.*, Códigos Civil e Comercial, Penal e de Processo Penal), além de centenas de regulamentos e posturas relativas, por exemplo, a vigilância sanitária de alimentos, medicamentos, produtos domissanitários, saneantes, normas relativas a seguros, atividade bancária, diversões e espetáculos públicos etc.[3].

Por força de deliberação do Conselho Nacional de Procuradores-Gerais de Justiça (Resolução nº 01, de 1º-10-1982) é que se recomendou aos Ministérios Públicos a *"criação e consequente implementação de organismos destinados a proteger o consumidor, o meio ambiente e as vítimas do crime*[4]*"*.

Foi nesse cenário, ou seja, de pouca difusão da questão consumerista, e o verdadeiro cipoal legislativo, que fomos designado pelo então Procurador-Geral de Justiça do Estado de São Paulo, Dr. Paulo Salvador Frontini, para, a partir de junho de 1983, exercermos a ainda precária função de *Promotor de Justiça-Curador de Proteção ao Consumidor,* nas instalações físicas do PROCON de São Paulo, e sem prejuízo de nosso cargo de Promotor de Justiça Distrital do Fórum do Ipiranga.

Nossa atividade nesse mister resumia-se a duas providências: a) a resolução de reclamações individuais dos consumidores perante fornecedores de produtos e serviços, nos casos não solucionados pelos funcionários do PROCON, numa espécie de *segunda instância;* b) a requisição de inquéritos policiais pela prática de crimes contra a economia popular, saúde pública, estelionatos, fraude no comércio etc. junto ao DECON – Departamento Estadual de Polícia do Consumidor, criado na mesma época pelo então Governador André Franco Montoro[5].

As atividades cresceram exponencialmente, e com sucesso, a ponto de solicitarmos a designação de outros Promotores de Justiça para que nos auxiliassem.

A grande problemática, porém, e que nos causava grande angústia, é que as grandes questões que envolviam os consumidores, não mais individualmente considerados, mas de forma difusa e coletiva ficavam comprometidas, à falta de um *instrumento processual* adequado. Por exemplo: em questão concreta que nos

---

[2]   Art. 175 – Enganar, no exercício de atividade comercial, o adquirente ou *consumidor*: I – vendendo, como verdadeira ou perfeita, mercadoria falsificada ou deteriorada; II – entregando uma mercadoria por outra: Pena – detenção, de seis meses a dois anos, ou multa.

[3]   Cf., nesse sentido, a volumosa obra de compilação legislativa, em 4 volumes, intitulada *Relações de Consumo*, do Prof. Luiz Amaral, editada pelo Ministério da Indústria e Comércio, em conjunto com a Fundação Senador Petrônio Portella, Brasília, 1983.

[4]   Para outros detalhes, consulte-se nosso *Manual de Direitos do Consumidor*, Atlas, S.P., 15ª edição, p. 127 e ss.

[5]   Extinto em 1999, o DECON foi recriado, com nova denominação, agora DPPC – Departamento de Polícia de Proteção à Cidadania, mediante o Decreto Estadual nº 54.359, de 20-5-2009.

foi encaminhada pela diretoria do PROCON-SP, tomamos conhecimento de que dois medicamentos utilizados por pacientes de artrite e reumatismo, estavam tendo efeitos colaterais extremamente graves, e, ao que tudo indicada, nenhuma autoridade havia se incumbido de fazer algo de concreto a respeito. Na falta de um instrumento processual adequado, repita-se, tivemos a ideia de oficiarmos diretamente ao Ministro da Saúde que, felizmente, sensibilizado, acabou por proscrever um deles e submeter o outro a rigoroso acompanhamento ambulatorial e médico, porque necessário. Noutro caso de importação de carne que se estragou no trajeto do Uruguai até Santos, o conflito entre os fiscais do Serviço de Inspeção Federal, de um lado, e os da Vigilância Sanitária Estadual, de outro, foi por nós solucionado graças a um *telex* enviado ao então Ministro da Agricultura, que permitiu a atuação conjunta de ambas as instâncias de fiscalização administrativa, desde que acompanhada de um membro do Ministério Público local. E o resultado foi o aproveitamento da carne que ainda estava em condições sanitárias satisfatórias, e a incineração da parte que se havia estragado.

E a grande questão posta seria a seguinte: e se as sobreditas autoridades não tomassem as providências sugeridas? Todos os potenciais consumidores dos referidos produtos, evidentemente, poderiam ser prejudicados em sua saúde[6].

As grandes inovações se deram: a) com a edição da Lei nº 7.347, de 24-7-1985, mais conhecida como *Lei da Ação Civil Pública,* que, em última análise, contemplou a tutela, dentre outros interesses difusos, os do *consumidor,* bem como a ampla legitimação de entes públicos e privados para a sua atuação; b) com a Constituição de 1988, que inseriu a classe dos interesses *coletivos;* c) e, finalmente, o *Código de Defesa do Consumidor* (Lei nº 8.078, de 11-9-1990), que, no que diz respeito à tutela coletiva, introduziu uma terceira classe de interesses e direitos coletivos, quais sejam, os chamados *interesses individuais homogêneos de origem comum*[7].

Antes disso, entretanto, vigia o *empirismo,* ou seja, a experimentação de caminhos alternativos à inexistência de outros, de cunho institucional ou científico.

Em outubro de 1986, porém, em *litisconsórcio* com o Ministério Público Federal, e já com fundamento na Lei da Ação Civil Pública, ingressamos em sede de Juízo Federal, com ação civil pública em face da COBAL – Companhia Brasileira de Abastecimento e o Governo Federal, no propósito de impedir a distribuição de grande quantidade de lei em pó importado na Europa, porque comprovadamente contaminado por radioatividade pelo acidente nuclear de Chernobyl. Demanda essa, de longa duração e incidentes, mas que acabou vitoriosa anos depois.

1.1   O conhecimento das normas consumeristas pelos cidadãos

Num país como o nosso, em que tudo parece ser prioritário, destaca-se dentre as necessidades mais prementes, o que já se tornou um verdadeiro *mantra,* a *educação,* em todos os níveis. Ou seja, a educação *formal* (instituições de ensino públicas

---

[6]   Para maiores detalhes, confira-se nosso artigo *Ação Civil Pública Consumerista,* obra coletiva coordenada por Édis Milaré, Editora Revista dos Tribunais, S.P., 2010 e 2020, no prelo.

[7]   Cf. os arts. 81 e 82 do Código de Defesa do Consumidor.

e privadas), e *informal* (campanhas de esclarecimento por entidades e órgãos, além dos meios de comunicação de massa)[8].

Nesse sentido, veja-se interessante inserção feita em jornal de grande circulação na Capital de São Paulo:

> *"Pesquisa realizada pelo DataSenado em 81 municípios do país perguntou se os entrevistados conheciam alguém que já tivesse sido beneficiado por alguma lei. 93% responderam 'sim' com relação ao seguro-desemprego; 46% disseram o mesmo a respeito do Código de Defesa do Consumidor".*[9]

Embora se tenha cuidado de um universo deveras restrito de pesquisa, é interessante salientar que o Código de Defesa do Consumidor, nesses 30 anos de existência, já é do conhecimento de parcela significativa dos cidadãos, que são, aliás, seus destinatários.

1.2 O conhecimento científico

Quando já estávamos exercendo as funções de Promotoria de Justiça do Consumidor há dois anos, foi-nos solicitado pela então nascente Escola Superior do Ministério Público, com apoio da Associação Paulista do Ministério Público, uma espécie de manual, com vistas a orientar os outros colegas a enfrentarem as questões que lhes chegavam ao conhecimento. Até porque corria já solta a notícia de que o Ministério Público, além das suas diversas funções tradicionais, também estava preocupado com o meio ambiente, os acidentados do trabalho, e com o *consumidor*.

Foi então que lançamos o opúsculo intitulado *Curadoria de Proteção ao Consumidor*[10], em 1985, seguida de uma segunda edição, em 1987, ampliada[11]. E a

---

[8] Cf., por exemplo, dois livretos destinados a crianças e adolescentes: a) *Pequenos Consumidores: CDC para crianças,* de Eunice Dias Casagrande, editado pelo PROCON de Porto Alegre, R.S., 2010, no Projeto "Educação para o consumo"; b) *Manual do Jovem Consumidor,* editado pelo PROCON estadual de São Paulo, 2010, no Projeto "Observatório Social das Relações de Consumo". No âmbito dos Cursos de Direito, não há um levantamento preciso do número em que a disciplina Direito do Consumidor ou Direito das Relações de Consumo é ministrada na grade curricular obrigatória. Quanto a figurar como disciplina optativa, destacamos, no Estado de São Paulo, os da Pontifícia Universidade Católica da Capital, hoje obrigatória, e da Universidade de São Paulo, até o presente, porém, introjetado como optativa nos Cursos de Direito Civil e Empresarial. Todavia podemos desde salientar que o do UNIFJU – Centro Universitário das Faculdades Metropolitanas Unidas, passou a obrigatória em 1998, sob nossa regência, ao lado de Direito Ambiental, conforme projeto pedagógico elaborado em 1993. Também no curso que coordenamos na UMC – Universidade de Mogi das Cruzes, *campus* da Capital de São Paulo (2004-2007), figurou como disciplina obrigatória, juntamente com Direito Ambiental, em semestres autônomos, entretanto.

[9] Fonte: jornal Folha de S. Paulo, edição de 1º-7-2009, p. A-4).

[10] Departamento de Publicações da Associação Paulista do Ministério Público, São Paulo, abril de 1985.

[11] *Curadoria de Proteção ao Consumidor: aspectos gerais, práticos e ação civil pública,* Departamento de Publicações da Associação Paulista do Ministério Público, São Paulo, setembro de 1987.

Cap. 2 · ATUALIDADE DO DIREITO DO CONSUMIDOR NO BRASIL | **73**

grande dificuldade foi a escassez de bibliografia existente na época. Ou seja, o que conseguimos coligir, do ponto de vista doutrinário, resumia-se a dois artigos: um do Professor Fábio Konder Comparato e outro do Professor Waldírio Bulgarelli, ambos da Faculdade de Direito da Universidade de São Paulo, um trabalho de conclusão de curso de Jorge Torres de Mello Rollemberg, na Escola Superior de Guerra, e o livro pioneiro do saudoso Othon Sidou, *Proteção ao Consumidor*, de 1977[12].

Hoje, nossa experiência tanto como profissional dedicado à área operacional do Direito do Consumidor como na de docente universitário, mostra que têm sido produzidos centenas, ou quiçá milhares de TCCs – Trabalhos de Conclusão de Cursos, de graduação, outras centenas de dissertações de mestrado e teses de doutorado, além de incontáveis artigos, ensaios e outros trabalhos, não apenas na área do Direito, como também na de Propaganda e *Marketing*, Administração de Empresas etc.

Daí por que o *empirismo* acabou se rendendo ao *cientificismo*, a ponto de termos cadeira da disciplina em diversos cursos de Direito e outros.

2. QUESTÕES ATUAIS JÁ PREVISTAS HÁ MAIS DE 30 ANOS

Será que os problemas hoje enfrentados pelos consumidores brasileiros já foram enfrentados, ou ainda o são, em outros países, sobretudo nos ditos *desenvolvidos?*

A esse respeito seja-nos permitido fazer uma digressão, para pinçarmos na obra que tem já por si só o instigante título de *O Futuro do Consumerismo*,[13] – publicada, note-se bem, *há 34 anos, em 1986*, em que se faz uma análise do movimento consumerista da época – êxitos e fracassos –, além de notável exercício de futurologia. Até porque o Código Brasileiro de Defesa do Consumidor, sancionado em 11 de setembro de 1990 e com vigência a partir de 11 de março de 1991, completa seus 30 anos de existência. E as grandes questões que se colocam são as seguintes: a) O Código de Defesa do Consumidor está efetivamente funcionando? b) Está ele a demandar modificações, uma vez que criado ainda no século passado, diante dos desafios do século XXI? c) Quais preocupações devem se ater os consumeristas nos dias que correm?

2.1 *O futuro atual do consumerismo*

Primeiramente, ao falarem do *futuro do consumerismo* – ou seja, e por mais paradoxal que possa parecer, os dias que atualmente vivenciamos –, seus autores asseveram que: "*Gaski e Etzel salientam que as atitudes públicas em face dos negócios*

---

[12] Respectivamente: *A Proteção do Consumidor: importante capítulo do direito econômico*, Revista de Direito Mercantil, São Paulo, nºs. 15 e 16, ano XIII, 1974; *Tutela do Consumidor na Jurisprudência e de lege ferenda*, Revista de Direito Mercantil, Nova Série, Ano XVII, nº 49, 1983; *Proteção ao Consumidor: seus problemas e dificuldades, iniciativas na área privada oficializada do movimento pelo governo*, Escola Superior de Guerra, Trabalho Especial, TE 87, Tema 21, 1987; Editora Forense, Rio de Janeiro, 1977.

[13] "*The Future of Consumeris*", coletânea de artigos coordenados por Paul N. Bloom, da Universidade da Carolina do Norte, e Ruth Belk Smith, da Universidade de Baltimore, ambas dos EUA, e publicada em 1986 pela Lexington Books, com tradução do autor deste ensaio.

têm crescido mais positivamente nos anos mais recentes. E Warland, Herrmann, além de Moore, sugerem que relativamente poucas pessoas podem ser caracterizadas como ativistas consumeristas. O movimento consumerista aparentemente não tem sido capaz de sustentar o fervor e o compromisso que Mitchell vê no movimento de proteção ambiental. Mas apesar desses sinais desfavoráveis, o consenso parece indicar que o consumerismo continuará como uma importante força da sociedade. Como Metzen o coloca, ´o consumerismo tornou-se um elemento de nosso tecido social e está entranhado em nossa consciência nacional´. *Tanto ele como Richardson enfatizam como o movimento aprendeu a adaptar-se rapidamente a mudanças de condições políticas, sociais e econômicas. Eles preveem que as condições, tal qual a chamada ´economia malária´ (isto é,* afetada por constantes febres de processos inflacionários e arrepios de recessão´, *como Metzen a descreve) suscitará contínuo descontentamento e apoio para o consumerismo dentre substanciais segmentos da população".*

Em seguida, falam em *melhor gerenciamento.* Ou seja: *"A necessidade de vencer a verdadeira praga dos oportunistas que afeta a maioria das organizações do movimento, e de acordo com Mitchell, este se afigura como um obstáculo substancial ao movimento consumerista. É fácil para os consumidores aceitarem produtos mais seguros, preços mais baixos, ou outros benefícios conquistados pela organização de defesa do consumidor, sem prestar-lhe qualquer tipo de apoio. Em um artigo mais antigo, Bloom e Greyser (1981) anteviram que o problema dos oportunistas empurraria as organizações de consumidores para cada vez mais temas especiais e com maior ênfase em questões locais. Os consumidores estariam mais inclinados a pagar contribuições se pudessem contar com uma organização que lutasse por questões específicas e que tenham maior relevância para os mesmos (...) Tudo indica que a flexibilização das regulamentações federais nos anos mais recentes forçou líderes consumeristas a se tornarem melhores marketeiros e gerenciadores de suas organizações. Eles têm empregado uma variada gama de estratégias para manter seus grupos saudáveis, inclusive com o que Richardson chama de os ´três ingredientes para sobrevivência´: acesso à mídia, ideias palatáveis, e credibilidade como um porta-voz dos consumidores".*

No que concerne à *mudança de questões,* Preston e Bloom sugerem que *"o sentimento de riqueza e pobreza ao mesmo tempo tornará os consumidores preocupados com a ´abundância´ de certos bens (e.g., como adquirir novas tecnologias a preços razoáveis) e ´escassez´ de outros (e.g., como baixar os preços dos planos de saúde). Esses autores também anteveem que ´os processos´ na produção de bens e serviços (e.g., como desregulamentar) e os ´serviços públicos essenciais´ (e.g., como manter os monopólios estatais justos) tornar-se-ão mais pronunciados. De acordo com Prestou e Bloom, essas questões poderão potencialmente substituir as antigas, ou seja, a agenda tradicional que surgiu do discurso do Presidente Kennedy a respeito dos direitos (i.e., os direitos à segurança, de ser informado, a ser ouvido e de escolha)"*[14].

---

[14] Coube ao Presidente Gerald Ford adicionar um quinto direito, ou seja, "à educação". Já ao Prof. E. Scott Maynes, lembrou os direitos de representação e participação em organismos de elaboração de políticas, que entende diferente do "direito de ser ouvido", eis que utilizado mais para o setor privado. E, finalmente os direitos de reclamação e recursos ao judiciário (obra citada, p. 38).

Cap. 2 · ATUALIDADE DO DIREITO DO CONSUMIDOR NO BRASIL | 75

A seguir, os mencionados autores falam em *novas necessidades, novas tecnologias, grandes instituições e problemas dos consumidores, cidadãos de países em desenvolvimento.*

2.2 Necessidades prementes

"Na medida em que as pessoas envelhecem, e se sentem economicamente mais pressionadas, é natural que as organizações de consumidores abordem questões tópicas ou bem específicas. A formação de diversas entidades de cunho público e a ênfase de muitas organizações estarão focadas em questões como tarifas telefônicas, tarifas bancárias, custos de planos de saúde, custo da energia elétrica, e alimentação, indicando que a pressão por uma melhor harmonização em termos de necessidades já se materializou. Essa pressão, espera-se, deva crescer ainda mais, e permanecer por um longo tempo, especialmente no âmbito local".

Quanto a *novas tecnologias*, os autores apontam para as *"outras preocupações para os consumidores em matéria de novas tecnologias, tais como videotexto, compras e operações bancárias via computadores, e telefones celulares, questões certamente alvos de consideráveis discussões. Os trabalhos de Harding e Jones reveem os diversos argumentos a respeito de questões como: Quem deve coletar os dados dos consumidores para os bancos de dados? Quem deveria pagar por isso? Somente os ricos é que estarão aptos a utilizá-lo? Que tipo de informação e formato serão mais adequados e mais efetivos? A privacidade será garantida aos usuários?*

Essa abordagem é assaz significativa, porquanto traz em si *um exercício de futurologia.* Tanto assim que os setores retroapontados inundam, hoje, os órgãos e entidades de consumidores em todo o país, à exceção do *videotexto*, certamente substituído com grande vantagem pela *internet*[15]. Aliás, em 1984, quando exercíamos as funções de Promotor de Justiça do Consumidor no PROCON de São Paulo, a maior aquisição para informação de seus técnicos foi exatamente o *videotexto*, considerado então um verdadeiro prodígio da tecnologia, e um *antepassado* não muito longínquo da *internet.*

2.3 Grandes instituições

Os autores em seguida tratam da preocupação com as grandes corporações ou até instituições públicas sempre a ameaçarem os consumidores. *"Por exemplo, Enis e Yarwoode discutem como as agências governamentais frequentemente propiciam aos consumidores, por omissão, a aquisição abusiva na forma de produtos inseguros, tais*

---

[15] "Fundação Procon divulga ranking de empresas que mais geraram reclamação em 2009 em SP – Campeãs de reclamações – Total de queixas – 1ª Telefônica (15.337); 2ª Itaú (1.410); 3ª Eletropaulo Metropolitana (1.340); 4ª Sony Ericsson (1.228); 5ª TIM Celular (1.112); 6ª Claro (906); 7ª Bradesco (853); 8ª Unibanco (848); 9ª Banco IBI-C&A (738); 10ª Embratel (695); 11ª Oi Celular (639); 12ª Panamericano (620); 13ª Citicard (525); 14ª Nokia do Brasil Tecnologia Ltda. (461; 15ª Carrefour (444)" – Fonte: jornal Folha de S. Paulo, fevereiro de 2010; para maiores informações *site* da Fundação PROCON-SP: www.procon.sp.gov.br.

como veículos e utilitários, contratação de hospitais públicos sem qualquer higiene, ou então bilhetes de loterias. Metzem, Fernstrom e outros, expressam preocupação a respeito de como as grandes empresas demonstrarão responsabilidade social, particularmente quando as fusões criam cada vez maiores e menos empresas. Apesar dos apelos para ação no sentido de tornar as grandes empresas mais responsáveis (e.g., mediante a representação dos consumidores em seus conselhos de administração) isso talvez não aconteça da forma como se já se pretendia no passado, e é pouco provável que aconteça no futuro".

No que tange *aos países do terceiro mundo* ou em *desenvolvimento*, dizem os autores que: "Os trabalhos elaborados por Post e por Peterson, mostram como o consumerismo está ganhando força e desenvolvendo nações. As empresas multinacionais devem ser agora muita mais conscienciosas a respeito das consequências para a economia e saúde de suas ações. Códigos de conduta de organizações como a Organização Mundial de Saúde e as Nações Unidas estão se tornando questões sérias para que as grandes empresas as levem em conta. Como Post afirma, a falha em adotar o Código para produtos infantis, por exemplo, criou grandes dificuldades para a Nestlé, e ele vê problemas similares prestes a acontecerem para fornecedores de outros produtos controvertidos (e.g., cigarros, álcool), se as empresas não forem cuidadosas."

Observe-se, por conseguinte, que os problemas hoje enfrentados pelo movimento consumerista brasileiro, em sua grande maioria, já haviam sido previstos há quase 40 anos atrás. E, a eles, ainda não satisfatoriamente equacionados e resolvidos, vieram somar-se outros, tais como os benefícios mas também os transtornos causados pela *internet*, pela *globalização da economia,* pelo chamado *sobre* ou *superendividamento, alimentos transgênicos,* e, por certo o cada vez mais presente tema do *consumo sustentável,* conforme veremos em passos adiante.

Mas será que para enfrentá-los todos haverá necessidade de modificações em nosso Código de Defesa do Consumidor?

Compreendemos que não, com o devido respeito aos que assim não entendem. A não ser, e despertamos aqui desde logo a curiosidade do leitor, a questão do super ou superendividamento. Senão, vejamos.

3.   MODIFICAÇÕES NO CDC: *"SE MELHORAR ESTRAGA"*

Segundo um velho amigo, otimista convicto, apesar das adversidades da vida, respondia, sempre que perguntado "como vai", dessa forma. Ou seja, *se melhorar estraga!*

E nós, da mesma forma, diríamos que qualquer modificação que vier a ser introduzida no CDC – Código de Defesa do Consumidor, somente servirá para comprometê-lo. Até porque, sem embargo das boas intenções em algumas propostas de modificação, haverá sempre os mal-intencionados que aproveitarão o ensejo, procurando introduzir *cavalos de troia* para piorá-lo.

Lembramo-nos de que quando ainda exercíamos as funções de Coordenador das Promotorias de Justiça do Consumidor do Estado de São Paulo, em 1992,

Cap. 2 · ATUALIDADE DO DIREITO DO CONSUMIDOR NO BRASIL | **77**

submeteram-nos para análise, de uma só vez, nada menos que *trinta e seis projetos*[16] na época em andamento no Congresso Nacional, tentando mudar aqui e ali algum dispositivo do mesmo Código. Com raríssimas exceções – ou seja, que procuravam aperfeiçoar o texto da Lei nº 8.078/1990, ou então restaurar dispositivos vetados –, todos eram meras modificações cosméticas e absolutamente desnecessárias.

Um deles, por exemplo, propunha discriminar que produtos perigosos deveriam ser inseridos no CDC, mediante longa listagem; outro propunha estabelecer normas financeiras e monetárias e assim por diante.

As mais de duas centenas de projetos visando a mudar algum aspecto do CDC demanda, por certo, e por cautela, um acompanhamento de perto pelas entidades não governamentais, bem como dos órgãos públicos, notadamente do Ministério Público do Consumidor.

Lembraríamos mais uma vez neste passo, contudo, a assertiva do ilustre Professor Othon Sidou, quando, já na década de 70 do século passado, ao elaborar ele próprio um esboço de Código do Consumidor[17], afirmava ser *"utópico elaborar um estatuto de proteção ao consumidor em sentido locupletíssimo, porque o cotidiano* struggle for life *se encarregaria de revelar sempre algo a prevenir, mesmo que nos subsidiassem, beneditinamente coligidos e sem a ausência de um só, todos os códigos, todas as leis, todos os ordenamentos, desde os senectos monumentos legislativos de ontem aos modestos e não raro canhestros provimentos burocráticos de hoje, posto como todos são tomados no são intuito de resguardar as relações do homem coletivizado, do consumidor portanto; quem se aventurasse, nesta lógica de raciocínio, a fazer uma lei completa na espécie, correria parelha com os alquimistas do passado na busca da pedra filosofal ou com os físicos ainda hóspedes dos manicômios na cata do ´moto-contínuo´"*.

Da mesma forma na doutrina estrangeira Eduardo Polo, Denise Baumann, Thierry Bourgoignie, Guido Alpa, Gérard Cas e outros[18], apontam para o *caráter inter e multidisciplinar* do tema *direitos* do consumidor, sendo de difícil sistematização.

Quanto ao nosso Código do Consumidor, cremos que conseguimos a um só tempo estabelecer a *epistemologia* da defesa do consumidor, consubstanciada em *princípios fundamentais*, que nos parecem ser sua verdadeira alma, bem como cuidar de uma *estratégica política de relações de consumo* adicionado dos respectivos *instrumentos de sua implementação*. Além disso, logramos definir e instituir com pioneirismo a *responsabilidade civil objetiva* – encruada no antigo Projeto de Código Civil dos anos 60 a 70 do século passado e somente agora trazida a lume –, além de estabelecer *conceitos e modos de punição das publicidades enganosa e abusiva, práticas comerciais e cláusulas abusivas*, sem se falar da revolucionária tutela coletiva

---

[16] Conforme esclarecido pelo Dr. Ricardo Morishita, quando Diretor do DPDC-Departamento de Proteção e Defesa do Consumidor do Ministério da Justiça, em painel de debates de que participamos, exatamente sobre o tema deste trabalho, em evento patrocinado pelo PROCON de São Paulo, em 27-5-2010, haveria naquela época por volta de 200 projetos de lei nesse sentido.

[17] *Proteção ao Consumidor,* Rio de Janeiro: Forense, 1977.

[18] Cfr. Nosso *Manual de Direitos do Consumidor*: São Paulo. Atlas, 15ª edição.

do consumidor. E isto para ficarmos no que há de mais relevante em nossa lei consumerista e que nos ocorre no momento.

Não obstante essas advertências, vejam-se três modificações feitas a saber:

"Art. 33. Em caso de oferta ou venda por telefone ou reembolso postal, deve constar o nome do fabricante e endereço na embalagem, publicidade e em todos os impressos utilizados na transação comercial.

Parágrafo único. É proibida a publicidade de bens e serviços por telefone, quando a chamada for onerosa ao consumidor que a origina" (redação dada pela Lei Federal nº 11.800, de 29 de outubro de 2008).

"Art. 42-A. Em todos os documentos de cobrança de débitos apresentados ao consumidor, deverão constar o nome, o endereço e o número de inscrição no Cadastro de Pessoas Físicas – CPF ou no Cadastro Nacional de Pessoa Jurídica – CNPJ *do fornecedor do produto ou serviço correspondente* (redação dada pela Lei nº 12.039, de 1º-10-2009).

"Art. 54. Contrato de adesão é aquele cujas cláusulas tenham sido aprovadas pela autoridade competente ou estabelecidas unilateralmente pelo fornecedor de produtos ou serviços, sem que o consumidor possa discutir ou modificar substancialmente seu conteúdo.

§ 3º Os contratos de adesão escritos serão redigidos em termos claros e com caracteres ostensivos e legíveis, cujo tamanho da fonte não será inferior ao corpo doze, de modo a facilitar sua compreensão pelo consumidor" (redação dada pela Lei Federal nº 11.785, de 22 de setembro de 2008).

A redação original desse último dispositivo transcrito era a seguinte:

"§ 3º Os contratos de adesão escritos serão redigidos em termos claros e com caracteres ostensivos e legíveis, de modo a facilitar sua compreensão pelo consumidor".

Ora, no primeiro caso, embora tenha sido louvável a intenção do legislador, não se pode olvidar que o artigo 39 do Código sob comento estabelece, exemplificativamente, e não exaustivamente, rol das chamadas *práticas abusivas*, dentre as quais se insere, certamente, a circunstância que se pretendeu acoimar de ilegitimidade no parágrafo único do art. 33.

No que concerne à segunda modificação, mister é se reconhecer sua utilidade ao menos de ordem prática, quanto aos abusos verificados por agentes terceirizados de cobrança de dívidas, ou pelos próprios fornecedores de produtos e serviços, mas que se *escondem* ou se *blindam*, como é o termo hoje utilizado, para perturbarem o sossego do consumidor, mas não lhe fornecendo dados para denunciarem os abusos cometidos. Isto se tem mostrado com bastante frequência em *e-mails* de fornecedores, em que consumidores são cobrados indevidamente, mas não tem como se defenderem, porquanto a mensagem desde logo ao adverte de que o e-mail não deve ser respondido, ou então contém apenas algumas poucas hipóteses de eventuais *equívocos*, adrede preparadas por eles mesmos; ou, então, em correspondência via correios, em que aparece simplesmente o número de uma caixa postal, sem endereço.

Já no que toca à terceira modificação, era absolutamente desnecessária e inócua, uma vez que a redação anterior do § 3º do artigo 54, que cuida especificamente dos contratos de adesão, era mais ampla, e exigia a *ostensividade* bem como a *legibilidade* das cláusulas contratuais. Falando-se, agora, em *corpo gráfico doze*, nos autorizaria a indagar: por que doze e não quatorze, dezesseis, ou, quem sabe, até vinte? Nesses casos os caracteres seriam mais *legíveis* e *ostensivos*?

Modificações como tais somente demonstram o seguinte: falta de os senhores parlamentares terem o que fazer de mais relevante para o país, ou jogo de vaidades de molde a introduzir modificações numa *lei que efetivamente pegou,* ou seja, uma lei que realmente está funcionando. Certamente haverá outras matérias relevantes a serem cuidadas pelo Congresso Nacional.

4. QUESTÕES ATUAIS: SUPER OU SOBRE-ENDIVIDAMENTO, PLANOS DE SAÚDE, COMÉRCIO POR MEIO ELETRÔNICO, CONSUMO SUSTENTÁVEL

Ao par disso, poderíamos dizer que, no presente momento, estão a preocupar autoridades e entidades do consumidor brasileiros os seguintes temas: (1) o supe-rendividamento: (2) os planos de saúde; (3) o comércio eletrônico (3) o consumo sustentável.

4.1 *Super ou sobre-endividamento: agora sim, uma regulamentação específica necessária*

Dir-se-ia que esse fenômeno, resultado, de um lado, do consumismo obsessivo estimulado pela oferta e publicidade cada vez mais agressivas[19], e de outro agravado

---

[19] A propósito, cf. reportagem do jornal Folha de S. Paulo, caderno Mercado, de 24-5-2010, p. B-1 e B-5: *"Bancos ampliam presença em favelas – Com renda em alta e desemprego em queda, estratégia é se aproximar de pessoas com menor poder aquisitivo. Santander planeja abrir unidade no Complexo do Alemão (RJ), e o Bradesco, dois pontos em Paraisópolis (SP) (...) Consumidor quadruplica renda com crédito fácil. Especialistas alertam para uso equivocado de linhas com juros elevados. Percentual de famílias usam o cartão de crédito sobe de 69,8% em abril para 71,2% neste mês. Antes era preciso conversar com o gerente, esperar dias pela análise de crédito e ainda correr o risco de ter o pedido negado. Com o cenário econômico favorável, tomar um empréstimo ficou mais fácil. Dados obtidos com as instituições financeiras e com correntistas mostram que os clientes conseguem pelo menos quadruplicar sua renda nos cinco maiores bancos, considerando empréstimos no cheque especial, no crédito pessoal e no cartão de crédito, que podem ser retirados em caixas eletrônicos. Nilton Pelegrino, diretor de empréstimos do Bradesco, faz um alerta e compara a importância do crédito ao sangue para o ser humano. ´Se for dado um litro a mais, mata o cliente´ (...) "Facilidade de crédito pode virar dor de cabeça – Solução para alguns, dor de cabeça para outros. A facilidade para tomar empréstimo alterou o orçamento da coordenadora financeira Cássia Bastos, 35, e da supervisora de recuperação de crédito Suelen da Silva, 21, de formas opostas. ´Já usei o crédito pré-aprovado várias vezes. Em uma emergência, você não tem de onde tira ro dinheiro´, conta*

pelas altas taxas de juros cobradas nos mercados financeiros, estaria a merecer um tratamento especial em eventual reforma do Código, à luz da lei francesa a respeito.

Ao tratar especificamente dessa matéria, Geraldo de Faria Martins Costa[20] chama a atenção para regras existentes já em França, e que seriam úteis no Brasil, tais como: a) prazo especial de reflexão; b) a ligação entre o contrato de consumo principal e o contrato acessório de crédito; c) o regime especial das garantias pessoais; d) o regime especial de tratamento das situações de superendividamento.

A lei especial francesa de 31-12-1989, define superendividamento, como a circunstância *"caracterizada pela impossibilidade manifesta pelo devedor de boa-fé de fazer face ao conjunto de suas dívidas não profissionais exigíveis e não pagas"* (pressupõe, pois, boa-fé subjetiva, e dívida derivada de consumo, não profissional).

A *doutrina europeia,* acompanhando a objetivação das condutas e fugindo da ideia de culpa subjetiva contratual, tende a superar a diferença entre fatos subjetivos e objetivos supervenientes e prefere, hoje, analisar o inadimplemento do consumidor de boa-fé ou o superendividamento como sendo ativo ou passivo.

O autor português Leitão Marques, referido por Geraldo Martins Costa, nos ensina que: *"o sobre-endividamento pode ser* activo, *se o devedor contribui* activamente *para se colocar em situação de impossibilidade de pagamento; ou passivo, quando circunstâncias não previsíveis (desemprego, precarização de emprego, divórcio, doença ou morte de um familiar, acidente etc.) afetando gravemente a capacidade de cumprimento".*

Como *instrumento protetivo,* o nosso Código de Defesa do Consumidor, por exemplo, estabeleceu a proibição da "cláusula-mandato". Ou seja, dispondo em seu art. 51, inc. VIII, como sendo *nulas de pleno direito,* cláusulas que *"imponham representante para concluir ou realizar outro negócio jurídico pelo consumidor".* Referida questão já foi objeto, inclusive, de *súmula do STJ,* mais particularmente a de nº 60, que dispõe: *"É nula a obrigação cambial assumida por procurador do mutuário vinculado ao mutuante, no exclusivo interesse deste".*

Na França, há imposição de obrigação de informação especial sobre as consequências dos contratos que envolvam crédito (art. L.111-1 do *Code de la consommation).* É, ainda, o fornecedor de crédito, obrigado a conceder um *prazo de reflexão.* Por outro lado, existe um dispositivo (art. L.311-8), estabelecendo que a proposta ou oferta realizada pelo fornecedor, tem prazo de validade de 15 dias, a contar de sua emissão.

O art. 52 do nosso Código de Defesa do Consumidor cumpre aquele requisito, e com vantagem pela clareza, ao estabelecer que: *"no fornecimento de produtos ou serviços que envolva outorga de crédito ou concessão de financiamento ao consumidor,*

Cássia. ´Mas sempre dei um jeito de economizar e quitar as parcelas antes, porque isso barateia o empréstimo´. Para Suelen, porém, o financiamento acabou gerando problemas sérios. ´Peguei um empréstimo de R$ 1.200 para quitar dívidas em cartões de crédito. Não quitei nenhuma e ainda acabei com mais um débito´, diz ela, que perdeu o emprego logo depois. Sem pagar as parcelas por um ano, Suelen acabou com uma dívida de R$ 5.000. ´Eu não sabia que isso podia crescer tanto´. O débito acabou sendo renegociado e ficou em R$ 3.500,00´".

[20] *Superendividamento – A Proteção do Consumidor de Crédito em Direito Comparado Brasileiro e Francês,* Editora Revista dos Tribunais, S.P., 2002.

o fornecedor deverá, entre outros requisitos, informá-lo prévia e adequadamente sobre: I – preços do produto ou serviço em moeda corrente nacional; II – montante dos juros de mora e da taxa efetiva anual de juros; III – acréscimos legalmente previstos; IV – número e periodicidade das prestações; V – soma total a pagar, com e sem financiamento."

Importante, ainda, a garantia do § 2º do referido art. 52 do nosso Código de Defesa do Consumidor, ao dizer que: *"É assegurado ao consumidor a liquidação antecipada do débito, total ou parcialmente, mediante redução proporcional dos juros e demais acréscimos".*

Também no que toca ao *contrato de adesão* (§ 3º do art. 54), quanto à sua redação, de forma clara etc., nossa lei tem traços de semelhança com a lei francesa a respeito dessa questão. Na ordem jurídica francesa, entretanto, o formalismo é ainda mais acentuado: a oferta estabelecida segundo modelos típicos, fixados pelo comitê de Regulamentação Bancária, deve mencionar, segundo o art. L.311-10 do *Code de la Consommation,* a identidade das partes e, sendo o caso, dos fiadores. Ela deve precisar o montante do crédito e eventualmente de suas frações periodicamente disponíveis, a natureza, o objeto e as modalidades do contrato, sendo o caso, as condições do seguro, o custo total do crédito, sua taxa efetiva global, as despesas de dossiês, as despesas das prestações.

Quanto a *sanções de natureza civil,* no direito francês há, por certo, uma original e rigorosa sanção civil em face do descumprimento das normas de concessão de crédito, de acordo com o art. L.311-33 do *Code de la consommation.* Ou seja: o tomador do empréstimo fica obrigado ao pagamento das prestações, mas com isenção dos juros; e, quanto aos já obrigados, ser-lhe-ão restituídos. Tal sanção pode ser determinada pelo juízo penal, como penalidade acessória, bem como pelo juízo cível.

Quanto *à proteção do consumidor na fase de execução,* há também norma específica. Com efeito, talvez estimulado pelo sistema de publicidade perniciosa a realizar compras irracionais, ou talvez vítimas de um evento exterior à sua vontade, como por exemplo, o desemprego, a doença ou o divórcio, os consumidores (devedores) correm o risco de se tornarem incapacitados de cumprir suas obrigações. Por isso mesmo, em França, a autoridade judiciária, nos termos do art. L.313-12 do *Code de la consommation,* combinado com os arts. 1.244-3 do *Code Civil, pode conceder um prazo de graça* a todo devedor que, em razão de circunstâncias independentes de sua vontade, como a doença ou o desemprego, experimentem dificuldades em pagar suas dívidas. O texto legal permite ao juiz de instância suspender a execução das obrigações do tomador, podendo decidir que, *durante o prazo de graça, sobre as somas devidas não incidirão juros.* O credor não poderá demandar a resolução do contrato durante a vigência do benefício. No fim do prazo, as dívidas tornam-se exigíveis, sem que o último pagamento possa exceder a dois anos além do termo inicialmente previsto para o pagamento do empréstimo.

No que tange à *inadimplência,* tanto na França como no Brasil, o direito comum das obrigações dá ao juiz o poder de aliviar as sanções estipuladas contra o devedor inadimplente. O art. 152 do *Code Civil* dispõe que o juiz mesmo de ofício, pode moderar a pena que tiver sido convencionada se ela for manifestamente excessiva.

Em síntese, portanto, poderíamos dizer que as regras existentes na lei francesa e que seriam desejáveis no nosso ordenamento jurídico, consoante a opinião do autor citado, seriam: a) o prazo especial de reflexão (sete dias, no caso de financiamento bens móveis, adquiridos por qualquer forma, e de dez dias no caso de bem imóvel); b) a ligação entre o contrato de consumo principal e o contrato acessório de crédito; c) o regime especial das garantias pessoais; d) e o regime especial de tratamento das situações de superendividamento.

Não nos parece que isso seja necessário, até porque a segunda parte do § 2º do art. 3º do Código de Defesa do Consumidor, embora sucintamente, inclui esse fenômeno (*i.e.*, oferta de crédito) como relação de consumo. Além disso, há as práticas abusivas e cláusulas contratuais abusivas a indicarem o caminho para a revisão dos contratos e eliminação de sua onerosidade excessiva.

Além disso, o Código Civil de 2002 traz dispositivos semelhantes, ao cuidar, por exemplo, do instituto da lesão, igualmente anunciando a função social dos contratos, possibilidade de sua revisão e outros mecanismos. Isto tudo à vista da interpretação *interdisciplinar* dos seus cânones, à luz do Código do Consumidor.

Há, por outro lado – e aqui a observação é assaz relevante – dispositivos no Código de Processo Civil de 1973, mantidos pelo atual, que disciplinam justamente *a insolvência requerida pelo devedor*[21], *mas até que sobrevenha uma regulamentação*.

Nesse sentido merecem destaque seus seguintes dispositivos, evidenciando a adoção de medidas mais benéficas relativamente aos encargos dos *superendividados*.

Com efeito: "*Art. 783 – O devedor insolvente poderá, depois da aprovação do quadro a que se refere o art. 769, acordar com os seus credores, propondo-lhes a forma de pagamento. Ouvidos os credores, se não houver oposição, o juiz aprovará a proposta por sentença*"; e, Art. 785 – "*O devedor, que caiu em estado de insolvência sem culpa sua, pode requerer ao juiz, se a massa o comportar, que lhe arbitre uma pensão, até a alienação dos bens. Ouvidos os credores, o juiz decidirá*".

Isto porque o superendividamento nada mais é do que a chamada *insolvência civil*. Ou seja, uma espécie de *falência da pessoa física*, cujos bens não são suficientes para honrar as dívidas contraídas, estabelecendo-se, então, um verdadeiro *concurso de credores* que poderão – ou não – receber partes dos valores dessas dívidas.

Ocorre que, a rigor, o *processo de insolvência civil*, atualmente em vigor (cf. linhas acima os artigos 748 a 786-A do Código de Processo Civil de 1973 – Título IV – Da Execução por Quantia Certa contra Devedor Insolvente), *é extremamente complexo e demorado*. Além disso, certamente não seria o adequado para o tratamento do superendividamento. Até porque a esmagadora maioria dos superendividados está, de posses modestas, impossibilitada de solver suas dívidas, e muito menos ingressar em juízo com o referido processo.

Acontece que, em face de expresso dispositivo constante do vigente Código de Processo Civil, art. 1.052: "*Até a edição de lei específica, as execuções contra devedor insolvente, em curso ou que venham a ser propostas, permanecem reguladas pelo Livro II, Título IV, da Lei nº 5.869, de 11 de janeiro de 1973.*"

Impende salientar, ainda nesse aspecto, que nem o PLS nº 283/2011 nem o ora em trâmite perante a Câmara dos Deputados (PLC nº 3.515/2015) *preocuparam-se*

---

21   Cf. artigos 759 a 785 do Código de Processo Civil de 1973.

com esse detalhe. Ou seja, com a revogação dos dispositivos que tratam exatamente da insolvência civil no antigo Código de Processo Civil, conforme aguarda o dispositivo *retro* colacionado do estatuto processual civil ora em vigor.

Na qualidade de um dos autores do Anteprojeto do vigente Código de Defesa do Consumidor, consoante já dissemos passos atrás, sempre nos opusemos a qualquer modificação, já que muito mais do que um corpo orgânico de normas dispositivas sobre relações de consumo, cuida-se de uma lei manifestamente principiológica.

Em face, contudo, do citado dispositivo do atual Código de Processo Civil, entendemos que se deva agora, sim, introduzir-se uma disciplina específica sobre a *insolvência civil* – ou *superendividamento.*

Portanto, enquanto não sobrevier a alvitrada regulamentação da *insolvência civil,* que nada mais é do que chamamos de *incidente de superendividamento,* continuarão a coexistir os artigos 748 a 786-A do Código de Processo Civil de 1973 *e procedimentos mais simplificados* adotados, por exemplo, por alguns órgãos do Poder Judiciário, como Rio Grande do Sul, Paraná, Rio de Janeiro, São Paulo e outros, mediante *provimentos* e convênios com os PROCONs, por estes mesmos e entidades não governamentais, em negociações com vistas ao atendimento e socorro aos superendividados. E mesmo entidades privadas, como SERASA, SPC´s etc., costumam promover os assim chamados *mutirões de negociação de dívidas* ou *de limpa nome.*

Cremos, com efeito, que como o dispositivo citado da vigente lei processual civil fala em previsão das execuções contra devedor insolvente *em lei específica,* o Código de Defesa do Consumidor talvez seja, realmente, mas somente agora, o lugar mais adequado para tanto.

Até porque *para o devedor não consumidor,* ou seja, *fornecedor de produtos e serviços,* há os procedimentos próprios da *falência* e *recuperação judicial.*

E para tanto bastaria a inserção de emenda ao projeto em trâmite na Câmara dos Deputados, para declarar finalmente revogados os dispositivos mencionados do antigo Código de Processo Civil.

4.2 *Planos de Saúde*

Na qualidade de então membro do Conselho Consultivo da ANS – Agência Nacional de Saúde Suplementar, a Dra. Maria Inês Dolci, já trazia à discussão temas relevantes que denotam, de um lado, as manobras e das entidades de planos de saúde, de um lado, de molde a estabelecerem práticas e cláusulas abusivas nos respectivos contratos de adesão, e de outro lado, a pouca atenção da referida autarquia reguladora dessa atividade. Senão, vejamos.

Maiores problemas contatados:

- "Saturação da rede de atendimento, tanto de algumas especialidades médicas, quanto de laboratórios e hospitais;
- Está cada vez mais difícil obter serviços hospitalares emergenciais e eletivos;
- É muito difícil marcar consultas com os médicos da preferência dos beneficiários;

- Verticalização da rede da rede de serviços em algumas operadoras de planos de saúde;

- Concentração da rede de serviços (hospitalar e diagnóstica) em alguns grupos econômicos;

- Crescente negativa de atendimento para exames e procedimentos mais caros e complexos, sob alegação de prazos de carência e de características dos contratos;

- A Resolução Normativa 259, de 17 de junho de 2011, da ANS, que estabelece prazos para consultas, exames e procedimentos, ainda não conseguiu impacto contra a morosidade do agendamento nos serviços de saúde;

- Quanto menor a empresa, maior dificuldade para negociar os reajustes anuais, especialmente quando há aumento da sinistralidade no período;

- Os preços de novos planos para idosos estão cada vez mais fora da realidade da classe média e inviáveis para as famílias de baixa renda;

- Continua a tendência de extinção dos planos de pessoa física;

- Apesar das garantias financeiras exigidas das operadoras, os beneficiários ainda se sentem inseguros com relação à saúde financeira de algumas empresas de planos de saúde, sempre que se divulga uma nova lista com operadoras em dificuldades ou que foram proibidas de vender novos planos.

Assim, buscando respostas a esses problemas, apresentamos as seguintes propostas e reivindicações na tentativa de contribuir para a melhoria do setor:

1. Estudo e propostas, MS/ANS, sobre a adequação da rede pública-privada de serviços de saúde no país;

2. Análise, estudo e propostas, MS/ANS/CADE, sobre a verticalização da rede de serviços em algumas operadoras;

3. Análise, estudo e propostas, MS/ANS/CADE, sobre a concentração da rede de serviços diagnósticos e hospitalares em alguns grupos econômicos;

4. Definição de parâmetros, pela ANS, sobre dimensionamento da rede de serviços, para registro dos planos das operadoras;

5. Contratos com a rede assistencial, inclusive com a área médica, acessível ao consumidor;

6. Rigor no cumprimento da RN 259, de 17.06.2011 da ANS;

7. Para efetivação das ouvidorias há a necessidade da obrigatoriedade e urgência na instalação de atendimentos ao consumidor (SACs) nas operadoras de planos de saúde, com atendimento 24 horas e 7 dias por semana;

8. Elaboração de instrumentos e aplicações de penalidades às operadoras reincidentes na prática de negativa de cobertura indevida;

9. Adequação e programas da rede de serviços e operadoras de planos, de atenção à saúde dos idosos, diante da nova realidade demográfica;

10. Realização de seminários internacionais, com a participação de especialistas multidisciplinares, para discussão de soluções pública-privadas de atenção à saúde dos idosos;

11. Projeto nacional para revitalização dos planos de saúde pessoa física e para criação de modalidades acessíveis às classes C, D e E"[22].

4.3 Comércio por meio eletrônico

O chamado *comércio eletrônico* – na verdade, *por meio eletrônico* –, a seu turno, causa grande preocupação aos consumeristas, a ponto também de sugerirem uma legislação específica.

Entendemos, entretanto, que se alguma regulamentação tenha de haver – e já existe, aliás, no nosso ordenamento jurídico, consistente na edição da *Lei do Marco Civil da Internet, Lei Geral de Proteção de Dados Pessoais, Lei do Cadastro Positivo,* Medida Provisória nº 2.200, 28-6-2001, que instituiu a infraestrutura de chaves públicas brasileiras ICP-Brasil, de molde a preservar-se a integridade, autenticidade e validade dos documentos eletrônicos.[23]

E, em termos de atendimento direto ao consumidor, foram editados especificamente o Decreto Federal nº 6.523, de 31-7-2008, e a Portaria MJ nº 2.014, de 13-10-2008, disciplinando os SACs.

Ademais disso, lembraríamos, neste passo, que o próprio Código de Defesa do Consumidor considera, evidentemente, essa *nova forma de comércio*, que, como já visto, fora previsto 20 anos atrás. Tanto assim que, em seus artigos 46 e 49, respectivamente, enunciam que : *"Art. 46 – Os contratos que regulam as relações de consumo não obrigarão os consumidores, se não lhes for dada a oportunidade de tomar conhecimento prévio de seu conteúdo, ou se os respectivos instrumentos forem redigidos de modo a dificultar a compreensão de seu sentido e alcance; Art. 49 – O consumidor pode desistir do contrato, no prazo de 7 dias a contar de sua assinatura ou do ato de recebimento do produto ou serviço, sempre que a contratação de fornecimento de produtos e serviços ocorrer fora do estabelecimento comercial, especialmente por telefone ou a domicílio". Parágrafo único – Se o consumidor exercitar o direito de arrependimento previsto neste artigo, os valores eventualmente pagos, a qualquer título, durante o prazo de reflexão, serão devolvidos, de imediato, monetariamente atualizados".*

Desta forma, *se alguma coisa tiver de ser adicionada ao CDC*, poderá desfigurá-lo. Até porque, embora conviva muito bem com os demais ramos do direito, designadamente o privado, com o qual mantém laços mais estreitos, ele deve ser aplicado – nunca é demais repetir – *nas relações efetivamente de consumo e não extensivamente a outras relações jurídicas.*

---

[22] Material constante dos arquivos da Dra. Maria Inês Dolci, e que nos foi gentilmente cedido por ela,

[23] Cf. aqui, igualmente, nosso *Manual* ..., 10ª edição, p. 110-112.

4.4 O consumo sustentável

Cremos que a expressão *desenvolvimento sustentável,* atualmente, já constitui voz corrente tanto no meio empresarial quanto governamental, bem como no da população mais instruída. Ou seja, a compreensão de que os recursos naturais presentes na natureza têm sido sistematicamente apropriados pelo homem, com vistas ao atendimento de suas necessidades.

E, como resultado dessa apropriação, advêm os diversos tipos de poluição, além da criação diuturna de resíduos, muitos deles de difícil ou quase impossível disposição e, o que é pior, *a destruição dos recursos naturais,* muitos deles *não renováveis.*

A grande preocupação, por conseguinte, no que tange ao *desenvolvimento sustentável,* é o atendimento das necessidades humanas de forma parcimoniosa, até porque disso dependerá a sobrevivência da própria humanidade.

Com efeito, parte-se da premissa de que *os recursos naturais disponíveis* são *limitados* e, sobretudo, *finitos* e *escassos,* mas que *as necessidades humanas são, ainda que artificialmente, ilimitadas.* Isto se considerarmos que muitas delas são criadas pela publicidade dos inúmeros produtos e serviços colocados no mercado a cada instante. Ora, diante dessa realidade, o que deve ser levado em conta, *sem delongas* e com a *máxima prioridade,* é o chamado *consumo sustentável,* até para que não faltem recursos para as futuras gerações de consumidores.

Daí por que essa nova expressão, não apenas se constitui na outra face, mas da mesma moeda em que se encontra o já citado desenvolvimento sustentável. É inquestionável que nosso planeta está sitiado (cf. 1º relatório *O Ambiente Mundial, 72-92* – Programa do Meio Ambiente da ONU, novembro de 1992). E o *mercado consumidor é o que busca, sem cessar, a todo instante, bens e serviços, cada vez mais degradadores* do ambiente em que vive, *ou supressores de seus recursos naturais.*

O que importa mais nessa *conta predatória é o número de consumidores, e não propriamente o de habitantes do planeta.* Senão, vejamos.

Na Agenda 92, propuseram-se mudanças radicais nos padrões de consumismo, mediante dois pontos fundamentais: *a) tecnologia limpa* – ou seja, menor consumo de energia e matéria-prima, menor produção de resíduos, com o aumento da capacidade de reaproveitamento (*Declaração do Rio-92*); a meta é reduzir índice *per capita* de uso de recursos e geração de menor poluição a 1/10 nos países ricos; *b) consciência do cidadão consumidor* – ou seja, aceitação *e exigência* de produtos não ofensivos ao meio ambiente (por exemplo, os que não contenham gás CFC – clorofluorcarbono em aparelhos de refrigeração em geral e em *sprays,* embalagens recicláveis, reaproveitamento de material descartável, tais como vidro, papel, alumínio, papelão, bem como sua redução nas embalagens desse material descartável.

Por outro lado, temos *a produção sustentável.* Ou seja, as normas ISO 14000 – que contém, em última análise, técnicas para o aproveitamento parcimonioso e renovável dos recursos naturais disponíveis – até parecem contrariar o Gênesis (*crescei e multiplicai-vos*).

Todavia, na verdade, como já visto, as necessidades são cada vez mais crescentes, e os recursos cada vez mais escassos. Do lado dos produtores, com efeito (*fornecedores,* na nomenclatura consumerista), também deve haver a preocupação em produzir cada vez mais bens *ecologicamente corretos.*

Daí também uma produção sustentável. Tais preocupações têm sido objeto de diversos simpósios de cunho nacional e internacional. Assim, o chamado *Relatório Bruntland*, de 1987, da Comissão Mundial para o Meio Ambiente e Desenvolvimento, resume as colocações que já vinham sendo elaboradas, e serviu de base para a Conferência da ONU sobre o Meio Ambiente e Desenvolvimento (ECO 92).

Não há, por conseguinte, qualquer exagero em afirmar-se que todos os problemas ambientais estão relacionados ao consumo: poluição do ar, água, solo, subsolo, degradação dos solos e assoreamento de cursos d´água, em razão de desmatamento, esgotamento de suprimentos de água etc. De acordo com o Protocolo de Montreal, de 1989, revisto em Londres, em 1990, foram estabelecidas metas a serem atingidas.

E o *grande motor das modificações,* sem sombra de dúvidas, *é o binômio educação/ conscientização do consumidor,* desde a mais tenra idade. Aliás, isto nos parece até *intuitivo:* respeitar a natureza e os generosos recursos com que nos brinda, para que ela possa continuar exuberante, útil e renovável para nossos descendentes e todo o ecossistema. Ora, e não é ele mesmo – *o consumidor – todos nós,* na verdade, o maior *produtor de resíduos, poluidor contumaz do ambiente, com a produção de toneladas diárias de lixo, bem como pela utilização de veículos além de produtos serviços que lhe são deletérios?*[24]

Que saiba, portanto, ele, consumidor, em primeiro lugar, *o que está ocorrendo à sua volta, qual a sua participação nesse processo* e, principalmente, *quais são suas responsabilidades para minorar o processo deletério.*

Em termos constitucionais, aliás, impõem-se *limites à própria livre-iniciativa,* a teor do que dispõe o próprio art. 170, segundo o qual, em última análise, ela *deve ser compatível com o desenvolvimento sustentável.* Ou seja: *"A ordem econômica, fundada na valorização do trabalho humano e na livre-iniciativa, tem por fim assegurar a todos a existência digna, conforme os ditames da justiça social, observados"* (dentre outros), *"os seguintes princípios: (...) VI – defesa do meio ambiente".* Conforme se pode prontamente verificar, pois, a própria Constituição, no art. 170, prevê implicitamente esse consumo, ao falar em *existência digna,* que, na verdade, se traduz por qualidade de vida, e a *dignidade humana.*

Desta forma, isso pressupõe um controle sobre a produção, comercialização e emprego de técnicas, métodos e substâncias que comportem os menores riscos possíveis para a vida, qualidade de vida e ao meio ambiente. Conforme o art. 225, § 1º, V da mesma Constituição Federal, aliás: *"Todos têm direito ao meio ambiente*

---

24 Ao menos na Capital do Estado de São Paulo, não é nada animadora a disposição de lixo mormente se tendo em conta sua reciclagem. Com efeito, conforme notícia estampada no jornal Folha de S. Paulo, ed. De 29-5-2010, p. A-1: *"Coleta seletiva diminui e lixo se mistura ao comum em SP. A coleta seletiva de lixo foi reduzida na cidade de São Paulo porque as 17 cooperativas de catadores conveniadas à prefeitura não têm conseguido processar todo o material recebido. Com isso, o lixo reciclável vai para os aterros, misturado ao comum. A prefeitura diz que multará as empresas responsáveis; para estas, a culpa é da própria prefeitura, que deveria credenciar mais cooperativas".*

ecologicamente equilibrado, bem de uso comum do povo e essencial à sadia qualidade de diva, impondo-se ao Poder Público e à coletividade o dever de defendê-lo e preservá-lo para as presentes e futuras gerações".

E, *"para assegurar a efetividade desse direito, incumbe ao Poder Público (...) controlar a produção, a comercialização e o emprego de técnicas, métodos e substâncias que comportem risco para a vida, a qualidade de vida e o meio ambiente".*

Em suma, consoante as ponderações do Professor Mário Frota, baseando-se na lei portuguesa de defesa do consumidor, de 31-7-1996, incumbe ao Estado: *1. a promoção de uma política educativa para os consumidores,* através da inserção nos programas e nas atividades escolares, bem como nas ações de educação permanente, de matérias relacionadas com o consumo e os direitos dos consumidores, usando, designadamente, os meios tecnológicos próprios numa sociedade de informação; *2. ademais disso, deve haver a participação* de todas as unidades administrativas, educacionais ou não, governamentais ou não governamentais; 3. por outro lado, a educação e a formação nesse passo são suscetíveis de revestir um sem-número de planos, tais como a educação para a qualidade; para a saúde, para a segurança nas suas múltiplas variantes, alimentar, e para o consumo em sentido estrito. 4. e, por fim, as preocupações emergentes, que dizem respeito, conjuntamente, ao consumo e ao desenvolvimento sustentáveis, baseiam-se em quatro palavras-chave, os *quatro erres – Reduzir, Recolher, Reciclar, Reutilizar.*[25]

A esse rol acrescentaríamos mais um: *Recusar.* Ou seja, a repulsa, da parte do consumidor, a produtos que não atendam às recomendações de cunho ambiental.

Ou, como se diz no vocabulário ambientalista, cuida-se, na hipótese, de se dar preferência a produtos *ambientalmente amigáveis* ou *verdes* (tradução livre da expressão e termo em inglês, *ecologically friendly* ou *green*). O Brasil tem uma das melhores leis de proteção ao consumidor do mundo. E, para começar, ela diz, obedecendo a uma decisão da ONU (Organização das Nações Unidas), a Resolução nº 39/248, de 9.4.1985, que todos nós, consumidores, temos direito *de nos protegermos contra produtos e serviços que sejam perigosos ou nocivos à nossa saúde e segurança, de sermos indenizados por prejuízos que sofremos, por exemplo, contra produtos perigosos, defeituosos etc., de sermos bem informados sobre o que pretendemos comprar, de sermos educados para fazermos escolhas bem feitas das coisas de que precisamos para viver bem, e de sermos ouvidos sobre as decisões que tenham alguma influência sobre a nossa maneira de viver.* Em 1995, entretanto, um outro direito – na verdade muito mais um *dever do que um direito, porque é de nossa responsabilidade termos um ambiente sadio e bem cuidado* – foi declarado pela ONU o chamado *"Consumo Sustentável",* que deve ser preocupação e responsabilidade não só dos fabricantes de produtos de coisas que compramos e serviços de que precisamos no dia a dia, e dos governos, mas também *nossa.*

Na cartilha *A Água Nossa de Cada Dia* (publicada pelo Movimento de Cidadania pelas Águas da Secretaria de Recursos Hídricos do Ministério do Meio Ambiente, em 2002), por exemplo, há uma relação bastante ilustrativa de produtos de consumo

---

[25] Cf. Revista da APMP – Associação Paulista do Ministério Público, maio de 2002, p. 69-71.

e respectivos prazos de decomposição na natureza. Note-se bem, são produtos que geralmente são jogados, pura e simplesmente, em rios, lagos, no mar, terrenos baldios, ou na rua, com a maior displicência e irresponsabilidade: *PAPEL* = de 3 a 6 meses; *PANO* = de 6 meses a 1 ano; *FILTRO DE CIGARRO* = 5 anos; *CHICLETES* = 5 anos; *MADEIRA PINTADA* = 13 anos; *MATERIAIS DE 'NYLON'* = mais de 30 anos; *PLÁSTICO* = mais de 100 anos; *METAL* = mais de 100 anos; *BORRACHA (como pneus de carros, p. ex.)* = TEMPO INDETERMINADO! *VIDRO* = 1 MILHÃO DE ANOS! Nosso clima também está sofrendo graves alterações. E isto pelo chamado *efeito estufa*, causado pela acumulação na atmosfera de gases produzidos pelos carros, fábricas e queimadas.

Segundo o Professor Nélson Mello e Souza[26], os princípios da vida sustentável, em decorrência do desenvolvimento sustentável seriam os seguintes: *respeito e cuidado dos seres vivos* (princípio ético, por excelência); *melhoria da qualidade de vida humana* – que pressupõe a realização de potenciais, acesso à educação, liberdade política de participação, respeito aos direitos humanos e combate a todas as formas de discriminação e violência; *conservação e vitalidade da diversidade da Terra* – ou seja, conservando e mantendo os sistemas de sustentação da vida; em última análise, a chamada *biodiversidade*, evitando, destarte, a extinção das espécies vegetais e animais, além do uso sustentável dos recursos renováveis; *minimização do esgotamento dos recursos não renováveis* – nesse caso, o petróleo, gás natural, xisto betuminoso; *permanência no limite da capacidade de suporte da Terra* – isto é, preservando os recursos que não podem ser explorados, conservando os que podem ser suscetíveis de manejo sustentável; *modificação de atitudes e práticas pessoais* – ou melhor dizendo, adotando-se ética de vida sustentável, no sentido do reexame de valores de cada cidadão, alterando seus padrões de consumo; *permissão de proteção pela própria comunidade* – o autor citado refere-se, aqui, aos incentivos que devem ser dados à própria comunidade organizada, no sentido de não apenas preservar e conservar os recursos naturais, como também de influir nas políticas e legislação ambiental; *geração de estrutura nacional* – com vistas à integração de desenvolvimento e conservação, de acordo com cada ecossistema; *formação de uma aliança global* – mediante a implementação dos princípios da ONU e outros textos oficiais e não oficiais de natureza científica, técnica, política e social.

Já a referida *Resolução nº 53/1995*, ratificada em 1997, cuida especificamente do *consumo sustentável, e* estabelece um extenso rol de políticas que os Estados filiados à ONU e signatários do *agreement* nessa matéria, mas que podem ser sintetizados nos seguintes: a) *consumo sustentável, antes de mais nada, significa a satisfação das necessidades básicas dos seres humanos, sem minar a capacidade do meio ambiente em satisfazer as necessidades de futuras gerações;* b) *nesse sentido, os governos devem cooperar entre si na mudança dos padrões de consumo em nível global, adotando, para tanto, práticas sustentáveis em suas políticas de desenvolvimento econômico, promovendo análises do comportamento dos consumidores e das consequências ambientais, com o propósito maior de identificar meios de reduzir o impacto ambiental do consumo*

---

[26] Apud Édis Milaré, em seu *Direito do Ambiente,* Editora Revista dos Tribunais, 2ª edição, p. 44 e seguintes.

e suprir as necessidades humanas no mundo; c) os governos devem, ainda, trabalhar conjuntamente na erradicação da pobreza, como requisito indispensável para o consumo sustentável; d) as nações desenvolvidas devem arcar com o desenvolvimento econômico dos países em desenvolvimento, assegurando mínimos impactos ao meio ambiente, através de assistência financeira, tecnologias "verdes" e melhores condições de acesso aos mercados; e) cabe uma vez mais aos governos intensificar os esforços para a redução do consumo de energia e dos recursos naturais, nos processos de produção; f) devem, por outro lado, incentivar, mediante políticas internas, o uso de recursos renováveis, a recuperação de resíduos, a reutilização e a reciclagem de materiais; g) os governos devem, ademais disso, promover a educação dos consumidores, assegurando o amplo acesso à informação sobre o impacto no meio ambiente dos produtos consumidos; h) os governos, enfim, devem adotar medidas efetivas voltadas para a mudança dos padrões de consumo e produção, tais como as chamadas de "comando e controle" e os "instrumentos econômicos e sociais"; nesse sentido, encontram-se os incentivos com vistas à produção de bens e prestação de serviços menos poluentes, recicláveis e reaproveitáveis, mediante benefícios fiscais e outorga do "selo verde"; i) e, contrario sensu, a taxação mais elevada de produtos e serviços que não sejam compatíveis com a conservação ou preservação dos recursos naturais.

Poderíamos concluir dessa ordem de ótimas ideias e propósitos, entretanto, que eles de nada adiantarão se não houver a educação e conscientização de *consumidores* e *fornecedores* de produtos e serviços quanto a ações pró-ativas, concretas e constantes, no sentido de efetivamente protegerem e conservarem o ambiente e os recursos naturais.

Um exemplo edificante: estimuladas por ações civis públicas do Ministério Público Federal, redes de grandes supermercados instaladas no país (*i.e.*, Pão de Açúcar, Carrefour e Big), estão se recusando a adquirir carnes cuja origem ecologicamente correta não é identificada, boicote esse que também envolveu, posteriormente, a indústria frigorífica (matadouros). Ou seja: a grande floresta tropical da Amazônia, que dia a dia se vê cada vez mais a nu, ganha esse desestímulo à criação de gado em terras desmatadas.

5. POLÍTICA NACIONAL DE RELAÇÕES DE CONSUMO (ART. 4º DO CDC, INCISOS III, IV E V)

Para os menos avisados o Código de Defesa do Consumidor não é exclusivamente um corpo de normas protetivas da personagem *consumidor*. É, igualmente, um instrumento legal que privilegia e estimula a outra personagem das *relações de consumo*, qual seja, o *bom fornecedor*, buscando sempre, mediante a *educação e informação* de ambas, *a harmonização de seus interesses, sempre com base na boa-fé e equilíbrio, inclusive com a busca de melhor qualidade e segurança de produtos, bem como por mecanismos alternativos de solução de conflito de interesse.*

Cremos, por conseguinte, que, embora o Código de Defesa do Consumidor consubstancie enormes ganhos no que concerne a direitos e deveres, não haja, ainda, uma perspectiva muito nítida a respeito da importância e alcance os princípios retroelencados dentro da chamada *Política Nacional das Relações de Consumo*.

Ou seja: as estatísticas do DPDC – Departamento de Proteção e Defesa do Consumidor do Ministério da Justiça[27], bem como do PROCON-SP[28], a respeito de reclamações fundadas, dão conta do enorme número de reclamações pela ordem de incidência, e que poderiam ser prevenidas, *caso funcionassem,* efetivamente, *tanto os departamentos de atendimento ao consumidor (SACs)* como *as assistências técnicas dos fornecedores.* Os números são expressos em milhares, os quais, sem sombra de dúvidas, sobrecarregam não apenas os PROCONs, que acabam sendo os *SACs dos fornecedores,* como também os Juizados Especiais Cíveis, e as Promotorias de Justiça do Consumidor nos locais onde não há aqueles outros instrumentos.

6. INSTRUMENTOS DE IMPLEMENTAÇÃO DA POLÍTICA NACIONAL DE RELAÇÕES DE CONSUMO: BREVE DIAGNÓSTICO E CRÍTICAS

Se a *alma* do Código de Defesa do Consumidor é o seu art. 4º que, como visto, traça a Política Nacional das Relações de Consumo, o art. 5º é o *seu corpo.* Ou seja, *é como agem* – ou devem agir – os diversos órgãos e entidades colocados à disposição do consumidor, individual ou coletivamente considerados. A seguir, portanto, passaremos, ainda que em breves linhas, à análise dos *instrumentos de implementação da referida política de relações de consumo,* ou seja, *as Defensorias Públicas, o Ministério Público, os órgãos jurisdicionais, e os órgãos e entidades de proteção e defesa do consumidor.*

Mas referida análise conterá mais críticas, em alguns casos, do que elogios. Se não, vejamos.

6.1 As Defensorias Públicas

Conforme estabelecido pelo inc. I do mencionado art. 5º do Código de Defesa do Consumidor, dentre os diversos órgãos e entidades, o Poder Público contará, com vistas à execução da Política Nacional de Relações de Consumo, com a *assistência jurídica, integral e gratuita para o consumidor carente.*

Parece-nos que a intenção da lei é clara: oferecer ao consumidor pobre, no sentido sociojurídico do termo, assistência jurídica – e não apenas judiciária do *estar em juízo.* Ou seja, quer a lei que o consumidor, *vulnerável* e *hipossuficiente* tenha, antes de mais nada, *orientações* e *conselhos* a respeito de seus direitos e deveres perante a diversos fornecedores de produtos e serviços, até *preventivamente.* E poderíamos citar, aqui, a orientação que deveria ser dada nas hipóteses dos contratos de adesão, que correspondem, aliás, à quase totalidade deles, por razões óbvias.

E, num segundo instante, *estar em juízo* ao lado do consumidor carente, quer como autor, quer como réu.

---

[27] Cfr. *Cadastro Nacional de Reclamações Fundamentadas 2009 – Relatório Analítico,* do SINDEC – Sistema Nacional de Informações de Defesa do Consumidor, publicado pelo Ministério da Justiça, Brasília, D.F., 2010.

[28] Cf. *Cadastro de Reclamações Fundamentadas 2009-PRCON-SP,* disponível no *site* www.procon. sp.gov.br

No Estado de São Paulo, para se ter uma ideia, a Defensoria Pública somente foi criada em 2006, e ainda luta com grande dificuldade para firmar-se, não apenas no que tange a prédios condizentes com sua relevante função sociojurídica, como também com diminuto quadro de procuradores (cerca de 500 para todo o Estado de São Paulo, com uma população de mais de 40 milhões de habitantes).

Ora, para dar cobro a mais essa responsabilidade, ao lado da assistência ao réu pobre em matéria criminal, nas reclamações trabalhistas, questões de família e sucessões e outras questões, seria necessário talvez quadruplicar o quadro de defensores públicos.

6.2 O Ministério Público

Conforme já esclarecido noutro passo, iniciamos nossa vida profissional nessa seara do Direito do Consumidor no Ministério Público do Estado de São Paulo, com assento, primeiramente, no PROCON de São Paulo e, posteriormente, em prédio próprio da Instituição. E, primeiramente como Promotor de Justiça do Consumidor (1983 a 1985), e, posteriormente, como coordenador do Centro de Apoio Operacional das Promotorias de Justiça do Consumidor daquele Estado (1985 a 1993 e 1996 a 1998)[29].

Hoje podemos dizer que todos os Estados da Federação, o Distrito Federal e a União dispõem de órgãos de proteção e defesa do consumidor em seus quadros.

E seu foco principal são os interesses difusos e coletivos do Direito do Consumidor, conforme estabelecido pelo parágrafo único do art. 81 do Código de Defesa do Consumidor.

Além do mais, com vistas à fixação de *prioridades,* e por força de mandamentos legais – as leis orgânicas dos Ministérios Públicos dos Estados e da União –, a cada ano são publicados os chamados *planos de atuação.*

Para o ano de 2010, por exemplo, o Ministério Público do Estado de São Paulo estabeleceu duas grandes prioridades: os Planos de Saúde (no que tange aos reajustes abusivos de prestações, a migração forçada de categorias de planos, a ausência injustificada de cobertura, o descredenciamento imotivado e arbitrário de médicos, hospitais etc., rescisões unilaterais, cláusulas abusivas); e a Prestação de Serviços Públicos Essenciais por Concessionárias ou Permissionárias (no que diz respeito a práticas abusivas consistentes na cobrança abusiva, indevida ou constrangedora, o corte do fornecimento, a precariedade de atendimento, o cumprimento do *decreto dos SACs,* inscrição indevida do nome do consumidor em cadastros de inadimplentes etc.).

A título de argumentação, por outro lado, será que não haverá outros temas relevantes, não necessariamente a serem tratados pelos órgãos do Ministério Público, como por exemplo a *saúde* dos consumidores em face de alimentos com excesso de

---

[29] A atual administração do Ministério Público do Estado de São Paulo, iniciada em 2008, todavia, entendeu por bem extinguir o referido Centro de Apoio Operacional, colocando suas antigas atribuições sob coordenação de um segmento do Centro de Apoio Operacional Cível, que açambarca todas as áreas civis, ao lado de outro Centro de Apoio Operacional Criminal.

Cap. 2 • ATUALIDADE DO DIREITO DO CONSUMIDOR NO BRASIL | 93

resíduos de pesticidas, muitos deles, aliás, proibidos pela legislação sanitária? Ou então a veiculação de publicidades manifestamente enganosas sobre produtos relacionados à saúde do consumidor, tais como miraculosos produtos para emagrecimento, calvície e outros males?[30]

Interessante salientar, todavia, que dentre os demais *interesses e direitos difusos e coletivos,* no âmbito da Procuradoria de Justiça Especializada em Direitos Difusos e Coletivos, apenas 2% (dois por cento) dos recursos judiciais apreciados referem--se à área do consumidor, enquanto que outros 20% (vinte por cento) se referem a questões ambientais, 40% (quarenta por cento) a questões atinentes à improbidade administrativa, e o restante a outras áreas. Não deve ser muito diferente o percentual em nível do Conselho Superior do Ministério Público que analisa as promoções de arquivamento de inquéritos civis – com ou sem termos de compromisso de ajustamento de conduta.

Pode-se inferir disso, por conseguinte, alternativamente que: a) as Promotorias de Justiça do Consumidor no Estado de São Paulo não têm tido grandes problemas no que tange aos interesses difusos e coletivos que atingem os consumidores, mesmo nos assuntos destacados nos Planos de Atuação: b) ou, na melhor das hipóteses, têm sido elaborados mais Termos de Compromisso de Ajustamento de Conduta e arquivamentos de inquéritos civis do que a propositura de ações civis públicas, o que demonstraria, e o que é desejável, muito mais soluções extrajudiciais.

Há outra questão, contudo, que nos chama a atenção. Cuida-se da falta de comunicação entre os diversos órgãos do Ministério Público incumbido na área de defesa do consumidor nos âmbitos difuso e coletivo em termos nacionais.

Isto pudemos constatar não apenas no passado, em que, como Coordenador das Promotorias do Consumidor do Estado de São Paulo, acabávamos por dirimir conflitos de atribuições com base no bom senso entre nós e colegas de outros Estados[31], como também agora, ao exercermos a advocacia consultiva.

---

[30] Quando coordenador das Promotorias de Justiça do Consumidor do Estado de São Paulo, orientamos os Promotores de Justiça da área a focarem os seguintes *macrotemas* de defesa do consumidor: a) *saúde;* b) *segurança:* c) *quantidade;* d) *qualidade:* e) *oferta e publicidade;* f) *práticas abusivas;* g) *cláusulas contratuais abusivas.*

[31] Cf. nosso *Ação Civil Pública Consumerista: conflitos de atribuições entre Ministérios Públicos,* Revista do Tribunal Regional Federal da 3ª Região, vol. 84, São Paulo, p. 89-124, jul./ago. 2007. Um dos casos referiu-se à instauração de inquéritos civis sobre abusos do poder econômicos mediante representações do CADE – Conselho Administrativo de Defesa Econômica, e consistentes em sonegação de medicamentos de uso contínuo, causando diversos transtornos aos seus consumidores. Como as indústrias farmacêuticas eram todas sediadas em São Paulo, parecera ao então presidente daquele conselho mais razoável que as eventuais providências fossem aqui efetivadas. Entretanto, com base em notícias publicadas nos jornais de grande circulação, também o órgão congênere do Ministério Público do Distrito Federal e Territórios igualmente instaurou procedimentos civis inquisitivos. A questão foi resolvida mediante produtivo e sensato diálogo entre os colegas daquela unidade federada e nós. Entretanto, se ambos nos déssemos por legitimados, não haveria um órgão a dirimir tal conflito. Nossa tese, por conseguinte, é no sentido de que o hoje institucionalizado CNMP – Conselho Nacional do Ministério Público, venha a ter

E, com efeito, em sede de discussão sobre a presença de cláusulas consideradas abusivas em contratos de adesão a cartões de crédito, foram instaurados nada menos que duas ações coletivas e dois inquéritos civis. No caso, uma entidade não governamental de defesa do consumidor, sediada no interior do Estado de São Paulo propôs ação coletiva em face da loja administradora do sobredito cartão de crédito, ação essa que terminou com acordo judicial, devidamente homologado pelo juízo do feito, e com a anuência do órgão do Ministério Público competente na qualidade de *custos legis,* conforme exigência do art. 92 do Código de Defesa do Consumidor[32]. Pois bem: em função de um procedimento instaurado no DPDC – Departamento de Proteção e Defesa do Consumidor[33], que já dera origem àquela primeira ação, foram instaurados procedimentos inquisitivos de natureza civil por órgãos do Ministério Público dos Estados da Bahia[34], de Santa Catarina[35] do Rio de Janeiro[36] e de Pernambuco, tendo neste último resultado na propositura de nova ação civil pública ou coletiva[37], muito embora *todos os outros procedimentos houvessem sido arquivados, exatamente em razão do acordo judicial.* E tudo com o mesmo fundamento, causa de pedir, objeto, enfim, tudo quanto cabe num flagrante e manifesta litispendência e prejuízo à ré que teve de se locomover e ainda sofre os custos injustos de todos esses transtornos.

Insta, portanto, estabelecerem-se, além do SINDEC – Sistema Nacional de Defesa do Consumidor, que recebe e tabula dos dados referentes a reclamações e feitos em andamento de procedimentos que afetam os consumidores, sobretudo no âmbito difuso e coletivo, *mecanismos semelhantes nos Ministérios Públicos:* quer oficialmente, no novo órgão criado pela "Reforma do Poder Judiciário" de 2005, quer oficiosamente, pelo MPCON – Associação do Ministério Público do Consumidor.

6.3 Delegacias especializadas

Ao mesmo tempo que o Ministério Público de São Paulo firmava convênio com o Governo do Estado, no sentido de se designarem Promotores de Justiça para atuarem nessa área, em 1983, foi instituído o DECON – Departamento Estadual de Polícia do Consumidor, com atribuições de, dentre outras, investigar os delitos contra a *economia popular,* as *relações de consumo* e a *saúde pública.*

Funcionou até 1999, quando foi extinto pela Secretaria de Segurança Pública, mas *ressuscitado* sob outra denominação e estrutura, em 2009, como DPPC – Departamento de Polícia de Proteção ao Cidadão, com uma divisão específica para cuidar dos assuntos concernentes aos direitos do consumidor. Embora a grande maioria dos

---

essa atribuição. Até porque tanto o Superior Tribunal de Justiça, como o Supremo Tribunal Federal em outros casos concretos, têm decidido que não lhes cabe dirimir tais conflitos, que se referem a órgãos administrativos, e não conflitos de competência jurisdicional.

[32]   Processo nº 583.00.2005.127347-2, 2ª Vara Cível da Comarca de São Paulo, Capital.

[33]   Protocolado 08012.006008/2006-56 – Nota Técnica nº 330/2006.

[34]   Promotoria de Justiça de Feira de Santana.

[35]   Procedimento Administrativo Preliminar nº 6.1007.000154-0.

[36]   Processo nº 2005.001.153090-8, 3ª Vara Empresarial da Comarca do Rio de Janeiro.

[37]   Juízo de Direito da *11ª Vara Cível da Comarca da Capital – Recife – Processo nº 001.2007.037270-6.*

delitos contra as relações de consumo previstos no Código de Defesa do Consumidor, bem como na Lei nº 8.137/1990, estejam sujeitos à transação penal ou suspensão condicional do processo, o que o torna imperceptível na jurisprudência, a verdade é que não apenas eles a atingir o consumidor, individual ou coletivamente, mas sim outros, ainda que no seio do próprio Código Penal e na Legislação Penal Especial[38].

6.4   Os órgãos jurisdicionais

O inc. IV do art. 5º do Código de Defesa do Consumidor fala em *Juizados Especiais de Pequenas causas e Varas Especializadas para a solução de litígios de consumo.*

No Estado de São Paulo que, como visto, conta com mais de 40 milhões de habitantes, não há Varas Especializadas no âmbito da tutela coletiva[39] há pouco mais de três centenas de Juizados Especiais Cíveis. E esses juizados especiais já passaram a ser *juizados ordinários,* já que, ao contrário da filosofia da Lei nº 9.099/1995, que os criou, com vistas à simplicidade e celeridade procedimental, as audiências iniciais de tentativa de conciliação, têm sido designadas até um ano após cada propositura.

Insta, portanto, dotar-se a estrutura judiciária de mais e mais juizados especiais, e dando-se enfoque à conciliação cada vez mais.

6.5   Órgãos e entidades de proteção e defesa do consumidor

Quando se fala em órgãos e entidades de defesa do consumidor, logo nos vêm à mente os diversos PROCONs e algumas, poucas, entidades não governamentais que se dedicam a esse mister.

A nosso ver, o próprio PROCON revelou-se uma verdadeira *marca* ou *grife* quando se fala na tutela do consumidor. O de São Paulo, mais antigo, foi instituído informalmente, em 1976, como um grupo de trabalho pelo então governador do Estado Paulo Egydio Martins e, dois anos depois, formalmente, mediante lei estadual[40]. De um simples apêndice da então Secretaria de Estado dos Negócios de Economia e Planejamento, evolui, anos mais tarde, para se transformar em uma fundação de direito público[41]. Hoje, praticamente todos os Estados da Federação e o Distrito Federal contam com PROCONs, bem como diversos municípios, na órbita dos respectivos poderes públicos municipais.

---

[38]   Cf. nosso *Manual de Direitos do Consumidor,* Ed. Atlas, S.P., 15ª edição, no capítulo sobre a *Tutela Penal.*

[39]   Por força de lei de reorganização judiciária de 1994 foram criadas cinco varas especializadas em feitos difusos e coletivos para a comarca da Capital de São Paulo, as quais jamais foram instaladas, e foram transformadas, em outra lei de reorganização judiciária, em 2000, em varas cíveis comuns.

[40]   Lei Estadual nº 1.903, de 1978.

[41]   Pela Lei nº 1.903, de 1978, integra o Sistema Estadual de Defesa do Consumidor, ao lado do Conselho Estadual, que, todavia, se reuniu pela última vez em 5-5-1983. Entre 1987 e 1991 passou à órbita da hoje extinta Secretaria de Defesa do Consumidor, e, hoje, integra o organograma da Secretaria de Justiça e de Defesa da Cidadania. A Lei Estadual nº 9.192, de 1995, é que deu personalidade jurídica sob forma de fundação de direito público.

Com edição do Código de Defesa do Consumidor (art. 105) os PROCONs bem como as entidades não governamentais de proteção ou defesa do consumidor passaram integrar o chamado Sistema Nacional de Defesa do Consumidor, tendo como órgão de cúpula o DPDC – Departamento de Proteção e Defesa do Consumidor, por sua vez vinculado à SDE – Secretaria de Direito Econômico do Ministério da Justiça, com atribuições definidas pelo art. 106 do Código de Defesa do Consumidor[42].

Suas atividades tradicionais consistem, primeiramente, na orientação e informação dos consumidores a respeito de seus direitos e interesses; por outro lado, incumbe-lhes a recepção de reclamações, tentando resolvê-las conciliatoriamente, e encaminhando a outros órgãos públicos as questões que não lhes competirem, com vistas à adoção de outras providências.

Por força, entretanto, do Decreto Federal nº 861, de 1993, revogado pelo vigente Decreto Federal nº 2.181, de 1997, foi conferido aos PROCONs a delicada função de *polícia administrativa*, uma vez que pretendeu *regulamentar* o disposto nos artigos 55 a 60 do Código de Defesa do Consumidor.

Em que pese nosso posicionamento contrário a esse particular, conforme fazemos questão de deixar sempre claro em todas as nossas manifestações[43] a respeito, e que pode ser resumido na circunstância de que o Código de Defesa do Consumidor simplesmente *não demandava qualquer regulamentação,* – até porque os mencionados artigos 55 a 60 apenas *direcionam os diversos órgãos que efetivamente exercem poder de polícia administrativo a adotarem um novo posicionamento em decorrência*

---

[42] Art. 105 – Integram o Sistema Nacional de Defesa do Consumidor (SNDC), os órgãos federais, estaduais, do Distrito Federal e municipais e as entidades privadas de defesa do consumidor. Art. 106 – O Departamento de Proteção e Defesa do Consumidor, da Secretaria de Direito Econômico (MJ), ou órgão federal que venha substituí-lo, é organismo de coordenação da política do Sistema Nacional de Defesa do Consumidor, cabendo-lhe: I – planejar, elaborar, propor, coordenar e executar a política nacional de proteção ao consumidor; II – receber, analisar, avaliar e encaminhar consultas, denúncias ou sugestões apresentadas por entidades representativas ou pessoas jurídicas de direito público ou privado; III – prestar aos consumidores orientação permanente sobre seus direitos e garantias; IV – informar, conscientizar e motivar o consumidor através dos diferentes meios de comunicação; V – solicitar à política judiciária a instauração de inquérito policial para a apreciação de delito contra os consumidores, nos termos da legislação vigente; VI – representar ao Ministério Público competente para fins de adoção de medidas processuais no âmbito de suas atribuições; VII – levar ao conhecimento dos órgãos competentes as informações de ordem administrativa que violarem os interesses difusos, coletivos, ou individuais dos consumidores; VIII – solicitar o concurso de órgãos e entidades da União, Estados, do Distrito Federal e Municípios, bem como auxiliar a fiscalização de preços, abastecimento, quantidade e segurança de bens e serviços; IX – incentivar, inclusive com recursos financeiros e outros programas especiais, a formação de entidades de defesa do consumidor pela população e pelos órgãos públicos estaduais e municipais (incisos X a XII foram vetados). XIII – desenvolver outras atividades compatíveis com suas finalidades. Parágrafo único. Para a consecução de seus objetivos, o Departamento Nacional de Defesa do Consumidor poderá solicitar o concurso de órgãos e entidades de notória especialização técnico-científica.

[43] Cf. nosso *Manual de Direitos do Consumidor*, Ed. Atlas, S.P., 15ª edição, p. 148-178.

dos novos postulados consumeristas – ao sermos consultado opinamos no sentido de que, se fosse mesmo regulamentado, o Código deveria sê-lo *por cuidadosa exclusão,* uma vez que, dificilmente haveria algum aspecto da vida negocial que não estivesse sob o crivo de alguma fiscalização pública. Ou seja: apenas naquilo que não houvesse ainda regulamentação a respeito, como, por exemplo, no que diz respeito a *práticas abusivas* e *cláusulas contratuais abusivas.*

Curiosamente, entretanto, a única infração administrativa que demandaria regulamentação, até porque veto presidencial a mutilou, foi a *contrapropaganda,* prevista pelo inciso XII do art. 56 do Código do Consumidor.

Lamentamos, por outro lado, que se tenha extinto a SUNAB – Superintendência Nacional do Abastecimento, autarquia que, tradicionalmente, vinha exercendo as funções de *fiscal das relações de consumo,* notadamente no que dizia respeito a abusos de preços e abastecimento de produtos no mercado, principalmente em épocas de crises econômicas. Esta, sim, seria o verdadeiro *braço de polícia administrativa de relações de consumo,* até porque criada pela Lei Delegada nº 04, de 1962,[44] para intervenções no domínio econômico, em casos de abusos contra o mercado consumidor.

Por outro lado, no âmbito do Estado de São Paulo, nunca de aplicaram os Decretos Federais nºs. 861 e o atual 2.181, preferindo-se a Lei Estadual nº 10.177, de 1998, que *regula o processo administrativo no âmbito da administração estadual.*

Como não há subordinação entre os diversos PROCONs e o DPDC, sendo certo que este pode ser considerado uma instância superior apenas em casos de recursos, o que se tem visto é uma *superposição* de atribuições, muitas das vezes pelo mesmo fato, gerando-se manifesto *bis in idem.*

Veja-se, por exemplo, o recente caso de uma bebida láctea fabricada pela Nestlé, denominada *Alpino Fast,* que não conteria, na verdade, a fórmula líquida do chocolate de mesmo nome, e, que, por conseguinte, estaria a enganar seus consumidores.

Sem adentrarmos ao mérito da questão, foram, todavia, adotadas nada menos que 4 (quatro) providências contra a empresa: a) pelo DPDC; b) pelo PROCON de São Paulo; c) pelo PROCON do Rio de Janeiro; e d) pela ANVISA – Agência Nacional de Vigilância Sanitária do Ministério da Saúde. Todas visavam à aplicação de pesas multas Ora, a autoridade competente, no caso, seria apenas e tão somente a última, até porque, em matéria de alimentos em geral e, especificamente em matéria de rotulagem, é ela que impõe as sanções e estabelece obrigações de fazer ou não fazer. No caso, e singelamente, a mudança do rótulo[45].

Como visto em anterior, a essa ânsia fiscalizatória some-se também a superposição e conflitos entre os diversos órgãos do Ministério Público, e teremos instaurados verdadeiros abusos praticados pelos órgãos que devem, sem dúvida alguma, zelar pela observância das normas jurídicas consumeristas mas, antes de mais nada, igualmente pelo princípio da isonomia e prudência.

Embora exista o Sistema Nacional de Defesa do Consumidor, inclusive com a compilação dos dados dos diversos PROCONs e entidades de defesa do consumidor,

---

[44] A Lei Delegada n. 04 foi revogada integralmente pela Lei 13.874/2019.

[45] Cf. reportagem colhida do jornal Folha de S. Paulo, edição de 14-5-2010, p. C-3.

é mister que haja um melhor entrosamento entre esses, os Ministérios Públicos especializados e outras autorizadas, para que haja maior eficiência e, o que é mais desejável, economia de recursos públicos, desperdiçados com a superposição de atribuições e funções.

7. INSTRUMENTOS ALTERNATIVOS DE PREVENÇÃO E DE SOLUÇÃO DE CONFLITOS

Conforme estatuído pelo inciso V do artigo 4º do Código de Defesa do Consumidor, é dos seus princípios fundamentais o incentivo à criação, pelos fornecedores, de meios eficientes de controle de qualidade e segurança de produtos e serviços, *assim como meios alternativos de solução de conflitos de consumo.*

Ora, por *meios alternativos de solução de conflitos de consumo* entendam-se todos aqueles que estão além dos *meios próprios,* quais sejam, os *judiciais.*

Cremos que, e isto, aliás ficou bastante claro em dois eventos de que participamos como painelista, ou seja, o X Congresso Brasileiro de Direito do Consumidor: manutenção das garantias e sustentabilidade, patrocinado pelo BRASILCON – Instituto Brasileiro de Política e Direito do Consumidor e o 26º Encontro de Entidades de Defesa do Consumidor, promovido pelo PROCON de São Paulo, ambos em maio de 2010, que os PROCONs *não podem ser os SACs dos fornecedores,* e que *mais vale prevenir demandas do que fomentá-las.*

E com isso concordamos, até de forma entusiástica, até porque, na qualidade de primeiro Promotor de Justiça do Consumidor do país, e coordenador das Promotorias de Justiça do Consumidor do Estado de São Paulo, por nada menos que treze anos, sempre orientamos os colegas a privilegiarem os *acordos,* hoje *termos de compromisso de ajustamento de conduta* a ações civis públicas ainda que bem propostas e com altos graus de probabilidade de vitória. E o mesmo se diga com relação aos PROCONs. Ou seja: a *lista negra* de número de reclamações, longe de ser um troféu honroso, consubstancia-se em falha dos próprios fornecedores em se adaptarem às diretrizes e epistemologia do Código de Defesa do Consumidor (HARMONIZAÇÃO DE INTERESSES, ACIMA DE TUDO).

Daí por que darmos importância vital às atividades dos fornecedores no que tange ao *recall,* aos *serviços de atendimento ao consumidor,* à *convenção coletiva de consumo,* à *autorregulação.* Senão, vejamos.

7.1 O recall

O termo *recall,* da língua inglesa, pode ser traduzido literalmente como *chamar de volta* ou, mais apropriadamente, *convocar, chamar,* no jargão de *marketing* e de relações de consumo. Sua origem, todavia, e nesse sentido semântico, é política, consistente no instituto vigente em alguns países, como os Estados Unidos da América e a Venezuela, mediante o qual os políticos eleitos, caso não venham a corresponder aos anseios dos eleitores, podem ter seus mandatos cassados por um *referendo revogatório.* Ou, em última análise, *chamados de volta* – para o lugar de onde nunca deveriam ter saído, eis o sentido do termo!

Mesmo antes do nosso Código de Defesa do Consumidor, a indústria automobilística, principalmente, já vinha praticando esse salutar procedimento.

Ou seja: chamando os adquirentes de veículos que apresentem algum defeito ou vício de fabricação, disso resultando na troca de componentes com aquelas anomalias.

Neste passo lembraríamos, enquanto para o Código Civil tanto o defeito como o vício continuam englobados no instituto dos chamados *vícios redibitórios,* no Código do Consumidor são conceitos diversos, a saber: enquanto o vício consiste em alguma anomalia presente em um produto ou serviço, que os torne inadequado ao uso ou finalidade a que se destinam, o defeito é também uma anomalia, mas de tal ordem que torna os mesmos produtos ou serviços perigosos à incolumidade física ou à saúde do consumidor ou mesmo de terceiros alheios à relação de consumo.

Como exemplos, no primeiro caso, poderíamos citar um limpador de para-brisa cujo temporizador não funciona a contento; ou, então, um produto eletrônico que não reproduz imagem e/ou som esperados.

Já no segundo, teríamos a peça defeituosa de um veículo, podendo causar acidentes de consequências imprevisíveis ou, então, um medicamento cujo fator risco é bem maior do que o fator benefício. Vê-se, por conseguinte, que o instituto do *recall* é de cunho eminentemente *preventivo,* no sentido de evitar os chamados *acidentes de consumo* e, ao mesmo tempo, poderoso instrumento de *marketing positivo* para as empresas que o praticam, sobretudo de forma espontânea.

Ou seja, independentemente de provocação por consumidores ou seus órgãos e entidades de proteção e defesa. Com efeito, conforme prevê o art. 10, *caput,* do Código de Defesa do Consumidor, *"o fornecedor não poderá colocar no mercado de consumo produto ou serviço que sabe ou deveria saber apresentar alto grau de nocividade ou periculosidade à saúde ou segurança".* E seus três parágrafos complementam essa norma de precaução, asseverando que: *"o fornecedor de produtos e serviços que, posteriormente à sua introdução no mercado de consumo, tiver conhecimento da periculosidade que apresentem, deverá comunicar o fato imediatamente às autoridades competentes e aos consumidores, mediante anúncios publicitários"* (§ 1º); por outro lado, *"os anúncios publicitários a que se refere o parágrafo anterior serão veiculados na imprensa, rádio e televisão, às expensas do fornecedor do produto ou serviço"* (§ 2º); e, por fim, *"sempre que tiverem conhecimento de periculosidade de produtos ou serviços à saúde ou segurança dos consumidores, a União, os Estados, o Distrito Federal e os Municípios deverão informá-los a respeito"* (§ 3º). Conquanto a norma fosse clara, era mister que uma outra, complementar, explicitasse como fazer os referidos anúncios, em que proporção, periodicidade e outros pormenores ou particularidades, já que cada fornecedor adotava uma prática própria, geralmente baseando-se em exemplos do exterior.

Em 24-8-2001, com efeito, sobreveio a Portaria nº 789, do Ministério da Justiça, com vistas à regulamentação, *"no âmbito do Departamento de Proteção e Defesa do Consumidor – DPDC, do procedimento de chamamento dos consumidores, previsto pelo artigo 10, §1º, da Lei nº 8.078/90, conhecido como* recall*, que possibilite o acompanhamento pelos órgãos do Sistema Nacional de Defesa do Consumidor – SNDC e pela* *sociedade, deste procedimento*"[46]. Referido instrumento, para o bem de consumidores e também dos fornecedores, tem sido cada vez mais utilizado e, juntamente com os Serviços de Atendimento aos Consumidores, podem constituir-se em potente instrumento de prevenção e resolução alternativa de conflitos surgidos das relações de consumo.

Em 2012, foi editada a Portaria nº 487, de 15-3-2012, e mais recentemente a Portaria 618, de 1º de junho de 2019, que estabeleceu outros parâmetros e exigências para o *recall*.

7.2   Os serviços de atendimento ao consumidor (SACs)

"Vou estar passando a ligação para a supervisão! Não desligue, sua ligação é muito importante para nós! Para produtos, digite 01; para serviços, digite 02; para reparos, digite 03; para elogios, digite 04; para falar com um de nossos atendentes, digite 05; nossos atendentes estão todos ocupados; permaneça na linha para ser atendido, ou então chame novamente!" Quantos de nós já não se depararam com essas irritantes frases prontas e de efeito duvidoso?

Ao lado de outras técnicas de *marketing,* os chamados SACs – Serviços de Atendimento ao Consumidor se revestem de vital importância para a (1) boa imagem das empresas, além da (2) fidelização de seus consumidores.

Como se sabe, *a relação consumidor-fornecedor não termina com a entrega do produto comprado ou execução do serviço contratado.* Esse relacionamento continua na fase pós-venda ou pós-contratação, sobretudo, quando se cuidam de vícios ou defeitos presentes nos produtos e serviços.

Desta forma, *é mais do que conveniente e desejável* que cada fornecedor tenha esse serviço *DE MELHOR NÍVEL POSSÍVEL* que, aliás, *não serve apenas para reclamações, mas também para que ele, consumidor, dê sugestões ao próprio fornecedor sobre a melhoria e qualidade de seus produtos ou serviços.*

Assim como o *recall,* essas verdadeiras *ouvidorias privadas* passaram a ser ativadas pelos fornecedores, de modo geral, de (1) *forma empírica, em princípio,* e, com o (2) *desenvolvimento da informática, de forma mais sofisticada* e, principalmente, *impessoal:* quer por intermédio de seus próprios meios, quer por via de *empresas terceirizadas* de *call centers, telemarketing* etc.

AUTORREGULAMENTAÇÃO – O SAC do SAC! – As reclamações têm sido de tal ordem, entretanto, que *as próprias empresas envolvidas* nessas atividades, mediante sua associação, a *ABRAREC – Associação Brasileira das Relações Empresa-Cliente,* instituiu, *sponte propria, sua própria ouvidoria,* chamada de *probare* (www.probare. org), cuja principal missão é constatar falhas do sistema e encaminhar soluções para coibir e evitar o mal atendimento aos consumidores, numa verdadeira ação de *autorregulamentação dessa atividade.*

LINHAS MESTRAS DA REGULAMENTAÇÃO – Em março de 2008, o DPDC – Departamento de Proteção e Defesa do Consumidor, órgão do Ministério da Justiça,

---

[46]   Cf. nosso *Manual ..,* Ed. Atlas, S.P., 15ª edição, p. 174-177.

disponibilizou para discussão projeto de regulamentação dessa atividade e, especificamente, para as áreas das telefonias fixa e móvel, *internet,* TV a cabo, bancos comerciais, cartões de crédito e aviação civil.

Referido projeto, sob a rubrica de *Propostas do Sistema Nacional de Defesa do Consumidor para Melhoria da Qualidade dos Serviços de Atendimento ao Consumidor (SAC),* prevê os seguintes *princípios:* a) *definição de atividades a elas sujeitas:* informação, reclamação, cancelamento de contratos e solicitação da suspensão ou cancelamento de serviços; b) *acessibilidade e gratuidade* – o SAC deve garantir o contato direto com o atendente como primeira opção do *menu* eletrônico, e não o último; c) *qualidade no atendimento* – *o SAC* deve obedecer aos princípios da transparência, eficiência, eficácia, celeridade e cordialidade; d) *acompanhamento das demandas ou solicitações* – o fornecedor deverá viabilizar o acompanhamento de todas as demandas por meio de um registro numérico, a ser informado ao consumidor no início do contato telefônico, independentemente de saber o que o consumidor irá solicitar, seja pedido de informação, reclamação, rescisão de contrato ou qualquer outra manifestação; e) *resolução de demandas* – as demandas cós consumidores, incluindo informações e reclamações, devem ser resolvidas pelo fornecedor imediatamente; f) *cancelamento* – o SAC deve receber e processar imediatamente o pedido de cancelamento do consumidor.

Desta forma, era de se esperar que, *sem prejuízo do bom trabalho que já tem sido desempenhado pelo Probare,* o Poder Público adotasse medidas com vistas a propiciar ao consumidor um atendimento de seus reclamos mais célere e eficaz, não apenas no seu interesse, como também no dos próprios fornecedores, que podem ter sua imagem comprometida pelas delongas das chamadas de *call centers* e consequente perda de confiança e, consequentemente, de lucros! Por isso é que iniciativas como essas devem merecer o apoio de todos, sem distinção.

Finalmente, em 31 de julho de 2008, o Governo Federal, à guisa de "regulamentar" o Código de Defesa do Consumidor, editou decreto a respeito dessa questão (cf. Decreto Federal nº 6.523, de 31-7-2008).

7.3   A convenção coletiva de consumo

Uma das atividades previstas pelo Código de Defesa do Consumidor, de *iniciativa empresarial e associativo/empresarial,* são as chamadas *convenções coletivas de consumo,* previstas pelo art. 107 do Código de Defesa do Consumidor.

Embora se cuide de um instrumento importantíssimo, no que concerne ao pragmatismo e, sobretudo, à *prevenção de conflitos de relações de consumo,* lamentavelmente tem sido pouquíssimo, ou quase nada utilizado.

Com efeito, dispõe o referido art. 107 que: *"As entidades civis de consumidores e as associações de fornecedores ou sindicatos de categoria econômica podem regular, por convenção escrita, relações de consumo que tenham por objeto estabelecer condições relativas ao preço, à qualidade, à quantidade, à garantia e características de produtos e serviços, bem como à reclamação e composição do conflito de consumo".*

Seus três parágrafos, outrossim, estabelecem *os requisitos* para que se deem: *"1º – A convenção tornar-se-á obrigatória a partir do registro do instrumento no cartório de títulos e documentos; § 2º – A convenção somente obrigará os filiados às entidades signatárias; § 3º – Não se exime de cumprir a convenção o fornecedor que se desligar em data posterior ao registro do instrumento".*

Esse importante instrumento foi claramente inspirado nas chamadas *convenções das categorias econômicas* e *convenções de marca*, instituídas pela chamada *Lei das Concessionárias de Automóveis*, ou *Lei Ferrari*.[47]

A ideia dos redatores do anteprojeto do Código de Defesa do Consumidor foi exatamente a de dotar as entidades que o representam, de um lado, e as que assumem responsabilidade pelos fornecedores, de poderes no sentido de *convencionarem questões, sobretudo polêmicas, advindas das relações de consumo, por analogia com a lei das concessionárias de automóveis.*

Tome-se o exemplo da chamada *obsolescência de produtos de consumo duráveis,* notadamente os produtos eletrodomésticos e eletroeletrônicos.

O art. 32 do Código do Consumidor diz, por exemplo, que "os fabricantes e importadores deverão assegurar a oferta de componentes e peças de reposição enquanto não cessar a fabricação ou importação do produto." E seu parágrafo único complementa essa ordem de ideias, estabelecendo que "cessadas a produção ou importação, a oferta deverá ser mantida por período razoável de tempo, na forma da lei".

Ora, mas que *período razoável é esse,* quando não houver leis específicas – em sentido lato (*e.g.,* normas técnicas) são bastante escassas, no que diz respeito, por exemplo, à durabilidade mínima de uma lâmpada elétrica ("x" horas) –?

Ou seja, e mais claramente: qual é a vida útil de um automóvel? De um refrigerador? De um aparelho de ar-condicionado? De um computador, componentes e periféricos?

O *período razoável,* por conseguinte, poderia perfeitamente ser cuidado em cláusula de convenção coletiva de consumo, já que o dispositivo do Código de Defesa do Consumidor é bem mais restritivo do que a *lei de concessionárias*. Isto é, a convenção somente pode dizer respeito a condições relativas a: *a) preço; b) qualidade; c) quantidade; d) garantia e características; e) reclamações; e f) composição de conflitos de interesses,* mediante, em última análise, recurso ao juízo arbitral, tal qual a referida lei de concessionárias de veículos.

Observe-se, também, que o referido dispositivo consumerista (art. 107, *caput*) reza que somente as *entidades civis de consumidores* – excluídas, por conseguinte, os órgãos públicos congêneres que já têm a prerrogativa de firmarem o compromisso de ajustamento de conduta, *ex vi* do disposto no art. 113 do Código de Defesa do Consumidor, que acrescentou um § 6º ao art. 5º da Lei nº 7.347/1985, a saber: "*Os órgãos públicos legitimados poderão tomar dos interessados compromisso de ajustamento de sua conduta às exigências legais, mediante combinações, que terá eficácia de título executivo extrajudicial*"–, é que poderão participar das convenções coletivas de

---

[47] Cf. a Lei Federal nº 6.729, de 28-11-1979, que, especificamente, *"dispõe sobre a concessão comercial entre produtores e distribuidores de veículos automotores de via terrestre",* e o nosso *Manual de Direitos do Consumidor,* Ed. Atlas, S.P., 15ª edição, p. 178-186.

consumo. E, do outro lado, *da parte dos fornecedores, as associações terão legitimidade as suas associações ou sindicatos de categoria econômica respectiva.*

O requisito, por outro lado, do *registro da convenção* (art. 107, § 1º, do CDC) tem o fito de torná-la obrigatória e *pública.* Importante ainda salientar, que referida convenção *tutela interesses manifestamente coletivos, stricto sensu,* na medida em que *somente obrigará os filiados às entidades signatárias.* Ou, na linguagem do próprio Código, quanto aos efeitos da coisa julgada coletiva, a avença ou convenção terá efeitos *ultra partes,* e não *erga omnes.*

Relevante salientar, por outro lado, que conforme o dispositivo sob comento (art. 107, § 3º, do CDC), *o fornecedor que se desligar da entidade em data posterior ao registro do instrumento, não se eximirá de cumprir a convenção.*

Entretanto, conforme já salientado, cuida-se de instrumento relevante, mas pouquíssimo utilizado.

7.4   A autorregulação e o juízo arbitral

Ainda dentro da perspectiva de resolução dos conflitos nascidos das relações de consumo por *instrumentos alternativos,* seja-nos permitido referir-nos, ainda que rapidamente, às chamadas *autorregulações* ou *autorregulamentações,* de um lado, e o *juízo arbitral,* de outro.

Entende-se por autorregulação ou autorregulamentação a instituição, pelos próprios fornecedores de produtos e serviços, ou então, pelas entidades que os representam, de verdadeiros *códigos de ética,* mediante os quais se estabelecem firmes propósitos no sentido se resolverem as pendências entre os primeiros e seus consumidores, mediante, inclusive, a aplicação de censuras ou outras formas de sanção aos que os descumprirem.

Quer-nos parecer, com efeito, que o código de autorregulação mais antigo e bem sucedido no universo brasileiro seja o do CONAR – Conselho Nacional de Autorregulamentação Publicitária.[48]

Com efeito, congregando todos os atores da arte publicitária comercial – anunciantes, agentes e veículos de comunicação de massa –, dedica-se o CONAR a ações de ofício ou mediante provocação de interessados, com vistas à análise e julgamento de peças publicitárias consideradas *abusivas* ou *enganosas.*

Suas sanções, embora de cunho moral – advertência ou admoestação pública do infrator caso se recuse a retificar a peça publicitária enganosa ou abusiva –, tem alto índice de acatamento e raramente são aplicadas.

No mês de maio de 2010, apresentamos, na qualidade de consultor especialista da ABINEE – Associação Brasileira da Indústria Elétrica e Eletrônica, pioneiro *Código de Autorregulação de Telefones Celulares.* Ou seja, reconhecendo-se, de um lado, o vertiginoso crescimento dessa indústria em decorrência do notório e rápido progresso tecnológico do ramo das comunicações, bem como, e com toda franqueza, o significativo passivo de reclamações junto aos órgãos de proteção e defesa do

---

[48]   Cf. nosso *Manual ...* p. 822-845.

consumidor, as principais indústrias, deixando de lado a frenética concorrência entre si, acordaram em determinar pressupostos éticos básicos e fundamentais, além de procedimentos céleres e mais eficientes, com vistas a dar cobro aos dispositivos do Código de Defesa do Consumidor, designadamente o artigo 18 que, como se sabe, cuida da questão dos *vícios* de produtos colocados no mercado de consumo.

Cuida-se, portanto, de mais um caminho na tentativa de se prevenirem e, ao mesmo tempo, solucionarem as pendências entre consumidores e seus fornecedores.

No que concerne ao *juízo arbitral,* já existente entre nós no vigente Código de Processo Civil, mas muito pouco utilizado, foi revigorado e aprimorado pela Lei Federal nº 9.307, de 1996. Visa, em apertada síntese, submeter pendências de qualquer natureza, ressalvadas as relativas às questões de estado civil e às de interesse dos poderes públicos, a um juízo leigo, evitando-se, destarte, sua submissão aos órgãos do Judiciário.

O que se tem visto, entretanto, é a instituição de juízos ou câmaras de arbitragem no âmbito das entidades sindicais patronais e representativas de comércio entre os diversos países, com vistas à resolução de grandes conflitos de cunho comercial, entre partes economicamente poderosas.

No âmbito dos conflitos de consumo, entretanto, em que assume papel de relevo a natural *vulnerabilidade* de uma das personagens do litígio, parece-nos inviável a instauração de juízos arbitrais, isto porque, em primeiro lugar, dificilmente se encontrarão árbitros imparciais e dispostos o suficiente para aceitarem a resolução de conflitos de pequeno valor. Em segundo lugar, sabendo-se que a cláusula arbitral deve ser expressamente acordada pelas partes contratantes, esbarra-se na *cláusula abusiva,* em tese, prevista pelo inciso VII do artigo 51 do Código de Defesa do Consumidor, segundo o qual, assim se reputam, as cláusulas que *"determinem a utilização compulsória de arbitragem".*

Daí por que, em artigo que escrevemos tão logo a referida lei foi promulgada[49], após analisarmos suas linhas gerais, méritos e dificuldades, concluímos que somente seria viável a instituição desse instrumento alternativo de solução de conflitos de consumo se: a) os consumidores pudessem optar, livremente, mediante pacto adjeto e destacado do contrato principal, por esse tipo de resolução de conflitos; b) referidos conflitos fossem julgados por uma câmara arbitral, formada por um representante de um órgão público de proteção e defesa do consumidor, por alguém representante dos fornecedores, e por um terceiro neutro.

Talvez por essas e outras dificuldades, não se tem notícia de sua instituição nessas questões advindas de relações de consumo.

8. AS AGÊNCIAS REGULADORAS DE SERVIÇOS PÚBLICOS SOB REGIME DE CONCESSÃO OU PERMISSÃO

Embora o Código de Defesa do Consumidor não tenha previsto a instituição das agências reguladoras das atividades consistentes na prestação dos chamados

---

[49] *Conflitos de Consumo e Juízo Arbitral,* Revista Direito do Consumidor, Revista dos Tribunais, São Paulo, nº 20.

Cap. 2 · ATUALIDADE DO DIREITO DO CONSUMIDOR NO BRASIL | 105

serviços públicos essenciais, resta evidente que sua tutela foi expressamente prevista, mais particularmente em seu artigo 22 e parágrafo, e antes mesmo de sua edição, cuida-se de matéria prevista também de maneira explícita pela Constituição de 1988.

Com efeito, conforme estatuído pelo art. 175 da Constituição Federal, *"incumbe ao Poder Público, na forma da lei, diretamente ou sob regime de concessão ou permissão, sempre através de licitação, a prestação de serviços públicos".*

E seu parágrafo único acentua que *"A lei disporá sobre: I – o regime das empresas concessionárias e permissionárias de serviços públicos, o caráter especial de seu contrato e de sua prorrogação, bem como as condições de caducidade, fiscalização e rescisão da concessão ou permissão; II – os direitos dos usuários; III – política tarifária; IV – a obrigação de manter serviço adequado".*

E, no que tange ao regime de concessão, a Lei Federal nº 8.987, de 13-2-1995, dispôs de forma geral sobre ele, bem como da concessão e permissão da prestação dos mencionados serviços públicos.

Tanto no referido art. 175 da Constituição Federal como na Lei Federal nº 8.987/1995 revelam-se como preocupação central a *adequação* e a *modicidade das tarifas.* Assim, dispõe o art. 6º da *lei básica das concessões retro* citada que *"toda concessão ou permissão pressupõe a prestação de serviço adequado ao pleno atendimento dos usuários, conforme estabelecido nesta Lei, nas normas pertinentes e no respectivo contrato".*

É nesse sentido, aliás, o disposto no art. 22 do Código de Defesa do Consumidor, segundo o qual: *"órgãos públicos, por si ou suas empresas, concessionárias, permissionárias ou sob qualquer outra forma de empreendimento, são obrigados a fornecer serviços adequados, eficientes, seguros e, quanto aos essenciais, contínuos".*

O § 1º do mencionado art. 6º da Lei nº 8.987/1995, por seu turno, define o que vem a ser *serviço adequado,* a saber: *"§ 1º – Serviço adequado é o que satisfaz as condições de regularidade, continuidade, eficiência, segurança, atualidade, generalidade, cortesia na sua prestação, e modicidade das tarifas".*

Também é de grande interesse para a defesa do consumidor o Capítulo IV da Lei nº 8.987/1995, que cuida da Política Tarifária, dispondo seu art. 9º o seguinte: *"A tarifa do serviço público concedido será fixada pelo preço da proposta vencedora da licitação e preservada pelas regras de revisão previstas nesta Lei, no edital e no contrato. § 1º – A tarifa não será subordinada à legislação específica anterior. § 2º – Os contratos poderão prever mecanismos de revisão das tarifas, a fim de manter-se o equilíbrio econômico-financeiro. § 3º – Ressalvados os impostos sobre a renda, a criação, alteração ou extinção de quaisquer tributos ou encargos legais, após a apresentação da proposta, quando comprovado seu impacto, implicará a revisão da tarifa, para mais ou para menor, conforme o caso. § 4º – Em havendo alteração unilateral do contrato que afete o seu inicial equilíbrio econômico-financeiro, o poder concedente deverá restabelecê-lo, concomitantemente à alteração. § 5º – A concessionária deverá divulgar em seu sítio eletrônico, de forma clara e de fácil compreensão pelos usuários, tabela com o valor das tarifas praticadas e a evolução das revisões ou reajustes realizados nos últimos cinco anos. Art. 10 – Sempre que forem atendidas as condições do contrato, considera-se mantido seu equilíbrio econômico-financeiro. Art. 11 – No atendimento* às peculiaridades de cada serviço público, poderá o poder concedente prever, em favor da concessionária, no edital de licitação, a possibilidade de outras fontes provenientes de receitas alternativas, complementares, acessórias ou de projetos associados, com ou sem exclusividade, com vistas a favorecer a modicidade das tarifas, observado o disposto no art. 17 desta Lei. Parágrafo único – As fontes de receita previstas neste artigo serão obrigatoriamente consideradas para a aferição do inicial equilíbrio econômico-financeiro do contrato. Art. 12 (vetado). Art. 13 – As tarifas poderão ser diferenciadas em função das características técnicas e dos custos específicos provenientes do atendimento aos distintos segmentos de usuários."

Finalmente, de interesse à abordagem da presente exposição, o Capítulo IX da lei em foco, que cuida da Intervenção do Poder Concedente. Seu art. 32, com efeito, dispõe que: "O poder concedente poderá intervir na concessão, com o fim de assegurar a adequação na prestação do serviço, bem como o fiel cumprimento das normas contratuais, regulamentares e legais pertinentes. Parágrafo único – A intervenção far-se-á por decreto do poder concedente, que conterá a designação do interventor, o prazo da intervenção e os objetivos e limites da medida. Art. 33 – Declarada a intervenção, o poder concedente deverá, no prazo de trinta dias, instaurar procedimento administrativo para comprovar as causas determinantes da medida e apurar responsabilidades, assegurado o direito de ampla defesa".

Para garantir esses preceitos, e, principalmente, a *tutela dos interesses dos usuários – consumidores –* é que foram instituídas as agências reguladoras, tais como a ANEEL, para energia elétrica, a ANATEL, para as telecomunicações, a ANP, para os produtos derivados do petróleo a ANAC, para o setor aéreo etc.

Tudo isso está a demonstrar que as agências reguladoras se constituem em verdadeiros órgãos de *polícia administrativa* com relação às atividades que supervisionam, isto na própria acepção do artigo 78 do Código Tributário Nacional[50].

A grande questão, todavia, é saber-se até que ponto elas efetivamente cumprem a sua missão institucional, além de prover, pura e simplesmente, o asseguramento do equilíbrio econômico-financeiro das empresas concessionárias e permissionárias.

Em 2003 o IDEC – Instituto de Defesa do Consumidor promoveu a pesquisa para aferir-se, mediante a atribuição de notas de zero a dez, o desempenho das principais agências reguladoras, chegando-se ao seguinte resultado, em síntese[51]: ANATEL – 4,6 (ruim); ANVISA 5,6 (regular); ANEEL 5,8 (regular); BACEN 2,6 (muito ruim); ANS 2,7 (muito ruim); INMETRO 5,1 (regular); Secretaria de Defesa Agropecuária 2,9 (muito ruim). Isto sem se falar no notório *apagão* da aviação brasileira, ocorrida em 2007, e ante, do *apagão* de energia elétrica, em 2001.

---

[50] Art. 78 – Considera-se poder de polícia atividade da administração pública que, limitando ou disciplinando direito, interesse ou liberdade, regula a prática de ato ou abstenção de fato, em razão de interesse público concernente à segurança, à higiene, à ordem, aos costumes, à disciplina da produção e do mercado, ao exercício de atividades econômicas dependentes de concessão ou autorização do Poder Público, à tranquilidade pública ou ao respeito à propriedade e aos direitos individuais ou coletivos.

[51] Fonte: edição de 1-3-2003 do jornal *Folha de São Paulo*, p. B-4.

Seria o caso de se fazer nova avaliação para saber a quantas andam as suas atividades.

Entretanto, um dado recente vem a demonstrar que a ANEEL muito pouco parece ter evoluído, porquanto adotou atitude manifestamente ambígua com relação a análise do TCU – Tribunal de Contas da União, que denunciou um lucro excessivo de cerca de um bilhão de reais/mês, desde os contratos iniciais de concessão dos serviços de distribuição de energia elétrica.

Em decorrência do erro apontado, a ANEEL aprovou um termo aditivo aos contratos de concessão que corrige tal distorção, mas sua assinatura não é obrigatória para a distribuição[52]. Reportagem do jornal Folha de S. Paulo, com efeito, diz que *"a adesão pode ser feita a qualquer momento"*, e que *"não haverá punição para as distribuidoras de energia que não aderirem aos termos aditivos"*. Explica-se, mas nem tanto: *"Da forma como estavam redigidos os contratos, o reajuste concedido anualmente fazia com que as distribuidoras incorporassem os ganhos que tinham com o crescimento de seu mercado, sem reparti-los com o consumidor. O aditivo elimina essa possibilidade (...) A mudança no contrato não dá direito aos consumidores de reaverem o que já foi pago a mais nos últimos anos. O erro existe desde a assinatura dos contratos de concessão, em meados dos anos 1990, mas tinha pouco impacto na tarifa"*.

Ora, nunca se viu tamanho absurdo já que, se houve um erro, evidentemente que houve prejuízo que não apenas tem de ser corrigido, como também indenizados todos nós, afinal de contas, consumidores lesados pelo pagamento a maior.

Aliás, a referida conduta dos responsáveis por tamanho disparate não apenas devem ressarcir os lesados, como também serem investigados pela prática, em tese, de delito contra a ordem econômica, conforme estatuído pela Lei nº 8.137, de 1990, a saber: *"Art. 6º, II: "aplicar fórmula de reajustamento de preços ou indexação do contrato proibida, ou diversa daquela que for legalmente estabelecida, ou fixada por autoridade competente – Pena: detenção de 1 a 4 anos ou multa"*.[53]

Muito embora tenha havido protestos na imprensa e pelos órgãos específicos de proteção e defesa do consumidor e Ministérios Públicos, a PRO TESTE – Associação Brasileira de Defesa do Consumidor foi a única a intentar medida judicial a respeito[54].

9. CONCLUSÕES

9.1 Decorridos 30 anos da sanção do *Código Brasileiro de Defesa do Consumidor* (*i.e.,* 11-9-1990), pode-se dizer que mesmo antes disso a defesa e proteção do consumidor já se dava, mas de forma ainda empírica, ou seja: dada a existência de um verdadeiro cipoal de normas de vários matizes, sua aplicação se dava a casos concretos apreciados pelos diversos órgãos e entidades que se dedicam a esse campo; e a doutrina era extremamente escassa.

---

[52] Fonte: jornal Folha de S. Paulo, edição de 8-5-2010, p. B-7.

[53] O art. 6º da Lei 8.137/1990 foi revogado pela Lei 12.529/2011.

[54] Proc. Nº 12062432104013400, na Justiça Federal do Distrito Federal.

9.2 Hoje, de acordo com uma pesquisa realizada, pelo menos 46% das pessoas ouvidas disse conhecer e ter-se valido do Código de Defesa do Consumidor; por outro lado, no meio acadêmico, centenas ou quiçá milhares de trabalhos (de conclusão de cursos de direito, dissertações, teses, artigos e ensaios) têm sido realizados a respeito do mesmo, comprovando-se o cientificismo do *consumerismo;* todavia, em termos de educação e informação dos cidadãos, é mister que se invista em meios de educação formal (escolas desde o ensino fundamental) e se incentivem os meios de comunicação de massa no tocante à informação.

9.3 Aos problemas atualmente diagnosticados e enfrentados pelos agentes de proteção e defesa do consumidor (superendividamento, contratos e práticas abusivas, comércio por meio eletrônico, consumo sustentável), há ainda o enfrentamento dos que já haviam sido previstos há mais de 30 anos (planos de saúde, contratos bancários, informatização, cartões de crédito, telefonia celular e fixa, serviços públicos, alimentos transgênicos).

9.4 Apesar disso, contudo, o Código de Defesa do Consumidor continua tão atual quanto há 30 anos atrás, porquanto aqui se cuida muito mais de uma lei *principiológica, inter e multidisciplinar;* recentes modificações foram meramente *cosméticas* e inócuas, não estando a demandar, portanto, qualquer modificação, a não ser no que concerne ao *superendividamento.*

9.5 Com efeito, o *superendividamento,* conquanto seja uma questão relevante, não estaria a ensejar a edição de uma lei específica; até porque o próprio Código do Consumidor já prevê questões que envolvem a *oferta* e a *publicidade,* aí incluída, obviamente, a de crédito, salvaguardas contratuais (em face de práticas comerciais e cláusulas contratuais abusivas), bem como mecanismos de tutela (revisão contratual e declaração de nulidade de cláusulas contratuais abusivas); além disso há, no Código de Processo Civil, procedimento próprio para a declaração de insolvência, que traz instrumentos adequados, inclusive, para a conciliação entre credores e o devedor insolvente. Todavia, tendo o Código de Processo Civil atual mantido todo o livro que trata do devedor insolvente, pormenorizadamente cuidado pelo de 1973, até *que uma lei específica* cuide dessa matéria (cf. seu art. 1.052), agora sim, entendemos que se deva aproveitar o projeto de lei em trâmite na Câmara dos Deputados, que insere essa matéria do Código do Consumidor.

9.6 O *comércio por meio eletrônico* é uma maneira diversa de contratação e, embora possa merecer uma disciplina específica, designadamente no que diz respeito a formas seguras de *manifestação de vontade dos contratantes,* sua *assinatura eletrônica,* não é diferente de outros meios de contratação, até porque se enquadra perfeitamente em contratação feita fora do estabelecimento comercia do fornecedor.

9.7 O *consumo sustentável* é o outro *lado de moeda do desenvolvimento sustentável;* ou seja, parte-se da premissa de que enquanto as necessidades do ser humano são *infinitas,* os recursos naturais *são finitos;* cuida-se, por conseguinte, de se encontrar o *ponto de equilíbrio* no sentido de prover às necessidades das atuais gerações, mas com o cuidado de se preservarem recursos para as futuras gerações, mediante, sobretudo, do lado do consumidor, de atitudes que levem à *redução* de consumo, *reutilização* dos produtos e *reciclagem* de seus resíduos.

9.8 Um dos grandes princípios do art. 4º do Código do Consumidor é a *harmonização* dos interesses entre consumidores e fornecedores; disso resulta, antes de uma atitude de confronto e conflito, a adoção de *instrumentos preventivos* desses conflitos (*e.g.*, o *recall*, os SACs, as convenções coletivas de consumo, estas pouquíssimo utilizadas), bem como *instrumentos alternativos de sua solução* (autorregulação das atividades dos fornecedores, câmaras de conciliação em sede de entidades representativas de fornecedores e/ou consumidores).

9.9 Tão importantes quanto os princípios elencados pelo Código do Consumidor são os *instrumentos* para a implementação da política nacional de relações de consumo: as Defensorias Públicas (mas ainda em reduzido número, sobretudo no Estado de São Paulo), que devem prestar assistência jurídica, e não apenas judiciária (*i.e.*, no *estar em juízo*) ao consumidor carente; as Promotorias de Justiça especializadas (em número já razoável, mas que devem se ater aos *planos de atuação anuais* e *programas internos,* sob pena de desperdício de recursos); as delegacias de polícia especializadas (também em número razoável pelo país, tendo o Estado de S. Paulo *recriado* o antigo DECON com nova denominação, o DPPC), com missão não apenas investigativa, como também de tentativa de conciliações de interesses entre fornecedores e consumidores, em cidades pequenas não dotadas de PROCON e/ou Promotorias de Justiça; Juizados Especiais de pequenas causas cíveis (em número ainda inexpressivo, principalmente no Estado de S. Paulo, e cuja característica principal, qual seja, a *presteza,* não tem sido observada, levando-se quase um ano para designação da audiência de tentativa de conciliação); com relação a varas especializadas, existem em algumas unidades da federação; em S. Paulo, tendo sido criadas em 1994, foram transformadas em varas cíveis comuns, em 2000, perdendo-se excelente oportunidade de especialização (não apenas na área do consumidor, como também na ambiental, urbanística e outros interesses difusos e coletivos).

9.10 Com relação aos PROCONs e entidades não governamentais de proteção e defesa do consumidor, compete-lhes a orientação dos consumidores quanto aos seus direitos relativamente aos diversos produtos e serviços colocados no mercado, e ao atendimento de suas reclamações; com o Código do Consumidor passaram a ter também legitimação para a propositura de ações coletivas; cabe aos PROCONs, ainda, a tarefa de *polícia administrativa* das relações de consumo, nos termos do Decreto Federal nº 2.181/1997.

9.11 Em complementação à conclusão anterior, entretanto, é de se ponderar que, em decorrência de uma falta de coordenação e distribuição de atribuições entre os diversos órgãos de defesa do consumidor bem como dos Ministérios Públicos, têm havido não raramente superposições dessas atribuições, como na instauração de procedimentos fiscais, inquéritos civis e ações coletivas, do que resultam não apenas desgastes e prejuízos injustos aos investigados e réus, como também decréscimo de credibilidade dos órgãos fiscalizadores, investigadores e autores de ações coletivas.

9.12 É de todo desejável, por conseguinte, que haja *uma melhor coordenação* e *troca de informações* entre os referidos órgãos e instituições, para que se racionalizem melhor seus recursos e esforços em prol do consumidor; insta igualmente haver a fixação de *prioridades* como no caso dos chamados *planos de atuação anuais dos Ministério Públicos;* sugere-se a análise de questões que envolvem relações de consumo relativamente aos *macrotemas* como: a) *saúde;* b) *segurança:* c) *quantidade;* d) *qualidade:* e) *oferta e publicidade;* f) *práticas abusivas;* g) *cláusulas contratuais abusivas.*

9.13 E, nesse sentido, deve-se *restabelecer* o *Conselho Nacional de Defesa do Consumidor,* como órgão consultivo e deliberativo, e que venha a coordenar as atividades de todos os entes, órgãos e instituições envolvidos com essa temática de proteção e defesa do consumidor.

9.14 As agências reguladoras, instituídas para disciplinar as atividades das empresas concessionárias e permissionárias de serviços públicos essenciais, inclusive no que toca aos respectivos contratos, garantindo o equilíbrio econômico-financeiro das concessões e permissões, devem, contudo, ter mais atenção a um dever básico e constitucional, qual seja, *garantir o direito dos usuários (i.e., consumidores),* inclusive no que toca à *modicidade das tarifas* e à *qualidade e adequação dos serviços prestados;* contudo, conforme pesquisas realizadas pelos órgãos específicos de defesa e proteção ao consumidor, têm deixado muito a desejar nesse segundo mister.

REFERÊNCIAS BIBLIOGRÁFICAS

AMARAL, Luiz. *Relações de consumo.* Brasília: Ministério da Indústria e Comércio/ Fundação Senador Petrônio Portella, 1983.

ASSOCIAÇÃO PAULISTA DO MINISTÉRIO PÚBLICO. *Curadoria de Proteção ao Consumidor: aspectos gerais, práticos e ação civil pública.* São Paulo: Departamento de Publicações da Associação Paulista do Ministério Público, 1987.

BLOOM, Paul N.; SMITH, Ruth Belk. *The Future of Consumeris.* Lexington Books, 1986.

CASAGRANDE, Eunice Dias. *Manual do Jovem Consumidor.* São Paulo: Procon, 2010.

CASAGRANDE, Eunice Dias. *Pequenos Consumidores: CDC para crianças.* Porto Alegre: Procon, 2010.

COSTA, Geraldo de Faria Martins. *Superendividamento – A Proteção do Consumidor de Crédito em Direito Comparado Brasileiro e Francês.* São Paulo: RT, 2002.

FILOMENO, José Geraldo Brito. *Ação Civil Pública Consumerista.* In: MILARÉ, Édis. São Paulo: RT, 2010 e 2020, no prelo.

FILOMENO, José Geraldo Brito. Conflitos de Consumo e Juízo Arbitral. *Revista Direito do Consumidor,* Revista dos Tribunais, São Paulo, nº 20.

FILOMENO, José Geraldo Brito. *Manual de Direitos do Consumidor.* 15. ed. São Paulo: Atlas, 2018.

FROTA, Mário. *Revista da APMP – Associação Paulista do Ministério Público,* maio 2002.

MILARÉ, Édis. *Direito do Ambiente.* 2. ed. São Paulo: RT.

ROLLEMBERG, Jorge Torres de Mello. A Proteção do Consumidor: importante capítulo do direito econômico. *Revista de Direito Mercantil,* São Paulo, nºs. 15 e 16, ano XIII, 1974.

SIDOU, Othon. *Proteção ao Consumidor: seus problemas e dificuldades, iniciativas na área privada oficializada do movimento pelo governo.* Rio de Janeiro: Forense, 1977.

SIDOU, Othon. Tutela do Consumidor na Jurisprudência e de *lege ferenda. Revista de Direito Mercantil*, Nova Série, Ano XVII, nº 49, 1983.

3

SISTEMA NACIONAL DE DEFESA DO CONSUMIDOR: AINDA MUITO A FAZER

MARCELO GOMES SODRÉ

INTRODUÇÃO

Passados praticamente 30 anos da promulgação do CDC, persistem muitas dúvidas a respeito do que é, ou deveria ser, um Sistema Nacional de Defesa do Consumidor (SNDC). A pergunta inicial: por que tanta incerteza? Talvez a melhor resposta tenha relação com o fato de que: (i) de todos os temas que o CDC trata este é o mais político; (ii) a existência de um SNDC é o fator primordial para a implementação do CDC e, como tal, o mais espinhoso de todos; (iii) a organização de um SNDC foge ao mundo estritamente jurídico, e, como tal, os operadores do direito tiveram dificuldade de vislumbrá-lo; (iv) os governos, de uma forma geral, nunca se interessaram em organizar um SNDC, optando cada um por atuar de forma autônoma; (v) sem vontade política forte convergente de todos os atores nenhum SNDC pode ser implantado. Se não bastassem estas dificuldades, acrescente-se (vi) a tradição centralista do federalismo brasileiro: historicamente confundimos as esferas do federal e do nacional; e, ainda, (vii) o fato de que o Brasil não tem uma grande tradição de garantir a participação de todos os atores sociais por meio da instituição de espaço públicos comuns responsáveis pela organização e implantação de Políticas Públicas.

Participei, na qualidade de assessor, de inúmeras das reuniões da Comissão de Juristas responsável pela elaboração do CDC, bem como, na qualidade de Diretor do Procon/SP, das reuniões no âmbito do Ministério da Justiça para aprovação de versão final do anteprojeto desta lei. Não tenho dúvida em dizer que as maiores incertezas diziam respeito ao que disciplinar no capítulo referente ao SNDC. As discussões sobre responsabilidade civil, contratos, publicidade, ações coletivas, dentre outros temas, eram difíceis pelo excesso de opiniões e posições. Enquanto isto, as discussões sobre o SNDC eram difíceis pela ausência de ideias. Todos sabiam que era importante organizar um SNDC para proteger os consumidores, mas pouco se sabia como tal deveria ser feito. De todas as questões enfrentadas, duas saltavam aos olhos: (i) como deveria ser organizada a estrutura do Governo Federal e (ii) de que

114 | DIREITO DO CONSUMIDOR – 30 ANOS DO CDC

forma se relacionariam o Governo Federal com os governos estaduais e municipais. Se a defesa dos consumidores é um dever de todos os entes federados, nos termos do art. 5º, XXXII, da CF (União, Estados e Municípios), necessário organizar tais atribuições, sob pena de ineficácia do mandamento constitucional. Quando todos podem atuar, ninguém se sente responsável. Quando todos podem atuar, ninguém sabe o que lhe compete como prioritário. E se todos atuam sem organização, o risco de incongruências é muito grande. Mas organizar um SNDC não significa necessariamente restringir a autonomia dos entes federados, o que nos leva à ideia da necessidade de uma estrutura institucional nacional capaz de garantir a coordenação do SNDC, sem ferir as autonomias constitucionais de Estados e Municípios. Esta sempre foi a grande dificuldade: um órgão central federal coordenador, mas respeitando as atribuições de Estados e Municípios. Esta missão sempre se mostrou muito difícil.

O problema ficou mais complicado quando o Ministério da Justiça (hoje denominado Ministério da Justiça e Segurança Pública) ignorou os apelos públicos pelo encaminhamento ao Congresso Nacional de um anteprojeto de CDC do Executivo e não enviou a proposta elaborada pela Comissão de Juristas ao Legislativo. Isto por que, na exata medida que o projeto de CDC foi apresentado por parlamentares[1], não sendo um projeto de autoria do Presidente da República, não poderiam os parlamentares proponentes, face ao disposto no artigo 61, II, b), da Constituição Federal, dispor sobre a organização administrativa do Poder Executivo Federal, sob pena de vício de iniciativa. Tendo em vista esta limitação constitucional, os projetos do CDC apresentados pelos parlamentares não poderiam legislar sobre a organização dos órgãos públicos de defesa do consumidor, podendo apenas tratar o tema de forma genérica, que foi o que ocorreu. Nos termos do artigo 61 da CF, é de iniciativa privativa do Presidente da República as leis que disponham sobre organização administrativa. E o Presidente da República quedou-se inerte à época e não enviou o anteprojeto de CDC ao Congresso Nacional. Assim, o Governo Federal isentou-se de sua responsabilidade de organizar uma estrutura administrativa que desse conta desta missão de compatibilizar coordenação do SNDC com respeito à autônoma federativa.

Na proposta original do texto do CDC, encaminhada ao Ministro da Justiça[2], havia a previsão da institucionalização de um Conselho Nacional de Defesa do Consumidor, que seria o órgão responsável por coordenar a Política Nacional das Relações de Consumo. Deve-se notar que na redação do relatório, datado de 04/12/89, da Comissão Mista do Congresso Nacional responsável por consolidar as propostas dos projetos de CDC, de autoria do Deputado Joaci Goes, havia no art. 106 a previsão de tal Conselho[3]. Porém, no decorrer das discussões dos Projetos apresentados

---

[1]   Projetos apresentados (todos com base na proposta elaborada no âmbito do Conselho Nacional de Defesa do Consumidor): PLC 1.149/1988 – Deputado Geraldo Alckmin Filho; PLC 1.330/1988 – Deputada Raquel Candido; PLC 1.449/1988 – Deputado Jose Yunes; PLC 1.955/1989 – Deputado Michel Temer; PLS 01/1989 – Senador Ronan Tito; PLS 97/1989 – Senador Jutahy Magalhães (PLC 3.683/1989 na Câmara Federal).

[2]   O Conselho Nacional de Defesa do Consumidor foi instituído em 1985, pelo Decreto nº 91.469/1985.

[3]   Texto da comissão mista de 04/12/1989, consultado em 04/2020: https://legis.senado.leg. br/sdleg-getter/documento?dm=3540163&ts=1567518887274&disposition=inline

pelos parlamentares, esta previsão deixou de constar por conta da razão já indicada acima, bem como por uma forte pressão do Executivo Federal no sentido de extirpar a existência de tal Conselho do seu texto. Não esquecemos que estávamos em pleno governo Collor de Mello e havia uma posição política presidencial no sentido de desvalorizar os fóruns responsáveis por Políticas Públicas. Assim, no Substitutivo da Câmara dos Deputados ao Projeto de Lei do Senado nº 97, de 1989 (nº 3.683/1989, na Câmara dos Deputados) sumiu a previsão de um Conselho Nacional, havendo sua substituição pela instituição do Departamento Nacional de Defesa do Consumidor – DPDC (art. 106). Ironia: o Conselho Nacional de Defesa do Consumidor gestou a redação de um anteprojeto de CDC, que acabou, na forma aprovada pelo Congresso Nacional, ignorando sua existência. Tal fato, inclusive, justificou mais tarde a revogação do Decreto nº 91.469/1985 que havia criado tal Conselho e no qual o CDC havia sido gestado. Quando foi mais necessária a existência de uma instância nacional para a implementação do CDC, optou-se por criar apenas uma estrutura federal.

Esta rápida incursão histórica tem como única finalidade demonstrar a dificuldade de organizar um SNDC: ao substituir um fórum nacional, representativo, de elaboração de Políticas Públicas por um departamento federal em um Ministério, já se apontava, desde o início, para as inconsistências que ocorreriam nos próximos anos. E assim foi. É neste contexto que o presente artigo se apresenta. Mas uma ressalva deve ser feita: apesar de nestes 30 anos não terem sido constituídas estruturas institucionais para a organização de um SNDC, não se pode esquecer a luta diária de muitas pessoas – tanto do setor público como do setor privado – para dar eficácia às normas do CDC e buscar organizar um SNDC à revelia do silêncio da legislação.

O presente artigo tinha inicialmente três objetivos básicos: (i) investigar por que devem existir Sistemas Nacionais, em especial um SNDC; (ii) analisar quais são as dificuldades atuais para a implantação do SNDC; e (iii) apresentar sugestões para a formação efetiva do SNDC. Quando este texto já estava finalizado, entregue, revisado e prestes a ir para a gráfica, foi publicado o Decreto nº 10.417/2020 que instituiu um novo Conselho Nacional de Defesa do Consumidor. Por absoluta gentileza do editor, pude acrescentar uma rápida análise deste decreto, que em nada mudou a minha posição geral sobre o tema, como se verá à frente, a não ser pela constatação de que se perdeu uma grande oportunidade para dar um passo à frente na defesa dos consumidores.

1. AS POLÍTICAS PÚBLICAS E A ORGANIZAÇÃO DE SISTEMAS NACIONAIS

1.1 Políticas públicas

O caminho histórico percorrido da organização política da sociedade pode ser assim descrito: governo por homens, governo por leis, governo por políticas[4]. O governo por homens se caracterizou pelos regimes despóticos, que podem ser

---

[4] A este respeito: "Direito Administrativo de Políticas Públicas", de Maria Paula Dallari Bucci, p. 252.

condensados em uma famosa frase de Luís XIV: "L'Etat c'est moi". A ideia de governo por leis nasce de uma visão do liberalismo clássico, de uma formulação apenas formal do direito. A ideia de governo por Políticas Públicas *redireciona o eixo de organização do governo da lei para as políticas*[5]. Um Estado que se propõe a ter uma atuação nesta nossa sociedade complexa, deve atuar por meio de Políticas Públicas. Não basta mais a atividade de fazer leis, mas é imprescindível implantá-las. Por óbvio, o conceito de Políticas Públicas não está fora da ideia de legalidade. Pelo contrário, as Políticas Públicas realizam a legalidade. Mas não a legalidade apenas formal. Buscam a realização da legalidade material. Nas palavras de Maria Paula Dallari Bucci: "*... a realização das políticas deve dar-se dentro dos parâmetros da legalidade e da constitucionalidade, o que implica passem a ser reconhecidos pelo direito – e gerar efeitos jurídicos – os atos e também as omissão que constituem cada política pública*"[6].

Não pretendo neste artigo fazer um estudo de como se relacionam Políticas Públicas e o Direito e nem tratar das diferenças entre *políticas, planos e programas*. Parto de um pressuposto: as Políticas Públicas são a forma do Poder Público agir quando está diante da necessidade de uma intervenção para a proteção de algum setor, ou de algo, que sofre por conta de algum tipo de vulnerabilidade ou escassez. A Política Pública não é a norma protetiva em si, mas a forma como o Poder Público instrumentaliza suas ações. É por meio das Políticas Públicas que se detalham e se executam as prioridades. O âmbito da discricionariedade das ações governamentais passa a ter um padrão, uma medida, para referenciar sua legalidade: a finalidade da ação. Nas Políticas Públicas juntam-se fins e meios. Agir por meio de Políticas Públicas é uma maneira de (i) garantir que o espaço da discricionariedade das ações estatais tenha seus limites; (ii) estabelecer objetivos comuns para a cooperação de todos; e (iii) induzir a que todos os atos públicos sejam fundamentados nas regras e princípios formulados na legislação superior. Na formulação de Dworkin, *política* é "*... aquele tipo de padrão que estabelece um objetivo a ser alcançado, em geral uma melhoria em algum aspecto econômico, político ou social da comunidade...*"[7]. E, neste sentido, *política* se diferencia de *princípio*, que é um conceito que se aproxima da ideia de equidade, justiça. As Políticas Públicas devem levar em consideração tanto os princípios como as regras, porém, a formulação de Políticas Públicas está sempre atada ao atendimento de algum objetivo.

Para Dallari: "*Políticas públicas são programas de ação governamental visando a coordenar os meios à disposição do Estado e as atividades privadas, para a realização de objetivos socialmente relevantes e politicamente determinados*"[8]. Vale destacar neste conceito a ideia de *objetivos socialmente relevantes*. Não é qualquer ação governamental que deve operar por meio de Políticas Públicas, mas aquela que busca a realização de interesses sociais relevantes. Para nossa finalidade, basta compreender a ideia de que todos os interesses difusos – interesses de toda a sociedade – são relevantes e merecem a atuação do Estado e dos particulares por meio de Políticas Públicas.

---

[5]   "Direito Administrativo de Políticas Públicas", de Maria Paula Dallari Bucci, p. 252.

[6]   "Direito Administrativo de Políticas Públicas", de Maria Paula Dallari Bucci, p. 255.

[7]   "Levando os direitos a sério", Ronald Dwokin, p. 36.

[8]   "Direito Administrativo de Políticas Públicas", Maria Paula Dallari Bucci, p. 241.

Cap. 3 · SISTEMA NACIONAL DE DEFESA DO CONSUMIDOR | 117

Havendo alguma vulnerabilidade social/difusa relevante, o Poder Público deve agir para atendimento dos princípios e regras estabelecidos na legislação e esta ação deve ocorrer por meio do que chamamos de Políticas Públicas.

Fábio Konder Comparato, em conferência no Encontro Nacional dos Procuradores da República, realizado em Manaus, de 29 de outubro a 3 de novembro de 2001, fez uma síntese no que consiste uma política pública[9]:

> *"A política ou 'polícia' pública, como se usava dizer na antiga linguagem jurídica portuguesa, é um programa de ação governamental. Ela não consiste, portanto, em normas ou atos isolados, mas sim numa atividade, ou seja, uma série ordenada de normas e atos, do mais variado tipo, conjugados para a realização de um objetivo determinado. Toda política pública, como programa de ação, implica, portanto, uma meta a ser alcançada e um conjunto ordenado de meios ou instrumentos – pessoais, institucionais e financeiros – aptos à consecução desse resultado... O que organiza e dá sentido a esse complexo de normas e atos jurídicos é a finalidade, a qual pode ser eleita pelos Poderes Públicos, ou a eles imposta pela Constituição ou as leis".*

Desta citação vale a pena extrair os seguintes elementos do conceito de Políticas Públicas: (i) programa de ação governamental; (ii) voltado à realização de um objetivo determinado (finalidade) eleito pelos Poderes Públicos, ou a eles imposto pela Constituição ou as leis; (iii) realizado por meio de normas e atos dos mais variados tipos; (iv) garantindo meios ou instrumentos – pessoais, institucionais e financeiros – aptos à consecução desse resultado. Os elementos centrais são: finalidade e organização. Enquanto a ideia de finalidade está ligada à concretização de direitos sociais e fundamentais, a ideia de organização está ligada ao princípio constitucional da eficiência.

A ideia que segue será detalhada no decorrer deste artigo, mas fiquemos, por ora, com sua formulação geral: o consumidor é vulnerável no mercado de consumo e a implementação de uma Política Pública para sua proteção é condição necessária, mas não suficiente, para que haja o equilíbrio nas relações de consumo. E, ainda, a eficiência desta Política Pública estará diretamente ligada à boa formulação e organização de um SNDC.

1.2. Conceitos: sistema, nacional e política nacional

Essencial compreender os seguintes conceitos a partir de uma visão jurídica organizadora: (i) *Sistema*, (ii) *Nacional* e (iii) *Política Nacional*. Um alerta preliminar: apesar de nos referirmos a uma visão jurídica, tais conceitos não são definidos em leis ou regulamentos. Uma visão jurídica não significa uma visão normativista, ou seja, que parte de conceitos expressos em leis. Pensar tais conceitos significa estar no limite da Ciência do Direito com as Ciências Políticas; é estar no fio da navalha. Para confirmar tal afirmação, vamos nos socorrer de duas lições, sendo a primeira de

---

[9] "O Ministério Público na defesa dos direitos econômicos, sociais e culturais", Revista da Faculdade de Direito de Minas Gerais, nº 40, 2001, p. 72.

uma autora, já citada, com formação jurídica e a segunda de um autor com formação multidisciplinar nas humanidades:

> MARIA PAULA DALLARI BUCCI: *"Adotar a concepção das políticas públicas em direito consiste em aceitar um grau maior de interpenetração entre as esferas jurídica e política ou, em outras palavras, assumir a comunicação que há entre os dois subsistemas, reconhecendo e tornando públicos os processos dessa comunicação na estrutura burocrática do poder, Estado e Administração Pública. E isso ocorre seja atribuindo ao direito critérios de qualificação jurídica das decisões políticas, seja adotando-se no direito uma postura crescentemente substantiva e, portanto, mais informada por elementos da política".*[10]

> EVERALDO SANTOS MELAZZO: *"... políticas públicas são conjuntos de decisões e ações destinadas à resolução de problemas políticos, envolvendo procedimentos formais, informais e técnicos que expressam relações de poder e que se destinam à resolução de conflitos quanto a direitos de grupos e segmentos sociais ou como o espaço em que são disputadas diferentes concepções a respeito da formulação e implementação de direitos sociais, bem como sua extensão a diferentes grupos sociais.*

> *... Para existir uma Política Pública é necessário que ela seja mediada pelo Poder Público, sendo função dos governos municipais, estaduais e federais torná-la parte de sua agenda de atuação. A Política Pública, deste modo, constitui-se num campo de ação que disponibiliza e estende o acesso a direitos coletivos a cidadãos".*[11]

Feito o alerta, passemos aos conceitos enunciados.

Sistema

De um ponto de vista jurídico amplo, definimos o conceito de *Sistema*: conjunto de instituições políticas ou sociais, estruturado de forma organizada, no qual as diversas partes se relacionam entre si, formando um todo, a partir de princípios jurídicos instituídos pela legislação, visando, por meio da utilização de instrumentos eficazes e coerentes, um resultado social predeterminado. Neste entendimento, o conceito *Sistema* pode ser decomposto nos seguintes elementos: (i) conjunto de instituições políticas ou sociais; (ii) estruturado de forma organizada, formando um todo; (iii) a partir de princípios jurídicos instituídos pela legislação; e (iv) visando um resultado social predeterminado.

Um olhar detalhado destes elementos nos permite organizar a ideia de um *Sistema* a partir da resposta a 4 (quatro) perguntas básicas: Quem faz parte do *Sistema*?

---

[10] "Direito Administrativo e Políticas Públicas", Maria Paula Dallari Bucci, p. 241.

[11] "Problematizando o conceito de políticas públicas: desafios à análise e à prática do planejamento e da gestão", Everaldo Santos Melazzo, Revista Tópos, Unesp, V. 4, n° 2, p. 19, 2010.

Como se organiza um *Sistema*? Por que se organiza um *Sistema*? Para que se organiza um *Sistema*? Detalhemos cada um destes questionamentos:

Quem? Esta pergunta diz respeito ao *conjunto de instituições* políticas ou sociais que devem fazer parte de um determinado Sistema. A resposta deve indicar todas as organizações e entidades que têm por atribuição a defesa dos relevantes interesses sociais protegidos, sejam elas públicas ou privadas e de qualquer nível da federação.

Como? Esta pergunta diz respeito à *forma de organização* das entidades que fazem parte do *Sistema*. A resposta deve garantir: uma atuação coerente dos diversos atores sociais por meio de espaços decisórios representativos, a utilização de instrumentos comuns e a garantia de autonomia de cada uma das entidades. Neste sentido, é preciso assegurar que – à parte a autonomia de cada um dos entes interessados, ou mesmo que por conta desta autonomia – exista uma organização comum capaz de conjugar esforços coletivos.

Por quê? Esta pergunta diz respeito aos *princípios* que justificam organizar diversas entidades, públicas e privadas, para que juntem esforços na busca de metas sociais relevantes. A resposta deve, pelo ângulo do Direito, buscar os fundamentos expressamente previstos na legislação maior do país, fundamentos estes que devem ser o norte da atuação dos diversos atores sociais.

Para quê? Esta pergunta diz respeito aos *objetivos*, que se deseja alcançar com as ações empreendidas. A resposta deve compreender que muitos destes objetivos estão expressos na legislação, porém outros serão definidos dentro do campo de discricionariedade que o Poder Público detém, desde que devidamente justificados. A fundamentação das ações públicas é o remédio contra os excessos da discricionariedade. Neste tema será muito importante a definição de métricas, de forma a que uma política pública possa ser mensurada no que diz respeito à sua execução. Estamos no universo da eficácia no atendimento dos objetivos.

Nacional

É preciso distinguir os conceitos *Nacional* e *Federal*. A legislação na maioria das vezes não faz esta distinção de modo explícito, cabendo este papel à doutrina. Nas expressões *Constituição Federal e Poder Público Federal* utiliza-se o conceito de *Federal* em um mesmo e único sentido? A resposta é negativa. Esta confusão nasce sobretudo por conta da formação histórica de uma imprecisão linguística: a palavra *Federal* comporta, pelo menos, dois sentidos. Na expressão *Constituição Federal*, a palavra *Federal* significa a regra suprema que regula a vida de toda a nação, ou seja, trata-se, na verdade, de uma Constituição *Nacional*. Na expressão *Poder Público Federal*, a palavra *Federal* é usada no sentido de distinguir um dos três níveis de governo: Federal, Estadual e Municipal. Assim, *Federal* neste caso significa a instância de governo da União. Esta distinção é feita por alguns autores[12] ao tratar dos tipos de normas editados pelo Congresso Nacional (que, aliás, é formado pelo Senado Federal e pela Câmara dos Deputados). Normas gerais federais se aplicam a todo o Brasil, enquanto existem normas federais específicas que são voltadas para a própria

---

[12] Almeida, Fernanda Dias Menezes de – "Competências na Constituição de 1988", ed. Atlas.

administração federal, se aplicando unicamente à União. No mesmo sentido, pode-se legislar sobre uma Política Nacional (aplicação geral) ou uma Política Federal (aplicação para os órgãos da União).

É importante fazer esta distinção, que pode parecer óbvia, para deixar claro que o âmbito *Nacional* (de toda a Federação) é muito mais amplo do que o âmbito Federal (da União). Tal distinção nos remete imediatamente ao tema das Políticas Nacionais. Pena que o novo Decreto nº 10.417/2020, como será analisado à frente, em vez de criar um Conselho com características Nacionais, organizou-o de forma a valorizar as posições federais.

Política nacional

No contexto apresentado, chamamos de Política Nacional as ações orquestradas das entidades públicas e privadas realizadas por meio de planos, programas e indicadores. Uma Política Nacional, a partir dos princípios estabelecidos pela legislação, deve definir as diretrizes e estratégias a serem observados nas três esferas de poder – federal, estadual e municipal, visando atuar com eficácia diante de alguma vulnerabilidade social. Assim, a cada um dos direitos sociais/difusos relevantes previstos na legislação deve corresponder uma Política Nacional.[13] No esquema proposto, constatada uma vulnerabilidade, a legislação estabelece que enfrentá-la deve ser prioridade por conta de sua relevância social ou difusa, cabendo instituir um Sistema Nacional para definir os papéis dos agentes sociais responsáveis por enfrentar o problema e a forma de agir ganha corpo quando se organiza uma Política Nacional. O diagrama a seguir demonstra a dinâmica deste movimento:

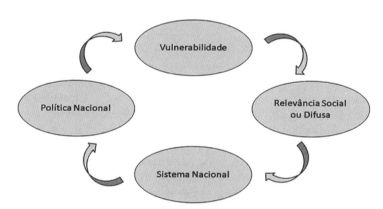

---

[13] Vejamos alguns exemplos: MEIO AMBIENTE – Política Nacional de Proteção do Meio Ambiente, Lei nº 6.938/1981; SAÚDE – Política Nacional de Promoção da Saúde, Lei nº 8.080/1990; CRIANÇAS – Política Nacional de Proteção da Criança, Lei nº 8.069/1990; IDOSOS – Política Nacional de Proteção de Idosos, Lei nº 8.442/1994; ÁGUA – Política Nacional de Recursos Hídricos – Lei nº 9.433/1997; HABITAÇÃO – Política Nacional de Habitação de Interesse Social – Lei nº 11.124/2005; RESÍDUOS – Política Nacional de Resíduos Sólidos – Lei nº 12.305/2010; EDUCAÇÃO – Política Nacional de Educação – Lei nº 13.005/2014; PROTEÇÃO DE DADOS – Política Nacional de Proteção de Dados Pessoais e Privacidade, Lei nº 13.708/2018.

Cap. 3 · SISTEMA NACIONAL DE DEFESA DO CONSUMIDOR | **121**

Tomemos como exemplo o universo dos impactos ambientais: primeiramente é constatada a vulnerabilidade – fragilidade – do meio ambiente; posteriormente, a legislação reconhece a relevância social ou difusa do problema e a necessidade de adoção de práticas para minimizar os impactos negativos; busca-se, então, a organização de todos os atores sociais, que sofrem ou atuam no tema, na forma de um fórum de Políticas Públicas; e, ao final, este espaço público – *o Sistema Nacional* – institui, com base na legislação e no diagnóstico feito, uma Política Nacional (e não apenas Federal) para atuar com eficiência sobre aquela vulnerabilidade.

Na área do consumidor podemos pensar da mesma forma.

2. FORMAÇÃO DE UM SISTEMA NACIONAL DE DEFESA DO CONSUMIDOR: PRINCÍPIOS E OBJETIVOS

Entre as quatro questões formuladas, as primeiras duas – Por quê? Para quê? – são as mais fáceis de serem respondidas, porém são elas que darão sentido a toda a argumentação que se seguirá. As respostas a elas se justificam por si mesmas, o que as faz completamente centrais na ideia da necessidade de existir um sistema de Políticas Públicas. Sem uma boa compreensão deste universo de princípios e finalidades, todo sistema é vazio e todo esforço é injustificável. Comecemos por elas: por que deve existir um sistema? E para que deve existir um sistema?

2.1 A vulnerabilidade do consumidor

Diferentemente de outros temas de direitos difusos, a Constituição Federal não tem um capítulo específico sobre a proteção dos consumidores. Podemos dar três exemplos expressos de dispositivos que podem ser abrangidos sob a ideia de direitos difusos e que são organizados de maneira sistemática no âmbito constitucional: meio ambiente, art. 225; criança, art. 227; e índios, arts. 231 e 232. Mais do que artigos que aglutinam um tema específico por meio de um elenco de direitos, eles são artigos organizadores. É a partir de seus dispositivos que se fundam complexos normativos infraconstitucionais. Facilmente, por exemplo, se percebe que o Estatuto da Criança e do Adolescente emana da própria Constituição Federal.

Não temos algo semelhante no que se refere à proteção dos consumidores. São três os artigos da Constituição Federal que tratam diretamente do tema da defesa do consumidor, mas nenhum deles apresenta um rol de direitos do consumidor. Caberá ao intérprete constitucional buscar a lógica do tema. Vale citar agora dois destes dispositivos:

> *Art. 5.º ...*
>
> *XXXII – o Estado promoverá, na forma da lei, a defesa do consumidor;*
>
> *Ato das Disposições Constitucionais Transitórias*
>
> *Art. 48. O Congresso Nacional, dentro de cento e vinte dias da promulgação da Constituição, elaborará código de defesa do consumidor.*

Apesar de parcos e pouco sistemáticos, a existência de tais dispositivos permite afirmar que a defesa do consumidor tem estatura constitucional no Brasil. O art. 5º,

XXXII, tem natureza material de fiar um dever, no sentido de fincar marco conceitual, enquanto o último tem função instrumental (art. 48 das Disposições Transitórias) no sentido de estimular a produção de normas infraconstitucionais.

O art. 5º, XXXII, da CF tem dois comandos básicos: o reconhecimento da vulnerabilidade do consumidor e o dever do Estado de protegê-lo. No que se refere à vulnerabilidade, temos que fazer um raciocínio para reconhecê-la. Se cabe ao Estado envidar esforços para protegê-lo, é porque estamos diante de um sujeito que se encontra em situação de necessidade, de vulnerabilidade. Esta é a única justificativa possível para a existência de tal dispositivo. O previsto no art. 5º, XXXII, da CF é um mandamento que exige a organização de Políticas Públicas para sua implementação.

Podemos notar que o inciso XXXII do artigo 5º fixa que a relação de consumo é, por definição, desigual: consumidores e fornecedores não têm o mesmo poder de negociação e conhecimento, sendo que a parte mais fraca, o consumidor, é merecedor de proteção do Estado. A ideia da vulnerabilidade, que se desdobrará na legislação infraconstitucional, está expressa na própria Constituição Federal.

E a promulgação de um Código de Defesa do Consumidor, conforme previsto no art. 48 das Disposições Transitórias, é um desdobramento deste comando constitucional. É como se a Constituição Federal dissesse: como o consumidor é vulnerável e merece a proteção do Estado, uma das formas de protegê-lo é por meio da aprovação de uma lei que o defenda. Quando das discussões para a aprovação do CDC, alguns parlamentares fizeram um grande esforço para que o mesmo fosse denominado Código de Relações de Consumo. A resposta de todos foi imediata: o CDC deve ser uma lei protetiva, partindo do princípio de que uma das partes é vulnerável. E foi assim que ocorreu.

Por sua vez, o próprio CDC é expresso ao afirmar que seu pressuposto, sua razão de existir, é o reconhecimento da vulnerabilidade do consumidor no mercado de consumo, conforme expressamente determinado no seu art. 4º, I. Podemos verificar que são, pelo menos três, os tipos de vulnerabilidade: (i) *econômica* – os fornecedores têm uma posição social de supremacia por conta da desigualdade econômica nas relações; (ii) *informativa* – as partes são desiguais no que se refere às conteúdo das informações; e (iii) *fática* – situações reais de sujeição que colocam o consumidor em posição de desvantagem, impedidndo a negociação de cláusulas contratuais.

E esta vulnerabilidade se desdobra, ainda, nas mais diversas dimensões da pessoa: dignidade, saúde, segurança e interesses econômicos. A cada uma destas dimensões, será elencado um rol de direitos básicos[14] a serem protegidos. E tal foi feito no artigo 6º do CDC, podendo se extrair de seus incisos os direitos básicos do

---

[14] Os documentos internacionais históricos mais importantes que tratam dos direitos básicos são: os direitos do consumidor afirmados pelo discurso do Presidente Kennedy em 1962, a Declaração de Direitos da Comunidade Europeia e as Diretrizes das Nações Unidas. A este respeito consultar meu livro: "A construção do direito do consumidor: um estudo sobre as origens das leis principiológicas de defesa do consumidor", ed. Atlas.

consumidor[15]. Estes direitos fundam-se na premissa de que o consumidor é a parte vulnerável das relações de consumo.

Por que defender o consumidor? Em razão de sua vulnerabilidade.

2.2 Equilíbrio nas relações de consumo

Mas aonde se quer chegar? Além do fato da proteção em si mesma, qual é a finalidade de proteger o consumidor? Existe algo que extrapola a própria defesa? Existe um fim último? A resposta destas questões deve ser analisada a partir do art. 170 da CF e do já citado art. 4º do CDC.

O art. 170 da CF afirma que a livre-iniciativa é um dos princípios da ordem econômica, porém insere no mesmo patamar constitucional (inciso V) a defesa do consumidor. A Constituição Federal estabelece que a *livre-iniciativa* e a defesa do consumidor são, ambos, princípios da ordem econômica e como tal devem ser compatibilizados quando da aplicação da legislação aos casos concretos. A *livre-iniciativa* encontra seu limite no fato de o consumidor não poder ser lesado, cabendo ao Estado atuar para que tais limites não sejam ultrapassados. Assim, não cabe ao Sistema Nacional de Defesa do Consumidor, e seus órgãos e entidades, propugnar pela *livre-iniciativa* (e nem contra a *livre-iniciativa*, aliás), o que lhes cabe é instituir políticas nacionais que defendam o consumidor quando a *livre-iniciativa* for equivocadamente utilizada para lesar os interesses dos consumidores. A ideia central é a de equilíbrio nas relações de consumo e tal mandamento constitucional foi expressamente concretizado no *caput* do art. 4º do CDC ao determinar que o objetivo último da Política Nacional de Defesa do Consumidor é a harmonia nas relações de consumo. Por óbvio, o tema da harmonia é extremamente complexo e só poderá ser analisado, e obtido, nos casos reais quando da aplicação da legislação.

Um aparte: estamos vivendo um momento em que a chamada harmonia das relações de consumo está sob forte ataque. Recentemente foi aprovada a chamada Lei da Liberdade Econômica, Lei Federal nº 13.874/2019, que estabelece os seguintes princípios básicos, art. 2º, que devem nortear o mercado: (i) a liberdade como uma garantia no exercício de atividades econômicas; (ii) a boa-fé do particular perante o Poder Público; (iii) a intervenção subsidiária e excepcional do Estado sobre o exercício de atividades econômicas; e (iv) o reconhecimento da vulnerabilidade do particular perante o Estado.

Vale notar o art. 3º desta lei, ao citar o art. 170 da CF, faz algumas ressalvas expressas, fixando alguns limites desta liberdade, mas não se refere ao tema da proteção dos consumidores. Muitos entendem que a referida Lei Federal nº 13.874/2019 faz um contraponto ao Código de Defesa do Consumidor, modificando-o em temas essenciais como contratos e desconsideração da pessoa jurídica. Não concordamos

---

[15] Vida e segurança; educação, liberdade de escolha e isonomia; informação adequada; proteção contra práticas comerciais e cláusulas contratuais abusivas; proteção contra publicidade abusiva e publicidade; prevenção e reparação de danos; acesso aos órgãos públicos para assegurar direitos; facilitação da atuação em juízo; e adequada prestação dos serviços públicos.

com tal interpretação. A posição que me parece adequada é que a Lei da Liberdade Econômica não se aplica às relações de consumo. Podemos, neste sentido, seguir a lição de Roberto Pfeiffer[16]:

> ... aplicar as disposições da Lei nº 13.874/2019 às relações de consumo significaria afronta à Constituição Federal, ao microssistema de proteção do consumidor e à própria lei da liberdade econômica.
>
> Em primeiro lugar destaco a expressa dicção do § 1º do art. 1º da Lei nº 13.874/2019 que, ao estabelecer quais seriam os ramos do direito abarcados pelas disposições da lei da liberdade econômica não incluiu o direito do consumidor. Portanto, o silêncio eloquente da lei demonstra que ela não é apta a disciplinar as relações de consumo.
>
> Ademais, a interpretação sistemática da Lei nº 13.874/2019 permite identificar que o seu objetivo primordial, ao estabelecer a declaração dos direitos da liberdade econômica, foi o de promover a livre-iniciativa, impondo limites à regulação estatal da atividade econômica e conferir ampla liberdade no âmbito das relações empresariais e civis paritárias. Tal lógica não é compatível com os contratos de consumo, caracterizados pela relação intrinsicamente desigual entre as partes que os celebram, dada a vulnerabilidade dos consumidores frente aos fornecedores.

A ideia defendida por Roberto Pfeiffer nos parece adequada: o escopo da referida lei se restringe, sobretudo, a tratar dos contratos paritários e do poder de intervenção do Estado, estando excluídas as relações entre consumidores e fornecedores, que continuam a ser regidas basicamente pelo CDC. E o chamado silêncio eloquente, é mais do que eloquente, é gritante: afirma o § 1º do art. 1º da Lei nº 13.874/2019 que ela se aplica para as relações de direito civil, empresarial, econômico, urbanístico e do trabalho. Nenhuma palavra sobre direitos do consumidor.

Assim, os princípios estabelecidos pelo CDC não devem ser relativizados por conta dos princípios estabelecidos pela Lei da Liberdade Econômica. E a proteção do consumidor tem uma dimensão constitucional de direito fundamental expresso no art. 5º, XXXII, no capítulo que trata dos direitos e garantias fundamentais, além do que consta no capítulo da ordem econômica, art. 170. Utilizando-se a ideia de Dworkin[17], o peso da proteção do consumidor e da necessidade de protegê-lo é

---

[16] Disponível em: https://www.conjur.com.br/2019-dez-30/direito-civil-atual-lei-liberdade--economica-bem-vinda. Acesso em: 10 abr. 2020.

[17] Levando os direitos a sério, Ronald Dworkin, Ed. Martins fontes, 2010, p. 42: "*Os princípios possuem uma dimensão que as regras não têm – a dimensão do peso ou importância. Quando os princípios se intercruzam (por exemplo, a política de proteção aos compradores de automóveis se opõe aos princípios de liberdade de contrato), aquele que vai resolver o conflito tem de levar em conta a força relativa de cada um. Esta não pode ser, por certo, uma mensuração exata e o julgamento que determina que um princípio ou uma política particular é mais importante que outra frequentemente será objeto de controvérsia. Não obstante, essa dimensão é uma parte integrante do conceito de um princípio, de modo que faz sentido perguntar que peso tem ou quão importante ele é.*"

grande na Constituição Federal, não podendo leis infraconstitucionais e tribunais desprezá-lo (e muito menos decretos federais). Defender o consumidor faz parte do regime de livre-iniciativa, limitando-o. Mas cada qual com seu papel: os órgãos de defesa do consumidor devem atuar quando a livre-iniciativa se mostrar abusiva.

Para que defender o consumidor? Para garantir a implementação de seus direitos fundamentais com o objetivo de encontrar a harmonia nas relações de consumo. A livre-iniciativa, apesar de muito importante, não é princípio da defesa do consumidor, ela é o contexto de atuação do SNDC. Não é tema deste trabalho, mas não posso deixar de comentar que para os consumidores muito mais importante é o incentivo a uma concorrência salutar entre as empresas.

3. A POLÍTICA E O SISTEMA NACIONAL DE DEFESA DO CONSUMIDOR NA LEGISLAÇÃO

3.1 Os atores do sistema nacional

Passamos agora a analisar como a defesa do consumidor deve ser organizada e quais são as responsabilidades dos diversos atores que têm atribuição de promovê-la. Para fins deste artigo, assumiremos que os órgãos que fazem parte do sistema são .aqueles que têm expressa delegação legal de atuar como tal. Sabemos de antemão que o tema não é simples, na exata medida que existem alguns órgão e entidades que são híbridos tendo atribuições de defender o consumidor e, ao mesmo tempo, de proteger o próprio mercado. Podemos dar como exemplo a Agência que tem como atribuição o universo das telecomunicações: a Lei nº 9.472/1997 estabelece no art. 19 que compete, dentre outros, à Anatel expedir normas quanto à outorga, prestação e fruição dos serviços de telecomunicações no regime público (inciso IV) e reprimir infrações dos direitos dos usuários (inciso XVIII). Apesar da lei se utilizar da palavra *usuário*, não temos dúvida de que os consumidores estão inseridos neste conceito. Porém, assumimos a posição de que agências desta natureza, apesar de terem como atribuição defenderem os consumidores, não são típicos órgãos de defesa do consumidor. No contexto desta ideia, partimos do princípio de que são órgãos típicos de defesa do consumidor aqueles que têm como atuação precípua proteger os consumidores (art. 105 do CDC). Apesar da redundância, este critério nos permite traçar uma linha: a defesa do consumidor como atividade central.

Analisando a legislação vigente, estes órgãos podem ser assim elencados[18]: (i) SENACON – Secretaria Nacional do Consumidor do Ministério da Justiça e Segurança Pública, conforme arts. 105 e 106 do CDC e arts. 2º e 3º do Decreto 2.181/1997 na forma da redação do Decreto 7.738/2012; (ii) PROCONs Estaduais e Municipais, conforme art. 105 do CDC, art. 4º do Decreto 2.181/1997 e legislações estaduais e municipais específicas; (iii) MINISTÉRIO PÚBLICO, conforme art. 129, III, da Constituição Federal e art. 6º, VII, *c*, da Lei Complementar nº 75/1993; (iv) DEFENSORIAS

---

18 Disponível em: https://www.justica.gov.br/seus-direitos/consumidor/a-defesa-do-consumidor-no-brasil/anexos/sistema-nacional-de-defesa-do-consumidor-sndc. Acesso em: 16 set. 2020.

PÚBLICAS, conforme artigo 5º, *d*, da Lei Complementar nº 988/2006 do Estado de São Paulo; e (v) ENTIDADES CIVIS de Defesa do Consumidor, conforme art. 105 do CDC.

São estes órgãos e entidades, com as suas atribuições e estruturas próprias, que têm a proteção do consumidor como foco prioritário de suas atuações. Vale notar que entre a SENACON e os PROCONS não existe qualquer hierarquia, posto que a defesa do consumidor não é matéria exclusiva da União, cabendo seu exercício a qualquer ente federativo. Assim, cabe à SENACON basicamente a coordenação do SNDC e aos PROCONS Estaduais e Municipais a coordenação de seus respectivos subsistemas estaduais e municipais. Por outro lado, o Ministério Público, a Defensoria Pública e as Entidades Civis detêm autonomia constitucional para agirem no interesse da sociedade ou de seus filiados.

Como facilmente se percebe pela descrição dos atores elencados, o SNDC se pauta por ser descentralizado. Se a competência legislativa ou material fosse exclusiva da União (arts. 21 e 22 da CF), teríamos um sistema concentrado, mas não foi esta a opção do constituinte. E o art. 5º, XXXII, da CF é expresso ao afirmar que a defesa do consumidor é dever do Estado como um todo, não distribuindo tal atribuição a algum ente federado específico. Tal ideia é reforçada pelo art. 24, V, da CF ao estabelecer que produção e consumo são matérias concorrentes para fins legislativos. Em um sistema descentralizado define-se quem responde pela coordenação do sistema, mas não se institui hierarquias ou subordinações. O parágrafo único do art. 23 da CF se refere à possibilidade de edição de lei complementar estabelecendo normas de cooperação federativa nas hipóteses que elenca[19], mas é discutível se tal é possível no âmbito das relações de consumo, uma vez que os direitos do consumidores não estão listados nos incisos deste artigo.

Por outro lado, é interessante notar que cada um destes órgãos ou entidades de defesa do consumidor se organizaram em associação civis a fim de potencializar suas ações e ter uma sinergia entre elas[20]: (i) os Procons se organizaram em torno de uma associação denominada BRASILPROCONS, entidade fundada em 2009 e que congrega Procons Estaduais e Municipais de todo o Brasil; (ii) o Ministério Público se organizou em uma entidade denominada MPCON[21] – Associação Nacional do Ministério Público do Consumidor, associação civil criada em 2001 e que congrega os Ministérios Públicos de todo o país; (iii) o Defensores Públicos se organizaram como uma comissão inserida na entidade civil CONDEGE[22] – Colégio Nacional

---

[19] A título de exemplo, veja-se a Lei Complementar nº 140/11 que fixa norma para a cooperação entre a União, os Estados, o Distrito Federal e os Municípios nas ações administrativas decorrentes do exercício da competência comum relativas à proteção das paisagens naturais notáveis, à proteção do meio ambiente, ao combate à poluição em qualquer de suas formas e à preservação das florestas, da fauna e da flora.

[20] Disponível em: https://www.justica.gov.br/seus-direitos/consumidor/a-defesa-do-consumidor-no-brasil/anexos/sistema-nacional-de-defesa-do-consumidor-sndc. Acesso em: 16 set. 2020.

[21] Disponível em: https://www.mpcon.org.br/. Acesso em: 16 set. 2020.

[22] Disponível em: http://www.condege.org.br/. Acesso em: 16 set. 2020.

de Defensores Públicos, criado em 2001; (iv) as entidades civis se organizaram em torno do Fórum Nacional das Entidades Civis de Defesa do Consumidor, associação civil criada em 1998. Podemos lembrar ainda, da (v) Comissão Especial de Defesa do Consumidor da Ordem dos Advogados que tem um papel político muito importante e do (vi) Fórum Nacional de Juizados Especiais – FONAJE[23], criado em 1997 e que não é um típico órgão de defesa dos consumidores mas que tem um papel importante a cumprir, considerando, sobretudo, que as estatísticas indicam que o tema das relações de consumo significam grande parte dos casos que chegam aos Juizados Especiais[24].

3.2 O sistema nacional na legislação consumerista

A primeira constatação importante é que CDC não se preocupou em organizar formalmente um SNDC, posto que, ao se utilizar desta expressão, o Código estabelece genericamente, e apenas, quem faz parte do Sistema (art. 105) e quais são as atribuições do órgão federal (art. 106). Nada mais. Assim, a extração deste Sistema no CDC é tarefa do intérprete da lei. Para tanto, vamos partir dos seguintes dispositivos do CDC: (i) *caput* do art. 4º[25], ao se referir à ideia de uma Política Nacional das Relações de Consumo; (ii) arts. 5º, 105 e 106, que elenca vários atores, e suas atribuições, que devem atuar na defesa dos consumidores; e (iii) § 1º do art. 55[26], que se refere à imposição de sanções administrativas. A partir destes artigos podemos entender a existência de 3 dimensões de um Sistema Nacional, cada uma responsável pela elaboração e implantação de um determinado nível de ações:

- nos termos do art. 4º do CDC deve haver uma Política Nacional das Relações de Consumo, visando regrar as relações de consumo, no objetivo imediato de proteger o consumidor, por conta de sua vulnerabilidade, mas sempre na busca de harmonizar as relações entre consumidores e fornecedores (art. 4º do CDC);
- nos termos dos artigos 5º, 105 e 106 do CDC deve haver um Sistema Nacional de Defesa do Consumidor propriamente dito, responsável diretamente pela implementação das leis de defesa do consumidor, dentro de uma visão de planejamento estratégico;

---

[23] Disponível em: http://www.fonaje.org.br. Acesso em: 16 set. 2020.

[24] Ver, dentre outros: http://www.ipea.gov.br/portal/images/stories/PDFs/relatoriopesquisa/181013_diagnstico_sobre_juizados.pdf. Acesso em: 16 set. 2020.

[25] **Art. 4º** – A Política Nacional das Relações de Consumo tem por objetivo o atendimento das necessidades dos consumidores, o respeito à sua dignidade, saúde e segurança, a proteção de seus interesses econômicos, a melhoria da sua qualidade de vida, bem como a transferência e harmonia das relações de consumo, atendidos os seguintes princípios:...

[26] *Art. 55 – ...*
§ 1º – A União, os Estados, o Distrito Federal e os Municípios fiscalizarão e controlarão a produção, industrialização, distribuição, a publicidade de produtos e serviços e o mercado de consumo, no interesse da preservação da vida, da saúde, da segurança, da informação e do bem-estar do consumidor, baixando as normas que se fizerem necessárias.

- nos termos do § 1º do art. 55 do CDC deve haver um Sistema Nacional de Fiscalização e Controle do Mercado, que deve organizar e racionalizar a aplicação das sanções administrativas.

O diagrama a seguir permite visualizar tais dimensões:

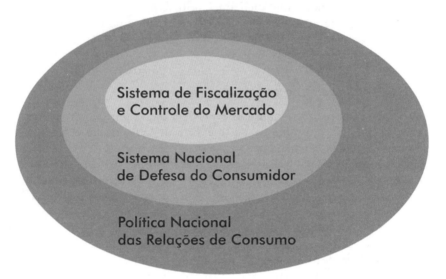

No modelo apresentado acima, a Política Nacional das Relações de Consumo tem por finalidade harmonizar os interesses de consumidores e fornecedores (art. 4º do CDC), sempre a partir da ideia da vulnerabilidade e da participação de todos os interessados (consumidores e fornecedores). Por outro lado, o SNDC propriamete dito tem como objetivo proteger a parte mais fraca da relação, o consumidor, por meio da coordenação das entidades que tenham tal atribuição específica (públicas e privadas). Por fim, o Sistema de Fiscalização e Controle do Mercado diz respeito à coordenação das atividades dos entes públicos que têm como atribuição exercer o poder fiscalizatório. Como se verifica, cada uma dessas instâncias públicas têm espaços, atores e papéis distintos. Mas o que se verifica na prática é que até hoje persiste uma enorme confusão entre esses níveis de atuação, o que acaba por enfraquecer a ideia de um *Sistema Nacional*, apesar de todos os esforços despendidos no sentido de fortalecer o *Sistema*.

É preciso notar que o art. 4º do CDC trata da *"Política Nacional das Relações de Consumo"*, ou seja, o seu escopo é amplo e inclui também a definição do papel dos fornecedores na formulação desta política. E, por outro lado, o texto se refere a *"Política Nacional"*, o que significa dizer que é aplicável em todo território nacional e não apenas nas ações federais. Neste sentido, a União é, ao mesmo tempo, responsável pelo exercício direto da Política Federal de Proteção dos Consumidores e, no papel de coordenador, da Política Nacional de Defesa dos Consumidores, não se podendo confundir estas duas esferas de atuação, sob pena de criar uma hierarquia não existente entre órgãos municipais, estaduais e federal de defesa do consumidor. Seguida a orientação da lei geral, que é o CDC, cada ente federativo pode adotar sua

Cap. 3 · SISTEMA NACIONAL DE DEFESA DO CONSUMIDOR | 129

política e a articulação destas políticas é que forma a Política Nacional. Neste contexto, Política Federal não é igual a Política Nacional. Neste ponto, nota-se uma ausência eloquente: o CDC não institui um fórum permanente para que a Política Nacional possa ser discutida pelos diversos atores e traçada uma estratégia comum de atuação.

Por sua vez, a legislação regulamentadora do CDC, Decreto 2.181/1997, se propõe a organizar o SNDC, porém é falho nesta missão, na exata medida que não a cumpre. Referido Decreto apenas relaciona, de forma mais uma vez genérica, os órgãos que podem aplicar sanções, sem efetivamente organizar uma forma coerente e conjunta de atuação. O máximo que este Decreto fez, no art. 5º, foi criar uma Comissão Permanente de Defesa do Consumidor[27] visando dirimir eventual conflito federativo na aplicação das sanções. Tal Comissão nunca teve atuação efetiva e se tivesse atuado no sentido de subsidiar a avocação pela SENACON de processos administrativos de outros entes federados (art. 16 do Decreto 2.181/1997), tal atividade seria, como regra, inconstitucional na medida em que a defesa do consumidor é tarefa de todos os entes federados, não havendo hierarquia entre eles. Veja-se que o próprio dispositivo acima citado afirma que deve ser respeitada a "competência federativa para legislar sobre a respectiva atividade econômica". Como a competência para legislar sobre defesa do consumidor é matéria concorrente, eventual avocatória somente poderá ocorrer nos restritos temas em que a competência para legislar for de exclusividade da União. Mas a regra geral constitucional é pela atividade comum dos entes federados.

Como se percebe, a legislação – CDC e sua regulamentação – enuncia a existência de um SNDC, mas não o cria efetivamente e nem dá balizas para sua institucionalização. Some-se a isto a ausência de uma enumeração dos direitos do consumidor na Constituição Federal, o que faz com que a própria permanência dos direitos previstos no CDC sofram pressões constantes toda vez que uma nova lei é aprovada no Congresso Nacional, haja visto o caso da legislação da saúde suplementar[28] e da nova lei da liberdade econômica. Este último tema não será tratado neste artigo, mas fica o alerta de que com o passar dos anos o próprio CDC passou a sofrer o risco de uma fragmentação pela aprovação de novas leis específicas em cada uma das áreas de interesse dos fornecedores. Para que o sistema jurídico de defesa do consumidor não se fragmente, defendi em outro trabalho[29] a necessidade de inserção dos direitos do consumidor na Constituição Federal. Em razão do espaço, este tema não foi abordado no presente artigo.

3.3 Alguns exemplos positivos no sentido da criação de um sistema nacional

A constatação acima não significa que nas práticas do mundo real das entidades, e de seus servidores, não se tenha trabalhado arduamente para a organização de um SNDC. Podemos dar, pelo menos, quatro exemplos de iniciativas positivas que caminharam no sentido de implantação do SNDC.

---

[27] Regulamentada pelo decreto (sem número) de 28/09/95.
[28] Lei nº 9.656/1998.
[29] A respeito ver: "A Construção do Direito do Consumidor: um estudo sobre as origens das leis principiológicas de defesa do consumidor", Marcelo Gomes Sodré, Ed. Atlas, 2009, p. 326.

REUNIÕES SISTEMÁTICAS. A primeira destas iniciativas a ser destacada é a realização de encontros constantes denominados "Reuniões do Sistema Nacional de Defesa do Consumidor". Nestes últimos anos foram realizadas 21 reuniões no âmbito da Senacon (sem contar as reuniões anteriores no âmbito do DPDC), congregando os diversos atores que atuam na defesa do consumidor: Senacon, Procons de todo o país, Ministério Público Federal e Estaduais, Defensorias Públicas e organizações civis. Os grandes temas que acometeram a vida dos consumidores nestes últimos 15 anos foram objeto de discussão e de deliberação. Organizou-se, assim, um grande fórum de debates no sentido de traçar estratégias comuns de atuação. O problema é a ausência de uma forma de institucionalizar tais estratégias.

SINDEC. Outra importante iniciativa a ser destacada foi a organização do SIN-DEC[30] – Sistema Nacional de Informações de Defesa do Consumidor. Este projeto integra as ações dos órgãos públicos do SNDC, fortalecendo uma atuação harmônica e coordenada. O Sindec uniformaliza a maneira de registro das reclamações apresentadas em todos os Procons, permitindo a elaboração de um Cadastro Nacional de Reclamações Fundamentadas a partir da elaboração de Cadastros Estadual similares. Estas informações permitem um mapeamento dos principais problemas vividos pela população e o planejamento estratégico da atuação destes órgãos públicos. Para ser possível a integração destes dados foi necessária uma padronização da forma de atuar dos diversos órgãos, o que permitiu um grande debate a respeito da melhor maneira de atender os consumidores. Antes da implantação do SINDEC era praticamente impossível ter uma base de dados para subsidiar a elaboração da Política Nacional das Relações de Consumo. O SINDEC, que iniciou suas atividades em 2003, consolida as informações de 627 Procons, das 27 Unidades da Federação. Impossível pensar em um Sistema Nacional sem antes padronizar os procedimentos de atendimento ao consumidor e a maneira de registrar estes atendimentos. Uma vez padronizados, os Procons passaram a atuar com algum grau de sintonia.

ESCOLA NACIONAL DE DEFESA DO CONSUMIDOR. A SENACON criou[31] tal escola[32] em 2007 visando promover a formação e a capacitação dos diversos agentes do SNDC. O importante é que esta iniciativa permite, nos diversos cursos que realiza, uma troca de experiência técnica entre os responsáveis de atuar na defesa do consumidor, além da produção de material didático. Para a formação de um SNDC é imprescindível a troca de informações e experiências técnicas entre os atores do próprio Sistema.

SISTEMA NACIONAL DE ALERTAS DE RECALL – SNAR. Trata-se da criação de uma plataforma que possibilita o acesso a todos os recalls que estão em andamento, além de permitir o acesso às informações dos recalls já realizados[33]. Por este sistema

---

[30] Disponível em: https://sindecnacional.mj.gov.br/home. Acesso em: 16 set. 2020.

[31] Disponível em: https://www.defesadoconsumidor.gov.br/portal/biblioteca/94-legislacao/502-portaria-interministerial-n-3-082-de-25-de-setembro-de-2013. Acesso em: 16 set. 2020.

[32] Disponível em: https://www.defesadoconsumidor.gov.br/escolanacional. Acesso em: 16 set. 2020.

[33] Disponível em: http://portal.mj.gov.br/recall/. Acesso em: 16 set. 2020.

é possível saber, por exemplo, que foram publicadas até hoje 427 chamadas de *recall* no Brasil e que 87,5% destas chamadas diz respeito à indústria automobilística. Dados como estes permitem subsidiar a elaboração do Políticas Públicas de âmbito nacional.

SISTEMA DE INFORMAÇÕES DE ACIDENTES DE CONSUMO – SIAC. O sistema foi criado em 2013[34] sob a administração da Senacon, em parceria com a Secretaria de Vigilância e Saúde, Inmetro e Anvisa. Seu objetivo é organizar um banco de dados de acidentes de consumo de maneira a evitar futuros acidentes de consumo e promover a introdução de produtos cada vez mais seguros no mercado. Tendo-se uma visão nacional dos acidentes de consumidor, é possível organizar políticas nacionais para preveni-los.

Como se verifica, apesar da ausência de legislação institucionalizando o SNDC, foram muitos os esforços das entidades de defesa do consumidor para atuar conjuntamente. Se algum nível de Sistema Nacional existe é por conta da vontade política, e esforço pessoal, de integração dos dirigentes que passaram ou que atuam nestas entidades: SENACON, PROCONs, MPCON, DEFENSORIAS PÚBLICAS, COMISSÕES DE DEFESA DO CONSUMIDOR DA OAB e ENTIDADES CIVIS. Lembre-se, ao final, que a recentíssima ideia de criar um Comitê Nacional de Defesa dos Direitos Fundamentais do Consumidor vem em boa hora e pode ser o esboço de um futuro Conselho Nacional efetivo.

4.   O RECENTÍSSIMO DECRETO Nº 10.417/2020[35]

O Decreto nº 10.417/2020, que em leitura apressada poderia parecer uma solução aos diversos problemas já descritos neste artigo, não cumpre o objetivo de efetivamente organizar um Sistema Nacional de Defesa do Consumidor. No nosso entendimento um Conselho Nacional deve atender alguns requisitos para que possa efetivamente ser um Conselho Nacional de Políticas Públicos: (i) princípios, objetivos e atribuições consistentes com sua missão institucional, (ii) representatividade adequada de seus membros, (iii) respeito à ideia de *Nacional* no contexto federativo e (iii) transparência nas suas decisões e procedimentos. Nenhuma destas condições estão presentes Decreto nº 10.417/2020. Para fins didáticos, passo a comentar rapidamente os referidos artigos do Decreto naquilo que entendo serem os principais problemas:

FORMULAÇÃO DA POLÍTICA NACIONAL

Art. 1º Fica instituído o Conselho Nacional de Defesa do Consumidor, com a finalidade de assessorar o Ministro de Estado da Justiça e Segurança Pública

---

[34]   Disponível em: https://www.defesadoconsumidor.gov.br/images/Legisla%C3%A7%C3%A3o/Portaria_Siac_3082-2013.pdf. Acesso em: 16 set. 2020.

[35]   Como descrevi acima, quando este artigo já estava terminado, foi editado o Decreto Federal nº 10.417 de 7 de julho de 2020 que "institui o Conselho Nacional de Defesa do Consumidor". Por generosidade do editor, pude fazer os comentários que seguem e que são uma primeira abordagem sobre seu conteúdo. Por conta disto, peço desde já o cuidado do leitor com a análise que farei, uma vez tratar-se de comentar um texto de lei que não teve o tempo de um assentamento mínimo das ideias.

na formulação e na condução da Política Nacional de Defesa do Consumidor, e, ainda, formular e propor recomendações aos órgãos integrantes do Sistema Nacional de Defesa do Consumidor para adequação das políticas públicas de defesa do consumidor.

Problema:

i. Não compete ao Ministro da Justiça e Segurança Pública formular a Política Nacional de Defesa do Consumidor. Esta é uma tarefa de todos os órgãos, entidades e associações que fazem parte do Sistema. A defesa do consumidor é dever do Estado, nos termos do art. 5º, XXXII, da Constituição Federal, não sendo responsabilidade apenas da União. A elaboração de uma Política Nacional deve ser produto de uma atuação cooperativa, o que se extrai, por analogia, do disposto no art. 23, parágrafo único, da Constituição Federal.

ATRIBUIÇÕES E COMPETÊNCIAS:

Art. 2º Ao Conselho Nacional de Defesa do Consumidor compete:

I – propor aos órgãos integrantes do Sistema Nacional de Defesa do Consumidor:

a) medidas para a prestação adequada da defesa dos interesses e direitos do consumidor, da livre-iniciativa e do aprimoramento e da harmonização das relações de consumo;

(...)

d) aperfeiçoamento, consolidação e revogação de atos normativos relativos às relações de consumo; e

(...)

IV – opinar:

a) nos conflitos de competência decorrentes da instauração de mais de um processo administrativo por pessoas jurídicas de direito público distintas, para apuração de infração decorrente de fato imputado ao mesmo fornecedor, de acordo com o disposto no parágrafo único do art. 5º do Decreto nº 2.181, de 20 de março de 1997; e

b) nas medidas de avocação de processos administrativos em trâmite em mais de um Estado, que envolvam interesses difusos ou coletivos, de acordo com o disposto no art. 16 do Decreto nº 2.181, de 1997;

(...)

V – requerer a qualquer órgão público a colaboração e a observância às normas que, direta ou indiretamente, promovam a livre-iniciativa; e

VI – sugerir e incentivar a adoção de mecanismos de negociação, de mediação e de arbitragem para pequenos litígios referentes às relações de consumo ou para convenção coletiva de consumo.

Problemas:

i. Art. 2º, I, *a* – não deveria competir a um Conselho de Defesa do Consumidor tomar medidas para *garantir a livre-iniciativa*. A defesa do consumidor deve atuar quando a livre-iniciativa (que é um dos princípios inquestionáveis da ordem econômica, mas não o único) não adotar boas práticas e agir com abusividade. Diante da vulnerabilidade do consumidor, cabe ao Poder Público protegê-lo, o que também está previsto na Constituição Federal (art. 5º, XXXII). Isto não significa que o consumidor sempre tenha razão. Assim, o conceito central deveria ser: *defesa do consumidor em busca da harmonia nas relações de consumo*. O que poderia ser de atribuição do Conselho, é foi ignorado, é a defesa da adequada concorrência como um dos instrumentos de defesa do consumidor, o que é totalmente distinto.

ii. Art. 2º, V – pelas razões expostas acima, não deveria competir a um Conselho de Defesa do Consumidor "*requerer a qualquer órgão público a colaboração e a observância às normas que, direta ou indiretamente, promovam a livre-iniciativa*"; mas "*requerer a qualquer órgão público a colaboração e a observância às normas que, direta ou indiretamente, promovam a defesa do consumidor na busca da harmonia nas relações de consumo.*" Na forma escrita no Decreto não estamos diante de um Conselho de Defesa do Consumidor, mas de um Conselho de Defesa da Livre-Iniciativa.

iii. Art. 2º, I, *d* – interessante notar que o decreto não prevê a possibilidade de Conselho propor atos normativos, mas apenas *aperfeiçoar, consolidar e revogar atos normativos* relativos às relações de consumo que já existem. Por óbvio uma das atribuições principais de um Conselho de Políticas Públicas deveria ser poder propor Políticas Públicas por meio de sugestões para a edição de atos normativos. Silêncio eloquente.

iv. Art. 2º, IV, *a* e *b* – tais dispositivos reforçam a ideia de uma avocatória de processos administrativos pelo Governo Federal. Estes regramentos já existiam no Decreto 2.181/1997, mas nunca foram utilizados. Eles são incompatíveis com a competência material comum e a competência legislativa concorrente previstas na Constituição Federal no que se refere à proteção dos consumidores. O tema dos conflitos federativos na aplicação da legislação consumerista existe de fato, mas a solução não deve ser com uma medida de força inconstitucional. Uma eventual avocatória somente dever existir nos casos de matéria de competência legislativa exclusiva da União, o que é uma enorme exceção e não a regra. Deveríamos, assim, busca uma solução *cooperativa* aos moldes do que está previsto no art. 23, parágrafo único, da Constituição Federal.

REPRESENTAÇÃO ADEQUADA

Art. 3º O Conselho Nacional de Defesa do Consumidor é composto:

...

Problemas:

i. Artigo 3° – *a representação federal*: O Conselho será composto por 15 membros, sendo que 8 membros serão do Governo Federal. Ou seja, o Governo Federal sempre terá maioria absoluta. Neste sentido, o Conselho tem características de ser um Conselho Federal e não Nacional. Se acoplarmos a isto a atribuição do Conselho prevista no art. 2°, I, *e*, de interpretar a legislação consumerista, mesmo que sem caráter vinculante, o Governo Federal deterá a prerrogativa de sempre impor sua interpretação.

ii. Art. 3° – *a representação da sociedade civil*: as entidades civis de defesa do consumidor terão um representando dentre 15 membros, o que demonstrar a absoluta ausência de participação efetiva da sociedade. E, para piorar, o Decreto prevê que a associações ter "capacidade técnica para realizar análises de impacto regulatório". Ou seja, a representação é pífia e o requisito central não é ser uma entidade de defesa do consumidor, mas de "análise de impacto econômico".

iii. Art. 3° – *a representação das entidades do Sistema*: a representação dos órgãos públicos de defesa do consumidor não é condizente com a atual existência de órgãos de defesa do consumidor por todo o Brasil e de diversas naturezas. No caso dos Procons estaduais, seria muito mais representativo se houvesse a representação de cada umas das 5 regiões do Brasil. Além disto, deveria ser garantida a presença das entidades representativas destes órgão ou entidades, tais como: Procons Brasil, MPCon, Fórum Nacional de Entidades Civis, OAB e o CONDEGE como representante das Defensorias em geral. Como vimos no decorrer deste artigo, são estas as entidades representativas que se reuniram nos últimos 15 anos com o DPDC e, depois, SENACON traçando as orientações do SNDC. A pergunta que fica é: por que ignorá-las e criar um sistema no qual o Governo Federal é que escolhe as entidades que irão participar do Conselho?

TRANSPARÊNCIA

Art. 12. É vedado aos membros a divulgação de discussões em curso no Conselho Nacional de Defesa do Consumidor sem a prévia anuência de seu Presidente.

Problema: a transparência e publicidade plena é a regra na atuação do Poder Público, veja-se o art. 37 da Constituição Federal. Além disto, são inúmeras as normas para a garantia do direito à informação. O Decreto cria uma situação inusitada: um Conselho de formulação de Políticas Públicas no qual as discussões não são públicas. O sigilo dos atos públicos é uma exceção e somente deve existir por ato fundamentado e específico.

Estas são as rápidas ideias que foram possíveis expor sobre o Decreto n° 10.417/2020, na expectativa de que este ainda possa ser alterado. A ideia da constituição de um Conselho é excelente, mas algumas condições mínimas devem estar presentes.

5. CONSIDERAÇÕES FINAIS: PROPOSTA PARA A EFETIVA IMPLANTAÇÃO DO SISTEMA NACIONAL DE DEFESA DO CONSUMIDOR

Qual é o fórum nacional de tomada de decisões e planejamento de ações do SNDC? Pela leitura do CDC, e demais legislação, a conclusão é de que não existe este fórum nacional, um colegiado formulador de Políticas Públicas, de forma a ser possível a real implementação dos princípios e objetivos previstos no art. 4º do CDC. Muito existe ainda a fazer. Em outras áreas estes colegiados existem (apesar do ataques recentes por parte da chefia do Governo Federal): CONAMA[36] (Meio Ambiente); CNE – Conselho Nacional de Educação[37]; CNS – Conselho Nacional de Saúde[38], CNRH – Conselho Nacional de Recursos Hídricos[39]; CONANDA[40] – Conselho Nacional dos Direitos da Criança e do Adolescente etc. São estes Conselhos Nacionais que traçam as Políticas Públicas e que fazem o acompanhamento de sua implementação estratégica. São grandes fóruns nacionais. Ocorre que estamos vivendo um momento em que estes Conselhos estão sendo desmontados, veja-se o Decreto nº 9.759, de 11 de abril de 2019 que extingui todos os Conselhos Nacionais criados por decreto ou ato inferior a decreto. Acredito que a criação do novo Conselho de Defesa do Consumidor, neste contexto, só foi possível por conta de que na sua constituição criou-se, na verdade, um Conselho Federal Governamental com uma aparência de Conselho Nacional. Ou seja, o Conselho instituído não resolve os problemas que existem na formulação das Políticas Públicas e, ainda, agrava alguns deles na exata medida que: (i) desrespeita o sistema federativo constitucional (por exemplo, com a avocatória); e (ii) cria uma falsa aparência de que as Políticas Públicas estarão sendo discutidas por meio de canais representativos da sociedade, o que não corresponde à realidade. O que vai valer, em última instância, é a posição do Governo Federal.

A conclusão que podemos retirar da análise dos dispositivos analisados é que, do ponto de vista institucional, a consolidação efetiva de um SNDC ainda necessita de instrumentos normativos apropriados. Apesar de termos, como vimos, a definição dos princípios, dos objetivos e dos atores do SNDC, ainda não foi constituído um canal institucionalizado, e institucionalizador, para a operação coordenada das atividades necessárias visando a harmonizar as relações de consumo. Enquanto não houver um *locus* público institucional e representativo para formulação e definição de estratégias, fica muito difícil construir um SNDC. A implementação de Políticas Púbicas Nacionais deve corresponder à formalização e implantação efetiva do SNDC. Do ponto de vista deste artigo, condição necessária, mas não suficiente, para tal é a reconstrução de um Conselho Nacional de Defesa do Consumidor que realmente tenha a defesa do consumidor como sua bandeira. Quando digo suficiente, é porque estou querendo ressaltar que a mera criação de um Conselho Nacional de

---

36 Disponível em: http://www2.mma.gov.br/port/conama/. Acesso em: 16 set. 2020.

37 Disponível em: http://portal.mec.gov.br/conselho-nacional-de-educacao/apresentacao. Acesso em: 16 set. 2020.

38 Disponível em: http://conselho.saude.gov.br/. Acesso em: 16 set. 2020.

39 Disponível em: http://www.cnrh.gov.br/. Acesso em: 16 set. 2020.

40 Disponível em: https://www.direitosdacrianca.gov.br/conanda. Acesso em: 16 set. 2020.

nada adianta, se este Conselho não atender a alguns requisitos: (i) que a defesa dos consumidores seja seu objetivo; (ii) representatividade real de todos os atores do Sistema, com destaque à representação da sociedade civil; (iii) transparência nos debates e decisões; (iv), possibilidade de formação de clima harmonioso entre fornecedores e consumidores para que estudos e propostas possam ter legitimidade; e (v) empoderamento do Conselho representativo para que suas deliberações possam ter um papel fundamental na cooperação das ações dos diversos atores socias, inclusive superando, por meio da colaboração, conflitos federativos. A ideia de um Conselho Nacional desta natureza deve ser replicada para a organização de Sistemas Estaduais e Municipais. O Decreto nº 10.417/2020, apesar de sua importância, foi uma chance perdida. Claro que sempre é possível reformular o referido Decreto, o que esperamos possa ocorrer rapidamente.

Outras medidas, ainda, devem ser tomadas, mas a ideia aqui defendida é que tais providências serão mais eficazes quanto mais forem produto de uma cooperação institucionalizada. A elaboração de uma Lei Complementar com base no parágrafo único do art. 23 da CF visando a organização da cooperação federativa, a exemplo do que se fez na área ambiental[41], poderia ser um caminho, mas é preciso primeiro criar o local de construção deste caminho (além de se estudar se realmente é legal, do ponto de vista constitucional, uma lei desta natureza na proteção do consumidor).

Como já foi afirmado, já existiu um Conselho Nacional[42] representativo. Aliás, a primeira proposta legislativa de criação de um Conselho Nacional data de maio de 1971 e foi de autoria do Deputado Federal Nina Ribeiro[43]. E o atual CDC foi construído nas discussões deste Conselho Nacional, instituído pelo Decreto 91.469, de 24 de julho de 1985. Veja-se a ata da 27ª reunião do Conselho em 13 de fevereiro de 1989 que aprovou o texto de um Código de Defesa do Consumidor que posteriormente seria debatido no Congresso Nacional.[44]

Voltemos, por fim, ao argumento central deste artigo: constatada uma vulnerabilidade do consumidor – fragilidade – na relação de consumo, a legislação reconhece a relevância social/difusa do problema e a necessidade de adoção de práticas para minimizar os impactos negativos (art. 5º, XXXII da CF e art. 4º do CDC); busca-se, então, a organização de todos os atores sociais, que sofrem ou atuam no tema, na forma de um fórum de Políticas Públicas; e, ao final, este espaço público – *o Sistema Nacional institucionalizado* – com base na legislação e no diagnóstico feito, elabora e coordena a execução de uma Política Nacional para atuar com eficiência sobre aquela vulnerabilidade. O CDC nos oferta as linhas gerais desta Política Pública Nacional e caberia a um Conselho Nacional detalhar, organizar e coordenar esta política.

---

[41] Lei Complementar 140/2011.

[42] Disponível em: https://www2.camara.leg.br/legin/fed/decret/1980-1987/decreto-91469-
-24-julho-1985-441658-publicacaooriginal-1-pe.html. Acesso em: 16 set. 2020.

[43] Disponível em: http://imagem.camara.gov.br/Imagem/d/pdf/DCD19MAI1971.pdf#page=3.
Acesso em: 16 set. 2020.

[44] Disponível em: https://www.justica.gov.br/seus-direitos/consumidor/a-defesa-do-consumidor-
no-brasil/anexos/28-ata-27a-reuniao-ordinaria-do-cndc.pdf. Acesso em: 16 set. 2020.

No caso do Brasil ainda falta a criação efetiva deste *locus* público: um representativo e transparente Conselho Nacional de Defesa do Consumidor e a replicação deste modelo em Conselhos Estaduais e Municipais. Nesta comemoração dos 30 anos do Código de Defesa do Consumidor, uma lei que veio para ficar e lutamos no dia a dia para sua manutenção, é preciso afirmar que ainda dá tempo para institucionalizar este fórum de Políticas Públicas na defesa dos consumidores brasileiros. Vale a pena!

REFERÊNCIAS BIBLIOGRÁFICAS

ALMEIDA, Fernanda Dias Menezes de. Competências na Constituição de 1988. São Paulo: Atlas, 1991.

BROBECK, Stephen et all. *Encyclopedia of the consumer movement*. Santa Bárbara, Califórnia: Ed. ABC – CLIO, 1997.

BROBECK, Stephen; ROBERT N. Mayer (ed.). *Watchdogs ad Whistleblowers*: a reference guide to consumer activism. Santa Barbara California: ABC-CLIO, 2015.

BUCCI, Maria Paula Dallari. Direito Administrativo e Políticas Públicas. São Paulo: Saraiva, 2002.

COMPARATO, Fábio Konder. O Ministério Público na defesa dos direitos econômicos, sociais e culturais. *Revista da Faculdade de Direito de Minas Gerais*, nº 40, 2001.

DWORKIN, Ronald. Levando os direitos a sério. São Paulo: Martins Fontes, 2010.

GRAU, Eros Roberto. Interpretando o Código de Defesa do Consumidor; algumas notas. *Revista do Consumidor* nº 5. São Paulo: Revista dos Tribunais, 1993.

MELAZZO, Everaldo Santos. Problematizando o conceito de políticas públicas: desafios à análise e à prática do planejamento e da gestão. *Revista Tópos*, Unesp, V. 4, nº 2, 2010.

NERY JR., Nelson. Os princípios gerais do Código de Defesa do Consumidor. *Revista do Consumidor* n.º 3. São Paulo: Revista dos Tribunais.

OLIVEIRA, Amanda Flávia de. O Sistema Nacional de Defesa do Consumidor – Histórico. *Revista de Direito do Consumidor* n. 44, out.-dez. 2002, São Paulo: Revista dos Tribunais.

PFEIFFER, Roberto Augusto Castellanos. Lei da Liberdade Econômica é bem-vinda, mas não aplicável às relações de consumo. Disponível em: https://www.conjur.com.br/2019-dez-30/direito-civil-atual-lei-liberdade-economica-bem-vinda. Acesso em: 16 set. 2020.

RIBEIRO, Nina. Meu depoimento perante a CPI do Consumidor, depoimento na 9º reunião da CPI, realizada em 08/06/1976. Publicação da Câmara dos Deputados, 1977.

SIDOU, Othon. *Proteção do Consumidor*. Rio de Janeiro: Forense, 1977.

SODRÉ, Marcelo Gomes. *A Construção do Direito do Consumidor*: um estudo sobre as origens das leis principiológicas de defesa do consumidor. São Paulo: Atlas, 2009.

SODRÉ, Marcelo Gomes. *A Formação do Sistema Nacional de Defesa do Consumidor*. São Paulo: Revista dos Tribunais, 2007.

SODRÉ, Marcelo Gomes. Verbete "Brazilian Consumer Movement". *Watchdogs ad Whistleblowers: a reference guide to consumer activism*. Santa Barbara California: Stephen Brobeck and Robert N. Mayer, Editors, ABC-CLIO.

Sites referidos no decorrer do artigo (consultados no mês de abril de 2020):

https://legis.senado.leg.br/sdleg-getter/documento?dm=3540163&ts=1567518887274&-disposition=inline

https://www.conjur.com.br/2019-dez-30/direito-civil-atual-lei-liberdade-economica-bem-vinda

https://www.justica.gov.br/seus-direitos/consumidor/a-defesa-do-consumidor-no-brasil/anexos/sistema-nacional-de-defesa-do-consumidor-sndc

https://www.direitosdacrianca.gov.br/conanda

https://www.mpcon.org.br/

http://www2.mma.gov.br/port/conama/

http://www.condege.org.br/

http://www.fonaje.org.br

http://www.ipea.gov.br/portal/images/stories/PDFs/relatoriopesquisa/181013_diagnstico_sobre_juizados.pdf

https://sindecnacional.mj.gov.br/home

https://www.defesadoconsumidor.gov.br/portal/biblioteca/94-legislacao/502-portaria-interministerial-n-3-082-de-25-de-setembro-de-2013

https://www.defesadoconsumidor.gov.br/escolanacional

http://portal.mj.gov.br/recall/

https://www.defesadoconsumidor.gov.br/images/Legisla%C3%A7%C3%A3o/Portaria_Siac_3082-2013.pdf

http://portal.mec.gov.br/conselho-nacional-de-educacao/apresentacao

http://conselho.saude.gov.br/

http://www.cnrh.gov.br/

https://www2.camara.leg.br/legin/fed/decret/1980-1987/decreto-91469-24-julho-1985-441658-publicacaooriginal-1-pe.html

http://imagem.camara.gov.br/Imagem/d/pdf/DCD19MAI1971.pdf#page=3

https://www.justica.gov.br/seus-direitos/consumidor/a-defesa-do-consumidor-no-brasil/anexos/28-ata-27a-reuniao-ordinaria-do-cndc.pdf

4

OS PRINCÍPIOS DA PRECAUÇÃO E DA PREVENÇÃO COMO REGRAS DE FUNDO DO DIREITO CONSUMERISTA PARA A SEGURANÇA DO CONSUMIDOR

TERESA ANCONA LOPEZ

1. SOCIEDADE DE RISCO E RESPONSABILIDADE CIVIL

O tema escolhido visa mostrar a evolução da Responsabilidade Civil diante da nova realidade produtora de danos, a chamada sociedade de risco. Como sabemos, esse termo foi cunhado, na Alemanha, por Ulrich Beck, que publicou, em 1986, a *Sociedade de Risco* (*Risikogesellschaft*), um dos livros mais influentes na análise social da última parte do século XX e referência do problema do risco global.

Uma das mais acentuadas características da sociedade contemporânea é o acelerado progresso tecnológico e científico. Essas descobertas e transformações visam, obviamente, melhorar a vida de todos no planeta Terra. Porém, tudo isso traz, paradoxalmente, grandes riscos e perigos para a civilização. Vivemos a era do medo, sentimento conhecido de toda criatura viva conforme ensina Zygmunt Bauman[1], e da incerteza. Não sabemos aonde podem nos levar esses avanços.

Esse medo e essa incerteza não vêm somente das grandes catástrofes naturais, que também apavoram, como os tsunamis ou terremotos vistos na Tailândia, no Japão e no Haiti, mas principalmente dos riscos de danos morais e materiais que surgem das novas invenções tecnológicas como a *internet* e toda informática, porquanto somos permanentemente controlados. Nossos dados são públicos. Hoje, o famoso "Grande Irmão" toma conta de nossas vidas e nos leva aprender a lidar com o fundamental direito de privacidade nessa também sociedade de vigilância. É certo que ninguém ignora os danos da economia globalizada. Lembre-se, recentemente, da crise

---

[1] *Medo Líquido.* Tradução de Carlos Alberto Medeiros, Rio de Janeiro: Ed. Zahar, 2008, p. 9.

econômica deflagrada em 2008, que se espalhou por todas as economias do mundo, crise essa que se repetirá em escala muito maior depois da pandemia da Covid-19. Recorde-se, ainda, dos riscos trazidos pelas novas descobertas advindas de pesquisas biotecnológicas como as clonagens. Sem falar nos riscos que surgem com os novos medicamentos (ou com o uso indiscriminado e precoce de fármacos já existentes e indevidamente "vendidos" como elixir milagroso) ou com alimentos contaminados[2] por venenos ou mesmo por praguicidas. O que dizer de toda a controvérsia que pesa sobre a questão dos alimentos transgênicos?

Tudo isso vai desembocar na total globalização com todos os seus benefícios e malefícios. Em suma, podemos afirmar a efetiva e perene globalização do Planeta Terra. O conceito de aldeia global, criado pelo filósofo canadense Herbert M. McLuhan, encaixa-se perfeitamente ao fenômeno presenciado na atualidade, ou seja, o mundo ficou pequeno e para isso também contribuiu a facilidade de locomoção entre os cinco continentes. A pandemia do coronavírus que varre nosso planeta nesse momento encontrou na globalização um *habitat* perfeito para seu desenvolvimento acelerado. Os habitantes dessa aldeia foram facilmente infectados e, às vezes, ocupando um lugar no corredor da morte.

Registre-se, ademais, que pesquisas – ainda não concludentes, diga-se de passagem – têm mostrado que o uso excessivo do telefone celular tem o risco de gerar, no futuro, graves doenças em decorrência da propagação de ondas eletromagnéticas principalmente em crianças que não têm seu cérebro inteiramente formado[3]. No mesmo sentido, as torres retransmissoras de sinais para esses aparelhos móveis foram colocadas sob suspeita de prejudicar a saúde de todos os que habitam próximo a elas. Na França, mesmo diante da **incerteza científica** (risco hipotético), o Tribunal de Grasse, em 17/06/2003, decidiu – decisão essa confirmada pela Corte de Apelação de *Aix en Provence* em 08/06/2004 –, combinando a teoria da precaução com os chamados direito de vizinhança, determinou a retirada de antena de telefonia celular que emitia ondas eletromagnéticas supostamente perigosas à saúde da população vizinha. É o típico caso de risco incerto. Mas, hoje, concebe-se o mundo sem a telefonia celular?

Elza e Fernando Netto Boiteux[4] explicam que "durante décadas a energia elétrica foi considerada uma forma de energia absolutamente 'limpa' (não poluente) e não se imaginava que ela pudesse causar nenhum dano, a não ser através do contato direto com o corpo humano, provocando os conhecidos choques elétricos". Mostram os autores que os sintomas negativos apareceram em trabalhadores expostos a maiores cargas de energia, como, por exemplo, contrações musculares involuntárias. "Os efeitos nocivos à saúde decorrentes de exposição aos campos

---

[2] Em 2011, o mundo se chocou com as mortes causadas pela bactéria *E. coli*, que contaminou verduras e legumes.

[3] A OMS anunciou, em 31.05.2011, o uso do telefone móvel como possivelmente cancerígeno, tal como o chumbo, escapamento de motor de carro e clorofórmio.

[4] Elza Antonia P. C. Boiteux e Fernando Netto Boiteux, *Poluição eletromagnética e meio ambiente – O princípio da precaução*. Porto Alegre: Sergio Antonio Fabris Editora, 2008, pág. 19 e 20.

eletromagnéticos gerados pela transmissão de energia elétrica também não se apresentam de maneira evidente, quanto os decorrentes da exposição à radiação nuclear ou aparelhos de exame por meio de raios-X"[5]. O mundo pode ficar sem energia elétrica?

Apesar da lista interminável, mencionamos, por fim, as ameaças do terrorismo internacional que não tem local nem pátria. O risco do terrorismo, que está em todas as partes sem estar em nenhuma, apavora a humanidade. Ninguém sabe se fazendo turismo, mesmo em países aparentemente pacíficos, não morrerá no próximo minuto, como, por exemplo, no maior atentado terrorista da história da Europa, no dia 11 de março de 2004, na estação de trens Atocha de Madri, que matou 200 pessoas e feriu quase 2.000, ou o ataque às Torres Gêmeas, em Nova Iorque, em 11 de setembro de 2001, maior atentado terrorista do mundo. O terrorismo levou a um desdobramento perverso que foi o de fulminar o direito fundamental da privacidade em nome da segurança social, veja-se o sistema de revista nos aeroportos estadunidenses desnudando literalmente seus passageiros que, sem opção, submetem-se a essa forma de controle.

Contudo, por mais medidas que sejam tomadas, o **risco zero não existe**. Em suma, a única certeza na sociedade risco é a incerteza, pois os riscos não podem ser mensurados. A sociedade de risco, como quer Beck, é a sociedade da era industrial acrescida das inovações científicas e tecnológicas, cujos efeitos são imprevisíveis. Na verdade, os riscos sempre existiram, mas estes são os chamados **novos riscos**, que poderão levar a **danos graves e irreversíveis** às pessoas e ao meio ambiente, são os riscos do progresso. Beck mostra que a força motriz da sociedade de classes pode ser resumida em uma frase: "Tenho fome!". E, na sociedade de riscos: "Tenho medo!". Na era do risco, as ameaças com as quais nos confrontamos não podem ser atribuídas a Deus ou à natureza, mas à própria "modernização" e ao "progresso".

Por isso, Hans Jonas propôs uma nova ética, no seu prestigiado *O Princípio Responsabilidade*[6], para salvaguardar e proteger a atual e as futuras gerações. Propõe, então, que a incerteza que domina a sociedade contemporânea e que ameaça tornar inoperante uma responsabilidade em relação ao futuro seja incluída na teoria ética, daí surgindo um novo princípio como prescrição prática: "**é necessário dar mais ouvidos à profecia da desgraça do que à profecia da salvação**" (grifo do autor)[7]. Há, dentro do *Princípio Responsabilidade*, um dever para com o futuro, com a humanidade, para que esta humanidade continue a existir.

---

[5] Segundo Elza e Fernando Boiteux, *op. cit.*, p. 42, nos últimos dez anos, em razão da existência de relação estatística entre a ocorrência e a radiação eletromagnética, as doenças que podem surgir são: leucemia em adultos e crianças, câncer no cérebro em adultos e crianças, câncer de mama em homens e mulheres, outros tipos de câncer, aborto espontâneo, disfunções de reprodução ou desenvolvimento, esclerose lateral amiotrófica (doença de Lou Gehrig), mal de Alzheimer, infarto agudo do miocárdio, suicídio, outras doenças como depressão.

[6] Hans Jonas, *O Princípio Responsabilidade*. Tradução Marijane Lisboa e Luiz Barros Nuntez, Rio de Janeiro: Ed. Contraponto, PUC, 2006.

[7] *Op. cit.*, p. 77.

2. OS PRINCÍPIOS DA PREVENÇÃO E DA PRECAUÇÃO

O Direito, a mais importante ciência social, vem tentando acompanhar essas transformações, sempre alguns passos atrás, para continuar sua missão, ou seja, organizar a sociedade de forma segura e justa. Cria, então, instrumentos que venham evitar ou amenizar a possibilidade desses novos riscos, que poderão levar a danos graves e irreversíveis. Aparecem, dessa forma, os princípios jurídicos da prevenção e da precaução.

O **princípio da prevenção** vai ser aplicado quando o risco de dano é concreto e real. Na verdade estamos diante do **perigo**, que é o risco conhecido, como, por exemplo, o limite de velocidade nas estradas ou os exames médicos necessários que antecedem uma intervenção cirúrgica. Podemos lembrar, a propósito, que o princípio da prevenção perpassa todo Direito do Consumidor, **pois o Código de Defesa do Consumidor consagra a obrigação de segurança quando determina, em seu artigo 6º, I, que é direito básico do consumidor a "proteção da vida, saúde e segurança contra os riscos provocados por práticas no fornecimento de produtos e serviços considerados perigosos ou nocivos". Sem dúvida, o código consumerista tem como "regras de fundo" os princípios da prevenção e da precaução.**

Já o **princípio da precaução** deve ser aplicado no caso de riscos potenciais ou hipotéticos, abstratos, e que possam levar aos chamados danos graves e irreversíveis. É o "risco do risco"[8]. Neste caso, não há dúvida que os atores desse momento devem identificar e construir esse risco (os atores são o Poder Público, as empresas, a mídia, a sociedade civil, os profissionais liberais e o próprio indivíduo) com base nas estatísticas, perícias, probabilidades, pesquisas de opinião e auxílio da mídia.

O grande dilema nessa questão é verificar se as **medidas antecipatórias** do risco devem ser tomadas. Exemplo: Nos anos 80 na França, desconfiava-se, apenas dúvida havia, frise-se, que certo grupo de pessoas poderia estar contaminado com o vírus HIV, que ainda não se encontrava isolado. Contudo, nenhuma medida foi tomada diante da continuidade dos procedimentos de doação de sangue. Assim, muitas pessoas foram contaminadas, principalmente os hemofílicos. Faltou a aplicação do princípio da precaução; por outro lado, se aplicado incondicionalmente, pode causar danos econômicos e sociais irreversíveis. Tome-se como paradigma o caso dos alimentos transgênicos sobre os quais pairam dúvidas em ambos sentidos: seriam bons ou maléficos à saúde humana? Não se sabe ao certo, mas pode-se dizer que, se o seu cultivo fosse barrado em nome da precaução, as exportações brasileiras sofreriam um estrondoso golpe e, por consequência, os trabalhadores diretamente e a população pelo empobrecimento.

A precaução e a prevenção sempre existiram como manifestação da prudência, mas eram aplicadas de forma intuitiva. Hoje, na sociedade contemporânea, como medida preventiva, é de **aplicação técnica para os novos riscos**.

A noção de precaução foi introduzida pelo Direito Ambiental e sua consagração se deu em 1992 na Declaração do Rio, a ECO 92, que determina, em seu princípio 15: "Com o fim de proteger o meio ambiente, o princípio da precaução deverá ser amplamente observado pelos Estados, de acordo com suas capacidades. Quando houver

---

8   Philippe Kourilsky e Geneviéve Viney. *Le Principe de Précaution*. Paris: Editions Odile Jacob, 2000, p. 16.

ameaça de danos graves ou irreversíveis, a ausência de certeza científica absoluta não será utilizada como razão para o adiamento de medidas economicamente viáveis para prevenir a degradação ambiental." Do Direito Ambiental passou para o Direito Sanitário, vide de casos de HIV e doença da "vaca louca", assim como para o âmbito médico-hospitalar, vindo desembocar na Teoria Geral da Responsabilidade Civil.

A Responsabilidade Civil assume cada vez mais sua autonomia científica e jurídica, mesmo fazendo parte do Direito das Obrigações. Nela, os princípios da prevenção e precaução se manifestam na **atitude** ou na conduta de antecipação de riscos graves e irreversíveis. Exemplos: Na área da saúde, o gerenciamento de vacinas, de tratamentos e de infecção hospitalar. Nos transportes, a exigência de cada vez mais de máxima segurança. Nos alimentos o monitoramento dos agrotóxicos, alimentos contaminados e regras para obtenção de organismos geneticamente modificados – OGMs. Em todos os tipos de produtos, principalmente no rastreamento dos remédios, que podem ter efeitos tardios perniciosos (riscos de desenvolvimento), bem como o *recall* de automóveis, brinquedos e outros bens de consumo.

Porém, como já falamos anteriormente, o risco zero não existe. Sempre teremos o chamado **risco residual**, que tem sido absorvido pelas vítimas.

Em suma, os princípios da precaução e da prevenção já estão fazendo parte da Responsabilidade Civil do século XXI, incluindo evidentemente a responsabilidade pelos acidentes de consumo, e devem ser aplicados de forma equilibrada dentro dos princípios da razoabilidade e da proporcionalidade. O princípio da precaução é uma arma perigosa nas mãos dos demagogos e dos políticos populistas. Assim, empresas que estão colaborando com o progresso e crescimento do país, e que ajudam socialmente com o fornecimento de empregos diretos e indiretos e com a distribuição de certos benefícios sociais, podem ser obrigadas a fechar suas portas, acusadas de omissões no gerenciamento dos riscos que vêm de seus produtos e serviços por não terem adotado medidas de prevenção no caso de risco conhecido ou de precaução no caso de riscos possíveis, o que pode não ser verdadeiro. Podem travar o progresso econômico, científico e social.

3. FUNDAMENTOS ÉTICO E JURÍDICO DO PRINCÍPIO DA PRECAUÇÃO E AS FUNÇÕES DA RESPONSABILIDADE CIVIL NO SÉCULO XXI

O fundamento ético do princípio da precaução está na virtude da prudência, como a definiu Aristóteles: o comportamento diante do incerto. Já vimos, anteriormente, que Hans Jonas tem outro fundamento para esse princípio, qual seja, a **ética do medo**.

Os fundamentos jurídicos, por sua vez, são vários. O primeiro é, sem dúvida, a obrigação geral de segurança positivada na Constituição federal e no Código de Defesa do Consumidor.

François Ewald[9], um dos principais autores na matéria, acha que a sociedade está mudando de paradigma no que diz respeito à filosofia política da segurança e das obrigações sociais. Esclarece que o século XIX teve como paradigma a "responsabilidade" (compensação das perdas). Na passagem para o século XX, esse paradigma da

---

[9] François Ewald, Christian Gollier e Nicolas de Sadeleer. "Le Principe de Précaution". In *Coleção Que sais-je?*. Paris: PUF, 2001.

responsabilidade foi substituído pelo da solidariedade (Estado-Providência e garantia de indenização pela segurança, o que veio a desembocar na "socialização do risco"). Supõe que agora pode ser que estejamos no momento de assistir ao nascimento de um novo paradigma, ou seja, da segurança que faz aparecer uma nova economia de direitos e deveres. Antes a noção de risco satisfazia; agora, há uma noção a ser reconhecida, a de **incerteza**. As obrigações morais tomam a forma da **ética** e a responsabilidade aparece como reflexo da noção de precaução. Assim, é o **paradigma da segurança** que transforma os princípios da responsabilidade e da solidariedade em princípio da precaução. **Esse paradigma tem, no princípio da precaução, sua melhor aposta**.

A obrigação geral de segurança veio se acrescentar à reparação integral e à solidariedade, ou seja, a responsabilidade civil foi enriquecida, evoluiu. Não há exclusão de nenhum dos paradigmas anteriores.

No direito brasileiro, podemos fundamentar juridicamente o princípio da precaução:

(I)   No artigo 3º da Constituição Federal de 1988, que determina que constitui objetivo fundamental da República Federativa do Brasil "I – construir uma sociedade livre, justa e solidária". Portanto, a **solidariedade** é objetivo fundamental da República. Esse princípio tem que ser usado sempre, pois vai iluminar a interpretação das normas, porquanto é ele um dos pilares que ajudam a construir o sistema jurídico pátrio. Não poderia deixar de aplicar-se à responsabilidade civil, que é o ramo do direito que vela para que os danos não fiquem impunes (*alterum non laedere*) e agora também para que os riscos e danos sejam evitados.

(II) Cite-se também o artigo 5º, XXXV, onde se lê: "a lei não excluirá da apreciação do Poder Judiciário lesão ou ameaça a direito".

(III) Também são fundamentados os princípios da precaução e da prevenção no *caput* do artigo 5º, do título II da Constituição Federal de 1988, que trata dos "Direitos e Garantias Fundamentais". O artigo 5º dispõe que "Todos são iguais perante a lei, sem distinção de qualquer natureza, garantindo-se aos brasileiros e aos estrangeiros o direito à vida, à liberdade, à igualdade, à **segurança** e à propriedade, (...)". Completa essa proteção constitucional a norma do artigo 6º, insculpida no Capítulo II dos "direitos sociais", que determina que "São direitos sociais a educação, a saúde, a alimentação, o trabalho, a moradia, o transporte, o lazer, a **segurança**, a previdência social, a proteção à maternidade e à infância (...)" (grifos nossos). Portanto, a segurança aparece como um direito e garantia individual e coletiva e também como direito social. A precaução tem como objetivo direto a **segurança** individual e social, ou melhor, é um dos modos pelos quais se faz a gestão de riscos, riscos esses graves, irreparáveis e incertos. O princípio da precaução vai desenvolver o princípio da segurança.

(IV) Sem dúvida, também há os fundamentos estatutários, isto é, do direito infraconstitucional, como o Código de Defesa do Consumidor, que prevê expressamente a **obrigação geral de segurança** afeta ao fornecedor de produtos e serviços que ameacem a saúde, a vida e a segurança dos consumidores. É direito básico do consumidor "a proteção da vida, saúde e segurança contra riscos provocados por práticas no fornecimento de produtos e serviços considerados perigosos ou nocivos" (artigo 6º, I, CDC). Além disso, o consumidor tem expectativa de segurança nos produtos e serviços postos no mercado. O Código de Defesa do Consumidor, **visando proteger a parte mais fraca e vulnerável, tem como "regras de fundo" os princípios da prevenção e da precaução, obrigatórios para os fornecedores de produtos e serviços.** O mesmo acontece com as leis ambientais, que exigem essa precaução para que o meio ambiente e, por consequência, as pessoas não fiquem prejudicados com seu mau uso ou uso abusivo.

(V) Podemos lembrar a Declaração do Rio de Janeiro, de 1992, que, em seu princípio 15, prevê expressamente o princípio da precaução ("De modo a proteger o meio ambiente, o princípio da precaução deve ser amplamente observado pelos Estados, de acordo com suas capacidades. Quando houver ameaça de danos sérios e irreversíveis, a ausência de absoluta certeza científica não deve ser utilizada como razão para postergar medidas eficazes e economicamente viáveis para prevenir a degradação ambiental"), que exprime de modo claro quando o princípio da precaução deve ser aplicado. A lei da responsabilidade em atividades nucleares (Lei nº 6.453/1977) consagra a responsabilidade irrestrita por danos nucleares e, em matéria de precaução, prevê a responsabilização penal daquele que, ao explorar atividade nuclear, não observar as normas de segurança relativas à instalação nuclear e ao manuseio do material nuclear (artigo 26).

(VI) Todos os ordenamentos nacionais e supranacionais que tratam do princípio da precaução.

(VII) Porém, de outro lado, temos, para fundamentar juridicamente o princípio da precaução, em sua aplicação na prática jurisdicional, a *analogia legis*, ou seja, podemos aplicar para casos semelhantes e com a mesma razão de direito o princípio 15 da Carta do Rio de 1992, que exprime de maneira clara quando o princípio da precaução deve ser aplicado. Assim, diante da lacuna sobre a precaução, o intérprete usará a norma prevista para hipótese semelhante.

(VIII) Finalmente, o fundamento da precaução e também da prevenção como princípios jurídicos pode vir dos princípios inspiradores do sistema (*analogia juris*), como o princípio da segurança, o princípio da ética social, o princípio da função social da propriedade e dos contratos, o princípio da dignidade humana, o princípio da solidariedade, o princípio do respeito à vida, à saúde, à propriedade, o princípio da igualdade substancial no plano individual e global, o princípio da reparação integral dos danos. Assim como dos **princípios gerais de direito**, de conhecimento universal. Lembraríamos principalmente o *alterum non laedere*, "deve-se fazer o bem e **evitar** o mal", "deve-se respeitar o próximo", "deve-se manter a vida em sociedade", "deve-se pensar nas gerações futuras".

Em resumo, a partir da admissão dos princípios da precaução e da prevenção, podemos dizer que a Responsabilidade Civil do século XXI tem três funções principais:

(1) **Função compensatória:** sua função principal, fundamentada no princípio da reparação integral de todos os danos sofridos;

(2) **Função dissuasória:** aparece através de pesadas indenizações contra o autor do dano, classicamente chamada de função preventiva, dentro da qual temos que lembrar a teoria dos *punitive damages*, com caráter de pena privada, e da *deterrence* com fundamento econômico.

(3) **Função preventiva em sentido lato:** engloba os princípios da precaução e da prevenção, pelos quais haverá a antecipação de riscos e danos.

Com isso nasce a **responsabilidade preventiva**, que funcionará ao lado da **responsabilidade reparadora** ou clássica. Uma não exclui a outra. Ambas são necessárias, pois, caso o dano não consiga ser evitado, deverá ser reparado integralmente por seu autor ou pelo seguro. Portanto, diante da sociedade de risco, teve a responsabilidade civil que **evoluir** acrescentando os princípios da precaução e da prevenção ao seu rol já tradicional de princípios. Houve apenas **acréscimo sem recuo ou perda** de importância, seja da culpa, seja do risco. Essa transformação que vivemos na sociedade atual é semelhante àquela que levou à introdução da responsabilidade objetiva e coletiva em um sistema todo fundamentado na responsabilidade individual e na culpa.

4. APLICAÇÃO E EXECUÇÃO DO PRINCÍPIO DA PRECAUÇÃO. RESPONSABILIDADE SEM DANO

A Responsabilidade Civil por ameaças ou riscos de danos graves e irreversíveis pode ser executada por meio de medidas preventivas e acautelatórias no âmbito privado. Um bom exemplo é o da aplicação dessas medidas juntamente com os dispositivos legais dos direitos de vizinhança, que, sem dúvida, podem ser utilizados com base na *analogia juris*, lembre-se o citado caso do Tribunal de Grasse, França. No âmbito público, órgãos administrativos como a ANVISA, o CADE, o PROCON, o IBAMA, a ANAC etc. aplicam de forma expressa norma e sanções com caráter indubitavelmente precaucional.

O problema da prevenção e precaução se coloca principalmente nos casos de responsabilidade sem dano. Mas como é isso possível se a Responsabilidade Civil trata da reparação de danos e, em consequência, sem dano provado não há lugar para a reparação? Para equacionar esse problema é preciso separar os conceitos de responsabilidade e indenização, porquanto são noções distintas. A noção de responsabilidade viu seu campo expandido com o aparecimento da "sociedade de risco" e, neste momento, é somente a teoria da responsabilidade civil que poderá definir e tutelar os "novos riscos" causadores do também *novo* tipo de dano, aquele muito grave e irreversível.

Será possível caracterizar como dano (prejuízo) a **ameaça** ou **risco** de "danos graves e irreversíveis"? Existiria o "dano de risco"? Pensamos que é possível na teoria e na prática. Ainda nos socorrendo do direito à saúde, podemos lembrar de situações em que pessoas tiveram contato com algum vírus, mas não desenvolveram a doença ou porque ainda não passou o período da chamada "janela imunológica", como no caso da AIDS, do coronavírus e tantos mais que deverão vir a castigar esse planeta, e não é possível averiguar-se se o exame vai dar positivo ou negativo; ou, então, porque há um lapso de tempo muito grande entre o contato e o desenvolvimento da doença, como no caso da temida "hepatite C". Poderá pedir indenização pela ameaça ou risco de desenvolver a doença? O medo constante de ser portador de vírus de doença incurável é, com certeza, dano indenizável. Também poderíamos colocar a hipótese de uma ação civil pública contra o Município do Rio de Janeiro, em nome de toda a população carioca (não somente dos já contaminados), pelo risco de adquirir dengue por falta de precaução da Prefeitura do Rio de Janeiro. **O dano aqui é o risco**.

Todavia, Mathilde Boutonnet faz diferença entre risco e perturbação por uma ameaça de dano. Cita um julgado no qual fotografias tiradas de determinada pessoa sem sua autorização expressa podem configurar um dano resultante "do risco que uma tal publicação pode mexer com a segurança sobre seus bens". Foi essa perturbação que foi reparada, e não o risco, segundo a autora[10].

Enfim, ressaltamos que a solução é sempre a aplicação do princípio da precaução, tendo em vista que os riscos são hipotéticos. A precaução consistirá no gerenciamento desses riscos por meio da **informação** (como no caso dos telefones celulares), porém somente quando a ciência tiver alguma base para diminuir esses possíveis riscos é que deverá ser adotada alguma atitude efetiva de prevenção e precaução.

5. A SOLIDARIEDADE E O DILEMA ENTRE A SOCIALIZAÇÃO DOS RISCOS E A PREVENÇÃO DE DANOS

A responsabilidade fundada no risco tem não só fundamento econômico (*ubi emolumentum ibi onus*), mas também ético, de uma ética social (*ethos*), que se resume na solidariedade.

O princípio solidarista aparece nas Constituições europeias do último pós-guerra e também integra a Constituição Federal brasileira de 1988. Constitui um dos objetivos fundamentais da República do Brasil construir uma sociedade livre, justa e solidária (art. 3º, I). Alcança seu pleno desenvolvimento com a instituição dos *Welfare States*.

Dessa forma, a doutrina da "socialização dos riscos" tem fundamento ético na solidariedade social como necessidade de reparação integral de todos os danos. Há de se proteger as vítimas. Os riscos criados não se consideram mais simples riscos individuais. São riscos sociais e não é justo que os homens respondam por eles individualmente. A regra do *neminem laedere* tem muito mais um caráter social que individualista. O que importa é que se repartam as consequências danosas entre todos os membros da sociedade. O risco se coletiviza. Socializa-se a responsabilidade, no dizer de Savatier[11].

A socialização dos riscos tem como pilares o seguro social e o seguro privado de responsabilidade civil. No dizer de J. J. Calmon de Passos, "para se tornar operacional a teoria do risco, sem disfuncionalidade, impôs-se a solução pelo seguro, que institucionaliza, em termos técnicos, o imperativo de solidariedade"[12]. Mas a verdadeira

---

[10] Mathilde Boutonnet, op. cit., p. 527-529.
[11] Wilson Melo da Silva. *Responsabilidade sem Culpa e Socialização do Risco*. Belo Horizonte: Bernardo Alvares S.A., 1962.
[12] "O Risco na Sociedade Moderna e seus Reflexos na Teoria da Responsabilidade Civil e na Natureza Jurídica no Contrato de Consumo", in *Revista Diálogo Jurídico*, ano I, vol. I, nº 5, agosto de 2001, Salvador, Bahia.

148 | DIREITO DO CONSUMIDOR – 30 ANOS DO CDC

"socialização dos riscos" é aquela na qual há a difusão do seguro obrigatório e a criação dos Fundos estatais ou também de fundos que, além das reservas provindas do Poder Público, se mantêm com a contribuição financeira das empresas que mais expõem a riscos a sociedade. Sem a adoção geral do seguro obrigatório é impossível falar-se em "socialização dos riscos".

Alpa e Bessone mostram que a tendência da socialização dos riscos e dos custos nas atividades empresariais causadoras de danos não tem fundamento na revisão das regras de responsabilidade, mas na substituição dos instrumentos de direito privado pelos publicísticos[13].

Em outras palavras, a socialização dos riscos depende do Seguro Social e do seguro privado obrigatório (com ação direta da vítima), pois, se for facultativo, não haverá solução do problema das indenizações. O seguro obrigatório torna, definitivamente, a responsabilidade civil objetiva e o ressarcimento certo para todas as vítimas. Não importa o autor do dano; é a vítima que importa. Mister, em outros dizeres, a prevenção e a precaução dos perigos e desastres, pois, mesmo que as indenizações sejam vultosas, o mais importante é o respeito à integridade física e psíquica da pessoa humana.

Da mesma forma, na socialização dos riscos, perde importância a fundamentação da responsabilidade na teoria da culpa ou do risco. Na verdade, estamos diante do "direito de danos" e não da responsabilidade em sentido estrito.

Finalmente, a ampla "socialização dos riscos" pode tirar o incentivo da tomada de precaução diante dos riscos e da prevenção de perigos, pois o seguro é o oposto da conduta preventiva. Deveríamos ter um sistema que privilegiasse os princípios da precaução e da prevenção e, no caso de essas medidas falharem vindo a causar danos, aí sim o seguro iria socorrer as vítimas. **É preciso ressaltar que a socialização dos riscos não acaba com os riscos**, ao contrário, pode tornar os responsáveis por eles menos cuidadosos.

6. OS 30 ANOS DO CÓDIGO DE DEFESA DO CONSUMIDOR

Sem dúvida, a promulgação do CDC foi um marco no Direito brasileiro.

Mesmo numa comparação genérica e superficial, percebe-se a diferença do antes, com normas fracas e sem a força social esperada, e do depois, com a efetiva aplicação da nova legislação na proteção da parte mais fraca – o consumidor.

O novo estatuto, de ordem pública, obriga todos aqueles que participarem de uma relação de consumo a não se afastarem dos princípios que iluminam e estruturam o Código e todo o sistema consumerista.

Passados 30 anos, podemos afirmar que a instalação desse sistema, com todos seus mecanismos de atuação, continua merecendo nossos aplausos. Aplausos esses que devem ser estendidos a todos que participaram e participam do direito do consumidor, como juízes, promotores, advogados, doutrinadores e, em especial, aos órgãos administrativos que ajudam a empurrar essa máquina. Evidentemente, seus

---

[13] Guido Alpa e Mario Bessone. *Tratatto di Diritto Privato*, vol. 14, tomo VI. Torino: UTET, 1986, p. 320.

autores, juristas notáveis, elaboraram texto primoroso como poucas nações têm o privilégio de ter.

Porém, apesar de sua efetividade óbvia, ainda vemos fornecedores que não acreditam na força desse estatuto e na seriedade de seus aplicadores. São, especialmente, aqueles que fazem contratos abusivos e vendas abusivas cobrando muito além do razoável, aproveitando-se de situações sociais graves, como, agora, na pandemia da Covid-19.

Essas atitudes existem em todos os ramos do Direito. A lei existe para ser aplicada, mas nunca será possível interferir na liberdade do cidadão que insiste em certas condutas prejudiciais à sociedade sempre no espírito de tirar vantagem. Resta ao sistema jurídico aplicar sanções.

Mas penso que há um ponto que precisa ser mais bem trabalhado e mais lembrado: é a norma do artigo 4º, inciso IV, sobre a **educação** e informação de fornecedores e consumidores quanto aos seus direitos e deveres, com vistas à melhoria do mercado de consumo e que não têm sido das mais prestigiadas por ambas as partes da relação de consumo.

Em suma, os brasileiros podem se orgulhar de seu Direito do Consumidor.

7. REFERÊNCIAS BIBLIOGRÁFICAS

ALPA, Guido; BESSONE, Mario. *Tratatto di Diritto Privato*, vol. 14, tomo VI. Torino: UTET, 1986.

BAUMAN, Zygmunt. *Medo Líquido*, tradução de Carlos Alberto Medeiros. Rio de Janeiro: Ed. Zahar, 2008.

BOITEUX, Elza Antonia P. C. e BOITEUX, Fernando Netto. *Poluição eletromagnética e meio ambiente – O princípio da precaução*. Porto Alegre: Sergio Antonio Fabris Editora, 2008.

BOUTONNET, Mathilde. *Le Principe de Précaution en Droit de la Responsabilité Civile*. Paris: L.G.D.J, 2005.

CALMON DE PASSOS, J. J. "O Risco na Sociedade Moderna e seus Reflexos na Teoria da Responsabilidade Civil e na Natureza Jurídica no Contrato de Consumo", in *Revista Diálogo Jurídico*, ano I, vol. I, nº 5, agosto de 2001, Salvador, Bahia.

EWALD, François, GOLLIER, Christian e SADELEER, Nicolas de. "Le Principe de Précaution". *Coleção Que sais-je?*. Paris: PUF, 2001.

GIDDENS, Anthony. *Runaway World, How Globalization is Reshaping our lives*. New York: Ed. Routledge, 2000.

GODARD, Olivier. *Le principe de précaution – dans la conduite des affaires humaines*. Paris: Editions de la Maison des sciences de l'homme, 1997.

JONAS, Hans. *O Princípio Responsabilidade*. Tradução Marijane Lisboa e Luiz Barros Nuntez, Rio de Janeiro: Ed. Contraponto, PUC, 2006.

KOURILSKY, Philippe Kourilsky e VINEY, Geneviéve. *Le Principe de Précaution*. Paris: Editions Odile Jacob, 2000.

LOPEZ, Teresa Ancona. *Princípio da Precaução e Evolução da Responsabilidade Civil.* São Paulo: Quartier Latin, 2010.

MORSELLO, Marco Fabio. "A responsabilidade civil e a socialização dos riscos – o sistema neozelandês e a experiência escandinava". In: *Revista da Escola de Magistratura*, ano 7, nº 2, julho-dezembro 2006.

SILVA, Wilson Melo da. *Responsabilidade sem Culpa e Socialização do Risco.* Belo Horizonte: Ed. Bernardo Alvares S.A., 1962.

THIBIERGE, Catherine. *Libres propos sur l'évolution du droit de la responsabilité.* In: *Revue Trimestrielle de Droit Civil*, nº 3. Paris: julho/setembro 1999.

5

A EXPERIÊNCIA DO *RECALL* NO BRASIL

LUCIA ANCONA LOPEZ DE MAGALHÃES

1. NOTAS INTRODUTÓRIAS

A presente obra – *Direito do consumidor: 30 anos do CDC – Da consolidação como direito fundamental aos atuais desafios da sociedade* – foi idealizada para celebrar os 30 anos de vigência do Código de Defesa do Consumidor, oferecendo aos leitores um compêndio com uma abordagem aprofundada sobre temas fundamentais da matéria, em particular no que tange aos desafios atuais de sua aplicação e efetividade.

É, pois, com um olhar – reflexivo – no retrovisor e outro – propositivo – ao horizonte, que pretendemos – ao discorrer sobre o processo de chamamento (*recall*) de produtos e serviços – expor a importância seminal desse instituto à proteção à vida, saúde e segurança dos consumidores, ao mesmo tempo em que evocamos reflexões cruciais sobre a sua melhor interpretação e consequências jurídicas.

O *recall* é *remédio* – não veneno – estabelecido pelo Código de Defesa do Consumidor para prevenir danos à integridade física e moral do consumidor em uma sociedade de produção massificada, sempre que o fornecedor tiver ciência d'um desvio de produção *após* a introdução do produto no mercado (art. 10, §§ 1º e 2º, do CDC). Imediatamente após tomar ciência da nocividade do produto, surge a obrigação de comunicar o fato imediatamente às autoridades e aos consumidores para alertar sobre o risco e proceder à correção da falha mediante a troca ou reparo do produto defeituoso. Trata-se de dever legal que a bem da verdade apenas se tornou realidade no Brasil em 1990 com a *positivação* do procedimento pelo CDC.

Observamos, porém, que o cumprimento – espontâneo, diligente e de boa-fé pelo fornecedor de imperativo normativo – que elimina e/ou mitiga eventuais danos aos consumidores, por vezes, não tem sido adequadamente interpretado pelos operadores do direito, redundando em consequências jurídicas gravosas e, por assim dizer, contrárias à própria Política Nacional de Relações de Consumo (art. 4º do CDC).

Parece-nos relevante, assim, em uma análise perspectiva desses 30 anos do Código, festejar a positivação do *recall* em nosso ordenamento jurídico sem deixar de pensar, para o futuro, em instrumentos para o aperfeiçoamento de sua aplicação e interpretação, seja através de políticas públicas que contribuam para índices mais elevados de atendimento por parte dos consumidores aos chamamentos, seja, ainda, por meio de políticas que possibilitem uma maior harmonização das relações de consumo e compatibilização da proteção do consumidor com a necessidade de desenvolvimento econômico e tecnológico, restando a boa-fé e o equilíbrio nas relações entre consumidores e fornecedores como a pedra de toque a guiar toda e qualquer análise (art. 4º, III, do CDC).

O presente artigo se divide, pois, em quatro grandes temas, a saber: (i) a evolução do *recall* no Brasil e seus fundamentos conceituais, o que pressupõe a análise dos riscos envolvidos e a definição de defeito do produto ou serviço, pressupostos de aplicabilidade do *recall* (item 2); (ii) o exame da legislação específica que regulamenta detalhadamente o procedimento e sua comunicação imediata às autoridades e aos consumidores (item 3). Em seguida, cumpre-nos (iii) apontar os desafios atuais para uma maior efetividade no atendimento aos *recalls* pelos consumidores, situação que preocupa não apenas o Brasil, mas atinge diferentes jurisdições, abordando, neste tópico, o surgimento das novas tecnologias (e.g., Internet das Coisas) e seus impactos (positivos e negativos) ao tema da segurança e da efetividade dos chamamentos (item 4).

Na parte final deste artigo (item 5), permitimo-nos trazer algumas reflexões quanto às consequências jurídicas decorrentes da realização do *recall*. Assinalamos, por exemplo, certas incorreções quanto à atribuição de sanções ou imputações de natureza punitiva ao fornecedor de boa-fé que cumpre com rigor o dever legal imposto pelo art. 10, §§ 1º e 2º, do CDC e sua legislação específica. Com isso, à luz de todas as abordagens propostas, lançamos um potencial novo olhar sobre o *recall*, pavimentando o caminho para uma maior efetividade e segurança jurídica no manejo do instituto em nosso ordenamento jurídico.

2. *RECALL*: EVOLUÇÃO NO BRASIL E FUNDAMENTOS CONCEITUAIS

De acordo com as narrativas históricas, há quase sessenta anos, a partir do discurso ao parlamento do então Presidente norte-americano, John Fitzgerald Kennedy, de 15 de março de 1962, que se iniciou uma "reflexão jurídica mais profunda"[1] sobre a proteção aos direitos dos consumidores, ganhando o tema "espaço no debate econômico, social e político de todo o mundo"[2]. Por essa razão, inclusive, que a data de 15 de março é o dia mundial de celebração da proteção do consumidor.

Nesta oportunidade, Kennedy enumerou os direitos fundamentais do consumidor e ressaltou, dentre eles (i) o direito à segurança dos bens e serviços colocados no

---

[1] MARQUES, Claudia Lima, *Manual de Direito do Consumidor*. Antonio V. Benjamin, Claudia Lima Marques, Leonardo Roscoe Bessa. São Paulo: Editora Revista dos Tribunais, 2007, p. 24. Cf. também DE LUCCA, Newton. *Direito do Consumidor*, São Paulo: Ed. Quartier Latin, 2003, p. 47.

[2] SANTANA, Hector Valverde. *Proteção internacional do consumidor: necessidade de harmonização da legislação*, Revista de Direito Internacional, Brasília, Vol. 11, n.1, 2014, p. 53-64, p. 55.

mercado; (ii) o direito à informação, como meio de combater publicidades enganosas ou fraudulentas, além de viabilizar o acesso a informações essenciais para a melhor tomada de decisão; (iii) o direito à escolha, assegurando-se acesso a uma variedade de produtos, com qualidade satisfatória e a preços justos; (iv) direito de ser ouvido no processo de tomada de decisão governamental quanto aos bens e serviços colocados no mercado de consumo[3].

Surgia, pois, um novo desafio para a regulamentação do mercado e das relações comerciais entre consumidores e fornecedores, tendo a Organização das Nações Unidas (ONU) encampado as diretrizes do discurso de Kennedy duas décadas mais tarde. Em 1985, quando da promulgação da Resolução nº 39/248, consolida-se a ideia de que o direito do consumidor se trata de um direito humano de nova geração (ou dimensão), um direito social e econômico, por meio do qual os riscos do progresso devem ser compensados por uma legislação tutelar (protetiva) e subjetivamente especial (para aquele sujeito ou grupo de sujeitos)[4].

Como bem destaca Hector Valverde, o documento da ONU torna-se diploma essencial à proteção do consumidor, sobretudo, naqueles países em desenvolvimento, onde a discussão do tema ainda se mostrava incipiente. À época da edição da Resolução 39/248 da ONU, "os países desenvolvidos já haviam editado leis setoriais de proteção dos consumidores, porém, nos países em desenvolvimento ainda não havia registro significativo de legislação protetiva da parte vulnerável da relação de consumo", sendo necessário se reconhecer, em âmbito de proteção internacional, "a vulnerabilidade do destinatário dos produtos e serviços (consumidor)"[5]. E, dentre os variados eixos de proteção internacional do consumidor, restou amplamente justificado em dita Resolução – tal qual Kennedy já havia advertido em 1962 – para a necessidade de proteção à vida, saúde e segurança do consumidor, mediante a afirmação do direito de acesso a produtos inofensivos, tema relacionado à reparação de danos em decorrência de acidente de consumo[6]. A Resolução encoraja, assim, que os países adotem leis que assegurem produtos seguros, acompanhados de informação adequada quanto à sua correta utilização.

É, pois, neste contexto, que, em 1988, a Constituição Federal brasileira estabeleceu em seu art. 5º, dentre as garantias e direitos fundamentais, individuais e coletivos, que "o Estado promoverá, na forma da lei, a defesa do consumidor" (inciso XXXII). Tratou, assim, o constituinte de reconhecer a proteção do consumidor, esse novo "sujeito de direitos"[7], não apenas como um direito fundamental (art. 5º), mas também como um princípio da ordem econômica (art. 170, V, da CF), a ser harmonizado com a livre-iniciativa (art. 170, *caput*).

---

3   Cf. SANTANA, Hector Valverde. *Proteção internacional do consumidor: necessidade de harmonização da legislação*, p.56; e, também, DE LUCCA, Newton. *Direito do Consumidor*, p. 47.

4   Neste sentido, MARQUES, Claudia Lima, *Manual de Direito do Consumidor*. Antonio V. Benjamin, Claudia Lima Marques, Leonardo Roscoe Bessa, ob. cit., p. 24.

5   Cf. SANTANA, Hector Valverde. *Proteção internacional do consumidor...*, ob. cit., p. 57.

6   Neste sentido, Cf. SANTANA, Hector Valverde. *Proteção internacional do consumidor...*, ob. cit., p. 57.

7   MARQUES, Claudia Lima. *Manual...*, ob. cit., p. 25.

154 | DIREITO DO CONSUMIDOR – 30 ANOS DO CDC

Em cumprimento ao referido comando constitucional e ao art. 48 do Ato das Disposições Constitucionais Transitórias[8], em 11 de setembro de 1990, foi então promulgado o Código de Defesa do Consumidor – norma de ordem pública e interesse social (art. 1º) – que reconheceu a vulnerabilidade do consumidor no mercado de consumo (art. 4º, I), bem como positivou os direitos básicos do consumidor (art. 6º).

E, dentre os direitos básicos do consumidor, o primeiro deles é justamente o da proteção à "vida, saúde e segurança contra os riscos provocados por práticas no fornecimento de produtos e serviços considerados perigosos ou nocivos" (art. 6º, I), de modo que, para conferir eficácia a tal direito tão fundamental, o CDC estabelece os princípios da *segurança* e *prevenção* no fornecimento de produtos e serviços.

Assim, nos arts. 8º a 10 são reguladas as variadas situações de risco às quais podem estar sujeitos os consumidores no mercado de consumo e impondo-se diferentes obrigações e deveres informacionais ao fornecedor, a depender de cada hipótese legal. Com efeito, estabelece em seu art. 8º que "os produtos e serviços colocados no mercado de consumo não acarretarão riscos à saúde ou segurança dos consumidores, exceto os considerados normais e previsíveis em decorrência de sua natureza e fruição, obrigando-se os fornecedores, em qualquer hipótese, a dar as informações necessárias e adequadas a seu respeito". Vale dizer, "nenhum produto ou serviço é isento de riscos ao consumidor. Admite-se, contudo, que sejam introduzidos no mercado apenas aqueles cujos riscos sejam considerados *normais* e *previsíveis*"[9].

São os chamados produtos de *periculosidade inerente* cumprindo ao fornecedor, de qualquer modo, acompanhar a sua oferta de informações adequadas ao seu respeito (e.g. comercialização objetos cortantes, liquidificadores, vidros, processadores, ventiladores, dentre tantos outros de uso doméstico pelos consumidores os quais devem ser acompanhados de informações e/ou manuais de instrução para segura utilização).

Ainda quanto aos *riscos admitidos*, o Código, logo em seguida, reconhece a comercialização dos chamados *produtos potencialmente nocivos* e exige, porém, nesses casos, que o fornecedor informe, de maneira clara e ostensiva, a respeito da nocividade ou periculosidade de seu consumo (art. 9º, CDC)[10]. Essa é a hipótese dos produtos lícitos elencados no art. 220, § 4º, da Constituição Federal – a saber, tabaco, bebidas alcoólicas, agrotóxicos, medicamentos e terapias – os quais, por apresentarem nocividade potencial, têm a sua oferta e publicidade restringidas e deve, ainda, ostentar *advertências* sobre os malefícios decorrentes de seu uso.[11] Referidos produtos, por

---

[8] "Art. 48. O Congresso Nacional, dentro de cento e vinte dias da promulgação da Constituição, elaborará Código de Defesa do Consumidor".

[9] MIRAGEM, Bruno. *Curso de Direito do Consumidor*, 8ª ed, Revista dos Tribunais, p. 701.

[10] "Art. 9º O fornecedor de produtos e serviços potencialmente nocivos ou perigosos à saúde ou segurança deverá informar, de maneira ostensiva e adequada, a respeito da sua nocividade ou periculosidade, sem prejuízo da adoção de outras medidas cabíveis em cada caso concreto".

[11] "Art. 220 (...) § 3º *Compete à lei federal*: (..) II – estabelecer os meios legais que garantam à pessoa e à família a possibilidade de se defenderem de programas ou programações de rádio e televisão que contrariem o disposto no art. 221, bem como da propaganda de produtos, práticas e serviços que possam ser nocivos à saúde e ao meio ambiente. § 4º A

ordem do constituinte, se encontram igualmente regulados por meio de legislação federal específica[12], sem prejuízo dos direitos de prevenção e reparação integral de danos assegurados pelo microssistema consumerista.

O art. 10, por seu turno, estabelece que "o fornecedor não poderá colocar no mercado de consumo produto ou serviço que *sabe* ou *deveria saber* apresentar *alto grau de nocividade ou periculosidade* à saúde ou segurança", expressão reiterada dos deveres de segurança e transparência no fornecimento de produtos e serviços.

Contudo, considerando que o sistema de produção em massa pode comportar falhas, inclusive humanas, ainda que todos os deveres de cuidado e boas práticas tenham sido adotados pela empresa, o legislador endereça tal situação excepcional e determina que "o fornecedor de produtos e serviços que, posteriormente à sua introdução no mercado de consumo, tiver conhecimento da periculosidade que apresentem, deverá comunicar o fato imediatamente às autoridades competentes e aos consumidores, mediante anúncios publicitários" (art. 10, § 1º, do CDC).

Trata-se, assim, da hipótese de ocorrência de um desvio de produção, o qual o fornecedor – presumida a sua boa-fé – apenas tomou conhecimento *após* a introdução do produto no mercado e que tal desvio necessariamente apresenta um risco, uma periculosidade à integridade física do consumidor. Nesse caso, deve ser imediatamente comunicado às autoridades, bem como alertados os consumidores para a suspensão do uso ou consumo do produto/serviço, além de viabilizar o seu reparo ou troca gratuita. Embora sem adotar tal nomenclatura, bem se vê que o art. 10, § 1º, do CDC consiste na verdadeira positivação do instituto do *recall* que, do inglês, significa "chamar de volta", também conhecido no Brasil como procedimento de "chamamento".

Em síntese, o art. 10, § 1º, pressupõe que (i) haja um **defeito no produto**, assim entendido como aquele que não oferece a segurança que dele legitimamente se espera, frustrando-se as legítimas expectativas do consumidor quanto ao uso e riscos normalmente esperados (conceito do art. 12, CDC[13]); e (ii) que esse defeito – identificado apenas após a comercialização do produto no mercado – **seja capaz de causar um acidente de consumo**, sendo na maior parte das vezes muito difícil de se individualizar os consumidores efetivamente expostos a tal risco.

A doutrina costuma qualificar tal situação de risco (art. 10, § 1º, do CDC) como a de produtos ou serviços de *risco adquirido* ou *periculosidade adquirida* na medida em que o produto em si não apresenta risco, mas em razão de alguma falha de produção certo lote de produtos tornou-se potencialmente perigoso à saúde e segurança dos

---

propaganda comercial de tabaco, bebidas alcoólicas, agrotóxicos, medicamentos e terapias estará sujeita a restrições legais, nos termos do inciso II do parágrafo anterior, e conterá, sempre que necessário, advertência sobre os malefícios decorrentes de seu uso".

[12] Lei nº 9.294/1996 e Lei nº 10.167/2000.

[13] O conceito de defeito do produto é trazido pelo CDC em seu artigo 12, § 1º, ao expor que "§ 1º O produto é defeituoso quando não oferece a segurança que dele legitimamente se espera, levando-se em consideração as circunstâncias relevantes, entre as quais: I – sua apresentação; II – o uso e os riscos que razoavelmente dele se esperam; III – a época em que foi colocado em circulação".

156 | DIREITO DO CONSUMIDOR – 30 ANOS DO CDC

consumidores. Como esclarece a boa doutrina, "fala-se em risco adquirido quando produtos ou serviços tornam-se perigosos em decorrência de um defeito. São bens e serviços que, *sem o defeito, não seriam perigosos*; não apresentam riscos superiores àqueles legitimamente esperados pelo consumidor. A *imprevisibilidade* e *anormalidade* são as características do risco adquirido"[14].

2.1. Conceito de defeito do produto

E, sobre o conceito de defeito, é o próprio Código que nos esclarece ser aquele que viola as legítimas expectativas do consumidor levando em consideração I – sua apresentação; II – uso e os riscos que razoavelmente dele se esperam; III – época em que foi colocado em circulação (art. 12, § 1º, do CDC). Assim, se o produto oferecer perigo *anormal* e *imprevisível* em decorrência do seu uso, ele apresentará um defeito. Vale notar que a Lei considera, no exame do defeito, a "época em que o produto foi colocado no mercado". Isso significa que o fornecedor deverá se utilizar das melhores técnicas científicas existentes *no momento da fabricação* do produto, certificando-se de sua segurança ao consumidor. O dispositivo também esclarece que um produto não se torna defeituoso pelo fato de outro, de melhor qualidade, ter sido introduzido no mercado (art. 12, § 2º, do CDC).

Lembremos que o tema do *defeito* diz sempre respeito à *insegurança* do produto; de um risco *inadmissível* (porque não é esperado nem inerente ao produto) de acordo com o padrão coletivo de segurança. Produtos *menos qualificados* ou que apresentem *vícios de inadequação* não são passíveis de *recall* e se regem pelo art. 18 e ss. do CDC.

O defeito que pode ensejar o procedimento de *recall* em vista de sua falha de segurança pode ser tanto de *produção* quanto de *projeto* ou *informação*.

O *defeito de produção* é muito comum em casos de *recall*, haja vista que se origina no processo de manufatura do produto sendo provocado pelo "automatismo e padronização do processo produtivo moderno"[15] – o que pode ocorrer em produções massificadas mesmo quando adotadas todas as cautelas e boas práticas pelo fornecedor. Por essa razão, alinhamo-nos ao entendimento de Herman Benjamin que se trata de um "mau funcionamento inteiramente alheio à vontade do fornecedor". Trata-se de "imperfeições inadvertidas e tipicamente não detectadas que fazem com o que os produtos deixem de funcionar de acordo com sua função desejada. Eles têm sua origem na falibilidade do processo produtivo, assim como no fato de que os custos monetários e sociais de uma taxa zero de imperfeição seriam excessivamente elevados. Apenas uma pequena porcentagem do número total de produtos, em qualquer linha de produção, apresenta defeito de tal modo

---

[14] CAVALIERI FILHO, Sergio. *Programa de Direito do Consumidor*, 3ª ed, São Paulo: Atlas, 2011, p. 294.

[15] Assim, BENJAMIN, Antonio Herman, *Manual de Direito do Consumidor*. Antonio V. Benjamin, Claudia Lima Marques, Leonardo Roscoe Bessa. São Paulo: Editora Revista dos Tribunais, 2007, p. 125.

a impor riscos desarrazoados de dano. E somente relativamente poucos produtos defeituosos provocam realmente danos"[16].

A experiência prática desses últimos anos confirma que, a uma, os defeitos de produção são imperfeições não desejadas pelo fornecedor e, quando ocorrem, decorrem de uma falha humana ou sistêmica não detectável de imediato. Trata-se do imponderável que faz parte do sistema tipicamente massificado. A duas, porque a falha recai apenas sobre uma parcela da produção (justamente porque o desvio é de produção e não de concepção do produto em si). Assim, via de regra, atinge apenas uma parcela pontual da produção, verificada em certos lotes ou série a depender do desvio e do momento de sua identificação.

Fala-se em *defeito de "projeto"* quando a falha decorre da própria *concepção* do produto ou de sua *formulação*[17]. Tais defeitos, explica Miragem[18], "afetam a característica geral do produto, em vista da falha que pode decorrer desde a escolha inadequada de matérias-primas que coloquem o consumidor em perigo, ou a escolha de um *design* inadequado do produto". Exemplo clássico se verifica no *recall* do insuflador do *airbag* da Takata, que atingiu milhões de carros no Brasil e no mundo, com danos ocorridos (e em potencial) oriundos do possível rompimento da estrutura do insuflador ou de seu não acionamento[19]. Em 2008, lembramos ainda o defeito de projeto no rebatimento do banco traseiro do veículo Fox, que poderia causar acidentes e ferimentos aos dedos dos consumidores[20].

---

[16] JAME A. HANDERSON E RICHARD N. PEARSON, *The Tourt process*, p.698 *apud* BENJAMIN, Antonio Herman V., *Manual de Direito do Consumidor...*, ob. cit., p. 125.

[17] O artigo 12, *caput*, CDC é expresso em mencionar defeitos de "projeto" e de "fórmulas".

[18] MIRAGEM, Bruno, *Curso de Direito do Consumidor...*, ob. cit., p. 702 (item 3.2.2.2.1).

[19] Ao longo dos últimos anos foram convocados *recall* quanto ao *airbag* da Takata por diferentes montadores de veículos, no Brasil e no mundo. Em caso de colisão, situação em que o acionamento do sistema de *airbag* é esperado, poderá haver o rompimento da estrutura do insuflador e ocasionar a projeção de fragmentos metálicos no interior do veículo. Em outras situações, a bolsa do *airbag* pode não ser inflada com eficiência, perdendo a sua funcionalidade.

[20] Em vista de tais acidentes, o DPDC determinou a realização do *recall* à montadora, que entendia que não era um caso de defeito de projeto, uma vez que o Manual de instruções explicaria o correto rebatimento do banco traseiro. Ocorre que os usuários que inserissem instintivamente o dedo na argola do sistema de rebatimento, poderiam ter parte do seu dedo decepado. O manual, porém, não prevenia sobre falhas na operação, tal como proceder na ausência da alça, o que acabaria por induzir o consumidor a inserir o dedo no meio da argola, situação que poderia causar a mutilação. Após o registro de uma série de acidentes acontecidos com usuários do veículo, a Volkswagen do Brasil anunciou a instalação gratuita de um anel de borracha para evitar acidentes na operação de rebatimento do banco traseiro do veículo. Em vista de tais fatos, houve a celebração de Termo de Ajustamento de Conduta entre as autoridades de defesa do consumidor e montadora, por meio do qual a empresa se comprometeu à realização formal do *recall*, além do pagamento de indenização ao Fundo de Direitos Difusos como forma de se ao solucionar o incidente. (http://www1.procon.sp.gov.br/texto.asp?id=4453, acesso 8/5/2020).

O *defeito de informação*, por sua vez, é aquele que causa risco ao consumidor em razão de falha na apresentação ou acondicionamento do produto ou em razão de informações insuficientes ou inadequadas sobre a sua utilização e riscos (art. 12, *caput*, do CDC). Trata-se, de acordo com a doutrina[21], de defeito *externo* ou de natureza *extrínseca* ao produto, uma vez que a falha não está na produção, concepção, composição ou formulação do produto, mas na sua forma de apresentação ao consumidor, sendo capaz de gerar um acidente de consumo.

No defeito de informação há de se apurar se a informação – omissa ou prestada de forma equivocada – tem efetivamente o potencial de gerar um risco à saúde e segurança dos consumidores. O que configura o defeito passível de *recall* é justamente a sua capacidade de gerar um dano em série; um risco à coletividade ou a uma categoria específica de consumidores, de acordo com o *standard* coletivo de segurança legitimamente esperada dos produtos. São as hipóteses, e.g, de falha na informação sobre a presença de componentes alergênicos ou da proteína do glúten, informações essenciais aos alérgicos e celíacos, respectivamente[22].

Uma vez, pois, constatado o defeito e se este for apto a causar um dano, por força dos princípios da prevenção e precaução aplicáveis ao *recall*, deve o fornecedor imediatamente iniciar o procedimento de comunicação às autoridades e aos consumidores do desvio do produto com risco à saúde e o seu recolhimento.

Muitos *recalls* realizados – em sua grande maioria – foram notificados em vista do princípio da precaução[23]. Nenhum acidente de consumo havia sido constatado e, mesmo assim, os fornecedores entenderam necessário, preventivamente, realizar o chamamento, em vista da mera potencialidade da ocorrência do dano a partir da falha identificada[24]. Trata-se de conduta que mostra a paulatina solidificação das relações de consumo e maior transparência do fornecedor com a segurança do consumidor[25], com benefícios claros à sua maior proteção.

---

[21] MIRAGEM, Bruno. *Curso de direito do consumidor*, ob. cit., p. 706.

[22] Informações essenciais e mandatórias de acordo com a Lei 10.674/2003 (Lei do glúten) e a RDC nº 26/2015 (advertência sobre alergênicos).

[23] Sobre o princípio da precaução, inclusive, nas relações de consumo, confira-se LOPEZ, Teresa Ancona. Princípio da Precaução e Evolução da Responsabilidade Civil. São Paulo: Quartier Latin, 2010.

[24] Neste sentido, e.g., realizados por mera precaução, haja vista a baixa probabilidade de ocorrência do risco e sem que tenha havido nenhum acidente, *recall* de vestuário de natação para crianças com potencial perigo de descolamento de tiras da roupa e enroscamento; *recall* de chaleiras elétricas (para água quente) por potencial rompimento de sua alça; *recall* de cookies de chocolate que apesar de conter as informações corretas dos ingredientes e dos alergênicos, deixou de informar que o produto continha glúten etc.

[25] Neste particular, comungamos do entendimento daqueles que apontam que o artigo 10 exige o amplo dever de conhecimento do fornecedor quanto aos aspectos técnicos e científicos relacionados aos produtos ou serviços, pois é ele quem "sabe" ou "deveria saber" sobre a sua periculosidade mediante a realização de testes e pesquisas prévias à sua introdução no mercado. Tal cautela significa que mesmo diante dos casos em que não haja certeza científica quanto à periculosidade do produto, tal "incerteza" não exime o fornecedor de sua responsabilidade, que deverá se assegurar dos riscos potenciais

Como vimos, o CDC dispõe de regras claras e específicas quanto aos deveres de segurança e boa-fé: o fornecedor não colocará no mercado de consumo produto ou serviço que apresente alto grau de risco à saúde ou segurança dos consumidores, exceto quando normal e previsível à sua natureza e fruição ("risco inerente"). Caso, porém, o fornecedor venha a ter conhecimento da *existência de defeito do produto ou serviço, após a sua introdução no mercado de consumo* ("risco adquirido"), deve comunicá-lo imediatamente aos órgãos competentes, bem como aos consumidores, esses últimos mediante a veiculação de anúncios publicitários (art. 10, § 1º). Referidos anúncios – verdadeiros alertas de risco – devem ser obrigatoriamente veiculados na televisão, rádio e jornal (art. 10, § 2º), seja em mídia tradicional (*off-line*) ou em referidos veículos de plataforma digital, de acordo com a regulamentação específica estabelecida pela Portaria nº 618/2019 do Ministério da Justiça e Segurança Pública – MJSP (cf. item 3 infra).

Nessa quadra normativa, o *recall* – ou "chamamento" – corporifica-se através de procedimento por meio do qual o fornecedor comunica publicamente que seu produto ou serviço enseja risco aos consumidores, orientando-os à imediata suspensão do seu consumo, ao mesmo tempo que elucida os fatos, efetiva o recolhimento e endereça soluções para sanar o risco (e.g. troca do produto, substituição de peça). Em casos de comprovado dano, obriga-se, ainda, à indenização individual dos respectivos consumidores lesados (art. 12).

Trata-se de obrigação pós-contratual decorrente dos deveres anexos da boa-fé objetiva[26]. Clovis do Couto e Silva já dizia que o "dever que promana da concreção

---

apresentados pelo produto antes de sua introdução no mercado, uma vez que sempre caberá ao fornecedor provar a segurança do produto. Neste sentido, confira-se, SANCHEZ, Andrea da Silva Souza. *A evolução da regulamentação do recall previsto no Código de Defesa do Consumidor*, Dissertação de mestrado, PUC-SP, 2015, p. 42.

[26] Até mesmo, na fase pós-contratual a boa-fé também cria deveres, os posteriores ao término do contrato – são os deveres *post pactum finitum*, como o dever do fornecedor de manter a oferta de peças de reposição do produto alienado (art. 32 do CDC); o dever de informar a massa de consumidores sobre os riscos descobertos posteriormente à prestação principal dos produtos ou serviços e até mesmo de proceder ao *recall* de tais produtos (DIAS, Lucia Ancona Lopez de Magalhães, *Publicidade e Direito*, 3º ed., São Paulo: Saraiva, 2018, p. 74). Sobre os deveres anexos da boa-fé objetiva, v., ainda, AZEVEDO, Antonio Junqueira de. *Estudos e pareceres de direito privado*. São Paulo: Saraiva, 2004, p. 177. Ver, ainda, acerca da origem e das implicações da teoria da *culpa post pactum finitum*: DONNINI, Rogério Ferraz. *Responsabilidade civil pós-contratual: no direito civil, no direito do consumidor, no direito do trabalho e no direito ambiental*. 2. ed. rev.e atual. São Paulo: Saraiva, 2007. Como explica esse autor, "a jurisprudência alemã construiu a teoria da *culpa post pactumfinitum* a partir de situações em que, mesmo após o cumprimento da obrigação, nos exatos termos do contrato, continuavam a existir para as partes certos deveres laterais, acessórios ou anexos, que deveriam persistir mesmo posteriormente à extinção da relação jurídica. Esses deveres, segundo a doutrina e jurisprudência tedescas, não estariam insertos expressamente num contrato ou num ato jurídico unilateral, mas seriam decorrentes do princípio da boa-fé" (idem, p. 89). Bruno Miragem, especificamente ao tratar do *recall*, reforça que: "Da mesma forma, note-se que embora se tenha o *recall*, a partir do que dispõe o artigo 10 do CDC, como procedimento que se consubstancia em um dever de informar pós-contratual do

da boa-fé objetiva é o dever de consideração para com o *alter*"[27], expressão máxima em casos de desvio de produção com risco à saúde e segurança do consumidor.

O legislador reconhece, portanto, que o sistema de produção em massa é falível e estabelece, desde logo, os remédios para prevenir acidentes de consumo. Normatiza a forma de reparação dos danos individuais experimentados em decorrência direta do uso do produto ou serviço defeituoso. Sendo, pois, o dever legal a ser adotado pelo fornecedor, a realização de *recall*, voluntário e imediato, por si só, não consiste em conduta infrativa ao Código de Defesa do Consumidor, pelo que não se mostra passível de atribuição de sanção administrativa (art. 57, CDC).

No tocante à adoção desse procedimento e o tema das "sanções", pode-se dizer que as últimas três décadas foram marcadas por intensa discussão sobre o conceito aberto de comunicação "imediata" constante do art. 10, § 1º, do CDC. Isso porque um risco identificado que não é comunicado na primeira oportunidade aos consumidores pode dar azo – isso sim – a uma infração ao dever de segurança.

A casuística se debruçou sobre o tema, sinalizando em algumas oportunidades quando a conduta do fornecedor poderia ser considerada "tardia" ou "intempestiva" em descumprimento ao comando normativo do CDC. Por outro lado, consignou em diversas outras decisões que o *recall* espontâneo e tempestivo não pode ser nunca considerado uma infração[28].

Em vista de tais discussões, mais recentemente, em 1º de julho de 2019, o Ministério da Justiça e Segurança Pública, por meio da sua Secretaria Nacional do Consumidor (Senacon) – órgão responsável pela coordenação do Sistema Nacional de Defesa do Consumidor e monitoramento dos *recalls* no Brasil – editou Portaria para conferir maior concretude ao conceito jurídico aberto da palavra "imediatamente". Estabeleceu a Portaria nº 618/2019 do MJSP que o fornecedor, que posteriormente à introdução do produto ou serviço no mercado, tiver conhecimento de sua nocividade ou periculosidade, deverá comunicar o fato à Senacon, no prazo de *dois dias úteis, contados da decisão de realizar o chamamento.*

Considerando tal relevante mudança no quadro normativo, trataremos de elucidar no tópico seguinte os requisitos da legislação no tocante à comunicação do *recall* às autoridades competentes e aos consumidores, bem como de traçar critérios

---

consumidor, acerca de produtos e serviços colocados no mercado, a própria regulamentação da lei expande seu significado, fazendo abranger igualmente providências de correção do defeito e/ou retirada do produto do mercado" (MIRAGEM, Bruno. *Curso de Direito do Consumidor*, ob. cit., p. 948).

[27] SILVA, Clovis do Couto e. A obrigação como processo, Rio de Janeiro: FGV, 2007, p. 33.

[28] "*Recall* espontâneo – Inexistência de ilegalidade – Processo administrativo – Multa – Inadmissibilidade – Não se pode exigir do fornecedor do produto ou serviço mais cuidado em relação à segurança do que a legislação aplicável determina, pois o Código de Defesa do Consumidor refere-se a vício que "sabe" ou "deveria saber", e não "poderia" (artigo 10, *caput*) – *Recall* ou chamamento dos consumidores realizado voluntariamente, não decorrente de fiscalização ou autuação de qualquer autoridade competente, de acordo com os §§ 1º e 2º do CDC – Infração administrativa inexistente" (TJSP, Ap. n.º 0357609-53.2009.8.26.0000, Rel. Des. Rebouças de Carvalho, j. 26.8.2009). V., por todos, item 5 deste artigo.

para uma segura interpretação da contagem do prazo de dois dias úteis, que incidem a partir da tomada de decisão de realização do *recall*.

3. LEGISLAÇÃO ESPECÍFICA APLICÁVEL AO *RECALL*. REGULAMENTAÇÃO PELA SECRETARIA NACIONAL DO CONSUMIDOR (SENACON) DO MINISTÉRIO DA JUSTIÇA E SEGURANÇA PÚBLICA

Apesar do Código de Defesa do Consumidor ser de 1990 apenas em 2001 passou a haver um efetivo monitoramento e banco de dados de *recall* no Brasil, o que aconteceu por meio da edição da Portaria nº 789/2001 emitida pelo Departamento de Proteção e Defesa do Consumidor (DPDC), órgão vinculado ao Ministério da Justiça e que, nos termos do artigo 106 do CDC, "é o organismo de *coordenação* da política do Sistema Nacional de Defesa do Consumidor".

Na atualidade, o DPDC está subordinado à Secretaria Nacional do Consumidor – Senacon, igualmente vinculada ao Ministério da Justiça e que foi criada por força do Decreto 7.738, de 28 de maio de 2012 e é o órgão coordenador do Sistema.

Em uma rápida digressão, convém lembrar que o Código de Defesa do Consumidor criou o Sistema Nacional de Defesa do Consumidor (SNDC), dispondo em seu artigo 105, que dele fazem parte "os órgãos federais, estaduais, do Distrito Federal e municipais e as entidades privadas de defesa do consumidor" (art. 105). Em vista da concomitância dos agentes legitimados à defesa do consumidor[29], o CDC também estabeleceu que deveria haver um *agente coordenador* do Sistema atribuindo tal função, como dito, ao DPDC (atualmente exercido pela Senacon), cujas atribuições, dentre outras, está a de "planejar, elaborar, propor, coordenar e executar a política nacional de proteção do consumidor" (art. 106, I, do CDC).

Para dar concretude e segurança a essa atuação, em 1997, foi promulgado o Decreto federal nº 2.181, o qual tratou de dispor sobre a organização do SNDC e de estabelecer as normas gerais de aplicação das sanções administrativas tendo sido reiterada a função da Senacon de planejar, coordenar e executar a Política Nacional das Relações de Consumo[30-31].

---

[29] Nos termos do art. 55 do CDC, "A União, os Estados e o Distrito Federal, em caráter concorrente e nas suas respectivas áreas de atuação administrativa, baixarão normas relativas à produção, industrialização, distribuição e consumo de produtos e serviços".

[30] O art. 3º do Decreto nº 2.181/1997 reafirma que a Senacon é o órgão coordenador do Sistema e elenca as suas de atribuições de natureza político-institucional (incisos I e IV); consultivo (incisos II e III); e fiscalizador (incisos V a XIII), de acordo com definições de MIRAGEM, Bruno. *A defesa administrativa do consumidor no Brasil. Alguns Aspectos,* RDC 46/2003, p. 3).

[31] A coordenação do Sistema é tema que ainda toca aos dias atuais. Não raras vezes encontramos atuações conflitantes por parte dos agentes que integram o SNDC, o que gera multiplicidade de processos e insegurança jurídica às partes da relação de consumo. Tal situação não é diferente no âmbito do processo de *recall*. Assim, e.g., TJSP, Ap. n.º 0030026-07.2009.8.26.0053, Rel. Des. Paulo Galizia, j. 11.4.2016; TJSP, Ap. n.º 1005911-60.2013.8.26.0053, Rel. Des. Eduardo Gouvêa, j. 28.7.2014.

162 | DIREITO DO CONSUMIDOR – 30 ANOS DO CDC

Implementando, pois, a sua função coordenadora do SNDC, em 2001, o DPDC, por meio de ato normativo do Ministério da Justiça, editou a Portaria nº 789/2001, quando então finalmente passou a haver no Brasil o monitoramento dos *recalls* de forma centralizada, bem como a uniformização dos requisitos mínimos para a sua comunicação[32]. Estabeleceu-se, ainda, a exigência de apresentação por parte do fornecedor de relatórios de recolhimento, com o número de atendimentos.

A par de tais dificuldades – falta de controle centralizado, monitoramento e acesso de informações pelos consumidores (banco de dados para consulta) – os comunicados de *recall* eram redigidos de modo técnico e de difícil compreensão pelo público consumidor, seja quanto aos riscos envolvidos (ora omitidos, ora não esclarecidos), seja quanto à ação a ser adotada pelo consumidor (ex.: suspender o uso e entrar em contato para troca. Tal complexidade da linguagem – embora ainda perdure nos dias atuais de forma residual – foi em grande medida endereçada pela Senacon mediante a edição de novas normas que procuraram obrigar os fornecedores a trazer maior clareza e objetividade aos seus comunicados, sob pena de refazerem as comunicações em mídia nacional.

Neste particular, anotamos que, com a edição da Portaria 487 de 2012 do Ministério da Justiça[33], os comunicados se tornaram mais claros, tendo sido exigida, de forma inédita no Brasil, a veiculação da foto do produto ou serviço objeto do *recall* nos comunicados de aviso de risco, tornando-o mais chamativo aos consumidores[34].

A norma atual que rege o procedimento do *recall* – e sobre a qual nos debruçaremos – é a Portaria nº 618/2019 do Ministério da Justiça e Segurança Pública[35] que, como anotamos na parte introdutória, procurou estabelecer prazos e procedimentos mais específicos para a comunicação do *recall* e concretizar o conceito aberto de comunicação "imediata". Além disso, a Portaria modernizou o conceito de veículos de comunicação constante do art. 10, § 2º, do CDC – e que em 1990 se restringiam ao modelo *off-line* – possibilitando que o plano de mídia possa ser executado em

---

[32] Até então, relata-nos Andrea Sanchez que as campanhas "não eram catalogadas e acompanhadas de forma sistematizada pelos órgãos públicos de defesa do consumidor" (SANCHEZ, Andrea da Silva Souza. *A evolução da regulamentação do recall...*, ob. cit., p. 68). Apenas após a Portaria 789/2001 se tornou possível "a pesquisa das campanhas de *recall* realizadas desde 2002, bem como relatórios quantitativos e qualitativos dos *recalls* realizados por cada segmento" (idem, p. 69).

[33] Revogou integralmente a Portaria nº 789/2001 do Ministério da Justiça.

[34] A orientação quanto à clareza dos comunicados foi reforçada pela Recomendação n. 01/2013 do Grupo de Estudos Permanente de Acidentes de Consumo (GEPAC), coordenado pelo DPDC, que apresentou ao mercado um modelo de "boas práticas" para elaboração de aviso de *recall*. O GEPAC foi recentemente substituído pela Comissão de Estudos Permanentes de Acidentes de Consumo criada e regulamentada pelo Decreto nº 9.960/2019 e que tem igualmente dentre os seus objetivos recomendar a implementação de mecanismos que coíbam o fornecimento de produtos ou serviços nocivos à saúde, bem como monitorar e identificar acidentes de consumo, de modo a fomentar o tratamento adequado de suas causas e consequências.

[35] A Portaria nº 618/2019 do Ministério da Justiça e Segurança Pública revogou integralmente a Portaria 487/2012 do Ministério da Justiça (art. 15).

ambiente das plataformas digitais para fins de comunicação do aviso de risco aos consumidores.

Incentivou, ainda, como forma de se obter maior efetividade no atendimento aos *recalls*, que o fornecedor considere a aplicação de indutores (*insights*) comportamentais aos consumidores quando da elaboração do seu plano de atendimento[36].

A Portaria 618/2019 apresenta, em breve síntese, cinco eixos principais: (i) estabelece as regras para a comunicação do *recall* às autoridades e os seus respectivos prazos (arts. 2º e 3º); (ii) define as informações obrigatórias que devem ser imediatamente prestadas no plano de *recall* pelo fornecedor (art. 3º, § 1º, I a IX); (iii) especifica o plano de mídia que deverá ser executado para a veiculação do "aviso de risco" aos consumidores afetados (art. 4º e 6º) e (iv) define os requisitos mínimos de plano de atendimento para troca do produto ou reparo do defeito (art. 5º). Exige, ainda, para fins de monitoramento, (v) a apresentação de relatórios periódicos com os índices de atendimento, justificando os seus percentuais (art. 8º). Uma outra novidade aqui foi a previsão da possibilidade de pedido de dispensa de apresentação de relatórios após o quinto ano consecutivo da campanha (art. 8º, § 4º), restando obrigado o fornecedor, de qualquer modo, à reparação ou substituição gratuita do produto ou serviço abrangido (art. 10).

Uma outra novidade importante diz respeito à edição da Portaria Conjunta n.º 3/2019 assinada entre o Ministério da Justiça e Segurança Pública e o Ministério de Infraestrutura, publicada na mesma data da Portaria n.º 618/2019 do Ministério da Justiça e Segurança Pública. A Portaria Conjunta objetiva essencialmente alcançar maiores índices de atendimentos aos *recalls* de automóveis, através da modernização do sistema de informação entre a Senacon e o Departamento Nacional de Trânsito (Denatran), com a participação das montadoras, com vistas a simplificar e otimizar a comunicação do *recall* aos proprietários de veículos ("Serviço Nacional de Registro e Notificação de *Recall* de Veículos").

A modernização do processo consta logo do art. 2º da Portaria Conjunta nº 3/2019 do Ministério da Justiça e Segurança Pública e o Ministério de Infraestrutura, por meio do qual se prevê a disponibilização pelo Denatran de sistema informatizado e integrado ao RENAVAM (Registro Nacional de Veículos Automotores) que permita às montadoras a inserção de informações referentes aos seus *recalls*. Esse sistema possibilita, ainda, outra inovação, qual seja, a *notificação direta aos proprietários dos veículos objeto de recall*, que é realizada através do aplicativo SNE (Sistema de Notificação Eletrônica) igualmente disponibilizado pelo Denatran (art. 3º). Com o aplicativo instalado, os consumidores receberão diretamente no celular a notificação sobre a necessidade de reparação do seu veículo. A notificação também poderá ser feita por *e-mail* caso o proprietário mantenha seus dados atualizados na base do Denatran. Os consumidores que ainda não tiverem aderido ao aplicativo, receberão o aviso de risco por meio de carta.

Outro ponto interessante é que o art. 6º da Portaria Conjunta prevê que as campanhas de *recall não atendidas pelo consumidor* em até um ano da data de sua

---

[36]   Sobre o uso de tais indutores, cf. item 4 infra.

comunicação serão registradas nos documentos físicos de licenciamento do veículo (CRLV). Com tal medida, implementada desde outubro de 2019, protege-se igualmente os futuros proprietários que adquirirem o veículo em revenda, verificando-se no documento a informação se o proprietário anterior atendeu ou não à campanha de *recall*. Na hipótese do consumidor atender ao *recall*, a informação será excluída na próxima emissão do documento de licenciamento.

Como as montadoras só têm acesso aos dados do primeiro proprietário do veículo, cabe ao Denatran a tarefa de comunicar o *recall* ao atual proprietário. Ele será contatado por e-mail e mensagem de texto (SMS). Caso não seja localizado em nenhum dos meios, uma correspondência é enviada pelo correio.

Feitas essas considerações introdutórias da legislação específica, trataremos a seguir dos prazos de comunicação do *recall* e do plano de mídia, que foram objeto de mudanças significativas na Portaria 618/2019 e representaram uma quebra de paradigma da prática até então adotada.

3.1. Prazo para comunicação do recall de acordo com a Portaria MJSP nº 618/2019. Concretização do conceito jurídico aberto de "imediatamente"

A nova regulamentação veio trazer essencialmente maior celeridade e segurança jurídica para as campanhas de *recall* em vista, de um lado, do conceito jurídico indeterminado do termo "imediatamente" e, de outro, da complexidade intrínseca da cadeia de produção e fornecimento de produtos e serviços em um mundo conectado e globalizado. Nesse sentido, a interpretação da norma deve ter como pressuposto o atingimento de maior segurança jurídica.

Nesse contexto, parece-nos correto afirmar que a Portaria procurou – à luz da dita segurança jurídica e transparência das relações – criar uma sistematização entre casos, por assim dizer, *simples* e *complexos* de *recall*, ao prever a possibilidade da notificação da "abertura de investigações" quando o fornecedor – a despeito de suas investigações preliminares – ainda não tiver certeza da necessidade de realização do *recall* em vista da complexidade do caso concreto que lhe impede de seguir com uma comunicação imediata quanto ao risco e os produtos envolvidos.

Nesse passo, indica o art. 2º da Portaria 618/2019 que o fornecedor que "tomar conhecimento da *possibilidade* de que tenham sido introduzidos, no mercado de consumo brasileiro, produtos ou serviços que apresentem nocividade ou periculosidade, deverá, no prazo de vinte e quatro horas, comunicar à Secretaria Nacional do Consumidor sobre o *início das investigações*". Trata-se de grande inovação procedimental com importantes repercussões práticas. Permite o monitoramento e o acompanhamento das investigações sobre possibilidade de produtos nocivos no mercado por parte da autoridade, ao mesmo tempo em que resguarda o fornecedor quanto à sua transparência e diligência em investigar uma situação que pode resultar em um *recall* (ou não) a depender das conclusões das investigações.

Se o fornecedor – após conduzir as suas investigações preliminares internas – concluir que houve um desvio de produção em série apto a causar risco ou periculosidade à saúde dos consumidores, deverá comunicar esse fato, no prazo de *dois dias úteis, contados da decisão de realizar o chamamento*, à Secretaria Nacional do Consumidor e ao órgão normativo competente (art. 3º, Portaria 618/2019 do Ministério da Justiça e Segurança Pública)[37]. Trata-se, aqui, da clássica comunicação do *recall* que deverá ser notificada pelo fornecedor em dois dias úteis a partir da sua *tomada de decisão pelo chamamento* e, portanto, da certeza de que o chamamento é necessário para se evitar danos ou acidentes de consumo.

Ou seja, se as investigações preliminares conduzidas internamente possibilitarem a imediata tomada de decisão, comunica-se formalmente o *recall* às autoridades competentes em dois dias úteis, apresentando-se, nesse ato, o plano de mídia e texto de comunicado de risco aos consumidores.

Se, contudo, em vista da complexidade do caso concreto ou de suas circunstâncias particulares, não for possível ter a certeza sobre o defeito, os lotes afetados ou mesmo se há risco envolvido, a norma cria o dever para o fornecedor de comunicar formalmente à Senacon a *abertura de investigações*, o que possibilita à autoridade monitorar o mercado. Imagine-se, por exemplo, investigação preliminar na qual se avalia se o defeito é de fábrica ou se versa sobre irregularidades do transporte ou acondicionamento de varejista específico, sem relação com o fabricante, na hipótese de alimentos e demais bens ordinários de consumo; ou ainda, se se trata de alguma fraude terceiro, ocorrida fora do estabelecimento produtor (diretamente no ponto de venda)[38]; tudo isso a impactar a investigação e se haveria mesmo lotes afetados pelo fornecedor. Ou, ainda, como é muito comum, *recalls* realizados mundialmente que exigem a verificação interna se o problema se repete localmente, seja pela produção local ou importação, bem como inúmeras outras possibilidades que podem surgir em

---

[37] "Art. 3º O fornecedor que, posteriormente à introdução do produto ou serviço no mercado de consumo, tiver conhecimento da sua nocividade ou periculosidade, deverá comunicar o fato, no prazo de dois dias úteis, contados da decisão de realizar o chamamento, à Secretaria Nacional do Consumidor e ao órgão normativo ou regulador competente".

[38] SAAB, Maria Fernanda Castanheira lembra a hipótese de sabotagem de produtos ocorridas fora do estabelecimento produtor, por pessoa totalmente alheia ao fornecedor real do produto, hipótese em que não caberia a esse proceder ao *recall*. "Isso porque, neste caso, o fornecedor estaria abarcado por uma das excludentes de responsabilidade prevista no art. 12, § 3º, do CDC – notadamente, pela não colocação do produto defeituoso no mercado". Ressalta ainda Saab que "o ônus da prova é do fornecedor, que deverá demonstrar que, quando da colocação do produto no mercado, o produto encontrava-se absolutamente apto a consumo". (SAAB, Maria Fernanda Castanheira, *Recall de produtos no Brasil: do surgimento do instituto à sua aplicação*. Dissertação de mestrado, USP, 2018, p. 133). Lembramos, neste particular, o incidente fraudulento envolvendo o achocolatado da marca Itambé no Estado do Mato Grosso, envenenado por comerciante que não guardava qualquer relação com a empresa fornecedora. Neste caso, uma criança faleceu após ingerir a bebida e a empresa foi obrigada pela ANVISA a proceder ao recolhimento do lote correspondente e suspender a comercialização do achocolatado em todo o território nacional. Após investigações, foi demonstrado que o comerciante envenenou o produto, injetando um pesticida na embalagem, com o objetivo de se vingar de um ladrão. Mesmo com a conclusão, a empresa teve que aguardar os exames laboratoriais da ANVISA para voltar a comercializar o achocolatado Itambezinho. (http://g1.globo.com/mato-grosso/noticia/2016/09/achocolatado-ingerido-por-crianca-que-morreu-estava-envenenado-diz-laudo.html).

termos de complexidade da certeza do *recall* a recomendar a comunicação à Senacon de abertura de investigações, demandando ulteriores investigações ou mesmo laudos de *experts* que confirmem o risco e/ou defeito existentes.

Como se nota, a Portaria traz normas procedimentais que se – bem interpretadas, como se espera – conduzem a um ambiente de maior transparência e segurança jurídica.

Nessa quadra normativa, e com vistas a reduzir as incertezas das regulamentações anteriores – que se restringiram a replicar o conceito de "imediatamente" do art. 10, § 1º, do CDC, situação que gerou décadas de debate – a Portaria 618/2019 do Ministério da Justiça e Segurança Pública traça dois cenários específicos: (i) do dever legal de notificação de abertura de investigações em 24 horas, contados da ciência do fato de que certo lote de produtos pode causar periculosidade ao consumidor, ainda pendente de investigações mais aprofundadas para a tomada de decisão em vista da maior complexidade das circunstâncias fáticas do caso concreto (art. 2º) ou; (ii) do dever legal de comunicação do *recall* em dois dias úteis, contados da tomada de decisão pelo chamamento em vista da certeza de houve a introdução de produto ou serviço nocivo no mercado capaz de causar acidente de consumo (art. 3º).

Num e noutro caso, importante consignar que toda análise de *recall* ou de probabilidade de *recall* deve ser precedida de uma "investigação interna" e "preliminar" pelo fornecedor e sobre a qual a norma não exige comunicação à autoridade, pois esse é o protocolo padrão de toda empresa.

Neste particular, observamos que é muito comum que a decisão de se adotar um procedimento de *recall* ocorre a partir de investigações oriundas de recebimento de contatos do consumidor no SAC da empresa. Afinal, como estudado, o fornecedor não deve colocar produtos que, sabe ou deveria saber, nocivos no mercado. Se uma falha de produção ocorreu e tal falha não foi, por razões variadas do processo massificado, identificada previamente, o fornecedor apenas tomará conhecimento de tal fato porque revisitou os seus controles de qualidade (o que também é muito comum) ou através de reclamações no seu SAC apontando que houve um desvio. Neste último caso, parece-nos muito razoável que as primeiras reclamações sejam investigadas internamente pelo fornecedor não configurando ainda o "gatilho" para contagem dos dois dias úteis ou mesmo para fins de contagem das 24 horas de "abertura de investigação".

Isso porque, como procedimento-padrão – e até onde o bom senso também recomenda –, toda vez que a empresa recebe uma reclamação não significa que a produção daquele lote reclamado tenha (ou possa ter) um desvio. Pode se tratar de um caso isolado, de mau uso do produto pelo consumidor, questões adversas pessoais etc. É preciso, como dito, que a empresa inicie um procedimento interno de investigação preliminar, por meio do qual se verificará SE (i) há mais de uma reclamação sobre o mesmo lote em seu SAC; (ii) em caso afirmativo, SE possuem um mesmo feixe comum; (iii) e, ainda, SE há periculosidade que possa causar um acidente de consumo.

Esse período – de levantamento rápido de informações sobre defeito, lote, rastreabilidade e, sobretudo, risco envolvido, *a priori*, não deverá ser considerado para fins de contagem dos prazos da norma. Trata-se de investigação mínima para compreensão do desvio e do risco envolvidos, a fim de viabilizar informação adequada às autoridades e aos consumidores.

Por ocasião da edição da nova Portaria, muitos questionamentos surgiram acerca do dever de legal de se comunicar a abertura de investigação no prazo exíguo de 24 horas da ciência da *possibilidade* de haver um desvio. Deveria ser comunicada qualquer investigação? Até mesmo as internas que o fornecedor procede a partir de uma reclamação? A Senacon, como forma de afastar eventual incerteza, publicou em 9.01.2020, a Nota Técnica n.º 6/2020 quanto ao teor do art. 2º da Portaria 618/2019.

De acordo com a orientação da Secretaria "deve-se separar o processo de investigação em dois momentos. O primeiro, no qual o fornecedor investiga se a falha é pontual, ou seja, ocorrida em pouquíssimas unidades, ou em série. Essa primeira fase não deve ser comunicada à SENACON, uma vez que trata-se de processo interno da empresa, não cabendo qualquer intervenção do Estado nesta ação. No entanto, a partir do momento em que for constatado que a falha ocorreu em série, atingindo mais de um lote, o fornecedor deverá efetuar a comunicação à SENACON, e iniciar o processo de investigação nos termos da Portaria 618/2019 do Ministério da Justiça e Segurança Pública, fornecendo informações suficientes à SENACON que permita o acompanhamento da ação do fornecedor. Com isso, a Secretaria Nacional do Consumidor terá acesso a informações suficientes que permitam acompanhar a investigação e conceder prazo adicional para conclusão dos trabalhos ou determinar a realização do *recall* em tempo hábil e de forma célere".[39]

Ou seja, investigações internas, protocolos mínimos necessários para identificação dos problemas, não precisam ser notificadas à autoridade, apenas quando identificada falha de produção (ou possibilidade de falha) com possível risco à saúde que recaia sobre uma "série de produtos", afastando-se a "possibilidade de que o fato seja um caso isolado"[40]. Em tal hipótese, cumpre ao fornecedor, em 24 horas dessa ciência, notificar a abertura de investigação perante a Senacon, caso precise seguir com investigação mais detalhada que ainda não permita a tomada de decisão do chamamento (ex.: incerteza do risco). A vantagem desse procedimento, como dissemos, é trazer segurança jurídica e possibilitar o monitoramento pela autoridade das ações do fornecedor, que age de boa-fé informando as razões pelas quais ainda precisa concluir suas análises.

Uma vez abertas as investigações, o fornecedor deverá concluí-las em até 10 dias úteis, prorrogável mediante pedido justificado que demonstre que a extensão do prazo é necessária para a conclusão dos trabalhos e sempre de acordo com monitoramento da Senacon. Concluída a investigação, o fornecedor deverá (i) comunicar o *recall* em dois dias úteis (art. 3º) ou (ii) as razões pelas quais entende que não será necessário iniciar a campanha de chamamento (art. 2º, § 2º).

Comunicado o *recall* em dois dias úteis – seja após a conclusão das investigações (art. 2º, § 2º) ou de imediato na hipótese de certeza e tomada de decisão do *recall* (art. 3º) – e não tendo ainda o fornecedor conseguido levantar todas as informações

---

[39] Nota Técnica n.º 6/2020/CCSS/CGCTSA/DPDC/SENACON/MJ, p. 3.

[40] Neste sentido, cf. Nota Técnica n.º 6/2020/CCSS/CGCTSA/DPDC/SENACON/MJ (item 4.1.), p. 3.

168 | DIREITO DO CONSUMIDOR – 30 ANOS DO CDC

exigidas para a comunicação completa (art. 3º, § 1º, I a XI)[41], poderá pedir, justificadamente, a extensão do prazo, o qual, se deferido, não excederá 15 dias úteis, contados da data em que o comunicante protocolou a campanha de chamamento (art. 3º, §§ 4º e 5º)[42]. O plano de mídia – com a comunicação do alerta de risco aos consumidores impactados – deverá ser executado dentro desse prazo máximo de até 15 dias úteis improrrogáveis da comunicação do *recall* à Senacon, ou em prazo inferior, de acordo com o exame da autoridade sobre as justificativas e particularidades do caso concreto. Recebida a documentação, a Senacon deverá se manifestar no prazo máximo de 5 dias úteis (art. 3º, § 6º) sobre sua conformidade (anuência prévia ao aviso de risco e demais informações).

---

[41] "Art. 3º (...) § 1º – A comunicação de que trata o *caput* deverá ser realizada, preferencialmente, por meio do Sistema Eletrônico de Informações – SEI, ou por outro sistema que tenha sido designado para tanto pela Secretaria Nacional do Consumidor, contendo as seguintes informações: I – identificação do fornecedor do produto ou serviço, através do fornecimento dos seguintes dados: a) razão social; b) nome de fantasia; c) atividades econômicas desenvolvidas; d) número de inscrição no Cadastro Nacional da Pessoa Jurídica – CNPJ ou no Cadastro de Pessoas Físicas – CPF; e) endereço da sede do estabelecimento; f) telefone e endereço eletrônico para recebimento de comunicações; g) nome de procuradores que venham a representar o fornecedor nos processos administrativos ou judiciais relativos ao procedimento de chamamento; e h) existência, se houver, de representação nos Estados Partes do MERCOSUL, indicando sua identificação e dados para contato; II – descrição pormenorizada do produto ou serviço e do componente defeituoso, com características necessárias à sua identificação, em especial: a) marca; b) modelo; c) lote, quando aplicável; d) série, quando aplicável; e) chassi, quando aplicável; f) data inicial e final de fabricação; e g) foto; III – descrição pormenorizada do defeito, acompanhada de informações técnicas necessárias ao esclarecimento dos fatos, bem como data, com especificação do dia, mês e ano, e modo pelo qual a nocividade ou periculosidade foi detectada; IV – descrição pormenorizada dos riscos e suas implicações, de forma clara e ostensiva; V – quantidade de produtos ou serviços sujeitos ao defeito, inclusive os que ainda estiverem em estoque, e número de consumidores atingidos; VI – distribuição geográfica dos produtos e serviços sujeitos ao defeito, colocados no mercado, por estado da Federação, e os países para os quais os produtos foram exportados ou para os quais os serviços tenham sido prestados; VII – indicação das providências já adotadas e medidas propostas para resolver o defeito e sanar o risco; VIII – descrição dos acidentes relacionados ao defeito do produto ou serviço, quando cabível, com as seguintes informações: a) local e data do acidente; b) identificação das vítimas; c) danos materiais e físicos causados; d) dados dos processos judiciais relacionados ao acidente, especificando as ações interpostas, o nome dos autores e dos réus, as Comarcas e Varas em que tramitam e os números de autuação de cada um dos processos; e e) providências adotadas em relação às vítimas; IX – plano de mídia para informação dos consumidores afetados, nos termos do art. 4º; X – plano de atendimento ao consumidor, nos termos do art. 5º; e XI – modelo de aviso de risco ao consumidor, nos termos do art. 6º".

[42] "§ 4º – Sem prejuízo do prazo estabelecido no *caput* deste artigo, poderá o fornecedor requerer, justificadamente, que seja autorizada a juntada posterior de informações da campanha de chamamento". "§ 5º – Deferido o pedido previsto no § 4º deste artigo, a Secretaria Nacional do Consumidor estabelecerá prazo de até 15 quinze dias úteis, contados da data em que o comunicante protocolou a campanha de chamamento, para juntada das informações restantes".

Cap. 5 • A EXPERIÊNCIA DO *RECALL* NO BRASIL | **169**

Em síntese, a Portaria 618/2019 procurou trazer maior clareza ao conceito de *recall* imediato (hipótese de "caso simples"), mediante estabelecimento de prazos e procedimentos. Cumprirá ao fornecedor demonstrar que foram instauradas rapidamente as investigações internas para que se pudesse se certificar do defeito e da existência de risco ao consumidor, momento a partir do qual, certificada a necessidade de *recall*, será computada a tomada de decisão e, por conseguinte, a comunicação do chamamento às autoridades competentes no prazo de dois dias úteis. Havendo a necessidade de maiores investigações (hipótese de "caso complexo"), em vez de chamar o *recall*, o fornecedor deverá comunicar a abertura de investigações sobre a *possibilidade* de introdução no mercado de consumo de produto ou serviço que apresente nocividade, nos termos do art. 2º da Portaria 618/2019.

Por fim, convém apontar que, em certas circunstâncias, o fornecedor poderá não dispor de peças de reposição para atendimento ao *recall* (comum no setor automobilístico) ou mesmo do produto equivalente para troca sem defeito. A recomendação, nesses casos, é que as autoridades e os consumidores sejam informados, não devendo aguardar o fornecedor estar com o plano de atendimento completo para comunicar o *recall*. Em tal caso, a troca da peça ou do produto deverá ocorrer em um segundo momento, restando, porém, devidamente alertado o consumidor para a imediata suspensão do uso do produto ou desabilitação do componente de risco à sua saúde ou segurança[43].

Campanhas em que o fornecedor apenas comunicou o *recall* às autoridades e aos consumidores após dispor da peça para o reparo foram compreendidas como comunicações tardias e irregulares[44].

Igualmente, como forma de aportar clareza e segurança às relações de consumo, a Portaria 618/2019 trouxe regra específica para situações nas quais não haja prontamente a peça de troca. Aqui, o fornecedor deverá apresentar, na elaboração do seu plano de mídia, a previsão de *nova veiculação do aviso de risco* para a convocação dos consumidores, quando da possibilidade do reparo (art. 4º, § 5º, Portaria 618/2019).

Como se percebe, foram significativas as modificações trazidas pela Portaria 618/2019, tanto em conteúdo quanto em sistemática. O novo diploma se alinhou às legislações mais modernas de *recall* no mundo, podendo se afirmar com segurança que alçou o Brasil a um patamar normativo ainda mais elevado no que tange à prevenção de acidentes de consumo.

---

[43] Cite-se, como exemplo, recente comunicado da Honda chamando os consumidores para desabilitarem o *airbag* da Takata em suas concessionarias até que a nova peça de reposição – sem defeito – esteja disponível para troca. Minimiza-se, assim, eventual acidente de consumo pelo acionamento do *airbag* defeituoso, a despeito de ser um equipamento de segurança. (https://www.honda.com.br/noticias/honda-convoca-proprietarios-dos-modelos-civic-accord-cr-v-e-odyssey-para-desativacao – acesso em 16/04/2020).

[44] Assim, TJSP, Ap. Cível n.º 0123041-98.2007.8.26.0053; Rel. Amorim Cantuária, j. em 14.05.2013, na qual a montadora de automóveis iniciou o *recall* apenas 7 (sete) meses após o conhecimento do defeito (possibilidade de incêndio), justificando o atraso em virtude da excessiva demora para o desembaraço aduaneiro das peças importadas (troca da capa do coletor) para a realização do retrabalho.

3.2. Comunicado de aviso de risco ao público consumidor e plano de mídia

Identificado desvio de produção, o fornecedor deverá, além da comunicar às autoridades, "informar imediatamente os consumidores sobre a nocividade ou periculosidade do produto ou serviço por ele colocado no mercado, por meio de aviso de risco de acidente ao consumidor, observado o disposto no art. 10, § 2º, da Lei 8.078" (art. 6º da Portaria 618/2019 do Ministério da Justiça e Segurança Pública).

A fim de especificar o "aviso de risco de acidente ao consumidor", a Portaria exige que o comunicado contenha informação "claras e objetivas" sobre (i) o produto ou serviço afetado e seu componente defeituoso, mediante informações suficientes à sua rápida e correta identificação (ex.: marca, foto, modelo, lote, data de fabricação). Requer ainda que seja informada (ii) a data do início do plano de atendimento ao consumidor – que via de regra é imediato, salvo hipóteses em que o fornecedor não dispõe da peça para troca ou reparo do produto – bem como (iii) o defeito apresentado e seus riscos à saúde do consumidor, os quais devem ser advertidos de forma simples e compreensível por todos.

De se destacar que comunicados com excesso de informação ou que sejam redigidos de forma técnica ou em linguagem pouco acessível não cumprem adequadamente a exigência legal. É fundamental que o consumidor possa ler ou ouvir o aviso de risco e rapidamente entender de qual produto se trata (ainda que detalhamento do lote ou chassi tenham que ser posteriormente consultados no site da empresa como é de rigor) e das implicações à sua segurança, a fim de que atenda imediatamente ao chamamento. Deve, portanto, ser dimensionado de modo a garantir a "compreensão da coletividade acerca da periculosidade oferecida pelo produto ou serviço" (art. 6º, § 2º).

A legislação específica exige, ademais, que se deixe claro no comunicado que a troca é gratuita (art. 6º, § 1º), com indicação dos contatos e locais de atendimento, advertindo ainda quanto às medidas preventivas e corretivas que o consumidor deve adotar (ex.: suspender o uso e contactar o SAC para troca).

A clareza e objetividade do comunicado de risco é tema que ainda merece aprofundamento. A despeito do Brasil ter evoluído muito quanto à clareza das informações, parece-nos que ainda há espaço para comunicados mais suscintos, o que demandaria revisitar o tema das informações essenciais para a atenção do consumidor.

Submetido o texto de aviso de risco, a Senacon deverá retornar com a sua aprovação no prazo de até 5 dias úteis (art. 3º, § 6º). O plano de mídia a ser executado pelo fornecedor deverá ser modulado de forma a permitir essa análise de conformidade[45].

Em observância ao disposto no artigo 10, § 2º, do CDC, o plano de mídia deverá considerar a veiculação do comunicado em três meios de comunicação, a saber, rádio, jornal e televisão, os quais, porém, para fins de cumprimento da norma, poderão ser veiculados *on-line* (*internet*), conforme disposição do art. 4º, § 1º, da

---

[45] O art. 4º da Portaria exige que o plano de mídia seja detalhado no momento da apresentação do plano de *recall* com informações sobre a data de início e fim de veiculação dos comunicados, os meios de comunicação escolhidos com os seus horários e frequência de veiculação.

Portaria 618/2019. Trata-se de importante modernização da legislação que passa a ficar adaptada à realidade do mercado e aos hábitos dos consumidores, ao mesmo tempo em que confere maior flexibilidade para o fornecedor escolher os meios que tenham maior efetividade junto ao público-alvo das campanhas de *recall*. A *internet* possibilita, ademais, que o comunicado seja replicado por inúmeros outros canais e compartilhado pelos seus próprios usuários.

Nesse passo, o art. 4º, § 1º, da Portaria 618/2019 do Ministério da Justiça e Segurança Pública – ao contextualizar o comando do art. 10, § 2º, do CDC – dispõe que o aviso de risco deverá ser veiculado "em meio escrito, por transmissão de sons e por transmissão de sons e imagens, admitidos como aptos quaisquer um dos seguintes meios de veiculação, considerada sempre a necessidade de se atingir o maior número possível de interessados: I – mídia escrita, além da veiculação no *site* da empresa; II – radiodifusão de sons; III – radiodifusão de sons e imagens; IV – mídia digital escrita na Internet, além da veiculação do *site* da empresa; V – transmissão de sons pela Internet; e VI – transmissão de sons e imagens pela Internet".

Os meios escolhidos deverão ser justificados pelo fornecedor de modo a alcançar a maior efetividade em vista do público-alvo da campanha (art. 4º, § 2º), exigindo-se, pelo menos, uma estrutura de veiculação escrita, uma estrutura de sons e outra de sons e imagens (art. 4º, § 3º).

Isso significa que o plano de mídia poderá ser elaborado levando em conta os meios tradicionais e/ou digitais, ou a cumulação de ambos (*on-line* e *off-line*), de acordo com a escolha justificada pelo fornecedor, a categoria do produto e seu público-alvo[46].

Bem se vê que a Portaria 618/2019 do Ministério da Justiça e Segurança Pública procedeu à relevante atualização interpretativa do art. 10, § 2º, do CDC, na medida em que, passadas três décadas da edição do CDC, não se pode olvidar da importância da *internet* como um veículo cada vez mais constante e efetivo na vida dos consumidores, para além de possibilitar a escolha de meios que não sejam excessivamente onerosos para atingimento das finalidades legais[47].

---

[46] A *mídia digital escrita na Internet* poderá ser feita, por exemplo, mediante comunicado em plataformas digitais dos jornais; banner, postagem do texto por influenciador que tenha conexão com o público-alvo do *recall*. A televisão (clássica radiodifusão), por sua vez, poderá ceder lugar à *transmissão de sons e imagens pela Internet*, tais como a veiculação do vídeo do comunicado de risco no *Youtube* ou na plataforma digital da emissora de televisão, o mesmo podendo ser verificado com o rádio, mediante a *transmissão de sons na Internet* por meio da rádio *on-line* ou demais canais de "sons" que estão disponíveis em plataformas digitais a serem escolhidas de acordo com o público-alvo do chamamento.

[47] A Portaria 618/2019 do Ministério da Justiça e Segurança Pública estabelece que mesmo quando possível a comunicação individual direta aos consumidores, tal situação não afasta a obrigação da comunicação coletiva a toda a sociedade acerca da nocividade ou periculosidade do produto objeto do chamamento (art. 6º, § 3º). Em vista, porém, da particularidade específica de cada *recall*, possibilita a Nota Técnica nº 4/2020/CCSS/CGCTSA/DPDC/SENACON/MJ (que dispõe sobre a autonomia da Secretaria Nacional do Consumidor para propor critérios acerca do Plano de Mídia dos Processos de Chamamentos) que o fornecedor possa requerer a dispensa de um ou dois meios de veiculação,

172 | DIREITO DO CONSUMIDOR – 30 ANOS DO CDC

Note-se, ainda, que não faz parte do plano de mídia a veiculação do comunicado de risco no *site da empresa* que é sempre obrigatória (art. 4º, § 1º, I e IV, da Portaria 618/2019) e deve permanecer disponível para consulta pelo consumidor pelo período mínimo de cinco anos (art. 4º, § 4º), salvo hipóteses em que há perda do objeto do *recall*, como é comum para produtos perecíveis (ex.: alimentos e bebidas), que têm a sua validade expirada e, assim, devem ser necessariamente *descartados* tanto pelo consumidor quanto pelos pontos de venda. Nessas situações – de perda do objeto do *recall* – poderá ser solicitado à Senacon a dispensa das informações, bem como o próprio arquivamento do procedimento.

3.3. Recall *de alimentos*

O fornecedor que promove o *recall* de alimentos e bebidas, para além de observar a regulamentação específica da Senacon (Portaria 618/2019 do Ministério da Justiça e Segurança Pública), deve igualmente seguir os comandos da Resolução nº 24/2015 emitida pela Agência Nacional de Vigilância Sanitária (Anvisa)[48]. Apesar da normativa da Anvisa se assemelhar, em termos de requisitos de comunicação do *recall*, às exigências da Senacon, há algumas particularidades importantes que nos cumpre apontar para fins inclusive de harmonização com a Portaria 618/2019.

A primeira delas diz respeito ao comunicado de aviso de risco. Conforme art. 32 da RDC 24/2015, a mensagem de alerta aos consumidores deve ser submetida à *anuência prévia da Anvisa imediatamente após a ciência da necessidade de recolhimento do produto*, sendo certo que sua análise está sujeita ao pagamento prévio de Taxa de Fiscalização de Vigilância Sanitária (art. 32, parágrafo único). Em regra, submete-se o texto do comunicado, juntamente com as demais informações preliminares do chamamento, cujo prazo para envio, de acordo com o art. 22 da RDC 24/2015, é

---

desde que (i) demonstrada a sua rastreabilidade (por meio da identificação de 80% a 90%, ou mais, dos consumidores afetados) e; (ii) estabelecidas metas de retirada dos bens que devem ser, no mínimo, de 60% para bens não duráveis e de 80% para bens duráveis. Na hipótese de não serem atingidas as metas mínimas, poderá a Senacon, ouvido o fornecedor, solicitar a execução de novo plano de mídia. Em vista das elevadas exigências e metas de atendimento, salvo situações muito específicas de efetiva rastreabilidade e que possibilitem o contato direto do consumidor o pedido de dispensa de algum meio de comunicação, na prática, não parece ser uma opção razoável ao fornecedor. Entendemos louvável a iniciativa, alinhada a práticas internacionais, que permite maior flexibilidade e interação com as autoridades para fins de adequação do plano de mídia. No entanto, parece-nos de difícil execução por parte do fornecedor, seja em vista da exigência de elevada rastreabilidade, seja ainda em razão das metas de atendimento, que, como será demonstrado adiante, é um problema que toca às diferentes jurisdições, independentemente do seu nível de desenvolvimento. Para detalhamento dos requisitos que possibilitem o pedido de dispensa de meio de comunicação, confira-se a Nota Técnica e seu Anexo.

48 Informa-se que na hipótese de *recall* de medicamentos, que não será objeto deste artigo, o fornecedor deverá observar, além dos requisitos da Portaria 618/2019 do Ministério da Justiça e Segurança Pública, a Resolução n. 55/2005 da Anvisa, que tal qual em alimentos, também exige a "anuência prévia" do comunicado de risco.

Cap. 5 · A EXPERIÊNCIA DO *RECALL* NO BRASIL | **173**

de 48 horas[49]. A Anvisa informará se aprova o conteúdo do comunicado ou, caso a proposta não esteja satisfatória, poderá determinar ajustes na mensagem de texto.

Note-se que a RDC 24/2015 não especifica em qual prazo a Anvisa deverá retornar com a sua análise. A experiência demonstra que em cerca de dois dias a agência retorna com a sua aprovação e/ou considerações de ajuste. A Senacon, por sua vez, tem até cinco dias úteis para aprovar a documentação apresentada.

Para fins de harmonização das normas e segurança jurídica, é recomendável ao fornecedor aguardar ambas as *aprovações prévias* (Anvisa e Senacon) antes de iniciar a veiculação do seu plano de mídia, evitando-se retrabalho ou informações conflitantes, período que, naturalmente, nenhum atraso poderá ser imputado ao fornecedor.

Um segundo aspecto diz respeito à duração do *recall* e manutenção de informações no *site*. Para a Anvisa, passados 120 dias contados do início do chamamento, caberá a apresentação de relatório conclusivo, com encerramento do *recall*, na hipótese de todos os procedimentos terem sido adotados corretamente[50]. Esse prazo leva em conta, sobretudo, o *shelf life* (validade) dos produtos.

Considerando, pois, as especificidades dos alimentos e bebidas e seu curto prazo de validade, para fins de harmonização das normas de *recall*, parece-nos extremamente razoável o entendimento de que: i) encerrado o processo na Anvisa, o mesmo ocorra na Senacon, dispensando-se a apresentação de novos relatórios (que não mais terão utilidade pela *perda do objeto do recall*, em vista do vencimento do prazo de validade – art. 8º, § 7º, da Portaria 618/2019 do Ministério da Justiça e Segurança Pública); ii) seja autorizada pela Senacon a retirada da informação do *recall* do site da empresa, uma vez que, no caso de alimentos, em vista da expiração do seu prazo de validade (bens perecíveis), a manutenção da informação por longo período (e incompatível com o *shelf life* do produto) poderá gerar confusão e desinformação aos consumidores, podendo ser erroneamente compreendia como *novos recalls*.

Por fim, a normativa da Anvisa atribui, corretamente, a responsabilidade compartilhada pelo recolhimento dos alimentos a toda a cadeia produtiva, haja vista a dificuldade de rastreabilidade capilarizada, quando os produtos já se encontram distribuídos a todo o mercado. Nesse passo, estabelece a RDC 24/2015 que "todas as empresas da cadeia produtiva envolvidas no recolhimento devem adotar e viabilizar medidas que assegurem a realização do recolhimento" (art. 11), ressaltando, porém, o dever da empresa que comunica o *recall* de manter, no mínimo, registros que permitam identificar as empresas "imediatamente anterior e posterior na cadeia produtiva" (art. 6º). Ou seja, a rastreabilidade de suas vendas diretas.

---

[49] "Art. 22. Nos casos de recolhimento por iniciativa da empresa interessada, o relatório previsto no Anexo II desta Resolução deve ser encaminhado à Anvisa, por via eletrônica, ao endereço recolhimento.alimentos@anvisa.gov.br, em até 48 (quarenta e oito) horas, a partir da ciência da necessidade de recolhimento".

[50] RDC 24/2015: "Art. 25. O relatório conclusivo deve ser encaminhado à Anvisa pela empresa interessada, nos termos do Anexo IV desta Resolução, em até 120 dias corridos a contar da data da comunicação de que trata o art. 21". "Art. 26. A Anvisa deve emitir comunicação referente à finalização do recolhimento de produtos à empresa interessada".

4. DESAFIOS PARA O FUTURO: EFETIVIDADE DO *RECALL* E AS NOVAS TECNOLOGIAS

De acordo com os dados disponibilizados pelo Ministério da Justiça, o número de *recalls* cresceu fortemente nas últimas décadas. A curva abaixo mostra a evolução da comunicação das campanhas de chamamento no Brasil, nos mais diferentes segmentos, com um crescimento de mais de 300%, desde 2003[51]:

Figura 1 – Evolução do número de *recalls* no brasil

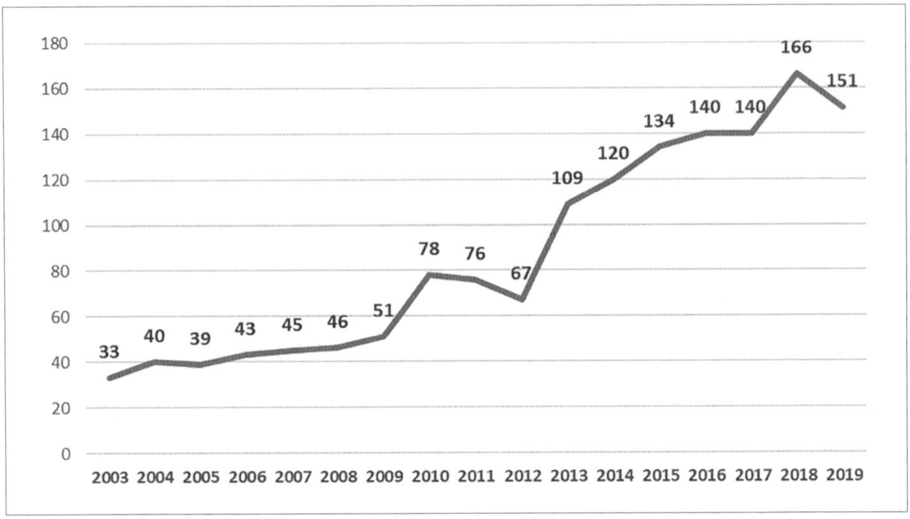

Fonte: Ministério da Justiça

Esse fato é extremamente positivo e a realização de *recalls* deve ser cada vez mais endossada pelas autoridades de defesa do consumidor, por representar a concretização da Política Nacional das Relações de Consumo que apresenta, dentre os seus objetivos, a proteção da dignidade, saúde e segurança dos consumidores. O *recall* é o instrumento, por excelência, que visa a implementação de medidas corretivas do defeito e preventivas de danos, sendo paulatinamente percebido pelos consumidores como instrumento de maior transparência e confiança nas relações de consumo.

---

[51] Esse fenômeno pode ser verificado no mundo todo. Apenas como exemplo, desde a institucionalização em 2003 do sistema de monitoramento e banco de dados de *recalls* no âmbito da Comunidade Europeia – isto é, o sistema RAPEX (*Rapid Information System*) para produtos em geral (excluídos os alimentos) e a entrada em vigor, em 2004, da Diretiva 2.001/1995 de Segurança de Produtos em geral, o número de notificações cresceu exponencialmente. Gráfico de notificações trazido pelo estudo da OCDE demonstra que, em 2003, a CE havia registrado apenas 139 notificações, passando em 2006 para mais de 1.600, mantendo, desde 2012, o patamar ao redor de 2.000 – 2.500 notificações. (OECD, *Enhancing product recall effectiveness globally: OECD background report. OECD Science, Technology and Industry Policy Papers*, n. 58, OECD Publishing, november 2018, p. 9, Figure 1).

De acordo com pesquisa da Comunidade Europeia mais de 54% dos consumidores aumentaram sua confiança na empresa após terem passado por um chamamento e 63,5% passaram a prestar mais atenção em *recalls* de produtos após experiência prévia, o que mostra o benefício desse procedimento à prevenção de danos:

Figura 2

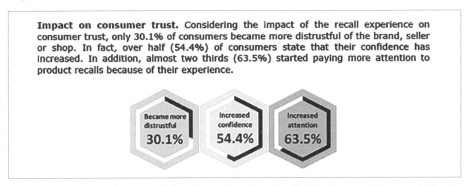

Fonte: *Survey on Consumer Behavior and Products Recalls Effectiveness (European Union).*

O aumento de chamamentos pode ser explicado por diferentes razões. A primeira delas decorre, sem dúvida, de uma maior conscientização dos fornecedores quantos aos seus deveres legais, o que resultou na *institucionalização* de campanhas de *recall*. Em passado recente, era comum a ausência de notificação formal, situação que ficou conhecida como "*recall* branco". Pode-se atribuir ainda o aumento a uma maior integração entre os órgãos competentes e os mercados nacional e internacional, possibilitando o incremento do monitoramento da notificação de *recalls* realizados em outros países por parte de empresas que também atuam no Brasil – reduzindo-se o chamado "*double standard*" quantos aos deveres de segurança em relação aos diferentes consumidores de diferentes localidades.

Outras tendências podem ser mencionadas para explicar o incremento do número de *recalls*, não apenas no Brasil, mas no mundo. Aponta o estudo da OCDE, *Enhancing Product Recall Effectiveness Globally* ("*Melhorando a efetividade de recall de produtos globalmente*"), dentre eles, o aumento do número de produtos disponíveis para os consumidores mundialmente em virtude do comércio eletrônico; o uso de redes sociais pelos consumidores para noticiar produtos insatisfatórios; a crescente adoção pelo consumidor de produtos que dependem de novas tecnologias, tais como internet das coisas, impressão 3D e inteligência artificial, apontados por alguns como produtos que aportam novos riscos de segurança a demandar atenção dos formadores de política pública; o fato das cadeias de suprimentos (ingredientes, componentes e matérias-primas) se apresentarem cada vez mais globais e complexas, dificultando o controle pelo fabricante, além da superveniência de legislações mais rigorosas e o recrudescimento das autoridades para perseguir *recalls*.[52]

---

[52] OECD, *Enhancing product recall effectiveness globally: OECD background report. OECD Science, Technology and Industry Policy Papers,* n. 58, OECD Publishing, november 2018, p. 7-8.

Passadas, pois, três décadas de empenho das autoridades de defesa do consumidor pela institucionalização do procedimento de *recall*, o desafio que ora se impõe, globalmente, para além da sempre necessária firme legislação em segurança de produtos e procedimento de recall[53], diz respeito aos *índices de atendimento* das campanhas de chamamento, ainda abaixo do desejável.

Segundo a Senacon, foram realizadas 701 campanhas de *recall* entre os anos de 2014 e 2018. Os automóveis foram os produtos com mais chamamentos iniciados[54]. Do total das campanhas, 189 ficaram abaixo de 10% dos níveis esperados de atendimento; 103 entre 10% e 40%; 207 entre 40% e 80%; 202 encontram-se entre 80% e 100% e 57 alcançaram 100% de atendimento[55]. O mesmo fenômeno é relatado pelo mencionado estudo da OCDE que demonstra que os níveis de atendimento ("*return rates*") variam entre economias e de acordo com a categoria de produto. Na Austrália, por exemplo, a taxa média de retorno para *recalls* voluntários (exceto para carros) é de 49%; na França não excede 10%; nos Estados Unidos, gira em torno de 65%, índice que, porém, inclui o retorno de consumidores, distribuidores e varejistas (quando o retorno é apenas do consumidor a taxa de atendimento se reduz significativamente). Na Suíça as taxas variam entre 3% e 95%[56].

Buscando entender melhor os baixos índices de atendimento aos *recalls*, a OCDE dedicou-se a consolidar, a partir de análise de diferentes jurisdições, as principais causas que resultam em maiores ou menores índices de atendimento. Sistematicamente falando, agrupamos em cinco grandes eixos as razões que podem impactar referidas taxas:

a)   *Rastreabilidade do produto na cadeia de fornecimento:*

Se os produtos ainda estão próximos à cadeia do fornecedor, seja em seus estoques, distribuidores e/ou com varejista pontual, a taxa de retorno é grande. Se, porém, os produtos já estão nas mãos dos consumidores e pulverizados no mercado, as taxas de retorno são muito inferiores em razão do comportamento do consumidor que, como estudado logo adiante, por razões diversas, costuma a não atender aos chamados de *recall*.

---

[53]   Note-se que, de acordo com informações da OCDE, apenas em 2017 China, Cingapura e Filipinas passaram a ter legislação de segurança de produtos mais contundente, o que tornou mais comum a existência de *recalls* nesses países. Ademais, as regulamentações de segurança de produtos e *recall* ainda variam de país para país, o que pode ensejar que um mesmo produto que tenha sido recolhido em certa localidade, por razões variadas, permaneça à venda em outro (*ob. cit.*, p. 10).

[54]   Nos Estados Unidos, de acordo com dados do US NHTSA, em 2016 foram recolhidos mais de 53,2 milhões de veículos, número três vezes superior a 2012. Na Europa, registrou-se a mesma tendência, com aumento, em 2016, de 76% do volume de *recalls* de automóveis. A China foi ainda identificada como a economia de origem responsável por 53% dos recalls notificados na Europa e 51% dos *recalls* de segurança notificados perante a US CPSC em 2014 (OCDE, ob. cit., p. 11-12).

[55]   Fonte: Boletim Senacon "*Recall* em Números 2019".

[56]   OCDE, *Enhancing Product Recall Effectiveness Globally*, p. 17.

b) *Preço e vida útil do produto recolhido*

Se o produto tiver preço baixo e vida útil curta, os consumidores tendem a achar o descarte mais fácil do que atender a um aviso de *recall*. Produtos com vida útil mais longa, elevado valor econômico e passíveis de revenda (mercado de segunda mão), apresentam taxas de retorno mais altas[57]. Estudo realizado pela US CPSC (2016) apresentou a seguinte taxa de atendimento de acordo com o preço do produto:

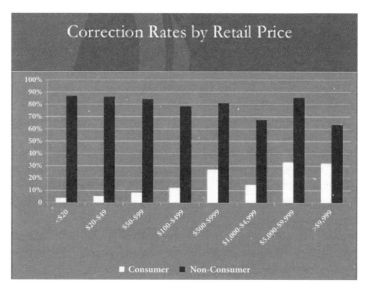

Fonte: *Source*: Presentation on CPSC Defect Recall Data at US CPSC's Recall Effectiveness Workshop held on 25 July 2017 (Slide 6), at: https://fr.slideshare.net/USCPSC/cpsc-recall-effectiveness-workshop-recall-data. Values on the horizontal axis are in USD[58].

Conforme com as análises estatísticas do *US Consumer Product Safety Comission* (CPSC), as respostas dos consumidores tendem a ser superiores a 30% apenas quando os preços dos produtos estão acima de US$ 5.000. Brinquedos, cabos, acessórios, produtos "consumidos", apresentam as menores taxas de retorno. Outro fator que influenciará as taxas de atendimento é o *intervalo de tempo* entre quando um produto foi vendido e o momento que está sendo recuperado. Intervalos longos dificultam a recuperação, seja em razão da mencionada vida útil do produto, seja porque não têm potencial de revenda ou não são registrados em bancos de dados e, assim, tendem a não ser identificados.

---

[57] Neste sentido, OCDE, *Enhancing Product Recall Effectiveness Globally*, p. 18. A vida útil dos produtos é tema que precisa ser "reestudado", sabido que os produtos tiveram a sua vida útil significativamente reduzida em comparação àqueles fabricados no início do século (fenômeno da "obsolescência programada").

[58] Gráfico também pode ser acessado in OCDE, *Enhancing Product Recall Effectiveness Globally*, p. 18.

c)   Modelo de aviso de risco e frequência da comunicação aos consumidores

Comunicados com excesso de informações ou pouco objetivos quanto ao defeito do produto e o perigo envolvido tendem ou a não ser lidos ou a não ser bem compreendidos pelos consumidores, o que reduz a sua propensão a atender um chamamento. A veiculação de alerta de risco claro, conciso e objetivo é fundamental para retirar os consumidores do seu estado de inércia. As autoridades, neste particular, têm um papel importante em contribuir com modelos de aviso de risco curtos e objetivos. Outro fator importante é a frequência de comunicação. Comunicações diretas, por *e-mail*, SMS ou por meio de alerta de aplicativo ou de novas tecnologias, resultam em reações mais ativas dos consumidores em comparação às comunicações à imprensa[59]. Assim, ao lado do plano de mídia (que será elaborado de acordo com o caso concreto) é importante que sejam usadas ferramentas que possibilitem o contato personalizado com o consumidor, sempre que possível. Sabemos, no entanto, que o sucesso de tais medidas está atrelado ao registro dos produtos, bem como à autorização, por parte do consumidor, no sentido de que seus dados sejam capturados e armazenados pelo fornecedor para futuro contato proativo[60].

d)   Nível de risco que o produto oferece e a gravidade do dano que pode sofrer o consumidor

Quanto maior o risco de acidente de consumo, maiores a atenção do consumidor e o seu comportamento ativo, notadamente se um grupo de pessoas tiver sofrido algum acidente e narrado sua experiência pessoal. Sabemos que há casos mais ou menos graves; que demandam soluções mais ou menos complexas; *recalls* meramente preventivos e outros nos quais houve acidentes de consumo.

---

[59]   De acordo com estudo da autoridade americana, US CPSC, os consumidores contactados por meio de alertas de *recall*, a taxa de correção e atendimento é de 50% contra 6% no caso de comunicado à imprensa (*press releases*) (OCDE, *Enhancing Product Recall Effectiveness Globally*, p. 20). Pesquisa da Comunidade Europeia demonstra a importância de convergência de meios tradicionais com digitais, para o alcance *indireto* do consumidor, ressaltando de qualquer modo a importância de se desenvolverem novas ações para alcance direto do consumidor, que além de ser o meio de sua preferência é o mais efetivo (European Union, *Survey on Consumer Behavior and Products Recalls Effectiveness: Final Report*, April 2019, p. 18 e 29).

[60]   Os alertas diretos de *recall* são usados quando é possível ter o cadastro do consumidor em vendas diretas ou quando são produtos objeto de registro, como os automóveis. Medidas vem sendo estudadas globalmente para incrementar os registros de produtos e encorajar os consumidores a compartilharem seus dados para essa finalidade. Estuda-se, ainda possíveis websites para registros de eletroeletrônicos para recebimento de futuras comunicações de *recall* ou registro nos próprios pontos de venda. Essa recomendação consta tanto do mencionado estudo da OCDE quanto de pesquisa de mercado realizada pela Comunidade Europeia. Assim recomendou a CE como medida para se incrementar a efetividade de *recalls*: "*Enhance consumers' awareness and trust in product registration. Encourage businesses to set up user-friendly product registration schemes, providing the option for consumers to share their data only to receive information concerning issues with the product, not for advertising or marketing purposes*" (In: European Union. *Survey on Consumer Behavior and Products Recalls Effectiveness: Final Report*, April 2019, p. 30).

e)   Remédios oferecidos ao consumidor e fragmentação regulatória

É importante, por fim, como forma de impactar as taxas de retorno, que a solução do *recall* (troca, reembolso ou reparo da peça) seja simples e de fácil execução pelo consumidor. Se demandar muitas "ações", o consumidor não concluirá o atendimento. Para tanto, é importante que os canais de comunicação (ex.: SAC, telefone, *e-mail*, *site*) sejam fáceis e efetivos, tanto no contato com o consumidor, quanto na implementação da solução. Neste particular, a OCDE aponta o desafio da "fragmentação regulatória" entre os diversos países, que, quando existente, pode aportar dificuldades na implementação de soluções mais efetivas. Exemplo interessante é o da Samsung em *recall* de defeito de bateria de celular. A empresa implementou uma atualização de *software* com o objetivo de reduzir, em todas as jurisdições afetadas, a capacidade da bateria de seus telefones Galaxy Note7 a 0%, o que não foi possível de implementar na Austrália, cuja Lei do Consumidor proíbe que se interrompa o uso de produtos pelos consumidores. Consistente com essa regulamentação, a Samsung reduziu a capacidade da bateria dos telefones para apenas 60% naquele país[61].

Ao lado de tais fatores – que balizam as principais dificuldades para uma maior efetividade do *recall* – há ainda sempre o imponderável: que é o próprio comportamento humano diante de tais situações, que embora comuniquem perigo à vida e saúde do consumidor, ainda assim, seu atendimento é negligenciado.

De acordo com o mesmo estudo citado da OCDE, as (ainda escassas) pesquisas de "insights comportamentais" mostram que um dos principais problemas é a autoconfiança dos consumidores que tendem a ter certeza de que os produtos vendidos em lojas físicas e *on-line* são seguros e geralmente desconhecem ou se desinteressam do sistema de *recalls* de produtos em vigor em seu país. Segundo informa, "os consumidores geralmente não gastam tempo lendo avisos de *recall* de produtos e, mesmo quando o fazem, eles não os compreendem ou simplesmente optam por não reagir." Isso pode ser devido a diversos preconceitos comportamentais, como sobrecarga de informações[62] ou excesso de confiança, sendo que nesta última hipótese, o excesso de otimismo será tanto maior em continuar a usar o produto inseguro se este tiver sido usado pelo consumidor, ou por alguém do seu conhecimento, por um longo período sem que tenha sofrido dano[63].

Parece-nos que esse efeito apontado – da "autoconfiança" – também está atrelado ao fato de que o consumidor da atualidade compreende o "risco" como parte de sua vida, em uma sociedade de miríade de produtos, informações e tecnologia constante, cujos riscos geralmente são desconhecidos. Nessa quadra, a sua tendência

---

[61]   OCDE, *Enhancing Product Recall Effectiveness Globally*, p. 25. Aponta, ainda, como exemplo de fragmentação regulatória divergência nas soluções do *recall*, como reembolso ou crédito, que só podem ser oferecidos pelos fornecedores, em alguns países, quando os consumidores apresentam evidências da eliminação ou destruição do produto.

[62]   Ex.: excesso de informação no aviso de risco ou mesmo "fadiga" do consumidor em prestar atenção aos *recalls* relevantes para ele, tendo em vista o crescente números de *recalls* veiculados.

[63]   Cf. para maiores detalhes, OCDE, *Enhancing Product Recall Effectiveness Globally*, Box 3, "Consumer behavioroul biasis applied to product recalls", p. 34.

é a de não acreditar que um dano maior possa efetivamente ocorrer em sua vida ou simplesmente subestimar ou relativizar o risco apontado pelo *recall*. Pesquisa de mercado realizada pela Comunidade Europeia apontou que mais de 35,1% dos consumidores europeus não reagem a um *recall* que lhes era relevante (31,2% dos entrevistados continuam usando o produto perigoso com mais cautela; outros 3,9% simplesmente não tomam nenhuma ação)[64].

Um outro dado interessante trazido na análise comportamental do consumidor diz respeito ao "efeito de aderência" ao *recall* que tende a ser menor se a inconveniência percebida associada à devolução do produto superar a sua compensação (troca, reembolso ou reparo)[65]. Soma-se a isso o fato de que consumidores tendem a fazer escolhas de acordo com suas necessidades imediatas; a indisponibilidade temporária do produto pode gerar conflitos entre as urgências de curto prazo *versus* os interesses a longo prazo ("inconsistência temporal" das escolhas)[66-67].

Visando a endereçar os baixos índices de atendimento e contornar os vieses comportamentais do consumidor em não atender aos chamados de *recall*, a Senacon, alinhadas às diretrizes da OCDE, trouxe importante inovação regulatória ao encorajar que os fornecedores levem em consideração na elaboração de seus planos de atendimento a aplicação dos indutores (*insights*) comportamentais (art. 5º, parágrafo. único, Portaria 618/2019 do Ministério da Justiça e Segurança Pública). Trata-se de "incentivo", medida opcional, que pode ser adotada pelo fornecedor em complemento aos remédios de troca, reembolso ou reparo do produto. Muitos exemplos podem surgir, tais como entrega de cupom de desconto para ser utilizado em uma próxima compra, *gift card* com dinheiro, cupom para assistência técnica gratuita, lavagem do carro, entrega em dobro do produto trocado, dentre quaisquer outros incentivos que possam motivar o consumidor a aderir ao *recall*[68]. Por meio de tais "indutores",

---

[64]   *Survey on Consumer Behavior and Products Recalls Effectiveness: Final Report*, April 2019, p. 20.

[65]   OCDE, p. 34: "*Endowment effect: Consumers often demand much more to give up an object than they would be willing to pay to acquire it. A consumer's value of a product increases when it becomes part of their endowment, so if the perceived inconvenience associated with returning a recalled product outweighs the compensation (i.e. return, refund or repair), consumers are less likely to return it. This is because naturally humans tend to be loss averse, even if it is in relation to a recalled product.*

[66]   OCDE, p. 34: "*Time inconsistency: Consumers may make choices that are not consistent across time periods due to conflicts between short-term urges and long-term interests*".

[67]   A Comunidade Europeia igualmente conduziu uma pesquisa para entender a baixa aderência aos *recalls*, tendo sido elencados quatro fatores que podem contribuir para ação do consumidor. São eles: valor do produto (73,9%), clareza quanto à conduta a ser adotada pelo consumidor (84,3%), advertência do risco (90,0%) e relevância pessoal (97,9%). (*In:* European Union. *Survey on Consumer Behavior and Products Recalls Effectiveness: Final Report*, April, 2019, p. 21).

[68]   Na Austrália, em junho de 2018, certa loja de varejo, ao notificar o *recall* de panela de pressão ofereceu adicionalmente ao reembolso, um voucher de AUD 10 de crédito. Nos EUA e Canadá, a empresa Alstyle ofereceu um *gift card* de US$ de 10 para cada *body suit* de bebê retornado (sendo que cada roupa havia sido comprada pelo valor abaixo US$ de 3); a Tiffany & Co., ofereceu, além do reembolso e frete grátis para quem não pudesse de-

Cap. 5 • A EXPERIÊNCIA DO *RECALL* NO BRASIL | 181

acredita-se que os consumidores se sentirão mais recompensados pelos seus esforços em atender a um *recall*, incrementando, assim, as taxas de retorno[69].

No Brasil, desde a edição da Portaria 618/2019, verificamos algumas inciativas que adotaram os indutores comportamentais. O caso do *airbag* da Takata é, sem dúvida, o *recall* mais emblemático da atualidade, que atingiu variadas montadoras e causou milhares de acidentes no mundo todo, inclusive mesmo após a notícia do *recall*. Devido à periculosidade do defeito do *airbag* e os baixos índices de atendimento, em 2019, a Honda Brasil produziu um vídeo com o relato pessoal de um consumidor que se acidentou como indutor comportamental para os consumidores que ainda não atenderam ao *recall* e não realizaram a troca ou a desabilitação do *airbag*. Em fevereiro de 2020, a Heineken anunciou o *recall* de suas cervejas *long neck* 330 ml que podiam machucar no ato de sua abertura e ofereceu aos consumidores que optassem pela troca do produto o recebimento de mais uma unidade. Ainda não é possível fazer a medição do incremento das taxas de retorno dessas iniciativas.

A adoção de "indutores comportamentais" demanda mais estudos e, de acordo com a Portaria, "deverão ser levadas em consideração" no plano de atendimento, o que, a nosso ver, é opcional e complementar aos deveres obrigatórios do fornecedor (plano de mídia, remédios, alerta de risco etc.). Os países seguem estudando o tema, avaliando as melhores formas de "cutucar" o consumidor para aumentar a sua conscientização sobre a necessidade de atendimento aos *recalls*. Desde incentivos financeiros ou encorajamento do "boca a boca" ("word of mouth"[70]), quanto a adoção de estratégias de personalização do comunicado, mediante, por exemplo, incentivo ao registro do produtos (sempre que possível o contato direto é preferido pelo consumidor[71]), simplificação do comunicado de risco e das soluções oferecidas ao consumidor (troca, reembolo, reparo).

---

volver o produto na loja, um *gift card* de US$ 100 em seu *recall* anunciado nos EUA (2018) de canecas de cristal (In: OCDE, cit., Box 4, p. 36).

[69] No direito norte-americano os indutores comportamentais também são conhecidos como o procedimento de "buyback" (recompra do produto, aliado a determinado benefício para estimular a adesão ao *recall*), consoante nos informa SAAB, Maria Fernanda Castanheira *(Recall de produtos no Brasil: do surgimento do instituto à sua aplicação*, ob. cit., p.99). A autora observa ainda que a medida de "buyback" é voluntária dos fornecedores, pois é dever do consumidor atender aos chamados de *recall* (idem, p. 100-101).

[70] De acordo com a citada pesquisa da Comunidade Europeia: "Word of mouth is an important mechanism for sharing information about product recalls, in particular when direct communication may not be a feasible strategy. As such, if encouraged, it can increase the relevance and impact of recalls for which reaching consumers may be a challenge (e.g. products for children). The value of word of mouth as a communication mechanism is also supported by findings that the personal relevance of recalls extends to consumers' social circles" *(Survey on Consumer Behavior and Products Recalls Effectiveness*, p. 21).

[71] As mídias tradicionais e *on-line* são importantes para o contato indireto, porém, estudos mostram que devem ser estimulados os meios de contatos diretos, o que, inclusive, pressupõe medidas para incremento do registro dos produtos nos pontos de venda ou base de dados do fornecedor, mediante a anuência do consumidor em compartilhar seus dados com os fornecedores para essa finalidade específica. Estudo aponta, porém, a resistência em compartilhamento de dados em vista do receio dos consumidores em receber estratégias

No Brasil, tal qual em outras jurisdições, a efetividade do *recall* (e seu encerramento) são avaliados de acordo com critérios cumulativos e não apenas à luz da taxa de retorno, o que nos parece o mais correto em vista de todas as variáveis demonstradas de preocupação global. Passados cinco anos do início do *recall*, a Senacon avaliará o pedido do fornecedor de dispensa de apresentação de relatórios periódicos de atendimento "tendo em vista as peculiaridades da campanha de chamamento, o número de consumidores que tomaram conhecimento da campanha, o índice de comparecimento, além de outros fatores que a Secretaria Nacional do Consumidor considerar relevantes para o caso" (art. 8º, § 5º, da Portaria 618/2019 do Ministério da Justiça e Segurança Pública).

Apenas se ficar demonstrado que os resultados do *recall* não foram satisfatórios, a Senacon poderá determinar, às expensas do fornecedor, isolada ou cumulativamente, a prorrogação ou ampliação do chamamento (art. 9º). Análise de resultado, porém, que como dissemos, não poderá ter em conta apenas o percentual de atendimento, cujo índice, isoladamente, não fornece uma imagem completa do *recall*.

Em exame de eficácia deverão ser verificados, como vimos, diversos outros fatores, tais como as medidas adotadas pelo fornecedor para a comunicação do *recall* e a participação das autoridades nesse processo, o tipo de produto recolhido, sua vida útil e o período em que foi comercializado no mercado (quanto mais antigo mais difícil a taxa de retorno), seu preço (alto ou baixo valor econômico), a gravidade do risco (i.e, a periculosidade que o produto representa e a probabilidade de sua ocorrência), os acidentes de consumo após a comunicação do *recall*, dentre outros dados relevantes e específicos do caso concreto. São essas variáveis, ao lado das dificuldades apontadas quanto aos "vieses" comportamentais do consumidor, em especial sua autoconfiança, que contribuem para uma maior ou menor taxa de atendimento.

Por fim, dois apontamentos de impacto ao estudo do *recall*: a internet e o surgimento das novas tecnologias.

Segundo levantamentos em diferentes jurisdições, o surgimento da *internet* trouxe novas complicações para o monitoramento e rastreabilidade de produtos defeituosos Se, d'um lado, é verdade, o *e-commerce* abriu uma avenida de oportunidades e ofertas ao consumidor, inclusive para compra e venda transfronteiriça; d'outro esse espaço virtual tornou mais difícil a retirada do produto defeituoso de circulação[72].

Para minimizar esses efeitos negativos do *e-commerce*, acordos com plataformas e implementação de banco de dados globais têm sido adotados para difundir a

---

de marketing (*Survey on Consumer Behavior and Products Recalls Effectiveness: Final Report*, p. 12 e 29).

[72] Em 2015, a comissão australiana de concorrência e consumidores (ACCC) procedeu a uma varredura internacional de segurança de produtos *on-line*, cujo levantamento identificou que 68% dos produtos recolhidos em diferentes jurisdições ainda estavam disponíveis à venda pelo comércio eletrônico. O mesmo fenômeno se verificou na Comunidade Europeia de acordo com informações do RAPEX. Para maiores detalhamentos, confira-se OCDE, "*Enhancing product recall effectiveness globally*, ob. cit, p. 14.

informação de recalls e aumentar a efetividade de retirada de produtos defeituosos que continuam à venda na *internet*, a despeito dos comunicados de *recall*[73].

As novas tecnologias também apresentam impactos – tanto positivos quanto negativos – ao tema do *recall*.

Fala-se nos aspectos positivos que a internet das coisas pode aportar para a rastreabilidade dos produtos e melhoria dos índices de atendimento, mediante alertas de risco individualizados, além da identificação de perigos em cadeias de fornecimento. Imaginemos a geladeira inteligente, que apite diariamente ao consumidor a necessidade de atendimento ao *recall*; o veículo inteligente que ao ser ligado informe o consumidor que o carro ainda não passou pelo *recall*.

Além disso, em razão de sua tecnologia avançada, em certos casos, torna-se possível monitorar remotamente o uso desses produtos inteligentes e, com isso, identificar e corrigir defeitos através de *patches* de *software*[74], evitando a fadiga do consumidor pelo *recall* (troca), com potencial aumento do índice de efetividade. Possibilita-se, ainda o desligamento remoto dos produtos perigosos que estiverem nas mãos dos consumidores[75]. O mencionado *recall* realizado pela Samsung de 4,6 milhões de telefones Galaxy Note7 é um exemplo de como a tecnologia da *internet* das coisas pode ajudar a mitigar os riscos de um produto defeituoso[76].

Por outro lado, essas inovações aportam outras complexidades, típicas do mundo moderno e hiperconectado. Com efeito, para além de questões, a nosso ver, graves de possível violação de dados e privacidade, o crescimento do mercado de *internet* das coisas é previsto por alguns para trazer novos riscos de segurança e potencialmente mais *recalls* devido à crescente complexidade dos produtos.

De acordo com o mencionado estudo da OCDE, há uma crescente preocupação com riscos e incidentes de segurança digital que afetam essa gama de produtos conectadas, tais como carros, dispositivos médicos ou equipamentos de puericultura. O levantamento cita, como exemplo, a falha de segurança dos veículos Chrysler que, em 2015, procedeu ao *recall* de 1,4 milhão de veículos, cujo *software* apresentava

---

[73] Na Comunidade Europeia, *ebay*, *Amazon* e *Alibaba* concordaram em remover produtos inseguros notificados pelo sistema europeu RAPEX, restringindo qualquer venda futura ao receber tais notificações. Em julho de 2018, por exemplo, os avisos realizados por meio do sistema Europeu RAPEX (Rapid Information System/CE) sobre um colar contendo excesso de níquel24 e uma pulseira de tornozelo25 contendo excesso de cádmio levaram à retirada desses produtos das citadas plataformas *on-line*, restringindo qualquer venda futura. (OECD. "*Enhancing product recall effectiveness globally*, p. 29).

[74] Um *patch* (termo da língua inglesa que significa, literalmente, "remendo") é um programa de computador criado para atualizar ou corrigir um *software* de forma a melhorar sua usabilidade ou performance. Quando patches corrigem bugs ou vulnerabilidades de segurança, se dá o nome de bugfix (https://pt.wikipedia.org/wiki/Patch_(computa%C3%A7%C3%A3o), acesso em 2/5/2020.

[75] Neste sentido, aponta o estudo da OCDE, *Enhancing product recall effectiveness globally*, cit., p.15.

[76] Além de enviar mais de 23 milhões de alertas de *recall* e notificações push aos seus clientes, a Samsung conduziu uma atualização de *software* que reduziu a capacidade da bateria dos telefones que ainda estavam nas mãos dos consumidores até 0% (OCDE, 2018c).

184 | DIREITO DO CONSUMIDOR – 30 ANOS DO CDC

vulnerabilidade com potencial para que *hackers* controlassem os carros a distância, cortassem os freios, desligassem o motor ou pudessem dirigi-los fora da estrada[77].

Outro ponto que o estudo chama a atenção – e sem dúvida será um desafio para os próximos 30 anos – é a combinação dos dispositivos conectados com inteligência artificial (i.e., uma tecnologia projetada para aprender com interações com o ambiente e alterar seu comportamento de acordo com o tempo). A autoridade americana que controla os recalls de automóveis (*National Highway Traffic Safety Administration*) levantou o problema do risco potencial desses produtos durante todo o seu ciclo de vida, ao se deparar com a morte de um motorista de um carro conectado à Tesla no modo piloto automático, que não conseguiu distinguir um reboque de trator branco que cruzava a rodovia contra a luz de um céu azul brilhante[78].

Por derradeiro, há outras tecnologias que deverão ser estudadas para o futuro, seus perigos e benefícios e, neste particular, os deveres informacionais, com clareza e ostensividade, quanto aos novos riscos potenciais e o seu modo de uso seguro. Assim, deve ser avaliado o uso de impressoras 3D por parte dos consumidores, os quais devem estar cientes de suas limitações e riscos de modo a evitar a confecção de novos produtos 3D inseguros. A exemplo da vulnerabilidade digital acima apontada, um arquivo corrompido por *hackers* pode resultar em falhas do produto, levando a possíveis *recalls*. O uso de *blockchain* é, ainda, narrado como a tecnologia do futuro que poderá contribuir para a rastreabilidade dos produtos nas mãos dos consumidores, reduzindo os custos do *recall* e incrementando a sua efetividade[79].

5. QUESTÕES AINDA CONTROVERTIDAS QUANTO ÀS CONSEQUÊNCIAS JURÍDICAS DO *RECALL*. *RECALL* E INFRAÇÃO ADMINISTRATIVA

Apesar de consistir em procedimento legal e benéfico ao consumidor, como inclusive já reconhecido pelo Superior Tribunal de Justiça[80], a figura do *recall* ainda tem gerado muitas controvérsias, mesmo após seus 30 anos de aplicação. Observamos que não raras vezes o *recall* é equivocadamente confundido com infração administrativa, gerando multas por parte de órgãos de defesa do consumidor e/ou autoridades sanitárias, ainda que cumpridos todos os requisitos legais.

Contudo, à luz da característica do instituto de *correção e prevenção* de danos, bem como de sua prescrição normativa (art. 10, § 1º, do CDC), o *recall*, por si só, não

---

[77] OECD, *Enhancing product recall effectiveness globally*, ob. cit. p. 15. Cita, ainda, *recall* determinado pela agência americana FDA, em 2017, para o recolhimento de 500.000 marcapassos para correção de vulnerabilidades de segurança digital.

[78] OECD. "*Enhancing product recall effectiveness globally*, ob. cit. p. 15.

[79] O relatório da OCDE cita como exemplo, no setor de alimentos, o uso do sistema Trust Food da IBM, que teria auxiliado a realizar *recall* mais direcionado e a reduzir o seu custo médio em até 80%. Informa que novos projetos de *blockchain* estão sendo estudados para setores não alimentícios como forma de incrementar a rastreabilidade de autopeças a dispositivos médicos (OECD, cit., p.16).

[80] STJ, AgRg no AI n.º 675.453, Rel. Min. Aldir Passarinho, j. em 14.02.2006; STJ Aresp 448.038, Rel. Mauro Campbell, j. 19.12.2013.

é infração ao CDC. Trata-se de cumprimento de dever legal, se e quando identificada uma falha de produção ou de informação, após a introdução do produto no mercado, que possa causar risco à saúde dos consumidores. E sendo cumprimento de dever legal não está sujeito à sanção da Administração, que, outrossim, deve incentivar a sua adoção espontânea pelo fornecedor.

Como bem define Bruno Miragem, "o *recall* visa à prevenção de danos, por intermédio de providências materiais que o evitem, ou porque corrigem o defeito e extinguem o perigo, ou porque recolhem/retiram o produto do mercado"[81]. Ademais, o mesmo doutrinador observa com clareza ao comentar os direitos básicos do consumidor que "a sistemática do CDC não se esgotou na previsão expressa de um direito básico à *reparação* de danos, senão que apontou para a determinação de um direito básico à *prevenção* da ocorrência destes danos. Neste sentido, *prevenir* significa eliminar ou reduzir, antecipadamente, causas capazes de produzir um determinado resultado. No caso, o direito básico do consumidor à efetiva prevenção de danos indica aos demais destinatários das normas de proteção estabelecidas no CDC uma série de deveres conducentes à eliminação ou redução dos riscos de danos causados aos consumidores, em razão da realidade do mercado de consumo. Tais deveres são determinados basicamente aos fornecedores e ao Estado"[82].

O legislador, portanto, reconhece que o sistema de produção em massa pode ser falível e estabelece, desde logo, os remédios que devem ser adotados para eliminar e/ou prevenir acidentes de consumo, normatizando, ainda, a forma de reparação dos danos comprovadamente experimentados em decorrência do uso do produto ou serviço defeituoso objeto do chamamento (art. 12 do CDC). Sendo, pois, o *recall* a expressão do dever legal que conduz à eliminação ou mitigação dos riscos de danos aos consumidores, a sua observância pelo fornecedor, sempre que realizado de modo voluntário e imediato, resulta na legítima expectativa de que ele não será processado administrativamente ou sancionado em razão do cumprimento desse dever.

Nesta hipótese, em que há realização de *recall* voluntário, não há conduta infrativa ao Código de Defesa do Consumidor, pelo que o ordenamento não autoriza atribuição de sanção administrativa.

A realização do *recall*, em verdade, é a corporificação dos objetivos da Política Nacional de Relações de Consumo pautada, dentre outros, no respeito à dignidade, saúde e segurança do consumidor, ao lado da compatibilização da produção com a defesa do consumidor e harmonização das relações de consumo.

Neste particular, transcrevemos as tão fundamentais quanto atuais considerações de Tamara Amoroso Gonçalves, que trabalhou do DPDC com o tema da saúde e segurança, e Thaísa Mello, quando expõem que "a opinião pública, configura-se como grande problema para a realização dos *recalls* no Brasil. Percebe-se grande preconceito contra o instituto, tanto por parte da população quanto da mídia, que, muitas vezes, exige do governo posicionamento punitivo contra empresas que realizam recall"[83].

---

[81] MIRAGEM, Bruno. *Curso de Direito do Consumidor*, ob. cit., p. 948.

[82] MIRAGEM, Bruno. *Curso de Direito do Consumidor*, ob. cit., p. 300.

[83] GONÇALVES, Tamara Amoroso; MELO, Thaísa. *Recall no Brasil: desafios e perspectivas*, Revista dos Tribunais, vol. 960, p. 41 – 57, out / 2015.

186 | DIREITO DO CONSUMIDOR – 30 ANOS DO CDC

Convém lembrar que o *recall* é um remédio – e não veneno – previsto no Código de Defesa do Consumidor no caso – plenamente esperado em nossa sociedade de consumo – de ocorrência de erros no processo produtivo. Diante disso, registram as mencionadas autoras que "o fornecedor que realiza um *recall* deve ser visto como cumpridor do seu dever de transparência e de boa-fé para com a coletividade de consumidores e não como irresponsável ou descumpridor de suas obrigações. O receio da opinião pública somente incentiva os fornecedores que resistem ao cumprimento da lei a não realizar o chamamento, a esconder falhas em seus produtos, que podem aumentar, exponencialmente, o risco de acidentes de consumo ou mesmo ônus financeiros desnecessários à população"[84].

Não há, portanto, infração se "a empresa tomou todas as medidas determinadas na lei, com vistas a evitar o dano, assim que tomou conhecimento da periculosidade do produto que comercializava, com aprovação dos órgãos fiscalizatórios"[85]. Os Tribunais, corretamente, anularam multas administrativas quando fundamentadas unicamente no "fato do *recall*" que não consiste em infração[86].

Por seu turno, a *ausência de realização de recall* quando se tem conhecimento do risco adquirido, configura, aí sim, infração, sujeita a penas administrativas, cíveis e até mesmo criminais. Da mesma forma, a condução do *recall* de modo intempestivo,

---

[84] GONÇALVES, Tamara Amoroso. MELO, Thaísa. *Recall no Brasil: desafios e perspectivas, ob.cit.*, p. 41-57.

[85] TJSP, Apelação 0011469-17.2011.8.26.0565, Rel. Des. José Luiz Gavião de Almeida, j. em 02.02.2016.

[86] Assim, confira-se, ainda: TJSP, Apelação 681.974-5/0-00, Rel. Des. Xavier de Aquino, j. em 13.03.2008: "Recall ou chamamento dos consumidores realizado voluntariamente, não decorrente de fiscalização ou autuação de qualquer autoridade competente, de acordo com os §§ 1º e 2º do CDC – Infração administrativa inexistente"; TJSP, Apelação n.º 0161768-91.2007.8.26.0000, Rel. Des. Rubens Rihil, j. 05.10.11: "Realização de *recall* preventivo. Comunicação ao órgão competente de Proteção e Defesa do Consumidor, bem como aos compradores do produto, mediante amplíssima publicidade. Inocorrência de danos aos consumidores. Ausência de requisito para gerar responsabilidade civil objetiva, sendo incabível, por tal razão, a imputação da penalidade administrativa. Interpretação lógica e sistêmica do Código de Defesa do Consumidor. Boa-fé do fornecedor que também merece proteção adequada na legislação consumerista"; TJSP, Apelação n.º 0045866-57.2009.8.26.0053, Rel. Des. Ronaldo Andrade, j. 10.04.2012: "Direito do Consumidor – Ação Anulatória de Auto de Infração e Imposição de Multa – Multa – Procon. "*Recall*" eficiente e espontâneo. Inexistência de dano. Inocorrência de infração administrativa"; TJSP, Apelação n.º 0069561-10.2006.8.26.0000, Rel. Des. Ana Liarte, j. 24.9.2018: "Há que se prestigiar, ademais, a boa fé do produtor/fornecedor, que espontaneamente realizou o "*recall*", evitando que se materializasse a possibilidade teórica de causação de danos aos consumidores"; TJSP, Apelação 0138971-59.2007.8.26.0053, Rel. Des. Camargo Pereira, j. 8.5.2018; TJSP, Apelação n.º 9172044-33.2004.8.26.0000; Rel. Des. Oswaldo Luiz Palu, j. 16/12/2009: "Multa administrativa Recall – Veículos introduzidos no mercado com potencial possibilidade riscos aos consumidores mediante a possibilidade de sobrevirem defeitos decorrentes do uso continuo – Espontaneidade da empresa em acionar os consumidores para a inspeção de seus veículos – Fornecedor que seguiu os ditames legais – inconsistência da infração administrativa".

incompleto e/ou em desconformidade com os critérios legais, também poderá gerar discussões de natureza sancionatória, respeitado sempre o devido processo legal, a proporcionalidade e razoabilidade dos atos administrativos e a verificação da existência ou não de danos *in concreto*.

Sobre o descumprimento dos deveres legais de *recall*, em análise da casuística, parece-nos correto sistematizar as infrações nas seguintes causas: (i) quando o *recall* foi comunicado tardiamente, em violação ao critério de comunicação imediata a partir da ciência do fato (em regra, quando realizado meses após a ciência de que houve a introdução de produto defeituoso no mercado)[87]; (ii) quando o *recall* se mostrou em desconformidade com o plano de atendimento, pela inexistência de peças de reposição para a troca, descaso no agendamento de assistência técnica ou desinformação ao consumidor sobre o período de conserto ou reposição da peça do produto[88]; (iii) quando o plano de mídia não foi executado em sua completude, deixando de ser veiculado o comunicado de alerta de risco nos veículos de comunicação necessários[89].

Em suma, o que não nos parece correto admitir, sob pena de transgressão da Política Nacional de Relações de Consumo e da boa-fé objetiva da Administração[90], é

---

[87] TJSP, Apelação 0019407-76.2013.8.26.0053, Rel. Des. Marcos Pimentel Tamassia, j. 19.09.2017 (atraso de 6 meses); TJSP, Apelação Cível 0123041-98.2007.8.26.0053, Rel. Des. Amorim Cantuária, j. 14/05/2013 (atraso de 7 meses); TRF-1, Apelação 0006656-22.2002.4.01.3400, Des. Rel. Kassio Marques, j. 23.07.2018 (atraso de mais de 10 meses); TJSP, Apelação n.º 0022095-11.2013.8.26.0053, Rel. Des. Cristina Cotrofe, j. 17.02.2016 (atraso de 144 dias); TJSP, Apelação 9137789-78.2006.8.26.0000; Rel. Des. Luís Francisco Aguilar Cortez, 27.5.2008 (atraso de mais de 8 meses). No direito comparado, cite-se como exemplo, acordo realizado entre a empresa norte-americana Cinmar LLC e a U.S. CPSC (*Consumer Product Safety Commission*) pelo qual concordou em pagar $3,1 milhões de multa, por ter falhado em comunicar imediatamente defeito envolvendo suas escadas dobráveis da marca Frontgate (cujos degraus poderiam quebrar inesperadamente) e desenhadas para uso em *closets*. A empresa apresentou o seu relatório à CPSC em 29.07.2010, tendo anunciado o *recall* de 38.000 escadas apenas em 20.01.2011, após duas dezenas de consumidores terem se machucado e mais de 1.200 devolvido o produto apontando quebras (https://www.cpsc.gov/Newsroom/News-Releases/2014/Cinmar-Agrees-to-Civil-Penalty>. Acesso em: 26 abril 2020).

[88] TJRJ, Apelação n.º 0006821-55.2016.8.19.0066, Rel. Des. Luiz Henrique Oliveira Marques, j. 03.07.2019: "atraso em conserto de veículo muito superior ao prazo previsto no comunicado do "*recall*"; TJSP, Apelação n.º1005923-74.2013.8.26.0053, Rel. Des. Carlos Violante, j. 26.04.2016 (falta de peça de reposição); TJSP, Agravo de Instrumento 0100697-05.2017.8.26.9000, Rel. Des. Renato de Abreu Perine, j. 26.07.2017. Pela imposição de dever de indenizar (teoria do desvio produtivo do consumidor), pela falha na execução dos serviços de atendimento ao *recall*, cf. TJRJ, Apelação n.º 0002981-71.2010.8.19.0058, Rel. Des. Carlos Azeredo Araújo, j.3.3.2020; TJSP.

[89] TJSP; Apelação Cível 0008907-53.2010.8.26.0053; Rel. Des. Oswaldo Luiz Palu, j. 03.07.2013; TJSP, TJSP, Remessa Necessária Cível 0158475-02.2010.8.26.0100, Rel. Des. Maurício Fiorito, j. 8.10.2019.

[90] "A boa-fé atua como norma asseguradora da manutenção de situações consolidadas, desde que geradoras de expectativas legítimas para os administrados em geral" (MARTINS-COSTA,

que a realização de *recall*, espontâneo e de acordo com a legislação, possa resultar na indevida consequência jurídica de sancionamento administrativo, o que, por óbvio não afasta o dever do fornecedor de responder objetivamente por danos individuais e comprovadamente sofridos em razão do produto defeituoso, tampouco pelo cumprimento falho do procedimento de *recall*.

5.1. Recall e responsabilidade civil

A sistemática do Código de Defesa do Consumidor impõe o dever de reparação integral dos danos sofridos em acidentes de consumo pelo uso de produto defeituoso, assim compreendido aquele que fere as legítimas expectativas aportando um risco anormal e imprevisível ao consumidor (cf. item 2.1 supra). A responsabilidade pelo "fato do produto" é sempre objetiva, independentemente de culpa, bastando a prova do nexo causal entre o fato (produto defeituoso) e dano resultante do seu uso.

Outro ponto importante é que a responsabilidade pelo "defeito do produto" sobrevém independentemente de vínculo contratual antecedente. Assinala a melhor doutrina que, em matéria de falha ao dever de segurança, ou seja, do defeito, não há necessidade de que haja qualquer espécie de vínculo contratual antecedente para que se caracterize a responsabilidade do fornecedor. Havendo o acidente de consumo e sendo esse decorrente do defeito do produto pouco importa se a vítima possuía ou não relação contratual direta ou indireta antecedente com o fornecedor[91].

O dever de indenizar quando verificados danos concretos em razão de acidente de consumo ocorrido com produto objeto do *recall* não gera maiores complexidades jurídicas, cumprindo mesmo ao fornecedor tornar a pessoa indene ao acidente[92].

A polêmica surge quando se passa a querer atribuir ao *recall* consequências jurídicas outras que não se legitimam à luz da boa-fé nas relações de consumo e da importância do instituto para o microssistema de prevenção de danos aos consumidores.

A mera comunicação de *recall*, por si só, não tem o condão de gerar danos morais (STJ)[93] – nem individuais e muito menos de ordem coletiva, sabido ainda que

---

Judith. *A Boa-fé no direito privado: critérios para a sua aplicação*. 2ª ed. São Paulo: Saraiva Educação, 2018, p.333 e ss). Ainda: "A concepção objetiva da boa-fé, ao impor aos agentes privados – e, hoje, também públicos – um comportamento leal, independentemente de considerações subjetivistas, veio minar, gradativamente, os excessos resultantes do liberalismo jurídico, atribuindo coercividade ao propósito de construção de um ambiente relacional marcado pela confiança recíproca e pelo respeito aos interesses alheios" (SCHREIBER, Anderson. Novos paradigmas da Responsabilidade Civil: da erosão dos filtros da reparação à diluição dos danos". 2ª ed. São Paulo: Atlas, 2009, p. 45).

91 MIRAGEM, Bruno. *Curso de Direito do Consumidor*, ob. cit., p. 702.

92 STJ, REsp 1168775/RS, Rel. Min. Paulo de Tarso Sanseverino, j. em 10.04.2012: "Comprovação pelo consumidor lesado do defeito do produto (quebra do banco do motorista com o veículo em movimento na estrada) e da relação de causalidade com o acidente de trânsito (perda do controle do automóvel em estrada e colisão com uma árvore), que lhe causou graves lesões e a perda total do veículo".

93 "CIVIL E PROCESSUAL. AGRAVO REGIMENTAL. INDENIZAÇÃO. PRETENSÃO. MONTADORA. CHAMAMENTO. CORREÇÃO DE DEFEITO. "RECALL". DANO MORAL. INOCORRÊNCIA. (...)IN-

a indenização coletiva pressupõe a existência de conduta ilícita repulsiva e negligente do fornecedor para com a coletividade – muito longe, pois, do dever legal de cuidado e proteção que é inerente à conduta do *recall*.

Assim, um primeiro ponto de controvérsia que se pretende endereçar é a pretensão de certos consumidores de exigirem dano moral pelo simples fato da "notícia do *recall*". Frequentes são as ações de indenização por danos morais fundadas exclusivamente na mera existência de um chamamento. Alega o consumidor "abalo moral" pela notícia de que o produto em sua posse possuía um defeito com potencial risco, a despeito de não ter havido nenhum dano concreto.

Tais ações nos mostram quão necessárias ainda são medidas de educação ao consumo para bem orientar o consumidor da importância de se atender a um *recall*, aumentando as taxas de retorno e o seu bem-estar. É importante que ele compreenda a natureza e o alcance do *recall* que, em última análise, é sinônimo de prevenção à sua saúde, acreditando-se que nas relações de consumo haverá transparência e confiança[94].

Pela sua natureza protetiva à saúde do consumidor a mera existência do *recall*, não gera abalos morais, sob pena de se banalizar o instituto do dano moral o que, em última análise, seria prejudicial à própria defesa do consumidor.

Imprescindível, assim, em indenizações de dano moral, ainda que no âmbito da responsabilidade objetiva, a existência de dano efetivo e a comprovação de sua relação com o produto defeituoso (nexo causal). Neste sentido, adequado o excerto de "chamamento para *recall* que, por si só, não basta ao acolhimento do pleito indenizatório" (TJSP)[95]. Igualmente, "a sensibilidade exagerada ou suscetibilidade extrema não autorizam o reconhecimento de dano moral, ainda que a usuária tenha sido obrigada a fazer revisão de *recall*" (TJSP)[96]. Concordamos, pois, com a jurisprudência que se consolidou nestas últimas três décadas em afastar pedidos de dano moral fundados na *mera ocorrência do recall*, sem que tenha havido a ocorrência do dano[97]. Verificado, porém, dano efetivo e seu nexo causal com o produto defeituoso, devida é a condenação.

CONVINCENTE A TESE DE QUE O CHAMAMENTO DE VEÍCULO EM "*RECALL*" GERA, POR SI SÓ, DANOS MORAIS" (STJ, AgRg no AI n.º 675.453, Rel. Min. Aldir Passarinho, j. em 14.02.2006).

[94] Lembramos, neste particular, que de acordo com pesquisa conduzida pela Comunidade Europeia 54,4% dos consumidores europeus pesquisados informaram que a sua confiança na marca aumentou em razão de *recall* realizado, sendo que mais de 63,5% passou a prestar atenção em *recalls* de produtos em razão de sua experiência prévia, o que denota o maior amadurecimento dos consumidores europeus quanto ao tema e sua importância (*Survey on Consumer Behavior and Products Recalls Effectiveness*, p.24).

[95] TJSP, Apelação 1012523-29.2014.8.26.0554, Rel. Des. Alfredo Attié, j. em 07.12.2017.

[96] TJSP, Apelação n.º 979368- 0/5, Rel. Des. Kioitsi Chicuta, j. em 14.06.2007.

[97] Nesse sentido, afastado dano moral, em razão a mera existência de *recall*, não tendo sido verificado nexo causal ou dano, confira-se, ainda: TJSP, Apelação n.º 1000924-97.2014.8.26.0003, Rel. Des. Jairo Oliveira Junior, j. em 30.01.2015: "a simples necessidade de *recall* no veículo do apelante não justifica a condenação das apeladas ao pagamento de indenização por dano moral. Com efeito, o só fato do veículo do autor ter sido incluído em lista de "recall" para a substituição de componente não bastaria ao acolhimento do qualquer pedido de indenização. Como é de conhecimento comum, trata-se de convocações preventivas

Nesse mesmo diapasão, a ocorrência, por si só, do *recall* não pode gerar dano moral de natureza coletiva (TJDF)[98]. O procedimento de *recall* – quando realizado voluntariamente e observados os requisitos legais e demais atos de boa-fé – não é fator de desprezo à coletividade ou de intranquilidade social, ao contrário. Com bem ponderado por Tamara Gonçalves e Thaísa Melo, "o fornecedor que realiza um *recall* deve ser visto como cumpridor do seu dever de transparência e de boa-fé para com a coletividade de consumidores e não como irresponsável ou descumpridor de suas obrigações"[99].

O *recall* é, portanto, dever legal de segurança, conduta diligente de prevenção de acidentes e de transparência com a coletividade. À adoção espontânea do procedimento legal não pode ser imputada a consequência jurídica de conduta ilícita. Afinal, "regulados ou não, todos os processos produtivos estão sujeitos a falhas, seja pela produção em grande escala, por problemas no fornecimento de insumos ou mesmo com transporte ou estocagem. Nesses casos, quando verificado um desvio ao longo da cadeia de fornecimento, que tenha a potencialidade de gerar riscos aos consumidores, é preciso que os fornecedores iniciem um processo de chamamento"[100].

O principal objetivo do *recall* é eliminar o risco do mercado, mediante o esclarecimento dos fatos aos consumidores, orientando-os sobre como proceder à proteção de sua saúde e para a correção do defeito (troca, reembolso, reparo). A empresa que, de boa-fé, assim procede não pode ter sua situação agravada com os ônus de uma ação coletiva. Trata-se, como bem delimitado pelos Tribunais, de se reconhecer a "boa-fé do fornecedor que também merece proteção adequada na legislação consumerista"[101].

---

salutares, isto é, servem para evitar o concreto surgimento de problemas relacionados a certos itens que estatisticamente apresentam risco, cuidando-se de prática cada vez mais frequente no mercado automobilístico"; TJRJ, Apelação n.º 0440541-85.2012.8.19.0001, Rel. Des. Andre Emilio Ribeiro Von Melentovytch J. 3.12.2019: "Chamada para o "recall" que, por si só, não tem o condão de comprovar o fato do produto (...) "Recall" que gera em favor do consumidor apenas a presunção relativa da existência do defeito no produto, sendo imprescindível a configuração dos pressupostos para o dever de indenizar, o que a parte autora não logrou fazê-lo"; TJSP; Recurso Inominado Cível 1009814-15.2016.8.26.0016, Rel. Des. Luiz Antonio Carrer, j. 09.06.2017; TJSP, Apelação n.º 1004066-60.2016.8.26.0223, Rel. Des. Eros Piceli; j. 27.08.2019; TJSP, Apelação n.º 1020785-35.2015.8.26.0100, Rel. Des. Daise Fajardo Nogueira Jacot, j. 01.03.2018.

[98] "PROCESSO CIVIL. AÇÃO CIVIL PÚBLICA. RECOLHIMENTO DE BRINQUEDOS. INDENIZAÇÃO POR DANOS MORAIS. NÃO CABIMENTO. 1. Incabível o ressarcimento por danos morais cuja causa de pedir se funda exclusivamente na possibilidade de risco à coletividade decorrente da comunicação de periculosidade de produto introduzido no mercado e seu recolhimento. 2. Negou-se provimento ao apelo do autor" (TJDF, Apelação n.º 20070111122795, Rel. Des. Sérgio Rocha, j. em 29.05.2013).

[99] GONÇALVES, Tamara Amoroso. MELO, Thaísa. *Recall no Brasil...*, cit. p. 41-57.

[100] GONÇALVES, Tamara Amoroso. MELO, Thaísa, idem, ibidem.

[101] TJSP, Apelação n.º 0161768-91.2007.8.26.0000, Rel. Des. Rubens Rihil, j. 05.10.11. Ainda, ressaltando ser o *recall* prática "lícita e regular" descabido argumento abstrato e inconsistente de temor pela mera ocorrência de *recalls*: TJRJ, Apelação n.º 0002479-35.2017.8.19.0205, Rel. Des. Maria Da Gloria Oliveira Bandeira De Mello, j. 6.11.2018.

Vale lembrar que a condenação ao dano moral coletivo, consoante orientação do Superior Tribunal de Justiça, está reservada àquelas situações de conduta "grave e intolerável"[102] por parte do fornecedor, "atos ilícitos de razoável relevância e que acarretem verdadeiros sofrimentos a toda a coletividade, pois do contrário estar-se-ia impondo mais um custo às sociedades empresárias"[103]. A conduta que enseja tais danos há de ser, portanto, "grave o suficiente para produzir verdadeiros sofrimentos, intranquilidade social e alterações relevantes na ordem extrapatrimonial coletiva"[104].

Por essa razão, nenhuma reparação de dano moral coletivo se apresenta pela mera exposição dos consumidores a produtos defeituosos, cuja periculosidade foi devidamente comunicada ao público, sendo adotados diversos atos de boa-fé para a correção do defeito e eliminação e/ou redução dos danos. Nessa hipótese, "age a empresa com lealdade perante seus consumidores, pelo que não deve ser punida"[105].

Calcada na transparência e boa-fé das relações de consumo (art. 4º), a empresa que realiza espontaneamente o *recall* nos termos do CDC e da legislação específica tem a legítima expectativa de não sofrer condenação por dano moral coletivo. A condenação em situações como essa, milita em desfavor da política nacional de relações de consumo e representa um desincentivo à realização voluntária de procedimento tão benéfico e protetivo à vida do consumidor.

Ordenamentos jurídicos modernos vêm reformulando suas políticas, para prever situações que melhor enderecem a proteção da sociedade, em vez de medidas meramente punitivas. Trata-se de adotar uma tutela específica de proteção à coletividade, por meio de obrigações de fazer que trazem resultados mais eficazes. E o *recall* é a expressão máxima de obrigações de prevenção e bem-estar da população. Apesar da clareza do instituto e de suas normas, consequências jurídicas desastrosas ainda são aplicadas aos fornecedores que agem de modo transparente e de boa-fé.

É preciso que políticas públicas sejam fomentadas e que todos os órgãos legitimados à defesa do consumidor estimulem a adoção de *recalls* voluntários, pois ninguém melhor do que o próprio fornecedor para identificar rapidamente o desvio e prevenir os consumidores quanto aos seus riscos.

A ausência de dano moral coletivo, por óbvio, não afasta o dever de reparar a lesão individual comprovada e resultante de produto ou serviço defeituoso (art. 12 do CDC). Neste particular, mesmo quando o consumidor não atende ao chamado de *recall* e sofre o dano, a indenização permanece devida, pois resultante (nexo causal) da colocação de produto defeituoso no mercado que viola o dever de segurança no seu fornecimento[106].

---

[102] Cf. REsp n.º 1.643.365/RS, Rel. Min. Nancy Andrighi, j. em 05.06.2018.

[103] Cf. STJ, AgInt no AREsp nº 964.666/RJ, Rel. Min. Marco Aurélio Bellize, j, em 25.10.2016. No mesmo sentido: REsp n.º 1.303.014/RS, Rel. Min. Luis Felipe Salomão, j. em 18.12.2014.

[104] Cf. STJ, Resp n.º 1.221.756/RJ, Rel. Min. Massami Uyeda, 02.02.2012. Confira-se, na doutrina, sobre conceito de dano moral coletivo, MAGALHÃES, Lucia Lopez de. *Publicidade e Direito*, ob. cit., p. 405 e ss.

[105] STJ Aresp 448.038, Rel. Mauro Campbell, j. 19.12.2013.

[106] Discute-se na doutrina e jurisprudência se a ausência de atendimento ao *recall* pelo consumidor poderia afastar a sua indenização. Entendemos, na esteira da casuística, que tal situação

REFERÊNCIAS BIBLIOGRÁFICAS

AZEVEDO, Antonio Junqueira de. *Estudos e pareceres de direito privado, Estudos e pareceres de direito privado.* São Paulo: Saraiva, 2004.

BENJAMIN, Antonio Herman. *Manual de Direito do Consumidor,* Antonio V. Benjamin, Claudia Lima Marques, Leonardo Roscoe Bessa. São Paulo: Editora Revista dos Tribunais, 2007.

CAVALIERI FILHO, Sergio. *Programa de Direito do Consumidor,* 3ª ed, São Paulo: Atlas, 2011.

DE LUCCA, Newton. *Direito do Consumidor,* São Paulo: Ed. Quartier Latin, 2003,

DONNINI, Rogério Ferraz. *Responsabilidade civil pós-contratual: no direito civil, no direito do consumidor, no direito do trabalho e no direito ambiental.* 2. ed. rev. e atual. São Paulo: Saraiva, 2007.

GONÇALVES, Tamara Amoroso; MELO, Thaísa. *Recall no Brasil: desafios e perspectivas,* Revista dos Tribunais, vol. 960, p. 41 – 57, out / 2015.

LOPEZ, Teresa Ancona. Princípio da Precaução e Evolução da Responsabilidade Civil. São Paulo: Quartier Latin, 2010.

MAGALHÃES, Lucia Lopez de. *Publicidade e Direito,* 3º ed., São Paulo: Saraiva jur, 2018.

MARQUES, Claudia Lima, *Manual de Direito do Consumidor,* Antonio V. Benjamin, Claudia Lima Marques, Leonardo Roscoe Bessa. São Paulo: Editora Revista dos Tribunais, 2007.

MARTINS-COSTA, Judith. *A Boa-fé no direito privado: critérios para a sua aplicação.* 2ª ed. São Paulo: Saraiva Educação, 2018.

MIRAGEM, Bruno. *Curso de Direito do Consumidor.* 8. ed. rev., atual. e ampl. São Paulo: RT/Thomson Reuters, 2020.

MIRAGEM, Bruno. *A defesa administrativa do consumidor no Brasil. Alguns Aspectos,* RDC 46/2003.

SAAB, Maria Fernanda Castanheira. *Recall de produtos no Brasil: do surgimento do instituto à sua aplicação.* Dissertação de mestrado, USP, 2018.

SANCHEZ, Andrea da Silva Souza. *A evolução da regulamentação do recall previsto no Código de Defesa do Consumidor,* Dissertação de mestrado, PUC-SP, 2015.

SANTANA, Hector Valverde. *Proteção internacional do consumidor: necessidade de harmonização da legislação,* Revista de Direito Internacional, Brasília, Vol.11, n.1, 2014, p.53-64.

---

não afasta o dever de indenizar por parte do fornecedor que colocou produto defeituoso no mercado. Quando muito, discute-se se poderia haver uma culpa concorrente por parte do consumidor como forma de se calibrar a extensão da indenização. Confira-se: "Desta feita, conforme destacou a Corte Estadual, a circunstância do proprietário anterior do veículo não ter atendido ao *recall* e não ter procedido às devidas revisões periódicas no veículo, não tem o condão de isentar a responsabilidade da recorrente (fabricante) e da comerciante pelos danos ocasionados à recorrida". (AgRg no Resp 1261067/RJ, Rel. Min. Marco Aurélio Buzzi, j. em 17.11.2015). Ainda: REsp 1010392/RJ, Rel. Min. Humberto Gomes de Barros, j.em 24/03/2008.

SCHREIBER, Anderson. Novos paradigmas da Responsabilidade Civil: da erosão dos filtros da reparação à diluição dos danos". 2ª ed. São Paulo: Atlas, 2009.

SILVA, Clovis do Couto e. A obrigação como processo, Rio de Janeiro: FGV, 2007.

Estudos Consultados:

EUROPEAN UNION. *Survey on Consumer Behavior and Products Recalls Effectiveness: Final Report*, April 2019.

OECD, *Enhancing product recall effectiveness globally: OECD background report. OECD Science, Technology and Industry Policy Papers*, n. 58, OECD Publishing, november 2018.

6

RESPONSABILIDADE CIVIL POR ACIDENTES DE CONSUMO: OCORRÊNCIAS TRÁGICAS EM EVENTOS E SERVIÇOS PÚBLICOS DE TRANSPORTE E A IMPRESCINDÍVEL EFETIVIDADE DO CDC NOS SEUS 30 ANOS DE VIGÊNCIA

JOSEANE SUZART LOPES DA SILVA

1. INTRODUÇÃO

Garantir a qualidade e a eficiência dos bens de consumo é a *ratio essendi* da Política Nacional prevista no art. 4º, incisos I a VIII, da Lei n.º 8.078/1990, tendo o adquirente e/ou usuário o direito básico de acesso a produtos e serviços que atendam aos seus interesses econômicos, bem como à sua dignidade, saúde e segurança. A inserção de bens no mercado de consumo deve ocorrer *pari passu* com o respeito aos padrões de qualidade vigentes à época da sua disponibilização. Desrespeitan-do-se os ditames relativos à qualidade dos bens de consumo, os fornecedores serão responsabilizados de acordo com as normas que regem a matéria, dispostas pelos arts. 8º a 25 daquela mesma *lex*.

Vícios que coloquem em risco a vida, a saúde ou a segurança dos consumidores, ou seja, a sua incolumidade física e/psíquica, ou os seus anseios e objetivos econô-micos, darão origem, respectivamente, à responsabilidade pelo fato ou por vício do produto e/ou do serviço. A garantia dos bens de consumo envolve a proteção ao consumidor não somente contra vícios que inviabilizem o seu eficiente e qualificado uso, mas também no que concerne aos possíveis acidentes que coloquem em risco ou afetem a sua estrutura física, psíquica e moral.

Objetiva-se, neste artigo, versar sobre a Responsabilidade Civil por acidentes de consumo, atribuindo-se enfoque a ocorrências trágicas em eventos de entrete-nimento e em serviços públicos de transporte de passageiros, estigmatizados por vítimas letais. O problema desta pesquisa corresponde à indagação dos motivos pelos quais, conquanto a Lei n.º 8.078/1990, vigente durante 30 anos, contenha normas satisfatórias sobre a prevenção e o combate de tais acontecimentos, ainda continuam verificando-se no plano fático. Aponta-se, como hipótese basilar, a falta da necessária efetividade dos dispositivos normativos aplicáveis à matéria, engendrada pela questionada inércia e/ou omissão dos órgãos públicos competentes.

Na primeira parte, serão explanadas considerações sobre a Teoria da Qualidade e a segurança dos bens, previstas no microssistema consumerista, transpondo-se, em seguida, a abordagem para os vícios por insegurança ou defeitos dos produtos e serviços. A *posteriori*, tratar-se-á da responsabilidade objetiva dos envolvidos nos acidentes de consumo e, por fim, discorrer-se-á sobre três acontecimentos nefastos, ocorridos no Estado da Bahia, que ceifaram vidas e que denotam a ausência de concretude dos ditames legais vigentes. Para a realização deste empreendimento, optou-se pelos métodos hermenêutico, dialético e argumentativo, seguindo-se a vertente crítico-metodológica e a linha de investigação jurídico-projetiva[1]. O tipo de pesquisa concretizada foi a exploratória, de natureza bibliográfica e documental, bem como a técnica da documentação indireta. Trata-se de pesquisa meramente exploratória, calcada em obras e artigos científicos existentes sobre a temática. Consiste em uma investigação lastreada na documentação indireta, já que inexistem referências a entrevistas, formulários e/ou questionários, mas tão somente à bibliografia.

2. A TEORIA DA QUALIDADE DOS BENS DE CONSUMO E A IMPRESCINDÍVEL SEGURANÇA EM PROL DA INCOLUMIDADE DOS INDIVÍDUOS

Resultado das transformações que marcaram o surgimento da sociedade massificada e dos contratos padronizados, a Teoria da Qualidade dos produtos e serviços é o tema nuclear que vai reger todas as relações de consumo[2]. No sistema norte-americano, em que o primeiro clamor ecoou para a proteção do consumidor, os riscos e os danos causados por bens defeituosos foram objeto de discussões e de análise[3], bem como a qualidade em geral dos produtos e serviços. A Comunidade Econômica Europeia, atual UE, de forma similar, preocupou-se também com a qualidade e a conformidade dos bens de consumo, prevendo normas sobre o assunto.

No Brasil, com a edição do Código de Proteção e Defesa do Consumidor, a citada teoria foi absorvida pelo ordenamento jurídico local, fazendo-se presente, de modo marcante, em toda a Lei n.º 8.078/1990[4]. Assinala Norbert Reich que a responsabilidade devido à deficitária qualidade dos bens de consumo "is a remedy

---

[1] HERRERA, Enrique. *Práctica metodológica de la investigación jurídica*. Buenos Aires: Astrea, 1998, 304 p. WITKER, Jorge. *Como elaborar una tesis en derecho*: pautas metodológicas y técnicas para el estudiante o investigador del derecho. Madrid: Civitas, 1985, p. 100.

[2] Gerard Cas apresenta uma "Esquisse d'une théorie de la qualité", ou seja, a estrutura de Teoria da Qualidade. CAS, Gérard; FERRIER, Didier. *Droit de la consommation*. Paris: Presses Universitaire de France, 1986, p. 182 e ss.

[3] PHILLIPS, Jerry J. *Products Liability*. 5. ed. St. Paul, Minn. West Group, 1998. p. 55 e seguintes.

[4] Antônio Herman Vasconcellos e Benjamin, ao comentar o CDC, trata da Teoria da Qualidade dos Bens de Consumo. Conferir: BENJAMIN, Antonio Herman Vasconcellos e; GRINOVER, Ada Pellegrini. et al. *Código Brasileiro de Defesa do Consumidor*. 10. ed. rev. atual. e reform. Rio de Janeiro: Forense, 2011, volume I, p. 38-43.

under civil or common law by which the user of a product (be it a professional user or a private consumer), having suffered because of a defective product, can acquire compensation in the form of damages"[5]. Apesar de o título do mencionado capítulo IV do título I do CDC trazer expressamente menção à qualidade dos produtos e serviços, tal exigência dilui-se por todo o diploma legal.

Os arts. 4º e 6º, que disciplinam, respectivamente, os princípios das relações de consumo e os direitos básicos dos destinatários finais de bens, contemplam a qualidade dos bens e tratam sobre o atendimento às necessidades daqueles, o respeito à sua dignidade, saúde e segurança, a proteção de seus interesses econômicos e a melhoria da sua qualidade de vida. Sobre a temática, devem ser consultados os incisos II, *d*, V, e VII, do art. 4º desse Código, do mesmo modo que os incisos I, IV e X do art. 6º. Os capítulos acerca da proteção contratual, administrativa e penal também contêm normas referentes à qualidade dos produtos e serviços. Assim sendo, quando se trata da Teoria da Qualidade dos Bens de Consumo, não se pode ignorar que se espraia por todo o microssistema consumerista.

Dispõe o art. 8º do CDC que os produtos e serviços colocados no mercado de consumo não acarretarão riscos à saúde ou à segurança dos consumidores, exceto os considerados normais e previsíveis em decorrência de sua natureza e fruição, obrigan-do-se os fornecedores, em qualquer hipótese, a dar as informações necessárias e ade-quadas a seu respeito. A regra geral é que todo bem, para que possa ser disponibilizado para o público, atenda aos parâmetros de qualidade e não sujeitem os consumidores a sofrerem danos físicos, psíquicos e/ou morais[6]. O conceito de segurança é relativo e atrela-se, diretamente, com as informações sobre o uso ou fruição do bem de consumo[7].

Além de informar ao público consumidor, o fornecedor deve adotar "outras medidas cabíveis em cada caso concreto", conforme reza a parte final do art. 9º do CDC, para a proteção dos legítimos interesses consumidores[8], como afirma J. Koendgen. Se apenas a informação não é suficiente para que a nocividade e a periculosidade dos bens de consumo não causem danos para os usuários, o fornecedor deve lançar mão de outros expedientes, como, por exemplo, restringir a venda de raticidas, pesticidas e inseticidas para aqueles que estejam habilitados para o seu uso, ou disponibilizar um serviço adicional de aplicação direta *in loco* de tais produtos – tudo isso com o fito de melhor proteger os interesses e os direitos dos consumidores[9].

---

[5]   REICH, Norbert. In: COSSU, Cipriano (a cura di). *L'attuazione della direttiva comunitaria sulla responsabilità del produttore*. Milano: Edizioni Cedam – Padova, 1990, p. 204.

[6]   Sobre o tema, consultar: MORÁN, Luis González. El Derecho a la Salud y a la Seguridad de los Consumidores y Usuarios. In: ARCE, Alicia de León; GARCÍA, Luz María García (coords). *Derechos de Consumidores y Usuarios*. Valencia: Tirant lo blanch, 2007, tomo I, p. 1.158 a 1208.

[7]   BENJAMIN, Antonio Herman de Vasconcelos; GRINOVER, Ada Pellegrini. et al. *Código Bra-sileiro de Defesa do Consumidor*. 10. ed. rev. atual. e reform. Rio de Janeiro: Forense, 2011, volume I, p. 190.

[8]   KOENDGEN, Johannes. *Selbstbindung ohne Vertrag*: zur Haftung aus geschäftsbezogenem Handeln. Tübingen: Mohr, 1981, p. 132.

[9]   Como acentua Ripert, as leis de ordem pública são aquelas que interessam mais direta-mente à sociedade que aos particulares – é o que se verifica com o CDC. Nessa senda, coibir o fornecedor de colocar bens altamente nocivos ou perigosos no mercado de

O fornecedor de produtos e serviços goza de autonomia privada para reger os seus negócios jurídicos, mas não pode se furtar à obrigação de prestar informações sobre o modo seguro de uso e fruição dos bens de consumo. Não mais prevalece a tradicional dicotomia entre o privado e o público, afirmando Lorenzetti que há um ponto de colisão entre tais esferas; "para establecer la solución hay que establecer un juicio de ponderación entre los derechos fundamentales, las reglas institucionales, principios, valores y garantías"[10]. Por mais que a livre-iniciativa e o poder de autodeterminação dos fornecedores sejam reconhecidos e respeitados, o dever de informação é o resultado da mescla entre os campos privado e público diante do direito fundamental do consumidor[11].

A pós-moderna teoria contratual enfatiza o fator segurança dos bens de consumo e não se limita a tratar dos elementos tradicionais, admitindo, segundo Ricardo Lorenzetti, três níveis de análise e perspectivas: *contratual, sistemática* e *institucional*[12]. No primeiro plano, no âmbito interno, além dos elementos clássicos, a responsabilidade dos participantes da relação contratual e as garantias dos bens de consumo são importantes aspectos considerados. No segundo prospecto, internamente, as relações entre as partes devem estar pautadas na informação e na lealdade. Por fim, o derradeiro aspecto envolve a funcionalidade, a eficácia e a eficiência da contratação, sem dispensar o ambiente econômico e social – não se poderia, nesse plano, desprezar a segurança dos bens de consumo e os cuidados imprescindíveis com a vida, a saúde e a segurança dos usuários.

3. VÍCIOS POR INSEGURANÇA E OS ACIDENTES DE CONSUMO: OS RELEVANTES DISPOSITIVOS NORMATIVOS INSTITUÍDOS NA DÉCADA DE 1990 PELO CÓDIGO DE DEFESA DO CONSUMIDOR PARA SE EVITAR E COMBATER TAIS OCORRÊNCIAS NEFASTAS

Em resposta aos acontecimentos nefastos decorrentes do uso ou da fruição de bens de consumo, revolucionaram-se os pilares da responsabilidade civil,

---

consumo constitui providência salutar que atende aos anseios sociais por segurança. RIPERT, Georges. L'ordre économique et la liberté contractuelle. In: *Mélanges offertes à Geny*, Paris, 1959, p. 347.

[10] "para estabelecer a solução há que estabelecer um juízo de ponderação entre os direitos fundamentais, as regras institucionais, princípios, valores e garantias" (traduziu-se). LORENZETTI, Luis Ricardo. El daño a la persona. In: ITURRASPE, Jorge Mosset; SESSAREGO, Carlos Fernández; LORENZETTI, Luis Ricardo; CASTILLA, Gustavo Ordoqui. *Daño a la Persona*. Pautas Jurisprudenciales. Montevideo: Ediciones Del Foro, 1996, p. 71.

[11] Ghersi alerta sobre a proteção constitucional que a defesa do consumidor tem na Argentina e em diversos outros países do mundo. GHERSI, Carlos A. El Derecho de los Consumidores y las Políticas Económicas de la Década de los Noventa. In: STIGLITZ, Gabriel (dir.). *Derecho del Consumidor*. Rosario: Editorial Juris, 2003, p. 39. Em relação às demandas propostas por fumantes contra a indústria de tabaco, conferir: STJ, REsp 1.113.804, Rel. Min. Luiz Felipe Salomão, 4ª T., DJ 24/06/2010.

[12] LORENZETTI, Ricardo Luis; MARQUES, Cláudia Lima. *Contratos de Servicios a los Consumidores*. Buenos Aires: Rubinzal-Culzoni Editores, 2005, p. 17.

Cap. 6 · RESPONSABILIDADE CIVIL POR ACIDENTES DE CONSUMO | 199

abandonou-se a investigação do elemento subjetivo e foram cunhadas normas específicas para a proteção dos consumidores. A Lei n.º 8.078/1990 denominou responsabilidade pelo fato do produto ou serviço, o conjunto normativo voltado para os defeitos ou vícios por insegurança, que coloquem em risco a vida, a saúde ou a segurança dos consumidores, ou que lhes causem danos. A expressão "acidente de consumo", argumenta Marc Fallon, serve melhor para significar tal responsabilidade, não somente pela "extensão desejável da perspectiva de caracterizar uma atividade humana e não o fato de um bem, mas também pela perenidade do consumerismo e por sua institucionalização"[13].

Segurança e prevenção são os valores que norteiam as normas sobre acidentes de consumo, guiando o legislador infraconstitucional a estruturar um regime específico de responsabilidade civil.[14] Quando aqueles valores são ameaçados ou violados, a vida e a saúde do consumidor são tocadas e a sua integridade física, psíquica, moral e, em geral, econômica, colocadas em risco ou mesmo prejudicadas pela iniciativa privada econômica[15]. Entre as normas cujo objetivo prioritário é evitar a produção de danos tem especial relevância, aduz Parra Lucan, "la que establece la obligación de los empresarios de introducir en el mercado productos seguros en condiciones normales o previsibles de utilización"[16]. As normas, que serão objeto de exame nos próximos tópicos, integram uma política de caráter preventivo direcionada para estimular os fornecedores a modificarem a técnica de produção, a fim de evitarem ulteriores eventos danosos[17].

De um modelo individualista, em que a autonomia privada espargia sem maiores freios, transpôs-se para uma conjuntura dualista e coletivo, afirma Thierry Bourgognie[18]. O direito das relações de consumo, dentro dessa estrutura, desempenha duas funções principais: (i) "corrigir as falhas do mercado, mais a título de meio do que como um fim em si mesmo;" (ii) "e responder às preocupações sociais de uma política ativa de consumo que vise à redução de custos atribuídos à coletividade em razão do comportamento privado dos atores econômicos"[19]. Garantir ao consumidor, através dos ideais democráticos e igualitários, um mínimo de proteção imperativa e intangível[20] é a razão das normas sobre acidentes de consumo.

---

[13] FALLON, Marc. *Les accidents de la consommation et le droit*. Bruxelas: Bruylant, 1982, p. 222.

[14] Ibidem, idem.

[15] ALPA, Guido; BESSONE, Mario. *La Responsabilitá del Produttore*. 4. ed. Milão: Dott. A Giuffrè, 1999, p. 1.

[16] "a que estabelece a obrigação dos empresários de introduzir no mercado produtos seguros em condições normais ou previsíveis de utilização". PARRA LUCAN, Maria Angeles. *Daños por Productos y Proteccion del Consumidor*. Barcelona: Bosch Editor S.A. 1990, p. 635.

[17] Ibidem, p. 32.

[18] BOURGOIGNIE, Thierry. *Éléments pour une Théorie du Droit de la Consommation*. Bruxelles: Story Scientia, (Coll. « Droit et consommation », XVI) 1988, p. 156.

[19] (traduziu-se) Ibidem, p. 165.

[20] Ibidem, idem.

200 | DIREITO DO CONSUMIDOR – 30 ANOS DO CDC

4. PRODUTOS E SERVIÇOS DEFEITUOSOS: CARACTERIZAÇÃO E ESPÉCIES DE VÍCIOS POR INSEGURANÇA QUE PODEM SUBMETER A RISCO A VIDA, A SAÚDE E A SEGURANÇA DOS CONSUMIDORES

Produtos e serviços defeituosos são aqueles que não oferecem a segurança que deles legitimamente se espera, conforme dispõem, respectivamente, os arts. 12 e 14 do CDC e respectivos parágrafos. A ausência de segurança pode dar-se em decorrência de defeitos na própria estrutura do produto ou na prestação do serviço ou pela ausência de informações adequadas sobre o seu uso ou fruição. Desse modo, podem os defeitos ser classificados em três espécies: a) de *planejamento*; b) de *operacionalização*; e de c) *informação*[21].

As duas primeiras espécies são *vícios* ou *defeitos intrínsecos*, já que, afirma Calvão da Silva, "inerentes à própria estrutura do produto". Os defeitos de informação ou de instrução[22], diferentemente dos demais, correspondem a *vícios* ou *defeitos extrínsecos*, "resultantes do não cumprimento ou cumprimento imperfeito do dever de advertir ou instruir (*warnings or instructions*)" – não são, pois, ínsitos ao produto[23].

Defeitos de *planejamento* são aqueles que surgem no momento em que estão sendo projetados os produtos e os serviços. É a fase preliminar da produção de certo bem de consumo e deve ser realizada com cuidado e zelo com vistas a promover a segurança aguardada pelo público consumidor[24]. O projeto do produto ou serviço deve ser confeccionado por profissionais experientes e em harmonia com as normas regulamentares vigentes. Nessa etapa, serão definidos as metas e os objetivos relativos ao bem de consumo e a sua posterior estrutura terá que atender aos padrões de qualidade, eficiência e, principalmente, segurança.

Na fase de *operacionalização*, o fornecedor executará as atividades necessárias para que o produto seja materializado ou o serviço prestado. É o momento no qual o projeto ganha corpo e dá origem ao bem de consumo através de atividades diversas, que precisam ser guiadas pela atenção daqueles que as desenvolvem. A fabricação, a construção e a montagem são modalidades de criação de produtos; já a execução e a manipulação de fórmulas correspondem a outras atividades que viabilizam a elaboração destes; do mesmo modo, a apresentação e o acondicionamento desses.

---

[21] Afirma Jerry Phillips que "É dito frequentemente que existem três tipos de defeitos relacionados aos produtos: 1) defeitos de fabricação ou produção; 2) defeitos de design; 3) inadequadas instruções e avisos". PHILLIPS, Jerry. *Products Liability*. 5. ed. St. Paul, Minn. West Group, 1998, p. 5.

[22] Os alemães os denominam de *Instruktionsfehler*. Consultar: JAUERNIG, Othmar; MANSEL, Peter. et al. *Bürgerliches Gesetzbuch*. 11. ed. Munique: Beck, 2004.

[23] CALVÃO DA SILVA, João. *A Responsabilidade Civil do Produtor*. Coimbra: Livraria Almedina, 1990, p. 659.

[24] "Em 1997, o Instituto de Direito Americano adotou o *Restatement 3d of Torts: Products Liability,* dividindo os defeitos dos produtos em: defeitos de fabricação (quando produtos se afastam do seu projeto original), defeitos de design e inadequadas instruções ou avisos" PHILLIPS, Jerry., op. cit., p. 29.

Cap. 6 · RESPONSABILIDADE CIVIL POR ACIDENTES DE CONSUMO | 201

No que concerne aos serviços, no decorrer da sua concretização, podem advir vícios por insegurança ou defeitos que descumpram o dever de segurança[25].

Pronto o produto ou executado o serviço, compete ao fornecedor prestar informações completas, claras e ostensivas sobre a sua utilização ou fruição e riscos. Se um bem de consumo foi devidamente planejado e executado, mas deixarem de ser prestados esclarecimentos suficientes ou adequados sobre o seu manejo e aproveitamento, surge o *defeito por informação*. É possível que um acidente de consumo aconteça não em razão da estrutura física do bem, mas, sim, devido à falta de informação necessária[26]. O produto pode não oferecer a segurança legitimamente esperada porque seu fabricante o pôs em circulação sem as adequadas instruções sobre o modo do seu emprego, assinala Calvão da Silva, sem as advertências "para os perigos que o seu uso incorreto comporta, sem a menção das contraindicações da sua utilização, sem as informações sobre as suas propriedades perigosas"[27].

O dever de informação ao consumidor é uma obrigação contratual acessória de caráter fundamental, para se evitar acidentes de consumo. Cabe ao fornecedor adverti-lo sobre as vantagens e os riscos do produto ou serviço, assim como de todas as demais circunstâncias importantes. Enuncia Le Tourneau que todas as relevantes nuances do bem de consumo devem ser expostas pelo fornecedor, para que o consumidor tenha uma concepção prévia daquilo que lhe está sendo ofertado.[28] É essa informação prévia que, se for realmente prestada a contento e de modo condizente com o produto ou serviço, vai evitar que acidentes aconteçam e que danos sejam ocasionados. Seria, como anuncia De Cupis, "una reacción del derecho para facilitar la represión del daño"[29].

4.1 Circunstâncias relevantes que devem ser consideradas para a identificação de produtos e serviços considerados defeituosos

Identificar a espécie de defeito ou vício por insegurança, que macula certo produto ou serviço, pressupõe a consideração de circunstâncias relevantes, para que se possa realmente verificar qual a expectativa criada no público consumidor. A *apresentação do produto* ou o *modo de fornecimento do serviço* é fator de grande relevância; a *época em que foi disponibilizado* e as *consequências e riscos* que razoavelmente dele

---

[25] Afirma Le Tourneau que os fabricantes e os vendedores têm obrigação de velar pela boa-fé e pela segurança dos consumidores. TOURNEAU, Philippe le. *La Responsabilité des vendeurs et fabricants*. Paris: Dalloz, 1997, p. 12.

[26] Sabrina Ianni salienta o direito fundamental do consumidor à informação e a sua vulnerabilidade. IANNI, Sabrina. *America Latina e Tutela del Consumatore*. Le Prospettive del Mercosur tra Problemi e Tecniche di Unificazione del Diritto. Milano: Dott. A. Giufrrrè Editore, 2005, p. 65.

[27] CALVÃO DA SILVA, João. *A Responsabilidade Civil do Produtor*. Coimbra: Livraria Almedina, 1990, p. 636.

[28] TOURNEAU, Philippe le. *La Responsabilité des vendeurs et fabricants*. Paris: Dalloz, 1997, p. 17.

[29] "uma reação do direito para facilitar a repressão do dano". DE CUPIS, Adriano; SARRIÓN, Angel Martinez. *El Daño*: Teoria general de la responsabilidad civil. Barcelona: Editorial Bosch S.A., 1975, p. 15.

se esperam devem ser examinados, a fim de que o defeito venha a ser ou não constatado[30]. Assevera Calvão da Silva que o juiz, na valoração do caráter defeituoso do produto, deve atender também às expectativas objetivas do público em geral, "isto é, à segurança esperada e tida como normal nas concepções do tráfico do respectivo setor de consumo, *v.g.*, de adultos, de menores, de deficientes etc."[31]

Todo e qualquer produto, após ser fabricado, deve ser, de alguma forma, apresentado no mercado de consumo, com o desiderato de que os interessados tomem conhecimento da sua existência. A apresentação envolve dois aspectos: um *intrínseco* ao próprio produto e o outro *extrínseco*. O primeiro diz respeito à embalagem ou acondicionamento do produto e as informações prestadas através de invólucros, etiquetas ou outro material que venha acompanhando a sua apresentação. O segundo refere-se à publicidade sobre a essência, a qualidade e as características do bem de consumo, ou seja, divulgações acerca desse produto. Evitar que o defeito informacional seja configurado pressupõe que o fornecedor diligencie no sentido de anunciar todos os dados essenciais para o uso seguro do produto pelo homem médio – aquele que "tem patamar mínimo de conhecimento, educação e cultura".[32]

Cada serviço é executado de acordo com as especificidades da sua natureza e o modo de seu fornecimento é um fator de indiscutível relevância na averiguação de defeitos que coloquem em risco ou atinjam a incolumidade dos consumidores. Dessa forma, se o modo de fornecimento do serviço não se encontrar condizente com as normas técnicas e regulamentares vigentes ou se não forem prestadas informações adequadas, o vício por insegurança estará presente[33]. A época em que o produto foi ofertado ou o serviço prestado constitui *fator temporal* e *histórico* de inegável relevância na avaliação dos possíveis defeitos que podem acometê-los. Os conhecimentos científicos e tecnológicos dos diversos ramos da atividade humana evoluem e transformam-se ao passo em que novas pesquisas e investigações são empreendidas[34]. Os bens de consumo seguem os meandros das evoluções no campo do saber e as características que atualmente possuem não coincidem com as de outrora – assertiva que conduz a, diante de qualquer acidente de consumo, averiguar qual foi o momento em que o produto foi utilizado e o serviço usufruído[35].

---

[30] Consultar os incisos I a III do parágrafo 1º do art. 12 e os incisos I a III do parágrafo 1º do art. 14 do CDC.

[31] CALVÃO DA SILVA, João. *A Responsabilidade Civil do Produtor*. Coimbra: Livraria Almedina, 1990, p. 636.

[32] MACEDO JÚNIOR, Ronaldo Porto. Direito à Informação nos Contratos Relacionais de Consumo. *Revista de Direito do Consumidor*, n. 35/118, São Paulo: RT, 113-122.

[33] SERRANO, Laura Gázquez. La Responsabilidad Civil por Productos Defectuosos enn el Ámbito de la União Europea: Derecho Comunitario y de los Estados Membros. In: MONTEIRO, António Pinto (dir.) *Estudos de Direito do Consumidor*. Coimbra: Centro de Direito do Consumo, n. 04, 2004, p. 253-277.

[34] Sobre o tema, examinar: ALARCÃO, Rui de. Globalização, Democracia e Direito do Consumidor. In: MONTEIRO, António Pinto (Dir.). *Estudos de Direito do Consumidor*. Coimbra: Centro de Direito do Consumo, n. 08, 2006/2007, p. 18-27.

[35] "Tal menção deve significar que a apreciação da segurança que cabe legitimamente esperar deve fazer-se segundo as circunstâncias existentes ao momento da colocação

Cap. 6 · RESPONSABILIDADE CIVIL POR ACIDENTES DE CONSUMO | 203

Determinado produto disponibilizado há muito tempo, ou um serviço prestado em período remoto, pode, à época, ter cumprido as normas vigentes e os padrões de segurança conhecidos e aceitos até aquele momento. Com o evolver dos tempos, investigações podem concluir que aquele bem de consumo não era tão seguro quanto se pensava, sofrendo os consumidores, que utilizaram o produto ou se beneficiaram do serviço, danos em sua saúde e segurança. Trata-se dos chamados "riscos do desenvolvimento" que, nos Estados Unidos, foram objeto de discussões quando o medicamento fabricado pelo Laboratório *Abbot*, em um primeiro momento, evitou que várias mulheres sofressem abortos, entretanto, posteriormente, gerou tumores malignos nos órgãos sexuais das usuárias[36].

Se a deficiência não era previsível no momento da concepção, da fabricação ou da colocação em circulação do produto ou da prestação do serviço, afirma Marc Fallon, não há como responsabilizar o fornecedor, pois a situação é realmente "totalmente imprevisível ao estado de conhecimento técnico e científico"[37]. Nesse mesmo sentido, Jerry Phillips aduz que "There are some products which, in the present state of human knowledge, are quite incapable of being made safe for their intended and ordinary use (...)".[38] Se o estágio tecnológico e científico mais avançado no momento em que o produto foi ofertado ou o serviço concretizado não havia como predizer que problemas aconteceriam, não há como atribuir responsabilidade ao fornecedor. Caso contrário, produtos e serviços novos, mais complexos e proveitosos, não seriam lançados no mercado pelo receio de que ulteriores pesquisas poderiam taxá-los como inseguros – isso seria um desestímulo ao progresso.

A importância do *fator temporal* é premente para o exame das situações em que um produto de melhor qualidade seja colocado no mercado de consumo ou um serviço passe a ser executado mediante novas técnicas. Em ambas as circunstâncias, o anterior produto ou o serviço findo não é considerado defeituoso, conforme dispõem os arts. 12, § 2º, e 14, § 2º, do CDC[39]. O *uso* e os *riscos* que razoavelmente se esperam do produto são outras relevantes circunstâncias no tratamento dos acidentes de consumo. Quanto ao tema, importância similar possuem o *resultado* e os *riscos* que o consumidor aguarda do serviço que lhe foi prestado. O consumidor tem o direito de obter todas as informações pertinentes para o uso seguro do produto ou o gozo

---

em circulação de um produto. Isso quer dizer que se deve valorar o tempo transcorrido desde quando foi posto em circulação e o uso do mesmo, dado que há que contar com sua inevitável deterioração"(tradução livre). TAPIA, Carlos A. Manque. *Derecho del Consumidor*. Responsabilidad Civil por Productos Defectuosos en la Ley n. 19.496. Santiago: Librolex Ediciones Jurídicas, 2006, p. 74.

[36] PHILLIPS, Jerry. *Products Liability*. 5. ed. St. Paul, Minn. West Group, 1998, p. 22.

[37] FALLON, Marc. *Les accidents de la consommation et le droit*. Bruxelas: Bruylant, 1982, p. 10.

[38] "Existem alguns produtos que, no presente estado do conhecimento humano, são bastante incapazes de serem seguros para o uso pretendido e comum"(traduziu-se). PHILLIPS, Jerry. *Products Liability*. 5. ed. St. Paul, Minn. West Group, 1998, p. 22.

[39] Um veículo, por exemplo, vendido antes do *airbag* ter sido lançado, não pode ser considerado defeituoso quando o novo modelo trouxer esse instrumento. Um serviço de jardinagem realizado com os produtos químicos existentes à época, não será defeituoso se, *a posteriori*, puder ser executado com novas substâncias menos tóxicas.

204 DIREITO DO CONSUMIDOR – 30 ANOS DO CDC

do serviço[40], porém, em contrapartida, tem o dever de, respectivamente, empregá-lo e de usufruí-lo de acordo com as instruções expostas. Produtos e serviços nocivos e perigosos precisam ser manipulados e fruídos com cautela e responsabilidade, precavendo-se o consumidor de eventos nefastos. Prestadas todas as informações e os conselhos adequados sobre o produto ou serviço, o consumidor terá que, de acordo com os riscos já declarados, agir de acordo com as orientações e advertências dadas.

4.2 A cadeia de fornecimento diante dos defeitos ou vícios por insegurança: normas previstas na Lei n.º 8.078/1990

Em caso de acidentes de consumo na oferta de produtos ou na prestação de serviços, a responsabilidade do fornecedor, quer seja pessoa física ou jurídica será, em regra, objetiva, conforme visto em tópico anteriormente exposto. Contudo, tratando-se de profissionais liberais, dispõe o art. 14, § 4º, do CDC, que a responsabilidade será apurada mediante a verificação de culpa, através da análise do elemento subjetivo diante das especificidades da relação contratual fincada entre as partes. No atual estágio de evolução econômica e mercadológica, no entanto, dificilmente o consumidor consegue adquirir um produto ou contratar um serviço que tenha sido originado por apenas uma pessoa física ou jurídica. A complexidade dos bens de consumo reclama a conjugação de esforços de um grupo de fornecedores que vão laborar dentro das suas esferas profissionais específicas para que o item seja finalizado. Foi essa realidade, marcada principalmente pelas dificuldades de descoberta do autor do fato[41], que encetou a solidariedade entre os integrantes da cadeia de fornecimento[42].

Os *produtores* ou *fabricantes* são pessoas físicas ou jurídicas que, a partir de matéria-prima, engendram, maquinam, inventam ou fabricam produtos ou efetuam serviços. A fábrica é o estabelecimento industrial que reúne mão de obra especializada e é equipado com maquinário e instalações próprias para produzir bens de consumo. Leciona Ugo Carnevali que aquele que tem nas suas mãos "o controle da produção e as alavancas da oferta, isto é, que representa a real contraparte do adquirente – o fabricante do produto industrial" é o *responsável real* pelos defeitos dos produtos e serviços[43]. Responsabilizar o produtor, aduz Calvão da Silva, é fazer deste "a *contraparte jurídica do consumidor* – a que se eximira pela cisão entre a produção e o comércio –, como que reconstituindo uma operação econômica unitária"[44]. Complementa o autor que os "verdadeiros e substanciais polos são o produtor e o consumidor, seccionados pela cadeia distributiva em vários estádios ou relações sucessivas juridicamente autônomas"[45].

---

[40] TOURNEAU, Philippe le. *La Responsabilité des vendeurs et fabricants.* Paris: Dalloz, 1997, p. 17.

[41] RODOTÀ, Stefano. *Il problema della responsabilità civile.* Milano: Giuffrè, 1964, p. 73-74.

[42] No Código Brasileiro de Proteção e Defesa do Consumidor, a solidariedade entre os fornecedores encontra-se prevista nos arts. 7º, e 25, § 1º.

[43] CARNEVALI, Ugo. *La Responsabilità del Produttore.* Milão: Dott. A Giuffrè, 1974, p. 5-6.

[44] CALVÃO DA SILVA, João. *Responsabilidade civil do produtor.* Coimbra: Almedina, 1990, p. 93.

[45] Ibidem, idem.

Cap. 6 · RESPONSABILIDADE CIVIL POR ACIDENTES DE CONSUMO | 205

Na condição de criador do produto ou gestor do serviço, o produtor ou o fabricante é reconhecido como verdadeiro responsável pelos acidentes de consumo, aplicando-se, segundo Guido Alpa, uma regra geral reconhecida pela Comunidade Econômica Europeia.[46] Foram eles que tiveram a ideia primeva de institucionalizar um projeto e concretizá-lo, gerando um bem de consumo e, por isso, não podem ficar alheios à esfera da responsabilização.[47] Assim sendo, seria "enormemente chocante que aqueles sujeitos que se apresentam no mercado como produtores não fossem legitimados passivamente frente aos prejudicados"[48].

O *comerciante* é considerado *responsável aparente* ou *subsidiário*, pois, de acordo com o art. 13 do CDC, incisos I a III, será responsável apenas em três hipóteses: a) produto anônimo; b) produto precariamente identificado; c) produto perecível não conservado. Quando o fabricante, o construtor, o produtor ou o importador do produto não puder ser identificado, diz-se que o bem de consumo é anônimo, conforme a primeira situação. Se o produto for fornecido sem a identificação clara do seu fabricante, produtor, construtor ou importador, configura-se a segunda hipótese. Produtos suscetíveis à deterioração terão que ser mantidos em estado adequado de conservação pelo comerciante e, havendo falhas nessa atividade, aquele será responsável pela ocorrência danosa[49].

5. A RESPONSABILIDADE CIVIL DOS FORNECEDORES DE PRODUTOS E DE SERVIÇOS DIANTE DOS ACIDENTES DE CONSUMO: A PROTEÇÃO DOS DESTINATÁRIOS FINAIS DE BENS EM DECORRÊNCIA DA PROEMINÊNCIA DA SUA INTEGRIDADE FÍSICA, PSÍQUICA E ECONÔMICA

Detectando-se vícios por insegurança ou defeito, aplicam-se as normas sobre acidentes de consumo ou responsabilidade pelo fato do produto ou serviço, previstas nos arts. 12 a 14 da Lei n.º 8.078/1990; ocorrendo vício por inadequação, incidem as

---

[46] ALPA, Guido. *Il diritto dei consumatori*. 9. ed. rev. e atual. Roma-Bari: Gius. Laterza & Figli Spa, 2002, p. 401.

[47] "Ao invés, na contemporânea sociedade de bem-estar, em que o fabricante exerce uma atividade econômica lucrativa e cria o alto risco de produzir e pôr em circulação produtos defeituosos, é havido como mais justo que seja o produtor a responder pelos *incommoda* (leia-se, danos) dela decorrentes do que deixá-los a cargo das próprias vítimas (...)".CALVÃO DA SILVA, João. *Responsabilidade civil do produtor*. Coimbra: Almedina, 1990, p. 503.

[48] ÁLVAREZ, Carlos Lasarte. *Manual sobre Protección de Consumidores y Usuarios*. 3. ed. rev. e atual. Madrid: Dykinson S.L, 2007, p. 289.

[49] Para Zelmo Denari, "a responsabilidade do comerciante nos acidentes de consumo é meramente subsidiária, pois os obrigados principais são aqueles elencados no art. 12". DENARI, Zelmo; GRINOVER, Ada Pellegrini; BENJAMIN, Antonio Herman de Vasconcelos. et al. *Código Brasileiro de Defesa do Consumidor*. 10. ed. rev. atual. e reform. Rio de Janeiro: Forense, 2017, volume I, p. 169. Nesse mesmo sentido, considerando a responsabilidade do comerciante subsidiária: LISBOA, Roberto Senise. *Responsabilidade Civil nas Relações de Consumo*. São Paulo: Revista dos Tribunais, 2001; e CAVALIERI FILHO, Sérgio. O direito do consumidor no limiar do século XXI. *Cidadania e Justiça*, n. 7, Rio de Janeiro: Associação dos Magistrados Brasileiros, 2º semestre de 1999, p. 20-31.

normas estatuídas pelos arts. 18 a 22 do CDC. Além de prestar informações sobre a proteção legal instituída em prol dos consumidores diante de vícios que afetam os produtos e serviços, os fornecedores serão responsáveis pelos problemas advindos em razão da existência dessas irregularidades.

A tradicional classificação da responsabilidade em contratual e extracontratual foi substituída, no âmbito das relações de consumo, por uma novel terminologia, qual seja a *responsabilidade pelo fato do produto e do serviço* ou *acidente de consumo* e a *responsabilidade pelo vício do produto e do serviço*. Aquela divisão clássica baseava-se na fonte do dever jurídico violado, configurando-se a responsabilidade contratual quando houvesse o descumprimento de um dever relativo ao liame contratual e a extracontratual quando a transgressão não estivesse vinculada a um atributo do *vinculum juris*[50]. Hodiernamente, a responsabilidade decorre de uma única e indiscutível fonte: o direito[51] e não somente da lei, vez que é possível fundamentar a responsabilidade em outras bases jurídicas.

5.1 A Bahia assistiu a três trágicos acidentes que macularam a proteção dos consumidores no transporte hidroviário de passageiros e em evento de entretenimento que demonstraram a necessária efetividade do CDC

Em 10 de dezembro de 2006, o Catamarã Baía de Todos os Santos, quando retornava de Morro de São Paulo para a Baía de Todos os Santos, adernou, acarretando a morte de um consumidor e o lançamento de vários outros ao mar, gerando-lhes sérios prejuízos materiais e morais. Em investigação realizada, o Ministério Público do Estado da Bahia detectou inadequação, insegurança e ausência de informações na prestação do serviço de transporte hidroviário de passageiros. A precariedade dos serviços desenvolvidos pela empresa executora da atividade caracterizou-se não somente pela ineficiência dos recursos humanos colocados à disposição da população, pois a estrutura da embarcação também denotou uma ausência de preocupação com a razoável execução do contrato de transporte. Relataram os consumidores que a embarcação não dispunha de uma quantidade suficiente de botes rígidos para serem utilizados no salvamento dos usuários. Relatou-se também a ausência de instrumentos de comunicação com estações que facilitassem o encaminhamento de informações sobre o ocorrido. A embarcação sofreu reparos indevidos no seu casco, ocasionando o rompimento deste e o ingresso de água no seu interior[52]. Por outra via, a Agência

---

[50]   MAZEAUD, Henri; MAZEUD, Leon & TUNC, André. *Tratado teórico e práctico de la responsabilidad civil delictual y contractual*. Buenos Aires: EJEA, 1961, p. 119.

[51]   É a chamada responsabilidade unitária. CARLUCCI, Aída Kemelmajer de. El Sistema Dualista de Responsabilidad Contractual y Extracontractual en Argentina. Reflexiones sobre la Inconveniencia de su Supervivencia. Tercera Jornada El Sistema de Responsabilidad Civil Contractual y Extracontractual: actualidad y utilidad de la distinción. *Revista Anales Derecho UC*, Santiago: Legis, marzo 2008, p. 69.

[52]   O Relatório Final da Capitania dos Portos do Estado da Bahia (CPB) certificou que o acidente foi motivado em razão das atividades reparadoras ineficientes concretizadas no Catamarã. A autora deste artigo, na condição de titular da 5ª Promotoria de Justiça do Consumidor do MPBA, ingressou com a Ação Civil Pública n.º 0169729-65.2007.8.05.0001, que ainda

Estadual de Regulação de Serviços Públicos de Energia, Transportes e Comunicações da Bahia (AGERBA), autarquia com competência para fiscalizar esta espécie de transporte, não havia realizado o processo licitatório, para apurar quais as pessoas jurídicas que, de fato, atendiam aos requisitos legais para continuar executando-o.

A Bahia assistiu a um trágico acontecimento no Estádio Octávio Mangabeira (Fonte Nova), situado na capital do Estado, no final de 2007, quando estava sendo realizada uma das partidas da Série C do Campeonato Brasileiro de Futebol, ocorrendo a morte de sete pessoas em razão da queda de parte de uma das arquibancadas do anel superior da edificação que se apresentava em situação precária. Aproximadamente sessenta torcedores, segundo a imprensa local, sofreram lesões em decorrência do tumulto gerado pelo acidente, assim como em virtude da ausência do policiamento adequado. As aberrantes condições físicas do citado equipamento já haviam sido comunicadas ao Poder Judiciário do Estado da Bahia pelo Ministério Público desde 2006, quando, então, pugnou pela interdição do local, até que a sua reestruturação fosse efetivada[53]. Contudo, o aparato jurisdicional não examinou a ação civil pública a contento e a tragédia não pôde ser evitada.

A Superintendência dos Desportos do Estado da Bahia (SUDESB), autarquia gestora do dito estádio, nenhuma providência adotou a fim de que fosse fechado ao público, para a realização das reformas necessárias. A Confederação Brasileira de Futebol (CBF), a Federação Baiana de Futebol (FBF) e o Esporte Clube Bahia – agremiação esportiva que, naquele evento detinha o mando do jogo – mantiveram-se inertes e a edificação, mesmo em estado calamitoso, foi utilizada e serviu de palco para que vidas fossem ceifadas. Após a ocorrência do trágico acontecimento, foi intentada outra Ação Civil Pública com o fito de que os envolvidos fossem compelidos ao pagamento de indenizações para as vítimas, bem como as condições de segurança fossem implementadas[54].

Em 24 de agosto de 2017, aproximadamente, às 6h 30min, nas imediações de Mar Grande, Município de Vera Cruz/BA, verificou-se o naufrágio da embarcação Cavalo Marinho I, de propriedade da CL Empreendimentos Ltda, que executa o serviço remunerado de transporte de passageiros para Salvador/BA, bem como do retorno da capital soteropolitana para a mencionada localidade. Foram vitimadas 19 (dezenove) pessoas, encontrando-se ainda uma em estado de desaparecimento. Ademais, diversos outros usuários sofreram lesões corporais, ficaram aguardando a prestação de socorro por extenso lapso temporal e tiveram os seus pertences perdidos.

Desde o ano de 2014, o MPBA, por meio de demanda judicial coletiva, já havia denunciado a precariedade da prestação do referido transporte[55], assim como as

---

se encontra em trâmite na 7ª Vara da Fazenda da Pública da Comarca de Salvador/BA, portanto, há 13 anos.

[53] Trata-se da Ação Civil Pública n.º 944861/2006 proposta pela autora desta obra, na condição de titular da 5a Promotoria de Justiça do Consumidor do MPBA, ainda em trâmite.

[54] Esta medida judicial coletiva foi intentada em conexão com a anteriormente mencionada. Cf.: SILVA, Joseane Suzart Lopes da Silva. *Direitos dos Torcedores*. Curitiba: Juruá, 2017.

[55] Consultar a Ação Civil Pública n.º 0568277-08.2014.8.05.0001, em trâmite nesse Juízo, embasada no Inquérito Civil n.º 003.0.31302/2014, intentada pela 5ª Promotoria de

208 | DIREITO DO CONSUMIDOR – 30 ANOS DO CDC

péssimas condições dos terminais localizados em Salvador e em Vera Cruz/BA. A Autoridade Judiciária, em decisão interlocutória exarada, considerou necessária a realização de perícia, negando a medida liminar que pugnava, dentre outros aspectos, pela reforma das embarcações, disponibilização de coletes salva-vidas em condições satisfatórias e a não ocorrência de superlotação. Relevante ressaltar que, em 2007, diante da ausência de licitação para a seleção de empresas qualificadas para a execução do serviço de transporte hidroviário acima mencionado e, consequentemente, de qualquer fiscalização, já tinham sido encetadas medidas judiciais coletivas sobre a problemática[56].

5.2 Defeitos na prestação de serviços públicos e a incidência do Código de Defesa do Consumidor diante das regras constantes no artigo 22 para a proteção dos usuários

O legislador infraconstitucional, ao estruturar o Código de Proteção e Defesa do Consumidor, objetivou proteger os beneficiários de todo e qualquer serviço remunerado, desde que sejam destinatários nos planos fático e econômico, não havendo quaisquer distinções conforme sejam de natureza privada ou pública. Nessa esteira, vícios que maculem os serviços públicos regidos pelas normas consumeristas gerarão a responsabilidade do fornecedor, nos termos do art. 22 da Lei n.º 8.078/1990 e seu parágrafo único.[57] O dever de prestar serviços públicos devidos, que não gerem prejuízos materiais e morais para os usuários, encontra-se sedimentado no citado art. 22, segundo o qual os órgãos públicos, por si ou suas empresas, concessionárias, permissionárias ou sob qualquer outra forma de empreendimento, são obrigados a fornecer serviços adequados, eficientes, seguros e, quanto aos essenciais, contínuos. Nos casos de descumprimento, total ou parcial, das obrigações, serão as pessoas jurídicas compelidas a cumpri-las e a reparar os danos causados, na forma prevista neste Código, de acordo o parágrafo único daquele dispositivo.

Justiça do Consumidor, titularizada pela autora deste artigo. A medida judicial coletiva fora encetada contra a CL Empreendimentos Ltda, Vera Cruz Ltda, Socicam Ltda, Centro Náutico da Bahia, AGERBA e Estado da Bahia. As duas primeiras pessoas jurídicas encontram-se executando o serviço de transporte de passageiros mediante contratos de concessão firmados com o Estado da Bahia; enquanto as duas outras acionadas são responsáveis pela administração dos terminais que viabilizam o acesso dos usuários às embarcações.

56   Após a conclusão das investigações, a 5ª Promotoria de Justiça do Consumidor ingressou com as Ações Civis Públicas n.ºs 0169725-28.2007.8.05.0001, 0169716-66.2007.8.05.0001, 0169721-88.2007.8.05.0001 e 0169704-52.2007.8.05.0001 contra, respectivamente, as empresas que atuavam no setor. Em 2011, com a edição da Lei Estadual n.º 12.044/2011, realizou-se o processo licitatório, obtendo êxito a CL Empreendimentos Ltda e a Vera Cruz Ltda. No entanto, a falta de adequação, segurança, efetividade e modicidade continuaram maculando a prestação do serviço.

57   Tratam sobre o tema, dentre diversos outros: MEDAUAR, Odete. Concessão de Serviço Público. São Paulo: RT, 2015; SOUTO, Marcos Juruena Villela. Direito Administrativo das Concessões. Rio de Janeiro: Lumen Juris, 2004; MIRAGEM, Bruno. A Nova Administração Pública e o Direito Administrativo. São Paulo: RT, 2011.

Cap. 6 · RESPONSABILIDADE CIVIL POR ACIDENTES DE CONSUMO | 209

Os citados dispositivos legais coadunam-se com o quanto estabelecido pelo art. 6º, § 3º, II, da Lei Federal n.º 8.987/1995, que versa sobre os regimes de concessão e permissão da prestação dos serviços públicos. Outrossim, a proteção da vida, saúde e segurança dos consumidores em geral, englobando os usuários dos serviços de transportes, constitui princípio basilar da Política Nacional das Relações de Consumo e direito básico, nos termos, respectivamente, do art. 4º, *caput*, e 6º, I, do CDC. A racionalização, a melhoria, a adequação e eficácia dos serviços públicos encontram-se elencadas também nos arts. 4º, VII, e 6º, X. Os consumidores, pessoas físicas ou jurídicas, merecem respeito e tratamento digno, razão pela qual foram instituídos direitos essenciais ou basilares no art. 6º do CDC. Considerando-se o princípio constitucional da dignidade humana[58] e o objetivo da República Federativa do Brasil de constituição de uma sociedade justa e solidária[59], foi criado um diploma normativo específico para tutelar os interesses e direitos dos consumidores, individualmente concebidos, e da coletividade como um todo.

Trata-se da "personalização" dos consumidores[60], visto que devem ser vistos como sujeitos de direitos e não simples "peças" da engrenagem mercadológica, "objetos" manipulados ao bel-prazer dos fornecedores[61]. Com o surgimento da sociedade massificada e assentada em contratações padronizadas, desaparecem as possibilidades de discussões prévias entre consumidores e fornecedores acerca das premissas contratuais[62]. A vida, a saúde e a segurança são bens essenciais sem os quais os consumidores não podem manter o seu estado vital regular e podem vir a óbito, tendo o legislador infraconstitucional previsto a sua imprescindível proteção contra os riscos provocados por práticas no fornecimento de produtos e serviços considerados perigosos ou nocivos, conforme se depreende da análise do art. 6º, I, do CDC. É o que o sistema norte-americano denomina *the right to safety*[63] – o direito dos cidadãos de terem acesso a produtos e serviços seguros e que não os coloquem em risco de morte ou de lesões que atinjam a sua incolumidade biofísica e psíquica.

A importância da vida é tão premente que fora reconhecida em sede constitucional, no *caput* do art. 5º da Constituição Federal de 1988, e, no campo

---

58   Dispõe o art. 1º, III, da Constituição Federal de 1988 que a República Federativa do Brasil tem a dignidade humana como um dos seus fundamentos.

59   De acordo com o art. 3º, I, da CF/1988, a construção de uma sociedade livre, justa e solidária constitui um dos objetivos da República Federativa Brasileira.

60   CAVALIERI FILHO, Sergio. *Programa de Direito do Consumidor*. 2. ed. São Paulo: Atlas, 2017, p. 56.

61   Cf. WHALEY, Douglas. *Problems and Materials on Consumer Law*. New York: Aspen Law&Business, 2002, p. 78.

62   Sobre o tema, consultar: ALPA, Guido; BESSONE, Mario. *La Responsabilità del produttore*. 4. ed. a cura di Fabio Toriello. Milano: Dott. A. Giuffrè, 1999. ALPA, Guido; BESSONE, Mario. Finalità el oggetto della legge (art. 1). In: ALPA, Guido; LEVI, Vanna (Cur.). *I Diritti dei Consumatori e degli Utenti*. Milano: Dott. A Giuffrè Editore, 2001. ALPA, Guido; BESSONE, Mario. Libertà contrattuale e tutela costituzionale, *in Rivista Critica del Diritto Privato*, 1995. ALPA, Guido; BESSONE, Mario. *I Diritto dei Consumatore*. Milano: CEDAM, 1998.

63   VULKOWICH, William T. *Consumer Protection in the 21st Century*: A Global Perspective. New York: Transnational Publishers, 2002, p. 23.

infraconstitucional, terminou sendo erigida como um direito essencial da personalidade. A relevância do estado vital, assim como da saúde e da segurança, é inquestionável e são bens que se encontram em patamar superior aos demais, tendo sempre preferência em hipótese de colisão[64]. São direitos indisponíveis e, por via de consequência, não podem sofrer qualquer espécie de limitação voluntária, contratual nem renúncia[65]. A proteção da vida, saúde e segurança prevista na Lei n.º 8.078/1990 não se limita apenas a um sujeito, mas, sim, a toda a coletividade, pois, como leciona Bruno Miragem, a dimensão transindividual de tais direitos busca "a proteção comum e geral para toda a coletividade de consumidores efetivos e potenciais em relação aos riscos e demais vicissitudes do mercado"[66]. Além do mais, são direitos que suscitam do fornecedor uma atuação cuidadosa em todas as fases do contrato, desde a oferta do bem de consumo, englobando a contratação e a fase pós-contratual[67].

Serviço adequado, conforme o § 1º do art. 6º da Lei n.º 8.987/1995, é o que satisfaz "as condições de regularidade, continuidade, eficiência, segurança, atualidade, generalidade, cortesia na sua prestação e modicidade das tarifas". Observa-se que esse artigo incorporou, dentro do conceito de adequação, todos os demais aspectos exigidos pelo CDC[68]. Para que o serviço possa ser considerado adequado, atendendo-se a todas as características acima elencadas, deverá satisfazer as necessidades dos usuários, cumprindo as finalidades que ensejaram a sua criação e instituição. A atividade não pode ser implementada e desenvolvida tão somente para satisfazer os interesses econômicos dos seus gestores, devendo ser regida pela ética, demonstrando credibilidade para os cidadãos[69].

A eficiência é um princípio decorrente da produtiva administração, devendo o Poder Público atuar de modo diligente e profícuo para obter razoáveis resultados. A segurança, característica fundamental, esperada pelo público consumidor, garante que o serviço seja executado sem colocar em risco a vida, a saúde e a segurança do consumidor, não lhe gerando danos de ordem material e moral. Serviço regular é aquele prestado com constância, que não sofre interrupções ou suspensões indevidas, exceto se forem de ordem técnica ou razões de segurança das instalações, com esteio no inciso I do § 3º do art. 6º da Lei 8.987/1995. A atualidade compreende a

---

[64] MIRAGEM, Bruno. *Direito do Consumidor.* 5. ed. rev. atual. e ampl. São Paulo: Revista dos Tribunais, 2014, p. 122.

[65] Ibidem, idem.

[66] Ibidem, idem.

[67] Verificar a importante obra: MARQUES, Claudia Lima. *Contratos no Código de Defesa do Consumidor.* 9. ed. São Paulo: Revista dos Tribunais, 2019.

[68] Destaca Farina os caracteres e princípios essenciais dos serviços públicos: a) continuidade; b) regularidade; c) igualdade; d) generalidade; e) obrigatoriedade (traduziu-se). FARINA, Juan M. *Defensa del Consumidor y del Usuario.* 3. ed. act. Y ampl. Buenos Aires: Astrea, 2004, p. 289.

[69] Aduz Isidoro Goldenberg que "Para que haja ética e credibilidade, tem que existir nos cidadãos uma adesão aos valores implicados. Somente se logrará esta adesão, quando os que estão à frente dos poderes políticos, exibirem transparência, honestidade e trajetória". GOLDENBERG, Isidoro. Servicios públicos. Tutela de los usuarios. In: STIGLITZ, Gabriel (Dir.). *Reglas para la Defensa de los Consumidores y Usuarios.* Buenos Aires: Editorial Juris, 2000, p. 115.

Cap. 6 · RESPONSABILIDADE CIVIL POR ACIDENTES DE CONSUMO | 211

modernidade das técnicas, do equipamento e das instalações e a sua conservação, bem como a melhoria e expansão do serviço, nos moldes do parágrafo 2º desse mesmo artigo. A cortesia é outra característica essencial dos serviços públicos e significa o tratamento digno dispensado ao consumidor, baseado na urbanidade, no respeito e na prestação de informações com clareza e presteza. Sobre o tema, Roberto M. Lopez Cabana afirma que o usuário tem o direito à informação não somente na fase pré-contratual, mas também, durante toda a vigência da relação contratual[70].

5.3 A responsabilidade civil objetiva com esteio na teoria do risco proveito e a fundamental atuação do Sistema Nacional de Defesa do Consumidor para se evitar acidentes

A sociedade massificada e a contratação padronizada, frutos das transformações sociais, econômicas e tecnológicas, não mais poderiam conviver com o sistema tradicional de responsabilidade civil com base na culpa do fornecedor dos bens de consumo[71]. Com as alterações vivenciadas no decorrer do desenvolvimento industrial e do galopante capitalismo, a máxima: "nenhuma responsabilidade sem culpa", ou como ensinava Rudolf von Ihering "sem culpa, nenhuma reparação", não mais podem prosperar[72]. A responsabilidade civil, atrelada ao individualismo liberal do século XIX[73], tinha como pressuposto a conduta dolosa, negligente ou imprudente, que causava malefícios para os interessados[74]. Na pós-modernidade, associou-se ao solidarismo, à cooperação e à eticidade, não mais sendo imprescindível a descoberta de quem tenha sido o autor direto da conduta nem o motor subjetivo que o impulsionou a agir ou a omitir-se, prejudicando ou colocando em risco outrem[75].

A objetivação da responsabilidade não foi um fenômeno repentino e sub-reptício, leciona Josserand que "é a história e o triunfo da jurisprudência e, também, de alguma forma, da doutrina; é, mais geralmente, o triunfo do espírito do senso jurídico"[76]. Os acidentes de consumo, que se tornaram tão frequentes e as constantes reclamações dos contratantes diante dos vícios por inadequação dos produtos e

---

[70] CABANA, Roberto M. Lopez. Dever de Informação ao Usuário na Argentina. Trad. André Fabian Edelstein. In: SUNDFELD, Carlos Ari (Dir.). *Direito Administrativo Econômico*. São Paulo: Malheiros, 2002, p. 259.

[71] Afirma Pessoa Jorge que as dificuldades para a demonstração da culpa do agente conduziram à objetivação da responsabilidade. JORGE, Fernando Sandy Pessoa. *Ensaio sobre os pressupostos da responsabilidade civil*. Coimbra: Livraria Almedina, 1995.

[72] Consultar: VON IHERING, Rudolf. *A Luta pelo Direito*. Trad. Pietro Nassetti. São Paulo: Martin Claret, 2003.

[73] Cf.: SALLEILES, Raymond. *De la declaracion de volonté*. Paris: Rousseau, 1.901, p. 76. RIPERT, Georges. *O regime democrático e o direito civil moderno*. São Paulo: Saraiva, 1937, p. 332-333.

[74] LE TOURNEAU, Philippe. *La Responsabilidad Civil*. Trad. Javier Tamayo Jaramillo. Bogotá: Legis S.A. p. 27/28.

[75] Examinar: WRIGTH, Richard W. *Right, Justice and Tort Law*. Philosophical Foundations of Tort Law. Oxford University Press, 1995.

[76] Confira-se: JOSSERAND, Louis. Evolução da responsabilidade civil. *RF*, Rio de Janeiro, v. 38, n. 86, p. 539, abr., 1941, passim.

serviços, foram fortes fatores para a mudança de paradigmas. As dificuldades para se identificar o "autor anônimo" da conduta causadora do problema, havendo uma constante transferência de responsabilidade entre os integrantes da cadeia de fornecimento, fez com que a responsabilidade fosse objetivada[77].

O princípio geral e universal da responsabilidade objetiva – argumenta Geneviève Viney – é o moralismo[78] e a responsabilidade do fornecedor de bens de consumo será examinada de acordo com o interesse jurídico protegido. Sendo o fato relativo à vida, à saúde e à segurança, incide a responsabilidade pelo fato do produto ou serviço; estando em pauta a incolumidade econômica do consumidor, aplicar-se-ão as normas sobre responsabilidade pelo vício do bem. Os pressupostos tradicionais da responsabilidade civil[79] foram revisitados à luz de paradigmas protetivos específicos para a promoção e a defesa dos legítimos interesses dos consumidores. O direito do consumidor, lecionam Peter Bülow e Markus Artz, baseia-se na ideia de compensar relações contratuais desequilibradas pela vulnerabilidade[80], por isso a responsabilidade do fornecedor será fixada por meio de critérios gerais e de outros próprios do setor[81].

No campo das relações de consumo, permanecem aqueles pressupostos, exceto a culpa que foi submetida ao processo de objetivação, não mais sendo necessária a apreensão do fator subjetivo ou volitivo[82]. A liberdade contratual, que antes vigorava de forma absoluta, foi sendo mitigada pela boa-fé objetiva do consumidor até chegar ao patamar da responsabilidade objetiva[83]. Sendo o Direito um "modo de resolver casos concretos", afirma Canaris que "ele sempre teve uma particular aptidão para aderir à realidade: mesmo quando desamparado pela reflexão dos juristas, o Direito foi, ao longo da história, procurando as soluções possíveis"[84]. Dessa forma, o contrato teve que se transformar para se adequar "à objectividade e impessoalidade do moderno sistema de relações económicas"[85]. Como aduz Le Tourneau, "toda actividad que provoque un riesgo para otro torna a su autor

---

[77] ITURRASPE, Jorge Mosset. *Responsabilidad por Daños*. Parte geral, tomo I. Buenos Aires: Rubinzal-Culzoni Editores, 2004, p. 56.

[78] VINEY, Geneviève. Les obligations. La responsabilité: conditions. In: GUESTIN, Jacques (dir.). *Traité de Droit Civil*. Paris: Librairie Générale de Droit et de Jurisprudence, 1982, p. 8.

[79] Pessoa Jorge conceitua pressupostos da responsabilidade civil como sendo "os fatos e condições que, em conjunto, produzem essa modalidade de obrigação de indenizar. JORGE, Fernando Sandy Pessoa. *Ensaio sobre os pressupostos da responsabilidade civil*. Coimbra: Livraria Almedina, 1995, p. 9.

[80] BÜLOW, Peter; ARTZ, Markus. *Verbraucherprivatrecht*. Heidelberg: C. F. Müller, 2003, p. 2.

[81] SANSEVERINO, Paulo de Tarso Vieira. *Responsabilidade Civil no Código do Consumidor e a Defesa do Fornecedor*. 2. ed. rev. e atual. São Paulo: Saraiva, 2007, p. 109.

[82] ZWEIGERT, Konrad; KOETZ, Hein. *Einführung in die Rechtsvergleichung auf dem Gebiete des Privatrechts II*. Tübingen: Mohr, 1984, p. 433.

[83] KOETZ, Hein; ZWEIGERT, Konrad. *Europäisches Vertragsrecht*. Tübingen: Mohr, 1996, p. 200.

[84] CANARIS, Claus-Wilhelm. *Pensamento Sistemático e Conceito de Sistema na Ciência do Direito*. 4. ed. Trad. A. Menezes Cordeiro. Lisboa: Fundação Calouste Gulbekian, 2008, p. XXIV.

[85] ROPPO, Enzo. *O Contrato*. Trad. Ana Coimbra e M. Januário C. Gomes. Coimbra: Almedina, 1947, p. 309.

Cap. 6 · RESPONSABILIDADE CIVIL POR ACIDENTES DE CONSUMO | **213**

responsable del perjuicio que dicha actividad pueda causar, sin que tenga que probar una culpa como origen del daño"[86].

A valorização da pessoa humana, que se traduz por uma menor resignação das vítimas, acompanhada de uma maior solidariedade frente aos eventos danosos, afirma Le Tourneau, conduz a não se tolerar mais que uma vítima quede sem recursos "bajo el pretexto de que su autor no está identificado o es insolvente, no solo cuando la víctima es perfectamente inocente, sino cuando ella há cometido una falta que haya concurrido al accidente". O risco tornou-se objeto de estudos daqueles que pregavam a responsabilidade objetiva para substituir a culpa como anterior elemento vinculativo[87]. A culpa era ligada ao ser humano, sendo por isso pessoal e subjetiva, pressupondo o "complexo de operações do espírito humano, de ações e reações"; o risco arrima-se ao serviço, à coisa, à atividade empresarial, "ultrapassa o círculo das possibilidades humanas para filiar-se ao engenho, à máquina, à coisa, pelo caráter impessoal e objetivo"[88]. A criação da teoria do risco decorreu da inaptidão da doutrina da responsabilidade subjetiva, mesmo com presunção de culpa anunciada[89].

A responsabilidade pelo risco[90], anuncia Karl Larenz, trata-se de uma imputação mais intensa desde o ponto de vista social, de "uma distribuição de riscos de dano inerentes a uma determinada atividade segundo os padrões ou medidas, não da imputabilidade e da culpa, senão da assunção de risco àquele que o cria ou domina, ainda que somente em geral".[91] Tendo como parâmetro a máxima latina *ubi emolumentus, ibi onus*, ou seja, "onde está o ganho, aí reside o encargo", a teoria do *risco-proveito* define como responsável pelos defeitos e vícios dos bens de consumo aquele que aufere proveito do empreendimento econômico. Se determinada pessoa jurídica ou física cria uma atividade para a prestação remunerada de serviços ou venda de bens, responderá pelas ocorrências prejudiciais que cause para os indivíduos, mesmo que não seja constatada imprudência, negligência ou imperícia[92].

---

[86] LE TOURNEAU, Philippe. *La Responsabilidad Civil*. Trad. Javier Tamayo Jaramillo. Bogotá: Legis S.A., p. 35.

[87] STÜRMER, Ulrich; KOEPKE, Jack Edward; REISCHEL, Benno. *New EEC Product Liability*. The U.S. in Comparison. Cologne: Gerling-Konzern Globale Rückversicherungs-AG, 1988, p. 123.

[88] PLANIOL, Marcel; RIPERT, Georges. *Traité pratique de droit civil français*. Paris: Librairie Générale de Droit et de Jurisprudence, 1930, p. 661.

[89] BARRENA, Cristian. *El Daño Moral en la Responsabilidad Contravtual y Extracontratual*. Valparaíso: Editorial Libromar, 2001, p. 41.

[90] Afirma Guillermo Garau que "o dano causado pelo produto defeituoso deve recair sobre a pessoa que haja criado o risco, o fabricante é o que está em melhor posição para controlar a qualidade e a segurança do produto ('the best risk bearer', 'the cheapest cost avoider')" (traduziu-se). GARAU, Guillermo Alcover. *La Responsabilidad Civil del Fabricante* (Derecho Comunitario y Adaptacion al Derecho Español). Madri: Editorial Civitas S.A, 1990, p. 25.

[91] LARENZ, Karl. *Derecho de obligaciones*. Trad. Jaime Santos Briz. Madrid: Editorial Revista de Derecho Privado, t. II, p. 665.

[92] BARASSI, Lodovico. *La teoria generale della obligazione*. Milão: Giuffrè, 1954, t. II, p. 504.

6. CONCLUSÃO

Expostos os argumentos constantes no decorrer deste artigo, conclui-se que o problema e a hipótese de pesquisa, inicialmente, apontados, terminaram sendo confirmados, eis que a Lei n.º 8.078/1990 consagra normas satisfatórias, com o fito de que sejam evitados acidentes de consumo, mas, lamentavelmente, trágicas situações estigmatizam a sua efetividade. No Brasil, foi adotada a Teoria da Qualidade dos Bens de Consumo, objetivando-se zelar pela fundamental segurança em benefício da incolumidade dos indivíduos. Foram disciplinados os vícios por insegurança, que geram os acidentes de consumo, através de relevantes dispositivos normativos instituídos no Código de Defesa do Consumidor para se obstaculizar e combater tais ocorrências nefastas. Existem regras jurídicas específicas para a caracterização dos produtos e serviços defeituosos, instituídas em prol da tutela da vida, saúde e da segurança dos consumidores. Ademais, encontram-se dispostas normas acerca das circunstâncias relevantes que devem ser consideradas para a identificação de bens considerados defeituosos.

A Responsabilidade Civil dos fornecedores de produtos e de serviços, em decorrência dos acidentes de consumo, e a proteção dos destinatários finais de bens, no que tange à proeminência da sua integridade física, psíquica e econômica, estão expressamente asseguradas no microssistema em exame. A prestação de serviços públicos mediante o pagamento de tarifa ou preço público, bem como algumas taxas, suscita a incidência do Código de Defesa do Consumidor diante das regras constantes no seu artigo 22, para a devida proteção dos usuários. A objetivação da análise da conduta dos empresários no mercado de fornecimento de produtos e serviços, com esteio na teoria do risco proveito, consiste adrede em outra previsão legal que contribui na adoção de providências destinadas à prevenção de acidentes e a punição dos envolvidos nos contextos em que se verifiquem.

No entanto, ainda assim, a Bahia assistiu a três trágicos acidentes que macularam a proteção dos consumidores no transporte hidroviário de passageiros e em evento de entretenimento, causando mortes. Em outros locais do nosso País, também vários outros acontecimentos, marcados por mortes e lesões de consumidores, têm demonstrado a necessária busca de efetividade para o CDC. Conclui-se que o conjunto normativo contido no Código de Proteção e Defesa do Consumidor denota-se satisfatório e adequado, mas urge que entes que integram o SNDC e demais órgãos públicos competentes atuem de modo coeso, enérgico e combatente, com o escoo de se evitar que ulteriores tragédias se materializem.

REFERÊNCIAS BIBLIOGRÁFICAS

ALARCÃO, Rui de. Globalização, Democracia e Direito do Consumidor. In: MONTEIRO, António Pinto (Dir.). *Estudos de Direito do Consumidor*. Coimbra: Centro de Direito do Consumo, n. 08, 2006/2007.

ALPA, Guido. *Il diritto dei consumatori*. 9. ed. rev. e atual. Roma-Bari: Gius. Laterza & Figli Spa, 2002.

ALPA, Guido; BESSONE, Mario. *La Responsabilitá del Produttore*. 4. ed. Milão: Dott. A Giuffrè, 1999.

ALTERINI, Atilio Aníbal. *Contratos Civiles-Comerciales-de Consumo*. Teoría General. Buenos Aires: Abeledo-Perrot, 2005 p. 598.

ÁLVAREZ, Carlos Lasarte. *Manual sobre Protección de Consumidores y Usuarios*. 3. ed. rev. e atual. Madrid: Dykinson S.L, 2007.

BARASSI, Lodovico. *La teoria generale della obligazione*. Milão: Giuffrè, 1954, t. II.

BARRENA, Cristian. *El Daño Moral en la Responsabilidad Contravtual y Extracontratual*. Valparaíso: Editorial Libromar, 2001.

BENJAMIN, Antonio Herman de Vasconcelos; GRINOVER, Ada Pellegrini. et al. *Código Brasileiro de Defesa do Consumidor*. 10. ed. rev. atual. e reform. Rio de Janeiro: Forense, 2011, volume I.

BOURGOIGNIE, Thierry. *Éléments pour une Théorie du Droit de la Consommation*. Bruxelles: Story Scientia, (Coll. « Droit et consommation », XVI) 1988.

BÜLOW, Peter; ARTZ, Markus. *Verbraucherprivatrecht*. Heidelberg: C. F. Müller, 2003.

CABANA, Roberto M. Lopez. Dever de Informação ao Usuário na Argentina. Trad. André Fabian Edelstein. In: SUNDFELD, Carlos Ari (Dir.). *Direito Administrativo Econômico*. São Paulo: Malheiros, 2002.

CABANA, Roberto M. López. Responsabilidad Civil por Daños al Consumidor en el Mercosur. In: SZAFIR, Dora; CABANA, R. M. L. *El Consumidor en el Derecho Comunitario*. Proyecto de Protocolo de Defensa del Consumidor del Mercosur. Montevideo: Fundacion de Cultura Universitaria, 1998.

CALVÃO DA SILVA, João. *A Responsabilidade Civil do Produtor*. Coimbra: Livraria Almedina, 1990,.

CANARIS, Claus-Wilhelm. *Pensamento Sistemático e Conceito de Sistema na Ciência do Direito*. 4. ed. Trad. A. Menezes Cordeiro.Lisboa: Fundação Calouste Gulbekian, 2008, p. XXIV.

CARLUCCI, Aída Kemelmajer de. El Sistema Dualista de Responsabilidad Contractual y Extracontractual en Argentina. Reflexiones sobre la Inconveniencia de su Supervivencia. Tercera Jornada El Sistema de Responsabilidad Civil Contractual y Extracontratual: actualidad y utilidad de la distinción. *Revista Anales Derecho UC*, Santiago: Legis, marzo 2008.

CARNEVALI, Ugo. *La Responsabilità del Produttore*. Milão: Dott. A Giuffrè, 1974.

CAS, Gérard; FERRIER, Didier. *Droit de la consommation*. Paris: Presses Universitaire de France, 1986.

CAVALIERI FILHO, Sergio. *Programa de Direito do Consumidor*. 2. ed. São Paulo: Atlas, 2017.

DE CUPIS, Adriano; SARRIÓN, Angel Martinez. *El Daño*: Teoria general de la responsabilidad civil. Barcelona: Editorial Bosch S.A., 1975.

DENARI, Zelmo; GRINOVER, Ada Pellegrini; BENJAMIN, Antonio Herman de Vasconcelos. et al. *Código Brasileiro de Defesa do Consumidor*. 10. ed. rev. atual. e reform. Rio de Janeiro: Forense, 2017, volume I.

FALLON, Marc. *Les accidents de la consommation et le droit*. Bruxelas: Bruylant, 1982.

FARINA, Juan M. *Defensa del Consumidor y del Usuario*. 3. ed. act. Y ampl. Buenos Aires: Astrea, 2004.

GARAU, Guillermo Alcover. *La Responsabilidad Civil del Fabricante* (Derecho Comunitario y Adaptacion al Derecho Español). Madri: Editorial Civitas S.A, 1990.

GHERSI, Carlos A. El Derecho de los Consumidores y las Políticas Económicas de la Década de los Noventa. In: STIGLITZ, Gabriel (dir.). *Derecho del Consumidor*. Rosario: Editorial Juris, 2003.

GOLDENBERG, Isidoro. Servicios públicos. Tutela de los usuarios. In: STIGLITZ, Gabriel (Dir.). *Reglas para la Defensa de los Consumidores y Usuarios*. Buenos Aires: Editorial Juris, 2000.

HERRERA, Enrique. *Práctica metodológica de la investigación jurídica*. Buenos Aires: Astrea, 1998.

IANNI, Sabrina. *America Latina e Tutela del Consumatore*. Le Prospettive del Mercosur tra Problemi e Tecniche di Unificazione del Diritto. Milano: Dott. A. Giufrrrè Editore, 2005.

ITURRASPE, Jorge Mosset. *Responsabilidad por Daños*. Parte geral, tomo I. Buenos Aires: Rubinzal-Culzoni Editores, 2004.

JAUERNIG, Othmar; MANSEL, Peter. et al. *Bürgerliches Gesetzbuch*. 11. ed. Munique: Beck, 2004.

JORGE, Fernando Sandy Pessoa. *Ensaio sobre os pressupostos da responsabilidade civil*. Coimbra: Livraria Almedina, 1995.

JOSSERAND, Louis. *Derecho Civil*. Trad. S. Cunchillos y Manterola. Buenos Aires, 1950, t. II, vol. I.

JOSSERAND, Louis. Evolução da responsabilidade civil. *RF*, Rio de Janeiro, v. 38, n. 86, p. 539, abr., 1941.

KOENDGEN, Johannes. *Selbstbindung ohne Vertrag*: zur Haftung aus geschäftsbezogenem Handeln. Tübingen: Mohr, 1981.

KOETZ, Hein; ZWEIGERT, Konrad. *Europäisches Vertragsrecht*. Tübingen: Mohr, 1996.

LARENZ, Karl. *Derecho de obligaciones*. Trad. Jaime Santos Briz. Madrid: Editorial Revista de Derecho Privado, t. II.

LE TOURNEAU, Philippe. *La Responsabilidad Civil*. Trad. Javier Tamayo Jaramillo. Bogotá: Legis S.A.

LIMA, Alvino. *Culpa e risco*. 2. ed. São Paulo: Revista dos Tribunais, 1998.

LISBOA, Roberto Senise. *Responsabilidade Civil nas Relações de Consumo*. São Paulo: Revista dos Tribunais, 2001.

LORENZETTI, Luis Ricardo. El daño a la persona. In: ITURRASPE, Jorge Mosset; SESSAREGO, Carlos Fernández; LORENZETTI, Luis Ricardo; CASTILLA, Gustavo Ordoqui. *Daño a la Persona*. Pautas Jurisprudenciales. Montevideo: Ediciones Del Foro, 1996.

LORENZETTI, Ricardo Luis; MARQUES, Cláudia Lima. *Contratos de Servicios a los Consumidores*. Buenos Aires: Rubinzal-Culzoni Editores, 2005.

LORENZI, Valeria. *Classificazioni Dogmatiche e Regole Operazionali in Tema di Responsabilità Contrattuale*. Milano: Dott. A Giuffrè Editore, 1981.

MACEDO JÚNIOR, Ronaldo Porto. Direito à Informação nos Contratos Relacionais de Consumo. *Revista de Direito do Consumidor*, n. 35/118, São Paulo: RT, 113-122.

MARQUES, Claudia Lima. *Contratos no Código de Defesa do Consumidor*. 9. ed. São Paulo: Revista dos Tribunais, 2019.

MAZEAUD, Henri; MAZEUD, Leon & TUNC, André. *Tratado teórico e práctico de la responsabilidad civil delictual y contractual*. Buenos Aires: EJEA, 1961.

MEDAUAR, Odete. *Concessão de Serviço Público*. São Paulo: RT, 2015.

MIRAGEM, Bruno. *A Nova Administração Pública e o Direito Administrativo*. São Paulo: RT, 2011.

MIRAGEM, Bruno. *Direito do Consumidor*. 3. ed. rev. atual. e ampl. São Paulo: Revista dos Tribunais, 2012.

MORÁN, Luis González. El Derecho a la Salud y a la Seguridad de los Consumidores y Usuarios. In: ARCE, Alicia de León; GARCÍA, Luz María García (coords). *Derechos de Consumidores y Usuarios*. Valencia: Tirant lo blanch, 2007, tomo I.

PARRA LUCAN, Maria Angeles. *Daños por Productos y Proteccion del Consumidor*. Barcelona: Bosch Editor S.A. 1990.

PHILLIPS, Jerry J. *Products Liability*. 5. ed. St. Paul, Minn. West Group, 1998.

PLANIOL, Marcel; RIPERT, Georges. *Traité pratique de droit civil français*. Paris: Librairie Générale de Droit et de Jurisprudence, 1930.

REICH, Norbert. In: COSSU, Cipriano (a cura di). *L'attuazione della direttiva comunitaria sulla responsabilità del produttore*. Milano: Edizioni Cedam – Padova, 1990.

RIPERT, Georges. L'ordre économique et la liberté contractuelle. In: *Mélanges offertes à Geny*, Paris, 1959.

RIPERT, Georges. *O regime democrático e o direito civil moderno*. São Paulo: Saraiva, 1937.

RODOTÀ, Stefano. *Il problema della responsabilità civile*. Milano: Giuffrè, 1964.

ROPPO, Enzo. *O Contrato*. Trad. Ana Coimbra e M. Januário C. Gomes. Coimbra: Almedina, 1947.

SALLEILES, Raymond. *De la declaracion de volonté*. Paris: Rousseau, 1.901.

SANSEVERINO, Paulo de Tarso Vieira. *Responsabilidade Civil no Código do Consumidor e a Defesa do Fornecedor*. 2. ed. rev. e atual. São Paulo: Saraiva, 2007.

SERRANO, Laura Gázquez. La Responsabilidad Civil por Productos Defectuosos enn el Âmbito de la União Europeia: Derecho Comunitario y de los Estados Membros. In: MONTEIRO, António Pinto (dir.) *Estudos de Direito do Consumidor*. Coimbra: Centro de Direito do Consumo, n. 04, 2004.

SILVA, Joseane Suzart Lopes da Silva. *Direitos dos Torcedores*. Curitiba: Juruá, 2017.

SILVA, Wilson Melo da. *Responsabilidade sem culpa*. 2. ed. São Paulo: Saraiva, 1974.

SOUTO, Marcos Juruena Villela. *Direito Administrativo das Concessões*. Rio de Janeiro: Lumen Juris, 2004.

STÜRMER, Ulrich; KOEPKE, Jack Edward; REISCHEL, Benno. *New EEC Product Liability*. The U.S. in Comparison. Cologne: Gerling-Konzern Globale Rückversicherungs-AG, 1988, p. 123.

TAPIA, Carlos A. Manque. *Derecho del Consumidor*. Responsabilidad Civil por Productos Defectuosos en la Ley n. 19.496. Santiago: Librolex Ediciones Jurídicas, 2006.

VINEY, Geneviève. Les obligations. La responsabilité: conditions. In: GUESTIN, Jacques (dir.). *Traité de Droit Civil*. Paris: Librairie Générale de Droit et de Jurisprudence, 1982.

VON IHERING, Rudolf. *A Luta pelo Direito*. Trad. Pietro Nassetti. São Paulo: Martin Claret, 2003.

WITKER, Jorge. *Como elaborar una tesis en derecho*: pautas metodológicas y técnicas para el estudiante o investigador del derecho. Madrid: Civitas, 1985.

WRIGTH, Richard W. *Right, Justice and Tort Law*. Philosophical Foundations of Tort Law. Oxford University Press, 1995.

ZWEIGERT, Konrad; KOETZ, Hein. *Einführung in die Rechtsvergleichung auf dem Gebiete des Privatrechts II*. Tübingen: Mohr, 1984.

7

ONEROSIDADE EXCESSIVA SUPERVENIENTE E O *LEADING CASE* DO *LEASING* COM VARIAÇÃO CAMBIAL

PAULO R. ROQUE A. KHOURI

1. NOTA PRÉVIA

Ao terminar de redigir este artigo, em meados de março de 2020, o mundo e o Brasil encontravam-se às voltas com a pandemia do coronavírus. Nesse momento, a economia está praticamente parada não só aqui, como em vários países do mundo. As bolsas de valores brasileira, chinesa, europeia, americana com quedas bruscas diárias, mesmo com o acionamento constante do excepcional recurso do *circuit breaker*. Voos nacionais e internacionais se encontram, em grande parte, suspensos, afetando as companhias aéreas e seus consumidores. Há quase um bilhão de alunos com aulas suspensas; forte redução da demanda de fábricas com queda drástica de sua produção; suspensão de atividades de lojas, restaurantes e shopping centers. Já estão comparando a gravidade deste momento com o da 2.ª Guerra mundial. No estudo abaixo, em que faço uma homenagem *post mortem* ao Ministro Ruy Rosado de Aguiar Junior, jurista que influenciou decisivamente a jurisprudência do STJ sobre as relações de consumo, inclusive, com julgados relacionados ao fato superveniente extraordinário e imprevisível, ou à onerosidade excessiva superveniente. Este estudo sobre o *leading case* do *leasing* com variação cambial, ocorrido no início dos anos 2000, pode dar as pistas de como os tribunais futuramente se posicionarão em relação a eventuais pleitos de revisão da cláusula preço por conta do fato superveniente extraordinário da pandemia do coronavírus, totalmente alheio à vontade das partes. Uma vez que a incidência superveniente desse fato na execução do contrato venha gerar uma onerosidade excessiva, não coberta pelos riscos próprios da contratação, é natural que as partes contratantes, em geral, consumidor e fornecedor, dono da obra e empreiteiro, locadores e locatários, comerciantes e seus fornecedores etc. poderão recorrer à medieval cláusula *rebus sic stantibus*.

2. DO PRECEDENTE DO MINISTRO RUY ROSADO DE AGUIAR SOBRE A REVISÃO DO CONTRATO DE *LEASING* POR ONEROSIDADE EXCESSIVA SUPERVENIENTE

O acórdão objeto do presente estudo, realizado em homenagem ao grande civilista brasileiro, Ministro Ruy Rosado de Aguiar, encontra-se assim ementado[1]:

> *LEASING.* Variação cambial. Fato superveniente. Onerosidade excessiva. Distribuição dos efeitos. A brusca alteração da política cambial do governo, elevando o valor das prestações mensais dos contratos de longa duração, como o *leasing*, constitui fato superveniente que deve ser ponderado pelo juiz para modificar o contrato e repartir entre os contratantes os efeitos do fato novo.
>
> Com isso, nem se mantém a cláusula da variação cambial em sua inteireza, porque seria muito gravoso ao arrendatário, nem se a substitui por outro índice interno de correção, porque oneraria demasiadamente o arrendador que obteve recurso externo, mas se permite a atualização pela variação cambial, cuja diferença é cobrável do arrendatário por metade.
>
> Não examinados os temas relacionados com a prova de aplicação de recursos oriundos do exterior e com a eventual operação de *hedge*.
>
> Recurso conhecido em parte e parcialmente provido.

3. INTRODUÇÃO. CONTEXTO FÁTICO, LEGAL E JURISPRUDENCIAL ANTERIOR AO JULGAMENTO

Até o advento do artigo 6º da Lei 8.880/1990, a contratação de *leasing* de automóveis era destinada, unicamente, às pessoas jurídicas por conta dos benefícios fiscais concedidos, em especial, a faculdade de considerarem as prestações como despesas, permitindo sua dedutibilidade fiscal. Neste cenário, o consumidor, pessoa física, recorria, em regra, ao contrato de financiamento com alienação fiduciária em garantia[2], até porque o objetivo sempre foi a aquisição da propriedade do bem e não sua mera locação, como também ocorre no *leasing*.

O que levou o consumidor, no momento da aquisição de seu veículo, a *abandonar* temporariamente o contrato de alienação fiduciária em garantia e migrar para o *leasing* foi exatamente a exceção autorizada pelo legislador para, neste contrato interno, usar a moeda americana como indexadora do contrato[3].

---

[1] STJ – REsp 401.021/ES, Rel. Ministro Cesar Asfor Rocha, Rel. p/ Acórdão Ministro Ruy Rosado de Aguiar, Quarta Turma, julgado em 17/12/2002, DJ 22/09/2003, p. 331.

[2] Cf. Khouri, Paulo R. Roque A. Direito do Consumidor. Atlas. 5ª edição, p. 99.

[3] Art. 6º da Lei 8.880/1994 – "É nula de pleno direito a contratação de reajuste vinculado à variação cambial, exceto quando expressamente autorizado por lei federal e nos contratos de arrendamento mercantil celebrados entre pessoas residentes e domiciliadas no País, com base em captação de recursos provenientes do exterior."

Cap. 7 • ONEROSIDADE EXCESSIVA SUPERVENIENTE E O *LEADING CASE* | 221

Essa exceção veio condicionada à exigência de que o fornecedor, a instituição financeira, fizesse a prova da aquisição de recursos no exterior. Qualquer outro contrato interno, como a própria alienação fiduciária em garantia, não poderia usar a moeda americana como indexador.

Entretanto, a razão maior desta migração encontrava-se na expectativa gerada ao consumidor pelas próprias autoridades econômicas de que, com a estabilidade econômica e o regime de bandas cambiais, não haveria o risco de disparada da moeda americana. Na verdade, o consumidor presenciou várias situações de decréscimo do valor nominal das prestações ante a queda do dólar.

Ocorre que em janeiro de 1999, contrariando essa expectativa, a cotação do dólar salta do valor de: $ 1,00 x R$ 1,21 para $ 1,00 x R$ 2,20. Com isso, o consumidor viu a prestação de seu contrato de um mês para o outro aumentar mais de 80% (oitenta por cento). O que fazer ante este fato superveniente? A jurisprudência, até então apoiada no *pacta sunt servanda* e na clássica "teoria da imprevisão" de base voluntarista, vinha mantendo-se muito resistente à revisão judicial dos contratos. Os sucessivos planos econômicos que o Brasil experimentou a partir da década de 80, congelando preços e alterando o valor da moeda, não haviam sensibilizado nossos tribunais em favor de uma eventual revisão judicial dos contratos[4].

O argumento reinante era de que planos econômicos são previsíveis e, portanto, não haveria falar em aplicação da teoria da imprevisão para rever o contrato, por maior que fosse a onerosidade para a parte lesada. Sendo os planos econômicos previsíveis, competiam às partes, no momento da elaboração do contrato, criar salvaguardas especiais para fazer face à eventual repercussão de fatos supervenientes a eles relacionados na equação econômico-financeira do contrato. Se assim não procederam, teriam assumido o risco do normalmente previsível.

Como se vê, o cenário jurisprudencial então vigente era desfavorável à eventual revisão da cláusula preço do contrato de *leasing*, principalmente pelas seguintes razões:

(i)   A alta do dólar, por mais que fugisse ao cenário desejado por fornecedores e consumidores, não era imprevisível;

(ii) Autorização legal expressa de indexação à variação cambial no contrato específico de *leasing*;

(iii) Em passado recente, os brasileiros já haviam convivido com cenários de máximas desvalorizações da moeda nacional e apreciação forte da moeda americana, o que dava mais força à tese da previsibilidade do evento.

O Código Civil de 1916, vigente à época, refletindo a forte influência do Código Napoleônico, não tinha em seus comandos qualquer previsão expressa consagrando a *Teoria da Imprevisão*. Sua rara aplicação entre nós decorria de construção doutrinária e jurisprudencial, lastreada nos princípios gerais do direito, sobretudo com

---

4   Cf. TJDFT. APC 4177796/DF, 4.ª Turma Cível. Rel. Des. Getúlio Pinheiro. "Inaplicável a teoria da imprevisão com base nos planos econômicos. governamentais, fatos previsíveis em nossa história recente."

fundamentos na boa-fé, na equidade, no dever do esforço e ruína e, ainda, na própria autonomia da vontade[5].

Nessa mesma época, o Código de Defesa do Consumidor estava prestes a completar 10 anos de vigência e a previsão do artigo 6º, inciso V, segunda parte, enfrentaria seu primeiro grande desafio. Isso porque a doutrina, majoritariamente[6], já tinha chegado a duas conclusões sobre o citado dispositivo:

(i) Qualquer fato superveniente, mesmo que previsível, autorizaria a revisão judicial do contrato, desde que gerador de onerosidade excessiva;

(ii) A autorização excepcionada pelo artigo 6º só poderia ser utilizada em favor do consumidor. Os demais contratantes continuavam obrigados a demonstrar a imprevisibilidade do fato superveniente gerador de onerosidade excessiva tal como, posteriormente, consagrado nos artigos 317 e 478 do Código Civil.[7]

Entretanto, nos julgamentos dos primeiros casos sobre a variação cambial dos contratos de *leasing*, os Tribunais, não raro, praticamente ignoravam as conclusões a que a doutrina já havia chegado sobre a revisão judicial por onerosidade excessiva decorrente de fato superveniente. Continuavam insistindo nas premissas clássicas da teoria da imprevisão. Esse julgado do Tribunal de Justiça do Distrito Federal e dos Territórios (TJDFT) refletia bem a confirmação desse cenário:

(...) O Contrato de "Leasing", livremente pactuado e com reajuste das prestações atrelado ao dólar norte-americano é perfectível no direito pátrio e não maltrata o Código de Defesa do Consumidor, desde quando, no acerto, a moeda se converta ao dinheiro circulante no País. Nesses contratos a escolha é do aderente e a opção, por certo, leva em conta a conveniência, apesar da previsibilidade de todos sobre os desatinos da política monetária do governo, portanto, temerário, ao depois, alegar cláusula abusiva e a Teoria da Imprevisão; aliás, não há injustiça contra aquele que consente.[8]

---

[5] Cf. RODRIGUES JUNIOR, Otávio Luiz. Revisão Judicial dos Contratos. 2. ed. São Paulo: Atlas, 2006, p. 65/93.

[6] Cf. MARQUES, Cláudia Lima. Contratos no Código de Defesa do Consumidor. 3. ed. São Paulo: RT. 1999. p. 413.

[7] Art. 317. Quando, por motivos imprevisíveis, sobrevier desproporção manifesta entre o valor da prestação devida e o do momento de sua execução, poderá o juiz corrigi-lo, a pedido da parte, de modo que assegure, quanto possível, o valor real da prestação."

Art. 478. Nos contratos de execução continuada ou diferida, se a prestação de uma das partes se tornar excessivamente onerosa, com extrema vantagem para a outra, em virtude de acontecimentos extraordinários e imprevisíveis, poderá o devedor pedir a resolução do contrato. Os efeitos da sentença que a decretar retroagirão à data da citação.

[8] TJDFT. APCIV. 19990 1 004514-9, 1.ª Turma Cível, 29.10.2001, Relator. Desembargador Eduardo de Moraes Oliveira.

Outros julgados, sobretudo dos Tribunais do Sul do País[9], começavam a caminhar em sentido contrário, adotando as conclusões da doutrina sobre a aplicação do artigo 6º, inciso V, segunda parte, do CDC, ou seja, a previsibilidade ou imprevisibilidade do fato superveniente era irrelevante se, no caso concreto, restava configurada a onerosidade excessiva.

Quando essa divergência jurisprudencial chega ao Superior Tribunal de Justiça, inicialmente adota-se o entendimento de que todo o aumento do dólar, configurador da onerosidade excessiva, deveria ser assumido pelo fornecedor[10].

No STJ, nesse julgamento, houve a divergência do voto do Ministro Ari Pargendler quanto a deixar unicamente para o fornecedor todo o valor da variação cambial. Pargendler, mesmo com voto vencido, já defendia que se o fornecedor não lucrou ou obteve vantagem com a alta do dólar não fazia sentido deixar o consumidor sem qualquer ônus acerca dessa variação.

Posteriormente, em outro Recurso Especial sobre a mesma matéria, quem abriu a divergência utilizando exatamente o fundamento da repartição dos ônus da onerosidade excessiva foi o Ministro Ruy Rosado[11]. Depois deste julgamento é que o STJ, após admitir que não se aplicava nesses casos o conceito clássico de imprevisão, pois envolviam relações típicas de consumo, mandou repartir entre as partes todos os ônus da onerosidade excessiva decorrente da variação cambial nos contratos de *leasing*.

4. O JULGAMENTO DO *LEASING* COM VARIAÇÃO CAMBIAL COMO UM *LEADING CASE* MUNDIAL

No caso do *leasing*, a prestação que era corrigida por um dólar a R$ 1,21 abruptamente teve de ser corrigida por essa mesma moeda a R$ 2,20. Uma onerosidade

---

[9]   CF. TJRS. APC 598306454, 14.ª Câmara Cível, Relator. Des. Aymoré Roque Pottes de Mello, data do julgamento: 25/03/1999.

[10]   REsp 299.501/MG, Rel. Ministra Nancy Andrighi, 3.ª Turma Cível, data do julgamento: 11/09/2001 "... A desvalorização da moeda nacional frente à moeda estrangeira que serviu de parâmetro ao reajuste contratual, por ocasião da crise cambial de janeiro de 1999, apresentou grau expressivo de oscilação, a ponto de caracterizar a onerosidade excessiva que impede o devedor de solver as obrigações pactuadas. É ilegal a transferência de risco da atividade financeira, no mercado de capitais, próprio das instituições de crédito, ao consumidor, ainda mais que não observado o seu direito de informação (arts. 6º, III, e 10, *caput*, 31 e 52 do CDC)."

[11]   REsp 401.021/ES, 4.ª Turma, data do julgamento: 17/12/2002. *LEASING*. Variação cambial. Fato superveniente. Onerosidade excessiva. Distribuição dos efeitos. A brusca alteração da política cambial do governo, elevando o valor das prestações mensais dos contratos de longa duração, como o *leasing*, constitui fato superveniente que deve ser ponderado pelo juiz para modificar o contrato e repartir entre os contratantes os efeitos do fato novo. Com isso, nem se mantém a cláusula da variação cambial em sua inteireza, porque seria muito gravoso ao arrendatário, nem se a substitui por outro índice interno de correção, porque oneraria demasiadamente o arrendador que obteve recurso externo, mas se permite a atualização pela variação cambial, cuja diferença é cobrável do arrendatário por metade. Não examinados os temas relacionados com a prova de aplicação de recursos oriundos do exterior e com a eventual operação de hedge. Recurso conhecido em parte e parcialmente provido.

a maior de 82,64%. Qual o percentual de majoração (onerosidade) do contrato, em si, provocado pelo fato superveniente autorizaria revisão judicial da cláusula preço? Menezes Cordeiro lembra que para merecer a atenção do instituto da revisão judicial, a onerosidade ou dano *"deve ser de certa envergadura"*[12]. Nunca foi ou é tarefa de qualquer Código Civil moderno indicar tal percentual. É, no caso concreto, que se avaliará sempre a relevância ou a irrelevância jurídica de qualquer percentual neste sentido. Os casos que servem de paradigma no direito comparado, apontam para majorações das prestações muito acima dos 100%.

A jurisprudência brasileira, seguindo as tendências do direito comparado, também sempre atuou de maneira restritiva. Para se ter ideia do *conservadorismo mundial* em torno dessa matéria, os tribunais alemães negaram o pleito de revisão por majorações decorrentes do choque do petróleo na década de 70 de até 600%, sob o argumento de que as empresas tinham acumulado estoque suficiente para compensar as majorações, as quais não seriam duradouras. Da mesma forma, os tribunais portugueses se recusaram a aplicar o instituto na década de 70, no período das chamadas *nacionalizações* decorrentes da revolução de abril de 1974, que redundaram em desvalorizações supervenientes à celebração do pacto de até 500% da cláusula preço.[13]

Portanto, pode-se dizer ser que este julgado do *leasing*, por si só, revela-se um paradigma internacional em matéria de revisão dos contratos. É evidente que tal só foi possível porque a jurisprudência brasileira tratou tal caso não com os parâmetros da doutrina clássica da imprevisão, mas ancorada nos princípios das relações de consumo, onde reconhecidamente há um *déficit* de liberdade em desfavor do consumidor. Além da vulnerabilidade econômica e técnica deste consumidor, este foi tão somente um aderente nos contratos de *leasing*.[14]

O Ministro Ruy Rosado, ao discorrer mais tarde sobre os efeitos da onerosidade excessiva superveniente nos contratos de adesão, defendeu a necessidade de uma maior proteção do aderente para fazer face ao poder de regulação das empresas: *"a questão da onerosidade excessiva e sua regulação surge seguidamente nos contratos massificados (contratos de adesão), em que o estipulante pode, a seu favor, incluir cláusulas de irresponsabilidade ou excluir situações de onerosidade excessiva. O fenômeno moderno do poder normativo da empresa (law making power) tem sido controlado*

---

[12] MENEZES CORDEIRO, António. *Da Alteração das Circunstâncias. Faculdade de Direito da Universidade de Lisboa.* 1987. p. 67.

[13] Cf. MENEZES CORDEIRO, António. Ob. cit., p. 72/73.

[14] Por conta de tais particularidades da vulnerabilidade acentuada do consumidor nessas contratações e, sobretudo, por conta da utilização dos contratos de adesão com evidente déficit de informação os estudos em direito do consumidor à época, inclusive do autor deste artigo (cf. Direito do Consumidor, Atlas, 2ª. edição, p. 95/96) questionavam o entendimento da repartição dos riscos ante a alta do dólar. Posição esta por mim abandonada ao realizar este estudo onde me convenci que o consumidor, na linha do voto do Ministro Ruy Rosado, também assume riscos no mercado por conta da própria natureza do contrato que assentiu, ainda que sob a condição de aderente, prestigiando--se aqui o valor segurança jurídica.

pela lei dos países mais avançados e a prática commercial é acompanhada por agências administrativas eficazes na normalização e fiscalização dessa atividade".[15]

5. O CARÁTER INOVADOR DO VOTO NA JURISPRUDÊNCIA: COMO RESOLVER O PROBLEMA DA ONEROSIDADE EXCESSIVA SUPERVENIENTE SEM QUE O FORNECEDOR TENHA TIDO QUALQUER VANTAGEM?

A doutrina da revisão judicial dos contratos por fato superveniente indicava, não raro, que a onerosidade excessiva não era neutra, ou seja, o que era prejuízo imprevisível para o devedor, era lucro também inesperado para o fornecedor: *"a onerosidade excessiva que autoriza a modificação da cláusula não pode estar desvinculada de qualquer vantagem para o fornecedor. Até porque modificar uma cláusula contratual sem que o fornecedor tenha tido alguma vantagem com o fato superveniente implica dizer que esse fato é estranho à relação contratual em si e, portanto, não tem nenhuma relevância para esse efeito. A modificação de uma cláusula sem que seja demonstrado o nexo causal da onerosidade excessiva com a vantagem do fornecedor implicará uma modificação que vai conduzir ao desequilíbrio contratual em desfavor do fornecedor."*[16]

O próprio Código Civil Brasileiro, ao positivar a revisão judicial, no seu artigo 478, expressamente indicou a *extrema vantagem para a outra parte* como consequência natural da onerosidade excessiva superveniente.

O Ministro, nos seus comentários ao atual Código Civil, também chama a atenção para a forma como deve ser interpretada essa *extrema vantagem: "se interpretado literalmente, limitaria em demasia o âmbito de abrangência da cláusula. Por isso, há de se ter, por presunção iuris tantum, que a vantagem da contraparte é presumida."*[17]

No caso do *leasing*, esta extrema vantagem unilateral não estava presente. É que como o todo o recurso para aplicação na carteira de *leasing* corrigido pelo câmbio deveria ser proveniente de recursos captados para tal no exterior, o fornecedor/instituição financeira nenhuma vantagem ou lucro teria com a desvalorização do real. Ou seja, se o consumidor teria que sacar mais reais para fazer face ao pagamento com as prestações no contrato de *leasing*, o mesmo também estava ocorrendo com o fornecedor/instituição financeira.

Ante essa premissa irrefutável, o Ministro Ruy Rosado assim concluiu em seu voto: *"penso que é mais razoável e mais justo, diante do desequilíbrio da balança e da brusca elevação da taxa cambial, que se deva repartir meio a meio o custo dessa mudança."*

6. A DECISÃO POR EQUIDADE

Ao recorrer à repartição *salomônica* dos custos da variação cambial, o voto do Ministro Ruy também inova na jurisprudência brasileira. Não raro, em matéria de

---

[15] *Comentários ao Novo Código Civil.* Volume VI. Tomo II. Coordenador Sálvio Figueiredo Teixeira. Forense. Rio de Janeiro. 2011. p. 897/898.

[16] Cf. KHOURI, Paulo R. Roque A. *Onerosidade Excessiva Superveniente.* Revisão Judicial dos Contratos no CDC, no Código Civil e na Lei 8.666/93. São Paulo: Atlas, 2006. p. 64.

[17] Ob. cit., p. 911.

revisão judicial dos contratos, não há registro de que a chamada *decisão salomônica* tenha sido judicialmente adotada. Ou seja, até então, ou se transferia todo o custo do fato superveniente para uma parte específica, ou deixava com a parte, que reclamava a revisão e todo o prejuízo de tal.

Assim, aliás, é que já havia decidido o STJ, impondo ao fornecedor o ônus de suportar os prejuízos decorrentes da variação cambial: "*se é certo que ambas as partes contratantes sofreram os efeitos de fato superveniente, a modificação da situação fática se fez determinante em relação ao consumidor, em geral de parcos recursos para gerir o orçamento doméstico e que não detém meios de compensar a majoração ocorrida a partir do mês de janeiro de 1999 na prestação de arrendamento mercantil com outra receita própria*".[18]

Aqui, o Ministro Ruy Rosado usou do critério da equidade[19] para enfrentar questão ventilada anteriormente no próprio STJ pelo Ministro Ari Pargendler, quando do julgamento anterior do Recurso Especial nº 268.661/RJ, o qual determinou o fornecedor arcar sozinho com os custos da variação. Sustentou o Ministro Ruy Rosado à época: "*não me parece justo que as consequências caiam por inteiro sobre uma das partes, nem sobre o banco financiador, nem sobre o consumidor*."

7. O CONSUMIDOR TAMBÉM ASSUME RISCOS POR FATOS SUPERVENIENTES AO CONTRATAR

Ao impor ao consumidor metade dos ônus da variação cambial, o julgado do Ministro Ruy permite, também, de forma bem vanguardista uma conclusão: o consumidor não é infenso a riscos negociais (contratuais). Essa conclusão confirma a máxima de Kegel: "*contratar perigoso é*" e "*cada um deve suportar seu próprio perigo*".[20]

O primeiro entendimento do STJ havia admitido que o fato superveniente deveria onerar não só o fornecedor, mas também o consumidor. Nada obstante, entendeu-se à época que esse risco da onerosidade excessiva não poderia recair sobre o consumidor, porque este, na condição de vulnerável, não podia assumi-lo: "*se é certo que ambas as partes contratantes sofreram os efeitos de fato superveniente, a modificação da situação fática se fez determinante em relação ao consumidor, em geral de parcos recursos para gerir o orçamento doméstico e que não detém meios de compensar a majoração ocorrida a partir do mês de janeiro de 1999*".

Ainda que o CDC tenha dado uma nova roupagem ao instituto da revisão judicial dos contratos por fato superveniente, tornando irrelevante a previsibilidade do fato, deixando o acento tão somente na onerosidade excessiva, o voto do Ministro deixa incontestável o que a doutrina internacional sempre chamou a atenção: é próprio da lógica contratual de mercado a assunção de riscos; em maior ou menor grau, todos que vão ao mercado assumem riscos; ao contratarem, os consumidores assumem

---

[18] REsp nº 268.661/RJ, Relatora Ministra Nancy Andrighi.

[19] KHOURI, Paulo R. Roque A. Ob. cit., p. 158.

[20] *Apud* MENEZES CORDEIRO, António. *Da Boa-fé no Direito Civil*. Ob. cit., p. 1053.

os riscos próprios[21] da contratação específica, que são inúmeros, e contra os quais a regra é exatamente a ausência de proteção.

Oliveira Ascensão sustenta não ser possível desprezar o risco dos contratantes na avaliação da relevância ou irrelevância do fato superveniente[22]. Enzo Roppo chega a sustentar que *"a repartição do risco"*[23] é o fundamento do próprio instituto da revisão judicial dos contratos. Para Emilio Betti, diante de um ataque externo ao equilíbrio contratual, o risco funciona como um critério limite[24].

8. A SOLUÇÃO DO EMBATE ENTRE OS VALORES *JUSTIÇA E SEGURANÇA JURÍDICA*

Na aplicação do instituto da revisão judicial dos contratos por fato superveniente, seja na sua forma mais rígida disciplinada pelo Código Civil, seja na sua versão mais flexível adotada pelo CDC, fato é que há permanente embate entre dois valores do ordenamento: o da segurança jurídica e o da justiça[25].

Ao se avaliar a questão da perspectiva do valor segurança jurídica, aqui entendida como a imutabilidade do que foi contratado, não se mostra desejável que o conteúdo de uma das principais cláusulas do contrato, sobretudo do contrato oneroso, seja modificado. A ordem social pressupõe o valor segurança, na medida em que a sua ausência gera insegurança a qualquer sociedade.

E sobre a perspectiva do valor justiça? O voto do Ministro, logo de início, traduz de forma bem clara esse embate: *"a mudança da política governamental, alterando a taxa, colheu de surpresa o mercado, muito mais o leigo do que propriamente a instituição financeira que atua e tem conhecimento das peculiaridades e dos riscos desse mercado. Daí por que o fato novo, que consistiu na mudança da taxa de câmbio, deve influir na interpretação do contrato, e não me parece justo que as consequências caiam por inteiro sobre uma das partes, nem sobre o banco financiador, nem sobre o financiado."* O Ministro em seu voto faz, claramente, opção pelo valor justiça, quando conclui que *"não me parece justo que as consequências caiam por inteiro sobre uma das partes."*

Diante desse conflito[26], os ordenamentos jurídicos modernos também fazem opção pelo valor justiça, autorizando tanto a resolução do vínculo como a sua

---

[21] Cf. KHOURI, Paulo R. Roque A. Ob. cit., p. 98: "Existem alterações na cláusula preço que estão cobertas por um risco normal de qualquer contrato de duração...Nos contratos de duração decorrentes de relação de consumo, simples variação para maior ou para menor nos preços não autoriza o pleito modificativo do consumidor por fato superveniente. Embora vulnerável, o consumidor não é imune aos riscos inerentes à natureza do contrato."

[22] Ob. cit., p. 81-104.

[23] Contrato. Tradução de Ana Coimbra e M. Januário C. Gomes. Coimbra: Almedina, 1988. p. 263.

[24] *Teoria Geral do Negócio Jurídico.* Tradução de Ricardo Rodrigues Gama. Campinas: LZN, 2003. t. III, p. 51-52.

[25] Cf. KHOURI, Paulo R. Roque A. Ob. cit., p. 142/143.

[26] José de Oliveira Ascensão (*A Alteração das Circunstâncias*, ob. cit., p. 186-187) sustenta que o sacrifício de um dos valores será inevitável, devendo haver uma clara opção em favor do

modificação. Para Oliveira Ascensão[27], a opção é pela justiça do conteúdo da relação contratual. Nessa mesma linha, Mário Júlio de Almeida Costa sustenta que *"às vantagens da segurança, aconselhando a irrevogabilidade, opõe-se um imperativo de justiça, que reclama a resolução ou modificação do contrato"*.[28]

A opção do Código Civil Brasileiro e do CDC também é nitidamente favorável ao valor justiça. Até mesmo porque, como sustentar a função social como um dos princípios balizadores tanto do CDC como do vigente Código Civil[29] e, ao mesmo tempo, negar às partes, em determinadas circunstâncias, o recurso ao regime da onerosidade excessiva superveniente?

9. CONCLUSÃO

O *leading case* objeto do presente estudo prestou grande contributo à doutrina e à própria jurisprudência pátria. Não bastasse o aspecto vanguardista do voto do Ministro Ruy Rosado quanto à repartição de riscos entre o fornecedor e consumidor, apontando claramente que este e não somente aquele assume riscos no Mercado; outras conclusões também se impõem:

1) A revisão do contrato por fato superveniente perante o Código Civil exige requisitos mais rígidos, como a imprevisibilidade do fato; que a aplicação da revisão contratual perante o Código de Defesa do Consumidor, que admite, excepcionalmente, o fato previsível gerador de onerosidade excessiva;

2) Seja no regime do Código Civil, seja no regime mais flexível do CDC, a revisão da cláusula preço, por fato superveniente gerador de onerosidade excessiva, será sempre uma solução excepcional;

3) Em matéria de revisão judicial dos contratos submetidos ao CDC, o percentual de majoração da cláusula preço pode, ao contrário do regime do Código Civil, por óbvio, mais restritivo, ser abrandado para aceitar como relevantes juridicamente percentuais abaixo de 100%;

4) Tal abrandamento se impõe por conta da natureza da relação de consumo, onde o consumidor tem naturalmente *déficit* acentuado de autodeterminação, sobretudo, nas contratações de adesão. Tal não implica, contudo,

---

valor da justiça. Entretanto, o respeitado civilista português faz uma advertência: "Devem respeitar a posição hierarquicamente superior da justiça, mas não podem ser transcendidos. Se se prosseguir cegamente a justiça, sem atentar à segurança, a instabilidade da vida social anulará as vantagens teoricamente obtidas. Se, pelo contrário, se prosseguir a segurança sem atender à justiça, caminhar-se-á para formas de opressão ou de embotamento que tornam a vida social daí resultante uma carapaça de força." Entre nós, no mesmo sentido: VILLELA, João Baptista. O Plano Collor e a Teoria da Base Negocial. *Repertório IOB de Jurisprudência*, nº 19/90, p. 385, out. 1990.

[27] Ob. cit., p. 81-104.

[28] Ob. cit., p. 239.

[29] Art. 421 do CC: "A liberdade contratual será exercida em razão e nos limites da função social do contrato."

admitir que outras majorações da cláusula preço, ainda que tragam consigo uma maior onerosidade para o consumidor, devam ser consideras relevantes juridicamente a merecer a revisão contratual em benefício do consumidor. Devem, portanto, ser consideradas como risco próprio das contratações, em sintonia com o enunciado 366 da IV Jornada de Direito Civil do Conselho da Justiça Federal[30];

5)   O *déficit* de autodeterminação ancora-se, sobretudo, na vulnerabilidade técnica do consumidor, alimentada pela assimetria natural de informações entre o fornecedor e o consumidor;

6)   Quando a onerosidade excessiva superveniente não trouxer consigo uma "extrema vantagem" para a outra parte ou, nos termos do CDC, uma "vantagem exagerada" a solução que se impõe é a repartição de seu ônus entre as partes;

7)   O valor segurança jurídica deve ser prestigiado sempre quando ocorrerem simples variações da cláusula preço, ainda que em prejuízo do consumidor;

8)   Deve-se por outro lado sacrificar a segurança jurídica e prestigiar valor justiça, sobretudo, nas relações de consumo onde fique configurada uma onerosidade excessiva superveniente, ainda que previsível.

REFERÊNCIAS BIBLIOGRÁFICAS

ASCENSÃO, José de Oliveira. *Direito Civil.* Teoria Geral. 2. ed. Coimbra Editora, 2000. vol. 1.

BETTI, Emilio. *Teoria Geral do Negócio Jurídico.* Tradução de Ricardo Rodrigues Gama. Campinas: LZN, 2003.

COSTA, Mario Julio de Almeida. *Direito das obrigações.* Imprenta: Coimbra, Almedina, 1998.

KHOURI, Paulo R. Roque A. *A Revisão Judicial dos Contratos.* São Paulo: Atlas, 2006.

KHOURI, Paulo R. Roque A. *A Onerosidade Excessiva Superveniente.* Revisão Judicial dos Contratos no CDC, no Código Civil e na Lei 8666/93. São Paulo: Atlas, 2006.

KHOURI, Paulo R. Roque A. *Direito do Consumidor.* 5. ed. São Paulo: Atlas, 2012.

MARQUES, Cláudia Lima. *Contratos no Código de Defesa do Consumidor.* 3. ed. São Paulo: RT, 1999.

MARQUES, Cláudia Lima. *Contratos no Código de Defesa do Consumidor.* 3. ed. São Paulo: RT, 1999.

MENEZES CORDEIRO, António. *Alteração das Circunstâncias.* Lisboa: Faculdade de Direito da Universidade de Lisboa, 1987.

MENEZES CORDEIRO, António. *Da boa-fé no direito civil.* Coimbra: Almedina, 2001.

---

[30]   "O fato extraordinário e imprevisível causador da onerosidade excessiva é aquele que não está coberto objetivamente pelos riscos próprios da contratação."

RODRIGUES JUNIOR, Otávio Luiz. *Revisão Judicial dos Contratos*. 2. ed. Atlas. São Paulo. 2006.

ROPPO, Enzo. *Teoria Geral do Negócio Jurídico*. Tradução de Ricardo Rodrigues Gama. Campinas: LZN, 2003.

VILLELA, João Baptista. O Plano Collor e a Teoria da Base Negocial. *Repertório IOB de Jurisprudência*, nº 19/90, p. 3.

II

OS DESAFIOS ATUAIS DO DIREITO DO CONSUMIDOR NO BRASIL

8

PRINCÍPIO DA VULNERABILIDADE: PERSPECTIVA ATUAL E FUNÇÕES NO DIREITO DO CONSUMIDOR CONTEMPORÂNEO

BRUNO MIRAGEM

1. INTRODUÇÃO

O direito do consumidor constrói-se em torno da vulnerabilidade. Só há razão de haver um direito especial fundante de uma ordem pública de proteção, frente a critério que legitime a diferenciação. A Constituição da República refere-se à defesa do consumidor como direito fundamental (art. 5º, XXXII), porém não define quem seja o consumidor, cujo conceito é confiado à conformação do legislador.[1] A ordem jurídica defende o consumidor porque reconhece a necessidade de fazê-lo, identificando sua situação desigual em relação aos demais agentes do mercado (os fornecedores). Seu propósito fundamental é promover o equilíbrio das partes na relação de consumo, mitigando os efeitos de uma relação de subordinação estrutural do consumidor ao fornecedor (igualdade) de modo a assegurar sua regular ação na realização de seus interesses legítimos no mercado (liberdade). Das várias soluções percebidas a partir do direito comparado, o direito brasileiro adotou uma relativamente ampla, admitindo a pessoa física (natural) e a pessoa jurídica, como passíveis de serem qualificadas como consumidoras (art. 2º do CDC).

A noção jurídica de vulnerabilidade tem origem e desenvolvimento, na experiência brasileira, associada ao direito do consumidor. Não que antes dele, a proteção da posição jurídica com menor poder fosse desconhecida, como bem demonstra o reconhecimento da hipossuficiência do trabalhador como princípio fundante do direito do trabalho desde meados do século passado. Seu reconhecimento pela teoria do direito, em especial a partir das transformações do direito constitucional com a consagração dos direitos fundamentais, permitiu que se admitisse uma proteção

---

[1] MIRAGEM, Bruno. *Curso de direito do consumidor*. 8. ed. São Paulo: RT, 2019, p. 58 e ss. Para os limites e diretrizes da conformação do legislador, veja-se: MÖLLERS, Thomas M. J. *Juristische Methodenlehre*, 2. ed. Munique: Beck, 2019, p. 369.

especial, diferenciada, a grupos de pessoas em vista de qualidade ou situação específica que legitime esta distinção. A tradução desta distinção como vulnerabilidade será consagrada expressamente em relação ao consumidor, embora admita sua compreensão mais ampla em relação a outros grupos ou categorias (especialmente crianças e adolescentes, idosos, indígenas, dentre outros).[2]

O sentido etimológico da expressão é conhecido: *vulnus, vulnerare*: aquele que pode ser ferido,[3] indicando uma situação de fraqueza ou debilidade de indivíduos ou grupos, podendo ser atribuída tanto em razão de uma qualidade pessoal (criança, idoso), uma determinada posição em relação jurídica identificada (caso do consumidor na relação de consumo), ou ainda e em razão de terminada conjuntura social (vulnerabilidade conjuntural), como ocorre no caso das situações de discriminação estrutural em razão da raça[4] ou de sexo ou orientação sexual.

Interessa a este estudo, considerando o marco dos 30 anos de promulgação do Código de Defesa do Consumidor brasileiro (CDC), o exame da vulnerabilidade do consumidor nos termos em que é reconhecida pelo Direito, e sua repercussão prática na interpretação e aplicação da lei. É notório que o reconhecimento da vulnerabilidade e a definição de um lugar a ela no Direito resulta da incorporação de certa visão de solidariedade social no ordenamento jurídico – no caso brasileiro, a partir da Constituição da República – rompendo com a visão exclusivamente individualista que marca a tradição do direito privado.

O desenvolvimento dos institutos do direito do consumidor ao longo do tempo de vigência do CDC, seja na delimitação de seu âmbito de aplicação ou na interpretação de suas normas, sempre tomou em conta a vulnerabilidade. Surge no Código, em seu art. 4º, inciso I, que define "o reconhecimento da vulnerabilidade do consumidor no mercado de consumo" como princípio da Política Nacional das Relações de Consumo. A vulnerabilidade do consumidor é em si, um fato, cujo reconhecimento é definido como princípio, por lei. Também a doutrina acolheu a vulnerabilidade como um princípio jurídico fundante do direito do consumidor,[5] caminho trilhado pela jurisprudência.[6]

---

[2]   Veja-se: MARQUES, Claudia Lima; MIRAGEM, Bruno. *O novo direito privado e a proteção dos vulneráveis*. 2. ed. São Paulo: RT, 2014, p. 10.

[3]   FIECHTER-BOULVARD, Frédérique. La notion de vulnerabilité et sa consécration par le droit. In: COHET-CORDEY, Frédérique (org.). *Vulnerabilité et droit: le developpement de la vulnerabilité et ses enjeux en droit*. Grenoble: Presses Universitaires de Grenoble, 2000. p. 14.

[4]   IANNI, Octavio. *Raças e classes sociais no Brasil*. São Paulo: Brasiliense, 2004. p. 23 e ss. SKIDMORE, Thomas. Preto no branco. *Raça e nacionalidade no pensamento brasileiro*. São Paulo: Companhia das Letras, 2012. p. 80 e ss.

[5]   MIRAGEM, Bruno. *Curso de direito do consumidor*. 8. ed. São Paulo: RT, 2019, p. 198.

[6]   "O ponto de partida do CDC é a afirmação do Princípio da Vulnerabilidade do Consumidor, mecanismo que visa a garantir igualdade formal-material aos sujeitos da relação jurídica de consumo, o que não quer dizer compactuar com exageros que, sem utilidade real, obstem o progresso tecnológico, a circulação dos bens de consumo e a própria lucratividade dos negócios." (REsp 586.316/MG, Rel. Min. Herman Benjamin, 2ª Turma, j. 17/04/2007, DJe 19/03/2009).

Porém, se por um lado multiplicam-se as visões sobre os critérios para reconhecimento da vulnerabilidade, no direito do consumidor ou fora dele, por outro percebe-se certa relativização do conceito. Sobretudo, com o argumento de diferenciação entre consumidores conforme suas qualidades personalíssimas, de modo a afastar a presunção absoluta de vulnerabilidade, ou ainda à imposição, em determinadas situações, de um ônus de informar-se, afastando a eficácia original do dever de informar do fornecedor.

Daí por que se justifica o retorno ao tema da vulnerabilidade e sua repercussão na efetividade do direito do consumidor no marco dos 30 anos de promulgação do Código de Defesa do Consumidor, em especial, como critério de interpretação e aplicação das suas normas. Para tanto examina-se, em uma primeira parte, a caracterização da vulnerabilidade como princípio e fundamento do direito do consumidor, e os critérios de sua classificação. A segunda parte concentra-se nas duas abordagens da vulnerabilidade, como conceito abstrato e situação concreta, e as funções que atualmente desempenha na interpretação e aplicação das normas do direito do consumidor.

2. PRINCÍPIO DA VULNERABILIDADE: FUNDAMENTO E FIM DO DIREITO DO CONSUMIDOR

Conforme já foi mencionado, a vulnerabilidade é afirmada como princípio do direito do consumidor. É o reconhecimento da vulnerabilidade do consumidor que fundamenta um direito fundamental de promoção de sua defesa (art. 5º, XXXII, da Constituição da República), na forma da lei, que será editada sob a forma de um Código de Defesa do Consumidor (art. 48, do ADCT). Justifica também certa estrutura da própria lei, cujas normas priorizam a definição de direitos aos consumidores e a imposição de deveres aos fornecedores.

Como princípio orienta também a interpretação e aplicação das normas legais, e mesmo a atração, para o regime de proteção instituído por lei, de outras fontes jurídicas, nos termos do art. 7º, do CDC: "Os direitos previstos neste código não excluem outros decorrentes de tratados ou convenções internacionais de que o Brasil seja signatário, da legislação interna ordinária, de regulamentos expedidos pelas autoridades administrativas competentes, bem como dos que derivem dos princípios gerais do direito, analogia, costumes e equidade."

O entendimento prevalente é de que o princípio da vulnerabilidade estabelece a presunção absoluta de fraqueza ou debilidade do consumidor no mercado, de modo a fundamentar a existência de normas de proteção e orientar sua aplicação na relação de consumo. Poderá, todavia, variar quanto ao modo como se apresenta em relação a cada consumidor, em face de suas características pessoais e condições econômicas, sociais ou intelectuais. Tal variação fundamentará a estruturação, inicialmente, de espécies de vulnerabilidade. A rigor, causas fáticas que justificam o reconhecimento da vulnerabilidade do consumidor, que receberam da doutrina tríplice classificação (vulnerabilidades técnica, jurídica e fática), em seguida complementada, frente às novas tecnologias da informação, por uma quarta (informacional). Igualmente, a identificação diferenças de grau/intensidade debilidade ou fraqueza do consumidor

236 | DIREITO DO CONSUMIDOR – 30 ANOS DO CDC

em situações específicas, por conta de determinada qualidade subjetiva pessoal ou ligada a grupos de consumidores, fundamentou o reconhecimento da vulnerabilidade agravada (ou hipervulnerabilidade),[7] a justificar a intervenção mais ampla do Estado na proteção dos sujeitos que ostentem tal condição.

A afirmação destes critérios pela jurisprudência, e seu exame doutrinário, passaram a designar também derivações, com repercussões práticas na interpretação e aplicação das normas do CDC, e a densificação dos conceitos jurídicos formadores do direito do consumidor. Daí a utilidade de revisitar estes critérios.

2.1. Os critérios originais de classificação da vulnerabilidade do consumidor

A classificação tríplice da vulnerabilidade resulta da doutrina inaugural do direito do consumidor brasileiro.[8] A distinguiu em três espécies: *vulnerabilidade técnica*; *vulnerabilidade jurídica*; e *vulnerabilidade fática*.

A *vulnerabilidade técnica* resulta da situação em que o consumidor não detém conhecimento especializado sobre o produto ou serviço objeto da relação de consumo. Planta-se a desigualdade na relação jurídica com o fornecedor, mediante a presunção autorizada de que este, ao participar da oferta do produto ou serviço no mercado de consumo, detém um maior grau de informações sobre ele. É de rigor considerar que o fornecedor deve deter mais informações, inclusive como pressuposto do atendimento ao dever de informar que lhe é imputado. Em contraposição ao consumidor, de quem *a priori* não se exige que possua conhecimentos específicos sobre as características do objeto da contratação, além daqueles que são informados pelo fornecedor.

Ao ser definida a partir do critério da existência de conhecimento específico sobre o objeto da relação de consumo, a vulnerabilidade técnica provoca duas questões: a) esta presunção de desconhecimento do consumidor é absoluta, ou pode ser mitigada em vista da situação concreta, ou em relação a informações de amplo conhecimento público? e b) distinguem-se consumidores pessoas físicas e jurídicas na aferição das condições que caracterizam a vulnerabilidade técnica?

A *vulnerabilidade jurídica* compreende a falta de conhecimento, pelo consumidor, dos direitos e deveres inerentes à relação de consumo que estabelece, ou seja, das condições e efeitos jurídicos da incidência da legislação e do próprio conteúdo do contrato de consumo que venha a celebrar. A doutrina considera, em paralelo, uma vulnerabilidade *científica*,[9] para abranger também a ausência de conhecimentos em economia ou contabilidade pelo consumidor, e sua consequente incapacidade de compreensão das consequências da contratação sobre seu patrimônio. Já se observou que a vulnerabilidade jurídica é presumida com relação ao consumidor não especialista, pessoa natural, não profissional, a quem não se pode exigir a posse

---

[7]   MARQUES, Claudia Lima; MIRAGEM, Bruno. *O novo direito privado e a proteção dos vulneráveis*. 2. ed. São Paulo: RT, 2014, p. 200.

[8]   MARQUES, Claudia Lima Marques. *Contratos no Código de Defesa do Consumidor*. 8. ed. São Paulo: RT, 2016, p. 324 e ss.

[9]   MARQUES, Claudia Lima Marques. *Contratos no Código de Defesa do Consumidor*. 8. ed. São Paulo: RT, 2016, p. 329.

específica destes conhecimentos.[10] Todavia, em relação ao *consumidor pessoa jurídica*, ou o *consumidor profissional*, é razoável exigir o conhecimento da legislação e das consequências econômicas dos seus atos, daí por que a presunção neste caso, ainda que relativa (*iuris tantum*) é de que deva ter tais informações ou buscar obtê-las.

Aqui também surgem, contudo, questões interessantes: a) um consumidor com formação jurídica estará impedido, em qualquer caso, de alegar falta de entendimento sobre as repercussões jurídico-legais do contrato de consumo que venha a celebrar? b) o mesmo se pergunta em relação ao consumidor com formação na área contábil ou econômica em relação aos conhecimentos específicos das respectivas áreas.

A *vulnerabilidade fática* é espécie ampla, que abrange, genericamente, diversas situações concretas de reconhecimento da debilidade do consumidor a partir de qualidades subjetivas que denotem sua subordinação estrutural em relação ao fornecedor. Poderá se dar em razão da diferença de porte econômico entre as partes, a refletir-se na desproporção dos meios de defesa de interesses e exercício de suas pretensões (vulnerabilidade econômica). Para além daí, a sobreposição de critérios a partir de qualidades subjetivas que se identifiquem também fundamentam a vulnerabilidade agravada (ou hipervulnerabilidade) do consumidor, caso, por exemplo, da criança, do idoso, ou da pessoa com deficiência, os quais podem ser, em razão de características específicas (reduzido discernimento, falta de percepção), mais suscetíveis aos apelos dos fornecedores. Ela também se verifica em razão de circunstâncias fáticas da própria relação, como é o caso do consumidor enfermo que contrata com operadora do plano de saúde, profissionais médicos ou instituição hospitalar; ou o consumidor analfabeto ou estrangeiro que não conheça o idioma utilizado na relação de consumo específico. Este reconhecimento da vulnerabilidade agravada do consumidor[11] ao reconhecer o agravamento de sua condição de debilidade frente ao fornecedor, é útil na interpretação e aplicação das normas de proteção – ou como sugere a doutrina, originando um dever de cuidado especial[12] – que atenda a essa situação peculiar.

Uma quarta categoria, da *vulnerabilidade informacional*,[13] é especialização das repercussões destas condições de fato, que dão conta da maior dificuldade do consumidor tomar em conta as informações relevantes sobre a contratação em si, ou a respeito de seu objeto (produto ou serviço). É fora de dúvida que o déficit ou assimetria informacional[14] é um dos critérios mais significativos do desequilíbrio da

---

[10]   MIRAGEM, Bruno. *Curso de direito do consumidor*. 8. ed. São Paulo: RT, 2019, p. 200.

[11]   Assim, o nosso: MARQUES, Claudia Lima; MIRAGEM, Bruno. *O novo direito privado e a proteção dos vulneráveis*. São Paulo: RT, 2012. Em relação à vulnerabilidade agravada dos deficientes, veja-se: DENSA, Roberta. *Direito do consumidor*. 9. ed. São Paulo: Atlas, 2014, p. 18.

[12]   Assim sustentam Adalberto Pasqualotto e Flaviana Rampazzo Soares, atentando para o fato de sob o conceito não se eliminar a noção de autodeterminação do consumidor: PASQUALOTTO, Adalberto; SOARES, Flaviana Rampazzo. Consumidor hipervulnerável: análise crítica, substrato axiológico, contornos e abrangência. *Revista de Direito do Consumidor*, São Paulo, v. 113, p. 81-109, set.-out. 2017.

[13]   MARQUES. *Contratos no Código de Defesa do Consumidor*, 8. ed. São Paulo: RT, 2016, p. 338 e ss.

[14]   Sob distintos vieses, também na análise econômica do direito a referência a assimetria informacional conduz a interações com as noções de racionalidade limitada e economia

relação entre consumidor e fornecedor. A falta de acesso às informações do produto, e a confiança despertada em razão da comunicação e da publicidade, colocam o consumidor em uma posição passiva e sem condições, *a priori*, de atestar a veracidade dos dados, bem como suscetível aos apelos do *marketing* dos fornecedores. Nesta perspectiva, informação é um poder, e a imposição do dever de informação aos fornecedores visa, em última análise, promover a equidade informacional das partes (*Informationsgerechtigkeit*).[15]

A par da classificação afirmada sobre os critérios de aferição da vulnerabilidade, outras são identificadas e nominadas, especialmente na doutrina, ao examinar aspectos específicos da atuação do consumidor.[16] Em todas elas há utilidade no exame analítico de debilidades específicas do consumidor tomado individualmente (como quando se refere a uma vulnerabilidade biológica) ou como categoria (a denominada vulnerabilidade política), o que, entretanto, se afasta de critérios estritamente jurídicos, e não chega a repercutir, necessariamente, na interpretação e aplicação das regras do CDC.

2.2. *Novos critérios de classificação da vulnerabilidade*

Um dos maiores desafios do direito do consumidor é a velocidade das transformações do mercado de consumo. O surgimento de novos modelos de negócio, com a criação de meios de oferta e contratação – especialmente sob o influxo da internet – assim como de novas estratégias de publicidade por parte do fornecedor, mediante o tratamento de dados pessoais, traduz uma realidade completamente distinta daquela presente quando da promulgação do CDC. Esta realidade repercute na pressão social por atualização legislativa, com alteração do texto da lei. Por outro lado, é evidente que a própria velocidade e intensidade das transformações sociais e econômicas não permite, ou recomenda, que alterações legislativas se processem no mesmo ritmo. Daí o papel do intérprete e aplicador do direito na atualização do sentido da norma pela via da interpretação da norma e concreção de seus conceitos. Situa-se aí uma das funções mais relevantes dos princípios jurídicos, em especial aqueles que caracterizam e fundamentam certa disciplina jurídica, como é o caso do princípio da vulnerabilidade em relação ao direito do consumidor.

Deste modo, afirmado o princípio da vulnerabilidade (ou do reconhecimento da vulnerabilidade) a identificação de diferentes critérios que expressem esta subordinação estrutural do consumidor ao fornecedor na relação de consumo também acompanhará as transformações do mercado de consumo. Para tanto, consideram-se alterações da própria realidade econômica e social ou a interpretação desta mesma realidade.

---

comportamental, conforme ensina ARAÚJO, Fernando. *Teoria econômica do contrato*. Coimbra: Almedina, 2007, p. 306.

[15] Sobre os fundamentos teóricos da noção de equidade informacional: SCHÜLLER-ZWIERLEIN, André. Grundfragen der Informationsgerechtigkeit: ein interdisziplinärer Überblick. In: SCHÜLLER-ZWIERLEIN, André; ZILLIEN, Nicole (Hrsg.) *Informationsgerechtigkeit: Theorie und Praxis der gesellschaftlichen Informationsversorgung*. Berlin: Walter Gruyter, 2013, p. 15 e ss.

[16] Para um inventário destes critérios, remete-se a MIRAGEM, Bruno. *Curso de direito do consumidor*. 8ª ed. São Paulo: RT, 2019, p. 200.

As novas tecnologias da informação e o desenvolvimento da internet, com sua incorporação a produtos e serviços, dão causa a uma profunda transformação do mercado de consumo. Introduz, com isso, realidade nova para reconhecimento da vulnerabilidade do consumidor no mercado.

A vulnerabilidade informacional, associada ao déficit de informações (assimetria informacional) do consumidor na relação com o fornecedor, modifica-se na realidade do mercado de consumo digital. Resulta das novas tecnologias da informação o surgimento de novas formas de ofertas de produtos e serviços e sua contratação pelo consumidor, bem como de novos produtos ou serviços, cuja utilidade/funcionalidade é ampliada pela combinação/acoplamento entre eles.[17] Daí a necessidade de superação desta divisão trazida pela era digital (*Überwindung des Digital Divide*)[18] com mais informação e valorização da confiança, mas que nisso não se esgota, exigindo do intérprete o reconhecimento de uma realidade distinta também para a específica interpretação e aplicação das normas do CDC.

Quanto aos novos modelos de oferta, o comércio eletrônico – inclusive por plataformas digitais –assim como o tratamento de dados pessoais dos consumidores para a definição de perfis de consumo, alteram *o modo* de consumir. Por outro lado, o surgimento de bens digitais, a aplicação crescente de inteligência artificial e o desenvolvimento da internet das coisas, acrescentando automação dos produtos e serviços, modificam substancialmente *o objeto* do consumo. Será este o contexto que justifica o reconhecimento de outra dimensão da vulnerabilidade informacional, que não se resume à falta ou à pouca qualidade da informação prestada, mas a ausência de habilidade ou familiaridade com o ambiente digital, o que repercute tanto na interpretação das manifestações nele emitidas ou recebidas, quanto na própria capacidade de resposta adequada a seus interesses nas relações jurídicas que resultem daí. Trata-se de situação de vulnerabilidade do consumidor facilmente percebida, passível de explicação por abordagens distintas. Pode-se recorrer à noção de uma vulnerabilidade neuropsicológica,[19] a partir dos estímulos do meio digital e a resposta dos consumidores, quanto inferências da economia comportamental e a estrutura de incentivos (*nudges*)[20] ao comportamento dos consumidores na internet – em especial aqueles que induzem a uma compreensão de maior facilidade na celebração do contrato, minimizando cautelas relativas à exigência do cumprimento das prestações pactuadas. A internet revela-se ambiente propício a

---

[17] Sobre o tema, seja consentido remeter a: MIRAGEM, Bruno. Novo paradigma tecnológico, mercado de consumo digital e o direito do consumidor. *Revista de direito do consumidor*, v. 125. São Paulo: RT, set.-out./2019.

[18] KLOEPFER, Michael. *Informationsrecht*. München: C.H.Beck, 2002, p. 128-129.

[19] Refere-se aqui, à explicação de MORAES, Paulo Valério Dal Pai. *Código de Defesa do Consumidor: o princípio da vulnerabilidade no contrato, na publicidade, nas demais práticas comerciais (interpretação sistemática do direito)*. 3. ed. Porto Alegre: Livraria do Advogado, 2009, p. 166 e ss.

[20] Da variada bibliografia, remeta-se, por todos, ao conhecido trabalho de THALER, Richard H.; SUSTEIN, Cass R. *Nudge: improving decisions about health, wealth and hapiness*. New York: Penguin Books, 2008, em especial, p. 83 e ss. Especificamente em relação ao comportamento do consumidor, veja-se o texto de: TAHLER, Richard. Mental accounting and consumer choice. *Marketing Science*, v. 4, n. 3, 1985 (Summer), p. 199-214.

uma nova estratégia de comunicação, tendo em conta que as escolhas do consumidor não serão totalmente racionais (*bounded rationality*)[21], mas influenciadas por cores, formatos, design, discurso e outros elementos da apresentação de produtos, serviços ou do próprio contrato, formando incentivos sensoriais ou emocionais direcionados à tomada de decisão.

Assim, por exemplo, o estímulo emocional que pode ser utilizado para promover uma necessidade do consumidor, seja ela real ou criada artificialmente pelo fornecedor. A internet, pela aplicação de *softwares* de apresentação gráfica e, sobretudo, a personalização de ofertas e publicidade ao consumidor mediante tratamento de dados pessoais,[22] potencializa os incentivos sensoriais ou emocionais para tomada de decisão do consumidor no mercado de consumo digital. Da mesma forma, as relações estabelecidas pela internet dão causa a novos riscos, como os que envolvem o acesso ilícito a dados, desvios de recursos e fraudes contra o consumidor, favorecidas pelo meio.

Estes aspectos que caracterizam o mercado de consumo digital permitem identificar uma posição própria do consumidor na internet, de vulnerabilidade em relação ao meio (ambiente), à forma de contratação e ao seu objeto (produto ou serviço): o reconhecimento da *vulnerabilidade digital*. Será ela o fundamento de um critério de diferenciação sobre as consequências/efeitos de certas relações jurídicas quando se estabeleçam em paralelo, ao mesmo tempo, na internet e fora dela. Ou ainda, para justificar determinada interpretação sobre o sentido e alcance de normas legais cujo preceito não se direcione especificamente para a internet, mas nele colha, com as transformações do mercado de consumo digital, exemplos mais significativos. Duas situações já afirmadas no direito do consumidor brasileiro, bem expressam o que aqui se busca demonstrar: a) o art. 49 do CDC, quando se refere a compras feitas fora do estabelecimento do fornecedor, não mirava as relações de comércio eletrônico; identificado, porém, que as características do comércio eletrônico impunham ao consumidor condições semelhantes às compras a distância, a extensão do direito de arrependimento nos casos previstos nesta regra é o principal exemplo contemporâneo sobre seu exercício; e b) a distinção entre o caso fortuito interno e externo, pelo qual o primeiro compreende um risco inerente a certa atividade, insuficiente para eximir a responsabilidade pelo dano que dele decorra, foi recebido pela jurisprudência para a proteção dos consumidores de serviços bancários, em relação a fraudes de que seja vítima, o que atualmente se agrava pelo uso de canais digitais, submetendo-os a tais riscos.[23]

Um segundo critério que encontrou apreço jurisprudencial para reconhecimento da vulnerabilidade – embora não sem contestação – foi o da *dependência* em

---

[21]   Simon, Herbert A. Rational choice and the structure of the environment. *Psychological Review*, v. 63 (2). Washington: APA, 1956, p. 129-138.

[22]   MENDES, Laura Schertel. A vulnerabilidade do consumidor quanto ao tratamento de dados pessoais. *Revista de direito do consumidor*, v. 102. São Paulo: RT, nov.-dez./2015, p. 19-43; MIRAGEM, Bruno. A Lei Geral de Proteção de Dados (Lei 13.709/2018) e o direito do consumidor. *Revista dos Tribunais*, v. 1009. São Paulo: RT, nov./2019.

[23]   Assim, a Súmula 479 do STJ: "As instituições financeiras respondem objetivamente pelos danos gerados por fortuito interno relativo a fraudes e delitos praticados por terceiros no âmbito de operações bancárias".

relação a produtos ou serviços fornecidos pela outra parte em determinada relação jurídica. Sua identificação como critério para reconhecimento da vulnerabilidade, inclusive, dá causa à própria extensão do âmbito de aplicação do CDC, uma vez eleito como elemento característico para determinar a equiparação as pessoas expostas às práticas comerciais e contratuais disciplinadas pelo CDC (art. 30 e ss.), mediante aplicação do seu art. 29.

Assim sustentou a eminente Ministra Nancy Andrighi, ao relatar o Recurso Especial nº 476.428/SC,[24] referindo que "não se pode olvidar que a vulnerabilidade não se define tão somente pela capacidade econômica, nível de informação/cultura ou valor do contrato em exame. Todos esses elementos podem estar presentes e o comprador ainda ser vulnerável pela dependência do produto; pela natureza adesiva do contrato imposto; pelo monopólio da produção do bem ou sua qualidade insuperável; pela extremada necessidade do bem ou serviço; pelas exigências da modernidade atinentes à atividade, dentre outros fatores". Segundo este entendimento, há situações tipicamente de mercado, as quais não se confundem com necessidades puramente de consumo ou da posição individual do consumidor, senão de fatos que anteriormente encontravam-se confinados aos domínios de outras disciplinas jurídicas, como o direito da concorrência ou o direito empresarial. Em outros termos, segundo esta linha de entendimento, a dependência de uma das partes de uma relação interempresarial, em acordo com circunstâncias específicas, poderá caracterizar sua vulnerabilidade para efeito da aplicação das normas do CDC de modo exclusivo, ou em comum com outras incidentes no caso.

Já se observou que o objetivo desta interpretação seria estender a noção de consumidor, para o que, contudo, supõe a resposta a duas questões específicas: a) se o reconhecimento da vulnerabilidade e a aplicação das normas do CDC afastam a aplicação das leis próprias da relação entre empresários (Código Civil) ou de proteção da concorrência (Lei 12.529/2011); b) se há de se considerar, para identificação da vulnerabilidade, certo grau de intensidade na desigualdade de posições jurídicas e consequente fraqueza da parte a ser qualificada como consumidora.[25]

A inclusão do art. 421-A do Código Civil, pela cognominada Lei da Liberdade Econômica (Lei 13.874/2019), reaviva a questão. Dispõe a nova regra: "Art. 421-A: Os contratos civis e empresariais presumem-se paritários e simétricos até a presença de elementos concretos que justifiquem o afastamento desta presunção, ressalvados os regimes jurídicos previstos em leis especiais, garantido também que: I – as partes negociantes poderão estabelecer parâmetros objetivos para a interpretação das cláusulas negociais e de seus pressupostos de revisão ou de resolução; II – a alocação de riscos definida pelas partes deve ser respeitada e observada; e III – a revisão contratual somente ocorrerá de maneira excepcional e limitada."

---

[24] STJ, REsp 476.428/SC, rel. Min. Fátima Nancy Andrighi, j. 19.04.2005, DJU 09.05.2005. No mesmo sentido: meu comentário sobre o julgado: MIRAGEM, Bruno. Aplicação do CDC na proteção contratual do consumidor-empresário: concreção do conceito de vulnerabilidade como critério para equiparação legal Comentário de jurisprudência. *Revista de direito do consumidor*, v. 62. São Paulo: RT, abr.-jun. 2007 p. 259.

[25] MIRAGEM, Bruno. *Curso de direito do consumidor*. 8. ed. São Paulo: RT, 2019, p. 247.

É evidenciado, na nova regra, o propósito de limitar a extensão do âmbito de aplicação do CDC a contratos civis e empresariais, presumindo a igualdade das partes.[26] Todavia, alguns aspectos merecem atenção. Ao ressalvar os regimes jurídicos previstos em leis especiais preserva, em tese, a possibilidade da mesma interpretação do art. 29 do CDC, associada ao critério da dependência do produto ou serviço para equiparação a consumidor e extensão do âmbito de aplicação da lei.

Por outro lado, o mesmo art. 421-A do Código Civil, ao enunciar que além da ressalva às leis especiais, prevê, igualmente, que as partes possam estabelecer parâmetros objetivos para interpretação de suas cláusulas, para sua revisão, ou para a resolução do contrato, que a alocação de riscos definida pelas partes deve ser respeitada, assim como a excepcionalidade da revisão do contrato. Pode ser interpretado, a partir destas regras, como obstáculo ao reconhecimento da vulnerabilidade-dependência que atrai a incidência do CDC. Percebe-se, contudo, que em termos lógicos este obstáculo não se firma. Afinal, uma vez ressalvado o regime da lei especial, se esta for o CDC, quaisquer parâmetros definidos pelas partes para interpretação, ou para revisão ou resolução do contrato, se contrários ao disposto no próprio Código, serão nulos (art. 51, § 1º). O mesmo se diga em relação à decisão sobre alocação de riscos, que distribua em desfavor do consumidor dever ou ônus que o CDC atribui ao fornecedor. Já a excepcionalidade da revisão contratual enuncia uma regra de interpretação dos fatos que fundamentem a pretensão revisional. Mais uma vez aqui, contudo, sendo aplicável o CDC à relação contratual das partes, quaisquer cláusulas que limitem o disposto no seu art. 6º, inciso V, ou no art. 51, serão, igualmente, cominadas de nulidade.

De fato, questão fundamental do reconhecimento da vulnerabilidade pela dependência em relação ao produto ou serviço diz respeito aos seus limites. Afinal, como regra, os agentes econômicos que recorrem ao mercado para obter produto ou serviço, o fazem para atender uma necessidade, seja ela de caráter pessoal ou para o exercício de atividade econômica. Trata-se de saber como diferenciar a situação de uma pessoa jurídica empresária que dependa de um determinado insumo, da condição de vulnerabilidade que fundamente a incidência do CDC. A jurisprudência do STJ consagra este entendimento, ao dispensar a caracterização da destinação final do produto ou serviço quando presente a vulnerabilidade do adquirente.[27] Esta vulnerabilidade identificada em uma situação concreta determinada, contudo, não pode equivaler a simples dependência do produto ou serviço em si; supõe a circunstância de que só possa ser oferecido, em termos úteis e a custo compatível com a atividade do adquirente, por aquele determinado contratante parte da relação jurídica, razão pela qual sua substituição se torna excessivamente custosa, ou mesmo impossível (especialmente em situações do fornecimento com exclusividade por força de lei ou de contrato). Da mesma forma, o prejuízo decorrente da falta do produto ou serviço para

---

[26] RODRIGUES JÚNIOR, Otávio Luiz; LEONARDO, Rodrigo Xavier; PRADO, Augusto Cézar Luckasheck. A liberdade contratual e a função social do contrato: alteração do art. 421-A do Código Civil. In: MARQUES NETO, Floriano de Azevedo; RODRIGUES JÚNIOR, Otávio Luiz; LEONARDO, Rodrigo Xavier. *Comentários à Lei da Liberdade Econômica: Lei 13.874/2019*. São Paulo: RT, 2019, p. 309 e ss.

[27] STJ, AgRg no AREsp 735.249/SC, Rel. Min. Ricardo Villas Bôas Cueva, 3ª Turma, j. 15/12/2015, DJe 04/02/2016.

Cap. 8 · PRINCÍPIO DA VULNERABILIDADE | 243

a atividade do adquirente deve ser grave, a ponto de reduzir seu poder de negociação com o cocontratante, situação que se relaciona também a restrições ou obstáculos a outros competidores no mercado, capazes de oferecê-los em condições comparáveis.

A aplicação desses critérios pelo intérprete, contudo, nem sempre levará a conclusões unânimes. Assim por exemplo: no caso de uma revendedora de veículos que tenha feito publicidade de seus produtos, oferecendo para contato telefones que deixam de funcionar por falha da prestação de serviço pela operadora de telefonia, existiria de vulnerabilidade decorrente do custo de troca da operadora e/ou dos números de contato anunciados, ou o risco de frustração dos negócios projetados? Embora destacando o caráter essencial do serviço para o exercício da atividade empresarial em questão, o STJ entendeu que não era o caso de ter sido demonstrada, só por isso, a vulnerabilidade da revendedora de veículos.[28]

A identificação destes novos critérios para o reconhecimento da vulnerabilidade e, especialmente, suas vicissitudes frente à realidade fática, tornam mais relevante o exame do conceito não apenas em razão do seu significado abstrato (princípio de vulnerabilidade), mas da forma como se apresenta em situações concretas, de modo a legitimar a aplicação do CDC, e a interpretação e suas normas.

3. NOVAS VISÕES SOBRE A VULNERABILIDADE NOS 30 ANOS DO CDC

O protagonismo do princípio da vulnerabilidade no direito do consumidor afirmou-se não apenas para justificar a existência de normas de proteção, como também de orientar sua aplicação. Para tanto, o reconhecimento da vulnerabilidade, tomada como presunção absoluta em relação às pessoas naturais consumidoras, valoriza, em relação às pessoas jurídicas, a situação concreta em que se estabelece a relação de consumo.

A previsão da pessoa jurídica como consumidora – opção da legislação brasileira – desde a promulgação do CDC transitou entre dúvidas e divergências. Dúvidas sobre o alcance da disposição (em especial para apartá-las de relações civis e empresariais); divergências sobre o resultado de sua aplicação, em especial, para evitar o desequilíbrio de relações paritárias. A resposta a estas questões supõe a distinção entre a definição abstrata de vulnerabilidade e seu exame em situações concretas. Da mesma forma, o exame das próprias funções que podem ser exercidas pelo princípio da vulnerabilidade, orientadas a garantir a efetividade das normas de direito do consumidor, contribuem para a solução da questão.

3.1. A vulnerabilidade como conceito abstrato e situação concreta

Resulta do princípio da vulnerabilidade a presunção absoluta de que todo o consumidor é vulnerável, modificando-se apenas o critério que a caracteriza. Em relação às pessoas jurídicas, cuja opção legislativa brasileira em prevê-la como consumidora se aparta de vários outros sistemas jurídicos,[29] o primeiro critério definido

---

[28]   STJ, REsp 1195642/RJ, Rel. Min. Nancy Andrighi, 3ª Turma, j. 13/11/2012, DJe 21/11/2012.

[29]   MIRAGEM, Bruno. *Curso de direito do consumidor.* 8. ed. São Paulo: RT, 2019, p. 230. Antonio Herman Benjamin, em conhecido trabalho anterior ao CDC, definiu consumidor como sendo do "todo aquele que, para seu uso pessoal, de sua família, ou dos que se subordinam por

pelo CDC para sua definição é a destinação final do produto ou serviço objeto da relação de consumo. Desde sempre, contudo, este critério expresso na definição legal de consumidor (art. 2º do CDC), foi objeto de interpretações divergentes em soluções tópicas.[30] A iniciativa de sistematização, pela doutrina, de critérios para concreção do conceito de destinatário final (destinatário final fático, econômico ou fático e econômico), não logrou afirmar uma unidade de sentido para o intérprete, submetendo-se também a soluções tópicas que, não raro, com recurso ao princípio da vulnerabilidade para consagrar certo entendimento.

Em síntese, o destinatário final fático seria aquele que, ao utilizar ou fruir do produto ou serviço, exaure sua própria integridade e/ou utilidade; o destinatário final econômico, ao consumir, retira o produto ou serviço do mercado, sem voltar a recolocá-lo como objeto de novas relações jurídicas; o destinatário fático e econômico reuniria os dos critérios anteriores. A distinção mais utilizada para fins didáticos, neste último caso, seria a que distinguiria consumo e insumo, para excluir este último, já que embora possa haver o exaurimento da integridade ou utilidade do bem, ela ocorre para promover/viabilizar certa atividade com fins econômicos.[31] O exemplo da mercancia, no qual o empresário compra para revender, é insuficiente para esclarecer os conceitos. Uma visão mais estrita de destinação final exclui qualquer insumo da atividade com fins econômicos – o que, a rigor, se projeta tanto em relação às pessoas naturais quanto às pessoas jurídicas. Em relação a estas últimas, inclusive, não apenas o que diz respeito, diretamente ao objeto da sua atividade (e.g. as mercadorias adquiridas para revender), mas também quaisquer outros produtos e serviços adquiridos para estruturar ou manter a atividade (desde os balcões para a exposição da mercadoria, até o serviço de energia elétrica necessário para o contato com clientes).

As espécies definidas na classificação tradicional, contudo, não são utilizadas isoladamente para delimitação do conceito de consumidor. Não faltam situações difíceis, sobretudo quando examinadas apenas sob o critério de destinatário final expresso na lei. Uma sociedade simples com dois sócios advogados, que adquira um

---

vinculação doméstica ou protetiva a ele, adquire ou utiliza produtos, serviços, ou quaisquer outros bens ou informação colocados a sua disposição por comerciantes ou por qualquer outra pessoa natural ou jurídica, no curso de sua atividade ou conhecimento profissionais". BENJAMIN, Antonio Herman de Vasconcelos e. O conceito jurídico de consumidor. *Revista dos Tribunais*, v. 628. São Paulo: RT, fev. 1988, p. 78.

[30] A referência à tópica aqui, no sentido que é empregada por Viehweg, para quem a noção de direito deve ser pensada a partir da decisão jurídica, e dos argumentos que a justificam, o que conduz a seu exame a partir de um problema que se destina a solução. VIEHWEG, Theodor. *Tópica e jurisprudência*. Trad. Tércio Sampaio Ferraz Júnior. Brasília: Departamento de Imprensa Nacional, 1979, p. 89. Este entendimento, que conta com adesão no Brasil como uma técnica que se orienta para (solução) de problemas: FERRAZ JR., Tércio Sampaio. *Introdução ao estudo do direito: técnica, decisão, dominação*. 8. ed. São Paulo: Atlas, 2015, p. 290. Sobre a conciliação entre o pensamento sistemático e a tópica, refira-se o estudo de Canaris, influente no direito brasileiro: CANARIS, Claus Wilhelm. *Pensamento sistemático e conceito de sistema na ciência do direito*. 2. ed. Lisboa: Fundação Calouste Gulbenkian, 1996, p. 245 e ss.

[31] STJ, REsp 660.026/RJ, Rel. Min. Jorge Scartezzini, 4ª Turma, j. em 03/05/2005, DJ 27/06/2005.

Cap. 8 · PRINCÍPIO DA VULNERABILIDADE | 245

computador para uso comum no exercício de sua atividade, será consumidora? E uma sociedade simples com centenas de sócios advogados adquirindo um computador para cada sócio? O critério do destinatário final fático e econômico afastaria a incidência do CDC de ambas as situações. Porém, é provável que no primeiro caso, a jurisprudência brasileira defina sua aplicação. A razão desta distinção será notada então, não pelo critério da destinação final (ambos se destinam ao exercício profissional, incrementam a atividade econômica do adquirente do produto), mas pela pressuposição de vulnerabilidade de um deles.

Mesmo outros sistemas jurídicos não são unânimes na definição, alternando situações de ampliação do conceito para proteção de pequenos comerciantes (caso do direito francês)[32], equiparar pessoas físicas e jurídicas independentemente do seu fim econômico para determinados fins (e.g. no direito italiano, para comunicação comercial e publicidade, art. 18 do *Codice de Consumo*), ou afastar qualquer finalidade profissional como pressuposto para atribuição do conceito (§13 do BGB alemão).[33]

Daí por que um exame mais atento, inclusive da experiência na interpretação e aplicação do CDC nas últimas três décadas, permite identificar que o reconhecimento da vulnerabilidade do consumidor coloca-se em dois planos distintos. De um lado, sua concepção em abstrato, que permite presumir que todo consumidor é vulnerável, o que fundamenta a própria existência de normas de proteção e sua aplicação para reequilibrar a relação jurídica entre as partes. Outra é seu reconhecimento em situações concretas, a partir das circunstâncias do caso e das qualidades subjetivas daquele sobre quem a vulnerabilidade se perquire, frente à relação jurídica estabelecida. Este exame da vulnerabilidade *in concreto* repercute de diferentes modos sobre a relação jurídica. Em primeiro lugar, poderá determinar a definição da relação de consumo, seja por equiparação (art. 29), ou influenciando na própria intepretação e aplicação do art. 2º do CDC (definição standard). Igualmente orienta a identificação situações nas quais estejam presentes diferentes critérios a agravar a situação de desigualdade do consumidor (vulnerabilidade agravada), bem como a interpretação das normas do Código.

Afinal, a vulnerabilidade (ou o reconhecimento da vulnerabilidade do consumidor, nos estritos termos do art. 4º, I, do CDC) é princípio jurídico, o que a par do caráter polivalente de definição desta categoria jurídica,[34] que lhe impede uma definição unitária, tem seu significado associado a critérios ou fundamentos para

---

[32] CALAIS-AULOY, Jean; STEINMETZ, Frank. *Droit de consommation*. 7. ed. Paris: Dalloz, 2006, p. 11 e ss.

[33] Não se deixe de notar, contudo, que o controle das cláusulas contratuais, especialmente à luz da boa-fé objetiva é assegurado já há muitos anos pelo direito alemão (ao menos desde a lei das condições gerais dos contratos – AGB-Gesetz, de 1976), hoje definido no §305 do BGB.

[34] A crítica ao recurso excessivo aos princípios e os seus diferentes significados é talvez, hoje, tão abundante na literatura jurídica quanto a posição que sustenta a importância e protagonismo de sua aplicação. Resume o argumento a expressão de Lênio Luiz Streck, fundado em Larenz, para quem a aplicação do princípio deve ser uma solução *para* o sistema e não *contra* o sistema: STRECK, Lênio Luiz. *Verdade e consenso*. 3. ed. Rio de Janeiro: Lumen Juris, 2009, p. 498.

a justificação de uma determinada ordem.[35] Estabelecidos de modo genérico, "são ideias diretrizes, cuja transformação em regras que possibilitem uma resolução tem lugar em parte pela legislação, em parte pela jurisprudência",[36] devendo ser concretizados, e ao servirem de fundamento para ordem jurídica possuem uma dimensão de peso (*dimension of weight*), pela qual, no caso de colisão entre princípios, o de maior peso prevaleça, sem que o outro perca sua validade.[37] Razão pela qual serão considerados, na conhecida fórmula de Robert Alexy, como mandados de otimização, um estado ideal de coisas[38] caracterizado pelo fato de que podem ser cumpridos em diferentes graus, e que a medida devida do seu cumprimento não apenas depende das possibilidades reais, mas também jurídico-normativas.[39]

Os efeitos do princípio da vulnerabilidade se produzem em diferentes níveis,[40] informando a *definição* dos conceitos essenciais do microssistema de defesa do consumidor, a *interpretação* de suas disposições (como se caracteriza a informação adequada ou a segurança legitimamente esperada), assim como a *rejeição de um resultado da aplicação incompatível* com o princípio (assim, por exemplo, a que equipare a consumidor o empresário parte de um contrato paritário, ou mitigue riscos empresariais mediante aplicação das regras do CDC).

3.2. Funções da vulnerabilidade

Um exame da experiência de quase três décadas de vigência do Código de Defesa do Consumidor permite observar a centralidade do princípio da vulnerabilidade como reitor de sua interpretação e aplicação. Ao lado do desenvolvimento doutrinário, fixando-lhe não apenas o conceito, mas também sua classificação (espécies), e efeitos, a jurisprudência o desenvolveu para além do uso meramente retórico, especialmente como critério de diferenciação das hipóteses de incidência das normas do CDC. Devem ser reconhecidas ao princípio da vulnerabilidade três funções essenciais. A primeira, mais conhecida, para definir o âmbito de aplicação do CDC, delimitando o conceito de consumidor a partir do critério de destinatário final presente no art. 2º,

---

[35] ESSER, Josef. *Grundsatz und Norm in der richterlichen Fortbildung des Privatrechts*, 4. impressão, Tübingen, 1990, p. 51.

[36] LARENZ, Karl. *Metodologia da ciência do direito*. Trad. José Lamego. 3. ed. Lisboa: Fundação Calouste Gulbenkian, 1997, p. 599.

[37] A dimensão de peso dos princípios resulta da influente contribuição de Ronald Dworkin, no direito anglo-saxão, e recepcionada no direito brasileiro. DWORKIN, Ronald. *Taking Rights Seriously*. Cambridge: Harvard University Press, 1978, p. 26. Na mesma linha o entendimento de ALEXY, Robert. Zum Begriff des Rechtsprinzips, *Argumentation und Hermeneutik in der Jurisprudenz*. Beiheft I: Rechtstheorie. Berlin: Duncker und Humblot, 1979, p. 59-87. Para a conhecida sugestão sobre a "ponderação de bens". LARENZ, Karl. *Metodologia da ciência do direito*, p. 574 e ss.

[38] FIGUEROA, Alfonso García. *Principios y positivismo jurídico*. Madrid: CEPC, 1998, p. 192-193.

[39] ALEXY, Robert. *Teoría de los derechos fundamentales*. Trad. Ernesto Garzón-Valdez. Madrid: CEPC, 2002, p. 86.

[40] FERRAZ JÚNIOR, Tércio Sampaio. *Introdução ao estudo do direito: técnica, decisão, dominação*. 8. ed. São Paulo: Atlas, 2015, p. 306.

caput, ou das regras de equiparação (em especial, o art. 29 do CDC). A segunda para interpretação das normas do CDC, fixando seu sentido de modo a otimizar a proteção dos consumidores vulneráveis. A terceira para diferenciação, especialmente, quanto ao resultado da aplicação, de modo a assegurar que expresse a maior efetividade para o consumidor e ao mesmo tempo rejeite aquele incompatível com este fim (como por exemplo, que subverta a distribuição ordinária dos riscos em um contrato paritário) ou seja contrário a um interesse legítimo do consumidor.

3.2.1. Função de delimitação conceitual

A primeira função do princípio da vulnerabilidade é a delimitação conceitual de quem seja consumidor e, nestes termos, sobre a própria caracterização da relação de consumo, definindo o âmbito de aplicação do CDC. Esta função de delimitação conceitual opera-se de dois modos: a) na concreção do conceito de destinatário final presente no art. 2º do CDC; e b) na definição do critério de equiparação legal previsto no art. 29 do CDC, para efeito de aplicação das normas relativas aos contratos de consumo, previstas nos seus arts. 30 a 54.

O conceito de destinatário final, como já mencionado, permite diferentes critérios para sua concreção. Todavia, a eleição de qualquer destes critérios não pode ser arbitrária, mas necessariamente orientada pelo princípio da vulnerabilidade, para o que se reconhece sua função de delimitação conceitual. Em relação ao consumidor pessoa natural há presunção de vulnerabilidade, porque não se supõe que tenha, isoladamente, poder de barganha ou domínio técnico dos aspectos essenciais que envolvem a relação de consumo, independentemente de quem seja o fornecedor. Com isso não se desconhece que possa haver situações específicas nas quais, sob determinado critério, haja vantagem do consumidor na situação fática. Assim a maior capacidade econômica de um consumidor, pessoa natural, em relação a determinado fornecedor microempresário, por exemplo. Isso, por si só, não desnatura a presunção que poderá justificar-se a partir de outros critérios (vulnerabilidade técnica, jurídica ou fática). Como regra, todavia, a noção de consumo vincula-se mais adequadamente ao critério de destinação fática e econômica do produto ou serviço: ou seja, o consumidor aproveita a utilidade do bem para si, retirando-o do mercado. Adquire ou contrata sem o objetivo de realizar nova transação, ainda que de modo eventual possa fazê-lo legitimamente, uma vez que o objeto integra seu patrimônio (e.g. o consumidor que adquire, frui, e a certa altura revende o produto já usado).

Ocorre que em situações de uso intermediário, no qual utiliza para viabilizar direta ou indiretamente uma atividade profissional, será admitida a qualificação como consumidor em vista da sua vulnerabilidade. Já nos casos de equiparação legal, a vulnerabilidade será o critério adotado para estender a aplicação do CDC a situações em que não há propriamente consumo. Ou seja, situações em que que não há um destinatário final, na qual o produto ou serviço serve claramente como insumo da atividade econômica do adquirente ou usuário. Porém, em razão da vulnerabilidade presente na situação concreta, se estende a ele a eficácia das normas de proteção previstas no CDC.

O art. 29 do CDC refere: "Para os fins deste Capítulo e do seguinte, equiparam-se aos consumidores todas as pessoas determináveis ou não, expostas às práticas nele previstas". Os capítulos mencionados na regra, já se disse, são aqueles que dispõem sobre as regras relativas às etapas pré e pós-contratuais, e de execução dos contratos de consumo, assim como de normas que disciplinam a relação independentemente da existência do contrato ("Das práticas comerciais" e "Da proteção contratual"). O elemento nuclear do preceito do art. 29 compreende a *exposição às práticas* previstas nos respectivos capítulos. Perceba-se: *mera exposição*. Não exige que haja a celebração do contrato, tampouco a presença de outro elemento objetivo previsto na definição legal de consumidor (art. 2º do CDC). Tomando em conta o conteúdo dos capítulos em referência, as práticas comerciais nele previstas e as regras contratuais são comuns às práticas no mercado, tanto em relações de consumo, quanto relações civis e empresariais. A interpretação e aplicação literal da regra do art. 29, nestes termos, atrairia a incidência do CDC, nesta parte, a todas as relações contratuais privadas, indistintamente.

Daí o esforço doutrinário e jurisprudencial, desde o início da vigência do Código, para delimitar o âmbito de incidência da regra e, consequentemente, de aplicação das normas do CDC. Embora, em um primeiro momento, será o art. 29 fundamento para uma corrente de interpretação expansiva das normas do Código (comumente referida como "maximalista"), com o advento do Código Civil de 2002 é que a exigência de uma distinção mais precisa passa a dar maior destaque ao reconhecimento da vulnerabilidade *in concreto* do sujeito qualificável como consumidor como pressuposto de aplicação da regra. O disposto na regra adquire sentido específico: exposição às práticas que coloque o exposto em condição vulnerável perante o outro sujeito da relação jurídica.

Daí decorre a definição de uma corrente de interpretação – o "finalismo aprofundado" – que admite a aplicação do CDC à pessoa jurídicas quando presente na situação concreta, sua vulnerabilidade frente aquele que será definido como fornecedor.[41] Em termos conceituais, a aplicação do princípio da vulnerabilidade à interpretação do art. 29 do CDC, conduziu a uma delimitação conceitual estrita, reduzindo o alcance do seu art. 2º em relação à definição do consumidor pessoa jurídica. Nestes termos é que se percebe, inclusive, as referências da jurisprudência quanto à excepcionalidade da aplicação do CDC às pessoas jurídicas.[42] Será pelo reconhecimento da vulnerabilidade in concreto que se admitirá a incidência do CDC a relações entre pequenos empresários e bancos relativamente a certas operações,[43] ou mesmo entre empresários de diferentes portes, sobretudo quando lhe faltem condições para conhecimento pormenorizado sobre as características do produto[44] ou do contrato.[45]

---

[41]   MIRAGEM, Bruno. *Curso de direito do consumidor*. 8. ed. São Paulo: RT, 2019, p. 243.

[42]   STJ, REsp 476.428, Rel. Min. Fátima Nancy Andrighi, 3ª Turma, j. 19.04.2005, *DJU* 09.05.2005; AgRg no AREsp 735.249/SC, Rel. Min. Ricardo Villas Bôas Cueva, 3ª Turma, j. 15.12.2015, *DJe* 04.02.2016.

[43]   STJ, AgInt no AREsp 383.168/RJ, Rel. Min. Maria Isabel Gallotti, 4ª Turma, j. 24/09/2019, DJe 02/10/2019.

[44]   STJ, AgRg no AREsp 735.249/SC, Rel. Min. Ricardo Villas Bôas Cueva, 3ª Turma, j. 15/12/2015, DJe 04/02/2016.

[45]   STJ, AgRg no REsp 1.321.083/PR, Rel. Min. Paulo de Tarso Sanseverino, 3ª Turma, j. 09.09.2014, *DJe* 25.09.2014; REsp 861.711/RS, Rel. Min. Paulo de Tarso Sanseverino, 3ª Turma, j. 14/04/2011, DJe 17/05/2011.

Por outro lado, ao referir-se também a *pessoas determináveis ou não* o art. 29 também em relação a este aspecto sofrerá interpretação informada pelo princípio da vulnerabilidade para efeito de considerar a exposição da coletividade de consumidores, em razão do reconhecimento do risco que certas práticas comerciais podem oferecer à coletividade. Conforme ensina a jurisprudência, "notadamente os riscos que, *in abstracto*, acarretam para toda a coletividade, e não apenas para os eventuais contratantes in concreto".[46]

Duas questões merecem atenção. A primeira delas diz respeito aos critérios para o reconhecimento da vulnerabilidade, além daqueles tradicionais identificados pela doutrina. Em especial, para efeito da interpretação do art. 29 do CDC, a dependência econômica como critério para reconhecimento da vulnerabilidade. Afirma a jurisprudência que "em uma relação interempresarial, para além das hipóteses de vulnerabilidade já consagradas pela doutrina e pela jurisprudência, a relação de dependência de uma das partes frente à outra pode, conforme o caso, caracterizar uma vulnerabilidade legitimadora da aplicação da Lei 8.078/1990, mitigando os rigores da teoria finalista e autorizando a equiparação da pessoa jurídica compradora à condição de consumidora".[47]

Esta vulnerabilidade por dependência econômica, conforme já foi sustentado, não pode ser reconhecida por simples necessidade do produto ou serviço no processo produtivo da pessoa que se pretenda qualificar como consumidora. A dependência resultará da ausência de substitutos, do elevado custo ou das dificuldades concretas de substituição daquele fornecedor por outro concorrente.

Da mesma forma, note-se que a questão do reconhecimento *in concreto* da vulnerabilidade pode envolver dilação probatória, o que restringirá, eventualmente seu exame às instâncias ordinárias, dados os requisitos de admissibilidade do recurso especial pelo Superior Tribunal de Justiça.[48]

3.2.2. Função interpretativa

A segunda função do princípio da vulnerabilidade (ou do reconhecimento da vulnerabilidade, nos termos em que define o art. 4º, I, do CDC) se dá na interpretação de normas legais de proteção do consumidor e do próprio contrato de consumo (*função interpretativa*). A obtenção do direito a partir de uma visão sistemática pressupõe o controle teleológico do resultado da interpretação da norma, de modo a assegurar sua coerência com o próprio conjunto de valores que formam o sistema.[49] O direito do consumidor e sua matriz normativa – o CDC – fundam-se no reconhecimento de sua vulnerabilidade para legitimar a intervenção tutelar do

---

[46] STJ, RMS 27.541/TO, 2ª T., j. 18.08.2009, rel. Min. Herman Benjamin, *DJe* 27.04.2011.

[47] STJ, AgInt no AREsp 1415864/SC, Rel. Min. Nancy Andrighi, 3ª Turma, j. 04/05/2020, DJe 07/05/2020.

[48] STJ, AgInt no AREsp 1476190/RS, Rel. Min. Maria Isabel Gallotti, 4ª Turma, j. 10/03/2020, DJe 17/03/2020; REsp 567.192/SP, Rel. Min. Raul Araújo, 4ª Turma, j. 05/09/2013, DJe 29/10/2014.

[49] CANARIS, Claus Wilhelm. *Pensamento sistemático e conceito de sistema na ciência do direito.* 2ª ed. Lisboa: Fundação Calouste Gulbenkian, 1996, p. 187 e ss.

250 | DIREITO DO CONSUMIDOR – 30 ANOS DO CDC

Estado no domínio econômico. A finalidade de proteção (defesa) do consumidor pressupõe sua vulnerabilidade e necessidade de reequilíbrio da relação jurídica. Daí por que a interpretação das normas que integram o Código deve orientar-se também segundo esta diretriz. A norma, nestes termos, é resultado de um processo de concreção do preceito normativo, é potência em texto, cuja precisão cabe ao intérprete.[50] Este processo pode envolver certa imprecisão da linguagem (*Ungenaigkeit der Sprache*),[51] em decorrência da vagueza ou polissemia que envolvem as expressões ou conceitos do texto normativo, operando os princípios jurídicos na orientação de sua interpretação.

Assim, por exemplo, o princípio da vulnerabilidade informa a interpretação das normas do CDC, em especial quando estas exijam considerar a situação do consumidor *in concreto* no caso de verificar sua aptidão para compreensão das informações repassadas pelo fornecedor, ou mesmo na avaliação do que será esperado do seu comportamento. No primeiro caso, há de se considerar o horizonte de conhecimento do consumidor como destinatário da informação, de modo a avaliar-se sua capacidade de compreender ou prever situações futuras, em face de sua vulnerabilidade em distintos graus. Afinal, não se considera dizer que seja adequadamente informado quando se proceda do mesmo modo em relação a um consumidor analfabeto e outro com maior grau de instrução.

Deste modo, o reconhecimento da vulnerabilidade do consumidor incide no exame de sua aptidão para compreender informações ou prever riscos, como ocorre na concreção do significado do que sejam *riscos "considerados normais e previsíveis em decorrência de sua natureza e fruição"* (art. 8º do CDC), *adequação ou não da informação* (arts. 9º, 12 e 14 do CDC), *segurança legitimamente esperada* (arts. 12, § 1º, e 14, § 1º, do CDC), *indução a erro* (art. 37, § 1º, do CDC) ou *capacidade de indução a comportamento prejudicial do consumidor* (art. 37, § 2º, do CDC), assim como a prática de *prevalecer-se de sua fraqueza ou ignorância* (art. 39, IV, do CDC). O mesmo ocorre em relação ao modo como se caracterize o *conhecimento prévio do conteúdo do contrato*, ou como se caracterize a *redação dos respectivos instrumentos de modo a dificultar a compreensão de seu sentido e alcance pelo consumidor* (art. 46 do CDC), ou o que caracteriza sua *informação prévia e adequada* (art. 52 do CDC). E no caso da disciplina dos contratos de adesão, *"seus termos claros (...) de modo a facilitar sua compreensão pelo consumidor"* (art. 54, § 3º, do CDC), ou ainda sua *"imediata e fácil compreensão"* (art. 53, § 4º, do CDC).

Com relação ao comportamento que dele se espera, o princípio da vulnerabilidade terá especial importância na interpretação do que se considere *culpa exclusiva do consumidor* (arts. 12, § 3º, III, e 14, § 3º, do CDC) como causa para rompimento do nexo causal e exclusão da responsabilidade do fornecedor no caso da responsabilidade por acidentes de consumo. Afinal, pressupõe-se neste caso uma falha do comportamento do consumidor, definida como causa do dano que ele próprio venha a sofrer. Não se trata, neste caso, de identificar, simplesmente, a ação ou abstenção do

---

50 GRAU, Eros Roberto. *Ensaio e discurso sobre a interpretação/aplicação do direito*. São Paulo: Malheiros, 2002, p. 19-21.

51 RÜTHERS, Bernd. *Rechtstheorie*. 3 Auf. München: C.H. Beck, 2007, p. 112.

Cap. 8 · PRINCÍPIO DA VULNERABILIDADE | 251

consumidor, senão a razão pela qual tenha adotado o comportamento, para o que o reconhecimento da sua vulnerabilidade também implica a avaliação da capacidade para adoção da conduta necessária para evitar o dano (e.g. pode ser que o consumidor tenha agido de determinado modo, causando o dano, porque não lhe foi informado o comportamento esperado, o qual também não tinha como prever). O mesmo se diga nas situações em que consumidor não presta ao fornecedor informação relevante, caso em que, reconhecida sua vulnerabilidade, perquire-se sobre a existência de um dever de prestá-la ou de responder à pergunta que lhe tenha de ser feita (e.g. a anamnese médica e o dever de declaração inicial do risco no seguro).

Ainda é de referir, neste caso, a interpretação do que se considere *constrangimento* ou *ameaça*, elementos nucleares para caracterização da cobrança abusiva de dívidas (art. 42 do CDC), cuja concreção deve ter em conta a condição específica do consumidor.

No tocante à interpretação do contrato, o art. 47 do CDC define que "as cláusulas contratuais serão interpretadas de maneira mais favorável ao consumidor", regra que é fundamentada no princípio da vulnerabilidade, ademais porque devem "ser postas de modo a evitar falsas expectativas, tais como aquelas dissociadas da realidade, em especial quanto ao consumidor desprovido de conhecimentos técnicos".[52]

Um olhar contemporâneo da realidade do mercado de consumo e das normas de proteção previstas pela legislação ao sujeito vulnerável na relação de consumo vem sustentando uma heterogeneidade da posição do consumidor, a reclamar uma diferenciação na sua proteção conforme as qualidades subjetivas que apresentam. Em breve síntese, este argumento sustenta a necessidade de maior proteção a consumidores de menor capacidade cognitiva, sobretudo devido a sua formação, e menor poder de negociação, em relação a consumidores em melhor posição cultural ou econômica. Ou, por outro lado, a diferenciação definida não mais por critérios subjetivos relativos à pessoa do consumidor, mas a partir de situações especiais de risco.[53]

O propósito da diferenciação entre consumidores orienta-se, predominantemente, no reconhecimento de situações que apresentam características ainda mais intensas de debilidade do consumidor, como ocorre na vulnerabilidade agravada de determinados grupos (e.g. consumidores crianças, idosos, doentes, analfabetos). Contudo, esta mesma diferenciação orientada a promover a efetividade da proteção do consumidor (reconhecendo aspectos específicos da sua vulnerabilidade) pode ser vista em sentido oposto, para reduzir o nível de proteção de consumidores que alegadamente ostentem melhores condições de conhecimento e informação sobre a relação de consumo, e defesa dos seus interesses. Neste caso, a versão de um consumidor razoável e atento acaba sendo estabelecida para mitigar a proteção legal.

Exemplo deste argumento é a determinação, para o consumidor, de um ônus de se informar. Reconhecida nos estudos mais recentes associados ao direito civil e

---

[52]   STJ, REsp 1344967/SP, Rel. Min. Ricardo Villas Bôas Cueva, 3ª Turma, j. 26/08/2014, DJ 15/09/2014.

[53]   GRUNDMAN, Stefan. A proteção funcional do consumidor: novos modelos de consumidor à luz de teorias recentes. *Revista de direito do consumidor*, v. 101. São Paulo: RT, set.-out./2015, p. 17-42.

empresarial (relações paritárias), compreende a imputação de comportamento para que faça tudo o que estiver razoavelmente ao seu alcance para se auto informar. Não constitui, todavia, dever, mas ônus, uma vez que não se trata de um comportamento exigível, de modo que seu descumprimento pode dar causa à limitação ou exclusão de eventual responsabilidade do titular do dever de informar.[54] Note-se que o ônus de se informar é expressão de comportamento diligente dos contratantes, afirmado em contratos paritários. A pergunta é se será possível reconhecê-lo nos contratos de consumo, em vista da vulnerabilidade do consumidor.

É induvidoso que, frente a quantidade de informações disponíveis, o cumprimento do dever de informar do fornecedor exige não apenas diligência e técnica, organizando a prestação de informações ao consumidor em vista de sua relevância, e quanto ao conteúdo, tempo e modo que permitam sua adequada compreensão.[55] Afinal, o dever de prestar informação ao consumidor tem o propósito de assegurar sua autonomia da vontade.[56]

Não há como se exigir que toda a informação seja prestada, mas toda a informação relevante. Por outro lado, não é irrazoável exigir que o consumidor detenha informações sobre fatos notórios em determinadas circunstâncias, o que na responsabilidade por acidentes de consumo, por exemplo, poderá concentrar-se no exame de eventual culpa exclusiva da vítima (será preciso dizer que o fogo queima, ou a água molha?). Isso não equivale, contudo, a reconhecer um ônus de se informar ao consumidor. A pergunta prossegue sendo sobre a existência e o conteúdo do dever do fornecedor de prestar a informação (dever de informar), não de um comportamento imputável (ainda que não exigível) do consumidor de se informar. O próprio exemplo examinado pela doutrina, colhido dos tribunais, merece atenção. Trata-se de caso de pacote de viagem internacional contratado em agência de turismo, no qual o consumidor, ao apresentar-se para *check-in* e embarque, é surpreendido com a exigência de passaporte. A decisão do Tribunal de Justiça de São Paulo, no caso, foi o de reconhecer descumprimento do dever de informar da agência de turismo que contratou o pacote; compara-se à decisão estrangeira que em situação análoga, deixou de reconhecer o dever de informar da agência de turismo, cujo conteúdo variado não implicava prestar informação sobre a exigência de passaporte.[57] Nestes dois casos, contudo, o que se discute é o conteúdo do dever de informar, que se concentra no comportamento devido/esperado do fornecedor. Nas relações de consumo, é impróprio imputar-se ao consumidor um dever de se informar.[58] No direito brasileiro, o próprio CDC não

---

[54] Veja-se, neste sentido, a excelente tese de: TOMASEVICIUS FILHO, Eduardo. *O princípio da boa-fé no direito civil*. São Paulo: Almedina, 2020, p. 264-265.

[55] MIRAGEM, Bruno. *Curso de direito do consumidor*. 8. ed. São Paulo: RT, 2019, p. 375.

[56] GRUNDMAN, Stefan. Informação, autonomia da vontade e agentes econômicos no direito dos contratos europeu (2002). *Revista de direito do consumidor*, v. 58. São Paulo: RT, abr.-jun./2006, p. 275-303.

[57] TOMASEVICIUS FILHO, Eduardo. *O princípio da boa-fé no direito civil*. São Paulo: Almedina, 2020, p. 268-269.

[58] Conforme jurisprudência ao "impõe ao fornecedor uma obrigação de diligência na atividade de esclarecer o consumidor, sob pena de desfazimento do negócio jurídico ou de res-

Cap. 8 · PRINCÍPIO DA VULNERABILIDADE | 253

permite esta conclusão segundo o conteúdo expresso de suas normas, ademais interpretadas de acordo com o princípio da vulnerabilidade.

A questão se resolve é no tocante ao conteúdo e o modo de prestação da informação pelo fornecedor. Conforme quem seja o consumidor ao qual ela se destina, e às circunstâncias em que é prestada, poderá haver distintos graus de intensidade quanto ao que se exija do comportamento do fornecedor – não do consumidor. Afinal, o reconhecimento da vulnerabilidade do consumidor não impõe que a lei identifique, em abstrato, dever de que possua informação sobre a relação de consumo ou seu objeto, tampouco um ônus específico de obter a informação. O grau de vulnerabilidade do consumidor modula o dever de informar do fornecedor. Não significa que se deixe de exigir ao consumidor dever ou ônus de informar conforme a natureza do contrato celebrado (e.g. dever de declaração inicial do risco, ou de informar seu agravamento no seguro; ônus de informar ao médico o que lhe for perguntado para permitir diagnóstico). Por fim, refira-se que a rejeição de um ônus de se informar do consumidor, em razão do reconhecimento de sua vulnerabilidade, não se deve colocar no plano da dicotomia entre o comportamento de boa-fé e de má-fé, tampouco se confunde com a negligência deliberada do consumidor, que permite ser aferida no caso concreto e cotejada – uma vez mais – com o conteúdo e modo de cumprimento do dever de informar do fornecedor.

A eficácia do princípio da vulnerabilidade na interpretação da lei não se restringe a determinação do sentido da norma a partir de seus propósitos originais. A interpretação compreende também a tarefa de atualização da lei, ou seja, o desenvolvimento do Direito que se dá em consonância com seus princípios fundantes, muitas vezes "motivado precisamente pela aspiração a fazer valer estes princípios em maior escala do que aconteceu na lei".[59]

A atualização do sentido e alcance da lei, por intermédio da função interpretativa do princípio da vulnerabilidade, tem especial relevância frente às transformações do mercado de consumo promovidas pelo desenvolvimento da internet – o mercado de consumo digital. O reconhecimento de uma vulnerabilidade digital informa a interpretação e aplicação das normas do CDC às relações de consumo pela internet. Um exemplo diz respeito mesmo à noção de publicidade na internet. O CDC, ao ser editado, dispôs sobre a publicidade, sem defini-la expressamente. Concentrou sua disciplina em quatro aspectos principais: a) sua eficácia vinculativa (art. 30); b) o dever de sua identificação para o consumidor (art. 36); c) a proibição da publicidade enganosa e abusiva (art. 37); e d) a imposição do ônus da prova sobre a veracidade da informação para o fornecedor (art. 38).[60] O desenvolvimento da internet,

---

ponsabilização objetiva por eventual dano causado, ao passo que, num sistema jurídico liberal, aplica-se a regra inversa, *caveat emptor* (acautele-se comprador), incumbindo ao comprador o ônus de buscar as informações necessárias sobre o negócio jurídico que pretende celebrar." (STJ, REsp 1599511/SP, Rel. Min. Paulo de Tarso Sanseverino, 2ª Seção, j. 24/08/2016, DJe 06/09/2016)

[59] LARENZ, Karl. *Metodologia da ciência do direito*, p. 519.

[60] MIRAGEM, Bruno. *Curso de direito do consumidor*. 8. ed. São Paulo: RT, 2019, p. 341 e ss; MAGALHÃES, Lucia Lopez de. *Publicidade e direito*. 2. ed. São Paulo: RT, 2013, p. 63 e ss.

contudo, transformou o modo como se realiza a publicidade neste meio, seja por uma maior simbiose entre o conteúdo informativo e de entretenimento próprio do meio e mensagens publicitárias (publicidade clandestina), seja como a expansão da denominada publicidade testemunhal, pela qual celebridades ou pessoas que tenham reconhecida credibilidade ou apreço social testemunham, expressamente ou de modo implícito, sobre vantagens relativas a produtos ou serviços que anunciam.

A publicidade testemunhal sempre levantou dúvidas sobre a extensão da responsabilidade daqueles que dela participavam atestando qualidade e demais atributos de produtos e serviços anunciados.[61] No caso da internet, contudo, observa-se uma articulação entre a noção tradicional de publicidade testemunhal – na qual alguém participa, episodicamente, exclusivamente para atestar a qualidade do produto ou serviço (e.g. celebridades, atores, esportistas reconhecidos) – com a organização de um modelo de divulgação de produtos e serviços pela própria pessoa que presta não só o testemunho expresso ou tácito, mas dirige a comunicação com o público, orientada a esta promoção. Trata-se do fenômeno dos influenciadores digitais (*digital influencers*), que registram perfis em redes sociais (Facebook, Instagram, Twitter, YouTube, etc.), desenvolvendo estratégias para conquista de seguidores e manifestação de apreço (*likes*, curtidas) a mensagens publicadas (*posts*) ou vídeos, com o objetivo de aumentar seu reconhecimento e capacidade de influência no ambiente digital como um todo. Em determinadas redes sociais há, inclusive, a remuneração do *digital influencer* conforme o número de acessos ao conteúdo que publica, por vezes associado à veiculação de publicidade tradicional. Todavia, em boa parte dos casos, a publicidade de produtos e serviços é organizada a partir de relação entre o próprio *digital influencer* e o fornecedor, sem intermediação da plataforma.

Em outros sistemas jurídicos, sinaliza-se que a importância dos *digital influencers* no mercado de consumo digital é acompanhada pela insuficiência das normas existentes para sua disciplina,[62] levando à construção, pela via interpretativa, de um dever de correção (*duty to trade fairly*) aplicável de modo geral, a todas as pessoas envolvidas na atividade de marketing dos influenciadores digitais.[63] Isso é especialmente relevante no tocante a influenciadores digitais cuja atuação se direcione a crianças. Nestes casos, inclusive, tais influenciadores tanto podem ser adultos quanto crianças que testemunham a qualidade e demais atributos positivos de produtos e serviços divulgados e direcionados para influenciar outras crianças, sem a aparência

---

[61]   Sustentando sua responsabilidade, ao considerá-las integrantes da cadeia de fornecimento: SCARTEZZINI GUIMARÃES, Paulo Jorge. *A publicidade ilícita e a responsabilidade civil das celebridades que dela participam*. São Paulo: RT, 2001. p. 152 e 195; RIZZATTO NUNES, Luiz Antônio. *Comentários ao Código de Defesa do Consumidor*. São Paulo: Saraiva, 2000, p. 454; FERNANDES NETO. *Direito da comunicação social*. São Paulo: RT, 2004, p. 231-232.

[62]   RIEFA, Christine; CLAUSEN, Laura. Towards fairness in digital influencers' marketing practices. *Journal of European Consumer and Market Law*, issue 2/2019, München: C.H. Beck, 2019, p. 66 e ss.

[63]   RIEFA, Christine; CLAUSEN, Laura. Towards fairness in digital influencers' marketing practices, p. 73.

de publicidade, que é promovida de modo clandestino.[64] Em muitas aplicações de internet, o conteúdo de entretenimento infantil é entremeado de mensagens publicitárias, cujo direcionamento pode ser definido, inclusive, por intermédio do tratamento de dados do consumidor.

A participação das celebridades na publicidade testemunhal fora da internet, ou dos veículos de comunicação que divulgam a mensagem publicitária, não é suficiente, segundo o entendimento majoritário, para qualificá-los como fornecedores, integrantes da cadeia de fornecimento.[65] A atuação dos influenciadores digitais, porém, não se restringe a testemunhar qualidades do produto ou serviço, tampouco seus "canais" ou "programas" são simples veículos para divulgação. Ao contrário, combinam esta atuação com a definição de estratégias para alcance do maior número de pessoas e maximização do retorno econômico relativo aos produtos e serviços que divulgam. Organizam-se considerando a vulnerabilidade digital do consumidor, ou ainda, em relação às crianças, sua vulnerabilidade agravada. Tais características permitem, ao tomar o conjunto de sua atuação, identificá-los como integrantes da cadeia de fornecimento.

Estas situações, e em todas as outras que envolvam a atividade de promoção de produtos e serviços, são abrangidas, segundo as regras do CDC, como publicidade ou mensagem publicitária, independentemente do meio e das características de divulgação. Considerando o efeito frente ao consumidor, pelo proveito de sua vulnerabilidade, sob a expressão publicidade disciplinam-se todos os atos de promoção de produtos e serviços, inclusive o que hoje se incluem como comunicação mercadológica e outras convenções técnicas ou de praxe negocial que se possam estabelecer no mercado.

3.2.3. Função diferenciadora

Uma terceira função do princípio da vulnerabilidade é a de diferenciação. Diferenciar ou distinguir significa estabelecer uma classificação a partir de critério relevante, cuja consequência é atribuir sentido ou efeito diverso, em acordo com a finalidade do princípio, que é a proteção dos consumidores vulneráveis, em razão e na medida desta vulnerabilidade. Para tanto, a *função diferenciadora* conferida ao princípio compreende, inicialmente, a distinção da posição de diferentes consumidores (em especial pessoa física e pessoa jurídica), e as situações de contratos paritários, cuja exclusão do âmbito de aplicação do CDC justifica-se pela ausência de vulnerabilidade dos contratantes, que a torne incompatível a assunção e distribuição de riscos inerentes à contratação. Uma segunda consequência relaciona-se ao controle do resultado da aplicação de outras normas que prevejam direitos dos consumidores (art. 7º, *caput*, do CDC), cujo resultado não poderá ser contrário ao interesse legítimo do consumidor. Por fim, a função de diferenciação permite distinguir entre

---

[64] MIRAGEM, Bruno. *Curso de direito do consumidor*. 8. ed. São Paulo: RT, 2019, p. 352. Examinando a publicidade clandestina e subliminar na internet, veja-se: BRITO, Dante Ponte de. *Publicidade subliminar na internet*. Rio de Janeiro: Lumen Juris, 2017, p. 189 e ss.

[65] MIRAGEM, Bruno. *Curso de direito do consumidor*. 8. ed. São Paulo: RT, 2019, p. 357.

duas dimensões qualitativas da vulnerabilidade do consumidor: a *vulnerabilidade existencial* (quando diga respeito a interesses existenciais vinculados à pessoa) e a *vulnerabilidade patrimonial* (relativa à tutela dos seus interesses econômicos).

A diferenciação entre consumidores pessoas físicas e jurídicas resulta, mesmo de normas do CDC. É o caso do art. 51, I, última parte, que ao declarar nulas cláusulas abusivas que impossibilitem, exonerem ou atenuem a responsabilidade do fornecedor, ou ainda impliquem renúncia ou disposição de direitos, faz exceção às hipóteses de relação de consumo entre o fornecedor e o consumidor pessoa jurídica, autorizando neste caso que "a indenização poderá ser limitada, em situações justificáveis". *Situações justificáveis* é conceito indeterminado, cuja concreção orienta-se pelo exame da vulnerabilidade do consumidor pessoa jurídica em determinada situação específica. Assim, por exemplo, a presença de poder negocial do consumidor pessoa jurídica na fase pré-negocial ou na elaboração dos termos do contrato, ou a proporcionalidade entre o limite à indenização e os riscos conhecidos e assumidos pelas partes no contrato, serão considerados para efeito de manter, excepcionalmente, a validade da cláusula.

Da mesma forma, a função de diferenciação do princípio da vulnerabilidade também implica na rejeição de resultado de interpretação das normas do CDC que seja com ele incompatível. Deste modo, se estabelece a diferenciação entre contratos nos quais se autorizam a extensão do âmbito de aplicação das normas do CDC, e contratos paritários, cujos riscos que lhe são inerentes – sobretudo riscos empresariais – não devem ser mitigados em razão da aplicação das normas de proteção do consumidor em favor de um dos contratantes. Como se percebe na jurisprudência, em contratos interempresariais a ausência de vulnerabilidade *in concreto* legitima o afastamento da incidência do CDC em casos de aquisição de matéria prima[66], cédulas de crédito industrial,[67] *factoring*[68] representação comercial[69], ou ainda quando empresa seja contratada para redução de custos de insumos da atividade econômica da tomadora do serviço.[70] Da mesma forma, o porte financeiro da pessoa jurídica definida como consumidora afasta a vulnerabilidade em relação a eventual abusividade da cláusula de eleição de foro.[71] Já no caso de contratos que envolvam investimentos imobiliários com a formação de sociedades em conta de participação, decidiu o STJ que "o CDC poderá ser utilizado para amparar concretamente o investidor ocasional (figura do consumidor investidor), não abrangendo em seu âmbito de proteção aquele que desenvolve a atividade de investimento de maneira reiterada e profissional".[72]

---

[66] STJ, REsp 932.557/SP, Rel. Min. Luis Felipe Salomão, 4ª Turma, j. 07/02/2012, DJe 23/02/2012.

[67] STJ, REsp 1196951/PI, Rel. Min. Luis Felipe Salomão, 4ª Turma, j. 14/02/2012, DJe 09/04/2012.

[68] STJ, REsp 938.979/DF, Rel. Min. Luis Felipe Salomão, 4ª Turma, j. 19/06/2012, DJe 29/06/2012.

[69] STJ, REsp 761.557/RS, Rel. Min. Sidnei Beneti, 3ª Turma, j. 24/11/2009, DJe 03/12/2009.

[70] STJ, AgInt no AREsp 1212302/PR, Rel. Min. Raul Araújo, 4ª Turma, j. 21/11/2019, DJe 19/12/2019.

[71] STJ, REsp 684.613/SP, Rel. Min. Nancy Andrighi, 3ª Turma, j. 21/06/2005, DJ 01/07/2005.

[72] STJ, REsp 1785802/SP, Rel. Min. Ricardo Villas Bôas Cueva, 3ª Turma, j. 19/02/2019, DJe 06/03/2019.

Cap. 8 · PRINCÍPIO DA VULNERABILIDADE | 257

A função de diferenciação do princípio da vulnerabilidade ainda deve rejeitar soluções incompatíveis, resultantes da aplicação em comum das normas do CDC e de outras fontes normativas – o denominado diálogo das fontes. Nestes termos, prevalece desta interpretação sistemática,[73] que viabiliza o art. 7º do CDC, sempre resultado de aplicação mais favorável ao consumidor.[74]

Um último efeito desta função diferenciadora do princípio projeta-se na distinção entre a *vulnerabilidade patrimonial* e a *vulnerabilidade existencial* do consumidor. Não há dúvida que a relação de consumo tem conteúdo econômico, afinal trata-se de relação de mercado pela qual o fornecedor oferta, e o consumidor adquire ou utiliza produtos ou serviços para satisfação de suas necessidades. As consequências desta relação se destacam no plano obrigacional, segundo seu conteúdo econômico, seja no plano das expectativas do consumidor, seja no tocante ao adimplemento ou inadimplemento da obrigação. Neste sentido, a vulnerabilidade patrimonial do consumidor (relativa a seus interesses econômicos) tem presença recorrente, em especial nas pretensões deduzidas em caso de inadimplemento contratual.

Contudo, a subordinação estrutural do consumidor ao fornecedor, e sua dependência do consumo para subsistência, bem como a exposição a riscos para saúde e segurança no mercado, colocam em destaque sua vulnerabilidade existencial. A proteção da vida, saúde e segurança do consumidor em relação a riscos (art. 6º, I, do CDC), o consequente sistema que visa assegurar sua prevenção (arts. 8º a 10 do CDC) e o regime de responsabilidade por acidentes de consumo (arts. 12 a 14 do CDC), dentre outras regras que tutelam sua integridade psicofísica, expressam reconhecimento e tutela desta vulnerabilidade existencial.

Porém, no caso de inadimplemento contratual, a presença de interesse patrimonial não exclui, em muitas situações, a necessária tutela do interesse existencial do consumidor. A recusa ou retardamento de autorização pela operadora de plano de saúde para que o consumidor se submeta a tratamento ou procedimento hospitalar, quando indevidos, atinge interesses existenciais; o mesmo se dá na venda de produtos cuja composição ou estado de conservação possa causar danos à saúde do consumidor; também é o que ocorre na recusa de atendimento pelo fornecedor por razões de discriminação inadmissível; e em menor grau, também deve ser objeto de tutela na hipótese da cobrança abusiva de dívidas, quando o consumidor é submetido a constrangimento que ofenda sua personalidade. Em todos estes casos se destaca a vulnerabilidade existencial do consumidor, e embora, muitas vezes, sua tutela opere a partir de pretensão indenizatória, não deve se restringir à compensação econômica. Ganha relevância, nestes casos a tutela específica das obrigações de fazer e não fazer, visando a adoção de comportamentos que impeçam ou reduzam os

---

[73]   MIRAGEM, Bruno. Eppur si muove: diálogo das fontes como método de interpretação sistemática no direito brasileiro. In: MARQUES, Claudia Lima (Org.) *Diálogo das fontes: Do conflito à coordenação de normas do direito brasileiro.* São Paulo: RT, 2012, p. 67 e ss.

[74]   MARQUES, Claudia Lima. Teoria do diálogo das fontes hoje no Brasil e seus novos desafios: uma homenagem à magistratura brasileira. In: MARQUES, Claudia Lima; MIRAGEM, Bruno (Orgs.) *Diálogo das fontes: novos estudos sobre a coordenação e aplicação de norma no direito brasileiro.* São Paulo: RT, 2020, p. 17 e ss.

258 | DIREITO DO CONSUMIDOR – 30 ANOS DO CDC

danos ao consumidor, assim como medidas de prevenção e desestímulo à violação de direitos – adotadas, por exemplo, pela regulação estatal ou pela autorregulação.

4. SÍNTESE CONCLUSIVA

O princípio da vulnerabilidade – ou do reconhecimento da vulnerabilidade do consumidor, conforme expresso no art. 4º, I, do CDC – consiste na base do sistema de proteção do consumidor, ao tempo em que justifica sua própria existência e informa a interpretação e aplicação de suas normas. O desenvolvimento do direito brasileiro afirmou que o reconhecimento da vulnerabilidade do consumidor implica que tanto seja presumida em relação às pessoas naturais – variando quanto ao critério para sua identificação –, quanto deva, em relação às pessoas jurídicas, ser identificada a partir do exame da situação específica (vulnerabilidade *in concreto*).

Ao mesmo tempo, a interpretação do que se considere vulnerabilidade *in concreto*, ao lado dos critérios tradicionais para sua aferição (vulnerabilidade técnica, jurídica, fática e informacional), coloca em relevo outros, em razão das transformações do mercado de consumo e o advento do mercado de consumo digital (vulnerabilidade digital), bem como pelo desenvolvimento judicial do direito. Caso em que o refinamento de seus conceitos serve para delimitar o âmbito de incidência das normas de proteção do consumidor (vulnerabilidade por dependência).

Desempenha, o princípio da vulnerabilidade, três funções essenciais para o direito do consumidor brasileiro: a) a *função de delimitação conceitual*, que visa circunscrever o âmbito de incidência do CDC, em especial no tocante às pessoas jurídicas; b) a *função interpretativa*, que informa a interpretação das normas do CDC, em especial para efeito de assegurar sua finalidade de proteção do consumidor vulnerável; e c) a *função diferenciadora*, pela qual rejeita-se aplicação incompatível com o fundamento das normas de proteção do consumidor (reequilíbrio de relações desiguais), assim como distingue, qualitativamente, entre os próprios interesses protegidos (vulnerabilidade existencial e vulnerabilidade patrimonial), para efeito, inclusive, de melhor seleção dos seus instrumentos de tutela.

A eficácia e efetividade das normas de direito do consumidor pressupõem, no sistema jurídico brasileiro, a correta interpretação e aplicação do princípio da vulnerabilidade. Trata-se de seu fundamento ético-jurídico, cujas funções asseguram sua precisão conceitual e atualização normativa frente à evolução da realidade social (transformações do mercado de consumo), ao mesmo tempo em que permitem o desenvolvimento do direito pela via da interpretação e aplicação de suas normas.

5. REFERÊNCIAS BIBLIOGRÁFICAS

ALEXY, Robert. *Teoría de los derechos fundamentales*. Trad. Ernesto Garzón-Valdez. Madrid: CEPC, 2002.

ALEXY, Robert. Zum Begriff des Rechtsprinzips. *Argumentation und Hermeneutik in der Jurisprudenz*. Beiheft I: Rechtstheorie. Berlin: Duncker und Humblot, 1979.

ARAÚJO, Fernando. *Teoria econômica do contrato*. Coimbra: Almedina, 2007.

BENJAMIN, Antonio Herman de Vasconcelos e. O conceito jurídico de consumidor. *Revista dos Tribunais*, v. 628. São Paulo: RT, fev. 1988.

BRITO, Dante Ponte de. *Publicidade subliminar na internet*. Rio de Janeiro: Lumen Juris, 2017.

CALAIS-AULOY, Jean; STEINMETZ, Frank. *Droit de consommation*. 7. ed. Paris: Dalloz, 2006.

CANARIS, Claus Wilhelm. *Pensamento sistemático e conceito de sistema na ciência do direito*. 2ª ed. Lisboa: Fundação Calouste Gulbenkian, 1996.

COHET-CORDEY, Frédérique (org.). *Vulnerabilité et droit: le developpement de la vulnerabilité et ses enjeux en droit*. Grenoble: Presses Universitaires de Grenoble, 2000.

DENSA, Roberta. *Direito do consumidor*. 9. ed. São Paulo: Atlas, 2014.

DWORKIN, Ronald. *Taking Rights Seriously*. Cambridge: Haevard University Press, 1978.

ESSER, Josef. *Grundsatz und Norm in der richterlichen Fortbildung des Privatrechts*, 4. impressão, Tübingen, 1990.

FERNANDES NETO. *Direito da comunicação social*. São Paulo: RT, 2004.

FERRAZ JR., Tércio Sampaio. *Introdução ao estudo do direito: técnica, decisão, dominação*. 8ª ed. São Paulo: Atlas, 2015.

FIECHTER-BOULVARD, Frédérique. La notion de vulnerabilité et sa consécration par le droit. In: COHET-CORDEY, Frédérique (org.). *Vulnerabilité et droit: le developpement de la vulnerabilité et ses enjeux en droit*. Grenoble: Presses Universitaires de Grenoble, 2000.

FIGUEROA, Alfonso García. *Principios y positivismo jurídico*. Madrid: CEPC, 1998.

GRAU, Eros Roberto. *Ensaio e discurso sobre a interpretação/aplicação do direito*. São Paulo: Malheiros, 2002.

GRUNDMAN, Stefan. A proteção funcional do consumidor: novos modelos de consumidor à luz de teorias recentes. *Revista de direito do consumidor*, v. 101. São Paulo: RT, set.-out./2015.

GRUNDMAN, Stefan. Informação, autonomia da vontade e agentes econômicos no direito dos contratos europeu (2002). *Revista de direito do consumidor*, v. 58. São Paulo: RT, abr.-jun./2006.

IANNI, Octavio. *Raças e classes sociais no Brasil*. São Paulo: Brasiliense, 2004.

KLOEPFER, Michael. *Informationsrecht*. München: C.H.Beck, 2002.

LARENZ, Karl. *Metodologia da ciência do direito*. Trad. José Lamego. 3. ed. Lisboa: Fundação Calouste Gulbenkian, 1997.

MAGALHÃES, Lucia Lopez de. Publicidade e direito. 2. ed. São Paulo: RT, 2013.

MARQUES, Claudia Lima. *Contratos no Código de Defesa do Consumidor*. 8ª ed. São Paulo: RT, 2016.

MARQUES, Claudia Lima. Teoria do diálogo das fontes hoje no Brasil e seus novos desafios: uma homenagem à magistratura brasileira. In: MARQUES, Claudia Lima; MIRAGEM, Bruno (Orgs.) *Diálogo das fontes: novos estudos sobre a coordenação e aplicação de norma no direito brasileiro*. São Paulo: RT, 2020.

MARQUES, Claudia Lima; MIRAGEM, Bruno. *O novo direito privado e a proteção dos vulneráveis*. 2. ed. São Paulo: RT, 2014.

MENDES, Laura Schertel. A vulnerabilidade do consumidor quanto ao tratamento de dados pessoais. *Revista de direito do consumidor*, v. 102. São Paulo: RT, nov.-dez./2015.

MIRAGEM, Bruno. A Lei Geral de Proteção de Dados (Lei 13.709/2018) e o direito do consumidor. *Revista dos Tribunais*, v. 1009. São Paulo: RT, nov./2019.

MIRAGEM, Bruno. Aplicação do CDC na proteção contratual do consumidor-empresário: concreção do conceito de vulnerabilidade como critério para equiparação legal Comentário de jurisprudência. *Revista de direito do consumidor*, v. 62. São Paulo: RT, abr.-jun. 2007.

MIRAGEM, Bruno. *Curso de direito do consumidor*. 8. ed. São Paulo: RT, 2019.

MIRAGEM, Bruno. Eppur si muove: diálogo das fontes como método de interpretação sistemática no direito brasileiro. In: MARQUES, Claudia Lima (Org.) *Diálogo das fontes: Do conflito à coordenação de normas do direito brasileiro*. São Paulo: RT, 2012.

MIRAGEM, Bruno. Novo paradigma tecnológico, mercado de consumo digital e o direito do consumidor. *Revista de direito do consumidor*, v. 125. São Paulo: RT, set.-out./2019.

MÖLLERS, Thomas M. J. *Juristische Methodenlehre*. 2. ed. Munique: Beck, 2019.

MORAES, Paulo Valério Dal Pai. *Código de Defesa do Consumidor: o princípio da vulnerabilidade no contrato, na publicidade, nas demais práticas comerciais (interpretação sistemática do direito)*. 3. ed. Porto Alegre: Livraria do Advogado, 2009.

PASQUALOTTO, Adalberto; SOARES, Flaviana Rampazzo. Consumidor hipervulnerável: análise crítica, substrato axiológico, contornos e abrangência. *Revista de Direito do Consumidor*, São Paulo, v. 113, p. 81-109, set.-out. 2017.

RIEFA, Christine; CLAUSEN, Laura. Towards fairness in digital influencers' marketing practices. *Journal of European Consumer and Market Law*, issue 2/2019, München: C.H. Beck, 2019.

RIZZATTO NUNES, Luiz Antônio. *Comentários ao Código de Defesa do Consumidor*. São Paulo: Saraiva, 2000.

RODRIGUES JÚNIOR, Otávio Luiz; LEONARDO, Rodrigo Xavier; PRADO, Augusto Cézar Luckasheck. A liberdade contratual e a função social do contrato: alteração do art. 421-A do Código Civil. In: MARQUES NETO, Floriano de Azevedo; RODRIGUES JÚNIOR, Otávio Luiz; LEONARDO, Rodrigo Xavier. *Comentários à Lei da Liberdade Econômica: Lei 13.874/2019*. São Paulo: RT, 2019.

RÜTHERS, Bernd. *Rechtstheorie*. 3 Auf. München: C.H. Beck, 2007.

SCARTEZZINI GUIMARÃES, Paulo Jorge. *A publicidade ilícita e a responsabilidade civil das celebridades que dela participam*. São Paulo: RT, 2001.

SCHÜLLER-ZWIERLEIN, André. Grundfragen der Informationsgerechtigkeit: ein interdisziplinärer Überblick. In: SCHÜLLER-ZWIERLEIN, André; ZILLIEN, Nicole (Hrsg.) *Informationsgerechtigkeit: Theorie und Praxis der gesellschaftlichen Informationsverorgung*. Berlin: Walter Gruyter, 2013.

SCHÜLLER-ZWIERLEIN, André; ZILLIEN, Nicole (Hrsg.) *Informationsgerechtigkeit: Theorie und Praxis der gesellschaftlichen Informationsverorgung*. Berlin: Walter Gruyter, 2013.

SIMON, Herbert A. Rational choice and the structure of the environment. *Psychological Review*, v. 63 (2). Washington: APA, 1956.

SKIDMORE, Thomas. Preto no branco. *Raça e nacionalidade no pensamento brasileiro.* São Paulo: Companhia das Letras, 2012.

STRECK, Lênio Luiz. *Verdade e consenso*. 3. ed. Rio de Janeiro: Lumen Juris, 2009.

TAHLER, Richard. Mental accounting and consumer choice. *Marketing Science*, v. 4, n. 3, 1985 (Summer).

THALER, Richard H.; SUSTEIN, Cass R. *Nudge: improving decisions about health, wealth and hapiness.* New York: Penguin Books, 2008.

TOMASEVICIUS FILHO, Eduardo. *O princípio da boa-fé no direito civil.* São Paulo: Almedina, 2020.

VIEHWEG, Theodor. *Tópica e jurisprudência.* Trad. Tércio Sampaio Ferraz Júnior. Brasília: Departamento de Imprensa Nacional, 1979, p. 89.

9

PUBLICIDADE INFANTIL: FUNDAMENTOS E CRITÉRIOS PARA DEFINIÇÃO DOS LIMITES DA ATUAÇÃO DO ESTADO

ROBERTA DENSA

O ordenamento jurídico brasileiro traz regulamentação sobre a publicidade infantil na Constituição Federal (art. 5º, XXXII, art. 22, XXIX, art. 24, art. 170 e art. 227), no Código de Defesa do Consumidor (art. 6º, arts. 36 a 39), no Estatuto da Criança e do Adolescente (arts. 2º, 16 e 17), Lei 9.294/1996 (que regulamenta a publicidade de bebidas alcoólicas), a Lei Geral de Proteção de Dados Pessoais (art. 14), a Resolução Conanda 163/2014[1] e o Código de Ética Publicitária (art. 37).

Apesar da (extensa) regulamentação, os critérios e fundamentos de restrição da publicidade infantil não são claros, muito menos unânimes. De fato, para parte importante da doutrina, a publicidade infantil deve ser absolutamente restritiva e fundamentada na ideia de que a criança fica vulnerável ao consumismo, reclamando maior intervenção do Estado[2]. De outra banda, parte da doutrina entende que as

---

[1] De plano, externamos nosso entendimento de que a resolução não pode ser considerada constitucional posto que o CONANDA não é órgão competente para tanto. O assunto é complexo e merece ser estudado de forma aprofundada, não sendo possível fazer nesse estudo.

[2] Sustenta Isabella Henriques: "Nesse contexto, a publicidade e a comunicação mercadológica não poderiam, em hipótese alguma, ser dirigidas a pessoa com menos de 12 anos de idade". E em outro trecho: "Daí por que se vislumbram no país, atualmente, diversas das mais danosas consequências advindas da publicidade e da comunicação mercadológica voltadas ao público infantil, tais como: consumismo, formação de valores materialistas, obesidade infantil, distúrbios alimentares, erotização precoce, estresse familiar, diminuição das brincadeiras criativas e violência pela busca de bens de consumo. O capitalismo, a sociedade de consumo e a importância da restrição da publicidade e da comunicação mercadológica voltadas ao público infantil". In: PASQUALOTTO, Adalberto. ALVAREZ, Ana Maria Blanco Montiel. **Publicidade e proteção da infância**. Porto Alegre: Livraria do Advogado, 2014. p. 123.

restrições devem ser mínimas, prevalecendo a liberdade de expressão e comunicação do fornecedor, rechaçando, portanto, maior intervenção do Estado[3].

O Estado pode restringir a publicidade infantil com o argumento de que pretende proteger a criança do consumo (ou do consumismo)? Esse argumento, bastante presente na doutrina brasileira, tem fundamento na Constituição Federal? Quais critérios podemos utilizar para compreensão do art. 37, § 2º, do Código de Defesa do Consumidor ao interpretar a publicidade de produtos infantis?

O texto pretende discutir os fundamentos para a atuação do Estado em relação a publicidade infantil, bem como os critérios para efetivar as restrições dos fornecedores no mercado de consumo.

1. SOCIEDADE DE CONSUMO

Vivemos em uma sociedade de consumo. O modo de produção capitalista se estendeu por todo o ocidente, e, de certa forma, a cultura do consumo é parte integrante da nossa civilização.

Resta-nos entender como a sociedade de consumo é modelada e como ela se modela. É a sociedade de consumo que forma novos consumidores, ou novos consumidores formam a sociedade de consumo? Utilizando a linguagem publicitária, queremos saber se o biscoito vende mais porque é fresquinho ou é fresquinho porque vende mais? E o *marketing*? Como pode ser responsável pelas escolhas dos consumidores?

Tomemos, primeiramente, a ideia hoje designada por *materialismo histórico*. A concepção materialista histórica foi proposta por Marx e Engels em "O Manifesto do Partido Comunista" de 1848, em que os autores atribuíam ao capitalismo a responsabilidade de ser o divisor da sociedade. Ressalte-se que o problema centrava-se, na visão de Marx, na propriedade privada, que alienava o homem através da exclusão deste com relação à terra[4].

---

[3]   Nesse sentido, Marco Antonio da Costa Sabino defende a atuação mínima do Estado e conclui: "A grande lição que a humanidade deve ter em mente é que a liberdade deve ser sempre a regra, seus contornos e fronteiras deve ser definidos mínima e cautelosamente e suas restrições deve ser mais restritas possíveis". "Por mais que o anúncio ofereça produto com o qual o destinatário não concorda, por mais que ele demonstre situação que gere certo grau de incômodo, por mais, enfim, que ele ocasionalmente se demonstre excessivo ou abusivo, a solução nunca será o banimento *a priori*, o controle excessivo, a regulação insidiosa. Não se pode perder de vista o que é básico nessa discussão toda: a publicidade comercial é faceta da liberdade. Como disse Dworking, não é felicidade, equidade, justiça, mas simplesmente, liberdade". **Publicidade e liberdade de expressão**: a defesa do direito de anunciar. Curitiba: Juruá, 2019. p. 176-177.

[4]   Marx deu sustentação à ideia de que o mesmo artefato desenvolvido pelo homem (referindo-se às ferramentas) mais tarde foi o mesmo que o alienou. "A alienação é o fenômeno pelo qual os homens criam ou produzem alguma coisa, dão independência a essa criatura como se ela existisse por si mesma e em si mesma, deixam-se governar por ela como se ela tivesse poder em si e por si mesma, não se reconhecem na obra que criaram, fazendo-a um ser-outro, separado dos homens, superior a eles e com poder sobre eles" (CHAUI, Marilena. **Convite à filosofia**. 10. ed. São Paulo: Ática, 1998. p. 170). Já dissemos aqui

Cap. 9 · PUBLICIDADE INFANTIL | **265**

"Não é a consciência que determina a vida, mas a vida que determina a consciência" ou "o Econômico determina o social e o político". Essas frases resumem a ideia do materialismo histórico e podem ser facilmente transportadas para as relações de consumo. Aplicando a mesma lógica, deveríamos considerar o consumidor como uma "vítima" da sociedade de consumo, um ser que somente participa dessa sociedade por ter nascido em um sistema capitalista consumista, alguém que não tem outra opção senão a de consumir, incluindo, aqui, as crianças. Nesse caso, a publicidade seria a forma de hipnotizar as crianças para que essa se torne, desde a tenra idade, consumista, mantendo, assim, a sociedade de consumo.

Em outras palavras, conforme o materialismo histórico, a existência de uma sociedade de massa determina o comportamento do consumidor, que não tem consciência (um alienado), como se a sociedade de consumo fosse composta por uma grande massa amorfa, seres humanos sem cérebro ou vontade própria, que sustenta as estruturas e superestruturas sociais. O *marketing* seria, portanto, uma engrenagem da engenharia social para a manutenção do sistema capitalista.

De fato, em uma das abordagens da sociedade de consumo, muitos doutrinadores partem da premissa de que o consumidor é levado a consumir sem que faça grandes digressões a respeito da necessidade da compra, tudo em razão da imposição de bens de consumo feita pelos fornecedores para acumular capital[5]. Ousamos discordar

---

que, em nosso entendimento, o homem é antes *faber* em razão da sua própria natureza, independe do sistema político ou econômico que vive.

[5] "O exame das condições socioeconômicas que envolvem o fenômeno do consumo, no sistema de mercado do tipo capitalista, coloca em questão a pertinência dos postulados da teoria do consumo individual. Se é sem dúvida verdadeiro dizer que o consumo é o objetivo de toda a atividade econômica, não se pode afirmar que ela é o fim, desta. 'A escolha do empresário em fabricar tal bem, e não outro, não resulta tanto da consciência que ele tem do estado das necessidades do consumidor mas mais da possibilidade maior ou menor de rentabilizar um dos fatores de produção, do capital, fator privilegiado entre os outros, o que lhe assegura a acumulação'. Mais que se dirigir às únicas demandas expressas no mercado, o ofertante vai impor sua própria escolha. Fala-se a respeito de um 'desvio de consumo', isto é, de uma apropriação do processo de consumo pela força de produção capitalista. Técnicas tão avançadas que permitirão ao sistema de produção assegurar a manutenção das demandas que ela se propõe a criar e encorajar: o exercício de pressões sobre a percepção das necessidades e sobre a expressão das demandas por meio da publicidade e dos métodos comerciais mais e mais agressivos, a incitação ao crédito e ao endividamento, a diferenciação artificial dos bens ao consumo, a obsolescência programada dos produtos industriais, a entrada no reino das mercadorias e dos serviços anteriormente não tratados como tal (lazer, atividades culturais e esportivas, informação...), o extraordinário potencial do desenvolvimento oferecido pelas novas técnicas de comunicação, de informação e de trocas constituem tantos determinantes quanto embaraços e influem diretamente sobre o processo de consumo. A espontaneidade das escolhas do consumidor, a liberdade e a racionalidade destes aparecem bem teóricas. Normas de comportamento ou normas sociais de consumo são criadas, então o efeito é integrar os modos de consumo nas condições de produção. O consumidor perde assim o controle da função de consumir, e a visão contratualista das relações de consumo se encontra privada de fundamento"

266 | DIREITO DO CONSUMIDOR – 30 ANOS DO CDC

dessa ideia, que é um dos fundamentos ou, quiçá, a premissa mais importante do pensamento marxista[6].

Conforme Hannah Arendt[7], a condição humana (trabalho, labor e ação) é determinada pela nossa necessidade de sobrevivência, de produção de objetos e de convivência política com os nossos pares. Tudo aquilo que toca a nossa vida passa a fazer parte da nossa condição humana, visto que influencia diretamente em nossa forma de pensar, de agir e de ser. Até aí, pouca novidade em relação ao materialismo político, e não negamos essa influência.

Ocorre que o homem também é parte integrante da sociedade e a influencia diretamente. **Ao mesmo tempo que somos influenciados, também influenciamos**. É justamente por esse motivo que a sociedade está sempre em pleno movimento, em mudança constante, ainda que não possamos perceber de forma nítida. Fôssemos fruto da sociedade sem que nada pudéssemos alterar em sua realidade, ainda estaríamos vivendo como nos primórdios. Basta espiar a nossa janela do escritório para perceber que essa não é a realidade do mundo. Quanto maior a liberdade do indivíduo em sociedade, maior é o potencial de mudança e evolução do próprio indivíduo e da sociedade.

Entendemos que o consumidor e a necessidade de consumir é que faz o fornecedor satisfazer as necessidades do consumidor. Na mesma esteira, Livia Barbosa, ao discutir as origens e o desenvolvimento da sociedade de consumo, afirma:

> Outra questão reveladora e importante é que as grandes invenções tecnológicas que estão associadas à Revolução Industrial ocorreram muito tempo depois dessa explosão do consumo a que todos os autores se referem. As principais invenções mecânicas da indústria de tecidos, cabeça de lança da industrialização, só apareceram a partir da década de 1780, embora a indústria de roupas já funcionasse a todo o vapor, fundada no trabalho externo ou doméstico dos artesãos, permanecendo com essa estrutura produtiva até a década de 1830. O mesmo se refere à indústria de brinquedos, cujas inovações tecnológicas só vieram a afetá-la depois de plenamente estabelecida. Podemos concluir, portanto, que não foram essas inovações que fizeram as pessoas consumirem mais. O lado econômico desse debate entre produtivistas e os que advogam a anterioridade de uma revolução de consumo e comercial precedendo a Revolução Industrial assume ou que as

---

(BOURGOIGNIE, Thierry. O conceito jurídico de consumidor. **Revista de Direito do Consumidor** – *RDC* 2/7, p. 1.082, abr.-jun. 1992).

[6] E complementa Hannah Arendt: "O erro básico de todo materialismo político – materialismo este que não é de origem marxista nem sequer moderna, mas tão antigo quanto a história da teoria política – é ignorar a inevitabilidade com que os homens se revelam como sujeitos, como pessoas distintas e singulares, mesmo quando empenhados em alcançar um objetivo completamente material e mundano. Eliminar essa revelação – se isto de fato fosse possível – significaria transformar os homens em algo que eles não são; por outro lado, negar que ela é real e tem consequências próprias seria simplesmente irrealista" (**A condição humana**. 10. ed. Rio de Janeiro: Forense Universitária, 2009. p. 196).

[7] **A condição humana**. 10. ed. Rio de Janeiro: Forense Universitária, 2009.

pessoas são, por definição insaciáveis, ou que existe uma propensão natural a consumir, que faz com que qualquer aumento de renda ou salário seja alocado sempre no consumo de mais bens e mercadorias[8].

O homem, com o seu trabalho, produz coisas para suprir suas necessidades e desejos, o que dá início ao ciclo de produção e troca no mercado. "O todo está na parte, que está no todo". Com essa premissa, que traduz o *princípio da recursão organizacional* no pensamento complexo, temos um círculo gerador no qual os produtos e os efeitos são eles próprios produtores e causadores daquilo que os produz.

Nas palavras de Edgar Morin,

> Nós, indivíduos, somos os produtores de um processo de reprodução que é anterior a nós. Mais uma vez somos produtos, nos tornamos produtores do processo que vai continuar. Essa ideia é válida também sociologicamente. A sociedade é produzida pelas interações entre indivíduos, mas a sociedade, uma vez produzida retroage sobre os indivíduos e os produz. Se não houvesse a sociedade e sua cultura, uma linguagem, um saber adquirido, não seríamos indivíduos humanos. Ou seja, os indivíduos produzem a sociedade que produz os indivíduos. Somos ao mesmo tempo produtos e produtores. **A ideia recursiva é, pois, uma ideia em ruptura com a ideia linear de causa/efeito, de produto/produtor, de estrutura/superestrutura, já que tudo o que é produzido volta-se sobre o que o produz num ciclo mesmo autoconstrutivo, auto-organizador e autoprodutor**[9] (grifo nosso).

Na sociedade de consumo isso não é diferente: **consumidores produzem a sociedade de consumo que produz consumidores**. Tanto assim que é vasta a bibliografia estudada nas universidades de administração e *marketing* sobre o comportamento do consumidor. Empreendedores devem sempre estar atentos às necessidades dos consumidores para que possam colocar produtos e serviços no mercado de consumo que tenham sucesso e, aí sim, possam alcançar o lucro esperado.

Logo, consumidores não são zumbis, seres alienados e sem vontade própria. Ao contrário, são seres humanos que fazem escolhas conforme suas necessidades pessoais, seus sonhos e desejos. Conforme Lipovetsky[10]:

> Daí a necessidade de reconsiderar a famosa questão da alienação do *Homo consomator*. Sublinhou-se com razão que o consumo moderno devia ser analisado não como um signo de alienação, mas como a expressão da liberdade humana, sendo a instabilidade que manifestamos para com as mercadorias uma das maneiras que tem o sujeito de não se perder

---

8   BARBOSA, Livia. **Sociedade de consumo**. Rio de Janeiro: Jorge Zahar Editor, 2004. p. 16.

9   MORIN, Edgar. **O método 5**: a humanidade da humanidade. 5. ed. Porto Alegre: Sulina, 2012. p. 74.

10   LIPOVETSKY, Gilles. **A felicidade paradoxal**: ensaio sobre a sociedade de hiperconsumo. São Paulo: Companhia das Letras, 2008. p. 69.

no objeto, de afirmar sua superioridade em relação à exterioridade das coisas. No entanto, a subjetividade do neoconsumidor afirma-se menos na relação com o objetivo que na relação de si para si. "O espetáculo", escrevia Debord, "é o sonho mau da sociedade moderna acorrentada que, afinal, não exprime mais que seu desejo de dormir". Então há apenas "passividade" e hipnotismo no consumo moderno? A verdade é que aí se descobre mais mobilidade e negatividade que sonambulismo, a mudança permanente das coisas tendo como objetivo principal nos "descoisificar", sacudir a repetição do já sentido e do já conhecido. É preciso interpretar o apetite consumista como uma maneira, decerto banal, mas mais ou menos bem-sucedida, de conjurar a fossilização do cotidiano, de escapar à perpetuação do mesmo pela busca de pequenas novidades vividas. Através do ato de consumo, é a rejeição de uma certa rotina e da coisificação do eu que se exprime. O hiperconsumo é a mobilização da banalidade mercantil, com vista à intensidade vivida e à vibração emocional. Ainda existe subjetividade transcendente no consumidor de última geração, seu tropismo traduzindo o desejo de não ser inteiramente "fisgado" pelo comum dos dias e pelo repetitivo da vida. **O modelo do neoconsumidor não é o indivíduo manipulado e hipnotizado, mas o indivíduo móvel, o indivíduo-órbita zapeando as coisas na esperança, muitas vezes frustrada, de zapear sua própria vida**[11] (grifo nosso).

Cerca de 80% (oitenta por cento) de todos os produtos que são colocados no mercado de consumo não fazem sucesso e deixam de ser fabricados. Diariamente empresas abrem e fecham suas portas por falta de lucratividade e, muitas vezes, com enormes prejuízos aos fornecedores por estes não terem encontrado a "fórmula mágica" de atrair os seus consumidores. Caso o fornecedor não entenda as necessidades do seu cliente, ficará fora da relação de preferências dos consumidores.

O foco no atendimento das necessidades do cliente é o segredo de uma relação justa e duradoura entre o consumidor e o fornecedor. A General Eletric Company, por exemplo, declarou em seu relatório anual de 1990 ser uma empresa voltada para a satisfação dos seus clientes, utilizando a seguinte frase:

> em uma empresa sem fronteiras os clientes são considerados pelo que são – sangue vital de uma empresa. A visão dos clientes sobre suas necessidades e a visão na empresa tornam-se idênticas, e cada esforço de cada homem ou mulher da empresa está concentrado na satisfação das necessidades[12].

---

[11] Guy Debord, em sua obra *A sociedade do espetáculo*, segue o materialismo histórico e defende a ideia de que vivemos em um "espetáculo", que somos alienados e que esse alheamento social, resultante do fetichismo consumista, faz "coisificar" o indivíduo. Assim, qualquer assunto, seja de ordem cultural, seja de ordem política ou econômica, deve ser visto como mera ilusão, tudo para assegurar a riqueza da classe dominante.

[12] SHETH, Jagdish N.; MITTAL, Banwari; NEWMAN, Bruce I. **Comportamento do cliente**: indo além do comportamento do consumidor. São Paulo: Atlas, 2001. p. 39.

Por outro lado, a cultura local pode influenciar diretamente os hábitos de consumo, e os fornecedores (ainda que sejam fornecedores globalizados) fazem adaptações de seus produtos e serviços para atender a seus consumidores. Bom exemplo disso é a famosa rede de sanduíches que produz diferentes lanches em cada um dos países para atrair o consumidor local[13].

Perguntamo-nos, portanto, até que ponto o fornecedor é orientado pelo consumidor e o consumidor orientado pelo fornecedor. Se, por um lado, os fornecedores não medem esforços para entender às necessidades dos clientes e atender a elas na medida das suas possibilidades, por outro lado, consumidores têm inúmeras queixas sobre a qualidade dos produtos e serviços, especialmente no Brasil, em que muitos fornecedores não têm o mesmo foco no cliente se comparado com países mais desenvolvidos[14].

Sabemos que nosso *homo complexus* não é ser só racional. Ao contrário, ele é *sapiens* e *demens*. Nossas opções de consumo não são, portanto, somente racionais. Compramos para satisfazer a uma necessidade pessoal, pelo gosto de comprar, de presentear:

A visão não complexa das ciências humanas, das ciências sociais, considera que há uma realidade econômica de um lado, uma realidade psicológica de outro, uma realidade demográfica de outro etc. Acredita-se que essas

---

[13] Estamos nos referindo à rede Mc Donalds, que apesar da globalização e de estar presente em vários países, vem sofrendo forte queda de faturamento em razão da má qualidade dos produtos e da forte concorrência imposta por outras redes que oferecem produtos de melhor qualidade e mais diversificados. Cf. <http://www.economist.com/blogs/economist--explains/2015/01/economist-explains-7>.

[14] "Focar o cliente leva a servir melhor as necessidades da sociedade. Nas questões políticas, a democracia refere-se, como colocou Abraham Lincoln, ao 'governo do povo, pelo povo, para o povo'. Da mesma forma, no mercado, a democracia nos negócios significa que as empresas são governadas pelos e para os clientes. De fato, esse é o fundamento da obra seminal de Adam Smith, *A riqueza das nações*. Prestar atenção ao comportamento do cliente e estruturar uma empresa para que ela responda às suas necessidades, desejos e preferências acarreta a democracia em negócios para os cidadãos de uma nação, atendendo tanto ao interesse público quanto ao privado. Os cidadãos dão seu voto econômico, patrocinando o profissional de *marketing* que eles acreditam responder melhor a suas necessidades. Isso é contrário às empresas de propriedade do Estado, como as que existiam na antiga União Soviética, onde ficou óbvio que as empresas centralizadas não atendem bem seus clientes. O sistema é mais eficiente para servir o interesse público é a democracia dos negócios. Em outras palavras, cria-se um sistema mais eficiente tanto para clientes finais quanto para industriais, se as empresas buscam os objetivos da democracia nos negócios, concedendo aos clientes liberdade de escolha e dependendo do patrocínio econômico desses clientes para o seu próprio bem-estar. As mudanças ocorridas na Europa Ocidental demonstraram como a democracia econômica está fortalecendo-se em países de todo o mundo, beneficiando-se tanto as empresas, quanto os recém-libertados (em termos econômicos e também políticos) cidadãos (ou seja, 'clientes')" (SHETH, Jagdish N.; MITTAL, Banwari; NEWMAN, Bruce I. **Comportamento do cliente**: indo além do comportamento do consumidor. São Paulo: Atlas, 2001. p. 38).

categorias criadas pelas universidades sejam realidades, mas esquece-se que no econômico, por exemplo, há as necessidades e os desejos humanos. Atrás do dinheiro, há todo mundo de paixões, há a psicologia humana. Mesmo os fenômenos menos econômicos *stricto sensu*, os fenômenos de multidão, os fenômenos ditos de pânico, como se viu recentemente ainda em Wall Street e em outros lugares. A dimensão econômica contém as outras dimensões e não pode compreender nenhuma realidade de modo unidimensional[15].

Enfim, embora muitas das nossas decisões não sejam absolutamente conscientes[16], somos responsáveis pela nossa qualidade de vida e por nossas escolhas. A liberdade, direito fundamental e universal, sempre virá acompanhada das responsabilidades pelas nossas escolhas. Bem resume Ortega y Gasset: "Viver é sentir-se fatalmente forçado a exercitar a liberdade, a decidir o que vamos ser neste mundo"[17].

---

[15] MORIN, Edgar. **Introdução ao pensamento complexo**. 4. ed. Porto Alegre: Sulina, 2011. p. 68.

[16] Segundo Daniel Kahneman, vencedor do Nobel em economia, nossa mente funciona como os dois sistemas que dirigem nossos pensamentos. Nossas atividades mentais são controladas por dois sistemas diferentes – o intuitivo (sistema 1) e o racional (sistema 2). O sistema intuitivo é rápido e produzir respostas quase instantâneas. Já o segundo sistema é programado para pensar, analisar, avaliar e então responder. É normal acreditar que nossas decisões são direcionadas pelo sistema racional, mas a verdade é que o sistema intuitivo, que é praticamente involuntário, é a base para a maioria das nossas decisões, mesmo aquelas que tomamos utilizando o sistema racional. O sistema 2 é chamado para agir apenas quando estamos em uma situação ou evento que requer algum pensamento complexo ou alguma análise. Mesmo quando usamos constantemente o sistema 2, o sistema 1 ainda pode distorcer nossas decisões. O autor apresenta diversas heurísticas para mostrar como reagimos de maneira irracional em diversas situações. Isso acontece por sermos influenciados inconscientemente por uma variedade de fatores externos e experiências de vida. Rápido e devagar: duas formas de pensar. São Paulo: Objetiva, 2012.

[17] "A nossa vida, como repertório de possibilidades, é magnífica, exuberante, superior a todas as historicamente conhecidas. Mas assim como o seu formato é maior, transbordou todos os caminhos, princípios, normas e ideais legados pela tradição. É mais vida que todas as vidas, e por isso mesmo mais problemática. Não pode orientar-se no pretérito. Tem de inventar o seu próprio destino. Mas agora é preciso completar o diagnóstico. A vida, que é, antes de tudo, o que podemos ser, vida possível, é também, e por isso mesmo, decidir entre as possibilidades o que em efeito vamos ser. Circunstâncias e decisão são os dois elementos radicais de que se compõe a vida. A circunstância – as possibilidades – é o que da nossa vida nos é dado e imposto. Isso constitui o que chamamos o mundo. A vida não elege o seu mundo, mas viver é encontrar-se, imediatamente, em um mundo determinado e insubstituível: neste de agora. O nosso mundo é a dimensão de fatalidade que integra a nossa vida. Mas esta fatalidade vital não se parece à mecânica. Não somos arremessados para a existência como a bala de um fuzil, cuja trajetória está absolutamente predeterminada. A fatalidade em que caímos ao cair neste mundo – o mundo é sempre este, este de agora – consiste em todo o contrário. Em vez de impor-nos uma trajetória, impõe-nos várias e, consequentemente, força-nos... a eleger. Surpreendente condição a da nossa vida! Viver é sentir-se fatalmente forçado a exercitar a liberdade, a decidir o que

Fosse o materialismo histórico o nosso fundamento teórico, não precisaríamos discutir a problemática que envolve o consumo e a publicidade infantil. Faríamos a "revolução", acabaríamos com o capitalismo e viveríamos em um paraíso, com o "homem ideal". A resposta aqui seria a simples e direta: defenderíamos a proibição de qualquer tipo de direcionamento de publicidade ao público infanto-juvenil (diga-se, aliás, a proibição de qualquer tipo de publicidade).

Entendemos, no entanto, que o sistema de produção capitalista, apesar de suas contradições e do incentivo ao consumo, é fruto da liberdade humana, o mais importante valor humano. O *marketing*, portanto, não é uma engrenagem criada para manter o sistema capitalista, mas fruto da sociedade de consumo.

2. *MARKETING* E PUBLICIDADE: CONCEITO

O *marketing* é fruto da sociedade de consumo e constitui um campo multidisciplinar e está sempre em busca de novas contribuições e técnicas para a compreensão do comportamento do consumidor, visando explicar o porquê, quando e a frequência de compra de um determinado produto ou serviço de uma organização.

O conceito de *marketing* é permanentemente revisitado pelos profissionais da área e da neurociência. Para Semenik e Bamossy "*marketing* é uma filosofia de negócios"[18], trazendo, portanto, a ideia de que a promoção de produtos e serviços da empresa tem como propósito fundamental a satisfação das necessidades de seus clientes.

Kotler, por sua vez, amplia esse conceito define *marketing* como "um processo social e gerencial através do qual indivíduos e grupos obtêm aquilo que desejam e de que necessitam, criando e trocando produtos e valores uns com os outros"[19]. Para este autor, o *marketing* está diretamente relacionado a conquista do cliente e na manutenção dos relacionamentos com eles.

Além disso, a meta do *marketing* é atrair novos clientes, buscando sempre a maximização dos valores e satisfação de todos os clientes, atendendo as suas necessidades e demandas dos consumidores, criando-se um elo entre empresa e cliente, com objetivo de gerar valores mútuos.

As necessidades, segundo Kotler, podem ser de ordem física (vestuário, alimento, calor e segurança); de ordem social (inclusão a um determinado grupo e afeição) e

---

vamos ser neste mundo. Nem num só instante se deixa descansar a nossa atividade de decisão. Inclusive quando desesperados nos abandonamos ao que queira vir, decidimos não decidir. É, pois, falso dizer que na vida 'decidem as circunstâncias'. Pelo contrário: as circunstâncias são o dilema, sempre novo, ante o qual temos de nos decidir. Mas quem decide é o nosso caráter" (ORTEGA Y GASSET, José. Trad. Herrera Filho. A revolução das massas. Edição eletrônica disponível em: <http://www.dominiopublico.gov.br/download/texto/cv000060.pdf>. Acesso em: 3 jun. 2015. p. 35).

[18] SEMENIK, J. R.; BAMOSSY, G. J. **Princípios de marketing**: uma perspectiva global. São Paulo: Makron Books, 1995. p. 12.

[19] KOTLER, Philip; GARY, Armstrong. **Princípios de marketing**. Rio de Janeiro: Prentice Hall do Brasil, 1998. p. 3.

de ordem individual (conhecimento, autorrealização). Vale dizer, essas necessidades são próprias do homem.

Na teoria de Kotler, as pessoas têm desejos quase infinitos, mas recursos limitados, ou seja, nem tudo o que as pessoas desejam podem adquirir. Ademais, os desejos humanos sofrem modificações de acordo com sua origem, cultura e situação econômica. Além disso, as necessidades ou desejos específicos dos compradores podem ser realizados através da troca, logo o tamanho de um mercado depende do número de pessoas que apresentam necessidades, têm recursos para fazer trocas, e estão dispostas a oferecer esses recursos em troca do que desejam.

Em outra obra denominada "*Marketing* 4.0" o mesmo autor defende a ideia de o mundo e o cenário dos negócios estão se tornando mais horizontais, inclusivos e sociais e que o *marketing* deve ser adaptar à nova realidade da economia digital[20], sendo que o papel do *marketing* passa a ser o de guiar o cliente por uma jornada de consumo denominado pelo autor de "os cinco As": assimilação, atração, arguição, ação e apologia. O objetivo do *marketing* 4.0 seria o de conduzir o consumidor da assimilação à apologia, não apenas demonstrar o produto e incitar desejo nos consumidores[21].

Na fase de *assimilação*, os consumidores estão passivamente expostos a uma lista de marcas em razão de experiências passadas, da comunicação de *marketing* ou do boca a boca de outros clientes. Esse seria o "portão" para todo o caminho do consumidor. Tornando-se consciente da marca, na fase de *atração*, os consumidores passam a processar as mensagens criando memória de curto prazo ou ampliando a memória de longo prazo.

---

[20] "O conceito de confiança do consumidor não é mais vertical. Agora é horizontal. No passado, os consumidores eram facilmente influenciados por campanhas de *marketing*. Eles também buscavam e ouviam autoridades e especialistas. Entretanto, pesquisas recentes em diferentes setores mostram que a maioria dos consumidores acredita mais no fator social (amigos, família, seguidores do Facebook e do Twitter) do que nas comunicações de *marketing*. A maioria pede conselhos a estranhos nas mídias sociais e confia neles mais do que nas opiniões advindas da publicidade e de especialistas. Nos últimos anos, essa tendência estimulou o crescimento de sistemas de avaliação pública como TripAdvisor e Yelp. Nesse contexto, as marcas não deveriam mais ver os consumidores como meros alvos. No passado, era comum as empresas transmitirem sua mensagem por diferentes mídias publicitárias. Algumas até inventavam uma diferenciação pouco autêntica para poder se destacar da multidão e dar respaldo à imagem de sua marca. Com isso, a marca costuma ser tratada como uma embalagem externa, permitindo uma representação falsa de seu verdadeiro valor. Essa abordagem não será mais eficaz, porque, com a ajuda de suas comunidades, os consumidores se defendem das marcas ruins das quais são alvos. O relacionamento entre marcas e consumidores não deveria mais ser vertical, e sim horizontal. Os consumidores deveriam ser considerados colegas e amigos da marca. E a marca deveria revelar seu caráter autêntico e ser honesta sobre seu verdadeiro valor. Somente então ela será confiável. KOTLER, Philip; KARTAJAYA, Hermawan; SETIAWAN, Iwan. **Marketing 4.0**: do tradicional ao digital. Rio de Janeiro: Sextante, 2017. *E-book*.

[21] KOTLER, Philip; KARTAJAYA, Hermawan; SETIAWAN, Iwan. **Marketing 4.0**: do tradicional ao digital. Rio de Janeiro: Sextante, 2017. *E-book*.

Na sequência, na fase de *arguição*, os consumidores costumam prosseguir pesquisando as marcas pelas quais tem atração, obtendo mais informações dos amigos, família, da mídia ou direto das marcas. Assim, "o caminho do consumidor muda de individual para social". Aqui, os consumidores pedem conselhos, fazem avaliação *on-line* (que pode ocorrer através dos tutoriais), ou mesmo testes de produtos nas lojas, forçando as empresas a estarem presentes em todos os canais para convencer o cliente.

Se forem convencidos até essa fase, os consumidores passam para a fase de *ação*. Adquirindo a marca específica, os clientes passam a interagir, em especial com o atendimento pós-venda. Assim, os fornecedores devem envolver os clientes e certificar de que a experiência de posse e consumo seja positiva. Por fim, a fase de *apologia* é aquela em que o consumidor passa a desenvolver fidelidade a marca, que se reflete na retenção, recompra e defesa da marca.

Não se pode negar, no entanto, que, apesar das estratégias de *marketing* das empresas, muitos dos produtos lançados não alcançam o sucesso esperado. Lindstrom, então, lança as seguintes perguntas: o que nos impulsiona, como consumidores, a fazer a escolha que fazemos? O que nos faz escolher uma marca ou um produto em detrimento do outro? O que os consumidores estão realmente pensando? Ao responder as perguntas, o autor afirma[22]:

> "Ninguém consegue dar uma resposta decente a essas perguntas, as empresas seguem em frente usando as mesmas estratégias e técnicas que sempre usaram. Os profissionais de *marketing*, por exemplo, ainda estão usando os mesmos métodos de sempre: uma pesquisa quantitativa – que envolve entrevistas com inúmeros voluntários a respeito de uma ideia, conceito, produto ou até mesmo um tipo de embalagem –, seguida de uma pesquisa qualitativa, que se concentra com mais intensidade em discussões com grupos menores, cuidadosamente escolhidos naquela mesma população".

O autor sugere que o insucesso das marcas é reflexo de estratégias mercadológicas obsoletas e de pesquisas realizadas pelas empresas que são pouco confiáveis, já que a intenção de comprar um produto ou serviço informada pelo indivíduo em uma pesquisa tradicional, não necessariamente, se transforma em comportamento real futuro de compra desse mesmo produto ou serviço. Aprofundando seus estudos, Lindstrom afirma que a neurociência pode ser o caminho para a melhor compreensão do comportamento do consumidor no mercado.

Neuromarketing é a aplicação da neurociência ao *marketing*, que busca compreender o funcionamento do cérebro e ajuda a desvendar a razão pela qual escolhemos determinadas marcas. Como uma nova luz, os conceitos do neuromarketing surgem para entender o que realmente se passa na mente dos consumidores, e ir muito mais além do que eles dizem nas pesquisas tradicionais.

---

[22] LINDSTROM, Martin. **A lógica do consumo**: verdades e mentiras sobre o por que compramos. Rio de Janeiro: Nova Fronteira, 2009. p. 27.

O neuromarketing passa a analisar o comportamento do consumidor a partir dos estímulos cerebrais, levando em consideração a influência das cores, dos aromas, do design, das emoções e do comportamento irracional (ou subconsciente) dos consumidores.

Essa nova metodologia ganha cada vez mais espaço no mundo dos negócios, alcança a mente do consumidor e tem uma interpretação mais direta e confiável do que palavras utilizadas no *marketing* tradicional. Como Lindstrom afirma, aproximadamente 90% do nosso comportamento de consumidor é inconsciente e ressalta: "neuromarketing não significa implantar ideias no cérebro das pessoas ou forçá-las a comprar o que não querem: significa revelar o que está dentro da nossa cabeça – nossa lógica de consumo"[23].

Em outro trecho, o autor adverte:

> "Não acredito que o neuromarketing seja um instrumento insidioso de governos corruptos ou anunciantes desonestos. Acredito que seja simplesmente uma ferramenta, como um martelo. Sim: nas mãos erradas, um martelo pode ser usado para arrebentar a cabeça de alguém, mas esse não é o propósito, e isso não significa que os martelos devem ser banidos, confiscados ou proibidos. O mesmo vale para o neuromarketing. Trata-se simplesmente de um instrumento usado para nos ajudar a decodificar o que nós, consumidores, já estamos pensando ao sermos confrontados por um produto ou marca, e que às vezes até nos ajuda a desvendar métodos desleais usados por publicitários para nos seduzir e trair sem que tenhamos conhecimento"[24].

De fato, a neurociência vem revolucionando a maneira como compreendemos o comportamento e as motivações humanas e cada vez mais vem sendo utilizada no mercado de consumo.

3. O COMPORTAMENTO DO CONSUMIDOR

O comportamento do cliente pode ser definido como "as atividades físicas e mentais realizadas por clientes de bens de consumo e industriais que resultam em decisões e ações, como comprar e utilizar produtos e serviços, bem como pagar por eles"[25]. É uma área interdisciplinar que une áreas como a psicologia, economia, sociologia, antropologia cultural, semiótica, demografia, história e que gira em torno dos processos cognitivos, motivacionais e emocionais do indivíduo.

Entender o comportamento do consumidor é permitir compreender sua geração de valor, evitando, assim, um erro no planejamento de *marketing* devido a uma análise

---

[23] LINDSTROM, Martin. **A lógica do consumo**: verdades e mentiras sobre o por que compramos. Rio de Janeiro: Nova Fronteira, 2009. p. 27.

[24] LINDSTROM, Martin. **A lógica do consumo**: verdades e mentiras sobre o por que compramos. Rio de Janeiro: Nova Fronteira, 2009. p. 14.

[25] SHETH, Jagdish N.; MITTAL, Banwari; NEWMAN, Bruce I. **Comportamento do cliente**: indo além do comportamento do consumidor. São Paulo: Atlas, 2001. p. 29.

tendenciosa do mercado, pois não se levam em consideração os aspectos descritos acima em relação ao consumidor.

Os elementos culturais podem influenciar diretamente o consumo no aspecto quantitativo e qualitativo. O tipo de produto a ser colocado no mercado de consumo também dependerá dos hábitos culturais locais[26]. Bom exemplo disso é a alimentação e a moda, que, embora tenham pontos em comum no mundo todo, sempre sofrerão variações de acordo com os hábitos locais[27].

Em relação ao universo infantil, Karsaklian pondera que a sociedade do lazer, que é a nossa, está indissociavelmente vinculada à sociedade de consumo, e influenciou, de modo considerável, as crianças, tornando-as conscientes do seu papel de consumidoras. As crianças, conscientes do seu novo poder financeiro, dificilmente poderiam reagir de forma diferente. Submersas nas avalanches de bens de consumo, elas devem aceitar, sem dúvidas nem inibições, o dever de consumir como o preço a pagar pela prosperidade e o tempo livre[28].

Livia Barbosa ressalta que a escolha da identidade e do estilo de vida não é um ato individual ou arbitrário, mas depende, conforme já assinalamos, da cultura em que o indivíduo está inserido, e exemplifica:

---

[26] "A busca por sentidos no consumo revela que o modo como o consumidor se comporta também é uma forma dele se expressar, ainda que de forma não verbal. Ele expressa seus interesses a partir de suas escolhas. Mais que isso, os bens consumidos pelo consumidor refletem sua classe social, educação, cultura, além dos grupos a que pertence (ou quer pertencer). Quando o consumidor escolhe um bem, ele também quer demonstrar algo, quer dizer algo sobre si. Esses são apenas alguns sentidos que podem decorrer do comportamento do consumidor. O comportamento do consumidor é uma forma de expressão que denota sentido, assim como a linguagem. Por isso, assim como a linguagem, podemos afirmar que também se trata de um meio de expressão. Também como a linguagem, a escolha de consumo tem o poder de incluir e excluir. Percebe-se a possibilidade de se fazer diversas relações entre elementos da linguagem e a maneira de consumidor. Mas antes de continuarmos com esse estudo, acredito ser importante falar um pouco sobre o que compreendo sobre linguagem" (CORDEIRO, Carolina Souza. O comportamento do consumidor e a antropologia da linguagem. **Revista de Direito do Consumidor**, vol. 84, p. 45, out. 2012).

[27] No mesmo sentido: "O Nescafé que se compra na Suíça não tem o mesmo gosto que aquele vendido na França, mesmo estando no outro lado da fronteira. O mesmo se pode dizer dos iogurtes Danone, que apresentam diferenças gritantes em sua coloração, sabor, consistência e aroma na França e no Brasil. Essa adaptação deve-se às diferenças de gosto que existem de um país para o outro. Os franceses, mais acostumados a tomar iogurte natural e comer queijo branco, têm preferência por iogurtes com sabor menos acentuado; enquanto no Brasil, a preferência é por sabores mais adocicados, cores mais fortes e odor acentuado. Ela parece particularmente adequada, quando com base em uma mesma necessidade, os consumidores desenvolvem expectativas que são, ao mesmo tempo, muito diferentes de uma cultura para outra e difíceis de mudar por causa de sua posição central no sistema cultural. Renunciando a todas as desvantagens da padronização, essa estratégia considera que cada subgrupo cultural é um mercado específico" (KARSAKLIAN, Eliane. **Comportamento do consumidor**. 2. ed. São Paulo: Atlas, 2004. p. 165).

[28] KARSAKLIAN, Eliane. **Comportamento do consumidor**. 2. ed. São Paulo: Atlas, 2004. p. 240.

A sociedade indiana seria um bom exemplo dessa disjunção entre sociedade e cultura de consumo. Nela, a religião desempenha um papel importante nos tipos de alimentos que podem ser consumidos, nos critérios de poluição que estruturam diferentes práticas de preparação e ingestão dos mesmos e na escolha dos cônjuges, uma tarefa deixada a cargos dos pais na ausência de uma ideologia de amor romântico, que o relacione diretamente a casamento e vida comum. Paralelamente a essas lógicas e práticas culturais que afetam diretamente o direito de escolha individual, extremamente valorizado nas culturas de consumidores de algumas sociedades ocidentais, existe uma intensa economia de mercado e instituições que procuram proteger o "freguês", lançando mão de princípios tanto tradicionais, baseados em um código jurídico e legal, expresso na noção de direitos do consumidor. Origina-se dessa disjunção a necessidade de pensarmos sobre sociedades e culturas de consumo ou sobre etnografias de sociedades e culturas de consumo[29].

É inegável a influência dos filhos no processo decisório de compra dos pais[30], também é inegável que a primeira fase de compreensão do mundo é vivida e ensinada pelos pais, que, a depender do seu comportamento frente às decisões de compra, também influenciarão as preferências dos filhos. Muitos são os fatores já estudados pelas citadas áreas do conhecimento que indicam a forte influência dos pais nos hábitos de consumo dos filhos[31].

Nesse sentido, conforme Blandína Šramová aponta, precisamos estar atentos ao fato de que não é possível estabelecer relação de causalidade direta entre o *marketing* e a influência de compra. O autor exemplifica a afirmativa com a questão da obesidade infantil e a publicidade de alimentos, afirmando que os anúncios de produtos sem valor nutricional são tentadores para as crianças, mas a obesidade infantil não é influenciada puramente pelo *marketing*, devendo também ser a analisado o nível de atividade física praticado pela criança, os hábitos alimentares indesejáveis

---

[29] BARBOSA, Livia. **Sociedade de consumo**. Rio de Janeiro: Jorge Zahar Editor, 2004. p. 9.

[30] "Os filhos, na qualidade de membros da família, constituem um importante mercado-alvo para empresas de todos os produtos domésticos. Em 1990, as crianças americanas foram responsáveis por um gasto direto de mais de 60 bilhões de dólares, e influenciaram mais de 380 bilhões em gastos feitos por outros membros da família. A influência dos filhos aumenta com a idade. Um estudo constatou que 21% das mães de crianças entre cinco e sete anos cediam ao pedido delas, sendo que essa porcentagem subia para 57% no caso de crianças entre 11 e 12 anos". **Comportamento do cliente**: indo além do comportamento do consumidor. SHETH, Jagdish; MITTAL, Banwari; NEWMAN, Bruce I. São Paulo: Altas, 2001. p. 545.

[31] "One of the first social links is family. Thus, in consumer socialization process, it is important to observe the child-parent relationship. Parent-child relationships are less confrontational and more collaborative these days. Advertising reacts to that and puts the parent in a position of an adviser (e.g., when choosing a bank to open an account). Moreover, in some countries, we witness a decrease of commercials focused on products linked to obesity and unhealthy lifestyle (e.g., fast food, snacks, products high in sugar, breakfast cereals) and an increase of commercials promoting alternative products: fruit juice, water, fresh fruit, and vegetables". ŠRAMOVÁ, Blandína. **Children's Consumer Behavior**. E-book. Disponível em http://dx.doi.org/10.5772/intechopen.69190.

Cap. 9 · PUBLICIDADE INFANTIL | 277

prevalecentes na família da criança entre outros fatores. Isso demonstra o denominado "o paradoxo da parentalidade moderna", que os pais sabem o que é bom para seus filhos, mas lhes oferecem opções menos saudáveis[32].

O comportamento do consumidor também é explicado pelo neuromarketing com a ajuda das técnicas de neurociência, que medem a atividade neural e explicam as tomadas de decisões pelos consumidores.

4. A CRIANÇA NA SOCIEDADE DE CONSUMO

Uma criança que tenha o seu nascimento nos dias atuais passará, necessariamente, a viver em uma sociedade de consumo, será rodeada de produtos e serviços que não estavam disponíveis para uma criança nos séculos passados. Ficará condicionada a tudo que a cerca, desde a fralda descartável que é colocada em um bebê assim que sai do ventre materno, passando pelo chocalho que vai distraí-lo nos primeiros meses de vida até os jogos de videogame que será moda na sua infância e adolescência.

Estará envolvida por novas tecnologias, e, provavelmente, por estar condicionada a essas novas tecnologias, saberá utilizá-las melhor que seus pais (e deixará os avós orgulhosos por conseguir manipular equipamento com o qual eles nem sequer sonhavam na infância).

Ensina Edgar Morin que a relação indivíduo-sociedade é *hologramática, recursiva* e *dialógica*. É *hologramática* já que o indivíduo está na sociedade e a sociedade está no indivíduo, ou seja, não é possível separar a parte do todo, "a parte está no todo, assim como o todo está na parte". É *recursiva*, a causa produz um efeito, que por sua vez produz uma causa. Os indivíduos produzem a sociedade que produz os indivíduos, e, por consequência, a emergência social depende da organização mental dos indivíduos, mas a emergência mental depende da organização social (no sentido de oferecer liberdade de criar novos rumos). É *dialógica* visto que a relação do indivíduo com a sociedade (e vice-versa) é ao mesmo tempo complementar e antagônica[33].

Assim, partimos da premissa de que a criança está em uma sociedade de consumo e faz parte dela, produz a sociedade de consumo e é produzida por ela, e que tem uma relação complementar e antagônica com essa sociedade. A relação é antagônica com a sociedade porque todo ser que vem ao mundo traz o seu próprio código genético (somos sete bilhões de habitantes e ninguém carrega o mesmo

---

[32] However, we have to stay aware of the fact that correlational relationship between observed variables does not indicate causal relationship. Let us take the example of the relationship between obesity and food marketing. It is clear that adverts for products with no nutritional value are tempting for children. Nevertheless, children obesity is not influenced purely by food marketing but also by insufficient physical activity, undesirable eating habits prevailing in the child's family, and so on. Noble et al. propose "the paradox of modern parenting," by which they mean that parents know what is good for their child but provide them with less healthy options. ŠRAMOVÁ, Blandína. **Children's Consumer Behavior**. E-book. Disponível em http://dx.doi.org/10.5772/intechopen.69190.

[33] MORIN, Edgar. **O método 5**: a humanidade da humanidade. 5. ed. Porto Alegre: Sulina, 2012. p. 167.

código genético), de modo que, sendo cada ser humano ser único, sempre haverá antagonismo e contrapontos, formando uma sociedade plural.

A criança deve crescer em ambiente que lhe ofereça liberdade suficiente para desenvolver sua personalidade e, ao seu próprio modo, influenciar diretamente a vida em sociedade. Reconhecemos, desse modo, que crianças e adolescentes são atores que influenciam e são influenciados pela sociedade e, por óbvio, está exposta a toda e qualquer atividade de *marketing* utilizada em sociedade.

Nas palavras de Hannah Arendt,

> O labor e o trabalho, bem como sua ação, têm também raízes na natalidade, na medida em que sua tarefa é produzir e preservar o mundo para o constante influxo de recém-chegados que vêm a esse mundo na qualidade de estranhos, além de prevê-los e **levá-los em conta**. Não obstante, das três atividades, a ação é a mais intimamente relacionada com a condição humana da natalidade; o novo começo inerente a cada nascimento pode fazer-se sentir no mundo somente porque o recém-chegado possui capacidade de começar algo novo, isto é, agir. Neste sentido de iniciativa, todas as atividades humanas possuem um elemento de ação e, portanto, de natalidade. Além disso, como a ação é atividade política por excelência, a natalidade, e não a mortalidade pode constituir a categoria central do pensamento político, em contraposição ao pensamento metafísico[34] (grifo nosso).

Nosso desafio será, justamente, delinear um limite, tênue limite, entre a condição humana, a vida em sociedade e sua influência no desenvolvimento da criança no que diz respeito a publicidade infantil.

De fato, conforme já pudemos avaliar, juntamente com Adolfo Mamoru Nishiyama, a criança e o adolescente são hipervulnerabilidade na sociedade de consumo[35]. A proteção do vulnerável não ocorre somente no Código de Defesa do Consumidor. Temos, por exemplo, na Constituição Federal, a proteção do trabalhador, do idoso, da criança, do adolescente e do jovem[36].

Nas relações de consumo, podemos considerar que todos os consumidores são vulneráveis, mas alguns são mais vulneráveis que os outros, necessitando de proteção maior do que os consumidores em geral. São eles as pessoas portadoras de deficiência, os idosos, as crianças e os adolescentes, que possuem proteção especial na Magna Carta.

O prefixo *hiper* (do grego *hypér*), designativo de alto grau ou aquilo que excede a medida normal, acrescido da palavra *vulnerável*, quer significar que alguns consumidores possuem vulnerabilidade maior do que a medida normal, em razão de

---

[34] ARENDT, Hannah. **A condição humana**. 10. ed. Rio de Janeiro: Forense Universitária, 2009. p. 17.

[35] DENSA, Roberta; NISHIYAMA, Adolfo Mamoru. A proteção dos consumidores hipervulneráveis. **Revista de Direito do Consumidor** – *RDC*, p. 13-45, out.-dez. 2010.

[36] A "hipervulnerabilidade" foi utilizada por Herman Benjamin: (STJ, 2a Turma, REsp 1.064.009/SC, Rel. Min. Herman Benjamin, *DJ* 4/8/2009).

certas características pessoais. Os hipervulneráveis possuem tratamento especial, tendo como fonte direta nosso ordenamento jurídico[37].

A criança é, portanto, hipervulnerável, apresentando especial vulnerabilidade técnica, jurídica, econômica e informacional, sendo necessária uma proteção diferenciada no mercado de consumo.

5. PROTEÇÃO INTEGRAL DA CRIANÇA *VERSUS* LIBERDADE DE COMUNICAÇÃO DO FORNECEDOR

O art. 5º, IV e IX, da Constituição Federal dispõe que é livre a manifestação do pensamento e livre a expressão da atividade intelectual, artística, científica e de comunicação, independentemente de censura ou licença. No mesmo sentido, a Constituição Federal[38], em seu art. 220, proíbe a restrição à manifestação do pensamento, à liberdade de criação, expressão e informação, bem como qualquer forma de censura de natureza política, ideológica e artística. Esse dispositivo constitucional abrange, portanto, a **liberdade de expressão e pensamento, a liberdade de informação e a liberdade de comunicação social**.

Por este motivo, analisando os artigos mencionados, dentre outros, José Afonso da Silva define a liberdade de comunicação prevista na Constituição como um conjunto de direitos, de meios e de formas que viabilizam a promoção desembaraçada da criação, expressão difusão do pensamento e da informação[39,40].

---

[37] DENSA, Roberta; NISHIYAMA, Adolfo Mamoru. A proteção dos consumidores hipervulneráveis. **Revista de Direito do Consumidor** – *RDC*, p. 19, out.-dez. 2010.

[38] Art. 220. "A manifestação do pensamento, a criação, a expressão e a informação, sob qualquer forma, processo ou veículo não sofrerão qualquer restrição, observado o disposto nesta Constituição.

§ 1º Nenhuma lei conterá dispositivo que possa constituir embaraço à plena liberdade de informação jornalística em qualquer veículo de informação social, observado o art. 5º, IV, V, X, XIII e XIV.

§ 2º É vedada toda e qualquer censura de natureza política, ideológica e artística.

§ 3º Compete à lei federal:

I – regular as diversões e espetáculos públicos, cabendo ao Poder Público informar sobre a natureza deles, as faixas etárias a que não se recomendem, locais e horários em que sua apresentação se mostre inadequada;

II – estabelecer os meios que garantam à pessoa da família a possibilidade de se defenderem de programas ou programações de rádio e televisão que contrariem o disposto no art. 221, bem como da propaganda de produtos, práticas e serviços que possam ser nocivos à saúde e ao meio ambiente.

§ 4º A propaganda comercial de tabaco, bebidas alcoólicas, agrotóxico, medicamentos e terapias estará sujeita às restrições legais nos termos do inciso II, do parágrafo anterior, e conterá, sempre que necessário, advertência sobre os malefícios decorrentes de seu uso."

[39] SILVA, José Afonso da. **Curso de direito constitucional positivo**. 34. ed. São Paulo: Malheiros, 2011, p. 243.

[40] Tratando do assunto, o autor afirma que, conforme a Constituição, as formas de comunicação regem-se de acordo com quatro princípios básicos: "(…) (a) observado o disposto na Cons-

280 | DIREITO DO CONSUMIDOR – 30 ANOS DO CDC

Vale lembrar que a comunicação social engloba, inclusive, a comunicação via *internet*. As consequências desta intensa e célere transformação tecnológica não foram completamente abarcadas pelo direito, restando adequar o ordenamento jurídico atual ao fato, lembrando que o Marco Civil da Internet e a Lei Geral de Proteção de Dados trouxeram alguma regulamentação específica para o setor.

São previstas na própria constituição algumas intervenções estatais relativas à comunicação social. Com o objetivo de proteção da infância e da juventude, há reservas expressas nos §§ 3º e 4º, do art. 220, relativas às classificações indicativas de shows, teatros, cinemas e programação televisiva.

De fato, a liberdade de comunicação social, garantida pelo art. 220, legitima a União a regular as diversões e espetáculos públicos, devendo informar a natureza, as faixas etárias a que se recomendem, os locais e horários adequados. É, ainda, dever da União estabelecer meios para que os pais possam efetivamente exercer o poder familiar diante dos entretenimentos colocados à disposição no mercado de consumo[41].

---

tituição, não sofrerão qualquer restrição qualquer que seja o processo ou veículo por que se exprimam; (b) nenhuma lei conterá dispositivo que possa constituir embaraço à plena liberdade de informação jornalística; (c) toda e qualquer forma de censura de natureza política, ideológica e artística; (d) a publicação de veículo impresso de comunicação independe de licença de autoridade; (e) os serviços de radiodifusão sonora e de sons e imagens dependem de autorização, concessão ou permissão do Poder Executivo federal, sob controle sucessivo do Congresso Nacional, a que cabe apreciar o ato, no prazo do art. 64, §§ 2.º e 4.º (45 dias, que não correm durante o recesso parlamentar); (f) os meios de comunicação social não podem, direta ou indiretamente, ser objeto de monopólio." SILVA, José Afonso da. **Curso de direito constitucional positivo**. 34. ed. São Paulo: Malheiros, 2011, p. 243.

41 Barroso explica que a Constituição Federal de 1934 "introduziu expressamente a possibilidade de censura prévia aos espetáculos e diversões públicas, na dicção do art. 113, n. 9: '9) Em qualquer assumpto é livre a manifestação do pensamento, sem dependência de censura, *salvo quanto a espetáculos e diversões públicas*, respondendo cada um pelos abusos que commetter, nos casos e pela forma que a lei determinar. Não é permittido o anonymato. É assegurado o direito de resposta. A publicação de livros e periódicos independe de licença do poder público. Não será, porém, tolerada propaganda de guerra ou de processos violentos para subverter a ordem política ou social'. Mais adiante, explica que 'com o colapso das instituições democráticas e o advento do Estado Novo e da Carta de 1937, implantou-se um rigoroso sistema de censura prévia à liberdade de expressão, abrangendo a imprensa, espetáculos e diversões públicas. Já a Constituição de 1946 retomou a inspiração do Texto de 1934, em reprodução quase literal, com o acréscimo da vedação ao preconceito de raça ou de classe. Após o movimento militar de 1964, foi editada a Constituição de 1967, logo substituída pela Emenda n. 1, de 1969, outorgada pelos Ministros do Exército, da Marinha de Guerra e da Aeronáutica Militar. A Carta de 1969, procurando manter a fachada liberal e com penosa insinceridade normativa, enunciava no art. 153, § 8º: '§ 8.º É livre a manifestação de pensamento, de convicção política ou filosófica, bem como a prestação de informação independentemente de censura, salvo quanto a diversões e espetáculos públicos, respondendo cada um, nos termos da lei, pelos abusos que cometer. É assegurado o direito de resposta. A publicação de livros, jornais e periódicos não depende de licença da autoridade. Não serão, porém, toleradas a propaganda de guerra, de subversão da ordem ou de preconceitos de religião, de raça ou de classe, e as publicações e exteriorizações contrárias à moral e aos bons costumes'. A referência final à *moral e aos bons costumes* não constava do Texto de 1967. A

Em relação à publicidade, o art. 220 da Constituição Federal estabelece restrições expressas à publicidade de alguns produtos, vejamos:

(...) § 4º A propaganda comercial de tabaco, bebidas alcoólicas, agrotóxico, medicamentos e terapias estará sujeita às restrições legais, nos termos do inciso II do parágrafo anterior, e conterá, sempre que necessário, advertência sobre os malefícios decorrentes de seu uso.

A Lei 9.294/1996 regulamentou o dispositivo constitucional restringindo fortemente a publicidade dos produtos nela mencionados. Tais restrições são fundamentadas na saúde pública dos cidadãos.

Por ora, de se concluir que a publicidade de produtos e serviços no mercado de consumo está relacionada ao direito de os fornecedores comunicarem a existência de produtos e serviços no mercado de consumo, e que as restrições relativas à publicidade está vinculada apenas ao tabaco, bebidas alcoólicas, agrotóxico, medicamentos e terapias.

Por fim, é de se notar que a Constituição Federal **não veta a publicidade de produtos voltados ao público infantil e não cria qualquer restrição específica para esse público**, nem mesmo relativa aos casos de saúde pública os anúncios de alimentos com alto teor de gordura, açúcar e sódio.

De outra banda, o art. 227 da Constituição Federal garante a proteção integral a crianças e adolescentes e o Código de Defesa do Consumidor, em seu art. 37, considera abusiva a publicidade que "se aproveite da deficiência de julgamento e experiência da criança".

Sendo o *marketing* uma ferramenta de persuasão e sendo a criança e o adolescente hipervulnerável, resta-nos analisar os limites de restrição das liberdades do anunciante e os critérios para determinar a proteção da criança frente aos mecanismos de *marketing*.

6. A INFLUÊNCIA DA CIÊNCIA POLÍTICA NA DEFINIÇÃO DE CRITÉRIOS DE INTERVENÇÃO DO ESTADO PARA REGULAMENTAÇÃO DA PUBLICIDADE INFANTIL

Reconhecido o direito garantido pela Constituição Federal de o fornecedor colocar produtos e serviços no mercado de consumo, na forma dos arts. 5º e 220 da

---

longa noite ditatorial, servindo-se de instrumentos legais como a Lei 5.250, de 09.02.1967, e o Dec.-lei 236, de 28.08.1967, bem como do voluntarismo discricionário de seus agentes, trouxe o estigma da censura generalizada aos meios de comunicação. Suprimiam-se matérias dos jornais diários, sujeitando-os a estamparem poesias, receitas culinárias ou espaços em branco. Diversos periódicos foram apreendidos após sua distribuição, tanto por razões políticas como em nome da moral e dos bons costumes" (BARROSO, Luís Roberto. Liberdade de expressão, censura e controle da programação de televisão na Constituição de 1988. *RT*, vol. 790, p. 129, ago. 2001. **Doutrinas Essenciais de Direitos Humanos**, vol. 2, p. 779, ago. 2011. DTR\2001\368, p. 778/779).

Constituição Federal e reconhecida a vulnerabilidade da criança e do adolescente ao receber a mensagem publicitária é imprescindível a análise da atuação do Estado diante de uma aparente antinomia entre tais direitos.

De fato, o direito de anunciar não pode ser considerado absoluto e irrestrito, e deve sofrer restrições, para o exato cumprimento do art. 37 do Código de Defesa do Consumidor e demais dispositivos constitucionais mencionados.

Para estabelecer critérios interpretativos de restrição à publicidade infantil, devemos avaliar o papel do Estado, o que, de certo modo, sempre tocará a concepção política e ideológica do intérprete. De fato, dependendo da concepção política ou ideológica que se toma, podemos ter variadas respostas a respeito do papel do Estado em relação à proteção da criança quando exposta à publicidade.

É inegável o diálogo entre a Política e o Direito. Explica Celso Lafer que o Direito é constitutivo e regulador da ação política, requer consenso e se fundamenta na promessa. Nas palavras do autor,

> a promessa estabelece um limite estabilizador necessário à imprevisibilidade e à criatividade de ação. Daí a importância, na interação humana, do *pacta sunt servanda*, no qual se fundamenta o Direito. Uma constituição – como mostra Hannah Arendt na análise da experiência norte-americana que, em *On Revolution*, ela discute como metáfora exemplar do poder constituinte originário – tem duas dimensões que esclarecem a relação entre Direito e Política da maneira mais correta. São elas a da construção do *homo faber* do espaço público, e da obtenção do acordo para agir conjunto, por meio da promessa. A Constituição é, portanto, um construído convencional, no qual a contingência do consenso, cuja autoridade deriva do ato de fundação, é uma virtude, pois a verdade da lei repousa na convenção criadora de uma comunidade política, que enseja a gramática da ação e a sintaxe do poder[42].

Tomada a influência entre Direito e Política, **e sendo o Direito o regulador da Política**, entendemos de grande importância estudar, ainda que de forma breve, algumas correntes da filosofia política contemporâneas que se propõem a estudar o papel do Estado e as relações com os indivíduos.

Explica José Eduardo Farias que, atualmente, no âmbito da filosofia política há quatro correntes teóricas liberais. Vejamos[43]:

> a) os *libertários* (ou anarcocapitalistas), como Robert Nozick e Friedrich Hayek, defendem a ideia de Estado mínimo, que tem como valor máximo a *liberdade*, sem qualquer intervenção do Estado no domínio econômico. Em suma, para essa corrente: a) o aparato estatal tem sido utilizado para pressionar o indivíduo e violar seus direitos (inclusive quando obriga a

---

[42] LAFER, Celso. **A reconstrução dos direitos humanos**: um diálogo com o pensamento de Hannah Arendt. São Paulo: Companhia das Letras, 1991. p. 26.

[43] Prefácio da obra CITTADINO, Gisele. **Pluralismo, direito e justiça distributiva**: elementos da filosofia constitucional contemporânea. Rio de Janeiro: Lumen Juris, 2013.

ajudar ao próximo através do pagamento de tributos); b) as ideias de justiça social são um contrassenso por comprometer as liberdades inerentes ao homem; c) a livre apropriação seria o único princípio de justiça; e d) só o Estado mínimo, limitado às funções restritas de proteção contra a força e fiscalização do cumprimento de contratos, é justificável. Assim, a função do Estado, para os libertários, está ligada ao cumprimento coercitivo dos contratos e à proteção contra a força, ou seja, a proteção da vida[44];

b) os *liberais contratualistas*, de John Rawls e Ronald Dworkin, que tratam de questões relativas à efetividade e ao reconhecimento dos direitos civis dentro da tradição kantiana, vendo a sociedade como uma combinação da afirmação de identidades e da eclosão de conflitos entre distintas concepções individuais acerca do bem e da vida digna;

c) os *comunitaristas*, como Michael Walzer[45] e Michael Sandel, que recuperam a tradição aristotélica e a) põem em xeque a pressuposição de um sujeito universal e não situado historicamente, b) enfatizam a multiplicidade de identidades sociais e culturas étnicas presentes na sociedade contemporânea e c) concebem a justiça como a virtude na aplicação de regra conforme as especificidades de cada meio ou ambiente social, criticando os liberais por não serem capazes de lidar com as situações intersubjetivas e por ver os diálogos apenas como uma sucessão alternada de monólogos[46];

d) os *críticos-deliberativos*, como Jürgen Habermas, formados pela tradição hegeliano-marxista, para quem a) os valores normativos modernos só podem ser compreendidos por meio de leituras intersubjetivas, b) o princípio do universalismo moral foi encarnado de modo imperfeito nas instituições do Estado constitucional, tendo definhado a ponto de ser não mais que uma simples palavra, c) só a razão comunicativa possibilita "acordos sem constrangimentos" em condições de se irradiar para toda a

---

[44] Rechaçamos, para o nosso trabalho, o pensamento libertário por não aceitar as assimetrias de mercado de ficando impossível fundamentar qualquer forma de atuação do Estado para a proteção do consumidor com o pensamento libertário.

[45] Para Michel Waze, o papel das instituições é garantir liberdade aos indivíduos, com direitos protegidos de toda interferência exterior, sendo que a história pessoal está interligada à história social: "o indivíduo não cria nem determina as instituições nas quais está inserido. Por conseguinte, escola, igreja, família, dentre outras instituições, têm história particular, de acordo com as sociedades que são estudadas, e refletem os postulados de fé, saber e são nutridas pela civilização. Em conclusão, os homens e mulheres são livres enquanto viverem em instituições" (PEIXINHO, Manoel Messias. **As teorias e os métodos de interpretação aplicados aos direitos fundamentais**. Rio de Janeiro: Lumen Juris, 2010. p. 80).

[46] Sobre o debate entre o comunitarismo e o liberalismo político, explica Leonardo Martins que: "no que tange a questões como a prescrição de um *modus vivendi* fomentado pelo Estado e a resposta do liberalismo político que enfatiza o mandamento de neutralidade do Estado com base em sua tríade da legitimidade, igualdade e ceticismo político no sentido de não se abraçar 'verdades', sobretudo no que concerne a uma 'concepção de bem' que fosse divulgada pelo Estado" (**Liberdade e estado constitucional**: leitura jurídico-dogmática de uma complexa relação a partir da teoria liberal dos direitos fundamentais. São Paulo: Atlas, 2012. p. 29).

sociedade e d) a diversidade das concepções individuais a respeito da vida digna, apregoada pelos *liberais*, e a multiplicidade de formas específicas de vida que compartilham valores, costumes e tradições, enfatizada pelos *comunitaristas*, estão presentes nas democracias contemporâneas, não havendo como optar por uma em detrimento da outra.

O liberalismo-contratualista (também chamado de liberalismo-social ou liberalismo igualitário), corrente por nós adotada, sustenta a autonomia e a autodeterminação dos indivíduos e das famílias e preconiza a atuação do Estado para a defesa de direitos fundamentais, especialmente do direito à liberdade.

John Rawls, precursor do liberalismo-igualitário, partindo do fato do pluralismo em sociedade, ou seja, das múltiplas possibilidades de valores e concepções dos indivíduos a respeito da vida social e da cultura, defende uma teoria de caráter político sem qualquer conotação moral ou de bem-estar social. O desafio fundamental de sua teoria é justamente buscar um consenso sobre o que é justo diante da multiplicidade de concepções abrangentes de comunidades, grupos e indivíduos. Sua teoria busca determinar o que é "justo", não o que é "moral", "ético" ou "bom". Nas palavras do autor:

> Primeiro, a prioridade do justo significa (em sentido geral) que as ideias do bem utilizadas devem ser políticas (§ 1.2), de modo que não precisamos nos basear em acepções abrangentes do bem, mas apenas em ideias moldadas para se acomodar no interior da concepção política. Segundo, a prioridade do justo significa (em seu sentido particular) que os princípios da justiça estabelecem limites para as formas de vida permissíveis (§ 1.2): as exigências que os cidadãos fazem ao tentar realizar fins que transgridem esses limites não têm nenhum peso. **A prioridade do justo dá aos princípios de justiça uma precedência rigorosa nas deliberações dos cidadãos, e limita sua liberdade de promover certos modos de vida.** Essa prioridade caracteriza a estrutura e o conteúdo da justiça como equidade e aquilo que esta considera como boas razões na deliberação (grifo nosso)[47-48].

---

[47] RAWLS, John. **O liberalismo político**. 2. ed. São Paulo: Ática, 2000. p. 258.

[48] Em outra obra, a mesma preocupação é externada pelo autor: "A justiça é a virtude primeira das instituições sociais, assim como a verdade o é dos sistemas de pensamento. Por mais elegante e econômica que seja, deve-se rejeitar ou retificar a teoria que não seja verdadeira; da mesma maneira que as leis e as instituições, por mais eficientes e bem organizadas que sejam, devem ser reformuladas ou abolidas se forem injustas. Cada pessoa possui uma inviolabilidade fundada na justiça que nem o bem-estar de toda sociedade pode desconsiderar. Por isso, a justiça nega que a perda da liberdade de alguns se justifique por um bem maior desfrutado por outros. Não permite que os sacrifícios impostos a poucos sejam contrabalançados pelo número maior de vantagens que desfrutam muitos. Por conseguinte, na sociedade justa, as liberdades da cidadania igual são consideradas irrevogáveis; os direitos garantidos pela justiça não estão sujeitos a negociações políticas nem ao cálculo de interesses sociais" (RAWLS, John. **Uma teoria da justiça**. São Paulo: Martins Fontes, 1997. p. 4).

Diante da fragmentação e da diversidade de valores e concepção de bens no mundo atual[49], sustenta o autor a necessidade de um "consenso sobreposto", qual seja um consenso em torno de uma concepção pública de justiça compartilhada pela comunidade social[50]. A busca desse consenso exige da parte dos cidadãos o uso da razão pública, da capacidade de colocar-se na esfera pública buscando alcançar um entendimento em torno dos dissensos resultantes da pluralidade de doutrinas abrangentes[51].

Outro ponto de essencial importância para a teoria de John Rawls é o valor dado para a liberdade. A proposta do pensador é elaborar uma teoria da justiça que garanta um equilíbrio entre a igualdade e a liberdade, de modo que se possa conjugar o **princípio da liberdade**, tido como o **valor supremo da vida humana**, e o **princípio da igualdade**, visto como **valor fundamental da convivência humana**.

A prática equitativa permite aos indivíduos estabelecerem uma situação em que ninguém "leve vantagem" e que os pressupostos dos termos equitativos de uma cooperação não podem ser definidos por uma lei divina ou por uma ordem moralista.

John Rawls preocupa-se com a construção dos direitos fundamentais, tendo empreendido grande esforço para explicar as liberdades públicas, sempre objetivando

---

[49] "A complexidade da relação entre indivíduo, espécie, sociedade, cultura e ideias é a condição da liberdade. Quanto maior a complexidade da trindade humana, maior a parte da autonomia individual, maiores possibilidades de liberdade" (MORIN, Edgar. **O método 5**: a humanidade da humanidade. 5. ed. Porto Alegre: Sulina, 2012. p. 279).

[50] "A essa altura, invocamos a ideia de um consenso sobreposto e dizemos: se uma concepção de política de justiça é mutuamente reconhecida por cidadãos razoáveis e racionais que endossam doutrinas abrangentes e razoáveis num consenso sobreposto, esse fato em si confirma que suas instituições básicas e livres têm espaço suficiente para forma de vida que merecem a adesão devotadas dos cidadãos. Pressuponho, evidentemente, que a concepção política de justiça endossada pelo consenso razoável satisfaz, tanto quanto podemos ver, todos os critérios razoáveis de reflexão crítica. **Essa é a garantia mais razoável que podemos ter: a de que nossas instituições políticas contenham um espaço suficiente para formas de vida valiosas, e a de que, nesse sentido, nossa sociedade política possa ser boa e justa**" (grifo nosso) (RAWLS, John. *O liberalismo político*. 2. ed. São Paulo: Ática, 2000. p. 259).

[51] "O homem é para a sociedade e esta para aquele um problema para resolver. Apesar disso, ambos são de tal modo estruturados de modo que possam coexistir. Essa hipótese, em que a sociedade é aquele sistema social cuja estrutura regula as reduções últimas e fundamentais de uma complexidade indeterminada de indivíduos num conjunto ainda complexo de interações, porém, mais 'domesticado', muda a concepção da relação entre Direito e sociedade. Se o homem concreto precisa da sociedade para viver, isso não quer dizer que ele faça *parte* dela. Segue-se daí que a juridicidade das relações inter-humanas não pode ser deduzida da natureza humana. O Direito é visto, então, **como** *uma* **estrutura que define os limites e as interações da sociedade**. Mas não é única, havendo ao seu lado outras, como as cognitivas, as estéticas etc. Como estrutura, porém, ele é indispensável, por possibilitar uma estabilização de expectativas nas interações, congruentemente generalizadas. Sem essa generalização congruente não poderiam os homens orientar-se mutuamente, não podendo esperar suas próprias expectativas" (grifo nosso) (FERRAZ, Tercio Sampaio. *Função social da dogmática jurídica*. 2. ed. São Paulo: Atlas, 2015. p. 99).

assegurar os direitos dos cidadãos como pessoas livres e iguais. O cientista inspira-se em um individualismo metodológico, segundo o qual todos os seres humanos são conscientes, racionais e livres e agem em condições ideais (através da posição original e do véu da ignorância) para definir o justo.

Explica Celso Lafer,

> A repercussão a obra de Rawls sobre justiça – um trabalho importante do ponto de vista da deontologia contemporânea – não é, portanto, obra do acaso, pois ele responde a necessidades práticas. O sucesso de Rawls, observa Bobbio, reside precisamente no esforço de inserir, na dinâmica do contratualismo e de seus procedimentos, a justiça como *fairness*. Com efeito, os dois princípios básicos de Rawls: (I) cada pessoa deve ter um igual direito à mais extensa liberdade compatível com uma idêntica liberdade para os outros; e (II) as desigualdades econômico-sociais devem ser ajustadas de tal forma que: (a) haja uma expectativa razoável de estabelecerem trabalhando para o bem de todos; e (b) resultarem de posições e cargos abertos a todos – buscam estabelecer, nas estruturas da sociedade, um equilíbrio apropriado entre pretensões opostas, através da eliminação das distorções arbitrárias e das desigualdades dos pontos de partida. Neste sentido, para Rawls o respeito às regras do jogo, característico da legitimidade racional-legal, vai além da legitimação pelo procedimento e da justiça como legalidade, pois tudo se vê continuamente submetido ao escrutínio material da *fairness*[52].

Dessa forma, os direitos fundamentais devem ser garantidos a todos indistintamente, já que são esses direitos que assegurarão ao indivíduo o desenvolvimento de suas capacidades e de sua autodeterminação. No entanto, **para o autor, os mesmos importantes direitos podem sofrer restrições, que só serão aceitas quando houver conflitos entre as diversas liberdades (sempre com o objetivo maior de proteger o sistema global de liberdades) e nas ocasiões em que as restrições forem necessárias para que a pessoa possa gozar das liberdades individuais.**

Adotando essa concepção política, entendemos que os direitos fundamentais devem ser construídos sempre com vistas a garantir a maior liberdade possível, sendo admissíveis restrições quando houver conflito entre as diversas liberdades individuais.

Sendo assim, quaisquer restrições à liberdade são "restrições gerais da razão teórica ou prática ou fazem parte da justiça como equidade enquanto concepção política"[53]. Essas restrições invocam a razoabilidade e racionalidade de que se aplicam os cidadãos e se manifestam no exercício de suas capacidades mentais.

No mesmo sentido, explica Leonardo Martins que a teoria liberal dos direitos fundamentais é alicerçada no princípio distributivo, segundo o qual o Estado deve justificar a intervenção, e não o indivíduo o uso da sua liberdade. Outro princípio

---

[52] LAFER, Celso. **A reconstrução dos direitos humanos**: um diálogo com o pensamento de Hannah Arendt. São Paulo: Companhia das Letras, 1991. p. 73.

[53] RAWLS, John. *O liberalismo político*. 2. ed. São Paulo: Ática, 2000. p. 260.

que precisa ser observado é o da estrita separação entre a atividade de legislar e de aplicar o direito[54].

Assim, partindo do pressuposto do Estado Liberal, devemos estabelecer critérios racionais para legislar a respeito da proteção da criança em relação a publicidade de modo a estabelecer restrições aos fornecedores de produtos e serviços que visam à tutela da liberdade e da autonomia da criança e do adolescente consumidores. Esses critérios racionais, portanto, não podem ser moldados na ideia de bem-estar e de felicidade, mas na proteção da Pessoa. Além disso, as restrições também são fundamentadas no dever de segurança na colocação de produtos e serviços considerados seguros no mercado de consumo.

Este é o nosso fundamento: defendemos que toda proteção da infância e juventude seja baseada na teoria das incapacidades, nas liberdades individuais e no direito à autodeterminação progressiva de crianças e adolescentes. Ou seja, restrições podem ser impostas pelo Estado aos fornecedores através da lei, e em razão da especial vulnerabilidade em que aqueles se encontram, para garantir a liberdade de escolha do consumidor mirim.

Ao comparar a proposta de justiça como equidade com o modelo de justiça proposto por Dworkin, John Rawls explica que as restrições propostas por Dworkin impõe concepções que envolvem **ética de valor**, ao passo que na justiça como equidade as restrições são **genéricas da razão teórica ou prática** ou então derivam de concepções (dos cidadãos livres e iguais) que fazem parte da definição de justiça. Esse mesmo conceito ético é transportado para a teoria do direito desenvolvida por Dworkin, que adota a *teoria interpretativa do direito*, incluindo o valor (justiça/moral) no conceito de validade da norma.

Na mesma linha de John Rawls, Tercio Sampaio Ferraz, adotando a teoria descritiva do direito, afirma a necessidade de chegar ao senso comum do que é justo, considerando o direito como uma organização das relações de poder que deve ter o sentido do justo. Para o pensador brasileiro, o direito imoral (leia-se injusto) passa a ser destituído de sentido, fazendo com que a obrigação jurídica perca o sentido, mas não a torna inválida:

---

[54] "Entre seus princípios fundamentais encontra-se o princípio distributivo, cujo conteúdo normativo corresponde à obrigação do Estado de justificar intervenções na liberdade e não do titular justificar a forma do seu exercício de liberdade. Outro princípio fundamental, sem dúvida bastante influenciado pelo juspositivismo, é o princípio da estrita separação entre legiferação e aplicação do direito. Coerentemente com esses princípios, a escolha pelo tamanho do Estado e a sua política econômica cabe exclusivamente às instâncias legislativas nos limites de suas competências. Por isso que uma política tributária mais intervencionista perseguida pelo legislador, embora notoriamente contrarie a cartilha neoliberal, não mereceria reparos de fiscais da constitucionalidade com base nos parâmetros desenvolvidos a partir da teoria liberal e por ela refletidos. Assim, a fixação pelo legislador de percentuais de tributos mais elevados não pode, respeitados certos limites, ser questionada com base na teoria liberal. Em todo caso, não se trata de um problema a ser resolvido pelo critério da proporcionalidade" (MARTINS, Leonardo. *Liberdade e estado constitucional*: leitura jurídico-dogmática de uma complexa relação a partir da teoria liberal dos direitos fundamentais. São Paulo: Atlas, 2012. p. 30).

A noção de sentido tem relação, afinal, com a ideia de senso comum. Senso comum não como faculdade que têm todos os homens – uma espécie de capacidade interna que permite a todos pensar, conhecer, julgar –, mas como um mundo comum a todos e no qual todos se encontram. Senso comum, portanto, não é uma capacidade solitária, que cada qual exerce independentemente dos outros e que, não obstante isso, pode fazer que todos cheguem às mesmas conclusões (por exemplo, que dois mais dois sejam iguais a quatro); é, porém, a presença de um mundo comum, base do que se pode chamar de *senso comum*.

Ou seja, senso comum é algo que o homem experimenta em contato com os outros e não solitariamente. Por isso, também nesses termos, a exigência moral de justiça é uma espécie de condição para que o direito tenha sentido. A arbitrariedade, assim, priva o direito de seu sentido, porque torna norma de conduta mera imposição, unilateral, que prescinde dos outros enquanto um mundo comum. Daí a inevitável conotação da arbitrariedade com violência e consequente redução do sujeito passivo das normas a uma espécie de impotência confundida com obediência.

O direito, em suma, privado de moralidade, perde sentido, embora não perca necessariamente império, validade, eficácia. Como, no entanto, é possível às vezes, ao homem e à sociedade, cujo sentido de justiça se perdeu, ainda assim sobreviver com seu direito, este é um enigma, o enigma da vida humana, que nos desafia permanentemente e que leva muitos a um angustiante ceticismo e até um despudorado cinismo[55] (grifo nosso).

Sendo assim, os valores sociais devem ser colocados em discussão e avaliados pela política para a confecção da norma, mas, uma vez posta no sistema jurídico, deve ser acatada. Mario Vargas Llosa lembra que todos os pensadores liberais, de John Stuart Mill a Karl Popper, passando por Adam Smith, Ludwing von Mises, Friedrich Hayek, sustentam que a liberdade econômica e política só cumpre a sua função civilizadora, criadora de riquezas, defensora da autodeterminação e dos direitos fundamentais, do respeito às leis, "quando a vida espiritual da sociedade é intensa, mantém viva e inspira uma hierarquia de valores respeitada e acatada pelo corpo social"[56].

Em suma, a liberdade garantida aos fornecedores na Constituição Federal pode sofrer restrições a serem impostas pelo Estado apenas para que haja proteção à pessoa do hipervulnerável, de modo a garantir a sua liberdade de escolha e a livre expressão de vontade. Toda e qualquer restrição deve ser fundamentada na razoabilidade e na racionalidade e devidamente expressa em lei.

São rechaçados, portanto, quaisquer argumentos que defendam restrições de publicidade com a finalidade de corrigir os rumos tomados pela sociedade, para evitar que a criança seja consumista, para garantir que ela seja feliz, ou por

---

[55] FERRAZ, Tercio Sampaio. **Introdução ao estudo do direito**. 8. ed. São Paulo: Atlas, 2015. p. 324.

[56] LLOSA, Mario Vargas. *A civilização do espetáculo*: uma radiografia do nosso tempo e da nossa cultura. São Paulo: Objetiva, 2013, p. 164.

qualquer outro ideal de vida. Essas escolhas devem ser feitas pela família e, mais tarde, pela própria pessoa quando atingir a maioridade.

6.1 Direitos fundamentais e a Constituição Federal

A teoria política brevemente traçada aqui pode nos guiar para interpretar e definir as possíveis intervenções estatais cabíveis nas relações de consumo e infância. Nossa proposta, no rastro do pensamento de John Rawls, é estabelecer restrições às liberdades individuais conforme critérios de razoabilidade e racionalidade.

Os direitos fundamentais podem ser conceituados como os direitos público--subjetivos de pessoas (físicas ou jurídicas), contidos em dispositivos constitucionais e, portanto, que encerram caráter normativo supremo dentro do Estado, tendo como finalidade o exercício do poder estatal em face da liberdade individual[57].

Em relação ao tema deste artigo, há flagrante coalizão entre direitos fundamentais. De fato, o art. 5º da Constituição Federal garante o direito à liberdade, à livre expressão do pensamento e à autodeterminação[58]. Vejamos:

---

[57] DIMOULIS, Dimitri; MARTINS, Leonardo. **Teoria geral dos direitos fundamentais**. 5. ed. São Paulo: Atlas, 2014. p. 41.

[58] Em recente decisão sobre a liberdade de expressão e o direito à intimidade, decidiu o STF: É inexigível o consentimento de pessoa biografada relativamente a obras biográficas literárias ou audiovisuais, sendo por igual desnecessária a autorização de pessoas retratadas como coadjuvantes ou de familiares, em caso de pessoas falecidas ou ausentes. Essa a conclusão do Plenário, que julgou procedente pedido formulado em ação direta para dar interpretação conforme à Constituição aos artigos 20 e 21 do CC ("Art. 20. Salvo se autorizadas, ou se necessárias à administração da justiça ou à manutenção da ordem pública, a divulgação de escritos, a transmissão da palavra, ou a publicação, a exposição ou a utilização da imagem de uma pessoa poderão ser proibidas, a seu requerimento e sem prejuízo da indenização que couber, se lhe atingirem a honra, a boa fama ou a respeitabilidade, ou se se destinarem a fins comerciais. Parágrafo único. Em se tratando de morto ou de ausente, são partes legítimas para requerer essa proteção o cônjuge, os ascendentes ou os descendentes. Art. 21. A vida privada da pessoa natural é inviolável, e o juiz, a requerimento do interessado, adotará as providências necessárias para impedir ou fazer cessar ato contrário a esta norma"), sem redução de texto, em consonância com os direitos fundamentais à liberdade de pensamento e de sua expressão, de criação artística, de produção científica, de liberdade de informação e de proibição de censura (CF, artigos 5º, IV, V, IX, X e XIV; e 220). O Colegiado asseverou que, desde as Ordenações Filipinas, haveria normas a proteger a guarda de segredos. A partir do advento do CC/1916, entretanto, o quadro sofrera mudanças. Ademais, atualmente, o nível de exposição pública das pessoas seria exacerbado, de modo a ser inviável reter informações, a não ser que não fossem produzidas. Nesse diapasão, haveria de se compatibilizar a inviolabilidade da vida privada e a liberdade de pensamento e de sua expressão. No caso, não se poderia admitir, nos termos da Constituição, que o direito de outrem de se expressar, de pensar, de criar obras biográficas – que dizem respeito não apenas ao biografado, mas a toda a coletividade, pelo seu valor histórico – fosse tolhido pelo desejo do biografado de não ter a obra publicada. Os preceitos constitucionais em aparente conflito conjugar--se-iam em perfeita harmonia, de modo que o direito de criação de obras biográficas seria compatível com a inviolabilidade da intimidade, privacidade, honra e imagem. Assim, em suma, o Plenário considerou: a) que a Constituição asseguraria como direitos fundamentais

Art. 5º Todos são iguais perante a lei, sem distinção de qualquer natureza, garantindo-se aos brasileiros e aos estrangeiros residentes no País a inviolabilidade do direito à vida, à liberdade, à igualdade, à segurança e à propriedade, nos termos seguintes:

(...)

IX – é livre a expressão da atividade intelectual, artística, científica e de comunicação, independentemente de censura ou licença;

X – são invioláveis a intimidade, a vida privada, a honra e a imagem das pessoas, assegurado o direito a indenização pelo dano material ou moral decorrente de sua violação.

De um lado, temos, portanto, o direito dos fornecedores à liberdade de produção de bens e serviços para atender às demandas dos consumidores e anunciá-los no mercado de consumo. De outro lado, temos o direito à liberdade da criança e do adolescente na escolha dos produtos, o direito à autodeterminação da pessoa e da família, ficando-lhes assegurada a intimidade e vida privada.

Sem dúvidas, o direito à liberdade de expressão e à liberdade econômica do fornecedor entra, muitas vezes, em coalizão com o direito à liberdade de escolha dos infantes: a ausência de capacidade plena para escolha dos produtos e serviços colocados no mercado de consumo impede que menores, sem o devido auxílio dos seus pais, possam manifestar plenamente a sua vontade para exercer a sua liberdade de escolha.

Estamos, portanto, diante de um grande desafio que se traduz na necessidade de solução de aparente antinomia[59]. Os direitos fundamentais não são absolutos, sendo necessária a harmonização entre eles de modo a conceder a cada um dos direitos

---

a liberdade de pensamento e de sua expressão, a liberdade de atividade intelectual, artística, literária, científica e cultural; b) que a Constituição garantiria o direito de acesso à informação e de pesquisa acadêmica, para o que a biografia seria fonte fecunda; c) que a Constituição proibiria a censura de qualquer natureza, não se podendo concebê-la de forma subliminar pelo Estado ou por particular sobre o direito de outrem; d) que a Constituição garantiria a inviolabilidade da intimidade, da privacidade, da honra e da imagem da pessoa; e e) que a legislação infraconstitucional não poderia amesquinhar ou restringir direitos fundamentais constitucionais, ainda que sob pretexto de estabelecer formas de proteção, impondo condições ao exercício de liberdades de forma diversa da constitucionalmente fixada (STF, ADI 4.815/DF, Rel. Min. Cármen Lúcia, 10/6/2015).

[59] Na análise do tema, Anderson Schreiber já afirmou: "Ora, se a liberdade de informação é um direito de mesma hierarquia que o direito à imagem, à privacidade ou ao nome, não há qualquer razão para se instituir um privilégio em favor das empresas de comunicação, forçando alguém (o detento, no caso Lebach ou, em situação já corriqueira na mídia, uma atriz flagrada em momento de profunda intimidade) a ver ilegitimamente veiculada a sua imagem ou violada a sua privacidade, ao argumento de que, posteriormente, poderá obter uma indenização pelo dano sofrido, dano que é, muitas vezes, irreparável sob o prisma moral. A solução há de ser buscada, portanto, na ponderação, por meio não de uma hierarquização abstrata, mas, sim, da determinação de uma relação de prevalência à luz das circunstâncias fáticas" (**Direito e mídia**. São Paulo: Atlas, 2013. p. 16).

maior amplitude possível, devendo ser buscado o ponto de coexistência entre ambos de forma que cedam reciprocamente em prol da convivência[60].

Além da concordância prática, o critério de razoabilidade e proporcionalidade deve ser utilizado de forma a harmonizar os interesses dos fornecedores e consumidores: o princípio da razoabilidade e proporcionalidade determina que as normas constitucionais sejam interpretadas de maneira razoável e proporcional, de modo que os meios utilizados sejam adequados aos fins perseguidos pela norma, devendo o intérprete buscar conceder aos bens jurídicos por elas tutelados a aplicação mais justa e equânime possível[61-62].

---

[60] "Princípio da concordância prática ou harmonização determina que, na ocorrência de conflito entre bens jurídicos fixados por normas constitucionais diversas, deve-se buscar uma interpretação que melhor harmonize, de maneira a conceder a cada um dos direitos a maior amplitude possível, sem que um deles imponha a supressão do outro. Por força desse princípio, muito utilizado no confronto entre direitos e garantias fundamentais, busca-se encontrar um ponto de coexistência entre referidos direitos, de forma que ambos cedam reciprocamente, para que possam conviver harmoniosamente. É por esse motivo, aliás, que referido princípio também é conhecido por *princípio da cedência recíproca*" (DANTAS, Paulo Roberto de Figueiredo. **Direito constitucional**. 4. ed. São Paulo: Atlas, 2015. p. 121).

[61] DANTAS, Paulo Roberto de Figueiredo. **Direito constitucional**. 4. ed. São Paulo: Atlas, 2015. p. 288.

[62] "No mesmo sentido, Adalberto Pasqualotto e Mariana Azambuja, ao analisarem a Resolução Conanda n. 163/2014, que trata da publicidade infantil, manifestam preocupação com os critérios que poderão ser utilizados para restringir a publicidade infantil de maneira a aplicar, de forma racional, a proteção integral e a liberdade de expressão: O art. 3º da Res. 163 do Conanda, enuncia alguns princípios gerais que, a par dos previstos na Constituição, no ECA e no CDC, devem ser aplicados à publicidade dirigida aos adolescentes. Mais uma vez, a Resolução e o CBAP avizinham-se, inclusive num certo tom de bom-mocismo, em desuso na linguagem publicitária atual: enquanto a Resolução recomenda respeito "às instituições e símbolos nacionais", o art. 37 do CBAP prescreve que os anúncios devem refletir "boas maneiras" e "valores sociais positivos". Todos esses conceitos atualmente são muito imprecisos frente à prática social e publicitária. Há bons exemplos de contradição entre normas e fatos. Não obstante a convergência substancial entre o CBAP e a Resolução do Conanda, não há expectativas favoráveis a um consenso. A razão principal é a diferença de princípios que cada entidade busca proteger. O **Conar faz apologia da liberdade de expressão**, entendendo que a publicidade comercial é uma forma de expressão protegida pela Constituição. Já o **Conanda procura aplicar o princípio constitucional da proteção integral**. Por trás, há um confronto ideológico. Tudo que vem do Estado é repelido pelo Conar porque é atentatório à liberdade. E o Estado, que por vezes parece querer apropriar-se da Constituição, não atua positivamente na implementação das normas existentes. Da falta de entendimento entre os setores público e privado resulta uma autorregulamentação autista e uma legislação descumprida. Provavelmente, **no meio-termo está a virtude**: uma regulamentação mista, concertada em órgão plural, que reúna os setores interessados no negócio da publicidade, assim como representantes de governo e da coletividade, incluindo, nesta categoria, órgãos públicos e privados de defesa do consumidor" (grifo nosso). PASQUALOTTO, Adalberto; AZAMBUJA, Mariana Menna Barreto. A comédia da publicidade: entre a sátira e o politicamente correto. **Revista de Direito do Consumidor**, vol. 96, p. 89-104, nov.-dez. 2014. p. 103.

Nesse sentido, Lucia Ancona Lopez de Magalhães[63] afirma:

> Uma coisa, porém, é certa e todos parecem concordar: a criança merece proteção especial do legislador, dada a sua condição de hipossuficiência, mesmo em situação que não se configurem abusivas, mas que exigem um controle valorativo mais intenso, como ocorre com o valor da alimentação saudável e da qualidade de vida. O que não resta definido e continua a provocar grande discussão e controvérsia jurídica é justamente a *medida* dessa proteção.

> Há quem defenda a tal proibição da publicidade dirigida ao público infantil, sob o argumento de que a publicidade promoveria a introdução precoce da criança no mercado de consumo, gerando problemas de ordem psicológica (depressão, ansiedade, baixa estima), bem como seria um fator de contribuição para a obesidade infantil, pressupondo ainda a incapacidade dos pais modernos de controlarem a demanda de seus filhos, que seriam "educados" também pela televisão.

> Outros defendem a regulamentação dessa atividade, respeitadas as garantias constitucionais da livre iniciativa e da liberdade de expressão das empresas em relação à publicidade de referidos produtos lícitos, sendo, ademais, a publicidade apenas um fator coadjuvante na formação de consumidores responsáveis, cujo papel principal incumbe aos pais e educadores, não se justificando uma intervenção desproporcional na livre iniciativa.

Entendemos que a questão não é simplista e requer grande esforço e racionalidade para se chegar a uma solução minimamente adequada, tendo em vista que estamos nos referindo aos direitos fundamentais (de fornecedores e consumidores) duramente defendidos pela sociedade ao longo de anos[64].

Em relação ao tema das classificações indicativas, o ordenamento jurídico brasileiro é relativamente bem-desenvolvido, com critérios delineados e sempre respeitando a autodeterminação da família, a proteção da vontade do menor e a liberdade de expressão dos fornecedores. Já em relação à publicidade dos produtos voltados para a criança e adolescente, não há a mesma clareza de interpretação, devendo ainda ser amplamente discutido.

---

[63] MAGALHÃES, Lucia Ancona Lopez de. **Publicidade e direito**. São Paulo: Saraiva, 2018. p. 254/255.

[64] Pode-se definir a "intervenção na área de proteção de um direito fundamental como sendo a atuação ou omissão do Estado que: (1º) ou impossibilite, em parte ou totalmente, um comportamento correspondente a um direito fundamental (um comportamento que seja abrangido pela área de proteção do referido direito); ou (2º) que ligue ao seu exercício uma consequência jurídica negativa mediante uma proibição sancionada. A intervenção pode ser feita, segundo o entendimento contemporâneo, direta ou indiretamente, com ou sem constrangimento, mediante um ato jurídico ou não" (MARTINS, Leonardo. **Liberdade e estado constitucional**: leitura jurídico-dogmática de uma complexa relação a partir da teoria liberal dos direitos fundamentais. São Paulo: Atlas, 2012. p. 132).

7. CRITÉRIOS PARA A RESTRIÇÃO DA LIBERDADE ECONÔMICA E DE COMUNICAÇÃO

Conforme dissemos, os critérios de restrição à publicidade infantil devem ser fundamentados na proteção da Pessoa e os seus direitos fundamentais, com respeito a autonomia e autodeterminação da criança e da sua família.

Considerando a hipervulnerabilidade da criança e do adolescente e a legislação nacional, nossa sugestão é que as restrições utilizem os seguintes critérios: i) compreensão da mensagem publicitária; ii) respeito ao exercício do poder familiar; iii) respeito aos pares e demais pessoas em sociedade; iv) proteção da saúde e v) veracidade da informação publicitária.

Importante notar antes mesmo de adentrar em cada um dos critérios, **que a legislação brasileira não proíbe a publicidade dirigida ao público infantil**, sendo expressamente vedada apenas para as hipóteses de bebidas alcoólicas e produtos fumígenos. Sendo assim, nas demais hipóteses, não há restrição para que a publicidade seja dirigida ao público infantil.

Nessa seara, já afirmou Bruno Miragem, em parecer proferido a pedido do Instituto Alana, intitulado "A constitucionalidade da Resolução 163 do Conselho Nacional dos Direitos da Criança e do Adolescente (Conanda)[65]:

> "63. Discute-se, igualmente, as relações entre publicidade direcionada a crianças e o seu desenvolvimento mental, ou a obesidade precoce, dentre outros efeitos demonstrados ou supostos em relação ao público infantil.
>
> 64. Destaque-se, entretanto, que o sentido atual da norma, e sem perder de vista iniciativas legislativas que visam limitar ou proibir a publicidade direcionada à criança, – muitas delas, inclusive, animadas pela intervenção pública da entidade que promove essa consulta – parece claro, que a publicidade direcionada à criança não é proibida.
>
> 65. A proibição legal, mediante reconhecimento da abusividade da publicidade, se dá em relação àquelas que se aproveitem da deficiência de julgamento e experiência da criança. Abusiva e, portanto, proibida, será a publicidade que se aproveite desta deficiência de compreensão da criança.
>
> 66. A apreciação de situações que possam ser consideradas abusivas, em geral, sempre desafiam a interpretação e aplicação do direito, em vista da definição de critérios para a sua caracterização. No caso particular da publicidade abusiva em relação à criança, a noção do que se configura como aproveitamento da sua deficiência de julgamento e experiência deve ser dada segundo critérios objetivos e materialmente demonstráveis, sujeitos ao contraditório do responsável pela publicidade. Há aqui, contudo, mera conduta de quem se aproveita; não se exige, contudo, que se verifique, de fato, vantagem efetiva, como a realização do negócio, por exemplo. O que deve ser coibido e prevenido mediante aplicação da lei".

---

[65] Disponível em https://criancaeconsumo.org.br/biblioteca/parecer-professor-bruno--miragem-a-constitucionalidade-da-resolucao-163-do-conselho-nacional-dos-direitos--da-crianca-e-do-adolescente-conanda/.

Quisesse o legislador brasileiro que a publicidade dirigida a criança fosse completamente proibida, teria deixado claro tal desiderato, estabelecendo restrições no art. 220 da Constituição Federal ou em outra lei federal, como o fez com as bebidas alcoólicas, por exemplo. Assim, ao analisar os critérios propostos, não podemos perder de vista essa afirmativa.

Quanto ao primeiro critério proposto de **compreensão da mensagem publicitária**, decorrente do disposto no art. 36 do Código de Defesa do Consumidor, qualquer mensagem publicitária deve ser de fácil e imediata identificação pela criança. Não se faz necessário que a criança compreenda os mecanismos que movimentam a economia, nem mesmo os fundamentos da sociedade de consumo, mas que entenda a mensagem publicitária como tal[66].

De fato, a criança deve distinguir, por exemplo, a programação televisiva da mensagem publicitária. Ademais, o Código de Ética Publicitária, proíbe, em seu art. 37, I, "utilizar formato jornalístico, a fim de evitar que anúncio seja confundido com notícia" e "apregoar que produto destinado ao consumo por crianças e adolescentes contenha características peculiares que, em verdade, são encontradas em todos os similares". Já o inciso II do mesmo dispositivo, obriga que o anunciante respeite a dignidade, ingenuidade, credulidade, inexperiência e o sentimento de lealdade do público-alvo e que ofereça atenção especial às características psicológicas do público-alvo, presumida sua menor capacidade de discernimento.

Mais ainda, a publicidade deve **respeitar exercício de poder familiar dos pais**, nos termos do art. 1.634 do Código Civil, especialmente quanto ao inciso I "dirigir-lhes a criação e a educação" e inciso IX "exigir que lhes prestem obediência, respeito e os serviços próprios de sua idade e condição".

Nesse sentido, o art. 37, inciso I, do Código de Ética Publicitária obriga o anunciante a abster-se de: empregar crianças e adolescentes como modelos para vocalizar apelo direto, recomendação ou sugestão de uso ou consumo, admitida, entretanto, a participação deles nas demonstrações pertinentes de serviço ou produto; provocar situações de constrangimento aos pais ou responsáveis, ou molestar terceiros, com o propósito de impingir o consumo e o inciso II do mesmo dispositivo obriga o anuncia a procurar contribuir para o desenvolvimento positivo das relações entre pais e filhos, alunos e professores, e demais relacionamentos que envolvam o público-alvo.

O **respeito aos pares e demais pessoas em sociedade** também deve ser um dos critérios para orientar o anunciante, posto que as crianças estão em fase de formação dos seus valores. Também nesse sentido, há previsão expressa no Código de Ética Publicitaria, devendo o anunciante "desmerecer valores sociais positivos, tais como,

---

[66] Aqui devemos fazer uma nota importante. Parte expressiva da doutrina brasileira faz uso do argumento de que crianças que tenham menos de 8 anos não conseguem compreender **o caráter persuasivo mensagem publicitária**. Essa afirmação está fundamentada na obra de Jean Piaget para quem a criança adquire capacidade cognitiva apenas a partir da idade mencionada. No entanto, conforme acima demonstramos, o comportamento do consumidor mirim é influenciado por inúmeros fatores, não apenas pela publicidade, o que não requer pelo desenvolvimento das capacidades cognitivas para compreendê-la.

dentre outros, amizade, urbanidade, honestidade, justiça, generosidade e respeito a pessoas, animais e ao meio ambiente"; "provocar deliberadamente qualquer tipo de discriminação, em particular daqueles que, por qualquer motivo, não sejam consumidores do produto"; "impor a noção de que o consumo do produto proporcione superioridade ou, na sua falta, a inferioridade" e "abster-se de estimular comportamentos socialmente condenáveis".

Outro critério orientador da publicidade infantil deve ser a **proteção da vida e da saúde** (física e psíquica), tudo com fundamento na Constituição Federal e no art. 6º, I, e demais dispositivos do Código de Defesa do Consumidor. Bom exemplo de proteção da saúde está na Lei 9.294/1996, que regulamenta a publicidade de bebidas alcoólicas e produtos fumígenos.

Na mesma linha, o CONAR proíbe ao anunciante "associar crianças e adolescentes a situações incompatíveis com sua condição, sejam elas ilegais, perigosas ou socialmente condenáveis"; "utilizar situações de pressão psicológica ou violência que sejam capazes de infundir medo" e "obedecer a cuidados tais que evitem eventuais distorções psicológicas nos modelos publicitários e no público-alvo".

Por fim, a veracidade da informação publicitária deve ser parâmetro a ser observado, não podendo a publicidade ser enganosa, seja por ação ou por omissão, tudo nos termos do art. 37, § 1º, do Código de Defesa do Consumidor.

NOTAS CONCLUSIVAS

Assim, devemos estabelecer critérios racionais para legislar a respeito da proteção da criança em relação a publicidade de modo a estabelecer restrições aos fornecedores de produtos e serviços que visam à tutela da liberdade e da autonomia da criança e do adolescente consumidores. Esses critérios racionais, portanto, não podem ser moldados na ideia de bem-estar e de felicidade, mas na proteção da Pessoa. Além disso, as restrições também são fundamentadas no dever de segurança na colocação de produtos e serviços considerados seguros no mercado de consumo.

Toda proteção da infância e juventude seja baseada na teoria das incapacidades, nas liberdades individuais e no direito à autodeterminação progressiva de crianças e adolescentes. Ou seja, restrições podem ser impostas pelo Estado aos fornecedores através da lei, e em razão da especial vulnerabilidade em que aqueles se encontram, para garantir a liberdade de escolha do consumidor mirim.

A publicidade dirigida ao público infantil não é proibida pelo ordenamento jurídico brasileiro, mas deve ser restringida, sempre com fundamento na lei e de acordo com os seguintes critérios: i) compreensão da mensagem publicitária; ii) respeito ao exercício do poder familiar; iii) respeito aos pares e demais pessoas em sociedade; iv) proteção da saúde e v) veracidade da informação publicitária.

REFERÊNCIAS BIBLIOGRÁFICAS

ARENDT, Hannah. **A condição humana**. 10. ed. Rio de Janeiro: Forense Universitária, 2009.

BARBOSA, Livia. **Sociedade de consumo**. Rio de Janeiro: Jorge Zahar Editor, 2004.

BARROSO, Luís Roberto. Liberdade de expressão, censura e controle da programação de televisão na Constituição de 1988. *RT*, vol. 790, p. 129, ago. 2001. **Doutrinas Essenciais de Direitos Humanos**, vol. 2, p. 779, ago. 2011. DTR\2001\368.

BOURGOIGNIE, Thierry. O conceito jurídico de consumidor. **Revista de Direito do Consumidor** – *RDC* 2/7, p. 1.082, abr.-jun. 1992.

CITTADINO, Gisele. **Pluralismo, direito e justiça distributiva**: elementos da filosofia constitucional contemporânea. Rio de Janeiro: Lumen Juris, 2013.

CORDEIRO, Carolina Souza. O comportamento do consumidor e a antropologia da linguagem. **Revista de Direito do Consumidor**, vol. 84, p. 45, out. 2012.

CHAUI, Marilena. **Convite à filosofia**. 10. ed. São Paulo: Ática, 1998.

DANTAS, Paulo Roberto de Figueiredo. **Direito constitucional**. 4. ed. São Paulo: Atlas, 2015.

DENSA, Roberta; NISHIYAMA, Adolfo Mamoru. A proteção dos consumidores hipervulneráveis. **Revista de Direito do Consumidor** – *RDC*, p. 19, out.-dez. 2010.

DIMOULIS, Dimitri; MARTINS, Leonardo. **Teoria geral dos direitos fundamentais**. 5. ed. São Paulo: Atlas, 2014.

FERRAZ, Tercio Sampaio. **Introdução ao estudo do direito**. 8. ed. São Paulo: Atlas, 2015.

FERRAZ, Tercio Sampaio. **Função social da dogmática jurídica**. 2. ed. São Paulo: Atlas, 2015.

KAHNEMAN, Daniel. **Rápido e devagar**: duas formas de pensar. São Paulo: Objetiva, 2012.

KARSAKLIAN, Eliane. **Comportamento do consumidor**. 2. ed. São Paulo: Atlas, 2004. p. 240.

KOTLER, Philip; GARY, Armstrong. **Princípios de marketing**. Rio de Janeiro: Prentice Hall do Brasil, 1998.

KOTLER, Philip; KARTAJAYA, Hermawan; SETIAWAN, Iwan. **Marketing 4.0**: do tradicional ao digital. Rio de Janeiro: Sextante, 2017. *E-book*.

LAFER, Celso. **A reconstrução dos direitos humanos**: um diálogo com o pensamento de Hannah Arendt. São Paulo: Companhia das Letras, 1991.

LINDSTROM, Martin. **A lógica do consumo**: verdades e mentiras sobre o por que compramos. Rio de Janeiro: Nova Fronteira, 2009.

LIPOVETSKY, Gilles. **A felicidade paradoxal**: ensaio sobre a sociedade de hiperconsumo. São Paulo: Companhia das Letras, 2008.

LLOSA, Mario Vargas. **A civilização do espetáculo**: uma radiografia do nosso tempo e da nossa cultura. São Paulo: Objetiva, 2013.

MAGALHÃES, Lucia Lopez de. **Publicidade e direito**. São Paulo: Saraiva, 2018.

MORIN, Edgar. **O método 5**: a humanidade da humanidade. 5. ed. Porto Alegre: Sulina, 2012. p. 74.

MORIN, Edgar. **Introdução ao pensamento complexo**. 4. ed. Porto Alegre: Sulina, 2011.

ORTEGA Y GASSET, José. Trad. Herrera Filho. **A revolução das massas**. Edição eletrônica disponível em: <http://www.dominiopublico.gov.br/download/texto/cv000060.pdf>. Acesso em: 3 jun. 2015. p. 35.

PASQUALOTTO, Adalberto; AZAMBUJA, Mariana Menna Barreto. A comédia da publicidade: entre a sátira e o politicamente correto. **Revista de Direito do Consumidor**, vol. 96, p. 89-104, nov.-dez. 2014.

PASQUALOTTO, Adalberto. ALVAREZ, Ana Maria Blanco Montiel. **Publicidade e proteção da infância**. Porto Alegre: Livraria do Advogado, 2014. p. 123.

PEIXINHO, Manoel Messias. **As teorias e os métodos de interpretação aplicados aos direitos fundamentais**. Rio de Janeiro: Lumen Juris, 2010.

RAWLS, John. **O liberalismo político**. 2. ed. São Paulo: Ática, 2000.

RAWLS, John. **Uma teoria da justiça**. São Paulo: Martins Fontes, 1997.

SABINO. Marco Antonio da Costa. **Publicidade e liberdade de expressão:** a defesa do direito de anunciar. Curitiba: Juruá, 2019.

SCHREIBER, Anderson. **Direito e mídia**. São Paulo: Atlas, 2013.

SHETH, Jagdish N.; MITTAL, Banwari; NEWMAN, Bruce I. **Comportamento do cliente:** indo além do comportamento do consumidor. São Paulo: Atlas, 2001. p. 39.

SEMENIK, J. R.; BAMOSSY, G. J. **Princípios de marketing:** uma perspectiva global. São Paulo: Makron Books, 1995. p. 12.

SILVA, José Afonso da. **Curso de direito constitucional positivo**. 34. ed. São Paulo: Malheiros, 2011, p. 243.

10

OS DESAFIOS DA REGULAÇÃO DA SAÚDE SUPLEMENTAR NO BRASIL

MARIA STELLA GREGORI

1. INTRODUÇÃO

O presente artigo tem por objetivo, ao comemorar os 30 anos da edição do Código de Defesa do Consumidor, refletir sobre os desafios do aperfeiçoamento da regulação da saúde suplementar no Brasil, que envolvem os planos privados de assistência à saúde, os conhecidos Planos de Saúde, incluindo nessa terminologia os Seguros-Saúde, sob o enfoque da proteção do consumidor.

O texto irá abordar sucintamente sobre a regulação da saúde suplementar, apontando, inicialmente, as inovações trazidas pela Constituição Federal de 1988 para o ordenamento jurídico, especialmente, no que se refere aos campos da saúde e da proteção do consumidor. A seguir, passa-se a comentar o Código de Defesa do Consumidor, para demonstrar que a prestação de serviços por meio dos planos de saúde se configura como relação de consumo. Após tratar-se-á da criação da Agência Nacional de Saúde Suplementar, órgão regulador incumbido de fiscalizar, regulamentar e monitorar o mercado de saúde suplementar. Depois, analisar-se-á a Lei dos Planos de Saúde – Lei 9.656/1998 à luz do Código de Defesa do Consumidor, a fim de que se possa demonstrar, também, os avanços e as lacunas da regulação, que acabam contribuindo para a judicialização da saúde suplementar. Em seguida, discorrer-se-á sobre o reaquecimento do debate, com propostas de mudanças na Lei dos Planos de Saúde. Por fim, propõem-se alguns desafios, que se recomendam ser inseridos no debate do aprimoramento da regulação da saúde suplementar.

2. A REGULAÇÃO DA SAÚDE SUPLEMENTAR

Antes de comentarmos sobre a regulação da saúde suplementar, cabe salientar que o Brasil conta com a Constituição Cidadã, o Código de Defesa do Consumidor – CDC. O marco regulatório do sistema de saúde suplementar surgiu com aprovação da

300 | DIREITO DO CONSUMIDOR – 30 ANOS DO CDC

Lei dos Planos de Saúde[1] que dispõe sobre os planos privados de assistência à saúde. Antes, a normatização desse setor só existia para o seguro-saúde[2] e, mesmo assim, apenas nos aspectos econômico-financeiros dessa atividade. Esta Lei foi editada dez anos após a promulgação da Constituição Federal e oito da edição do CDC. E para regulamentar e fiscalizar o mercado de saúde suplementar foi criada uma agência reguladora, a Agência Nacional de Saúde Suplementar – ANS.

2.1 A Constituição Federal

É importante salientar que no Brasil, a partir da Constituição Federal, de 5 de outubro de 1988, ocorreram transformações significativas no ordenamento jurídico. Inaugura-se uma nova era com a recolocação da sociedade no plano democrático e a inserção dos direitos sociais como valores supremos do Estado Democrático de Direito. Esta Constituição é a primeira a institucionalizar os direitos humanos, consagrando entre as garantias fundamentais, o direito à saúde e a proteção do consumidor.

Essa Constituição agrega a concepção da solidariedade social, privilegiando uma categoria de direitos extrapatrimoniais, afirmando a preponderância do coletivo sobre o individual, ao incorporar como princípio maior a dignidade da pessoa humana, postulado que norteia a interpretação de todos os direitos e garantias conferidos ao indivíduo e à coletividade. Consagra os princípios do valor social do trabalho e da livre iniciativa, da solidariedade social e da igualdade substancial.

A dignidade da pessoa humana, individual ou coletivamente considerada pressupõe um piso vital mínimo, que assegure os direitos sociais, enumerados, exemplificativamente, no art. 6º da CF/1988, em consonância com o respeito ao meio ambiente ecologicamente equilibrado para as atuais e futuras gerações, como nos diz o art. 225 da CF/1988.

A saúde está inserida entre os direitos sociais e tomou parte da definição de seguridade social, em seu art. 194, como "um conjunto integrado de ações de iniciativa dos Poderes Públicos e da sociedade, destinadas a assegurar os direitos relativos à saúde, à previdência e à assistência social".

Saúde é, pois, um direito social básico, fundada nos princípios da universalidade, equidade e integralidade. Segundo o art. 196, saúde é direito de todos e dever do Estado, garantido mediante políticas sociais e econômicas que visem à redução do risco de doença e de outros agravos, e ao acesso universal e igualitário às ações e serviços para sua promoção, proteção e recuperação. Nesse sentido, a política estatal na área de saúde deve proporcionar o acesso a todos, propiciando a redução de desigualdades e não podendo criar quaisquer distinções entre os brasileiros.

A Constituição trata as ações e serviços de saúde com o enfoque do bem-estar social, definindo claramente que o sistema que adotou envolve tanto a participação do setor público como da iniciativa privada na assistência à saúde. A prestação dos serviços pode se dar pelo Estado diretamente ou pela iniciativa privada, conforme o art. 199, não havendo, portanto, monopólio estatal nesse setor. No entanto, dada

---

[1]   Lei nº 9.656, de 3 de junho de 1998, e das Medidas Provisórias que sucessivamente a alteraram, hoje em vigor a Medida Provisória nº 2.117-44, de 24 de agosto de 2001.

[2]   Decreto-lei nº 73/1966 e Resoluções do Conselho Nacional de Seguros Privados.

Cap. 10 · OS DESAFIOS DA REGULAÇÃO DA SAÚDE SUPLEMENTAR NO BRASIL | **301**

à sua relevância pública, as ações e serviços de saúde devem ser regulamentados, fiscalizados e controlados pelo Poder Público, segundo o art. 197.

O sistema de saúde brasileiro se caracteriza, portanto, por seu hibridismo, sendo marcante a interação entre os serviços públicos e a oferta privada na conformação da prestação de serviços de assistência à saúde, dando origem a dois subsistemas. De um lado está o subsistema público, que incorpora a rede própria e a conveniada ou contratada ao Sistema Único de Saúde – SUS e, de outro, está o subsistema privado que agrupa a rede privada de serviços de assistência à saúde e a cobertura de risco pelas operadoras de planos de assistência à saúde.

O sistema público de saúde, no Brasil, é prestado através do SUS, consolidado na CF/1988 e normatizado pelas Leis 8.080, de 19 de setembro de 1990 – Lei Orgânica da Saúde, e 8.142, de 28 de dezembro de 1990, que dispõe sobre a participação da comunidade na gestão do SUS e o sistema de transferência de recursos financeiros, capitaneado pelo Ministério da Saúde.

Já o sistema privado de saúde, também chamado supletivo ou suplementar, engloba a prestação direta dos serviços por profissionais e estabelecimentos de saúde ou a intermediação dos serviços, mediante a cobertura dos riscos da assistência à saúde pelas operadoras de planos de assistência à saúde, oferecidos no mercado através de contratos dos planos privados de assistência à saúde, os chamados Planos de Saúde, incluindo, também, nessa terminologia, os Seguros-Saúde. O financiamento do sistema privado se dá pelos contratantes dos serviços de saúde e pela atividade empresarial das operadoras.

Em relação à proteção do consumidor a Constituição, também, foi moderna ao alçá-la como garantia de linhagem constitucional. O Direito do Consumidor foi tratado em nossa Constituição, em vários de seus dispositivos, destacando-se primeiramente como item da cesta de direitos individuais e coletivos, conforme expressa o art. 5º, XXXII, ao determinar o dever do Estado brasileiro de promover na forma da lei, a defesa do consumidor e estabelecendo-a como princípio informador da ordem econômica brasileira, por força do mandamento inscrito no art. 170, V. Nesse sentido, o art. 48 das Disposições Transitórias dita, pontualmente, a elaboração do Código de Defesa do Consumidor.

2.2 O Código de Defesa do Consumidor

O Código de Defesa do Consumidor – CDC[3] tem raiz constitucional, todo o princípio da proteção acha-se constitucionalmente assegurado. O CDC é o primeiro regramento específico do mercado de consumo, estabelece normas de proteção e defesa do consumidor, de ordem pública e interesse social[4]. Com efeito, suas regras não podem ser contrariadas nem por vontade das partes, pois são imperativas, obrigatórias e inderrogáveis. Ele abrange toda a coletividade de consumidores e sobrepõe aos interesses da sociedade, vista em conjunto, aos dos particulares.

---

[3]   Lei nº 8.078, de 11 de setembro de 1990, e regulamentado pelo Decreto nº 2.181, de 20 de março de 1997.

[4]   Conforme expresso no art. 1º, CDC.

Nelson Nery Junior[5] diz que o CDC criou um microssistema próprio, por se colocar, no ordenamento, como lei principiológica, pelo que a ela devem se subordinar todas as leis específicas quando tratarem de questões que atinem a relações de consumo.

O CDC é um documento normativo inovador, serviu de inspiração para muitos países na construção de suas leis, como por exemplo, a da Argentina, do Chile, do Paraguai e do Uruguai. Ele trouxe para o ordenamento jurídico brasileiro uma mudança de paradigma onde seu campo de aplicação é bastante amplo.

Logo no início de sua vigência, imaginava-se que o CDC seria uma lei que "não pegaria", mas isso não se confirmou. A cada ano que passa, vê-se que tanto os consumidores como as empresas estão mais conscientes e seletivos em relação aos seus direitos e deveres. Isso se deve ao crescimento e fortalecimento dos órgãos públicos de defesa do consumidor, a Secretaria Nacional do Consumidor – Senacon e os Procons, das entidades civis de defesa do consumidor, além da adoção de estratégias das empresas para aprimorar seu canal de comunicação com sua clientela, com a criação de ouvidorias e implementação de serviços de atendimento ao consumidor, os SACs. O Ministério Público e o Poder Judiciário também em muito contribuíram para atender os anseios dos consumidores lesados. E, mais ainda, não se pode deixar de reconhecer a importância da cobertura maciça da mídia sobre o tema.

Os princípios fundamentais reitores das relações de consumo, que devem orientar todo o sistema jurídico estão dispostos nos primeiros sete artigos do CDC, dentre eles a vulnerabilidade do consumidor; a boa-fé objetiva, a transparência e a informação.

A matéria regulada pelo CDC é a relação de consumo, assim entendida a relação jurídica existente entre dois sujeitos: o consumidor[6] e o fornecedor[7], tendo por objeto a aquisição de produtos[8] ou utilização de serviços[9]. Esses requisitos devem necessariamente coexistir para se aplicar o CDC. Se alguns destes requisitos não se enquadrarem não há relação de consumo e não se aplica o CDC.

Devemos comemorar os 30 anos do Código de Defesa do Consumidor, ao constatar que a sociedade brasileira conta com mecanismos jurídicos adequados para a defesa de seus direitos. No entanto, ainda há muito o que fazer para que se tenha um mercado de consumo de qualidade, justo e equilibrado.

2.3. A Lei dos Planos de Saúde

O processo de regulação da saúde suplementar deu-se em dois momentos[10]. O momento inicial ocorreu entre 1985 e 2002, e foi pautado pelo conhecimento e sustentabilidade do setor, abarca o período de tramitação da Lei dos Planos de Saúde no Congresso Nacional e sua aprovação e a criação da Agência Nacional de

---

5   GRINOVER et al, 1999, p. 432.

6   Arts. 2º; *caput* e parágrafo único; 17 e 29, CDC.

7   Art. 3º, CDC.

8   Art. 3º, § 1º, do CDC.

9   Art. 3º, § 2º, do CDC.

10   Cf. GREGORI, Maria Stella. Planos de Saúde: a ótica da proteção do consumidor. 4.ed. rev., atual. e ampl. São Paulo: Thomson Reuters, 2019. p. 44 e ss.

Saúde Suplementar. O segundo momento começa a partir de 2003, quando a ANS já estava estruturada e cumprindo seu papel regulatório e fiscalizatório, optou-se por dar ênfase à qualidade da atenção à saúde agregada ao valor da sustentabilidade, na perspectiva de um monitoramento contínuo da qualidade prestada por operadoras de planos de assistência à saúde e seus prestadores.

A Lei dos Planos de Saúde[11] impõe uma disciplina específica para as relações de consumo na saúde suplementar, mediante o disciplinamento da cobertura assistencial, abrangência dos planos, rede credenciada, procedimentos e eventos cobertos e não cobertos, carências, doenças e lesões preexistentes e cumprimento de cláusulas contratuais, além de estabelecer normas de controle de ingresso e permanência e saída das operadoras nesse mercado, estabelecer normas relativas à solvência e liquidez dessas operadoras, a fim de preservar sua sustentabilidade e transparência.

Ela prevê a cobertura assistencial de todas as doenças previstas na Classificação Internacional de Doenças – CID, da Organização Mundial de Saúde, a partir de um rol de procedimentos fixado pela ANS, de acordo com a segmentação do plano adotada, isto é, ambulatorial (consultas, exames e tratamentos antineoplásicos domiciliares de uso oral), hospitalar (internação); hospitalar com obstetrícia (internação e assistência a parto), odontológica (procedimentos realizados em consultório) e referência (ambulatorial e hospitalar com padrão enfermaria).

Cabe comentar que, no mercado de saúde suplementar, verificam-se duas espécies de contratos de planos de saúde: os planos antigos e os planos novos.

Consideram-se planos antigos os que não estão submetidos à Lei nº 9.656/1998, ou seja, os quais foram firmados anteriormente à sua vigência[12] mas, no entanto, devem respeitar o Código de Defesa do Consumidor. Já os planos novos são os firmados após a vigência[13] da Lei nº 9.656/1998. Há, ainda, uma subespécie dos contratos novos, os planos adaptados, que são àqueles firmados antes da vigência da Lei nº 9.656/1998, mas posteriormente, por meio de aditivo contratual, para ampliar o conteúdo do contrato original; ou através da migração, que é a celebração de um novo contrato de plano de saúde dentro da mesma operadora; ambas as formas para contemplar as regras vigentes. Portanto, tanto os planos novos como os adaptados têm de respeitar a lei específica e sua regulamentação que por sua vez, obviamente, também, devem respeitar os ditames do Código de Defesa do Consumidor.

2.4. A Agência Nacional de Saúde Suplementar

O mercado de saúde suplementar, a partir de 2000, passou a ser regulado e fiscalizado pela Agência Nacional de Saúde Suplementar – ANS, vinculada ao Ministério da Saúde subordinada às diretrizes fixadas pelo Conselho de Saúde Suplementar – Consu.[14]

---

[11]   Lei nº 9.656, de 3 de junho de 1998, e das Medidas Provisórias que sucessivamente a alteraram, hoje em vigor a Medida Provisória nº 2.117-44, de 24 de agosto de 2001.

[12]   Contratos firmados até o dia 31 de dezembro de 1998.

[13]   Contratos firmados após o dia 1º de janeiro de 1999.

[14]   O Consu é um órgão governamental interministerial, presidido pelo Ministro da Saúde, com competência deliberativa, para fixar as políticas e diretrizes públicas a serem executadas

As agências reguladoras foram criadas no governo Fernando Henrique Cardoso, quando se inicia a Reforma do Aparelho do Estado, consolidando um novo modelo: o Estado Regulador. A Constituição Federal de 1988, em seu art. 174, ao dispor sobre a ordem econômica, fixou o papel do Estado como agente normativo e regulador e como executor subsidiário de atividades econômicas. Nesse diapasão, surgem as Agências Reguladoras[15], órgãos do Estado, integrantes do setor das atividades exclusivas.

A função essencial das Agências é a de executar as políticas de Estado de orientação e planejamento da economia, com vistas à eficiência do mercado, corrigindo, ou, ao menos, atenuando suas falhas, tais como: assimetria de informações, abuso do poder de mercado. Isso se dá por meio de intervenção direta nas decisões dos setores econômicos, como por exemplo, a formação de preços; competição; entrada e saída do mercado; garantias de operação etc.

Cabe comentar, sucintamente, que as Agências Reguladoras dentro de suas competências legais, podem regulamentar as normas emanadas pelo Poder Legislativo, ou seja, podem editar regulamentos respeitando a lei. No entanto, a regulamentação de uma lei não pode ultrapassar os limites por ela impostos, não podendo inovar na ordem jurídica, não se pode criar ou extinguir direitos. Todos os atos administrativos encontram-se submetidos aos ditames legais, sob pena de serem considerados ilegais e inválidos.

Nesse diapasão, ensina-nos Leila Cuellar[16] que "os regulamentos não podem desrespeitar as normas e princípios de direito que lhe são superiores. É-lhes vedado modificar, suspender, derrogar ou revogar as normas e princípios constitucionais, ou contrariar a lei, entendida em sentido amplo".

A Agência Nacional de Saúde Suplementar[17] é uma autarquia, sob o regime de natureza especial. Ela tem como escopo regular, fiscalizar e monitorar as operadoras setoriais inclusive quanto às suas relações com prestadores e consumidores e contribuir para o desenvolvimento das ações de saúde no País, no intuito de inibir

---

pela ANS. Cabe comentar, que desde a criação da ANS, o Consu só tinha se reunido uma vez. No entanto, em 2018, suas atividades foram retomadas e houve uma reunião ordinária, mas o que nela foi deliberado, somente foi publicado por meio do Decreto 10.236, de 11 de fevereiro de 2020.

[15] Na esfera federal, foram criadas a ANEEL, ANATEL, ANP, ANVISA, ANS, ANA, ANTT, ANTAQ, ANCINE, ANAC e ANM. As agências federais são reguladas pela conhecida Lei das Agências Reguladoras, Lei 9.986, de 18.07.2000 que trata sobre a gestão de recursos humanos, alterada pela Lei 10.871, de 20.05.2004, que dispõe sobre a criação de carreiras e organização de cargos efetivos e pela Lei 13.848, de 25.06.2019, no que tange à gestão, à organização, ao processo decisório e ao controle social. E cada agência tem sua lei originária que define seu âmbito de regulação e fiscalização. A regulação brasileira abarca as três esferas da Federação, além das Agências federais, conta também com agências estaduais e municipais, voltadas ao controle da execução dos serviços estaduais ou municipais delegados ao particular.

[16] CUELLAR, Leila. *As agências reguladoras e seu poder normativo*. São Paulo: Dialética, 2001. p. 124.

[17] A ANS foi criada pela Med. Prov. nº 1.928, de 25 de novembro de 1999, posteriormente convolada na Lei nº 9.961, de 28 de janeiro de 2000.

práticas lesivas ao consumidor e estimular comportamentos que reduzam os conflitos e promovam a estabilidade do setor.

A ANS ao regulamentar a Lei dos Planos de Saúde deve observar as disposições previstas no Código de Defesa do Consumidor. Ela não pode criar nem extinguir direitos, isto é, não pode inovar na ordem jurídica.

3. A RELAÇÃO DE CONSUMO NOS PLANOS DE SAÚDE

No que se refere à relação jurídica de consumo nos planos de saúde, entende-se por consumidor, o titular de planos de saúde, seus dependentes, os agregados, os beneficiários, os usuários, ou seja, todos os que utilizam ou adquirem planos de saúde como destinatários finais ou equiparados. Como fornecedor enquadram-se as operadoras de planos de assistência à saúde, aquelas que oferecem serviços de assistência à saúde, através dos planos de saúde no mercado de consumo, isto é, as pessoas jurídicas constituídas sob a modalidade empresarial, associação, fundação ou cooperativa, obrigatoriamente, registradas na Agência Nacional de Saúde Suplementar – ANS. A relação entre os consumidores e as empresas que oferecem serviços de assistência à saúde está amparada pelo CDC. Portanto, os consumidores de planos de saúde têm o direito de ver, reconhecidos, todos os direitos e princípios assegurados pelo Código de Defesa do Consumidor.

4. A LEI DOS PLANOS DE SAÚDE À LUZ DO CÓDIGO DE DEFESA DO CONSUMIDOR

A Lei 9.656/1998, que trata sobre os planos de saúde, em seu art. 35-G dispôs que se aplicam subsidiariamente aos contratos de planos privados de assistência à saúde as disposições do Código de Defesa do Consumidor:

> Art. 35-G. *Aplicam-se subsidiariamente aos contratos entre usuários e operadoras de produtos de que tratam o inciso I e o § 1º do art. 1º desta Lei as disposições da Lei nº 8.078, de 1990.*

O Código de Defesa do Consumidor, como já se disse, é lei geral principiológica e se aplica a toda relação de consumo, a Lei 9.656/1998, por sua vez, é especial que regula os planos de saúde e expressamente menciona a aplicabilidade do CDC. No entanto, o legislador não foi apropriado ao determinar que a aplicação do CDC aos planos de saúde é subsidiária. A terminologia adequada à aplicação do CDC deveria ser complementar.

Nesse diapasão, cabe recorrer à Cláudia Lima Marques[18] que, ao comentar a questão, assinala:

> "Este artigo da lei especial não está dogmaticamente correto, pois determina que norma de hierarquia constitucional, que é o CDC (art. 48 ADCT/CF88), tenha apenas aplicação subsidiária a normas de hierarquia infraconstitucio-

---

[18] MARQUES, Cláudia Lima. *Contratos no Código de Defesa do Consumidor: o novo regime das relações contratuais.* 8ª. ed. rev. atual. e ampl. São Paulo: RT, 2016. p. 717-718.

nal, que é a Lei 9.656/98, o que dificulta a interpretação da lei e prejudica os interesses dos consumidores que queria proteger. Sua *ratio deveria ser a de aplicação cumulativa de ambas as leis, no que couber, uma vez que a Lei 9.656/98 trata com mais detalhes os contratos de planos privados de assistência à saúde do que o CDC, que é norma principiológica e anterior à lei especial.* Para a maioria da doutrina, porém, a Lei 9.656/98 tem prevalência como lei especial e mais nova, devendo o CDC servir como lei geral principiológica a guiar a interpretação da lei especial na defesa dos interesses do consumidor, em especial na interpretação de todas as cláusulas na maneira mais favorável ao consumidor (art. 47 do CDC). *Particularmente defendo, em visão minoritária, a superioridade hierárquica do CDC"* (grifou-se).

Nesse sentido, entende-se perfeitamente admissível a aplicação cumulativa e complementar da Lei 9.656/1998 e do Código de Defesa do Consumidor aos planos de saúde. Da lei geral extraem-se os comandos principiológicos aplicáveis à proteção do consumidor, ao passo que à legislação específica caberá reger, de forma minudenciada, os planos de saúde.

Percebe-se, claramente, que a intenção do legislador foi a de reforçar a incidência do Código de Defesa do Consumidor ao regular os planos de saúde. Mas, como já comentado, utilizou terminologia equivocada. No entanto, mesmo se não houvesse qualquer menção ao Código de Defesa do Consumidor na Lei 9.656/1998, ele estaria subjacente, por ter raiz constitucional e se tratar de lei principiológica.

Deste modo, qualquer lei especial que vier regular um segmento específico que envolva, em um polo, o consumidor e, em outro, o fornecedor, transacionando produtos e serviços, terá de obedecer à Lei Consumerista, ainda que não haja remissão expressa. Como ensina Rizzatto Nunes:[19] "na eventual dúvida sobre saber qual diploma legal incide na relação jurídica, no fato ou na prática civil ou comercial, deve o intérprete, preliminarmente, identificar a própria relação: se for jurídica de consumo, incide na mesma a Lei 8.078/1990".

Compartilhando do entendimento de Marcelo Sodré[20] cabe destacar que "as leis de defesa do consumidor, na exata medida em que fixarem princípios a serem perseguidos – e neste caso se tornarem leis principiológicas – terão superioridade em relação às demais leis especiais".

Por conseguinte, os consumidores de planos de saúde têm, em primeiro lugar, o direito a ver reconhecidos todos os seus direitos e princípios assegurados pelo Código de Defesa do Consumidor tanto na legislação especial, quanto na esfera da regulamentação administrativa.

5. AVANÇOS E LACUNAS

A regulação da saúde suplementar, contando com lei específica e agência reguladora para regulamentar e fiscalizar o mercado representa um grande avanço, especialmente, em relação aos direitos já garantidos pela lei originária e às regras

---

[19] *Comentários ao Código...*, cit. p. 86.

[20] SODRÉ, Marcelo. *A construção do direito do consumidor.* São Paulo: Atlas, 2009. p. 68.

Cap. 10 · OS DESAFIOS DA REGULAÇÃO DA SAÚDE SUPLEMENTAR NO BRASIL | 307

econômico-financeiras estabelecidas para as operadoras, mas, também, por estimular a qualidade da prestação do serviço como a sustentabilidade do setor. Constata-se ao longo desses anos, que a regulação vem sido aperfeiçoada, ao ter sido implementado temas estratégicos, referentes aos aspectos assistenciais e econômico-financeiros.

No entanto, ainda, apresenta alguns pontos relevantes que merecem nossa atenção, pois podem ensejar insegurança jurídica.

Primeiramente, cabe salientar que até o momento a Lei dos Planos de Saúde vige no ordenamento jurídico, por meio da MP 2.177-44/2001, sem apreciação do Congresso Nacional, consequentemente gera insegurança pelo fato de transmitir unicamente a vontade do Poder Executivo.

Segundo, a Lei dos Planos de Saúde e sua regulamentação apresentam algumas incompatibilidades[21] à luz do Código de Defesa do Consumidor. Entendemos que muitos conflitos, alvo de reclamações nos órgãos de defesa do consumidor e no Poder Judiciário, referem-se a essas incompatibilidades apontadas pelo marco regulatório, em face à lei consumerista.

Terceiro, a Lei 9.656/1998 foi submetida à apreciação do Supremo Tribunal Federal, que já teve a oportunidade de se manifestar, quando a Confederação Nacional de Saúde, apresentou a ação direta de inconstitucionalidade (ADIn 1.931-8)[22], questionando a constitucionalidade de vários de seus dispositivos, no sentido de informar que ela só se aplica aos contratos firmados após a sua vigência.

Desde 2010, quando a 2ª Seção do Superior Tribunal de Justiça – STJ, aprovou a Súmula 469[23], e depois a cancelou em 2018 ao aprovar a Súmula 608[24], o Egrégio Tribunal veio pacificar e uniformizar o entendimento de que o CDC se aplica aos planos de saúde, fazendo apenas ressalva em relação aos administrados por operadoras na modalidade de autogestão, com a seguinte redação: *"Aplica-se o Código de Defesa do Consumidor aos contratos de plano de saúde, salvo os administrados por entidades de autogestão".* O Tribunal, em suas considerações, não fez qualquer ressalva em relação à época de contratação dos planos de saúde, sejam eles firmados antes ou depois

---

[21] Verificam-se algumas questões pontuais da Lei 9.656/1998 e de sua regulamentação que merecem ser repensados, a fim de serem compatibilizados com os princípios que norteiam os comandos do Código de Defesa do Consumidor. Destacam-se: a possibilidade de rescisão do contrato pela operadora por inadimplência do consumidor, assim como de suspensão ou rescisão durante a internação do dependente; a suspensão ou rescisão e a ausência de obrigatoriedade de entrega das condições gerais do contrato para os consumidores de planos coletivos; a limitação da cobertura de transplantes para os casos de córnea, rim e medula óssea; a limitação da duração dos tratamentos em regime de urgência e emergência; a alteração unilateral do contrato por revisão técnica; a obrigatoriedade de autorização da ANS para reajuste financeiro propriamente dito, por variação de custos restrito somente aos planos individuais ou familiares, permitindo a negociação entre as operadoras e seus estipulantes dos reajustes dos planos coletivos, a permissão de reajuste por sinistralidade nos planos coletivos, que decorre de aumentos devido à sua utilização e a ausência de regras para a rescisão contratual.

[22] T. Pleno, ADIn 1.931, rel. Min. Marco Aurélio Mello, j. 07.02.2018, *DJ* 08.06.2018.

[23] 2ª Turma STJ j. 24.11.2010, *DJU* 6.12.2010.

[24] 2ª Turma STJ j. 11.04.2018, *DJe* 17.04.2018.

da lei específica que os regula, Lei 9.656/1998. Nesse sentido, todos os contratos de planos de saúde firmados a qualquer tempo, antigos ou novos, devem observar as regras do Código de Defesa do Consumidor, com exceção apenas para os contratos das autogestões. As operadoras na modalidade autogestão não comercializam planos no mercado de consumo, e, sim, oferecem este serviço diretamente por meio de um departamento para um grupo exclusivo e fechado de associados, sindicalizados ou funcionários. Tal entendimento reforça a jurisprudência brasileira e corrobora nossa opinião de que os contratos de planos de saúde estão submetidos à égide do Código de Defesa do Consumidor, com exceção apenas para os oferecidos pelas operadoras na modalidade de autogestão.

Quarto, também, cabe salientar que o contrato de planos de saúde firmado entre o consumidor e a operadora de planos de assistência à saúde é considerado ato jurídico perfeito, isto é, ato consumado segundo a lei vigente à época em que foi firmado e se efetuou, não sendo alcançado por lei posterior. O direito adquirido do consumidor ao firmar o contrato é que ele se torna titular dos direitos nele previstos. No entanto, por ser um contrato por prazo indeterminado, são sempre suscetíveis de questionamentos, quando há ampliação de direitos na legislação ou por abusividade das cláusulas contratuais.

Outro ponto crítico, as operadoras de planos de assistência à saúde têm o dever de obedecer às regras da Lei dos Planos de Saúde e as editadas pela ANS, órgão regulador e fiscalizador a qual estão submetidas. No entanto, muitas vezes, elas são penalizadas, administrativamente pelos Procons por descumprirem regras estabelecidas pelo Código de Defesa do Consumidor, ou pela ANS, que decide com base nas normas regulatórias, consequentemente estas reclamações por terem posições divergentes serão apreciadas pelo Poder Judiciário.

Como se denota, a regulação da saúde suplementar ainda apresenta pontos em dissonância no que se refere à proteção do consumidor.

6. CENÁRIO DA JUDICIALIZAÇÃO DA SAÚDE SUPLEMENTAR

O atual cenário da judicialização da saúde no Brasil é desanimador, **há um aumento expressivo no volume das demandas judiciais**. Segundo o Grupo de Estudos sobre Planos de Saúde – GEPS, da Faculdade de Medicina da Universidade de São Paulo[25], que acompanha os dados do Tribunal de Justiça do Estado de São Paulo há alguns anos, ao divulgar análise em fevereiro de 2020, demonstra que este tribunal julgou, em 2019, 135 ações por dia contra planos de saúde, no total de 34.613, sendo 20.990 sentenças de primeira instância e 13.623 de segunda instância. Sendo que em 2011, o número de ações atingiu a casa dos 7 mil, ou seja, houve um crescimento de 387% em oito anos. A cidade de São Paulo é a que concentra mais da metade dos processos no Estado, das mais de 13 mil decisões do Tribunal, 53,8% são da capital. Nas decisões analisadas em 2018[26], 92,4% são favoráveis ao paciente, sendo 88% acolhido

---

[25] SCHEFFER, Mario. *Grupo de Estudos sobre Planos de Saúde*. São Paulo: DMP/FMUSP, 2020.

[26] SCHEFFER, Mario. *Observatório da Judicialização da Saúde Suplementar*. São Paulo: DMP/FMUSP, 2018.

Cap. 10 • OS DESAFIOS DA REGULAÇÃO DA SAÚDE SUPLEMENTAR NO BRASIL | 309

integralmente o pedido e 4,4 acolhido em parte. O motivo das decisões judiciais é quase sempre relacionado à exclusão de cobertura ou negativas de atendimento, com 51,7% dos processos, seguido de reajuste de mensalidade, com 28,2%. Ainda segundo o levantamento, o número de decisões judiciais cresce em ritmo mais acelerado do que a evolução da população que tem planos de saúde, o que pode ser preocupante para as operadoras. Recomenda-se, especialmente, que haja adequação das normas protetivas e de defesa do consumidor na regulação dos planos de saúde.

Dados semelhantes também apontados pela pesquisa,[27] encomendada pelo Conselho Nacional de Justiça ao Instituto de Ensino e Pesquisa – Insper, com o aumento de aproximadamente 130% nas demandas entre 2008 e 2017. Saúde é um dos temas mais relevantes para toda a sociedade e os planos de saúde considerados o segundo maior desejo dos brasileiros, perdendo apenas para a casa própria[28].

Além do Judiciário, a sociedade, também, busca a satisfação de seus direitos, no âmbito administrativo, por meio dos Procons e das Agências Reguladoras. Segundo dados do Sindec/MJ[29], em 2019, os Procons atenderam 2.598.042 consumidores, sendo 72,5% de reclamações, 24,5% de consultas e 3,1% Extra Procon. O assunto referente aos planos de saúde aponta 1,3% das reclamações recebidas pelos Procons. A ANS, por sua vez, também recebe inúmeras reclamações de consumidores que não são atendidos adequadamente por suas operadoras.

Nota-se que o setor de saúde suplementar, especialmente, no que tange a proteção do consumidor é conflituoso, assim sendo o Poder Judiciário nas questões relativas aos planos de saúde assume um papel ativo, especialmente porque tem a última palavra e a responsabilidade de pacificar os conflitos.

Entendemos que as lacunas que permeiam o setor de saúde suplementar, contribuem bastante para a judicialização da saúde suplementar. Isso se dá porque se trata de um tema complexo, onde a solução dos problemas não está clara nas regras vigentes e, também, por ser uma relação de consumo diferenciada, por que afeta um bem constitucionalmente indisponível que é a vida. Outro ponto, é que a prestação da saúde envolve questões que tem impacto econômico e social. Dessa forma, os conflitos, em vez de serem solucionados, perpetuam-se.

A jurisprudência referente aos planos de saúde, também, não é pacífica, ora as decisões observam os contratos de planos de saúde à luz dos ditames do CDC e do marco regulatório, ora somente de acordo com as regras regulatórias da saúde suplementar.

Diante desse cenário é importante agir.

7. REAQUECIMENTO DO DEBATE DA REGULAÇÃO DA SAÚDE SUPLEMENTAR

Devido à crise econômica em que o Brasil vem atravessando nos últimos anos, mais de três milhões de brasileiros deixaram de possuir planos de saúde, retornando

---

[27] Durante a III Jornada da Saúde realizada, em 18.03.2019, no Hospital Sírio-Libanês, em São Paulo.

[28] De acordo com pesquisa realizada pelo Instituto Data Folha a pedido da Qualicorp, em 2018.

[29] Disponível em: www.justica.gov.br/consumidor/sindec. Acesso em 10.03.2020.

a depender, exclusivamente, do SUS, que por sua vez, está muito sobrecarregado e para aliviar os gastos do governo com o financiamento do Sistema Único de Saúde (SUS), e com vistas, também, a reduzir a judicialização, há o reaquecimento do debate da regulação da saúde suplementar, com várias propostas de mudanças na Lei dos Planos de Saúde.

Em 2016, o Ministério da Saúde propôs à ANS a criação de um novo modelo de produtos para a saúde suplementar, os chamados Planos Populares ou Planos Acessíveis, com custos menores e cobertura inferior à definida pela atual legislação. A ANS se posicionou informando que planos mais acessíveis ao consumidor em termos de preço já são permitidos e que se as operadoras oferecerem qualquer produto comercializado fora dos parâmetros da regulação ensejará punição e assegurou serem vedados planos com coberturas assistenciais reduzidas. No entanto, na esteira de encontrar soluções para contornar o crescimento galopante das despesas assistenciais e também, a diminuição de consumidores no setor, decidiu revisitar o tema dos mecanismos financeiros de regulação com a sociedade. Esses mecanismos são fatores de utilização dos serviços de assistência à saúde, tais como a coparticipação e franquia.

Paralelamente a esse debate, desencadeado pelo Poder Executivo, a Câmara dos Deputados retoma o tema dos Planos de Saúde ao criar uma Comissão Especial, em regime de urgência, que analisa o Projeto de Lei nº 7.419/2006[30], onde foram apensados mais de 165 Projetos de Leis, que propõem alterações, inclusões e aperfeiçoamentos à Lei dos Planos de Saúde, e foram realizadas mais de dez audiências públicas com representantes do setor de saúde suplementar para subsidiar o relator[31]. No final de 2017, foi apresentado relatório que não foi apreciado pela Comissão. Esse relatório apresenta poucos pontos que trazem algum benefício aos consumidores, como por exemplo: a oferta obrigatória de planos individuais; a cobertura para acompanhantes de pacientes menores de 18 anos, idosos, parturientes e pessoas com deficiência; a entrega do contrato a qualquer consumidor, cobertura obrigatória para procedimentos de prevenção de doenças e a ampliação da portabilidade de carência de um plano para outro. Foram propostas algumas alterações que retrocedem nos direitos dos consumidores, especialmente no que tange à redução do poder coercitivo da ANS ao reduzir o valor e a gradação das multas; a modificação de pagamento do ressarcimento ao SUS; a extinção de projetos de lei que ampliam as garantias de coberturas assistenciais. Muitas entidades de defesa do consumidor, entidades médicas e Defensorias Públicas se manifestaram contrárias ao retrocesso na Lei dos Planos de Saúde e propuseram o arquivamento de tal Projeto de Lei.

Em 2019, entidades representativas das operadoras, capitaneada pela Federação Nacional de Saúde Suplementar – Fenasaúde, apresentaram propostas[32] de mudanças da atual Lei dos Planos de Saúde, com vistas a contribuir para a discussão de seu

---

[30]   Este Projeto teve como objeto apenas a cobertura de despesas de acompanhante a menores de 18 anos aos casos de internação em Unidade de Terapia Intensiva (UTI), desde que haja prescrição médica.

[31]   Deputado Rogério Marinho.

[32]   "Uma nova saúde suplementar para mais brasileiros". Disponível em: www.fenasaude.org. br. Acesso em 10.03.2020.

aperfeiçoamento. A ideia central dessas propostas, semelhante à do Ministério da Saúde, é especialmente pautada pela possibilidade do oferecimento de planos subsegmentados, os chamados, populares, acessíveis, modulares, "pay per view". Estes planos visam coberturas reduzidas e delimitadas, podendo ter somente consultas, exames, tratamento de alguma doença determinada ou internação hospitalar incluindo atendimento de urgência ou emergência. Propõem-se também a liberação de reajustes de mensalidades dos planos individuais, maiores prazos para atendimentos, o fim do ressarcimento do SUS, a redução de multas aplicadas pela ANS e o enfraquecimento de atuação da ANS.

Os defensores dessas propostas defendem que, com a oferta de menor cobertura, os planos ficarão mais baratos, ampliará o acesso ao consumidor e também viabilizará às operadoras a volta do oferecimento de planos individuais no mercado. Pois há alguns anos as operadoras deixaram de oferecer os planos individuais por entenderem que as regras atuais são muito rígidas e são mais flexíveis aos coletivos empresariais e por adesão, que representam cerca de 80% do que é comercializado.

Entendemos que é importante o aperfeiçoamento da regulação da saúde suplementar para harmonizar as relações entre as operadoras de planos de assistência à saúde e seus consumidores. Entretanto, esse aperfeiçoamento deve ser discutido amplamente com toda a sociedade e deve se dar a partir dos avanços alcançados até hoje, com a reavaliação das incompatibilidades, especialmente as que não se coadunam com o Código de Defesa do Consumidor. Não concordamos com propostas que visam coberturas da assistência à saúde reduzidas e delimitadas, pois além do consumidor ter menos cobertura assistencial, aumentará a judicialização e a procura pelo SUS.

Como o consumidor poderá ter plano de saúde que contemple apenas consulta? Ou somente exames? Quem irá prescrever os exames que necessita? Quando na consulta ou nos resultados dos exames for verificado alguma necessidade de atendimento de urgência ou emergência, quem o consumidor deverá procurar? O consumidor ao adquirir um plano como poderá prever qual doença terá no futuro? Quando o consumidor tiver qualquer problema de saúde que envolva maior complexidade, como será o atendimento que necessita? Qual será a vantagem para o consumidor de adquirir plano de saúde que não cobre todas as doenças? O consumidor sonha em ter plano de saúde para ter atendimento assistencial com qualidade.

Isto é um retrocesso!!!

8. DESAFIOS

O que queremos para o aperfeiçoamento da regulação dos planos de saúde é que o foco da atenção esteja no consumidor e voltado para a produção de saúde, com o cuidado assistencial integrado e a gestão assistencial eficiente.

Quais são os desafios para que se tenham mais avanços na regulação dos planos de saúde?

É primordial invocar a sustentabilidade do setor de saúde suplementar com uma visão holística, na busca do equilíbrio de um desenvolvimento economicamente viável, socialmente justo e ambientalmente correto.

Em questões ligadas à saúde, o consumidor deve ser considerado pelo fornecedor como paciente, parceiro e aliado, jamais pode ser tratado como adversário, inclusive por ser ele fonte de recursos para a empresa, como também para a economia como um todo.

A prestação da atenção à saúde deve ser humanizada, pois o material que os fornecedores trabalham é o humano, a pessoa, que deve ter respeitada sua dignidade. O paciente, consumidor, nessas circunstâncias, está fragilizado, pelo que necessita de um tratamento diferenciado e integrado. Outro aspecto essencial é a informação, que deve ser a mais clara e transparente possível.

É necessário que alguns pontos das regras vigentes sejam repensados, com vista a compatibilizá-los com o Código de Defesa do Consumidor, especialmente nas diferenças entre os planos individuais e os coletivos e também a prática da falsa coletivização, os chamados falsos planos coletivos. Isto é, o oferecimento de contratos de planos de saúde coletivos a grupos pequenos de consumidores, a partir de duas pessoas, tendo como contratante uma pessoa jurídica. Esse tipo de contrato é aparentemente coletivo, embora na realidade tenha características de individual, pelo número reduzido de consumidores. Esses planos, muitas vezes, são mais baratos no momento da aquisição, do que um plano individual ou familiar. No entanto, acabam sendo muito mais onerosos para o consumidor ao longo de sua vigência. O consumidor não tem conhecimento das peculiaridades legais entre estes planos e acaba sendo induzido a contratar planos coletivos, principalmente, pelo valor ofertado ser reduzido das contraprestações pecuniárias. Portanto, é essencial um rigor maior da regulação para estes contratos, pois permitem reajustes financeiros, que não dependem de autorização da ANS; reajuste por sinistralidade e a ausência de regras para a rescisão contratual. O consumidor não tem conhecimento das peculiaridades legais entre os planos individuais e coletivos e acaba sendo induzido a contratar tais planos.

Importante também incluir, na discussão para a incorporação ao marco legal, temas como: a obrigatoriedade da implantação de prontuário eletrônico; a permissão da realização de consultas por meio virtual, já adotada em vários países; a tipificação dos crimes contra a fraude e desvios de recursos na saúde; a indução de novos modelos de remuneração dos prestadores de saúde.

Outro tema a ser levado em conta é a importância de se promover a interação entre os subsistemas público e privado de saúde, com vistas a se reduzir a 'SUS dependência' dos consumidores de planos de saúde. Nesse sentido, é importante que a regulação avance no sentido de ampliar o rol de procedimentos editados pela ANS, para a cobertura de todas as doenças previstas no CID 10, da Organização Mundial da Saúde.

É, também, muito importante que seja incorporada à regulação a possibilidade da oferta de planos de assistência farmacêutica, como opção ao consumidor, mas de oferecimento facultativo pelas operadoras. Tais planos devem ter, além dos medicamentos para uso domiciliar, a possibilidade do acompanhamento terapêutico do paciente.

É fundamental, com a reativação do Consu, que as diretrizes da saúde suplementar, antes de aprovadas, sejam debatidas com todos os atores do setor envolvidos, e que não as editem a portas fechadas. Vale recordar que todas as Resoluções do Consu editadas, em 1998, foram amplamente discutidas com os representantes da Câmara de Saúde Suplementar.

Cap. 10 · OS DESAFIOS DA REGULAÇÃO DA SAÚDE SUPLEMENTAR NO BRASIL | 313

Além disso, especificamente no tocante à proteção do consumidor, também poderia ser incentivado o debate para os seguintes temas: *i)* criar mecanismos de incentivo ao oferecimento de planos individuais, pois hoje a maioria dos planos de saúde é coletivo; *ii)* criar mecanismos proativos de educação ao consumo da saúde suplementar, tais como: informações contratuais; informações sobre controle do orçamento financeiro familiar; informações sobre o uso racional da assistência à saúde; *iii)* estimular a implantação de prontuário eletrônico; e *iv)* permitir a realização de consultas por meio virtual, já adotada em vários países.

9. CONSIDERAÇÕES FINAIS

Essas considerações servem de apoio para nos permitir concluir que o Brasil, no tocante à saúde e à proteção ao consumidor, conta com um sistema de leis avançado e com a Agência Nacional de Saúde Suplementar, para fortalecer o mercado de saúde suplementar, no intuito de inibir práticas lesivas e promover sua estabilidade. No entanto, há um intervalo muito grande em relação à sua implementação, à garantia de sua aplicação, ainda se observa em relação à regulação, algumas lacunas, que acabam sendo dirimidas pelo Poder Executivo, através dos Procons e ANS e, especialmente, pelo Poder Judiciário.

Para que os desafios propostos sejam alcançados, faz-se urgente a ampliação do debate com a participação e o envolvimento de todos os atores desse setor, o Poder Público, as operadoras, os prestadores de saúde e os consumidores, no intuito da consolidação de um mercado de saúde responsável, transparente, ético e justo, para a efetiva construção de um setor virtuoso, com ganhos positivos, em que todos os agentes possam se beneficiar, buscando o tão almejado equilíbrio econômico, social e ambiental.

É primordial que esse debate seja reiniciado de forma transparente no Congresso Nacional, a fim de, efetivamente, termos o aprimoramento da regulação dos planos de saúde, a formulação e a gestão de políticas públicas de saúde bem planejadas, observando, especialmente, os ditames do Código de Defesa do Consumidor, ora celebrando seus 30 anos, sem que haja retrocessos e sejam mantidos os avanços conquistados.

Deve-se sempre ter como premissa que regular saúde suplementar está intimamente ligado à proteção do consumidor, que traduz uma das vertentes da defesa da cidadania.

Com certeza, nesses anos avançamos muito, mas nosso objetivo é o aperfeiçoamento cada vez maior da regulação da saúde suplementar. Portanto, ainda há um longo caminho a percorrer...

10. REFERÊNCIAS BIBLIOGRÁFICAS

CNJ. *Relatório Analítico Propositivo Justiça – Pesquisa Judicialização da Saúde no Brasil: perfil das demandas, causas e propostas de solução*, realizada pelo Instituto de Ensino e pesquisa – Insper. Brasília, 2019.

CUELLAR, Leila. *As agências reguladoras e seu poder normativo*. São Paulo: Dialética, 2001.

GREGORI, Maria Stella. *Planos de saúde: a ótica da proteção do consumidor*. 4. ed. rev., atual. e ampl. – São Paulo: Thomson Reuters Brasil, 2019. (Biblioteca de Direito do Consumidor; v. 31)

GREGORI, Maria Stella. O Futuro que queremos para a regulação da saúde suplementar. *Revista dos Tribunais*, vol. 991, ano 107, maio/2018. São Paulo: Thomson Reuters Brasil, 2018.

GREGORI, Maria Stella. Desafios para a desjudicialização dos planos de saúde. *Revista dos Tribunais*, vol. 1004, ano 108, junho/2019. São Paulo: Thomson Reuters Brasil, 2019.

GRINOVER, Ada Pellegrini et al. *Código de Defesa do Consumidor*: comentado pelos autores do anteprojeto – Lei 8.078, 11 de setembro de 1990. 6.ed. Rio de Janeiro: Forense, 1999.

MARQUES, Claudia Lima. Contratos no Código de Defesa do Consumidor e o novo regime das relações contratuais. 8. ed. rev., atual. e ampl. São Paulo: RT, 2016. (Biblioteca de Direito do Consumidor, v.1.)

RIZZATTO NUNES, Luiz Antonio. *Comentários ao Código de Defesa do Consumidor*. São Paulo: Saraiva, 2000.

SCHEFFER, Mario. Observatório da Judicialização da Saúde Suplementar. São Paulo: DMP/FMUSP, 2018.

SCHEFFER, Mario. Grupo de Estudos sobre Planos de Saúde. São Paulo: DMP/FMUSP, 2020.

SODRÉ, Marcelo. *A construção do direito do consumidor. São Paulo: Atlas, 2009.*

Sites:

www.ans.gov.br

www.fenasaude.org.br

www.justica.gov.br

11

PROTEÇÃO DO CONSUMIDOR DE PLANOS DE SAÚDE EM ÉPOCA DE PANDEMIA: O CASO DO CORONAVÍRUS (COVID-19)

CRISTIANO HEINECK SCHMITT

CAMILA POSSAN DE OLIVEIRA

INTRODUÇÃO

A sociedade global está sendo colocada à prova, assolada que tem sido com a pandemia causada pelo Coronavírus, a chamada Covid-19. Tal situação, além de ser uma calamidade de saúde pública mundial, impacta severamente a economia em toda a cadeia de consumo num formato possivelmente sem precedentes. A queda da Bolsa de Nova Iorque em 1929, gerando a Grande Depressão, a 2ª Guerra Mundial, e a crise do 2008 talvez não tenham gerado um cenário de tamanha incerteza do futuro.

Para combater tal situação, a recomendação em grande parte dos países do mundo foi a de isolamento social por parte daqueles que não trabalhem com serviços essenciais, ou trabalhando, que não sejam dos chamados grupos de risco.

Ocorre que esse cenário ensejou a perda de trabalho de milhares de pessoas e, com isso, suscitou diversos questionamentos quanto à inadimplência dos consumidores, pois na figura de trabalhadores que não mais podem sair às ruas para prestar seus serviços ou, até mesmo, tendo sido demitidos, ficaram, assim, sem renda para honrar com suas obrigações financeiras.

Uma grande preocupação, dentro de todas as outras relacionadas com a inadimplência, é a que diz respeito aos consumidores da saúde suplementar, os chamados planos de saúde. Isso porque, a toda evidência, estes clientes também não poderão arcar com tal obrigação que, em muitos casos, representa o dispêndio mensal de quantias significativas.

Assim, o esforço do presente artigo é o de demonstrar que, em que pese a inadimplência do consumidor de planos de saúde, não é possível a rescisão do seu contrato e, ainda, que o mesmo deve ser normalmente assistido pela operadora, além de fazer jus ao exame de detecção e tratamento da Covid-19.

316 | DIREITO DO CONSUMIDOR – 30 ANOS DO CDC

1. A RAZÃO DE SER DO SISTEMA DE ASSISTÊNCIA PRIVADA À SAÚDE NO BRASIL

A saúde é um direito social previsto no artigo 6º da Constituição Federal[1] e, também, conta na Carta com uma seção dentro do capítulo da seguridade social.

Desse modo, no artigo 196 o legislador definiu que:

> A saúde é direito de todos e dever do Estado, garantido mediante políticas sociais e econômicas que visem à redução do risco de doença e de outros agravos e ao acesso universal e igualitário às ações e serviços para sua promoção, proteção e recuperação.[2]

No artigo 198, foi instituído o Sistema Único de Saúde, organizado sob as seguintes diretrizes: "descentralização, com direção única em cada esfera de governo"[3]; "atendimento integral, com prioridade para as atividades preventivas, sem prejuízo dos serviços assistenciais"[4]; e "participação da comunidade"[5].

Ainda, no artigo 199, o diploma dispõe acerca da iniciativa privada no que concerne à assistência à saúde. Desse modo, no § 1º do referido dispositivo, autoriza que as instituições privadas participem de maneira complementar no sistema de saúde.[6]

Como o Sistema Único de Saúde não tem capacidade para atender a toda a população, as operadoras de saúde suplementar encontraram, no país, um solo fértil para o seu desenvolvimento. Ocorre que, na história da sua implementação, há diversos episódios de abusos contra os consumidores, conforme se verá no próximo ponto.

---

[1] Nesse sentido: "Art. 6º São direitos sociais a educação, a saúde, a alimentação, o trabalho, a moradia, o transporte, o lazer, a segurança, a previdência social, a proteção à maternidade e à infância, a assistência aos desamparados, na forma desta Constituição".

[2] BRASIL. Constituição da República Federativa do Brasil de 1988. Brasília, 5 de outubro de 1988.

[3] Art. 198, I. BRASIL. Constituição da República Federativa do Brasil de 1988. Brasília, 5 de outubro de 1988.

[4] Art. 198, II. BRASIL. Constituição da República Federativa do Brasil de 1988. Brasília, 5 de outubro de 1988.

[5] Art. 198, III. BRASIL. Constituição da República Federativa do Brasil de 1988. Brasília, 5 de outubro de 1988.

[6] Nesse sentido: "Art. 199. A assistência à saúde é livre à iniciativa privada. § 1º – As instituições privadas poderão participar de forma complementar do sistema único de saúde, segundo diretrizes deste, mediante contrato de direito público ou convênio, tendo preferência as entidades filantrópicas e as sem fins lucrativos. § 2º É vedada a destinação de recursos públicos para auxílios ou subvenções às instituições privadas com fins lucrativos. § 3º É vedada a participação direta ou indireta de empresas ou capitais estrangeiros na assistência à saúde no País, salvo nos casos previstos em lei. § 4º A lei disporá sobre as condições e os requisitos que facilitem a remoção de órgãos, tecidos e substâncias humanas para fins de transplante, pesquisa e tratamento, bem como a coleta, processamento e transfusão de sangue e seus derivados, sendo vedado todo tipo de comercialização." BRASIL. Constituição da República Federativa do Brasil de 1988. Brasília, 5 de outubro de 1988.

Cap. 11 · PROTEÇÃO DO CONSUMIDOR DE PLANOS DE SAÚDE EM ÉPOCA DE PANDEMIA | 317

2. CLÁUSULAS ABUSIVAS COMUMENTE INSERIDAS NOS CONTRATOS FIRMADOS ENTRE CONSUMIDORES E OPERADORAS DE PLANOS DE SAÚDE

As relações entabuladas entre as operadoras de saúde suplementar e os consumidores costumam ser, não raro, permeadas por cláusulas e práticas abusivas. Dentre as técnicas mais comuns, pode-se mencionar o uso de exagerado tecnicismo na redação do instrumento negocial, que impede uma compreensão ou uma avaliação mais criteriosa do consumidor sobre as vantagens do negócio. Soma-se a essa dificuldade, a complexidade e a extensão contratual, desestimulando uma leitura mais atenta das condições do pacto. Registre-se, aliás, que excesso de informação também pode representar desinformação, de forma que restariam violados, por exemplos, dispositivos como artigo 30 do CDC, que espelha um dos direitos sagrados do consumidor.

Inclusive, acerca da vulnerabilidade informacional, cumpre registrar que a sociedade atual denota com clareza que é na informação que se concentra o poder. Um intenso fator de desequilíbrio, nesse caso, atinge o consumidor, que tem o "minus" da informação, o que impõe ao fornecedor, o "expert" da cadeia de consumo, a adoção de aparatos que compensem esse novo fator de risco para a sociedade, em especial, aos consumidores. Assim, é dever do fornecedor compartilhar aquilo que somente ele sabe acerca do produto ou do serviço, desde os primórdios de um processo de elaboração de bens, até a definição de elementos negociais inseridos nos contratos entabulados com os consumidores[7].

Quanto às cláusulas abusivas nos pactos de assistência privada à saúde, pode--se citar o reajuste de mensalidades em razão do aumento da idade do beneficiário,

---

[7]   Concorda-se com Marques, salientando que, face à atual sociedade de risco, a vulnerabilidade informacional é a que representa o maior fator de desequilíbrio na relação consumidor-fornecedor, justamente pelo fato de que ela está sob o domínio de apenas um desses agentes, que, por força legal (vide artigos 30, 46 e 54 do CDC), ou como exigência da boa-fé objetiva, tem o dever de compartilhar, dizer o que sabe, dividindo os riscos. Quanto menos informar, mais intensa será a responsabilidade do fornecedor face aos prejuízos que recaírem sobre o consumidor MARQUES, *Contratos no Código de Defesa do Consumidor*. 5. ed. São Paulo: Revista dos Tribunais, 2005. p.329 a 330. PASQUALOTTO ressalta que "o desequilíbrio nas relações entre fornecedores e consumidores, em grande parte, se deve à desigualdade de informações. Enquanto os fornecedores conhecem os produtos ou serviços que oferecem ao mercado, os consumidores ou usuários, na sua maior parte, são incapazes de avaliá-los ou compará-los. Melhor informados, os consumidores podem fazer escolhas melhores, estabelecendo a relação qualidade-preço. PASQUALOTTO, Adalberto. Defesa do consumidor. Revista de Direito do Consumidor, São Paulo, n° 06, abr.-jun. 1993, p.42. Sobre dever de informação, cumpre assinalar, como o faz Barbosa, que ela deve ser útil ao consumidor, cumprindo um papel de fazer chegar a ele algo novo, mas também desconhecido, de forma que, "quanto mais difícil for a sua obtenção e mais especializado o seu conteúdo, tanto maior vai ser o dever de informar do emissor". BARBOSA, Fernanda Nunes. Informação: direito e dever nas relações de consumo. São Paulo, 2008. p. 113. Nesse sentido, a informação prestada ao consumidor não pode ser excessiva, com prospectos intermináveis, e, por vezes, pouco elucidativos sobre o bem ou serviço que se está por adquirir, de forma que sirva de desestímulo ao ato de se informar.

principalmente no que toca aos consumidores idosos e, também, a negativa de fornecimento de próteses, órteses e *stents*.[8]

No que concerne ao aumento de valores cobrados do consumidor em razão do aumento da sua faixa etária, é um expediente praticado pelos planos de saúde, para que o cliente, quanto mais avançada a sua idade, seja repelido dos quadros de beneficiários do plano. Isso porque, em tese, o consumidor quanto mais velho, vem a necessitar, ainda mais, da assistência de saúde. Por outro lado, suas forças laborais estão em esgotamento, ou acabaram, o que acarreta inevitável redução de renda.

Desse modo, aquele que contribuiu, por muitas vezes, por um longo e considerável período junto ao plano de saúde é coagido a solicitar a rescisão do pacto por não mais ter condições de arcar com o seu pagamento. Todavia, tal cláusula é abusiva sob o prisma constitucional, consumerista e, também, da proteção do idoso.

A igualdade entre pessoas é um dos pilares da sociedade brasileira estatuído no preâmbulo da Constituição Federal. No Código de Defesa do Consumidor, a igualdade nas contratações[9] é um direito básico do consumidor e, ainda, no Estatuto do Idoso é vedada a cobrança de valores diferenciados em razão da idade[10].

Em resposta a este tipo de cláusula abusiva, as Cortes têm entendido que a discriminação por faixa etária, com o aumento das mensalidades, no que concerne aos beneficiários com 60 anos de idade ou mais, configura afronta ao Estatuto do Idoso, devendo tal legislação incidir, ainda que em contratos de trato sucessivo firmados anteriormente à sua edição, além disso, devem ser restituídos os valores pagos a maior pelo consumidor.[11]

Contudo, em momento mais recente, o Superior Tribunal de Justiça, ao decidir o Recurso Especial Repetitivo nº1.568.244, que dera ensejo ao Tema 952, restara aprovada a tese de que o reajuste de mensalidade de plano de saúde individual ou familiar fundado na mudança de faixa etária do beneficiário é válido desde que haja previsão contratual, que sejam observadas as normas expedidas pelos órgãos governamentais reguladores e que não sejam aplicados percentuais desarrazoados ou aleatórios que, concretamente e sem base atuarial idônea, onerem excessivamente o

---

[8]   Nesse sentido, sugere-se a seguinte leitura: SCHMITT, Cristiano Heineck. Cláusulas abusivas em contratos de planos e de seguros de assistência privada à saúde. *Revista de Direito do Consumidor.* nº 75, São Paulo, Revista dos Tribunais, p. 214 a 246, julho-setembro de 2010.

[9]   Nesse sentido: "Art. 6º São direitos básicos do consumidor: [...] II – a educação e divulgação sobre o consumo adequado dos produtos e serviços, asseguradas a liberdade de escolha e a igualdade nas contratações". BRASIL. Lei nº 8.078, de 11 de setembro de 1990. Dispõe sobre a proteção do consumidor e dá outras providências. Brasília, 11 de setembro de 1990. DOU de 12.09.1990.

[10]   Nesse sentido: "Art. 15. [...] § 3º É vedada a discriminação do idoso nos planos de saúde pela cobrança de valores diferenciados em razão da idade." BRASIL. Lei nº 10.741, de 1º de outubro de 2003. Dispõe sobre o Estatuto do Idoso e dá outras providências. Brasília, 1º de outubro de 2003. DOU de 3.10.2003.

[11]   Nesse sentido, sugere-se a seguinte leitura: SCHMITT, Cristiano Heineck. Impossibilidade de reajuste por mudança de faixa etária de consumidor idoso em contrato de plano de saúde: ApCiv 001030593.2012.8.26.0011 do TJSP. *Revista de Direito do Consumidor.* Vol. 89. Ano 22. set.-out. /2013.

Cap. 11 • PROTEÇÃO DO CONSUMIDOR DE PLANOS DE SAÚDE EM ÉPOCA DE PANDEMIA

consumidor ou discriminem o idoso.[12] No caso, a discussão recaía sobre o reajuste em planos de saúde por mudança de faixa etária como um todo, e não necessariamente somente quando o indivíduo alcançasse os sessenta anos de idade. O debate continua, no atual momento, também em recurso repetitivo, afetado em 2019 sob o número 1.016, tratando da validade de cláusula contratual que prevê reajuste por mudança de faixa etária em plano de saúde coletivo, bem como do ônus da prova da perícia atuarial acerca da legitimidade do reajuste aplicado pelas operadoras sob este fator.

Destaca-se a recente decisão tomada pela ANS – Agência de Saúde Suplementar, após a realização da 16ª Reunião Extraordinária de Diretoria Colegiada, ocorrida em 21/08.20, suspendendo por 120 dias a aplicação de reajustes aos contratos de planos de saúde para todos os tipos de plano: individual/familiar e coletivos – por adesão e empresariais, com início em setembro e será válida para reajustes anuais e por mudança de faixa etária dos planos de assistência médico-hospitalar. A suspensão referida apresenta sistemática diferenciada em razão do tipo de plano, sendo a medida visto como forma de manutenção de usuários em face dos problemas econômicos graves gerados pela Covid-19, com perdas de renda e empregos.[13]

Por outro lado, existem outros tipos de cláusulas abusivas nos contratos de saúde suplementar, como é o caso daquelas que preveem exclusão de cobertura securitária, não que as operadoras estejam sujeitas a executar e custear todo e qualquer procedimento hospitalar ou ambulatorial, todavia, não podem prever a cobertura da cirurgia, mas denegar o fornecimento dos materiais e próteses necessários para o sucesso da mesma. Ainda, é imperioso que o contrato preveja de maneira clara e chamativa as cláusulas de limitação do direito dos seus consumidores aderentes, sob pena de ineficácia.[14]

Recentemente, instalou-se no mundo uma grave crise econômica e sanitária em razão da pandemia de Coronavírus (Covid-19). Como era de se esperar, esta é mais uma oportunidade para que as operadoras de assistência suplementar privada à saúde praticarem abusividades em face de seus consumidores, ou, de forma distinta, assumirem um papel de cooperação e solidariedade contratuais que o momento invoca.

3. INADIMPLÊNCIA DE CONSUMIDORES QUANTO ÀS MENSALIDADES DOS PLANOS DE SAÚDE: FORÇA MAIOR EM DECORRÊNCIA DA PANDEMIA DE COVID-19

A já referida pandemia ocasionada pela disseminação da Covid-19 assusta a toda a sociedade global. Ao que se tinha conhecimento, a sua letalidade poderia recair sob determinados grupos de riscos, tais como idosos e pessoas acometidas por doenças crônicas.

---

[12] Vide <http://www.stj.jus.br/sites/portalp/Paginas/Comunicacao/Noticias-antigas/ 2017/2017-03-01_08-12_Reajuste-de-plano-de-saude-por-idade-e-valido-desde-que-previsto-em-contrato-e-em-percentual-razoavel.aspx>.

[13] No site da ANS, <http://www.ans.gov.br/aans/noticias-ans/consumidor/5920-suspensao-de-reajustes-2020>, podem ser conferidas as variações da medida de suspensão indicada.

[14] SCHMITT, Cristiano Heineck. Indenização por dano moral face à ilegalidade na exclusão de *stent* da cobertura securitária: comentários ao acórdão do STJ que julgou o REsp 986.947 – RN. *Revista de Direito do Consumidor*. Ano 17, n. 67, jul.-set./ 2008, p. 315.

Todavia, recentemente, viu-se que a doença também está sendo mortal para indivíduos não pertencentes a nenhum dos grupos de risco. Não há, ainda, medicamento específico e eficaz para o tratamento, nem vacina capaz de prevenir o contágio.

Desse modo, a recomendação de grande parte das autoridades de diversos países e demais entes administrativos é a de que a população total permaneça em quarenta, sempre que possível, em suas casas, de forma que se evite uma maior disseminação da doença e sobrecarga dos sistemas de saúde.

Essa recomendação, no Brasil, veio acompanhada de muitas ordens das autoridades municipais e estaduais para restringir a circulação desnecessária de pessoas. A esse exemplo, a cidade de Porto Alegre, Capital do Estado do Rio Grande do Sul (Brasil), com quase um milhão e meio de habitantes, publicou diversos decretos[15] desde o dia 17 de março de 2020 determinando, em síntese, o estado de calamidade pública e consolidando as medidas de emergência para enfrentamento da pandemia. Com isso, na referida cidade está proibido, até o momento, o funcionamento de todos os comércios, serviços e industriais e atividades de construção civil, que não se enquadrem nas situações de excepcionalidade tais como serviços essenciais e de saúde.[16]

Tais medidas se repetem ao longo de diversas cidades brasileiras, o que ocasionou, inevitavelmente, a demissão de diversos trabalhadores, muitos irregulares, o que já reflete efeitos econômicos negativos.[17]

---

[15] Foram os decretos publicados: Decreto nº 20.499, de 16 de março (REVOGADO); Decreto nº 20.500, de 16 de março (REVOGADO); Decreto nº 20.501, de 16 de março (REVOGADO); Decreto nº 20.502, de 17 de março (REVOGADO); Decreto nº 20.503, de 17 de março (REVOGADO); Decreto nº 20.504, de 17 de março (REVOGADO); Decreto nº 20.505, de 17 de março (REVOGADO); Decreto nº 20.506, de 17 de março (REVOGADO); Decreto nº 20.507, de 18 de março (REVOGADO); Decreto nº 20.508, de 18 de março (REVOGADO); Decreto nº 20.512, de 19 de março (REVOGADO); Decreto nº 20.513, de 20 de março (REVOGADO); Decreto nº 20.514, de 20 de março (REVOGADO); Decreto nº 20.516, de 20 de março (REVOGADO); Decreto nº 20.518, de 20 de março (REVOGADO); Decreto nº 20.519, de 20 de março (REVOGADO); Decreto nº 20.521, de 20 de março (REVOGADO); Decreto nº 20.522, de 20 de março (REVOGADO); Decreto nº 20.523, de 20 de março (REVOGADO); Decreto nº 20.524, de 22 de março (REVOGADO); Decreto nº 20.525, de 22 de março (REVOGADO); Decreto nº 20.526, de 23 de março (REVOGADO); Decreto nº 20.527, de 23 de março (REVOGADO); Decreto nº 20.528, de 23 de março (REVOGADO); Decreto nº 20.529, de 25 de março (REVOGADO); Decreto nº 20.530, de 25 de março (REVOGADO); Decreto nº 20.531, de 25 de março (REVOGADO); Decreto nº 20.533, de 31 de março: Escritório de Fiscalização e; Decreto nº 20.534, de 31 de março: Consolidação das medidas.

[16] Nesse sentido: "Art. 8º Fica proibido o funcionamento de todos os estabelecimentos comerciais, de serviços e industriais, bem como as atividades de construção civil." PREFEITURA MUNICIPAL DE PORTO ALEGRE. Decreto nº 20.534, de 31 de março de 2020. Decreta o estado de calamidade pública e consolida as medidas para enfrentamento da emergência de saúde pública de importância internacional decorrente do novo Coronavírus (COVID-19), no Município de Porto Alegre. 31 de março de 2020.

[17] Até final de abril, havia registro de cinco milhões de empregos formais afetados no Brasil, sendo um milhão por demissão e outros quatro milhões colocados em suspensão de contrato. Vide <https://www1.folha.uol.com.br/mercado/2020/04/seguro-desemprego-tem-200-mil-pessoas-em-fila-de-espera-apos-coronavirus.shtml>.

Dentro de tais efeitos negativos, evidentemente, encontra-se a impossibilidade de o consumidor em arcar com seus compromissos financeiros. Muitos, saliente-se, superendividados antes mesmo da instauração da presente crise.

Sobre tal situação, Claudia Lima Marques, Káren Rick Danilevicz Bertoncello e Clarissa Costa de Lima afirmam ser de força maior "agravada ainda pelas medidas de 'isolamento social', com a parada do comércio, doença em massa e fragilidade dos empregos, especialmente, os informais, liberais e autônomos"[18].

Há três regramentos constantes no diploma civil, essenciais para o enfrentamento desse momento de inadimplência. São eles os artigos 393, 394 e 395 que dispõem, *in verbis*:

> Art. 393. O devedor não responde pelos prejuízos resultantes de caso fortuito ou força maior, se expressamente não se houver por eles responsabilizado. Parágrafo único. O caso fortuito ou de força maior verifica-se no fato necessário, cujos efeitos não era possível evitar ou impedir. Art. 394. Considera-se em mora o devedor que não efetuar o pagamento e o credor que não quiser recebê-lo no tempo, lugar e forma que a lei ou a convenção estabelecer. Art. 395. Responde o devedor pelos prejuízos a que sua mora der causa, mais juros, atualização dos valores monetários segundo índices oficiais regularmente estabelecidos, e honorários de advogado. Parágrafo único. Se a prestação, devido à mora, se tornar inútil ao credor, este poderá enjeitá-la, e exigir a satisfação das perdas e danos.[19]

Registre-se também a Medida Provisória 948, convertida na Lei 14.046, de 24 de agosto de 2020, já sancionada, que dispõe acerca do cancelamento de "serviços, de reservas e de eventos dos setores de turismo e cultura em razão do estado de calamidade pública"[20]. Tal medida definiu, em seu artigo 2º[21], que, na hipótese de

---

18 MARQUES, Claudia Lima; Bertoncello, Káren Rick Danilevicz; LIMA, Clarissa Costa de. Exceção dilatória para os consumidores frente à força maior da Pandemia de COVID-19: Pela urgente aprovação do PL 3.515/2015 de atualização do CDC e por uma moratória aos consumidores. *Revista de Direito do Consumidor*. vol. 129/2020, maio-jun., 2020DTR\2020\6377, *online*, p. 2. Disponível em: <https://revistadedireitodoconsumidor.emnuvens.com.br/rdc/article/view/1039/908> Acesso em: 06/04/2020.

19 BRASIL. Lei nº 10.406, de 10 de janeiro de 2002. Institui o Código Civil. Brasília, 10 de janeiro de 2002. DOU 11 de janeiro de 2002.

20 BRASIL. Lei nº 14.046, de 24 de agosto de 2020. Dispõe sobre o adiamento e o cancelamento de serviços, de reservas e de eventos dos setores de turismo e de cultura em razão do estado de calamidade pública reconhecido pelo Decreto Legislativo nº 6, de 20 de março de 2020, e da emergência de saúde pública de importância internacional decorrente da pandemia da Covid-19. Brasília, 24 de agosto de 2020. *DOU* 25 de agosto de 2020.

21 Nesse sentido: "Art. 2º Na hipótese de adiamento ou de cancelamento de serviços, de reservas e de eventos, incluídos shows e espetáculos, em razão do estado de calamidade pública reconhecido pelo Decreto Legislativo nº 6, de 20 de março de 2020, e da emergência de saúde pública de importância internacional decorrente da pandemia da Covid-19, o prestador de serviços ou a sociedade empresária não serão obrigados a

cancelamento dos serviços, os empresários não ficam obrigados a reembolsar os valores pagos pelos consumidores. E, ainda, em seu artigo 5º[22], refere que as relações de consumo por si regidas, ou seja, shows, espetáculos etc. caracterizam hipóteses de caso fortuito ou força maior e, além de caracterizar uma ou outra excludente, deixando o campo aberto pra tantas quantas possíveis interpretações em desfavor do consumidor, grifa que não cabem danos morais, multa ou outras penalidades.

Em que pese tal medida demonstre parecer existir um esforço, por parte de algumas autoridades, em utilizar os dispositivos do Código Civil que tratam da força maior e do caso fortuito em desfavor do consumidor, os mesmos devem ser interpretados como pilares fundamentais para proteger o consumidor da mora a que não deu causa e, não para proteger grandes empresas com vistas a garantir seu lucro na época catastrófica em que se está vivendo.

Assim, o entendimento de Priscilla Chater é de que "deve haver um impedimento real e comprovado que justifique a impossibilidade de cumprimento do dever contratualmente assumido"[23]. Essa é a exata situação do trabalhador que se encontra impossibilitado de auferir renda em razão do isolamento social que, na sua figura de consumidor, encontra uma impossibilidade justificada para o cumprimento do dever assumido de contraprestação de serviços. Tal ideia vale para todos os tipos de contrato de consumo em que o agente mais fraco da relação de consumo esteja comprometido ao pagamento de forma mensal, principalmente os de assistência privada à saúde.

O Instituto Brasileiro de Defesa do Consumidor manifestou-se quanto aos consumidores inadimplentes junto aos seus planos de saúde, afirmando que não pode haver cancelamento ou suspensão do contrato e que tal ocorrência caracteriza

---

reembolsar os valores pagos pelo consumidor, desde que assegurem: I – a remarcação dos serviços, das reservas e dos eventos adiados; ou II – a disponibilização de crédito para uso ou abatimento na compra de outros serviços, reservas e eventos disponíveis nas respectivas empresas" (BRASIL. Lei nº 14.046, de 24 de agosto de 2020. Dispõe sobre o adiamento e o cancelamento de serviços, de reservas e de eventos dos setores de turismo e de cultura em razão do estado de calamidade pública reconhecido pelo Decreto Legislativo nº 6, de 20 de março de 2020, e da emergência de saúde pública de importância internacional decorrente da pandemia da Covid-19. Brasília, 24 de agosto de 2020. *DOU* 25 de agosto de 2020).

[22] Nesse sentido: "Art. 5º Eventuais cancelamentos ou adiamentos dos contratos de natureza consumerista regidos por esta Lei caracterizam hipótese de caso fortuito ou de força maior, e não são cabíveis reparação por danos morais, aplicação de multas ou imposição das penalidades previstas no art. 56 da Lei nº 8.078, de 11 de setembro de 1990, ressalvadas as situações previstas no § 7º do art. 2º e no § 1º do art. 4º desta Lei, desde que caracterizada má-fé do prestador de serviço ou da sociedade empresária" (BRASIL. Lei nº 14.046, de 24 de agosto de 2020. Dispõe sobre o adiamento e o cancelamento de serviços, de reservas e de eventos dos setores de turismo e de cultura em razão do estado de calamidade pública reconhecido pelo Decreto Legislativo nº 6, de 20 de março de 2020, e da emergência de saúde pública de importância internacional decorrente da pandemia da Covid-19. Brasília, 24 de agosto de 2020. DOU 25 de agosto de 2020).

[23] CHATER, Priscilla. Coronavírus e força maior: o que diz o seu contrato? Opinião. Revista Consultor Jurídico. p. 19 de março de 2020. Disponível em: <https://www.conjur.com.br/2020-mar-19/priscilla-chater-coronavirus-forca-maior-contrato> Acesso em: 06/04/2020.

prática abusiva.[24] Em que pese muitas entidades de proteção ao consumidor ainda não terem se manifestado, especificamente, quanto à inadimplência do consumidor de planos de saúde, a posição esperada é a mesma ou similar à do IDEC.

Nesse descortinar de fatos, há dois projetos sob análise na Câmara dos Deputados. Trata-se dos Projetos de Lei 1.070/2020, da Deputada Benedita da Silva (PT-RJ) e 1.117/2020, do Deputado Capitão Wagner.

O PL 1.070 possui a seguinte ementa: "Altera a Lei nº 9.656, de 3 de junho de 1998, que dispõe sobre a saúde suplementar, para proibir reajustes de planos de saúde durante epidemias de grande proporção"[25] e o PL 1.117 está ementado da seguinte forma:

> Altera a Lei nº 9.656, de 3 de junho de 1998, que dispõe sobre os planos e seguros privados de assistência à saúde, para estabelecer a vedação de reajuste das mensalidades dos Planos Privados de Assistência à Saúde, enquanto durarem os efeitos do Estado de Calamidade Pública, declarado pelo Decreto Legislativo nº 6, de 2020 decorrente da Pandemia do Coronavírus (Covid-19), e para determinar a vedação temporária da suspensão ou rescisão unilateral dos contratos dos Planos Privados de Assistência à Saúde, pelo prazo de 90 dias.[26]

Atualmente[27] os dois Projetos aguardam despacho do presidente da Câmara dos Deputados. A expectativa é de que sejam aprovados imediatamente, de modo que os planos fiquem proibidos de suspender ou rescindir unilateralmente os contratos, bem como reajustá-los.

Ademais, o PL 1.117 pretende que as mensalidades atrasadas possam ser pagas pelos consumidores "em até seis parcelas, sem incidência de juros e multas"[28], ou

---

[24] INSTITUTO BRASILEIRO DE DEFESA DO CONSUMIDOR. Coronavírus: seus direitos com seu plano de saúde. Publicado em 27/03/2020. Disponível em: <https://idec.org.br/dicas-e-direitos/coronavirus-seus-direitos-com-seu-plano-de-saude> Acesso em: 07/04/2020.

[25] BRASIL. Projeto de Lei 1.070/2020. Altera a Lei nº 9.656, de 3 de junho de 1998, que dispõe sobre a saúde suplementar, para proibir reajustes de planos de saúde durante epidemias de grande proporção. Brasília, 28 de março de 2020.

[26] BRASIL. Projeto de Lei 1.117/2020. Altera a Lei nº 9.656, de 3 de junho de 1998, que dispõe sobre os planos e seguros privados de assistência à saúde, para estabelecer a vedação de reajuste das mensalidades dos Planos Privados de Assistência à Saúde, enquanto durarem os efeitos do Estado de Calamidade Pública, declarado pelo Decreto Legislativo nº 6, de 2020 decorrente da Pandemia do Coronavírus (Covid-19), e para determinar a vedação temporária da suspensão ou rescisão unilateral dos contratos dos Planos Privados de Assistência à Saúde, pelo prazo de 90 dias. Brasília, 26 de março de 2020.

[27] Consulta efetuada em 06/04/2020.

[28] Nesse sentido, é a íntegra do Parágrafo único do Art. 15-B: "Os valores em atraso das mensalidades dos Planos Privados de Assistência à Saúde poderão, para garantia da manutenção dos contratos, ser pagos pelos consumidores em até seis parcelas, sem incidência de juros e multas, ou ser objeto de negociação entre as Operadoras de Planos de Assistência à Saúde e consumidores, para pagamento do valor atualizado e consolidado da dívida, inclusive de forma parcelada a critério do consumidor, em até um ano do vencimento original, de modo que fique assegurado o integral ressarcimento às empresas e não importe em onerosidade

ainda, ser objeto de negociação entre as operadoras e clientes. A parte que pretende a autorização de pagamento dos atrasados em até seis parcelas parece-nos acertada e bastante coerente tendo em vista o cenário econômico e de saúde pública atual. Todavia, parece residir na negociação direta entre empresa e cliente o maior perigo, pois é possível que muitas abusividades sejam intentadas no futuro.

Desse modo, caso o Projeto de Lei seja aprovado na íntegra, os órgãos de proteção ao consumidor e as demais entidades civis, deverão agir incisivamente para que sejam afastadas possíveis abusividades. Ademais, no cenário atual, seria de extrema importância a vedação da possibilidade de rescisão pela falta de pagamento por parte do consumidor ou, ainda, a elevação das mensalidades.

Parece seguir a mesma linha o Superior Tribunal de Justiça que deferiu tutela provisória de urgência para determinar a manutenção do plano de saúde coletivo ao qual são vinculados os consumidores demandantes do caso, há mais de vinte e sete anos.

Tal plano de saúde é composto por apenas dois usuários e a sua manutenção provisória foi justificada pelo relator pelo fato de que está instituída uma situação de pandemia, causada pela Covid-19 e, ainda, porque os requerentes são pessoas idosas. Observe-se o trecho da decisão monocrática em comento:

> Observo, de outra parte, que a Organização Mundial de Saúde declarou a pandemia da Covid-19, o que ensejou edição de decreto de calamidade pública no Brasil desde o dia 20.3.2020, circunstância que também desaconselha a suspensão do contrato de plano de saúde dos requerentes no presente momento, especialmente em razão de contarem eles com mais de 60 anos idade (fls. 18-19) e, portanto, estarem incluídos no grupo de risco em caso de serem infectados pelo vírus. Ressalto que, em decorrência dessa situação absolutamente peculiar vivenciada pela população brasileira (e do mundo), a Procuradoria-Geral da República consultou a Agência Nacional de Saúde Suplementar – ANS sobre as providências a serem adotadas para garantir "a continuidade da prestação de serviços aos segurados que, porventura, percam as condições de manter o pagamento de suas mensalidades em dia durante esse período de calamidade pública" (Ofício 43/2020/AC/3CCR, fls. 330-331). Diante disso, ao que tudo indica, a agência reguladora decidiu recomendar às operadoras de plano de saúde que não suspendam ou rescindam os contratos de planos de saúde de usuários inadimplentes há mais 60 dias, conforme notícias veiculadas na imprensa (fls. 332-335). Dessa forma, com maior razão, deve ser mantido o contrato dos usuários que estão em dia com as mensalidades (hipótese dos autos).[29]

---

excessiva a seus clientes." BRASIL. Projeto de Lei 1.117/2020. Altera a Lei nº 9.656, de 3 de junho de 1998, que dispõe sobre os planos e seguros privados de assistência à saúde, para estabelecer a vedação de reajuste das mensalidades dos Planos Privados de Assistência à Saúde, enquanto durarem os efeitos do Estado de Calamidade Pública, declarado pelo Decreto Legislativo nº 6, de 2020 decorrente da Pandemia do Coronavírus (Covid-19), e para determinar a vedação temporária da suspensão ou rescisão unilateral dos contratos dos Planos Privados de Assistência à Saúde, pelo prazo de 90 dias. Brasília, 26 de março de 2020.

[29] BRASIL. STJ, TutPrv no REsp 1.840.428, decisão monocrática, rel. Min. Maria Isabel Gallotti, j. 27.03. 2020, DJe 31.03.2020.

Claudia Lima Marques, Káren Rick Danilevicz Bertoncello e Clarissa Costa de Lima afirmam a medida de exata justiça para a situação atual, à qual acrescentamos a continuidade dos serviços privados de assistência à saúde:

> É preciso reafirmar que a pandemia de Covid-19, com o isolamento em que muitas pessoas se encontram, especialmente os doentes e os idosos, já seria suficiente para que a mora não ocorresse, quanto mais com o agravamento da crise e a impossibilidade se deslocar para pagamento e, no caso dos idosos e analfabetos, as dificuldades de comunicação, de receber cartas, de buscar ajuda e informações, isso enquanto não tivermos o esgotamento dos serviços de saúde. Os serviços públicos devem ser os primeiros a manter o fornecimento contínuo, assim como os serviços privatizados de comunicação.[30]

Superado, portanto, este ponto, e reafirmando a ideia de que se trata de força maior o não pagamento por parte do consumidor, devendo o contrato entabulado ser mantido, passa-se, portanto, ao ponto que enfrentará a necessidade de cobertura dos testes de detecção e tratamento por parte das operadoras de saúde privada.

4. POSIÇÃO DA ANS EM CASOS DE COVID-19 E A OBRIGAÇÃO DE CO-BERTURA DE TESTES POR PARTE DAS OPERADORAS DE ASSISTÊNCIA PRIVADA À SAÚDE

Há uma série de exames capazes de diagnosticar em mais ou menos tempo e com maior ou menor precisão a Covid-19 no paciente. O destaque tem sido dado ao teste denominado de RT-PCR, que é uma forma direta de detecção da doença, por meio de um processo mais longo que os demais.[31]

Recentemente, a Agência Nacional de Saúde Suplementar incluiu o referido exame no rol de procedimentos obrigatórios para os usuários de planos de saúde suplementar. Trata-se da Resolução Normativa nº 453 que entrou em vigor em no dia 13 de março do corrente ano[32] ementada com o seguinte texto:

> Altera a Resolução Normativa – RN nº 428, de 07 de novembro de 2017, que dispõe sobre o Rol de Procedimentos e Eventos em Saúde no âmbito

---

[30] MARQUES, Claudia Lima; Bertoncello, Káren Rick Danilevicz; LIMA, Clarissa Costa de. Exceção dilatória para os consumidores frente à força maior da Pandemia de COVID-19: Pela urgente aprovação do PL 3.515/2015 de atualização do CDC e por uma moratória aos consumidores. Revista de Direito do Consumidor. vol. 129/2020, Maio –Jun, 2020DTR\2020\6377, *online*, p. 6. Disponível em: <https://revistadedireitodoconsumidor.emnuvens.com.br/rdc/article/view/1039/908> Acesso em: 06/04/2020.

[31] KOSACHENCO, Camila. Quais são os testes disponíveis para detecção do coronavírus. GAÚCHAZH. Coronavírus serviço. P. 30/03/2020. Disponível em: <https://gauchazh.clicrbs.com.br/coronavirus-servico/noticia/2020/03/quais-sao-os-testes-disponiveis-para-deteccao-do-coronavirus-ck8evk13n097901pqrgrgq1rf.html> Acesso: em 07/04/2020.

[32] Artigo escrito em 2020.

da Saúde Suplementar, para regulamentar a cobertura obrigatória e a utilização de testes diagnósticos para infecção pelo Coronavírus.[33]

Desse modo, para que o usuário do plano de saúde possa fazer o teste, deve possuir indicação médica e ser beneficiário de plano do segmento ambulatorial, hospitalar ou referência.[34]

A orientação expressa da ANS, nesse sentido, é de que o consumidor beneficiário de plano de saúde não procure hospitais ou demais unidades de saúde sem consultar, antes, a sua operadora "para informações sobre o local mais adequado para a realização de exame ou para esclarecimento de dúvidas sobre diagnóstico ou tratamento da doença."[35] Já as operadoras, na contramão dessa orientação e procurando se eximir do seu dever, orientam que o cliente procure diretamente o sistema público de saúde.[36]

Quanto aos exames de detecção do vírus em comento, as operadoras de planos de saúde estão obrigadas a cobrir a sua realização, na forma do referido RT-PCR, desde que preenchidos os requisitos definidos pela ANS, ou seja, da modalidade do plano de saúde e que o paciente apresente sintomas e seja encaminhado por recomendação médica. Nesse sentido, vale anotar que a Agência Nacional de Saúde Suplementar (ANS) incorporou, de forma extraordinária, ao Rol de Procedimentos e Eventos em Saúde, os testes sorológicos para detectar a presença de anticorpos produzidos pelo organismo após exposição ao novo Coronavírus, oficializando a medida através de Resolução Normativa válida a partir de 14.08.2020.[37]

---

[33] AGÊNCIA NACIONAL DE SAÚDE SUPLEMENTAR. Resolução Normativa – RN nº 453, de 12 de março de 2020. Altera a Resolução Normativa – RN nº 428, de 07 de novembro de 2017, que dispõe sobre o Rol de Procedimentos e Eventos em Saúde no âmbito da Saúde Suplementar, para regulamentar a cobertura obrigatória e a utilização de testes diagnósticos para infecção pelo Coronavírus. DOU 13/03/2020.

[34] AGÊNCIA NACIONAL DE SAÚDE SUPLEMENTAR. ANS inclui exame para detecção de Coronavírus no Rol de Procedimentos obrigatórios. Coronavírus. Publicado em: 12/03/2020. Disponível em: <http://www.ans.gov.br/aans/noticias-ans/consumidor/5405-ans-inclui--exame-para-deteccao-de-coronavirus-no-rol-de-procedimentos-obrigatorios> Disponível em: 07/04/2020.

[35] AGÊNCIA NACIONAL DE SAÚDE SUPLEMENTAR. ANS inclui exame para detecção de Coronavírus no Rol de Procedimentos obrigatórios. Coronavírus. Publicado em: 12/03/2020. Disponível em: <http://www.ans.gov.br/aans/noticias-ans/consumidor/5405-ans-inclui--exame-para-deteccao-de-coronavirus-no-rol-de-procedimentos-obrigatorios> Disponível em: 07/04/2020.

[36] Conforme diversas notícias veiculadas. A exemplo, vide: AGÊNCIA BRASIL. Covid-19: pacientes com plano de saúde têm problemas para fazer teste. Publicado em 17/03/2020 por Pedro Rafael Vilela. Disponível em: <https://agenciabrasil.ebc.com.br/saude/noticia/2020-03/covid-19-pacientes-com-plano-de-saude-tem-problemas-para-fazer-teste> Acesso em: 08/04/2020.

[37] Vide http://www.ans.gov.br/aans/noticias-ans/coronavirus-covid-19/coronavirus-todas-as-noticias/5872-covid-19-ans-finaliza-analise-tecnica-e-determina-inclusao-de-teste-sorologico-no-rol-de-procedimentos.

Cap. 11 • PROTEÇÃO DO CONSUMIDOR DE PLANOS DE SAÚDE EM ÉPOCA DE PANDEMIA | **327**

Já no que concerne ao tratamento, como ainda não há definido um que seja adequado e eficaz, os tratamentos "gerais" que atualmente se encontram disponíveis devem ser cobertos pelo plano de saúde conforme orientação do Instituto Brasileiro de Defesa do Consumidor, o IDEC.[38] Estes tratamentos são os que tratam os sintomas da doença, tais como antitérmicos.

O Ministério da Saúde lançou, recentemente, o Protocolo de Manejo Clínico para o Novo Coronavírus (2019-nCoV), de modo que os profissionais e estabelecimentos de saúde, e demais autoridades, passaram a ter orientação padronizada e regrada. Assim, conforme o próprio ente ministerial, o objetivo do protocolo é o de:

> Orientar a Rede de Serviços de Atenção à Saúde do SUS para atuação na identificação, notificação e manejo oportuno de casos suspeitos de Infecção Humana pelo Novo Coronavírus de modo a mitigar os riscos de transmissão sustentada no território nacional. [...] Atualizar os serviços de saúde com base nas evidências técnicas e científicas nacionais e/ou internacionais; Evitar transmissão do vírus para profissionais de saúde e contatos próximos; Evitar que os casos confirmados evoluam para o óbito, por meio de suporte clínico; Orientar sobre a conduta frente aos contatos próximos; Acompanhar a tendência da morbidade e da mortalidade associadas à doença; Produzir e disseminar informações epidemiológicas.[39]

Com o fito de alcançar tais objetivos, o protocolo orienta aos profissionais as definições operacionais da Covid-19, ou seja, quando um caso vai se enquadrar como suspeito, provável, confirmado, descartado ou excluído. Também arrola características gerais e técnicas sobre a infecção pelo novo Coronavírus, medidas de prevenção e controle, a forma correta de notificação ao Centro de Informações Estratégicas em Vigilância em Saúde e, ainda, as formas de atendimento e tratamento.[40]

Saliente-se que, em que pese este material seja um protocolo de orientação ao Sistema Único de Saúde, passa a valer, também, ao sistema suplementar privado, já que há determinação específica da Agência Nacional de Saúde Suplementar no sentido de que estas instituições também devem cobrir testes e tratamentos para o vírus em questão.

---

[38] INSTITUTO BRASILEIRO DE DEFESA DO CONSUMIDOR. Coronavírus: seus direitos com seu plano de saúde. Publicado em 27/03/2020. Disponível em: <https://idec.org.br/dicas-e-direitos/coronavirus-seus-direitos-com-seu-plano-de-saude> Acesso em: 07/04/2020.

[39] MINISTÉRIO DA SAÚDE. Protocolo de Manejo Clínico para o Novo Coronavírus (2019-nCoV). Brasília: 2020, p. 6. Disponível em: <https://portalarquivos2.saude.gov.br/images/pdf/2020/fevereiro/11/protocolo-manejo-coronavirus.pdf> Acesso em: 08/04/2020.

[40] Tais medidas como o uso de máscaras de proteção individual para circulação em espaços públicos e privados acessíveis ao público, em vias públicas e em transportes públicos, sobre a adoção de medidas de assepsia de locais de acesso público, inclusive transportes públicos, e sobre a disponibilização de produtos saneantes aos usuários podem ser conferidos na Lei 13.019/2020, que altera a Lei nº 13.979/2020.

O tratamento segue uma ordem de alternativas, de acordo com a gravidade do paciente, desse modo pode incluir oxigenoterapia suplementar, antimicrobianos, ventilação mecânica, intubação endotraqueal, dentre outros procedimentos.[41] Assim, o mandamento da ANS obriga aos planos de saúde, também, à cobertura dos tratamentos sintomáticos, desde que a modalidade do plano de saúde cubra o seu tipo, tal como é o caso do plano com internação. Assim, o paciente com a Covid-19 que precise de internação para o seu tratamento, mas que, possua o plano apenas ambulatorial, nesse primeiro momento de enfrentamento da doença, ainda não poderá obrigar a operadora a interná-lo, devendo, nesse caso, contar com o Sistema Único de Saúde.

Nesse cenário atual, o mais arrazoado, nos parece, é que as operadoras cumpram rigorosamente o determinado pela ANS para que seja possível evitar uma sobrecarga do SUS. Para tanto, a agência reguladora terá de ser mais incisiva na fiscalização, pois ao que se tem notícias, as operadoras estão tentando se eximir da realização dos testes e tratamento, tentando encaminhar os pacientes para o sistema de saúde pública.

É necessária maior intervenção por parte da ANS nessa questão, como, por exemplo, aplicando multas e designando fiscais. Isso porque, como ocorreu no caso recentemente noticiado em que beneficiários de um plano de saúde, cujo nome não foi divulgado, que se dirigiram ao Hospital Santa Lúcia, na cidade de Brasília, para a realização do teste, foram informados de que a operadora não estava autorizando o exame, assim, o hospital se limitava a oferecer o serviço de forma privada, pelo valor de R$ 690,00.[42]

As notícias no sentido de negativa por parte dos planos de saúde quanto ao exame para diagnóstico são constantes, em Sorocaba também ocorreram casos em que os planos de saúde denegaram a realização do teste e os hospitais, oferecem o exame por um custo a ser pago de forma particular pelo paciente.[43]

A toda evidência, em casos como o relatado, o cidadão além de pagar mensalidade para o plano de saúde, tem, também, que pagar de forma particular o exame para Covid-19.

Na medida em que é necessário maior empenho por parte na Agência Nacional de Saúde Suplementar para que as operadoras de planos de saúde realizem o exame para teste, é louvável as recentes novas medidas da agência para mitigar os impactos da pandemia. Desse modo, foi noticiado no começo do mês de abril do corrente ano

---

[41]   MINISTÉRIO DA SAÚDE. Protocolo de Manejo Clínico para o Novo Coronavírus (2019-nCoV). Brasília: 2020, p. 15-16. Disponível em: <https://portalarquivos2.saude.gov.br/images/pdf/2020/fevereiro/11/protocolo-manejo-coronavirus.pdf> Acesso em: 08/04/2020.

[42]   AGÊNCIA BRASIL. Covid-19: pacientes com plano de saúde têm problemas para fazer teste. Publicado em 17/03/2020 por Pedro Rafael Vilela. Disponível em: <https://agenciabrasil.ebc.com.br/saude/noticia/2020-03/covid-19-pacientes-com-plano-de-saude-tem-problemas-para-fazer-teste> Acesso em: 08/04/2020.

[43]   ESTADÃO. Clientes de planos de saúde relatam recusa de exames para detectar coronavírus. O Estado de S. Paulo – Notícias. Publicado em 20 de março de 2020 por José Maria Tomazel. Disponível em: <https://saude.estadao.com.br/noticias/geral,clientes-de-planos-de-saude-relatam-recusa-de-exames-para-detectar-coronavirus,70003240754> Acesso em> 8/04/2020.

que a ANS irá flexibilizar o uso de mais de R$ 15 bilhões das garantias financeiras e dos ativos garantidores desde que os planos de saúde atendam inadimplentes.[44]

Sobre tal flexibilização, é preciso aclarar que a ANS é a responsável pelo controle das provisões técnicas que, conforme informação do seu próprio sítio eletrônico são "Valores contabilizados no passivo da operadora que refletem as obrigações esperadas decorrentes da operação de plano de saúde."[45] Desse modo, os ativos garantidores são bens de titularidade da operadora que lastreiam as referidas provisões técnicas, trata-se de um modo de "efetivação financeira real da garantia escritural refletida pela provisão técnica".[46]

As provisões técnicas são as responsáveis por garantir os riscos inerentes à atividade de assistência de saúde[47] e os ativos garantidores são os próprios recursos destinados a cobrir tais riscos. Assim, a flexibilização oferecida pela ANS visa a mitigar os efeitos da pandemia instalada no país, no que concerne ao setor de saúde suplementar e se dará nos exatos termos: "permitindo autonomia na gestão dos recursos garantidores das provisões técnicas e equalizando a exigência de capital regulatório para as operadoras que já constituíam 100% do capital exigido, para uso em ações de combate à Covid-19."[48]

Portanto, foram os incentivos regulatórios concedidos às operadoras em situação regular junto à ANS: a) Retirada de exigência de ativos garantidores de Provisão de Eventos/Sinistros a Liquidar (PESL-SUS)[49]; b) Possibilidade de movimentar os

---

[44] AGÊNCIA NACIONAL DE SAÚDE SUPLEMENTAR. ANS flexibiliza uso de mais de R$ 15 bilhões em garantias financeiras e ativos garantidores. Publicado em: 09/04/2020. Disponível em: <http://www.ans.gov.br/aans/noticias-ans/coronavirus-covid-19/coronavirus-todas-as-noticias/5475-ans-flexibiliza-uso-de-mais-de-r-15-bilhoes-em-garantias-financeiras-e-ativos-garantidores#conteudo> Acesso em: 10/04/2020.

[45] AGÊNCIA NACIONAL DE SAÚDE SUPLEMENTAR. Provisões técnicas. Planos e Operadoras. Espaço da Operadora. Regulação Prudencial, Acompanhamento Assistencial e Econômico-Financeiro. Regulação Prudencial. Disponível em: <http://www.ans.gov.br/planos-de-saude-e-operadoras/espaco-da-operadora/regulacao-prudencial-acompanhamento-assistencial-e-economico-financeiro/regulacao-prudencial/provisoes-tecnicas> Acesso em: 10/04/2020.

[46] AGÊNCIA NACIONAL DE SAÚDE SUPLEMENTAR. Espaço da Operadora. Planos de Saúde e Operadoras. Espaço da Operadora. Ativos Garantidores. Disponível em: http://www.ans.gov.br/planos-de-saude-e-operadoras/espaco-da-operadora/264-garantias-financeiras> Acesso em: 10/04/2020.

[47] AGÊNCIA NACIONAL DE SAÚDE SUPLEMENTAR. Espaço da Operadora. Planos de Saúde e Operadoras. Espaço da Operadora. Ativos Garantidores. Disponível em: http://www.ans.gov.br/planos-de-saude-e-operadoras/espaco-da-operadora/264-garantias-financeiras> Acesso em: 10/04/2020.

[48] AGÊNCIA NACIONAL DE SAÚDE SUPLEMENTAR. ANS flexibiliza uso de mais de R$ 15 bilhões em garantias financeiras e ativos garantidores. Publicado em: 09/04/2020. Disponível em: <http://www.ans.gov.br/aans/noticias-ans/coronavirus-covid-19/coronavirus-todas-as-noticias/5475-ans-flexibiliza-uso-de-mais-de-r-15-bilhoes-em-garantias-financeiras-e-ativos-garantidores#conteudo> Acesso em: 10/04/2020.

[49] Conforme informações da ANS, nesse caso: "A operadora fica desobrigada de manter ativos garantidores relativos aos valores devidos a título de ressarcimento ao Sistema Único de Saúde (PESL SUS) no período que vai da data de assinatura do termo de compromisso

ativos garantidores em montante equivalente à Provisão de Eventos Ocorridos e Não Avisados (PEONA)[50] e; c) Redução da exigência da Margem de Solvência para 75% também para as seguradoras especializadas em saúde e operadoras que não estão em fase de escalonamento[51].

Como contrapartida, as empresas deverão firmar um termo de compromisso no qual se comprometerão a oferecer a renegociação de seus contratos e preservar a assistência aos beneficiários durante o período da assinatura do termo junto à ANS até o dia 30 de junho de 2020. E, ainda, deverão pagar regularmente os valores de procedimentos e serviços que tenham sido realizados entre 4 de março de 2020 e 30 de junho de 2020.

Há que se mencionar, ainda, duas medidas recentes que demonstram a preocupação das autoridades quanto ao melhor enfrentamento possível do Coronavírus, dentro dos recursos disponíveis.

---

até 31/12/2020. A medida visa ampliar a liquidez das operadoras, liberando recursos financeiros que poderão ser utilizados para fazer frente a eventual aumento da demanda por atendimento médico ou índices de inadimplência. Com essa medida, há a previsão de redução imediata de R$ 1,4 bilhão de exigências de ativos para as operadoras que atuam no setor." AGÊNCIA NACIONAL DE SAÚDE SUPLEMENTAR. ANS flexibiliza uso de mais de R$ 15 bilhões em garantias financeiras e ativos garantidores. Publicado em: 09/04/2020. Disponível em: <http://www.ans.gov.br/aans/noticias-ans/coronavirus-covid-19/coronavirus-todas-as-noticias/5475-ans-flexibiliza-uso-de-mais-de-r-15-bilhoes-em-garantias-financeiras-e-ativos-garantidores#conteudo> Acesso em: 10/04/2020.

[50] Conforme informações da ANS, nesse caso: "Será retirada a exigência de vinculação dos ativos garantidores na proporção equivalente à PEONA contabilizada, o que permitirá às operadoras uma gestão mais proativa dos seus ativos financeiros. Assim, será possível à operadora adequar o fluxo de pagamento à sua rede prestadora médica e hospitalar em um cenário de eventual queda da liquidez. Conforme previsto na legislação do setor, as operadoras devem manter ativos garantidores registrados junto à ANS na proporção de um para um em relação as provisões técnicas, vinculando-os conforme previsto no art. 3º da referida RN. Neste sentido, estima-se um impacto de R$ 10,5 bilhões em PEONA." AGÊNCIA NACIONAL DE SAÚDE SUPLEMENTAR. ANS flexibiliza uso de mais de R$ 15 bilhões em garantias financeiras e ativos garantidores. Publicado em: 09/04/2020. Disponível em: <http://www.ans.gov.br/aans/noticias-ans/coronavirus-covid-19/coronavirus-todas-as-noticias/5475-ans-flexibiliza-uso-de-mais-de-r-15-bilhoes-em-garantias-financeiras-e-ativos-garantidores#conteudo> Acesso em: 10/04/2020.

[51] Conforme informações da ANS, nesse caso: "Essa medida permite uma resposta mais rápida às necessidades financeiras dessas empresas, oportunizando equiparação das regras com os demais agentes do setor. Dessa forma, há a previsão de redução imediata de aproximadamente R$ 2,7 bilhões para as nove seguradoras que atuam no setor com alto nível de capitalização e que concentram uma parcela expressiva de beneficiários no setor, além de outros R$ 0,2 bilhão para as demais operadoras contempladas." AGÊNCIA NACIONAL DE SAÚDE SUPLEMENTAR. ANS flexibiliza uso de mais de R$ 15 bilhões em garantias financeiras e ativos garantidores. Publicado em: 09/04/2020. Disponível em: <http://www.ans.gov.br/aans/noticias-ans/coronavirus-covid-19/coronavirus-todas-as-noticias/5475-ans-flexibiliza-uso-de-mais-de-r-15-bilhoes-em-garantias-financeiras-e-ativos-garantidores#conteudo> Acesso em: 10/04/2020.

Cap. 11 · PROTEÇÃO DO CONSUMIDOR DE PLANOS DE SAÚDE EM ÉPOCA DE PANDEMIA | 331

Nesse sentido, a Agência Nacional de Saúde Suplementar definiu, por meio da Resolução Normativa nº 259/2011 os prazos para atendimento dos beneficiários dos planos de saúde[52]. com a insurgência da pandemia do Coronavírus, a agência entendeu por adotar medidas para que as operadoras priorizem o combate ao vírus em comento. Com isso, os prazos máximos definidos pela mencionada resolução foram alterados, opcionalmente, para o dobro, com exceção das urgências e emergências cujo prazo foi mantido e o atingimento em regime de hospital-dia e de internação eletiva, que foram suspensos.

A justificativa da ANS é a de que a atitude visa a "reduzir a sobrecarga das unidades de saúde e de evitar a exposição desnecessária de beneficiários ao risco de contaminação"[53]. Evidentemente que, nos casos em que os tratamentos não puderem ser adiados ou interrompidos, sob pena de risco de vida do paciente, os mesmos devem prosseguir normalmente.

Já o Ministério da Saúde autorizou a título temporário e excepcional a ampliação da Telemedicina, em seguida previsto pela Lei 13.989, de 15 de abril de 2020. Essa modalidade tecnológica de cuidar da saúde do paciente pode ser definida da seguinte maneira:

> Telemedicina, em sentido amplo, pode ser definida como o uso das tecnologias de informação e comunicação na saúde, viabilizando a oferta de serviços ligados aos cuidados com a saúde (ampliação da

---

[52] Conforme o artigo 3º da Resolução Normativa, são os seguintes prazos:

"Art. 3º [...]: I – consulta básica – pediatria, clínica médica, cirurgia geral, ginecologia e obstetrícia: em até 7 (sete) dias úteis; II – consulta nas demais especialidades médicas: em até 14 (quatorze) dias úteis; III – consulta/sessão com fonoaudiólogo: em até 10 (dez) dias úteis; IV – consulta/sessão com nutricionista: em até 10 (dez) dias úteis; V – consulta/ sessão com psicólogo: em até 10 (dez) dias úteis; VI – consulta/sessão com terapeuta ocupacional: em até 10 (dez) dias úteis; VII – consulta/sessão com fisioterapeuta: em até 10 (dez) dias úteis; VIII – consulta e procedimentos realizados em consultório/clínica com cirurgião-dentista: em até 7 (sete) dias úteis; IX – serviços de diagnóstico por laboratório de análises clínicas em regime ambulatorial: em até 3 (três) dias úteis; X – demais serviços de diagnóstico e terapia em regime ambulatorial: em até 10 (dez) dias úteis; XI – procedimentos de alta complexidade – PAC: em até 21 (vinte e um) dias úteis; XII – atendimento em regime de hospital-dia: em até 10 (dez) dias úteis; XIII – atendimento em regime de internação eletiva: em até 21 (vinte e um) dias úteis; e XIV – urgência e emergência: imediato." AGÊNCIA NACIONAL DE SAÚDE SUPLEMENTAR. Resolução Normativa – RN nº 259, de 17 de junho de 2011. Dispõe sobre a garantia de atendimento dos beneficiários de plano privado de assistência à saúde e altera a Instrução Normativa – IN nº 23, de 1º de dezembro de 2009, da Diretoria de Normas e Habilitação dos Produtos – DIPRO. D.O.U. 20 de junho de 2011.

[53] AGÊNCIA NACIONAL DE SAÚDE SUPLEMENTAR. ANS adota medidas para que operadoras priorizem combate à Covid-19. Consumidor – A ANS – Notícias ANS – Coronavírus. Publicado em: 25/03/2020. Disponível em: ans.gov.br/aans/noticias-ans/consumidor/5448- -ans-adota-medidas-para-que-operadoras-priorizem-combate-a-covid-19. Acesso em: 22/04/2020.

332 | DIREITO DO CONSUMIDOR – 30 ANOS DO CDC

atenção e da cobertura), especialmente nos casos em que a distância é um fator crítico.[54]

Ou, também, pode ser dito que se trata da "oferta de serviços ligados aos cuidados com a saúde, nos casos em que a distância é um fator crítico, ampliando a assistência e também a cobertura"[55].

Desse modo, a telessaúde que, anteriormente, tinha como finalidade exclusiva definida pelo Conselho Federal de Medicina a "assistência, educação e pesquisa, prevenção de doenças e lesões e promoção de saúde."[56] Foi ampliada por portaria ministerial, de forma excepcional e temporária, nos seguintes termos:

> Art. 1º Esta Portaria dispõe, em caráter excepcional e temporário, sobre as ações de Telemedicina, com o objetivo de regulamentar e operacionalizar as medidas de enfrentamento da emergência de saúde pública de importância internacional previstas no art. 3º da Lei nº 13.979, de 6 de fevereiro de 2020, decorrente da epidemia de coronavírus (COVID-19). [...] Art. 2º As ações de Telemedicina de interação a distância podem contemplar o atendimento pré-clínico, de suporte assistencial, de consulta, monitoramento e diagnóstico, por meio de tecnologia da informação e comunicação, no âmbito do SUS, bem como na saúde suplementar e privada.[57]

Assim, conforme deixa clara a portaria, o objetivo da medida é reduzir a propagação do Coronavírus e proteger tanto os pacientes como os profissionais da saúde.[58]

---

[54] MALDONADO, Jose Manuel Santos de Varge; MARQUES, Alexandre Barbosa; CRUZ, Antonio. Telemedicina: desafios à sua difusão no Brasil. Cad. Saúde Pública, Rio de Janeiro, v. 32, supl. 2, e00155615, 2016. Disponível em: <http://www.scielo.br/scielo.php?script=sci_arttext&pid=S0102-311X2016001402005&lng=en&nrm=iso>. Acesso em: 22/04/2020. Epub Nov 03, 2016. https://doi.org/10.1590/0102-311X00155615.

[55] FERNANDES, Natália Maria da Silva et al. Telemedicina: Desenvolvimento de um sistema para atendimento a distância de pacientes com doença renal crônica pré-dialítica. J. Bras. Nefrol., São Paulo, v. 37, n. 3, p. 349-358, p. 350, Sept. 2015. Disponível em: <http://www.scielo.br/scielo.php?script=sci_arttext&pid=S0101-28002015000300349&lng=en&nrm=iso>. Acesso em: 22/04/2020. https://doi.org/10.5935/0101-2800.20150055.

[56] CONSELHO FEDERAL DE MEDICINA. Resolução CFM nº 2.227/2018. Define e disciplina a telemedicina como forma de prestação de serviços médicos mediados por tecnologias. Publicada no D.O.U. de 6 de fevereiro de 2019, Seção I, p. 58. Referida norma fora revogada pela Resolução nº. 2.228/2019, sendo reestabelecida a Resolução 1.643/2002. Vide https://sistemas.cfm.org.br/normas/visualizar/resolucoes/BR/2019/2228.

[57] MINISTÉRIO DA SAÚDE. **Portaria nº 467, de 20 de março de 2020**. Dispõe, em caráter excepcional e temporário, sobre as ações de Telemedicina, com o objetivo de regulamentar e operacionalizar as medidas de enfrentamento da emergência de saúde pública de importância internacional previstas no art. 3º da Lei nº 13.979, de 6 de fevereiro de 2020, decorrente da epidemia de COVID-19. Publicado em: 23/03/2020. Edição: 56-B. Seção: 1 – Extra. Página: 1.

[58] Nesse sentido é o Art. 3º: "Os médicos que participarem das ações de Telemedicina de que trata o art. 2º, deverão empregar esse meio de atendimento com objetivo de reduzir

Cap. 11 · PROTEÇÃO DO CONSUMIDOR DE PLANOS DE SAÚDE EM ÉPOCA DE PANDEMIA | 333

Esses recentes "remédios" demonstram que as autoridades não estão inertes à situação que está ocorrendo, todavia o que se espera é que continuem tomando medidas cada vez mais incisivas, em especial a ANS, para garantir a defesa dos consumidores dos planos de saúde.

CONCLUSÃO

O que foi visto ao longo do presente artigo demonstra uma preocupação muito grande e séria no país quanto à defesa dos consumidores beneficiários da saúde suplementar. Isso porque os consumidores, de todos os ramos em geral, tenderão à inadimplência por motivo do isolamento social forçado necessário nesse momento.

É evidente, todavia, que os planos de saúde usarão de todas as suas forças para descumprir as normas protetivas na legislação competente, o que deve ser combatido pelas autoridades, pelo Poder Judiciário e, também, por seu órgão regulador, a Agência Nacional de Saúde Suplementar.

Percebe-se que a ANS está tomando uma série de medidas para resguardar os consumidores, principalmente, porque a tendência é de que os mesmos não consigam arcar com as mensalidades dos planos de saúde nos meses que se aproximam.

Em que pesem as medidas já tomadas, o órgão terá de apresentar novas e ainda mais incisivas contando, também, com maior fiscalização e aplicação de multas de monta significativa.

Manter o contrato em caso de inadimplência momentânea, concedendo uma espécie de moratória ao consumidor que precisa se readequar economicamente aos desafios do singular momento atual, é salutar à preservação do próprio sistema de saúde suplementar. Com o fechamento, falência, ou recuperação judicial de inúmeras empresas, surge o desemprego, e dificuldades variadas para a manutenção dos contratos de planos de saúde coletivos empresariais, que são a maior parte do mercado nacional. No entanto, ao deferir-se um tempo necessário de reestruturação à empresa, ao microempresário, ao profissional liberal, para quitação das obrigações advindas do plano ou seguro de saúde, consegue-se equilibrar o número necessário de vidas cobertas pela saúde suplementar.

Espera-se que os impactos econômicos da Covid-19 sejam tão reduzidos quanto o número de vidas ceifadas, e que o presente artigo seja um descritivo de uma situação passageira. Mas, momentâneo ou não o atual período, é chegado o momento de todos colocarem em prática um dos objetivos fundamentais da República Federativa do Brasil, que é o de construção de uma sociedade livre, justa e solidária, consoante previsto no inciso I do artigo 3º de nossa Carta Maior. E isso implica salvaguardar

---

a propagação da Covid-19 e proteger as pessoas." MINISTÉRIO DA SAÚDE. **Portaria nº 467, de 20 de março de 2020**. Dispõe, em caráter excepcional e temporário, sobre as ações de Telemedicina, com o objetivo de regulamentar e operacionalizar as medidas de enfrentamento da emergência de saúde pública de importância internacional previstas no art. 3º da Lei nº 13.979, de 6 de fevereiro de 2020, decorrente da epidemia de COVID-19. Publicado em: 23/03/2020. Edição: 56-B. Seção: 1 – Extra. Página: 1.

334 | DIREITO DO CONSUMIDOR – 30 ANOS DO CDC

um grupo muito afetado, como é o caso dos consumidores, até para que estes possam continuar consumindo e mantendo viva a economia.

REFERÊNCIAS BIBLIOGRÁFICAS

AGÊNCIA NACIONAL DE SAÚDE SUPLEMENTAR. **ANS adota medidas para que operadoras priorizem combate à Covid-19.** Consumidor – A ANS – Notícias ANS – Coronavírus. Publicado em: 25/03/2020. Disponível em: ans.gov.br/ aans/noticias-ans/consumidor/5448-ans-adota-medidas-para-que-operadoras-priorizem-combate-a-covid-19. Acesso em: 22/04/2020.

AGÊNCIA NACIONAL DE SAÚDE SUPLEMENTAR. **ANS flexibiliza uso de mais de R$ 15 bilhões em garantias financeiras e ativos garantidores.** Publicado em: 09/04/2020. Disponível em: <http://www.ans.gov.br/aans/noticias-ans/coronavirus-covid-19/ coronavirus-todas-as-noticias/5475-ans-flexibiliza-uso-de-mais-de-r-15-bilhoes-em-garantias-financeiras-e-ativos-garantidores#conteudo> Acesso em: 10/04/2020.

AGÊNCIA NACIONAL DE SAÚDE SUPLEMENTAR. **ANS inclui exame para detecção de Coronavírus no Rol de Procedimentos obrigatórios. Coronavírus.** Publicado em: 12/03/2020. Disponível em: <http://www.ans.gov.br/aans/noticias-ans/ consumidor/5405-ans-inclui-exame-para-deteccao-de-coronavirus-no-rol-de-procedimentos-obrigatorios> Disponível em: 07/04/2020.

AGÊNCIA NACIONAL DE SAÚDE SUPLEMENTAR. **Espaço da Operadora.** Planos de Saúde e Operadoras. Espaço da Operadora. Ativos Garantidores. Disponível em: <http://www.ans.gov.br/planos-de-saude-e-operadoras/espaco-da-operadora/264-garantias-financeiras> Acesso em: 10/04/2020.

AGÊNCIA NACIONAL DE SAÚDE SUPLEMENTAR. **Resolução Normativa – RN n° 259, de 17 de junho de 2011.** Dispõe sobre a garantia de atendimento dos beneficiários de plano privado de assistência à saúde e altera a Instrução Normativa – IN nº 23, de 1º de dezembro de 2009, da Diretoria de Normas e Habilitação dos Produtos – DIPRO. D.O.U. 20 de junho de 2011.

AGÊNCIA NACIONAL DE SAÚDE SUPLEMENTAR. **Resolução Normativa – RN nº 453, de 12 de março de 2020.** Altera a Resolução Normativa – RN nº 428, de 07 de novembro de 2017, que dispõe sobre o Rol de Procedimentos e Eventos em Saúde no âmbito da Saúde Suplementar, para regulamentar a cobertura obrigatória e a utilização de testes diagnósticos para infecção pelo Coronavírus. DOU 13/03/2020.

AGÊNCIA NACIONAL DE SAÚDE SUPLEMENTAR. **Provisões técnicas.** Planos e Operadoras. Espaço da Operadora. Regulação Prudencial, Acompanhamento Assistencial e Econômico-Financeiro. Regulação Prudencial. Disponível em: <http://www.ans.gov.br/planos-de-saude-e-operadoras/espaco-da-operadora/ regulacao-prudencial-acompanhamento-assistencial-e-economico-financeiro/ regulacao-prudencial/provisoes-tecnicas> Acesso em: 10/04/2020.

BARBOSA, Fernanda Nunes. **Informação: direito e dever nas relações de consumo.** São Paulo, 2008.

BRASIL. **Constituição da República Federativa do Brasil de 1988.** Brasília, 5 de outubro de 1988.

BRASIL. **Lei nº 8.078, de 11 de setembro de 1990**. Dispõe sobre a proteção do consumidor e dá outras providências. Brasília, 11 de setembro de 1990. DOU de 12.09.1990.

BRASIL. **Lei nº 10.406, de 10 de janeiro de 2002**. Institui o Código Civil. Brasília, 10 de janeiro de 2002. D.O.U. 11 de janeiro de 2002.

BRASIL. **Lei nº 10.741, de 1º de outubro de 2003**. Dispõe sobre o Estatuto do Idoso e dá outras providências. Brasília, 1º de outubro de 2003. DOU de 3.10.2003.

BRASIL. **Lei nº 14.046, de 24 de agosto de 2020**. Dispõe sobre o adiamento e o cancelamento de serviços, de reservas e de eventos dos setores de turismo e de cultura em razão do estado de calamidade pública reconhecido pelo Decreto Legislativo nº 6, de 20 de março de 2020, e da emergência de saúde pública de importância internacional decorrente da pandemia da Covid-19. Brasília, 24 de agosto de 2020. DOU 25 de agosto de 2020.

BRASIL. **Projeto de Lei 1.117/2020**. Altera a Lei nº 9.656, de 3 de junho de 1998, que dispõe sobre os planos e seguros privados de assistência à saúde, para estabelecer a vedação de reajuste das mensalidades dos Planos Privados de Assistência à Saúde, enquanto durarem os efeitos do Estado de Calamidade Pública, declarado pelo Decreto Legislativo nº 6, de 2020 decorrente da Pandemia do Coronavírus (Covid-19), e para determinar a vedação temporária da suspensão ou rescisão unilateral dos contratos dos Planos Privados de Assistência à Saúde, pelo prazo de 90 dias. Brasília, 26 de março de 2020.

BRASIL. **Projeto de Lei 1.070/2020**. Altera a Lei nº 9.656, de 3 de junho de 1998, que dispõe sobre a saúde suplementar, para proibir reajustes de planos de saúde durante epidemias de grande proporção. Brasília, 28 de março de 2020.

BRASIL. Superior Tribunal de Justiça. **TutPrv no REsp 1840428**. Rel. Ministra Maria Isabel Gallotti. J. 27 de março de 2020. P. 31 de março de 2020.

CHATER, Priscilla. **Coronavírus e força maior: o que diz o seu contrato?** Opinião. Revista Consultor Jurídico. p. 19 de março de 2020. Disponível em: <https://www.conjur.com.br/2020-mar-19/priscilla-chater-coronavirus-forca-maior-contrato> Acesso em: 06/04/2020.

CONSELHO FEDERAL DE MEDICINA. **Resolução CFM nº 2.227/2018**. Define e disciplina a telemedicina como forma de prestação de serviços médicos mediados por tecnologias. Publicada no D.O.U. de 6de fevereiro de 2019, Seção I, p. 58.

ESTADÃO. **Clientes de planos de saúde relatam recusa de exames para detectar coronavírus**. O Estado de S.Paulo – Notícias. Publicado em 20 de março de 2020 por José Maria Tomazel. Disponível em: <https://saude.estadao.com.br/noticias/geral,clientes-de-planos-de-saude-relatam-recusa-de-exames-para-detectar-coronavirus,70003240754> Acesso em: 08/04/2020.

FERNANDES, Natália Maria da Silva et al. Telemedicina: Desenvolvimento de um sistema para atendimento a distância de pacientes com doença renal crônica pré-dialítica. **J. Bras. Nefrol.**, São Paulo, v. 37, n. 3, p. 349-358, p. 350, Sept. 2015. Disponível em: <http://www.scielo.br/scielo.php?script=sci_arttext&pid=S0101-28002015000300349&lng=en&nrm=iso>. Acesso em: 22/04/2020. https://doi.org/10.5935/0101-2800.20150055.

INSTITUTO BRASILEIRO DE DEFESA DO CONSUMIDOR. **Coronavírus: seus direitos com seu plano de saúde**. Publicado em 27/03/2020. Disponível em: <https://idec.org.br/dicas-e-direitos/coronavirus-seus-direitos-com-seu-plano-de-saude> Acesso em: 07/04/2020.

KOSACHENCO, Camila. **Quais são os testes disponíveis para detecção do coronavírus**. GAÚCHAZH. Coronavírus serviço. P. 30/03/2020. Disponível em: <https://gauchazh.clicrbs.com.br/coronavirus-servico/noticia/2020/03/quais-sao-os-testes-disponiveis-para-deteccao-do-coronavirus-ck8evk13n097901pqrgrgq1rf.html> Acesso: em 07/04/2020.

MALDONADO, Jose Manuel Santos de Varge; MARQUES, Alexandre Barbosa; CRUZ, Antonio. Telemedicina: desafios à sua difusão no Brasil. **Cad. Saúde Pública**, Rio de Janeiro, v. 32, supl. 2, e00155615, 2016. Disponível em: <http://www.scielo.br/scielo.php?script=sci_arttext&pid=S0102-311X2016001402005&lng=en&nrm=iso>. Acesso em: 22/04/2020. Epub Nov 03, 2016. https://doi.org/10.1590/0102-311X00155615.

MARQUES, Claudia Lima; BERTONCELLO, Káren Rick Danilevicz; LIMA, Clarissa Costa de. Exceção dilatória para os consumidores frente à força maior da Pandemia de COVID-19: Pela urgente aprovação do PL 3.515/2015 de atualização do CDC e por uma moratória aos consumidores. **Revista de Direito do Consumidor**. vol. 129/2020, Maio –Jun, 2020DTR\2020\6377, *online*. Disponível em: <https://revistadedireitodoconsumidor.emnuvens.com.br/rdc/article/view/1039/908> Acesso em: 06/04/2020.

MARQUES, Claudia Lima. **Contratos no Código de Defesa do Consumidor**. 5ª. ed. São Paulo: Revista dos Tribunais, 2005.

MINISTÉRIO DA SAÚDE. **Portaria nº 467, de 20 de março de 2020**. Dispõe, em caráter excepcional e temporário, sobre as ações de Telemedicina, com o objetivo de regulamentar e operacionalizar as medidas de enfrentamento da emergência de saúde pública de importância internacional previstas no art. 3º da Lei nº 13.979, de 6 de fevereiro de 2020, decorrente da epidemia de COVID-19. Publicado em: 23/03/2020. Edição: 56-B. Seção: 1 – Extra. Página: 1.

MINISTÉRIO DA SAÚDE. **Protocolo de Manejo Clínico para o Novo Coronavírus (2019-nCoV)**. Brasília: 2020. Disponível em: <https://portalarquivos2.saude.gov.br/images/pdf/2020/fevereiro/11/protocolo-manejo-coronavirus.pdf> Acesso em: 08/04/2020.

PASQUALOTTO, Adalberto. Defesa do consumidor. **Revista de Direito do Consumidor**, São Paulo, nº06, abr.-jun. 1993, p.34-60.

PREFEITURA MUNICIPAL DE PORTO ALEGRE. **Decreto nº 20.534, de 31 de março de 2020**. Decreta o estado de calamidade pública e consolida as medidas para enfrentamento da emergência de saúde pública de importância internacional decorrente do novo Coronavírus (COVID-19), no Município de Porto Alegre. 31 de março de 2020.

SCHMITT, Cristiano Heineck. Indenização por dano moral face à ilegalidade na exclusão de stent da cobertura securitária: comentários ao acórdão do STJ que julgou o REsp 986.947 – RN. **Revista de Direito do Consumidor**. Ano 17, n. 67, jul.-set./ 2008.

SCHMITT, Cristiano Heineck. Cláusulas abusivas em contratos de planos e de seguros de assistência privada à saúde. **Revista de Direito do Consumidor**. nº75, São Paulo, Revista dos Tribunais, p. 214 a 246, julho-setembro de 2010.

Cap. 11 · PROTEÇÃO DO CONSUMIDOR DE PLANOS DE SAÚDE EM ÉPOCA DE PANDEMIA | **337**

SCHMITT, Cristiano Heineck. **Consumidores hipervulneráveis: a proteção do idoso no mercado e consumo**. São Paulo: Atlas, 2014.

SCHMITT, Cristiano Heineck. **Cláusulas abusivas nas relações de consumo**. 4ª edição. São Paulo: Revista dos Tribunais, 2014.

12

A MUNDIALIZAÇÃO VIRTUAL E A (NOVA) ORDEM PÚBLICA GLOBAL DIANTE DA COVID-19: GOVERNANÇA E CONFIABILIDADE NA EXPERIÊNCIA DA COMISSÃO EUROPEIA SOBRE INTELIGÊNCIA ARTIFICIAL[1]

DIÓGENES FARIA DE CARVALHO
VITOR HUGO DO AMARAL FERREIRA

INTRODUÇÃO

Alguma coisa está fora da ordem,
fora da nova ordem mundial
Caetano Veloso

---

[1] Este artigo é resultado do encontro de parte do conteúdo das dissertações defendidas pelos autores, intituladas *Governança.com: a perspectiva brasileira após o processo de mundialização virtual entre a (in)viabilidade de uma governança global para internet e os desafios da sociedade de informação globalizada* de autoria de Vitor Hugo do Amaral Ferreira; e *O princípio da boa-fé objetiva nos contratos de consumo*, de autoria de Diógenes Faria de Carvalho, reflexões revisitadas a partir do contexto da pandemia da COVID-19, tendo por referência, em tradução livre, a publicação da Comissão Europeia sobre a Inteligência Artificial e como a Europa está introduzindo iniciativas por meio de uma consulta pública para não colocar em risco a segurança jurídica dos seus cidadãos e consumidores, para que não enfraqueça a confiança e não impeça o surgimento de uma indústria europeia mais dinâmica. O documento traduzido apresenta opções de políticas públicas para permitir um desenvolvimento confiável e seguro da IA na Europa, em pleno respeito pelos valores e direitos dos seus cidadãos. Faz uma análise, também, das implicações de segurança e responsabilidade em tempos de Inteligência Artificial, Internet das Coisas e robótica. Apresenta um panorama geral de como a IA mudará vidas, melhorando a assistência médica, aumentando a eficiência da agricultura, contribuindo para a mitigação e adaptação nas mudanças climáticas, aumentando a segurança

A mundialização como fenômeno econômico oportunizou o imaginar de um mundo sem fronteiras. Da ideia da abertura dos mercados e da facilitação da operação de mercadorias, o homem contemporâneo encontra-se diante dos resultados que a tecnologia oferece.

Imagina-se, que nem nos pensamentos mais otimistas, vislumbrou-se um quebrar fronteiras nos moldes e proporção que as tecnologias de informação oportunizam. Existe uma multiplicidade de paradigmas que explica a construção do mundo que associam a ciência aliada à tecnologia, fazendo do homem um ser pensante e dominador por excelência.

A mundialização como conceito que traduz todo o tipo de mudanças, inovações, criações e descobertas, ao tempo em que se reporta à integração crescente das diferentes partes do mundo sob o efeito da aceleração das trocas, acelera o desejo de intervir na construção do futuro.

O objetivo deste estudo foi redigir algo que contemple a Sociedade da Informação entre o despertar para um novo tempo e a necessidade de construir um cenário, compatível há governança, sem abrir mão dos princípios basilares, em especial, a boa-fé. Neste cenário, é importante tratar o processo de globalização a partir do contexto tecnológico, limitando-se ao papel das tecnologias antes, durante e os efeitos (incertos) do futuro pós-Covid-19[2]. A transformação da sociedade de consumo desafia o Código de Defesa do Consumidor que celebra três décadas diante de uma sociedade pandêmica.

O acesso à Inteligência Artificial (IA), por meio da internet das coisas de forma especial, implica segurança e responsabilidades, afeta consumidores em benefício à assistência médica, à eficiência de produtos e serviços, aumenta a segurança das pessoas; mas também preocupa diante de potenciais fatores de risco, interferência em tomada de decisões, discriminações diversas, violação de dados sensíveis e vidas particulares.

1. A SOCIEDADE DA INFORMAÇÃO A PARTIR DA MUNDIALIZAÇÃO DA MÍDIA E O CENÁRIO DA COVID-19

Entender a globalização como fenômeno mundial oriundo da reunião de nações em blocos, originalmente por intuitos econômicos, é situação superada. Por mais que ainda se discuta o (in)sucesso das iniciativas contemporâneas. Como dito, o caminho é sem volta, globalizou-se.

Agora, restam as amarras, o desvendar e a cura das sequelas geradas por esses novos tempos. Por um lado, consolida-se a globalização, por outro, estuda-se qual a melhor maneira de se conviver com ela. Como ser global no mundo globalizado?

---

das pessoas. Mas, ao mesmo tempo, desnuda uma série de riscos potenciais, como tomada decisões, discriminações diversas, intrusão em vidas particulares ou o uso para outros fins.

[2] Em 11 de março, a Covid-19 foi caracterizada pela Organização Mundial da Saúde (OMS) como uma pandemia, foi declarado que o surto da doença, causada pelo novo coronavírus (Covid-19), configura Emergência de Saúde Pública de Importância Internacional.

Cap. 12 • A MUNDIALIZAÇÃO VIRTUAL E A (NOVA) ORDEM PÚBLICA GLOBAL | 341

Se a intenção era econômica, com alvo e armas que se estruturam entre transações comerciais, produtos e serviços. Ao globalizar, fragmentos atingiram outros pontos, ao passo em que se permite, por exemplo, falar em globalização social.

Ao contexto da Covid-19, como bem assegurou Bruno Miragem[3], trata-se de uma excepcionalidade, com efeitos sociais e econômicos, que atingem a liberdade e a propriedade individual sem precedentes históricos. Assim, as tecnologias, em especial as plataformas digitais e a diversidade de aplicativos que passaram a protagonizar a comunicação entre as pessoas, geraram, durante a pandemia, a produção de dados como jamais visto.

A inteligência artificial nunca foi tão utilizada, os serviços foram reinventados e o único espaço existente para um abraço limitou-se à virtualidade. Com isso, a incerteza diante da coleta de dados e o uso destes é um novo desafio ao direito, em especial, após a pandemia oriunda pelo coronavírus. Pode-se mencionar um *status* de novos fundamentos à mundialização virtual que desafia a ordem pública global diante da Covid-19, delimitando-se neste texto às perspectivas de governança e confiabilidade.

Em tempos de pandemia, o que era conhecido apenas em ficção ou relatos distantes da contemporaneidade, os agentes políticos se colocam no desafio de criar medidas que minimizem os efeitos, uma vez que evitá-los é impossível. As políticas públicas enfrentam a urgência em ações que contemplem os aspectos sociais e econômicos.

Se a ordem atual já havia modificado o modo de fazer as coisas, negócios digitais móveis e transmissão de pensamentos em tempo real criaram a tecnologia disruptiva (termo que define a inovação de um produto, ou serviço, com particularidades de provocar uma ruptura aos padrões já estabelecidos no mercado). As novas economias, entre elas a digital, ampliam o acesso em um tempo de produção desmaterializada, o que permite o surgimento de uma economia criativa e, por consequência, a economia de acesso, que proporciona, por sua vez, a economia de compartilhamento, que passa a exigir um cuidado com os bens e ambientes compartilhados, surgindo assim a economia da confiança.[4]

À delimitação deste artigo, globalização, novas tecnologias, governança e confiabilidade; nada foi tão globalizado, em espaço mínimo de tempo, com alcance global, como a pandemia da Covid-19. Tampouco nenhuma tecnologia conseguiu ser mais disruptiva quanto este vírus. A ruptura do mercado exigirá para sua reconstrução a cooperação presente na governança, associada à confiabilidade.

O avanço tecnológico permitiu que a globalização acontecesse em meio eletrônico, sendo essencial para a progressão da própria globalização. Arrisca-se, inclusive, afirmar que a globalização sem barreiras, o cidadão do mundo que se

---

[3] Nota relativa à pandemia de coronavírus e suas repercussões sobre os contratos e a responsabilidade civil. Revista dos Tribunais. Vol. 1015/2020. Maio. 2020.

[4] Como já manifestado no artigo Políticas Públicas e as lições preliminares da Covid-19, disponível em https://www.conjur.com.br/2020-abr-01/garantias-consumo-politicas-publicas-licoes-preliminares-covid-19.

anunciava em tempos passados, se existe, é virtual. A globalização atinge sua plenitude em meio virtual.

Este é o desafio deste ensaio, reforçar a importância da globalização da mídia e discutir a (in)viabilidade de estruturação de uma governança global que cuide dos efeitos, em especial os humanos, da pandemia gerada pelo coronavírus.

O sistema de mídia é o quadro das interligações entre tecnologias e organizações que guiam as diversas formas de comunicação. Trata-se de uma categoria de origem essencialmente institucional e econômica, que ajuda a explicar, por um lado, a dinâmica evolutiva dos meios de comunicação e, por outro, como cada sociedade se estabelece, entre as diversas mídias.

Na medida em que se questiona, tendo por objeto sistema de mídia, esta deve estar compreendida não mais no universo nacional, local, uma vez que o sistema de mídias encontra-se interligado a múltiplas redes de relação, tal como, os seus cidadãos, partilhando assim *espaços de fluxo*, termo este utilizado por Manuel Castells (2002).

Para Manuel Castells (2003) embora a designação *sociedade de informação* tenha se estabelecido como legitimação do papel central das tecnologias de informação e comunicação, ela não deixa de ser redutora, constituindo apenas um exemplo de uma entre outras abordagens. Se for essa a abordagem, a qual se pretende dar à sociedade de informação, é relevante questionar se é a melhor forma de captar a essência da mudança social introduzida pela apropriação das tecnologias de informação e comunicação.

Dessa forma, terminologicamente, há o impasse entre o empregar *sociedade de informação*, ou fazer menção à proposta de Castells, que trabalha a *sociedade em rede*. Para um melhor entendimento, salienta-se que sociedade em rede irá compreender a sociedade de informação, uma vez que aquela é mais ampla, constituindo-se da interligação das tecnologias em tempo e espaço desta, ou seja, para sociedade de informação emprega-se o termo ao se fazer menção ao tempo em que se vivencia a tecnologia (sociedade de informação), enquanto que a forma em que se articula a informação direciona-se à sociedade em rede.

Diante do contexto, Cardoso (2007, p. 32) arremata:

> A apropriação social das tecnologias de informação e comunicação na era da informação caracteriza-se pela sua interligação em rede.
> [..]
> Essa rede de tecnologias não é o mero produto de uma convergência tecnológica, mas sim de uma forma de organização social criada por quem dela faz uso.

Se a apropriação social das tecnologias na era da informação caracteriza-se pela sua interligação em rede, assim é, em função da articulação de quem a utiliza, o homem. Qualquer entendimento que se tenha, ou que se queira formar, sobre as tecnologias, limitadas às de informação, contextualizadas na sociedade em rede, não há como fugir da principal delas, a *internet*.

O homem, envolto pelas tecnologias, organiza-se em rede, eis a sociedade em rede, diante de um novo universo, a sociedade da informação. Contextualizar este

Cap. 12 · A MUNDIALIZAÇÃO VIRTUAL E A (NOVA) ORDEM PÚBLICA GLOBAL | 343

momento é voltar-se aos anseios mais primatas do homem, compreendidos entre crenças e crédulos da humanidade, de Adão e Eva, em uma conotação bíblica, à clonagem, em um aspecto científico, da descoberta do fogo aos computadores, do real ao virtual.

A revolução da tecnologia da informação, não se renega outros avanços tecnológicos compreendidos em seu tempo, como bem lembra Castells (2003), repassa por um período breve da história, ainda recente, porém intenso.

Oportunamente, Castells (1999, p. 76):

> Apesar de os antecessores industriais e científicos das tecnologias da informação com base em microeletrônica já poderem ser observados anos antes da década de 1940 (não menosprezando a invenção do telefone por Bell, em 1876, do rádio por Marconi, em 1898, e da válvula a vácuo por De Forest, em 1906), foi durante a Segunda Guerra Mundial e no período seguinte que se deram as principais descobertas tecnológicas em eletrônica: o primeiro computador programável e o transistor, fonte da microeletrônica, o verdadeiro cerne da revolução da tecnologia da informação no século XX. Porém defendo que, de fato, só na década de 1970 as novas tecnologias da informação difundiram-se amplamente, acelerando seu desenvolvimento sinérgico e convergindo em um novo paradigma. [...] A história das tecnologias baseadas na eletrônica, dividem-se em três momentos: microeletrônica, computadores e telecomunicações.

O transistor inventado em 1947 na empresa Bell Laboratories pelos físicos Bardeen, Brattain e Shockley (ganhadores do Prêmio Nobel pela descoberta) possibilitou o processamento de impulsos elétricos em velocidade rápida e em modo binário de interrupção e amplificação, permitindo a codificação lógica e da comunicação com e entre as máquinas. (CASTELLS, 1999).

Os computadores, como lembra Castells (1999, p. 78), são frutos também da "mãe de todas as tecnologias, a Segunda Guerra Mundial". O projeto Arpanet da Agência de Projetos Avançados (ARPA), do Departamento de Defesa norte-americana confiou, em 1969, à Rand Corporation a elaboração de um sistema de telecomunicação que garantisse que um ataque nuclear russo não interrompesse a corrente de comando dos Estados Unidos. (PAESANI, 2006, p. 25). Nesta perspectiva, a Covid-19 deixa quais lições?

Contemporâneo à guerra fria, a solução para o dilema americano foi a criação de redes locais[5] (LAN), posicionadas nos lugares estratégicos do país e coligadas por meio de redes de telecomunicação geográfica (WAN). (PAESANI, 2006, p. 25). Na eventualidade de uma cidade ser destruída por um ataque nuclear, essa rede de

---

5   O primeiro computador foi construído pela interligação de 70 mil resistores e ocupava a área de um ginásio esportivo, quando foi acionado o seu consumo de energia foi tão alto que as luzes da Filadélfia piscaram. (CASTELLS, 1999, p. 79). Na contribuição de Castells (1999, p. 83) a primeira rede de computadores entrou em funcionamento em 1º de setembro de 1969.

redes conexas, isto é *internet,* coligações entre redes locais distantes, garantiria a comunicação entre as remanescentes cidades coligadas.

Por certo, é indiscutível a contribuição trazida para sociedade pelo avanço da tecnologia, pelo uso de computadores, e pelo avanço das comunicações mundiais, em especial da rede internacional de dados – *internet,* fomentando, sem precedentes na história, a paixão humana pelo conhecimento, educação e cultura. A partir dos benefícios e novos caminhos que a *internet* propiciou à sociedade da informação, no entendimento de Mauro Marcelo de Lima e Silva (2008), a *internet,* chamada pela mídia de superestrada da informação, nada mais é do que a interligação simultânea de computadores de todo o planeta, algo que os futuristas em seus exercícios de suposição jamais imaginaram.

Evidente que o acesso à informação sempre foi muito valorizado, constituindo verdadeira forma e fonte de poder, sendo seu controle verdadeiro patrimônio econômico, político e cultural.

Atualmente, a *Internet* é vista como um meio de comunicação que interliga computadores e permite o acesso a uma quantidade de informações praticamente inesgotável, anulando toda distância de lugar e tempo. Na contribuição de Liliana Minardi Paesani (2006), a autora salienta que é preciso reconhecer, no entanto, que a decolagem da *internet* ocorreu no ano de 1973, quando *Vinton Cerf,* do Departamento de Pesquisa avançada da Universidade da Califórnia e responsável pelo projeto, registrou o Protocolo de Controle da Transmissão (TCP/IP), configurando um código que consente aos diversos *networks* incompatíveis por programas e sistemas comunicarem entre si.

Desde então, reforça a autora que a evolução dos meios de informação aumentou de forma considerável, a ponto da Organização das Nações Unidas (ONU) reconhecer que a tecnologia da informação abre uma via rápida para o crescimento baseado no conhecimento, como ocorreu com as exportações de *software* da Índia, os serviços de informática da Irlanda e o processamento de dados do Caribe.

Para Mireille Delmas-Marty (2003) a mundialização da mídia parte de dois princípios: a) a cobertura planetária de informações, b) a capacidade de transportá-la rapidamente (do pombo correio ao satélite).

Sobre a mundialização da mídia:

> É o desenvolvimento técnico, sem dúvida, que desencadeia, a partir dos anos oitenta, um progresso formidável da mundialização, que toca não apenas o setor da informação mas, ainda, a própria organização das empresas de jornais, televisão e informática que as tornam verdadeiros grupos de informação com vocação mundial. Alimentadas por agências de informação internacionais, e patrocinadas financeiramente por agências de publicidade sempre prontas a preferir as mídias de dimensão internacional, os grupos de imprensa, que privilegiam a mundialização das revistas praticam diferentes estratégias. (DELMAS-MARTY, 2003, p. 143).

Se a mundialização se dá por pessoas e organização delas em sociedade, a *internet* carrega, sim, um traço característico que a diferencia das formas de relacionamento humano até o momento, e este traço, historicamente, configura que as relações entre as pessoas têm se materializado diante do espaço físico em que a sociedade está inclusa. O casamento pressupõe a coabitação; uma compra e venda, a tradição. Há sempre uma cadeia de necessariedade em relação a um contato físico e material. No espaço virtual as relações se estabelecem indiferentemente da distância que estejam as pessoas. (GOIS JUNIOR, 2001, p. 46).

O uso das redes de computadores, que focam a *internet*, é "um espaço sem fronteiras ou ultrafronteiriço onde se dissolveram conceitos importantes do direito como o conceito de território, o de jurisdição, o de materialidade e outros" (GOIS JUNIOR, 2008, p. 186). Para tanto, José Caldas Góis Junior (2008, p. 186-187) enumera algumas características da *internet*, das quais constata que a questão não é das mais simples, *in verbis*:

1) a *internet* hoje não é mais tão somente o espaço literário e romântico de uma democracia de informação, como se afigurou nos seus primórdios. Ao contrário, o que vemos atualmente é um avassalador processo de apropriação da rede pela sociedade capitalista transformando-a em apenas mais um meio de viabilizar o consumo em massa a nível global;

2) muito mais que qualquer outro, uma boa lei sem um arcabouço técnico operacional que lhe garanta aplicabilidade pode vir muito rapidamente a se transformar em apenas uma página de boas intenções. Assim é que nenhuma lei será realmente eficaz se não se desenvolverem, concomitantemente, técnicas e métodos de polícia investigativa e mecanismos de cooperação internacional que permitam ao menos se chegar ao ponto inicial da aplicação da lei: a constatação da prática do ilícito ou da negação a um direito garantido;

3) as formas atuais de limitação estatal ao uso das redes de computadores ainda estão quase que completamente ligadas a uma tentativa de controle político ou ideológico como é o caso do Afeganistão, da China e mesmo dos Estados Unidos, com o esforço de dar à rede um padrão adequado à cultura e à moral nacional. Tais países se sentem ameaçados com o modelo quase anárquico que a *internet* propõe.

Pois bem, Liliana Minardi Paesani (2006, p. 27) ao questionar "o que é *internet*?" alerta que a resposta não é clara nem completa. Inicialmente, sob o aspecto técnico "é uma imensa rede que liga elevado número de computadores em todo o planeta."

Portanto, a rede é uma oportunidade de encontro, de troca, de crescimento de relações sociais. Em contrapartida, "existe o reverso da medalha, que Umberto Eco (*apud* PAESANI, 2006, p. 27) sintetizou na afirmação de que o verdadeiro problema da comunidade eletrônica é a solidão". Em oportuna contradição, a pandemia do novo coronavírus fez da comunidade eletrônica o melhor espaço para amenizar o afastamento físico.

A retrospectiva assinada por Têmis Limberger (2007a) no que tange à evolução do fenômeno informático repassa pela contextualização de que a história da humanidade experimentou descobertas que oportunizaram o avanço da sociedade, da própria civilização.

346 | DIREITO DO CONSUMIDOR – 30 ANOS DO CDC

Enfatiza a autora:

> Uma das primeiras a ser considerada é a escrita, que proporcionou às pessoas evoluir de uma comunicação oral a uma comunicação gráfica. Com o advento da escrita, a informação pode ser guardada e levada a outros lugares, bem como ser armazenada para outras gerações. Outra conquista significativa na matéria de possibilidades de interação foi a descoberta da máquina a vapor, que significou o nascimento da indústria, do trem e da eletricidade. Uma das consequências que daí advieram para o século XX foi a popularização dos livros, devido à diminuição dos custos, e da imprensa. Atualmente, o acesso de um maior número de pessoas à informática representa um avanço para a comunicação, uma vez que o computador não é somente uma máquina, com seu aspecto tecnológico de última geração, mas também leva consigo a possibilidade de transmitir a informação de uma forma muito veloz. Hoje em dia, os computadores não estão mais isolados, mas sim interligados em redes, em conexão com outros computadores. Isso faz com que seus efeitos saiam de um âmbito restrito e sejam transmitidos globalmente e com uma velocidade ímpar, combinando os fatores de tempo e espaço. (2007a, p. 51).

Quando se reconhece a informática num todo e a *internet* particularmente como um dos principais avanços contemporâneos da sociedade deve ser analisada a relação da *internet* frente a outros tipos de mídias, do qual viabilizou o processo de mundialização da mídia, e tantos outros efeitos. A produção de dados, a sua consequente violação e a inteligência (artificial) que passou a dar vida a coisas reinventam e desafiam os tempos atuais.

2. ORDEM PÚBLICA GLOBAL: PERSPECTIVAS DE GOVERNANÇA E CONFIABILIDADE DIANTE DA COVID-19

2.1 *Governança: desafios da sociedade em rede*

A internet precursora do espaço virtual, da queda das fronteiras, constrói um novo território, caracterizado pela ausência de barreiras. Na medida em que se organiza como um instrumento de conhecimento, concretiza, como dito, um mundo aberto.

Neste contexto, carece-se da união de corporações, da atuação multinacional, em um universo global. Eis, um dos principais dilemas da *internet*. A proposta de estudo a seguir, que inaugura o segundo momento desta pesquisa, volta-se à ideia da construção de diretrizes à governança, consideradas a partir de perspectivas e limites do governar universal, na soma de esforços diante dos efeitos da pandemia da Covid-19.[6]

---

[6] O item *4.8 – Governança*, da publicação da Comissão Europeia sobre a Inteligência Artificial, assim aborda o tema: É necessária uma estrutura de governança europeia em AI, sob a

Os pontos que estruturam este capítulo reforçam a necessidade de solucionar os desacordos. No que tange à governança, a sociedade internacional contemporânea tem que organizar diretrizes que permitam a resolução pacífica e a articulação global. Nestes impasses é que se procura questionar a governança como verdade ou utopia.

Há que se considerar que tal contexto impõe um pensar sobre os efeitos, as sequelas oriundas deste cenário. Se a *internet* oportuniza o acesso às informações em um caráter nunca visto, também insurge diversas celeumas. Eis então, um dos principais dilemas da *internet* a ser enfrentado em tempos atuais, governá-la. Pela facilidade com que extrapola fronteiras nacionais, a convergência tecnológica no campo da informação pede negociações multilaterais para discutir sua administração, ou seja, mecanismos de governança global.

---

forma de um quadro de cooperação das autoridades nacionais competentes, para evitar a fragmentação de responsabilidades, aumentar a capacidade nos Estados-Membros e garantir que a Europa se equipe progressivamente com a capacidade necessária para testar e certificar AI produtos e serviços habilitados. Nesse contexto, seria benéfico apoiar as autoridades nacionais competentes para que cumpram seu mandato onde a IA é usada. Uma estrutura de governança europeia poderia ter uma variedade de tarefas, como um fórum para o intercâmbio regular de informações e melhores práticas, identificando tendências emergentes, aconselhando atividades de padronização e certificação. Também deve desempenhar um papel fundamental na facilitação da implementação do quadro jurídico, como por meio da emissão de orientações, opiniões e conhecimentos. Para esse efeito, deve basear-se numa rede de autoridades nacionais, bem como em redes setoriais e autoridades reguladoras, a nível nacional e da UE. Além disso, um comitê de especialistas poderia prestar assistência à Comissão. A estrutura de governança deve garantir a máxima participação das partes interessadas. As partes interessadas – organização de consumidores e parceiros sociais, empresas, pesquisadores e organizações da sociedade civil – devem ser consultadas sobre a implementação e o desenvolvimento do quadro. Dadas as estruturas já existentes, como finanças, produtos farmacêuticos, aviação, dispositivos médicos, proteção ao consumidor, proteção de dados, a estrutura de governança proposta não deve duplicar as funções existentes. Em vez disso, deve estabelecer laços estreitos com outras autoridades competentes da UE e nacionais nos vários setores para complementar os conhecimentos existentes e ajudar as autoridades existentes a monitorar e supervisionar as atividades dos operadores econômicos que envolvem sistemas de IA e produtos e serviços habilitados para IA. Por fim, se essa opção for utilizada, a realização de avaliações da conformidade poderá ser confiada aos organismos notificados designados pelos Estados-Membros. Os centros de teste devem permitir a auditoria independente e a avaliação dos sistemas de IA de acordo com os requisitos descritos acima. A avaliação independente aumentará a confiança e garantirá a objetividade. Também poderia facilitar o trabalho das autoridades competentes relevantes. A UE possui excelentes centros de teste e avaliação e deve desenvolver sua capacidade também na área de IA. Os operadores econômicos estabelecidos em países terceiros que pretendam entrar no mercado interno podem recorrer a organismos designados estabelecidos na UE ou, sujeitos a acordos de reconhecimento mútuo com países terceiros, recorrer a organismos de países terceiros designados para realizar essa avaliação. A estrutura de governança relacionada à IA e as possíveis avaliações de conformidade em questão deixariam os poderes e responsabilidades sob a legislação da UE existente das autoridades competentes relevantes em setores específicos ou sobre questões específicas (finanças, produtos farmacêuticos, aviação, dispositivos médicos, proteção ao consumidor, proteção de dados pessoais etc.) não afetadas.

A governança é mais que um conceito teórico. É um campo de conhecimentos e práticas que exigem uma abordagem multidisciplinar para sua compreensão. Trata-se de um:

> conjunto de regras, processos e práticas que orientam e estabelecem as relações formais de poder de uma organização com seus públicos ou entre governos e governados.
>
> [...]
>
> num mundo onde a autoridade sofre deslocamento contínuo, tanto exteriormente, no sentido das entidades supranacionais, como internamente, no sentido dos grupos subnacionais, é cada vez mais necessário verificar como pode existir a governança na ausência de um governo. (ROSENAU, 2000, sp).

A expressão *governance* surge a partir de reflexões conduzidas principalmente pelo Banco Mundial, "tendo em vista aprofundar o conhecimento das condições que garantem um Estado eficiente" (DINIZ, 1995, p. 400). Ainda, segundo Diniz, "tal preocupação deslocou o foco da atenção das implicações estritamente econômicas da ação estatal para uma visão mais abrangente, envolvendo as dimensões sociais e políticas da gestão pública".

O relatório elaborado pela Comissão Sobre Governança Global (1996) define a governança como o exercício da autoridade, controle, administração, poder de governo. No mesmo sentido, é a maneira pela qual o poder é exercido, administrando recursos sociais e econômicos de um país. Implica, assim, na capacidade dos governos de planejar, implementar políticas e cumprir funções.

Assim, Maria Helena de Castro (1997) sobre governabilidade, governança e democracia descreve que:

a) A ideia de que uma "boa" governança é um requisito fundamental para um desenvolvimento sustentado, que incorpora ao crescimento econômico equidade social e também direitos humanos;

b) A questão dos procedimentos e práticas governamentais na concretização de suas metas adquire relevância, incluindo aspectos como o formato institucional do processo decisório, a articulação público-privado na formulação de políticas ou ainda a abertura maior ou menor para a participação dos setores interessados ou de distintas esferas de poder. (SANTOS, 1997, p. 340-341).

Nesta concepção, é apropriado dizer que o debate em torno da globalização da *internet* incumbe na atuação de agentes governamentais, não governamentais e sociedade civil. Situação que implica mudança de paradigma, pois os governos já não são os únicos, carecem de subsídios e apoio de outras esferas.

Por mais que a órbita não seja exatamente a mesma, Jânia Saldanha (2001) ao trabalhar os processos integracionistas no âmbito jurisdicional e do direito comunitário, também está diante da globalização, em função disso, afirma que limitar-se ao

Cap. 12 · A MUNDIALIZAÇÃO VIRTUAL E A (NOVA) ORDEM PÚBLICA GLOBAL | **349**

Estado-nação condiciona à inconsistência do direito processual. Assim, a prestação jurisdicional deve reconhecer os meios que oportunizam uma visão mais ampla.

Da mesma forma que nas vias processuais, não apenas o direito, mas os atores envolvidos e a se envolver, nos mais diversos temas possíveis, devem tomar nortes que possibilitem cooperações globais.

Para Barros-Platiau (2009), a governança global reside no processo de construção de instituições, tais como a Organização das Nações Unidas e dos regimes internacionais para a regulação dos desafios contemporâneos, portanto não deve ser confundida com um governo global. Fundamenta tal sentido, James Rosenau (2000) ao definir que a governança demonstra a existência de regras, a todos os níveis da atividade humana, cujas finalidades são controladas para terem um efeito internacional. Essa abordagem defende que os indivíduos são capazes de se organizar para resolver problemas comuns, por meio de mecanismos interativos de decisão, que constituem a "governança sem governo" a partir de uma iniciativa comum tomada sob consenso. As relações de poder tendem a ser afastadas, formando uma rede de instituições de natureza estatal e não estatal, que mobiliza funções diversas para atingir objetivos convergentes.

Para Rousseau (2001, p. 91) "a governança é a maneira pela qual o poder é exercido no gerenciamento dos recursos sociais e econômicos de um país". Articular efetivamente esse gerenciamento diz respeito à boa governança. Por certo, se a governança engloba técnicas de governo, boa governança requer boas técnicas.

Na concepção de governança, governabilidade vem a ser, na compreensão de Márcia Ribeiro Dias (2002), as condições em que se organiza o exercício do poder em um sistema político. Para tanto, o conceito de governança num viés global, é a troca de experiências a respeito da melhor forma de administrar os assuntos internos. Portanto, governança global deve articular a sociedade em diálogos interestatais.

Em acordo com a Comissão sobre Governança Global (2009), a tomada de decisão global deve fundamentar e influenciar as decisões locais, nacionais e regionais, contando com a capacidade e os recursos de um grande número de pessoas e instituições em vários níveis. Devem ser desenvolvidas políticas e práticas conjuntas sobre questões de interesse comum.

Oportuna a contribuição, em caráter de conclusão, oferecida por Dalmo de Abreu Dalari (2001), ao sintetizar que a governança global mostra-se como uma alternativa à globalização, mero artifício usado pelos grandes grupos econômicos e financeiros no final do século XX para simular uma nova tendência e tentar escancarar as fronteiras para os seus negócios.

Se a *internet* é resultado desse artifício, a correta utilização dos meios governativos mundiais terminaria por amenizar, ou mesmo sanar, as indesejáveis sequelas trazidas pelos (des)caminhos da *internet*. Para resolver seus desacordos, a sociedade internacional contemporânea tem que fazer uso da governança global, tendo por base duas diretrizes: a resolução pacífica e a articulação global para solucionar problemas e impasses de ordem universal.

A ideia desenvolvida para a conceituação de governança volta-se às políticas governamentais que compreendem o conjunto das regras e processos, estabelecidos, capazes de orientar as relações entre governos e governados.

Para os efeitos da Covid-19, a governança se presta na medida em que os governos, sociedade civil e iniciativas privadas desenvolvem normas condizentes às necessidades de suas vítimas, sejam os familiares das vítimas fatais; sobreviventes com sequelas; pequenos empresários que tiveram seus empreendimentos fechados; as relações contratuais pendentes de adimplemento; a produção massiva de dados e a provável violação destes.

O tema governança para *internet* é resultado da Cúpula Mundial sobre a Sociedade de Informação (CMSI), o qual Valéria Betancourt (2004) descreve os processos e temas debatidos, que passam a ser encarados com um desafio à contemporaneidade.

> A CMSI, diferentemente de outras Cúpulas patrocinadas pelas Nações Unidas, se efetua em duas fases (Genebra 2003 e Túnis 2005), inclui pela primeira vez o setor privado como ator-chave e pretende refletir os interesses dos diversos atores convocados para o processo.

> Outra particularidade da CMSI é o fato de ser organizada por um organismo técnico, a União Internacional de Telecomunicações (UIT), embora os temas que aborda tenham profundas implicações sociais, culturais, econômicas e políticas. (BETANCOURT, 2004, p. 30).

A Cúpula Mundial sobre Sociedade de Informação teve sua preparação em meados de 2002. Um processo de discussão global orientado pela Secretaria da Organização das Nações Unidas, que visava orientar o desenvolvimento de um marco global que permita enfrentar os desafios apresentados pela chamada Sociedade da Informação (SI).

Em princípio a governança envolve diversos assuntos, como segurança, privacidade, controle de conteúdo, liberdade de expressão, tributação, direito autoral, propriedade intelectual, regulamentação de telecomunicações, políticas de competição, inclusão digital, universalização de acesso e a coordenação e padronização técnica da Internet.

Certamente nenhum desses assuntos é novo, ainda que a questão da governança, em si, seja um fenômeno recente e em busca de definição. Toma-se como exemplo apenas dois dos assuntos da governança da Internet, em especial diante dos efeitos da pandemia da Covid-19, a proteção de dados e a reengenharia necessária diante das relações contratuais.

2.2 O modelo da Comissão Europeia sobre Inteligência Artificial[7]

Na medida em que a tecnologia digital se amplifica, cada vez mais a Inteligência Artifical é assunto central na vida das pessoas, bem como a necessidade de

---

[7] Trata-se de parte de uma tradução livre dos autores, da publicação do Jornal eletrônico da Comissão Europeia sobre a Inteligência Artificial e como a Europa está introduzindo iniciativas por meio de uma consulta pública para não colocar em risco a segurança jurídica dos seus cidadãos e consumidores, para que não enfraqueça a confiança e não impeça o surgimento de uma indústria europeia mais dinâmica. O documento traduzido apresenta opções de políticas públicas para permitir um desenvolvimento confiável e seguro da IA

dimensionar o valor da confiança.[8] Este ponto do artigo é parte da tradução do documento publicado pela Comissão Europeia sobre Inteligência Artificial, que será apresentado com o intuito de fundamentar as discussões sobre segurança após a nova fase da mundialização virtual decorrente da pandemia do coranovírus.

Ao falar em confiança (com fé) oportuno trazer os ensinamentos sobre boa-fé, conceito não definido em lei, devido à sua natureza relativa; o que cabe ao julgador definir, no momento da aplicação da norma, segundo as convicções da sociedade e as circunstâncias especiais do caso. Desde a célebre concepção de Cicerón, segundo a qual o fundamento da justiça é a fidelidade (*fundamentum est iustitiae fides*), sempre existe, também, a relação da boa-fé com a justiça.[9]

Jean Carbonnier fala em um "dever de honradez e probidade e, concentrando sua atuação na boa-fé contratual, alude à cooperação indispensável entre as partes contratantes."[10] Já Gorphe assevera que a boa-fé impõe o dever moral de não prejudicar ou enganar o outro.[11] Algumas dessas manifestações citadas referem-se à boa-fé subjetiva e outras, à boa-fé objetiva. Segue, então, a distinção entre elas.

Os ensinamentos de Canaris também pontificam uma teoria relativa à noção sistêmica e concebem o sistema jurídico[12] como uma ordem teleológica ou axiológica de princípios gerais de direito. O elemento de adequação valorativa conduz à característica de ordem teleológica, enquanto a unidade interna dirige-se para os princípios gerais. Trata-se, deste modo, de um sistema aberto.[13]

---

na Europa, em pleno respeito aos valores e direitos dos seus cidadãos. Faz uma análise, também, das implicações de segurança e responsabilidade em tempos de inteligência artificial, internet das coisas e robótica Apresenta um panorama geral de como a IA mudará nossas vidas, melhorando a assistência médica, aumentando a eficiência da agricultura, contribuindo para a mitigação e adaptação nas mudanças climáticas, aumentando a segurança das pessoas. Mas, ao mesmo tempo, desnuda uma série de riscos potenciais, como tomada decisões, discriminação de gênero ou outros tipos de discriminação, intrusão em nossas vidas particulares ou o uso para outros fins.

[8] Na dicção de Karl Larenz, a boa-fé é o alicerce do relacionamento humano e a eventual desconfiança de todos implicarem a fim da paz e o domínio da discórdia. Assim, a boa-fé, além de constituir um princípio, uma referência ética, norma de comportamento representa a regra moral nas obrigações.

[9] Cf. CICERÓN, 1966 apud REZZONICO, op. cit., p. 502.

[10] CARBONNIER, 1971 apud ZANELLATO, op. cit., p. 67.

[11] GORPHE, 1928 apud ZANELLATO, op. cit., p. 68.

[12] Para Miranda Coutinho sistema jurídico é um conjunto de temas jurídicos que, colocados em relação e costurados por um princípio unificador, formam um todo pretensamente orgânico destinado a uma determinada finalidade. É fundamental, como parece óbvio ser o conjunto orquestrado pelo princípio unificador e voltado para o fim ao qual se destina". MIRANDA-COUTINHO, 1993 apud BERBERI, op.cit., p. 76.

[13] A concepção de um sistema aberto, assevera Canaris, implica duas ordens de ideias: a primeira diz respeito a incompletude do conhecimento científico, devendo o jurista, como qualquer outro cientista, estar preparado para, a qualquer tempo, questionar o sistema – que exprime o estado de conhecimento de seu tempo – até então elaborado, de maneira que o progresso ou a reelaboração científica possam resultar num alargamento ou na

Assim, a confiabilidade é um pré-requisito para sua aceitação. A Europa tem um forte apego aos seus valores e ao Estado de direito, bem como uma capacidade comprovada de construir produtos e serviços seguros, confiáveis e sofisticados, já proporcionado na aeronáutica, na produção de energia, no setor automotivo e na produção de equipamentos médicos. Também foi a Europa uma das regiões do mundo mais devastada pela Covid-19.

O crescimento econômico sustentável atual, o futuro da Europa e o seu bem-estar social cada vez mais tem suas bases em valores criados pelos dados. A IA é uma das implicações mais importantes da economia de dados. Atualmente, grande parte dos dados está relacionada aos consumidores e são armazenados e processados na infraestrutura central localizada em uma nuvem. Por outro lado, uma grande parte dos dados virá das indústrias, dos negócios e do setor público, e serão armazenados em uma variedade de sistemas e dispositivos de computação que trabalham com a rede. Isso abre novas oportunidades para a Europa, pois tem uma forte posição na indústria digitalizada e nos aplicativos empresariais, mas com uma posição relativamente fraca nas plataformas de consumidores.

Este contexto exige o questionamento sobre a produção, armazenamento, uso e violação dos dados gerados durante a pandemia da Covid-19. O que terá a Comissão Europeia sobre Inteligência Artificial a ensinar?

Para os cidadãos perceberem novos benefícios, como por exemplo, assistência médica aprimorada, mais qualidade nos utensílios domésticos, sistemas de transporte seguros e limpos, bem como eficientes serviços públicos; o desenvolvimento de negócios – uma nova geração de produtos e serviços nas áreas já fortalecidas na Europa (máquinas, transporte, segurança cibernética, agricultura, economia circular, saúde e setores de alto valor agregado, como moda e turismo); os serviços de interesse público, por exemplo, é possível uma redução dos custos de prestação de serviços (transporte, educação, energia e gestão de resíduos), melhorando a sustentabilidade, equipando melhor as autoridades policiais com as ferramentas apropriadas com salvaguardas adequadas no respeito aos direitos e liberdades individuais.

2.2.1 Um ecossistema de confiança: quadro regular para IA

Como em qualquer nova tecnologia, o uso da IA traz oportunidades e riscos. Os cidadãos temem ficar impotentes na defesa de seus direitos e segurança quando enfrentam as assimetrias de informações da tomada de decisões algorítmicas, e as empresas estão preocupadas com a incerteza jurídica. Embora a IA possa ajudar a proteger a segurança dos cidadãos e permitir que eles desfrutem de seus direitos fundamentais, os cidadãos também se preocupam com a possibilidade de ter efeitos indesejados. Essas preocupações precisam ser abordadas. Além disso, a falta de

---

modificação do sistema. A segunda admite a modificabilidade dos valores fundamentais na ordem jurídica. CANARIS, Claus-Wilhelm. *Pensamento sistemático e conceito de sistema na ciência do direito*. Tradução de Antônio Menezes Cordeiro. Lisboa: Fundação Calouste Gulbenkian, 1996. p. 106.

investimentos e habilidades, a falta de confiança é um fator principal que impede uma adoção mais ampla da IA.

É por isso que a Comissão definiu uma estratégia de IA[14], em 25 de abril de 2018, abordando os aspectos socioeconômicos paralelamente ao aumento do investimento em pesquisa, inovação e capacidade de IA em toda a UE. Acordou um plano coordenado[15] com os Estados-Membros para alinhar as estratégias. A Comissão também estabeleceu um grupo de *experts* que publicou diretrizes sobre IA confiável em abril de 2019.[16]

A Comissão publicou uma comunicação[17] que tem como base sete principais requisitos identificados nas orientações do grupo de peritos de alto nível: a) Agência humana e supervisão, b) Robustez técnica e segurança, c) Privacidade e governança de dados, d) Transparência, e) Diversidade, não discriminação e justiça, f) Bem-estar social e ambiental, e g) Prestação de contas.

O desenvolvimento e a implementação da IA já estão sujeitos à legislação europeia sobre direitos fundamentais (por exemplo, proteção de dados, privacidade, não discriminação), proteção ao consumidor e regras de segurança e responsabilidade do produto. Os consumidores esperam o mesmo nível de segurança e respeito aos seus direitos, independentemente de um produto ou sistema confiar ou não na IA. No entanto, alguns recursos específicos da IA (por exemplo, opacidade) podem dificultar a aplicação e a aplicação dessa legislação. Por esse motivo, é necessário examinar se a legislação atual é capaz de lidar com os riscos da IA e pode ser efetivamente aplicada, se são necessárias adaptações da legislação ou se é necessária nova legislação.

Os Estados-Membros apontam para a atual ausência de um quadro europeu comum. A Comissão de Ética de Dados da Alemanha adotou um sistema de regulamentação baseado em risco em cinco níveis, que deixaria de existir uma regulamentação para os sistemas de IA mais inócuos para uma proibição completa dos mais perigosos. A Dinamarca acaba de lançar o protótipo de um selo de ética em dados. Malta introduziu um sistema de certificação voluntário para IA. Se a UE não fornecer uma abordagem à escala da UE, existe um risco real de fragmentação no mercado interno, o que comprometeria os objetivos de confiança, segurança jurídica e aceitação do mercado.

Uma estrutura reguladora europeia sólida para a IA confiável irá proteger todos os cidadãos europeus e ajudar a criar um mercado interno sem atritos para o desenvolvimento e a adoção da IA, além de fortalecer a base industrial da Europa na IA. Embora a IA possa fazer muito bem, inclusive tornando produtos e processos mais seguros, também pode causar danos. Esse dano pode ser material (segurança e saúde dos indivíduos, incluindo vidas, danos à propriedade) e imaterial (perda de privacidade, limitações ao direito à liberdade de expressão, dignidade humana, discriminação, por exemplo, no acesso ao emprego), e pode estar relacionado a uma

---

[14] COM(2018) 237.

[15] COM(2018) 795.

[16] https://ec.europa.eu/futurium/en/ai-alliance-consultation/guidelines#Top.

[17] COM(2019) 168.

ampla variedade de riscos. Uma estrutura regulatória deve se concentrar em como minimizar os vários riscos de possíveis danos, em particular os mais significativos.

Os principais riscos relacionados ao uso da IA dizem respeito à aplicação de regras projetadas para proteger os direitos fundamentais (incluindo dados pessoais e proteção da privacidade e não discriminação), bem como questões relacionadas à segurança[18] e responsabilidade.

a) Riscos por direitos fundamentais, incluindo dados pessoais, proteção de privacidade e não discriminação.

O uso da IA pode afetar os valores em que a UE se baseia e levar a violações dos direitos fundamentais[19], incluindo os direitos à liberdade de expressão, liberdade de reunião, dignidade humana, não discriminação com base no sexo, origem racial ou étnica, religião ou crença, deficiência, idade ou orientação sexual, conforme aplicável em certos domínios, proteção de dados pessoais e vida privada ou o direito a um recurso judicial efetivo e a um julgamento justo, bem como à proteção do consumidor. Esses riscos podem resultar de falhas no projeto geral dos sistemas de IA (inclusive no que se refere à supervisão humana) ou do uso de dados sem corrigir possíveis vieses.

A IA pode executar muitas funções que anteriormente só podiam ser executadas por seres humanos. Como resultado, cidadãos e entidades legais estarão cada vez mais sujeitos a ações e decisões tomadas por ou com a assistência de sistemas de IA, que às vezes podem ser difíceis de entender e efetivamente contestar quando necessário. Além disso, a IA aumenta a possibilidade de rastreamento e análise dos hábitos diários das pessoas.

A IA também é utilizada por intermediários *on-line* para priorizar as informações de seus usuários e executar moderação de conteúdo. Os dados processados, a maneira como os aplicativos são projetados e o escopo da intervenção humana podem afetar os direitos à liberdade de expressão, proteção de dados pessoais, privacidade e liberdades políticas.

b) Riscos de segurança e funcionamento efetivo do regime de responsabilidade

As tecnologias de IA podem apresentar novos riscos de segurança para os usuários quando incorporados em produtos e serviços. Por exemplo, como resultado de uma falha na tecnologia de reconhecimento de objetos, um carro autônomo pode identificar incorretamente um objeto na estrada e causar um acidente envolvendo ferimentos e danos materiais. Assim como os riscos para os direitos fundamentais, esses riscos podem ser causados por falhas no design da tecnologia de IA, estar relacionados a problemas com a disponibilidade e a qualidade dos dados ou a outros problemas decorrentes do aprendizado de máquina. Embora alguns desses riscos não se limitem a produtos e serviços que dependem da IA, ou o uso dela pode aumentar ou agravar os riscos.

---

[18] Isso inclui problemas de segurança cibernética, problemas associados a aplicativos de IA em infraestruturas críticas ou uso malicioso de IA.

[19] Pesquisas do Conselho da Europa mostram que um grande número de direitos fundamentais pode ser afetado pelo uso da IA, https://rm.coe.int/algorithms-and-human-rights-en-rev/16807956b5.

Cap. 12 · A MUNDIALIZAÇÃO VIRTUAL E A (NOVA) ORDEM PÚBLICA GLOBAL | 355

Se os riscos à segurança se materializarem, a falta de requisitos claros e as características das tecnologias de IA mencionadas acima dificultam o rastreamento de decisões potencialmente problemáticas tomadas com o envolvimento dos sistemas de IA. Por sua vez, isso pode dificultar que as pessoas que sofreram danos obtenham uma compensação nos termos da legislação atual da UE e da legislação de responsabilidade nacional[20].

De acordo com a Diretiva de Responsabilidade pelo Produto, um fabricante é responsável por danos causados por um produto com defeito. No entanto, nenhum caso de um sistema baseado no IA, como carros autônomos, pode ser difícil de provar que existe um defeito no produto, ou um dano causado no nó de causalidade entre dois. Além disso, há alguma incerteza sobre como e a medida de Diretiva de Responsabilidade pelo Produto se aplica no caso de certos tipos de defeitos, por exemplo, se eles resultarem em fragilidades na segurança cibernética do produto.

Assim, a dificuldade de rastrear decisões potencialmente problemáticas tomadas pelos sistemas de IA e mencionadas acima em relação aos direitos fundamentais se aplica igualmente a questões relacionadas à segurança e à responsabilidade. As pessoas que sofreram danos podem não ter acesso efetivo às evidências necessárias para instaurar um caso no tribunal, por exemplo, e podem ter possibilidades de reparação menos efetivas em comparação com situações em que os danos são causados pelas tecnologias tradicionais. Esses riscos aumentam à medida que o uso da IA se torna mais difundido.

2.2.2   Possíveis ajustes ao quadro legislativo da UE em relação a IA

Um amplo corpo da legislação[21] existente sobre segurança e responsabilidade de produtos da UE, incluindo regras específicas do setor, complementadas ainda mais pela legislação nacional, é relevante e potencialmente aplicável a várias aplicações emergentes de IA.

No que diz respeito à proteção dos direitos fundamentais e dos direitos do consumidor, o quadro legislativo da UE inclui legislação como a Diretiva relativa à igualdade racial[22], a diretiva relativa à igualdade de tratamento no emprego e na profissão[23], as diretivas sobre a igualdade de tratamento entre homens e mulheres em relação ao emprego e acesso a bens e serviços[24], várias regras[25] de proteção ao

---

[20]   The implications of AI, Internet of Things and other digital technologies for safety and liability legislation are analysed in the Commission Report accompanying this White Document.

[21]   O quadro jurídico da UE para a segurança do produto consiste na Diretiva Geral de Segurança do Produto (Diretiva 2001/95/CE), como uma rede de segurança, e em várias regras setoriais que abrangem diferentes categorias de produtos, desde máquinas, aviões e carros a brinquedos e dispositivos médicos com o objetivo de proporcionar um alto nível de saúde e segurança. A lei de responsabilidade do produto é complementada por diferentes sistemas de responsabilidade civil por danos causados por produtos ou serviços.

[22]   Diretiva 2000/78/EC.

[23]   Diretiva 2000/78/EC.

[24]   Diretiva 2004/113/EC; Diretiva 2006/54/EC.

[25]   Como a Diretiva de práticas comerciais desleais (Diretiva 2005/29/CE) e a Diretiva de Direitos do Consumidor (Diretiva 2011/83/CE).

consumidor, bem como regras sobre proteção e privacidade de dados pessoais, especialmente o Regulamento Geral de Proteção de Dados e outras legislações setoriais que abrangem proteção de dados, como a Diretiva de aplicação da lei de proteção de dados.[26] Além disso, a partir de 2025, as regras sobre requisitos de acessibilidade para bens e serviços, estabelecidas na Lei Europeia da Acessibilidade, serão aplicáveis.[27] Além disso, os direitos fundamentais precisam ser respeitados ao implementar outra legislação da UE, inclusive no campo de serviços financeiros, migração ou responsabilidade de intermediários *on-line*.

Embora a legislação da UE permaneça, em princípio, totalmente aplicável, independentemente do envolvimento da IA, é importante avaliar se ela pode ser aplicada adequadamente para enfrentar os riscos que os sistemas de IA criam ou se são necessários ajustes em instrumentos legais específicos.

Por exemplo, os atores econômicos permanecem totalmente responsáveis pela conformidade da IA às regras existentes que protegem os consumidores, qualquer exploração algorítmica do comportamento do consumidor que viole as regras existentes não será permitida e as violações serão punidas em conformidade.

A Comissão considera que o quadro legislativo poderia ser melhorado para enfrentar os seguintes riscos e situações:

> Aplicação e aplicação eficazes da legislação nacional e da UE em vigor: as principais características da IA criam desafios para garantir a aplicação e aplicação adequadas da legislação nacional e da UE. A falta de transparência (opacidade da IA) dificulta a identificação e a comprovação de possíveis violações das leis, incluindo disposições legais que protegem os direitos fundamentais, atribuem responsabilidade e atendem às condições para reivindicar compensação. Portanto, para garantir uma aplicação e aplicação eficaz, pode ser necessário ajustar ou esclarecer a legislação existente em determinadas áreas, por exemplo, sobre responsabilidade, conforme detalhado no Relatório, que acompanha este Documento Branco.

> Limitações do escopo da legislação da UE existente: um foco essencial da legislação de segurança de produtos da UE está na colocação de produtos no mercado. Enquanto na legislação da UE de segurança de produtos, o *software*, quando faz parte do produto final, deve obedecer às regras relevantes de segurança do produto, é uma questão em aberto se o *software* independente é coberto pela legislação de segurança de produtos da UE, fora de alguns setores com regras explícitas.[28] A legislação geral de segurança da UE atualmente em vigor se aplica a produtos e não a serviços e,

---

[26] Diretiva (UE) 2016/680 do Parlamento Europeu e do Conselho, de 27 de abril de 2016, relativa à proteção das pessoas singulares no que diz respeito ao tratamento de dados pessoais pelas autoridades competentes para efeitos de prevenção, investigação, detecção ou repressão de pessoas infracções ou a execução de sanções penais e à livre circulação desses dados.

[27] Diretiva (UE) 2019/882 relativa aos requisitos de acessibilidade para produtos e serviços.

[28] Por exemplo, o *software* destinado pelo fabricante a ser utilizado para fins médicos é considerado um dispositivo médico nos termos do Regulamento de Dispositivos Médicos (Regulamento (UE) 2017/745).

portanto, em princípio também a serviços baseados na tecnologia de IA (por exemplo, serviços de saúde, serviços financeiros, serviços de transporte).

Alterando a funcionalidade dos sistemas de IA: a integração de *software*, incluindo IA, em produtos pode modificar o funcionamento de tais produtos e sistemas durante seu ciclo de vida. Isso é particularmente verdadeiro para sistemas que exigem atualizações frequentes de *software* ou que dependem de aprendizado de máquina. Esses recursos podem gerar novos riscos que não estavam presentes quando o sistema foi colocado no mercado. Esses riscos não são tratados adequadamente na legislação existente, que se concentra predominantemente nos riscos de segurança presentes no momento da colocação no mercado.

Incerteza no que diz respeito à atribuição de responsabilidades entre diferentes operadores econômicos na cadeia de suprimentos: em geral, a legislação da UE sobre segurança de produtos atribui a responsabilidade ao produtor do produto colocado no mercado, incluindo todos os componentes, por exemplo. Sistemas de IA. Mas as regras podem, por exemplo, se tornar incertas se a IA for adicionada depois que o produto for colocado no mercado por uma parte que não é o produtor. Além disso, a legislação da UE em matéria de responsabilidade sobre produtos prevê a responsabilidade dos produtores e deixa regras nacionais de responsabilidade para governar a responsabilidade de terceiros na cadeia de suprimentos.

Mudanças no conceito de segurança: o uso da IA em produtos e serviços pode gerar riscos que a legislação da UE atualmente não aborda explicitamente. Esses riscos podem estar relacionados a ameaças cibernéticas, riscos à segurança pessoal (vinculados, por exemplo, a novos aplicativos de IA, como eletrodomésticos), riscos resultantes de perda de conectividade etc. Esses riscos podem estar presentes no momento da colocação dos produtos no mercado ou surgir como resultado de atualizações de *software* ou auto aprendizado quando o produto estiver sendo usado. A UE deve fazer pleno uso das ferramentas de que dispõe para aprimorar sua base de evidências sobre os riscos potenciais associados aos aplicativos de IA, incluindo o uso da experiência da Agência de Segurança Cibernética da UE (ENISA) para avaliar o cenário de ameaças à IA.

Conforme indicado anteriormente, vários Estados-Membros já estão explorando opções para a legislação nacional para enfrentar os desafios criados pela IA. Isso aumenta o risco de o mercado único ser fragmentado. É provável que regras nacionais divergentes criem obstáculos para as empresas que desejam vender e operar sistemas de IA no mercado único. A garantia de uma abordagem comum a nível da UE permitiria às empresas europeias beneficiar de um acesso fácil ao mercado único e apoiar a sua competitividade nos mercados globais.

2.2.3 Relatório sobre as implicações de segurança e responsabilidade da Inteligência Artificial, da Internet das Coisas e da robótica

O relatório, que acompanha este documento em branco, analisa o quadro jurídico relevante. Ele identifica incertezas quanto à aplicação dessa estrutura em relação aos riscos específicos apresentados pelos sistemas de IA e outras tecnologias digitais, em que:

Conclui que a legislação atual de segurança do produto já suporta um conceito estendido de proteção contra todos os tipos de riscos decorrentes do produto de acordo com seu uso. No entanto, as disposições que abranjam explicitamente os novos riscos apresentados pelas tecnologias digitais emergentes podem ser introduzidos para proporcionar mais segurança jurídica.

Obrigações explícitas para os produtores também podem ser consideradas em relação aos riscos de segurança mental dos usuários, quando apropriado (por exemplo, colaboração com robôs humanoides).

A legislação de segurança de produtos da União poderia prever requisitos específicos que tratam dos riscos à segurança de dados com falha no estágio de projeto, bem como mecanismos para garantir que a qualidade dos dados seja mantida durante o uso dos produtos e sistemas de IA.

A opacidade dos sistemas baseados em algoritmos pode ser tratada através de requisitos de transparência.

As regras existentes podem precisar ser adaptadas e esclarecidas no caso de um *software* independente colocado no mercado ou baixado para um produto após a sua colocação no mercado, quando tiver um impacto na segurança.

Dada a crescente complexidade das cadeias de suprimentos no que diz respeito às novas tecnologias, as disposições que solicitam especificamente a cooperação entre os operadores econômicos da cadeia de suprimentos e os usuários podem fornecer segurança jurídica.

As características das tecnologias digitais emergentes, como IA, IoT (Internet das coisas) e robótica, podem desafiar aspectos das estruturas de responsabilidade e reduzir sua eficácia. Algumas dessas características podem dificultar o rastreamento do dano causado a uma pessoa, o que seria necessário para uma reclamação baseada em falhas, de acordo com a maioria das regras nacionais. Isso poderia aumentar significativamente os custos para as vítimas e significa que as reivindicações de responsabilidade contra terceiros que não os produtores podem ser difíceis de fazer ou provar.

As pessoas que sofreram danos causados pelo envolvimento de sistemas de IA precisam ter o mesmo nível de proteção que as pessoas que sofreram danos causados por outras tecnologias, enquanto a inovação tecnológica deve poder continuar a se desenvolver.

Todas as opções para garantir esse objetivo devem ser cuidadosamente avaliadas, incluindo possíveis alterações à Diretiva de Responsabilidade pelo Produto e uma possível harmonização mais direcionada das regras nacionais de responsabilidade. Por exemplo, a Comissão está buscando saber se e em que medida pode ser necessário mitigar as consequências da complexidade, adaptando o ônus da prova exigido pelas regras de responsabilidade nacional por danos causados pelo funcionamento de aplicativos de IA.

Cap. 12 · A MUNDIALIZAÇÃO VIRTUAL E A (NOVA) ORDEM PÚBLICA GLOBAL | **359**

A partir da discussão acima, a Comissão conclui que além dos possíveis ajustes na legislação existente pode ser necessária uma nova legislação especificamente sobre IA para tornar o quadro jurídico da UE adequado aos desenvolvimentos tecnológicos e comerciais atuais e previstos.

2.2.4 Âmbito de um futuro quadro regulamentar da EU[29]

Uma questão importante para a futura estrutura regulatória específica sobre inteligência de IA é determinar o escopo de sua aplicação. A suposição de trabalho é que a estrutura reguladora se aplicaria a produtos e serviços que dependem da IA. Esta deve, portanto, ser claramente definida para os fins deste Documento Branco, bem como para qualquer possível iniciativa futura de formulação de políticas públicas.

Na sua comunicação sobre IA para a Europa, a Comissão apresentou uma primeira definição de AI. Essa definição foi refinada ainda mais pelo Grupo de Peritos de Alto Nível.[30]

Em qualquer novo instrumento jurídico, a definição de IA[31] precisará ser suficientemente flexível para acomodar o progresso técnico e, ao mesmo tempo, precisa o suficiente para fornecer a segurança jurídica necessária.

---

[29] Ao projetar a futura estrutura regulatória da IA, será necessário decidir sobre os tipos de requisitos legais obrigatórios a serem impostos aos atores relevantes. Esses requisitos podem ser especificados com mais detalhes através de padrões. Conforme observado anteriormente, e além da legislação já existente, esses requisitos se aplicariam apenas a aplicativos de IA de alto risco, garantindo assim que qualquer intervenção regulatória seja focada e proporcional. Levando em conta as diretrizes do Grupo de Peritos de Alto Nível e o que foi exposto acima, os requisitos para aplicativos de IA de alto risco podem consistir nos seguintes recursos principais, discutidos em mais detalhes nas subseções abaixo: Dados de treinamento; Manutenção de dados e registros; Informações a serem fornecidas; Robustez e precisão; Supervisão Humana; Requisitos específicos para determinadas aplicações específicas de IA, como as utilizadas para fins de identificação biométrica remota.

[30] COM (2018) 237 final, p. 1: "Inteligência artificial (IA) refere-se a sistemas que exibem comportamento inteligente, analisando seu ambiente e realizando ações – com algum grau de autonomia – para atingir objetivos específicos. Os sistemas baseados em IA podem ser puramente baseados em *software*, atuando no mundo virtual (por exemplo, assistentes de voz, *software* de análise de imagem, mecanismos de pesquisa, sistemas de reconhecimento de fala e rosto) ou a AI pode ser incorporada em dispositivos de *hardware* (por exemplo, robôs avançados, carros autônomos, drones ou aplicativos da Internet das Coisas).

[31] Grupo de Peritos de Alto Nível, Uma definição de AI, p. 8: "Os sistemas de inteligência artificial (IA) são sistemas de *software* (e possivelmente também *hardware*) projetados por seres humanos que, dados um objetivo complexo, atuam na dimensão física ou digital, percebendo seu ambiente através da aquisição de dados, interpretando os dados estruturados ou não estruturados coletados, fundamentando o conhecimento ou processando as informações, derivadas desses dados e decidindo as melhores ações a serem tomadas para atingir o objetivo especificado. Os sistemas de IA podem usar regras simbólicas ou aprender um modelo numérico e também podem adaptar seu comportamento analisando como o ambiente é afetado por suas ações anteriores.

Para os fins deste Documento Branco, bem como de possíveis discussões futuras sobre iniciativas de políticas, parece importante esclarecer os principais elementos que compõem a IA, que são "dados" e "algoritmos". A IA pode ser integrada ao *hardware*. No caso de técnicas de aprendizado de máquina, que constituem um subconjunto da IA, os algoritmos são treinados para inferir determinados padrões com base em um conjunto de dados, a fim de determinar as ações necessárias para alcançar um determinado objetivo. Os algoritmos podem continuar aprendendo quando em uso. Embora os produtos baseados em IA possam agir de forma autônoma, percebendo seu ambiente e sem seguir um conjunto predeterminado de instruções, seu comportamento é amplamente definido e restringido por seus desenvolvedores. Os seres humanos determinam e programam as metas, para as quais um sistema de IA deve otimizar.

A UE possui um quadro jurídico rigoroso para garantir, nomeadamente, a proteção do consumidor, abordar práticas comerciais desleais e proteger os dados pessoais e a privacidade.

Por exemplo, os atores econômicos permanecem totalmente responsáveis pela conformidade da IA às regras existentes que protegem os consumidores, qualquer exploração algorítmica do comportamento do consumidor que viole as regras existentes não será permitida e as violações serão punidas em conformidade.

Além disso, o acervo contém regras específicas para determinados setores (por exemplo, cuidados de saúde, transportes). Essas disposições existentes da legislação da UE continuarão sendo aplicadas em relação à IA, embora algumas atualizações nesse quadro possam ser necessárias para refletir a transformação digital e o uso da IA. Como consequência, aqueles aspectos que são já tratados pela legislação horizontal ou setorial existente (por exemplo, em dispositivos médicos[32], em sistemas de transporte) continuarão sendo regidos por essa legislação.

Por uma questão de princípio, o novo quadro regulamentar para a IA deve ser eficaz para alcançar seus objetivos sem ser excessivamente prescritivo, de modo a criar uma carga desproporcional, especialmente para as PME. Para atingir este equilíbrio, a Comissão considera que deve seguir uma abordagem baseada no risco.

Uma abordagem baseada em risco é importante para ajudar a garantir que a intervenção regulatória seja proporcional. No entanto, exige critérios claros para diferenciar as diferentes aplicações de IA, em particular em relação à questão de serem ou não de alto risco[33]. A determinação do que é um aplicativo de IA de alto risco deve ser clara e facilmente compreensível e aplicável a todas as partes envolvidas. No entanto, mesmo que um aplicativo de IA não seja qualificado como de alto risco, ele permanece totalmente sujeito às regras da UE já existentes.

---

32 Por exemplo, existem diferentes considerações de segurança e implicações legais relativas aos sistemas de IA que fornecem informações médicas especializadas aos médicos, sistemas de AI que fornecem informações médicas diretamente ao paciente e sistemas de AI que executam as tarefas médicas diretamente no paciente. A Comissão está examinando esses desafios de segurança e responsabilidade distintos dos cuidados de saúde.

33 A legislação da UE pode categorizar "riscos" de maneira diferente da descrita aqui, dependendo da área, como por exemplo, segurança do produto.

A Comissão considera que uma determinada aplicação de IA deve geralmente ser considerada de alto risco, à luz do que está em jogo, considerando se o setor e o uso pretendido envolvem riscos significativos, em particular do ponto de vista da proteção da segurança, do consumidor. Direitos e direitos fundamentais. Mais especificamente, um aplicativo de IA deve ser considerado de alto risco se atender aos dois critérios cumulativos a seguir:

> Primeiro, o aplicativo de IA é empregado em um setor em que, dadas as características das atividades normalmente realizadas, podem ocorrer riscos significativos. Esse primeiro critério garante que a intervenção regulatória seja direcionada para as áreas em que, de um modo geral, os riscos são considerados mais prováveis de ocorrer. Os setores cobertos devem ser listados de maneira específica e exaustiva no novo quadro regulamentar. Por exemplo, saúde; transporte; energia e partes do setor público[34]. A lista deve ser periodicamente revisada e alterada, quando necessário, em função de desenvolvimentos relevantes na prática;

> Segundo, a aplicação de IA no setor em questão é, além disso, usada de tal maneira que é provável que ocorram riscos significativos. Este segundo critério reflete o reconhecimento de que nem todo uso de IA nos setores selecionados envolve necessariamente riscos significativos. Por exemplo, embora os cuidados com a saúde geralmente possam ser um setor relevante, uma falha no sistema de agendamento de consultas em um hospital normalmente não apresenta riscos de tal significado que justifiquem a intervenção legislativa. A avaliação do nível de risco de um determinado uso pode ser baseada no impacto nas partes afetadas. Por exemplo, usos de aplicativos de IA que produzem efeitos legais ou de significância semelhante para os direitos de um indivíduo ou empresa; que apresentem risco de lesão, morte ou dano material ou imaterial significativo; que produzem efeitos que não podem ser razoavelmente evitados por indivíduos ou entidades legais.

A aplicação dos dois critérios cumulativos garantiria que o escopo do quadro regulamentar fosse direcionado e proporcionasse segurança jurídica. Os requisitos obrigatórios contidos no novo quadro regulamentar sobre IA seriam aplicáveis, em princípio, apenas aos aplicativos identificados como de alto risco, de acordo com esses dois critérios cumulativos.

CONCLUSÃO

Aos 30 anos do Código de Defesa do Consumidor, a sociedade de consumo é também parte da mundialização virtual, que exige uma nova ordem pública global, de forma especial pós-Covid-19, momento em que a produção de dados e conteúdo digital foi intensa. O caminho que se aponta passa pela governança e confiabilidade destes espaços.

---

[34] O setor público pode incluir áreas como asilo, migração, controle de fronteiras e judiciário, previdência social e serviços de emprego.

A Comissão Europeia sobre Inteligência Artificial serve de inspiração ao introduzir consulta pública, no sentido de conciliar a proteção dos consumidores, fortalecendo a confiança e o aumento de uma indústria europeia mais dinâmica.

Para tanto, a inteligência artificial precisa atuar em conformidade às regras vigentes que protegem o consumidor, evitando a exploração algorítmica do comportamento deste, as violações dos direitos fundamentais, como o direito à liberdade de expressão, a discriminação de qualquer espécie (com fundo sexual, racial, étnico, religião, crença, deficiência, idade, gênero), e demais questões que comprometam a dignidade da pessoa humana.

A proteção de dados pessoais e da vida privada em relação aos consumidores deve ser condição essencial diante do avanço da inteligência artificial. Assim como a Europa avança para tirar proveito das oportunidades das novas tecnologias, o reforço das capacidades industriais deve estar atrelado à tutela dos consumidores.

A comemoração de três décadas de legislação de proteção e defesa do consumidor no Brasil desafia a promoção, como na Europa, da capacidade de diálogo para uma inovação tecnológica, aceita como desenvolvimento necessário, ética e confiável. Uma inteligência artificial a serviço das pessoas, para o bem da sociedade. A governança é peça elementar para um quadro regulatório, e a consulta pública é o convite para os partícipes, deste diálogo, exporem seus interesses. Para tutela dos consumidores resta o desejo de garantir a máxima participação, no sentido de se construir uma política forte de proteção sob o prisma, de modo especial, do princípio da efetividade.

REFERÊNCIAS BIBLIOGRÁFICAS

AGUIAR JUNIOR, Ruy Rosado de. A boa-fé na relação de consumo. Revista de Direito do Consumidor, São Paulo, v. 14, p. 20-27, abr./jun., 1995.

BARROS-PLATIAU, Ana Flávia. Novos atores, governança global e o direito internacional ambiental. Disponível em http://www3.esmpu.gov.br/linha- editorial/outras-publi-cacoes/serie-grandes-eventos-meio-ambiente. Acesso em jan.2009.

CANARIS, Claus-Wilhelm. Pensamento sistemático e conceito de sistema na ciência do direito. Tradução de Antônio Menezes Cordeiro. Lisboa: Fundação Calouste Gulbenkian, 1996.

CARDOSO, Gustavo. A mídia na sociedade em rede: filtros, vitrines, notícias. Rio de Janeiro: Editora FGV. 2007.

CARPENA, Heloísa. Abuso do direito nos contratos de consumo. Rio de Janeiro: Renovar, 2001.

CARVALHO, Diógenes Faria de; FERREIRA, Vitor Hugo do Amaral. Políticas Públicas e as lições preliminares da COVID-19, disponível em https://www.conjur.com.br/2020-abr-01/garantias-consumo-politicas-publicas-licoes-preliminares-covid-19. Acesso em 01 de maio, 2020.

CASTELLS, Manuel. A galáxia da Internet. Tradução: Maria Luiza X. de A. Borges. Jorge Zahar: São Paulo. 2003.

CASTELLS, Manuel. A sociedade em rede. Tradução: Roneide Venâncio Majer. In: A era da informação: economia, sociedade e cultura. São Paulo/SP: Paz e Terra, 1999.

CASTELLS, Manuel. Fim de Milênio. Tradução: Roneide Venâncio Majer. São Paulo/ SP: Paz e Terra, 1999.

COMISSÃO SOBRE GOVERNANÇA GLOBAL. Nossa comunidade global. Disponível em www.cgg.ch. Acesso em mai.2009.

COMUNICAÇÃO DA COMISSÃO AO PARLAMENTO EUROPEU. 2018.

COMUNICAÇÃO DA COMISSÃO AO PARLAMENTO EUROPEU. 2019.

COMISSÃO EUROPEIA. Excelência e confiança na inteligência artificial. Disponível em https://ec.europa.eu/info/strategy/priorities-2019-2024/europe-fit-digital-age/ excellence-trust-artificial-intelligence_pt. Acesso em 20 de abril, 2020.

DALLARI, Dalmo de Abreu. O Futuro do Estado. São Paulo: Saraiva, 2001.

DELMAS-MARTY, Mireille. Três desafios para um Direito Mundial. Fauzi Hassan Choukr (trad.). Rio de Janeiro: Lumen Júris. 2003.

DIAS, Márcia Ribeiro. Entre a representação e a participação política: o debate acerca da institucionalização do orçamento participativo de Porto Alegre. In MILANI, Carlos e outros (orgs.). Democracia e Governança Mundial: que regulações para o século XXI? Porto Alegre: UFRGS/UNESCO, 2002.

DINIZ, Eli. Governabilidade, Democracia e Reforma do Estado: Os Desafios da Construção de uma Nova Ordem no Brasil dos Anos 90. In: Dados – Revista de Ciências Sociais: Rio de Janeiro. 1995.

GÓIS JUNIOR, José Caldas. O direito na era das redes: a liberdade e o delito no ciberespaço. Bauru: Edipro, 2001.

GÓIS JUNIOR, José Caldas. Regulamentação da internet: legislar ou reciclar? In: KAMINSKI, Omar (org.). Internet Legal: o direito na tecnologia da informação. Curitiba: Juruá, 2008.

LARENZ, Karl. Derecho justo – fundamentos de ética jurídica. Tradução de Luis Díez-Picazo. Madrid: Editorial Civitas, 1985. p. 32.

LIMBERGER, Têmis. O direito à intimidade na era da informática. Porto Alegre, RS: Livraria do Advogado Editora, 2007.

MIRAGEM, Bruno. Nota relativa à pandemia de coronavírus e suas repercussões sobre os contratos e a responsabilidade civil. Revista dos Tribunais. Vol. 1015/2020. Maio. 2020.

PAESANI, Liliana Minardi. Direito e Internet: liberdade de informação, privacidade e responsabilidade civil. São Paulo: Atlas, 2006.

PARLAMENTO EUROPEU. Diretiva 2001/95. Conselho Europeu. 2001.

PARLAMENTO EUROPEU. Diretiva 2004/113. Conselho Europeu. 2004.

PARLAMENTO EUROPEU. Diretiva 2005/29. Conselho Europeu. 2005.

PARLAMENTO EUROPEU. Diretiva 2006/54. Conselho Europeu. 2006.

PARLAMENTO EUROPEU. Diretiva de Direitos do Consumidor. Diretiva 2011/83. Conselho Europeu. 2011.

PARLAMENTO EUROPEU. Diretiva União Europeia. 2016.

PARLAMENTO EUROPEU. Diretiva União Europeia. 2019.

REZZONICO, Juan Carlos. Principios de los contratos en particular. Buenos Aires: Astrea,1999.

ROSENAU, J. N.; CZEMPIEL, E. Governança sem governo: ordem e transformação na política mundial. Brasília: Editora UNB: São Paulo: Imprensa Oficial, 2000.

SALDANHA, Jânia Maria Lopes. Cooperação jurisdicional. Reenvio prejudicial: Um mecanismo de direito processual a serviço do direito comunitário. Porto Alegre: Livraria do Advogado, 2001.

SILVA, Mauro Marcelo de Lima. Os crimes digitais hoje: polícia revela o perfil do criminoso na internet. In: KAMINSKI, Omar. Internet Legal: o direito na tecnologia da informação. Curitiba: Juruá. 2008.

ZANELLATO, Marco Antônio. Da boa-fé no direito privado. São Paulo: Faculdade de Direito. 219f, p. 66, Dissertação (Mestrado em Direito) – Faculdade de Direito, Universidade de São Paulo, 2002.

13

POLÍTICAS PÚBLICAS PARA OS CONSUMIDORES: IMPLEMENTAÇÃO DO GUIA DA AIR DA OCDE NO BRASIL

FERNANDO B. MENEGUIN

LUCIANO BENETTI TIMM

INTRODUÇÃO

O tema do desenho das políticas públicas no âmbito do Sistema Nacional de Defesa do Consumidor (SNDC), a despeito de expressa previsão no art. 4º do Código de Defesa do Consumidor (CDC), é relativamente pouco estudado no Brasil, se comparado à prolífica produção acadêmica em temas de dogmática jurídica consumerista. Não é objetivo desse artigo estudar os motivos para isso, mas certamente há correlação disso com a tradição de ensino jurídico no Brasil, pouco afeito a estudos interdisciplinares.[1]

Em estudo inovador sobre o tema das políticas públicas no âmbito consumerista, Marcelo Sodré[2] propõe a necessidade primeiro de uma ideia de sistema e depois de política pública para então propor um caminho para o SNDC. Tem razão ao fazer essa proposição, uma vez que sistema implica ideia de ordem e unidade, sendo a coordenação necessária a esse fim. Sugere também que o Direito Administrativo se volte ao estudo da temática das políticas públicas e não apenas de forma tão restrita e dogmática apenas à teoria do ato administrativo. Mas, para tanto, precisaria, ainda segundo o mesmo autor, que fosse aceito o diálogo com outros (sub) sistemas como o da política. Sodré então conclui que as políticas públicas representam "o instrumento

---

[1]   Ver nesse sentido a experiência da Escola de Direito da FGV, que vai na contramão do estudo puramente dogmático do Direito: http://bibliotecadigital.fgv.br/dspace/bitstream/handle/10438/12036/Cadernos%20FGV%20DIREITO%20RIO%20-%20Vol.%209.pdf?sequence=2. Na obra "estudos e ensaios de Direito e Economia", publicado na Editora Lumen Juris, 2018, discute-se também esse tema.

[2]   SODRÉ, Marcelo. *Formação do Sistema Nacional de Defesa do Consumidor*. São Paulo: Editora Revista dos Tribunais, 2007, p. 156 e ss.

de organização das ações estatais com a finalidade de atendimento a princípios ... normalmente materializados na Constituição Nacional".

Tal estudo vai em linha com o clássico de Direito Econômico de Eros Grau[3], que há muito percebera, pela natural propensão desse ramo no Direito ao diálogo interdisciplinar (particularmente com a Economia), que o estudo pelos juristas do campo das políticas públicas, como esfera da atuação "promocional" do estado, deveria se voltar ao estudo e proposição de medidas, atuações concretas (programas) com vistas a promover determinados resultados, objetivos previstos legalmente (ou constitucionalmente).

Em paralelo, desde a publicação desses estudos acadêmicos jurídicos alvissareiros (mas de pouco impacto na realidade, infelizmente, diga-se de passagem), muito se evoluiu fora do Direito no campo da Administração Pública sobre o tema da eficiência na gestão das políticas públicas, especialmente pelos economistas, sabidamente os cientistas sociais que detêm hoje as ferramentas mais potentes de mensuração de efeitos a partir da econometria e da estatística aplicada, sendo a OCDE o espaço de maior aplicação, promoção e divulgação desses conhecimentos e práticas.

É tempo de recuperar esses trabalhos jurídicos sobre implementação de políticas públicas e agregá-los à experiência recente de análise de políticas públicas feita sobretudo por economistas no âmbito da OCDE, a fim de refletir sobre proteção do consumidor e políticas públicas concebidas para esse objetivo, especialmente porque a Lei de Liberdade Econômica – Lei 13.874/2019 trouxe a obrigatoriedade do controle de excesso regulatório e uso de ferramentas de impacto regulatório, mas também porque Brasil ambiciona ingressar o quanto antes na OCDE e precisa portanto estar alinhado com seus guias (*toolkits*).[4]

Tratando especificamente das relações de consumo, em que pese a atuação crescente da iniciativa privada em ações que aprimorem a satisfação do consumidor, é fundamental a presença do Estado, já que, não raro, o fornecedor detém poder de mercado e informação relevante sobre os produtos e serviços ofertados (eis a falha de mercado denominada assimetria de informações). Há também a vulnerabilidade sistêmica do consumidor que muitas vezes atua no mercado não propriamente como agente econômico racional como fazem empresas, mas por vieses cognitivos, muito explorados em ambientes virtuais (mas não apenas nesses).

O reconhecimento das falhas de mercado e da vulnerabilidade do consumidor faz com que entidades que compõem o SNDC promovam intervenções regulatórias nos diferentes setores em que se percebam relações consumeristas baseadas em princípios e cláusulas gerais previstas no CDC. Dada a importância dessas intervenções no mercado, cuidados devem ser tomados para que elas sejam concebidas de maneira a trazer mais benefícios do que custos aos consumidores, mitigando possíveis efeitos colaterais negativos em decorrência da intervenção.

---

[3]   GRAU, Eros Roberto. *Elementos de direito econômico*. São Paulo: Revista dos Tribunais, 1981.

[4]   Nesse sentido, a SENACON lançou em 2019 editais PNUD para contratação de consultores tanto para compreender a eficiência do SNDC, quanto para elaborar estudo de jurimetria acerca das decisões de órgãos que o compõe, como também análise dos guias da OCDE para políticas públicas do consumidor. Os resultados estão previstos para 2020.

Caso contrário, pode-se ter situações em que a medida, preliminarmente destinada a ajudar o consumidor individual, irá prejudicá-lo no agregado. É o caso da célebre metáfora da proteção da árvore *versus* a floresta. Nem sempre será desejável que a política pública de proteção e defesa dos consumidores no agregado seja feita pensando no consumidor individual que ingressou ou que deseje ingressar com ação individual. Existem consequências das atuações regulatórias e elas podem e devem ser mensuradas por meio de metodologias *ex ante* e *ex post*.

Isso acontece porque o consumo é parte de uma engrenagem complexa e ações que deveriam beneficiar o consumidor individual (a árvore da metáfora ou o componente de "microjustiça") podem acabar impondo riscos ou custos aos fornecedores que, a depender do tipo do mercado, serão repassados ao preço final, gerando efeitos coletivos ou efeitos de "segunda ordem" (a floresta na metáfora ou o componente de "macrojustiça").

Um desses efeitos adversos de "segunda ordem" indesejados é conhecido na literatura como "Efeito Peltzman", situação em que a regulação tende a criar condutas não previstas para os regulados, anulando os benefícios almejados (PELTZMAN, 2007). Existem outros, como o denominado *spill over effect*, que é a repercussão no custo ou mesmo na oferta de um produto ou serviço no mercado.

A percepção para observação desses efeitos de políticas públicas depende, como dito, do uso de ferramentais multidisciplinares que escapam da retórica do processo judicial ou do raciocínio puramente dogmático jurídico.

Como evitar tais efeitos colaterais indesejados em decorrência das intervenções estatais? Sabe-se que as intervenções governamentais alteram a matriz de incentivos na qual os cidadãos estão imersos e a Economia propicia instrumentos para se avaliar os efeitos desses incentivos.

Nessa linha, há uma ferramenta que tem sido bastante difundida pela Organização para a Cooperação e Desenvolvimento Econômico (OCDE): a de Impacto Regulatório – AIR (*Regulatory Impact Assessment*). A finalidade de tal instrumento é justamente subsidiar a elaboração das normas regulatórias e a formulação de políticas públicas, contribuindo para o aumento da racionalidade do processo decisório relativamente às intervenções governamentais.

Assim, o presente texto discute a utilização da análise de impacto regulatório nas relações consumeristas, de forma que o Sistema Nacional de Defesa do Consumidor (SNDC) ou mais especificamente seus integrantes como a Senacon que tem o papel de coordenação desse sistema possam tomar decisões sobre políticas públicas mais acertadas, com base em mais argumentos técnicos e menos em senso comum ou intuição ou mesmo num racional de pura dogmática jurídica. O que se pretende são políticas públicas na seara consumerista mais efetivas e eficientes a fim de entregar o resultado prometido na Constituição Federal e no próprio CDC: desenvolvimento econômico, promoção da concorrência e da defesa do consumidor da forma mais eficiente possível (arts. 37 e 170 da CF).

Para então desenvolver o tema aqui introduzido, apresenta-se na seção 1, como motivação, dois "casos difíceis" (para usar expressão de Posner e Dworkin para aqueles casos que não encontram solução com literal e simples aplicação da lei, mas que exigem o preenchimento da norma com elementos mais sofisticados de diálogo sistêmico ou transdisciplinar) que ilustram como o senso comum pode não ser benéfico para o consumidor. A seção 2 traz o embasamento teórico da ferramenta de análise de impacto regulatório. Na terceira seção, discute-se a necessidade de utilização de evidências para as decisões que impactem as relações de consumo, sob pena de não se atingir a defesa do consumidor de modo eficiente, que é princípio constitucional que afeta a Administração Pública e mesmo cobrado pelas normativas da OCDE e também pelos órgãos de controle da União Federal. A quarta seção esboça um modelo simples que pode oportunizar decisões mais efetivas e eficientes nas regulações de mercado em prol do consumidor. Por fim, a quinta seção tece as considerações finais e as conclusões do trabalho.

Acredita-se que o presente estudo contribuirá com o alicerce de melhores políticas públicas na área de defesa do consumidor, podendo ser aplicado tanto em âmbito federal, quanto estadual e municipal, gerando ações mais acertadas e ajudando no desenvolvimento do País.

1. ARGUMENTAÇÃO *VERSUS* SENSO COMUM

Neste tópico, como motivação para a utilização da Análise de Impacto Regulatório apresentada adiante, traz-se dois "casos difíceis" no âmbito do SNDC, cujos direcionamentos defendidos por uma parcela dos órgãos de defesa de consumidor poderiam na verdade trazer prejuízos, no agregado, para os consumidores. Esses tópicos demonstram a necessidade de análises acuradas para que realmente se propicie um incremento no bem-estar social do consumidores.

a. Fim da franquia de bagagem obrigatória

A argumentação completa sobre esse tema consta da Nota Técnica n.º 1/2019/CMM/CGEMM/DPDC/SENACON/MJ, documento este que baliza a presente discussão.

Muito se comentou sobre a cobrança das bagagens pelas empresas aéreas, sendo defendido, por alguns, que deveria haver a gratuidade, ou seja, que a passagem aérea já incorporasse o transporte da bagagem.

Sabe-se, no entanto, de um lado, que a possibilidade de entrada de novas empresas é uma forma de estimular a concorrência e, consequentemente, trazer efeitos sociais posivos derivados de um ambiente realmente competitivo. De outro lado, sabe-se também que uma franquia de bagagem acaba aumentando o preço da passagem e gerando subsídio cruzado (consumidores que viajam sem mala pagam por aqueles que viajam com malas dentro da franquia permitida).

Importante destacar que questões relacionadas aos investimentos privados necessários para a entrada de novos agentes estão, em grande parte, fora do controle do Poder Público.

Entretanto, as barreiras legais à entrada de novos agentes são aquelas sobre as quais o Poder Público possui maior capacidade de intervenção. É sobre elas, essencialmente, a ação da Resolução nº 400/2016-ANAC, com o claro intuito de favorecer a entrada de novos competidores no mercado aéreo nacional, por meio de um alinhamento normativo com a prática usual nos mercados internacionais.

Segundo a Secretaria de Acompanhamento Econômico do Ministério da Economia, há consenso na literatura em relação aos impactos posivos no processo de liberalização e desregulamentação do setor aéreo em outros países, resultando em maior competição, menores preços, maior produvidade, otimização do desenho de rotas e aumento no número de passageiros transportados.

Assim, a desregulamentação da franquia de bagagem despachada elimina barreiras à entrada e à atuação de novas empresas, pois, em geral, a estratégia de negócios das companhias de baixo custo consiste em oferecer passagens mais baratas, cobrando separadamente por qualquer tipo de serviço complementar ou de cortesia, sendo essas passagens destinadas, especialmente, a suprir a demanda de consumidores mais sensíveis a preço.

Sobre o tema ainda, o Departamento de Estudos Econômicos do CADE afirma que: o fim da franquia de bagagem, a partir de 2017, colocou a regulação do transporte aéreo brasileiro em linha com a tendência internacional que já vinha adotando tal prática há alguns anos. Do ponto de vista das empresas, a racionalidade econômica da medida reside em uma significava redução de custos, por representar ganho em economia de combustível.

Pela ótica dos consumidores, a medida evita que uma grande parcela de passageiros que viajam com pequeno volume de bagagem pague o mesmo valor que outros passageiros que efetivamente demandam o transporte de maior volume de bagagem. Esse "agrupamento de serviços" (*bundling*), transporte de passageiro mais transporte de bagagem, força que todo passageiro necessariamente pague para levar bagagem, mesmo aqueles que não levarão malas – para todo e qualquer passageiro, vende-se tanto o transporte da pessoa quanto da sua bagagem, embora apenas alguns se interessem por despachar malas.

Por fim, o modelo de negócios com a franquia de bagagem cobrada à parte permite que os órgãos de controle estatais fiscalizem com mais transparência e intensidade o seu custo em isolado. Prova disso é que, somente após a introdução do modelo disposto na Resolução nº 400/2016, alguns integrantes do SNDC puderam verificar que os preços das bagagens despachadas dobrou num período de pouco mais de dois anos da edição da norma, sendo certo que caso esse valor fosse diluído em todos os bilhetes ofertados esse aumento provavelmente poderia passar despercebido.

Mas consumidores não foram prejudicados pelo aumento no preço de bagagens e também no preço das passagens? Bem, não havendo controle de preços no Brasil, não há proibição quanto a isso, devendo-se sempre apostar mais em concorrência e menos em tabelamento de preços, até porque passagens poderiam ter aumentado muito mais se não fosse a cobrança separada de bagagens. Assim, pagou mais quem carregou mais bagagem, em vez de todos os consumidores terem assumido esse aumento que poderia ocorrer no preço das passagens. Mais que isso, conforme estudo do Tribunal de Contas da União (TCU)[5], o preço das passagens aéreas é fortemente

---

[5] TRIBUNAL DE CONTAS DA UNIÃO. Processo 012.750/2018-2, Acordão 2955/2018 – Plenário. Relator: Bruno Dantas. Data da sessão: 12/12/2018. Assunto: Solicitação do Congresso Nacional sobre evolução dos preços das passagens aéreas após a entrada em vigência da Resolução – Anac 400/2016 que trata da cobrança bagagem despachada por

impactado pelo preço dos combustíveis e da cotação do dólar, duas variáveis que aumentaram substancialmente nos últimos anos e causaram ajuste de preços. Tudo isso sem falar da situação (pré) falimentar da Avianca, que reduziu concorrência e também pressionou preços das passagens.

Também importante mencionar a investigação do CADE aberta para fins de averiguar eventual prática de cartel na formação do preço das passagens aéreas e iniciativas do governo federal a fim de promover maior concorrência no setor de combustíveis. A Senacon também abriu um edital do Programa das Nações Unidas para o Desenvolvimento (PNUD)[6] em 2019 para compreender o impacto da Resolução 400 da ANAC nos preços das passagens e não estão descartadas novas medidas de defesa do consumidor, dependendo dos resultados trazidos pelo economista contratado.

b.   Rol de Procedimentos e Eventos em Saúde taxativo

O Rol de Procedimentos e Eventos em Saúde constitui a referência básica para cobertura mínima obrigatória da atenção à saúde nos planos privados de assistência à saúde contratados a partir de 1º de janeiro de 1999, e naqueles adaptados conforme a Lei nº 9.656, de 3 de junho de 1998, no âmbito da Agência Nacional de Saúde Suplementar – ANS.

Houve discussão sobre ser esse Rol exemplificativo ou taxativo. A questão foi enfrentada na Nota Técnica n.º 46/2019/CGEMM/DPDC/SENACON/MJ, documento referência para a argumentação a seguir. Esse talvez o caso mais "difícil" entre todos os enfrentados e por isso paradigmático da dificuldade em se compatibilizar direitos individuais (microjustiça) versus a coletividade (macrojustiça), sendo que uma política pública eficiente de defesa dos consumidores deve atentar sobretudo para esse último aspecto, naturalmente sem deixar de lado o primeiro.

Não é possível falar em cobertura mínima sem a definição dos limites do que seja esse "mínimo". Até porque o funcionamento dos planos privados de assistência à saúde tem como característica fundamental a mutualidade, de modo a oferecer preços acessíveis aos diversos grupos de beneficiários/consumidores. Sem ter clareza a respeito do universo que compõe essa cobertura mínima é impossível mensurar os custos associados a tal cobertura e, portanto, impossível estabelecer parâmetros claros de precificação individual ou coletiva para os beneficiários/consumidores.

Além disso, a taxatividade do Rol impõe a necessidade de avaliação dos procedimentos a serem realizados, por meio dos critérios técnicos e econômicos mencionados anteriormente, sem os quais o procedimento não será incluído no Rol. Torná-lo meramente exemplificativo reduziria esses critérios, o que seria um risco para a saúde dos beneficiários/consumidores.

---

passageiros. Disponível em: https://pesquisa.apps.tcu.gov.br/#/documento/acordao-completo/1275020182.PROC/%2520/DTRELEVANCIA%2520desc%252C%2520NUMACORDAOINT%2520desc/0/sinonimos%253Dfalse.

[6] Programa das Nações Unidas para o Desenvolvimento. Projeto BRA/11/008. *Edital 02/2019.* Avaliação do impacto das mudanças decorrentes da Resolução ANAC nº 400, de 13 de dezembro de 2016.

Mais ainda, tratar o Rol como meramente exemplificavo mulplicaria de forma exponencial a probabilidade de cobertura de procedimentos não previstos, sem aferição adequada de impacto econômico e sem demonstração de sua segurança e/ou efetividade. Não há como prever o custo de procedimento desconhecido, cuja adoção não dependa de prévia análise econômica. Há risco não desprezível de desequilíbrio financeiro e atuarial pela própria imprevisibilidade que a flexibilização do Rol traria consigo, com impactos sobre os preços para os beneficiários/consumidores, exclusão de grupos do atendimento (em função do aumento dos preços) e sobrecarga do sistema público de saúde.

Percebe-se assim como é imperioso haver uma cuidadosa análise prévia das tomadas de decisão no que se refere às políticas públicas e que essa análise também é fundamental nas regulações que envolvam os consumidores.

2. ANÁLISE DE IMPACTO REGULATÓRIO

Com o embasamento da Análise Econômica do Direito, surge um instrumento já bastante difundido nos países associados à Organização para a Cooperação e Desenvolvimento Econômico (OCDE): a ferramenta chamada *Regulatory Impact Analysis* – Análise de Impacto Regulatório (AIR).

Trata-se de uma análise aplicada com a finalidade de subsidiar a elaboração das normas regulatórias e a formulação de políticas públicas, contribuindo para o aumento da racionalidade do processo decisório acerca das potenciais opções governamentais (MENEGUIN; BIJOS, 2016).

Segundo Relatório intitulado "*OECD Regulatory Policy Outlook 2015*" (OCDE, 2015), uma boa regulação deve: servir claramente aos objetivos definidos na política governamental; ser clara, simples e de fácil cumprimento pelos cidadãos; ter base legal e empírica; ser consistente com outras regulações e políticas governamentais; produzir benefícios que compensem os custos, considerando os efeitos econômicos, sociais e ambientais disseminados por toda a sociedade; ser implementada de maneira justa, transparente e de forma proporcional; minimizar os custos e as distorções de mercado; promover inovação por meio de incentivos de mercado; e ser compatível com os princípios que promovam o comércio e o investimento, tanto em nível nacional quanto internacional. (MENEGUIN; BIJOS, 2016). A AIR visa servir como um instrumento que permita o atingimento dessas premissas de forma mais eficiente.

Em 2018, com a finalidade de estimular a utilização dessa ferramenta e nortear futuras análises no âmbito do Governo Federal Brasileiro, a Casa Civil lança o Guia Orientativo para a Elaboração de Análise de Impacto Regulatório (GOVERNO FEDERAL, 2018). Por esse material, a AIR pode ser definida como:

> Processo sistemático de análise baseado em evidências que busca avaliar, a partir da definição de um problema regulatório, os possíveis impactos das alternativas de ação disponíveis para o alcance dos objetivos pretendidos. Tem como finalidade orientar e subsidiar a tomada de decisão e, em última análise, contribuir para que as ações regulatórias sejam efetivas, eficazes e eficientes (GOVERNO FEDERAL, 2018, p. 23).

Mais recentemente, o art. 4º da Lei da Liberdade Econômica explicita a obrigatoriedade de a administração pública empregar a AIR na implementação de políticas públicas. Não há motivos para que ela não seja feita no campo da regulação econômica e do consumidor.

A AIR, portanto, vai além da comparação entre possíveis soluções para determinado problema. Antes, busca-se compreender de fato qual é o problema em questão, a sua origem e a sua extensão. Em seguida são traçados os objetivos pretendidos pelo agente governamental, de forma que seja definido se uma intervenção é necessária. Apenas após essas considerações, as alternativas de resolução do problema devem ser analisadas, para que seja definida a melhor opção ao final do processo.

Nas duas seções seguintes, com base nesse arcabouço teórico, discute-se uma adaptação da avaliação de impacto regulatório voltada especificamente para questões de relações de consumo.

3. POLÍTICAS PARA O CONSUMIDOR BASEADAS EM EVIDÊNCIAS

O mercado de bens e serviços têm passado por grandes transformações nas duas últimas décadas ocasionadas principalmente por mercados globais mais abertos, crescimento na oferta de serviços aos consumidores, inovações tecnológicas que evoluem em velocidade exponencial e reformas regulatórias (OCDE, 2010). Muitas dessas mudanças geraram benefícios para o consumidor como maior diversidade de bens e serviços ofertados, mais competitividade no mercado e, consequentemente, maior preocupação por parte das empresas com o bem-estar do consumidor.

Entretanto, tais transformações também trouxeram à tona novos desafios que consumidores e agentes de proteção e defesa do consumidor precisam enfrentar. Para os consumidores, o maior leque de produtos e serviços à disposição e a desregulação de alguns mercados (telecomunicações e transportes, por exemplo) os expuseram a um aglomerado de informações cada vez maior. Isso significa que para realizar boas escolhas em um mercado mais amplo, o consumidor possivelmente precisará lidar com informações mais complexas. Porém, de acordo com pesquisa realizada pela OCDE (2000, p. 18), apesar de um nível de instrução crescente na população, o nível necessário para analisar corretamente contratos mais complexos ainda é baixo na maioria dos países analisados.

Evidências apresentadas no estudo de Wilson e Waddams (2005) comprovam ainda que, em mercados complexos, o consumidor pode se comportar de formas que contradizem a busca pela melhor escolha possível. Na pesquisa foram observados três cenários recorrentes: i) consumidores que optam por não mudar de fornecedor apesar de opções mais baratas disponíveis; ii) consumidores que mudam para um mais fornecedor barato, mas não o mais barato disponível; e iii) consumidores que mudam de um serviço mais barato para um mais caro.

Entende-se, portanto, que o número crescente de produtos e serviços, assim como a quantidade de informação transmitida por cada tipo gera uma sobrecarga que pode confundir os consumidores, resultando em frustração, estresse e decisões sub-ótimas (SILVA, 2014). Em outras palavras, o crescente dinamismo do mercado pode gerar vulnerabilidades nas relações de consumo.

Tudo isso sem prejuízo dos desenvolvimentos da economia comportamental, que sugerem que a tomada de decisão pelo consumidor sofra os influxos de vieses cognitivos (do sistema cerebral 1), nem sempre resultado da racionalidade do sistema cerebral 2[7].

Nessa configuração, torna-se necessário para os agentes do governo avaliar possíveis intervenções ("nudges") para criar incentivos para o consumidor tomar decisões que melhorem o seu bem-estar de forma eficiente. Com as mudanças no mercado e no perfil do consumidor, a demanda para atuação estatal cresce a cada dia, assim como a expectativa de respostas rápidas e efetivas para o cidadão (OCDE, 2010). Para atender a tais necessidades, é necessário tomar decisões de forma assertiva, com base em evidências, buscando mitigar o risco de inserir políticas que possam prejudicar o ecossistema das relações consumeristas e, principalmente, evitando que intervenções possam causar maiores danos para o consumidor, seja de forma direta ou indireta.

A Análise Econômica do Direito pode fornecer o instrumental analítico necessário para que o agente responsável pela proteção e defesa do consumidor identifique áreas onde deve ser feita uma intervenção estatal, assim como quais tipos de intervenção serão mais efetivas para cada situação. Timm e Meneguin (2019) discutem como a legislação consumerista pode se beneficiar do ferramental teórico da AED: "o Direito do Consumidor ganha um poderoso instrumental para o planejamento e a avaliação de políticas públicas voltadas para o cidadão, lembrando que o consumidor é parte integrante de mercados complexos com diversas engrenagens conectadas".

Numa situação de informação assimétrica, em que o consumidor não detém todas as informações sobre os atributos e preços de todos os produtos no mercado, o olhar econômico sobre as normas já vigentes e as normas que podem vir a vigorar pode permitir: i) avaliar acontecimentos do mundo real, a fim de determinar quando e quanto prejuízo os consumidores sofreram; ii) desenhar a melhor definição de arranjo do mercado de forma a maximizar o bem-estar do consumidor; e iii) avaliar os impactos prováveis das intervenções nos mercados em geral e especialmente para os consumidores (OCDE, 2010, p.33).

Com base em preceitos econômicos para avaliar e propor melhorias para o consumidor, a OCDE lançou em 2010 o *Consumer Policy Toolkit*[8], um guia que direciona em seis passos como o agente estatal pode realizar o processo de tomada de decisões baseado em evidências sólidas e considerando os impactos dessas decisões para empresas e consumidores. Na seção a seguir, estes seis passos serão elucidados à luz do contexto de políticas públicas voltadas para o consumidor.

4. ANÁLISE DE IMPACTO REGULATÓRIO FOCADA EM QUESTÕES DE CONSUMO

Sabe-se que nem sempre o mercado consegue entregar os melhores resultados para o consumidor. Monopólios, abuso de poder no mercado, assimetria de informações, fatores comportamentais ou práticas injustas ou ilegais podem levar

---

[7]   Kahneman, Daniel. *Thinking, Fast and Slow*. Macmillan, 2012.

[8]   Disponível em: https://www.oecd.org/sti/consumer/consumer-policy-toolkit-9789264079663-en.htm. Acesso em: 16 set. 2020.

o consumidor a tomar decisões ruins para seu bem-estar (OCDE, 2010, p. 113). Nessas condições, o agente responsável pela proteção e defesa do consumidor pode considerar intervir em um dado mercado. Como já mencionado, para que a decisão de intervenção seja efetiva e não agrave a situação do consumidor é preciso realizar um processo de tomada de decisão baseada em evidências.

Em Meneguin e Lynn (2019), no qual se baseia a presente seção, é discutida a aplicação da Análise de Impacto Regulatório às relações consumeristas, o que contribui justamente para uma maior consideração de evidências e racionalidade na elaboração das regulações relacionadas ao consumidor.

O *Toolkit* da OCDE sobre política do consumidor propõe um método objetivo, em seis passos, para detectar problemas do consumidor, definir se tal problema precisa ou não de uma intervenção e, caso seja definido intervir, qual melhor maneira de propor soluções e acompanhar a efetividade da política. No Quadro 1 a seguir esses passos são apresentados de forma sucinta.

Quadro 1 – Seis passos para tomada de decisão em políticas do consumidor

Passo 1	**Qual é o problema?** Definir o problema do consumidor e sua origem
Passo 2	**O quão sério ele é?** Mensurar o prejuízo do consumidor
Passo 3	**É necessário intervir?** Determinar se o prejuízo do consumidor requer uma intervenção
Passo 4	**Quais são as opções?** Definir o objetivo da intervenção e identificar as possibilidades de soluções
Passo 5	**Qual é a melhor opção?** Avaliar opções e escolher uma solução
Passo 6	**A intervenção é efetiva?** Desenvolver um processo de monitoramento e avaliação da efetividade da solução escolhida

Fonte: OECD (2010), Consumer Policy Toolkit, OECD Publishing

4.1. *Passo I: Definir o problema do consumidor e sua origem*

Ao detectar um problema relacionado ao consumidor, o primeiro passo que as autoridades responsáveis devem dar é definir a natureza e fonte da situação em questão. Fontes comuns de ocasionar problemas são falhas de mercado, falhas regulatórias, assimetria de informações e problemas comportamentais tanto do consumidor quanto de empresas.

Após ser determinada a raiz do problema, será possível identificar a autoridade melhor posicionada para examiná-lo e abordá-lo, assim como os demais *stakeholders* que podem se envolver no processo.

Cap. 13 · POLÍTICAS PÚBLICAS PARA OS CONSUMIDORES | **375**

Em seguida, é preciso que a autoridade do governo que esteja analisando o problema defina se é pertinente ou não uma intervenção estatal e até que ponto as possíveis soluções podem entrar em conflito com outros objetivos de política pública.

4.2. Passo II: Mensurar o prejuízo do consumidor

Após identificar a natureza e fonte do problema do consumidor, o próximo passo é identificar e mensurar o prejuízo sofrido. Para avaliar a magnitude do prejuízo do consumidor o órgão responsável deve saber discernir o tipo[9] de prejuízo sofrido e buscar meios de quantificá-lo. Dessa forma, a análise feita neste segundo passo deverá considerar tanto efeitos econômicos quanto não econômicos (custos financeiros, tempo despendido, estresse, danos físicos etc.).

A depender do tipo do problema tratado, diferentes formas de mensurar os danos causados podem ser utilizadas. Para determinar o nível de prejuízo do consumidor de forma qualitativa, por exemplo, pode ser relevante trabalhar com grupos focais ou análise de reclamações. Já uma análise quantitativa demandaria coleta de dados por *surveys*, estudos de mercado ou análises econométricas.

Seja no âmbito qualitativo ou no quantitativo, desafios serão enfrentados para mensurar o prejuízo do consumidor. Entretanto, é de suma importância que a autoridade responsável busque no mínimo estimar o alcance total desses prejuízos, pois, sem essa informação não será possível tomar decisões sensatas e bem embasadas quanto a intervenções no mercado.

4.3. Passo III: Determinar se o prejuízo do consumidor requer uma intervenção

Após ter uma visão mais aprofundada do problema e do impacto causado aos consumidores, a autoridade governamental deverá definir se será necessária ou não uma intervenção por parte do Estado. Tal determinação deve levar em consideração alguns pontos importantes como a escala de prejuízo sofrido, quem está sendo afetado, qual a previsão desse prejuízo, as consequências de se manter o *status quo* e os custos econômicos de uma intervenção.

Quanto à escala de prejuízo do consumidor, a intervenção pode ser necessária tanto em casos onde o prejuízo seja pequeno, mas atinge uma grande quantidade de pessoas, quanto em situações onde o prejuízo seja grande, mas atinge um pequeno grupo de indivíduos.

Também é preciso verificar se existem impactos desproporcionais para grupos ou classes de consumidores que podem ser tidos como mais vulneráveis, como crianças, idosos ou grupos socialmente desfavorecidos.

---

[9]   O consumidor pode sofrer prejuízos estruturais ou pessoais. O prejuízo estrutural limita escolhas e/ou resulta em preços inflacionados por um produto ou serviço. O prejuízo pessoal consiste em resultados negativos que consumidores individualmente vivenciam (OCDE, 2010, p. 52).

376 | DIREITO DO CONSUMIDOR – 30 ANOS DO CDC

Para identificar e justificar a relevância de uma intervenção é importante, ainda, buscar prever se o prejuízo causado tende a diminuir, aumentar ou se manter o mesmo com o passar do tempo.

Avaliar as prováveis consequências de manter o *status quo*, ou seja, definir se o problema tende a melhorar ou piorar caso nenhuma intervenção seja feita também embasará a decisão de intervir ou não no problema.

Por fim, o agente do governo também deve considerar possíveis custos econômicos que a intervenção pode causar a outros atores envolvidos como empresas.

4.4. Passo IV: Definir o objetivo da intervenção e identificar as possibilidades de soluções

Caso seja estabelecido que uma intervenção deverá ser realizada, o próximo passo é deixar claro qual é seu o objetivo, ou seja, quais os resultados esperados que a política pública quer alcançar para os consumidores e o mercado de maneira geral. É importante que esse objetivo seja definido da forma mais precisa possível (métricas, indicadores e metas), de forma que seja mais fácil selecionar a solução adequada para resolver o problema.

Quanto às soluções disponíveis, o principal desafio da autoridade responsável será identificar e avaliar quais são as ferramentas mais promissoras para tratar do problema em questão. Considerar o reforço de soluções já implementadas também pode poupar custos e esforços.

4.5. Passo V: Avaliar opções e escolher uma solução

Após a identificação das soluções possíveis, elas deverão ser avaliadas para determinar qual será a mais apropriada e economicamente viável. Na maioria dos casos, deve ser realizada uma análise de custo-benefício, na qual os aspectos quantitativos e qualitativos deverão ser levados em conta. Os recursos dedicados a essa análise devem ser proporcionais ao provável impacto das opções em consideração. Assim, é racional esperar que a análise de regulações que tenham maior impacto na sociedade exijam mais pessoal e recursos regulações que tenham menor impacto. Os efeitos que as opções avaliadas podem ter sobre a concorrência também devem ser considerados, assim como seus efeitos em outras áreas cujas rotinas empreguem precipuamente transações voluntárias via sistema de preços, como meio ambiente, saúde e segurança.

4.6. Passo VI: Desenvolver um processo de monitoramento e avaliação da efetividade da solução escolhida

O último passo geralmente é o mais negligenciado pelos implementadores de regulações. No entanto, é um dos mais importantes. No contexto atual de mudanças dinâmicas do mercado e do comportamento do consumidor, monitorar e avaliar políticas para o consumidor é essencial para garantir a efetividade da solução escolhida e se os objetivos traçados estão sendo atingidos.

A partir do acompanhamento contínuo da solução implementada será possível definir se é necessário continuar, modificar ou encerrar a intervenção realizada, de acordo com os objetivos traçados anteriormente no Passo IV.

Na seção seguinte, para exemplificar a aplicação desse modelo de análise de impacto regulatório na tomada de decisão em questões consumeristas, aplicamos os passos mencionados a um recente caso concreto.

5. CONSIDERAÇÕES FINAIS E CONCLUSÕES

Abertura de mercados, crescimento na oferta de serviços aos consumidores, inovações tecnológicas e reformas regulatórias estão entre os fatores que geram recorrentes mudanças no comportamento do consumidor e dos fornecedores. Tais mudanças trouxeram vantagens, mas também, novos desafios para os atores envolvidos nas relações consumeristas.

O consumidor se vê sobrecarregado com a crescente quantidade de produtos, serviços e informações geradas diariamente, o que pode fazer com que ele tome decisões subótimas. Para os agentes do governo, o desafio é avaliar e propor intervenções de proteção e defesa do consumidor de forma assertiva, com base em evidências, de forma que se distancie do risco de inserir políticas prejudiciais aos atores envolvidos e, principalmente, ao consumidor.

Como disciplina que utiliza preceitos econômicos para avaliar o ordenamento jurídico e propor melhores normas, a Análise Econômica do Direito consiste em apropriada fonte teórica e instrumental para que o agente do governo identifique o momento mais adequado de realizar intervenções estatais, assim como o tipo ideal de intervenção para cada circunstância. Sob o alicerce da AED, passa a ser difundida em diversos países, com a chancela da OCDE, a ferramenta Análise do Impacto Regulatório para orientar e subsidiar a tomada de decisão de forma efetiva e eficiente.

A análise de impacto regulatório traz à tona aspectos importantes sobre a necessidade de intervenção estatal e como ela deve ser conduzida. A sociedade tende a ganhar muito quando avaliações *ex ante* são realizadas, pois isso aumenta a probabilidade de acerto e reduz o desperdício de recursos públicos.

A intervenção regulatória malfeita pode criar uma situação de incerteza para os consumidores que não conseguem conhecer claramente seus direitos, bem como uma situação de insegurança jurídica para o ambiente de negócios, com efeitos negativos para os empreendimentos privados.

O presente estudo traz à tona, assim, o uso da racionalidade econômica na avaliação das regulações governamentais como forma de aperfeiçoar as políticas públicas voltadas para proteção e defesa do consumidor, difundindo, por meio de base teórica e instrumental, práticas que permitam ir além da intuição do agente tomador de decisão e passem a ser fundamentadas em análises estruturadas.

REFERÊNCIAS BIBLIOGRÁFICAS

GOVERNO FEDERAL (2018). *Diretrizes gerais e guia orientativo para elaboração de Análise de Impacto Regulatório – AIR*. Brasília.

GRAU, Eros Roberto. *Elementos de direito econômico*. São Paulo: Revista dos Tribunais, 1981.

MENEGUIN, F. B.; BIJOS, P. R. S. (2016). Avaliação de Impacto Regulatório – como melhorar a qualidade das normas. *Brasília: Núcleo de Estudos e Pesquisas/CONLEG/ Senado (Texto para Discussão nº 193)*. Recuperado de https://www12.senado.leg.br/ publicacoes/estudos-legislativos/tipos-de-estudos/textos-para-discussao/TD193.

MENEGUIN, F.; LYNN, M. (2019). Intervenções para proteção do consumidor conseguem protegê-lo? *Revista de Direito do Consumidor;* vol. 125; Set-Out/2019. Thomson Reuters.

ORGANIZAÇÃO PARA A COOPERAÇÃO E DESENVOLVIMENTO ECONÔMICO (2010). *Consumer Policy Toolkit*, OECD Publishing, https://www.oecd.org/sti/ consumer/consumer-policy-toolkit-9789264079663-en.htm.

ORGANIZAÇÃO PARA A COOPERAÇÃO E DESENVOLVIMENTO ECONÔMICO/ STATISTICS CANADA (2000). *Literacy in the Information Age: Final Report of the International Adult Literacy Survey*, OECD Publishing, Paris, https://doi. org/10.1787/9789264181762-en.

ORGANIZAÇÃO PARA A COOPERAÇÃO E DESENVOLVIMENTO ECONÔMICO (2015). OECD Regulatory Policy Outlook 2015, OECD Publishing, Paris, http:// www.oecd.org/gov/oecd-regulatory-policy-outlook-2015-97892 64238770-en.htm.

PELTZMAN, S. (2007). Regulation and the Wealth of Nations: The Connection between Government Regulation and Economic Progress. *New Perspectives on Political Economy*, v. 3, n. 3, p. 185-204.

PROGRAMA DAS NAÇÕES UNIDAS PARA O DESENVOLVIMENTO. Projeto BRA/11/008. *Edital 02/2019*. Avaliação do impacto das mudanças decorrentes da Resolução ANAC nº 400, de 13 de dezembro de 2016.

SILVA, J. T. M. (2014, setembro). *A Confusão do Consumidor no Processo de Escolha de Produtos*. XXXVIII Encontro da ANPAD, Rio de Janeiro, RJ.

TIMM, L. B.; MENEGUIN, F. B. (2019, 10 de maio). *Direito e Economia desmistificado: o caso do consumidor*. JOTA. Recuperado de https://www.jota.info/paywall?redirect_to=//www.jota.info/opiniao-e-analise/colunas/coluna-da-abde/direito-e-economia-desmistificado-iii-o-caso-do-consumidor-10052019.

TRIBUNAL DE CONTAS DA UNIÃO. Processo 012.750/2018-2, Acórdão 2955/2018 – Plenário. Relator: Bruno Dantas. Data da sessão: 12/12/2018. Assunto: Solicitação do Congresso Nacional sobre evolução dos preços das passagens aéreas após a entrada em vigência da Resolução – Anac 400/2016 que trata da cobrança bagagem despachada por passageiros. Disponível em: https://pesquisa.apps.tcu.gov.br/#/ documento/acordao-completo/1275020182.PROC/%2520/DTRELEVANCIA% 2520desc%252C%2520NUMACORDAOINT%2520desc/0/sinonimos%253Dfalse.

WILSON, C.; PRICE, C. W. (2005). *Irrationality in consumers' switching decisions: when more firms may mean less benefit*. ESRC Centre for Competition Policy, University of East Anglia August.

14

DIREITO DO CONSUMIDOR E
ANÁLISE ECONÔMICA DO DIREITO

AMANDA FLÁVIO DE OLIVEIRA

JOÃO C. DE ANDRADE UZÊDA ACCIOLY

INTRODUÇÃO: *LAW AND ECONOMICS*[1], ESSA DESCONHECIDA

Karl Popper advertiu, em lição atemporal da epistemologia, sobre as limitações das disciplinas ou dos campos específicos de conhecimento para lidar com problemas humanos concretos: *"We are not students of some subject matter but students of problems. And problems may cut right across the borders of any subject matter or discipline."*[2]

De fato, um pesquisador ou acadêmico deve se preocupar em solucionar o problema que lhe é entregue, abdicando de defender, egoística e inadequadamente as fronteiras do seu próprio conhecimento para tanto. Problemas humanos postos à pesquisa acadêmica devem ser solucionados com a melhor técnica possível, o máximo de conhecimento atingido pela comunidade científica até o momento.

O mesmo raciocínio é válido para a elaboração e implementação de políticas públicas. Revela-se injustificável e irresponsável elaborar e implementar políticas públicas sem a compreensão e eventual utilização das técnicas mais modernas de abordagem dos problemas. Se a técnica evolui – e isso é algo desejável – é essencial que a versão mais atual seja empregada.

---

[1] Neste texto, apesar de algumas divergências sobre propostas e metodologias atribuídas a uma e outra denominações, as expressões "Law and Economics" e "Análise Econômica do Direito" são utilizadas como equivalentes.

[2] Em tradução livre: "Nós não somos estudiosos de alguma disciplina, mas somos estudiosos de problemas. E problemas podem atravessar as fronteiras de qualquer matéria ou disciplina". POPPER, Karl Raimund. *Conjectures and Refutations*. Nova York: Basic Books, 1962, pp. 66-67.

As considerações acima aplicam-se muito bem à situação atual da Política Nacional de Defesa do Consumidor no Brasil. Embora a produção científica e a experiência internacional muito já tenham construído sobre as relevantíssimas contribuições da *Ciência Econômica* para a melhor técnica de proteção do consumidor, o tema segue um tabu no país. Para uma parte ainda significativa dos consumeristas brasileiros, defender a aplicação de instrumentais da Economia ao direito do consumidor importaria em desvirtuar seus nobres propósitos, em nome de uma abordagem pró-empresa, inadequadamente alinhada a uma perspectiva americana, anarcocapitalista e/ou preocupada "apenas com dinheiro".

Essas impressões são equivocadas e podem ser assim respondidas, de forma simplificada: 1. "Econômico" não quer dizer "financeiro" ou "monetário", e sim "relativo às decisões e preferências humanas"; 2. A Análise Econômica do Direito, ou AED, não conduz necessariamente a favorecimento de empresas; ao contrário, inclusive no caso do direito do consumidor, há robusto suporte teórico e evidências de que a abordagem "tradicional" inadvertidamente privilegie as grandes empresas já constituídas, em detrimento dos consumidores; 3. Embora de origem americana, os institutos da AED já encontraram desenvolvimentos e aplicações exitosos em numerosas outras culturas e sistemas jurídicos; 4. A *Law and Economics* apresenta, atualmente, variadas escolas, algumas liberais, outras consideravelmente intervencionistas; 5. A AED, como a Economia ou qualquer ciência, é (deve ser) neutra. Ela apenas oferece ferramentas, e ferramentas não têm objetivos. Os propósitos da lei ou da política podem perfeitamente ser mantidos. Uma análise econômica do Direito apenas prefere substituir soluções retóricas bonitas, populistas, mas ineficientes, por outras que permitam *efetivamente* aumentar o bem-estar do consumidor, com base em abordagens mais atentas à realidade material e suas limitações.

É neste ponto que se retoma a lição de Popper. A Análise Econômica do Direito do Consumidor serve, sobretudo, como instrumental transdisciplinar para solucionar problemas que a abordagem inicial do direito do consumidor não resolveu, limitada que se encontrava aos muros de seu próprio e recente subcampo do Direito. Toda essa proposta poderia parecer desnecessária se ao longo dos últimos 30 anos se tivesse alcançado um ambiente de respeito e satisfação do consumidor de que o país pudesse se orgulhar. Não parece ser o caso. Se de um lado, o Código de Defesa do Consumidor foi um marco legal na história brasileira, de outro, não faltam atualmente produções acadêmicas variadas queixando-se dos resultados obtidos em termos de proteção e aumento do bem-estar do consumidor, mesmo três décadas depois.

É sobre isso que trata este texto, convidando os leitores a uma reflexão despida de resistências prévias.

I. 30 ANOS DE CDC NO BRASIL: ENTRE A ABORDAGEM TRADICIONAL E UMA NOVA POSSIBILIDADE

A Lei n. 8.078/1990 surgiu no ordenamento jurídico brasileiro como parte de um movimento que encontra suas origens, no plano global, ainda na década de 1960. Foi a partir desse período que sobrevieram e se espraiaram para inúmeras jurisdições normas diretamente voltadas à proteção do consumidor. Desde o conhecido discurso em que John Kennedy, em 1962, já Presidente dos Estados Unidos, dirigiu-se ao congresso americano em prol do tema da defesa do consumidor[3], quase todos os países, cada um a seu modo, passaram a contemplar a proteção ao consumidor em seus ordenamentos.

Essa história (dos fatos e das leis) é relativamente conhecida dos consumeristas brasileiros. Menos compreendidos, no entanto, têm sido os fundamentos que subjazem a abordagem adotada, em suas origens. Explica-se.

A justificativa tradicional para a proteção do consumidor sustenta-se na visão de que os consumidores se encontram em situação de fraqueza ou fragilidade em relação ao poder de grandes empresas. Ela presume, assim, que a ideia de "soberania do consumidor" – isto é, de que os fornecedores são forçados a atender às preferências dos consumidores para sobreviverem e de que o consumidor é quem deve decidir sobre o que quer consumir – não se faz presente em suas múltiplas interações no mercado. A partir dessa presunção, conclui que o Estado deve reequilibrar a relação, por meio de regulação[4] (uma premissa implícita é a de que ele é capaz de fazê-lo, e outra, de que isso é trivial).

Especificamente na Europa, a política de proteção do consumidor alinhou-se originariamente à ideia de um Estado de Bem-Estar[5], em especial seu pressuposto de que a intervenção do Estado se justificaria para a correção das chamadas *falhas de mercado*. Os mercados *necessariamente* não são "perfeitos" em relação aos modelos da teoria econômica neoclássica, em que a livre concorrência levaria à "alocação ótima de recursos", uma espécie de paraíso da mão invisível. As ideias que sustentam o Estado de Bem-Estar, porém, entendem que na busca do seu objetivo central de produzir maior satisfação às pessoas, ao Estado competiria "corrigir" esses erros, isto é, aproximar os mercados reais dos modelos teóricos.

Assim é que foram definidos, nas diferentes jurisdições, "direitos básicos dos consumidores", seguidos de normas consideradas aptas a garanti-los. A elaboração dessas normas, entretanto, não necessariamente se sustentava na análise prévia de seus prováveis efeitos concretos. Identificava-se o problema, e a partir de valores subjetivos elencados nos direitos básicos, e com fundamento numa primeira intuição muitas vezes bem-intencionada, mas pouco ou mesmo nada amparada pelo conhecimento econômico, foram construídas determinações, que se convertiam em deveres aos fornecedores, na expectativa de tratamento adequado da solução. Essa constituiu

---

[3] O pleito centrava-se numa "carta de direitos do consumidor", de quatro pilares: segurança (contra produtos que causem doenças ou acidentes), informação (contra descrições falsas ou ausência de informações sobre os produtos), escolha (contra monopólios e cartéis), e voz (representação na formulação de políticas públicas consumeristas). O discurso e o documento encaminhado ao Congresso são acessíveis em www.jfklibrary.org/asset-viewer/archives/JFKPOF/037/JFKPOF-037-028.

[4] Sobre isto: HAUPT, Stefan. An Economic Analysis of Consumer Protection in Contract Law. German Law Journal, Vol. 04, No.11, 2003, pp. 1138-1139.

[5] CSERES, Katalin Judit. Competition Law and Consumer Protection. The Netherlands: Kluwer Law International, 2005.

382 | DIREITO DO CONSUMIDOR – 30 ANOS DO CDC

precisamente a abordagem original do tema, subjacente às várias iniciativas de disciplina da matéria ao redor do globo.

Entretanto, o tempo e o desenvolver da técnica evidenciaram fragilidades dessa abordagem. A primeira, é que essa forma de disciplina se revelava generalizante e estática. Não se considerava a conduta real do consumidor na dinâmica do mercado, não se perscrutou seu comportamento em situações semelhantes, mas em mercados distintos. Ademais, não apenas tinham essas limitações originais, como ainda haviam sido desenhadas para o enfrentamento de problemas conforme percebidos nas décadas de 1960 e 1970. Desde então, a produção, a distribuição, a comercialização, a oferta, a publicidade, o acesso aos produtos e serviços mudaram substancialmente. Inevitável era, portanto, questionar as técnicas utilizadas[6].

E foi assim que as jurisdições foram incrementando suas análises e a tecnologia empregada para desenho das políticas públicas em direito do consumidor. Os Estados Unidos, berço do direito do consumidor no mundo, passaram, eles próprios, a constatar a limitação das medidas inicialmente adotadas para esse fim, ainda na década de 1970.

Em 1984, evento promovido pela Federal Trade Comission (FTC) – agência americana responsável pelas temáticas da concorrência e do consumidor – debruçava-se sobre evidências empíricas de sua atuação nesse campo. Ali se tratou de um tópico relevante: até o início da década de 1970, a FTC teria solicitado pouco aconselhamento econômico em temas de consumidor, especialmente se comparado com suas atribuições em relação ao direito da concorrência. Esse estado de coisas teria se alterado apenas em 1978, com a criação de uma divisão de economistas com a atribuição de promover análise econômica das políticas consumeristas[7]. Avaliava-se, por fim, que, àquele tempo (ainda em 1984!), já era rotina discutir os problemas de proteção do consumidor sob uma perspectiva econômica, com instrumental analítico mais sofisticado.

Naquele mesmo evento, destacou-se que as medidas voltadas a aumentar o bem-estar do consumidor somente poderiam ser aprimoradas com uma compreensão realística da magnitude dos problemas e da efetividade e limitações dos instrumentos corretivos em utilização[8].

A etapa de revisão, reflexão e incremento das políticas consumeristas não se limitou aos Estados Unidos. As mesmas inquietações atingiram, em um dado momento, países europeus, além de organizações internacionais, como a OCDE – Organização para a Cooperação e Desenvolvimento Econômico[9].

---

[6] Nesse sentido, CSERES, op. cit. p. 191-192.

[7] IPPOLITO, Pauline M. Consumer Protection Economics: A Selective Survey. In IPPOLITO, Pauline M.; SCHEFFMAN, David T. (Editors). Empirical Approaches to Consumer Protection Economics. Proceedings of a Conference Sponsored by the Bureau of Economics. Federal Trade Commission. April 26-27, 1984.

[8] IPPOLITO, op. cit., p. 4.

[9] O site da OCDE na internet permite conhecer inúmeros documentos versando sobre orientações acerca de como as intervenções estatais podem ser mais efetivas nesse campo. Conforme a Organização informa, suas recomendações têm sido amplamente utilizadas

Mais recentemente, inúmeros são os países que, em observância a novas tendências de *Law and Economics,* submeteram suas iniciativas em políticas consumeristas aos achados da economia comportamental, campo de estudos da Economia e da Psicologia que trouxe maior atenção a processos psicológicos e neurológicos, antes em parte abstraídos por algumas correntes, em parte não suficientemente considerados por outras. Não se pretende desenvolver esse tema, já explorado em artigo anterior, a que se remete o leitor e em que se conclui que a adoção de métodos da economia comportamental no Brasil estaria longe de representar uma revolução da técnica[10]. Mas o dado expressivo a se considerar é que jurisdições com perfis muito diferentes têm crescentemente testado suas políticas públicas orientados por proposições dessa metodologia.

O estudo da política de defesa do consumidor no Brasil, sob a perspectiva de 30 anos de experiência, conduz a algumas percepções. A primeira é de que o país se alinhou a um movimento global, tanto ao aderir à ação do Estado para fins de proteção do consumidor quanto ao adotar precisamente a abordagem inicial globalmente utilizada (embora tenha sido adotada a abordagem inicial quando ela já estava havia sido questionada no seu país-berço). A segunda é que, por uma série de razões para cuja análise profunda seria necessário fugir do escopo deste trabalho, o país segue atavicamente apegado àquela abordagem original, mesmo que seus defensores também reconheçam ainda existir por aqui muito motivo para insatisfação quanto ao efetivo bem-estar do consumidor. Mencione-se apenas que a rejeição se deve em grande parte a equívocos conceituais e resistências ideológicas, como os apontados na Introdução.

A consequência mais dramática da abordagem tradicional que a experiência evidenciou repousa na constatação de que ela pode se revelar indesejavelmente discriminatória e unilateral. Tanto do lado do consumidor quanto do lado do fornecedor, sua abordagem generalizante e chapada, desconsiderando especificidades do mercado e do comportamento das partes, sobretudo do consumidor, afastada da compreensão de como o mercado funciona, e sustentada no estabelecimento de deveres a partir de construções legais decorrentes exclusivamente do texto, tendem a favorecer aqueles com maior poder econômico[11]. Isso representa exatamente aquilo que se pretendeu combater originalmente.

Explica-se melhor o ponto no capítulo a seguir.

---

tanto por Países Membros quanto Não Membros. Confira em http://www.oecd.org/internet/consumer/consumer-economics.htm

[10] OLIVEIRA, Amanda Flávio de. Reforma do Direito do Consumidor brasileiro a partir das lições da *Behavioral Economics*: uma agenda possível? In MAIOLINO, Isabela; TIMM, Luciano Benetti (Orgs). Direito do consumidor: novas tendências e perspectiva comparada. Brasília: Editora Singular, 2019, pp. 223-238.

[11] Avaliando a experiência europeia, Haupt afirma: "*As a consequence, E.C. consumer law seems to be one-sided. On the supplier side it favors huge groups. (…) So, it seems that E.C. consumer law has not only on the consumer side, but also on the supplier side, more beneficial effects on richer and stronger market-actors and more adverse effects on poorer and weaker parties.*" HAUPT, Stefan. An Economic Analysis of Consumer Protection in Contract Law. German Law Journal, Vol.04, No.11, 2003, pp. 1164.

II. POSSÍVEIS CONTRIBUIÇÕES DA ECONOMIA À POLÍTICA DE PROTEÇÃO DO CONSUMIDOR

Thomas Sowell alerta para a existência de certos princípios econômicos básicos que permanecem desconhecidos para a maioria das pessoas, embora sejam válidos em todo o mundo, registrados ao longo de milhares de anos na história e *"aplicáveis a diferentes tipos de economias — capitalista, socialista, feudal, seja lá qual for — e entre uma ampla variedade de povos, culturas e governos"*[12].

É lamentável que ele esteja certo quanto à persistência do desconhecimento. A compreensão desses princípios é benéfica para qualquer pessoa, mas conhecê-los parece mesmo uma obrigação moral para todos aqueles que se dispõem a disciplinar o comportamento humano (assim, inevitavelmente, os operadores do Direito), sob pena de se abdicar de dados essenciais para o adequado enfrentamento dos problemas. Especificamente no campo do Direito do Consumidor, tema deste texto, é preciso entender que o mercado funciona segundo "leis" próprias, *inafastáveis*. Anote-se que "mercado" não designa uma entidade abstrata com vontade própria: ele não pensa, não age. *Pessoas* agem e realizam trocas: o mercado é apenas o ambiente, um mecanismo vivo de interação entre as pessoas. A partir do momento em que políticos ou técnicos da burocracia estatal decidem intervir no livre mercado, eles alteram em algum aspecto o sistema de incentivos que o movimenta. Estimar adequadamente os impactos dessa alteração de incentivos é medida que se impõe, antes de instituir qualquer ação nesse sentido[13].

O Direito disciplina comportamentos humanos. Desenvolveu-se e evoluiu ao longo do tempo para determinar condições e consequências para condutas pelas quais as pessoas interagem; é condição necessária de sua existência o fato de que as pessoas respondem a incentivos. *Compreender* o comportamento humano, portanto, é de grande importância para o Direito. Por sua vez, a Economia *estuda justamente o comportamento humano*. Tem também como premissa a noção de que as pessoas respondem a incentivos. Ela produziu incontáveis achados, resultados de farta pesquisa empírica e sólida construção teórica, acerca do comportamento humano. Reconhecê-los e valer-se deles na compreensão e aplicação do Direito constitui, em linhas gerais, o objeto dos estudos de *Law and Economics*.

A AED não pretende estabelecer este ou aquele objetivo para a política pública ou a norma: uma vez definido o objetivo, oferece instrumental para tornar a nova norma ou política pública mais apta a alcançá-lo. Sua *serventia* é minimizar os riscos de *"falhas de governo"*, assim compreendidas as iniciativas do Estado que, embora bem-intencionadas, trazem mais custo social que benefícios (observe-se que a palavra

---

[12] SOWELL, Thomas. Economia Básica: Um guia de economia voltado ao senso comum – Volume 1. Rio de Janeiro: Alta Books, 2017. Edição do Kindle.

[13] Segundo Meneguin e Lynn, "... as intervenções governamentais alteram a matriz de incentivos na qual os cidadãos estão imersos e a Economia propicia instrumentos para se avaliar os efeitos desses incentivos". MENEGUIN, Fernando; LYNN, Marjorie. Intervenções para proteção do consumidor conseguem protegê-lo? *Revista de Direito do Consumidor*. Vol. 125, p. 273-290. São Paulo: Ed. RT, set-out/2019.

Cap. 14 • DIREITO DO CONSUMIDOR E ANÁLISE ECONÔMICA DO DIREITO | 385

"custo" não está aqui empregada no sentido puramente financeiro)[14], ou mesmo atingem resultados diametralmente opostos aos pretendidos. Derruba-se, aqui, definitivamente, o argumento de que uma abordagem econômica abandonaria o objetivo social do Direito do Consumidor: uma vez definido o aumento do bem-estar ou da satisfação do consumidor como objetivo da política pública, a Economia oferecerá recursos para atingir-se mais seguramente este fim.

II.I. Alguns conceitos fundamentais

Os conceitos econômicos de aplicação mais direta ao direito privado são os da *microeconomia*. Este constitui o ramo da Ciência Econômica que foca a análise na *compreensão das decisões individuais dos agentes econômicos*, que se relacionem a bens escassos. Observe-se que *o consumidor, tanto quanto o fornecedor, são agentes econômicos em interação no mercado*.

O consumo, como qualquer troca econômica, pressupõe a pluralidade de agentes. Inicia-se a exposição, assim, pela análise do comportamento de cada um deles.

II.I.1. A decisão individual de agir

Sempre que alguém *age*, o faz para atingir um estado de coisas que especula ser vantajoso em relação ao estado anterior à ação. Lê-se um livro porque dele se espera extrair conhecimento ou diversão que *valham mais* que o tempo da leitura, bebe-se água porque a satisfação da sede *vale mais* que a caminhada até a cozinha, qualquer ato requer algum tipo de esforço, significa abrir mão de algo. Quando alguém opta por fazer algo, deixa de fazer todas as outras coisas que poderiam ser feitas naquele momento. Numa transação comercial, o agente abre mão de bens por outros, ao iniciar uma relação amorosa, deixa-se de ter outras, mesmo ao pensar em algum assunto, abre-se mão de pensar em outros. O agente toma conscientemente sua decisão de como agir por acreditar, naquele momento, que irá atingir um estado de coisas superior ao que decorreria de uma ação diferente, e que os "custos" em que irá incorrer – tempo, esforço físico e mental, dinheiro – serão compensados (com vantagem) pelo resultado que pretende atingir ao agir daquela forma. O agente espera que esse resultado tenha um *valor* superior àquele que esperaria alcançar agindo de outro modo.

A descrição desse mecanismo considera as pessoas como *maximizadoras de sua própria satisfação*. Uma ressalva importante: essa circunstância não deve ser confundida com "egoísmo" ou "insensibilidade". Um gesto de solidariedade ou um ato de sacrifício pessoal são, nessa perspectiva, meios de aumento da satisfação individual, a *busca por um estado de coisas preferível*. Nessa perspectiva, a premissa é válida para qualquer *decisão* consciente, não apenas nas transações comerciais.

---

[14] BODART, Bruno. *Uma Análise Econômica do Direito do Consumidor*: Como Leis Consumeristas Prejudicam os Mais Pobres Sem Beneficiar Consumidores. EALR, V. 8, no 1, p. 114-142, Jan-Jun, 2017.

II.I.2. Escassez

A noção fundamental da Economia é a *escassez*. As decisões econômicas, em distinção à categoria geral de decisões exposta no item anterior, são aquelas que lidam com as necessidades e vontades diante da *escassez*. O planeta é finito, a energia é finita e, para as pessoas, o tempo é finito. Assim, diante da limitação da matéria e do tempo, nem produtos, nem serviços, nem dinheiro são infinitos.

II.I.3. Valor econômico

Para a Economia, "valor" constitui algo subjetivo e circunstancial. *Preços*, sim, são objetivos: pode-se usar o termo para designar a expressão monetária pelo qual uma transação foi feita. A palavra *valor,* para a Economia, designa algo distinto, inteiramente subjetivo: trata-se de quanto uma pessoa quer o bem, sejam quais forem suas razões. O que vai determinar as preferências de um indivíduo, em cada ato seu, lhe é interno, espiritual, psicológico, bioquímico, biográfico...

Esse valor subjetivo não tem exatamente uma mensuração contínua, como preços. Economicamente falando, algo *valer* para alguém não diz respeito a uma grandeza absoluta medida em determinada unidade: vale *mais* ou *menos* que qualquer outra coisa em dado momento[15]. Quando alguém se dispõe a pagar cem reais por um produto, é porque naquele momento o artigo lhe *vale* mais que os cem reais de que dispôs. A recíproca é verdadeira: aqueles cem reais valem mais que o produto para quem o vendeu do que o produto em si. Ambos, portanto, almejaram auferir "lucro" com a transação.

A noção de valor econômico apoia-se no que se convencionou chamar de "utilidade marginal decrescente". Ao contrário do que o nome pode fazer parecer, trata-se de algo bem intuitivo e simples: a noção de que o bem-estar que uma pessoa obtém por ter um tipo de bem decresce a cada unidade adicional desse bem adquirida. Imagine-se com muita sede: os primeiros goles d'água são mais satisfatórios que os seguintes, e estes que os próximos.

Utilidade é apenas uma forma de designar genericamente *satisfação, bem-estar, valor, benefícios (subjetivos, como visto acima), que uma pessoa obtém como resultado de uma ação sua.* Normalmente, as ações são trocas no mercado, como, por exemplo, de bens ou serviços por dinheiro, mas vale para qualquer ato humano relativo a algo sujeito a escassez. O termo não se confunde com o significado usual de ato ou efeito de *ser útil*, como um lápis pode ser útil para escrever e inútil para furar uma parede. No jargão econômico, utilidade constitui o objetivo buscado pelo agente econômico e que compreende as razões pelas quais alguém compõe seu *valor subjetivo*, psicológico, sensorial, sentimental etc.

---

[15] É daí que se diz em Economia que o valor e *ordinal* (1°, 2°, 3°) e não *cardinal* (1, 2, 3). Pode-se, é verdade, estimar uma expressão monetária para o máximo que alguém estaria disposto a pagar por um bem, mas ainda assim não há *equivalência*: se esse máximo for x unidades monetárias, o agente *valora* ter o bem mais que ter x unidades monetárias. Se por um mínimo acréscimo ao preço, y, o agente não quer comprar o bem, é porque *valora* mais $x+y$ do que o bem. Ou mais, ou menos, pois na realidade concreta, necessariamente, um consumidor ou irá ou não irá comprar determinado artigo.

Marginal refere-se à análise ser feita sobre a ação *adicional*, por exemplo a decisão de um consumidor de fazer a próxima compra.

Decrescente representa exatamente o mesmo que seu uso vulgar.

Um exemplo extremo ajudará na compreensão do que representa a *utilidade marginal decrescente*: para alguém prestes a morrer de sede num deserto, certamente a troca de um diamante por um cantil d'água é extremamente vantajosa. Mas supondo que a pessoa julgue conseguir chegar à próxima cidade só com a água do cantil, certamente não irá querer comprar um segundo cantil por um segundo diamante. Ricardo III ofereceu seu reino por um cavalo, pois perdera o seu em plena batalha. Tivesse conseguido a troca, difícil que pagasse uma moeda que fosse pelo segundo.

Em outras palavras, o valor atribuído subjetivamente ao bem tende a decrescer quando se está exposto a possibilidade de obter o segundo exemplar, e assim sucessivamente.

Em suma: *valor econômico pode ser compreendido como a apreciação subjetiva do estado de coisas em que o agente se encontra em virtude dos recursos escassos de que dispõe.*

II.I.4.   As trocas voluntárias e o "ganha-ganha" de cada uma

A partir da compreensão do que representa o *valor econômico* e entendida a ação humana como *meio de atingir* um estado de coisas de *maior valor*, percebe-se que a interação entre dois agentes econômicos ocorrida no âmbito do mercado de consumo (consumidor e fornecedor) será, *no exato momento em que ambos decidem transacionar,* sempre "ganha-ganha". O "ganho" do fornecedor costuma ser mais facilmente percebido. Ao disponibilizar algo no mercado, sua expectativa é receber, em contrapartida, o dinheiro empregado na produção do bem ou na execução do serviço, acrescido de uma quantia, que representará o seu lucro[16]. Menos intuitivo, contudo, constitui o que seria o "ganho" do consumidor. Embora não seja menos real que o do fornecedor, ele não é tão facilmente mensurável. Isto é mais detalhado a seguir, mas adiante-se que qualquer consumidor apenas admite comprar algo se entender que aquilo lhe é mais valioso que a quantidade de moeda que ele dá em troca. O consumidor acredita, portanto, ao adquirir algo, que *após* a compra estará em vantagem em relação ao seu estado *anterior*, em que detinha o recurso financeiro, mas não o produto ou serviço. Esse aumento de "satisfação" corresponderia, grosso modo, ao "lucro" do consumidor, obtido na transação.

II.I.5.   Dinâmica do atendimento de necessidades dos consumidores

Essa busca de cada um por maximizar sua riqueza, num ambiente de liberdade de iniciativa, faz com que os fornecedores, para terem seus lucros, tenham que oferecer bens que os consumidores *queiram* comprar. Como o consumidor quer sempre

---

[16] Para ajudar a compreensão do conceito de margem: a *cada* artigo vendido, i.e. na *margem*, recebe-se o *lucro marginal*. Obviamente, o que o fornecedor almeja é o lucro total, somatório de todos os seus lucros marginais.

comprar *mais e melhor pelo menor preço*, cada fornecedor é obrigado a ser capaz de oferecer o bem em qualidade e preço que o consumidor aceite pagar. Para que o *seu* bem seja escolhido, o preço deve ser menor (ou a qualidade maior, ao mesmo preço ou por diferença que compense) que o do concorrente. Como cada fornecedor quer aumentar seu lucro, sempre cobrando o maior preço que consiga convencer o consumidor a pagar, deve conseguir fazer mais, com menos. Usando menos recursos, "sobram" mais recursos para serem utilizados lucrativamente para outras finalidades. Note-se que isso vale tanto para os chamados "bens de consumo" quanto para os "bens de capital". O resultado é que os bens são levados pelo mercado a quem deles precisa da forma mais eficiente possível[17].

Essa forma não é "perfeita", muito longe disso. Mas tem uma capacidade incrível de coordenar o *conhecimento*, disperso na sociedade, de *como, quando, onde*: como obter matéria-prima, saber o que as pessoas querem, onde elas estão, quais suas preferências e daí por diante, transmitido espontaneamente através dos preços – sem que nenhuma entidade, seja privada, seja uma autoridade estatal, precise compilar ou processar essas informações e determinar o que deve ser feito para atender às vontades de cada um[18]. Essa engrenagem natural do mercado tende, assim, a oferecer bons resultados, na medida em que quanto mais transações reciprocamente benéficas são realizadas, todos saem satisfeitos de suas interações, conforme sua própria avaliação – todos aqueles *que participam desse processo*[19].

Daí a conhecida passagem de Adam Smith ao dizer que *"não é da benevolência do açougueiro, do cervejeiro ou do padeiro que esperamos nosso jantar, mas da consideração que dão a seu interesse próprio"*[20] (ao que se poderia acrescentar o corolário de que também não é da benevolência do consumidor que os empresários esperam suas receitas).

---

[17] Sobre uma aplicação desses conceitos ao momento em que este artigo é escrito, em meio à pandemia da Covid-19, remete-se a trabalho de um dos autores, sobre efeitos prejudiciais de políticas voltadas a combater aumentos de preços em meio à calamidade pública. ACCIOLY, João C. de Andrade Uzêda. *Preços Altos ou Prateleiras Vazias? Efeitos positivos da alta de preços na pandemia.* Em: CUNHA, Alexandre Jorge Carneiro (Filho); ARRUDA, Carmem Silvia; ISSA, Rafael Hamze; SCHWIND, Rafael Wallbach. *Direito em Tempos de Crise – reflexões por ocasião da pandemia Covid 19.* São Paulo: Quartier Latin, 2020. No prelo.

[18] Sobre o conhecimento disperso na sociedade e sua coordenação espontânea através do mecanismo de preços, HAYEK, Friedrich August. *The Use of Knowledge in Society.* Em: *Individualism and Economic Order.* Chicago, The University of Chicago Press, 1948, pp. 77-91.

[19] É importante a ressalva de que descrição desse processo *em nada* quer dizer que as livres transações econômicas resolvam sozinhas problemas enfrentados por todos aqueles que por diversas razões *não participam dessas trocas*. Quem não está de alguma forma integrado ao "mercado" precisa de outro tipo de solução, seja caridade (como ajuda da família ou instituições privadas), seja programas estatais. Dizer que o *mercado* deve ser livre, portanto, *não necessariamente* significa uma postura de desamparo a necessitados, outra acusação infundada às vezes impingida a quem entende útil ao Direito o ferramental econômico.

[20] SMITH, Adam. *A riqueza das nações: investigação sobre sua natureza e suas causas.* São Paulo: Abril Cultural, 1983.

II.I.6.   Algumas limitações do processo, ou "falhas" de mercado

Mais ou menos na virada do século XIX para o XX, as correntes dominantes nos estudos econômicos idealizaram seus modelos teóricos a tal ponto, que depois compreender a *tendência* da livre interação no mercado, de paulatina e continuamente *aprimorar* as condições de satisfação material possíveis em dado momento, tiveram a curiosa postura de considerar que naquilo em que o mundo real não correspondia à teoria, corresponderia a uma falha não da teoria, mas da realidade que ela se propunha a descrever. Alguns desses distanciamentos dos modelos idealizados são chamados de "falhas de mercado".

Assim, as chamadas "falhas de mercado" representam as justificativas mais comumente utilizadas para a intervenção estatal na economia. No caso do Direito do Consumidor, mais recentemente, têm sido apontados adicionalmente problemas estudados pela psicologia e economia comportamentais como razões para as intervenções[21].

Alguns dos fenômenos comumente listados como falhas de mercado são os monopólios, as externalidades, e a assimetria de informação.

– Monopólios

Sobre os monopólios, uma advertência inicial precisa ser feita. É que a experiência demonstra que parte considerável deles decorre, em última análise, da lei e da regulação. Em outras palavras, é o Estado que os cria: i) seja deliberadamente (os monopólios constitucionais o comprovam); ii) seja por instituir padrões de exigências tão elevados que inibem ou afastam concorrentes do mercado; iii) seja porque monopólios podem ter sido estabelecidos como fruto de corrupção ou captura.

– Externalidades

Externalidades dividem-se entre as *positivas* e as *negativas*[22]. As externalidades negativas interessam mais ao direito do consumidor, e por isso são aqui mencionadas. Atividades econômicas ou práticas privadas podem gerar efeitos negativos a terceiros, sem a concordância destes, sem que estes sejam compensados economicamente por isso. O conceito abarca desde ouvir música ruim em volume alto, incomodando quem está por perto, até emissões industriais poluentes, que sujam o ambiente e não indenizam quem é prejudicado pela poluição. O dever de indenizar, da responsabilidade civil, é um instituto milenar de mitigação das externalidades negativas, pois faz exatamente com que a parte prejudicada seja compensada. Inúmeras relações de

---

[21]   Sobre o tema, confira também: SILVA NETO, Orlando Celso. *O design ideal do Direito de proteção e defesa do consumidor: uma descrição das técnicas regulatórias mais usadas, o que funciona (o que não), vantagens e desvantagens*. In MAIOLINO, Isabela; TIMM, Luciano Benetti (Orgs). Direito do consumidor: novas tendências e perspectiva comparada. Brasília: Editora Singular, 2019, p. 208 e ss.

[22]   Externalidade positivas são os benefícios que não podem ser restritos a quem voluntariamente aceita pagar por eles a ponto de ninguém se dispor a realizar determinada atividade, que poderia ser lucrativa se todos pagassem. A situação representa uma perda em relação a algo que em tese seria possível.

consumo geram externalidades negativas, como acidentes de produtos que afetem terceiros, ou mesmo o lixo das embalagens descartadas, que geram custos para pessoas diferentes do consumidor e do fornecedor (sejam a poluição, sejam as despesas com a limpeza).

– Assimetria de informações

A assimetria de informações consiste na situação em que uma parte detém mais informações do que a outra sobre fatores determinantes da transação que ambas consideram fazer, em nível apto a fazer com que transações mutuamente benéficas não ocorram, ou que aumente a probabilidade de as que ocorram não resultem nos benefícios esperados. A informação permite que o consumidor tenha mais condições de avaliar a probabilidade de sair-se melhor da situação, seja optando por comprar e ter a satisfação que espera do bem, seja optando por não comprar e assim evitar um estado subjetivo pior que o anterior à compra. Como já visto acima, a parte compradora não se disporá a pagar mais do que um preço que reflita a *probabilidade por ela percebida* de que o artigo lhe satisfará. O fornecedor, por sua vez, se detiver informações sobre o seu produto que o tornam ainda mais atraentes, mas essas características não forem acessadas pelo consumidor, tenderá a não conseguir vender seu produto porque o preço que o consumidor se disporá a pagar lhe parecerá insuficiente. Ambos deixariam de ganhar os benefícios que extrairiam da transação, e deixar de ganhar é economicamente idêntico a perder – assim como, em geral, juridicamente[23].

Supondo que por qualquer razão não seja possível oferecer o bem da qualidade esperada em preço viável, apenas produtos de qualidade inferior estarão disponíveis, reduzindo ainda mais o preço máximo que o consumidor aceita pagar (pois é menor a probabilidade de satisfação), e afastando ainda mais os produtos de qualidade. O jargão econômico para esse tipo de problema é "seleção adversa". A assimetria de informações também opera no sentido inverso, quando o consumidor sabe mais que o fornecedor. Seguradoras sabem menos sobre os riscos particulares dos segurados do que eles próprios[24], por exemplo.

Conquanto os problemas de assimetria tendam a ser superdimensionados por proponentes de políticas públicas, em alguma medida eles ainda existem. Daí, um problema é que se, por um lado, a assimetria de informações pode justificar alguma ação estatal no mercado de consumo, por outro, é preciso calibrar adequadamente a intervenção, sob pena de ela também se tornar danosa.

---

[23] A equivalência entre o que se deixa de ganhar e o que se deixa de ter é muito conhecida no Direito, em que o regime clássico de responsabilidade civil dispõe que a parte lesada deve receber de volta o que perdeu e o que deixou de ganhar.

[24] Quanto menos os segurados forem capazes de demonstrar que têm menor risco, mais terão que pagar, devido ao risco percebido pela seguradora. A tendência é o seguro ser escolhido mais por quem tem mais risco, o que piora o cálculo atuarial e aumenta o preço, afastando pessoas de baixo risco (para quem o seguro passa a não compensar), agravando ainda mais o risco médio, o que eleva mais os preços, e daí por diante. Na literatura econômica sobre seguros de saúde, essa dinâmica tem o simpático nome de "espiral da morte". Em seguros de automóveis, o segurado sabe mais sobre seus hábitos como motorista que a seguradora.

Cap. 14 · DIREITO DO CONSUMIDOR E ANÁLISE ECONÔMICA DO DIREITO | 391

Por exemplo: incorrer desmesuradamente na política pública de informação compulsória pode representar uma nefasta opção. O volume aumentado de informações compulsoriamente prestado não implica aumento proporcional de proteção do consumidor[25].

Usando as conceituações já expostas acima, nota-se que a informação é um elemento implícito à categoria da ação voluntária e do valor econômico. Um indivíduo que age pretende alterar seu estado de coisas com objetivo de alcançar um outro que lhe seja mais favorável. Informações sobre os produtos têm, assim, valor econômico. São um bem econômico porque sujeitas à escassez: sua obtenção e sua divulgação importam em custos para quem queira informar (pesquisa, preparo de material) e para quem queira ficar informado – tempo para leitura, reflexão sobre os prováveis efeitos e, no caso de decisão pela compra, a parcela do preço destinada a cobrir os custos incorridos para que ela esteja disponível. Note-se também que não é só quem oferece algo para venda que pode fornecer a informação: quem quer que a tenha pode divulgá-la e cobrar por isso. Quando é o próprio fornecedor, ele é compensado pela receita adicional, quando são terceiros, podem negociar diretamente, como acontece em diversos *sites* de avaliações de produtos e serviços.

O dever de informar constitui uma das principais bases do direito europeu do consumidor, desde suas origens. Por detrás dessa política, reside a crença de que consumidores informados podem ajudar a si próprios, aprimorando sua autonomia da vontade[26]. Entretanto, o dever de prestar certas informações, de forma obrigatória, somente se justifica se ele compensar os custos administrativos incorridos, os custos de adequação e se de fato elas propiciarão a melhor compreensão por parte do consumidor. É que a própria informação tem uma lei própria de benefícios marginais decrescentes. Explica-se.

Enquanto bem econômico, as primeiras informações disponibilizadas tendem a ser as mais importantes, e têm mais valor que as seguintes. Cada informação adicional tem menos importância que as anteriores, a ponto de que a partir de em certo nível, incluir mais informações chega até mesmo a prejudicar a compreensão, e passa a ser um custo para o fornecedor que gera perdas para o consumidor: perde-perde. Centenas de páginas de informações minuciosamente detalhadas podem tornar impraticável processá-las, fazendo com que as importantes sejam desvalorizadas. É por isso que se põe o desafio de encontrar o *volume ótimo* de informações a se exigir. E isso também requer a discussão sobre a necessidade de se produzir pesquisas específicas, com vistas a identificar precisamente o tipo de informação a ser prestada obrigatoriamente[27].

---

[25] Há quem considere, a propósito, ser a *"própria competição que servirá de incentivo para que fornecedores prestem informações relevantes aos clientes, seja apontando pontos baixos nos produtos e serviços concorrentes, seja destacando pontos favoráveis nas mercadorias próprias (ex.: alimento sem glúten ou lactose, produzido com respeito à natureza ou à dignidade da mão de obra, com baixa emissão de carbono etc.).* BODART, Bruno. Uma Análise Econômica do Direito do Consumidor: Como Leis Consumeristas Prejudicam os Mais Pobres Sem Beneficiar Consumidores. EALR, V. 8, n. 1, p. 114-142, Jan-Jun, 2017.

[26] Nesse sentido, HAUPT, op. cit., p. 1139.

[27] Sobre isso, veja HAUPT, op. cit., p. 1142. Omri Bem-Sahar tem-se destacado na defesa da tese de que a divulgação obrigatória de informações pode apenas conduzir a um cenário

392 | DIREITO DO CONSUMIDOR – 30 ANOS DO CDC

- Falhas cognitivas e inconsistências comportamentais.

Por fim, conforme se afirmou, questões comportamentais envolvendo os consumidores também têm sido usadas como justificativa para a atuação estatal. Refere-se, no ponto, aos estudos que concluem pela *racionalidade limitada* das pessoas.

A Ciência Econômica valeu-se, como já mencionado, da premissa de que as pessoas – e, assim, os agentes econômicos, tais como o consumidor e o fornecedor – agem racionalmente maximizando suas riquezas. Estudos da referida Escola da *Behavioral Economics*, essencialmente sustentados em pesquisas empíricas, revelaram que em certas situações as decisões humanas fogem do padrão de racionalidade das correntes dominantes no meio acadêmico tradicional, embora persistam atendendo a um determinado padrão de comportamento. De forma reducionista: as pessoas não raramente tomam decisões de curto prazo que estão em descompasso com a sua melhor escolha, mas esse comportamento pode ser não apenas descrito como sistematizado, e os "erros" são cometidos de forma semelhante pelos diferentes indivíduos, independentemente de nível de escolaridade, sexo, raça, nacionalidade, ou qualquer outro fator.

Ao descrever e sistematizar heurísticas e vieses identificados no processo de tomada de decisão humana, a *Behavioral Economics* propõe uma forma específica de enfrentamento dos problemas, valendo-se de uma intervenção considerada por seus autores como "soft": indica-se que o Estado se valha de "nudges" ("empurrõezinhos"), capazes de evidenciar a informação que o consumidor precisa deter e permiti-lo, caso queira, modificar sua decisão. Trata-se de uma tentativa de preservar a autonomia da vontade, mas com o auxílio do Estado para indicar o que julga ser a melhor opção para o próprio indivíduo. Um exemplo bastante claro desse mecanismo consiste na advertência, nas embalagens de cigarro, de que fumar pode causar diversos males. Relembre-se que, como já afirmado neste texto, as concepções da economia comportamental têm alcançado adesão de considerável número de países e da própria OCDE.

Aqui reside, mais uma vez, a circunstância de que, se de fato a pesquisa empírica indicou serem reais as situações em que a pessoa decide em desconformidade com a melhor opção racional para si, por outro, pesquisas igualmente demonstram as limitações dos remédios sugeridos para "corrigir" as decisões humanas para o fim a que se destinam. Assim, tal qual ocorre na assimetria informacional, o diagnóstico tende a ser inquestionável, mas as soluções desenhadas para seu enfrentamento não têm se revelado promissoras.

As razões para o grande prestígio que a *Behavioral Economics* atingiu em alguns ambientes também coincidem com as causas de suas limitações. É que ela se baseia em evidências empíricas acerca do processo de tomada de decisão humana, e, assim como por meio de pesquisas foram evidenciadas fragilidades da ideia geral de racionalidade humana, foram exatamente outras pesquisas que demonstraram a dificuldade de corrigir os desvios identificados. Nesse cenário, todavia, desponta sua

---

de ser inundado de dados indesejados, "mais do que você gostaria de saber". Sobre a tese, recomenda-se as seguintes leituras: BEN-SHAHAR, Omri. *The Myth of the 'Opportunity to Read' in Contract Law*. Chicago: University of Chicago, 2008. BEN-SHAHAR, Omri; SCHNEIDER, Carl. *More than you wanted to know: The failure of mandated disclosure*. Nova Jersey: Princeton University Press, 2014.

relevância para avaliar políticas públicas já postas em prática. É nesse contexto que se pode afirmar que, em direito do consumidor, seus *insights* têm sido mais hábeis a avaliar políticas e normas vigentes que para produzi-las[28].

II.I.7. O conhecido efeito da emenda sobre o soneto

Os mercados são, em contraposição a ideais utópicos, inquestionavelmente imperfeitos. Mas o Estado também. No Brasil ocorre um fenômeno curioso: políticos costumam ser muito criticados e por vezes odiados pela população em geral, ao passo que se atribui ao "Estado" uma onisciência e uma benevolência perfeitas. A Economia, se bem aplicada, ajuda a reduzir as chances de que "falhas de mercado" sejam substituídas por "falhas de governo" tão ou mais perniciosas que aquelas[29]. É preciso lembrar, afinal, que não *existe* um "Estado" como formulador e aplicador de políticas públicas. Existem políticos e técnicos da burocracia estatal. E eles encontram-se submetidos à perversa estrutura de incentivos em que não pagam por seus próprios erros, como ocorre com os agentes no mercado: consumidores e fornecedores sentem seus erros no próprio bolso.

Uma forma efetiva de minimizar esse risco consiste precisamente em pautar a ação estatal em evidências científicas e empíricas. A OCDE, no ponto, recomenda que a intervenção estatal deva estar sempre baseada na evidência contundente de que o problema existe e de que a intervenção efetivamente será capaz de resolvê-lo, estimando cuidadosamente seus efeitos imediatos, mas também, com especial atenção porquanto menos óbvios, os remotos. Ademais, mesmo que se possa alcançar efeitos positivos pela intervenção, é preciso identificar seu custo-benefício[30].

Todos os deveres atribuídos ao fornecedor serão por ele incorporados no preço do produto ou serviço. Igualmente, *e talvez ainda mais grave*, o estabelecimento de deveres excessivos afugenta potenciais concorrentes no mercado com menor poder econômico, com prejuízos para o direito de escolha do consumidor e para a "pressão" competitiva que conduz a preços mais baixos. A conduta do empresário é racional e esperada: empreende-se sempre com o objetivo de auferir lucros. Não faz qualquer sentido esperar um comportamento diferente.

Excesso de deveres, reitera-se, só favorece competidores detentores de maior poder econômico. Por isso, ao estabelecimento de obrigações deve preceder a

---

[28] Veja mais sobre isso em: OLIVEIRA, Amanda Flávio de. Reforma do Direito do Consumidor brasileiro a partir das lições da *Behavioral Economics*: uma agenda possível? MAIOLINO, Isabela; TIMM, Luciano Benetti (Orgs). *Direito do consumidor*: novas tendências e perspectiva comparada. Brasília: Editora Singular, 2019, pp. 223-238.

[29] A expressão é oriunda da tradução literal de *government failure*. Em inglês, *government* é mais intercambiável com *state* do que "Governo" com "Estado" em português. Assim, como em outras expressões advindas da Economia, há um desnecessário anglicismo: essa expressão talvez fosse mais bem traduzida por "falhas de Estado".

[30] Essa ideia foi precocemente sumarizada por Bastiat, em seu célebre livro "A lei": *"Infelizmente, a lei nem sempre se mantém dentro de seus limites próprios. Às vezes os ultrapassa, com consequências pouco defensáveis e danosas".* BASTIAT, Claude Frédéric. *A lei*. São Paulo: LVM Editora. Edição do Kindle.

mensuração de seu impacto no mercado e os eventuais benefícios líquidos a serem obtidos pelo consumidor. Para tanto, deve-se proceder a análises de impactos regulatórios previamente à adoção de qualquer nova iniciativa estatal. Essa medida, anote-se, já se mostra uma exigência legal no Brasil em certas circunstâncias e é hábil a minimizar erros políticos e normativos da intervenção[31].

III. REFLEXÕES FINAIS

Valendo-se mais uma vez das lições de Thomas Sowell, pode-se afirmar que as consequências de uma dada política ou norma são mais importantes que suas intenções — tanto as consequências imediatas, como as de longo prazo. Em suas palavras, *"boas intenções não bastam; na verdade, sem a compreensão de como a economia funciona, ser apenas bem-intencionado pode levar a resultados contraprodutivos, se não desastrosos, para o país como um todo. Vários, se não a maioria dos desastres econômicos, decorreram de políticas pretensamente benéficas — e tais desastres poderiam ter sido evitados caso aqueles que as delinearam e implementaram entendessem de Economia[32]."*

A defesa do consumidor que se faz no Brasil, por meio de seus agentes públicos, é quase sempre propositiva e quase nunca avaliativa. Por sua vez, as proposições são elaboradas tão somente com base em intuições e objetivos, e sustentadas em valores subjetivos incorporados pela lei, mas sem qualquer estudo prévio ou evidência científica de sua capacidade de alcançar os resultados desejados ou eleitos.

De fato, esse constituiu, precisamente, o primeiro enfoque recebido pela política de proteção do consumidor ao redor do globo. Entretanto, de lá para cá, tanto o objeto de disciplina quanto as técnicas empregadas aprimoraram-se, sem repercussão na política nacional.

A evolução da técnica passou, necessariamente, pela incorporação de métodos e institutos desenvolvidos pela Economia. A análise econômica do Direito, nesse cenário, não necessariamente impõe um modelo ideológico liberal ou intervencionista. Posta a decisão política de se proteger o consumidor, ela oferece instrumental para se atingir o fim visado.

Se há, de fato, uma concepção da *Law and Economics* que tende a concluir por recomendações compatíveis com a concepção de um Estado não interventor no funcionamento do mercado o mesmo não se pode dizer da *Behavioral Economics*, constantemente criticada exatamente pelo intervencionismo excessivo defendido pelas suas correntes mais influentes, que supõem ser capazes de saber o que é melhor para o indivíduo (ou, em outras palavras, qual seria sua decisão racional ou a opção que maximizaria seu bem-estar individual e subjetivo).

Nesse cenário de resistências, talvez o primeiro passo de convergência a se dar deva se encontrar na sensibilização dos juristas nacionais para a importância de empreender pesquisas empíricas em Direito no Brasil[33]. É bastante provável que muitas das normas

---

[31] Conferir Lei nº 13.874/2019 e Lei nº 13.848/2019.

[32] SOWELL, Op. cit.

[33] OLIVEIRA, Amanda Flávio de. É importante produzir pesquisas empíricas em Direito do Consumidor no Brasil. Consultor Jurídico. Coluna: Garantias do consumo. 08 de novembro de

e políticas empreendidas falhem solenemente no propósito de atingir seus objetivos, além de, como se afirmou, excluir concorrentes e concentrar poder econômico do lado do fornecedor. É também muito provável que outras sejam também deletérias em relação ao que buscam. E há mesmo as que podem ter efeitos benéficos. Mas não se sabe disso. Ao contrário, seguem sendo propostas novas medidas.

Um dos riscos descritos do intervencionismo inconsequente consiste exatamente em seu caráter ineficiente, mas ao mesmo tempo cumulativo: se a medida estatal utilizada para atingir um dado objetivo falha em seu intento, em vez de abdicar-se da intervenção, costuma-se promover uma nova, com o intuito de "aprimorar" aquilo que deu errado. E assim acumulam-se custos sociais e pífios ou inexistentes benefícios concretos, em uma "espiral intervencionista" que a todos prejudica[34].

Um outro passo importante consiste na inserção da "rivalidade" efetiva entre concorrentes na agenda das entidades e agentes de direito do consumidor. Não há dúvidas dos benefícios concretos que uma competição efetiva produz em termos de aumento do bem-estar do consumidor. Por isso mesmo, é preciso identificar e abolir iniciativas estatais que estejam representando óbices à livre competição, o que só favorece os fornecedores já estabelecidos, com maior poder econômico e que, não ameaçados por novos entrantes, podem se manter ineficientes, com preços mais altos e qualidade inferior àquilo que um ambiente mais livre propiciaria. Os custos de *compliance,* indenizações e outros problemas acabam sendo mais que compensados pelo conforto da posição dominante assegurada.

Por fim e sobretudo, é hora de reconhecer as limitações intrínsecas de uma abordagem já superada, porque se mostrou insuficiente, de política de proteção do consumidor. O que evidencia essa situação é precisamente a experiência. Ao ignorá-la, paga-se um preço alto e que deveria ser indesejado por todos: uma política que não atinge os objetivos pretendidos.

IV. REFERÊNCIAS BIBLIOGRÁFICAS

ACCIOLY, João C. de Andrade Uzêda. *Preços Altos ou Prateleiras Vazias? Efeitos positivos da alta de preços na pandemia.* Em: CUNHA, Alexandre Jorge Carneiro (Filho); ARRUDA, Carmem Silvia; ISSA, Rafael Hamze; SCHWIND, Rafael Wallbach. *Direito em Tempos de Crise – reflexões por ocasião da pandemia Covid 19.* São Paulo: Quartier Latin, 2020.

BASTIAT, Claude Frédéric. A lei. São Paulo: LVM Editora. Edição do Kindle.

BEN-SHAHAR, Omri. *The Myth of the 'Opportunity to Read' in Contract Law.* Chicago: University of Chicago, 2008.

BEN-SHAHAR, Omri; SCHNEIDER, Carl. *More than you wanted to know: The failure of mandated disclosure.* Nova Jersey: Princeton University Press, 2014.

2017. Endereço: https://www.conjur.com.br/2017-nov-08/garantias-consumo-importante-produzir-pesquisas-empiricas-direito-consumidor.

[34] Mais sobre isso pode ser encontrado em: RAMOS, André Luiz Santa Cruz. Os Fundamentos Contra o Antitruste. Rio de Janeiro: Forense, 2015.

BODART, Bruno. Uma Análise Econômica do Direito do Consumidor: Como Leis Consumeristas Prejudicam os Mais Pobres Sem Beneficiar Consumidores. EALR, V. 8, no 1, p. 114-142, Jan-Jun, 2017.

CSERES, Katalin Judit. Competition Law and Consumer Protection. The Netherlands: Kluwer Law International, 2005.

FRIEDMAN, Milton. Capitalismo e Liberdade. Rio de Janeiro: LTC Editora, 2014. Edição do Kindle.

HAUPT, Stefan. An Economic Analysis of Consumer Protection in Contract Law. German Law Journal, Vol.04, No.11, 2003, pp. 1137-1164.

HAYEK, Friedrich August. *The Use of Knowledge in Society*. In *Individualism and Economic Order*. Chicago, The University of Chicago Press, 1948.

MENEGUIN, Fernando; LYNN, Marjorie. Intervenções para proteção do consumidor conseguem protegê-lo? Revista de Direito do Consumidor. Vol. 125, p. 273-290. São Paulo: Ed. RT, set-out/2019.

IPPOLITO, Pauline M. Consumer Protection Economics: A Selective Survey. In IPPO-LITO, Pauline M.; SCHEFFMAN, David T. (Editors). Empirical Approaches to Consumer Protection Economics. Proceedings of a Conference Sponsored by the Bureau of Economics. Federal Trade Commission. April 26-27, 1984.

OLIVEIRA, Amanda Flávio de. Reforma do Direito do Consumidor brasileiro a partir das lições da *Behavioral Economics*: uma agenda possível? *In* MAIOLINO, Isabela; TIMM, Luciano Benetti (Orgs). Direito do consumidor: novas tendências e perspectiva comparada. Brasília: Editora Singular, 2019, pp. 223-238.

OLIVEIRA, Amanda Flávio de. É importante produzir pesquisas empíricas em Direito do Consumidor no Brasil. Consultor Jurídico. Coluna: Garantias do consumo. 08 de novembro de 2017. Endereço: https://www.conjur.com.br/2017-nov-08/garantias-consumo-importante-produzir-pesquisas-empiricas-direito-consumidor.

POPPER, Karl Raimund. *Conjectures and Refutations*. Nova York: Basic Books, 1962, pp. 66-67.

RAMOS, André Luiz Santa Cruz. Os Fundamentos Contra o Antitruste. Rio de Janeiro: Forense, 2015.

SILVA NETO, Orlando Celso. O design ideal do Direito de proteção e defesa do consumidor: uma descrição das técnicas regulatórias mais usadas, o que funciona (o que não), vantagens e desvantagens. In MAIOLINO, Isabela; TIMM, Luciano Benetti (Orgs). Direito do consumidor: novas tendências e perspectiva comparada. Brasília: Editora Singular, 2019, p. 208 e ss.

SMITH, Adam. A riqueza das nações: investigação sobre sua natureza e suas causas. São Paulo: Abril Cultural, 1983.

SOWELL, Thomas. Economia Básica: Um guia de economia voltado ao senso comum — Volume 1. Rio de Janeiro: Alta Books, 2017. Edição do Kindle.

15

TRINTA ANOS DO CÓDIGO DE DEFESA DO CONSUMIDOR E A EVOLUÇÃO NAS RELAÇÕES DE CONSUMO NOS CONTRATOS DE SEGURO

ANGÉLICA CARLINI

1. INTRODUÇÃO

No ensejo do trigésimo aniversário da aprovação do Código de Proteção e Defesa do Consumidor, algumas reflexões podem ser construídas assim como algumas projeções de aprimoramento para os próximos trinta anos.

Esta reflexão tem por objetivo detectar elementos que permitam o aprimoramento da hermenêutica e aplicação do CDC nos contratos de seguro privados massificados, aqueles nos quais se aplicam as normas de proteção e defesa do consumidor.

A ideia de aprimoramento está relacionada com a adequação do CDC à realidade contemporânea, marcadamente diferente da década de 1990 quando a lei consumerista foi aprovada e entrou em vigor. Nesses trinta anos vivemos mudanças significativas nas instituições sociais e no uso das tecnologias de informação. No momento, estamos vivendo o limiar de uma era de inovações que até então a humanidade não havia conhecido, com o uso da inteligência artificial; dos aplicativos que substituíram a agência bancária e as cartas enviadas pelos serviços de correio; do compartilhamento de transporte e de hospedagem; o mundo das criptomoedas e das relações econômicas em *blockchain*; entre outras muitas de outras formas de fazer negócios, viver e se relacionar que estão sendo possíveis em decorrência do uso massificado de tecnologias.

A tendência é que as inovações avancem exponencialmente e que tenhamos mudanças significativas em praticamente todos os setores produtivos – indústria, comércio, serviços –, sempre priorizando a rapidez e a ampliação do alcance, embora seja preciso reconhecer que nem sempre novas tecnologias representam eficiência ou segurança para as relações de consumo.

Nesse cenário desafiador e repleto de conflitos, desejado e criticado, que barateia custos de transação e aumenta a insegurança no tratamento de dados pessoais, é que a proteção e defesa do consumidor terá que transitar e marcar presença positiva como o fez nos últimos trinta anos de existência.

Nesse ambiente em que todos desejam inovação e nem sempre são cuidadosos com sua própria segurança no compartilhamento de dados; em que os consumidores têm acesso a milhares de informações em tempo real; em que temos uma geração completamente digital e tecnológica convivendo com "imigrantes" que nasceram no mundo analógico e, agora se veem às voltas com a necessidade de migrar para um mundo digital; nesse mundo a defesa e a proteção do consumidor deverão ser construídas sem olvidar que ainda existem pessoas que não têm acesso ao mundo digital, embora tenham direito à mesma proteção que todos os consumidores.

Novos tempos, novos desafios e convivência com setores ainda não tão desenvolvidos no aspecto tecnológico. Um único direito do consumidor ou, a possibilidade de dimensões ampliadas para a construção de relação de equilíbrio entre fornecedores e consumidores?

Vamos refletir sobre essas possibilidades a partir contratos de seguro privados, especificamente em situações que ocorrem com os seguros de responsabilidade civil facultativa de veículos e, nos seguros saúde.

2. ASPECTOS TÉCNICO-JURÍDICOS DOS CONTRATOS DE SEGUROS PRIVADOS

Os contratos de seguros privados são contratos individualizados que se sustentam na formação e gerenciamento de uma mutualidade, que contribui com valores para a formação de um fundo de onde sairão os recursos utilizados para o pagamento de danos decorrentes de riscos materializados durante o período de vigência da apólice.

São contratos que se organizam a partir da existência de um risco a que está sujeito o proponente, mais tarde segurado quando a contratação se perfectibilizar, risco esse que pode gerar danos materiais e imateriais. É fundamental que os riscos estejam perfeitamente declarados e identificados, para que sejam considerados riscos cobertos pelo contrato.

Dois aspectos são fundamentais: o risco do segurado e o risco do segurador.

O segurado tem vários riscos em sua vida, porém, nem todos serão passíveis de cobertura securitária. Para a cobertura securitária é fundamental que os riscos sejam conhecidos e possam ser quantificáveis em extensão de danos que poderão causar, bem como em probabilidade de ocorrência.

Existem riscos seguráveis e riscos não seguráveis e isso é perfeitamente legal. Os seguráveis são aqueles para os quais já existe experiência pregressa que permita mensurar o tipo de dano, sua extensão aproximada e a frequência com que ocorrem.

Presentes esses elementos não importa que a extensão dos danos seja de grande monta, esses riscos serão cobertos e quando se materializarem os danos decorrentes serão indenizados. É o caso dos riscos de terremoto cobertos em muitos contratos de seguro em vários países do mundo.

Existem riscos, no entanto, que não são cobertos pelos contratos de seguro porque não há condições objetivas de quantificar as consequências, os danos dele

Cap. 15 · TRINTA ANOS DO CÓDIGO DE DEFESA DO CONSUMIDOR | **399**

decorrentes. Suponha-se o risco de passar ou não passar em um concurso público para ingresso na carreira da magistratura. Como mensurar as probabilidades de materialização do risco e, como mensurar os danos decorrentes? E mais, quem poderá assegurar que alguns candidatos não prefiram não passar no concurso apenas para receber os valores indenitários do contrato de seguro?

Da mesma forma, não é segurável o risco para o qual não se conhecem ainda, do ponto de vista técnico os danos que ele poderá produzir. Sem esse conhecimento prévio como calcular os valores necessários para a formação do fundo mutual, no qual serão depositados os recursos necessários para o pagamento das indenizações decorrentes dos riscos?

Os riscos para serem objeto de cobertura nos contratos de seguro devem ser mensuráveis, conhecidos, quantificáveis e possíveis de se materializarem. Além disso, devem decorrer de acidentes, ou seja, um evento imprevisto para o qual não tenha havido nenhuma ação intencional com objetivo de materializar o risco.

Riscos não seguráveis em algumas épocas da história da humanidade poderão ser seguráveis em outra. Os riscos decorrentes das viagens aéreas podem ter sido não seguráveis durante os primórdios da aviação, no entanto, na atualidade, são riscos corriqueiramente seguráveis embora, felizmente, não materializáveis com frequência porque os acidentes aéreos não ocorrem com frequência.

Quem define com objetividade quais os riscos seguráveis e não seguráveis são os atuários e os estatísticos, profissionais que conseguem calcular os valores necessários para que o fundo mutual possa ser organizado e administrado pelos seguradores.

Assim, o risco para os segurados no contrato de seguro é o elemento que pode se materializar e resultar em um dano, material ou imaterial; para o segurador, no entanto, o risco consiste em organizar e administrar corretamente o fundo mutual de forma que ele tenha recursos para indenizar todos os danos que ocorrerem para os segurados, durante o período de vigência dos contratos. O primeiro risco do segurador é, portanto, subscrever os riscos dos segurados de forma tecnicamente correta, selecionar os riscos seguráveis dos não seguráveis, analisar cálculos atuariais e estatísticos, compor o fundo mutual corretamente, com valores necessários para suportar os danos decorrentes dos riscos materializados.

Há, no entanto, outro risco a que os seguradores estão sujeitos: administrar corretamente a atividade empresarial em especial as despesas administrativas e as despesas de distribuição, para que possam remunerar o capital do investimento, ou seja, possam ter lucro em sua atividade. A governança e a gestão empresarial das atividades de seguro estão cada vez mais sofisticadas e, deixar de agir com profissionalismo e eficiência poderá gerar perdas que comprometerão os resultados e o retorno dos acionistas, o que sempre é negativo para os setores empresariais e para sua reputação junto aos consumidores e à sociedade.

Os riscos são diferentes para seguradores e para segurados, mas, é preciso que todos os riscos estejam convenientemente administrados e monitorados para que os melhores resultados econômicos e financeiros possam ser obtidos nos diferentes ramos de seguro operados pelos seguradores. Esse é sempre o objetivo perseguido pelos seguradores.

3. CONTRATOS MASSIFICADOS E CONFLITOS COM O CONSUMIDOR

3.1 Alguns aspectos preliminares

Os contratos de seguros privados podem ser classificados de várias formas diferentes.

Contratos não massificados são aqueles que não se encontram submetidos ao sistema de proteção do consumidor, porque são contratos paritários firmados entre iguais quase sempre pessoas jurídicas. Estão sujeitos à legislação civil, às normas do Conselho Nacional de Seguros Privados – CNSP e da Superintendência de Seguros Privados – SUSEP e, nos casos de grandes riscos para os quais sejam contratados resseguro, também são aplicadas cláusulas construídas ao longo dos séculos por costumes e cuja aplicação é corriqueira nessa modalidade.

Contratos de seguro massificados são contratos de adesão em que participam um consumidor e um fornecedor, na exata definição da Lei n. 8.078, de 1990. No âmbito dos seguros privados os contratos massificados mais conhecidos são os seguros de pessoas (vida, acidentes pessoais, entre outros); seguros de automóvel e responsabilidade civil facultativa de veículos; e, os seguros saúde. Também existem contratos massificados os seguros para celular, prestamista em operações de crédito, seguros viagem e seguros funeral.

Este trabalho tem por objeto de análise os seguros massificados de responsabilidade civil facultativa de veículos e os seguros saúde, na impossibilidade de tratar todos os que se incluem nessa categoria.

No tocante aos conflitos que os seguros massificados podem provocar com os consumidores, é importante que se ressalte que a estrutura dos contratos de seguro é de difícil compreensão para as pessoas que não dominam aspectos conceituais essenciais.

De fato, como compreender que um contrato individual tem sustentação em uma mutualidade à qual todos devem obrigações, em especial, as de não agravar intencionalmente o risco e, pagar rigorosamente em dia os valores de contribuição para que não faltem recursos para o fundo?

Além da dificuldade de compreensão da estrutura dos contratos de seguro, os termos técnicos utilizados pelo setor de seguros privados também não são amigáveis. De fato, como compreender que *prêmio* é aquilo que o segurado paga e não o que ele recebe do segurador? Que *sinistro* é o risco materializado? Essas são algumas das expressões que dificultam a compreensão do consumidor.

Seria possível deixar de utilizar essas expressões nos contratos de seguro para que eles se tornassem mais facilmente compreendidos pelos consumidores? Sim, porém será que isso é realmente necessário? Os contratos de seguro possuem glossários que contêm toda a terminologia técnica explicada para a compreensão dos consumidores.

Além disso, todos os termos utilizados nos contratos de seguro podem ser encontrados em dicionários e glossários especializados facilmente localizáveis na rede mundial de computadores, como no portal da Superintendência de Seguros

Privados – SUSEP[1], ou, no portal Tudo Sobre Seguros[2], entre vários outros que podem ser encontrados.

Na atualidade, não é incomum que consumidores sejam usuários de produtos ou serviços que exigem algum conhecimento técnico ou, minimamente, de terminologia apropriada. Áreas como turismo, viagens, serviços bancários e financeiros possuem terminologia técnica que usualmente é utilizada, sem esquecer que o mesmo acontece em área tecnológica. A aquisição de uma televisão, na atualidade, demanda conhecer expressões como *smart, ultra HD 4 K*, entre outras expressões comumente utilizadas e, que sinalizam aspectos técnicos que têm que ser de conhecimento do consumidor, caso ele queira fazer uma opção adequada.

Afirmar que os contratos de seguro são complexos porque utilizam uma terminologia própria é realidade; o que é preciso incorporar a essa linha de raciocínio é outra dimensão da mesma realidade: a tecnologia e a inovação presentes em muitas áreas de consumo tornaram a vida do consumidor uma prática reiterada de aprendizagem, pesquisa de termos, descoberta de significados e para isso, o acesso à rede mundial de computadores tem sido excelente escola.

Os *smartphones* são um bom exemplo dessa afirmação. Hoje como sabemos os telefones celulares estão presentes na vida dos brasileiros em número superior ao de habitantes do país e executam inúmeras tarefas que até há dois ou três anos demandavam deslocamento físico, por exemplo, o uso do sistema bancário para pagamento de contas, transferência de valores, verificação de saldo ou movimentação de extrato. Tudo se faz, na atualidade, por meio de telefones celulares, inclusive a abertura de contas em bancos digitais que não possuem agências físicas.

Nessa dimensão contemporânea a terminologia técnica dos contratos de seguro não é mais um problema para os consumidores, salvo se eles não desejarem se informar sobre o sentido dos termos técnicos. E isso ninguém pode obrigar. Adquirir informação tem componente volitivo e não há como obrigar nenhuma pessoa a se informar se ela não desejar fazê-lo.

É nesse sentido que o dever de informar do fornecedor encontra barreira intransponível que só pode ser superada pela vontade do consumidor em se informar, o que nem sempre acontece.

Comumente se sugere que os contratos de seguro massificados sejam modificados para que os termos técnicos sejam modificados. Curiosamente, essa mesma sugestão não é feita para os fornecedores de programas de computadores, de *smartphones,* de televisões de alta tecnologia, de *notebooks* e *tablets*, de *videogames* de última geração, que continuam utilizando suas referências técnicas sem causar a menor discussão sobre o tema. De fato, alguém sabe mesmo a distinção entre memória RAM, 4GB ou 500 GB entre outras especificações de caráter técnico normalmente presentes na publicidade de instrumentos de informática?

---

[1] Disponível em: http://www.susep.gov.br/menu/informacoes-ao-publico/glossario. Acesso em 12 de abril de 2020.

[2] Disponível em: https://www.tudosobreseguros.org.br/tss/glossario/. Acesso em 12 de abril de 2020.

A sociedade contemporânea tem vários instrumentos disponíveis para obter informações sobre temas que desejar conhecer, inclusive contratos de seguro. Além disso, o setor de seguros é regulado e como tal se submete ao Decreto 6.523, de 2008, cujo artigo 2º[3] determina que o serviço de atendimento ao cliente tem por finalidade resolver demandas dos consumidores sobre *informação, dúvida, reclamação, suspensão ou cancelamento de contratos e serviços*.

As sociedades seguradoras são obrigadas a manter os serviços de atendimento ao cliente funcionando por ligação gratuita, 24 horas por dia durante 7 dias na semana, o que permite aos consumidores solucionarem suas dúvidas sempre que desejarem, em todos os momentos em que elas surgirem, inclusive durante os finais de semana e feriados.

Além do acesso a serviço de atendimento ao cliente executado por pessoa e não por máquina, os consumidores de seguros quase sempre têm à sua disposição o serviço de corretores de seguro, intermediários habilitados a promover a contratação do seguro mais adequado para os consumidores. Os corretores de seguro têm sua remuneração – comissão de corretagem – remunerada pelos consumidores porque o valor é inserido no total do prêmio de seguro. Os corretores de seguro são escolhidos pelos próprios segurados, quase sempre a partir de indicação de amigos ou familiares e, podem ser contatados para qualquer necessidade referente aos contratos de seguro, em especial para renovação, quando ocorre mudança do risco segurado (automóvel, casa), e principalmente, quando o risco se materializa e gera danos (situação tecnicamente conhecida em seguro pela palavra *sinistro*). Nesse momento, de ocorrência de um risco coberto pelo contrato de seguro o corretor de seguros é de fundamental importância, porque é ele que organiza a documentação necessária para comprovação do risco, da materialização e dos danos decorrentes para que o segurador possa quantificar a indenização e efetivar o pagamento.

Como se pode constatar, o consumidor tem muitas formas de se informar sobre contratos de seguro, o que não subtrai aos fornecedores de seguro – companhias, corretores, agentes e representantes –, o dever de informar de maneira clara, objetiva e adequada.

O ponto central desta questão é que não haverá informação clara, objetiva e adequada que solucione a assimetria informacional do consumidor se ele não quiser se informar, **se o consumidor não desejar conhecer o funcionamento da prestação de serviços que contratou.**

Esse é um ponto de conflito presente nas relações de consumo de seguro e para que seja equilibrado e harmonizado será preciso avaliar a informação que foi prestada por quem tem o dever de informar e, os esforços feitos pelo consumidor para cumprir seu dever de se informar quando as informações estiverem disponíveis ou, acessíveis, para que ele amplie sua compreensão.

---

3   Art. 2º Para os fins deste Decreto, compreende-se por SAC o serviço de atendimento telefônico das prestadoras de serviços regulados que tenham como finalidade resolver as demandas dos consumidores sobre informação, dúvida, reclamação, suspensão ou cancelamento de contratos e de serviços.

Nos domínios do pensamento consumerista no Brasil nesses últimos trinta anos poucas reflexões foram construídas sobre os deveres dos consumidores, ainda que tais deveres tenham sido expressamente mencionados pela lei de proteção e defesa do consumidor no art. 4º, inciso IV e, indiretamente, no disposto no inciso III, que determina que a harmonização dos interesses dos participantes das relações de consumo deverá ser construída com base na boa-fé e equilíbrio, entendido que boa-fé como dever de conduta implica responsabilidade ou deveres daqueles que participam diretamente das relações de consumo, isso inclui, por certo, os consumidores.

Os consumidores são vulneráveis, porém, reconhece o Código de Defesa do Consumidor que possuem deveres e um deles, com certeza, é o dever de se informar, de buscar meios acessíveis, gratuitos e disponibilizados pelo fornecedor para conhecer características e detalhes dos produtos e serviços colocados para consumo.

Na atividade de seguro os meios estão disponíveis no próprio contrato (glossário), por acesso gratuito ao serviço de atendimento ao cliente, nos portais de muitas seguradoras que possuem recursos como *chats* e pelo corretor de seguros.

A vulnerabilidade fica bastante mitigada quando racionalmente se avalia que os contratos de seguro fornecem maiores possibilidades de informação que muitos outros contratos de adesão. Basta que se leve em conta o acesso à informação disponível nos contratos bancários, de financiamento de crédito ou nos contratos de financiamento imobiliários.

3.2 *Seguros de Responsabilidade Civil Facultativa de Veículos – RCF-V e os Conflitos com o Consumidor*

Os seguros de responsabilidade civil facultativa de veículos também conhecidos pela sigla RCF-V, são comercializados juntamente com os seguros de automóvel embora sejam modalidades distintas. Nos seguros de automóvel o objeto de risco contra o qual o segurado pretende se proteger é o veículo e, os riscos a que esse veículo está sujeito são, quase sempre, o roubo, furto, incêndio e colisão. Nos seguros de responsabilidade civil facultativa de veículos o objeto de risco é o patrimônio do segurado que pode ser atingido pela necessidade de indenizar danos causados a terceiros, decorrentes quase sempre de colisão, atropelamento ou risco assemelhado.

Muitos segurados nem se apercebem do fato de que os seguros de automóvel e de responsabilidade civil facultativa de veículos são categorias distintas, com riscos diferenciados embora sejam oferecidos no mesmo momento. O segurado pode contratar seguro de proteção para os riscos de seu automóvel sem ser obrigado a contratar seguro para os riscos a seu patrimônio, decorrentes da responsabilidade civil. Não há venda casada, é muito bom que se frise isso. Mas, quase sempre, os riscos estão juntos. Quem utiliza automóveis está sujeito a ter seu veículo colidido por terceiro, tanto quanto está sujeito a colidir com terceiro. Na primeira hipótese os danos poderão ser indenizados pelo causador e, na segunda hipótese, ocorre o mesmo. Essa a razão objetiva de ambas as modalidades de seguro – Auto e RCF-V – serem comercializadas ao mesmo tempo.

Os seguros de responsabilidade civil facultativa de veículos possuem três coberturas distintas para os danos que o segurado possa causar a terceiro: danos materiais, danos corporais e danos morais.

O mercado de seguros de responsabilidade civil facultativa de automóveis, no Brasil, atua com valores de cobertura distintos para cada uma das três modalidades de danos. O segurado poderá optar por valores diferentes para cada uma das coberturas ou, valores assemelhados, conforme sejam suas necessidades em relação a possíveis danos que venha a causar a terceiros.

Importante destacar que as coberturas não podem ser somadas e são pagas isoladamente para cada modalidade de risco. Assim, se o segurado tiver 100 mil reais para cada cobertura – dano material, corporal e moral –, não é correto afirmar que ele possui 300 mil reais de cobertura para danos porque, a rigor, em respeito à boa técnica de formação e administração de fundos mutuais, ele possui 100 mil para cada risco e, consequentemente, se os danos materiais ultrapassarem esse valor ele não poderá utilizar as coberturas de danos corporais e morais para suprir o déficit ocorrido no dano material.

O seguro de responsabilidade civil facultativa de veículos, ou RCF-V é popularmente conhecido como *"seguro contra terceiro"*, quando em verdade é um seguro a favor do patrimônio do segurado e, a favor do terceiro vítima de danos causados pelo segurado. É o seguro que permite ao segurado que causar danos a terceiro poder assumir suas responsabilidades, sem desequilibrar seu patrimônio.

Vários aspectos podem causar conflitos entre seguradores e segurados nos contratos de responsabilidade civil facultativa de veículos, mas neste trabalho a reflexão será construída em torno da negativa de cobertura de risco para as situações em que o motorista do veículo guiar em comprovado estado de embriaguez.

O Código Civil em seu artigo 757 determina que o seguro protege interesse legítimo do segurado sobre pessoa ou bem. Sobre interesse legítimo ensina Vera Helena de Mello Franco[4]

> O interesse é aquilo sobre o que o risco incide. O interesse é uma relação de valor, acatada esta expressão em sentido amplo que se apresenta no seguro como uma situação de vantagem ou desvantagem para o segurado, quer com relação a uma pessoa (inclusive a própria), quer com relação a um bem (material ou imaterial).
>
> O objeto do seguro, aqui, não é o bem ou a pessoa em si, mas a relação do sujeito para com a pessoa ou o bem.
>
> Este o teor da lição exposta por Fábio Konder Comparato ao demonstrar que o que o segurado garante não é a coisa, mas o interesse que possui em relação à coisa.
>
> (...)
>
> Assim, o interesse segurável, não é a coisa. Mas a relação existente entre o segurado e a coisa sujeita a risco, segurando-se, assim, o conteúdo econômico desta relação. E isso vale tanto para o seguro de danos quanto para o seguro de pessoas.

---

[4] FRANCO, Vera Helena de Mello. *Contratos. Direito Civil e Empresarial.* 3ª edição. S.Paulo: Revista dos Tribunais, 2012, p. 312.

(...)

Algum esclarecimento, contudo, deve ser feito quanto à inclusão da expressão "legítimo", posto que, a primeira vista pode levar à crença de que se tenham em vista a licitude – e não é esta, exatamente, a ideia da lei. É certo que o interesse que se quer segurar deve ser lícito, mas, com a ideia de legítimo interesse, o que se quer frisar é que o segurado deve estar interessado em que o sinistro não ocorra, e não outra coisa (interesse este que deve ser próprio e não alheio).

No caso dos seguros de responsabilidade civil facultativa de veículos, o interesse do segurado deve ser legítimo no sentido de proteger seu patrimônio para que não seja atingindo pelo dever de indenizar terceiros, vítimas de danos materiais ou imateriais causados pelo segurado.

O segurado não pretende causar danos a qualquer pessoa ou patrimônio, mas, sabe que as atividades corriqueiras e normais do cotidiano podem, por vezes, originar danos a terceiros e estes deverão ser indenizados na exata extensão dos danos ocorridos.

Correto afirmar, portanto, que ao contratar um seguro de responsabilidade civil facultativa de veículos a justa expectativa do segurado é ser reembolsado dos valores que tiver que indenizar a terceiros, aos quais venha causar danos involuntários. Se essa afirmação é correta, então, não parece legítimo e socialmente aceitável que ao contratar essa modalidade de seguro o segurado tenha a expectativa de descumprir a lei de forma intencional e, ainda assim, ser reembolsado dos valores dispendidos para indenizar os danos causados a terceiros.

O Código de Trânsito brasileiro classifica como infração gravíssima o condutor guiar sob influência de álcool ou qualquer outra substância psicoativa que determina dependência. Na linguagem do senso comum a lei brasileira adotou a política de tolerância zero para álcool na condução de veículos automotores. Aquele que ingere qualquer quantidade de bebida alcoólica não pode guiar! Não pode conduzir veículo automotor de vias terrestres, sob pena de caracterizar infração gravíssima. Surpreendido por policiais durante essa prática – beber embriagado – mesmo que com baixa quantidade ou, mesmo que não esteja praticando nenhuma outra infração – excesso de velocidade, contramão de direção – ainda assim, será multado e terá seu veículo apreendido. Não poderá voltar para casa com o veículo que somente será entregue a condutor não alcoolizado.

Guiar um veículo após ingerir bebida alcoólica é, portanto, diferente de trafegar na contramão de direção por alguns metros ou, imprimir velocidade superior àquela permitida para o local. Essas práticas são proibidas por lei, mas podem ocorrer por um descuido, desatenção, por confusão de sinalização ou, ainda, desconhecimento do local onde se está trafegando naquele momento. Esses casos, a depender das circunstâncias provadas, poderão se caracterizar como agravação de risco e, eventualmente, decretar a isenção da obrigação do segurador em pagar a indenização.

A situação, no entanto, é completamente diferente de dirigir com qualquer quantidade de álcool no organismo porque, além de proibido, houve manifesta infração à lei pelo fato de que ninguém ingere bebida alcoólica sem perceber, ou sem intenção de ingerir.

Quando alguém decide beber e guiar o veículo não está agravando o risco de colisão ou de danos a terceiros. Está adotando uma conduta não coberta pelo contrato de seguro. Trata-se de risco não coberto, não previsto e não amparado no contrato de seguro, que caracteriza a ausência do dever de indenizar pelo segurador, porque não foi contratada cobertura de seguro para essa modalidade de conduta.

Bruno Miragem[5] nos ensina que o *interesse legítimo não se confunde com o risco e com o dano* (...). E que (...) *As cláusulas de limitações de responsabilidade do segurador por ele redigidas unilateralmente nos contratos por adesão às condições gerais devem respeitar os interesses legítimos tutelados, a impedir restrição de direitos ao segurado que fira a natureza do contrato.*

A restrição de guiar após haver ingerido álcool é fundamentada na lei, que proíbe aos condutores de veículos a ingestão de qualquer quantidade de bebida alcoólica. Dessa forma, a ausência de cobertura no contrato de seguro para essa situação não se caracteriza como restrição que fira a natureza do contrato. Ao contrário, tendo por objetivo a proteção de interesse legítimo, compreendido legítimo como aquilo que também é legal, restringir a garantia quando houver descumprimento da lei equilibra o contrato e protege a mutualidade.

Não há interesse segurável na ilegalidade porque ninguém pode deliberadamente descumprir a lei e, pretender que a contratação do seguro que tem como princípios a boa-fé e a veracidade, continuem sendo válidas. Além disso, a vedação de guiar após ingerir qualquer quantidade de álcool é protetiva da sociedade, que fica menos exposta a riscos e a todas as consequências negativas que os acidentes de trânsito provocam.

Há receio de que o segurador ao negar o pagamento da indenização ao terceiro vítima do dano causado pelo segurado que ingeriu bebida alcoólica, esteja descumprindo o princípio da função social do contrato de seguro.

Uma brevíssima análise do tema demonstra que isso não ocorre, em que pese a opinião abalizada de muitos doutrinadores. Aliás, a tese é exatamente oposta, no sentido de que a não contratação de cláusula de seguro de responsabilidade civil para as hipóteses de motorista sob efeito de álcool é que cumpre o princípio da função social do contrato. A rigor, se houvesse cobertura para essa situação – condução de veículo automotor após ingestão de qualquer quantidade de álcool –, é que se materializaria a agressão ao princípio da função social do contrato.

Rodrigo Saraiva Porto Garcia[6] afirma que para uma corrente dos pensadores

> (...) a função social do contrato tem por objetivo tutelar não somente a vontade das partes, mas também garantir a proteção de interesses da coletividade – interesses institucionais, nas palavras de Calixto Salomão Filho, ou interesses extracontratuais socialmente relevantes, de acordo

---

5   MIRAGEM, Bruno. *Curso de Direito do Consumidor.* 4ª edição. S.Paulo: Revista dos Tribunais, 2013, p. 435.

6   GARCIA, Rodrigo Saraiva Porto. *Um Estudo da Aplicação Autônoma do Princípio da Função Social do Contrato.* In TERRA, Aline de Miranda Valverde. KONDER, Carlos Nelson. GUEDES, Gisela Sampaio da Cruz. *Princípios Contratuais Aplicados. Boa-Fé, Função Social e Equilíbrio Contratual À Luz da Jurisprudência.* S.Paulo: Foco, 2019, p. 247.

Cap. 15 · TRINTA ANOS DO CÓDIGO DE DEFESA DO CONSUMIDOR | 407

com Gustavo Tepedino. Tem-se aqui a verdadeira aplicação autônoma do princípio, desvencilhada da proteção das partes contratantes – função que pode ser exercida pela boa-fé objetiva. Assim, o contrato somente exerce sua função social na medida em que não viola os interesses da coletividade.

Qual o maior interesse da coletividade: proteger pessoas vítimas de acidentes de trânsito de que participaram motoristas que infringiram a lei e ingeriram bebida alcoólica antes de guiar; ou, proteger toda a sociedade e não oferecer cobertura securitária para motoristas que guiem após ingerir bebida alcoólica?

Imaginemos que uma sociedade seguradora criasse um seguro para "condutores que ingerem álcool antes de dirigir" e, com base em cálculos atuariais e estatísticos cobrasse prêmios e formasse uma mutualidade de motoristas que costumam infringir a lei e beber antes de guiar. Como seria tratada essa empresa seguradora? Punida pela SUSEP por cobrir um risco ilícito e, punida por parte expressiva da sociedade com perda de boa reputação, exatamente por incentivar conduta ilícita que causa tantos danos a toda a sociedade.

Assim, a ausência de cobertura securitária para motoristas que guiam seus veículos após ingerir bebidas alcoólicas em qualquer quantidade é uma medida de função social dos contratos de seguro, protegendo não apenas a mutualidade e as partes contratantes, mas, principalmente, toda a sociedade. Não há direito para o segurado que deliberadamente descumpre o ordenamento jurídico ao ingerir bebida alcoólica e guiar, porque mesmo quando ele não seja o causador do acidente, o ato deliberado, volitivo, de infringir a lei em área tão sensível das relações sociais, não pode gerar direito para ninguém.

De outro lado, a vítima deverá ter seus danos integralmente ressarcidos pelo patrimônio do condutor e do proprietário do veículo, sem que estes possam dividir com a mutualidade do seguro o resultado de sua ação deliberadamente ilegal. Caso o patrimônio do proprietário e/ou do condutor sejam insuficientes, o Estado deverá garantir o ressarcimento e, posteriormente, se ressarcir do proprietário e/ou condutor em pagamento parcelado.

A sociedade poderá dividir esses valores com base nos *valores supremos de uma sociedade fraterna,* como consta expressamente do Preâmbulo da Constituição Federal, porém, o grupo mutual não tem essa responsabilidade porque ali só ingressaram aqueles que sabiam que o contrato de seguro não oferece cobertura para práticas ilegais, em especial, aquelas que dependem de ação deliberada do agente como acontece com a ingestão de bebida alcoólica.

3.3. Contratos de Saúde Suplementar – Coberturas para Além da Previsão do Rol de Procedimentos da Agência Nacional de Saúde Suplementar – ANS

Em decisão proferida em 10 dezembro de 2019 e publicada em fevereiro de 2020, a Quarta Turma do Superior Tribunal de Justiça, tendo como Relator o Ministro Luis Felipe Salomão, decidiu que:

> Planos de saúde. Recurso especial. Rol de procedimentos e eventos em saúde elaborado pela ANS. Atribuição da autarquia, por expressa disposição

legal e necessidade de harmonização dos interesses das partes da relação contratual. Caracterização como relação exemplificativa. Impossibilidade. Mudança do entendimento do colegiado (*overrlunig*). CDC. Aplicação, sempre visando harmonizar os interesses das partes da relação contratual. Equilíbrio econômico-financeiro e atuarial e segurança jurídica. Preservação. Necessidade. Recusa de cobertura de procedimento não abrangido no rol editado pela autarquia ou por disposição contratual. Oferecimento de procedimento adequado, constante da relação estabelecida pela agência. Exercício regular de direito. Reparação de danos morais. Inviabilidade.

Essa decisão do Superior Tribunal de Justiça vem consagrar de forma clara e didática que a proteção do *"consumidor oculto"*, é necessária nos contratos de seguro que se sustentam na formação de fundo mutual ou, se preferirmos, em uma mutualidade de colaboradores que pagam mensalidades para utilizar os procedimentos de saúde inseridos no rol criado e gerenciado pela Agência Nacional de Saúde Suplementar – ANS.

Os contratos firmados entre os usuários e as operadoras de saúde suplementar são peculiares, tanto quanto os contratos de seguros de danos ou de responsabilidade civil. Neles não há acumulação individualizada ao contrário do que acontece nos fundos de previdência privada, por exemplo. Nos contratos de seguro a contribuição de cada consumidor tem uma parte destinada à formação do fundo mutual, de onde sairão os valores necessários para o pagamento das coberturas contratadas que, na saúde suplementar, são os procedimentos a que tem direito o usuário e que estão consignados no rol da ANS.

Assim, a contribuição individual de cada consumidor ao longo de um período de doze meses dificilmente será suficiente para cobrir seus gastos se, porventura, naquele ano ele precisar utilizar um procedimento de maior custo – exames de imagem, cirurgia, internação hospitalar, medicamento ministrado apenas em ambiente hospitalar, atendimento de traumas pós-acidente, entre outros –, que podem ocorrer com todas as pessoas independente de gênero, idade ou qualquer outro traço distintivo. O valor do procedimento será custeado em parte pela mensalidade paga pelo usuário e, em parte pela contribuição de outros tantos usuários que compõem a mutualidade daquela operadora de saúde.

Não há individualização de recursos destinados ao pagamento de procedimentos, razão pela qual o grupo de pessoas que contribui mensalmente para a formação e manutenção do fundo mutual pode ser identificado como *"consumidor oculto"*, identificável, porém, parte de uma mutualidade que custeia os procedimentos de todos os usuários.

E os cálculos dos recursos necessários para que o fundo mutual possa custear os procedimentos dos usuários e seus beneficiários, a exemplo de outras modalidades de seguro, é realizado a partir dos riscos predeterminados que serão cobertos pelo contrato.

Para as operadoras de saúde que atuam no mercado brasileiro existem duas possibilidades: *(i)* oferecer obrigatoriamente o rol de procedimentos autorizado pela Agência Nacional de Saúde Suplementar – ANS; e/ou *(ii)* oferecer o rol que é obrigatório e, além dele, elencar outros procedimentos que serão cobertos pelo contrato.

Na primeira hipótese o usuário terá direito a todos os procedimentos previstos no rol da ANS; e, na segunda hipótese, o usuário terá direito a todos os procedimentos do rol da ANS e mais outros que forem pactuados entre as partes. Mas, com toda certeza, pagará um valor de mensalidade superior àquele que pagaria se tivesse direito ao rol de procedimentos da ANS.

A Lei n.º 9.656, de 1998, lei que rege as atividades da saúde suplementar no Brasil, determina em seu artigo 10 que o rol de procedimentos deve ser oferecido por todos os planos referência, com cobertura assistencial médico-ambulatorial e hospitalar, compreendendo partos e tratamentos realizados exclusivamente no Brasil, com padrão enfermaria, centro de terapia intensiva ou similar, quando necessária a internação hospitalar, das doenças listadas na Classificação Estatística Internacional de Doenças e Problemas Relacionados com Saúde – CID – da Organização Mundial da Saúde (OMS), respeitadas as exigências mínimas que a própria lei estabelece, no artigo 12.

O rol de procedimentos é regulado, organizado e atualizado pela Agência Nacional de Saúde Suplementar – ANS, que revisa os procedimentos a cada 02 (dois) anos), com a participação de todos os interessados – consumidores, operadoras, fornecedores de serviços, entidades de representação de especialidades médicas, fornecedores de equipamentos e medicamentos –, de forma que o rol atenda o mais possível as necessidades dos usuários e as possibilidades econômicas das operadoras.

A possibilidade de acrescer procedimentos nos contratos de saúde suplementar para além daqueles previstos no rol e, a possibilidade de inclusão de novos procedimentos a cada ciclo de atualização organizado pela ANS, faz com que de forma açodada parte das pessoas avalie que o rol de procedimentos da ANS não é completo ou, não contempla uma gama de opções satisfatória para os consumidores. Contribui para isso o fato de o rol ser chamado usualmente de *rol mínimo*.

Grande engano! O rol de procedimentos tem 98 páginas[7], cobre todas as doenças do CID 10 da Organização Mundial de Saúde e procedimentos incorporados a cada ciclo de revisão, muitos dos quais por exigência dos consumidores foi o caso específico da quimioterapia oral. A Agência Nacional de Saúde Suplementar – ANS, informa em seu portal na rede mundial de computadores que:

> Não há limites para cobertura para consultas médicas e fisioterápicas, exames e número de dias em internações, mesmo em leitos de alta tecnologia (UTI/CTI). As exceções são somente para sessões de psicoterapia, terapia ocupacional, consultas com nutricionistas e fonoaudiólogos, que podem ser limitadas ao mínimo estabelecido pela ANS.

> Também não podem ser limitadas as quantidades de dias para internações hospitalares e em UTI, pois a lei n.º 9.656/1998 garante aos beneficiários de planos de saúde a internação sem limite de prazo. Cabe ao seu médico determinar o tempo necessário de internação.

---

[7] Disponível em: http://www.ans.gov.br/images/stories/Plano_de_saude_e_Operadoras/ Area_do_consumidor/rol/2020/Anexo_I_Rol_2018_Alterado_pela_RN_453.2020.pdf. Acesso em 15 de abril de 2020.

Apesar de todos os esclarecimentos e explicações técnicas atuariais para sustentar a existência do rol de procedimentos e característica de taxatividade, milhares de demandas judiciais em todo o país têm como objeto o requerimento de procedimentos de saúde não inseridos no rol, que no entender dos postulantes deveriam ser pagos pela operadora de saúde apesar de não estarem no rol de procedimentos e nem no contrato de saúde suplementar. Vários desses casos concretos foram julgados procedentes por juízes singulares e por tribunais de justiça, o que levou a situação para julgamento do Superior Tribunal de Justiça.

A respeito do rol de procedimentos ser taxativo, a juíza federal Ana Carolina Morozowski[8]

> Se o rol fosse exemplificativo, tampouco haveria motivo para a existência de diferentes planos, com coberturas e preços distintos, já que aquele que contratou plano de menor valor poderia obter uma cobertura semelhante à proporcionada pelo plano mais caro, em razão da exemplaridade.
>
> Outro argumento que reforça a ideia de que o rol é taxativo é a própria existência dos ciclos de atualização. Todos os procedimentos e eventos incluídos são analisados pela ANS tanto no que diz respeito às evidências científicas que os embasam, como também em relação ao seu custo-efetividade, conforme estabelece a Resolução 439/2018 da ANS. Não haveria sentido em estabelecer um processo administrativo para a análise novas tecnologias em saúde se o rol não fosse taxativo.
>
> Ainda, entender o rol como exemplificativo não leva em conta o mutualismo inerente aos contratos de seguro. Fornecer aquilo que não foi contratado pode gerar sérios desequilíbrios na relação contratual de modo direto, e, de modo indireto, em todos os contratos daquela categoria. O rompimento do equilíbrio é prejudicial aos segurados que não estão pleiteando aquilo que não foi contratado, como também aos novos contratantes, que terão que arcar com quantias mais altas quando aderem a um novo plano. Não existe almoço grátis. É isso que a análise econômica do direito demonstra. Os *tradeoffs* são inevitáveis. Dar para um implica tirar ou cobrar mais de outro.
>
> Por fim, não é demais lembrar que o artigo 757, do Código Civil estatui que os contratos de seguro obrigam o segurador a cobrir o prêmio contra *riscos predeterminados*.

O entendimento da Dra. Ana Carolina Morozowski coloca as ideias de forma apropriada: o rol de procedimentos em saúde é a predeterminação do risco e, como tal, se presta a permitir os cálculos atuariais e estatísticos que são necessários para organizar os fundos mutuais de onde sairão os valores necessários para custeio de todos os procedimentos de saúde que o usuário realiza ao longo do período de vigência do contrato. De um simples atendimento ambulatorial a uma complexa intervenção

---

[8] Disponível em: https://www.conjur.com.br/2019-nov-26/entender-rol-ans-exemplificativo-gera-problemas. Acesso em 19 de abril de 2020.

cirúrgica, tudo é custeado pelo fundo mutual composto pelo pagamento de milhares de usuários que formam aquilo que denominamos de *consumidor oculto*, que contribui com as mensalidades, utiliza e colabora no custeio para todos os demais usuários em uma verdadeira solidariedade contratual.

Quando a justiça defere a utilização de um procedimento de saúde que não está inserido no rol, ou seja, quando considera o rol apenas exemplificativo e não taxativo, esquece que os fundos mutuais serão atingidos e como consequência, ficará mais frágil a situação de milhões de usuários que poderão não ter recursos para seus próprios procedimentos e, com certeza, terão suas mensalidades majoradas em maior percentual na data de aniversário do contrato em decorrência do custeio de procedimentos que não estavam previstos no rol e, para os quais não foram realizados cálculos nem provisões.

Ao garantir a utilização para um único consumidor, a decisão judicial prejudica milhares ou milhões!

Nesse sentido, o voto do Ministro Luis Felipe Salomão no relatório do REsp. nº 1.733.013 é esclarecedor:

> (...) antes de apreciar detidamente as questões controvertidas, cumpre observar, ademais, que a segurança das relações jurídicas depende da lealdade, da equivalência das prestações e contraprestações, da confiança recíproca, da efetividade dos negócios jurídicos, da coerência e da clarividência dos direitos e deveres (RIZZARDO, Arnaldo. *Contratos*. 3 ed. Rio de Janeiro: Forense, 2004, p. 32).

> Nessa toada, anota a doutrina especializada que a viabilização da atividade de assistência à saúde envolve custos elevados, os quais terão de ser suportados pelos próprios consumidores, e que "cabe ao Poder Judiciário um papel fundamental, o de **promover uma interpretação justa e equilibrada da legislação pertinente à matéria**", "**contando com o apoio técnico de profissionais qualificados**" (FERREIRA, Cláudia Galiberne; PEREIRA, Hélio do Valle; ENZWEILER, Romano José (coords). *Curso de Direito Médico*. São Paulo: Conceito Editorial, 2011, p. 214-215)

> (...)

> Diante desse cenário, por um lado, não se pode deixar de observar que o rol mínimo e obrigatório de procedimentos e eventos em saúde constitui relevante garantia do consumidor para assegurar direito à saúde, em preços acessíveis, contemplando a camada mais ampla e vulnerável da população. Por conseguinte, considerar esse mesmo rol meramente exemplificativo representaria, na verdade, negar a própria existência do "rol mínimo" e, reflexamente, negar acesso à saúde suplementar à mais extensa faixa da população. Lamentavelmente, salvo os planos de saúde coletivos empresariais subvencionados pelo próprio empregador, em regra, os planos de saúde, hoje em dia, são acessíveis apenas às classes média e alta da população.

> (...)

> Nessa perspectiva, de um lado, é importante pontuar não haver dúvida de que não cabe ao Judiciário se substituir ao legislador, violando a tripartição

de poderes e suprimindo a atribuição legal da ANS ou mesmo efetuando juízos morais e éticos, não competindo ao magistrado a imposição dos próprios valores de modo a submeter o jurisdicionado a amplo subjetivismo.

A afirmação do Ministro Luis Felipe Salomão vem ao encontro da lição de Jorge Octávio Lavocat Galvão[9], que afirma:

> O que se espera, em um Estado de Direito, é que o magistrado que for decidir este caso acate os argumentos daquele que, em face das normas existentes, apresente o melhor argumento. Espera-se que o juiz, ao elaborar sua própria interpretação dos fatos e do Direito, adote a concepção mais persuasiva daquilo que foi construído pela sociedade por meio de suas instituições até aquele momento, exigindo do intérprete o que Ronald Dworkin denominou o dever de *integridade* para com o ordenamento jurídico. Não por outro motivo considera-se equivocado que o julgador decida o caso com base, exclusivamente, em suas razões pessoais, devendo a solução encontrada guardar congruência com o material jurídico anteriormente produzido. De outro modo, caso se considerasse aceitável julgar um caso divorciado das razões legais, estaria sendo negado o caráter de *razão exclusiva* ou de *razão de segunda ordem* das normas jurídicas, jogando por terra toda a lógica inerente ao discurso do Estado de Direito. Assim, a aderência ou fidelidade ao texto legal é condição essencial para que se considere uma atuação estatal legítima.

A Lei n.º 9.656, de 1998, que regula os planos de saúde suplementar no Brasil, criou o rol de procedimentos e estabeleceu seus parâmetros. A Lei n.º 9.961, de 2000, criou a Agência Nacional de Saúde Suplementar – ANS e estabeleceu no artigo 4º que compete a entidade, entre outras obrigações, *elaborar o rol de procedimentos e eventos em saúde, que constituirão a referência básica para os fins do disposto na Lei n.º 9.656, de 3 de junho de 1998.*

Existem leis para regular a matéria; o rol tem ampla gama de procedimentos em saúde garantidos como direito de todos os usuários de planos de saúde no Brasil; tecnicamente, o rol cumpre o papel de predeterminar os riscos para que os cálculos atuariais possam ser elaborados pelas operadoras. Não há, portanto, nenhum prejuízo para o consumidor, embora existam limites de cobertura contratual. Aliás, o próprio Código de Defesa do Consumidor reconhece a licitude da existência de cláusulas limitativas de direitos (artigo 54, parágrafo 4º), quanto mais quando elas emanam da lei.

Assim, a discussão em torno da taxatividade do rol de procedimentos foi um desgaste desnecessário para as relações entre consumidores e fornecedores, com objetivo de alargar sem cálculos atuariais prévios as coberturas de planos de saúde, colocando em risco todo o sistema mutual de sustentação. Em boa hora o Superior Tribunal de Justiça decidiu que no tocante à invocação do CDC pela autora da ação

---

[9] GALVÃO, Jorge Octávio Lavocat. *O Neoconstitucionalismo e o Fim do Estado de Direito.* S.Paulo: Saraiva, 2014, p. 41.

desde a peça exordial, deve prevalecer o disposto no artigo 4º que orienta *por imposição do próprio Código, que todas as suas disposições estejam voltadas teleologicamente e finalisticamente para a consecução da harmonia e do equilíbrio nas relações entre consumidores e fornecedores.*

4. PERSPECTIVAS PARA OS PRÓXIMOS TRINTA ANOS DE APLICAÇÃO DO CDC

O fortalecimento da proteção do consumidor no Brasil precisará caminhar para a distinção dos diferentes níveis de vulnerabilidade, porque reconhecidamente nem todos os consumidores na atualidade possuem o mesmo grau de vulnerabilidade.

O avanço tecnológico e a vida digital provocaram mudanças profundas nos relacionamentos sociais e econômicos. O consumidor dos anos 2020 tem acesso a enorme quantidade de informações, impensáveis para o consumidor de trinta anos atrás. Com alguns poucos toques no telefone celular pode acessar informações de bancos de dados disponíveis em todo o mundo, tanto para uso corriqueiro ou comercial como para cursar a universidade ou se inscrever em cursos livres em diferentes partes do planeta.

Somos habitantes de um mundo digital repleto de informações acessíveis por várias formas diferentes e que, na mesma medida que nos tornam mais vulneráveis para algumas relações de consumo nos tornam mais capazes para outras, avultam nossa capacidade de conhecer e discernir. Não é incomum que os consumidores conheçam mais aspectos técnicos de algumas áreas de consumo do que aqueles que disponibilizam os produtos e serviços no mercado. Isso é corriqueiro na área de dispositivos eletrônicos, games, telefonia celular, serviços de televisão fechada, entre outros.

O mundo digital e conectado pode ser um elemento importante para que o consumidor tenha mais informações relevantes para tomar decisões de consumo e, nessa medida, reconhecer que existem diferentes níveis de vulnerabilidade é proteger efetivamente quem precisa de proteção, emancipando aqueles que podem tomar decisões sem que seja necessário protege-los dentro de um espectro único de vulnerabilidade.

O conhecimento formal construído em relações ensino aprendizagem institucionais como escolas e universidades está em vias de se tornar apenas uma das formas de construção do conhecimento. A chamada educação disruptiva poderá ser acessada por múltiplas plataformas na rede mundial de computadores, disponibilizadas para que cada sujeito construa conhecimento com autonomia, em múltiplos lugares e em horários que tiver disponíveis em suas atividades cotidianas.

A vulnerabilidade do consumidor de 1990 foi mitigada pela oportunidade de acesso à informação e reconhecer que cada consumidor é detentor de graus variados de vulnerabilidade é forma eficiente de proteger os que realmente necessitam da proteção disponibilizada pela lei consumerista.

Outro aspecto relevante que será preciso aprimorar é a ampliação de restrições pelo Poder Judiciário à condenação por danos morais aos consumidores. O efeito tem sido perverso: os maus fornecedores pagam as indenizações e não melhoram a qualidade de sua prestação de produtos e serviços para o consumidor. Na expectativa de punir e, consequentemente, de coibir comportamentos negativos dos fornecedores, pode ter sido criado um jogo econômico pouco educativo para consumidores e para fornecedores. Os primeiros porque muitas vezes passam a desejar que ocorra um problema para poderem receber indenização por danos morais; e, os fornecedores, porque computam o valor das possíveis indenizações por danos morais no preço final ao consumidor e, com isso, persistem em utilizar práticas ruins para o equilíbrio das relações de consumo.

Em contrapartida, práticas muito mais eficientes para incentivar os fornecedores a melhorarem a qualidade de seu fornecimento de produtos e serviços quase não foram utilizadas nesses últimos trinta anos, como, por exemplo, a obrigação de contrapropaganda que é uma das formas mais temidas de punição para os fornecedores.

O fundamento dessas distorções pode estar no fato de a defesa do consumidor ter sido alocada na Constituição Federal brasileira como um direito fundamental, no artigo 5º, inciso XXXII, quando na verdade deveria ter sido alinhada como um direito social ao lado da saúde, educação, alimentação, trabalho, moradia, transporte, lazer entre outros. Como direito social a concepção da defesa do consumidor se torna coletiva, ao passo que como direito fundamental a proteção foi garantida de forma individual e pleiteada quase sempre por um único consumidor contra um fornecedor, mesmo que este apresente as mesmas falhas de fornecimento para milhões de consumidores ao mesmo tempo e pelas mesmas razões, como acontece com a telefonia celular móvel, com o fornecimento de sinais de televisão fechada, comércio eletrônico, entre outros.

Na sociedade que constrói identidade também por escolhas de consumo, proteger o consumidor e suas escolhas é muito mais do que protegê-lo individualmente. É preciso que as estruturas jurídicas estejam disponíveis para proteger toda a sociedade porque sempre em maior amplitude consumir é se relacionar socialmente, é realizar escolhas que nos aproximam e identificam como parte de grupos sociais.

A dimensão social da proteção do consumidor é mais relevante que a proteção individualizada, porque contribui para a construção da autonomia social, organiza grupos de pressão que serão capazes de desgastar profundamente a reputação de uma empresa que insistir em desrespeitar as regras de proteção e defesa dos consumidores. E a perda reputacional é o que de fato as empresas temem porque isso diminui lucratividade, agride regras de governança e, principalmente, afasta investidores.

Os próximos trinta anos de proteção ao consumidor deverão permitir a construção da consciência de que não há direitos sem deveres, em especial nas relações contratuais bilaterais como aquelas próprias dos contratos de seguro. Neste trabalho foram analisadas duas situações que não deveriam ter se tornado conflitos entre fornecedores e consumidores se houvesse clareza de que consumidores possuem deveres e, em benefício da sociedade devem conhecê-los e cumpri-los rigorosamente.

De fato, em que dimensão do individualismo nos alicerçamos para decidir que alguém que voluntariamente ingere álcool e empreende dirigir um veículo tem direito a indenização, caso venha causar danos a terceiros? A simples possibilidade de indenizar com recursos do fundo mutual composto pela contribuição de milhares de pessoas, outorga a alguém o direito de escolher prática irresponsável e ilegal porque disporá de recursos se eventualmente dela resultar danos materiais ou imateriais a terceiro? Deixar de cumprir a lei é uma escolha? A dor do terceiro vítima de danos, as frustrações e tristezas que decorrerem do acidente são mensuráveis apenas em dinheiro para indenizar danos materiais e imateriais? Ou, é preferível para toda a sociedade que ninguém imagine ter direito de utilizar recursos coletivos para custear indenizações quando causar danos descumprindo uma lei clara e facilmente compreensível: não é permitido guiar veículos automotores no Brasil após ingerir qualquer quantidade de bebida alcoólica!

No âmbito dos contratos de saúde suplementar o mesmo raciocínio se aplica. Se os fundos mutuais foram criados com a contribuição de todos os usuários-consumidores, porque apenas um deles pode pretender utilizar recursos para procedimentos não cobertos pelo contrato porque não previstos na lei. O que torna esse cidadão tão especial a ponto de pretender ter direito àquilo que não está previsto no contrato e nem na lei? Apenas o exacerbado individualismo impróprio quando se trata de proteção a consumidores de contratos que se sustentam em fundos mutuais, como acontece no âmbito dos contratos de seguro.

Sempre se poderá argumentar que na defesa da vida todos temos o direito de pretender utilizar todos os recursos disponíveis. No entanto, sempre se poderá contrapor que o uso dos recursos disponíveis sem nenhum limite só é cabível em situações de custeio individual. Quando o custeio é coletivo há que se respeitar os direitos de forma relativa e não absoluta.

Por fim, os próximos trinta anos de defesa do consumidor no Brasil precisarão otimizar soluções construídas em conjunto por mediação, conciliação e negociação. Esses serão os caminhos mais rápidos para que consumidores e fornecedores cheguem a bom termo, de maneira individual ou coletiva, com eficiência e sem desgaste desnecessário de tempo e recursos econômicos.

Difundir práticas de mediação, conciliação e negociação em todo o sistema de proteção e defesa do consumidor é solução efetiva para os conflitos do século XXI, de forma a contribuir para que o consumidor seja cada vez mais autônomo, independente, capaz de buscar a efetividade de sua proteção e construir soluções sem a necessidade recorrente de ser invocada a tutela jurisdicional do Estado.

Não são mudanças profundas que precisarão ser realizadas nos próximos trinta anos, são recursos para o aprimoramento da proteção do consumidor e para que ela seja efetivada de forma mais coletiva.

5. CONCLUSÃO

Em seus trinta anos de vigência não é exagero afirmar que o Código de Defesa do Consumidor salvou vidas. Basta que se preste atenção na rotulagem de produtos que era praticada antes da entrada em vigor da lei e as exigências que passaram a existir. De rótulos que sequer continham a identificação e o endereço do fabricante para rótulos que contém dados importantes sobre fabricação, composição, utilização e validade. Uma verdadeira revolução que, sem dúvida, contribuiu para preservar a vida de muitas pessoas em todo o país.

Publicidade, cláusulas contratuais, práticas abusivas, acesso ao fornecedor pelo serviço de atendimento ao consumidor, criação e multiplicação dos PROCONs em todo o país, plataformas de reclamação pública e privadas, são incontáveis os benefícios na vida cotidiana dos consumidores protagonizados pelo Código de Defesa do Consumidor, o CDC, que se tornou presente na vida de milhões de brasileiros como sinônimo de proteção e segurança.

É possível constatar que a reconstrução do conceito de cidadania a partir da Constituição Federal de 1988, em uma sociedade marcada pelo impulso ao consumo de produtos e serviços em escala cada vez maior, deve ao Código de Defesa do Consumidor parte significativa de sua consistência. Sem ele o cidadão brasileiro teria tido maior dificuldade para concretizar seus direitos.

É preciso, no entanto, reconhecer que há espaço para aprimoramento nas práticas de hermenêutica e aplicação da lei de proteção e defesa do consumidor e, que elas apontam para soluções que levem em contam que os direitos na sociedade são sempre relativos porque as decisões repercutem para todos. Isso nos levará, por certo, a solucionar conflitos de consumo utilizando maior carga de solidariedade para concretizar o dever de colaboração entre partes que vivem e atuam em sociedade.

REFERÊNCIAS BIBLIOGRÁFICAS

AGÊNCIA NACIONAL DE SAÚDE SUPLEMENTAR – ROL DE PROCEDIMENTOS. Disponível em – http://www.ans.gov.br/images/stories/Plano_de_saude_e_Operadoras/Area_do_consumidor/rol/2020/Anexo_I_Rol_2018_Alterado_pela_RN_453.2020.pdf. Acesso em 15 de abril de 2020.

FRANCO, Vera Helena de Mello. *Contratos. Direito Civil e Empresarial.* 3ª edição. S.Paulo: Revista dos Tribunais, 2012.

GALVÃO, Jorge Octávio Lavocat. *O Neoconstitucionalismo e o Fim do Estado de Direito.* S.Paulo: Saraiva, 2014.

GARCIA, Rodrigo Saraiva Porto. *Um Estudo da Aplicação Autônoma do Princípio da Função Social do Contrato.* In TERRA, Aline de Miranda Valverde. KONDER, Carlos Nelson. GUEDES, Gisela Sampaio da Cruz. *Princípios Contratuais Aplicados. Boa-Fé, Função Social e Equilíbrio Contratual À Luz da Jurisprudência.* S.Paulo: Foco, 2019.

MIRAGEM, Bruno. *Curso de Direito do Consumidor.* 4ª edição. S.Paulo: Revista dos Tribunais, 2013.

MOROZOWSKI, Ana Carolina. *Entender que o Rol da ANS é exemplificativo Gera mais Problemas que Soluções.* Disponível em https://www.conjur.com.br/2019-nov-26/entender-rol-ans-exemplificativo-gera-problemas. Acesso em 19 de abril de 2020.

16

A LEI GERAL DE PROTEÇÃO DE DADOS PESSOAIS (LEI 13.709/2018) E A PROTEÇÃO DOS CONSUMIDORES

GUILHERME MAGALHÃES MARTINS

1. INTRODUÇÃO

A importância dos direitos da personalidade, e a necessidade de sua proteção, se refletiu em diversos sistemas jurídicos, notadamente após a segunda grande guerra. Ainda em 1948, a Declaração Universal de Direitos Humanos, em seu art. 1º: "Todas as pessoas nascem livres e iguais em dignidade e direitos". A mesma Declaração Universal, em seu art. 12, assegurou que nenhuma pessoa poderia ser "objeto de ingerências arbitrárias em sua vida privada", ou de ofensas "à sua honra ou à sua reputação"[1].

Essa premissa irradiou-se em diversos sistemas jurídicos, e o Brasil adotou a proteção constitucional de direitos da personalidade, a partir da cláusula geral da dignidade da pessoa humana, explicitada no artigo 1º, III, da Constituição de 1988 como um dos fundamentos da República Federativa do Brasil.[2]

---

[1] "Nesse sentido, há consenso em torno da ideia de ser a privacidade um princípio fundamental na moderna legislação sobre os Direitos Humanos, dado que é protegida em nível internacional por meio de pelo menos três instrumentos essenciais – também para o caso brasileiro, designadamente, a Declaração Universal dos Direitos Humanos, o Pacto Internacional sobre os Direitos Civis e Políticos (PIDCP) e a Convenção Americana de Direitos Humanos (Pacto de São José da Costa Rica), sem prejuízo de outros documentos, da convenção Europeia de Direitos do Homem, e por último, tendo em conta sua relevância, da Carta Europeia de Direitos Fundamentais." SARLET, Ingo Wolfgang; KEINERT, Tania Margarete Mezzomo. O direito fundamental à privacidade e as informações em saúde: alguns desafios. *In*: KEINERT, Tânia Margarete Mezzomo et. al (org.). *Proteção à privacidade e acesso às informações em saúde: tecnologias, direitos e ética*. São Paulo: Instituto da Saúde. 2015. p. 113-145. Trecho extraído da p. 118.

[2] Segundo Maria Celina Bodin de Moraes, "O princípio constitucional visa garantir o respeito e a proteção da dignidade humana não apenas no sentido de assegurar um tratamento

Da cláusula geral da dignidade humana – em face da qual não há que se discutir sobre uma enumeração taxativa ou exemplificativa dos direitos da personalidade – irradiam-se a privacidade[3], honra, imagem, identidade pessoal e proteção de dados pessoais, entre outros atributos da pessoa. No desenvolvimento da personalidade, releva, ainda, o poder de autodeterminação do seu titular. Desde logo, na escolha de finalidades ou objetivos, no recolhimento de informações e no empreendimento de ações, assim como na abertura a terceiros dos seus dados pessoais.[4]

A dignidade humana, portanto, outorga autonomia não apenas física, mas também moral, particularmente da condução da sua vida, na autoatribuição de fins a si mesmo, na eleição, criação e assunção da sua escala de valores, na prática de seus atos, na reavaliação dos mesmos e na recondução do seu comportamento.[5]

Sob essa perspectiva, um dado, atrelado à esfera de uma pessoa, pode se inserir dentre os direitos da personalidade. Para tanto, ele deve ser adjetivado como pessoal, caracterizando-se como uma projeção, extensão ou dimensão do seu titular.[6]

Nesse sentido, cada vez mais, as atividades de processamento de dados têm ingerência na vida das pessoas. Hoje vivemos em uma sociedade e uma economia que se orientam e movimentam a partir desses signos identificadores do cidadão. Trata-se de um novo tipo de identidade e, por isso mesmo, tais dossiês digitais devem externar informações corretas para que seja fidedignamente projetada a identidade do titular daquelas informações.[7]

Os dados pessoais têm sido utilizados por governos e grandes *players* econômicos para a criação de um *one-way mirror*, possibilitando que tais agentes saibam tudo dos cidadãos, enquanto estes nada sabem dos primeiros. Isso acontece por meio de um monitoramento e vigília constantes sobre cada passo da vida das pessoas, levando a um capitalismo de vigilância, cuja principal consequência é a constituição de uma sociedade também de vigilância.

---

humano e não degradante, e tampouco conduz ao mero oferecimento de garantias à integridade física do ser humano. Dado o caráter normativo dos princípios constitucionais, princípios que contêm os valores ético-jurídicos fornecidos pela democracia, isto vem a significar a completa transformação do direito civil, de um direito que não mais encontra nos valores individualistas de outrora o seu fundamento axiológico". MORAES, Maria Celina Bodin de. O princípio da dignidade humana. In: MORAES, Maria Celina Bodin. *Princípios do Direito Civil Contemporâneo*. Rio de Janeiro: Renovar, 2006. p.15. A autora decompõe a dignidade humana nos princípios jurídicos da igualdade, da integridade física e moral – psicofísica –, da liberdade e da solidariedade.

3   "O modelo jurídico adotado por diversos países para a proteção dos dados pessoais consiste em uma proteção constitucional, por meio da garantia de um direito fundamental, e na concretização desse direito, por meio de um regime legal de proteção de dados, na forma de uma lei geral sobre o tema".

4   SOUSA, Rabindranath Capelo de. *O direito geral de personalidade*. Coimbra: Coimbra Editora, 1995, p. 356-357.

5   SOUSA, Rabindranath Capelo de, op.cit., p. 317.

6   BIONI, Bruno Ricardo. *Proteção de dados pessoais*. Os limites do consentimento. Rio de Janeiro: Forense, 2019. P. 64-65.

7   BIONI, Bruno Ricardo, op.cit., p. 65.

Segundo Bruno Bioni, isso acaba por identificar dogmaticamente a inserção dos dados pessoais na categoria dos direitos da personalidade, assegurando, por exemplo, que uma pessoa exija a retificação dos seus dados pessoais para que a sua projeção seja precisa. Seria contraproducente e até mesmo incoerente pensar a proteção de dados pessoais somente sob as lentes dos direitos à privacidade e intimidade. O eixo da privacidade está ligado ao controle de informações pessoais de algo interno ao sujeito. A proteção dos dados pessoais pode estar sob a esfera pública, discutindo-se, apenas, a sua exatidão, por exemplo.[8]

A Constituição Federal brasileira, em seu art. 5º, ao tratar dos Direitos e Garantias Fundamentais, traz um inciso específico (o inciso X) para instituir a inviolabilidade da intimidade, da vida privada, honra e imagem da pessoa (reproduzida no art. 7º, I, do Marco Civil da Internet – MCI, Lei n. 12.965/2014)[9]. Já inciso XII do mesmo artigo explicita a inviolabilidade da correspondência, de dados e comunicações.

Não obstante esse inciso X tratar, ao final de seu texto, especificamente da tutela indenizatória, é possível verificar que a Constituição Federal atribuiu extrema relevância e instituiu extensa proteção aos referidos direitos de personalidade.

Da mesma forma, estamos diante da verdadeira reinvenção da proteção de dados – não somente porque ela é expressamente considerada um direito fundamental autônomo, mas também porque se tornou uma ferramenta essencial para o livre desenvolvimento da personalidade, ensina Stefano Rodotà.

A Carta de Direitos Fundamentais da União Europeia, em 2000, reconheceu a proteção de dados como um direito autônomo. Este pode ser considerado o último ponto de uma longa evolução, separando a privacidade da proteção de dados. A proteção de dados encontra-se ligada ao *corpo eletrônico* da pessoa humana, tratado no artigo 8º da Carta[10], em contraposição ao *corpo físico*, ligado à integridade da pessoa (artigo 3º).[11]

A União Europeia, por intermédio do Regulamento(UE) 2016/679 do Parlamento Europeu e do Conselho de 27 de abril de 2016, introduziu alterações importantes sobre a proteção da pessoa humana no tratamento de dados pessoais, em especial sobre os dados sensíveis, que, independentemente do formato com que são

---

[8]   BIONI, Bruno Ricardo, op.cit., p. 66.

[9]   O art. 21 do Código Civil preconiza a inviolabilidade da "vida privada da pessoa natural".

[10]   *Art. 8º.* 1. Todas as pessoas têm direito à proteção dos dados de caráter pessoal que lhes digam respeito. 2. Esses dados devem ser objeto de um tratamento leal, para fins específicos e com o consentimento da pessoa interessada ou com outro fundamento legítimo previsto por lei. Todas as pessoas têm o direito de aceder aos dados coligidos que lhes digam respeito e de obter a respectiva retificação.3. O cumprimento destas regras fica sujeito a fiscalização por parte de uma autoridade independente.

[11]   RODOTÀ, Stefano. *A vida na sociedade da vigilância.* Tradução de Danilo Doneda e Luciana Cabral Doneda. Rio de Janeiro: Renovar, 2008. p.17. A Carta de Direitos Fundamentais da União Europeia, em 2000, reconheceu a proteção de dados como um direito autônomo. Este pode ser considerado o último ponto de uma longa evolução, separando a privacidade da proteção de dados.

coletados, impõem novas obrigações aos cidadãos e a todas as instituições, públicas e privadas, ao exigir a adoção de medidas técnicas e organizativas adequadas.[12]

Ao mesmo passo em que os provedores desenvolvem ferramentas e aplicações cada vez mais sofisticadas para a captação dos dados e categorização dos consumidores, pressionam para que a legislação os isente de promover a tutela da personalidade dos usuários.

Nos últimos anos temos assistido a um aumento de preocupação na esfera pública relativo à tutela jurídica do direito fundamental à proteção de dados pessoais, cuja autonomia se impõe, na exata medida em que a informação se tornou a substância essencial da composição de uma nova morfologia estruturante da sociedade. Salvaguardas não deveriam ser baseadas em princípios que consideram o indivíduo somente como dono dos dados a seu respeito. A implementação deste direito fundamental implica o esvaziamento de qualquer visão patrimonialista, visto que o direito à proteção de dados se refere à proteção da personalidade, e não da propriedade.[13]

Isso implica considerar que os dados pessoais chegam a fazer as vezes da própria pessoa. E, nesse cenário, o tratamento de tais dados adquire notável relevância, a ponto de se definir a proteção constitucional para as informações e para os dados pessoais.

2. DADOS PESSOAIS E CONSUMO. PANORAMA DA LGPD

Os dados pessoais se destacam cada vez mais como um ativo na economia da informação, com a inteligência gerada pela ciência mercadológica, especialmente quanto à segmentação dos bens de consumo ("marketing") e sua promoção. Isso se deve à sua utilização por governos e grandes *players* econômicos para que estes saibam tudo dos cidadãos-usuários, enquanto estes nada sabem dos primeiros.

E tudo isso acontece por meio de um monitoramento e vigília constantes sobre cada passo na vida das pessoas, o que leva a um verdadeiro capitalismo de vigilância.

Por um outro lado, a evolução da chamada sociedade da informação impôs aos Estados um dever, consubstanciado na "promoção de um equilíbrio entre os valores em questão, desde as consequências da utilização da tecnologia para o processamento de dados pessoais, suas consequências para o livre desenvolvimento da personalidade, até a sua utilização pelo mercado".

Da mesma forma, o Marco Civil da Internet, Lei 12.965/2014, art. 3º, reconhece como princípio da disciplina do uso da Internet, lado a lado com a proteção da privacidade (inciso II), a proteção aos dados pessoais, na forma da lei (inciso III).

A partir dessa constatação inicial, verifica-se que existe, sob um enfoque preliminar e puramente apriorístico, uma prevalência dos interesses relacionados aos

---

[12] SARLET, Gabrielle Bezerra Sales; CALDEIRA, Cristina. O consentimento informado e a proteção de dados pessoais de saúde na internet: uma análise das experiências legislativas de Portugal e do Brasil para a proteção integral da pessoa humana. *Civilistica.com*. Rio de Janeiro, a. 8, n. 1, 2019. Disponível em: <http:civilistica.com/-o-consentimento-informado-e-a-protecao/>. Data de acesso; 19.07.2019.

[13] RODOTÁ, Stefano. *A vida na sociedade da vigilância*, op. cit., p. 19.

Cap. 16 · A LEI GERAL DE PROTEÇÃO DE DADOS PESSOAIS (LEI 13.709/2018) | **421**

direitos de personalidade sobre outros que não estejam em um mesmo patamar de importância. Em outras palavras, as situações jurídicas existenciais devem sempre prevalecer sobre as patrimoniais.

Embora possa haver conflitos entre duas ou mais situações jurídicas subjetivas, cada uma delas amparada por um desses princípios, logo conflito entre princípios de igual importância hierárquica, o fiel da balança, a medida da ponderação, o objetivo a ser alcançado, já está determinado, *a priori*, em favor do conceito da dignidade humana.[14]

Na Comunidade Europeia, a Carta de Direitos Fundamentais prevê não somente um direito autônomo, pois também consagra os princípios do consentimento e da finalidade da coleta e do processamento de dados com *status* normativo diferenciado, além de prever, no plano do direito fundamental, a necessidade de uma autoridade independente (grifamos) para a aplicação de sanções nesse caso.

O Regulamento nº 2.016/679, denominado "Regulamento Geral sobre Proteção de Dados" – RGPD –, por sua vez, foi pioneiro em reforçar e tornar mais próximos da realidade atual institutos considerados avançados, como o direito a deletar dados, direito ao esquecimento, direito à portabilidade de dados pessoais, além de conter normas que vão além das já estabelecidas autoridades de proteção de dados em cada um dos países, disciplinando o Comitê Europeu de Proteção de Dados.

O ordenamento jurídico brasileiro contava com menções à proteção de dados no Marco Civil da Internet (Lei nº 12.965/2014 – MCI), mas apenas em 2018 aprovou a Lei Geral de Proteção de Dados (Lei nº 13.709/2018 – LGPD).[15] A lei brasileira é expressão da convergência internacional em torno de princípios básicos da proteção de dados pessoais no mundo, ensejando uma aproximação entre as diversas legislações, em conteúdo e forma, para além das peculiaridades nacionais, trazendo consigo a identidade de um padrão normativo entre os diversos sistemas internacionais.

A versão original da Lei de Proteção de Dados Pessoais foi marcada inicialmente pelos vetos, especialmente à criação da Agência Nacional de Proteção de Dados e ao Conselho Nacional de Proteção de Dados Pessoais e da Privacidade (respectivamente,

---

[14] MORAES, Maria Celina Bodin de, op. cit., p. 17. Para a autora, "o atual ordenamento jurídico, em vigor desde a promulgação da Constituição Federal de 5 de outubro de 1988, garante tutela especial e privilegiada a toda e qualquer pessoa humana, em suas relações extrapatrimoniais, ao estabelecer como princípio fundamental, ao lado da soberania e cidadania, a dignidade humana. Como regra geral daí decorrente, pode-se dizer que, em todas as relações privadas nas quais venha a ocorrer um conflito entre uma situação jurídica existencial e uma situação jurídica patrimonial, a primeira deverá prevalecer, obedecidos, desta forma, os princípios constitucionais que estabelecem a dignidade da pessoa humana como o valor cardeal do sistema". MORAES, Maria Celina Bodin de, op.cit., p.53.

[15] Em relação à vigência da LGPD, destaca-se o art. 65: "Art. 65. Esta Lei entra em vigor: (Redação dada pela Lei nº 13.853, de 2019) I – dia 28 de dezembro de 2018, quanto aos arts. 55-A, 55-B, 55-C, 55-D, 55-E, 55-F, 55-G, 55-H, 55-I, 55-J, 55-K, 55-L, 58-A e 58-B; e (Incluído pela Lei nº 13.853, de 2019) I-A – dia 1º de agosto de 2021, quanto aos arts. 52, 53 e 54; (Incluído pela Lei nº 14.010, de 2020) II – 24 (vinte e quatro) meses após a data de sua publicação, quanto aos demais artigos. (Incluído pela Lei nº 13.853, de 2019)

nos arts. 55 e 58 do projeto de lei aprovado pelo Senado Federal e vetado pela Presidência da República).

À Agência Nacional de Proteção de Dados caberia o papel de "autoridade garante", como a famosa "*Garante Privacy*" italiana, já presidida pelo jurista Stefano Rodotà – algo que já foi sinalizado pelo Governo que será resolvido por lei de iniciativa privativa do Presidente da República.

Apesar dos vetos, não pode ser desmentido o indiscutível avanço trazido pela LGPD em relação ao direito anterior, do ponto de vista da promoção da personalidade humana.

Em dezembro de 2018, o Governo Michel Temer editou a Medida Provisória nº 869/2018, que já traz alterações ao texto da LGPD, dentre elas uma dilatação do prazo de *vacatio legis*, aumentando ainda mais o lapso para sua entrada em vigor no tocante à matéria da proteção de dados (art. 65, inciso II), que passaria a ocorrer em agosto de 2020.

Posteriormente, num terceiro momento, tendo sido realizadas diversas audiências públicas e realizados intensos debates acerca das alterações, foi promulgada a Lei nº 13.853, de 8 de julho de 2019, que manteve alguns dos ajustes realizados, efetivou outros, recompôs o texto original em certos pontos e iniciou a vigência de alguns artigos.

A nova legislação se contrapõe à Lei Complementar 166, de 8.4.2019, que torna obrigatória a participação de todos os consumidores no cadastro positivo, alterando diversos dispositivos da Lei nº 12.414, de 9 de junho de 2011. A Lei Complementar 866/2019 é regulamentada pelo Decreto nº 9.936 de 24.7.2019, que disciplina a formação e a consulta a bancos de dados com informações de adimplemento, de pessoas naturais ou de pessoas jurídicas, para formação de histórico de crédito.

O objetivo da Lei Complementar é dar todo o poder aos gestores de cadastros, publicizando e compartilhando obrigatoriamente as informações de adimplemento das pessoas naturais e jurídicas, que passam a ser rotuladas com uma nota ou "score", agora por imposição legal.[16] Não se pode olvidar que a proteção ao crédito, na forma da legislação pertinente, é ressalvada pelo artigo 7º, X, da LGPD como exceção à regra do consentimento do titular para o tratamento de dados pessoais.

Em seu artigo 2º, a Lei Geral de Proteção de Dados estabelece como fundamentos o respeito à privacidade; a autodeterminação informativa; a liberdade de expressão, de informação, de comunicação e de opinião; a inviolabilidade da intimidade, da honra e da imagem; o direito ao livre desenvolvimento da personalidade; o desenvolvimento econômico e tecnológico; a livre-iniciativa; a livre concorrência e a defesa do consumidor.

Alguns outros pontos da Lei de Proteção de Dados Pessoais merecem ser mencionados.

---

[16] Merece destaque o artigo 8º da Lei 12.414/2011 (alterado pela Lei Complementar 166/2019), cujo parágrafo único passou a ter a seguinte redação: "É vedado às fontes estabelecer políticas ou realizar operações que impeçam, limitem ou dificultem a transmissão a banco de dados de informações de cadastrados".

Cap. 16 · A LEI GERAL DE PROTEÇÃO DE DADOS PESSOAIS (LEI 13.709/2018) | 423

Primeiramente, as exceções previstas no art. 4º, com destaque para termos genéricos como "segurança pública", "defesa nacional", "investigação criminal" etc. aos quais a lei remete à legislação específica. Em que pese a exceção, segue a normativa constitucional e as regras da "reserva de jurisdição" etc.

Segundo, os conceitos trazidos no art. 5º.

A LGPD, seguindo a linha de outros sistemas jurídicos, qualifica os dados pessoais como as informações relacionadas a uma pessoa natural, identificada ou identificável, no inciso I do artigo 5º.

Destacam-se ainda os dados sensíveis, cuja doutrina sempre salientou a necessidade de regime jurídico especial; tratamento de dados, definindo a atividade dos agentes que se submetem às regras e sanções da lei. A lei os define (artigo 5º, II) como dados pessoais sobre origem racial ou étnica, convicção religiosa, opinião política, filiação a sindicato ou a organização de caráter religioso, filosófico ou político, além daqueles referentes à saúde ou vida sexual, dados genéticos ou biométricos, quando vinculados a uma pessoa natural.

Ainda no artigo 5º, deve ser enfatizado o contraponto entre os controladores – definidos no inciso VI como a pessoa natural ou jurídica, de direito público ou privado, a quem competem as decisões referentes ao tratamento de dados pessoais – e os operadores, que realizam o tratamento de dados pessoais em nome dos controladores (inciso VII).

Outro aspecto fundamental diz respeito ao consentimento como ponto de partida para o processamento de dados pessoais. A proteção de dados pessoais ganha autonomia em relação à privacidade, honra, identidade pessoal e imagem, de modo que, considerando-se a esfera privada como um conjunto de ações, comportamentos, preferências, opiniões e comportamentos pessoais sobre os quais o interessado pretende manter um controle exclusivo, essa tutela pressupõe uma autodeterminação informativa.

É o que determina o artigo 7º, que estabelece como regra para o tratamento de dados pessoais o consentimento do titular, no seu inciso I. Fica dispensado o consentimento em hipóteses estritas, como o cumprimento de obrigação legal ou regulatória pelo controlador (inciso II), o tratamento compartilhado de dados necessários à execução de políticas públicas pela Administração Pública (inciso III), a realização de estudos por órgão de pesquisa, garantida, sempre, que possível, a anonimização dos dados sensíveis (inciso IV), quando necessário para a execução de contrato ou de procedimentos preliminares a estes relacionados (inciso V), para o exercício regular de direitos, em processo judicial, administrativo ou arbitral (inciso VI), para a proteção da vida ou da incolumidade física do titular ou de terceiro (inciso VII), para a tutela da saúde (inciso VIII) ou quando necessário para atender aos interesses legítimos do controlador ou do terceiro (inciso IX).

Afinal, trata-se da autonomia para a construção da proteção de dados, ou seja, do poder de controle sobre quem, quando e como serão estes exercidos.

Eis a razão de ser do artigo 15 e seguintes, com regras sobre o término do tratamento dos dados pessoais. Afinal, hoje é majoritário o reconhecimento do direito ao esquecimento, amplamente reconhecido pela doutrina (Enunciado 531 do Conselho da Justiça Federal – VI Jornada de Direito Civil), abarcando não apenas a possibilidade de apagar, mas ainda de desindexar informações descontextualizadas na Internet.

Sobre os direitos do titular dos dados, merece destaque a possibilidade de revogação do consentimento: afinal, a disponibilidade das situações existenciais integra a liberdade integrante da noção de dignidade humana, pois sempre é possível mudar de ideia.

A Lei de Proteção de Dados coloca em primeiro plano a pessoa humana, ou seja, o titular de dados pessoais, que tem reconhecidos seus direitos, no artigo 18, em especial: à confirmação da existência de tratamento (inciso I); ao acesso aos dados(inciso II); à correção de dados incompletos, inexatos ou desatualizados (inciso III); à anonimização, bloqueio ou eliminação de dados desnecessários, excessivos ou tratados em desconformidade com o disposto na mesma lei (inciso IV); à portabilidade dos dados a outro fornecedor de serviço ou produto, mediante requisição expressa e observados o segredo comercial e industrial, de acordo com a regulamentação do órgão controlador (inciso V); à eliminação dos dados pessoais tratados com o consentimento do titular, exceto nas hipóteses previstas no art. 16 desta Lei (inciso VI); à informação das entidades públicas e privadas com as quais o controlador realizou uso compartilhado de dados (inciso VII); à informação sobre a possibilidade de não fornecer consentimento e sobre as consequências da negativa (inciso VIII); à revogação do consentimento, nos termos do parágrafo quinto do artigo 8º desta Lei (inciso IX).

Destaca-se ainda o direito de o usuário requisitar seus dados independentemente de judicialização, tendência louvável se comparada ao Marco Civil da Internet no regime de responsabilidade dos provedores por conteúdo inserido por terceiros, condicionada à difícil via judicial.

No que tange aos regimes especiais, a lei traz regras específicas sobre o tratamento de dados de crianças e adolescentes e aponta diretrizes na conduta do Poder Público fora das situações excepcionais do art. 3º.

A LGPD, em seu artigo 42, *caput*, adota um regime de responsabilidade civil objetiva dos controladores ou operadores que, em razão do exercício ou atividade de tratamento de dados pessoais, causarem a outrem dano patrimonial, moral, individual ou coletivo, em violação à legislação de proteção de dados pessoais. Tal dispositivo inclusive revoga o art. 19 do Marco Civil da Internet – Lei 12.965/2014, caso o provedor de aplicações Internet funcione igualmente como controlador ou operador em relação aos dados pessoais dos usuários.

As possíveis excludentes de responsabilidade seguem contempladas no artigo 43 da LGPD.[17]

---

[17] Art. 43. Os agentes de tratamento só não serão responsabilizados quando provarem:

I – que não realizaram o tratamento de dados pessoais que lhes é atribuído;

II – que, embora tenham realizado o tratamento de dados pessoais que lhes é atribuído, não houve violação à legislação de proteção de dados; ou

III – que o dano é decorrente de culpa exclusiva do titular dos dados ou de terceiro.

Cap. 16 • A LEI GERAL DE PROTEÇÃO DE DADOS PESSOAIS (LEI 13.709/2018) | **425**

O artigo 44 da LGPD, de forte inspiração consumerista, estabelece que o tratamento de dados pessoais será irregular quando deixar de observar a legislação ou quando não fornecer a segurança que o titular dele pode esperar, consideradas as circunstâncias relevantes, dentre as quais: I – o modo pelo qual é realizado; II – o resultado e os riscos que razoavelmente dele se esperam; III – as técnicas de tratamento de dados pessoais disponíveis à época em que foi realizado.

Já a Lei 13.853/2019 alterou o conceito de 'encarregado' (art. 5º, VIII), que, antes, deveria ser uma pessoa natural. Agora, permitiu-se que tal função seja realizada por tratamento automatizado de dados, regido pelos mesmos algoritmos que dão ensejo ao que Frank Pasquale denomina "Sociedade da caixa preta".[18]

A Lei 13.853/2019 retrocedeu em relação à redação original da Lei 13.709/2018 ao alargar as exceções ao sistema geral de proteção dos dados sensíveis, baseado, em última análise, no consentimento informado acrescendo ao artigo 11 o §4º.

No tocante aos dados do Poder Público (artigo 26, § 1º), fez o mesmo, alargando o rol de exceções e facilitando, por conseguinte, seu fluxo fora das hipóteses em que há consentimento do cidadão, dispensando-se também da comunicação por parte do Poder Público nestas hipóteses (art. 27).

Mas o principal aspecto do texto da Lei 13.853/2019 é a criação da Autoridade Nacional de Proteção de Dados e do Conselho Nacional (arts. 55-A e ss.), objetos de veto presidencial no texto original da lei, não obstante fundamental para a efetividade dos direitos fundamentais ali previstos.

A partir da visão das mais de 40 hipóteses do texto legal em que a Autoridade é chamada a atuar, sua competência é ampla, abrangendo desde a solicitação e análise de relatórios de impacto de privacidade, determinação de medidas para reverter efeitos de vazamentos de dados, disposição sobre padrões técnicos de segurança da informação e até mesmo a autorização para a transferência internacional de dados pessoais.

Mais do que um mero coadjuvante, trata-se do arcabouço normativo e principiológico do novo sistema, ainda que integrado com outras fontes, como o Código Civil, o Código de Defesa do Consumidor e o Marco Civil da Internet.

É inegável que a ideia de um direito autônomo à proteção dos dados pessoais surge relacionada ao controle de acesso, que restringe quem pode visualizar determinado conteúdo, assegurando-se aos indivíduos que produzem ou influenciam informações relacionadas a si mesmos o direito de determinar as permissões (de acesso e até de compartilhamento) que desejam conceder a outrem, mas, também, sanções e mecanismos de controle e fiscalização – funções da ANPD. Tratava-se de ausência sentida, na medida em que a lei trouxe inúmeras menções à Agência Nacional, em seu texto original, ao modelo de outros países, como forma de regulamentar e fiscalizar a concretização de tal direito fundamental na contemporaneidade.

A autoridade, no texto vetado, seria uma autarquia especial, vinculada ao Ministério da Justiça (atual Ministério da Justiça e Segurança Pública), com independência administrativa, ausência de subordinação hierárquica, mandato fixo e estabilidade

---

[18] PASQUALE, Frank. *The black box society;* the secret algorithms that control money and information. Cambridge: Harvard University Press, 2015. p. 9.

de seus dirigentes e autonomia financeira (art. 55, *caput* e § 3º), o que inegavelmente era visto com bons olhos.

Por fim, a Medida Provisória 869/2018 foi convertida na Lei nº 13.853, de 8 de julho de 2019, reformatando a redação definitiva da lei anteriormente promulgada.

De início, a reforma acrescentou ao artigo 1º um parágrafo único, com a seguinte redação: "As normas gerais contidas nesta Lei são de interesse nacional e devem ser observadas pela União, Estados, Distrito Federal e Municípios." Trabalhou-se, conceitualmente, com a concretização da amplitude axiológica do direito fundamental à proteção de dados pessoais[19], alinhando-a ao que se discute na Proposta de Emenda à Constituição nº 17/2019, que visa incluir tal direito no texto constitucional, além de definir como de competência exclusiva da União o poder para legislar sobre o assunto.

Sem dúvida, o *status* de direito fundamental confere à proteção de dados pessoais um papel imprescindível no tocante à articulação do direito privado frente aos interesses passíveis de tutela no contexto informacional[20].

Nessa esteira, o acréscimo normativo ainda deixa mais clara a incidência dos dispositivos da lei aos afazeres e às atividades do Poder Público, proclamando a obrigatoriedade de sua observância em todos os âmbitos.

Avançando, nota-se que, no sentido de tornar mais preciso o texto da LGPD, foi mantida na Lei 13.853/2019 a redação dada pela MP 869/2018 ao artigo 3º, inciso II, da lei. O objeto da referida mudança foi simplesmente a inserção da conjunção "ou" ao final de seu texto (consolidado como "a atividade de tratamento tenha por objetivo a oferta ou o fornecimento de bens ou serviços ou o tratamento de dados de indivíduos localizados no território nacional; ou") para não haver dúvida alguma de que o âmbito de aplicação da lei não ostenta requisitos cumulativos, mas alternativos, nas hipóteses descritas pelos três incisos do artigo 3º da Lei[21].

---

[19] DONEDA, Danilo. O direito fundamental à proteção de dados pessoais. *In*: MARTINS, Guilherme Magalhães; LONGHI, João Victor Rozatti (coords.). *Direito digital*: direito privado e Internet. 2. ed. Indaiatuba: Foco, 2019, p. 52. Destaca o autor: "Assim, e ainda ao elencar dentre seus fundamentos, em seu artigo 2º, outros elementos intrinsecamente ligados à tutela da pessoa e de seus direitos fundamentais, tais quais a autodeterminação informativa, as liberdades de expressão, informação, comunicação e de opinião, a dignidade e o exercício da cidadania, a LGPD estabelece de maneira sólida sua fundamentação nos direitos fundamentais e na proteção da pessoa, o que se verifica igualmente em diversas opções na implementação dos seus mecanismos de tutela (...)."

[20] DU BOIS, François. Social purposes, fundamental rights and the judicial development of private law. In: NOLAN, Donal; ROBERTSON, Andrew (Eds.). *Rights and private law*. Oxford: Hart Publishing, 2012, p. 113. Comenta o autor: "*As a powerful tool for mediating between the common good and the pursuit of individual aims, fundamental rights can assist private law reasoning in this further function. In this regard, they provide a more systematic, transparent and coherent articulation of the concerns that have long bubbled to the surface in the guise of 'public policy' and its cognates, such as 'good faith'. Concepts such as these attest to the role that private law plays in constructing social practices and institutions.*"

[21] Art. 3º Esta Lei aplica-se a qualquer operação de tratamento realizada por pessoa natural ou por pessoa jurídica de direito público ou privado, independentemente do meio, do país de sua sede ou do país onde estejam localizados os dados, desde que:

Cap. 16 • A LEI GERAL DE PROTEÇÃO DE DADOS PESSOAIS (LEI 13.709/2018) | **427**

Outro aspecto fundamental da reforma pertine aos dados acadêmicos, excetuados pela MP 869 do alcance da LGPD (artigo 4º, inciso II, "b"), mas que a Lei nº 13.853/2019 acabou por reformular, retomando a redação originalmente aprovada no texto original anterior à MP.

Ao artigo 4º, § 4º, que, até então, enunciava apenas que "[e]m nenhum caso a totalidade dos dados pessoais de banco de dados de que trata o inciso III do *caput* deste artigo poderá ser tratada por pessoa de direito privado", foi inserida uma ressalva: "salvo por aquela que possua capital integralmente constituído pelo Poder Público." Nota-se, a toda evidência, uma flexibilização do campo regulatório da norma, que, por força do mencionado inciso III, afasta de seu escopo de incidência o tratamento de dados realizado para fins de: a) segurança pública; b) defesa nacional; c) segurança do Estado; ou d) atividades de investigação e repressão de infrações penais.

Com a nova redação dada ao § 4º, a mesma liberdade de tratamento de dados passa a valer para pessoas jurídicas de direito privado controladas pelo Poder Público, mas com personalidade jurídica de direito privado (caso do SERPRO, que é empresa pública)[22]. Esta novidade se alinha às proposições doutrinárias mais recentes quanto ao fato de não ser possível admitir que "as mudanças estruturais se limitem à exteriorização da relação jurídica mantida entre Administração Pública e administrado, devendo ser direcionado um olhar atento e rigoroso ao processo interno de implantação de melhorias por parte do Estado e que gerem adesão por aqueles que são responsáveis por desempenhar diariamente a função pública"[23].

I – a operação de tratamento seja realizada no território nacional;

II – a atividade de tratamento tenha por objetivo a oferta ou o fornecimento de bens ou serviços ou o tratamento de dados de indivíduos localizados no território nacional; ou (Redação dada pela Lei nº 13.853, de 2019).

III – os dados pessoais objeto do tratamento tenham sido coletados no território nacional.

[22] No relatório final da lei, optou-se pela referida redação ao § 4º, que havia sido revogado pela MP 869, pelos seguintes motivos (página 58 do documento): "Entendemos que o tratamento da totalidade de bancos de dados de segurança e defesa por empresa privada, aliada ao fato de que essas autoridades não precisem informar a Autoridade quando assim os delegarem, enfraquecem as medidas protetivas da sociedade contra eventuais arbitrariedades e vazamentos de dados sobre tão importante categoria. Ademais, em se tratando de questões de defesa nacional e as conhecidas *back doors* de fabricantes e provedores de aplicações e de bancos de dados que se utilizam de tecnologia estrangeira, há sempre a possibilidade de acesso em nível internacional desses dados. Entretanto, a discussão em Audiência Pública indicou a realidade e a racionalidade de bancos de dados e sistemas de segurança da área de segurança e de investigação serem operados por empresas públicas, tais como o Serpro. Assim, entendemos a necessidade da transferência de dados para tratamento por parte de empresas públicas." (BRASIL. Câmara dos Deputados. *Parecer nº 1/2019 da Comissão Mista de votação da MP 869/2018*. Disponível em: https://www.camara.leg.br/proposicoesWeb/prop_mostrarintegra;jsessionid=9EC610DD6ADD2D1AD386EA90CAB11DF6.proposicoesWebExterno1?codteor=1745016&filename=Tramitacao-MPV+869/2018. Acesso em: 31 ago. 2019.

[23] GONÇALVES, Vilmar Luiz Graça. Direito administrativo e avanços tecnológicos: desafios e conquistas. *In*: BECKER, Daniel; FERRARI, Isabela (Coords.). *Regulação 4.0*: novas tecnologias sob a perspectiva regulatória. São Paulo: Revista dos Tribunais, 2019, p. 53.

428 | DIREITO DO CONSUMIDOR – 30 ANOS DO CDC

No artigo 26, que cuida do compartilhamento de dados pelo Poder Público, foram mantidas as inclusões dos incisos IV e V – alternativos, e não cumulativos[24] –, mas houve veto ao inciso VI, que cuidava dos dados acessíveis publicamente. Por outro lado, foi consolidada a nova redação dada ao artigo 29, pela MP 869, que apenas delineou com maior clareza a possibilidade de que se solicite não apenas às entidades do Poder Público (Administração indireta), mas também a seus órgãos (Administração direta), "informações específicas sobre o âmbito e a natureza dos dados e outros detalhes do tratamento realizado".

Como já decidiu o Superior Tribunal de Justiça no Recurso Especial 1.758.799, relatado pela Ministra Fátima Nancy Andrighi, bancos de dados que compartilham informações de consumidores devem informá-los previamente acerca da utilização desses dados, sob pena de terem que pagar indenização por danos morais. Para a Terceira Turma do Superior Tribunal de Justiça, o fato de as informações serem fornecidas pelo consumidor no ato de uma compra, ou mesmo divulgadas em redes sociais, não afasta a responsabilidade do gestor ou do banco de dados de previamente comunicar o seu compartilhamento, tendo em vista o disposto no artigo 5º da Lei 12.414/2011.[25]

---

[24] Eis os incisos: "IV – quando houver previsão legal ou a transferência for respaldada em contratos, convênios ou instrumentos congêneres; ou V – na hipótese de a transferência dos dados objetivar exclusivamente a prevenção de fraudes e irregularidades, ou proteger e resguardar a segurança e a integridade do titular dos dados, desde que vedado o tratamento para outras finalidades."

[25] A ementa é a seguinte: "RECURSO ESPECIAL. FUNDAMENTO NÃO IMPUGNADO. SÚM. 283/STF. AÇÃO DE COMPENSAÇÃO DE DANO MORAL. BANCO DE DADOS. COMPARTI-LHAMENTO DE INFORMAÇÕES PESSOAIS. DEVER DE INFORMAÇÃO. VIOLAÇÃO. DANO MORAL IN RE IPSA. JULGAMENTO: CPC/15. 1. Ação de compensação de dano moral ajuizada em 10/05/2013, da qual foi extraído o presente recurso especial, interposto em 29/04/2016 e atribuído ao gabinete em 31/01/2017. 2. O propósito recursal é dizer sobre: (i) a ocorrência de inovação recursal nas razões da apelação interposta pelo recorrido; (ii) a caracterização do dano moral em decorrência da disponibilização/comercializa-ção de dados pessoais do recorrido em banco de dados mantido pela recorrente. 3. A existência de fundamento não impugnado – quando suficiente para a manutenção das conclusões do acórdão recorrido – impede a apreciação do recurso especial (Súm. 283/STF). 4. A hipótese dos autos é distinta daquela tratada no julgamento do REsp 1.419.697/RS (julgado em 12/11/2014, pela sistemática dos recursos repetitivos, DJe de 17/11/2014), em que a Segunda Seção decidiu que, no sistema *credit scoring*, não se pode exigir o prévio e expresso consentimento do consumidor avaliado, pois não constitui um cadastro ou banco de dados, mas um modelo estatístico. 5. A gestão do banco de dados impõe a estrita observância das exigências contidas nas respectivas normas de regência – CDC e Lei 12.414/2011 – dentre as quais se destaca o dever de informação, que tem como uma de suas vertentes o dever de comunicar por escrito ao consumidor a abertura de cadastro, ficha, registro e dados pessoais e de consumo, quando não solicitada por ele. 6. O consumidor tem o direito de tomar conhecimento de que infor-mações a seu respeito estão sendo arquivadas/comercializadas por terceiro, sem a sua autorização, porque desse direito decorrem outros dois que lhe são assegurados pelo ordenamento jurídico: o direito de acesso aos dados armazenados e o direito à retificação das informações incorretas. 7. A inobservância dos deveres associados ao tratamento

No artigo 5º, foram realizados pequenos ajustes redacionais aos seguintes incisos: (i) inc. VIII, para inserir, em sua parte final, a nomenclatura correta da autoridade nacional (Agência Nacional de Proteção de Dados – ANPD); b) inc. XVIII, com mera conversão da nova redação conferida pela MP 869/2018; c) inc. XIX, com o acréscimo, ao final, da expressão "em todo o território nacional", deixando ainda mais claro o escopo de atuação da Agência Nacional de Proteção de Dados.

Ao artigo 7º, que cuida das hipóteses em que é permitido o tratamento de dados pessoais relativos à saúde[26], se consolidou a seguinte redação ao inciso VIII: "para a tutela da saúde, exclusivamente, em procedimento realizado por profissionais de saúde, serviços de saúde ou autoridade sanitária." A novidade está no advérbio 'exclusivamente', inserido para garantir a sintonia da LGPD com o disposto no artigo 1º da Resolução nº 1.605/2000 e no artigo 1º da Resolução nº 1.638/2002, ambas do Conselho Federal de Medicina (CFM), que sinalizam a imperiosidade do sigilo de dados dessa estirpe[27].

(que inclui a coleta, o armazenamento e a transferência a terceiros) dos dados do consumidor – dentre os quais se inclui o dever de informar – faz nascer para Documento: 1888267 – Inteiro Teor do Acórdão – Site certificado – DJe: 19/11/2019 Página 1 de 4 Superior Tribunal de Justiça este a pretensão de indenização pelos danos causados e a de fazer cessar, imediatamente, a ofensa aos direitos da personalidade. 8. Em se tratando de compartilhamento das informações do consumidor pelos bancos de dados, prática essa autorizada pela Lei 12.414/2011 em seus arts. 4º, III, e 9º, deve ser observado o disposto no art. 5º, V, da Lei 12.414/2011, o qual prevê o direito do cadastrado ser informado previamente sobre a identidade do gestor e sobre o armazenamento e o objetivo do tratamento dos dados pessoais 9. O fato, por si só, de se tratar de dados usualmente fornecidos pelos próprios consumidores quando da realização de qualquer compra no comércio, não afasta a responsabilidade do gestor do banco de dados, na medida em que, quando o consumidor o faz não está, implícita e automaticamente, autorizando o comerciante a divulgá-los no mercado; está apenas cumprindo as condições necessárias à concretização do respectivo negócio jurídico entabulado apenas entre as duas partes, confiando ao fornecedor a proteção de suas informações pessoais. 10. Do mesmo modo, o fato de alguém publicar em rede social uma informação de caráter pessoal não implica o consentimento, aos usuários que acessam o conteúdo, de utilização de seus dados para qualquer outra finalidade, ainda mais com fins lucrativos. 11. Hipótese em que se configura o dano moral *in re ipsa*. 12. Em virtude do exame do mérito, por meio do qual foram rejeitadas as teses sustentada pela recorrente, fica prejudicada a análise da divergência jurisprudencial. 13. Recurso especial conhecido em parte e, nessa extensão, desprovido". STJ, 3ª turma, REsp. 1.758.799, rel. Min. Nancy Andrighi, j. 12.11.2019.

[26] CARNEIRO, Isabelle da Nóbrega Rito; SILVA, Luiza Caldeira Leite; TABACH, Danielle. Tratamento de dados pessoais. *In:* FEIGELSON, Bruno; SIQUEIRA, Antonio Henrique Albani (coords.). *Comentários à Lei Geral de Proteção de Dados*: Lei 13.709/2018. São Paulo: Revista dos Tribunais, 2019, p. 73. Anotam: "A Lei Federal 8.080/1990, que regulamenta o direito à saúde, inclui o direito à informação do cidadão e o dever do Estado de fundamentar suas políticas e ações em informações sanitárias e evidências científicas, legitimando a coleta e o uso de informações pessoais. A ideia é que os dados tratados em âmbito da saúde sirvam para garantir a qualidade de vida da sociedade e a redução de riscos ao adoecimento."

[27] O primeiro dispositivo conceitua o prontuário médico como o "documento único constituído de um conjunto de informações, sinais e imagens registradas, geradas a partir de

Em igual sentido, mas em relação aos dados pessoais sensíveis[28], adaptou-se a redação do artigo 11, inciso II, "f", que agora consta com o seguinte texto: "tutela da saúde, exclusivamente, em procedimento realizado por profissionais de saúde, serviços de saúde ou autoridade sanitária."

Incluiu-se ainda o § 4º ao art. 11 da LGPD, de modo a permitir o uso compartilhado ou a comunicação de dados sensíveis entre controladores que extraem proveito econômico de suas atividades unicamente nas hipóteses de portabilidade de dados (mediante prévio consentimento ou autorização) ou de transações financeiras e administrativas resultantes do uso e prestação dos serviços de prestação de saúde, de assistência farmacêutica e de assistência à saúde, desde que observado o parágrafo quinto do mesmo dispositivo, que ressalva a necessidade de haver um benefício ao interesse do titular dos dados.[29]

A portabilidade de dados já está tratada no artigo 18, inciso V, da Lei 13.709/2018, mas a reiteração constante do inciso I do § 4º do artigo 11 se mostra imprescindível, na medida em que, "quanto mais difícil for para um indivíduo mover seus dados, maior é o poder de mercado detido pelo fornecedor, o que gera dificuldades e impossibilita o sucesso de novos entrantes"[30]. Da mesma forma, o inciso II do § 4º corrobora a autodeterminação informativa, realçando direitos do titular para a proteção de dados sensíveis seus.

O § 5º, por sua vez, impõe freios à potencial discriminação praticada por operadoras de planos privados de assistência à saúde, resguardando a confiança, sendo pertinente, nesse ponto, a doutrina de Fernando Martins:

> (...) a confiança (a legítima expectativa gerada pelo predisponente) abre hipóteses normativas, ensejando hermenêutica conformadora aos direitos fundamentais a partir das seguintes ponderações: i) a aplicação do princípio

---

fatos, acontecimentos e situações sobre a saúde do paciente e a assistência a ele prestada, de caráter legal, sigiloso e científico, que possibilita a comunicação entre membros da equipe multiprofissional e a continuidade da assistência prestada ao indivíduo", ao passo que o segundo dispositivo preconiza que "o médico não pode, sem o consentimento do paciente, revelar o conteúdo do prontuário ou ficha médica."

[28] Sobre os dados pessoais sensíveis, confira-se: MULHOLLAND, Caitlin Sampaio. Dados pessoais sensíveis e a tutela de direitos fundamentais: uma análise à luz da Lei Geral de Proteção de Dados (Lei 13.709/18). *Revista de Direitos e Garantias Fundamentais*, Vitória, v. 19, n. 3, p. 159-180, set./dez. 2018.

[29] Art. 11, § 4º: "É vedada a comunicação ou o uso compartilhado entre controladores de dados pessoais sensíveis referentes à saúde com objetivo de obter vantagem econômica, exceto nas hipóteses relativas a prestação de serviços de saúde, de assistência farmacêutica e de assistência à saúde, desde que observado o § 5º deste artigo, incluídos os serviços auxiliares de diagnose e terapia, em benefício dos interesses dos titulares de dados, e para permitir: I - a portabilidade de dados quando solicitada pelo titular; ou II - as transações financeiras e administrativas resultantes do uso e da prestação dos serviços de que trata este parágrafo".

[30] CRAVO, Daniela Copetti. *Direito à portabilidade de dados*: interface entre defesa da concorrência, do consumidor e proteção de dados. Rio de Janeiro: Lumen Juris, 2018, p. 63.

da boa-fé objetiva (no manancial das funções interpretativas, integrativas e limitativas de exercício de posição jurídica); ii) cobertura e execução contratual conforme o tráfego despertado, especialmente no que concerne à natureza dos riscos envolvidos; iii) controle de conteúdo das cláusulas contratuais que transferem riscos ao vulnerável e oneram o contrato; iv) relevo diferenciado aos anos de contribuição do consumidor como grupo de saúde empresarial (relacionamento contratual); v) proteção da relação médico-paciente existente em face da intervenção indevida pelas operadoras de saúde; e vi) exigência do consentimento esclarecido do consumidor frente ao contrato e aos tratamentos como ordem pública procedimental[31].

Ainda acerca da portabilidade de dados[32], a Lei nº 13.853 consolidou a redação do inciso V e do § 6º do artigo 18 da LGPD, vinculando tal direito à posterior regulamentação deixada a cargo da autoridade nacional. De fato, o papel da ANPD, no exercício de seu poder regulamentar infralegal, será crucial para a efetivação deste e de outros direitos contidos na lei.

A nova redação do artigo 20, que aborda o tratamento automatizado, foi mantida nos mesmos moldes definidos pela MP 869/2018. Igualmente, o artigo 23, inciso III, teve sua redação mantida, com a inserção da conjunção "e" ao seu final – que delimitaria sua cumulação com o inciso IV, acrescentado pela nova lei, não tivesse este sido vetado[33].

---

[31] MARTINS, Fernando Rodrigues. A saúde suplementar como sistema jurídico hipercomplexo e a proteção da confiança. *Revista de Direito do Consumidor,* São Paulo: Revista dos Tribunais, v. 120, n. 4, p. 77-101, nov./dez. 2018, p. 88.

[32] DE HERT, Paul; PAPAKONSTANTINOU, Vagelis; MALGIERI, Gianclaudio; BESLAY, Laurent; SANCHEZ, Ignacio. The right to data portability in the GDPR: towards user-centric interoperability of digital services. *Computer Law & Security Review,* Reino Unido: Elsevier, v. 34, n. 2, p. 193-203, abr. 2018, p. 194. Comentam os autores: *"The right to data portability is one of the most important novelties within the EU General Data Protection Regulation, both in terms of warranting control rights to data subjects and in terms of being found at the intersection between data protection and other fields of law (competition law, intellectual property, consumer protection, etc.). It constitutes, thus, a valuable case of development and diffusion of effective user-centric privacy enhancing technologies and a first tool to allow individuals to enjoy the immaterial wealth of their personal data in the data economy. Indeed, a free portability of personal data from one controller to another can be a strong tool for data subjects in order to foster competition of digital services and interoperability of platforms and in order to enhance controllership of individuals on their own data."*

[33] A redação do inciso IV previa o seguinte: "IV – sejam protegidos e preservados dados pessoais de requerentes de acesso à informação, no âmbito da Lei nº 12.527, de 18 de novembro de 2011, vedado seu compartilhamento na esfera do Poder Público e com pessoas jurídicas de direito privado." O veto, entretanto, teve a motivação a seguir: "A propositura legislativa, ao vedar o compartilhamento de dados pessoas no âmbito do Poder Público e com pessoas jurídicas de direito privado, gera insegurança jurídica, tendo em vista que o compartilhamento de informações relacionadas à pessoa natural identificada ou identificável, que não deve ser confundido com a quebra do sigilo ou com o acesso público, é medida recorrente e essencial para o regular exercício de diversas atividades e políticas

A figura do encarregado também merece breve comentário, pois receberia uma série de importantes ajustes, notadamente quanto ao regime de responsabilidade civil que lhe é aplicável. Sobre esta figura, porém, o veto presidencial[34] ao § 4º do artigo 41 culminou na manutenção da norma precedente.

Com o veto, também foram afastados os três incisos que acompanhariam o acima mencionado § 4º, e que compunham o elenco de matérias a serem regulamentadas pela ANPD: i) os casos em que o operador deveria indicar encarregado; ii) a indicação de um único encarregado, desde que facilitado o seu acesso, por empresas ou entidades de um mesmo grupo econômico; iii) a garantia da autonomia técnica e profissional no exercício do cargo.

Devido à ausência de menção expressa à responsabilidade civil do encarregado de dados – responsável por passar instruções ao controlador e a seus colaboradores quanto à proteção de dados – no artigo 42, nota-se sonora lacuna, uma vez que se trata de figura central para o controle de eventos danosos, na medida em que a exaração de qualquer espécie de comando errôneo, por parte do encarregado, pode vir a causar dano e, para solucionar o caso, impõe-se a leitura do artigo 43, inciso III, que expressamente afasta a responsabilidade civil dos agentes de tratamento (controladores e operadores) quando esta puder ser transferida a terceiro, o que permitiria responsabilizar o encarregado na hipótese descrita, embora, para isso, seja passível de invocação a disciplina jurídica contida noutras fontes normativas, como o Código Civil e o Código de Defesa do Consumidor.

Finalmente, merece destaque a delimitação das normas concernentes à implementação da Agência Nacional de Proteção de Dados, tema que foi amplamente debatido nas audiências públicas realizadas pelo Congresso Nacional, pois, indubitavelmente, a existência de uma autoridade nacional independente é aspecto fundamental para a efetivação da lei.

Importante estudo realizado na Austrália mostrou que, em todo o mundo, autoridades nacionais realmente fortes existem na grande maioria dos países que já possuem legislações de proteção de dados. Foram averiguados 132 países e constatou-se que apenas 10% (dez por cento) não criaram autoridades específicas e 10% (dez por cento) demoraram muito para fazê-lo, e, no majoritário rol de países que criaram agências com perfil adequado, seu caráter independente foi festejado pelo

---

públicas. Sob este prisma, e a título de exemplos, tem-se o caso do banco de dados da Previdência Social e do Cadastro Nacional de Informações Sociais, cujas informações são utilizadas para o reconhecimento do direito de seus beneficiários e alimentados a partir do compartilhamento de diversas bases de dados administrados por outros órgãos públicos, bem como algumas atividades afetas ao poder de polícia administrativa que poderiam ser inviabilizadas no âmbito do Sistema Financeiro Nacional."

[34] Com efeito, foram essas as razões do veto: "A propositura legislativa, ao dispor que o encarregado seja detentor de conhecimento jurídico regulatório, contraria o interesse público, na medida em que se constitui em uma exigência com rigor excessivo que se reflete na interferência desnecessária por parte do Estado na discricionariedade para a seleção dos quadros do setor produtivo, bem como ofende direito fundamental, previsto no art. 5º, XIII da Constituição da República, por restringir o livre exercício profissional a ponto de atingir seu núcleo essencial."

estudo. Inclusive, às autoridades não dotadas de independência foi reservado, pelo autor do estudo, um lugar no "*Hall of Shame*"[35].

Nesse compasso, a redação final do art. 55-A da Lei nº 13.709/2018, dada pela Lei nº 13.853/2019 assim tratou do assunto:

> Art. 55-A. Fica criada, sem aumento de despesa, a Autoridade Nacional de Proteção de Dados (ANPD), órgão da Administração Pública federal, integrante da Presidência da República.
>
> § 1º A natureza jurídica da ANPD é transitória e poderá ser transformada pelo Poder Executivo em entidade da Administração Pública federal indireta, submetida a regime autárquico especial e vinculada à Presidência da República.
>
> § 2º A avaliação quanto à transformação de que dispõe o § 1º deste artigo deverá ocorrer em até 2 (dois) anos da data da entrada em vigor da estrutura regimental da ANPD.
>
> § 3º O provimento dos cargos e das funções necessários à criação e à atuação da ANPD está condicionado à expressa autorização física e financeira na lei orçamentária anual e à permissão na lei de diretrizes orçamentárias.

Se o texto original da LGPD, aprovado em agosto de 2018, previa a criação de uma entidade, com natureza autárquica e, portanto, pertencente à Administração Pública indireta no plano federal, a MP 869/2018, convertida na Lei 13.853/2019, andou em sentido diametralmente oposto, criando-a como órgão vinculado à Presidência da República[36]. Agora, na consolidação do texto final da reforma, nota-se o intuito de equacionar a questão, com a criação da ANPD como órgão, mas de natureza transitória, sendo possivelmente transformada em entidade (autarquia) *a posteriori*.

Naturalmente, a inserção do verbo "poderá" no § 1º do artigo 55-A causa algum receio, uma vez que deixa em aberto certo grau de discricionariedade para a efetiva conversão do novo órgão em entidade, embora o § 2º delimite um prazo de até 2 (dois) anos para que esta decisão seja tomada.

Ao mesmo tempo em que se clama pela efetivação da proteção de dados para a estabilização das relações sociais travadas na Internet, diversas nuances permanecem nebulosas, mesmo com reformas, ajustes, audiências públicas, alterações e proposições para a adaptação estrutural do Estado em relação a seu aparelhamento voltado ao atendimento de seus deveres de proteção[37].

---

[35] GREENLEAF, Graham. Global Data Privacy 2019: DPAs, PEAs, and their Networks. *University of New South Wales Law Research Series,* Sydney, v. 158, Research Paper n. 19-68, p. 1-7, ago. 2019.

[36] PFEIFFER, Roberto Augusto Castellanos. ANPD em busca de sua autonomia: é preciso aperfeiçoar a MP 869/2018. *Jota.* 1º de maio de 2019. Disponível em: https://www.conjur.com.br/2019-mai-01/garantias-consumo-anpd-busca-autonomia-preciso-aperfeicoar-mp. Acesso em: 03 ago. 2019.

[37] SILVA, Jorge Pereira da. *Deveres do Estado de protecção de direitos fundamentais*: fundamentação e estrutura das relações jusfundamentais triangulares. 3. ed. Lisboa: Universidade Católica Editora, 2015, p. 585.

Espera-se que a consolidação legislativa de tão importante direito fundamental – a proteção de dados pessoais – sacramente uma mudança profunda na forma de realização das atividades de Estado para que se prime pela independência de quem, ao fim e ao cabo, deverá assumir a função de regulamentar, fiscalizar e aplicar sanções.

Constata-se que as mudanças já realizadas na Lei Geral de Proteção de Dados brasileira sinalizam a preocupação do legislador com a confiabilidade de seu texto final, repleto de nuances complexas e que demandarão de todos os agentes de dados profundas adaptações em suas rotinas relacionadas às operações de coleta e tratamento de dados.

Em breves linhas, procurou-se averiguar, pontualmente, as principais modificações realizadas pela Lei nº 13.853, de 08 de julho de 2019, que consolidou o texto anterior, que já havia sido alterado pela Medida Provisória nº 869, de 27 de dezembro de 2018. Anotou-se que, em grande parte, o legislador buscou esclarecer o escopo de aplicação da normativa, particularmente no que diz respeito ao Estado e às suas atividades enquanto agente de dados e, também, enquanto responsável por fiscalizar e sancionar atividades realizadas em desconformidade com os ditames da lei.

A preocupação com dados relacionados à saúde e dados acadêmicos reafirma esta cautela mais ampla com determinadas espécies de dados, ao passo que questões como o tratamento automatizado ainda parecem suscitar dúvidas quanto a seu escopo de proteção.

É inegável que a consolidação do texto que cria a Agência Nacional de Proteção de Dados reforça o papel crucial que tal órgão terá, ao fim do período de *vacatio legis*, para que não se tenha o esvaziamento da norma. Espera-se, ademais, que sua conversão de órgão da Administração direta em entidade (autarquia) da Administração indireta, no plano federal, venha a se concretizar, assegurando-se maior independência em sua atuação.

O Decreto 10.046, de 9 de outubro de 2019, versa sobre a governança e o compartilhamento de dados na Administração Pública federal, já previsto, de forma programática, no artigo 27 da LGPD. O Decreto assim prevê, no seu artigo 1º:

Art. 1º Este Decreto estabelece as normas e as diretrizes para o compartilhamento de dados entre os órgãos e as entidades da Administração Pública federal direta, autárquica e fundacional e os demais Poderes da União, com a finalidade de:

I – simplificar a oferta de serviços públicos;

II – orientar e otimizar a formulação, a implementação, a avaliação e o monitoramento de políticas públicas;

III – possibilitar a análise das condições de acesso e manutenção de benefícios sociais e fiscais;

IV – promover a melhoria da qualidade e da fidedignidade dos dados custodiados pela Administração Pública federal; e

V – aumentar a qualidade e a eficiência das operações internas da Administração Pública federal.

Sendo certo que o *Big Data* público já é uma realidade, o controle de dados exercido pelo Poder Público ganha nova dimensão, com a possibilidade de

Cap. 16 · A LEI GERAL DE PROTEÇÃO DE DADOS PESSOAIS (LEI 13.709/2018)   435

compartilhamento entre órgãos. A criação do "Cadastro Base do Cidadão" (art. 16 e seguintes do Decreto 10.046/2019), por exemplo, bem como o cruzamento de dados extraídos de bases como a Receita Federal do Brasil e do Instituto Nacional do Seguro Social, propiciam a consolidação de uma vigilância de dados estatal.

O Decreto nº 10.332, de 28.4.2020, que institui a Estratégia de Governo Digital para o período de 2020 a 2022, no âmbito dos órgãos e das entidades da administração pública federal direta, autárquica e fundacional.

Posteriormente, a União, com a promulgação do Decreto nº 10.222, de 5 de fevereiro de 2020, aprovou a Estratégia Nacional de Segurança Cibernética, cujo artigo 1º. remete ao conforme o disposto no inciso I do art. 6º do Decreto nº 9.637, de 26 de dezembro de 2018.[38]

Em que pesem as críticas, é em tempo que o Brasil aprova uma lei geral de proteção de dados, procurando se adequar aos *standards* de proteção europeus, hoje

---

[38] Segue um trecho da introdução ao Anexo do Decreto, sobre a estratégia nacional de segurança cibernética: "A revolução digital está transformando profundamente nossa sociedade. Nas últimas duas décadas, bilhões de pessoas se beneficiaram do crescimento exponencial do acesso à internet, da rápida adoção dos recursos de tecnologia da informação e comunicação, e das oportunidades econômicas e sociais oriundas do ambiente digital.

Os rápidos avanços na área de tecnologia da informação e comunicação resultaram no uso intenso do espaço cibernético para as mais variadas atividades, inclusive a oferta de serviços por parte do Governo Federal, em coerência com as tendências globais. Entretanto, novas e crescentes ameaças cibernéticas surgem na mesma proporção, e colocam em risco a Administração Pública e a sociedade.

Desse modo, proteger o espaço cibernético requer visão atenta e liderança para gerenciar mudanças contínuas, políticas, tecnológicas, educacionais, legais e internacionais. Nesse sentido, o Governo, a indústria, a academia e a sociedade em geral devem incentivar a inovação tecnológica e a adoção de tecnologias de ponta, e manter constante atenção à segurança nacional, à economia e à livre expressão.

Em nível superior aos debates sobre a segurança no espaço cibernético está a Segurança da Informação, área sistêmica, e diretamente relacionada à proteção de um conjunto de informações e ao valor que estas possuem para um indivíduo ou para uma organização. Desse modo, segundo o art. 2º do Decreto nº 9.637, de 2018, a Segurança da Informação abrange a segurança cibernética, a defesa cibernética, a segurança física e a proteção de dados organizacionais, e tem como princípios fundamentais a confidencialidade, a integridade, a disponibilidade e a autenticidade.

Entende-se que os recursos tecnológicos empregados na segurança sistêmica devem apoiar políticas que garantam os princípios fundamentais da autenticidade e da integridade dos dados, e prover mecanismos para proteção da legitimidade contra sua alteração ou eliminação não autorizada. Do mesmo modo, as informações coletadas, processadas e armazenadas na infraestrutura de tecnologia da informação e comunicação devem ser acessíveis apenas a pessoas, a processos ou a entidades autorizadas, a fim de garantir a confidencialidade das informações. Adicionalmente, os recursos de tecnologia da informação e comunicação devem prover disponibilidade permanente e apoiar de forma contínua todos os acessos autorizados". Disponível em: http://www.planalto.gov.br/ccivil_03/_Ato2019-2022/2020/Decreto/D10222.htm. Acesso em: 06.02.2020.

referência para o mundo especialmente após escândalos como o do Facebook com a empresa Cambdge Analytica, divulgado pela imprensa no ano de 2018. Desenvolvido por um professor da Universidade de Cambridge, Inglaterra, Aleksandr Kogan, o aparentemente inofensivo aplicativo sobre a "vida digital" teve a adesão de 270 mil internautas. Por meio deles, chegando aos respectivos amigos na rede social, o mecanismo capturou informações pessoais de 87 milhões de usuários do Facebook.[39]

Foi tudo repassado para a empresa Cambridge Analytica, que, por meio de sofisticadas ferramentas digitais, identificou pessoas suscetíveis a determinadas mensagens, como contra imigrantes, de teor ultranacionalista etc. Tais pessoas passaram a ser bombardeadas pelas informações fakes, e foi assim que votos decisivos terminaram sendo conquistados na Grã-Bretanha para que o projeto do Brexit, a saída da União Europeia, ganhasse o plebiscito de 2016 pela estreita margem de quatro pontos percentuais (de 52% a 48%).[40]

As preferências dos titulares, que foram indevidamente utilizadas, através de uma autorização colhida por meio tortuoso, influenciaram ainda a eleição de Donald Trump, nos Estados Unidos, também em 2016, quando ele perdeu na eleição popular, mas ganhou em distritos-chave eu lhe garantiram os votos necessários para se eleger no colégio eleitoral. Curioso salientar que o presidente da empresa à época, Steve Bannon – famoso por administrar um *blog* de "*alternative right*" (em outras palavras, extrema direita) – acabou coordenando a campanha do hoje presidente norte-americano.

Tal fato inclusive acarretou a aplicação, no Brasil, de multa de R$ 6,6 milhões, pela Secretaria Nacional do Consumidor do Ministério da Justiça, ao Facebook, devido ao compartilhamento de informações de brasileiros.

Os dados pessoais têm sido utilizados por governos e grandes *players* econômicos para a criação de um *one-way mirror,* possibilitando que tais agentes saibam tudo dos cidadãos, enquanto estes nada sabem dos primeiros. Isso acontece por meio de um monitoramento e vigília constantes sobre cada passo da vida das pessoas, levando a um capitalismo de vigilância, cuja principal consequência é a constituição de uma sociedade também de vigilância.[41]

De fato, a experiência do comércio eletrônico transmite ao consumidor uma sensação de liberdade e de amplo poder de escolha, quando, na verdade, as empresas controlam toda a informação e, não raro, aproveitam a assimetria de informação para explorar o consumidor.[42]

---

[39] MARTINS, Guilherme Magalhães; LONGHI, João Victor Rozatti. Nota dos coordenadores. In: MARTINS, Guilherme Magalhães; LONGHI, João Victor Rozatti. *Direito Digital;* Direito privado e Internet. 2.ed. Foco: Indaiatuba, 2019. p. XXX.

[40] MULTA ao Facebook é parte de caso mundial de manipulação de eleitores. *Jornal O Globo.* Opinião do Globo. Rio de Janeiro, 2 de janeiro de 2020, p. 2.

[41] FRAZÃO, Ana. Fundamentos da proteção dos dados pessoais. Noções introdutórias para a compreensão da importância da Lei Geral de Proteção de Dados. In: TEPEDINO, Gustavo; FRAZÃO, Ana; OLIVA, Milena Donato. *Lei Geral de Proteção de Dados Pessoais e suas repercussões no direito brasileiro.* São Paulo: Revista dos Tribunais, 2019. p. 27.

[42] EZRACHI, Ariel; STUCKE, Maurice. *Virtual Competition: The Promise and Perils of Algorithm-Driven Economy.* Cambridge: Harvard University Press, 2016, p. 4.

Outra característica marcante da atual sociedade de massa é a oferta pelos prestadores ditos *gratuitos*, normalmente baseada na remuneração indireta, igualmente a atrair a incidência das normas do Código de Defesa do Consumidor. É o caso dos provedores de aplicações Internet que administram as redes sociais virtuais.

Longe de ser uma realidade restrita a regiões ou países determinados, as práticas perpassam os costumes e penetram a cultura de cada sociedade, multiplicando em progressão geométrica o número de usuários. Formam-se gigantescos bancos de dados de caráter pessoal a serviço de entidades de caráter privado, cujos interesses econômicos frequentemente se impõem de maneira agressiva.

Deve haver, portanto, um contraponto, através do tratamento de dados pessoais. Mesmo diante de tal controle, há a dificuldade de se individuar tipos de informações acerca dos quais o cidadão estaria disposto a renunciar definitivamente, visto que até mesmo os dados mais inócuos podem, se associados a outros, provocar danos à dignidade do interessado.[43]

A nova situação determinada pelo uso de computadores no tratamento de informações pessoais torna cada vez mais difícil considerar o cidadão como um simples "fornecedor de dados", sem que a ele caiba algum poder de controle, ensina Stefano Rodotà, problema esse que ultrapassa as fronteiras individuais e se dilata na dimensão coletiva.[44]

Observe-se que a informação em si não tem valor significativo, mas sim o que se pode fazer com ela, viabilizando uma série de condutas, como o *marketing* direto, ou a determinação de um perfil do usuário sem que este saiba, de modo que a obtenção de lucro é inevitável diante da utilização das informações. Outro exemplo é o chamado *Big Data,* ou seja, informações de todo tipo podem ser associadas de tal forma a determinar um conteúdo de relevância à soberania estatal, à dignidade da pessoa humana, p. ex. prevenir doenças, a pornografia infantil ou atos de terrorismo e racismo.[45]

Destaca-se um fato ocorrido nos Estados Unidos da América, em que, semanas antes de se diagnosticar o vírus H1N1, engenheiros da Google publicaram um artigo no jornal científico *Nature,* explicando como conseguiram prever a epidemia causada pelo vírus. A empresa conseguiu esse resultado através do monitoramento das pesquisas realizadas por seus usuários.

---

[43] RODOTÀ, Stefano. *A vida na sociedade da vigilância, op. cit.* p. 36-37: "a obrigação de fornecer dados não pode ser simplesmente considerada como a contrapartida dos benefícios sociais que, direta ou indiretamente, o cidadão pode chegar a aproveitar. As informações coletadas não somente tornam as organizações públicas e privadas capazes de planejar e executar os seus programas, mas permitem o surgimento de novas concentrações de poder ou o fortalecimento de poderes já existentes: consequentemente, os cidadãos têm o direito de pretender exercer um controle direto sobre aqueles sujeitos aos quais as informações fornecidas atribuirão um crescente *plus-poder"*.

[44] Ibidem, p. 36-37.

[45] LIMA, Cíntia Rosa Pereira de. Direito ao esquecimento e Internet: o fundamento legal no direito comunitário europeu, no direito italiano e no direito brasileiro. *Doutrinas Essenciais de Direito Constitucional.* v..8, 2015, p. 512.

No entanto, o uso destas informações pode ser nocivo. Por exemplo, se tais informações forem passadas para os laboratórios para aumentarem o preço de determinado medicamento; ou em razão do histórico da navegação do usuário, tais informações forem passadas para a seguradora calcular o risco. Para o Direito Digital a prática denominada *profiling* (ou 'perfilamento', como se convencionou denominar em português)[46] possui grande importância, pois reflete uma faceta da utilização dos algoritmos que, empregados nos processos de tratamento de grandes acervos de dados (*Big Data*), propiciam o delineamento do "perfil comportamental" do indivíduo, que passa a ser analisado e objetificado a partir dessas projeções.

Na LGPD, dispositivo bastante tímido, inserido em um único parágrafo do artigo que cuida da anonimização de dados (artigo 12, § 2º), conceitua a referida prática: "Poderão ser igualmente considerados como dados pessoais, para os fins desta Lei, aqueles utilizados para formação do perfil comportamental de determinada pessoa natural, se identificada."[47]

Essa situação é amplificada em tempos de pandemia, pois se almeja amplo controle populacional a partir da vigilância de dados (*dataveillance*).[48] Com isso, iniciativas de monitoramento passam a ser festejadas e não mais repudiadas e exemplo disso já se notou anos atrás, em 2009, por ocasião da pandemia da *Influenza H1N1*, no Reino Unido[49], onde operadoras de telefonia móvel foram instadas a fornecer dados de geolocalização de seus usuários ao governo britânico.

O mesmo cenário vem se repetindo com a *Covid-19*. Na China, foi lançado um aplicativo que cruza dados da Comissão Nacional de Saúde, do Ministério de Transportes e da Agência de Aviação Civil, a fim de identificar indivíduos que tiveram

---

[46] A tradução do termo é colhida das Ciências Criminais, como explica Tálita Heusi: "O perfilamento criminal (*criminal profiling*, em inglês), também tem sido denominado de: perfilagem criminal, perfilamento comportamental, perfilhamento de cena de crime, perfilamento da personalidade criminosa, perfilamento do ofensor, perfilamento psicológico, análise investigativa criminal e psicologia investigativa. Por conta da variedade de métodos e do nível de educação dos profissionais que trabalham nessa área, existe uma grande falta de uniformidade em relação às aplicações e definições desses termos. Consequentemente, os termos são usados inconsistentemente e indistintamente." (HEUSI, Tálita Rodrigues. Perfil criminal como prova pericial no Brasil. *Brazilian Journal of Forensic Sciences, Medical Law and Bioethics*, Itajaí, v. 5, n. 3, p. 232-250, 2016, p. 237.)

[47] Acerca do tema, confira-se MARTINS, Guilherme Magalhães; LONGHI, João Victor Rozatti; FALEIROS JÚNIOR, José Luiz. A pandemia da Covid-19, o "profiling" e a Lei Geral de Proteção de Dados. Disponível em: https://www.migalhas.com.br/depeso/325618/a-pandemia-da--covid-19-o-profiling-e-a-lei-geral-de-protecao-de-dados. Acesso em: 02.05.2020.

[48] Trata-se de um acrônimo para "*data surveillance*" (vigilância de dados), a indicar uma nova espécie ou técnica de vigilância em razão do surgimento de novos métodos de monitoramento, como a vigilância de dados pessoais e a vigilância de dados em massa, que exigem salvaguardas mais eficazes e uma estrutura política formal. Sobre o tema, confira-se CLARKE, Roger A. *Information technology and dataveillance. Communications of the ACM*, Nova Iorque, v. 31, n. 5, p. 498-512, maio 1988.

[49] TILSTON, Natasha L.; EAMES, Ken T.D.; PAOLOTTI, Daniela *et al*. Internet-based surveillance of Influenza-like-illness in the UK during the 2009 H1N1 influenza pandemic. *BMC Public Health*, Londres, v. 10, p. 650-659, 2010.

Cap. 16 · A LEI GERAL DE PROTEÇÃO DE DADOS PESSOAIS (LEI 13.709/2018) | **439**

contato com pessoas infectadas (ou com suspeita de infecção pelo vírus), o que, segundo a justificativa apresentada, possibilita reprimir a exponencial transmissão da *Covid-19*, antes mesmo de se ter certeza se a pessoa fora ou não infectada.[50]

Iniciativas semelhantes também estão sendo vistas no Brasil. No Estado de São Paulo, pioneiro na implementação dessa espécie de medida, uma parceria do governo estadual com as operadoras Vivo, Claro, Oi e TIM passou a alimentar um sistema denominado Simi-SP, sob a seguinte justificativa: "Com o Simi-SP, o Governo de São Paulo pode consultar informações georreferenciadas de mobilidade urbana em tempo real nos municípios paulistas. Para garantir a privacidade de cada cidadão, o monitoramento é feito com base em dados coletivos coletados em aglomerados a partir de 30 mil pessoas."[51] Medidas parecidas também foram noticiadas no Rio de Janeiro.[52]

Após o anúncio das medidas adotadas pelos governos estaduais, a União também se mobilizou, pelo Ministério da Ciência, Tecnologia, Inovações e Comunicações (MCTIC), que se uniu às quatro operadoras citadas, incluindo ainda uma quinta (Algar Telecom), para que, a partir das informações de suas torres de transmissão, que podem identificar a movimentação das pessoas, seja realizado o monitoramento de dados de 220 milhões de aparelhos móveis[53], a partir de dados que, segundo informaram "estão uma camada acima dos dados pessoais".[54] Seriam dados anonimizados, portanto.[55]

Num panorama de vigilância líquida e distribuída, em que parece ocorrer uma erosão da esfera de controle de dados pessoais, os respectivos titulares são submetidos a uma condição de hipervulnerabilidade, sobretudo por estarem inseridos numa relação assimétrica que lhes tolhe o poder de autodeterminação. Espera-se

---

[50] DUKAKIS, Ali. China rolls out software surveillance for the COVID-19 pandemic, alarming human rights advocates. *ABC News*, 14 abr. 2020. Disponível em: https://abcnews.go.com/International/china-rolls-software-surveillance-covid-19-pandemic-alarming/story?id=70131355. Acesso em: 17 abr. 2020.

[51] Para mais detalhes: https://www.saopaulo.sp.gov.br/noticias-coronavirus/governo-de--sp-apresenta-sistema-de-monitoramento-inteligente-contra-coronavirus/. Acesso em: 17 abr. 2020.

[52] AMARAL, Bruno do. Coronavírus: TIM e Prefeitura do Rio assinam acordo para coletar dados de deslocamento. *Teletime*, 23 mar. 2020. Disponível em: https://teletime.com.br/23/03/2020/coronavirus-tim-e-prefeitura-do-rio-assinam-acordo-para-coletar-dados-de-deslocamento/. Acesso em: 17 abr. 2020.

[53] MAGENTA, Matheus. Coronavírus: governo brasileiro vai monitorar celulares para conter pandemia. *BBC News Brasil*, 3 abr. 2020. Disponível em: https://www.bbc.com/portuguese/brasil-52154128. Acesso em: 17 abr. 2020.

[54] ROMANI, Bruno. Uso de dados de localização no combate à covid-19 pode ameaçar privacidade. *O Estado de S. Paulo*, 12 abr. 2020. Disponível em: https://link.estadao.com.br/noticias/cultura-digital,uso-de-dados-de-localizacao-no-combate-a-covid-19-pode-ameacar-privacidade,70003268063. Acesso em: 17 abr. 2020.

[55] Define dados anonimizados a LGPD: "Art. 5º. (...) III – dado anonimizado: dado relativo a titular que não possa ser identificado, considerando a utilização de meios técnicos razoáveis e disponíveis na ocasião de seu tratamento."

que, nesse panorama, a nova legislação contribua para reduzir a flagrante assimetria entre as partes.

3. OS PRINCÍPIOS GERAIS DA PROTEÇÃO DE DADOS PESSOAIS

A partir do disposto na Constituição da República e da Lei de Proteção de Dados Pessoais, é possível verificar uma imposição de princípios básicos a que deve obedecer a utilização da informática aplicada ao tratamento de dados, especialmente no tocante aos direitos fundamentais e à ordem constitucional do Estado Social e Democrático de Direito.

Destacam-se, no artigo 6º da LGPD,[56] os seguintes princípios, que atuam como mandamentos do sistema: o princípio da boa-fé (*caput*), o princípio da finalidade(inciso I), o princípio da adequação (inciso II), o princípio da necessidade (inciso III), o princípio do livre acesso (inciso IV), o princípio da qualidade dos dados (inciso V), o princípio da transparência (inciso VI), o princípio da segurança (inciso VII), o princípio da prevenção (inciso VIII), o princípio da não discriminação (inciso IX) e o princípio da responsabilização e da prestação de contas (inciso X).

3.1 Princípio da boa-fé

O art. 6º, *caput*, da LGPD define que as atividades de tratamento de dados pessoais deverão observar a boa-fé. A boa-fé objetiva[57] corresponde a deveres de conduta contratuais, de natureza secundária, lateral, anexa ou instrumental, tais quais os de informação correta, esclarecimento, lealdade e assistência, dentre outros[58], encontrando-se consagrada nos arts. 4º, III e 51, IV, da Lei n º 8.078/1990, que dialogam com as normas gerais dos artigos 113, 187 e 422 do Código Civil.

A boa-fé contratual, que compreende o principal campo de atuação da boa-fé objetiva, corresponde a uma real expectativa legítima por parte do consumidor do produto ou serviço, que deve ter motivos para confiar na contraparte[59].

---

[56] SAMPAIO, José Adércio Leite. *Direito à intimidade e à vida privada*: uma visão jurídica da sexualidade, da família, da comunicação e informações pessoais, da vida e da morte. Belo Horizonte: Del Rey, 1998; DONEDA, Danilo. *Da privacidade à proteção de dados pessoais*. Rio de Janeiro: Renovar, 2006.

[57] Devendo ser extremada em face da boa-fé subjetiva, a qual se refere a um estado interior ou psicológico relativo ao conhecimento, desconhecimento, intenção ou falta de intenção de alguém, a partir de uma situação de aparência que permita ao titular ter expectativas que acredita legítimas, como se verifica em vários preceitos do Código Civil Brasileiro [de 1916], tais quais, dentre outros, os arts. 221 (efeitos do casamento putativo), 490 e 491 (posse de boa-fé), 935 (pagamento a credor putativo), 1.072 (cessionário de boa-fé) e 1.507 (portador de boa-fé de título ao portador). Cf. SILVA, Agathe S. Cláusula geral de boa-fé nos contratos de consumo. *Revista de Direito do Consumidor*. São Paulo, v. 17, p. 154.

[58] COUTO E SILVA, Clóvis. *A obrigação como processo*. São Paulo: José Bushatsky Editor, 1976, p. 35.

[59] NORONHA, Fernando. *O direito dos contratos e seus princípios fundamentais (autonomia privada, boa-fé e justiça contratual)*. São Paulo: Saraiva, 1994.p.132 e seg.

Cap. 16 • A LEI GERAL DE PROTEÇÃO DE DADOS PESSOAIS (LEI 13.709/2018) | **441**

A boa-fé objetiva, decorrente da concepção da obrigação como processo, implica uma conduta de cooperação, lealdade e expectativas legítimas das partes, em especial o titular, face ao controlador (art. 10, II, LGPD), o que se delineia a partir das circunstâncias concretas em que se deu o consentimento, a finalidade de uso e o tratamento de dados indicado, assim como as informações prévias oferecidas. A tutela da confiança do consumidor abrange tanto a crença nas informações prestadas quanto de que aquele que tenha acesso aos seus dados, por força do consentimento dado, não se comporte de modo contraditório a elas e respeite a vinculação à finalidade de utilização.[60]

A boa-fé, além de prevista como norte das atividades de tratamento de dados pessoais, inclusive no seu uso secundário[61]; além de contemplada no art. 6º, *caput*, é também prevista no artigo 7º, § 3º ("o tratamento de dados pessoais cujo acesso é público deve considerar a finalidade, a boa-fé e o interesse público que justificaram sua disponibilização"), bem como constitui parâmetro e critério para a aplicação de sanções administrativas, conforme o artigo 52, § 1º, II, da LGPD.[62]

A boa-fé contratual, que compreende o principal campo de atuação da boa-fé objetiva, corresponde a uma real expectativa legítima por parte do consumidor do produto ou serviço, que deve ter motivos para confiar na contraparte[63].

3.2   *Princípio da finalidade*

Afirma-se que todo procedimento ligado ao sistema de tratamento de dados, automatizado ou não, deve ser realizado sempre e exclusivamente no sentido de atingir os objetivos propostos para o sistema[64]. Por isso, é preciso observar os critérios de proporcionalidade e de adequação entre os meios e os fins, em todas as etapas do processamento das informações, que se concretizam em requisitos de limitação: da coleta e do armazenamento; da conservação, do uso e da comunicação dos dados[65].

A finalidade deve ser conhecida antes de que ocorra a coleta dos dados, especificando-se sobretudo na relação entre os dados colhidos e seu objetivo, além da sua utilização não abusiva e na eliminação ou anonimização dos dados que não mais se tornarem necessários.[66]

---

[60]   MIRAGEM, Bruno. A Lei Geral de Proteção de Dados (Lei 13.709/2018) e o direito do consumidor. *Revista dos Tribunais*. São Paulo, v. 1009/2019. Disponível em: https://www.revistadostribunais.com.br/maf/app/authentication/formLogin Acesso em : 01.01.2020. p. 05.

[61]   TAMÒ-LARRIEUX, Aurelia. *Designing for privacy and its legal framework*. Data protection by design and default for the Internet of Things. Basileia: Springer, 2018. p. 88(*e-book*)

[62]   DE LUCCA, Newton; MACIEL, Renata Mota. A Lei 13.807, de 14 de agosto de 2018: a disciplina normativa que faltava. In: DE LUCCA, Newton; SIMÃO FILHO, Adalberto; LIMA, Cintia Rosa Pereira de; MACIEL, Renata Mota (cooord.) *Direito & Internet IV; Sistema de Proteção de Dados Pessoais*. São Paulo: Quartier Latin, 2019.p. 46.

[63]   NORONHA, Fernando. *O direito dos contratos e seus princípios fundamentais (autonomia privada, boa-fé e justiça contratual)*. São Paulo: Saraiva, 1994. p. 132 e seg.

[64]   SAMPAIO, José Adércio Leite, op.cit., p. 513.

[65]   SAMPAIO, José Adércio Leite., op.cit., p. 513.

[66]   RODOTÁ, Stefano. *A vida na sociedade da vigilância*, op.cit., p. 59.

O artigo 6º, I, da LGPD define o princípio da finalidade, vinculando-o à "realização do tratamento para propósitos legítimos, específicos, explícitos e informados ao titular, sem possibilidade de tratamento posterior de forma incompatível com essas finalidades". Com base neste princípio fundamenta-se a restrição da transferência de dados pessoais a terceiros, além de se poder, através dele, estruturar um critério para valorar a razoabilidade da utilização de determinados dados para uma certa finalidade, fora da qual haveria abusividade.[67]

O art. 7º da LGPD, como visto, define as finalidades legítimas para o tratamento de dados pessoais.[68] Em relação aos dados pessoais sensíveis, tais finalidades são definidas, de modo mais estrito, no artigo 11 da LGPD.[69]

Isso justifica uma limitação da coleta e armazenamento de dados, de modo que tais procedimentos devem sempre se limitar às informações estritamente necessárias

---

[67] MIRAGEM, Bruno, A Lei Geral de Proteção de Dados, op. cit., p. 06.

[68] Art. 7º O tratamento de dados pessoais somente poderá ser realizado nas seguintes hipóteses:

I – mediante o fornecimento de consentimento pelo titular;

II – para o cumprimento de obrigação legal ou regulatória pelo controlador;

III – pela Administração Pública, para o tratamento e uso compartilhado de dados necessários à execução de políticas públicas previstas em leis e regulamentos ou respaldadas em contratos, convênios ou instrumentos congêneres, observadas as disposições do Capítulo IV desta Lei;

IV – para a realização de estudos por órgão de pesquisa, garantida, sempre que possível, a anonimização dos dados pessoais;

V – quando necessário para a execução de contrato ou de procedimentos preliminares relacionados a contrato do qual seja parte o titular, a pedido do titular dos dados;

VI – para o exercício regular de direitos em processo judicial, administrativo ou arbitral, esse último nos termos da Lei nº 9.307, de 23 de setembro de 1996 (Lei de Arbitragem) ;

VII – para a proteção da vida ou da incolumidade física do titular ou de terceiro;

VIII – para a tutela da saúde, exclusivamente, em procedimento realizado por profissionais de saúde, serviços de saúde ou autoridade sanitária;

IX – quando necessário para atender aos interesses legítimos do controlador ou de terceiro, exceto no caso de prevalecerem direitos e liberdades fundamentais do titular que exijam a proteção dos dados pessoais; ou

X – para a proteção do crédito, inclusive quanto ao disposto na legislação pertinente.

[69] Art. 11. O tratamento de dados pessoais sensíveis somente poderá ocorrer nas seguintes hipóteses:

I – quando o titular ou seu responsável legal consentir, de forma específica e destacada, para finalidades específicas;

II – sem fornecimento de consentimento do titular, nas hipóteses em que for indispensável para:

a) cumprimento de obrigação legal ou regulatória pelo controlador;

b) tratamento compartilhado de dados necessários à execução, pela Administração Pública, de políticas públicas previstas em leis ou regulamentos;

c) realização de estudos por órgão de pesquisa, garantida, sempre que possível, a anonimização dos dados pessoais sensíveis;

Cap. 16 · A LEI GERAL DE PROTEÇÃO DE DADOS PESSOAIS (LEI 13.709/2018) | **443**

à finalidade da operação.[70] Da mesma forma, a qualidade dos dados evidencia a obediência a esse princípio: os dados devem ser completos, exatos, pertinentes e relevantes aos fins propostos[71].

Aquele que pretende obter o consentimento do titular dos dados obriga-se a declinar expressamente as finalidades para as quais pretende utilizar os dados, vinculando-se aos termos desta sua manifestação pré-negocial.

Deve-se ter o cuidado redobrado com relação à coleta e ao armazenamento de informações consideradas "sensíveis", na presunção de que não seriam relevantes ou necessárias aos objetivos de qualquer banco de dados; ou, se o forem, não serão a ponto de dissipar o interesse de cada um no resguardo de sua intimidade ou na prevenção de seu uso com fins discriminatórios[72].

A finalidade compreende ainda a limitação temporal do tratamento de dados, de modo que as informações coletadas e armazenadas não devem permanecer nos bancos de dados por um período maior do que o essencialmente necessário ao atingimento dos fins propostos[73]. O artigo 15 da LGPD prevê as hipóteses do término do tratamento dos dados pessoais.

3.3 Princípio da adequação

A adequação é definida no artigo 6º, II, da LGPD pela "compatibilidade do tratamento com as finalidades informadas ao titular, de acordo com o contexto do tratamento". Este princípio tem em foco o procedimento empregado para chegar à finalidade pretendida.[74]

Seu objetivo é preservar a vinculação necessária entre a finalidade de utilização dos dados informada ao titular e seu efetivo atendimento na realização concreta do tratamento dos dados. Vincula-se diretamente ao consentimento dado pelo titular

---

d) exercício regular de direitos, inclusive em contrato e em processo judicial, administrativo e arbitral, este último nos termos da Lei nº 9.307, de 23 de setembro de 1996 (Lei de Arbitragem) ;

e) proteção da vida ou da incolumidade física do titular ou de terceiro;

f) tutela da saúde, exclusivamente, em procedimento realizado por profissionais de saúde, serviços de saúde ou autoridade sanitária; ou

g) garantia da prevenção à fraude e à segurança do titular, nos processos de identificação e autenticação de cadastro em sistemas eletrônicos, resguardados os direitos mencionados no art. 9º desta Lei e exceto no caso de prevalecerem direitos e liberdades fundamentais do titular que exijam a proteção dos dados pessoais.

[70] TAMÒ-LARRIEUX, Aurelia, op. cit., p. 90.

[71] SAMPAIO, José Adércio Leite, op.cit., p. 514.

[72] SAMPAIO, José Adércio Leite., op.cit., p. 514.
Para uma análise do tema, ver MENDES, Laura Schertel. Privacidade, proteção de dados e defesa do consumidor, op.cit., p. 72-77.

[73] SAMPAIO, José Adércio Leite, op.cit.,. p. 516.

[74] COTS, Márcio; OLIVEIRA, Ricardo. *Lei Geral de Proteção de Dados Pessoais Comentada*. São Paulo: Revista dos Tribunais, 2018. p.101.

para o tratamento dos dados ou às demais finalidades legais admitidas, que deverão ser informadas, lado a lado com a situação de confiança que se cria a partir do estrito atendimento nos termos da informação prévia ao consentimento ou ao uso informado.[75]

3.4   Princípio da necessidade

Trata-se, segundo o artigo 6º, III, da LGPD, da "limitação do tratamento ao mínimo necessário para a realização de suas finalidades, com abrangência dos dados pertinentes, proporcionais e não excessivos em relação às finalidades do tratamento de dados".

O uso dos dados pessoais, portanto, deve se restringir ao mínimo necessário que atenda aos fins de consentimento do titular e finalidade legítima, observada a adequação entre meios e fins, de maneira pertinente, proporcional e não excessiva.[76]

3.5   Princípio do livre acesso

Conforme a definição legal, do artigo 6º, IV, da LGPD, consiste o livre acesso na "garantia, aos titulares, de consulta facilitada e gratuita sobre a forma e a duração do tratamento, bem como sobre a integralidade dos seus dados pessoais".

Ligado à publicidade, seu objetivo é resguardar a efetiva participação dos titulares dos dados no seu tratamento[77], expressada na exigência de consentimento e na possibilidade de conhecimento sobre a forma e a extensão em que se desenvolve tal atividade. Abrange inclusive a possibilidade de obter cópia dos registros existentes, bem como corrigir informações incorretas ou imprecisas, podendo inclusive acrescentar dados verdadeiros que possam favorecer seu interesse.[78]

Há ainda referência ao livre acesso no art. 9º da LGPD, em relação às informações sobre o tratamento dos dados pelo titular, devendo estas ser disponibilizadas de maneira clara, adequada e ostensiva acerca de, entre outras características previstas em regulamento, sejam observadas: I – a finalidade específica do tratamento; II – a forma e duração do tratamento, observados os segredos comercial e industrial; III – a identificação do consumidor; IV – as informações de contato do consumidor; V – informações acerca do uso compartilhado de dados pelo controlador e a finalidade; VI – responsabilidades dos agentes que realizarão o tratamento; e VII – direitos do titular, com menção explícita aos direitos contidos no art. 18 da LGPD.

Como bem observa Bruno Miragem, a violação do direito de acesso aos dados pode se Caracterizar não só pela simples recusa, mas, na dinâmica atual do mercado de consumo, pela imposição de obstáculos ao acesso, exigindo que o consumidor se reporte a diferentes pessoas ou setores distintos para obter a informação, retardando injustificadamente seu acesso e deixando de facilitar o exercício do direito.[79]

---

[75]   MIRAGEM, Bruno. A Lei Geral de Proteção de Dados, op.cit., p. 9.
[76]   MIRAGEM, Bruno. A Lei Geral de Proteção de Dados, op. cit., p. 10.
[77]   RODOTÁ, Stefano. *A vida na sociedade da vigilância*, op. cit., p. 59.
[78]   MIRAGEM, Bruno. A Lei Geral de Proteção de Dados, op. cit., p. 10.
[79]   MIRAGEM, Bruno. A Lei Geral de Proteção de Dados, op. cit., p. 10.

3.6 Princípio da qualidade dos dados

A LGPD, em seu artigo 6º, V assegura a "garantia, aos titulares, de exatidão, clareza, relevância e atualização dos dados, de acordo com a necessidade e para o cumprimento da finalidade de seu tratamento".

3.7 Princípio da transparência

A transparência é definida pelo artigo 6º, VI da LGPD como a "garantia, aos titulares, de informações claras, precisas e facilmente acessíveis sobre a realização do tratamento e os respectivos agentes de tratamento, observados os segredos comercial e industrial".

Encontra-se referência à transparência sobre o procedimento de tratamento de dados e os sujeitos envolvidos em diversos sistemas jurídicos, inclusive no artigo 39 do RGPD, Regulamento 679/2016 da Comunidade Europeia, em cujos termos "deverá ser transparente para as pessoas singulares que os dados pessoais que lhes dizem respeito são recolhidos, utilizados, consultados ou sujeitos a qualquer outro tipo de tratamento e a medida em que os dados pessoais são ou virão a ser tratados".[80]

De acordo com o princípio da transparência, todo sistema de coleta, registro, tratamento, processamento, transmissão e de banco de dados deve ser do conhecimento público. Segundo José Adércio Leite Sampaio, isso significa que todos – ou pelo menos aqueles cujos dados tenham sido coletados, registrados, tratados, processados, transmitidos ou armazenados em bancos – devam e possam ter ciência do tipo de informação envolvida, bem como da finalidade da operação envolvida, seja através de publicações periódicas de relatórios pelas unidades de processamento, seja pela disponibilização dos dados, de forma *on-line* ou não, em escritórios especializados ou até mesmo em bibliotecas e livrarias[81].

O princípio da transparência se concretiza a partir de algumas exigências a serem feitas ao responsável pela coleta, pelo registro, pelo tratamento, pelo processamento, pela transmissão e pela manutenção de bancos de dados, tais como:

(a)   a exigência de que peça autorização prévia para o funcionamento de qualquer sistema com esta finalidade;

(b)   a exigência do registro da instalação do sistema;

---

[80]   Ainda segundo o mesmo dispositivo, "o princípio da transparência exige que as informações ou comunicações relacionadas com o tratamento desses dados pessoais sejam de fácil acesso e compreensão, e formuladas numa linguagem clara e simples. Esse princípio diz respeito, em particular, às informações fornecidas aos titulares dos dados sobre a identidade do responsável pelo tratamento dos mesmos e os fins a que o tratamento se destina, bem como às informações que se destinam a assegurar que seja efetuado com equidade e transparência para com as pessoas singulares em causa, bem como a salvaguardar o seu direito a obter a confirmação e a comunicação dos dados pessoais que lhes dizem respeito que estão a ser tratados".

[81]   SAMPAIO, José Adércio Leite, op. cit., p. 509.

(c)   a exigência de relatórios periódicos das atividades, contendo a existência e a natureza de suas atividades, especificando o tipo de informação armazenada, os procedimentos adotados, as formas de recuperação, o acesso, a retenção e a disponibilização dos dados armazenados, a finalidade do armazenamento, as pessoas envolvidas, os estabelecimentos para os quais regularmente serão transmitidos ou comunicados os dados e o tipo de dado que será comunicado;

(d)   a exigência da ciência dos envolvidos; as pessoas cujos dados estejam sendo coletados ou tratados devem ser cientificadas do assunto. O órgão responsável pela coleta, pelo registro, pelo tratamento, pelo processamento, pela transmissão e pela manutenção de bancos de dados deve prestar esclarecimentos à pessoa submetida à coleta de informações com relação ao caráter facultativo ou obrigatório das respostas, as consequências de uma ausência de resposta, os destinatários das informações e a existência do direito de acesso e de retificação.

Há uma preocupação com relação à legítima expectativa do titular dos dados, mas, sobretudo, a determinação do controle do tratamento pelo titular dos dados em relação ao compromisso assumido pelo controlador por ocasião da obtenção dos dados.[82]

A transparência pode ser extraída de alguns dispositivos da LGPD, como o art. 9º, § 1º ("na hipótese em que o consentimento é requerido, esse será considerado nulo caso as informações fornecidas ao titular tenham conteúdo enganoso ou abusivo ou não tenham sido apresentadas previamente com transparência, de forma clara e inequívoca"), o artigo 10, § 2º("o controlador deverá adotar medidas para garantir a transparência do tratamento de dados baseado em seu legítimo interesse") e o artigo 40 ("a autoridade nacional poderá dispor sobre padrões de interoperabilidade para fins de portabilidade, livre acesso aos dados e segurança, assim como sobre o tempo de guarda dos registros, tendo em vista especialmente a necessidade e a transparência").[83]

Assinale-se que o princípio da transparência não é absoluto. Admitem-se exceções com relação à defesa nacional, à segurança pública, à prevenção do crime, à cobrança de impostos e taxas, a certas autoridades da Receita Federal, a programas sociais ou à saúde pública[84].

Além disso, afirma-se que há uma tendência, embora discutível, de se tornarem menos rígidas as exigências para a instalação de bancos de dados pessoais, se tais dados se referirem a assuntos rotineiros, que não ofereçam riscos aos direitos fundamentais, como aqueles destinados à simples listagem de empregados, de materiais de estoque, de modelos de correspondência e documentos, ou com finalidade puramente doméstica ou de entretenimento[85].

---

[82]   MIRAGEM, Bruno. A Lei Geral de Proteção de Dados, op.cit.,, p. 12.

[83]   DE LUCCA, Newton; MACIEL, Renata Mota. A Lei 13.709, de 14 de agosto de 2018: a disciplina normativa que faltava., op.cit.,. p. 45.

[84]   SAMPAIO, José Adércio Leite, op. cit., p. 512.

[85]   SAMPAIO, José Adércio Leite, op. cit., p. 513.

3.8 Princípio da segurança

A segurança é definida pelo artigo 6º, VII, da LGPD como a "utilização de medidas técnicas e administrativas aptas a proteger os dados pessoais de acessos não autorizados e de situações acidentais ou ilícitas de destruição, perda, alteração, comunicação ou difusão". Trata-se de um desdobramento da segurança exigida do fornecedor em face da pessoa e patrimônio do consumidor, cuja violação (CDC, arts. 12 e 14; LGPD, arts. 42 e seguintes) implica a responsabilidade objetiva pelos danos causados, inclusive na hipótese de os dados serem acessados sem autorização ou acidentalmente, o que compreende ainda as hipóteses de destruição, perda, alteração, comunicação ou difusão.[86]

O artigo 44 dispõe que "o tratamento de dados pessoais será irregular quando deixar de observar a legislação ou quando não fornecer a segurança que o titular dele pode esperar, consideradas as circunstâncias relevantes", ao passo que o artigo 46 e seguintes contemplam regras sobre segurança e boas práticas.

3.9 Princípio da prevenção

Dentro do direito a não ser vítima de danos, a prevenção é definida pelo art. 6º, VIII, da LGPD como a "adoção de medidas para prevenir a ocorrência de danos em virtude do tratamento de dados pessoais".

3.10 Princípio da não discriminação

A não discriminação é conceituada pelo artigo 6º, IX, da LGPD como a "impossibilidade de realização do tratamento para fins discriminatórios ilícitos ou abusivos". A grande vantagem propiciada pelo processamento de dados pessoais, no sentido da maior precisão da segmentação e personalização dos consumidores, não pode servir para prejudicar, restringir ou excluir qualquer consumidor da possibilidade de acesso ao consumo.[87]

O que a lei proíbe, como já visto em relação ao *geopricing* e *geoblocking,* não é a discriminação em si, mas aquela contaminada de finalidade ilícita ou abusiva. Na prática, a discriminação, envolvendo não só os preços como a figura do consumidor, não é feita de forma clara e transparente, causando prejuízos passíveis de indenização, sem prejuízo da imposição de obrigações de fazer ou não fazer, tendentes a assegurar a prevenção. Se o algoritmo, por sua própria arquitetura, já é construído de modo a discriminar, é necessária uma transparência e informação em relação aos seus mecanismos, o que afastaria a ilicitude ou abusividade da conduta.

Ilícita seria a discriminação baseada em critérios proibidos pela lei para fins de diferenciação, cabendo uma referência à Constituição da República, que, no seu artigo 3º, IV, proíbe preconceitos de origem, raça, sexo, cor e idade. Da mesma forma, estabelece a Lei Maior que "ninguém será privado de direitos por

---

[86] MIRAGEM, Bruno. A Lei Geral de Proteção de Dados, op. cit., p. 13.

[87] MIRAGEM, Bruno. A Lei Geral de Proteção de Dados, op. cit., p. 13.

448 | DIREITO DO CONSUMIDOR – 30 ANOS DO CDC

motivo de crença religiosa ou de convicção filosófica ou política" (art. 5º, VIII, da Constituição Federal).[88]

É o caso ainda de discriminação em virtude de critérios que não estejam em acordo com a finalidade para a qual se realize determinada diferenciação, como aquela que envolva dados sensíveis, por exemplo a recusa de fornecimento de produto ou serviço a qualquer pessoa em razão de sua orientação sexual, credo ou raça, ou ainda cobrança de preços diferenciados para homens e mulheres em casas noturnas.

Em relação a esta última situação, a discussão culminou na Nota Técnica nº 2/2017/GAB-DPDC/DPDC/SENACON, posteriormente revogada, por meio da qual o Ministério da Justiça e Segurança Pública considerou abusiva a mencionada prática, sujeitando eventuais transgressores às sanções previstas no artigo 56 do Código de Defesa do Consumidor (CDC) e determinando a fiscalização da atividade pelo Sistema Nacional de Defesa do Consumidor.[89]

---

[88]   MIRAGEM, Bruno. A Lei Geral de Proteção de Dados, op. cit., p. 14.

[89]   A igualdade entre homens e mulheres é a regra, sendo a distinção a exceção. O tratamento excepcional deve vir da própria norma constitucional ou, quando vier de norma hierarquicamente inferior, a discriminação tem que ter respaldo em valores constitucionalmente protegidos. Não existe norma legal a justificar a distinção de preços entre homens e mulheres nos bares, restaurantes e casas noturnas. Não existe diferença entre homens e mulheres, que procuram os serviços desses estabelecimentos em igualdade de condições, que justifique do ponto de vista lógico a distinção de preços que está sendo praticada por alguns nesse segmento do mercado. (MINISTÉRIO DA JUSTIÇA E SEGURANÇA PÚBLICA, 2016, 2/2017/GAB-DPDC/DPDC/SENACON. Disponível em: http://www.justica.gov.br/news/diferenciacao-de-precos-em-funcao-de-genero-e-ilegal/nota-tecnica-2-2017.pdf/view. 2016. Acesso em: 03 fev. 2019.

Observe-se que o Judiciário brasileiro, mesmo por ocasião da sua vigência, já vinha afastando a aplicação dessa nota técnica. O juízo da 6ª Vara Federal da Seção Judiciária do Estado de Goiás julgou procedente ação civil pública intentada pela Associação Brasileira de Bares e Restaurantes de Goiás, confirmando tutela de urgência deferida nos mesmos autos, para determinar que: "a ré [União] ou qualquer agência estatal integrante do sistema de proteção ao consumidor abstenha-se de autuar ou aplicar punições aos estabelecimentos associados à autora, em razão da Nota Técnica Nº 2/2017/GAB-DPDC/DPDC/SENACON, bem como da Recomendação Conjunta feita pelo Ministério Público de Goiás, Procon Goiás e Procon Goiânia, ou de quaisquer atos regulamentares dessas fontes".

De forma semelhante, o juízo da 17ª Vara Cível Federal da Seção Judiciária do Estado de São Paulo deferiu pedido de tutela de urgência nos autos de ação civil pública movida pela Associação Brasileira de Bares e Restaurantes de São Paulo, determinando que a ré (União) se abstenha de "autuar ou aplicar punições aos estabelecimentos associados à autora, em razão da Nota Técnica nº 2/2017/GAB-DPDC/DPDC/SENACON que dispõe sobre a ilegalidade na diferenciação de preços entre homens e mulheres". À mesma conclusão chegou o juízo da 8ª Vara de Fazenda Pública do Tribunal de Justiça do Rio de Janeiro, quando deferiu a tutela provisória para "determinar que as rés se abstenham de aplicar às sociedades empresárias substituídas multas e/ou quaisquer outras penalidades administrativas fundadas na diferenciação de preços por gênero".

O posicionamento do Judiciário tem sido mantido também em demandas individuais, a exemplo da Reexame Necessário n.º 0301543-97.2017.8.21.0139. Nesse caso, a 2ª Câmara de Direito Público do Tribunal de Justiça de Santa Catarina confirmou a sentença

Cap. 16 · A LEI GERAL DE PROTEÇÃO DE DADOS PESSOAIS (LEI 13.709/2018) | **449**

A análise sistemática das leis brasileiras sobre proteção do consumidor permite entender que existe uma norma de tratamento igualitário aplicável às relações comerciais consumeristas. Ademais, chega-se à mesma conclusão quando se analisa a normativa pátria referente à proteção da ordem econômica. O artigo 36, § 3º, X, da Lei n.º 12.529/2011 veda expressamente a discriminação de "adquirentes ou fornecedores de bens ou serviços por meio da fixação diferenciada de preços, ou de condições operacionais de venda ou prestação de serviços".

O direito à não discriminação dialoga ainda com o princípio da equivalência negocial, contemplado no artigo 6º, II, da Lei 8.078/1990, que, sob outro aspecto, assegura ao consumidor o direito de conhecer o produto que está adquirindo, de acordo com a ideia de plena liberdade de escolha, da igualdade nas contratações e do dever anexo de informar. Assim, a lei proíbe qualquer tipo de discriminação no momento de contratar, sob o pretexto constitucional de que todos são iguais perante a lei, existindo também o dever de o prestador ou fornecedor informar todos sobre os riscos inerentes à prestação ou ao fornecimento.

Dentre os instrumentos previstos no artigo 20 da LGPD para impedir o tratamento de dados discriminatório está a previsão do direito do titular dos dados de revisão das decisões tomadas unicamente com base em tratamento automatizado de dados pessoais que afetem seus interesses, incluídas as decisões destinadas a definir o seu perfil pessoal, profissional, de consumo e de crédito ou os aspectos de sua personalidade.[90]

Na Comunidade Europeia, a Diretiva nº 123/2006, de 12 de dezembro, relativa a serviços no mercado interno, prevê, no seu artigo 20.º, o direito à não discriminação:

Artigo 20.º

Não discriminação

1. Os Estados-Membros devem assegurar que o destinatário não seja submetido a requisitos discriminatórios em razão da sua nacionalidade ou do seu lugar de residência.

---

proferida em mandado de segurança impetrado por um clube noturno, decidindo que a proibição de comercializar ingressos com distinção de preços para os gêneros masculino e feminino viola a livre-iniciativa na atividade econômica. Os tribunais de cúpula ainda não se manifestaram sobre a questão, mas, nos autos do Recurso Inominado n.º 0718852-21.2017.8.07.0016, foi interposto recurso extraordinário, cujo agravo do artigo 1.042, do CPC/2015, está em trâmite no STF, e já há parecer do MPF solicitando a análise do Plenário acerca de existência de repercussão geral. Caso a relevância de tema e a transcendência subjetiva sejam reconhecidas, o STF pode vir a pacificar a matéria.

[90] O que é reforçado pelos parágrafos do mesmo artigo 20 da LGPD: "§ 1º O controlador deverá fornecer, sempre que solicitadas, informações claras e adequadas a respeito dos critérios e dos procedimentos utilizados para a decisão automatizada, observados os segredos comercial e industrial.

§ 2º Em caso de não oferecimento de informações de que trata o § 1º deste artigo baseado na observância de segredo comercial e industrial, a autoridade nacional poderá realizar auditoria para verificação de aspectos discriminatórios em tratamento automatizado de dados pessoais".

2. Os Estados-Membros devem assegurar que as condições gerais de acesso a um serviço que são postas à disposição do grande público pelo prestador não incluam condições discriminatórias baseadas na nacionalidade ou no lugar de residência do destinatário, sem que tal afecte a possibilidade de se preverem diferenças no que diz respeito às condições de acesso e que sejam directamente justificadas por critérios objectivos.

3.11 Princípio da responsabilização e prestação de contas

Tal princípio, na forma do art. 6º, X, da LGPD, encontra seu significado na exigência de comprovação, pelo agente, da adoção de medidas eficazes e capazes de comprovar a observância e o cumprimento das normas de proteção de dados pessoais e, inclusive, da eficácia dessas medidas.

A responsabilização e prestação de contas terão eficácia sobretudo na esfera coletiva, sempre que houver interesse difuso, direito coletivo ou direito individual homogêneo, merecedor de proteção diferenciada, em dispositivo que dialoga com o artigo 6º, VI e VII, do Código de Defesa do Consumidor.

Por meio de uma interpretação da Lei da Ação Civil Pública e do Código de Defesa do Consumidor, que trazem os vetores básicos da tutela coletiva brasileira, juntamente com o art. 64 da LGPD, poderá ser proposta ação civil pública não somente para o devido ressarcimento dos danos causados, mas para o emprego da tutela inibitória coletiva, inclusive com medidas de urgência.[91]

Tal conclusão é extraída da literalidade do artigo 22 da LGPD, em cujos termos a defesa dos interesses e dos direitos dos titulares de dados poderá ser exercida em juízo, individual ou coletivamente, na forma do disposto na legislação pertinente, acerca dos instrumentos de tutela individual e coletiva.

O artigo 42 da LGPD, no mesmo sentido, contempla a responsabilidade do controlador e do operador que, em razão do tratamento de dados pessoais, causar a outrem dano patrimonial, moral, individual ou coletivo, em violação à legislação de proteção de dados pessoais.

Como decorrência de tal imperativo, a LGPD, no seu artigo 50, previu a obrigatoriedade de programas de *compliance*, em relação aos agentes de tratamento de dados, em especial os controladores e operadores, com a adoção de um programa de governança que atenda a requisitos como as condições de organização, o regime de funcionamento, os procedimentos, inclusive reclamações e petições de titulares, as normas de segurança, os padrões técnicos, as obrigações específicas para os diversos envolvidos no tratamento, as ações educativas, os mecanismos internos de supervisão e mitigação de riscos e outros aspectos relacionados ao tratamento de dados pessoais.

---

[91] ZANATTA, Rafael A.F.; SOUZA, Michel R.O. A tutela coletiva em proteção de dados pessoais: tendências e desafios. In: DE LUCCA, Newton; SIMÃO FILHO, Adalberto; LIMA, Cintia Rosa Pereira de; MACIEL, Renata Mota. *Direito & Internet IV*. Sistema de Proteção de Dados Pessoais. São Paulo: Quartier Latin, 2019. p. 411.

4. CONCLUSÕES

Num panorama de vigilância líquida e distribuída, em que parece ocorrer uma erosão da esfera de controle de dados pessoais, os respectivos titulares são submetidos a uma condição de hipervulnerabilidade, sobretudo por estarem inseridos numa relação assimétrica que lhes tolhe o poder de autodeterminação. Espera-se que, nesse panorama, a Lei Geral de Proteção de Dados Pessoais, Lei 13.709/2018, contribua para reduzir a flagrante assimetria entre as partes.

A LGPD, em seu artigo 42, *caput,* adota um regime de responsabilidade civil objetiva dos controladores ou operadores que, em razão do exercício ou atividade de tratamento de dados pessoais, causarem a outrem dano patrimonial, moral, individual ou coletivo, em violação à legislação de proteção de dados pessoais. Tal dispositivo inclusive revoga o art. 19 do Marco Civil da Internet, caso o provedor de aplicações Internet funcione igualmente como controlador ou operador em relação aos dados pessoais dos usuários.

5. REFERÊNCIAS BIBLIOGRÁFICAS

AMARAL, Bruno do. Coronavírus: TIM e Prefeitura do Rio assinam acordo para coletar dados de deslocamento. *Teletime*, 23 mar. 2020. Disponível em: https://teletime. com.br/23/03/2020/coronavirus-tim-e-prefeitura-do-rio-assinam-acordo-para-coletar-dados-de-deslocamento/. Acesso em: 17 abr. 2020.

BIONI, Bruno Ricardo. *Proteção de dados pessoais.* Os limites do consentimento. Rio de Janeiro: Forense, 2019.

CARNEIRO, Isabelle da Nóbrega Rito; SILVA, Luiza Caldeira Leite; TABACH, Danielle. Tratamento de dados pessoais. *In:* FEIGELSON, Bruno; SIQUEIRA, Antonio Henrique Albani (Coords.). *Comentários à Lei Geral de Proteção de Dados*: Lei 13.709/2018. São Paulo: Revista dos Tribunais, 2019.

CLARKE, Roger A. *Information technology and dataveillance. Communications of the ACM*, Nova Iorque, v. 31, n. 5, p. 498-512, maio 1988.

COTS, Márcio; OLIVEIRA, Ricardo. *Lei Geral de Proteção de Dados Pessoais Comentada.* São Paulo: Revista dos Tribunais, 2018.

COUTO E SILVA, Clóvis. *A obrigação como processo.* São Paulo: José Bushatsky Editor, 1976.

CRAVO, Daniela Copetti. *Direito à portabilidade de dados*: interface entre defesa da concorrência, do consumidor e proteção de dados. Rio de Janeiro: Lumen Juris, 2018.

DE HERT, Paul; PAPAKONSTANTINOU, Vagelis; MALGIERI, Gianclaudio; BESLAY, Laurent; SANCHEZ, Ignacio. The right to data portability in the GDPR: towards user-centric interoperability of digital services. *Computer Law & Security Review,* Reino Unido: Elsevier, v. 34, n. 2, p. 193-203, abr. 2018.

DE LUCCA, Newton; MACIEL, Renata Mota. A Lei 13.807, de 14 de agosto de 2018: a disciplina normativa que faltava. In: DE LUCCA, Newton; SIMÃO FILHO, Adalberto; LIMA, Cintia Rosa Pereira de; MACIEL, Renata Mota(cooord.) *Direito & Internet IV;* Sistema de Proteção de Dados Pessoais. São Paulo: Quartier Latin, 2019.

DONEDA, Danilo. O direito fundamental à proteção de dados pessoais. *In*: MARTINS, Guilherme Magalhães; LONGHI, João Victor Rozatti (Coords.). *Direito digital*: direito privado e Internet. 2. ed. Indaiatuba: Foco, 2019.

DONEDA, Danilo. *Da privacidade à proteção de dados pessoais*. Rio de Janeiro: Renovar, 2006.

DU BOIS, François. Social purposes, fundamental rights and the judicial development of private law. In: NOLAN, Donal; ROBERTSON, Andrew (Eds.). *Rights and private law*. Oxford: Hart Publishing, 2012.

DUKAKIS, Ali. China rolls out software surveillance for the COVID-19 pandemic, alarming human rights advocates. *ABC News*, 14 abr. 2020. Disponível em: https://abcnews.go.com/International/china-rolls-software-surveillance-covid-19-pandemic-alarming/story?id=70131355. Acesso em: 17 abr. 2020.

EZRACHI, Ariel; STUCKE, Maurice. *Virtual Competition: The Promise and Perils of Algorithm-Driven Economy*. Cambridge: Harvard University Press, 2016, p.04.

FRAZÃO, Ana. Fundamentos da proteção dos dados pessoais. Noções introdutórias para a compreensão da importância da Lei Geral de Proteção de Dados. In: TEPEDINO, Gustavo; FRAZÃO, Ana; OLIVA, Milena Donato. *Lei Geral de Proteção de Dados Pessoais e suas repercussões no direito brasileiro*. São Paulo: Revista dos Tribunais, 2019.

GONÇALVES, Vilmar Luiz Graça. Direito administrativo e avanços tecnológicos: desafios e conquistas. *In*: BECKER, Daniel; FERRARI, Isabela (Coords.). *Regulação 4.0*: novas tecnologias sob a perspectiva regulatória. São Paulo: Revista dos Tribunais, 2019.

GREENLEAF, Graham. Global Data Privacy 2019: DPAs, PEAs, and their Networks. *University of New South Wales Law Research Series*, Sydney, v. 158, Research Paper n. 19-68, p. 1-7, ago. 2019.

HEUSI, Tálita Rodrigues. Perfil criminal como prova pericial no Brasil. *Brazilian Journal of Forensic Sciences, Medical Law and Bioethics*, Itajaí, v. 5, n. 3, p. 232-250, 2016.

LIMA, Cíntia Rosa Pereira de. Direito ao esquecimento e Internet: o fundamento legal no direito comunitário europeu, no direito italiano e no direito brasileiro. *Doutrinas Essenciais de Direito Constitucional*. v..8, 2015.

MAGENTA, Matheus. Coronavírus: governo brasileiro vai monitorar celulares para conter pandemia. *BBC News Brasil*, 3 abr. 2020. Disponível em: https://www.bbc.com/portuguese/brasil-52154128. Acesso em: 17 abr. 2020.

MARTINS, Fernando Rodrigues. A saúde suplementar como sistema jurídico hiper-complexo e a proteção da confiança. *Revista de Direito do Consumidor*, São Paulo: Revista dos Tribunais, v. 120, n. 4, p. 77-101, nov./dez. 2018.

MARTINS, Guilherme Magalhães; LONGHI, João Victor Rozatti. Nota dos coordenado-res. In: MARTINS, Guilherme Magalhães; LONGHI, João Victor Rozatti. *Direito Digital*; Direito privado e Internet. 2.ed. Foco: Indaiatuba, 2019.

MARTINS, Guilherme Magalhães; LONGHI, João Victor Rozatti; FALEIROS JÚNIOR, José Luiz. A pandemia da Covid-19, o "profiling" e a Lei Geral de Proteção de Dados. Disponível em: https://www.migalhas.com.br/depeso/325618/a-pandemia-da-covid-19-o-profiling-e-a-lei-geral-de-protecao-de-dados. Acesso em: 02.05.2020.

MIRAGEM, Bruno. A Lei Geral de Proteção de Dados(Lei 13.709/2018) e o direito do consumidor. *Revista dos Tribunais*. São Paulo, v. 1009/2019. Disponível em: https://

www.revistadostribunais.com.br/maf/app/authentication/formLogin Acesso em : 01.01.2020.

MORAES, Maria Celina Bodin de. O princípio da dignidade humana. In: MORAES, Maria Celina Bodin. *Princípios do Direito Civil Contemporâneo*. Rio de Janeiro: Renovar, 2006.

MULHOLLAND, Caitlin Sampaio. Dados pessoais sensíveis e a tutela de direitos fundamentais: uma análise à luz da Lei Geral de Proteção de Dados (Lei 13.709/18). *Revista de Direitos e Garantias Fundamentais*, Vitória, v. 19, n. 3, p. 159-180, set./dez. 2018.

MULTA ao Facebook é parte de caso mundial de manipulação de eleitores. *Jornal O Globo*. Opinião do Globo. Rio de Janeiro, 02 de janeiro de 2020.

NORONHA, Fernando. *O direito dos contratos e seus princípios fundamentais (autonomia privada, boa-fé e justiça contratual)*. São Paulo : Saraiva, 1994.

PFEIFFER, Roberto Augusto Castellanos. ANPD em busca de sua autonomia: é preciso aperfeiçoar a MP 869/2018. *Jota*. 1º de maio de 2019. Disponível em: https://www.conjur.com.br/2019-mai-01/garantias-consumo-anpd-busca-autonomia-preciso-aperfeicoar-mp. Acesso em: 03 ago. 2019.

RODOTÀ, Stefano. *A vida na sociedade da vigilância*. Tradução de Danilo Doneda e Luciana Cabral Doneda. Rio de Janeiro: Renovar, 2008.

ROMANI, Bruno. Uso de dados de localização no combate à covid-19 pode ameaçar privacidade. *O Estado de S. Paulo*, 12 abr. 2020. Disponível em: https://link.estadao.com.br/noticias/cultura-digital,uso-de-dados-de-localizacao-no-combate-a-covid-19-pode-ameacar-privacidade,70003268063. Acesso em: 17 abr. 2020.

SAMPAIO, José Adércio Leite. *Direito à intimidade e à vida privada*: uma visão jurídica da sexualidade, da família, da comunicação e informações pessoais, da vida e da morte. Belo Horizonte: Del Rey, 1998.

SARLET, Gabrielle Bezerra Sales; CALDEIRA, Cristina. O consentimento informado e a proteção de dados pessoais de saúde na internet: uma análise das experiências legislativas de Portugal e do Brasil para a proteção integral da pessoa humana. *Civilistica.com*. Rio de Janeiro, a. 8, n. 1, 2019. Disponível em: <http:civilistica.com/-o-consentimento-informado-e-a-protecao/>. Data de acesso; 19.07.2019.

SARLET, Ingo Wolfgang; KEINERT, Tania Margarete Mezzomo. O direito fundamental à privacidade e as informações em saúde: alguns desafios. *In*: KEINERT, Tânia Margarete Mezzomo et. al (org.). *Proteção à privacidade e acesso às informações em saúde: tecnologias, direitos e ética*. São Paulo: Instituto da Saúde. 2015.

SILVA, Agathe S. Cláusula geral de boa-fé nos contratos de consumo. *Revista de Direito do Consumidor*. São Paulo, v. 17.

SILVA, Jorge Pereira da. *Deveres do Estado de protecção de direitos fundamentais*: fundamentação e estrutura das relações jusfundamentais triangulares. 3. ed. Lisboa: Universidade Católica Editora, 2015.

SOUSA, Rabindranath Capelo de. *O direito geral de personalidade*. Coimbra: Coimbra Editora, 1995.

TAMÒ-LARRIEUX, Aurelia. *Designing for privacy and its legal framework*. Data protection by design and default for the Internet of Things. Basileia: Springer, 2018.

TILSTON, Natasha L.; EAMES, Ken T.D.; PAOLOTTI, Daniela *et al*. Internet-based surveillance of Influenza-like-illness in the UK during the 2009 H1N1 influenza pandemic. *BMC Public Health*, Londres, v. 10, p. 650-659, 2010.

ZANATTA, Rafael A.F.; SOUZA, Michel R.O. A tutela coletiva em proteção de dados pessoais: tendências e desafios. In: DE LUCCA, Newton; SIMÃO FILHO, Adalberto; LIMA, Cintia Rosa Pereira de; MACIEL, Renata Mota. *Direito & Internet IV*. Sistema de Proteção de Dados Pessoais. São Paulo: Quartier Latin, 2019.

17

O CONTRATO DE SEGURO E A
LEI GERAL DE PROTEÇÃO DE DADOS

BRUNO MIRAGEM

LUIZA PETERSEN

INTRODUÇÃO

O contrato de seguro caracteriza-se pelo risco, é sobre ele que se refere a garantia.[1] No preciso dimensionamento do risco e sua precificação funda-se o próprio equilíbrio do contrato, pressuposto para seu cumprimento. Na vida contemporânea, o desenvolvimento das novas tecnologias otimiza exponencialmente a capacidade de acesso e processamento de informações, com atenção especial aos chamados dados pessoais. Estes compreendem toda e qualquer informação relacionada à pessoa. Um dos grandes desafios atuais é o da disciplina jurídica do tratamento dos dados pessoais, definindo critérios e limites para acesso e compartilhamento destas informações, assim como sua utilização. Em relação ao seguro, serão os dados pessoais um dos principais elementos para identificação e mensuração dos riscos objeto do contrato.

O tratamento de dados é inerente à atividade securitária, indissociável tanto do momento da definição do conteúdo das prestações, quanto mesmo da execução e adimplemento do contrato de seguro. A importância do tratamento de dados no seguro decorre da íntima relação existente entre os dados do segurado e a dimensão do risco coberto, de modo que o segurador necessita coletar dados para calcular o prêmio e decidir sobre a contratação. Igualmente, o tratamento dos dados é necessário ao próprio adimplemento do contrato. O procedimento de regulação do sinistro, que se destina à apuração da existência de cobertura para o ocorrido e liquidação do valor a indenizar, também pressupõe o conhecimento de uma série de dados pessoais do segurado.

---

[1] MIRAGEM, Bruno. O direito dos seguros no sistema jurídico brasileiro: uma introdução. In: MIRAGEM, Bruno; CARLINI, Angélica (Org.) *O direito dos seguros. Fundamentos de direito civil, direito empresarial e direito do consumidor.* São Paulo: RT, 2015, p. 25 e ss; PETERSEN, Luiza. *O risco no contrato de seguro.* São Paulo: Roncarati, 2018, p. 71 e ss.

Atualmente, o acesso e a utilização dos dados pessoais compreendem um dos principais ativos empresariais. O desenvolvimento da tecnologia da informação e a capacidade de processamento de imenso volume de dados variados (*Big data*) permite o refinamento das informações de modo a permitir uma serie de utilidades, como a segmentação dos consumidores para quem se dirige uma oferta, maior precisão na análise dos riscos de contratação (seleção de risco), formação de bancos de dados com maior exatidão e eficiência do uso das informações coletadas, de modo a tornar a capacidade de acesso a tratamento de dados um dos valores mais relevantes.[2] Esta nova realidade, porém, dá margem para uma série de violações à privacidade e práticas discriminatórias, especialmente considerando o tratamento de dados que se desenvolve sem o consentimento do titular. Daí a decisão político-jurídica de diversos sistemas jurídicos no sentido de disciplinar a coleta e, sobretudo, o tratamento de dados pessoais por intermédio de legislação específica sobre o tema.

Recentemente, foi editada no Brasil a Lei nº 13.709, de 14 de agosto de 2018 – Lei Geral de Proteção de Dados (LGPD). Estabelece um regime geral de proteção de dados pessoais, fixando marco regulatório que disciplina, com unidade sistemática, todo tipo de tratamento de dados. Na ausência de uma lei geral, o tratamento de dados era objeto de normas setoriais, como o Marco Civil da Internet, o Código de Defesa do Consumidor, a Lei de Acesso à Informação e a Lei do Cadastro Positivo.[3] Estas normas, contudo, regulavam o tema pontualmente, não tendo por escopo disciplinar o fenômeno da circulação de dados em toda a sua amplitude.

Inspirada no modelo europeu, especialmente no Regulamento Geral de Proteção de Dados (Regulamento 2016/679),[4] a LGPD orienta-se claramente à tutela da pessoa natural em relação ao tratamento de dados "com o objetivo de proteger os direitos fundamentais de liberdade e de privacidade e o livre desenvolvimento da personalidade" (art. 1º, da LGPD). Sua disciplina tem repercussão nos mais diversos setores econômicos, na administração pública e no mercado. É fora de dúvida, porém, que a atividade de seguros está entre aquelas cujo impacto da lei será percebido com grande amplitude, em especial pelo caráter essencial do tratamento de dados na definição e cumprimento do objeto do contrato.

Isso tem especial relevância considerando que o tratamento de dados pessoais, inerente ao seguro, sempre se deu no âmbito do mercado segurador, sem submeter-se a uma disciplina normativa específica. Isso amplia os efeitos da incidência da LGPD sobre o seguro, permitindo-se antever uma verdadeira transformação de certos ritos e procedimentos consagrados pela praxe negocial. Ao dispor, a nova lei, sobre direitos do segurado, titular dos dados, impondo de sua vez, deveres ao segurador, como controlador dos dados, implica mudanças sensíveis no tratamento de dados desde a fase de formação do contrato, durante sua execução e mesmo após sua extinção

---

[2] MIRAGEM, Bruno. A Lei Geral de Proteção de Dados e o direito do consumidor. *Revista dos Tribunais*, v. 1009. São Paulo: RT, nov./2019, p. 1-2.

[3] DONEDA, Danilo; MENDES, Laura. Reflexões iniciais sobre a nova lei geral de proteção de dados. *Revista de Direito do Consumidor*. São Paulo, v. 120, p. 469-483, Nov-dez. 2018. p. 1.

[4] DONEDA, Danilo; MENDES, Laura. Reflexões iniciais sobre a nova lei geral de proteção de dados. *Revista de Direito do Consumidor*. São Paulo, v. 120, p. 469-483, Nov-dez. 2018. p. 1-2.

Cap. 17 • O CONTRATO DE SEGURO E A LEI GERAL DE PROTEÇÃO DE DADOS | 457

(fase pós-contratual). Impõe, assim, desafios tanto no que diz respeito à interpretação e adequação de institutos tradicionais que instrumentalizam o tratamento de dados no seguro – a exemplo da declaração inicial do risco – quanto em relação aos múltiplos mecanismos disruptivos de processamento de dados, que surgem com os avanços tecnológicos e passam a ser incorporados pelo segurador. Igualmente, ganha destaque o tratamento especial conferido aos dados sensíveis, que introduz significativos limites ao uso de dados nos seguros de pessoas. Diante do novo marco legal, o desafio que se coloca ao intérprete é construir um sistema equilibrado, que, a um só tempo, observe as especificidades da operação de seguros – notadamente, a importância do tratamento de dados neste âmbito – e assegure que se desenvolva de forma legítima, com respeito à privacidade e à autodeterminação informativa do segurado, impedindo consequências discriminatórias contrárias ao Direito.

1. LEI GERAL DE PROTEÇÃO DE DADOS E SUA REPERCUSSÃO NO SEGURO

A entrada em vigor da LGPD repercute na atividade de seguros e na própria disciplina do contato de seguro. Atualmente, o direito dos seguros brasileiro observa uma disciplina complexa,[5] a qual resulta da articulação de uma série de fontes normativas, que devem ser consideradas adequadamente pelo intérprete e aplicador do Direito.[6] O direito institucional dos seguros, que trata da regulação e supervisão da atividade de acordo com os marcos do Decreto-Lei 73/1966, compreende em uma série de normas administrativas emitidas pelo Conselho Nacional de Seguros Privados e pela Superintendência de Seguros Privados. Convivem com a disciplina do próprio contrato de seguro, que também resulta de múltiplas fontes, em especial, do Código Civil, com destaque para as normas especiais relativas ao tipo contratual do seguro (art. 757 a 802), do Código de Defesa do Consumidor (nos casos em que se caracterizem como contrato de consumo) e de normas especiais de direito empresarial (quando seguros empresariais). Nenhuma dessas fontes normativas, contudo, ocupa-se, especificamente, do tratamento de dados no seguro. Por outro lado, as normas setoriais que, até o momento versam sobre certos aspectos do tratamento de dados no direito brasileiro, como o Marco Civil da Internet e o Código de Defesa do Consumidor (neste caso, notadamente a disciplina atinente aos bancos de dados e aos cadastros dos consumidores, art. 43 do CDC),[7] não observam efeitos concretos de sua aplicação em relação ao tratamento de dados no seguro. Resulta

---

[5]   MIRAGEM, Bruno. O direito dos seguros no sistema jurídico brasileiro: uma introdução, cit., p. 31.

[6]   PETERSEN, Luiza. Diálogo das fontes e interpretação sistemática no direito dos seguros. In: MARQUES, Claudia Lima; MIRAGEM, Bruno (org.). *Diálogo das fontes: novos estudos sobre a coordenação e aplicação das normas no direito brasileiro*. No prelo.

[7]   Nesse sentido, a respeito do tratamento de dados pessoais no seguro e a incidência das normas do Código de Defesa do Consumidor relativas aos bancos de dados e cadastros de consumidores: VIOLA, Mário. O Mercado de Seguros e o Tratamento de dados Pessoais. In: MIRAGEM, Bruno; CARLINI, Angélica (org.). *Direito dos Seguros: fundamentos de direito civil, direito empresarial e direito do consumidor*. São Paulo: Revista dos Tribunais, 2015. p. 317-330.

daí que o tratamento de dados pessoais sempre ocorreu livremente no mercado de seguros brasileiro.

O advento da LGPD modifica este cenário. Observa a boa doutrina que a nova lei "concentra-se na proteção de dados do cidadão, independentemente de quem realiza o seu tratamento, aplicando-se, assim, tanto aos setores privado e público, sem distinção da modalidade de tratamento de dados (art. 3º)."[8] Ademais, adotando um conceito abrangente de tratamento de dados, contempla sua em sua definição "toda operação realizada com dados pessoais, como as que se referem a coleta, produção, recepção, classificação, utilização, acesso, reprodução, transmissão, distribuição, processamento, arquivamento, armazenamento, eliminação, avaliação ou controle da informação, modificação, comunicação, transferência, difusão ou extração" (art. 5º, X), inclusive nos meios digitais, desde que i) realizadas no território nacional, ii) tenham por objetivo a oferta ou fornecimento de bens ou serviços – ou o tratamento de dados de indivíduos localizados – no território nacional ou iii) os dados tenham sido coletados em território nacional (art. 3º).

Enquanto entidade legalmente autorizada a operar seguros privados no território nacional (art. 757, parágrafo único, do CC),[9] o segurador realiza o tratamento de dados pessoais, tanto para a execução do contrato de seguro como para o exercício da atividade securitária. Assim, na definição adotada pela LGPD, atuará como controlador de dados pessoais, qualificando-se, a partir da norma, como *pessoa jurídica de direito privado a quem competem as decisões referentes ao tratamento de dados pessoais* (art. 5º, VI), notadamente para fins da operação de seguro. Por outro lado, o titular dos dados pessoais tratados pelo segurador é o segurado. Enquanto titular do interesse legítimo objeto do seguro, o segurado, em geral, será também o titular dos dados pessoais submetidos ao tratamento. Em determinadas situações, contudo, o tratamento de dados poderá envolver informações relativas a terceiros interessados, como é o caso dos dados do beneficiário, no seguro de vida, ou da vítima do acidente, no seguro de responsabilidade civil. Igualmente, participando da relação mais de um segurador, no caso de cosseguro ou resseguro, nada impede que um deles assuma a condição de operador dos dados, realizando o tratamento em nome do outro segurador, que se mantém como controlador (art. 5º, VII).

Para a delimitação do âmbito de aplicação da LGPD nas relações de seguro, porém, importa atentar para o conceito de dado pessoal, segundo a lei: "informação relacionada a pessoa natural identificada ou identificável" (art. 5º, I). Considerando que o contrato pode envolver tanto o tratamento de informações de pessoas naturais como de pessoas jurídicas, a depender do tipo, se empresarial ou de consumo, a distinção é relevante. Assim, em regra, a lei deverá ser aplicada apenas ao tratamento de

---

8   DONEDA, Danilo; MENDES, Laura. Reflexões iniciais sobre a nova lei geral de proteção de dados. *Revista de Direito do Consumidor*. São Paulo, v. 120, p. 469-483, Nov-dez. 2018. p. 2.

9   Nos termos do art. 757, parágrafo único, do CC: "Somente pode ser parte, no contrato de seguro, como segurador, entidade para tal fim legalmente autorizada". Ademais, de acordo com o Dec.-lei n. 73/1966, que dispõe sobre o Sistema Nacional de Seguros Privados e regula as operações de seguro e resseguro no país: "Poderão operar em seguros privados apenas as Sociedades Anônimas ou Cooperativas, devidamente autorizadas" (art. 24).

dados de pessoas naturais,[10] não contando com a mesma proteção as informações relativas à pessoa jurídica segurada, exceto aquelas que indiretamente permitirem a identificação de pessoa natural (e.g. do sócio da pessoa jurídica). Devem ser considerados dados pessoais, ainda, os dados comportamentais (e.g. consumo de cigarro) "utilizados para formação do perfil comportamental" do segurado (art. 12, § 2º). Porém, não são considerados dados pessoais, os anonimizados (tornados anônimos) pelo segurador para uso estatístico, relativos "a titular que não possa ser identificado", considerando os "meios técnicos razoáveis e disponíveis na ocasião do seu tratamento" (art. 5º, III).

1.1. Tratamento de dados pessoais como técnica inerente ao seguro

Como é notório, o contrato de seguro tem por função a garantia de interesse legítimo do segurado contra riscos predeterminados. Assim dispõe o art. 757 do CC: "Pelo contrato de seguro, o segurador se obriga, mediante o pagamento do prêmio, a garantir interesse legítimo do segurado, relativo a pessoa ou a coisa, contra riscos predeterminados". Estrutura-se, portanto, a partir da reciprocidade entre prêmio e garantia. Enquanto o segurado se obriga ao pagamento do prêmio, o segurador assume certos riscos que ameaçam o segurado, comprometendo-se ao pagamento de uma indenização em caso de sinistro.[11]

Para a mensuração do risco a ser garantido, tem toda relevância a análise dos dados pessoais do segurado. Há íntima relação que se estabelece entre dados pessoais e risco coberto, na medida em que o conjunto de características subjetivas e comportamentais do segurado (e.g. sexo, idade, profissão, endereço, estado de saúde, consumo de cigarro) define fatores que influenciam na dimensão do risco, aumentando ou diminuindo a probabilidade de sinistro. Desse modo, a análise dos dados do segurado é determinante para a formação da base econômica do contrato, com o cálculo do prêmio, e, inclusive, para a seleção do risco, de modo que o segurador tenha as condições necessárias para decidir sobre a contratação e precisar seus contornos, delimitando o âmbito de riscos cobertos.[12]

Neste particular, observa-se que, para a conformação da base econômica do contrato, o segurador organiza todo um sistema contratual voltado à gestão científica e financeira do risco,[13] cujos pilares são a mutualidade e a técnica atuarial.[14] A mutualidade nada mais é do que uma técnica de divisão do risco entre os membros

---

[10] DONEDA, Danilo; MENDES, Laura. Reflexões iniciais sobre a nova lei geral de proteção de dados. *Revista de Direito do Consumidor*. São Paulo, v. 120, p. 469-483, Nov-dez. 2018. p. 2.

[11] MIRAGEM, Bruno. O Direito dos Seguros no Sistema Jurídico Brasileiro: uma introdução. In: MIRAGEM, Bruno; CARLINI, Angélica (org.). *Direito dos Seguros: fundamentos de direito civil, direito empresarial e direito do consumidor*. São Paulo: Revista dos Tribunais, 2015. p. 28.

[12] PETERSEN, Luiza. *O risco no contrato de seguro*. São Paulo: Roncarati, 2018, p. 110 e ss.

[13] MIRAGEM, Bruno. O Direito dos Seguros no Sistema Jurídico Brasileiro: uma introdução. In: MIRAGEM, Bruno; CARLINI, Angélica (org.). *Direito dos Seguros: fundamentos de direito civil, direito empresarial e direito do consumidor*. São Paulo: Revista dos Tribunais, 2015. p. 26.

[14] LUCCAS FILHO, Olívio. *Seguros: fundamentos, formação de preço, provisões e funções biométricas*. São Paulo: Editora Atlas. 2011. p. 2-3.

de determinado grupo.[15] Assim, mediante a constituição de um grupo homogêneo de segurados e alocação dos prêmios pagos em um fundo comum – de onde sairão os recursos para pagamento dos sinistros que possam atingir qualquer um dos integrantes do grupo – a seguradora administra um sistema mutual,[16] em que o custo das indenizações pagas, quando ocorra o sinistro, é diluído e compensado pela contribuição daqueles segurados que não serão afetados.[17]

De outro lado, o sistema se apoia na técnica atuarial. Pela aplicação da teoria das probabilidades e da Lei dos Grandes Números, com a formação de grupos mutuais suficientemente grandes e homogêneos, o segurador estima as perdas futuras,[18] prevendo, de forma aproximada, a probabilidade e o custo médio de sinistro, e estabelecendo, antecipadamente, "quanto cada participante precisa pagar para fazer frente aos eventos previstos".[19] Assim, estima os sinistros futuros, calculando o prêmio (puro) de forma correspondente ao risco coberto.[20] Nesse contexto, a análise de dados pessoais do segurado assume relevância para o próprio funcionamento do sistema contratual. É decisiva, tanto para a formação do grupo mutual, cuja característica de homogeneidade – como fator de eficiência do cálculo – denota a importância da segmentação dos segurados em consideração ao risco que cada um representa, como também para o emprego da probabilidade estatística.

A necessidade de análise de dados pessoais, porém, também se relaciona com o próprio adimplemento do contrato de seguro. O adimplemento do contrato, pelo segurador, se desenvolve de forma muito particular, implementando-se pela assunção da obrigação de garantia durante o período de cobertura, e pelo pagamento eventual de uma prestação em dinheiro, em caso de sinistro. Neste aspecto, o tratamento de dados relaciona-se tanto com a assunção da posição de garante, cuja plena eficácia pressupõe o adequado funcionamento do sistema contratual, quanto com o próprio cumprimento da prestação pecuniária. Isso porque, para a apuração do cabimento da indenização e do *quantum* a indenizar, que se desenvolve pelo procedimento da regulação e liquidação do sinistro,[21] é necessário o conhecimento de uma série de informações relativas aos fatos que, em grande medida, envolvem dados pessoais do segurado ou do terceiro interessado na cobertura. Assim, por exemplo, no seguro de vida, são relevantes as informações relativas às circunstâncias do óbito, registradas

---

[15]   VAUGHAN, Emmett J; VAUGHAN, Therese M. *Fundamentals of risk and insurance*. 7. ed. New York: John Wiley & Sons Inc, 1996. p. 19-20.

[16]   VIVANTE, Cesare. *Del Contratto di Assicurazione*. Torino: Unione Tipografico-Editrice Torinese, 1936. p. 7.

[17]   STIGLITZ, Rubén. *Derecho de Seguros*. Tomo I. 3. ed. Buenos Aires: Abeledo-Perrot, 2001. p. 28.

[18]   GREENE, Mark R. *Riesgo y Seguro*. 3. ed. Trad. Hernán Troncoso Rojas. Madrid: Editorial Mapfre, 1979. p. 16-17.

[19]   LUCCAS FILHO, Olívio. *Seguros: fundamentos, formação de preço, provisões e funções biométricas*. São Paulo: Editora Atlas. 2011. p. 3.

[20]   PETERSEN, Luiza. *O risco no contrato de seguro*. São Paulo: Revista dos Tribunais, 2018. p. 115/116.

[21]   A respeito do procedimento de regulação e liquidação do sinistro: TZIRULNIK, Ernesto. *Regulação do sinistro*. 3. ed. São Paulo: Max Limonad, 2001.

em certidão; no seguro de invalidez, as informações relativas à causa e ao grau de invalidez, registrados em laudos e exames médicos; no seguro de automóvel, as informações relativas ao acidente de trânsito, registradas no boletim de ocorrência, entre outros aspectos.

Desse modo, o tratamento de dados aparece como técnica inerente ao seguro, seja para a mensuração do risco, seja para o adimplemento do contrato. Igualmente, é um processo dinâmico e constante, que acompanha todo o transcurso da relação contratual. Os dados pessoais do segurado são objeto de minuciosa análise pelo segurador: a) na *fase de formação do contrato*, para mensuração do risco e cálculo do prêmio, quando as informações relevantes são coletadas a partir do preenchimento da declaração inicial do risco; b) na *fase de execução do contrato*, onde determinadas alterações de aspectos subjetivos e comportamentais do segurado podem levar ao aumento ou diminuição do risco e à ocorrência do sinistro, bem como baseia o procedimento de regulação e o pagamento da indenização securitária. Registre-se que o tratamento de dados realizado pelo segurador envolve especialmente dois momentos: o da coleta e o do processamento dos dados, que se desenvolve tanto com o recurso a técnicas tradicionais quanto a partir de métodos novos, provenientes dos avanços da tecnologia da informação.

1.1.1. Coleta de dados pessoais pelo segurador

A forma de coleta de dados pessoais no seguro, por excelência, é a *declaração inicial do risco*. Trata-se de método que caracteriza este contrato desde os primórdios, com origem no *ius mercatorum*, sendo objeto de cuidada disciplina normativa (arts. 759[22] e 766[23] do CC). Tem o propósito de permitir o conhecimento pelo segurador das informações relativas à pessoa ou à coisa segurada, relevantes para a análise do risco.[24] Por intermédio da declaração inicial, o segurado (ou o tomador do seguro) informa ao segurador, na fase de formação do contrato, as circunstâncias que particularizam o risco a ser garantido, as quais envolvem desde aspectos subjetivos da pessoa (e.g. idade, sexo, profissão) ou do bem segurado (e.g. valor, localização, uso), até o próprio comportamento do segurado (e.g. consumo de cigarro, prática de esportes radicais).

Assim, a declaração inicial do risco constitui método direto de obtenção de dados pessoais, em que o titular dos dados presta informações diretamente ao segurador: seja espontaneamente, no modelo da declaração espontânea, que impõe ao segurado a apreciação das circunstâncias relevantes de risco; seja respondendo aos questionamentos formulados pelo segurador, no modelo do questionário, em que o ônus de

---

[22] Art. 759. "A emissão da apólice deverá ser precedida de proposta escrita com a declaração dos elementos essenciais do interesse a ser garantido e do risco".

[23] Art. 766. "Se o segurado, por si ou por seu representante, fizer declarações inexatas ou omitir circunstâncias que possam influir na aceitação da proposta ou na taxa do prêmio, perderá o direito à garantia, além de ficar obrigado ao prêmio vencido".

[24] PETERSEN, Luiza. *O risco no contrato de seguro*. São Paulo: Editora Roncarati. p. 119-143; POÇAS, Luis. O dever de declaração inicial do risco no contrato de seguro. Coimbra: Almedina, 2013, em especial, p. 108 e ss.

delimitar a informação a ser prestada é do segurador.[25] No direito contemporâneo, porém, tem prevalecido o regime do questionário, em que o dever de declaração do risco corresponde a um dever de resposta.[26]

A coleta de dados no seguro, contudo, não se resume a seu momento inicial, na fase de formação do contrato. Também na fase de execução, eventuais alterações de aspectos subjetivos ou comportamentais do segurado são dados relevantes (e.g. mudança de endereço), devendo ser considerados pelo segurador. Neste contexto, entra em jogo a disciplina do agravamento e da diminuição do risco, que implica no dever do segurado informar ao segurador todas as alterações de risco relevantes, capazes de romper com o equilíbrio inicialmente estabelecido entre prêmio pago e risco coberto, sob pena de perder o direito à garantia em caso de má-fé (art. 769, *caput*, do CC). De outro lado, justifica a revisão do prêmio ou a própria resolução do contrato (arts. 770 e 769 do CC), assim como a perda do direito à cobertura em caso de intencionalidade (art. 768 do CC).[27]

Da mesma forma, na fase de execução do contrato, os procedimentos de aviso do sinistro (art. 771, CC) e de regulação e liquidação do sinistro, envolvem a coleta de diversos dados pessoais. Nesta etapa, voltada ao adimplemento, as informações relativas ao sinistro, muitas vezes, envolvem dados pessoais do segurado ou do terceiro interessado na cobertura (e.g. circunstâncias do óbito; grau de invalidez; extensão dos prejuízos). O que se justifica para que o segurador apure as circunstâncias em que ocorreu o sinistro, isto é, se ele de fato existiu, como se desenvolveu e qual a extensão dos danos, e para cotejar tais fatos à cobertura securitária existente, determinando o valor a indenizar.[28]

Tradicionalmente, a vinculação do segurado à declaração inicial do risco e aos deveres de informar o agravamento e o sinistro resultam do reconhecimento de uma assimetria informacional que pesa em desfavor do segurador quanto às circunstâncias relevantes do risco ou do sinistro. Trata-se, conforme classificação de Luís Poças, do reconhecimento de uma impossibilidade material, legal, ou econômica, de acesso à determinadas informações,[29] que particularizam o risco (ou o sinistro), mas escapam ao conhecimento do segurador, na medida que se situam na esfera patrimonial ou existencial do segurado, embora muitas delas sejam, por ele, gerenciadas e controladas. Na sociedade contemporânea, contudo, essa assimetria informacional tende

---

[25]   POÇAS, Luís. *O dever de declaração inicial do risco no contrato de seguro*. Coimbra: Almedina 2013. p. 282; MENEZES CORDEIRO, António. *Direito dos Seguros*. Lisboa: Almedina, 2013. p. 578.

[26]   Nesse sentido: o §19 da Versicherungsvertragsgesetz – VVG (lei do contrato de seguro alemã); o art. L113-2, 2°, do Code des Assurances (Código de Seguros francês); o art. 10 da Ley 50/1980, de 8 de octubre, de Contrato de Seguro (Lei do Contrato de Seguro espanhola); o art. 2:101 dos Principles of European Insurance Contract Law – PEICL (Princípios do Direito Europeu do Contrato de Seguro).

[27]   PETERSEN, Moreira Luiza. *O risco no contrato de seguro*. São Paulo: Editora Roncarati. p. 154/166.

[28]   TZIRULNIK, Ernesto. *Regulação do sinistro*. 3. ed. São Paulo: Max Limonad. 2001. p. 83-93.

[29]   POÇAS, Luís. *O dever de declaração inicial do risco no contrato de seguro*. Coimbra: Almedina 2013. p. 116-118.

Cap. 17 · O CONTRATO DE SEGURO E A LEI GERAL DE PROTEÇÃO DE DADOS

a ser relativizada, ao menos no âmbito nos contratos massificados, uma vez que o segurador passa a ter acesso às informações relevantes por outros meios, de forma eficiente e por baixo custo. Nos dias atuais, em que o acesso aos dados vem sendo progressivamente facilitado pelo desenvolvimento de novas técnicas de coleta e processamento da informação, a tendência é que o segurador, cada vez mais, obtenha as informações do segurado e do sinistro por outros meios, e necessite menos da informação repassada diretamente por intermédio da declaração inicial do risco ou de agravamento e, até mesmo, do aviso do sinistro. Trata-se de um fenômeno de redução (ou flexibilização) da assimetria informacional, o que deve provocar significativas mudanças na forma de compreensão dos deveres de informação do segurado, justificando o reconhecimento de uma posição mais ativa do segurador e de um dever de diligência na busca e processamento da informação.

Atualmente, para a finalidade de coleta de dados do segurado, somam-se, às declarações que ele mesmo presta, outros métodos alternativos, característicos da sociedade da informação. Trata-se de técnicas desenvolvidas no mercado para finalidades diversas – como a ampliação da base de clientes, oferecimento de novos serviços, auxílio na tomada de decisão, aumento da eficiência e diminuição dos riscos, entre outra –, mas que, em certa medida, também podem contribuir para a obtenção da informação relevante no seguro. Entre elas, destaca-se a coleta de dados por intermédio de transações comerciais ou de cartões fidelidade, que podem revelar, com sensível precisão, informações sobre o comportamento do consumidor.[30] O cartão fidelidade utilizado por farmácias, por exemplo, pode ter grande valia para o seguro saúde, na medida em que registra os medicamentos adquiridos pelo consumidor e a periodicidade, e com isso sinalizar eventuais doenças e tratamentos realizados pelo segurado, ou mesmo cuidados preventivos, auxiliando na dimensão do risco coberto.

Igualmente, podem ser fonte de dados os censos e registros públicos, que fornecem dados estatísticos e pesquisas de informação dos cidadãos; as pesquisas de mercado e de estilo de vida; os sorteios e concursos; as tecnologias de controle na internet, como os *cookies*, que "permitem a localização do usuário, bem como a verificação de todos os seus movimentos *on-line*",[31] assim como as diferentes bases de dados existentes, sejam externas ao setor de seguros, administradas por outros agentes do mercado, sejam internas ao setor, administradas pelos próprios seguradores.[32]

Ademais, estão em crescente expansão no mercado de seguros uma ampla gama de métodos disruptivos de coleta da informação, com o recurso às novas tecnologias. Neste particular, chama a atenção a *wearable technology* ("tecnologia vestível", como pulseiras e relógios inteligentes), que, a partir do monitoramento das atividades diárias da pessoa, permite que sejam identificados hábitos, comportamentos, estado de saúde,

---

[30]   MENDES, Laura Schertel. *Privacidade, proteção de dados e defesa do consumidor*. São Paulo: Saraiva, 2014. p. 95-97.

[31]   MENDES, Laura Schertel. *Privacidade, proteção de dados e defesa do consumidor*. São Paulo: Saraiva, 2014. p. 98-107.

[32]   VIOLA, Mario. O Mercado de Seguros e o Tratamento de dados Pessoais. In: MIRAGEM, Bruno; CARLINI, Angélica (org.). *Direito dos Seguros: fundamentos de direito civil, direito empresarial e direito do consumidor*. São Paulo: Revista dos Tribunais, 2015. p. 317-330. p. 320.

entre outros aspectos relevantes para a análise do risco. Igualmente, se destacam os sistemas de telemetria, que, por intermédio de aplicativos em *smartphones* ou dispositivos instalados no veículo, permitem o monitoramento do comportamento do motorista, com a captação de ações como velocidade e frenagem, e a identificação do perfil do condutor, seu grau de prudência e cautela ao volante.

O recurso a esses métodos alternativos de coleta de dados ganha destaque no setor de seguros, especialmente considerando o fenômeno da circulação e compartilhamento de dados, que permite ao segurador obter informações de segurados atuais ou potenciais, coletadas, processadas e difundidas por outro agente do mercado. O exemplo mais notável são as denominadas *Insurtechs*, que tem introduzido uma série de utilidades ao setor, dentre as quais o desenvolvimento deste método indireto de coleta de dados, em que informações são fornecidas ao segurador por outro agente, e não diretamente pelo segurado.

1.1.2. Processamento de dados pessoais pelo segurador

O processamento de dados pessoais se desenvolve no contrato de seguro de um modo muito particular, sendo explicado pelo recurso à técnica atuarial. Por meio do emprego da teoria das probabilidades, o segurador processa os dados dos segurados, transformando-os em probabilidade estatística, o que lhe permite mensurar o risco e calcular o prêmio. Mediante a aplicação da Lei dos Grandes Números, com a classificação dos segurados em grupos suficientemente grandes e homogêneos, o segurador estima as perdas futuras do grupo, calculando o prêmio devido por cada segurado.[33] Assim, este método de processamento, característico atividade securitária, transforma os dados do segurado em informações úteis, permitindo a formação da base econômica do contrato.

A maior eficiência desse método, porém, está condicionada à análise do maior número de casos possíveis. De acordo com a Lei dos Grandes Números, pelo efeito da preponderância das causas regulares e constantes sobre as irregulares e acidentais, quanto maior o número de casos examinados, mais exata será a previsão.[34] Da mesma forma, a maior precisão do cálculo passa pela semelhança dos riscos em análise; considerados, qualitativamente, em atenção à natureza do evento (e.g. morte, acidente de trânsito), às características da pessoa (e.g. idade, sexo, estado de saúde) e do bem segurado (e.g. valor, localização, uso), e quantitativamente, o valor da perda.[35] Esta é a razão pela qual os dados estatísticos analisados devem abranger, tanto quanto possível, riscos homogêneos.

Para além deste método tradicional, outras técnicas de processamento de dados, proporcionadas pelos avanços tecnológicos, também podem contribuir para a mensuração do risco no seguro. Trata-se, muitas delas, de técnicas que buscam o

---

[33] GREENE, Mark R. *Riesgo y Seguro*. 3. ed. Trad. Hernán Troncoso Rojas. Madrid: Editorial Mapfre, 1979. p.16-17; LUCCAS FILHO, Olívio. *Seguros: fundamentos, formação de preço, provisões e funções biométricas*. São Paulo: Editora Atlas. 2011. p. 3.

[34] VAUGHAN, Emmett J; VAUGHAN, Therese M. *Fundamentals of risk and insurance*. 7. ed. New York: John Wiley & Sons Inc, 1996. p. 25.

[35] LAMBERT-FAIVRE, Yvonne. *Droit des Assurances*. 11 ed. Paris: Dalloz, 2001. 43-44.

Cap. 17 · O CONTRATO DE SEGURO E A LEI GERAL DE PROTEÇÃO DE DADOS | 465

refinamento da informação coletada, de modo a oferecer "informações mais completas sobre os hábitos e comportamentos dos consumidores". Um exemplo é a mineração de dados (*data mining*), "processo pelo qual dados de difícil compreensão são transformados em informações úteis e valiosas para a empresa, por meio de técnica informática de combinação de dados e de estatística", cujo objetivo "é a extração de inteligência significativa e de padrões de conhecimento, partindo de um banco de dados, por meio de sua ordenação e transformação", de modo a "gerar regras para a classificação de pessoas e objetos".[36]

Também a construção de perfil (*profiling*) pode ser utilizada no seguro, especialmente para a tomada de decisão sobre a contratação. Este método de processamento de dados funciona como "um registro sobre uma pessoa que expressa uma completa e abrangente imagem sobre a sua personalidade", compreendendo "a reunião de inúmeros dados sobre uma pessoa, com a finalidade de se obter uma imagem detalhada e confiável, visando, geralmente, à previsibilidade de padrões de comportamento, de gostos, hábitos de consumo e preferências do consumidor".[37] Da mesma forma, os já mencionados sistemas de telemetria e da *wearable technology*, ao permitirem o processamento instantâneo de dados pelo monitoramento do comportamento do segurado, surgem como sofisticadas ferramentas de identificação do padrão de risco, fornecendo as condições necessárias à precificação customizada do seguro, com a medida do risco individual de cada segurado, de modo a complementar o método tradicional de precificação pelo risco médio do grupo segurado.

1.2. Hipóteses que autorizam o tratamento de dados pelo segurador

A legitimidade do tratamento de dados realizado pelo segurador pressupõe, em um primeiro momento, o seu enquadramento em uma das hipóteses previstas no art. 7º da LGPD,[38] com destaque para os incisos I (*consentimento do titular*), II

---

[36] MENDES, Laura Schertel. *Privacidade, proteção de dados e defesa do consumidor*. São Paulo: Saraiva, 2014. p. 107 e 109.

[37] BIONI, Bruno Ricardo. *Proteção de dados pessoais: a função e os limites do consentimento*. Rio de Janeiro: Forense, 2019. p. 89-92; MENDES, Laura Schertel. *Privacidade, proteção de dados e defesa do consumidor*. São Paulo: Saraiva, 2014. p. 111.

[38] Art. 7º. "O tratamento de dados pessoais somente poderá ser realizado nas seguintes hipóteses: I – mediante o fornecimento de consentimento pelo titular; II – para o cumprimento de obrigação legal ou regulatória pelo controlador; III – pela Administração Pública, para o tratamento e uso compartilhado de dados necessários à execução de políticas públicas previstas em leis e regulamentos ou respaldadas em contratos, convênios ou instrumentos congêneres, observadas as disposições do Capítulo IV desta Lei; IV – para a realização de estudos por órgão de pesquisa, garantida, sempre que possível, a anonimização dos dados pessoais; V – quando necessário para a execução de contrato ou de procedimentos preliminares relacionados a contrato do qual seja parte o titular, a pedido do titular dos dados; VI – para o exercício regular de direitos em processo judicial, administrativo ou arbitral, esse último nos termos da Lei nº 9.307, de 23 de setembro de 1996 (Lei de Arbitragem); VII – para a proteção da vida ou da incolumidade física do titular ou de terceiro; VIII – para a tutela da saúde, em procedimento realizado por profissionais da área da saúde ou por entidades sanitárias; IX – quando necessário para atender aos interesses legítimos do controlador ou

(*cumprimento de obrigação legal ou regulatória*), V (*quando necessário para a execução de contrato ou de procedimentos preliminares relacionados a contrato do qual seja parte o titular*) e IX (*quando necessário para atender aos interesses legítimos do controlador ou de terceiro*). Examina-se, a seguir, cada uma delas.

1.2.1. Consentimento do segurado titular dos dados

A primeira hipótese que legitima o tratamento de dados é o consentimento do titular. Trata-se expressão do princípio da autodeterminação informativa (art. 2º, II), segundo o qual o indivíduo deve ter o poder de controlar o fluxo de seus dados, decidindo quando e dentro de quais limites eles serão utilizados.[39] Por consentimento entende-se a "manifestação livre, informada e inequívoca pela qual o titular concorda com o tratamento de seus dados pessoais para uma finalidade determinada" (art. 5º, XII). Assim, deverá ser "fornecido por escrito ou por outro meio que demonstre a manifestação da vontade do titular", devendo, no primeiro caso, "constar de cláusula destacada das demais cláusulas contratuais" (art. 8º, *caput* e § 1º), assim como "referir-se a finalidades determinadas", sob pena de nulidade em caso de conteúdo genérico (art. 8º, § 4º). Ademais, será nulo caso "as informações fornecidas ao titular tenham conteúdo enganoso ou abusivo ou não tenham sido apresentadas previamente com transparência, de forma clara e inequívoca" (art. 9º, §1º).

No seguro, muitos dados processados pelo segurador ainda são coletados mediante a prestação de informações diretamente pelo segurado, em especial, por intermédio da declaração inicial do risco. *A priori*, prestadas as informações sob esta forma, sempre foi razoável presumir o consentimento implícito do segurado quanto ao tratamento dos dados informados. Ocorre que, com a entrada em vigor da LGPD, não se poderá mais cogitar qualquer espécie de presunção ou de consentimento implícito. Passa-se a admitir, exclusivamente, o consentimento expresso e inequívoco do segurado, cuja forma pressupõe cláusula contratual destacada das demais. Da mesma forma, a regular tomada do consentimento pelo segurador exige que especifique a finalidade de utilização dos dados, seja para a avaliação do risco e cálculo do prêmio, para a regulação e liquidação do sinistro, para fins de publicidade, ou outros aspectos da sua operação.

Em relação ao seguro, ainda, merece atenção a possibilidade de revogação do consentimento a qualquer momento pelo titular dos dados, assegurado pela LGPD (art. 8º, § 5º). Afinal, nas situações em que o tratamento de dados do segurado se justifica para a própria execução e adimplemento do contrato, a retirada do consentimento dificulta ou pode inviabilizar a realização da prestação pelo segurador. Em caso de revogação do consentimento após a formação do vínculo, como o segurador regularia eventual sinistro e efetuaria o pagamento da indenização sem ter acesso aos dados do segurado relacionados ao sinistro? Como apuraria o grau de invalidez do

---

de terceiro, exceto no caso de prevalecerem direitos e liberdades fundamentais do titular que exijam a proteção dos dados pessoais; ou X – para a proteção do crédito, inclusive quanto ao disposto na legislação pertinente."

[39] DONEDA, Danilo. *Da privacidade à proteção de dados pessoais*. São Paulo: Renovar, 2006. p. 196-197.

segurado sem ter acesso às informações constantes dos laudos médicos? São hipóteses que ilustram a situação em que a realização da prestação do segurador se tornaria impossível por fato imputável ao credor (da indenização), sendo consequência natural a resolução do contrato.[40] Da mesma forma, a revogação do consentimento poderia fundamentar, da parte do segurador, a oposição de exceção de contrato não cumprido.[41] Daí por que o exame das situações de revogação do consentimento do segurado, no contrato de seguro, deve pautar-se pela conduta de boa-fé das partes. Segundo a boa-fé, é sabido, impõe-se um dever de cooperação para o adimplemento. Permitir o acesso dos dados pessoais é o comportamento razoável que se espera do segurado, no interesse da execução. Se, de um lado, com fundamento na autodeterminação informativa, não é possível limitar ou suprimir o direito potestativo de revogação do consentimento, de outro, esta decisão, no plano da relação contratual do seguro, deve ser interpretada, de acordo com a boa-fé, em vista da própria possibilidade de manutenção/resolução do contrato, uma vez caracterizada a finalidade idônea que fundamenta o interesse legítimo do segurador no tratamento dos dados.

1.2.2. Finalidades que legitimam o tratamento de dados

À luz das demais hipóteses que autorizam do tratamento de dados, previstas no art. 7º da LGPD, trata-se de saber se o segurador poderia processar dados pessoais do segurado sem o seu consentimento. Ou melhor, se o tratamento de dados pelo segurador é admitido por outras hipóteses previstas na norma, que independem do consentimento do titular.

São três as situações previstas na LGPD que podem ser examinadas de modo a permitir tratamento de dados no seguro, independentemente do consentimento do segurado. Em primeiro lugar, as situações em que o tratamento é necessário para *o cumprimento de obrigação legal ou regulatória pelo segurador* (art. 7º, inciso II). Este poderá ser o caso: a) daqueles dados relevantes para a análise do risco, que possam influir na aceitação da proposta ou no valor do prêmio, cujo tratamento se apoia na disciplina da declaração inicial do risco (art. 766, CC); b) dos dados relevantes para a revisão do prêmio, cujo tratamento se apoia nas normas relativas ao agravamento e diminuição do risco (arts. 769 e 770, CC); c) dos dados necessários à regulação e liquidação do sinistro, cujo tratamento se apoia na obrigação de regulação e liquidação, prevista no contrato e em norma regulamentar, e de pagamento da indenização securitária (art. 776, CC). Nesta hipótese, contudo, na medida em que não encontram especificação normativa, o desafio consiste em determinar os limites do tratamento, em especial em relação a quais os dados necessários para o cumprimento das obrigações legais e regulatórias, limite ao qual o segurador não poderia ultrapassar.

Por outro lado, o tratamento de dados do segurado poderá encontrar legitimidade *quando necessário para a execução de contato ou de procedimentos preliminares relacionados a contrato do qual seja parte o titular, a pedido do titular dos dados* (inciso

---

[40]   MIRAGEM, Bruno. *Direito das obrigações*. São Paulo: Saraiva, 2017. p. 491 e ss.

[41]   Analisando a questão no direito português: POÇAS, Luís. Problemas e dilemas do setor segurador: o RGPD e o tratamento de dados de saúde. *Revista online banca, bolsa e seguros*, Coimbra, n. 3, 2018, p. 266 e ss.

V). Neste particular, a necessidade do tratamento de dados pessoais para a formação e execução do contrato de seguro decorre da sua relevância para a avaliação do risco coberto, com a adoção dos procedimentos preliminares, inerentes, de cálculo do prêmio, aceitação da proposta e delimitação dos riscos cobertos. Ademais, é medida necessária ao próprio adimplemento do contrato, com a realização do procedimento de regulação do sinistro e pagamento da indenização securitária, assim como se relaciona com o cumprimento de uma série de deveres relativos à execução do contrato, como o dever do segurado informar o agravamento do risco e o dever do segurador de gestão do sistema contratual. A hipótese, porém, autoriza apenas o tratamento dos dados estritamente necessários para a formação e execução do contrato; quanto aos demais, imprescindível será o consentimento do segurado ou seu enquadramento em outra hipótese autorizativa.

Igualmente, o tratamento de dados do segurado poderá encontrar legitimidade *quando necessário para atender aos interesses legítimos do controlador ou de terceiro, exceto no caso de prevalecerem direitos e liberdades fundamentais do titular que exijam a proteção de dados pessoais* (inciso IX). A preocupação com a definição precisa do que caracteriza o legítimo interesse do controlador dos dados remonta à discussão estabelecida, tanto no âmbito europeu – no contexto do Regulamento Geral de Proteção de Dados em vigor e da Diretiva 46/95/CE, que lhe antecedeu –, quanto nas discussões que precederam a aprovação da LGPD no Brasil.[42] O art. 10 da LGPD vai procurar definir o que se dava considerar "legítimo interesse do controlador" como fundamento do tratamento de dados pessoais, nos seguintes termos: "Art. 10. O legítimo interesse do controlador somente poderá fundamentar tratamento de dados pessoais para finalidades legítimas, consideradas a partir de situações concretas, que incluem, mas não se limitam a: I – apoio e promoção de atividades do controlador; e II – proteção, em relação ao titular, do exercício regular de seus direitos ou prestação de serviços que o beneficiem, respeitadas as legítimas expectativas dele e os direitos e liberdades fundamentais, nos termos desta Lei."

Algumas orientações resultam, desde logo, da interpretação do art. 10 da LGPD: *primeiro*, que o interesse legítimo do controlador no tratamento de dados não pode ser reconhecido a partir da invocação, em termos abstratos, de razões para tal, senão em acordo com o exame de situações concretas; *segundo*, que abrange somente os dados pessoais estritamente necessários para a finalidade pretendida (art. 10, § 1º); *terceiro*, que devem ser respeitadas, em qualquer caso, as legítimas expectativas do titular dos dados (art. 10, II), o que se deve considerar em vista tanto da informação prestada no caso de ter havido consentimento, ou ainda a proteção de sua privacidade, considerada nos termos em que acredita, de modo legítimo, resguardar certas informações sobre si do conhecimento de terceiros. Além destas situações, devem ser mencionadas as exigências de transparência do uso dos dados sob a justificativa do legítimo interesse do controlador (art. 10, § 2º), de modo a permitir, inclusive, que o titular dos dados se oponha a esta utilização, sem prejuízo da mitigação dos riscos que deve perseguir.

---

[42]   BIONI, Bruno Ricardo. *Proteção de dados pessoais: a função e os limites do consentimento.* Rio de Janeiro: Forense, 2019. p. 250 e ss.

1.3. Princípios que regulam o tratamento de dados pelo segurador

A LGPD, ao definir disciplina específica e detalhada para a coleta e tratamento dados, vai definir e articular, no seu art. 6º, uma série de princípios que informam esta atividade. A adequada compreensão destes princípios é relevante para o exame da disciplina de proteção de dados e seu uso permitido no seguro segundo os critérios definidos na legislação.[43] Nesse sentido, a legitimidade do tratamento de dados realizado pelo segurador não se limita ao seu enquadramento em uma das finalidades autorizativas, relacionadas no art. 7º da LGPD, mas envolve, sobretudo, a observância dos princípios que informam o tratamento de dados pessoais, assim como dos direitos assegurados ao segurado titular dos dados.

1.3.1. Boa-fé

O art. 6º, *caput*, da LGPD define que as atividades de tratamento de dados pessoais deverão observar a boa-fé. Trata-se a boa-fé de princípio que disciplina amplamente relações jurídicas de direito público e privada, com especial significado no seguro, tradicionalmente compreendido como um contrato em que as partes devem atuar com a máxima boa-fé (*uberrimae fidei*).[44] A boa-fé tem por conteúdo essencial, a par das diversas funções que desempenha no sistema jurídico, a eficácia criadora de deveres anexos àqueles que decorrem da lei ou do conteúdo expresso da relação jurídica. É comum que a ela se associem os deveres de cooperação e lealdade, assim como o respeito às legítimas expectativas das partes.

No caso do tratamento de dados pessoais, a boa-fé fundamenta a tutela das legítimas expectativas do titular dos dados frente ao controlador (art. 10, II, da LGPD), o que se delineia, sempre a partir das circunstâncias concretas em que se deu o consentimento, a finalidade de uso e tratamento dos dados que foi indicada na ocasião e o modo como foram compreendidas as informações prévias oferecidas. A tutela da confiança do segurado titular dos dados, neste caso, abrange tanto a crença nas informações prestadas quanto de que o segurador, por força do consentimento dado, não se comporte de modo contraditório a elas e respeite a vinculação à finalidade de utilização informada originalmente. Igualmente, as expectativas legítimas do segurado fundadas na causa do contrato, limitam a própria extensão do tratamento de dados, preservando o interesse útil do contrato para as partes, sobretudo em situações limites, como de dados sensíveis.

1.3.2. Finalidade, adequação e necessidade

O *princípio da finalidade* é central na disciplina da proteção de dados pessoais. O art. 6º, I, da LGPD define o conteúdo do *princípio da finalidade* vinculando-o à "realização do tratamento para propósitos legítimos, específicos, explícitos e informados ao titular, sem possibilidade de tratamento posterior de forma incompatível com

---

[43] Veja-se, a respeito, também: MIRAGEM, Bruno. A Lei Geral de Proteção de Dados e o direito do consumidor. Revista dos Tribunais, v. 1009. São Paulo: RT, nov./2019.

[44] A respeito do desenvolvimento conceito de boa-fé no contrato de seguro: MONTI, Alberto. *Buona Fede e Assicurazione*. Milano: Giuffrè, 2002.

essas finalidades". Trata-se de princípio que, conforme assinala a doutrina, tem grande relevância prática, afinal, "com base nele fundamenta-se a restrição da transferência de dados pessoais a terceiros, além do que pode-se, a partir dele, estruturar-se um critério para valorar a razoabilidade da utilização de determinados dados para uma certa finalidade (fora da qual haveria abusividade)".[45] Aquele que pretende obter o consentimento do titular dos dados, obriga-se a declinar expressamente as finalidades para as quais pretende utilizar os dados e, nestes termos, vincula-se aos termos desta sua manifestação pré-negocial. A utilização dos dados, seja para tratamento ou compartilhamento desviada das finalidades expressas quando do consentimento, torna-o ineficaz e ilícita a conduta, ensejando responsabilidade, bem como todos os meios de tutela efetiva do direito do titular dos dados.

O princípio da finalidade tem grande repercussão no seguro. De um lado, vincula o tratamento de dados pessoais realizado pelo segurador às finalidades legítimas, previstas no art. 7º, as quais devem ser específicas, explícitas e informadas. De outro, ao vedar o desvio da finalidade do tratamento, limita a atuação do segurador não apenas na coleta e processamento de dados, mas também no uso compartilhado. Neste particular, observa-se que o compartilhamento de dados é prática comum no setor de seguros, seja entre diferentes seguradores, seja entre seguradores do mesmo grupo econômico, seja entre segurador e outro agente do mercado, a exemplo das *insurtechs*, com os quais, em muitos casos, tem atuado em parceira, especializando-se na coleta da informação relevante para o seguro. O princípio da finalidade, portanto, introduz sensíveis limites a esse compartilhamento de dados, o qual somente poderá ocorrer em caso de consentimento do titular ou para o atendimento das finalidades legítimas a ele informadas.

O *princípio da adequação*, por sua vez, exige a "compatibilidade do tratamento com as finalidades informadas ao titular, de acordo com o contexto do tratamento" (art. 6º, II, da LGPD). Neste sentido, visa preservar a vinculação necessária entre a finalidade de utilização dos dados informada ao titular e seu efetivo atendimento na realização concreta do tratamento de dados. A adequação vincula-se diretamente ao consentimento dado para o tratamento dos dados ou às demais finalidades legais admitidas que deverão ser informadas, e à situação de confiança que se cria do estrito atendimento dos termos da informação prévia ao consentimento ou do uso informado. No âmbito do contrato de seguro, portanto, exige que o tratamento de dados se desenvolva em observância às finalidades consentidas pelo segurado e ou informadas a ele, abarcando os dados pessoais pertinentes ao alcance dessas finalidades. Assim, por exemplo, quando o tratamento de dados realizado pelo segurador encontrar fundamento no propósito de execução do contrato de seguro, não poderá envolver dados sem pertinência a esta finalidade (princípio da adequação), tampouco ser desvirtuado para fins publicitários (princípio da finalidade).

O *princípio da necessidade*, segundo a definição legal, compreende "a limitação do tratamento ao mínimo necessário para a realização de suas finalidades, com

---

[45] DONEDA, Danilo. O direito fundamental à proteção de dados pessoais. In: MARTINS, Guilherme Magalhães; LONGHI, João Victor Rozatti (Coord.) *Direito digital. Direito privado e internet.* 2 ed. Indaiatuba: Foco, 2019. p. 45.

abrangência dos dados pertinentes, proporcionais e não excessivos em relação às finalidades do tratamento de dados" (art. 6º, III, da LGPD). Uma vez que o tratamento dos dados pessoais se vincula diretamente a um direito fundamental que assegura sua proteção, assim como supõe o consentimento do titular e hipóteses de atendimento a finalidade legítima, resulta daí a limitação de seu uso ao mínimo necessário para que atenda a tais fins. Associa-se, neste caso, a noção – amplamente desenvolvida pelo Direito – de proporcionalidade, como adequação entre meios e fins. Dada a crescente capacidade de processamento de volumes cada vez mais expressivos de dados, um desafio regulatório importante é o equilíbrio entre a pretensão de maior precisão na análise dos dados e a limitação do seu uso em face do princípio da necessidade. Em especial, frente às várias possibilidades de correlações que podem ser realizadas em termos estatísticos, entre dados que aparentemente não tenham uma vinculação direta entre si. Não se desconhece, contudo, que a precisão do que se deva considerar o mínimo necessário para a realização das finalidades do tratamento de dados tensiona com o volume ou qualidade dos dados necessários para a melhor consecução destas finalidades.

Nesse sentido, o princípio da necessidade introduz sensíveis limites ao tratamento de dados realizado pelo segurador. Ao restringir o tratamento de dados ao mínimo necessário para o atendimento das finalidades legítimas, com a exigência de que os dados sejam pertinentes, proporcionais e não excessivos em relação a elas, o princípio racionaliza a atividade de coleta de dados pessoais no seguro. Para a mensuração do risco, poderão ser tratados pelo segurador apenas aqueles dados que efetivamente influenciam na dimensão do risco, não sendo suficiente a existência de mera estatística, aleatória ou desprovida de significativa relevância para fundamentar uma inferência científica, ou a mera correlação entre o dado e o incremento do risco.[46] Apenas os dados pessoais que apresentem uma relação de causalidade – ou uma forte correlação – com o risco poderão ser objeto de tratamento. Neste particular, o princípio da necessidade reflete na disciplina da declaração inicial do risco, vedando questionários abertos, genéricos e excessivamente extensos, de modo que apenas os dados pessoais estritamente necessários às finalidades legítimas poderão ser perguntados ao segurado. Fora deste âmbito, o segurado não tem o dever de resposta.

Igualmente, na análise da necessidade do tratamento de determinado dado pessoal, deverá ser verificado se a finalidade que justifica o tratamento poderia ser alcançada com o emprego de outro dado tão adequado, porém menos restritivo aos direitos da privacidade, liberdade, igualdade e livre desenvolvimento da personalidade, tutelados pela LGPD, devendo-se privilegiar, sempre que possível, os

---

46 Neste particular, registre-se que correlação é a medida da relação entre duas variáveis, que pode ser demonstrada em termos estatísticos e não implica necessariamente em uma relação de causa e efeito (p. ex. a frequência de aquisição de determinados produtos pelos consumidores se dá em determinado horário ou em determinado dia da semana), como ocorre no juízo de causalidade, no qual a relação entre duas variáveis pressupõe que uma é consequência da outra. O estágio atual do tratamento de dados aperfeiçoa a utilização de correlações, por intermédio, sobretudo, do desenvolvimento de algoritmos que permitem a obtenção de resultados precisos não apoiados necessariamente por relações de causalidade.

menos restritivos. Esta é uma ponderação a ser feita no seguro, sobretudo, quanto ao tratamento de dados sensíveis (e.g. de saúde, genéticos), que recebem especial proteção do legislador pelo caráter potencialmente restritivo que seu uso representa aos direitos tutelados pela LGPD. Em qualquer caso, contudo, caberá ao segurador comprovar, mediante estudos atuariais objetivos, criteriosos e precisos, a necessidade do tratamento do dado pessoal, demonstrando a pertinência, proporcionalidade e o caráter não excessivo do tratamento em relação à finalidade que o legitima.

1.3.3. Livre acesso, transparência e qualidade dos dados

O *princípio do livre acesso* compreende a "garantia, aos titulares, de consulta facilitada e gratuita sobre a forma e a duração do tratamento, bem como sobre a integralidade de seus dados pessoais" (art. 6º, IV, da LGPD). A participação dos titulares dos dados no seu tratamento se expressa, especialmente, pela exigência de consentimento e na possibilidade efetiva de que tenham conhecimento sobre a forma e extensão em que se desenvolvem. Abrange a possibilidade de obter cópia dos registros existentes, tendo a pretensão, inclusive, de corrigir informações incorretas ou imprecisas, ou conforme seu interesse, mesmo, acrescentar dados verdadeiros que possam favorecer seu interesse.

O art. 9º da LGPD concretiza o princípio, assegurando o direito do titular dos dados "ao acesso facilitado às informações sobre o tratamento de seus dados, que deverão ser disponibilizadas de forma clara, adequada e ostensiva acerca de, entre outras características previstas em regulamentação para o atendimento do princípio do livre acesso: I – finalidade específica do tratamento; II – forma e duração do tratamento, observados os segredos comercial e industrial; III – identificação do controlador; IV – informações de contato do controlador; V – informações acerca do uso compartilhado de dados pelo controlador e a finalidade; VI – responsabilidades dos agentes que realizarão o tratamento; e VII – direitos do titular, com menção explícita aos direitos contidos no art. 18 desta Lei."[47]

O princípio do livre acesso associa-se ao *princípio da transparência*, também previsto na LGPD, que expressa a "garantia, aos titulares, de informações claras, precisas e facilmente acessíveis sobre a realização do tratamento e os respectivos agentes de tratamento, observados os segredos comercial e industrial" (art. 6º, VI). A transparência sobre o procedimento de tratamento de dados e os sujeitos envolvidos na atividade é uma marca da legislação sobre proteção de dados em diversos sistemas jurídicos. O Regulamento Geral sobre Proteção de Dados europeu define que "deverá ser transparente para as pessoas singulares que os dados pessoais que lhes dizem respeito são recolhidos, utilizados, consultados ou sujeitos a qualquer outro tipo de tratamento e na medida em que os dados pessoais são ou virão a ser tratados."

---

[47] Observa-se que a violação do direito de acesso aos dados, que se pode caracterizar pela simples recusa, mas, sobretudo na dinâmica atual do mercado de consumo, pela imposição de obstáculos ao acesso, exigindo que o titular dos dados reporte-se a diferentes pessoas ou setores distintos para acesso a estas informações, retardando-o injustificadamente e deixando de facilitar o exercício do direito, configura infração, passível de sanção, em comum, pela LGPD e pelo CDC, sem prejuízo de eventual responsabilização por danos.

Prossegue afirmando que "o princípio da transparência exige que as informações ou comunicações relacionadas com o tratamento desses dados pessoais sejam de fácil acesso e compreensão, e formuladas numa linguagem clara e simples. Esse princípio diz respeito, em particular, às informações fornecidas aos titulares dos dados sobre a identidade do responsável pelo tratamento dos mesmos e os fins a que o tratamento se destina, bem como às informações que se destinam a assegurar que seja efetuado com equidade e transparência para com as pessoas singulares em causa, bem como a salvaguardar o seu direito a obter a confirmação e a comunicação dos dados pessoais que lhes dizem respeito que estão a ser tratados." (n. 39, Regulamento 2016/679). Há, neste particular uma preocupação com o respeito à legítima expectativa do titular dos dados, mas, sobretudo, a determinação do controle do tratamento pelo titular dos dados em relação ao atendimento do compromisso assumido pelo controlador quando da obtenção dos dados.

Por outro lado, o *princípio da qualidade dos dados*, corresponde à "garantia, aos titulares, de exatidão, clareza, relevância e atualização dos dados, de acordo com a necessidade e para o cumprimento da finalidade de seu tratamento" (art. 6º, V). A rigor, é inerente a toda e qualquer atividade de tratamento de dados pessoais, que possam repercutir sobre os direitos do titular das informações arquivadas, a exatidão dos dados. Esta noção de exatidão abrange sua atualidade e clareza, como pretendeu bem explicitar a definição legal de qualidade dos dados, o que é especialmente importante se for considerado o caráter permanente e contínuo do tratamento de dados no seguro, seu compartilhamento e consulta pelos interessados, o que leva a que na medida em que as informações se modifiquem, pelo que é natural e ordinário no cotidiano da vida, seja identificado um ônus do segurador de mantê-los atualizados. Refere a lei, também, a relevância dos dados, o que se define de acordo com a finalidade do tratamento, em conjunto com os princípios da adequação e da necessidade. Ao princípio da qualidade dos dados corresponde o direito do titular de correção dos dados incompletos, inexatos ou desatualizados (art. 18, III), assim como de anonimização, bloqueio e eliminação dos dados considerados desnecessários, excessivos ou tratados em desacordo com a lei (art. 18, IV).

1.3.4. Segurança e prevenção

Um dos principais objetivos da legislação de proteção de dados é assegurar um arcabouço normativo que assegure o tratamento dos dados pessoais de modo compatível aos direitos dos titulares dos dados, evitando seu tratamento sem observância das exigências legais, assim como a prevenção de riscos inerentes à atividade. Nesse sentido, convergem os princípios da segurança e da prevenção.

O *princípio da segurança* é definido pela "utilização de medidas técnicas e administrativas aptas a proteger os dados pessoais de acessos não autorizados e de situações acidentais ou ilícitas de destruição, perda, alteração, comunicação ou difusão" (art. 6º, VII).[48] Nesse sentido, a LGPD prevê "uma série de procedimentos que procuram proporcionar maior segurança e reforçar as garantias dos titulares

---

[48] DONEDA, Danilo; MENDES, Laura. Reflexões iniciais sobre a nova lei geral de proteção de dados. *Revista de Direito do Consumidor*. São Paulo, v. 120, p. 469-483, Nov-dez. 2018. p. 4.

dos dados".[49] Entre essas medidas, destaca-se o dever do controlador de "indicar um encarregado pelo tratamento de dados pessoais" (art. 41), cuja função, nos termos do § 2º, consistirá em "aceitar reclamações e comunicações dos titulares, prestar esclarecimentos e adotar providências"; "receber comunicações da autoridade nacional e adotar providências"; "orientar os funcionários e os contratados da entidade a respeito das práticas a serem tomadas em relação à proteção de dados pessoais"; "e executar as demais atribuições determinadas pelo controlador ou estabelecidas em normas complementares".

O *princípio da prevenção* compreende a "adoção de medidas para prevenir a ocorrência de danos em virtude do tratamento de dados pessoais" (art. 6º, VIII). O modo como se opera a prevenção de riscos de dano tanto abrangem providências materiais a serem exigidas, com o incremento técnico da atividade, quanto a possibilidade de delimitar, nos termos da lei, o tratamento de dados pessoais sensíveis, assim considerados também em razão da maior gravidade dos danos que podem decorrer de sua utilização indevida. Assim, vincula a atividade de tratamento dos dados desde a concepção dos sistemas para coleta das informações, pautado pelo conceito de *Privacy by Design*,[50] que sustenta uma atuação proativa de todos os envolvidos na atividade, resultante da associação de três critérios: (a) sistemas de tecnologia informação (*IT systems*); b) práticas negociais responsáveis (*accountable business practices*); e c) *design* físico e estrutura de rede (*physical and networked infrastructure*), visando predominantemente a preservação da privacidade dos usuários.[51]

1.3.5. Não discriminação

O princípio da não discriminação tem importância destacada na proteção dos dados pessoais. Compreende, segundo definição legal, a "impossibilidade de realização do tratamento para fins discriminatórios ilícitos ou abusivos" (art. 6º, IX). Resulta da LGPD a proibição de que o tratamento de dados seja realizado para fins discriminatórios ou abusivos. A própria disciplina do tratamento dos dados sensíveis (art. 11) em separado dos demais dados pessoais, justifica-se pelo risco maior que dele resulte discriminação. Contudo, interpretação constitucionalmente adequada da norma deve compreender a proibição, não apenas da finalidade discriminatória ou abusiva, mas também quando o resultado do tratamento de dados possa dar

---

[49] DONEDA, Danilo; MENDES, Laura. Reflexões iniciais sobre a nova lei geral de proteção de dados. *Revista de Direito do Consumidor*. São Paulo, v. 120, p. 469-483, Nov-dez. 2018. p. 3-4.

[50] Atribuído a informe de projeto comum da Autoridade de Proteção de Dados holandesa e do Comissariado de Informação de Ontário, liderado por Ann Cavoukian.

[51] Veja-se: HUSTINX, Peter. Privacy by design: delivering the promises. Identity in the information society, n. 3, 2010, p. 253 e ss. Disponível em: https://link.springer.com/content/pdf/10.1007/s12394-010-0061-z.pdf. No direito brasileiro, veja-se: VAINZOF, Rony. Comentários ao art. 6º. In: MALDONADO, Viviane Nóbrega; BLUM, Renato Ópice (Coord.). *LGPD: Lei geral de proteção de dados comentada*. São Paulo: RT, 2019, p. 158-159; JIMENE, Camilla do Vale. Reflexões sobre *privacy by design* e *privacy by default*: da idealização à positivação. In: MALDONADO, Viviane Nóbrega; BLUM, Renato Ópice (Coord.) *Comentários ao GDPR: Regulamento Geral de Proteção de Dados da União Europeia*. São Paulo: RT, 2019, p. 169 e ss.

Cap. 17 · O CONTRATO DE SEGURO E A LEI GERAL DE PROTEÇÃO DE DADOS | **475**

causa à discriminação. A proibição da discriminação injusta não se limita apenas ao comportamento que se dirige a discriminar, senão também em qualquer situação na qual ela é resultado de uma determinada conduta.

A proibição da discriminação injusta tem protagonismo no tratamento de dados pessoais. Afinal, a utilidade essencial do tratamento de dados, notadamente no seguro, é justamente segmentar, personalizar, especializar dados pessoais; portanto discriminar, assim entendida a noção como separação, diferenciação. É preciso atentar aos exatos termos da proibição presente na lei, que compreende a proibição à discriminação ilícita ou abusiva. Ilícita será a discriminação (diferenciação) que implica em um tratamento injusto da pessoa com base em categorias subjetivas ou fatos relacionados a ela. Ademais, por tratamento injusto deve ser compreendido aquele que se desenvolve em prejuízo da pessoa e sem fundamento material ou cujo fundamento extrapola os limites estabelecidos pela ordem jurídica.

Nesse sentido, a Constituição da República fornece importantes parâmetros ao proibir preconceitos de origem, raça, sexo, cor, idade e quaisquer outras formas de discriminação (art. 3º, IV, da CF/1988). Da mesma forma, estabelece que "ninguém será privado de direitos por motivo de crença religiosa ou de convicção filosófica ou política" (art. 5º, VIII, da CF/1988). No tocante ao tratamento de dados pessoais, a própria definição legal de dado sensível compreende uma série de critérios cuja utilização revela-se potencialmente discriminatória[52] (o art. 5º, II, da LGPD, relaciona os dados relativos a origem racial ou étnica, convicção religiosa, opinião política, filiação a sindicato ou a organização de caráter religioso, filosófico ou político, dado referente à saúde ou à vida sexual, dado genético ou biométrico). Caracteriza tratamento discriminatório, igualmente, não apenas aquele baseado em características pessoais, mas também em relação a fatos cuja adoção como critério de diferenciação se afigure inidôneo ou ilegítimo, como é o caso em que o titular dos dados possa ser prejudicado de algum modo em razão de informação que indique o exercício regular de seu direito[53].

O exercício da liberdade individual é delimitado pela proibição à discriminação injusta. O que não significa a impossibilidade absoluta de serem feitas diferenciações ou separações de acordo com critérios idôneos e legítimos à luz da Constituição da República e da legislação. No tocante ao tratamento de dados, a diferenciação e segmentação constitui, inclusive, uma das utilidades mais perceptíveis. Neste sentido, deve-se analisar se a distinção encontra fundamento legítimo, não bastando que o critério de diferenciação seja aferido objetivamente. Em algumas situações não basta o exame em relação ao critério utilizado para diferenciação ou, isoladamente, a finalidade da diferenciação realizada mediante o tratamento de dados. A idoneidade e legitimidade do critério deve ser justificável a partir de uma determinada contextualização. Assim, por exemplo, a utilização do dado relativo ao endereço residencial do consumidor como critério de formação do preço. Se o caso envolver o valor do

---

[52]   DONEDA, Danilo. *Da privacidade à proteção de dados pessoais*. São Paulo: Renovar, 2006. p. 160-161.

[53]   Estabelece o art. 21 da LGPD: "Os dados pessoais referentes ao exercício regular de direitos pelo titular não podem ser utilizados em seu prejuízo."

prêmio a ser pago por um determinado segurado em um contrato de seguro de automóvel, o risco que se identifique em razão das estatísticas de furto ou roubo de veículos na região em que se localiza o endereço, a princípio, pode configurar critério idôneo para uma majoração do valor a ser pago por este, em relação a segurados que residam em lugares com menor ocorrência destes crimes. Se o mesmo dado, todavia, for utilizado, sem quaisquer outros elementos, para a cobrança de juros mais altos em empréstimos bancários, a idoneidade e legitimidade do critério será questionável, e o tratamento do dado em questão, considerado discriminatório.

Deste cenário origina-se a questão sobre a possibilidade de se caracterizar a discriminação estatística e, atualmente, também projetada na denominada discriminação algorítmica. No primeiro caso, a *discriminação estatística* pode ocorrer quando da inferência a critérios gerais, reconduzidos a elementos subjetivos dos indivíduos, resultem conclusões, apoiadas na estatística, que possam restringir ou suprimir o exercício de direitos ou diferenciações vedadas pela ordem jurídica. Já a *discriminação algorítmica*,[54] originada pelos resultados da aplicação de algoritmos, especialmente no tratamento de dados, pode ser dar tanto em razão da aplicação de afirmações estatisticamente inconsistentes, quanto de afirmações lógicas, mas que tomam em considerações conclusões relativas a um grupo, sem que se considere aspectos substanciais relativas aos indivíduos que o integram, de modo a tornar injusta a generalização. A questão assume destaque em relação ao contrato de seguro, considerando que o cálculo do prêmio, realizado com base na probabilidade estatística, e, cada vez mais frequente, com o recurso a algoritmos, costuma variar conforme aspectos subjetivos do segurado e que a própria recusa da proposta de seguro, muitas vezes, encontra fundamento no incremento do risco, identificado a partir da análise e interpretação de dados relativos àquele que pretende contratar.

No contrato de seguro, o princípio da não discriminação, ao vedar a diferenciação de segurados a partir de critérios ilegítimos, repercute, sobretudo, na fase pré-contratual, tanto no procedimento de precificação como na eventual recusa da proposta apresentada pelo segurado.[55] Neste âmbito, é muito comum a eleição de

---

[54] Em relação à discriminação algorítmica, relaciona, a doutrina, quatro subespécies possíveis, a saber: a) a discriminação por erro estatístico; b) a discriminação por generalização; c) a discriminação por uso de informações sensíveis; e d) a discriminação limitadora do exercício de direitos. Tomamos aqui a definição de discriminação algorítmica de MENDES, Laura Schertel; MATIUZZO, Marcela. Discriminação algorítmica: conceito, fundamento legal e tipologia. RDU, v. 16, n. 90. Porto alegre, nov-dez./2019, p. 51.

[55] A respeito do tema da discriminação na precificação do seguro, destaca-se, no direito brasileiro, o estudo de Thiago Junqueira (*Diferenciação admissível e discriminação inadmissível no contrato de seguro privado: exame da precificação com base no gênero e em variáveis que causem impacto desproporcional nos indivíduos negros*. Tese (Doutorado em Direito) – Universidade do Estado do Rio de Janeiro (UERJ): Faculdade de Direito. Rio de Janeiro, 2020). No mesmo sentido, analisando a questão no contexto europeu, a partir da decisão proferida pelo Tribunal de Justiça da União Europeia no caso "Test-Achats": REGO, Margarida Lima. Insurance segmentation as unfair discrimination: what to expect next in the wake of Test-Achats. Disponível em: https://run.unl.pt/bitstream/10362/15127/1/MLR%20 2015%20PostPrint%20Segmentation.pdf. Acesso: agosto de 2018.

fatores subjetivos do segurado (como sexo, idade, profissão, estado de saúde) e de fatores objetivos (como endereço residencial) como critério atuarial, ou seja, como critério de mensuração do risco, o que leva, muitas vezes, ao arbitramento de prêmios diferenciados conforme as características do segurado, assim como à própria seleção do risco mediante a recusa da proposta. Nesse contexto, o desafio que se coloca ao intérprete, a fim de coibir o tratamento de dados discriminatório no seguro, é determinar o que configura uma discriminação injusta, fundada em critério ilegítimo, e o que configura uma discriminação legítima, fundada em legítimo fator distintivo. Trata-se de questão complexa, que demanda, de um lado, a análise da justificativa do tratamento à luz do contexto em que empregado. Nesse sentido, os princípios da finalidade, da adequação e da necessidade fornecem critérios seguros. Ao exigirem, respectivamente, que o tratamento de dados se desenvolva de modo adequado à finalidade, e se limite ao mínimo necessário, abarcando dados pertinentes, proporcionais e não excessivos, permitem que seja identificado se o tratamento encontra fundamento no contexto em que empregado. Assim, fornecem parâmetros para o controle da legitimidade do critério distintivo, de modo que o tratamento de dados – potencialmente discriminatórios ou com base nos quais seja estabelecida uma distinção entre segurados – que não observe os princípios da finalidade, adequação e necessidade, será descontextualizado e, portanto, ilegítimo.

De outro lado, estando justificada pelo contexto em que empregado, deve-se analisar se a diferenciação de tratamento encontra limites na ordem jurídica. Existindo norma que vede expressamente a diferenciação de tratamento, a exemplo do art. 15, § 3º, do Estatuto do Idoso,[56] e do art. 11, § 5º, da LPGD,[57] deverá ser reconhecido o caráter discriminatório. Entretanto, não havendo norma expressa, deve-se privilegiar, sempre que possível, a autonomia das partes, com a valorização do consentimento do titular dos dados. Em casos-limite, contudo, em que o tratamento se revele manifestamente injusto, sendo necessária a correção de grave violação ao princípio da igualdade, deve-se recorrer às cláusulas gerais, com destaque para os bons costumes (art. 187 do CC) e as disposições do CDC que tutelam o consumidor contra práticas abusivas, notadamente o art. 39, incisos IX e X, que combatem práticas discriminatórias na recusa da contratação e na precificação de produtos e serviços.

Já dentre os instrumentos previstos pela própria LGPD para impedir o tratamento de dados discriminatório está a previsão do direito do titular dos dados de revisão das decisões "tomadas unicamente com base em tratamento automatizado de dados pessoais que afetem seus interesses, incluídas as decisões destinadas a definir o seu perfil pessoal, profissional, de consumo e de crédito ou os aspectos de sua personalidade" (art. 20). Da mesma forma, a lei prevê, ao lado do dever do controlador de fornecer, quando solicitadas, as informações sobre critérios e procedimentos utilizados para a decisão automatizada a possibilidade de, no caso de recusa, ser realizada auditoria para verificação dos aspectos discriminatórios no tratamento dos dados

---

[56] Art. 15, § 3º. "É vedada a discriminação do idoso nos planos de saúde pela cobrança de valores diferenciados em razão da idade".

[57] Art. 11, § 5º. "É vedado às operadoras de planos privados de assistência à saúde o tratamento de dados de saúde para a prática de seleção de riscos na contratação de qualquer modalidade, assim como na contratação e exclusão de beneficiários".

478 | DIREITO DO CONSUMIDOR – 30 ANOS DO CDC

(art. 20, §§ 1º e 2º). Igualmente, a possibilidade de anonimização dos dados, ou seja, a adoção de meio técnico pelo qual um dado perde a possibilidade de associação, direta ou indireta, a um determinado indivíduo, impedindo eventual discriminação.

1.3.6. Responsabilização e prestação de contas

O princípio da responsabilização e prestação de contas compreende a exigência de "demonstração, pelo agente, da adoção de medidas eficazes e capazes de comprovar a observância e o cumprimento das normas de proteção de dados pessoais e, inclusive, da eficácia dessas medidas" (art. 6º, X). Relaciona-se diretamente com o princípio da transparência e da prevenção, impelindo aqueles que se ocupam do tratamento de dados pessoais, como o segurador, não apenas de observar o cumprimento das normas jurídicas aplicáveis, mas terem a capacidade de demonstrar esta conformidade legal e sua eficácia.[58] Nesse sentido, a LGPD prevê a obrigação dos agentes de tratamento de dados de adotarem boas práticas e de governança, inclusive com a adoção de programa de governança que atenda a requisitos mínimos definidos na legislação, sujeito a avaliação sobre sua efetividade (art. 50).[59]

2. DIREITOS DO SEGURADO E PROTEÇÃO DOS DADOS PESSOAIS

A eficácia da proteção dos interesses do titular dos dados, segundo a técnica legislativa adotada pela LGPD, implica reconhecer e assegurar os direitos fundamentais de liberdade, intimidade e privacidade (art. 17). Nos mesmos termos, a lei define uma série de direitos subjetivos específicos do titular de dados, em relação aos quais corresponde ao controlador uma situação jurídica passiva, o dever de realizar seu

---

[58] A enunciação do princípio se inspira no Regulamento europeu, no qual consta ainda a explicitação do conteúdo do comportamento exigido na demonstração de atendimento às normas, ao referir que "essas medidas deverão ter em conta a natureza, o âmbito, o contexto e as finalidades do tratamento dos dados" (n. 74 do Regulamento 2016/679). Esta obrigação compreende inclusive a adoção de programas de conformidade (n. 78 do Regulamento 2016/679), bem como um detalhado procedimento de avaliação de impacto sobre proteção de dados (art. 35 do Regulamento 2016/679).

[59] Constituem requisitos mínimos do programa de governança conforme definido na lei, que: "a) demonstre o comprometimento do controlador em adotar processos e políticas internas que assegurem o cumprimento, de forma abrangente, de normas e boas práticas relativas à proteção de dados pessoais; b) seja aplicável a todo o conjunto de dados pessoais que estejam sob seu controle, independentemente do modo como se realizou sua coleta; c) seja adaptado à estrutura, à escala e ao volume de suas operações, bem como à sensibilidade dos dados tratados; d) estabeleça políticas e salvaguardas adequadas com base em processo de avaliação sistemática de impactos e riscos à privacidade; e) tenha o objetivo de estabelecer relação de confiança com o titular, por meio de atuação transparente e que assegure mecanismos de participação do titular; f) esteja integrado a sua estrutura geral de governança e estabeleça e aplique mecanismos de supervisão internos e externos; g) conte com planos de resposta a incidentes e remediação; h) seja atualizado constantemente com base em informações obtidas a partir de monitoramento contínuo e avaliações periódicas." (art. 50, § 2º, II, da LGPD).

conteúdo. A previsão desses direitos repercute no contrato de seguro, criando direitos ao segurado (titular dos dados) e deveres ao segurador (controlador dos dados) durante e após o término do tratamento, desde a fase de formação do contrato até as fases de execução e pós-contratual.

2.1. Direitos do segurado titular dos dados pessoais

O art. 18 da LGPD assegura ao titular dos dados o "direito a obter do controlador, em relação aos dados do titular por ele tratados, a qualquer momento e mediante requisição: I – confirmação da existência de tratamento; II – acesso aos dados; III – correção de dados incompletos, inexatos ou desatualizados; IV – anonimização, bloqueio ou eliminação de dados desnecessários, excessivos ou tratados em desconformidade com o disposto nesta Lei; V – portabilidade dos dados a outro fornecedor de serviço ou produto, mediante requisição expressa, de acordo com a regulamentação da autoridade nacional, observados os segredos comercial e industrial; VI – eliminação dos dados pessoais tratados com o consentimento do titular, exceto nas hipóteses previstas no art. 16 desta Lei; VII – informação das entidades públicas e privadas com as quais o controlador realizou uso compartilhado de dados; VIII – informação sobre a possibilidade de não fornecer consentimento e sobre as consequências da negativa; IX – revogação do consentimento, nos termos do § 5º do art. 8º desta Lei".

Examina-se, a seguir, a projeção destes direitos em relação ao segurado titular de dados, no contrato de seguro.

2.1.1. Confirmação, acesso e correção dos dados

De acordo com o art. 18, I, o titular tem o direito à confirmação da existência do tratamento de seus dados pessoais. Este direito assume relevância especialmente naquelas situações em que o tratamento se desenvolve sem o consentimento prévio do titular dos dados, sendo exercido mediante requerimento perante o controlador (art. 19). A confirmação do tratamento poderá ser requerida em formato simplificado ou mediante declaração clara e completa na qual o controlador indique a origem dos dados, a inexistência de registro, os critérios utilizados e a finalidade do tratamento, observados os segredos comercial e industrial. No caso de ser requerida em formato simplificado, a resposta do controlador deve ser imediata. Sendo requerida declaração mais completa, esta deverá ser fornecida no prazo de até 15 dias. Ademais, a resposta ao requerimento poderá se dar por meio eletrônico ou impresso (art. 19, § 2º).

O direito do titular de acesso aos dados (art. 18, II) relaciona-se ao princípio do livre acesso, compreendendo a possibilidade de consulta facilitada e gratuita sobre os dados a seu respeito de que dispõe o controlador, assim como a forma do tratamento dos dados. Este dever é amplo, envolvendo as diferentes fases do tratamento, desde a coleta dos dados e o consentimento, estendendo-se, inclusive, após o encerramento. Encontram-se indicadas na lei, em caráter exemplificativo, as informações sobre o tratamento que devem ser prestadas ao titular, tais como: a finalidade específica do tratamento; sua forma e duração; a identidade do controlador e suas informações de contato; as informações sobre o uso compartilhado dos dados e sua finalidade; a

480 | DIREITO DO CONSUMIDOR – 30 ANOS DO CDC

responsabilidade dos agentes que vão realiza-lo; e os direitos assegurados aos titulares dos dados. Embora a norma não seja explícita a respeito, deve-se entender que tais informações, quando se trate de tratamento que se submeta a consentimento prévio, deverão ser prestadas antes da manifestação de vontade do titular dos dados. Neste sentido, deverão ser fornecidas ao segurado na fase pré-contratual, quando da declaração inicial do risco e da proposta do seguro. Porém, nas demais hipóteses em que se admite o tratamento de dados independentemente do consentimento do seu titular, a garantia do direito de acesso se mantém, devendo o segurador, sempre que acionado pelo segurado, prestar as informações solicitadas, direito que se estende a todas as fases do tratamento e da relação contratual.

A lei também assegura ao titular dos dados a correção de dados incompletos, inexatos ou desatualizados (art. 18, III). Trata-se de direito que guarda íntima conexão com o princípio da qualidade dos dados e que assume especial relevância no contrato de seguro: tanto na fase pré-contratual, onde, com base nos dados disponíveis, o segurador mensura o risco, definindo o prêmio e as condições da contratação, como na fase de execução do contrato, onde eventuais modificações dos dados do segurado, como do endereço residencial, podem representar alterações relevantes do risco, levando, assim, à revisão do prêmio ou, até mesmo, à resolução do contrato. Desse modo, eventual incorreção ou desatualização dos dados tratados podem causar prejuízos não apenas ao segurador, mas ao próprio segurado, levando, por exemplo, à recusa da proposta de seguro ou à cobrança de um prêmio maior.

2.1.2. Anonimização, portabilidade e eliminação dos dados

O direito à anonimização dos dados é um dos principais recursos destinados a preservar a privacidade do titular, podendo ser exercido em caso de tratamento de dados desnecessários, excessivos ou em desconformidade com a LGPD (art. 18, IV). Anonimização implica tornar anônimo, impedindo a associação entre o titular dos dados e as informações objeto de tratamento. Segundo a definição legal, compreende a "utilização de meios técnicos razoáveis e disponíveis no momento do tratamento, por meio dos quais um dado perde a possibilidade de associação, direta ou indireta, a um indivíduo" (art. 5º, XI), deixando, portanto, de ser considerado dado pessoal. Neste sentido, constitui uma ferramenta importante no âmbito do seguro, permitindo que o segurador utilize dados anonimizados para fins estatísticos, mesmo após o término do tratamento (art. 16, IV).[60]

---

[60] A anonimização compreende uma alteração da disposição inicial dos dados, de modo a não permitir a identificação do titular, de modo que compreende mais o resultado do que o caminho para alcançá-lo, ainda que a rigor, o anonimato absoluto no mundo digital, hoje, seja uma ilusão (HÄRTING, Niko. Anonymität und Pseudonymität im Datenschutzrecht, Neue Juristische Wochenschrift, 29. Munich: C.H. Beck, 2013, p. 2065-2071). Afinal, há sempre elementos passíveis de identificação, como o endereço de IP do computador, dados em um telefone celular, de cartões de crédito, chips RFID ou outros que permitam uma associação a determinada pessoa e fornecer um perfil detalhado do seu comportamento a partir do uso de determinado meio de comunicação ou em relação a determinados dados (HACKENBERG, Wolfgang. Big data. In: HOEREN, Thomas; SIEBER, Ulrich; HOLZNAGEL,

Cap. 17 · O CONTRATO DE SEGURO E A LEI GERAL DE PROTEÇÃO DE DADOS | 481

Também é assegurado ao titular a "portabilidade dos dados a outro fornecedor de serviço ou produto, mediante requisição expressa de acordo com a regulamentação da autoridade nacional, observados os segredos comercial e industrial" (art. 18, V). A portabilidade dos dados se dá, sobretudo, no âmbito das relações de consumo, visando assegurar concretamente a liberdade de escolha do consumidor no mercado, especialmente em relação a contratos de duração, nos quais, para promover a concorrência, admite-se ou regulamenta-se a possibilidade de "portabilidade" do contrato. Neste particular, tem especial relevância nos contratos de assistência à saúde (art. 11, § 4º, I). Sendo exercido pelo segurado, o direito à portabilidade permitirá a transferência dos dados do segurado de um segurador para outro, o que poderá trazer facilidades, como a obtenção de condições de contratação mais vantajosas. O direito à portabilidade dos dados, porém, encontra limites no segredo comercial e industrial. Desse modo, não abrange, *a priori*, os dados que resultem do tratamento em decorrência da técnica ou dos critérios adotados pelo segurador, tampouco dados já anonimizados (art. 18, § 7º).

Igualmente, encontra previsão legal o direito à eliminação dos dados (art. 18, VI), sendo consequência lógica da revogação do consentimento pelo titular, assim como do tratamento não autorizado, que envolva dados desnecessários, excessivos ou se desenvolva em desconformidade com o disposto na LGPD (art. 18, IV). Registre-se, ainda, que o término do tratamento implica a exigência de eliminação dos dados (art. 16). Esta norma repercute na disciplina do contrato de seguro, criando para o segurador o dever de eliminação dos dados após o término da relação contratual, momento em que, *a priori*, também se encerrara o tratamento de dados para a finalidade de execução do contrato. Autoriza-se, porém, a conservação dos dados para as seguintes finalidades: "I – cumprimento de obrigação legal ou regulatória pelo controlador; II – estudo por órgão de pesquisa, garantida, sempre que possível, a anonimização dos dados pessoais; III – transferência a terceiro, desde que respeitados os requisitos de tratamento de dados dispostos nesta Lei; ou IV – uso exclusivo do controlador, vedado seu acesso por terceiro, e desde que anonimizados os dados." Assim, subsiste a possibilidade de conservação dos dados pelo segurador para uso estatístico, desde que para seu uso exclusivo e anonimizados. Ainda como consequência do término do tratamento dos dados pelo segurador, surge para ele o dever de comunicar, imediatamente, aqueles com quem tenha compartilhado os dados do segurado, para que adotem o mesmo procedimento de eliminação (art. 18, § 6º).

2.1.3. Informação sobre o compartilhamento e o direito de não consentir

O direito do titular dos dados à informação sobre o tratamento, previsto no art. 9º da LGPD, recebe o reforço do disposto no art. 18, da mesma lei, em especial ao prever pretensões específicas visando assegurá-lo. Neste sentido, o inciso VII do art. 18 garante ao titular dos dados o direito de requerer "informação das entidades públicas e privadas com as quais o controlador realizou uso compartilhado de dados". Trata-se de informação que se justifica para que o titular tenha conhecimento sobre

---

Bernd (Hrsg.) Multimedia-Recht: Rechtsfragen des elektronischen Geschäftsverkehrs. 37 Auf, Teil, 16.7, Rn 13, EL juli/2017).

o uso dos seus dados e das pessoas que tiveram acesso a eles. Recorde-se, contudo, que o compartilhamento de dados pessoais supõe o consentimento do titular, exceto nas hipóteses em que a lei o dispensa. São os casos do uso para execução de políticas públicas (art. 7º, III, e 11, II, "b"), por exemplo.

O art. 9º, § 3º, da LGPD dispõe: "quando o tratamento de dados pessoais for condição para o fornecimento de produto ou serviço ou para o exercício de direito, o titular será informado com destaque sobre esse fato e sobre os meios pelos quais poderá exercer os direitos do titular elencados no art. 18 desta lei". Para este efeito, então, o art. 18, inciso VIII, relaciona entre os direitos do titular dos dados, ser informado "sobre a possibilidade de não fornecer consentimento e sobre as consequências da negativa". Neste aspecto, questão que se coloca em relação ao seguro diz respeito à possibilidade de o segurador condicionar a contratação ou a execução da garantia ao tratamento de dados pessoais, seja ao consentimento do segurado, seja à prestação dos dados na declaração inicial do risco. Embora a LGPD reconheça a possibilidade da prestação do serviço ser condicionada ao tratamento de dados, no seguro é decisivo definir a extensão e os limites do titular dos dados não fornecer o consentimento e suas consequências. Para tanto, de um lado incidem os princípios da necessidade e da adequação previstos na LGPD; de outro as próprias características do contrato de seguro e a indispensabilidade de acesso, pelo segurador, de certa quantidade de dados pessoais do segurado, como condição para precificar e contratar. Sendo necessária à conformação de elementos centrais da contratação, a falta do consentimento daquele que pretenda contratar o seguro, para que o segurador acesse seus dados estritamente vinculados a este fim, parece tornar legítima a recusa em contratar.

2.1.4. Revogação do consentimento

Prevê, ainda, a LGPD o direito do titular dos dados de revogação do consentimento (art. 18, IX). Trata-se de direito inerente à autodeterminação do titular dos dados. A possibilidade do exercício do direito à revogação deve ser dada por procedimento gratuito e facilitado (art. 8º, § 5º). A rigor, no mínimo se deve exigir que seja oferecido o mesmo meio para revogação daquele que se serviu o controlador para obter o consentimento, sendo sua eficácia a partir de quando é manifestado (*ex nunc*).[61] O direito de revogar relaciona-se também com o direito de informação do titular dos dados sobre a possibilidade e as consequências da revogação, inclusive sobre a eventualidade dela não impedir a continuidade do tratamento nas hipóteses que a lei estabelece. No contrato de seguro, a continuidade do tratamento de dados (objeto de revogação) poderá necessário à própria execução e adimplemento do contrato, legitimando a conduta do segurador neste sentido. Solução diversa, impedindo o segurador de continuar o tratamento, ao colocar em risco a realização da prestação,

---

[61] Assim como é da tradição da legislação de proteção de dados, conforme assinala RESTA, Giorgio. (Revoca del consenso ed interesse al tratamento nella legge sulla protezione dei dati personali. *Rivista critica del diritto privato*, ano XVIII, n. 2., Bologna, giugno/2000, p. 299 e ss).

Cap. 17 · O CONTRATO DE SEGURO E A LEI GERAL DE PROTEÇÃO DE DADOS

implica mesmo na impossibilidade superveniente do objeto, imputável ao credor,[62] que justificaria a resolução do contrato.

2.2. Proteção de dados sensíveis do segurado

A LGPD, seguindo a tendência no direito europeu,[63] confere um tratamento especial aos dados sensíveis (Cap. II, Seção II). Por dados sensíveis devem ser compreendidos aqueles referentes à "origem racial ou étnica, convicção religiosa, opinião política, filiação a sindicato ou a organização de caráter religioso, filosófico ou político, dado referente à saúde ou à vida sexual, dado genético ou biométrico, quando vinculado a uma pessoa natural" (art. 5º, II, da LGPD). A esse conjunto de dados pessoais optou-se por conferir maior proteção, com a previsão de normas mais rigorosas para o seu tratamento, o que se justifica tanto por dizerem respeito a uma esfera de maior reserva do indivíduo como pelo caráter potencialmente discriminatório do seu uso.[64] Nesse sentido, a disciplina dos dados sensíveis guarda íntima conexão com o princípio da não discriminação; mediante normas especiais busca-se coibir práticas discriminatórias abusivas. Ademais, é importante notar que o rol conceitual não é taxativo, sendo possível reconhecer a natureza sensível de outros dados cujo tratamento implique maiores riscos para o titular (art. 11, § 1º, da LGPD), de modo que dados ordinários podem se tornar sensíveis quando o seu uso der causa a uma situação potencialmente discriminatória.[65]

Essa proteção especial conferida aos dados sensíveis repercutirá no seguro, especialmente no ramo de pessoas, como os seguros de vida, acidentes pessoais e saúde, em que os dados pessoais relativos à saúde do segurado revelam-se essenciais para a análise do risco. Neste âmbito, assumem relevância tanto os dados de saúde propriamente ditos, que revelam diretamente o estado de saúde do segurado (e.g.

---

[62] MIRAGEM, Bruno. Direito civil: direito das obrigações. 2ª ed. São Paulo: Saraiva, 2018, p. 494.

[63] O Regulamento Geral sobre Proteção de Dados (2016/679) veda, no art. 9, n.º 1, "o tratamento de dados pessoais que revelem a origem racial ou étnica, as opiniões políticas, as convicções religiosas ou filosóficas, ou a filiação sindical, bem como o tratamento de dados genéticos, dados biométricos para identificar uma pessoa de forma inequívoca, dados relativos à saúde ou dados relativos à vida sexual ou orientação sexual de uma pessoa". O art. 9, n.º 2, por sua vez, excepciona o n.º 1, prevendo uma série de situações em que o tratamento desta categoria especial de dados pessoais encontraria legitimidade.

[64] Como observa Danilo Doneda, "estes seriam determinados tipos de informação, que, caso sejam conhecidas e processadas, prestar-se-iam a uma potencial utilização discriminatória ou particularmente lesiva e que apresentaria maiores riscos potenciais que a média, para a pessoa e não raro para uma coletividade" (*Da privacidade à proteção de dados pessoais*. São Paulo: Renovar, 2006. p. 160-161).

[65] KONDER, Carlos. O tratamento de dados sensíveis à luz da Lei 13.709/2018. In: TEPEDINO, Gustavo; FRAZÃO, Ana; OLIVA, Milena Donato (coord.). *Lei Geral de Proteção de Dados Pessoais: e suas repercussões no Direito Brasileiro*. São Paulo: Revista dos Tribunais, 2019. p. 455. DONEDA, Danilo; MENDES, Laura. Marco jurídico para a cidadania digital: uma análise do projeto de lei 5.276/2016. *Revista de Direito Civil Contemporâneo*. São Paulo, v. 9, p. 34/48, Out.-dez. 2016. p. 6.

diagnóstico de doença, realização de tratamento médico), quanto os relativos a certos hábitos (e.g. consumo de cigarro, prática regular de esportes), que também podem revelar aspectos da saúde do segurado, sinalizando, por exemplo, risco maior de desenvolvimento de certas doenças. Neste particular, o conceito de dado pessoal previsto na lei abarca ambas as hipóteses (art. 12, § 2º), de modo que o tratamento de dados comportamentais de saúde também se submete à disciplina dos dados sensíveis.

O art. 11, § 4º, da LGPD, contudo, ao tratar especificamente dos dados relativos à saúde, estabeleceu: "É vedada a comunicação ou o uso compartilhado entre controladores de dados pessoais sensíveis referentes à saúde com objetivo de obter vantagem econômica, exceto nas hipóteses relativas a prestação de serviços de saúde, de assistência farmacêutica e de assistência à saúde, desde que observado o § 5º deste artigo, incluídos os serviços auxiliares de diagnose e terapia, em benefício dos interesses dos titulares de dados, e para permitir". A rigor, não se encontra a contratação do seguro dentre as hipóteses previstas em lei (à exceção das espécies de seguro cuja cobertura envolva prestações de garantia ou assistência à saúde). Há de se examinar se, nesta hipótese, há restrição para o segurador comunicar ou compartilhar, seja ele próprio dispondo de dados que recebeu do segurado, ou recebendo de outro controlador de dados. A fórmula legal que expõe o critério vedado "com objetivo de obter vantagem econômica", permite duas perguntas em relação ao seguro: a) ao compartilhar ou obter de outro controlador dados de saúde, o segurador visa vantagem econômica para si, ou precificar com maior precisão o contrato, o que, em tese, inclusive pode resultar na definição de um valor menor de prêmio a ser pago pelo segurado? e b) a vedação de compartilhamento, neste caso, é indisponível ao segurado? Ou seja, a proibição disposta no § 4º, do art. 11, se impõe, inclusive à hipótese de consentimento do titular dos dados prevista no inciso I do mesmo artigo? Parece-nos que, havendo informação prévia do segurado, e consentimento expresso, é de admitir-se a possibilidade do uso destas informações, em especial quando repercutam sobre o objeto da contratação – como é o caso do seguro. Os riscos advindos de um eventual tratamento irregular, a rigor, devem ser mitigados tanto pela exigência de consentimento prévio e informado, quanto pela vinculação à finalidade (que no seguro de pessoas é evidente). Restam, contudo, os riscos de discriminação, cuja resposta pelo Direito, contudo, não resulta do impedimento de acesso à informação, mas em relação a sua utilização, para o que também repercute à própria responsabilização do segurador por eventual tratamento irregular.

Igualmente, com o desenvolvimento tecnológico, verifica-se um crescente interesse na utilização de dados genéticos para a avaliação do risco nos seguros de pessoas, o que também atrai o regime dos dados sensíveis. Como espécie do gênero dados de saúde, os genéticos são aqueles obtidos "por meio de testes preditivos que detectam a possibilidade de um indivíduo desenvolver uma doença específica no futuro".[66] Seu conceito, porém, não se encontra previsto na LGPD. Nesse sentido, auxilia na delimitação do seu alcance a Declaração Internacional sobre Dados Genéticos Humanos da Unesco, que define dados genéticos como "informações relativas às

---

[66] VIOLA, Mario. Data protection and insurance: the limis on the collection and use of personal data on insurance contracts in EU law. *Global jurist*, 2010, Vol. 10, iss. 1, article 6. p. 17-18. Tradução livre.

Cap. 17 · O CONTRATO DE SEGURO E A LEI GERAL DE PROTEÇÃO DE DADOS | 485

características hereditárias dos indivíduos, obtidas pela análise de ácidos nucleicos ou por outras análises científicas" (art. 2º).[67] Da mesma forma, o Regulamento Geral de Proteção de Dados europeu, define os dados genéricos como "dados pessoais relativos às características genéticas, hereditárias ou adquiridas, de uma pessoa singular que deem informações únicas sobre a fisiologia ou a saúde dessa pessoa singular e que resulta designadamente de uma análise de uma amostra biológica proveniente da pessoa singular em causa" (art. 4º, n.º 13). Neste caso, qualificados os dados genéticos aos dados de saúde, submetem-se ao mesmo regime destes, fixado no art. 11 da LGPD. Independentemente desta identificação, contudo, é intuitivo que os dados genéticos integram a identidade pessoal, subordinada a uma esfera de exclusividade da pessoa, razão pela qual são resguardados pela proteção à privacidade, assegurada pela Constituição da República, e sobre a qual incide a autodeterminação do titular das informações, para livremente consentir ou não com o acesso a tais informações.

2.2.1. Hipóteses que autorizam o tratamento de dados sensíveis

A disciplina conferida aos dados sensíveis se particulariza, frente ao regime geral, pelo caráter mais rigoroso de suas normas, com a delimitação mais estrita das condições do tratamento.[68] A esse respeito, o primeiro aspecto a ser considerado é que o rol de finalidades que autorizam o tratamento de dados sensíveis é mais restrito. Da análise do art. 11 da LGPD,[69] percebe-se que não autorizam o tratamento de dados sensíveis o interesse legítimo do controlador, tampouco o tratamento necessário à execução do contrato. Igualmente, na disciplina dos dados sensíveis, há uma clara valorização do consentimento, sendo este a principal hipótese que legitima o tratamento (art. 11, I), admitindo-se o tratamento com base nas demais finalidades apenas quando for "indispensável" (art. 11, II). Desse modo, as finalidades

---

[67] Disponível em: https://unesdoc.unesco.org/ark:/48223/pf0000136112_por. Acesso em abril de 2019.

[68] MENDES, Laura Schertel. *Privacidade, proteção de dados e defesa do consumidor: linhas gerais de um novo direito fundamental*. São Paulo: Saraiva, 2014. p. 72-77.

[69] Nos termos do art. 11, "o tratamento de dados pessoais sensíveis somente poderá ocorrer nas seguintes hipóteses: I – quando o titular ou seu responsável legal consentir, de forma específica e destacada, para finalidades específicas; II – sem fornecimento de consentimento do titular, nas hipóteses em que for indispensável para: a) cumprimento de obrigação legal ou regulatória pelo controlador; b) tratamento compartilhado de dados necessários à execução, pela Administração Pública, de políticas públicas previstas em leis ou regulamentos; c) realização de estudos por órgão de pesquisa, garantida, sempre que possível, a anonimização dos dados pessoais sensíveis; d) exercício regular de direitos, inclusive em contrato e em processo judicial, administrativo e arbitral, este último nos termos da Lei nº 9.307, de 23 de setembro de 1996 (Lei de Arbitragem); e) proteção da vida ou da incolumidade física do titular ou de terceiro; f) tutela da saúde, exclusivamente, em procedimento realizado por profissionais da área da saúde ou por entidades sanitárias; ou g) garantia da prevenção à fraude e à segurança do titular, nos processos de identificação e autenticação de cadastro em sistemas eletrônicos, resguardados os direitos mencionados no art. 9º desta Lei e exceto no caso de prevalecerem direitos e liberdades fundamentais do titular que exijam a proteção dos dados pessoais".

que autorizam o tratamento independentemente do consentimento do titular devem ser interpretadas restritivamente.

No que diz respeito ao seguro, o tratamento de dados sensíveis pode encontrar legitimidade em duas principais hipóteses. A primeira delas seria o próprio consentimento do segurado enquanto titular dos dados (art. 11, I). Aqui, porém, o consentimento é qualificado. Para além dos gerais (art. 5º, XII, c/c art. 8º), ampliam-se os requisitos de validade do consentimento, exigindo-se que ocorra "de forma específica e destacada, para finalidades específicas". O primeiro requisito diz respeito ao conteúdo do consentimento, correspondendo à necessidade de especificação de quais dados sensíveis poderão ser objeto de tratamento. O exato alcance deste conceito, porém, dependerá do maior ou menor grau de especificação exigido. Em uma primeira intepretação, seria possível sustentar que o requisito seria satisfeito com a simples indicação da espécie de dado sensível, entre aqueles previstos em lei, que será objeto de tratamento, não bastando o consentimento genérico para o tratamento de dados pessoais, tampouco para o tratamento de dados sensíveis em geral, de modo a abarcar todas as hipóteses previstas no art. 5º, II, da LGPD.

Uma corrente mais restritiva, por sua vez, poderia sustentar que o atendimento a este requisito corresponderia à necessidade de especificação concreta, mediante um maior grau de detalhamento dos dados a serem tratados, com a previsão exata do dado sensível a que dissesse respeito e, eventualmente, sua fonte (e.g. informações sobre enfermidades constantes em laudos médicos, exames clínicos e prontuários). Neste caso, portanto, não bastaria a simples previsão, por exemplo, do tratamento de dados de saúde, sendo necessário individualizar quais seriam esses dados. Analisando a questão no direito português, a doutrina alerta para as dificuldades desta interpretação,[70] especialmente considerando a impossibilidade do segurador antecipar, no momento da contratação, todos aqueles dados que seriam objeto de tratamento ao longo da relação contratual, com especial referência àqueles tratados apenas na regulação do sinistro.

O segundo requisito diz respeito à forma, implicando a exigência de que o consentimento para o tratamento de dados sensíveis conste em destaque frente às demais hipóteses. Considerando que o regime geral já exige que o consentimento, quando por escrito, conste de cláusula contratual destacada (art. 8º, § 1º), implica que o tratamento dos dados sensíveis deve ser mais destacado que o dos dados ordinários. Nesse sentido, alguns autores sugerem "que haja destaque do tratamento de dados pessoais sensíveis dentro do texto já destacado sobre tratamento de dados pessoais ordinários".[71] Trata-se de requisito importante, que visa a imediata e fácil compreensão do uso de dados sensíveis pelo titular, de modo a assegurar o consentimento livre e esclarecido. O terceiro requisito, por sua vez, diz respeito à finalidade do tratamento, exigindo que o consentimento ocorra para finalidades específicas, o que indica que este deve se dar *direta e objetivamente* para *finalidades expressas, sendo a*

---

[70] POÇAS, Luís. Problemas e dilemas do setor segurador: o RGPD e o tratamento de dados de saúde. *Revista online banca, bolsa e seguros*, Coimbra, n. 3, 2018, p. 217-302. p. 257-260.

[71] COTS, Márcio; OLIVEIRA, Ricardo. *Lei geral de proteção de dados pessoais comentada*. São Paulo: Revista dos Tribunais, 2018. p. 135.

interpretação, neste caso, restritiva.[72] A exigência de especificação do consentimento para o tratamento de dados sensíveis, assim, apresenta duplo sentido: de um lado, impõe a especificação do conteúdo do tratamento, de outro, da sua finalidade.

Por outro lado, o tratamento dos dados do segurado poderia encontrar legitimidade no inciso II, "a", do art. 11 (quando "indispensável para cumprimento de obrigação legal ou regulatória pelo controlador"). À semelhança do regime geral, a hipótese abrange aquelas situações em que o tratamento é necessário para o cumprimento de obrigação legal ou regulatória pelo segurador. Como já afirmado, este poderá ser o caso daqueles dados relevantes para a análise do risco, que possam influir na aceitação da proposta ou no valor do prêmio, cujo tratamento se apoia na disciplina da declaração inicial do risco (art. 766, CC); dos dados relevantes para a revisão do prêmio, cujo tratamento se apoia nas normas relativas ao agravamento e diminuição do risco (arts. 769 e 770, CC); dos dados necessários à regulação e liquidação do sinistro, cujo tratamento se apoia na obrigação de regulação e liquidação do sinistro, prevista no contrato e em norma regulamentar, e de pagamento da indenização securitária (art. 776, CC). Aqui, porém, diferentemente do regime geral, apenas os dados indispensáveis ao cumprimento da obrigação poderão ser objeto de tratamento. Assim, o desafio que se apresenta é o de determinar quais seriam os dados sensíveis indispensáveis ao cumprimento das obrigações legais e regulatórias, e que por isso poderiam ser tratados pelo segurador.

Em uma terceira hipótese, o tratamento de dados sensíveis do segurado também poderá encontrar legitimidade no inciso II, "d", do art. 11, que autoriza o tratamento quando indispensável para "o exercício regular de direitos, inclusive em contrato e em processo judicial, administrativo e arbitral (...)". Trata-se, contudo, de norma aberta, que exige determinar o que configura o exercício regular de direitos do segurador no seguro – frente aos direitos à privacidade e à não discriminação do segurado – a ponto de legitimar o tratamento de dados sensíveis. Para tanto, assumem relevância na ponderação dos interesses envolvidos no contrato, os princípios da finalidade, da adequação e da necessidade, assim como o princípio da boa-fé, especialmente a partir do conceito de expectativas legítimas das partes. Não é possível antecipar todas as situações que se submetam à hipótese, porém é certo que na dimensão do contrato se vinculem os dados rigorosamente necessários ao seu cumprimento; no processo, aqueles que envolvam o exercício regular das pretensões, ações e exceções das partes.

2.2.2. Uso compartilhado de dados sensíveis e seleção do risco

Outro aspecto que particulariza a disciplina dos dados sensíveis diz respeito ao uso compartilhado. O art. 11, § 3º, prevê que "a comunicação ou o uso compartilhado de dados pessoais sensíveis entre controladores com objetivo de obter vantagem econômica poderá ser objeto de vedação ou de regulamentação por parte da autoridade nacional, ouvidos os órgãos setoriais do Poder Público, no âmbito de suas competências", o que implicará um maior controle por parte da autoridade regulatória. Por outro lado, o § 4º veda "a comunicação ou o uso compartilhado

---

[72] MIRAGEM, Bruno. Lei Geral de Proteção de Dados (Lei 13.709/2018) e o Direito do Consumidor. *Revista dos Tribunais*, vol. 1009/2019, nov. 2019. p. 19.

488 | DIREITO DO CONSUMIDOR – 30 ANOS DO CDC

entre controladores de dados pessoais sensíveis referentes à saúde com objetivo de obter vantagem econômica, exceto nas hipóteses relativas a prestação de serviços de saúde, de assistência farmacêutica e de assistência à saúde, desde que observado o § 5º deste artigo" e para permitir "a portabilidade de dados quando solicitada pelo titular" (inciso I) ou "as transações financeiras e administrativas resultantes do uso e da prestação dos serviços de que trata este parágrafo" (inciso II).

Ademais, na sequência, o § 5º limita o uso de dados sensíveis para a finalidade de seleção do risco, vedando "às operadoras de planos privados de assistência à saúde o tratamento de dados de saúde para a prática de seleção de riscos na contratação de qualquer modalidade, assim como na contratação e exclusão de beneficiários". Há, neste caso, norma que impede o uso de dado pessoal sensível para a seleção de risco em contratos específicos – planos privados de assistência à saúde – o que se explica pela característica destes serviços, e fundamenta sua rejeição.[73] No seguro em geral, contudo, a seleção de risco é inerente à técnica, razão pela qual a norma em questão se interpreta restritivamente, observada, a proibição de discriminação injusta, que se projeta à disciplina comum sobre tratamento de dados pessoais.

2.3. Responsabilidade do segurador pelo tratamento indevido de dados

A responsabilidade pelos danos causados pelo tratamento indevido de dados se encontra regulada em capítulo próprio (Seção III, cap. IV). Em relação aos danos causados em razão do tratamento indevido de dados pessoais, é necessário que se compreenda a existência de um dever de segurança imputável ao segurador enquanto agente de tratamento de dados (seja como controlador, seja como operador de dados), que é segurança legitimamente esperada daqueles que exercem a atividade em caráter profissional, e por esta razão presume-se que tenham a expertise suficiente para assegurar a integridade dos dados e a preservação da privacidade de seus titulares. Daí por que a responsabilidade dos agentes de tratamento decorre do tratamento indevido ou irregular dos dados pessoais do qual resulte o dano. Exige-se a falha do controlador ou do operador, que caracteriza o nexo causal do dano. Contudo, não se deve perquirir se a falha se dá por dolo ou culpa, senão que apenas sua constatação é suficiente para atribuição da responsabilidade, inclusive com a possibilidade de inversão do ônus da prova em favor do titular dos dados (art. 42, § 2º).

O art. 44 da LGPD define que "o tratamento de dados pessoais será irregular quando deixar de observar a legislação ou quando não fornecer a segurança que o titular dele pode esperar, consideradas as circunstâncias relevantes, entre as quais: I – o modo pelo qual é realizado; II – o resultado e os riscos que razoavelmente dele se esperam; III – as técnicas de tratamento de dados pessoais disponíveis à época

---

[73] Assim, por exemplo, o art. 14 da Lei 9.656/1998 e, em específico, a Súmula normativa n. 27, de 10 de junho de 2015, da Agência Nacional de Saúde Suplementar, que dispôs: "É vedada a prática de seleção de riscos pelas operadoras de plano de saúde na contratação de qualquer modalidade de plano privado de assistência à saúde. Nas contratações de planos coletivo empresarial ou coletivo por adesão, a vedação se aplica tanto à totalidade do grupo quanto a um ou alguns de seus membros. A vedação se aplica à contratação e exclusão de beneficiários".

Cap. 17 · O CONTRATO DE SEGURO E A LEI GERAL DE PROTEÇÃO DE DADOS | **489**

em que foi realizado." Note-se que a regra coloca em destaque, assim como ocorre em relação à responsabilidade do fornecedor no CDC, a questão relativa aos riscos do desenvolvimento, uma vez que delimita a extensão do dever de segurança àquela esperada em razão das "técnicas de tratamento de dados disponíveis à época em que foi realizado". Isso é especialmente relevante considerando a grande velocidade do desenvolvimento da tecnologia no tratamento de dados, e os riscos inerentes, em especial as situações de vazamento e acesso não autorizado de terceiros aos dados armazenados pelo controlador ou pelo operador. Nestas hipóteses trata-se de definir em relação ao controlador e operador dos dados, se seria possível identificar um dever de atualização técnica imputável, e nestes termos, eventual adoção de novas técnicas que permitam o uso indevido do dado, especialmente por terceiros, venha a caracterizar espécie de risco inerente (fortuito interno), que não exclui sua responsabilidade pelos danos que venham a suportar os titulares dos dados; ou se delimitação quanto às técnicas disponíveis à época em que foi realizado o tratamento exclui eventual responsabilização do controlador e do operador pelo desenvolvimento tecnológico que permita obtenção de dados ou tratamento indevido por terceiros, desviado da finalidade originalmente prevista.

Os danos causados pelo tratamento indevido de dados pessoais dão causa à pretensão de reparação aos respectivos titulares. O segurador responde pela reparação na condição de controlador ou de operador dos dados, conforme o caso. No caso do operador, segundo o regime estabelecido pela LGPD, responderá solidariamente pelos danos causados quando descumprir as obrigações definidas na lei ou quando não tiver seguido as instruções lícitas do controlador, "hipótese em que o operador equipara-se ao controlador" (art. 42, § 1º, I). Já os controladores que estiverem "diretamente envolvidos" no tratamento do qual decorram danos ao titular dos dados, também responderão solidariamente pela reparação (art. 42, § 1º, II). Deve-se bem compreender do que se trata as situações em que o controlador dos dados esteja "diretamente envolvido", afinal, a ele cabe o tratamento de dados, diretamente, ou por intermédio dos operadores. Nestes termos, as condições de imputação de responsabilidade do controlador e do operador pelos danos decorrentes do tratamento indevido dos dados serão: a) a identificação de uma violação às normas que disciplinam o tratamento de dados pessoais; e b) a existência de um dano patrimonial ou extrapatrimonial (moral) ao titular dos dados. Para a imputação de responsabilidade de ambos não se exigirá a demonstração de dolo ou culpa (é responsabilidade objetiva). Da mesma forma, é correto compreender da exegese da lei, e em razão da própria essência das atividades desenvolvidas, que responderão solidariamente, de modo que o titular dos dados que sofrer o dano poderá demandar a qualquer um deles, operador ou controlador, individualmente ou em conjunto.

Tratando-se de danos a segurados consumidores decorrentes do tratamento indevido de dados, contudo, o art. 45 da LGPD, ao dispor que "as hipóteses de violação do direito do titular no âmbito das relações de consumo permanecem sujeitas às regras de responsabilidade previstas na legislação pertinente", conduzem tais situações ao regime do fato do serviço (art. 14 do CDC). Neste caso, controlador e operador de dados respondem solidariamente assim como outros fornecedores que venham intervir ou ter proveito do tratamento de dados do qual resulte o dano. Neste caso, incidem tanto as condições de imputação da responsabilidade pelo fato do serviço (em especial o defeito que se caracteriza pelo tratamento indevido de dados, ou seja, desconforme à disciplina legal incidente para a atividade) quanto as causas que porventura possam excluir eventual responsabilidade do fornecedor (art. 14, § 3º), que estão, porém, em simetria com o disposto no próprio art. 43 da LGPD. Outro efeito prático da remissão do art. 45 ao regime de reparação próprio da legislação de proteção do consumidor será a submissão de eventuais pretensões de reparação dos consumidores ao prazo prescricional previsto no art. 27 do CDC, de cinco anos contados do conhecimento do dano ou de sua autoria.

CONSIDERAÇÕES FINAIS

A Lei Geral de Proteção de Dados introduz sensíveis limites ao tratamento de dados pessoais realizado pelo segurador, seja para a finalidade de execução do contrato de seguro, seja para o exercício da atividade de seguros. A legitimidade do tratamento de dados realizado pelo segurador pressupõe, de um lado, o seu enquadramento em uma das hipóteses autorizativas previstas no art. 7º da LGPD. Nesse sentido, pode encontrar fundamento no próprio consentimento do segurado titular dos dados (inciso I), como, conforme o caso, em outras finalidades legítimas, com destaque para as seguintes: cumprimento de obrigação legal ou regulatória (inciso II), quando necessário para a execução do contrato ou de procedimentos preliminares relacionados ao contrato (inciso V) e quando necessário para atender aos interesses legítimos do controlador ou de terceiro (inciso IX).

De outro lado, a legitimidade do tratamento de dados no seguro pressupõe a observância dos princípios que informam o tratamento de dados (art. 6º da LGPD), assim como dos direitos assegurados ao titular dos dados (arts. 17 e 18 da LGPD). A previsão desses direitos e princípios repercute no seguro, criando direitos ao segurado (titular dos dados) e deveres ao segurador (controlador dos dados) durante e após o término do tratamento, desde a fase de formação do contrato até as fases de execução e pós-contratual. Relativamente aos dados sensíveis, estes recebem uma proteção especial, com a delimitação mais estrita das condições do tratamento e a ampliação das garantias ao titular dos dados (art. 11 da LGPD). Neste âmbito, além do rol de finalidades que legitimam o tratamento ser mais restrito, sendo o consentimento do titular dos dados qualificado e seu principal fundamento de legitimidade para uso, restringe-se o compartilhamento de dados e o tratamento voltado à seleção do risco.

Nesse contexto, um dos principais desafios que se coloca ao intérprete consiste em delimitar a extensão do tratamento admitido, ou seja, os limites da atuação do segurador (até onde ele pode ir) na coleta, processamento e compartilhamento de dados pessoais do segurado. Trata-se de questão que repercute não apenas no controle da validade dos questionários pré-contratuais, mas, sobretudo, nas situações em que a contratação é condicionada ao tratamento de dados, assim como quando envolve dados sensíveis ou o próprio monitoramento das atividades diárias do segurado, situações com de maior risco à privacidade e à proteção contra a discriminação injusta. Em tais casos, a tensão entre o interesse do segurador em obter maior quantidade e qualidade de informações para permitir melhor precisão na mensuração do risco, e os direitos do segurado como titular dos dados, será mediada pelos os princípios da finalidade, da adequação, da necessidade e da boa-fé – disciplinados pela LGPD – de modo definir parâmetros para aferir a legitimidade do tratamento de dados. Em outros termos, este conjunto de princípios estabelecem certo padrão de racionalidade a ser observado no tratamento de dados, limitando o direito do segurador.

Da mesma forma, é decisivo, no âmbito do seguro, precisar os critérios que permitam identificar o que seja o tratamento de dados discriminatório. A LGPD, ao vedar o tratamento de dados discriminatório (art. 7º, IX), traz à discussão certas técnicas de precificação adotadas pelo segurador, a partir da consideração de aspectos subjetivos do segurado (como sexo e idade), e do próprio direito de recusar a proposta de seguro com base nesses mesmos critérios. O que se agrava quando envolve a utilização de dados sensíveis, potencialmente discriminatórios *per se*. Nesse sentido, para a determinação do que configura a discriminação injusta, fundada em critério distintivo ilegítimo e vedada pelo Direito, novamente serão nos princípios da finalidade, da adequação, da necessidade e da boa-fé onde devem ser buscados os parâmetros para sua precisão. Ao exigirem, respectivamente, que o tratamento se desenvolva para finalidades legítimas, seja adequado e se limite ao mínimo necessário, abarcando dados pertinentes, proporcionais e não excessivos, tudo isso considerando as expectativas legítimas do segurado, impõe-se uma racionalidade ao tratamento de dados, permitindo que seja identificado se encontra fundamento no contexto em que empregado, portanto, em um critério distintivo legítimo, não discriminatório.

Há natural tendência, seja pelo caráter recente da lei, ou pelo incremento tecnológico da análise do risco no âmbito do seguro, que as questões examinadas neste estudo em seguida se desdobrem em outras tantas que deverá enfrentar o intérprete e aplicador do Direito. O certo é que os desafios que surgem da adoção de um novo modelo jurídico-legislativo de proteção de dados e o curso ordinário da atividade securitária – associada ao tratamento de dados desde sua origem –, terão suas soluções construídas gradualmente, em ambiente que é próprio ao jurista nos dias que seguem, de compatibilização do avanço da técnica e a tutela dos direitos da pessoa, frente a novas possibilidades e riscos.

REFERÊNCIAS BIBLIOGRÁFICAS

BIONI, Bruno Ricardo. *Proteção de dados pessoais: a função e os limites do consentimento.* Rio de Janeiro: Forense, 2019.

COTS, Márcio; OLIVEIRA, Ricardo. *Lei geral de proteção de dados pessoais comentada.* São Paulo: Revista dos Tribunais, 2018. p. 135.

DONEDA, Danilo. *Da privacidade à proteção de dados pessoais.* São Paulo: Renovar, 2006.

DONEDA, Danilo. O direito fundamental à proteção de dados pessoais. In: MARTINS, Guilherme Magalhães; LONGHI, João Victor Rozatti (Coord.) *Direito digital. Direito privado e internet.* 2 ed. Indaiatuba: Foco, 2019.

DONEDA, Danilo; MENDES, Laura. Reflexões iniciais sobre a nova lei geral de proteção de dados. *Revista de Direito do Consumidor.* São Paulo, v. 120, p. 469-483, Nov-dez. 2018.

DONEDA, Danilo; MENDES, Laura. Marco jurídico para a cidadania digital: uma análise do projeto de lei 5.276/2016. *Revista de Direito Civil Contemporâneo.* São Paulo, v. 9, p. 35-48, Out.-dez. 2016.

GREENE, Mark R. *Riesgo y Seguro*. 3. ed. Trad. Hernán Troncoso Rojas. Madrid: Editorial Mapfre, 1979.

HACKENBERG, Wolfgang. Big data. In: HOEREN, Thomas; SIEBER, Ulrich; HOLZNAGEL, Bernd (Hrsg.) *Multimedia-Recht: Rechtsfragen des elektronischen Geschäftsverkehrs*. 37 Auf, Teil, 16.7, Rn 13, EL juli/2017.

HÄRTING, Niko. *Anonymität und Pseudonymität im Datenschutzrecht*. Neue Juristische Wochenschrift, 29. Munich: C.H. Beck, 2013.

HUSTINX, Peter. Privacy by design: delivering the promises. Identity in the information society, n. 3, 2010, p. 253 e ss. Disponível em: https://link.springer.com/content/pdf/10.1007/s12394-010-0061-z.pdf.

JIMENE, Camilla do Vale. Reflexões sobre privacy by design e privacy by default: da idealização à positivação. In: MALDONADO, Viviane Nóbrega; BLUM, Renato Opice (Coord.) *Comentários ao GDPR: Regulamento Geral de Proteção de Dados da União Europeia*. São Paulo: RT, 2019, p. 169 e ss.

JUNQUEIRA, Thiago. *Diferenciação admissível e discriminação inadmissível no contrato de seguro privado: exame da precificação com base no gênero e em variáveis que causem impacto desproporcional nos indivíduos negros*. Tese (Doutorado em Direito) – Universidade do Estado do Rio de Janeiro (UERJ): Faculdade de Direito. Rio de Janeiro, 2020.

KONDER, Carlos Nelson. O tratamento de dados sensíveis à luz da Lei 13.709/2018. In: TEPEDINO, Gustavo; FRAZÃO, Ana; OLIVA, Milena Donato (coord.). *Lei Geral de Proteção de Dados Pessoais: e suas repercussões no Direito Brasileiro*. São Paulo: Revista dos Tribunais, 2019. p. 445-463.

LAMBERT-FAIVRE, Yvonne. *Droit des Assurances*. 11 ed. Paris: Dalloz, 2001.

LUCCAS FILHO, Olívio. *Seguros: fundamentos, formação de preço, provisões e funções biométricas*. São Paulo: Editora Atlas, 2011.

MARQUES, Claudia Lima. *Contratos no Código de Defesa do Consumidor: o novo regime das relações contratuais*. 8. ed. São Paulo: Revista dos Tribunais, 2016.

MARTINS, Maria Inês de Oliveira. Da assimetria informativa ao excesso de informação: a proteção da reserva da vida privada da pessoa segura, no tocante à informação relativa à saúde. In: MIRAGEM, Bruno; CARLINI, Angélica (org.). *Direito dos Seguros: fundamentos de direito civil, direito empresarial e direito do consumidor*. São Paulo: Revista dos Tribunais, 2015. p. 331-359.

MENDES, Laura Schertel. *Privacidade, proteção de dados e defesa do consumidor: linhas gerais de um novo direito fundamental*. São Paulo: Saraiva, 2014.

MENDES, Laura Schertel; MATIUZZO, Marcela. Discriminação algorítimica: conceito, fundamento legal e tipologia. *RDU*, v. 16, n. 90. Porto alegre, nov-dez./2019.

MENEZES CORDEIRO, António. *Direito dos Seguros*. Lisboa: Almedina, 2013.

MIRAGEM, Bruno. Diálogo das fontes e interpretação sistemática no direito dos seguros. In: MARQUES, Claudia Lima; MIRAGEM, Bruno (org.). *Diálogo das fontes: novos estudos sobre a coordenação e aplicação das normas no direito brasileiro*. No prelo.

MIRAGEM, Bruno. *Direito das obrigações*. São Paulo: Saraiva, 2017.

MIRAGEM, Bruno. *Curso de direito do consumidor*. 8. ed. São Paulo: Revista dos Tribunais, 2019.

MIRAGEM, Bruno. O Direito dos Seguros no Sistema Jurídico Brasileiro: uma introdução. In: MIRAGEM, Bruno; CARLINI, Angélica (org.). *Direito dos Seguros: fundamentos de direito civil, direito empresarial e direito do consumidor*. São Paulo: Revista dos Tribunais, 2015. p. 25-64.

MIRAGEM, Bruno. Os direitos do segurado e os deveres do segurador no direito brasileiro atual e no projeto de lei do contrato de seguro (PCL 29/2017) exame crítico. *Revista de direito do consumidor*. São Paulo, v. 27, p. 97-141, n. 117, maio/jun. 2018.

MIRAGEM, Bruno. Lei Geral de Proteção de Dados (Lei 13.709/20018) e o Direito do Consumidor. *Revista dos Tribunais*, vol. 1009/2019, nov. 2019.

MONTI, Alberto. *Buona Fede e Assicurazione*. Milano: Giuffrè, 2002.

PETERSEN, Luiza. *O risco no contrato de seguro*. São Paulo: Revista dos Tribunais, 2018.

POÇAS, Luís. *O dever de declaração inicial do risco no contrato de seguro*. Coimbra: Almedina, 2013.

POÇAS, Luís. Problemas e dilemas do setor segurador: o RGPD e o tratamento de dados de saúde. *Revista online banca, bolsa e seguros*, Coimbra, n. 3, 2018, p. 217-302.

REGO, Margarida Lima. *Insurance segmentation as unfair discrimination: what to expect next in the wake of Test-Achats*. Disponível: https://run.unl.pt/bitstream/10362/15127/1/MLR%202015%20PostPrint%20Segmentation.pdf. Acesso: agosto de 2018.

RESTA, Giorgio. Revoca del consenso ed interesse al tratamento nella legge sulla protezione dei dati personali. *Rivista critica del diritto privato*, ano XVIII, n. 2.,Bologna, giugno/2000, p. 299 e ss.

STIGLITZ, Rubén. *Derecho de Seguros*. Tomo I. 3. ed. Buenos Aires: Abeledo-Perrot, 2001. p. 28.

TZIRULNIK, Ernesto. *Regulação do sinistro*. 3. ed. São Paulo: Max Limonad. 2001.

VAINZOF, Rony. Comentários ao art. 6º. In: MALDONADO, Viviane Nóbrega; BLUM, Renato Ópice (Coord.). *LGPD: Lei geral de proteção de dados comentada*. São Paulo: RT, 2019, p. 158-159.

VAUGHAN, Emmett J.; VAUGHAN, Therese M. *Fundamentals of risk and insurance*. 7. ed. New York: John Wiley & Sons Inc, 1996.

VIOLA, Mario. Data protection and insurance: the limis on the collection and use of personal data on insurance contracts in EU law. *Global jurist*, 2010, Vol. 10, iss. 1, article 6.

VIOLA, Mario. Market integration through data protection. An analysis of the insurance and financial indutries in the EU. *Law, governance and technology series*, v. 9. London: Springer, 2013.

VIOLA, Mario. O Mercado de Seguros e o Tratamento de dados Pessoais. In: MIRAGEM, Bruno; CARLINI, Angélica (org.). *Direito dos Seguros: fundamentos de direito civil, direito empresarial e direito do consumidor*. São Paulo: Revista dos Tribunais, 2015. p. 317-330.

VIVANTE, Cesare. Del *Contratto di Assicurazione*. Torino: Unione Tipografico-Editrice Torinese, 1936.

18

RESPONSABILIDADE CIVIL NA LGPD: CONSTRUÇÃO DO REGIME POR MEIO DE INTERAÇÕES COM O CDC

BRUNO BIONI
DANIEL DIAS

1. INTRODUÇÃO E APONTAMENTOS METODOLÓGICOS

A Lei n. 13.709/2018, chamada de Lei Geral de Proteção de Dados (LGPD) inaugurou uma espécie de "estatuto da informação",[1] prescrevendo, pela primeira vez no ordenamento jurídico brasileiro, um conjunto de normas – regras e princípios – vocacionados[2] para governar o tratamento de dados pessoais em todos os setores da economia e em todas as demais atividades do cotidiano do cidadão.

Tamanha é a importância desse novo ingrediente na cultura jurídica que é comparado a uma repactuação do próprio contrato social,[3] uma vez que hoje, a todo momento, as pessoas são julgadas e avaliadas com base no que seus dados pessoais dizem a seu respeito. Do acesso ao programa de transferência de renda ao de linha de crédito, essas oportunidades sociais são filtradas pelo processamento de seus dados.

Um dos eixos da lei foi justamente delimitar quais são as obrigações dos agentes de tratamento de dados e, com isso, fixar regime jurídico para sua responsabilização.[4]

---

[1] A LGPD inaugurou uma nova lógica, que busca regular uma ordem informacional, algo que não havia antes de forma tão sistematizada e harmônica. Ver: SCHERTEL, Laura Mendes. Palestra: "Seminário Internacional – Lei Geral de Proteção de Dados: a caminho da efetividade. Superior Tribunal de Justiça, 2019. Disponível em: <https://www.youtube.com/watch?v=0E0USaGQ6h8>. Acesso em: 01 maio 2020.

[2] BIONI, Bruno Ricardo. *País precisa ser competitivo em uma economia de dados. Valor Econômico*, 19 jul. 2018. Disponível em: <https://valor.globo.com/opiniao/coluna/como-o--brasil-pode-inovar-na-protecao-de-dados-pessoais.ghtml>. Acesso em: 01 maio 2020.

[3] BIONI, Bruno Ricardo. Nota do coordenador. Revista do Advogado, n. 144, nov., 2019.

[4] SCHERTEL, Laura Mendes; DONEDA, Danilo. Reflexões iniciais sobre a nova lei geral de proteção de dados. *Revista de Direito do Consumidor*, vol. 120, p. 469–483. São Paulo: Ed. RT, nov.-dez. 2018. Os autores afirmam ser possível identificar outros quatro eixos: (i) uni-

É inevitável que nesse "admirável novo mundo", cheio de riscos,[5] experimentar-se-á efeitos colaterais que deverão ser compensados e, preferencialmente, prevenidos.[6] A esse respeito, a seção sobre responsabilidade e ressarcimento de danos (Seção III, do Capítulo VI, da LGPD) desafia um exercício difícil de dogmática jurídica.

A doutrina brasileira tem, nesse primeiro momento, focado a sua atenção para responder essencialmente uma pergunta: se o regime da responsabilidade é objetivo ou subjetivo.[7] Entendemos que, por mais relevante que isso seja, não é essa questão que deve pautar o debate. Em primeiro lugar, por tratar-se de questão que parece partir de uma premissa falsa de dualidade[8] de regimes jurídicos de responsabilidade, se objetiva ou subjetiva. Na verdade, há diversos modelos e, mesmo entre aqueles que são supostamente de responsabilidade objetiva, nem por isso são idênticos.[9] Mais importante,

---

dade e generalidade da aplicação da lei, (ii) legitimação para o tratamento de dados, (iii) princípios e direitos do titular e (iv) obrigações dos agentes de tratamento de dados.

[5] MIRAGEM, Bruno. A internet das coisas e os riscos do admirável mundo novo. *Consultor Jurídico*, 29 mar. 2017. Disponível em: <https://www.conjur.com.br/2017-mar-29/garantias--consumo-internet-coisas-riscos-admiravel-mundo>. Acesso em: 01 maio 2020.

[6] COSTA, Luiz. Privacy and the precautionary principle. *Computer Law & Security Review*, vol. 28, 2012, 14-24.

[7] Ver, em especial: GUEDES, Gisela Sampaio da Cruz. Regime de responsabilidade adotado pela lei de proteção de dados brasileira. *Caderno especial LGPD*, p. 167-182. São Paulo: RT, nov. 2019, um dos mais extensos sobre a matéria, visa essencialmente responder a essa pergunta. Ver também: ZANATTA, Rafael A. F. Agentes de tratamento de dados, atribuições e diálogo com o Código de Defesa do Consumidor. In: *Coletânea do Instituto de Tecnologia e Sociedade sobre a Lei Geral de Proteção de Dados Pessoais*. Revista dos Tribunais: São Paulo, 2019, no prelo; TASSO, Fernando Antonio. A responsabilidade civil na Lei Geral de Proteção de Dados e sua interface com o Código Civil e o Código de Defesa do Consumidor. In: *Cadernos Jurídicos – Direito digital e proteção de dados pessoais*, Escola Paulista de Magistratura, ano 21, n. 53, jan.-mar. 2020. Disponível em: <https://api.tjsp.jus.br/Handlers/Handler/FileFetch.ashx?codigo=118902>. Acesso em: 01 maio 2020.

[8] Exceção feita à Caitlin Sampaio Mulholland, que se orienta por três sistemas de responsabilidade civil na LGPD. Ver: MULHOLLAND, Caitlin Sampaio. Palestra no Webinar IBERC #2 – A Responsabilidade Civil na Lei Geral de Proteção de Dados. Instituto Brasileiro de Estudos em Responsabilidade Civil – IBERC, 19 set. 2019.

[9] A respeito da responsabilidade objetiva ou pelo risco, António Menezes Cordeiro afirma: "Numa leitura simplista, poder-se-ia afigurar que a responsabilidade pelo risco, nas suas várias concretizações, se reconduziria a uma responsabilidade delitual, mas sem os requisitos da culpa e da ilicitude. Não é, de todo, assim. A responsabilidade civil traduz, em cada uma das suas manifestações típicas, um modelo complexo. Os seus diversos pressupostos interagem uns com os outros, de tal modo se alterar, adaptando-se ao conjunto. Ainda quando conservem uma identidade linguística, já não são os mesmos, obrigando a uma reconstrução, modelo a modelo." (CORDEIRO, António Menezes. *Tratado de direito civil português*, vol. II, t. III: gestão de negócios, enriquecimento sem causa, responsabilidade civil. Coimbra: Almedina, 2010, p. 597). Por exemplo, no caso da responsabilidade por fato de terceiro, trata-se de responsabilidade objetiva – os responsáveis respondem "ainda que não culpa de sua parte" (art. 933, CC). Nessa modalidade de responsabilidade objetiva não se exige nada dos responsáveis elencados no art. 932, CC além do vínculo com o lesante (pais e filhos, ou empregadores e empregados, entre outros). No caso da responsabilidade

portanto, do que essa tentativa de classificação binária de responsabilidade, se objetiva ou subjetiva, é analisar mais de perto e, em detalhes, os elementos normativos que restringiriam ou alargariam a discussão de culpabilidade para fins de responsabilização. É o que se pretende fazer no presente artigo, o qual assume uma abordagem exploratória, de primeiras impressões, e que busca compreender qual é a racionalidade jurídica[10] subjacente ao regime de responsabilidade civil contido na LGPD.

O artigo está dividido em três partes. A primeira, na linha de outros trabalhos,[11] faz uma análise histórica do texto da LGPD, abrangendo, inclusive, dispositivos para além daqueles diretamente ligados à responsabilidade civil. Desta forma, o objetivo foi desvendar se a estrutura normativa da LGPD estimula ou desincentiva a discussão de culpa. A segunda propõe-se a analisar alguns elementos normativos em específico, os quais são centrais para desvendar qual será o espaço ocupado pela culpa no regime jurídico firmado na LGPD. Em especial, se as obrigações atribuídas aos agentes de tratamento de dados são de meio ou de resultado e, de forma ainda mais detida, os incisos do artigo 44 que traçam parâmetros de aferição em torno da reprovabilidade da conduta danosa. A terceira é uma espécie de colagem das duas anteriores onde se tecem conclusões e reflexões em torno da racionalidade jurídica do regramento da LGPD para a responsabilização dos agentes de tratamento de dados.

A hipótese deste trabalho considera que há uma espécie de gradiente que pode ser um filtro ou um catalisador da culpa enquanto um dos pressupostos da responsabilidade civil. Ao qualificar de forma intensa quais são as obrigações dos agentes de tratamento de dados, e, ainda, ao traçar parâmetros com alta vagueza normativa para mensurar a reprovabilidade de uma conduta danosa, há uma considerável margem interpretativa para que a culpa exerça, ao final, um papel na determinação da responsabilidade civil dos agentes de tratamento. Dessa forma, a principal contribuição do artigo é mapear quais são tais elementos normativos e, com isso, extrapolar uma falsa dualidade entre regimes de responsabilidade civil subjetiva ou objetiva como sendo o cerne da dogmática do regime jurídico de responsabilidade civil formatado na LGPD.

2. A (IN)EVOLUÇÃO DO TEXTO DA LGPD: A DISPUTA TRAVADA EM TORNO DO PAPEL DA CULPA NA DEFINIÇÃO DO REGIME DE RESPONSABILIDADE CIVIL COM UM OLHAR PARA O TODO DA LGPD

A LGPD é fruto de quase dez anos de debate público. Essa discussão deixou pistas hermenêuticas valiosas e, em especial, uma lente por meio da qual considerar os trabalhos preparatórios da lei. A esse respeito, é importante destacar que houve

---

por fato do produto ou do serviço, apesar de tratar-se de responsabilidade também objetiva – "independentemente da existência de culpa", como dizem os arts. 12 e 14, *caput*, do CDC –, para que haja responsabilização, o legislador exige o pressuposto especial do defeito relativo ao produto ou ao serviço (arts. 12 e 14, CDC).

[10] CORDEIRO, A. Barreto Menezes. Repercussões do RGPD sobre a responsabilidade civil. In: TEPEDINO, Gustavo; FRAZÃO, Ana; OLIVA, Milena Donato (coords.). *Lei Geral de Proteção de Dados Pessoais e suas repercussões no Direito Brasileiro*. São Paulo: Revista dos Tribunais, 2019, pp. 779.

[11] ZANATTA, op. cit., no prelo; TASSO, op. cit..

disputa em torno da definição do modelo de regime de responsabilidade civil, a não se deu apenas na seção e dispositivos diretamente dedicados ao tema, mas, também, em torno de outros elementos normativos que indiretamente calibram o regime jurídico da responsabilidade dos agentes de tratamento de dados.

No que diz respeito ao primeiro eixo, é importante destacar: a) o abandono deliberado do regime de responsabilidade civil objetiva; e b) a adoção de técnica legislativa mais prescritiva quanto às excludentes de responsabilidade civil.

A primeira versão do então anteprojeto de lei de proteção de dados pessoais, bem como a proposta legislativa do Senado Federal expressamente adotavam um regime de responsabilidade civil objetiva. Enquanto a primeira preceituava que "o tratamento de dados [seria] uma atividade de risco"[12], a segunda estabelecia que os agentes da cadeia responderiam, "independentemente da existência de culpa",[13] pela reparação dos danos.

A partir da segunda versão do anteprojeto de lei, ganhou força a opção por um regime de responsabilidade civil subjetiva. Apesar de ter sido amplamente criticada ao longo do segundo processo de consulta pública[14] e em audiência pública realizada na Câmara dos Deputados[15-16], essa escolha foi a que prevaleceu no Congresso. A redação final da LGPD eliminou os termos antes aventados – "independentemente de culpa" ou "atividade de risco" – que eliminariam a culpa como um dos pressupostos da responsabilidade civil.

---

[12] Disponível em: <http://culturadigital.br/dadospessoais/files/2010/11/PL-Protecao-de--Dados.pdf>, ver tabela comparativa adiante nesse artigo.

[13] Disponível em: <https://legis.senado.leg.br/sdleg-getter/documento?dm=7738646&ts=1571776630206&disposition=inline>, ver tabela comparativa adiante nesse artigo.

[14] INTERNETLAB. O que está em jogo no debate sobre dados pessoais no Brasil?. 2016. Disponível em <https://www.internetlab.org.br/wp-content/uploads/2016/05/reporta_apl_dados_pessoais_final.pdf>. Um dos autores desse relatório, Bruno Bioni, à época pesquisador do Grupo de Políticas Públicas para o Acesso à Informação/GPoPAI da USP, apresentou contribuição em defesa de um regime de responsabilidade civil objetiva.

[15] Na ocasião da audiência pública, realizada em 03.05.2017, Rafael Zanatta, representando o Idec, defendeu um regime de responsabilidade objetiva e solidária, fundando-se no diálogo com as demais fontes legislativas, na vulnerabilidade dos consumidores e no estímulo à segurança jurídica e à confiança dos usuários. Leonardo Bessa, representando o Brasilcon, defendeu um regime de responsabilidade objetiva e solidária, tendo em vista o diálogo das fontes e a vulnerabilidade dos consumidores. E Leandro Alvarenga, representando a Confederação Nacional de Dirigentes e Lojistas, criticou a adoção de um regime de responsabilidade solidária, por excluir pequenos lojistas do acesso à informação (e dificultar o acesso ao crédito) e não levar em conta a atuação individual. Disponível em: <https://www.youtube.com/watch?v=-tU53jLMSyk>. Acesso em: 30 abr. 2020.

[16] ZANATTA, op. cit., p. 11: "A tensão também ficou clara em dois textos de posição produzidos por entidades distintas: de um lado, o *Manifesto sobre a Futura Lei de Proteção de Dados Pessoais*, coordenada por Brasscom, Abranet e outras associações; de outro, a *Carta Aberta à Comissão Especial de Tratamento e Proteção de Dados Pessoais* produzida pelo Idec.

Tabela comparativa entre os dois textos citados e o final da LGPD

1ª versão do anteprojeto	2ª versão do anteprojeto	PLC 53/2018	LGPD
Art. 6º O tratamento de dados pessoais é atividade de risco e todo aquele que, por meio do tratamento de dados pessoais, causar a outrem dano patrimonial, moral, individual ou coletivo, é obrigado a ressarci-lo, nos termos da lei.	Art. 31. O cedente e o cessionário têm responsabilidade solidária pelo tratamento de dados realizado no exterior ou no território nacional, em qualquer hipótese, independente de culpa.	Art. 42. O responsável ou o operador que, em razão do exercício de atividade de tratamento de dados pessoais, causar a outrem dano patrimonial, moral, individual ou coletivo, em violação à legislação de proteção de dados pessoais, é obrigado a repará-lo. §1º A fim de assegurar a efetiva indenização ao titular dos dados: I – o operador responde solidariamente pelos danos causados pelo tratamento quando descumprir as obrigações da legislação de proteção de dados ou quando não tiver seguido as instruções lícitas do responsável, hipótese em que o operador equipara-se a responsável, salvo nos casos de exclusão previstos no art. 43 desta Lei; II – os responsáveis que estiverem diretamente envolvidos no tratamento do qual decorreram danos ao titular dos dados respondem solidariamente, salvo nos casos de exclusão previstos no art. 43 desta Lei.	Art. 42. O controlador ou o operador que, em razão do exercício de atividade de tratamento de dados pessoais, causar a outrem dano patrimonial, moral, individual ou coletivo, em violação à legislação de proteção de dados pessoais, é obrigado a repará-lo. §1º A fim de assegurar a efetiva indenização ao titular dos dados: I – o operador responde solidariamente pelos danos causados pelo tratamento quando descumprir as obrigações da legislação de proteção de dados ou quando não tiver seguido as instruções lícitas do controlador, hipótese em que o operador equipara-se ao controlador, salvo nos casos de exclusão previstos no art. 43 desta Lei; II – os controladores que estiverem diretamente envolvidos no tratamento do qual decorreram danos ao titular dos dados respondem solidariamente, salvo nos casos de exclusão previstos no art. 43 desta Lei.

Observando-se as contribuições do setor privado à Comissão Especial de Tratamento e Proteção de Dados Pessoais – em especial, BSA, Facebook, Brasscom, Febraban, ABMED e ANBC –, nota-se, também, um posicionamento massivo contra as regras de responsabilidade solidária".

1ª versão do anteprojeto	2ª versão do anteprojeto	PLC 53/2018	LGPD
		§ 2º O juiz, no processo civil, poderá inverter o ônus da prova a favor do titular dos dados quando, a seu juízo, for verossímil a alegação, houver hipossuficiência para fins de produção de prova ou quando a produção de prova pelo titular resultar-lhe excessivamente onerosa.	§ 2º O juiz, no processo civil, poderá inverter o ônus da prova a favor do titular dos dados quando, a seu juízo, for verossímil a alegação, houver hipossuficiência para fins de produção de prova ou quando a produção de prova pelo titular resultar-lhe excessivamente onerosa.
		§ 3º As ações de reparação por danos coletivos que tenham por objeto a responsabilização nos termos do caput deste artigo podem ser exercidas coletivamente em juízo, observado o disposto no Título III da Lei nº 8.078, de 11 de setembro de 1990 (Código de Defesa do Consumidor). § 4º Aquele que reparar o dano ao titular tem direito de regresso contra os demais responsáveis, na medida de sua participação no evento danoso.	§ 3º As ações de reparação por danos coletivos que tenham por objeto a responsabilização nos termos do caput deste artigo podem ser exercidas coletivamente em juízo, observado o disposto na legislação pertinente. § 4º Aquele que reparar o dano ao titular tem direito de regresso contra os demais responsáveis, na medida de sua participação no evento danoso.

Além disso, o texto foi gradualmente esculpido para delimitar quais seriam as excludentes de responsabilidade civil. Até a aprovação do substitutivo de autoria do Deputado Orlando Silva, as versões anteriores do texto eram, senão silentes, extremamente tímidas com relação aos contornos para a definição de ilicitude de uma conduta, bem como com relação ao seu nexo de causalidade para deflagrar a responsabilização dos agentes de tratamento. É, apenas, nesse último estágio da discussão legislativa que são prescritos tais pilares fundantes do regime jurídico da responsabilidade civil da LGPD.

Em vez de simplesmente espelhar as excludentes do CDC, o legislador optou por eximir a responsabilização dos agentes de tratamento de dados caso comprovem "que, embora tenham realizado o tratamento de dados pessoais que lhes é atribuído, não houve violação à legislação de proteção de dados" (art. 43, II). Da mesma forma, quando a LGPD dispõe sobre a responsabilidade civil pela violação à segurança dos

Cap. 18 · RESPONSABILIDADE CIVIL NA LGPD | 501

dados,[17] há ressalva de que tal responsabilização somente é deflagrada se não foram adotadas as "medidas *aptas* a proteger os dados pessoais de acessos não autorizados e de situações acidentais ou ilícitas de destruição, perda, alteração, comunicação"[18]. Trata-se de elementos que afastam a responsabilização do sistema de responsabilidade civil objetiva.

Ao completar um regime jurídico que se orienta pela discussão da culpa, não se pode negligenciar a inserção do princípio da *accountability*, acompanhada dos chamados relatórios de impacto à proteção de dados pessoais[19] e, de forma mais ampla e geral, o estímulo e reforço à capacidade dos agentes de tratamento de dados

---

[17] O art. 44, parágrafo único, fala em obrigação de indenizar por danos causados em decorrência de "violação da segurança dos dados". Com base em referência nele expressa, esse dispositivo deve ser lido em conjunto com o art. 46, *caput*. Disso depreende-se que a "violação da segurança dos dados" configura-se nos casos em que, com os dados pessoais, ocorre: (i) acessos não autorizados; ou (ii) situações acidentais ou ilícitas de destruição, perda, alteração, comunicação; ou (iii) qualquer outra forma de tratamento inadequado ou ilícito.

[18] Artigo 46 da LGPD: "Art. 46. Os agentes de tratamento devem adotar medidas de segurança, técnicas e administrativas aptas a proteger os dados pessoais de acessos não autorizados e de situações acidentais ou ilícitas de destruição, perda, alteração, comunicação ou qualquer forma de tratamento inadequado ou ilícito. § 1º A autoridade nacional poderá dispor sobre padrões técnicos mínimos para tornar aplicável o disposto no caput deste artigo, considerados a natureza das informações tratadas, as características específicas do tratamento e o estado atual da tecnologia, especialmente no caso de dados pessoais sensíveis, assim como os princípios previstos no *caput* do art. 6º desta Lei. § 2º As medidas de que trata o *caput* deste artigo deverão ser observadas desde a fase de concepção do produto ou do serviço até a sua execução."

[19] "Art. 4º [...] § 3º A autoridade nacional emitirá opiniões técnicas ou recomendações referentes às exceções previstas no inciso III do *caput* deste artigo e deverá solicitar aos responsáveis relatórios de impacto à proteção de dados pessoais.'"Art. 10 [...] § 3º A autoridade nacional poderá solicitar ao controlador relatório de impacto à proteção de dados pessoais, quando o tratamento tiver como fundamento seu interesse legítimo, observados os segredos comercial e industrial.'"Art. 32. A autoridade nacional poderá solicitar a agentes do Poder Público a publicação de relatórios de impacto à proteção de dados pessoais e sugerir a adoção de padrões e de boas práticas para os tratamentos de dados pessoais pelo Poder Público." "Art. 38. A autoridade nacional poderá determinar ao controlador que elabore relatório de impacto à proteção de dados pessoais, inclusive de dados sensíveis, referente a suas operações de tratamento de dados, nos termos de regulamento, observados os segredos comercial e industrial. Parágrafo único. Observado o disposto no *caput* deste artigo, o relatório deverá conter, no mínimo, a descrição dos tipos de dados coletados, a metodologia utilizada para a coleta e para a garantia da segurança das informações e a análise do controlador com relação a medidas, salvaguardas e mecanismos de mitigação de risco adotados.'"Art. 55-J. Compete à ANPD: XIII – editar regulamentos e procedimentos sobre proteção de dados pessoais e privacidade, bem como sobre relatórios de impacto à proteção de dados pessoais para os casos em que o tratamento representar alto risco à garantia dos princípios gerais de proteção de dados pessoais previstos nesta Lei; § 2º Os regulamentos e as normas editados pela ANPD devem ser precedidos de consulta e audiência públicas, bem como de análises de impacto regulatório."

502 | DIREITO DO CONSUMIDOR – 30 ANOS DO CDC

pessoais de auto-organização. Ao longo dos trabalhos preparatórios da LGPD, foi dedicada uma seção específica sobre "Boas Práticas e da Governança". Trata-se de elementos que, ainda que indiretamente, reforçam um regime de responsabilidade civil de natureza subjetiva.

Além do próprio *nomen iuris* do referido princípio, a sua definição aponta para que haja juízo de valor em torno da conduta do agente de tratamento de dados para a sua responsabilização. Nesse sentido, aliás, há conexão expressa entre este princípio e o mencionado elemento de responsabilidade civil mais voltado a um sistema de natureza subjetiva.

Com relação aos chamados relatórios de impacto à proteção de dados pessoais, trata-se de instrumento que foi ganhando cada vez mais protagonismo ao longo dos trabalhos preparatórios da lei. Enquanto na segunda versão do anteprojeto de lei de proteção de dados era referido uma única vez, passa a ser mencionado oito vezes no desenho final da LGPD. Além disso, o texto aprovado ressalta que tal ferramenta deveria ser ativada para os casos em que as atividades de tratamento de dados fossem de "alto risco". É uma gramática que, mais uma vez, não nivela toda e qualquer atividade de tratamento de dados como sendo de risco exacerbado, afastando-se um regime de natureza objetiva.

Por fim, deve ser também destacado que a parte relativa à "segurança e boas práticas", que antes era um título do capítulo da tutela administrativa, passa a ser um capítulo próprio. Em termos topográficos e de técnica legislativa, ganha autonomia e, principalmente, passa a ser referenciado como um gatilho para deflagrar a responsabilidade civil dos agentes de tratamento de dados. Mais uma vez, há uma estrutura normativa que prioriza um juízo de valor em torno da conduta do lesante.

Em resumo, os trabalhos preparatórios da LGPD deixam claro que sua política legislativa refutou deliberadamente um regime de responsabilidade civil objetiva. Mais do que isso, há outros elementos normativos que, direta ou indiretamente, convergem para que haja um juízo de valor em torno da culpa do lesante. Algo que não está apenas cristalizado no rol de excludentes de responsabilidade, mas, também, na principiologia e em outras partes importantes e integrantes do corpo normativo da LGPD. É uma racionalidade inescapável e que está por trás da lógica do regime de responsabilidade civil em questão.

3. RESPONSABILIDADE EM CASO DE "VIOLAÇÃO À LEGISLAÇÃO DE PROTEÇÃO DE DADOS PESSOAIS" E DE "VIOLAÇÃO DA SEGURANÇA DOS DADOS"

Ainda que criticável em termos de técnica legislativa,[20] a LGPD estabelece dois gatilhos para a responsabilidade civil dos agentes de tratamento de dados, quando há a "violação à legislação de proteção de dados pessoais" ou a "violação da segurança

---

[20] Não há razão para tal bifurcação, uma vez que as consequências são as mesmas (obrigação de indenizar) e, em especial, que essas duas hipóteses de responsabilidade civil são reunidas no artigo 44 sob a noção ampla de "tratamento irregular".

Cap. 18 · RESPONSABILIDADE CIVIL NA LGPD | 503

dos dados". Ambas são calibradas pela noção de tratamento irregular, prevista no artigo 44, a qual procura sistematizar critérios para aferição da culpa dos agentes de tratamento de dados a esse respeito.

Mesmo que superada a discussão, concluindo-se que o regime de responsabilidade civil adotado pela LGPD é mesmo subjetivo, esse artigo é central para a construção de uma dogmática que pode reduzir ou ampliar o espaço a ser ocupado pela culpa para fins de deflagração da responsabilidade dos agentes de tratamento de dados.

3.1. Tratamento irregular

O art. 44 prevê que "o tratamento de dados pessoais será irregular quando deixar de observar a legislação ou quando não fornecer a segurança que o titular dele pode esperar, consideradas as circunstâncias relevantes, entre as quais: I – o modo pelo qual é realizado; II – o resultado e os riscos que razoavelmente dele se esperam; III – as técnicas de tratamento de dados pessoais disponíveis à época em que foi realizado."

Antes das "circunstâncias relevantes", mencionada no *caput* do referido artigo, é necessário analisar uma questão: a relação do tratamento irregular com a hipótese de violação à legislação de proteção de dados pessoais.

3.1.1. Dubiedade de critérios quanto à violação à segurança dos dados: medidas aptas (art. 44. parágrafo único) *versus* a segurança que dele se pode esperar (art. 44, II)

A noção de tratamento irregular apresenta desconformidades. Da sua leitura percebe-se que ele visa conectar-se tanto com a hipótese de responsabilidade por violação da legislação quanto da segurança. Por outro lado, a previsão de tratamento irregular encontra-se prevista no *caput* de dispositivo (art. 44) que abarca, em seu parágrafo único, a responsabilidade por violação da segurança.

Se a figura do tratamento irregular conecta-se igualmente com ambas as hipóteses de responsabilidade, melhor seria prever sobre a irregularidade em dispositivo autônomo, permitindo a essa regra ficar equidistante das duas hipóteses de violação de normas da LGPD. Da forma como está, a previsão sobre irregularidade do tratamento está no mesmo dispositivo do que a violação da segurança, o que sugere ao intérprete uma conexão mais próxima (ou quiçá exclusiva) da noção de regularidade do tratamento para com a violação da segurança, do que para com a violação à legislação da proteção de dados. E mais: melhor ainda seria um dispositivo que previsse, no *caput*, que os agentes de tratamento responderiam pelos danos decorrentes de tratamento irregular de dados. E, em parágrafo, houvesse a explicação do conteúdo do tratamento irregular.[21]

---

[21] Essa questão da dispositivos dos artigos não deixa de ter reflexos materiais. Segundo Patricia Peck Pinheiro, o art. 44 "traz as condições de demonstração da ilicitude do tratamento de dados pessoais, assim como ocorre com o artigo 6° do GDPR, que pontua as condições de licitude do tratamento de dados pessoais." (PINHEIRO, Patricia Peck. *Proteção de dados pessoais*: Comentários à Lei n. 13.709/2018 (LGPD). São Paulo: Saraivajur, 2018, p. 101). Note-se que o art. 6° do GPDPR, ou melhor RGPD conforme sua sigla em português, encontra correspondência material no art. 7° da LGPD, que trata dos requisitos para

504 | DIREITO DO CONSUMIDOR – 30 ANOS DO CDC

Essa má técnica legislativa pode, contudo, ser parcialmente explicada. Essa previsão de tratamento irregular corresponde à transposição para a LGPD de previsão do CDC que regula defeito do serviço. O art. 14, § 1º, do CDC prevê: "O serviço é defeituoso quando não fornece a segurança que o consumidor dele pode esperar, levando-se em consideração as circunstâncias relevantes, entre as quais: I – o modo de seu fornecimento; II – o resultado e os riscos que razoavelmente dele se esperam; III – a época em que foi fornecido." É exatamente o conteúdo que foi espelhado nos incisos do artigo 44 da LGPD.

Tabela Comparativa CDC *vs* LGPD

CDC	LGPD
Art. 14. O fornecedor de serviços responde, independentemente da existência de culpa, pela reparação dos danos causados aos consumidores por defeitos relativos à prestação dos serviços, bem como por informações insuficientes ou inadequadas sobre sua fruição e riscos.	Art. 44. O tratamento de dados pessoais será irregular quando deixar de observar a legislação ou quando não fornecer a segurança que o titular dele pode esperar, consideradas as circunstâncias relevantes, entre as quais:
§ 1º O serviço é defeituoso quando não fornece a segurança que o consumidor dele pode esperar, levando-se em consideração as circunstâncias relevantes, entre as quais:	I – o modo pelo qual é realizado;
I – o modo de seu fornecimento;	II – o resultado e os riscos que razoavelmente dele se esperam;
II – **o resultado e os riscos que razoavelmente dele se esperam**;	**III – as técnicas de tratamento de dados pessoais disponíveis à época em que foi realizado.**
III – **a época em que foi fornecido**.	Parágrafo único. Responde pelos danos decorrentes da violação da segurança dos dados o controlador ou o operador que, ao deixar de adotar as medidas de segurança previstas no art. 46 desta Lei, der causa ao dano. (Grifos nossos).
§ 2º O serviço não é considerado defeituoso pela adoção de novas técnicas.	
§ 3º O fornecedor de serviços só não será responsabilizado quando provar:	
I – que, tendo prestado o serviço, o defeito inexiste;	
II – a culpa exclusiva do consumidor ou de terceiro.	
§ 4º A responsabilidade pessoal dos profissionais liberais será apurada mediante a verificação de culpa. (Grifos nossos).	

o tratamento de dados pessoais. Esse dispositivo, por sua vez, está diretamente ligado à hipótese de "violação à legislação de proteção de dados pessoais", prevista no art. 42, *caput*. Essa leitura da autora sobre o conteúdo do dispositivo deixa de fora, portanto, a relação entre tratamento irregular e violação da segurança dos dados. Nesse caso, a associação teria de ter incluído o art. 32 do RGPD, o qual prevê os parâmetros para determinação das medidas de segurança exigíveis para tratamento de dados.

Cap. 18 · RESPONSABILIDADE CIVIL NA LGPD | 505

Trata-se, portanto, de previsão que tem maior vocação para fornecer elementos para orientar a concretização de falha de segurança do tratamento de dados. Isso explica, inclusive, o fato de previsão de irregularidade estar no mesmo dispositivo que a violação da segurança dos dados e ter com ela maior proximidade e interação material.

A segunda desconformidade é de conteúdo. O art. 44, parágrafo único, prevê que os agentes de tratamento de dados respondem, ao deixarem de adotar medidas de segurança aptas a proteger os dados pessoais (art. 46) e, assim, derem causa ao dano. A irregularidade aqui, para utilizar uma nomenclatura da própria LGPD, é a não adoção, por parte do controlador e operador, das medidas de segurança aptas a proteger os dados pessoais. Por outro lado, o art. 44, *caput*, diz que o tratamento será irregular quando não fornecer a segurança que o titular dele pode esperar. Vê-se, portanto, que, de um lado, tem-se como pressuposto as medidas de segurança aptas a proteger os dados pessoais. E, de outro, tem-se a segurança que o titular dele pode esperar. Em face disso, questiona-se: em caso de violação da segurança dos danos, o agente responde se ele não adotar as medidas de segurança aptas a protegê-los, ou se o tratamento não fornecer a segurança que o titular dele pode esperar?

Note-se que são critérios distintos. Para ficar apenas em um exemplo: o titular pode esperar que o tratamento forneça segurança maior ou menor que aquela garantida pela adoção das medidas de segurança aptas a proteger os dados pessoais. Os critérios geram questionamentos diferentes. De um lado, o que são medidas de segurança aptas? São aquelas que potencialmente garantem a segurança, ou apenas aquelas que seguramente o fazem? De outro lado, quando a lei fala em "segurança que o titular dele pode esperar", o critério é subjetivo ou objetivo? Trata-se do que a pessoa do titular de dados do caso concreto pode esperar, devendo-se então levar em conta o seu nível especial de conhecimento ou ignorância? Ou critério objetivo, falando de um titular-padrão?

3.1.2. Conectando inobservância da legislação e o não fornecimento de segurança esperada, a partir do conceito de "legítimas expectativas de segurança"

No tópico anterior, chegamos à conclusão de que tratamento irregular não é noção autônoma e, mais especificamente, que o não fornecimento da segurança que o titular pode esperar (art. 44, *caput*) tem de coincidir em conteúdo com "deixar de adotar as medidas de segurança" *aptas* a proteger os dados pessoais (art. 44, parágrafo único, c/c art. 46, *caput*).

No entanto, qual é o conteúdo disso? Analisando detidamente, percebe-se que apenas um deles oferece elementos para uma concretização e delimitação do conteúdo. Parece-nos que é o não fornecimento da segurança que o titular pode esperar do tratamento (art. 44, *caput*). Isso se deve, em primeiro lugar, pelo fato de o critério da adoção de tratamentos aptos a proteger os dados pessoais ser demasiadamente amplo. Ele confere apenas um critério mínimo, ou quiçá nem isso. De fato, seria ilógico pensar que o agente teria de adotar medidas inaptas para proteger os dados pessoais. Contudo, o universo de medidas aptas é demasiadamente amplo. Por exemplo, a rigor poderiam ser consideradas medidas aptas a proteger os dados pessoais, tanto uma desproporcionalmente mais custosa do que as demais quanto uma outra cuja eficácia tivesse sido confirmada e disseminada apenas após o evento danoso, mas antes da decisão judicial de responsabilidade. Mas, apesar de aptas, seriam essas medidas exigíveis, ou seja, que o agente deveria ter adotado sob pena de responsabilização? Entendemos que não.

Por outro lado, é bem mais frutífera a análise do critério de irregularidade do tratamento "quando não fornecer a segurança que o titular dele pode esperar". Mas o que isso significa exatamente? Em primeiro lugar, não é a segurança cujo fornecimento de fato se espera, mas sim aquela que se "pode esperar". No primeiro caso, seria uma mera constatação fática. No segundo, há aí um *filtro jurídico*: aquilo que, do ponto de vista jurídico, o titular está autorizado a esperar. Não se trata de qualquer expectativa de segurança, mas sim de expectativas juridicamente legítimas.[22] Vai-se trabalhar aqui, assim como se trabalha no CDC, com "legítimas expectativas de segurança". Trata-se de conceito jurídico indeterminado, "cujo sentido deve ser concretizado pelos tribunais em vista das circunstâncias do caso concreto"[23].

Um exemplo que ilustra bem os desdobramentos práticos de tal dogmática proposta é o que se testemunhou recentemente no campo da criptografia. Foi apenas mais recentemente que se desenvolveu e se disseminou a chamada criptografia assimétrica de "ponta a ponta"[24], de sorte que hoje é uma expectativa de segurança que se pode esperar dos chamados aplicativos de mensagens instantâneas. Em um passado não muito distante, em particular antes dos escândalos de espionagem "Snowden", tal tecnologia de segurança da informação não estava disseminada e, muito provavelmente, não corresponderia a uma expectativa juridicamente tutelável.[25]

---

[22] No CDC, essa questão é mais clara quando se regula responsabilidade por defeito do produto do que por defeito do serviço. No primeiro caso, o CDC prevê que "o produto é defeituoso quando não oferece a segurança que dele legitimamente se espera" (art. 12, § 1.º). No caso da responsabilidade por defeito do serviço, fala apenas que "o serviço é defeituoso quando não fornece a segurança que o consumidor dele pode esperar" (art. 14, § 1.º). Apesar da distinção, a doutrina não faz diferenciação. Em ambos os casos, entende-se que a expectativa tem de ser legítima. A LGPD inspirou-se no regramento da responsabilidade por defeito do serviço, por isso que não menciona legitimamente. Mas, da mesma forma que acontece no CDC, isso não é sinal de que as expectativas não precisam ser legítimas.

[23] REINIG, Guilherme Henrique Lima. *A responsabilidade do produtor pelos riscos do desenvolvimento*. São Paulo: Atlas, 2013, p. 30.

[24] Essa discussão é o que está no cerne da ADPF 403-SE: se as ordens de bloqueio do aplicativo WhatsApp, por franquear acesso às mensagens criptografadas dos seus usuários, gera lesão a uma série de direitos fundamentais. A esse respeito, veja-se todo o mapa das argumentações feito pelo InternetLab, disponível em: <http://bloqueios.info/pt/audiencia-publica-sobre-criptografia-e-bloqueios-do-whatsapp-argumentos-diante-do-stf/>.

[25] Na criptografia assimétrica de ponta a ponta, dois tipos de chaves são usados para cada ponta da comunicação, uma chave pública e uma chave privada. As chaves públicas estão disponíveis para qualquer outra pessoa, todos compartilham suas chaves públicas antes da comunicação. ABREU, Jacqueline de Souza, "From Jurisdictional Battles to Crypto Wars: Brazilian Courts v. WhatsApp", Columbia Journal of Transnational Law Online Edition, 17

Um outro exemplo a esse respeito, desta vez projetando um cenário futuro, será quando for escalada a chamada computação quântica.[26] Dado o aumento da capacidade de processamento de informação em termos quantitativos e qualitativos que se experimentará, consequentemente as técnicas de segurança progredirão e, em última análise, haverá a atualização do filtro jurídico hoje existente em torno do que se considera "legítima expectativa de segurança".[27]

Um segundo ponto refere-se à necessidade de delimitar esse "titular", se é a pessoa em si do caso concreto, ou um titular médio. Retornando ao referencial do direito do consumidor, como bem coloca Guilherme Reinig, referindo-se às expectativas de segurança no CDC, "para tal concretização importa, antes de tudo, especificar a perspectiva a partir da qual o juiz deve identificar as expectativas de segurança [...]. Trata-se, em outros termos, da determinação da 'titularidade' da legítima expectativa de segurança. Em linhas gerais, o problema consiste em saber se o legislador adotou um critério subjetivo ou objetivo."[28] Isto é, se vai fazer uma análise em concreto, ou em abstrato. Tendo como base a pessoa em causa, ou um grupo abstrato de pessoas.

De maneira análoga ao que ocorreu no CDC, o legislador da LGPD não é expresso em relação à solução seguida. No direito do consumidor, uma vez que o CDC trabalha com noção parecida: o produto ou serviço é defeituoso quando não oferece a segurança que o consumidor dele pode esperar (art. 14, § 1.º). A doutrina, contudo, conclui pelo critério objetivo.[29]

---

de outubro de 2016, disponível em: <http://jtl.columbia.edu/from-jurisdictional-battles-to-cryptowars-brazilian-courts-v-whatsapp/>.

[26] Em 08.01.2019 foi lançado o primeiro computador quântico de uso comercial do mundo. Contudo, estima-se um período entre cinco e dez anos para que a computação quântica passe a ser adotada nos negócios. Assim, apesar de existente, essa tecnologia não compreenderia o estado da arte da tecnologia (ou meio técnico razoável disponível, nos termos da LGPD), tornando um encargo demasiado excessivo a expectativa de sua adoção. Disponível em <https://epocanegocios.globo.com/Tecnologia/noticia/2019/02/como-computacao--quantica-vai-abalar-os-negocios-para-sempre.html>. Acesso em: 29 abr. 2020.

[27] Sobre uma discussão mais detida a esse respeito sobre as chamadas técnicas de anonimização, veja-se: BIONI, Bruno Ricardo. Compreendendo o conceito de anonimização e dado anonimizado. In: *Cadernos Jurídicos* – Direito digital e proteção de dados pessoais, Escola Paulista de Magistratura, ano 21, n. 53, janeiro-março 2020. Disponível em <https://brunobioni.com.br/wp-content/uploads/2020/04/Bioni_Anonimiza%C3%A7%C3%A3o.pdf>. Acesso em: 01 maio 2020.

[28] REINIG, op. cit., p. 30.

[29] Segundo fundamenta Guilherme Reinig, "o uso da voz passiva sintética na oração subordinada adjetiva restritiva [...], não deixa dúvida de que o legislador optou pelo critério objetivo". E complementa: "Em última instância, as legítimas expectativas de segurança são determinadas pelo chamado 'horizonte da coletividade afetada pela falta de segurança do produto' (*Horizont der durch die fehlende Produktsicherheit betroffenen Allgemeinheit*), o qual nem sempre se confunde com a perspectiva da sociedade em geral. O mencionado horizonte abrange tanto os destinatários ou consumidores do produto como os *bystanders*. Como, porém, a consideração dos interesses destes não altera significativamente os critérios de verificação da existência de defeito, não há problema algum em se apontar como titular das expectativas de segurança o consumidor médio ou ideal-típico. Nesse sentido,

Em relação à LGPD, deve-se chegar à conclusão análoga. Nesse sentido, na doutrina nacional sobre proteção de dados, Cots e Oliveira afirmam: "a análise da expectativa deverá sempre ser realizada sobre um caso concreto, utilizando a noção que se espera do homem-médio em relação a determinado tratamento de seus dados."[30]

Dessa maneira, o critério determinante para a imputação de responsabilidade é o da irregularidade do tratamento. Esse critério, por sua vez, é preenchido com base nas legítimas expectativas de segurança que um titular médio pode legitimamente esperar do tratamento de dados em questão.

3.1.3. Circunstâncias relevantes: conectando o artigo 43 ao 50 da LGPD para um juízo de culpa caso a caso

Analisam-se agora as circunstâncias relevantes para determinação da segurança que o titular médio pode esperar do tratamento de dados. O legislador elencou três circunstâncias: I – o modo pelo qual o tratamento é realizado; II – o resultado e os riscos que razoavelmente dele se esperam; e III – as técnicas de tratamento de dados pessoais disponíveis à época em que foi realizado.

Antes de mais, é importante notar o uso da terminologia "entre as quais" no *caput* do artigo 44. Trata-se, portanto, de elenco não exaustivo das circunstâncias para determinar a segurança que o titular pode esperar do tratamento de dados pessoais, bem como quando uma atividade de tratamento de dados é capaz de violar as normas de proteção de dados em sentido *lato sensu*. Trata-se de uma abertura normativa importante, na medida em que a vagueza normativa do artigo 44, em especial dos incisos I e II, pode ser preenchida por outros elementos normativos da própria LGPD.

Um possível caminho para dar densidade normativa a tais incisos é colá-los ao que preceitua o artigo 50, em especial os §§ 1º e 2º. Ao considerar que os agentes de tratamento de dados devem estabelecer mecanismos de mitigação de "riscos" das suas atividades de tratamento de dados, referidos dispositivos apontam que se deverá levar em consideração respectivamente: (i) a natureza, o escopo, a finalidade e a probabilidade e a gravidade dos riscos e dos benefícios decorrentes de tratamento de dados do titular; (ii) a estrutura, a escala e o volume de suas operações, bem como a sensibilidade dos dados tratados e a probabilidade e a gravidade dos danos para os titulares dos dados.

Dessa forma, o modo pelo qual é realizado um tratamento de dados (inciso I) e os riscos que razoavelmente dele se esperam (inciso II) são calibrados diretamente por tais variações. A estrutura normativa da LGPD parte do pressuposto de que haverá uma alta variação do potencial lesivo entre as mais diferentes atividades de tratamento de dados, o que tornará determinante avaliar-se a maneira pela qual estas devem ser executadas e os riscos que delas derivam.

Volta-se ao que foi mencionado anteriormente (tópico 1), a (in)evolução do texto da LGPD não nivela toda e qualquer atividade de tratamento de dados como

---

esta noção é um instrumento conceitual de identificação das legítimas expectativas de segurança do setor social afetado pelos riscos relacionados ao produto." (REINIG, op. cit., p. 30).

[30] COTS, Márcio; OLIVEIRA, Ricardo. *Lei geral de proteção de dados pessoais comentada*. 3. ed. São Paulo: RT, 2019, p. 186.

Cap. 18 · RESPONSABILIDADE CIVIL NA LGPD | 509

sendo de risco exacerbado. Pelo contrário, demanda-se uma análise casuística para se desdobrar um juízo de valor sobre o modo pelo qual deve ser realizado um tratamento de dados e os riscos que dele razoavelmente se esperam.

Alguns exemplos e considerações podem ser elucidativos. De um lado, é notório que dados de cartão de crédito detêm um risco maior diante do interesse de terceiros fraudadores, do que em relação a endereços de e-mail.[31] A mesma coisa com relação ao CPF do que outros dados cadastrais para fins de fraudes bancárias. De outro, é uma análise que não olha para o porte ou o tamanho do agente de tratamento de dados, mas que é voltada para a atividade de tratamento de dados em si. Por exemplo, pense-se no caso de uma empresa nascente de tecnologia, com apenas cinco colaboradores, que fornece uma solução de inteligência artificial para automatizar diagnósticos e prognósticos na área de oncologia. Para tanto, é necessário manipular um grande volume de dados sensíveis de pacientes de uma série de hospitais e laboratórios. Tal atividade de tratamento de dados é mais arriscada do que aquela praticada por uma grande rede de supermercados, com mais de quinhentos colaboradores, que não tem sequer um programa de fidelidade dos seus consumidores.

Portanto, os agentes devem ajustar suas medidas de segurança para corresponder à probabilidade e gravidade de uma violação em face dos possíveis impactos nos direitos e liberdades dos titulares dos dados. É, então, vital separar e estimar esses riscos variados e, em seguida, aplicar medidas de segurança. A política legislativa da LGPD leva em consideração que tem como objeto regulado uma plêiade de relações jurídicas e que apresentam uma multiplicidade de efeitos colaterais distintos, devendo-se investigar a culpa do agente de tratamento de dados de forma casuística.

3.1.4 Circunstâncias relevantes: as técnicas de tratamento de dados disponíveis à época (inciso III do artigo 43)

Por fim, ainda como um critério que compõe a noção de tratamento irregular, o artigo 44 dispõe que se devem levar em consideração "as técnicas de tratamento de dados pessoais *disponíveis à época* em que foi realizado". Como já apontado, a legislação consumerista inspirou a LGPD. O produto ou serviço é defeituoso quando não fornece a segurança que o consumidor dele pode esperar, levando-se em consideração as circunstâncias relevantes, como risco que razoavelmente se espera *e a época* em que foi colocado em circulação ou fornecido (art. 12, § 1º, III e art. 14, § 1º, III, CDC).

Essa previsão reflete a necessidade de se determinar um momento a partir do qual se afere a irregularidade do tratamento.[32] A questão a se responder, contudo,

---

[31] De maneira análoga, lecionando sobre segurança no tratamento de dados com base no art. 32 do RGPD, ver: MORGENROTH, Sven. *GDPR Article 32*: Security of Data Processing. Disponível em: <https://www.netsparker.com/blog/web-security/gdpr-article-32-security-data-processing/>. Acesso em: 30 mar. 2020.

[32] Essa indispensabilidade já foi reconhecida no direito do consumidor em relação ao juízo de defeito do produto ou serviço, sendo os argumentos aqui aproveitáveis. Segundo analisa Guilherme Reinig: "Diversos fatores, como o aumento das necessidades de segurança da sociedade e especialmente o desenvolvimento de novas tecnologias,

diz respeito à cognoscibilidade e exigibilidade de adoção das medidas de segurança para que elas sejam consideradas como disponíveis à época em que foi realizado o tratamento de dados. Ou seja, considera-se como disponível à época do tratamento as medidas de segurança perceptíveis e acessíveis aos agentes de tratamento de diligência comum ou média?

Em relação a essa questão, Márcio Cots e Ricardo Oliveira pontuam que "a LGPD dispõe que as técnicas de tratamento disponíveis à época devem ser consideradas. A regra é importante, especialmente porque utiliza a palavra 'disponíveis', não existentes, o que são coisas completamente diferentes." Os autores propõem, então, dois exemplos: "Imagine, por exemplo, que na Noruega esteja sendo testado um sistema de segurança extremamente eficiente, mas que ainda não está sendo comercializado fora do âmbito daquele país. Ora, o sistema existe, mas não está disponível aos controladores brasileiros. Por outro lado, suponha que após determinado tempo o sistema passe a ser comercializado no Brasil, mas pelo valor de 50 milhões de dólares a licença." Em face disso, questionam: "Isso faz com que o sistema esteja 'disponível' para os controladores brasileiros? Entendemos que não. A palavra 'disponíveis' precisa levar em consideração a possibilidade ou não de o controlador ter acesso a determinado sistema, não o simples fato de ele existir ou ser comercializado fora dos padrões econômicos do controlador sob análise."[33]

De acordo com essa leitura, o critério determinante seria o da diligência média dos agentes de tratamento. Contudo, essa posição não leva em conta que essa previsão foi inspirada em previsão análoga no CDC. Nesse diploma, é necessário verificar se o fornecedor adotou ou não as medidas necessárias para que o produtor ou serviço fornecesse a segurança que o consumidor dele pode esperar, levando-se em conta a época em que o serviço foi fornecido. Contudo, o legislador previu que a responsabilidade do fornecedor seria independentemente de culpa. O critério não é, portanto, o da diligência média do próprio fornecedor e nem a diligência de um fornecedor médio. Isso porque a diligência média do fornecedor, ou a diligência de fornecedor médio são os dois critérios tradicionais para determinar a culpa subjetiva (ou *in concreto*) e objetiva (ou *in abstracto*).

Na LGPD não há previsão de exclusão da culpa análoga a essa do CDC ("independentemente da existência de culpa"). Contudo, como a previsão da circunstância da época em que o serviço foi prestado foi o que deu origem à disposição da LGPD, é possível conceber que o critério almejado é, assim como no CDC, mais rigoroso do que o da culpa.

---

concorrem para que a segurança que legitimamente se espera do produto não seja constante, modificando-se com o passar do tempo. Por isso, é necessário o estabelecimento de um instante decisivo para a avaliação da defectibilidade do produto. Esse instante ou momento é, de acordo com o texto legal, aquele em que o produto é colocado em circulação. Se o produto corresponder à segurança que dele legitimamente se espera no mencionado instante ou momento, ele não poderá ser considerado defeituoso, ainda que haja uma posterior elevação das legítimas expectativas de segurança." (REINIG, op. cit., p. 36)

[33] COTS; OLIVEIRA, op. cit., p. 186.

3.2. Presunção de alguns dos pressupostos de responsabilidade e inversão do ônus da prova quanto aos demais

O art. 43 da Lei 13.709/2018 – LGPD prevê as excludentes de responsabilidade dos agentes de tratamento. Dessa previsão, é extraível que, em face de dano decorrente de tratamento de dados, presume-se: (i) a autoria do tratamento por parte do agente a quem o tratamento é atribuído; e (ii) a violação à legislação de proteção de dados ou irregularidade do tratamento.

Acontece que, além dessa presunção geral de dois elementos da responsabilidade civil dos agentes de tratamento, a LGPD prevê também a possibilidade de o juiz inverter o ônus da prova a favor do titular dos dados quando a alegação for verossímil, quando houver hipossuficiência ou quando a produção de provas for excessivamente onerosa (art. 42, § 2.º). Como compatibilizar?

O art. 43 implica a presunção automática de alguns elementos da responsabilidade civil, mas não de todos. Contando com essa presunção, resta ainda ao lesado, em geral, alegar e provar: (i) a realização de (algum) tratamento de dados pessoais – não sendo necessário provar que foi realizado pelo réu; (ii) o dano sofrido; e (iii) o nexo causal entre o tratamento de dados realizado e o dano.

A compatibilização entre as previsões do art. 43 e art. 42, § 2.º, é, então, a seguinte: caso a alegação da vítima seja verossímil, ou haja hipossuficiência para produção de provas, ou a produção seja excessivamente onerosa, o juiz poderá inverter o ônus da prova em relação a esses três últimos elementos. Como resultado, a vítima não precisará provar nenhum elemento da responsabilidade, ficando a cargo dos agentes de tratamento o ônus de provar a sua não ocorrência.

Uma inversão tão extremada do ônus da prova é justificada pela, igualmente dramática, hipossuficiência do titular de dados. Como observam Tarcisio Teixeira e Ruth Armelin, essa hipossuficiência torna-se "facilmente constatável quando se tem uma sociedade permeada pela cultura do Big Data, em que há uma coleta massiva de dados, muitas vezes até desnecessária." Em face dessa realidade, complementam os autores, "o titular de dados se encontra em uma posição claramente desfavorável, em que beira [a]o impossível saber quais de seus dados estão sendo tratados, de que forma isso tem sido feito e quem seriam os agentes de tratamento."[34]

Com isso, o regime jurídico da responsabilidade civil estipulado pela LGPD traz uma erosão bastante significativa dos filtros da responsabilidade civil em favor do titular dos dados. Ainda que o regime seja o de responsabilidade civil subjetiva, a culpa e autoria do agente de tratamento de dados são presumidas e, adicionalmente, pode haver a inversão do ônus da prova quanto aos demais pressupostos da responsabilidade civil.

---

[34] TEIXEIRA, Tarcisio; ARMELIN, Ruth Maria Guerreiro da Fonseca. Responsabilidade e ressarcimento de danos por violação às regras previstas na LGPD: um cotejamento com o CDC. In: LIMA, Cíntia Rosa Pereira de (Coord.). *Comentários à Lei Geral de Proteção de Dados*. São Paulo: Almedina, 2020, p. 322.

Presunção automática-legal	Presunção mediante inversão do ônus da prova em juízo
(i) a autoria do tratamento por parte do agente a quem o tratamento é atribuído; (ii) a violação à legislação de proteção de dados ou irregularidade do tratamento	Resta ao lesado provar: (i) o dano sofrido; e (ii) o nexo causal entre o tratamento de dados realizado e o dano.
(artigo 43, I e II, da LGPD)	(artigo 42, § 2º, da LGPD)

3.3. Obrigação de meio versus de resultado: a significação dos termos aptas, eficazes e eficientes

Uma última discussão importante para a definição do regime jurídico de responsabilidade civil da LGPD, é considerar se as obrigações atribuídas aos agentes de tratamento de dados são de meio ou resultado. Isto porque, na prática, no caso de uma obrigação de resultado, a não consecução do resultado almejado implica uma presunção de culpa em relação ao inadimplemento.

O princípio da responsabilidade e prestação de contas prescreve que deve haver pelos agentes de tratamento de dados pessoais a "demonstração (...) da *adoção* de medidas *eficazes* e capazes de comprovar a observância e o cumprimento das normas de proteção de dados pessoais e, inclusive, da *eficácia* dessas medidas". O dispositivo chega a ser prolixo, já que duplica o uso do termo eficazes-eficácia.

Tais adjetivos abrem margem interpretativa para considerar que a LGPD atribuiu uma obrigação de resultado, na medida em que indicam normativamente que não basta apenas adotar – para usar o verbo de ambos os dispositivos – medidas a evitar o tratamento inadequado de dados, mas, sobretudo, que tais ações sejam eficientes.

Por outro lado, o conceito de *privacy by design*,[35] previsto no artigo 46 da Lei, prevê que os "agentes de tratamento devem *adotar* medidas de segurança, técnicas e administrativas *aptas* a proteger os dados pessoais de acessos não autorizados e de situações acidentais ou ilícitas de destruição, perda, alteração, comunicação ou qualquer forma de tratamento inadequado ou ilícito".

Por sua vez, o já citado artigo 50 da LGPD prevê que a aptidão dessas medidas deve ser ajustada de acordo as características da atividade de tratamento de dados em questão, em especial "a gravidade dos riscos" que dela derivam para o titular.

Esses outros dois dispositivos parecem prescrever uma *norma de conduta* que encerra uma obrigação de meio. Isto porque enuncia-se quais elementos devem ser considerados para que um fim seja alcançado, mas sem vincular o sujeito passivo dessa obrigação à consecução deste objetivo.

---

[35] BIONI, Bruno Ricardo. Abrindo a caixa de ferramentas da LGPD para dar vida ao conceito ainda elusivo de Privacy by design. In: DE LUCCA, Newton; SIMÃO FILHO, Adalberto; LIMA, Cíntia Rosa Pereira de. (Org.). *Direito & Internet IV*: Sistema de Proteção de Dados Pessoais. São Paulo: Quartier Latin, v. 1, 2019.

Em resumo, há, mais uma vez, uma possível dubiedade na moldura normativa da LGPD quanto ao tipo de obrigação que foi alocada aos agentes de tratamento de dados. Um olhar mais focado nos adjetivos trazidos pelo princípio da responsabilidade e prestação de contas abre caminho para uma possível obrigação de resultado, enquanto os dispositivos relacionados à *privacy by design* e boas práticas indicam uma obrigação de meio que poderia, em última análise, modular o referido termo eficiência contido no referido princípio.

4. CONCLUSÃO

Ainda que a LGPD tenha esculpido um regime de responsabilidade civil subjetiva, não se pode negligenciar que as barreiras para a deflagração do dever de indenizar foram substancialmente diminuídas. Em particular diante da presunção automática-legal da culpa do lesante, a qual pode ser somada à inversão do ônus da prova em juízo quanto aos demais pressupostos da responsabilidade civil. Se isto for, ainda, combinado com uma interpretação elástica em torno da noção de tratamento irregular, especialmente quanto à obrigação dos agentes de tratamento de dados pessoais adotarem as técnicas "disponíveis à época do tratamento" que se desdobrem em um alto nível de diligência quanto ao estado da arte e da técnica como já o vem fazendo parte da doutrina consumerista, então se tornará extremamente difícil o agente de tratamento de dados afastar a sua culpa.[36]

Em poucas palavras, deve-se avançar para além da constatação binária de se o regime jurídico de responsabilidade civil da LGPD é de natureza objetiva e ou subjetiva. Isto porque, não deve haver dúvidas de que a política legislativa adotada exige a investigação em torno de um juízo de culpa dos agentes de tratamento de dados, mas, ao mesmo tempo, prescreve uma série de elementos com alto potencial de erosão dos filtros para que os agentes de tratamentos de dados sejam responsabilizados. Ainda que possa parecer paradoxal, o resultado pode ser um regime jurídico de responsabilidade civil subjetiva com uma espécie de alto grau de objetividade.

REFERÊNCIAS BIBLIOGRÁFICAS

ABREU, Jacqueline de Souza, "From Jurisdictional Battles to Crypto Wars: Brazilian Courts v. WhatsApp", Columbia Journal of Transnational Law Online Edition, 17 de outubro de 2016. Disponível em: http://jtl.columbia.edu/from-jurisdictional-battles-to-cryptowars-brazilian-courts-v-whatsapp/. Acesso em: 01 maio 2020.

---

[36] SCHREIBER, Anderson. *Novos paradigmas da responsabilidade civil*: da erosão dos filtros da reparação à diluição dos danos. 4ª ed. Atlas Jurídico: São Paulo, 2015, p. 221: "E, mesmo no Brasil, onde a matéria era tradicionalmente regida pela responsabilidade subjetiva, as cortes já recorriam a expedientes bastante objetivistas, como a presunção, tomada em sentido quase absoluto, de responsabilidade do motorista que atinge a parte traseira do automóvel alheio (...) por meio da simples adoção de parâmetros bastante elevados e rígidos de comportamento diligente, ou ainda por força de uma inversão insuperável do ônus probatório da demonstração de culpa".

ACCIOLY, Hildebrando; NASCIMENTO E SILVA, G. E. do; CASELLA, Paulo Borba. Manuel de Direito Internacional Público. 24ª ed. Saraiva: São Paulo, 2019.

BIONI, Bruno Ricardo. Compreendendo o conceito de anonimização e dado anonimizado. Cadernos Jurídicos – Direito digital e proteção de dados pessoais, Escola Paulista de Magistratura, ano 21, n. 53, janeiro-março 2020. Disponível em: <https://brunobioni.com.br/wp-content/uploads/2020/04/Bioni_Anonimiza%C3%A7%C3%A3o.pdf>. Acesso em: 01 maio 2020.

BIONI, Bruno Ricardo. Nota do coordenador. Revista do Advogado, n. 144, nov., 2019.

BIONI, Bruno Ricardo. País precisa ser competitivo em uma economia de dados. Valor Econômico, 19 jul 2018. Disponível em <https://valor.globo.com/opiniao/coluna/como-o-brasil-pode-inovar-na-protecao-de-dados-pessoais.ghtml>.

BIONI, Bruno Ricardo. Abrindo a caixa de ferramentas da LGPD para dar vida ao conceito ainda elusivo de Privacy by design. In: DE LUCCA, Newton; SIMÃO FILHO, Adalberto; LIMA, Cíntia Rosa Pereira de. (Org.). *Direito & Internet IV* – Sistema de Proteção de Dados Pessoais. São Paulo: Quartier Latin, v. 1, 2019.

BRUNO, Marcos Gomes da Silva. Da responsabilidade e do ressarcimento de danos. In: MALDONADO, Viviane Nóbrega; BLUM, Renato Opice. *LGPD*: Lei Geral de Proteção de dados comentada. São Paulo: RT, 2019.

CORDEIRO, António Menezes. *Tratado de direito civil português*, vol. II, t. III: gestão de negócios, enriquecimento sem causa, responsabilidade civil. Coimbra: Almedina, 2010.

CORDEIRO, António Barreto Menezes. Repercussões do RGPD sobre a responsabilidade civil. In: TEPEDINO, Gustavo; FRAZÃO, Ana; OLIVA, Milena Donato (coords.). Lei Geral de Proteção de Dados Pessoais e suas repercussões no Direito Brasileiro. Revista dos Tribunais: São Paulo, 2019.

CORDEIRO, António Barreto Menezes. Da responsabilidade civil pelo tratamento de dados pessoais. In: BARBOSA, Mafalda Miranda; ROSENVALD, Nelson; MUNIZ, Francisco (Coord.). *Desafios da nova responsabilidade civil*. São Paulo: Editora JusPodivm, 2019, p. 49-64.

COSTA, Luiz. Privacy and the precautionary principle. Computer Law & Security Review, 28 (2012), 14-24.

COTS, Márcio; OLIVEIRA, Ricardo. *Lei geral de proteção de dados pessoais comentada*. 3. ed. São Paulo: RT, 2019.

GUEDES, Gisela Sampaio da Cruz. Regime de responsabilidade adotado pela lei de proteção de dados brasileira. *Caderno especial LGPD*, p. 167-182. São Paulo: RT, nov. 2019.

MENDES, Laura Schertel; DONEDA, Danilo. Reflexões iniciais sobre a nova lei geral de proteção de dados. *Revista de Direito do Consumidor*, vol. 120, 2018, p. 469-483, nov.-dez. 2018.

MIRAGEM, Bruno. *Curso de direito do consumidor*. 6. ed. São Paulo: RT, 2016.

MIRAGEM, Bruno. A internet das coisas e os riscos do admirável mundo novo. Consultor Jurídico, 29 mar. 2017. Disponível em: <https://www.conjur.com.br/2017-mar-29/garantias-consumo-internet-coisas-riscos-admiravel-mundo>. Acesso em: 01 maio 2020.

MORGENROTH, Sven. *GDPR Article 32*: Security of Data Processing. Disponível em: <https://www.netsparker.com/blog/web-security/gdpr-article-32-security-data-processing/>. Acesso em: 30 mar. 2020.

MULHOLLAND, Caitlin Sampaio. Palestra no Webinar IBERC #2 – A Responsabilidade Civil na Lei Geral de Proteção de Dados. Instituto Brasileiro de Estudos em Responsabilidade Civil – IBERC, 19 set. 2019.

PINHEIRO, Patricia Peck. *Proteção de dados pessoais*: comentários à lei n. 13.709/2018 (LGPD). São Paulo: Saraivajur, 2018.

REINIG, Guilherme Henrique Lima. *A responsabilidade do produtor pelos riscos do desenvolvimento*. São Paulo: Atlas, 2013.

SCHERTEL, Laura Mendes; DONEDA, Danilo. Reflexões iniciais sobre a nova lei geral de proteção de dados. Revista dos Tribunais: Revista de Direito do Consumidor, vol. 120/2018, p. 469 – 483, Nov – Dez/2018.

SCHREIBER, Anderson. *Novos paradigmas da responsabilidade civil*: da erosão dos filtros da reparação à diluição dos danos. 4ª ed. Atlas Jurídico: São Paulo, 2015.

TASSO, Fernando Antonio. A responsabilidade civil na Lei Geral de Proteção de Dados e sua interface com o Código Civil e o Código de Defesa do Consumidor. Cadernos Jurídicos – Direito digital e proteção de dados pessoais, Escola Paulista de Magistratura, ano 21, n. 53, janeiro-março 2020. Disponível em: <https://api.tjsp.jus.br/Handlers/Handler/FileFetch.ashx?codigo=118902>. Acesso em: 01 maio 2020.

TEIXEIRA, Tarcisio; ARMELIN, Ruth Maria Guerreiro da Fonseca. Responsabilidade e ressarcimento de danos por violação às regras previstas na LGPD: um cotejamento com o CDC. In: LIMA, Cíntia Rosa Pereira de (Coord.). *Comentários à Lei Geral de Proteção de Dados*. São Paulo: Almedina, 2020, p. 297-326.

ZANATTA, Rafael A. F. Agentes de tratamento de dados, atribuições e diálogo com o Código de Defesa do Consumidor. In: *Coletânea do Instituto de Tecnologia e Sociedade sobre a Lei Geral de Proteção de Dados Pessoais*. São Paulo: Revista dos Tribunais, 2019, no prelo.

19

PERFILIZAÇÃO, DISCRIMINAÇÃO E DIREITOS: DO CÓDIGO DE DEFESA DO CONSUMIDOR À LEI GERAL DE PROTEÇÃO DE DADOS PESSOAIS

Rafael A. F. Zanatta

INTRODUÇÃO

Desde a publicação de livros como *The Black Box Society*, do jurista Frank Pasquale, *Weapons of Math Destruction*, da matemática Cathy O'Neil, e *Automating Inequality*, da cientista política Virginia Eubanks, as discussões sobre tecnologia e direito ganharam novos contornos, com um olhar muito atento a questões críticas como a opacidade de algoritmos que permeiam nossas vidas sociais, o alto impacto provocado pela crescente catalogação de comportamentos humanos, os riscos derivados da obsessão com a pontuação de grupos a partir de seu comportamento econômico, e a manutenção de desigualdades sociais provocadas por vieses na construção de bases de dados e na operação de mecanismos automatizados de coleta e processamento de dados pessoais. Tais publicações desmascararam o caráter aparentemente técnico dos debates sobre algoritmos e *profiling* – que traduzirei como "perfilização", seguindo a expressão utilizada por Marta Kanashiro e outros pesquisadores brasileiros[1] –, evidenciando a profunda conexão com questões éticas e de justiça.

Se Pasquale inaugurou o debate sobre as "caixas pretas dos algoritmos"[2] e a necessidade de novos direitos procedimentais – como o direito de requerer uma explicação, em segunda instância, sobre uma decisão automatizada e o direito de obter uma auditoria

---

[1] KANASHIRO, Marta M. Apresentação: vigiar e resistir: a constituição de práticas e saberes em torno da informação. **Ciência e Cultura**, v. 68, n. 1, p. 20-24, 2016. DOS REIS PERON, Alcides Eduardo; ALVAREZ, Marcos César; CAMPELLO, Ricardo Urquizas. Apresentação do Dossiê: Vigilância, Controle e Novas tecnologias. **Mediações-Revista de Ciências Sociais**, v. 23, n. 1, 2017, p. 11-31.

[2] PASQUALE, Frank. **The black box society: The secret algorithms that control money and information**. Harvard University Press, 2015.

externa de aspectos discriminatórios de algoritmos, como os de *credit scoring*[3] –, O'Neil fez um assombroso relato "de dentro do sistema", enquanto matemática e programadora chefe com passagens em *hedge funds* e *start-ups* nos EUA, do modo como vieses são inevitavelmente embutidos na construção de fórmulas matemáticas complexas e de alto impacto, como as que determinam o desempenho de professores em escolas públicas nos EUA ou as fórmulas utilizadas por birôs de crédito como Equifax e Experian, que pontuam a população em uma escala de 0 a 1000 utilizando milhares de pontos de dados e metodologias obscuras para determinar como uma pessoa se enquadra em um certo "grupo social" com características semelhantes a ela.[4]

Em diversos capítulos, O'Neil detalha como que sistemas de *profiling* podem levar a consequências desastrosas para milhares de pessoas. Por exemplo, um birô de crédito que tenha um sistema de perfilização enviesado por fazer com que uma pessoa que more em determinado bairro periférico e tenha certas características – idade de 20 a 30 anos, inexistência de registro de ensino superior, duas contas bancárias com baixo limite de crédito – seja automaticamente classificada como pertencente a um "certo grupo de risco"[5]. O'Neil relata casos de empresas de recrutamento (recursos humanos) que utilizam as bases de dados de birôs de crédito para seleção de pessoas que estão concorrendo a um emprego. Essas pessoas não sabem que estão sendo discriminadas e que o potencial empregador leva em consideração seu *credit scoring* (sistema de pontuação de crédito) e o "grau de risco" determinado de forma matemática, alocando a pessoa dentro de um "grupo social" estatisticamente modelado.

Um dos pontos cruciais da perfilização é que ela está mais relacionada a grupos sociais do que ao indivíduo em si, o que provoca uma tensão ainda não resolvida na matriz individualista da proteção de dados pessoais.[6] Na mesma linha de investigação de O'Neil, mas com enfoque maior em grupos sociais vulneráveis, Virginia Eubanks afirma que "a maioria das pessoas são escolhidas para escrutínio digital como membros de grupos sociais, não como indivíduos"[7]. Para Eubanks, "pessoas de cor, imigrantes, grupos religiosos, minorias sexuais, pobres, e outras populações oprimidas carregam muito mais o peso do monitoramento e rastreamento do que grupos avantajados"[8]. A

---

[3] CITRON, Danielle Keats; PASQUALE, Frank. The scored society: due process for automated predictions. **Washington Law Review**, v. 89, p. 1, 2014.

[4] O'NEIL, Cathy. **Weapons of math destruction: How big data increases inequality and threatens democracy**. Broadway Books, 2016.

[5] Posteriormente, na seção sobre cadastro positivo, retomarei a discussão sobre clusterização e as metodologias de classificação de grupos populacionais.

[6] Em outro ensaio, detalho essa tensão entre a matriz individualista e as discussões atuais sobre "coletivização da proteção de dados pessoais". ZANATTA, Rafael A. F. A proteção de dados pessoais como regulação do risco: uma nova moldura teórica?, in: **I Encontro da Rede de Pesquisa em Governança da Internet**, Rio de Janeiro, 14 de novembro de 2017. Disponível em: http://www.redegovernanca.net.br/public/conferences/1/anais/ZANATTA,%20Rafael_2017.pdf.

[7] EUBANKS, Virginia. **Automating inequality: How high-tech tools profile, police, and punish the poor**. St. Martin's Press, 2018, p. 6.

[8] EUBANKS, Virginia. **Automating inequality: How high-tech tools profile, police, and punish the poor**. St. Martin's Press, 2018, p. 7.

perfilização se beneficia daquilo que Eubanks chama de "*feedback looping* de injustiça": grupos marginalizados estão mais suscetíveis à coleta de dados pessoais pois são beneficiários de políticas sociais e estão mais vulneráveis ao monitoramento estatal. Esses dados servem para reforçar a marginalidade, quando tais grupos são alvo de algoritmos preditivos, análises de risco e sistemas automáticos de elegibilidade.

Tendo em mente esse pano de fundo – a profunda relação entre perfilização, discriminação e desigualdades –, o presente artigo centra-se em duas perguntas. Primeiro, o que significa pensar a perfilização *de um ponto de vista jurídico*? Segundo, quais as obrigações derivadas do "ato de perfilizar" de acordo com o direito brasileiro?

O argumento principal do artigo é que a perfilização é um ato sociotécnico que desencadeia uma série de obrigações jurídicas, com contornos jurídicos identificáveis na nova Lei de Proteção de Dados Pessoais (Lei 13.709/2018). A ação de "encaixar uma pessoa", a partir de seus dados pessoais, em um perfil social e inferir algo sobre ela implica em obrigações de três naturezas: (i) *informacional*, relacionada à obrigação de dar ciência da existência do perfil e garantir sua máxima transparência, (ii) *antidiscriminatórias*, relacionada à obrigação de não utilizar parâmetros de raça, gênero e orientação religiosa como determinantes na construção do perfil, e (iii) *dialógica*, relacionada à obrigação de se engajar em um "processo dialógico" com as pessoas afetadas, garantindo a explicação de como a perfilização funciona, sua importância para determinados fins e de como decisões são tomadas.

O que se pretende demonstrar é que as obrigações informacionais e antidiscriminatórias já estavam relativamente consolidadas no Brasil, em termos jurídicos, por meio do Código de Defesa do Consumidor (Lei 8.078/1990) e da Lei do Cadastro Positivo (Lei 12.414/2011). A Lei de Proteção de Dados Pessoais, na esteira da *General Data Protection Regulation* (GDPR), trouxe um elemento adicional ao adotar uma espécie de "direito à explicação" em decisões automatizadas de perfilização.[9] Chamarei essa obrigação como de "natureza dialógica", inspirada em teorias pedagógicas contemporâneas,[10] pois há nela um elemento de comunicação que não é *unidirecional*, mas uma obrigação que implica um engajamento inter-relacional que tem um certo caráter pedagógico,[11] de *explicar* como um determinado processo técnico (uma decisão automatizada baseada em perfilização) funciona. Sustento, enfim, que esse ato de explicação – chamado por doutrinadores contemporâneos de "right to explanation"[12] – tem um caráter pedagógico imposto pela própria lei. A opção, por parte do controlador, de realizar a perfilização implica, também, em assumir obrigações de níveis informacionais, antidiscriminatórias e dialógicas.

---

[9]   GOODMAN, Bryce; FLAXMAN, Seth. European Union regulations on algorithmic decision-making and a "right to explanation", 2016.

[10] SHOR, Ira; FREIRE, Paulo. What is the "dialogical method" of teaching?. **Journal of education**, v. 169, n. 3, p. 11-31, 1987. FREIRE, Paulo. **Ação Cultural: para a liberdade e outros escritos**. Editora Paz e Terra, 2014.

[11] SINGH, J. P. Paulo Freire: Possibilities for dialogic communication in a market-driven information age. **Information, Communication & Society**, v. 11, n. 5, p. 699-726, 2008.

[12] SELBST, Andrew D.; POWLES, Julia. Meaningful information and the right to explanation. **International Data Privacy Law**, v. 7, n. 4, p. 233-242, 2017.

O artigo está dividido em quatro partes. Primeiro, discute-se brevemente o conceito de perfilização utilizado cotidianamente, o conceito técnico de "perfilização automatizada", tal como definido por Mireille Hildebrandt, e o conceito jurídico definido na União Europeia. As três partes seguintes dedicam-se ao cenário jurídico brasileiro e sua formação histórica. Inicialmente, o artigo retoma as preocupações do movimento consumerista com a perfilização entre as décadas de 1960 e 1990. Posteriormente, analisa-se a construção da moldura jurídica do cadastro positivo e sua explicitação de regras antidiscriminatórias, seguindo a esteira de marcos normativos como o *Fair Credit Reporting Act*. Por fim, analisa-se a influência da *General Data Protection Regulation* – o regulamento europeu que entrou em vigor em maio de 2018 – na Lei Geral de Proteção de Dados Pessoais, identificando-se as "obrigações dialógicas" a que se refere este artigo.

1. ALINHAMENTO CONCEITUAL: O QUE É PERFILIZAÇÃO?

No dicionário de língua inglesa, *profiling* (expressão inglesa de perfilização) significa "o ato ou processo de extrapolar informação sobre uma pessoa baseado em traços ou tendências conhecidas". Na tradição da ciência da informação anglo-saxônica, a perfilização se refere ao processo de construção e aplicação de um perfil de usuário (*user profile*) gerado por análises de dados computadorizadas. No campo do direito, no entanto, há poucas definições precisas sobre perfilização. Uma exceção é o pioneiro artigo de Roger Clarke, publicado no *Journal of Law and Information Science* em 1993, que definiu a perfilização como "uma técnica em que um conjunto de características de uma determinada classe de pessoa é inferido a partir de experiências passadas e, em seguida, dados armazenados são pesquisados para indivíduos com um ajuste quase perfeito a esse conjunto de características"[13].

Além do trabalho de Roger Clarke, Mirielle Hildebrandt fez contribuições valiosas ao campo de estudos sobre perfilização ao explicar as diferenças entre "perfilização orgânica" (processos de monitoramento e reconhecimento de padrões feitos por seres vivos), "perfilização humana" (capacidade humana de construção de estereótipos como pré-condição para ação) e "perfilização automatizada" (máquinas pré-programadas para recuperar correlações inesperadas em massas de dados agregados em grandes bancos de dados). Hildebrandt define a perfilização automatizada como "um processo de descoberta de conhecimento em bases de dados, na qual a mineração de dados (*data mining*) é parte"[14].

Esse processo envolve, ao menos, seis etapas: (i) registro de dados, (ii) agregação e monitoramento de dados, (iii) identificação de padrões nos dados, (iv) interpretação de resultados, (v) monitoramento dos dados para checar resultados e (vi) aplicação de perfis (*profiles*).[15] Em um contexto de Internet das Coisas e produção massiva de

---

[13] CLARKE, Roger. Profiling: A hidden challenge to the regulation of data surveillance. **Journal of Law & Information Science**, v. 4, p. 403, 1993.

[14] HILDEBRANDT, Mireille. Defining profiling: a new type of knowledge?. In: **Profiling the European citizen**. Springer, Dordrecht, 2008. p. 58.

[15] O interessante no argumento de Hildebrandt (2008) é que as técnicas de perfilização produzem um tipo de conhecimento que difere do conhecimento clássico das ciências sociais.

dados, sustenta Hildebrandt, "as tecnologias de perfilização são o link crucial entre uma overdose de dados triviais sobre nossos movimentos, temperatura e interação com outras pessoas e coisas e um conhecimento aplicável sobre nossos hábitos, preferencias e o estado do ambiente"[16].

A "perfilização automatizada" de que fala Hildebrandt é o que esteve no cerne de preocupações dos legisladores europeus no momento de formulação da *General Data Protection Regulation* (GDPR). No capítulo conceitual da GDPR ("*General provisions*"), há definição jurídica de perfilização nos seguintes termos:

> "(4) 'profiling' means any form of automated processing of personal data consisting of the use of personal data to evaluate certain personal aspects relating to a natural person, in particular to analyse or predict aspects concerning that natural person's performance at work, economic situation, health, personal preferences, interests, reliability, behavior, location or movements".[17]

Desdobrando-se estruturalmente o conceito jurídico de perfilização na GDPR, pode-se dizer que ela é uma "forma de tratamento automatizado" que consiste no (i) uso de dados pessoais para (ii) avaliação de certos aspectos relacionados à pessoa natural, em particular (iii) a análise e predição de aspectos comportamentais. Tais aspectos comportamentais podem ser entendimentos de forma ampla, de modo a incluir performance de trabalho, situação econômica (e de crédito), saúde, preferências pessoais de consumo, interesses intelectuais, confiança social e padrões de mobilidade.

Na lógica da GPDR, a perfilização anda lado a lado com as regras sobre decisões automatizadas. No artigo 22(1), o Regulamento diz que "o titular dos dados deve ter o direito de não estar sujeito a decisões baseadas somente em processamento automático, incluindo a perfilização, que produz efeitos legais com relação a ele ou ela ou efeitos similares a ele ou ela". Essa *regra geral de proibição* pode ser contornada mediante critérios específicos, como (i) a necessidade para a performance de um contrato, (ii) a autorização de um Estado membro ou (iii) o consentimento explícito do indivíduo. Ao mesmo tempo, obriga-se que o responsável pela perfilização (i) informe ativamente o titular dos dados sobre a perfilização e a decisão automatizada, (ii) defina salvaguardas adequadas para a realização da perfilização e decisão automatizada e (iii) introduza procedimentos para que os indivíduos possam exercer seus direitos.[18]

Nas ciências sociais, o pesquisador trabalha com uma hipótese sobre o comportamento social e a testa em uma amostra populacional. No processo de "descoberta a partir dos dados" da perfilização, a hipótese emerge no processo de mineração e é testada em toda a população, não apenas em uma amostra.

[16] HILDEBRANDT, Mireille. Defining profiling: a new type of knowledge? **Profiling the European citizen**. Springer, Dordrecht, 2008. p. 61.

[17] Ver https://gdpr-info.eu/art-4-gdpr/.

[18] Ver a explicação da Information Commission Officer, do Reino Unido, sobre o tema: https://ico.org.uk/for-organisations/guide-to-data-protection/guide-to-the-general-

A Lei Geral de Proteção de Dados Pessoais (Lei 13.709/2018) não trouxe consigo um conceito jurídico de perfilização. O art. 5º da legislação brasileira traz muitos conceitos importantes – dados pessoais, dados pessoais sensíveis, tratamento, titular, controlador, operador, encarregado, anonimização, consentimento, bloqueio, consentimento, transferência internacional, relatório de impacto à proteção de dados pessoais, etc.[19] –, mas não traz um conceito específico de perfilização, diferentemente da GDPR. Também não houve, por parte do legislador brasileiro, a escolha de uma *regra geral de proibição*, podendo ser revertida mediante determinados critérios objetivos. No entanto, como será visto no artigo, a LGPD permite a inferência de um *certo conceito interpretativo* de perfilização enquanto processo automatizado de tratamento de dados que objetiva a análise e predição de comportamentos pessoais, profissionais, de consumo e de crédito.

A legislação, no entanto, usa terminologias cambiantes. Em um momento, utiliza a expressão "formação de perfil comportamental". Outra hora fala em "definição de perfil de aspectos da personalidade". Essa variação, no entanto, não impede um trabalho dogmático de limitação dos contornos conceituais da perfilização. Retomando-se os trabalhos de Roger Clarke e Mireille Hildebrandt, deve-se frisar que essa formação de perfil comportamental objetiva a *inferência* e a *descoberta de conhecimento em massas de dados*. Como ressalta Bruno Bioni em seu trabalho sobre a LGPD, "o foco não está no dado, mas no seu uso – para a formação de perfis comportamentais – e sua consequente repercussão na esfera do indivíduo"[20]. Os dados anonimizados podem ser considerados dados pessoais caso sejam utilizados para a formação de perfis comportamentais, na linha do art. 12, § 2º. O foco está nas "consequências das atividades de tratamento de dados", havendo proteção jurídica mesmo nas hipóteses de perfilização por *grouping*.[21]

Um desafio adicional na conceituação jurídica de perfilização reside na problemática das *várias formas de pensar a perfilização*, tal como destacado pelo coletivo de

---

data-protection-regulation-gdpr/automated-decision-making-and-profiling/whats-new-under-the-gdpr/.

[19] Ver os incisos do art. 5º da Lei 13.709;2018: http://www.planalto.gov.br/ccivil_03/_Ato2015-2018/2018/Lei/L13709.htm.

[20] BIONI, Bruno. **Proteção de dados pessoais: as funções e os limites do consentimento**. Rio de Janeiro: Gen, 2019, p. 80.

[21] Diz Bioni em subtópico específico sobre perfilização: "Muitas vezes, processos de decisões automatizadas valem-se desses perfis que não necessariamente identificam uma pessoa em específico, mas um grupo – *grouping*. É pelo fato de ela estar catalogada, inserida, referenciada ou estratificada nesse grupo que uma série de decisões serão tomadas a seu respeito, ainda que sem individualizá-la diretamente. (...) As expressões "determinada pessoa" ou "identificada" (...) devem ser compreendidas com relação aos desdobramentos que o tratamento de dados pode ter sobre um indivíduo, ao contrário de significá-los com os olhos voltados para a base de dados em si, especificamente se o perfil comportamental pode ser ou não atribuído a uma pessoa em específico". BIONI, Bruno. **Proteção de dados pessoais: as funções e os limites do consentimento**. Rio de Janeiro: Gen, 2019, p. 80.

acadêmicos[22] liderado por Valeria Ferraris da Universidade de Turim. Partindo do trabalho do pesquisador holandês Arnold Roosendaal, Ferraris destaca que as legislações de proteção de dados pessoais do século XX dedicavam-se à proteção jurídica da *digital persona*, mas não do *profiling*.[23] A partir da teoria semiótica desenvolvida por Charles Sanders Pierce (objeto-signo-interpretação), Roosendaal explicitou as diferenças da *digital persona* com relação à perfilização, especialmente na relação do que (i) a base de dados simboliza e (ii) a que ela se refere.

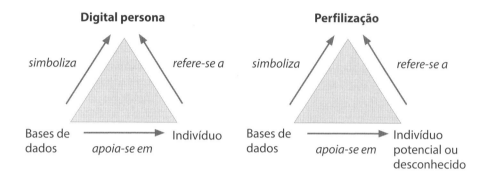

Fonte: Ferraris (2013, p. 5.)

O movimento de proteção jurídica que se cristalizou na GPDR está mais focado na perfilização, seja ela individual ou em grupo. Como sistematizado por Valeria Ferraris, essa perfilização pode ser *direta*, "utilizando dados que foram providos ou observados por um indivíduo ou grupo, utilizando tais dados para derivar, inferir ou predizer atributos desconhecidos ou comportamento futuro", quanto *indireta*, "valendo-se de dados de um grupo populacional maior e indivíduos identificados na base de atributos que emergiram da população maior"[24] (como sistemas de recomendação de músicas e vídeos).

Em síntese, pode-se concluir que há múltiplas formas de perfilização, sendo que tanto a GDPR quanto a LGPD oferecem contornos jurídicos, mais ou menos claros, para sua proteção. Nas próximas seções, será discutido como esses contornos foram construídos no Brasil e por que se pode falar em obrigações de três níveis (informacionais, antidiscriminatórias e dialógicas).

---

[22] O coletivo intitula-se "Protecting Citizen's Rights Fighting Illicit Profiling" e recebeu financiamento do "Fundamental Rights and Citizenship Programme" entre 2012 e 2013.

[23] FERRARIS, Valeria, et al. The impact of profiling on fundamental rights, Working paper, **Fundamental Rights and Citizenship Programme**, European Union, 2013. Disponível em: https://www.academia.edu/4834067/The_impact_of_profiling_on_fundamental_rights.

[24] FERRARIS, Valeria, et al. The impact of profiling on fundamental rights, Working paper, **Fundamental Rights and Citizenship Programme**, European Union, 2013, p. 3-4.

2. AS RAÍZES CONSUMERISTAS DA PERFILIZAÇÃO: A CIÊNCIA DO COMPORTAMENTO DO CONSUMIDOR E A LEGISLAÇÃO DE DEFESA DO CONSUMIDOR

Pesquisadores de ciências sociais há muitos anos se dedicam à análise de padrões de consumidores.[25] A década de 1960, com seu grande impulso ao consumo e massificação do capitalismo em níveis sem precedentes, foi o momento quando se criou agendas de pesquisa sobre *"consumer behavior"* e se estruturou uma agenda nacional sobre o tema nos Estados Unidos da América,[26] com forte impulso ao desenvolvimento de técnicas de predição do comportamento dos consumidores,[27] bem como técnicas para maximização dos retornos com marketing direcionado a grupos com padrões de consumo elevado. Além do trabalho desenvolvido por muitas universidades, o Governo Federal estadunidense investiu em financiamento de pesquisas sobre "comportamento do consumidor", a partir do impulso dado por John F. Kennedy em seu famoso discurso de 1962.[28] Na esteira do *Consumer Bill of Rights*, surgiram entidades e revistas especializadas, como a *Journal of Consumer Affairs*, que passaram a se dedicar ao problema da constante catalogação dos perfis de consumidores.[29]

A expansão das técnicas de perfilização já na década de 1960 mobilizou acadêmicos dos EUA, especialmente com relação à privacidade, informação e o direito de compreensão da existência dessas bases de dados. Em 1967, foi reportado que a *Association of Credit Bureaus of America* (ACBA) possuía mais de 110 milhões de dossiês de consumidores, emitindo quase 100 milhões de relatórios. Nesse contexto, houve uma "crescente preocupação sobre a exatidão desses relatórios, as técnicas de coleta de dados dos birôs de crédito, e a relevância das informações contidas nesses relatórios para os propósitos pelos quais eles foram requisitados"[30]. Em 1971, em estudo comissionado pela *American Civil Liberties Union*, Ralph Nader escreveu sobre "a invasão dos dossiês" nos EUA, alertando para os diversos aspectos discriminatórios e de lesão a direitos coletivos que esses dossiês poderiam ocasionar. Na época, Nader pontuou:

---

[25] STIGLER, George J. The early history of empirical studies of consumer behavior. **Journal of Political Economy**, v. 62, n. 2, p. 95-113, 1954 (revisitando a literatura de estudos econômicos sobre orçamentos familiares e padrões de consumo).

[26] Albert Hirschman, em uma obra hoje considerada clássica, foi além ao introduzir os elementos políticos nas relações de consumo por meios das categorias conceituais de "exit" e "voice". HIRSCHMAN, Albert O. **Exit, Voice, and Loyalty: Responses to decline in firms, organizations, and states**. Harvard University Press, 1970.

[27] SPROTLES, George B.; KENDALL, Elizabeth L. A methodology for profiling consumers' decision-making styles. **Journal of Consumer Affairs**, v. 20, n. 2, p. 267-279, 1986.

[28] LAMPMAN, Robert J. JFK's four consumer rights: A retrospective view. **The frontier of research in the consumer interest**, p. 19-33, 1988.

[29] MAKELA, Carole J.; STEIN, Karen; UHL, Joseph N. The American Council on Consumer Interests: Its Activities and Future Development. **Journal of Consumer Affairs**, v. 13, n. 1, p. 117-127, 1979.

[30] FINK, Varda N. Consumer Protection: Regulation and Liability of the Credit Reporting Industry. **Notre Dame Law.**, v. 47, p. 1291, 1971.

Cap. 19 · PERFILIZAÇÃO, DISCRIMINAÇÃO E DIREITOS | 525

"Quando você busca um empréstimo de dinheiro, o concedente recebe um arquivo do birô de crédito para estabelecer sua pontuação de crédito. Esse dossiê contém todos os fatos pessoais que o birô de crédito pode reunir – seu emprego, salário, tempo em que está no atual emprego, *status* marital, uma lista de seus débitos passados e atuais, seu histórico de pagamento, qualquer registro criminal, ações judiciais de qualquer tipo e registros de imóveis em seu nome. O dossiê performance e até mesmo um teste de Q.I. que você fez no ensino médio. Quando o concedente terminar de conversar com o birô de crédito, ele provavelmente saberá mais sobre sua vida pessoal que sua sogra. (...) Birôs de crédito e agências de inspeção são as maiores fontes de informações sobre indivíduos. Mas governos, escolas, empregadores e bancos também são registradores, e algumas vezes fornecedores, de informação"[31].

Além de Nader – um incansável ativista dos direitos dos consumidores –, Arthur Miller, da Universidade de Harvard, questionou os direitos de privacidade individual que os cidadãos teriam diante de empresas especializadas em análise de perfis de consumidores.[32] Aos poucos, nos EUA, sedimentou-se um debate sobre o risco dos "dossiês" na vida americana,[33] a impossibilidade de registros de certos tipos de informações e a necessidade de direitos básicos de acesso, informação e transparência.

Um divisor de águas no debate estadunidense foi a atuação política do Senador William Proxmire (Partido Democrata), que, em maio de 1969, organizou um conjunto de audiências públicas sobre um projeto de lei de regulação dos "mercadores da informação", que ele intitulou de *Fair Credit Reporting Act*. Proxmire havia identificado um conjunto de preocupações com os dossiês de consumidores detidos pelos birôs de crédito, em especial três:

1) *Informações imprecisas*: decorrentes de erros encontrados na forma como relatórios de crédito eram elaborados, incluindo registros de fatos de uma pessoa em fichas de outras, informações enviesadas, registros de fofocas e elementos maliciosos, erros de computadores e informações incompletas;

2) *Dificuldades em corrigir registros incorretos*: o Senador Proxmire investigou as dificuldades de consumidores em corrigir informações erradas, os inúmeros custos de correção, os bloqueios e obstáculos impostos pelos birôs de crédito, e as dificuldades de correção de informações que já haviam sido transmitidas para terceiros; e

3) *Informações irrelevantes*: incluindo informações sobre prisões e crimes de pequena ofensa cometidos há muito tempo, informações sobre

---

[31] NADER, Ralph. "The Dossier Invades the Home", in: NADER, Ralph. **The Ralph Nader Reader**. Seven Stories Press, 2000, 407.

[32] MILLER, Arthur R. Computers, Data Banks and Individual Privacy: An Overview. **Columbia Human Rights Law Review**, v. 4, p. 1, 1972.

[33] RULE, James; CAPLOVITZ, David; BARKER, Pierce. The dossier in consumer credit. **On Record: Files and Dossiers in American Life,** edited by S. Wheeler. New York: Russell Sage Foundation, p. 143-75, 1969.

sexualidade, escolhas morais do consumidor e características relacionadas ao estilo de vida;[34]

Durante as audiências realizadas por Proxmire, Alan Westin, diretor do *Center in American Liberties* da Universidade de Columbia e autor do influente livro *Privacy and Freedom* (1967),[35] destacou que os remédios tradicionais da *common law* eram insuficientes para lidar com os problemas gerados pela indústria de fichas de crédito. Os tribunais estadunidenses entendiam que o cidadão só teria direito de obter acesso às informações constantes de um banco de dados privado se houvesse demonstração de danos de antemão. Para Westin, uma "sociedade baseada em dossiês e registros" – uma tendência inevitável em razão do avanço das tecnologias da informação – demandaria um direito regulatório de matriz econômica e consumerista, indo além do estímulo à responsabilização civil pelos instrumentos tradicionais do *tort law*. Em audiência pública no Congresso, Westin afirmou:

> "Para que tal sistema funcione, eu acho que é necessário para sua aceitação que uma pessoa que tenha acesso ao seu arquivo concorde em não processar a empresa caso encontre um erro. Isso pode parecer uma imunização dos birôs de crédito em caso de erros, mas eu acho que o objetivo primário de nossa sociedade, na era do aprofundamento de julgamentos sobre indivíduos baseados em dossiês, é garantir o acesso aos arquivos e a correção de erros, ao invés de promover um método tradicional de responsabilidade por meio da ação de reparação [*responsibility-through-damage-suit*]"[36]

A preocupação de Westin era o desenvolvimento de regras federais de acesso e controle de dados usados por birôs, incluindo um elemento de justiça (*fairness*) no modo como os dados poderiam ser tratados por computadores, em vez de manter uma espécie de "acesso à justiça" para uma pequena elite capaz de contratar advogados e levar casos à justiça.[37]

---

[34] HARPER, Jim. Reputation Under Regulation: the Fair Credit Reporting Act at 40 and lessons for the Internet privacy debate, **Policy Analysis**, n. 690, december, 2011, p. 5. Disponível em: https://object.cato.org/sites/cato.org/files/pubs/pdf/PA690.pdf.

[35] *Privacy and Freedom* foi escrito por encomenda do "Comitê Especial de Ciência e Direito" da Ordem dos Advogados de Nova Iorque, com apoio financeiro da Carnegie Corporation. É um dos livros canônicos da teoria contemporânea de privacidade. WESTIN, Alan F. **Privacy and Freedom**. New York: Atheneum, 1967. No Brasil, Danilo Doneda foi um dos primeiros a discutir sua obra em profundidade. Ver DONEDA, Danilo. **Da Privacidade à Proteção de Dados Pessoais**. Rio de Janeiro, Renovar, 2006, p. 14-15.

[36] HARPER, Jim. Reputation Under Regulation: the Fair Credit Reporting Act at 40 and lessons for the Internet privacy debate, **Policy Analysis**, n. 690, December, 2011, p. 20. Disponível em: https://object.cato.org/sites/cato.org/files/pubs/pdf/PA690.pdf.

[37] Para uma crítica a esse fenômeno (judicialização e acesso por uma elite) no Brasil, mais especificamente no campo da saúde, ver FERRAZ, Octavio Luiz Motta. Harming the poor through social rights litigation: lessons from Brazil. **Texas Law Review**, v. 89, p. 1643, 2010.

Consolidou-se, no *Fair Credit Reporting Act*,[38] um conjunto de direitos básicos aos consumidores, como (i) o direito de acesso às fontes das informações constantes em bancos de dados detidos por birôs de crédito, (ii) o direito de saber se informações nos arquivos foram usadas por terceiros para "ação adversa contra a pessoa", (iii) o direito de obter uma abertura do arquivo gratuita (*file disclosure*) uma vez por ano e quantas vezes for necessário em condições específicas (se a pessoa foi vítima de roubo de identidade, se é beneficiária de assistência pública, se está desempregada), (iv) o direito de saber qual a pontuação de crédito (*credit score*) derivada do banco de dados, (v) o direito de contestar uma informação incompleta ou incorreta, (vi) o direito de remover ou corrigir informações incorretas em 30 dias, (vii) o direito de não ter informação negativa computada por mais de sete anos.[39]

O debate em torno do *Fair Credit Reporting Act* nos Estados Unidos da América, em especial as discussões no campo consumerista promovidas por Ralph Nader, Arthur Miller e Alan Westin – entre muitos outros –, influenciaram os trabalhos de juristas brasileiros que se encarregaram de elaborar o Código de Defesa do Consumidor após a bem-sucedida campanha de inclusão da "proteção ao consumidor" como mandamento da Constituição Federal de 1988.[40] O desdobramento concreto desse debate se materializou no artigo 43 do CDC.[41]

O art. 43 do CDC cristalizou seis regras básicas com relação aos bancos de dados de consumidores. Primeiro, que o consumidor tem direito de acesso *às informações existentes* sobre ele, "bem como as respectivas fontes". Segundo, que os cadastros de consumidores devem ser verdadeiros e devem ter "linguagem de fácil compreensão". Terceiro, que a abertura dos registros e fichas de consumo "devem ser comunicadas ao consumidor". Quarto, que o consumidor possui o direito de corrigir informações inexatas, devendo o arquivista comunicar as alterações "aos eventuais destinatários" no prazo de "cinco dias úteis". Quinto, que as informações negativas sobre consumidores (*e.g.* registro de dívidas e contas não pagas) não podem ser registradas "a período superior a cinco anos".[42] Sexto, que os "bancos de dados e cadastros relativos a consumidores e os serviços de proteção ao crédito" são considerados "entidades de caráter público".

---

[38] O FCRA foi assinado em outubro de 1970. O projeto foi elaborado para adicionar um capítulo VI ao *Consumer Credit Protection Act* de 1968.

[39] Para um guia sobre a FCRA preparado pela *Consumer Financial Protection Bureau*, ver: https://www.consumer.ftc.gov/articles/pdf-0096-fair-credit-reporting-act.pdf.

[40] Para uma excelente análise do Fair Credit Report Act na doutrina brasileira de defesa do consumidor, ver BESSA, Leonardo Roscoe. **Cadastro positivo: comentários à Lei 12,414, de 09 de junho de 2011**. Editora Revista dos Tribunais, 2011.

[41] Cf., por exemplo, RIOS, Josué. **A defesa do consumidor e o direito como instrumento de mobilização social**. Mauad Editora Ltda, 1998. EFING, Antônio Carlos. **Bancos de dados e cadastro de consumidores**. Editora Revista dos Tribunais, 2002. MALHEIROS, José Eduardo. **Banco de dados e cadastro de consumidores–artigos 43/45**. Dissertação de Mestrado. Pontifícia Universidade Católica de São Paulo, 2007.

[42] Nota-se que os prazos de utilização de informação negativa e de correção de informações incorretas são mais rigorosos no Brasil do que nos EUA, da perspectiva de proteção ao consumidor.

Além da inclusão de uma seção específica sobre "bancos de dados e cadastros de consumidores"[43], o Código de Defesa do Consumidor deu, nos dizeres de Antonio Herman Benjamin, "tratamento penal a certas desconformidades existentes nos arquivos de consumo". Diz Benjamin acerca do direito penal econômico relacionado aos bancos de dados de consumidores:

> "Os arquivos de consumo são uma novidade da sociedade de massa, baseada no anonimato do consumidor e na utilização massiva de crédito. Mas se os arquivos de consumo por um lado facilitam enormemente o crédito ao consumidor, por outro trouxeram uma invasão de sua privacidade e, com ela, inúmeros abusos. No plano cível, o CDC procurou disciplinar a matéria, no capítulo das práticas comerciais (Capítulo V). O art. 72 é, sem dúvida, a contraface penal do art. 43, *caput*, e de seu parágrafo primeiro. Ambos asseguram o 'direito de acesso' do consumidor aos arquivos de consumo. (...) É evidente que o acesso ao consumidor não é ao arquivo de consumo em si e *per se*, mas às informações que sobre ele constem"[44].

Apesar de não tratar especificamente de perfilização, o Código de Defesa do Consumidor, ao tratar de bancos de dados de consumidores e a indústria de "fichas" ou "dossiês" de consumidores, assegurou direitos básicos de acesso, informação e *accountability* sobre os arquivos de consumo. Conforme descrito no *Manual de Direito do Consumidor* preparado pelo Ministério da Justiça em 2014, "qualquer pessoa pode dirigir-se ao banco de dados de proteção ao crédito e, após se identificar, exigir que seja informada sobre a existência ou não de registros em seu nome. Havendo qualquer inscrição, o consumidor tem direito de saber o conteúdo dos dados, bem como a indicação da respectiva fonte"[45].

Esses mesmos direitos de acesso, informação e retificação foram assegurados aos consumidores no caso de formulação de "sistemas de pontuação de crédito", conforme decisão paradigmática do Superior Tribunal de Justiça em 2014. No julgamento do Recurso Especial 1.419.697/RS – objeto da primeira audiência pública da história do STJ –,[46] o ministro Paulo de Tarso Sanseverino decidiu que os sistemas de

---

[43] Antonio Herman Benjamin afirma que "o vocábulo banco de dados carreia a ideia de informações organizadas, arquivadas de maneira permanente em estabelecimento outro que não o do fornecedor que diretamente lida com o consumidor; ali ficam, de modo latente, à espera de utilização. A abertura do arquivo no banco de dados nunca decorre de solicitação do consumidor. Muito ao revés, é inteiramente feita à sua revelia". BENJAMIN, Antonio Herman. **Código de Defesa do Consumidor**. 5a edição. Rio de Janeiro: Forense, 1997, p. 359.

[44] BENJAMIN, Antonio Herman. Crimes de Consumo no Código de Defesa do Consumidor, in: **Direito do Consumidor**. 3a ed. São Paulo: Revista dos Tribunais, 1992, p. 248.

[45] BESSA, Leonardo; FAIAD, Walter Moura. **Manual de Direito do Consumidor**. Ministério da Justiça: Secretaria Nacional do Consumidor, 2014, p. 192. Disponível em: http://www.defesadoconsumidor.gov.br/images/manuais/manual-do-direito-do-consumidor.pdf.

[46] Para uma análise crítica da audiência, ver: ZANATTA, Rafael; GLEZER, Rubens. Atraso regulatório para a proteção de dados pessoais, **Estado de São Paulo**, Supremo em Pauta, 02/10/2014.

pontuação de crédito, mesmo não sendo "banco de dados" em sentido estrito, devem ser tratados com o máximo de transparência e boa-fé na relação com os consumidores, aplicando-se os princípios do Código de Defesa do Consumidor e os direitos básicos do art. 5º da Lei 12.414/2011. As pontuações de crédito – notas que vão de 0 a 1000, construídas por modelagem estatística – são lícitas, mas devem respeito à privacidade e à transparência. Conforme firmado pelo STJ, a utilização do sistema de pontuação de crédito por uma pessoa jurídica implica em assumir obrigações e deveres básicos, como a obrigação de informar quais os dados para composição do *score*, se houver requerimento do consumidor. Conforme estudo técnico realizado pelo Instituto Brasileiro de Defesa do Consumidor, o ministro Sanseverino afirmou nesse precedente que:

> "existem princípios gerais para o tratamento de dados pessoais, que incluem (i) o direito de acesso às informações pessoais; (ii) o direito de modificar dados imprecisos; (iii) a ideia de que os dados pessoais devem ser coletados para fins legítimos; (iv) a exigência de que os dados sejam verdadeiros, precisos, objetivos, relevantes e não excessivos, (v) o princípio de que há prazos razoáveis para a utilização desses dados. A decisão também reconheceu o direito fundamental da 'boa-fé' nas relações de consumo, que se aplica aos sistemas de pontuação de crédito. O prestador do serviço deve cumprir cinco deveres reconhecidos pelo sistema jurídico brasileiro após a Lei 12.414/2011: (i) dever de veracidade, (ii) dever de clareza, (iii) dever de objetividade, (iv) a proibição de uso de informações excessivas e (v) a proibição do uso de informações sensíveis".[47]

Enfim, nota-se uma conexão entre as discussões sobre os direitos básicos dos consumidores diante da disseminação dos "dossiês" para fins de crédito nos EUA, os direitos básicos relacionados a arquivos de consumo no Código de Defesa do Consumidor e o reconhecimento jurisprudencial, no Brasil, sobre as obrigações de boa-fé e de informação com relação aos dados utilizados tanto em banco de dados quanto em metodologias de avaliação de risco, como os sistemas de pontuação.

3. A DISCUSSÃO SOBRE DECISÕES AUTOMATIZADAS E PERFILIZAÇÃO NO ÂMBITO CREDITÍCIO: AS REGRAS DA LEI DO CADASTRO POSITIVO

Por muitos anos, o Código de Defesa do Consumidor foi uma das poucas legislações a trazer normas específicas sobre coleta de dados pessoais e formação de "fichas" e "arquivos de consumo". Outras normas setoriais, como a Lei Geral de Telecomunicações, trouxeram normas específicas sobre privacidade e proteção de dados em setores regulados, mas pouco se avançou em termos legislativos com relação a cadastros e perfilizações. Em 2011, esse cenário mudou com a aprovação da Lei 12.414, que trouxe normas específicas para regulação do chamado "cadastro positivo".

---

[47] ZANATTA, Rafael. **Pontuação de Crédito e Direitos dos Consumidores: o desafio brasileiro**. São Paulo: Instituto Brasileiro de Defesa do Consumidor, 2017, p. 15.

Conforme argumentado por muitos acadêmicos que estudaram a Lei 12.414 em profundidade,[48] a Lei do Cadastro Positivo trouxe um rol bastante completo e inovador de direitos básicos aos cadastrados, com uma preocupação muito além do acesso à informação e os direitos de retificação. Em sua tese de doutoramento sobre os aspectos jurídicos do Cadastro Positivo, Leonardo Bessa identificou uma crescente tendência de análises e de juízos de valor a partir de um "perfil digital" e os problemas daí decorrentes, incluindo "transferências não autorizadas", "tratamento discriminatório" e "acesso a informações que integram dados sensíveis"[49].

Como argumentado por Bessa, a ideia de um cadastro de "bons pagadores", gerido por birôs de crédito como Serasa Experian e BoaVista SCPC, foi recepcionada dentro de alguns limites jurídicos relacionados a informações excessivas e sensíveis:

> "As vedações de informações sensíveis e excessivas visam mitigar a potencialidade ofensiva dos bancos de dados ao direito à privacidade. O dispositivo, que merece elogios, recebeu influência da Diretiva 95/46 da União Europeia. O art. 6º da Diretiva estipula que os dados devem ser adequados, pertinentes e *não excessivos* em relação ao propósito para os quais foi colhido. Mais à frente, no art. 8º, a Diretiva prescreve que os Estados-membro da União Europeia proibirão, com algumas exceções, o tratamento dos dados sensíveis, que são aqueles reveladores de origem racial ou étnica, opiniões políticas, convicções religiosas ou filosóficas, filiação sindical, estado de saúde e opções sexuais. (...) A Lei 12.414/2011 veda o tratamento de informações excessivas. Se pode ser verdadeiro, sob a ótica econômica, quanto mais informações melhor é a avaliação de crédito (*more is better*), para o direito, para proteção jurídica da privacidade, é fundamental restringir, tanto no tempo, como na qualidade e quantidade, as informações que circulam pelos bancos de dados de proteção ao crédito"[50].

Além de sedimentar o consentimento como base para o ingresso nas relações contratuais que estruturam o cadastro positivo – em uma dimensão consumidor-birô de crédito –, a legislação brasileira inovou ao trazer uma dupla preocupação para dentro do sistema jurídico com relação aos tipos de dados que poderiam ser utilizados. Primeiro, uma preocupação de que a perfilização para fins de crédito não pode conter informações relacionadas à "origem social e étnica, à saúde, à informação genética, à orientação sexual e às convicções políticas, religiosas e filosóficas" (art. 3º, § 3º, II). Segundo, uma preocupação com o uso de dados que pudessem ser "excessivos", ou seja, não diretamente relacionados ao histórico de crédito e cumprimento de

---

[48] BESSA, Leonardo Roscoe. **Cadastro positivo: comentários à Lei 12,414, de 09 de junho de 2011**. Editora Revista dos Tribunais, 2011.

[49] BESSA, Leonardo Roscoe. **Cadastro positivo: comentários à Lei 12,414, de 09 de junho de 2011**. Editora Revista dos Tribunais, 2011, p. 55.

[50] BESSA, Leonardo Roscoe. **Cadastro positivo: comentários à Lei 12,414, de 09 de junho de 2011**. Editora Revista dos Tribunais, 2011, p. 93-94.

obrigações financeiras de uma pessoa. Por exemplo, seria razoável permitir a análise de metadados do tipo de celular utilizado por uma pessoa (se é iPhone ou Samsung, ou se o aparelho está conectado em uma rede 4G ou em um Wi-Fi Público) para poder inferir se ela é uma "boa pagadora"?

A legislação brasileira diz que não. É vedado, ao birô de crédito, ir além das informações relativas ao cumprimento de obrigações financeiras – pagamentos de contas bancárias, contas de serviços essenciais, utilização de créditos rotativos etc. – para a organização de um sistema de pontuação de crédito, especialmente se ele estiver atrelado ao sistema do Cadastro Positivo.

Além dessa limitação com relação ao tipo de informação que pode ser utilizada, a Lei do Cadastro Positivo (Lei 12.414/2011) foi pioneira na afirmação de um *direito de revisão de decisões exclusivamente automatizadas*, já considerando a existência de um amplo sistema de "clusterização" e de perfilização para fins de crédito iniciado na década de 1970.[51] Diz o art. 5º da Lei do Cadastro Positivo:

> "Art. 5º São direitos do cadastrado:
>
> I – obter o cancelamento do cadastro quando solicitado;
>
> II – acessar gratuitamente, independentemente de justificativa, as informações sobre ele existentes no banco de dados, inclusive seu histórico e sua nota ou pontuação de crédito, cabendo ao gestor manter sistemas seguros, por telefone ou por meio eletrônico, de consulta às informações pelo cadastrado;
>
> (...)
>
> VI – **solicitar ao consulente a revisão de decisão realizada exclusivamente por meios automatizados**; e
>
> VII – ter os seus dados pessoais utilizados somente de acordo com a finalidade para a qual eles foram coletados". (Grifos nossos).

---

[51] No livro "The Attention Merchants", Tim Wu explica como que o sociólogo Jonathan Robbin desenvolveu um sistema de clusterização que se popularizou no mercado, sendo hoje amplamente usado por empresas como Serasa Experian: "Working with public data censos data, and the relatively new Zone Improvement Plan (ZIP) cods created by the Post Office, Robbin would produce his great masterpiece by 1978. He called it the "Potential Ratings in ZIP Markets" system, or PRIZM. PRIZM sorted the entire population of the United States into forty subnations, or 'clusters', each with a set of exact geographical locations. With PRIZM, a new reality revealed itself to Robbin: there was no United States, but forty distinctive nations all calling the same continent home. (...) What defined these forty nations? Based on the census data, Robbin identified thirty-four factors that he determined accounted for 87 percent of the variation across the United States. These did include race, income, and the like, but not acting alone. Rather, such markets tended to aggregate and follow the same pattern in similar places. Robbin programmed his computers to profile tens of thousands of new zip codes, sorting the results into these clusters of like-minded areas, each of which he assigned an evocative name, like the 'Bohemian Mix', 'Shotguns & Pickups', or 'Young Suburbia'. WU, Tim. **The Attention Merchants**. New York: Alfred Knopp, 2016, p. 172.

Muitos enxergam, nessa legislação de 2011, a raiz para as regras sobre decisões automatizadas e perfilização na Lei Geral de Proteção de Dados Pessoais em 2018. Renato Leite Monteiro, Maria Cecília Gomes e Bruno Bioni, em texto produzido para a *International Association of Privacy Professionals* (IAPP), fazem uma comparação com do art. 20 com as regras da GDPR, identificando no art. 5º da Lei do Cadastro Positivo um padrão normativo que foi adaptado para a legislação de proteção de dados pessoais:

> "O direito de uma revisão por uma pessoa natural de tomada de decisão automatizada que impacta os titulares de dados (Art. 22) não é novo para o sistema legal brasileiro. Ele foi fornecido em relação aos modelos de *credit scoring* pela Lei do Cadastro Positivo juntamente com o direito à explicação, que incluiria não apenas os dados usados pelo algoritmo, mas também os critérios usados para processamento, limitados ao sigilo comercial e levando em consideração direito de propriedade intelectual. Essa estrutura foi totalmente copiada pela LGPD, mas aplicável para processamento de dados para qualquer finalidade. No entanto, comparado com o GDPR, o impacto sobre o titular dos dados é presumido quando a tomada de decisão automatizada se baseia na criação de perfis (*profiling*), e não há limitação para situações em que os dados foram fornecidos por consentimento".[52]

A inovação jurídica da Lei do Cadastro Positivo não foi uma proibição geral à perfilização, mas sim a atribuição de um direito de revisão automatizada que permite a fruição do direito de não discriminação previsto no art. 3º. Nesse sentido, o direito de revisão de decisão automatizada é instrumental para a identificação de potenciais violações de direitos, como, por exemplo, a atribuição de uma gradação elevada de pontuação em uma metodologia de análise de risco que considere o CEP da pessoa, como é o caso-padrão em sistemas utilizados por Serasa Experian e SPC Boa Vista. É por meio do direito básico do art. 5º, VI, que, teoricamente, um cidadão cadastrado pode identificar se, mesmo com um hábito regular de pagamentos de contas e higidez financeira, ele está sendo discriminado "em grupo" por morar em bairro periférico de São Paulo (o que levaria o sistema de clusterização usado pelo birô de crédito a *inferir* que aquela pessoa possui um risco mais elevado de crédito pelo simples fato de residir em uma localização onde, de acordo com análise estatística, há um grande número de "maus pagadores").

O posicionamento firmado pelo Superior Tribunal de Justiça, em especial o precedente do Ministro Paulo de Tarso Sanseverino no Recurso Especial nº 1.419.697, caminha nesse sentido de interpretação. É evidente que os birôs de crédito podem criar metodologias de análise de risco dentro e fora do Cadastro Positivo – há liberdade empresarial para criação de diferentes metodologias de análise de risco –, porém os entes privados precisam assumir compromissos de

---

[52] BIONI, Bruno; LEITE MONTEIRO, Renato; OLIVEIRA, Maria Cecília. GDPR Matchup: Brazil's General Data Protection LAW, **IAPP**, 04/10/2018. Disponível em: https://iapp.org/news/a/gdpr-matchup-brazils-general-data-protection-law/ (original em inglês).

Cap. 19 · PERFILIZAÇÃO, DISCRIMINAÇÃO E DIREITOS | 533

(i) *garantia de informação* sobre quais dados compõem as bases do sistema de pontuação e (ii) *não discriminação abusiva*, podendo ser responsabilizadas civilmente por danos morais (de forma objetiva) pelo fato de utilizarem informações sensíveis e informações excessivas.[53]

Construiu-se, tanto no plano legislativo quanto no plano jurisprudencial, um arcabouço interpretativo caso a caso que permite identificar violações de direito por práticas discriminatórias abusivas, reforçando o espírito de legislações protetivas anteriores à Lei de Proteção de Dados Pessoais como o *Fair Credit Reporting Act*, o Código de Defesa do Consumidor e a Lei do Cadastro Positivo.

4. O "CARÁTER DIALÓGICO" DA LEI DE PROTEÇÃO DE DADOS PESSOAIS COM RELAÇÃO À PERFILIZAÇÃO E DIREITO À EXPLICAÇÃO

A Lei Geral de Proteção de Dados Pessoais (Lei 13.709/2018) foi construída a partir de um longo processo de maturação política e de consultas multissetoriais. Além de passar por duas consultas públicas, a harmonização entre o Projeto de Lei 4.060/2012 e o Projeto de Lei 5.276/2016 ocorreu por meio de dois anos de discussão na Comissão Especial para Tratamento e Proteção de Dados Pessoais, entre os anos de 2016 e 2018, liderada pelo Dep. Orlando Silva (PCdoB/SP) e outros parlamentares.[54]

Esse processo de harmonização de dois projetos também foi impactado pela *General Data Protection Regulation* (GDPR), texto legal que se tornou uma espécie de "referência padrão" para a LGPD.[55]

No entanto, apesar das enormes influências que a GDPR possa ter gerado no texto final apresentado pelo Dep. Orlando Silva na Câmara dos Deputados em 2018, as partes que tratam especificamente de "perfilização" no texto europeu não foram integralmente recepcionadas no texto brasileiro. Uma rápida leitura dos dois textos legais evidencia que a lei brasileira é *menos restritiva* com relação à perfilização do ponto de vista de (i) ausência de um conceito jurídico expresso e (ii) ausência de uma norma geral proibitiva ao *profiling*, como ocorre na União Europeia.

A GPDR afirma que o titular dos dados (*data subject*) possui um *direito de não se submeter à decisão exclusivamente automática incluindo o profiling* (GDPR,

---

[53] Sobre o precedente e as razões de decisão, ver GARCIA, Ricardo Lupion. O caso do Sistema Credit Scoring do Cadastro Positivo. **Revista da Ajuris**, 2015. COLAÇO, Hian Silva; SAMPAIO, Carolina Vasques. Direito à Autodeterminação Informativa no Mercado de Créditos: Análise Econômica do Cadastro Positivo de Dados no RESP 1419697/RS. **Revista de Direito, Governança e Novas Tecnologias**, v. 2, n. 2, p. 158-177, 2016.

[54] Sobre a tramitação, ver ZANATTA, Rafael A. F. "A nova batalha em torno da proteção de dados pessoais no Brasil: o que defendem diferentes atores?", in: CGI, **Pesquisa TIC Domicílio**. São Paulo, 2017, p. 83-91. Disponível em: https://www.researchgate.net/publication/322581080_A_nova_batalha_em_torno_da_protecao_de_dados_pessoais_no_Brasil_o_que_defendem_novos_atores

[55] WILKINSON, Steve. Brazil's new General Data Protection Law. **Journal of Data Protection & Privacy**, v. 2, n. 2, p. 107-115, 2018.

artigo 22, 1). Já a legislação brasileira adota uma postura diversa. A LGPD não predispõe que o titular dos pessoais possui o direito de não ser submetido à decisão automatizada incluindo a perfilização. Ela dispõe que, se a perfilização acontecer, o titular dos dados pessoais *passa a dispor de um conjunto de direitos*.

Na hipótese de dados anonimizados serem utilizados para a formação de perfil comportamental de determinada pessoa natural, *se identificada* (art. 12, § 2º), a legislação equipara o nível de proteção jurídica aos garantidos aos dados pessoais. Com isso, *destrava-se toda a sistemática dos direitos básicos dos titulares que fala o art. 18*, incluindo o direito de confirmação de existência de tratamento, o acesso, a correção, a informação de quais entes públicos e privados possuem acesso compartilhado dos dados, revogação do consentimento, entre outros.

Essa preocupação com as consequências da perfilização – e a importância de garantia de um conjunto de direitos – ficou notável no próprio relatório do Dep. Orlando Silva (PCdoB/SP), responsável pela apresentação dos trabalhos finais da Comissão Especial de Tratamento e Proteção de Dados Pessoais:

> "O conhecimento de marcadores genéticos pode ajudar no desenvolvimento da medicina, mas a informação também poderia ser manipulada para encarecer ou alijar pessoas do acesso ao trabalho, a planos de saúde ou outros serviços. Dados locacionais adquiridos por aplicativos de trânsito podem ser repassados para seguradoras para traçar o perfil de motoristas e permitir a oferta de produtos mais baratos, mas também poderiam ser utilizados para negar cobertura a moradores de determinadas ruas ou regiões. (...) Redes de comércio varejista, autoridades de segurança pública, partidos políticos e as mais diversas associações podem igualmente estar recebendo diversos dados do perfil de internautas, usuários de telefonia ou telespectadores, e tomando decisões que afetam diretamente as vidas dessas pessoas. Em tempos em que cada pessoa possui um rastro digital praticamente impossível de ser apagado, é certo que o uso indevido ou o vazamento dessas informações poderá causar danos irreparáveis aos indivíduos e à coletividade".

Essa foi uma das tônicas de "amarração" do art. 13, § 2º. Além dos direitos básicos assegurados aos titulares – aqueles relacionados ao acesso, à oposição, à portabilidade e a exclusão –, a Lei Geral de Proteção de Dados Pessoais criou também uma espécie de "direito à explicação" no caso de a perfilização ocorrer de mãos dadas com a decisão automatizada. O relatório "Existe um direito à explicação na Lei Geral de Proteção de Dados Pessoais?" publicado pelo jurista Renato Leite Monteiro, em publicação patrocinada pelo *think tank* Instituto Igarapé.[56] Com base em uma leitura sofisticada da GDPR em confluência com a LGPD, bem como os trabalhos teóricos de Frank Pasquale, Monteiro argumenta que:

---

[56] MONTEIRO, Renato Leite. Existe um direito à explicação na Lei Geral de Proteção de Dados Pessoais?, Instituto Igarapé, **Artigo Estratégico nº 39**, Dezembro de 2018.

"a LGPD garante aos indivíduos o direito de ter acesso a informações sobre os tipos de dados pessoais seus são utilizados para alimentar algoritmos responsáveis por decisões automatizadas. Caso o processo automatizado tenha por finalidade formar perfis comportamentais ou se valha de um perfil comportamental para tomar uma decisão subsequente, essa previsão também incluirá o acesso aos dados anonimizados utilizados para enriquecer tais perfis. Esse direito inclui ainda a possibilidade de conhecer os critérios utilizados para tomar a decisão automatizada e de solicitar a revisão da decisão por um ser humano quando esta afeta os interesses dos titulares. Pela lei, os direitos à explicação e à revisão de decisões automatizadas podem ser usufruídos em qualquer tipo de tratamento de dados pessoais, independentemente do setor ou do mercado"[57].

A análise de Monteiro, que também encontra respaldo no trabalho de Bruno Bioni,[58] é correta e explicita que, nas hipóteses de perfilização, existe uma certa *obrigação dialógica* de explicar o funcionamento de algo, de *estabelecer uma relação* com o titular dos dados – a pessoa que sofre o processo de catalogação e de análise de "dados inferenciais"[59] –, de *garantir uma comunicação que objetive a compreensão*.

Essa obrigação dialógica não é um simples ato de comunicação unilateral, como o envio de um relatório descritivo das fórmulas matemáticas utilizadas pelo controlador e as técnicas de estatísticas que permitem a inferência sobre um comportamento futuro a partir de um conjunto de dados pessoais e metadados. Na concepção da teoria pedagógica formulada por Paulo Freire no Brasil – com uma interessante mistura de conceitos de "emancipação" inspirados em Karl Marx (1818-1883) e concepções democráticas e pedagógicas inspiradas em John Dewey (1859-1952) –, o *ato dialógico* é aquele problematizante, que recusa o simples "depósito de uma informação" e se engaja em uma espécie de "trabalho em equipe"[60].

Nesse sentido, a ação de "encaixar uma pessoa", a partir de seus dados pessoais e dados anonimizados, em um perfil social e *inferir algo sobre ela* implica em obrigações de três naturezas: (i) *informacional*, relacionada à obrigação de dar ciência da existência do perfil e garantir sua máxima transparência, (ii) *antidiscriminatória*, relacionada à obrigação de não utilizar parâmetros de raça, gênero e orientação religiosa como determinantes na construção do perfil, e (iii) *dialógica*, relacionada à obrigação de se

---

57   MONTEIRO, Renato Leite. Existe um direito à explicação na Lei Geral de Proteção de Dados Pessoais?, Instituto Igarapé, **Artigo Estratégico nº 39**, Dezembro de 2018, p. 11.

58   BIONI, Bruno. **Proteção de dados pessoais: as funções e os limites do consentimento**. Rio de Janeiro: Gen, 2019, p. 80-81.

59   "The growing use and sophistication of artificial intelligence permits the generation of increasing volumes of inferential data about individuals, including data that may be privacy invasive. The generation of such data poses challenges to our existing regulatory models, including under EU's General Data Protection Regulation". O'CALLAGHAN, Joe. Inferential Privacy and Artificial Intelligence – A New Frontier? **Journal of Law & Economic Regulation**, v. 11., 2, 2018, 11, pp. 72-89;

60   FREIRE, Paulo. **Educação como Prática da Liberdade**. 26 ed. Rio de Janeiro: Paz e Terra, 2002.

engajar em um "processo dialógico" com as pessoas afetadas, garantindo a explicação de como a perfilização funciona, sua importância para determinados fins e de como decisões são tomadas.

O modelo de "processo dialógico" pode ser sintetizado, enfim, no seguinte modelo representativo:

Esse processo dialógico esperado do art. 20 da Lei Geral de Proteção de Dados Pessoais encontra respaldo na base principiológica da legislação, em especial o princípio de *transparência* (art. 6º, VI). Cabe aqui, no entanto, um exercício de dogmática jurídica e de interpretação do que podemos entender por "informações claras, precisas e facilmente acessíveis". No entendimento defendido neste artigo, não basta um sistema unidirecional e não dialógico no provimento das informações. Esse é o antigo modelo da década de 1990, sob o qual o Código de Defesa do Consumidor inicialmente se estruturou. Uma leitura "dialógica" do princípio da transparência nos leva a um outro patamar quando se trata de processos de comunicação e de aprendizagem. Como sustentam Andrew Selbst, do *Data & Society Research Institute*, e Julia Powles, da *Cornell Tech*, existe sim um direito à "informação significativa sobre a lógica envolvida em decisões automatizadas"[61]. Chegamos, aqui, a uma questão fundamental da teoria da cognição e da pedagogia: o que entendemos por *significativo*?

CONCLUSÃO

A Lei Geral de Proteção de Dados Pessoais permite a inferência de um conceito interpretativo de perfilização enquanto "processo automatizado de tratamento de dados que objetiva a análise e predição de comportamentos pessoais, profissionais, de consumo e de crédito". Os dados anonimizados podem ser considerados dados pessoais caso sejam utilizados para a formação de perfis comportamentais, na linha do art. 12, § 2º. O foco está nas "consequências das atividades de tratamento de

---

[61] SELBST, Andrew D.; POWLES, Julia. Meaningful information and the right to explanation. **International Data Privacy Law**, v. 7, n. 4, p. 233-242, 2017.

dados", havendo proteção jurídica mesmo nas hipóteses de perfilização por grupos, como nos casos em que a técnica estatística utilizada pode se valer da análise de *informações de um grupo* definido por modelagem. Uma teoria dogmática da perfilização precisa avançar nas múltiplas formas de perfilização e na diferenciação dos elementos constitutivos da perfilização direta e indireta, bem como a perfilização individual ou por grupos.

Considerando as múltiplas formas de perfilização, tanto a GDPR quanto a LGPD oferecem contornos jurídicos, mais ou menos claros, para sua proteção. O que se argumentou neste artigo é que, da perspectiva do *controlador*, o ato de "perfilizar" desencadeia três níveis de obrigações distintos: obrigações de nível *informacional*, obrigações de nível *antidiscriminatório* e obrigações de nível *dialógico*. O desenvolvimento histórico das regras de proteção dos direitos coletivos no Brasil, do Código de Defesa do Consumidor à Lei do Cadastro Positivo, reforça esses níveis de obrigação, sendo que um dos desafios atuais da dogmática jurídica[62] em proteção de dados pessoais está na interpretação do que se entende por "transparência" e "informações significativas" para os titulares dos dados. Teorias pedagógicas contemporâneas e o conceito de "processo dialógico" podem fornecer bases para construção desta dogmática.

REFERÊNCIAS BIBLIOGRÁFICAS

BENJAMIN, Antonio Herman. **Código de Defesa do Consumidor**. 5a edição. Rio de Janeiro: Forense, 1997.

BESSA, Leonardo Roscoe. **Cadastro positivo: comentários à Lei 12.414, de 09 de junho de 2011**. Editora Revista dos Tribunais, 2011.

BESSA, Leonardo Roscoe; FAIAD, Walter Moura. **Manual de Direito do Consumidor**. Ministério da Justiça: Secretaria Nacional do Consumidor, 2014.

BIONI, Bruno. **Proteção de dados pessoais: as funções e os limites do consentimento**. Rio de Janeiro: Gen, 2019.

BIONI, Bruno; LEITE MONTEIRO, Renato; OLIVEIRA, Maria Cecília. GDPR Matchup: Brazil's General Data Protection LAW, **IAPP**, 04/10/2018.

CLARKE, Roger. Profiling: A hidden challenge to the regulation of data surveillance. **Journal of Law & Information Science**, v. 4, p. 403, 1993.

CITRON, Danielle Keats; PASQUALE, Frank. The scored society: due process for automated predictions. **Washington Law Review**, v. 89, p. 1, 2014.

DONEDA, Danilo. **Os direitos da personalidade no Código Civil. A parte geral do novo código civil: estudos na perspectiva civil-constitucional**. Rio de Janeiro: Renovar, p. 75, 2002.

---

[62] Sobre a necessidade de constante elaboração de uma dogmática civilista, ver FACHIN, Luiz Edson. Limites e possibilidades da nova teoria geral do direito civil. **Revista da Faculdade de Direito UFPR**, v. 27, 1992; DONEDA, Danilo. **Os direitos da personalidade no Código Civil. A parte geral do novo código civil: estudos na perspectiva civil-constitucional**. Rio de Janeiro: Renovar, p. 75, 2002.

DONEDA, Danilo. **Da Privacidade à Proteção de Dados Pessoais**. Rio de Janeiro, Renovar, 2006.

GARCIA, Ricardo Lupion. O caso do Sistema Credit Scoring do Cadastro Positivo. **Revista da Ajuris**, 2015.

GOODMAN, Bryce; FLAXMAN, Seth. European Union regulations on algorithmic decision-making and a "right to explanation". **arXiv preprint arXiv:1606.08813**, 2016.

EUBANKS, Virginia. **Automating inequality: How high-tech tools profile, police, and punish the poor**. St. Martin's Press, 2018, p. 7.

FACHIN, Luiz Edson. Limites e possibilidades da nova teoria geral do direito civil. **Revista da Faculdade de Direito UFPR**, v. 27, 1992.

FERRARIS, Valeria, et al. The impact of profiling on fundamental rights, Working paper, **Fundamental Rights and Citizenship Programme**, European Union, 2013.

FERRAZ, Octavio Luiz Motta. Harming the poor through social rights litigation: lessons from Brazil. **Texas Law Review**, v. 89, p. 1643, 2010.

FINK, Varda N. Consumer Protection: Regulation and Liability of the Credit Reporting Industry. **Notre Dame Law.**, v. 47, p. 1291, 1971.

FREIRE, Paulo. **Educação como Prática da Liberdade**. 26 ed. Rio de Janeiro: Paz e Terra, 2002.

HARPER, Jim. Reputation Under Regulation: the Fair Credit Reporting Act at 40 and lessons for the Internet privacy debate, **Policy Analysis**, n. 690, December, 2011.

HILDEBRANDT, Mireille. Defining profiling: a new type of knowledge?. In: **Profiling the European citizen**. Springer, Dordrecht, 2008. p. 58.

HIRSCHMAN, Albert O. **Exit, Voice, and Loyalty: Responses to decline in firms, organizations, and states**. Harvard University Press, 1970.

KANASHIRO, Marta M. Apresentação: vigiar e resistir: a constituição de práticas e saberes em torno da informação. **Ciência e Cultura**, v. 68, n. 1, p. 20-24, 2016.

LAMPMAN, Robert J. JFK's four consumer rights: A retrospective view. **The frontier of research in the consumer interest**, p. 19-33, 1988.

MONTEIRO, Renato Leite. Existe um direito à explicação na Lei Geral de Proteção de Dados Pessoais?, Instituto Igarapé, **Artigo Estratégico nº 39**, Dezembro de 2018.

MILLER, Arthur R. Computers, Data Banks and Individual Privacy: An Overview. **Columbia Human Rights Law Review**, v. 4, p. 1, 1972.

NADER, Ralph. "The Dossier Invades the Home", in: NADER, Ralph. **The Ralph Nader Reader**. Seven Stories Press, 2000.

O'NEIL, Cathy. **Weapons of math destruction: How big data increases inequality and threatens democracy**. Broadway Books, 2016.

RULE, James; CAPLOVITZ, David; BARKER, Pierce. The dossier in consumer credit. **On Record: Files and Dossiers in American Life,** edited by S. Wheeler. New York: Russell Sage Foundation, p. 143-75, 1969.

PASQUALE, Frank. **The black box society: The secret algorithms that control money and information**. Harvard University Press, 2015.

SELBST, Andrew D.; POWLES, Julia. Meaningful information and the right to explanation. **International Data Privacy Law**, v. 7, n. 4, p. 233-242, 2017.

SINGH, J. P. Paulo Freire: Possibilities for dialogic communication in a market-driven information age. **Information, Communication & Society**, v. 11, n. 5, p. 699-726, 2008.

STIGLER, George J. The early history of empirical studies of consumer behavior. **Journal of Political Economy**, v. 62, n. 2, p. 95-113, 1954.

SHOR, Ira; FREIRE, Paulo. What is the "dialogical method" of teaching?. **Journal of education**, v. 169, n. 3, p. 11-31, 1987.

WESTIN, Alan F. **Privacy and Freedom**. New York: Atheneum, 1967.

WILKINSON, Steve. Brazil's new General Data Protection Law. **Journal of Data Protection & Privacy**, v. 2, n. 2, p. 107-115, 2018.

WU, Tim. **The Attention Merchants**. New York: Alfred Knopp, 2016.

ZANATTA, Rafael; GLEZER, Rubens. Atraso regulatório para a proteção de dados pessoais, **Estado de São Paulo**, Supremo em Pauta, 02/10/2014.

ZANATTA, Rafael A. F. A proteção de dados pessoais como regulação do risco: uma nova moldura teórica?, in: **I Encontro da Rede de Pesquisa em Governança da Internet**, Rio de Janeiro, 14 de novembro de 2017.

ZANATTA, Rafael. **Pontuação de Crédito e Direitos dos Consumidores: o desafio brasileiro**. São Paulo: Instituto Brasileiro de Defesa do Consumidor, 2017.

ZANATTA, Rafael A. F. "A nova batalha em torno da proteção de dados pessoais no Brasil: o que defendem diferentes atores?", in: CGI, **Pesquisa TIC Domicílio**. São Paulo, 2017.

20

CONTRATO DE EMPREITADA E O PRAZO PARA O(A) CONSUMIDOR(A) AJUIZAR CONTRA O(A) FORNECEDOR(A) EMPREITEIRO(A) DEMANDA REPARATÓRIA POR DANOS MATERIAIS E (OU) EXTRAMATERIAIS ADVINDOS DO VÍCIO APARENTE OU OCULTO CONSTRUTIVO DA OBRA EM IMÓVEL

PABLO FROTA MALHEIROS

1. INTRODUÇÃO: PONTO DE PARTIDA HERMENÊUTICO PARA INTERPRETAR UM PROBLEMA JURÍDICO

Ser convidado pelas Professoras Cláudia Lima Marques e Lucia Ancona Lopez de Magalhães, bem como pelo Professor Bruno Miragem, é motivo de imensa alegria, por duas razões: (i) participar de uma obra coletiva ao lado de juristas expoentes do Direito do Consumidor no Brasil e no exterior; (ii) escrever um texto sobre responsabilidade contratual no âmbito das relações de consumo no Brasil em um livro que celebra os trinta anos do Código de Defesa do Consumidor pátrio é de extrema relevância, mormente em tempos de subjugação do Direito pátrio, inclusive o Direito do Consumidor, à Moral, à Economia e à Política, entre outros, como desde sempre denuncia Lênio Streck.[1]

Como se sabe, o universo de questões que permeiam a responsabilidade contratual nas relações de consumo no Brasil é imenso. Por isso o foco deste texto é um problema[2] explicitado no título deste escrito: os efeitos danosos do vício oculto

---

[1] STRECK, Lenio. Cuidado: o canibalismo jurídico ainda vai gerar uma constituinte. Disponível em: https://www.conjur.com.br/2016-jun-09/senso-incomum-cuidado-canibalismo-juridico-ainda-gerar-constituinte. Acesso em: 30 de maio de 2018.

[2] O termo problema é "de origem grega (πρόβλημα) e seu significado original é relativo a algo que é projetado a frente ou algo que se apresenta como obstáculo". UNIVERSIDADE CATÓLICA DE BRASÍLIA. Universidade Católica de Brasília Virtual – UCB Virtual. *Curso de*

construtivo da obra em imóvel e o prazo para o(a) consumidor(a) manejar a demanda contra o(a) empreiteiro(a) fornecedor(a).

A escolha do problema ocorreu pelo fato de o Superior Tribunal de Justiça (STJ), no Recurso Especial (REsp) 1.721.694. 3ª T. Rel.ª Min.ª Nancy Andrighi. DJ-e de 04.09.2019, ter assentado que:

> "6. Quando, porém, a pretensão do consumidor é de natureza indenizatória (isto é, de ser ressarcido pelo prejuízo decorrente dos vícios do imóvel) não há incidência de prazo decadencial. A ação, tipicamente condenatória, sujeita-se a prazo de prescrição.
>
> 7. À falta de prazo específico no CDC que regule a pretensão de indenização por inadimplemento contratual, deve incidir o prazo geral decenal previsto no art. 205 do CC/02, o qual corresponde ao prazo vintenário de que trata a Súmula 194/STJ, aprovada ainda na vigência do Código Civil de 1916 ('Prescreve em vinte anos a ação para obter, do construtor, indenização por defeitos na obra')"

Desse modo, o problema a ser solvido neste texto passa pela verificação da resposta conferida pelo acórdão do STJ no cotejo com a construção teórico-prática no Direito brasileiro acerca dos institutos jurídicos do vício do produto, do fato do produto e do inadimplemento contratual.

Tem-se, portanto, a possibilidade de ser correta uma de três hipóteses abaixo para solver o problema jurídico posto:

a) o inadimplemento contratual por danos oriundos de vício do produto é uma consequência diferente daquela existente para os casos de vício oculto do produto e de fato do produto previstos nos arts. 12 e 18, respectivamente, do Código de Defesa do Consumidor (CDC), cujo prazo para o exercício da pretensão condenatória pelo(a) consumidor(a) é o decenal do art. 205 do Código Civil, pois ausente prazo específico no Código de CDC que regule tal pretensão (STJ – REsp n.º 1.721.694);

b) o inadimplemento contratual por danos oriundos de vício do produto está abarcado pelo art. 18, § 1º, II, do CDC, cujo prazo decadencial seria aquele posto no art. 26 do CDC, qual seja, 90 (noventa) dias para produtos duráveis, a partir da entrega efetiva do produto (CDC, art. 26, II, §1º) ou do conhecimento do referido vício (CDC, art. 26, II, § 3º);

c) o inadimplemento contratual gerador de danos oriundos de vício do produto pode transformar o vício em fato do produto, cujo prazo prescricional para o exercício da pretensão condenatória pelo(a) consumidor(a) ou por quem for equiparado (CDC, arts. 2º, parágrafo único, 17 e 29) a

---

graduação, Bacharelado e Licenciatura em Filosofia. Disciplina: Problemas Filosóficos. Disponível em: http://www.catolicavirtual.br. Acesso ao conteúdo com login e senha. No âmbito jurídico, o problema é encarado como um obstáculo a ser superado pelo(a) intérprete em cada caso concreto ou hipotético, este na vida acadêmica ou em palestras etc.

este(a) contra o(a) fornecedor(a) é o quinquenal posto no art. 27 do CDC, iniciando-se a contagem do prazo a partir do conhecimento do dano e de sua autoria.

Objetiva-se analisar se o acórdão do STJ reflete uma resposta correta (coerente, íntegra e estável) em relação ao ordenamento jurídico brasileiro e não somente em relação ao próprio STJ, tendo como norte o comando do art. 926, *caput*, do Código de Processo Civil: "Os tribunais devem uniformizar sua jurisprudência e mantê-la estável, íntegra e coerente".[3]

O objetivo específico é trabalhar o sentido[4] dos institutos vício do produto, fato do produto e inadimplemento contratual para que se obtenha uma resposta correta para o problema levantado. Isso porque a proposição teórico-prática alinhavada visa:

---

[3] A ideia de integridade, coerência e estabilidade está presente no art. 926 do Código de Processo Civil brasileiro: "Art. 926. Os tribunais devem uniformizar sua jurisprudência e mantê-la estável, íntegra e coerente". Por coerência e integridade se entende: "Neste ambiente, coerência e integridade manifestam-se como elementos da igualdade. No caso específico da decisão judicial, isso significa que os diversos casos serão julgados com igual consideração. Analiticamente, pode-se dizer que: a) coerência liga-se à consistência lógica que o julgamento de casos semelhantes deve guardar entre si. Trata-se de um ajuste que as circunstâncias fáticas que o caso deve guardar com os elementos normativos que o Direito impõe ao seu desdobramento; e b) integridade é a exigência de que os juízes construam seus argumentos de forma integrada ao conjunto do Direito, numa perspectiva de ajuste de substância. A integridade traz em si um aspecto mais valorativo/moral enquanto a coerência seria um *modus operandi*, a forma de alcançá-la (...) A ideia nuclear da coerência e da integridade é a concretização da igualdade. A melhor interpretação do valor igualdade deverá levar em conta a convivência com um valor igualmente relevante e que deve ser expresso em sua melhor interpretação: a liberdade. Por isso, o lobo não pode ter "liberdade" de matar o cordeiro; eu não tenho "liberdade" para matar alguém. A liberdade também funciona como um conceito interpretativo. Na construção do meu direito à liberdade, a igualdade já está envolvida e vice-versa (...) toda decisão em que se constata que não foram obedecidas a coerência e a integridade (a estabilidade é decorrência lógica) é recorrível. Ou seja, uma decisão incoerente e/ou não íntegra será errada, portanto, digna de reforma. O julgador que profere uma decisão incoerente ou afastada da integridade comete um equívoco. Uma decisão que contém um fundamento jurídico errado não é, por si só, nula; ela é apenas reprovável e desafia revisão, correção, conforme o Direito". STRECK, Lenio Luiz. Coerência e integridade. In: STRECK, Lenio Luiz. *Dicionário de Hermenêutica*. Belo Horizonte: Editora Letramento, (e-book).

[4] Significado indica "as potenciais compreensões que se pode obter quando uma palavra é considerada abstratamente, ou o conjunto de sentidos plausíveis de uma palavra; já <<sentido>> é o uso concreto de um significado. Ou seja, entende-se por <<sentido>> o significado adicionado do contexto do uso da palavra". SGARBI, Adrian. *Introdução à teoria do direito*. São Paulo: Marcial Pons, 2013, p. 31. Sobre o tema vejam: FREITAS FILHO, Roberto. Decisões Jurídicas e Teoria Linguística: O Prescritivismo Universal de Richard Hare. *Revista de Informação Legislativa*, v. 178, p. 19-43, 2008; FREITAS FILHO, Roberto. *Intervenção Judicial nos Contratos e Aplicação dos Princípios e das Cláusulas Gerais: o caso do leasing*. Porto Alegre: Sérgio Antônio Fabris Editor, 2009.

544 | DIREITO DO CONSUMIDOR – 30 ANOS DO CDC

(i) trazer elementos que, no mínimo, auxiliem à resistência e ao combate às tentativas de retrocesso por parte de quem quer que seja, confira "ferramentas dogmáticas para sua efetivação[5]" e possibilite constante reflexividade sobre ela própria quando se analisa cada caso concreto;

(ii) a adequação à Constituição (texto e contexto), entendida como uma comunidade de princípios,[6-7] ao constitucionalismo[8-9] e ao direito

---

[5] GOMES, David. Sobre nós mesmos: Menelick de Carvalho Netto e o direito constitucional brasileiro pós-1988. *Cadernos da Escola do Legislativo*, 2019.

[6] Menelick de Carvalho Netto aduz: "Uma Constituição constitui uma comunidade de princípios; uma comunidade de pessoas que se reconhecem reciprocamente como iguais em suas diferenças e livres no igual respeito e consideração que devotam a si próprios enquanto titulares dessas diferenças". NETTO, Menelick de Carvalho. Prefácio – A urgente revisão da teoria do poder constituinte: da impossibilidade da democracia possível. In: CATTONI, Marcelo. *Poder Constituinte e patriotismo constitucional*: o projeto constituinte do Estado Democrático de Direito na Teoria Discursiva de Jürgen Habermas. Belo Horizonte: Mandamentos, 2006, p. 23.

[7] Este subscritor entende que princípios não são mandados de otimização e sim um padrão de comportamento de uma determinada comunidade (alteridade) em um dado momento histórico, que respeita e problematiza a tradição institucional daquela comunidade de forma íntegra e coerente, não se tornando os princípios cláusulas abertas ou de fechamento de lacuna do sistema, mas sim um prático "fechamento hermenêutico, isto é, não vinculam nem autorizam o intérprete desde fora, mas justificam a decisão no interior da prática interpretativa que define e constitui o direito". Em toda regra, contém um princípio, muitas vezes o da igualdade. A aplicação de um princípio jurídico "deve vir acompanhada de uma detalhada justificação, *ligando-se a uma cadeia significativa,* de onde se possa retirar a generalização principiológica minimamente necessária para a continuidade decisória, sob pena de cair em decisionismo, em que cada juiz tem o seu próprio conceito (...) a aplicação do princípio para justificar determinada exceção não quer dizer que, em uma próxima aplicação, somente se poderá fazê-lo a partir de uma absoluta similitude fática. Isso seria congelar as aplicações. O que é importante em uma aplicação desse quilate é *exatamente o princípio que dele se extrai,* porque é por ele que se estenderá/generalizará a possibilidade para outros casos, em que as circunstâncias fáticas demonstrem a necessidade da aplicação do princípio para justificar uma nova exceção. Tudo isso formará uma cadeia significativa, forjando uma tradição, de onde se extrai a integridade e a coerência do sistema jurídico. Esse talvez seja o segredo da aplicação principiológica." A distinção regra e princípio não pode ser estrutural, como faz Alexy – regra como mandado de definição e princípio como mandado de otimização – pois, no viés hermenêutico, a distinção estrutural não resolve o problema da concretização, porque os princípios somente se apresentam se a subsunção das regras ao caso não resolverem a questão. "Para que um princípio tenha obrigatoriedade, ele não pode se desvencilhar da democracia, que se dá por enunciados jurídicos concebidos como regras". STRECK, Lênio Luiz. *Verdade e Consenso*. 6. ed. São Paulo: Saraiva, 2017, p. 549, 556, 557, 565 e 566. Veja também sobre o assunto, as páginas 567-574.

[8] Menelick novamente aponta: "O constitucionalismo, ao lançar na história a afirmação implausível de que somos e devemos ser uma comunidade de homens, mulheres e crianças livres e iguais, lançou uma tensão constitutiva à sociedade moderna que sempre conduzirá à luta por novas inclusões, pois toda inclusão é também uma nova exclusão. E os direitos fundamentais só poderão continuar como tais se a própria Constituição, como a nossa expressamente afirma no § 2º do seu art. 5º, se apresentar como a moldura de um processo de permanente aquisição de novos direitos fundamentais". NETTO, Menelick de

infraconstitucional, visto que: "Toda teoria do direito passa a ser teoria democrática da constituição, e isso não significa outra coisa senão a contaminação do jurídico por princípios democráticos de liberdade[10] e igualdade (direito à diferença[11]) na produção de seu sentido";[12]

(iii) tensionar de maneira "complementar e reciprocamente constitutiva que entre si guardam a constituição e a democracia específica, assim, ambos os conceitos",[13] uma vez que o texto normativo inaugura e (ou) recomeça o

---

Carvalho. A hermenêutica constitucional e os desafios postos aos direitos fundamentais. In: SAMPAIO, José Adércio Leite (Org.). *Jurisdição constitucional e direitos fundamentais.* Belo Horizonte: Del Rey, 2003a, p. 141-163, p. 154.

[9] Gabriel Rezende nos coloca uma interessante percepção do sentido de constitucionalismo: "O constitucionalismo é um tipo de ordenação do social que opera por multiplicação, não por redução; ele não pretende unificar a verdade do social em um sujeito que, em última instância, toma decisões. Sua verdade é a verdade de um texto e, portanto, das inesgotáveis possibilidades de lê-lo". REZENDE, Gabriel. A máquina de Menelick. *Revista de estudos constitucionais, hermenêutica e teoria do direito,* 9 (2): 183-195, maio-agosto, 2017, p. 189.

[10] O sentido atribuído às liberdades tem como fundamento o pensamento de Carlos Pianovski em sua tese de doutorado transformada em livro PIANOVSKI RUZYK, Carlos Eduardo. *Institutos Fundamentais do Direito Civil e Liberdade(s).* Rio de Janeiro: GZ, 2011. Liberdade visualizadas em uma perspectiva funcional (função como contributo a alguém) que viabiliza o exercício, o incremento e a proteção coexistencial e plural das esferas jurídicas patrimoniais e existenciais de cada um ou de cada uma, que intersubjetivamente interagem com o meio e com terceiros, que podem sofrer consequências desse exercício da liberdade O conteúdo dessas liberdades se divide em: (a) *formal,* aquela liberdade abstrata assegurada pelo ordenamento jurídico; (b) *negativa,* não coerção do Estado, do particular e da comunidade no exercício de liberdade de cada pessoa humana; (c) *positiva,* "liberdade de autoconstituição como definição dos rumos da própria vida" ou liberdade vivida; (d) *substancial,* "possibilidade efetiva de realizar essa autoconstituição". A coexistencialidade das liberdades de uma pessoa humana na vida em relação "não é mera justaposição de espaços reciprocamente delimitados externamente: ela implica interseção de vidas livres, o que importa a responsabilidade intersubjetiva recíproca pelas liberdades dos indivíduos em relação. Não se é livre sozinho: a liberdade é sempre coexistencial. É aí que a liberdade se encontra com a solidariedade". PIANOVSKI RUZYK, Carlos Eduardo. *Institutos Fundamentais do Direito Civil e Liberdade(s).* Rio de Janeiro: GZ, 2011, p. 374-375.

[11] NETTO, Menelick de Carvalho. A comunidade de princípios inaugurada em 1988 e o papel do Estado da esfera pública. *REVICE – Revista de Ciências do Estado,* Belo Horizonte, v. 3, n. 2, 2018, p. 348-364, p. 349. CARÚS GUEDES, Jefferson. *Igualdade e Desigualdade: introdução conceitual, normativa e histórica dos princípios.* São Paulo: RT, 2014. CHUEIRI, Vera Karam de. Igualdade e Liberdade: a unidade do valor. In: Vicente de Paula Barreto, Francisco Carlos Duarte, Germano Schwartz. (Orgs.). *Direito da sociedade policontextual.* Curitiba: Appris, 2013, p. 127-140.

[12] REZENDE, Gabriel. A máquina de Menelick. *Revista de estudos constitucionais, hermenêutica e teoria do direito,* 9 (2): 183-195, maio-agosto, 2017, p. 189.

[13] NETTO, Menelick de Carvalho. A impossibilidade democrática do constitucionalismo autoritário e a inviabilidade constitucional da democracia totalitária. In: CATTONI, Marcelo; MACHADO, Felipe (Coords.). *Constituição e processo:* a resposta do constitucionalismo à banalização do terror. Belo Horizonte: Del Rey, 2009, p. 401-410, p. 409.

problema que procura tratar, em razão de a linguagem humana e jurídica[14], pelo menos de 1920 até os dias atuais, ter se tornado aberta, porosa e plural;

(iv) perceber como a "tessitura aberta do direito não é mais um problema, mas um ponto de partida",[15] bem como os padrões de comportamento de uma determinada comunidade (alteridade) em um dado momento histórico devem ser elucidados ao mesmo tempo em que se respeita e problematiza a tradição institucional daquela comunidade de forma íntegra e coerente, indicando como esta tradição é, deveria ser e como que sobre ela se decide.[16-17] Nesse contexto, o Direito e o Direito Privado, para os objetivos do presente texto, devem ser compreendidos:

tanto no sentido de captar a tradição que o conhecimento jurídico projeta na dinâmica dos dias correntes em termos de dogmática jurídica, quanto na direção de haurir as inovações próprias de um sistema *open norm*. Toma o sistema jurídico de regras e princípios como *background* do governo das relações interprivadas, sob uma perspectiva de mudança. A partir daí, considera a interpretação o *common core* das tarefas reflexivas, e o faz no garimpo das possibilidades dentro desses limites.[18]

(v) refletir sobre a indagação de Fachin: "a que serve e a quem serve o Direito?".[19] Responder a esta pergunta necessita de uma compreensão

---

[14] Castanheira neves alude: "O direito é linguagem, e terá de ser considerado em tudo e por tudo como uma linguagem. O que quer que seja e como quer que seja, o que quer que ele se proponha e como quer que nos toque, o direito é-o numa linguagem e como linguagem — propõe-se sê-lo numa linguagem (nas significações linguísticas em que se constitui e exprime) e atinge-nos através dessa linguagem, que é". NEVES, A. Castanheira. *Metodologia jurídica*: problemas fundamentais. Coimbra: Coimbra Editora, 1993, p. 90.

[15] NETTO, Menelick de Carvalho. A contribuição do Direito Administrativo enfocado da ótica do administrado para uma reflexão acerca dos fundamentos do Controle de Constitucionalidade das Leis no Brasil: um pequeno exercício de Teoria da Constituição. *Fórum Administrativo*, mar. 2001, p. 11-20, p. 11.

[16] FROTA, Pablo Malheiros da Cunha. Interpretação do direito privado: o direito civil constitucional prospectivo em diálogo com a crítica hermenêutica do direito. In: TEPEDINO, Gustavo; MENEZES, Joyceane Bezerra de (Coords.) *Autonomia privada, liberdade existencial e direitos fundamentais*. Belo Horizonte: Fórum, 2019, p. 309-329.

[17] Fachin: "O Direito, nesse sentido, opera um corte epistemológico, ou seja, coopta os fatos da realidade que lhe interessam; situação esta que acaba por excluir diversas outras nuances das relações, pois não as reconhece no seu corpo normativo e, quando o faz, força a definição das mesmas, enquadrando-as de acordo com os conceitos presentes no sistema normativo vigente". FACHIN, Luiz Edson. *Teoria crítica do direito civil*. 3.ed. Rio de Janeiro: Renovar, 2012, p. 42-43.

[18] FACHIN, Luiz Edson. *Direito Civil: sentidos, transformações e fim*. Renovar: Rio de Janeiro, 2015, p. 1-2.

[19] FACHIN, Luiz Edson. A "reconstitucionalização" do direito civil brasileiro. In: FACHIN, Luiz Edson. *Questões do direito civil brasileiro contemporâneo*. Rio de Janeiro: Renovar, 2008, p. 11-20, p. 20.

autônoma[20] do Direito, ou seja, uma apreensão que preserve a sua autonomia e não o torne servo de um discurso legitimador do político, da moral, do econômico, entre outros; se assim não for, o Direito vigente não passará de uma reprodução do que ele foi ontem – "mais do mesmo" –, como diuturnamente combatia o saudoso e brilhante Ricardo Aronne;[21]

(vi) permitir o diálogo[22] de forma permanente e interminável, sem restringi-lo a uma operação mecânica, com o texto sendo sempre um fim e um recomeço, como expressamente afirma Fachin:

> Quem chama ao diálogo e se abre ao debate não pode operar com exclusões, cuja ocorrência no texto, se existir, deve ser debitada ao desconhecimento ou a um lapso do Autor. Convite e chamamento são sinônimos de respeitosa referência, consideração e quando, se for o caso, também de crítica às ideias incorporadas nas respectivas obras.
>
> Pensamento e divergência não se privam. Assim também, técnica e arte, no Direito, não se excluem. À luz de um olhar plural e múltiplo, o conhecimento que se propõe como razoavelmente científico e aberto não pode·descurar de seu limite, senão será exercício de ilusão, nem deixar de explorar suas possibilidades, o que seria hipótese de automutilação intelectual.
>
> (...) Com sincera e necessária modéstia na postura metodológica, impende dar ao Direito Civil essa ambiência de respeito, tolerância, pluralidade e responsabilidade, sem abrir mão da unidade e da organização do pensamento. O Direito, tal como a vida, não pode diminuir-se ao almejar

---

[20] Sobre a autonomia necessária ao Direito veja: STRECK, Lênio Luiz. *Resposta adequada à Constituição Dicionário de hermenêutica: quarenta temas fundamentais da teoria do direito à luz da crítica hermenêutica do Direito*. Belo Horizonte (MG): Letramento, 2017 (e-book).

[21] ARONNE, Ricardo. *Razão & caos no discurso jurídico e outros ensaios de direito civil-constitucional.* Porto Alegre: Livraria do Advogado, 2010; ARONNE, Ricardo. *Direito civil- constitucional e teoria do caos*. Porto Alegre: Livraria do Advogado, 2006; ARONNE, Ricardo. Ensaio para um possível discurso civil-constitucional pós-moderno e existencialista: a aventura da racionalidade do direito privado ou sua impossibilidade. *Tese de Pós-Doutoramento* defendida na Universidade Federal do Paraná (UFPR) em 2012.

[22] Morin atribui sentido à dialógica: "**Dialógica** Unidade complexa entre duas lógicas, entidades ou instâncias complementares, concorrentes e antagônicas, que se alimentam uma da outra, se completam, mas também se opõem e combatem. Distingue-se da dialética hegeliana. Em Hegel, as contradições encontram uma solução, superam-se e suprimem-se numa unidade superior. Na dialógica, os antagonismos persistem e são constitutivos das entidades ou dos fenômenos complexos. É convidar a pensar-se na complexidade. Não é dar a receita que fecharia o real numa caixa; é fortalecer-nos na luta contra a doença do intelecto – o idealismo –, que crê que o real se pode deixar fechar na ideia e que acaba por considerar o mapa como o território, e contra a doença degenerativa da racionalidade, que é a racionalização, a qual crê que o real se pode esgotar num sistema coerente de ideias". MORIN, Edgar. *O método 5 – a humanidade da humanidade – a identidade humana*. Trad. Juremir Machado da Silva. 4. ed. Porto Alegre: Sulina, 2007, p. 300-301.

ser tão somente prático e útil; deve ser mesmo pragmático, mas a vida não se reduz a essas equações mecânicas das operações condicionadas *a priori*; ao Direito e ao jurista cumpre também, e precipuamente, serem verdadeiros. E assim será se ambos prestarem contas, acima de tudo, à realidade humana.[23-24]

(vii) trabalhar em três vertentes da constitucionalização (formal, material e prospectiva) do Direito, como afirma Fachin:

É possível encetar pela dimensão formal, como se explica. A Constituição Federal brasileira de 1988 ao ser apreendida tão só em tal horizonte se reduz ao texto positivado, sem embargo do relevo, por certo, do qual se reveste o discurso jurídico normativo positivado. É degrau primeiro, elementar regramento proeminente, necessário, mas insuficiente.

Sobreleva ponderar, então, a estatura substancial que se encontra acima das normas positivadas, bem assim dos princípios expressos que podem, eventualmente, atuar como regras para além de serem *mandados de otimização*.[25] Complementa e suplementa o norte formal anteriormente referido, indo adiante até a aptidão de inserir no sentido da *constitucionalização* os princípios implícitos e aqueles decorrentes de princípios ou regras constitucionais expressas. São esses dois primeiros patamares, entre si conjugados, o âmbito compreensivo da percepção intrassistemática do ordenamento.

Não obstante, o desafio é apreender extrassistematicamente o sentido de possibilidade da *constitucionalização* como ação permanente, viabilizada na força criativa dos fatos sociais que se projetam para o Direito, na doutrina, na legislação e na jurisprudência, por meio da qual os significados se constroem e refundam de modo incessante, sem juízos aprioristicos de exclusão. Nessa toada, emerge o mais relevante desses horizontes que é a dimensão prospectiva dessa travessia. O compromisso se firma com essa constante travessia que capta os sentidos histórico-culturais dos códigos e reescreve, por intermédio da *ressignificação* dessas balizas linguísticas, os limites e as possibilidades emancipatórias do próprio Direito.[26]

---

[23] FACHIN, Luiz Edson. *Direito Civil: sentidos, transformações e fim*. Renovar: Rio de Janeiro, 2015, p. 3, 5-6.

[24] Este subscritor discorda de Fachin quanto à tolerância, uma vez que se fia na hospitalidade. Sobre a distinção veja: PEREIRA, Gustavo Oliveira de Lima. *Direitos humanos e hospitalidade: a proteção internacional para apátridas e refugiados*. São Paulo: Atlas, 2014, p. 125-153; MONTANDON, Alain. Trad. Marcos Bagno e Lea Zilberlicht. *O livro da hospitalidade: acolhida do estrangeiro na história e nas culturas*. São Paulo: Editora Senac, 2011.

[25] Somente não se acolhe a ideia de princípio elucidada por Fachin. Nos demais pontos, subscreve-se integralmente a ideia de Fachin.

[26] FACHIN, Luiz Edson. A "reconstitucionalização" do direito civil brasileiro. In: FACHIN, Luiz Edson. *Questões do direito civil brasileiro contemporâneo*. Rio de Janeiro: Renovar, 2008, p. 11-20, p. 11-20.

Cap. 20 • CONTRATO DE EMPREITADA E O PRAZO PARA O(A) CONSUMIDOR(A) | **549**

(viii) entender o Direito como uma atividade interpretativa,[27-28-29] não dogmatizante, visto não ser possível "uma única resposta, mas há sempre a possibilidade de encontrar a resposta correta no sistema jurídico, o desafio está em percorrer os caminhos jurídicos reconhecendo as interfaces entre subjetividade e objetividade, sem sucumbir demasiadamente em rígidas fortalezas teóricas nem perder o rigor".[30]

Nesse passo, somente uma das três hipóteses acima pode ser uma resposta correta ao problema posto, concepção téorico-prática seguida na linha do que defendem, por exemplo, Menelick de Carvalho Netto, Lênio Streck, Dworkin, Vera Karam de

---

[27] DWORKIN, Ronald. *Justice for hedgehogs*. Cambridge, US: Harvard University Press, 2011.

[28] Essa ideia parte do pensamento de Ronald Dworkin do Direito como atividade interpretativa e de existências de uma resposta correta para cada caso, cuja construção advém do "esforço de, diante da divergência, encontrar a melhor interpretação possível para determinada controvérsia. Neste processo o que está em jogo é o valor/sentido da própria prática. Ou seja, sendo o Direito a prática social que garante legitimidade para o uso da força pelo Estado, a melhor interpretação será aquela que articule coerentemente todos os seus elementos (regras, princípios, precedentes, etc.) a fim de que a decisão particular se ajuste ao valor que é a sua razão de ser. Dito de outro modo, a divergência é resolvida com a melhor justificação. Desse modo, a resposta correta de Dworkin jamais poderia representar, por exemplo, uma proibição interpretativa, uma antecipação de respostas aos problemas jurídicos ou, então, a existência de uma fórmula infalível para certas controvérsias (pretensões que, sob certa perspectiva, aparecem na construção de súmulas vinculantes brasileiras, por exemplo); ao contrário, a tese da resposta correta dworkiniana está centrada numa abertura do jurista para o fenômeno interpretativo, o que faz parte da condição humana. E, nesse aspecto, aparece outro diferencial da tese de Dworkin: a definição do Direito como prática interpretativa não significa uma espécie de "especialidade" da esfera jurídica (como se da "vagueza e da ambiguidade dos textos jurídicos" é que se extraísse o dever de interpretar do jurista). Pelo contrário, se trata do reconhecimento de que essa dimensão interpretativa é, por assim dizer, cotidiana, constitutiva das práticas sociais, e o Direito consiste numa prática social (...) Ao mesmo tempo, tudo isso demonstra o esforço de Dworkin em defender que existe certa objetividade no Direito, o que aparece em suas obras a partir da defesa de certos elementos, tais como: moralidade política (construção de uma moral não relativista); responsabilidade política do julgador (para promover a igualdade); interpretação jurídica como romance em cadeia (vinculação do julgador a casos passados e comprometimento com as especificidades da controvérsia)". STRECK, Lenio Luiz. Coerência e integridade. In: STRECK, Lenio Luiz. *Dicionário de Hermenêutica*. Belo Horizonte: Editora Letramento, 2017, (e-book).

[29] Destaca Streck: "interpretativo e é aquilo que é emanado pelas instituições jurídicas, sendo que as questões a ele relativas encontram, necessariamente, respostas nas leis, nos princípios constitucionais, nos regulamentos e nos precedentes que tenham DNA constitucional, e não na vontade individual do aplicador (mesmo que seja o STF). Assim como a realidade, também o direito possui essa dimensão interpretativa. Essa dimensão implica o dever de atribuir às práticas jurídicas o melhor sentido possível para o direito de uma comunidade política". STRECK, Lênio. *Hermenêutica e jurisdição. Diálogos com Lênio Streck*. Porto Alegre: Livraria do Advogado, 2017, p. 91.

[30] FACHIN, Luiz Edson. *Direito Civil: sentidos, transformações e fim*. Renovar: Rio de Janeiro, 2015, p. 2-3.

Chueiri, Fachin, entre outros, tendo em vista ser possível "a existência de respostas corretas no Direito, constituídas no esforço de, diante da divergência, encontrar a melhor interpretação possível para determinada controvérsia. Neste processo o que está em jogo é o valor/sentido da própria prática".[31]

Por isso, a melhor interpretação "será aquela que articule coerentemente todos os seus elementos (regras, princípios, precedentes, etc.) a fim de que a decisão particular se ajuste ao valor que é a sua razão de ser. Dito de outro modo, a divergência é resolvida com a melhor justificação".[32] Torna-se indispensável, portanto, "a construção de uma *justificativa racional*, ou seja, a apresentação de razões que garantam a correção da posição defendida".[33-34]

Para atingir o desiderato deste texto, precisamos buscar uma maneira de explicar o processo de formação do discurso jurídico (fenomenologia hermenêutica) acerca do fato jurídico ensejador da presente reflexão, por meio do método[35-36] fenomenológico hermenêutico:

> (...) o método fenomenológico, pelo qual se reconstrói o problema jurídico a partir de sua história institucional, para, ao final, permitir que ele apareça na sua verdadeira face. O Direito é um fenômeno que se mostra na sua concretude, mas sua compreensão somente se dá linguisticamente. Por isso,

---

[31]   STRECK, Lênio Luiz. Coerência e integridade. *Dicionário de hermenêutica: quarenta temas fundamentais da teoria do direito à luz da crítica hermenêutica do Direito*. Belo Horizonte (MG): Letramento, 2017 (e-book).

[32]   STRECK, Lênio Luiz. Coerência e integridade. *Dicionário de hermenêutica: quarenta temas fundamentais da teoria do direito à luz da crítica hermenêutica do Direito*. Belo Horizonte (MG): Letramento, 2017 (e-book).

[33]   Sacrini, Marcus. *Introdução à Análise Argumentativa (Lógica)*. São Paulo: Paulus, Edição do Kindle, 2017, introdução.

[34]   Sacrini alude sobre o sentido dos argumentos: "Entendo por argumentação uma prática social de defesa de teses ou posições não evidentes por meio de justificativas racionais. Essa defesa normalmente envolve uma confrontação lógica entre posições rivais, o que ocorre em diversos tipos de debates. O principal instrumento para a progressão das argumentações, nesse sentido amplo, são os argumentos, estruturas discursivas que buscam oferecer razões para teses não imediatamente óbvias". Sacrini, Marcus. *Introdução à Análise Argumentativa (Lógica)*. São Paulo: Paulus, Edição do Kindle, 2017, introdução.

[35]   Como se sabe, os métodos de interpretação, normalmente, "são apresentados pela dogmática jurídica como técnicas rigorosas ou operações interpretativas realizadas em partes para extrair o sentido do texto. Seriam instrumentos ou mecanismos procedimentais de, passo a passo, acessar o conhecimento científico do Direito. Toda essa discussão acerca da (in)validade dos métodos ou cânones de interpretação deita raízes nas várias concepções filosóficas acerca das condições de possibilidades que tem o homem para apreender as coisas, como nominá-las, como conhecê-las. Portanto, remetem a um quadro mais amplo da história do pensamento, especialmente quando se tentou estabelecer regras para conhecer. Partiu-se de uma metodologia de interpretação dos textos religiosos, intensificada pelos movimentos da Reforma, proliferando-se por várias hermenêuticas especiais. Nisso a disciplina do Direito se destaca, ao lado da Teologia e da Filosofia. Passam, então, por tentativas de unificação numa teoria geral da interpretação, sobretudo pela busca de um

Cap. 20 · CONTRATO DE EMPREITADA E O PRAZO PARA O(A) CONSUMIDOR(A) | **551**

compreender o fenômeno jurídico significa compreendê-lo a partir de sua reconstrução. Não existem várias realidades; o que existe são diferentes visões sobre a realidade. Isto quer dizer que não existem apenas relatos ou narrativas sobre o Direito. Existem, sim, amplas possibilidades de dizê-lo de forma coerente e consistente.

Assim, cada caso jurídico concreto pode ter diferentes interpretações. Mas isso não quer dizer que dele e sobre ele se possam fazer quaisquer interpretações. Fosse isso verdadeiro poder-se-ia dizer que Nietzsche tinha razão quando afirmou que "fatos não existem; o que existe são apenas interpretações". Contrariamente a isso, pode-se contrapor que, na verdade, somente porque há fatos é que existem interpretações. E estes

---

rigor próprio das Ciências Humanas, embora ainda espelhando a exatidão das ciências da natureza. Este paradigma achará fortes críticas em Heidegger, com quem a filosofia se descobre hermenêutica. Chega-se, com o giro ontológico-linguístico, à desleitura do método moderno e reabre a possibilidade de um "método autêntico", guiado pela "coisa mesma" na fenomenologia. Gadamer faz o caminho de volta da filosofia à autocompreensão metodológica das Ciências Humanas: a própria hermenêutica é filosófica. Demonstra, a partir dos exemplos privilegiados da arte, da história e da linguagem que o acontecer da verdade não está condicionado a um método pré-estabelecido de conhecimento". STRECK, Lenio Luiz. Métodos de interpretação. In: STRECK, Lenio Luiz. *Dicionário de Hermenêutica*. Belo Horizonte: Editora Letramento, (e-book). Desse modo, o método utilizado neste texto é condizente com a hermenêutica filosófica.

36   Lênio Streck trata do método hermenêutico: "O método, no Direito, tem sido colocado como condição de possibilidade. Assumiu características incompatíveis com aquilo que o conhecimento jurídico precisa transmitir. Daí, perigosamente, o uso indiscriminado de diversos "métodos", inclusive "ensinados" em livros sobre metodologia cientifica utilizados na área jurídica. De forma equivocada, tem sido recomendado o uso do método dedu-tivo, que partiria do universal (categoria) para o particular, do geral para o individual. Isso se mostra equivocado, porque as premissas (categoria ou uma tese geral) não são autoevidentes e tampouco são enunciados sintéticos *a priori*. Isso transforma o "método dedutivo" nas ciências sociais em uma ilusão, falseando os resultados, que são produtos de categorias gerais construídas pelo intérprete ou por ele escolhidas. Por outro lado, o método indutivo sofre de um problema similar. Como é possível partir de uma coisa individual? Quais as condições de possibilidade para se dizer que "da análise do individual se chegará ao geral"? Ou do empírico para o hipotético? Outro método que não apresenta qualquer clareza epistêmica é o "dialético". Interessante que quem o usa jamais o explica. Haveria uma tese e uma antítese? O resultado da pesquisa seria uma síntese? Por tais razões é que o método hermenêutico-fenomenológico adaptado e adotado pela CHD parece ter os elementos necessários para se chegar à compreensão de um fenômeno. Revolve-se o chão linguístico em que está (sempre) assentada uma determinada tradi-ção; reconstrói-se-lhe a história institucional, fazendo com que o fenômeno se desvele, como em um palimpsesto. Método fenomenológico-hermenêutico também quer dizer "desleituras". O revolvimento do chão linguístico implica desler as coisas. E, ao desler, a coisa exsurge sob outra vestimenta fenomenológica, como no exemplo citado acerca do crime de escalada". STRECK, Lenio Luiz. Método hermenêutico. In: STRECK, Lenio Luiz. *Dicionário de Hermenêutica*. Belo Horizonte: Editora Letramento, (e-book).

fatos que compõem a concretude do caso podem – e devem – ser devidamente definidos e explicitados.[37]

Como diz Streck, a escolha pela fenomenologia representa a superação da metafísica no campo do Direito, de tal modo que uma abordagem hermenêutica – e, portanto, crítica – do Direito jamais pretenderá ter a última palavra. E isso já é uma grande vantagem, sobretudo no paradigma da intersubjetividade.[38]

No presente texto, pelo método fenomenológico-hermenêutico revolver-se-á o sentido da dos institutos jurídicos abarcados pelo fato jurídico explicitado no caso concreto julgado pelo STJ no REsp n.º 1.721.694.

Nessa linha, conjuntamente com o método fenomenológico hermenêutico temos uma metodologia de procedimento e de abordagem. A metodologia de procedimento fundamenta-se na análise da literatura jurídica e de julgados de Tribunais sobre o tema. A metodologia de abordagem se ampara em uma linha crítico-metodológica, baseada em uma teoria crítica da realidade que compreende o Direito como problema e como uma "rede complexa de linguagens e de significados"[39].

Em síntese, a interpretação feita pelo STJ e neste texto sobre o problema jurídico apresentado deve conferir uma adequada tutela processual e material em seus vieses constitucional e infraconstitucional às posições jurídicas[40] das partes no citado processo judicial, até porque o caso concreto envolveu a defesa do(a) do(a) consumidor(a), qualificada como direito fundamental,[41] de acordo com o art. 5º, XXXII, da CF/1988.

---

[37]   STRECK, Lênio. *Parecer*. Disponível em: https://www.conjur.com.br/dl/manifestacao-politica--juizes-nao-punida.pdf Acesso em 02.11.2017.

[38]   TRINDADE, André Karam; OLIVEIRA, Rafael Tomaz de. Crítica Hermenêutica do Direito: do quadro referencial teórico à articulação de uma posição filosófica sobre o Direito. *Revista de Estudos Constitucionais, Hermenêutica e Teoria do Direito (RECHTD)*, v. 9, ano 3, p. 311-326, setembro-dezembro 2017, p. 325.

[39]   GUSTIN, Miracy Barbosa de Sousa; DIAS, Maria Tereza. *(Re)pensando a pesquisa jurídica*: teoria e prática. 4. ed. Belo Horizonte: Del Rey, 2013, p. 21.

[40]   O sentido de posição jurídica "indica um conjunto de direitos, deveres e competências conjugados de modo organizado e inter-relacionado. Sempre que o direito disciplina certas situações típicas, atribuindo situações ativas e passivas indissociáveis entre si, surge uma posição jurídica. O conceito de posição jurídica permite compreender a impossibilidade de reduzir o objeto de exame apenas a um dos ângulos (ativo ou passivo). Há um conjunto de poderes, que se entranha com os direitos e os deveres, que somente podem ser isolados para fins didáticos. É evidente que o conceito de posição jurídica não é privativo do direito público. Assim, por exemplo, o titular do poder familiar ocupa uma posição jurídica, o mesmo se dizendo quanto ao cônjuge." JUSTEN FILHO, Marçal. *Curso de direito administrativo*. 13.ed. São Paulo: RT, 2018, Capítulo 15, Item 13.2 (edição eletrônica).

[41]   Sobre o sentido de direitos fundamentais acolhe-se aquele trazido por Menelick de Carvalho Netto e por Guilherme Scotti: "*(...) uma determinada comunidade de princípios que se assume como sujeito constitucional, capaz de reconstruir permanentemente de forma crítica e reflexiva a eticidade que recebe como legado das gerações anteriores, precisamente restrito àqueles usos,*

Dentre desse contexto, o presente texto apresentará, além desta introdução, da conclusão e das referências, quais foram os fundamentos do acórdão do STJ no Recurso Especial 1.721.694 e como a literatura jurídica e, eventualmente, outros julgados têm entendido a responsabilidade civil por fato e por vício do produto das relações de consumo lastreadas em contrato de empreitada, a fim de conferir a melhor interpretação ao caso concreto.

2. FUNDAMENTOS DO ACÓRDÃO DO STJ NO RECURSO ESPECIAL 1.721.694 E CRÍTICAS A PARTIR E PARA ALÉM DO ESTADO DA ARTE ACERCA DA RESPONSABILIDADE CIVIL POR FATO E VÍCIO DO PRODUTO DAS RELAÇÕES DE CONSUMO LASTREADAS EM CONTRATO DE EMPREITADA

Como visto no tópico anterior e na introdução a este texto, há um movimento circular e de contaminação entre o caso concreto e a ordem jurídica constitucional e infraconstitucional, porque "a constatação de um não se dá a ler sem o outro".[42] Nesse viés, a análise crítica[43] se dará em cima da divergência de enquadramento do fato jurídico julgado pelo TJSP e pelo STJ, pois somente haverá uma resposta correta para o problema decido, como se passa a expor.

No acórdão do STJ, p. 16-17, se extraem os seguintes detalhes do caso concreto:

a) o consumidor ajuizou demanda de prestação de fazer cumulada com indenização por danos materiais e compensação por danos morais, devido a vícios apresentados no imóvel objeto de promessa de compra e venda;

b) o consumidor em sua petição inicial apontou os seguintes vícios no imóvel entregue pelo empreiteiro: "de incompletude do imóvel" (e-STJ fl. 398),

---

costumes e tradições que, naquele momento histórico constitucional, acredita possam passar pelo crivo do que entende ser o conteúdo da exigência inegociável dos direitos fundamentais. Os direitos fundamentais, ou seja, a igualdade e a autonomia ou liberdade reciprocamente reconhecidas a todos os membros da comunidade, passam a ser compreendidos, portanto, como princípios, a um só tempo, opostos e complementares entre si. Por isso mesmo, aptos a gerar tensões produtivas e, assim, instaurar socialmente uma eticidade reflexiva capaz de se voltar criticamente sobre si própria, colocando em xeque tanto preconceitos e tradições naturalizados quanto a própria crença no papel não principiológico e meramente convencional das normas jurídicas". NETTO, Menelick de Carvalho; SCOTTI, Guilherme. Os direitos fundamentais e a (in)certeza do direito. Belo Horizonte: Fórum, 2011, p. 157-162.

[42] REZENDE, Gabriel. A máquina de Menelick. Revista de estudos constitucionais, hermenêutica e teoria do direito, 9 (2): 183-195, maio-agosto, 2017, p. 185.

[43] O sentido de crítica, positiva ou negativa, para esta pesquisa não está necessariamente vinculado a uma específica linha teórica da Escola de Frankfurt, em seus vários vieses, embora deles se possam apreender ensinamentos deveras importantes, mas sim a uma perspectiva de testabilidade do sentido atribuído aos institutos jurídicos pelos intérpretes, operadores do direito e (ou) juristas, por meio das instituições (ou não) e a sua adequabilidade àquilo que se encontra na multiplicidade do real, rejeitando-se dogmas e pensando o Direito como problema. Sobre o assunto, por exemplo, veja: SANTOS COELHO, Nuno Manuel Morgadinho. Direito, filosofia e a humanidade como tarefa. Curitiba: Juruá, 2012.

"nos acabamentos da obra" (e-STJ fl. 397). Estariam eles relacionados, então, à própria construção (projetos, materiais e execução)";

c) o TJSP reconheceu a existência de três pedidos do consumidor: "i) a pretensão de reexecução do contrato, isto é, de conclusão da obra, em razão de disparidade com as indicações da oferta; ii) a pretensão de redibição do contrato ou abatimento do preço, tendo em vista a suposta depreciação do preço do bem; e iii) e os pleitos indenizatórios, concernentes à reparação dos danos materiais (inclusive lucros cessantes) e à compensação de danos morais" (p. 18 do acórdão do STJ);

d) a sentença de 1º Grau e o TJSP acolheram, em parte, a 2ª hipótese lançada na introdução deste texto, nos termos do art. 26, II, e § 1º, do CDC:

   (i) "Quanto à pretensão de reexecução do contrato, manteve o acórdão recorrido a prejudicial de decadência reconhecida em sentença, ao entendimento de que transcorreu, entre a efetiva entrega do bem e o ajuizamento da presente ação, prazo superior a 90 dias (e-STJ fl. 397)" (p. 18 do acórdão do STJ);

   (ii) "Quanto à segunda pretensão – de reparação dos vícios redibitórios –, também reconheceu a ocorrência de decadência, tendo em vista considerar ser aplicável, na hipótese, o prazo decadencial de 1 (um) ano previsto no art. 445 do CC/2002 (e-STJ fl. 398)" (p. 18 do acórdão do STJ);

   (iii) "E, por fim, quanto às pretensões reparatória e compensatória, considerou-as prescritas, tendo em vista a aplicação do prazo prescricional trienal previsto no art. 206, § 3º, V, do CC/2002 (e-STJ fl. 398)"; (p. 18 do acórdão do STJ).

e) O STJ, entretanto, acolheu a 1ª hipótese lançada na introdução deste texto, com base nos arts. 205 (prescrição decenal para ajuizar demanda reparatória contra o construtor) e 618 (prazo de cinco anos é de garantia sendo prescricional e não decadencial) do Código Civil:

Destarte, com base no raciocínio adrede construído, tem-se que, de fato, quanto à pretensão de reexecução dos serviços e de redibição do contrato, aplica-se o prazo decadencial de 90 (noventa) dias previsto no art. 26, II, e § 1º, do CDC.

Quanto ao tópico, abrem-se parênteses, por oportuno, para enfatizar a ausência de causas obstativas da decadência, tendo em vista que as reclamações formuladas pelo consumidor deram-se, como mesmo elucida a sentença e o acórdão recorrido, nos anos de 2006 e de 2010, posteriores, portanto, ao próprio implemento do prazo decadencial. Noutro giro, com relação à pretensão indenizatória (reparação de danos materiais e compensação de danos morais), incidirá o prazo prescricional decenal, não transcorrido entre a entrega do imóvel (2004 – e-STJ fl. 328) e o ajuizamento da ação, que se deu em 19/07/2011.

Forte nessas razões, CONHEÇO do recurso especial interposto por JOSE PIPA RODRIGUES, e DOU-LHE PARCIAL PROVIMENTO, tão somente para afastar a prescrição trienal reconhecida, determinando o retorno dos autos ao Tribunal de origem, para que prossiga no julgamento da apelação no que concerne ao pleito reparatório e compensatório pelos vícios apresentados no imóvel. (p. 19 do acórdão do STJ).

Nessa senda, cabe a seguinte indagação: qual é a resposta correta para o caso? Para respondê-la analisaremos criticamente os fundamentos alinhavados pela 3ª Turma do STJ em diálogo com a construção feita pela literatura jurídica sobre o tema, como se passa a expor.

O acórdão do STJ apontou que o recebimento da obra concluída como ajustado ou de acordo com os costumes do lugar pelo(a) comitente no contrato de empreitada é compulsório, de acordo com os arts. 615 e 616 do CC, "podendo rejeitá-la ou requerer abatimento no preço apenas se "o empreiteiro se afastou das instruções recebidas e dos planos dados, ou das regras técnicas em trabalhos de tal natureza" (p. 7 do acórdão do STJ). Tais dispositivos legais retratam os vícios aparentes da obra, que "devem ser enjeitados pelo comitente imediatamente, sob pena de perda do direito de redibir o contrato ou requerer o abatimento no preço" (p. 7 do acórdão do STJ).

A crítica se lastreia nos seguintes fundamentos:

Indiscutivelmente, o contrato no caso em tela é de empreitada, no qual o empreiteiro fornecedor pactuou entregar uma obra específica em favor do consumidor, dono da obra, comitente ou empreitante, em que este pagou por tal obra.[44]

Não se controverte no caso concreto quanto à existência de relação de consumo, com o dono da obra (consumidor e autor da demanda) sendo destinatário final[45] da obra (CDC, art. 2º, *caput*[46]) e o empreiteiro fornecedor e réu.

---

[44] Tartuce afirma: "O contrato de empreitada (*locatio operis*) sempre foi conceituado como uma forma especial ou espécie de prestação de serviço. Por meio desse negócio jurídico, uma das partes – empreiteiro ou prestador – obriga-se a fazer ou a mandar fazer determinada obra, mediante uma determinada remuneração, a favor de outrem – dono de obra ou tomador. Mesmo sendo espécie de prestação de serviço, com esse contrato a empreitada não se confunde, principalmente quanto aos efeitos." TARTUCE, Flávio. *Direito Civil: teoria geral dos contratos e contratos em espécie*. 15. ed. Rio de Janeiro: Forense, 2020, p. 580.

[45] Nelson Nery e Rosa Nery densificam a o sentido de destinatário final: "O elemento teleológico da relação de consumo é a finalidade com que o consumidor adquire o produto ou utiliza o serviço, isto é, como *destinatário final*. Se a aquisição for apenas meio para que o adquirente possa exercer outra atividade, não terá adquirido como destinatário final e, consequentemente, não terá havido relação de consumo. A chave para a identificação de uma relação jurídica como sendo de consumo é, portanto, o elemento teleológico: *destinação final*, ao consumidor, do produto ou serviço. Melhor ainda, a chave para a detecção da *situação jurídica de consumo* é a circunstância pela qual alguém (o sujeito adstrito, *consumidor*) revela-se submetido à situação de destinatário final de um produto ou serviço que lhe foi fornecido por outro sujeito (fornecedor), independentemente de ter havido vontade expressa entre tais sujeitos de formarem vínculo subjetivo (relação jurídica)". NERY, Rosa Maria de Andrade; JÚNIOR, Nelson Nery. *Instituições de direito civil – contratos*. São Paulo: RT, 2016, v. 3, (e-book), item 64.

[46] Sobre a densificação de cada elemento da relação de consumo veja: CATALAN, Marcos Jorge; FROTA, Pablo Malheiros da Cunha. A Pessoa Coletiva Consumidora no Código de

Diante disso, é indiscutível que os enunciados normativos do CDC incidem no caso concreto, devendo dialogar com os artigos do CC relativos ao contrato de empreitada, respeitando-se os seguintes critérios:

a) o CDC é composto de matérias de direito civil, empresarial, econômico, administrativo, penal, processual civil, processual penal, entre outras, sendo uma lei que "procura regular, tanto quanto possível, *completamente* a matéria de que se ocupa. Havendo lacuna no microssistema, deve ser preenchida com os mecanismos próprios, desde que a aplicação de norma subsidiária seja compatível com o microssistema. Assim, não se poderia aplicar, por exemplo, norma subsidiária de lei especial, que trate de responsabilidade subjetiva, quando o Código de Defesa do Consumidor tem como princípio fundamental a responsabilidade objetiva;"[47]

b) o CDC é lei principiológica, uma vez que não "é nem lei geral nem lei especial. Estabelece os fundamentos sobre os quais se erige a relação jurídica de consumo, de modo que toda e qualquer relação de consumo deve submeter-se à principiologia do CDC. Consequentemente, as leis especiais setorizadas (*v.g.*, seguros, bancos, calçados, transportes, serviços, automóveis, alimentos etc.) devem disciplinar suas respectivas matérias em consonância e em obediência aos *princípios fundamentais* do CDC";[48]

c) eventual conflito entre o CDC e outra lei geral ou especial, prevalece o CDC, como explica Nelson Nery e Rosa Nery:

Como o Código de Defesa do Consumidor não é lei geral, havendo conflito aparente entre suas normas e a de alguma lei especial, não se aplica o princípio da especialidade (*lex specialis derogat generalis*): prevalece a regra principiológica do CDC sobre a da lei especial que o desrespeitou. Caso algum setor queira mudar as regras do jogo, terá de fazer modificações no CDC e não criar lei à parte, desrespeitando as regras *principiológicas fundamentais* das relações de consumo, estatuídas no Código de Defesa do Consumidor.

Podem ser citados alguns princípios, inderrogáveis por leis especiais que regulam relações de consumo específicas:

a) equidade e equilíbrio nas relações de consumo (CDC 4.º III);

b) boa-fé objetiva (CDC 4.º III);

c) revisão de cláusula ou do contrato de consumo (CDC 6.º V);

d) responsabilidade objetiva pela reparação dos danos patrimoniais, morais, individuais, coletivos e difusos (CDC 6.º VI, 12 e 14);

Defesa do Consumidor Brasileiro. RJLB – REVISTA JURÍDICA LUSO-BRASILEIRA. v.6, p.1539 – 1576, 2017.

[47] NERY, Rosa Maria de Andrade; JÚNIOR, Nelson Nery. *Instituições de direito civil – contratos.* São Paulo: RT, 2016, v. 3, (e-book), item 61.

[48] NERY, Rosa Maria de Andrade; JÚNIOR, Nelson Nery. *Instituições de direito civil – contratos.* São Paulo: RT, 2016, v. 3, (e-book), item 62.

Cap. 20 · CONTRATO DE EMPREITADA E O PRAZO PARA O(A) CONSUMIDOR(A) | **557**

e) proteção contra publicidade ilegal (enganosa e abusiva) (CDC 37);

f) proteção contra práticas comerciais abusivas (CDC 6.º IV 39 e 44);

g) proteção contratual integral (CDC 46);

h) proteção contra cláusulas abusivas (CDC 6.º IV e 51);

i) acesso à ordem jurídica justa, individual ou coletivamente (CDC 81, *caput*);

j) facilitação da defesa do consumidor em juízo (CDC 6.º VIII);

l) prerrogativa de propor e de responder ação em seu domicílio (CDC 6.º VIII e 93);

m) benefício da coisa julgada *erga omnes* ou *ultra partes*, sempre *inutilibus*, independentemente de rol de beneficiados, do lugar de seu domicílio ou da competência territorial do juiz (CDC 103), sendo inconstitucional o LACP 16, com a redação que lhe foi dada pela Lei 9494/97.[49]

d) existe o diálogo entre o CDC e a legislação geral e específica, como alude a literatura jurídica, prevalecendo o CDC de forma principal e geral, visto que: "Todas as demais leis que se destinarem, de forma específica, a regular determinado setor das relações de consumo, deverão submeter-se aos preceitos gerais da lei principiológica, que é o Código de Defesa do Consumidor".[50] Claudia Lima Marques demonstra três diálogos possíveis:

a) Havendo aplicação simultânea das duas leis, se uma lei servir de base conceitual para a outra, estará presente o diálogo sistemático de coerência. Exemplo: os conceitos dos contratos de espécie podem ser retirados do Código Civil, mesmo sendo o contrato de consumo, caso de uma compra e venda (art. 481 do CC).

b) Se o caso for de aplicação coordenada de duas leis, uma norma pode completar a outra, de forma direta (diálogo de complementaridade) ou indireta (diálogo de subsidiariedade). O exemplo típico ocorre com os contratos de consumo que também são de adesão. Em relação às cláusulas abusivas, pode ser invocada a proteção dos consumidores constante do art. 51 do CDC e, ainda, a proteção dos aderentes constante do art. 424 do CC.

c) Os diálogos de influências recíprocas sistemáticas estão presentes quando os conceitos estruturais de uma determinada lei sofrem influências da outra. Assim, o conceito de consumidor pode sofrer influências do próprio Código Civil. Como afirma a própria Claudia Lima Marques, "é a influência do sistema especial no geral e do geral no especial, um diálogo de doublé sens (diálogo de coordenação e adaptação sistemática).[51]

---

49 NERY, Rosa Maria de Andrade; JÚNIOR, Nelson Nery. *Instituições de direito civil – contratos*. São Paulo: RT, 2016, v. 3, (e-book), item 62.

50 NERY, Rosa Maria de Andrade; JÚNIOR, Nelson Nery. *Instituições de direito civil – contratos*. São Paulo: RT, 2016, v. 3, (e-book), itens 63 e 64.

51 TARTUCE, Flávio; NEVES, Daniel Amorim Assumpção. *Manual de direito do consumidor*. 9.ed. São Paulo: Método, 2020, p. 20. No mesmo sentido: STJ – REsp 1.060.515; STJ – REsp

Bruno Miragem, com razão, sustenta que o art. 6º, VI, ao tratar da efetiva reparação "consagra em direito do consumidor o princípio da *reparação integral* dos danos. Ou seja, de que devem ser reparados todos os danos causados, sejam os prejuízos diretamente causados pelo fato, assim como aqueles que sejam sua consequência direta".[52] Dessa maneira, conclui Miragem: "(...) o sistema de reparação previsto no CDC, se fasta, neste ponto, do sistema adotado pelo direito civil".[53]

Diante do texto do art. 6º, VI, do CDC, a prevenção e a reparação de danos materiais, extramateriais à direitos individuais, individuais homogêneos e difusos (CDC, art. 81) é admitida, sendo o sistema de responsabilização subdividido em dois regimes: (i) vícios do produto e do serviço (CDC, arts. 18-20); (ii) fato do produto (CDC, arts. 12 e 14).[54]

O critério de diferenciação entre os dois regimes é a tipologia do dever violado. O fato do produto e do serviço decorre da violação ao dever de segurança que os(as) fornecedores(as) devem cumprir ao colocarem no mercado de consumo produtos e serviços. O vício aparente ou oculto de qualidade ou de quantidade advém da violação do dever de adequação.[55]

O traço comum entre os regimes é o critério de imputação objetivo, a partir da "denominada teoria da qualidade, vinculada à proteção a confiança dos consumidores", com os(as) fornecedores(as) devendo colocar no mercado de consumo produtos e serviços adequados (sem vícios) e seguros (que não causem danos ao (à) consumidor(a) ou a quem seja equiparado(a) a este(a)).[56]

Como no caso concreto a relação é de consumo, o CDC deve ser aplicado no que toca à responsabilização no caso em tela.[57] Na relação civil, a responsabilização pelo vício se norteia pelo valor de troca do bem ou do serviço e, nas relações de

---

1.009.591; STJ – AgRg no REsp 1.483.780; TJBA – Recurso 0204106-62.2007.805.0001-1; TJRN – Acórdão 2009.010644-0; TJRS – Embargos de Declaração 70027747146. Enunciado 547 da Súmula do STJ: "Nas ações em que se pleiteia o ressarcimento dos valores pagos a título de participação financeira do consumidor no custeio de construção de rede elétrica, o prazo prescricional é de vinte anos na vigência do Código Civil de 1916. Na vigência do Código Civil de 2002, o prazo é de cinco anos se houver previsão contratual de ressarcimento e de três anos na ausência de cláusula nesse sentido, observada a regra de transição disciplinada em seu art. 2.028".

[52]   MIRAGEM, Bruno. *Curso de direito do consumidor*. 8. ed. São Paulo: RT, 2020, p. 302.

[53]   MIRAGEM, Bruno. *Curso de direito do consumidor*. 8. ed. São Paulo: RT, 2020, p. 302.

[54]   MIRAGEM, Bruno. *Curso de direito do consumidor*. 8. ed. São Paulo: RT, 2020, p. 769.

[55]   Miragem aponta: "*Adequação*, entendida como a qualidade do produto ou serviço de servir, ser útil, aos fins que legitimamente dele se esperam. Daí por que se deve sempre destacar que os vícios e seu regime de responsabilidade não se confundem com a noção de inadimplemento absoluto da obrigação, mas a um cumprimento parcial, imperfeito cuja identificação remete às soluções previstas no Código Civil e na legislação, para atendimento do interesse das partes, a princípio, no cumprimento do contrato". MIRAGEM, Bruno. *Curso de direito do consumidor*. 8. ed. São Paulo: RT, 2020, p. 769.

[56]   MIRAGEM, Bruno. *Curso de direito do consumidor*. 8. ed. São Paulo: RT, 2020, p. 772.

[57]   Miragem afirma:"(...) a princípio, não se aplica o regime do Código Civil aos vícios de produtos e serviços nas relações de consumo, os quais serão regulados integralmente pelo regime

Cap. 20 · CONTRATO DE EMPREITADA E O PRAZO PARA O(A) CONSUMIDOR(A)

consumo, a responsabilização pelo vício se ampara pelo valor de uso ou do consumo do produto ou do serviço:[58]

> Na verdade, a responsabilidade do empreiteiro em face do dono da obra já é objetiva pelo que consta do Código de Defesa do Consumidor, que trata da responsabilidade pelo vício e pelo fato do produto e do serviço, nos seus arts. 18 e 14. Para a subsunção dessas regras, porém, é preciso estar configurada a relação de consumo, ou seja, que o empreiteiro seja profissional na sua atividade e o dono da obra destinatário final do serviço (STJ, REsp 706.417/RJ, 3.ª Turma, Rel. Min. Nancy Andrighi, j. 13.02.2007, *DJ* 12.03.2007, p. 221).[59]

Existente o vício de qualidade no imóvel objeto da obra, cabia ao consumidor uma de quatro opções no caso concreto, de acordo com o art. 18, § 1º, do CDC: "I – a substituição do produto por outro da mesma espécie, em perfeitas condições de uso; II – a restituição imediata da quantia paga, monetariamente atualizada, sem prejuízo de eventuais perdas e danos; III – o abatimento proporcional do preço".

Além disso, pelo critério de complementariedade, os arts. 615 e 616 do CC complementam o art. 18 do CDC por duas razões: (i) tratam especificamente de vício no contrato de empreitada e as opções de rejeição do produto ou a requisição do abatimento no preço se o(a) empreiteiro(a) se afastou das instruções recebidas e dos planos dados, ou das regras técnicas em trabalhos de tal natureza, não são divergentes com aquelas postas no art. 18 do CDC.

Extrai-se dos autos processuais que o consumidor manejou a referida demanda "visando ao término de construção de sua unidade autônoma, que, segundo ele, não está de acordo com o memorial descritivo, faltando colocação de piscina, acabamento de escadaria que dá acesso ao andar superior (cobertura), e elevador que atenda inclusive tal andar, além de indenização por danos materiais e morais decorrentes de tais imperfeições" (sentença p. 331 do pdf do REsp 1.721.694).

No caso concreto, o consumidor não rejeitou, não pediu o abatimento do preço, muito menos utilizou de uma das opções postas no art. 18 do CDC em 2004, data de recebimento da obra, tendo somente reclamado de tais vícios com o fornecedor em 2006 e 2010, assim como ajuizado a demanda reparatória em 2011. Por isso, "se o empreitante prefere aceitá-la, não pode se recusar a pagar o preço ajustado, na proporção da obra realizada, pois do contrário iria se locupletar sem causa do trabalho do empreiteiro",[60] na forma dos arts. 615 e 616 do CC.

---

estabelecido no CDC, tendo as disposições do Código Civil mera aplicação subsidiária". MIRAGEM, Bruno. *Curso de direito do consumidor.* 8. ed. São Paulo: RT, 2020, p. 771.

[58] CALVÃO DA SILVA, João. *Responsabilidade civil do produtor.* Coimbra: Almedina, 1990, p. 279.

[59] TARTUCE, Flávio. *Direito Civil: teoria geral dos contratos e contratos em espécie.* 15. ed. Rio de Janeiro: Forense, 2020, p. 581.

[60] NERY, Rosa Maria de Andrade; JÚNIOR, Nelson Nery. *Instituições de direito civil – contratos.* São Paulo: RT, 2016, v. 3, (e-book), item 129.

A obra foi entregue com tais imperfeições em 2004, as reclamações do consumidor ocorreram nos anos de 2006 e 2010, com a demanda sido manejada somente em 2011, quando já passado o prazo de 90 (noventa dias) da entrega efetiva do imóvel, na forma do art. 26, II, § 1º, do CDC. Desse modo, os vícios elencados pelo consumidor, conforme a sentença, são de "fácil e imediata constatação, aplica-se o prazo decadencial de 90 dias, previsto no artigo 26, inciso II, do Código de Defesa do Consumidor, que, nesse caso, teve como início da contagem a data da efetiva entrega do imóvel, nos termos do § 1º do mesmo artigo, ou seja, no ano de 2004, como restou o incontroverso nos autos" (sentença p. 331 do pdf do REsp 1.721.694).

1ª Conclusão. Nesse passo, o consumidor não rejeitou a obra, não pediu o abatimento do preço (CC, arts. 615-616), não utilizou as opções do art. 18 do CDC no prazo do art. 26, II, § 1º, do CDC, já que o vício era de fácil constatação (incompletude da obra e divergência com o memorial descritivo). Como as reclamações do consumidor ocorreram nos anos de 2006 e 2010, com a demanda sido manejada somente em 2011, quando já passado o prazo de 90 (noventa dias) da entrega efetiva do imóvel, que ocorreu em 2004, decaiu o direito do consumidor.

Os vícios ocultos da obra no imóvel, entretanto, são perceptíveis tempos após a entrega da obra e revelam "o inadequado adimplemento contratual" (p. 8 do acórdão do STJ). Esse é o enunciado normativo posto no art. 618 do CC que instituiu a "garantia legal em favor do comitente, concedendo-lhe o prazo de 5 anos para verificar a eventual existência de defeito ou vício que estivesse oculto por ocasião da entrega da construção" (p. 8 do acórdão do STJ).

O acórdão do STJ apontou que o art. 618 do CC limita a garantia "aos edifícios ou construções "consideráveis", entendidos estes como obras de maior proporção e custo, e, ainda, aos vícios relacionados à "solidez e segurança do trabalho" (p. 8 do acórdão do STJ). Dessa forma, o prazo de cinco anos do referido artigo tem a natureza de prazo de garantia:

> na medida em que visa a proteger o comitente contra riscos futuros e eventuais. Não se trata, pois, de prazo prescricional ou decadencial, haja vista que não deriva da necessidade de certeza nas relações jurídicas, nem do propósito de impor penalidade ao titular de um direito que se mostra negligente na defesa dele.

> Isso significa que, apesar da entrega da obra, o empreiteiro permanecerá responsável por vício oculto que venha a ser revelado dentro do quinquênio legal, comprometendo a segurança e solidez da construção. Verificado o vício nesse interregno, poderá o comitente reclamá-lo; (p. 8 do acórdão do STJ).

Como visto, os vícios no imóvel não eram ocultos, e sim aparentes e não atingiam a "solidez e segurança do trabalho", como dispõe o art. 618 do CC. Não foi outro o entendimento do acórdão do TJSP que ensejou recurso especial ao STJ no caso ora analisado:

> 1. Execução de serviços para conclusão do projeto do imóvel. Pedido de obrigação de fazer, para reexecução do contrato. Hipótese prevista pelo art. 20, inciso I, do Código de Defesa do Consumidor. Pedido de conclusão

da obra, em razão de disparidade com as indicações da oferta. Não incidência do artigo 618 do Código Civil. Defeitos de acabamento da construção, não de solidez ou segurança da obra. Prazo decadencial de 90 (noventa) dias, na forma do artigo 26, inciso II, do Código de Defesa do Consumidor, contados da data de entrega do imóvel (art. 26, § 1º, do CDC). Eventual interrupção que apenas ocorreria por reclamação do consumidor à fornecedora dos serviços (art. 26, § 2º, I, do CDC). Reclamação notificada somente em janeiro de 2010, além do prazo decadencial. Decadência mantida.

2ª Conclusão. Por amor ao diálogo, partiremos da mesma premissa do acórdão do STJ, qual seja, de que o vício era oculto e que o art. 618 do CC se aplica ao caso em tela, além do que o pedido feito pelo consumidor não retrata vícios quanto à solidez ou segurança do imóvel, cujo critério é de dificuldade ou de impossibilidade de habitabilidade no imóvel, condição *sine qua non* para a aplicação do art. 618 do CC (ex.: STJ – REsp 1.172.331).

Diante disso, o STJ, ainda na vigência do art. 1.245 do Código Civil de 1916 (CC/16), sedimentou que "descoberto o vício no prazo quinquenal, poderia o dono da obra reclamá-lo no prazo prescricional de 20 (vinte) anos, contados do aparecimento. Essa orientação foi cristalizada na Súmula 194/STJ, segundo a qual "prescreve em vinte anos a ação para obter, do construtor, indenização por defeitos da obra". (p. 9 do acórdão do STJ).

Como a entrada em vigor do CC, o art. 618 (CC/16, art. 1.245) regula a matéria, com o STJ acolhendo a tese de que o prazo quinquenal de garantia de tal artigo difere do prazo para o(a) comitente demandar em juízo. "E, à míngua de previsão legal de prazo especial, deveria ser aplicado o prazo ordinário de prescrição das ações pessoais, contado a partir do evento danoso (aparecimento do vício)" (p. 9 do acórdão do STJ). Trouxe como argumento de reforço a ementa do REsp 5.522, julgado ainda com base no art. 1.245 do CC/16.

Além disso, o STJ entendeu que o(a) comitente ao descobrir o vício oculto tem duas postulações contra o(a) construtor tem duas postulações em caso de vício oculto por ele(a) descoberto:

> De outro turno, também se entendia que o comitente, ao descobrir o vício, poderia se valer, além da garantia disposta no art. 1.245 do CC/16, da proteção contra inadimplemento contratual que lhe conferia o art. 1.056 do CC/16 (atual 389 do CC/02). Em outras palavras, a garantia por vícios que afetassem a segurança e solidez da obra não excluía o direito de reclamar inadimplemento contratual, no prazo ordinário de 20 (vinte) anos. É o que se decidiu, por exemplo, no REsp 1.473/RJ (...) Na mesma ótica, confiram-se os seguintes julgados: REsp 161.351/SC, 3ª Turma, DJ de 03/11/1998; REsp 62.278/SP, 3ª Turma, DJ de 21/10/1996; REsp 73.022/SP, 3ª Turma, DJ de 24/06/1996; REsp 37.556/SP, 3ª Turma, DJ de 13/03/1995; REsp 8.489/RJ, 3ª Turma, DJ de 24/06/1991; REsp 215.832/PR, 4ª Turma, DJ de 07/04/2003; REsp 72.482/SP, 4ª Turma, DJ de 08/04/1996 e REsp 32.676/SP, 4ª Turma, DJ de 16/05/1994. (p. 9-10 do acórdão do STJ).

Em seguida, o acórdão do STJ afirmou que a redação do parágrafo único do art. 618 do CC, sem correspondência no CC/16, trouxe um prazo decadencial de cento e oitenta dias contados do aparecimento do vício ou do defeito para o(a) comitente manejar a demanda posta no *caput* do mencionado artigo contra o(a) empreiteiro(a). (p. 10 do acórdão do STJ).

O acórdão trouxe divergência doutrinária em dois sentidos:

(i) prazo decadencial no qual o(a) comitente não terá qualquer demanda contra o(a) construtor(a) (Arnaldo Rizzardo. Responsabilidade Civil. 7ª ed. Rio de Janeiro: Forense, 2015, p. 525) (p. 10 do acórdão do STJ);

(ii) "No entanto, a doutrina majoritária se inclina no sentido de que prazo de 180 dias, de natureza decadencial, se refere apenas ao direito de o comitente pleitear a rescisão contratual ou o abatimento no preço (ação de índole desconstitutiva), permanecendo a pretensão de indenização, veiculada em ação condenatória, sujeita a prazo prescricional" (Teresa Ancona Lopez. Comentários ao Código Civil: parte especial: das várias espécies de contratos, vol. 7. São Paulo: Saraiva, 2003, p. 299/300; Sidnei Beneti e Vera Andrighi. Comentários ao Novo Código Civil: das várias espécies de contratos, vol. IX. Rio de Janeiro: Forense, 2008, p. 318/319) (p. 11-12 do acórdão do STJ).

Nesse sentido, o prazo prescricional para ao ajuizamento da demanda reparatória decorrente de vício construtivo da obra é o "decenal disposto no art. 205 do CC/02, o qual, além de corresponder ao prazo vintenário anteriormente disposto no art. 177 do CC/16, é o prazo que regula as pretensões fundadas no inadimplemento contratual" (p. 12 do acórdão do STJ).

O STJ concluiu a interpretação do art. 618 do CC no seguinte sentido: "verificando o comitente vício da obra dentro do prazo quinquenal de garantia, poderá, a contar do aparecimento da falha construtiva: a) redibir o contrato ou pleitear abatimento no preço, no prazo decadencial de 180 dias; b) pleitear indenização por perdas e danos, no prazo prescricional de 10 anos". (p. 13 do acórdão do STJ).

Um primeiro ponto a ser levantado foi posto por Tartuce:

(...) há a responsabilidade por *vício do produto* (art. 18 da Lei 8.078/1990), presente quando existe um problema oculto ou aparente no bem de consumo, que o torna impróprio para uso ou diminui o seu valor, tido como um *vício por inadequação*. Em casos tais, repise-se, não há repercussões fora do produto, não se podendo falar em responsabilização por outros danos materiais – além do valor da coisa –, morais ou estéticos. Em suma, lembre-se que no vício o problema permanece no produto, não rompendo os seus limites.[61]

---

[61] TARTUCE, Flavio; NEVES, Daniel Amorim Assumpção. *Manual de direito do consumidor*. 9.ed. São Paulo: Método, 2020, p. 136.

Cap. 20 · CONTRATO DE EMPREITADA E O PRAZO PARA O(A) CONSUMIDOR(A) | **563**

Nessa linha, a causa de pedir e os pedidos do consumidor são de conclusão do projeto, no qual ele considerou "impossível seja convertida a obrigação em indenização por perdas e danos". Os pedidos de reparação de danos materiais e morais foram todos baseados na depreciação do valor do imóvel em decorrência o vício construtivo da obra feita pelo empreiteiro.

Por isso, todo o caso se refere ao vício do produto, hipótese em que caberia ao consumidor utilizar uma das hipóteses do art. 18, § 1º, I, II, III, do CDC, caso ele tivesse conferido ao fornecedor o prazo máximo de trinta dias para sanar o vício, na forma do art. 18, § 1º, do CDC. Isso porque a maioria da literatura jurídica e dos julgados entendem ser um direito do(a) fornecedor(a) poder sanar o vício, cujo desrespeito pelo(a) consumidor(a) acarreta a perda do direito a quem não observou tal hipótese:

> Na doutrina, em profundo estudo, José Fernando Simão aponta que a corrente majoritária, a qual estão filiados Odete Novais Carneiro Queiroz, Alberto do Amaral Jr., Zelmo Denari, Jorge Alberto Quadros de Carvalho Silva e Luiz Antonio Rizzatto Nunes, reconhece que se o consumidor não respeitar tal prazo de trinta dias, não poderá fazer uso das medidas previstas nos incisos do comando legal, caso da opção de resolução do contrato.31 Muito próximo, esclarece Leonardo Roscoe Bessa que o art. 18, § 1º, do Código Consumerista tem ampla aplicação nos casos em que se configura o abuso de direito por parte do consumidor. Nessa linha, tem aplicação em face do consumidor o art. 187 do CC/2002, segundo o qual também comete ato ilícito o titular de um direito que, ao exercê-lo, excede manifestamente os limites impostos pelo seu fim econômico e social, pela boa-fé objetiva e pelos bons costumes. Em um sadio *diálogo* entre as normas, nota-se que o consumidor que não respeita tal prazo não atenta para o dever de colaboração negocial decorrente da boa-fé objetiva.
>
> Na jurisprudência, o prazo de trinta dias é também apontado como um direito do fornecedor (por todos: TJSP – Agravo de Instrumento 1102616000 – Rel. Rocha de Souza – j. 17.05.2007 – registro 17.05.2007). Existem julgados concluindo pela carência de ação, por falta de adequação e interesse processual, em casos em que o consumidor não respeita esse prazo de trinta dias para a solução do vício. Nesse sentido, parecendo ser a melhor solução a ser mantida na vigência do Novo CPC (art. 485, inc. VI):
>
> "Consumidor. Vício do produto. Faculdade do fornecedor de sanar o vício no prazo de 30 dias. Impossibilidade no caso concreto do uso imediato pelo consumidor das alternativas postas à disposição pelo art. 18, § 1º, do CDC. Ausência de prova mínima quanto ao fato de ter sido oportunizado o conserto. Sentença mantida. Carência de ação. Recurso improvido" (TJRS – Recurso Cível 71002384907, Rio Pardo – Segunda Turma Recursal Cível – Rel. Des. Vivian Cristina Angonese Spengler – j. 14.07.2010 – *DJERS* 22.07.2010).
>
> "Consumidor. Vício do produto. Omissão de pedido de conserto na assistência técnica. Hipótese em que não foi conferida ao fornecedor a possibilidade de sanar o vício. Carência de ação decretada. Extinção do

processo sem resolução do mérito. Recurso provido" (TJRS – Recurso Cível 71001106194, Guaíba – Segunda Turma Recursal Cível – Rel. Mylene Maria Michel – j. 24.01.2007).

Consigne-se que a jurisprudência também reconhece ser o caso de improcedência, entrando no mérito da questão e afastando o direito material à resolução contratual ou à troca do produto pelo vício:

"Indenizatória c/c obrigação de fazer. Direito do consumidor. Vício do produto. Autora que pretende a troca por um produto de outra marca. Concretamente, não se discutiu a veracidade dos fatos narrados ou mesmo a ocorrência de defeito no aparelho de DVD que foi adquirido pela autora. Na verdade, o fundamento que embasou a sentença de improcedência, ora recorrida, foi a não concessão por parte da autora de oportunidade para que as rés sanassem o defeito. O Código de Defesa do Consumidor estabelece alguns direitos aos fornecedores de bens e serviços, suficientes e necessários a evitar um desequilíbrio exagerado em desfavor dos mesmos. O § 1º, do art. 18, do CODECON concede um prazo de trinta dias para que o comerciante ou o fabricante sane o defeito apresentado pelo bem colocado no mercado, garantindo ao consumidor, depois de expirado o referido prazo, a substituição do produto ou a devolução do valor pago, entre outras medidas. Portanto, correto o fundamento adotado pelo sentenciante monocrático, no sentido de que os pedidos formulados pela autora somente seriam cabíveis depois de concedido o prazo da Lei para a solução dos defeitos. Apelo improvido" (TJRJ – Apelação 2009.001.05283 – Décima Quinta Câmara Cível – Rel. Des. Celso Ferreira Filho – j. 14.04.2009 – DORJ 30.04.2009, p. 172).

"Consumidor. Pleito de restituição das quantias pagas. Alegada publicidade enganosa. Aquisição de máquina de fazer pão. Produto que não apresentou funcionamento de acordo com sua publicidade. O Código de Defesa do Consumidor, em seu art. 18, § 1º, estabelece o prazo máximo de 30 dias para que o comerciante/fornecedor possa sanar o vício existente no produto. Não tendo o consumidor encaminhado o produto para a assistência técnica, a fim de verificar a real existência do defeito alegado, descabe o pedido de restituição do valor do mesmo. Recurso desprovido" (TJRS – Recurso Cível 71001132851, Porto Alegre – Terceira Turma Recursal Cível – Relator Eugênio Facchini Neto – j. 12.12.2006).

Com o devido respeito, este autor não está filiado ao entendimento esposado nas duas últimas ementas, pois elas afastam um direito material do consumidor ao ingressarem no mérito da questão. Na verdade, a melhor solução é mesma a carência de ação, dando--se nova oportunidade para o consumidor prejudicado demandar em juízo. Reafirmamos que essa posição deve ser mantida na vigência do Novo CPC, concluindo-se pela falta de interesse processual (art. 485, inc. VI, do CPC/2015).[62]

---

[62] TARTUCE, Flavio; NEVES, Daniel Amorim Assumpção. *Manual de direito do consumidor*. 9.ed. São Paulo: Método, 2020, p. 143. Nosso entendimento diverge da maioria, uma vez

Cap. 20 · CONTRATO DE EMPREITADA E O PRAZO PARA O(A) CONSUMIDOR(A) | **565**

Além do mais, o art. 618 do CC somente se aplica em caso de ameaça à solidez do imóvel, o que não ocorreu no caso em tela, como já exposto. Mesmo que se aplicasse o art. 618 do CC no caso em tela, a obra foi entregue em 2004 e a demanda foi ajuizada em 2011, ou seja, foi ultrapassado o prazo decadencial de 180 (cento e oitenta) dias posto no parágrafo único do art. 618 do CC. Caso ele cumprisse o referido prazo, como o dano extrapolou o vício, o caso seria de fato do produto, cujo prazo prescricional é de 5 anos, como alude Tartuce:

> O dispositivo traz dois prazos diferentes, tendo grande relevância prática. No *caput* está previsto um prazo de garantia legal, específico para os casos de empreitada, a ser respeitado pelo empreiteiro. O prazo de cinco anos refere-se à estrutura do prédio, à sua solidez e à segurança do trabalho (prazo decadencial).
>
> Em relação ao parágrafo único, filiamo-nos à corrente doutrinária que aponta que o prazo específico para a resolução (redibição) do negócio celebrado é de 180 dias, contados do aparecimento do problema, desde que o direito esteja fundado na presença do vício mencionado no *caput*, ou seja, um problema estrutural do prédio.
>
> Esse prazo é também decadencial, pois a ação redibitória é essencialmente constitutiva negativa.
>
> Por outra via, para que o dono da obra pleiteie perdas e danos em decorrência de alguma conduta lesiva provocada pelo empreiteiro, deve ser aplicado o art. 206, § 3.º, V, do CC (prazo prescricional de 3 anos), em caso de sua responsabilidade extracontratual; ou mesmo o art. 27 do CDC (prazo prescricional de 5 anos), havendo relação jurídica de consumo. Compartilha-se, assim, do entendimento de José Fernando Simão (Aspectos..., 2005, p. 379). No mesmo sentido, prevê o Enunciado n. 181 CJF/STJ, aprovado na *III Jornada de Direito Civil* que "O prazo referido no art. 618, parágrafo único, do CC refere-se unicamente à garantia prevista no *caput*, sem prejuízo de poder o dono da obra, com base no mau cumprimento do contrato de empreitada, demandar perdas e danos". Na opinião do presente autor, deve ser tida como superada a Súmula 194 do STJ, de 1997, que consagrava um prazo prescricional de vinte anos para se obter, do construtor, indenização por defeitos da obra.[63]

Não obstante isso, o acórdão do STJ ora analisado, após diferenciar os regimes de responsabilidade quanto ao vício e quanto ao fato do produto assentou:

---

que a hipótese é de faculdade e não de dever do(a) consumidor(a), pois a aquisição do bem e do serviço é informada como totalmente apto ao uso e, a rigor, o bem ou o serviço estão viciados. Sobre o tema veja: LÔBO, Paulo. *Responsabilidade por vício do produto ou do serviço*. Brasília: Brasília Jurídica, 1996.

[63]   TARTUCE, Flávio. *Direito Civil: teoria geral dos contratos e contratos em espécie*. 15. ed. Rio de Janeiro: Forense, 2020, p. 582-583. Nesse sentido: STJ – REsp 683.809; REsp 1.303.510; REsp 1.488.239.

E, à falta de prazo específico no CDC que regule a hipótese de inadimplemento contratual – o prazo quinquenal disposto no art. 27 é exclusivo para as hipóteses de fato do produto ou serviço – entende-se que deve ser aplicado o prazo geral decenal do art. 205 do CC/02. Ressalte-se que, quando do julgamento do REsp 1.534.831/DF, que versava sobre situação análoga à dos autos, tive a oportunidade de manifestar-me sobre a controvérsia, aplicando o raciocínio adrede construído, que inaugurou a divergência. (p. 15 do acórdão do STJ)

(...) No mesmo sentido, cita-se outro precedente de minha relatoria: REsp 1.717.160, 3ª Turma, DJe 26/03/2018. (p. 16 do acórdão do STJ) (...)

Como mesmo reconhece o Tribunal de origem – soberano na análise das circunstâncias fáticas – trata-se os vícios reclamados de "vícios de incompletude do imóvel" (e-STJ fl. 398), "nos acabamentos da obra" (e-STJ fl. 397). Estariam eles relacionados, então, à própria construção (projetos, materiais e execução).

No mais, tem-se que a Corte local expressamente reconhece três pretensões por parte do autor da ação, quais sejam: i) a pretensão de reexecução do contrato, isto é, de conclusão da obra, em razão de disparidade com as indicações da oferta; ii) a pretensão de redibição do contrato ou abatimento do preço, tendo em vista a suposta depreciação do preço do bem; e iii) e os pleitos indenizatórios, concernentes à reparação dos danos materiais (inclusive lucros cessantes) e à compensação de danos morais.

Nesse contexto, quanto à pretensão de reexecução do contrato, manteve o acórdão recorrido a prejudicial de decadência reconhecida em sentença, ao entendimento de que transcorreu, entre a efetiva entrega do bem e o ajuizamento da presente ação, prazo superior a 90 dias (e-STJ fl. 397). Quanto à segunda pretensão – de reparação dos vícios redibitórios –, também reconheceu a ocorrência de decadência, tendo em vista considerar ser aplicável, na hipótese, o prazo decadencial de 1 (um) ano previsto no art. 445 do CC/02 (e-STJ fl. 398). E, por fim, quanto às pretensões reparatória e compensatória, considerou-as prescritas, tendo em vista a aplicação do prazo prescricional trienal previsto no art. 206, § 3º, V, do CC/02 (e-STJ fl. 398). (p. 18 do acórdão do STJ)

Destarte, com base no raciocínio adrede construído, tem-se que, de fato, quanto à pretensão de reexecução dos serviços e de redibição do contrato, aplica-se o prazo decadencial de 90 (noventa) dias previsto no art. 26, II, e § 1º, do CDC.

Quanto ao tópico, abrem-se parênteses, por oportuno, para enfatizar a ausência de causas obstativas da decadência, tendo em vista que as reclamações formuladas pelo consumidor deram-se, como mesmo elucida a sentença e o acórdão recorrido, nos anos de 2006 e de 2010, posteriores, portanto, ao próprio implemento do prazo decadencial. Noutro giro, com relação à pretensão indenizatória (reparação de danos materiais e compensação de danos morais), incidirá o prazo prescricional decenal, não transcorrido entre a entrega do imóvel (2004 – e-STJ fl. 328) e o ajuizamento da ação, que se deu em 19/07/2011.

Forte nessas razões, CONHEÇO do recurso especial interposto por JOSE PIPA RODRIGUES, e DOU-LHE PARCIAL PROVIMENTO, tão somente para afastar a prescrição trienal reconhecida, determinando o retorno dos autos ao Tribunal de origem, para que prossiga no julgamento da apelação no que concerne ao pleito reparatório e compensatório pelos vícios apresentados no imóvel. (p. 19 do acórdão do STJ)

3ª Conclusão. O prazo de dez anos posto no art. 205 do CC somente seria aplicado se a reparação de danos materiais e extramateriais não estivesse ligada ao vício construtivo e se não se enquadrasse como fato do produto, como considerou o acórdão do STJ ora analisado. Mas indaga-se: o acórdão do STJ conseguiu afastar a causa do pedido reparatório, danos vinculados ao vício construtivo, independentemente de tais danos terem ensejado a transmutação do fato jurídico de vício do produto?

A resposta é negativa, até porque não ficou comprovada hipótese, mesmo nos exemplos trazidos por outros julgados do STJ (ex.: REsp 1.290.383; REsp 1.534.831; REsp 953.187) que exista causa de pedir e pedido de resolução da relação contratual diante do inadimplemento do(a) fornecedor(a) quando a razão é o vício construtivo. No máximo se pode afirmar que os danos extrapolaram o vício e o transformaram em fato do produto.

3. CONCLUSÃO

Essas breves reflexões nos levam a apontar que o acórdão do STJ não trouxe a melhor interpretação do caso concreto, uma vez que não conseguiu demonstrar como a causa de pedir e o pedido de resolução da relação contratual diante do inadimplemento do(a) fornecedor(a) não adveio do vício construtivo e, portanto, das duas uma: ou se aplica o art. 18 do CDC ou o art. 12 do CDC, tendo em vista que o inadimplemento contratual não nasceu de um fato externo a um daqueles institutos postos no CDC. Isso enseja a comprovação da 3ª hipótese lançada neste texto: o inadimplemento contratual gerador de danos oriundos de vício do produto pode transformar o vício em fato do produto, cujo prazo prescricional para o exercício da pretensão condenatória pelo(a) consumidor(a) ou por quem for equiparado (CDC, arts. 2º, parágrafo único, 17 e 29) a este(a) contra o(a) fornecedor(a) é o quinquenal posto no art. 27 do CDC, iniciando-se a contagem do prazo a partir do conhecimento do dano e de sua autoria.

4. REFERÊNCIAS BIBLIOGRÁFICAS

ARONNE, Ricardo. *Razão & caos no discurso jurídico e outros ensaios de direito civil-constitucional.* Porto Alegre: Livraria do Advogado, 2010.

ARONNE, Ricardo. *Direito civil- constitucional e teoria do caos.* Porto Alegre: Livraria do Advogado, 2006.

ARONNE, Ricardo. Ensaio para um possível discurso civil-constitucional pós-moderno e existencialista: a aventura da racionalidade do direito privado ou sua impossibilidade. *Tese de Pós-Doutoramento* defendida na Universidade Federal do Paraná (UFPR) em 2012.

CARÚS GUEDES, Jefferson. *Igualdade e Desigualdade: introdução conceitual, normativa e histórica dos princípios.* São Paulo: RT, 2014.

CATALAN, Marcos Jorge; FROTA, Pablo Malheiros da Cunha. A Pessoa Coletiva Consumidora no Código de Defesa do Consumidor Brasileiro. RJLB – REVISTA JURÍDICA LUSO-BRASILEIRA. v.6, p.1539 – 1576, 2017.

CHUEIRI, Vera Karam de. Igualdade e Liberdade: a unidade do valor. In: Vicente de Paula Barreto, Francisco Carlos Duarte, Germano Schwartz. (Orgs.). *Direito da sociedade policontextural.* Curitiba: Appris, 2013, p. 127-140.

DWORKIN, Ronald. *Justice for hedgehogs.* Cambridge, US: Harvard University Press, 2011.

FACHIN, Luiz Edson. *Direito Civil: sentidos, transformações e fim.* Renovar: Rio de Janeiro, 2015.

FACHIN, Luiz Edson. *Teoria crítica do direito civil.* 3. ed. Rio de Janeiro: Renovar, 2012.

FACHIN, Luiz Edson. A "reconstitucionalização" do direito civil brasileiro. In: FACHIN, Luiz Edson. *Questões do direito civil brasileiro contemporâneo.* Rio de Janeiro: Renovar, 2008, p. 11-20.

FREITAS FILHO, Roberto. Decisões Jurídicas e Teoria Lingüística: O Prescritivismo Universal de Richard Hare. *Revista de Informação Legislativa,* v. 178, p. 19-43, 2008.

FREITAS FILHO, Roberto. *Intervenção Judicial nos Contratos e Aplicação dos Princípios e das Cláusulas Gerais: o caso do leasing.* Porto Alegre: Sérgio Antônio Fabris Editor, 2009.

FROTA, Pablo Malheiros da Cunha. Interpretação do direito privado: o direito civil constitucional prospectivo em diálogo com a crítica hermenêutica do direito. In: TEPEDINO, Gustavo; MENEZES, Joyceane Bezerra de (Coords.) *Autonomia privada, liberdade existencial e direitos fundamentais.* Belo Horizonte: Fórum, 2019, p. 309-329.

GOMES, David. Sobre nós mesmos: Menelick de Carvalho Netto e o direito constitucional brasileiro pós-1988. *Cadernos da Escola do Legislativo,* 2019.

GUSTIN, Miracy Barbosa de Sousa; DIAS, Maria Tereza. *(Re)pensando a pesquisa jurídica:* teoria e prática. 4. ed. Belo Horizonte: Del Rey, 2013.

JUSTEN FILHO, Marçal. *Curso de direito administrativo.* 13.ed. São Paulo: RT, 2018.

LÔBO, Paulo. *Responsabilidade por vício do produto ou do serviço.* Brasília: Brasília Jurídica, 1996.

MARQUES, Claudia Lima; BENJAMIN, Antonio Herman V; MIRAGEM, Bruno. *Comentários ao Código de Defesa do Consumidor.* 6. ed. São Paulo: RT, 2019, e-book.

MIRAGEM, Bruno. *Curso de direito do consumidor.* 8. ed. São Paulo: RT, 2020.

MONTANDON, Alain. Trad. Marcos Bagno e Lea Zilberlicht. *O livro da hospitalidade: acolhida do estrangeiro na história e nas culturas.* São Paulo: Editora Senac, 2011.

MORIN, Edgar. *O método 5 – a humanidade da humanidade – a identidade humana.* Trad. Juremir Machado da Silva. 4. ed. Porto Alegre: Sulina, 2007.

NETTO, Menelick de Carvalho. Prefácio – A urgente revisão da teoria do poder constituinte: da impossibilidade da democracia possível. In: CATTONI, Marcelo. *Poder Constituinte e patriotismo constitucional:* o projeto constituinte do Estado Democrático de Direito na Teoria Discursiva de Jürgen Habermas. Belo Horizonte: Mandamentos, 2006.

NETTO, Menelick de Carvalho. A hermenêutica constitucional e os desafios postos aos direitos fundamentais. In: SAMPAIO, José Adércio Leite (Org.). *Jurisdição constitucional e direitos fundamentais.* Belo Horizonte: Del Rey, 2003, p. 141-163.

NETTO, Menelick de Carvalho. A impossibilidade democrática do constitucionalismo autoritário e a inviabilidade constitucional da democracia totalitária. In: CATTONI, Marcelo; MACHADO, Felipe (Coords.). *Constituição e processo:* a resposta do constitucionalismo à banalização do terror. Belo Horizonte: Del Rey, 2009, p. 401-410.

NETTO, Menelick de Carvalho. A contribuição do Direito Administrativo enfocado da ótica do administrado para uma reflexão acerca dos fundamentos do Controle de Constitucionalidade das Leis no Brasil: um pequeno exercício de Teoria da Constituição. *Fórum Administrativo,* mar. 2001, p. 11-20.

NETTO, Menelick de Carvalho; SCOTTI, Guilherme. *Os direitos fundamentais e a (in) certeza do direito.* Belo Horizonte: Fórum, 2011.

NETTO, Menelick de Carvalho. A comunidade de princípios inaugurada em 1988 e o papel do Estado da esfera pública. *REVICE – Revista de Ciências do Estado,* Belo Horizonte, v. 3, n. 2, 2018, p. 348-364.

NEVES, A. Castanheira. *Metodologia jurídica:* problemas fundamentais. Coimbra: Coimbra Editora, 1993.

PEREIRA, Gustavo Oliveira de Lima. *Direitos humanos e hospitalidade: a proteção internacional para apátridas e refugiados.* São Paulo: Atlas, 2014.

PIANOVSKI RUZYK, Carlos Eduardo. *Institutos Fundamentais do Direito Civil e Liberdade(s).* Rio de Janeiro: GZ, 2011.

REZENDE, Gabriel. A máquina de Menelick. *Revista de estudos constitucionais, hermenêutica e teoria do direito,* 9 (2): 183-195, maio-agosto, 2017.

SACRINI, Marcus. *Introdução à Análise Argumentativa (Lógica).* São Paulo: Paulus, Edição do Kindle, 2017.

SANTOS COELHO, Nuno Manuel Morgadinho. *Direito, filosofia e a humanidade como tarefa.* Curitiba: Juruá, 2012.

SGARBI, Adrian. *Introdução à teoria do direito.* São Paulo: Marcial Pons, 2013.

STRECK, Lênio. *Parecer.* Disponível em: https://www.conjur.com.br/dl/manifestacao--politica-juizes-nao-punida.pdf Acesso em 02.11.2017.

STRECK, Lenio Luiz. Métodos de interpretação. In: STRECK, Lenio Luiz. *Dicionário de Hermenêutica.* Belo Horizonte: Editora Letramento, 2017 (e-book).

STRECK, Lenio. Cuidado: o canibalismo jurídico ainda vai gerar uma constituinte. Disponível em: https://www.conjur.com.br/2016-jun-09/senso-incomum-cuida-do-canibalismo-juridico-ainda-gerar-constituinte Acesso em 30 de maio de 2018.

STRECK, Lênio Luiz. Coerência e integridade. *Dicionário de hermenêutica: quarenta temas fundamentais da teoria do direito à luz da crítica hermenêutica do Direito.* Belo Horizonte (MG): Letramento, 2017 (e-book).

STRECK, Lênio Luiz. *Verdade e Consenso.* 6. ed. São Paulo: Saraiva, 2017.

STRECK, Lênio Luiz. Método hermenêutico. *Dicionário de hermenêutica: quarenta temas fundamentais da teoria do direito à luz da crítica hermenêutica do Direito.* Belo Horizonte (MG): Letramento, 2017 (e-book).

STRECK, Lênio Luiz. Hermenêutica jurídica. *Dicionário de hermenêutica: quarenta temas fundamentais da teoria do direito à luz da crítica hermenêutica do Direito.* Belo Horizonte (MG): Letramento, 2017 (e-book).

STRECK, Lênio Luiz. *Resposta adequada à Constituição Dicionário de hermenêutica: quarenta temas fundamentais da teoria do direito à luz da crítica hermenêutica do Direito.* Belo Horizonte (MG): Letramento, 2017 (e-book).

STRECK, Lênio. *Hermenêutica e jurisdição. Diálogos com Lênio Streck.* Porto Alegre: Livraria do Advogado, 2017.

TARTUCE, Flavio; NEVES, Daniel Amorim Assumpção. *Manual de direito do consumidor.* 9.ed. São Paulo: Método, 2020.

TARTUCE, Flávio. *Direito Civil: teoria geral dos contratos e contratos em espécie.* 15. ed. Rio de Janeiro: Forense, 2020.

TRINDADE, André Karam; OLIVEIRA, Rafael Tomaz de. Crítica Hermenêutica do Direito: do quadro referencial teórico à articulação de uma posição filosófica sobre o Direito. *Revista de Estudos Constitucionais, Hermenêutica e Teoria do Direito (RECHTD),* v. 9, ano 3, p. 311-326, setembro-dezembro 2017.

UNIVERSIDADE CATÓLICA DE BRASÍLIA. Universidade Católica de Brasília Virtual – UCB Virtual. *Curso de graduação, Bacharelado e Licenciatura em Filosofia. Disciplina: Problemas Filosóficos.* Disponível em: http://www.catolicavirtual.br. Acesso ao conteúdo com login e senha.